散藏海内外的祥麟西北
日记（代前言）

朱玉麒

北京大学历史学系暨中国古代史研究中心

2013 年 12 月 1 日，经由高田时雄教授的推荐，我在京都大学人文科学研究所开始了为期半年的学术访问，得以近距离接触到京都大学人文科学研究所图书馆收藏的丰富典籍。后来发现，其中最为珍稀的汉籍版本，已经在"東アジア人文情報学研究センター（Center for Informatics in East Asian Studies，Institute for Research in Humanities）"的"東方學デジタル圖書館（东方学数字图书馆）"网页上公布了。作为西域史的研究者，该处珍藏的《京都至伊吾庐行程日记》首先吸引了我的眼球，从此开始了对于这一稿本图书及其作者的研究。现在发表的《散藏海内外的祥麟西北日记》，即是最近几年来不断追踪的初步结果。

一、京都大学本《京都至伊吾庐行程日记》

京大人文研所藏该书在网页上显示的主要信息是：

《京都至伊吾庐行程日记》不分卷　清□麟撰　钞本①。

---

① http://kanji. zinbun. kyoto-u. ac. jp/db-machine/toho/html/B046menu. html.

其在京大人文研的图书编号是:東方 史-XI-12-10①。

《京都至伊吾庐行程日记》(以下简称"《行程日记》",图 1)
装订为一册,蓝色外封,内封左上角贴签书"京都至伊吾庐行程
日记",右侧中间书"光绪十年二月至五月",正文 47 叶,半叶
18.5×10.5cm,半叶 8 行,满行 20 字(抬格有满行 23 字者)。京都
犹京师,指清代都城北京;伊吾庐即伊吾卢,是汉代对今哈密地方
的指称。《行程日记》从光绪十年(1884)二月初六日至五月二十
八日,记录了一个官员从北京出发、抵达哈密凡 111 天的行程。

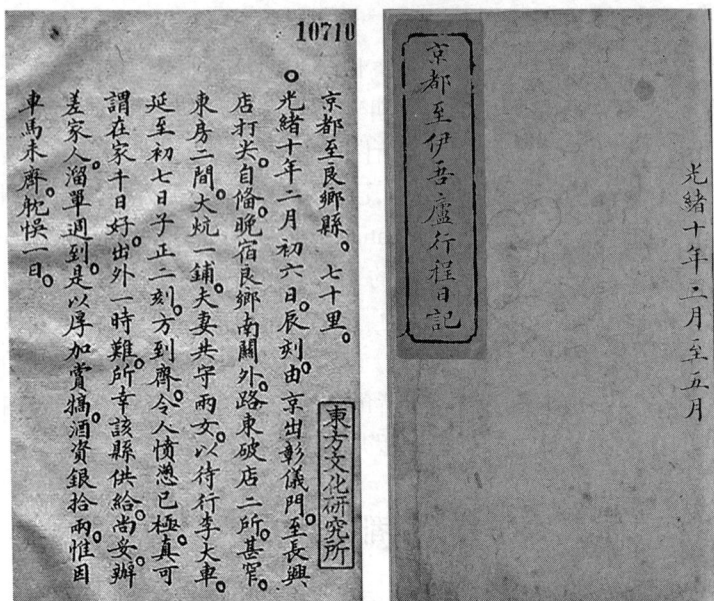

图 1　京都大学人文科学研究所图书馆藏《京都至伊吾庐行程日记》书影

① http://kanji.zinbun.kyoto-u.ac.jp/kanseki? record=data/FA019705/
tagged/0216037.dat&back=1.

该本楷书抄写,行间有句读圈点,以及补字、改字,和一些删除、连接、空格符号,"另起"、"平起"、"暗抬一字接写"等排版文字,可见是一个为付梓排印而用的誊抄本。其中行间添补的内容,如果不是日记作者本人,是断不能予以增补的。如该册末叶,改"两月"为"数月","此不待"补为"此自不待","太守公馆"补为"太守公馆名平远庄"等。待我们找到了清华大学的稿本对照,这种因付梓需要而由作者自行改正的笔迹,是非常明显的。因此,这个本子可以看作是作者亲自修订的日记原稿誊清本,虽是抄本,其价值却可与稿本等量齐观。

该本的作者,人文研图书馆录作"清□麟撰",殆据日记记录的时间以及行文中不断出现"麟"字署名而定。其究竟姓氏如何、以及是否双名(署后字而前字如何),未能考出。

研究未经标记作者的日记,从文字本身寻找线索,是最可靠的内证。这一点,在《行程日记》中也得到印证。在其文末,有一段详述自身以哈密帮办大臣廉俸按照副都统衔计等等情形的记录:

> 按,哈密帮办大臣廉俸,本任养廉银每年六百两,加副都统衔者,即食副都统俸每年一百五十五两,加养廉银肆百两,统计一年廉俸银一千一百五十五两。向由甘肃藩库支领,军兴以来,由办事大臣军饷内动支。而办事大臣兵勇遣撤后,暂归刘爵帅粮台照现章发放。而部议未覆,抵任月馀,未进分文。

据此,则作者当是从京师赴哈密帮办大臣之任而冠以副都统衔者。按,《清实录》记载:

> (光绪九年十一月丙申)赏内阁学士祥麟副都统衔,为

明春著将经手事务赶紧清厘完竣,即行来京。①

在随后的履历中,明春接任了尚未裁撤的塔尔巴哈台参赞大臣署理之职②,祥麟则接任了乌里雅苏台参赞大臣之职③。

《行程日记》的最后,记录祥麟到任哈密数月中所感受到的情形,如"办事大臣兵勇遣撤"、"刘毅斋为人磊落豪杰,诚不世之才",以及哈密衙署布局、居民生计等,都体现了建省之前刘锦棠坐镇哈密、部署建省的过渡状态。《行程日记》堪称是留下了新疆军府制度期间官员奔赴新疆履任的最后一份实录。

二、清华大学本《皇华劳瘁》

以祥麟为名检索国内汉籍,则清华大学图书馆藏《皇华劳瘁》稿本遂得脱颖而出(图2)。较早公布《皇华劳瘁》的著录,见于《清华大学图书馆藏善本书目》:

871　　　　　　　　己 583.74/7219

皇华劳瘁不分卷

(清)祥麟撰

清抄本

八册一函

钤"士和珍藏"印④。

---

① 《清德宗实录》卷二一一,《清实录》第 54 册,978 页。

② 《清德宗实录》卷二一三:"(光绪十一年八月庚午)以塔尔巴哈台参赞大臣锡纶署伊犁将军,裁缺哈密办事大臣明春署塔尔巴哈台参赞大臣。"《清实录》第 54 册,999 页。

③ 《清德宗实录》卷二一九:"(光绪十一年十一月乙巳)以前哈密帮办大臣祥麟为乌里雅苏台参赞大臣。"《清实录》第 54 册,1073 页。

④ 清华大学图书馆编《清华大学图书馆藏善本书目》,北京:清华大学出版社,2003 年,81 页。

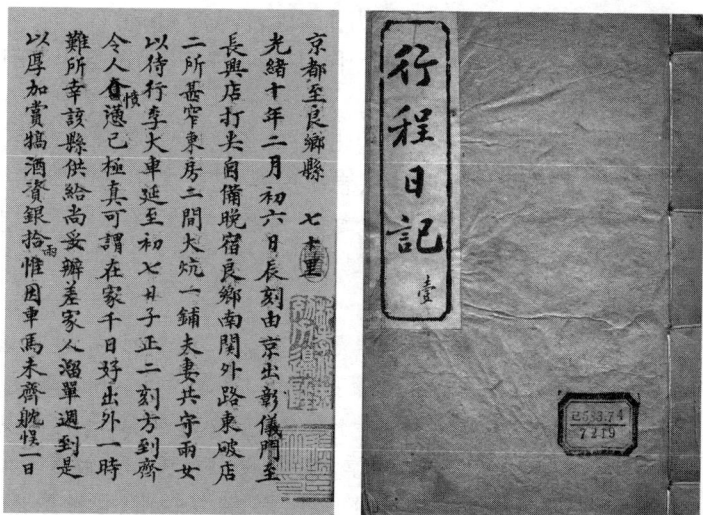

图2　清华大学图书馆藏《皇华劳瘁》第一册书影

以上著录的一点失误,是祥麟撰《皇华劳瘁》可定为稿本,该书线装一函八册,函套为蓝色五面盒,每册半叶 16.7×11.5cm,半叶 8 行,满行 18 字(抬格有满行 20 字者)。

第一册内封有残存贴签,书"皇华劳瘁八本",是此函名"皇华劳瘁"所由也(本册中也另有夹签书"皇华劳瘁"四字)。"皇华"是《诗经·小雅》的篇名,《毛诗序》谓:"皇皇者华,君遣使臣也。送之以礼乐,言远而有光华也。"此处即作者以皇帝的使臣自居而奔波于出使任上之意。清代京师发往各地邮驿的第一站名为"皇华驿"者,亦本于此。

但是函内八册,每册封面左上角都粘有带黑框的签条,并非"皇华劳瘁",而是各有名称。第一、八册,书"行程日记",第二至七册,书"哈密纪事"。此八册的作者署名是显而易见的,首先是一些用印,如正文首叶钤印,有"边臣祥印"、"移孝作忠效力边陲",末叶钤印,有"仁趾"、"臣祥麟印",均为作者姓名、表字和闲章。

其次,是第一册的卷首一叶半,为明春序言,明确指出了日记作者即"祥仁趾都护":

> 夫江淮禹穴,太史公之壮游;骖鸾吴船,范石湖之纪录。自来英儒赡闻之士,类多以宦辙所至,见之著述,垂示方来。而忧劳况瘁之情,盘根错节之器,亦因之见其概矣。矧乃躬膺简命,职司边陲,倘不标题山川,博访风俗,何以纪运甓之分阴,写携琴之寸抱哉!

> 余友祥仁趾都护,以磊落英伟之姿,起家科名,致身馆阁。甲申二月,简放哈密帮办大臣,节麾所至,不废著述。凡道里山川、形胜古迹、风土民俗、饮食起居,靡不博考见闻,登诸纪载。其生平、文章、政迹,略具一斑。且治国本诸齐家,今观记中稽核出入,约束纪纲,兼综条贯,巨细靡遗,推而广之,以为察吏安民之治,岂外是乎?

> 余与仁趾同舟共济,交非恒泛。聊志数言为券。他日者领疆圻之封,成悬弧之志,必更有奇观大观之记,余当拭目以先睹为快云。

> 光绪十年甲申中秋前乡愚弟明春拜序(钤印:"镜泉""明春",长朱文,1.3×0.9cm)

哈密办事大臣明春是祥麟所任帮办大臣的上级。前揭《行程日记》载作者到达当日:"拜明镜泉,镜兄力疾相见,痛谈一切。麟开诚布公,彼此言之泪下,麟亦不觉凄然。"可见二人相逢西域,非常投机。序言因此也称"同舟共济,交非恒泛",称其"道里山川、形胜古迹、风土民俗、饮食起居,靡不博考见闻,登诸纪载",并言"记中稽核出入,约束纪纲,兼综条贯,巨细靡遗",确实点明了作者对于身边琐事无所不及的特点,而所谓"以宦辙所至,见之著述,垂示方来",也充分说明了作者有规模前贤、打算出版该书的用意。

在明春序言后的半叶空白处,题写了两则识语:

> 光绪戊子(十四年/1888)冬月念六日,士龢氏重订并藏。
> 计共八本。(钤"士龢氏曾观"朱方、"恒斌之印"白方印)
> 民国贰拾贰年集亭氏订(钤"集亭"椭圆朱印)

以上两款识语,交代了与作者同期及之后两次递藏的情况,其中恒斌字士龢,是祥麟同期的满族亲友,也是其委托抄写日记者,因此得以装订、保藏其日记原本(详下)。

第一册的正文内容,与京都大学本《行程日记》几完全相同,唯一的不同,是清华本每日记录后,有当日费用的登记,如第一天"光绪十年十二月初六日"纪事后,有"早尖饭钱"、"钉掌"、"两车夫饭"、"溜牲口"、"修车"、"田张郑饭"等账目,每一事项下有市井计数用字,以及每天"兑银"、"合钱"类的总计开销数字(图3)。这些内容,不为京大本所载,因此,清华本应是京都大学本之祖本。

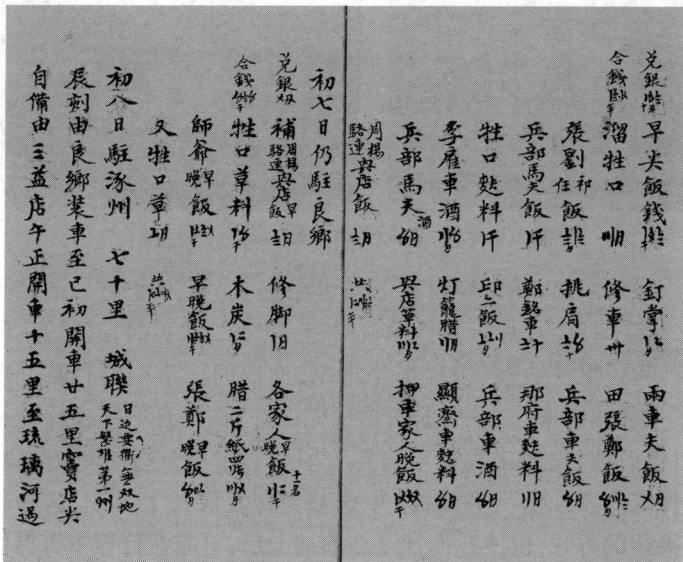

图3　清华大学图书馆藏《皇华劳瘁》第一册二月初六、初七日日记后的账目书影

此外,如前所述,京大本还有一些为了付梓印行而再次修订的文字。

其后的第二册(图4)至第七册,记录了光绪十年五月廿七日至光绪十一年十月二十九日在哈密以及由哈密返程的每日事务。

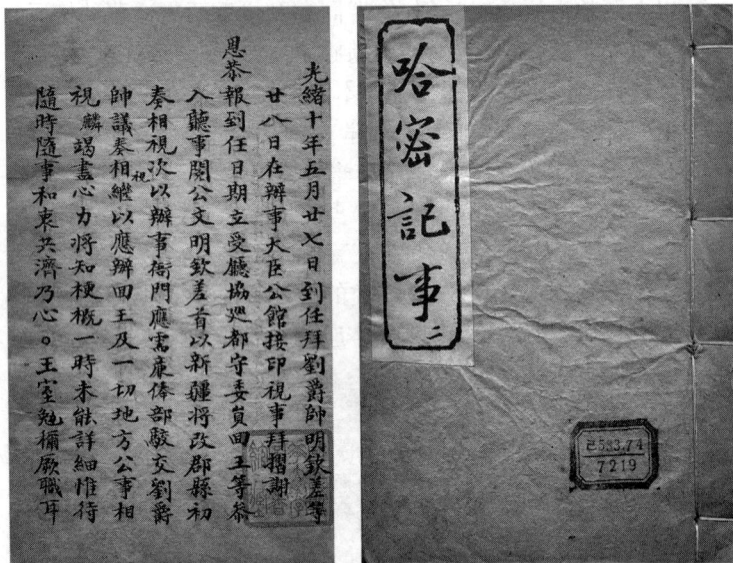

图4　清华大学图书馆藏《皇华劳瘁》第二册书影

最后的第八册,封面左上角也贴签书"行程日记",记录了从光绪十一年八月十二日发自哈密,至十二月初四日抵达京师的行程。每日地点、里程都是楷书,而期间记事则皆行草。地点、里程的楷书,疑系根据来程预先拟好,临期有不按来程行宿者,便有改正,如来程保定府至方顺桥六十里,返程作"方顺桥至保定府六十里",旁改作"望都县至保定府九十里"。这种行草夹杂的方式,也使我们怀疑之前的七册,可能在行程中有类似的底稿,只是得到了比较宽裕的时间,而做了誊清。

八册中的后七册内容，都不为京大本所载。然而京大本的
《行程日记》是否就是唯一的再次誊清本呢？看来也不是。《皇
华劳瘁》中光绪十一年一月卅日后，有作者的行书标注：

> 日记儿鹏仍求虞臣二阿哥代为抄录，便中寄来。写时
> 不必注日用账。至于前恳世稣、虞臣待钞日记，如有录成
> 者，由陶弁带回来更妙。

这一交代，应是作者让自己的儿子桂鹏将日记请虞臣抄录，
并且说明其中的"日用帐"不必抄录；而以前抄录了的日记，还
请通过陶姓的差使带回来云云。观其第二天即二月初一日的日
记，则言：

> 还公廨，晤毅帅郭什哈陶差弁，托寄本年正月分日记，
> 并嘱其抵京时面见家严、儿鹏，即带回信前来。殷殷渎恳，
> 渠叩辞而去。

郭什哈又作戈什哈，简称"戈什"，满语，是清代高级官员的
侍从护卫(武弁)之意，此处即指刘锦棠属下的陶姓差弁。由此
可知，作者是每写完整月的日记，便会托人带回家中，由儿子委
托自己信任的友朋代为抄写一份。之前卷首序言之后的"士稣
氏重订并藏"者，当即待抄日记的"世稣"，他是作者信任的抄写
者和稿本珍藏者，在作者仍然行役在外的时候，稿本即由在京师
的士稣代为收藏，而将寄回的誊抄录文本带在身边翻阅。京大
本应该只是这完整的八册抄本中流散出来的第一册。

上述接受其委托在京师抄录日记的"世稣、虞臣"，是其满族
亲友。《皇华劳瘁》第八册记十二月初四日从良乡到京师的最后
一天路程，有"午初，策骑将行，小儿桂鹏偕恒士稣通家、荣虞臣姻
侄率源价逆焉。"下面接着要提及的傅斯年图书馆本《乌里雅苏台
行程纪事》中，在开篇的光绪十二年四月十三日由京师启程时，也
提及了"午正，至清河镇茶尖，与长少白、常馨吾席地先谈于路侧，

与伊建勋、……恒继龢、恒士龢、荣辅臣、荣虞臣……诸亲友、通家
继别于逆旅"①;中国科学院图书馆本《乌里雅苏台日记》在结尾
的光绪十六年五月十七日由清河镇抵京师帽儿胡同家中时,也
有"儿鹏及恒士龢通家(荣虞臣姻侄)逆焉"的记录。这里的恒
氏兄弟是其有通家之好的满族世交,荣氏兄弟则是姻亲侄辈。

　　祥麟誊抄副本的做法,体现了对其日记著述的珍重。在寄
往京师家信而"内附钉上月分记事"以备抄写的习惯,在其后担
任乌里雅苏台参赞大臣②、察哈尔都统任上的日记中③,也得到
了延续。同时,从京大本《行程日记》放弃了底本中日用账目的
琐碎记录的简略抄写,以及其中排版行款的提示来看,作者将
其出征日记择要付梓流传的愿望还是非常强烈的,他是有意识
地将自己的日记放到了明春序言所谓"垂示方来"的著述之
林中④。

①　刘铮云主编《傅斯年图书馆藏未刊稿钞本·史部》第九册,台北:"中
　　研院"史语所,2015 年,325 页。
②　《乌里雅苏台行程纪事》光绪十二年六月初七日:"传亲兵郝子英帮录
　　寄京日记以省馀暇,自誉《行程日记》耳。"八月十九日:"灯下钉封七
　　月廿至本月十九日日记廿九,扣于忠字第十一号家报,面交吉巡捕,
　　俾乃兄吉丽崑差便寄京也。"《傅斯年图书馆藏未刊稿钞本·史部》第
　　九册,台北:"中研院"史语所,2015 年,427、550 页。此后几乎每月或
　　间月寄家书时,均会封固本日前纪事相附。
③　《祥麟日记》光绪二十四年二月十九日:"写致荣虞臣信一封,合上月分
　　纪事。"周德明、黄显功主编《上海图书馆藏稿钞本日记丛刊》第86 册,北
　　京:国家图书馆出版社、上海:上海科学技术文献出版社,2017 年,65 页。
④　在祥麟的乌里雅苏台日记中,我们常可以读到"阅者谅之"(如:光绪
　　十二年六月十六日、八月初七日、九月初八日)的语句,可见其日记有
　　被他人阅读的假设,《傅斯年图书馆藏未刊稿钞本·史部》第九册,
　　448、527 页;第十册,17 页。

从目前的调查来看,祥麟赴任哈密的日记,并未在当时如愿刊刻出来。而在笔者撰写这一论文的过程中,京大本早已如前所示,公布在网页上;清华本则在最近由国家图书馆出版社全部影印出版,冯立昇先生的前言也简要论述了祥麟及其《皇华劳瘁》的情况,其言:"新疆建省是中国边疆史和新疆近代史上具有深远意义的重要历史事件,而祥麟任期正好在建省前后时期,这十五个多月的日记无疑是非常难得的史料。"①洵称知音。

因此,祥麟自己或倩人一抄再抄而担心遗失的这部分边陲日记,已经通过以上这些传播方式化身千万,为世人所共睹。如果说第一、八册的《行程日记》是为我们留下了新疆军府制度期间官员往返新疆履任的最后一份行程实录的话,则中间的六册更是军府制向行省制过渡期间哈密帮办大臣任上的最后一份行政实录,它们共同构成了晚清新疆制度变革期间弥足珍贵的第一手文献。

三、傅斯年图书馆本《乌里雅苏台行程纪事》

台北"中研院"史语所的傅斯年图书馆也是古籍收藏非常丰富的单位。2015 年,《傅斯年图书馆藏未刊稿钞本·史部》出版,其第九至第十一册影印《乌里雅苏台行程纪事》八册(以下简称"《纪事》"),也是祥麟的作品,是他在光绪十二年四月十三日至十三年十二月三十日任职乌里雅苏台参赞大臣的日记

---

① 清华大学图书馆编《清华大学图书馆藏稿钞本日记丛刊》,北京:国家图书馆出版社,2019 年。《丛刊》凡 24 册,祥麟《皇华劳瘁》在第十、十一册中。

（图5）。影印本该书的提要由曾冠雄先生撰写：

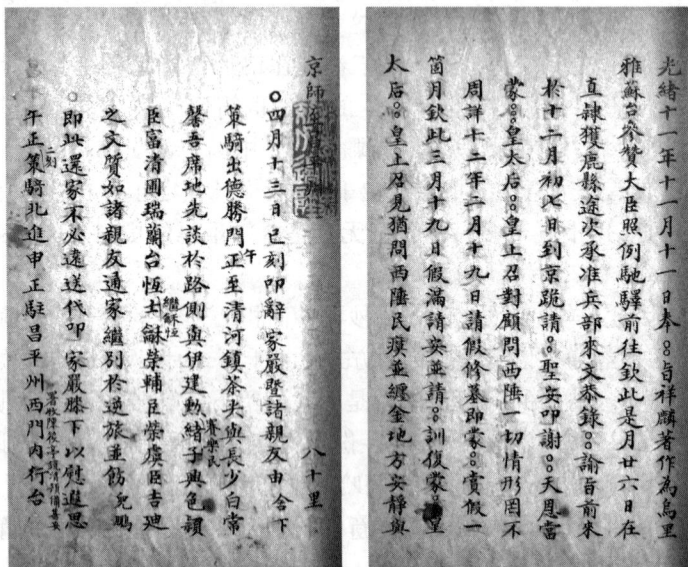

图5　傅斯年图书馆藏《乌里雅苏台行程纪事》书影

　　祥麟，又作祥廖，马佳氏，字仁趾，满洲正黄旗人。六岁补内火器营养育兵，同治十三年（1874）翻译课进士，光绪十一至十六年（1885—1890）任乌里雅苏台参赞大臣，累官至察哈尔都统。

　　原书未题撰者，据内文自称"祥麟"，并钤有"边臣祥印"及"移孝作忠效力边陲"二印，前一印"祥"字指祥麟，后一印见本书十二年四月十五日及十六日所记，乃撰者的自我期许，知本书为祥麟所撰。书中避讳眩、祯、宁、谈、敦、醇、淳、郭等字，不避仪字，内文有朱墨笔增订删改，知为稿本。

　　全书逐日纪事的日记形式，记录祥麟于光绪十二年四月十三日至十三年十二月三十日,由京赴任乌里雅苏台参赞大臣的行程日记,以及任内公事往来、私人记事、经济状况与心情转换,亦载当地的风土民生。其赴任途中的行程日记,共计四十七叶,纪录每日所行里数,起讫军台以及站台之满文名,并考察各台实际运作情形。……①

《纪事》与《皇华劳瘁》在时间是上互相衔接的。《纪事》卷前类似序言的开篇提到:

> 光绪十一年十一月十一日奉旨:祥麟著作为乌里雅苏台参赞大臣,照例驰驿前往,钦此。是月廿六日在直隶获鹿县途次,承准兵部来文,恭录谕旨前来。于十二月初七日到京,跪请圣安,叩谢天恩。当蒙皇太后、皇上召对、顾问西陲一切情形,罔不周详。十二年二月十九日,请假修墓,即蒙赏假一个月。钦此。三月十九日,假满请安并请训。……四月十三日吉时出京。②

由上可知:祥麟是在光绪十一年十一月从哈密返京途中,就得到了委任乌里雅苏台参赞大臣的任命,到京请假休息一段时间之后,就在来年四月由京师前往任地。

乌里雅苏台全称"乌里雅苏台统部",即指驻乌里雅苏台城定边左副将军(乌里雅苏台将军)之辖区,雍正十一年(1733)置,所驻乌里雅苏台城即今蒙古扎布罕省扎布哈朗特,统辖唐努乌梁海和喀尔喀四部及所附厄鲁特、辉特二部军政事务,即今外蒙古为核心及其周边部分地区。下设乌里雅苏台参赞大臣二员,满蒙各一。满族参赞大臣办理乌里雅苏台等地方事务,是外

---

① 《乌里雅苏台行程纪事》提要,《傅斯年图书馆藏未刊稿钞本·史部》第九册,321—322 页。

② 《纪事》,《傅斯年图书馆藏未刊稿钞本·史部》第九册,323—324 页。

蒙古地区管理中重要的封疆大吏。

祥麟的日记每册半叶 17.5×12.5cm,半叶 8 行,满行 20 字左右(抬格有满行 23 字者),汉文恭楷抄录,而地名往往夹书满文,部分天头也有补注,详细记录了其任乌里雅苏台参赞大臣之任的边防生活。特别是其从京师走向塞外的行程记,对于他人来说,不啻是亲历的"图经",因此关注乌里雅苏台事务的士人,无疑会对这一段路程的记录非常有兴趣。这一段乌里雅苏台行程日记的传抄,在祥麟的日记里也有提及,光绪十二年八月初一日:"先是,合寿昌来钞行程日记,拟自今日得暇,常川来写,谅可两月余竣事。"十一月十四日云:"昨夕内阁交来合寿昌、瑞苌臣钞讫麟来乌行程日记一本,计四十七页,当即封固,交马照瑞差便代寄至王枫兄处矣。"①

我们在晚清大臣张佩纶(1848—1903,字幼樵)因马尾败绩而遣戍张家口军台的《出塞日记》中,即可见其附录的"祥仁趾同年《行程日记》"②。这与张佩纶在日记中记录祥麟寄赠乌里雅苏台地图一样,是其了解西北边陲的重要资源③。《纪事》记录祥麟光绪十二年四月赴任乌里雅苏台参赞大臣而途经察哈尔都统驻地张家口时,多次提及与张佩纶的往还:"午后策骑拜幼樵前辈,晤谈边事及旧情,许久而别。"(廿二日)"张幼樵前辈来晤,

---

① 《纪事》,《傅斯年图书馆藏未刊稿钞本·史部》第九册,521 页;第十册,119 页。

② 张佩纶著、谢海林整理《张佩纶日记》,南京:凤凰出版社,2015 年,134—138 页。

③ 《张佩纶日记》,144 页。《纪事》亦记其事:"(光绪十二年十一月十九日)梁画工绪绘三地图成,浼内阁阿城斋、笔政克丹代注图说,拟赠长少白契友、张幼樵前辈各一幅,寄儿鹏一幅,麟留一幅备考。"《傅斯年图书馆藏未刊稿钞本·史部》第十册,129—130 页。

畅谈许久而别。"（廿三日）"辞行本处各同乡及各知交，晤……张幼樵前辈，均畅谈许久。……少焉，张幼帅来送行，痛谈许久而别。"（廿九日）可见非泛泛之交。其后的光绪十三年四月初八日，记载有"接张幼樵前辈蜡封信一函，知麟行程日记仍归王枫兄处也"句，是张佩纶《出塞日记》中的祥麟日记，即由祥麟寄赠宣化镇行台王枫臣的抄本中抄出者。张佩纶的祥麟《行程日记》极为简略，其中只是记录了从张家口到乌里雅苏台行程的地名、里程和沿途的景观，个人的生活琐事，都被删除了。反观京大本的《行程日记》记录京师至哈密的行程；也同样是略书个人而强调行路。对于并非亲身经历者而言，行程记中不变的地理面貌和道路交通，才是他人关注的焦点。

不仅祥麟自身对于由京赴乌的行程有详细的日记，当其妻乌尔达氏病愈而率两女前来乌里雅苏台随营帮办家务之际，显然是祥麟的建议，她也记录了沿途的行程。《纪事》在光绪十三年八月初二日就记录了"内子由京抵察哈尔头台行程纪事一本"，并做了"节略附录"在自己当日的日记中①。

可惜的是，傅斯年图书馆藏详本的《纪事》，只是祥麟在参赞大臣任上前期的两年日记。好在驻防的最后岁月，这一日记又为中国科学院图书馆藏本所接续。

四、中国科学院图书馆本《乌里雅苏台日记》

中国科学院图书馆（今称中国科学院文献情报中心）收藏有祥麟的《乌里雅苏台日记》，在民国年间的《续修四库全书总目提要》就有记载，题作《乌里雅苏台纪事》（图6）：

---

① 《纪事》，《傅斯年图书馆藏未刊稿钞本·史部》第十册，47—57页。

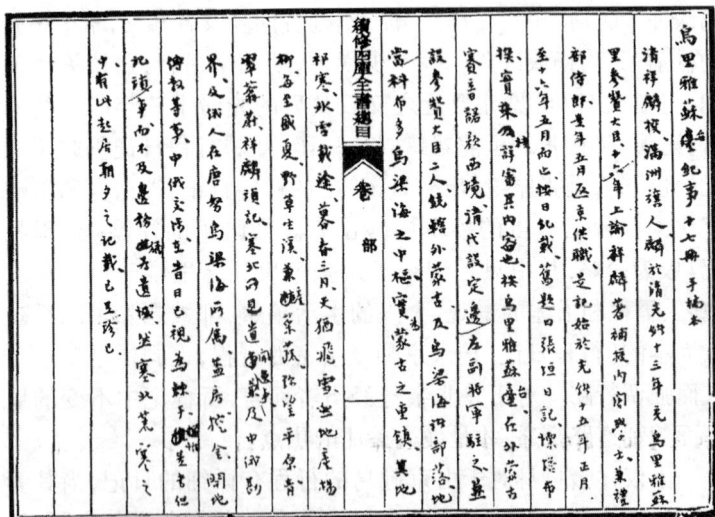

图6　《续修四库全书总目提要》稿本中的《乌里雅苏台纪事》

乌里雅苏台纪事，十七册，手稿本。

清祥麟撰。满洲旗人。麟于清光绪十三年充乌里雅苏(里)[台]参赞大臣，十六年，上谕："祥麟著补授内阁学士兼礼部侍郎。"是年五月返京供职。是记始于光绪十五年正月，至十六年五月而止，按日记载。旧题曰"张垣日记，怀塔布撰"，实非也①。按，乌里雅苏台，在外蒙古赛音诺颜西境，清代设定边左副将军驻之，兼设参赞大臣二人，统辖外蒙古及乌梁海诸部落，地当科布多、乌梁海之中枢，实为蒙古之重镇。其地祁寒，冰雪载途，暮春三月，天犹飞雪。然地产杨柳，每至盛夏，野草生溪，兼产菜蔬，弥望平原，青

---

① "非也"间原本有"及核详审其内容"字样，括号去之。"非"原作"未"，加笔画改字，不能确认，臆改为"非"字，待核。

翠蓊蔚。祥麟琐记塞北遗闻逸事，兼及中俄勘界，及俄人在唐努乌梁海所属盖房、挖金、开地、传教等事。中俄交涉，在昔日已视为棘手，惟是书但记琐事，而不及边务，犹为遗憾。然塞北荒寒之中，有此起居朝夕之记载，已足珍已。①

《续修四库全书总目提要》稿本是 1931 年至 1945 年间中国学者在东方文化事业总委员会组织下，利用日本退还的庚子赔款从事续修《四库》之事而编成的大型古籍提要，以上《乌里雅苏台纪事》的提要由谢国桢（1901—1982）先生撰写②。抗战胜利以后，东方文化事业总委员会经办的《续修四库全书总目提要》稿本和所购图书、档案等，均由中方接收。1949 年以后，这批文献复又归属中国科学院图书馆，《乌里雅苏台纪事》亦因此入藏其中（图 7），故该书每册卷首均钤有"东方文化事业总委员会所藏图书印"、"中国科学院图书馆藏"印（卷末均又钤前者）。《中国科学院图书馆藏中文古籍善本书目》著录以下信息：

　　史 450

　　022

　　《乌里雅苏台日记》不分卷 光绪十五年正月至十六年五月

　　清祥麟撰

　　稿本

　　十七册一函③

---

① 中国科学院图书馆整理《续修四库全书总目提要（稿本）》第 30 册，济南：齐鲁书社，1996 年，659 页。

② 《续修四库全书总目提要（稿本）》第 1 册"提要撰者表"，3 页。

③ 中国科学院图书馆编《中国科学院图书馆藏中文古籍善本书目》，北京：科学出版社，1994 年，112 页。

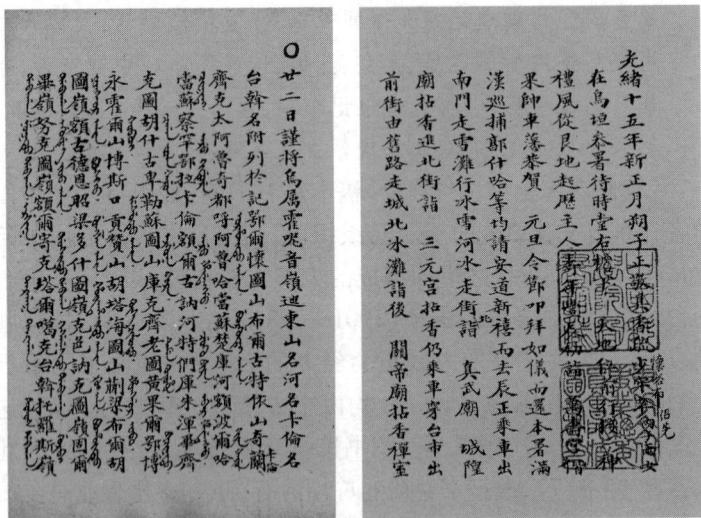

图7　中科院图书馆藏《乌里雅苏台日记》书影

　　从该书留下的一些著录痕迹来看，认定其为祥麟的《乌里雅苏台日记》，也并非一蹴而就。该书的函套也是蓝色五面盒，书脊处写有"张垣日记"，第一册首页右下角也被后人添笔"怀塔布绍先"字样，显然是将考订的作者名字记录在案。第一册有著录者的夹页，其中毛笔书写：

　　张垣日记不分卷，一函十七册

　　清怀塔布撰

　　稿本

　　起光绪十五年正月至光绪十六年五月

　　怀塔布(？—1900)字绍先，叶赫那拉氏，满洲正蓝旗人。由荫生授刑部主事晋员外郎，累官至内务府大臣，是清末重要的大臣，但是他并没有在察哈尔任职的记录。张垣是张家口的俗称,是察哈尔都统驻地①。

以上的书名和作者考证,可能是由东方文化事业总委员会购入前书店的记录,或者购买后最初的著录。定此本为怀塔布《张垣日记》的说法在民国年间讹传甚广,如蒙古旗人恩华于1935年前后成书之《八旗艺文编目》著录:"《张垣日记》不分卷。怀塔布著。俟考。"②目录学家邓衍林(1908—1980)于1939年成书之《中国边疆图籍录》也著录:"《张垣日记》,(清)怀(搭)[塔]布撰。稿本(东方文化委员会图书馆)十七册。(光绪十五年正月至十六年五月日记)。"③

不过,在上揭《乌里雅苏台日记》夹页书写后面,又有毛笔批注:

　　　　□□是否为怀塔布,尚可疑。

　　　　记中□署麟字,其名必有麟字无疑。待查光绪《东华录》。

从以上批注看,稿本文字的记录与京都大学本一样,大多只有"麟"的署名,令人不知所从。但是著录者从中找到了日记作者的职官和日期,因此作出了"待查光绪《东华录》"的正确解决渠道。最后,这一夹页下出现了铅笔改正:

　　祥麟日记

　　　　起光绪十五年正月至光绪十六年闰二月。时官乌里雅苏台参赞大臣。

---

① 李军撰《祥麟日记》提要似以"张垣"为人名者,误。周德明、黄显功主编《上海图书馆藏稿钞本日记丛刊提要》,北京:国家图书馆出版社、上海:上海科学技术文献出版社,2018年,186页。

② 恩华纂辑、关纪新整理《八旗艺文编目》,沈阳:辽宁民族出版社,2006年,73页。

③ 邓衍林《中国边疆图籍录》,上海:商务印书馆,1958年,143页。

以上的考证，在崔建英（1931—2006）先生所撰《古籍著录琐见》的著者举例中，有比较系统的论证：

例五：　　　　张垣日记　不分卷

清怀塔布撰

稿本

这也是部原无题名无序跋的稿本，不知什么人在首页边缝处写了"张垣日记"、"怀塔布"等几个字，著录者不加查核，当作已经考定的书名和著者，照录。

这部稿本是日记，起光绪十五年正月，止光绪十六年二月。著者自称"麟"，对张佩纶、吴大澂等称"前辈"，又称乌少云为"同年"。清代只有翰林中才用"前辈"这种称呼。乌少云即乌拉布，同治甲戌进士，选庶吉士。此科馆选中有个翻译进士祥麟。日记中每称所处之地为"乌城"，管辖"吉厦四盟、四卡（伦）、三路台站、两乌梁海"，遇事则"咨库（伦）科（布多）二城遵办"。清中叶以来，这种职权属乌里雅苏台定边左副将军，"乌城"当即乌里雅苏台。与日记著者同官的，有"果帅"和"车藩"，自称所居为"参署"。清制，乌里雅苏台将军下置参赞大臣，其一例以蒙古王公台吉兼任。日记著者当是参赞大臣之一，另位"车藩"可能兼任过参赞大臣的喀尔喀赛因诺颜部扎萨克多罗郡王车凌多尔济。"果帅"又称"杜果帅"，于十五年三月初八病逝，当是将军杜嘎尔。据此，核对有关资料，其时满洲参赞大臣正是祥麟。

日记著者查出来了，书名也就该正为《祥麟日记》或《乌里雅苏台参赞大臣日记》。

清代乌里雅苏台将军总辖外蒙，满洲文员参赞大臣又每每是实权人物。这部日记除了庶政，还有关于当时中俄

划界工作的记载,第一手的权威资料。倘使著者姓名就此
错下去,或者也是佚名,这部文献将长期淹没。①
上述考订,根据日记文字中的进士同年称谓和地名、官称、交往
人物,确证作者"麟"即同治甲戌翻译进士、乌里雅苏台参赞大
臣祥麟。崔建英先生 1956 年起在中科院图书馆工作,直到
1992 年退休,这部书最后定名为《乌里雅苏台日记》,应该与他
的考证有关。此前谢国桢在《续修四库全书总目提要(稿本)》
中定名《乌里雅苏台纪事》,是因该书每册封面左上角都贴有红
色签条书"记事十×年×月分"有关。傅斯年图书馆《乌里雅苏台
行程纪事》本的定名,也是如此。

　　《乌里雅苏台日记》十七册,每册纸捻子做线装。半叶 17.5
×13cm。半叶 8 行,满行 20 字(抬格有满行 21 字)。有涂改、补
字等等情形。汉文恭楷书写,部分地名旁写满文,如第二册光绪
十五年二月廿二日,记乌里雅苏台属霍呢音岭迤东山名、河名、
卡伦名、台辚名,均有满文旁书。每册前述后来的藏书印外,第
十三册光绪十六年正月第一叶卷首右上角还有"移孝作忠效力
边陲"白文长方印,这毫无疑问是祥麟自己出任边陲而自许的
闲章,与傅斯年图书馆本同。

　　这一部分的《乌里雅苏台日记》与傅斯年图书馆本先后承
续,虽然中间仍缺光绪十四年一年,其馀各年在乌里雅苏台参赞
大臣任上事无巨细的记录,特别是作者满汉文俱佳的写作,极大
地丰富了我们对于那一时代外蒙古地区的认识。

────────────

① 崔建英《古籍著录琐见》,《图书情报工作》1981 年第 4 期,20—21 页;
　收录于《崔建英版本目录学文集》,南京:凤凰出版社,2012 年,158—
　159 页。

五、上海图书馆本《祥麟日记》

上海图书馆藏《祥麟日记》十一册（图8），为光绪二十四年正月迄于十一月之日记，每月一册，其中缺十月，而有闰三月，故仍是十一册。

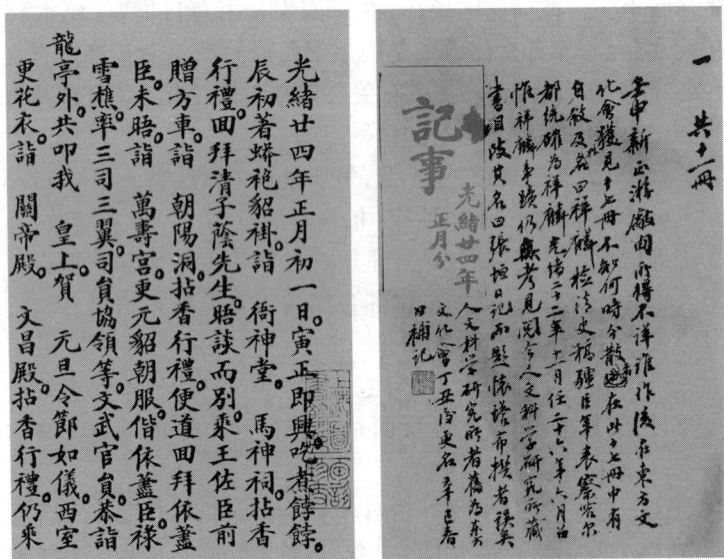

图8　上海图书馆藏《祥麟日记》书影

祥麟于光绪二十二年十一月由仓场侍郎外任察哈尔都统，光绪二十六年六月召见进京。上海图书馆的这部分日记，是其在察哈尔都统任上的一部前后残缺的文献。

该部日记原为顾廷龙（1904—1998）先生旧藏而捐赠上图

者,今有《上海图书馆藏稿钞本日记丛刊》影印本传世①。《祥麟日记》首册书衣上,有顾廷龙先生的亲笔题跋:

> 壬申(1932)新正,游厂甸所得,不详谁作。后在东方文化会获见十七册,不知何时分散者。在此十七册中,有自叙及姓名曰祥麟。检《清史稿》疆臣年表,察哈尔都统确为祥麟。光绪二十二年十一月任,二十六年六月召。惟祥麟事迹仍无考见。阅今人文科学研究所藏书目,改其名曰《张垣日记》,而题怀塔布撰者,误矣。人文科学研究所者,旧为东方文化会,丁丑(1937)后更名。辛丑(1961)春日补记。(钤"匋斝题记"白方印)②

顾廷龙先生除了记录《祥麟日记》在1932年春节从琉璃厂获得的情形外,还特别提到其与东方文化事业委员会收藏的十七册《乌里雅苏台日记》出于同一作者,以及根据后者内容考知作者为祥麟的情况。对于东方文化事业委员会本误标"怀塔布《张垣日记》",也做了纠正。书衣的"匋斝题记"、首页的"匋斝珍庋"和其中的"顾廷龙观"白文方印,以及"起潜持赠"、"亭林族裔"朱文方印,均为顾廷龙先生私印。

《祥麟日记》依旧继续了其在哈密、乌里雅苏台任上的写作习惯,誊清的稿本半叶8行,满行18—20字(抬格有满行21字者),行间有句读圈点及增改,部分天头也有补注。封面有红色签条书"记事廿四年×月分"。

察哈尔地区是指清代察哈尔蒙古部落八旗、四牧群游牧之

---

① 《祥麟日记》,《上海图书馆藏稿钞本日记丛刊》第86册,3—440页。
② 《祥麟日记》,《上海图书馆藏稿钞本日记丛刊》第86册,1页。这一题跋,后收入《顾廷龙文集》,上海:上海科学技术文献出版社,2002年,67页。

所,地邻京师,位于连接蒙古东西、通往蒙古高原的必经之地上,是清廷控扼蒙古而威慑西北的要道,地理位置十分重要。乾隆二十六年(1761)起,设察哈尔都统,为此地最高军政长官,驻张家口,统率畿辅西北驻防。从那个时候起,察哈尔都统的人选,在其旗籍出身、履历特征、任职期限方面,都有非常严格的要求①。而满洲正黄旗出身的祥麟,先后在中央(任职工部左侍郎、正蓝旗蒙古副都统、仓场侍郎)和地方(任职哈密帮办大臣、乌里雅苏台参赞大臣)都曾担任军政要职,成为光绪二十二年原任都统德铭因病解职后继任的不二人选②。他果然也不负深望,在察哈尔都统任上驻守四年,一直到光绪二十六年才解职入京③。

　　虽然上图本《祥麟日记》的提要对其日记评价不高,认为"全书所记类工作备忘录,但言画押、用印次数,殊为简略",并据其内容判断"治下并不清明可知",且从对待戊戌变法的态度推论"其政治上之保守倾向"云云④,但其职守所在,日记的保存,无疑是我们了解这一时期不可替代的重要史料。

---

① 相关论述,可参阎晓雪等《清代察哈尔都统职任考略》,《河北北方学院学报》2014年第1期,47—51页;张懿缇《清代乾隆朝察哈尔都统群体特征研究》,《河北北方学院学报》2017年第5期,32—37页。

② 《清德宗实录》卷三九七:"(光绪二十二年十一月己未)察哈尔都统德铭因病解职,以仓场侍郎祥麟为察哈尔都统。"《清实录》第57册,199页。

③ 《清德宗实录》卷四六五:"(光绪二十六年六月癸酉)命察哈尔都统祥麟来京,以镶黄旗满洲副都统芬车为察哈尔都统。"《清实录》第58册,85页。

④ 李军撰《祥麟日记》提要,《上海图书馆藏稿钞本日记丛刊提要》,186—187页。

六、结 语

祥麟(1843—?)字仁趾①，马佳氏，满洲正黄旗人，六岁补内火器营养育兵，同治十三年翻译科进士，授翰林院庶吉士，此后步入仕途。作为重要的疆臣，祥麟没有在《国史传》和《清史稿》中留下传记。对于他的生平，我们过去只能从不同的文献中了解到他的履历梗概，如《清实录》中自光绪二年至二十六年，有其散馆授检讨以来历任詹事府少詹事、内阁学士兼礼部侍郎衔、都统衔哈密帮办大臣、乌里雅苏台参赞大臣、工部左侍郎、正蓝

---

① 祥麟生年原本无载，上海图书馆本《祥麟日记》提要据光绪二十四年正月初四日有"口占七绝，附录于此，以记五十年来之际遇也"的记载，逆推其生年在道光二十八年(1848)前后(参《上海图书馆藏稿钞本日记丛刊提要》，185页)。其绝句有"六龄食饷忆龆年"句，是其"六岁补内火器营养育兵"事。又按，古人以虚岁记龄，因此，以上推测，当以生年在道光二十九年(1849)为是。而傅斯年图书馆本《乌里雅苏台行程纪事》于光绪十三年二月廿八日有"不图四十年愚蒙，今一旦启于乌垣，并可藉此排遣，可谓'人生四十当知卅九之非也'"(《傅斯年图书馆藏未刊稿钞本·史部》第十册，287页)，亦可证其生年在道光二十九年。兹又据张剑《祥麟年谱简编》引《奏为拣选祥麟拟正裕德拟陪补授詹事府少詹事请旨事(光绪七年四月十六日)》所附《祥麟裕德履历清单》："拟正，花翎四品衔右庶子祥麟，甲戌翻译进士，正黄旗满洲福谦佐领下人，食俸六年，年三十九岁，马佳氏。"由光绪七年(1881)前推三十八年，其生年为道光二十三年(1843)。按，自宋代以来，士人往往有"真年"与"官年"之歧异，通过"减年"的方式为应举、入仕的方便而减免实际年龄，这个习俗在清代尤其流行。因此，祥麟生年道光二十九年或以其"官年"所逆推者，道光二十三年是其"真年"所推者，今从后者。其卒年，据张剑《祥麟年谱简编》，当在光绪三十二年之后。

旗蒙古副都统、仓场侍郎、察哈尔都统的授职记录,及任上若干
奏报和上谕批复等简单的条目。此外,中国第一历史档案馆为
数不多的祥麟奏折,和流散各处的一些零散文献记录,也都无法
构成其丰富的人生。尤其是他三次外任,处于晚清时事多艰、边
事纷繁的岁月,本应该是非常值得翻检的经历。

现在,这三次外任日记的发现,其中巨细靡遗的记录,忽然
间为我们了解其担任边臣的细节和为人处事的性格,增加了丰
满的血肉文字;至于通过其日记反映那个时代的边疆时事的意
义,就更不待言。

其实,祥麟自身也对其在哈密帮办大臣和乌里雅苏台参赞
大臣的边陲履历非常重视,如中科院本《乌里雅苏台日记》记其
光绪十六年三月初二日事云:

> 申酉之间,穆平安由京来乌,接儿鹏喜字第一号家信一
> 封,敬悉家严喜慰、精神康健,以本年二月廿八日奉上谕:祥
> 麟著补授内阁学士,兼礼部侍郎衔。钦此。因此家严十分
> 喜悦,故遣穆价来迎也。麟七年两戍,合浦珠还,感激国恩
> 祖德,非笔墨所能罄述也。

所谓的"七年两戍",正是此两次西行。在日记以散藏的方
式流落各处时,各本的著录和研究者,每不能将此"两戍"联系
在一起考述。如京都大学和清华大学本记录的哈密帮办大臣任
上的日记,不仅因为标题的不同而互相不得串联;关注其后来生
平日记如乌里雅苏台参赞大臣、察哈尔都统时期者,也多有知此
而不及彼的情况①。这种分离状态,使得我们无法将其生平的

---

① 如傅斯年图书馆本《乌里雅苏台行程纪事》之提要,检索到中国科学
院图书馆本《乌里雅苏台日记》和上海图书馆本《祥麟日记》,并不及
其哈密帮办大臣之履历与京都大学、清华大学此期日记;上（转下页）

各个时期缀合同观,也影响了对于祥麟及其边疆任职的全方位认知。

从清代边疆管理的交通线路来看,前往哈密和乌里雅苏台的道路,正是清帝国通往西北边疆的"北路"和"西路"要道①,而察哈尔又是清廷拱卫京师、控制西北的重要孔道,祥麟有关此三地详细记载的行程和驻防日记,无疑为我们提供了了解这一时期东西交通的重要资料。相信这些日记的陆续出版并综合整理,一定会给晚清历史和西北边疆史、中俄关系史的研究带来最为鲜活的史料。

即使如此,关于祥麟生平的许多时段,特别是早年身世和晚年结局,依旧并不为我们所知晓;而上述已经公布的三地日记,也还有部分散佚。随着以上资料的利用,继续找寻和研究祥麟的其他著述及其生平史料,也应该成为这一专题文献的另一个可持续的目标。

(接上页)海图书馆本《祥麟日记》的提要,则仅及中国科学院图书馆本而不及其他。

① 相关研究,参金峰《清代新疆西路台站》,《新疆大学学报》1980 年 1 期,60—73 页;1980 年 2 期,93—102 页。刘文鹏《清代驿传及其与疆域形成关系之研究》,北京:中国人民大学出版社,2004 年。

凡　例

一、祥麟哈密日记，底本使用《清华大学图书馆藏稿钞本日记丛刊》（国家图书馆出版社 2019 年版）所收影印本，校以京都大学藏本；乌里雅苏台日记，光绪十二年、十三年日记底本使用《傅斯年图书馆藏未刊稿钞本》（台北"中研院"史语所 2015 年版）所收《乌里雅苏台行程纪事》影印本，光绪十五年、十六年日记底本使用中国科学院图书馆藏本；察哈尔日记，底本使用《上海图书馆藏稿钞本日记丛刊提要》（国家图书馆出版社、上海科学技术文献出版社 2018 年版）所收影印本；藏本馆藏及分册情况、每册封面文字、正文首页钤章等信息，皆以脚注形式在相应位置说明。

二、在原年、月、日后增加公元纪年，以圆括号括注其后。

三、根据中华书局《中国近代人物日记丛书》的体例要求，除涉及辨义处和其他特殊情况，所有文字包括人名、地名等尽量改用简化字；但本朝避讳字不改回本字；通假字一般亦不改动，如"弟"与"第"、"到"与"倒"、"那"与"挪"；特殊改动的通假字（如"搆"与"购"、"雀"与"鹤"）或其他易生误解处，则以脚注形式指明。

四、形似而讹字径改回本字，不出校，如"己""已""巳"、"塌""拓"（搨）、"卿""乡"（鄉）、"搏""抟"（摶）之类。

五、天头地脚文字视具体情况移入正文相应位置，不宜移入者以脚注形式说明。

六、原稿装订偶有窜乱,皆据内容改正。

七、原稿确定误字者,以圆括号"( )"括出误字,后继以六角括号"〔 〕"括出改字;原稿有脱字者,所补字亦用六角括号"〔 〕"括出;原稿有衍字者,用"【 】"括出。

八、原稿记有大量日常流水账,多以苏州草码书写;今为明晰,均转为汉文数字,后附以阿拉伯数字(银以"分"为单位、钱以"文"为单位),以便计算;如"作料、玉兰片等:四钱40","四钱"为草码转写,后附"40",表示等于40分;"二两五钱四分五厘254.5","二两五钱四分五厘"为草码转写,后附"254.5",表示等于254.5分。

九、原稿在收支细账后又多附总账,但时有不能相合之处,不知是祥麟之误,还是抄手誊写之误,凡此之处,皆以脚注形式指明。

哈密日记

光绪十年(1884)日记

行程日记壹①

夫江淮禹穴,太史公之壮游;骖鸾吴船,范石湖之纪录。自来英儒赡闻之士,类多以宦辙所至,见之著述,垂示方来。而忧劳况瘁之情,盘根错节之器,亦因之见其概矣。矧乃躬膺简命,职司边陲,倘不标题山川,博访风俗,何以纪运甓之分阴,写携琴之寸抱哉!

余友祥仁趾都护,以磊落英伟之姿,起家科名,致身馆阁。甲申二月,简放哈密帮办大臣,节麾所至,不废著述。凡道里山川、形胜古迹、风土民俗、饮食起居,靡不博考见闻,登诸纪载。其生平、文章、政绩,略具一斑。且治国本诸齐家,今观记中稽核出入,约束纪纲,兼综条贯,巨细靡遗,推而广之,以为察吏安民之治,岂外是乎?

余与仁趾同舟共济,交非恒泛,聊志数言为券。他日者领疆圻之封,成悬弧之志,必更有奇观大观之记,余当拭目以先睹为快云。

光绪十年甲申中秋前乡愚弟明春拜序②

---

① 此为清华大学图书馆所藏第一册日记封面所题,扉页又题"皇华劳瘁"。

② 序言后之空白处,有识语二则:一为"光绪戊子冬月念六日,士䅰氏重订并藏,计共八本。"一为"民国贰拾贰年集亭氏订。"

京都至良乡县,七十里。①

光绪十年二月初六日(1884 年 3 月 3 日)辰刻由京出彰仪门,至长兴店打尖,自备。晚宿良乡南关外,路东破店二所甚窄,东房二间,大炕一铺,夫妻共守两女,以待行李大车,延至初七日子正二刻方到齐,令人愤懑已极。真可谓在家千日好,出外一时难。所幸该县供给尚妥,办差家人溜单周到,是以厚加赏犒酒资银拾两,惟因车马未齐,耽误一日。

兑银十五两八钱,合钱一万八千二百四十 18240②。

早尖饭钱:一千九百八 1980;钉掌:一百六十 160;两车夫饭:四百 400;溜牲口:三百 300;修车:三十 30;田、张、郑饭:五百三十八 538;张、刘、祁、任饭:八百一十八 818;挑肩:七十五 75;兵部车夫饭:五百 500;兵部马夫饭:一千 1000;郑铭车:七十 70;那府车麸料:二百 200;牲口麸料:一千 1000;邱二饭:六百六十二 662;兵部车酒:五百 500;李雇车酒:二百五十 250;灯笼腊:二百 200;显斋车麸料:五百 500;兵部马夫酒:五百 500;兴店草料:三百六十 360;押车家人晚饭:一千四百九十四 1494;周、杨、骆、连兴店饭:八百 800;共一万二千三百三十七 12337。

初七日(3 月 4 日)仍驻良乡。

兑银四两,合钱五千八百五十 5850。

补周、杨、骆、连尖店早饭:八百 800;修脚:一百 100;各

---

① 首行钤印三枚:"集亭"朱文、"移孝作忠效力边陲"白文、"边臣祥印"朱文。

② 此八册日记记细帐皆用花码,银以"两""钱""厘"为单位不等,钱则以"文"为单位,今为直观,将花码数目皆整理为汉字数目,后附以阿拉伯数字。

家人早晚饭十一名：二千二百 2200；牲口草料：一千五百1500；木炭：一百二十 120；腊二斤、纸四张：三百四十 340；师爷早、晚饭：一千六百八十四 1684；早、晚饭：二千七百八十四 2784；张、郑早晚饭：五百〇六 506；又牲口草：六百600；共一万〇六百三十四 10634。

初八日（3月5日）驻涿州。七十里。城联：日边衢要无双地，天下繁难第一州。

辰刻由良乡装车，至巳初开车，廿五里，窦店尖，自备。由三益店午正开车，十五里至琉璃河，过桥，申刻至涿州，惟行李车亥初始到。公馆颇佳，院落稍窄，大车另驻三元店。该州供给甚妥，办差家人亦周，故从厚加赏银捌两。家人张瑞禀请，嗣后不得援以为例。

兑银一两九钱四分，合钱一千九百一十 1910。

兑银一两七钱四分，合钱二千七百四十 2740。

补兴店酒钱：一百四十 140；木炭：八十 80；地保听差：二百 200；办差伙众：一千 1000；号头：一百五十 150；更夫装车夫二日在内：八百 800；尖站溜牲口：一百五十 150；马夫：三百五十 350；各家人早饭十一名：一千一百 1100；师爷尖站：二百六十 260，早饭：一千四百 1400；皮条笼烛旧车内：三百八十 380；张、郑早饭：二百四十 240；拉车：九十 90；共六千三百四十 6340。

初九日（3月6日）驻北河，八十里。

辰刻开车，离城廿里张飞店，有桓侯祠暨古井，午正至高碑店打尖，自备，申刻穿定兴县城，酉正至北河镇公馆，假广盛店，鼓吹炮手始焉。

兑银三两一钱五分，合钱四千九百七十 4970。

补初八日麸料：一千四 1400；早饭：二千四百七十八

2478；补窦店草料：一百三十二 132；师老爷早饭：三百七十二 372；木炭：三十五 35；张立等十一名饭：一千一百 1100；三元店酒资：二百 200；挑肩：一百 100；绳子费五十二在内、号头酒：六百二十 620；行台听差四百 400、办差一千 1000；装车：一千九百 1900；麸料：七百五十 750；张、郑早饭：二百五十 250；路上车用腊：二百四十 240；马夫饭：二百五十 250；高碑店尖酒：一百五十 150；共九千九百七十七 9977。

初十日（3 月 7 日）驻安肃县，六十里。未打早尖，家人仍给饭钱。

黎明装车，辰末开车，由古城集过白塔铺，未正至安肃北关外行台。该县办差颇妥，惟押行李家人杨福乘二套车至古城之北，车覆，压伤右眼眶等处，该价一时寸步难行，赖周福等设法觅夫抬至行台，当即用药敷治，并谕众家人各自留神，以保性命。除良乡北大车遇匪，涿州南行李陷泥①，此第一险也。观之令人恻怛，虽有英雄气，难免儿女情。

兑银一两六钱八分，合钱二千六百四十六 2646。

张、郑、赵、穆饭：四百 400；张立等九名饭：四百五十 450；老嬷嬷等饭：二百 200；麸料溜牲口初九日溜牲二百五十 250 在内：一千五百七十五 1575；装车听差：一千 1000；车夫用大盐抬夫七百 700 在内：八百五十 850；修马鞭马鞍马夫一百 100 在内：二百四十 240；外赏杨福：三百一十 310，共五千〇二十五 5025。

十一日（3 月 8 日）驻保定府，五十里。

辰刻开车，午正至保阳皇华馆，假轿入城，拜谒藩臬道府协

---

①　除良乡北大车遇匪，涿州南行李陷泥：京都本作"除良乡北大车行李陷泥"。

令各官,镇青、峻峰谊属同乡,谈论故旧,言及东粤藩台刚子良,峻峰廉宪颇有何遵约法之意,〔以〕①京食小菜各酬酢一二事,惟甫经出京,大堂见礼,未免遗②笑大方。

兑银四两四钱,合钱七千〇八十四7084。

兑银八两三钱七分,合钱一万三千四百七十五13475。

轿夫赏钱:二千2000;办差:一千1000;听差更夫:七百700;套绳铁刷:二千六百八十五2685;红伞:二千2000;内外家人饭:九百五十950;号房礼赏:三千三百3300;筐子绳子:四千五百4500;太太用家报资:六百600;溜牲口麸料:二千二百2200;马封、移封四百个:三千二百3200;共二万二千一百三十五22135。③

十二日(3月9日)驻方顺桥,六十里。

辰刻发仁字第一号家报。已初开车至泾阳驲,四十五里,换车马,十五里至方顺桥宿焉,该处离满城六十里,惟供饮馔,不换公事。

兑银二两三钱八分,合钱三千七百九十二3792。

内外家人饭:九百五十950;办、听差:一千三百1300;皮纸、木炭、装车:三百六十360;溜牲口、麸料一千〇二十1020;共三千六百三十3630。

十三日(3月10)驻定州,九十里。

卯初开车,行十馀里,沿途水坑实在难行,已初至望都县早尖,越清风店,过清水河,晚宿定州。该州城池颇大,北关外有汉

---

① 以:据京都本补。

② 遗:京都本作"贻。"

③ 各项合计为23135文,疑祥麟误算或漏记。日记中多有此类现象,后均于注中指出。

昭烈帝祖墓古迹。是日早间,家人刘连擅动车鞭,以至辕马惊蹶,险遭不测,当即重责卅鞭示众。

兑银一两一钱三分,合钱一千七百七十 1770;办差五分。

满城听差:四百 400;打更:二百 200;望都听、办差:九百 900;溜牲口、麩料:七百二十五 725;手巾、眼药、零用:二百 200;办差、听差、更夫、伞夫:七百九十 790;望都民壮、马夫:一百八十 180;共三千三百九十五 3395。

十四日(3 月 11 日)驻新乐县,六十里。

辰刻开车,风沙大作,车马难行,越明月店,午正至新乐,以尖为宿,自备中饭。该县城池周围沙地,民情瘠苦,东关外有"羲皇故里"牌。

兑五钱四分 54,合八百一十 810。

兑一两三钱五分,合二千一百三十三 2133。

兑一两〇一分,合一千五百四十五 1545。

上下早尖肉、面费:一千三百九十八 1398;麩料:八百八十 880;溜牲口、更夫、马夫:四百 400;办差、听差、公馆店:一千 1000;号头、车头:一百五十 150;共三千八百二十八 3828。

十五日(3 月 12 日)驻正定府,九十里。

卯正开车,出南关二三里,过河,走浮桥二道,至七里庄桥地方,沿途泥坑实在难行,行李大车陷在泥中,设法拉出,幸未毁伤,午刻至伏城驲早尖,遇奉天军帅庆兰圃同乡,往返拜谒,畅谈许久,并托口信寄家。申正至郡邑,进北关,有汉赵(陀)〔佗〕故里碑,公馆在南街东关内,有大佛寺,菩萨法身七丈二尺。该县供给甚周,饮馔精洁,甲于四省,抑由饥者易为食耳。

兑二两一钱,合三千二百一十三 3213。

兑二两五钱四分,合三千八百六十一3861。

伏城驷办听差、号车头:一千三百1300;油水、车挡:一百三十二132;拉大车、伞夫、修伞:六百二十620;溜牲口、麸料:七百二十五725;烧饼:七十六76;正定伞夫、民壮:一百五十150;正定办听差、号头、马夫:一千四百1400;共四千四百〇三4403。

十六日(3月13日)驻获鹿县,六十里。

辰刻开车,出城十里至滹沱河,此河约宽二里馀,幸春令水小,尚有浮桥,惟北岸下泥淖难行,过桥西行①获鹿大道,赵陵铺未备尖站,策骑遄征,未刻到获,石炭之味薰灼难闻,真半生初遇之滋味也。大车至浮桥北又陷泥中。

兑三两一钱,合四千八百〇五4805。

二姑娘用:三十六36;香油:一百六十160;溜牲口、麸料:七百二十五725;内外家人饭:九百五十950;调罸、换挡、修鞭、修鞍、挂木代绳:七百九十五795;共一千七百四十五1745②。

十七日(3月14日)驻井陉县,七十里。

辰刻开车出西关,沿河滩十六里,经下安至上安,道路崎岖,小民瘠苦,穴山为屋。走白王庄,山沟夹道深二三丈不等,小民赖烧石灰为生,以农田稀少故也。登东天门,尖微水村,自备。晚住井陉县,县城依高山,傍秀水,城南可观之至,惟公馆在河西东关内,行李店在河东北街中,且一入获鹿山,大车翻了二次,步弓摔折三张,车夫太可恶,家人不经心。按东天门左相新修南道平且宽,惜惑于驮轿可行,则马亦可行,殊不知烂石崎岖,旧路未

---

① 京都本此处多"入"字。

② 各项合计为2666文。

修，牵马徒行①十有馀里，两腿酸痛三天，如②步祷妙峰山一次，况公馆亦似不洁，恍有鬼声呼冤，其鬼不达时务，想疑麟为张幼樵年老前辈也③，一笑。

兑一两五钱二分，合二千三百四十一2341。

兑四两八钱二分，合七千五百九十一7591。

获鹿办、听差、号头：八百五十850；早饭：六百600；内外家人饭赏：一千六百1600；民壮、伞夫、马夫、驼轿、长车、饭赏：二千七百2700；尖店酒：二百200；溜牲口、获、井麸料：一千一百1100；共七千〇五十7050。

十八日（3月15日）驻柏井驿，八十里。

辰刻开车，巳刻至北天门，即古固关，直隶、山西两省交界，南则固关雄峙，山上堞雉分明，想见古人设关据险，深明地利。然而沧海桑田，英雄白骨，只缘受恩愈重，图报愈难，则不敢计及身后也。此关税局属晋抚④兼摄，税课亦不大旺。崎岖八里，又值微雨，至槐树堡早尖，驮夫、仆从狼狈难堪，行李微湿，幸无大毁。酉刻驻柏井驿，然可怜者由井陉至柏井驿站乏车，只用驴驮夫抬。尖后申初雨微止，策骑走山至西天门，泥淖难行，下骑徒步，而由京牵来坐车、驴驾人帮，戌刻方到，虽未大坏，小有损伤，且自雇行李大车亦另觅拉夫牵走，始得越过天门，众夫吃力之形不堪寓目，知士仁人，仓卒谅亦无法，故稍加赏犒以酬之，而未足偿其劳⑤也。

---

① 行：京都本作“步”。

② 京都本此处多一“昔”字。

③ “张幼樵年老前辈也”，京都本作“幼樵张前辈也”。

④ 晋抚：京都本作“直督”。

⑤ 劳：京都本作“累”。

井陉办、听差、厨子、号头:一千五百五十 1550;早尖:七百二十 720;各家人早尖:五百八十 580;尖宿、麸料、溜牲口:一千一百九十五 1195;赵御、平安饭、民壮、伞夫、拉车夫:八百一十 810;共四千八百五十五 4855。

十九日(3月16日)驻平定州,五十里。

巳初开车,十数里下坡路,车马难行,山河沟水涨发,幸有前任山西方伯绍格民于山畔筑室避险,泽及行旅,诚善政也,而以散处闲居,惜哉。未刻驻平定州。

按客岁冬月奉命后措资置办行装,觅雇车轿,而临行千馀金荡然无存,另有细账附于卷末。幸有宝相国老夫子赆金贰伯两,暨由户部领得照验一通,携眷车六辆直省折价银柒拾肆两,始得起程,西来随时易钱,先后登记,今由平定州领得由晋至秦携眷车六辆折价银捌拾肆两,除分赏内外众家人二成,岳母老太太代存壹成外,实入账七成,银伍拾捌两捌钱。

该州于发车折价银后另具赆敬廿四金为赆,当即婉言璧回,面谕来纪携眷车价系朝廷格外优例,有照验可凭,有印花可粘,善为我辞焉。并谕各家人如敢私行收受①,定交地方官重惩不贷,始得谢却也。此举不知缘何而起,想尝试耳。

兑一两五钱一分,合二千三百九十 2390。

兑三两六钱,合五千九百七十六 5976。

平定办差一两。

太太零用:五百 500;柏井办、听差、号头:八百五十 850;甘桃马夫:五十 50;粗布十二尺:三百二十八 328;包点心蓆篓:三百 300;内外家人饭:九百五十 950;柏井麸料溜牲口在内:七百 700;平定麸料:七百 700;白糖一斤:二百四

---

① 京都本此处多“者”字。

十 240；吊炉烧饼：四十二 42；共四千六百六十 4660。

二十日（3 月 17 日）驻侧石驿，五十里盂县属。

巳初开车，行上坡路七八里，至南天门天门坡，五里至平潭铺，道路颇平，由平潭至侧石，一路河滩，行之不易，现今开山凿路，工尚未竣。申刻驻侧石驿，随山挖洞①为屋，供给颇妥，惜以大雁为鸭，食之令人呕逆。该县不换公事，惟换驴马。次日家人郑铭、周福为驴马争斗，余从严申饬一番，始各息散。此皆不准收受之馀愤也。

上用烧饼：三十 30；平定、侧石内外家人饭：一千九百 1900；平、侧更夫：二百 200；平、侧包马、号头：二百 200；平、侧溜牲口、添麸料：一千四百五十六 1456；修小鞍：三十 30；平、侧办差银乙两、听差：一千五百 1500；平定民壮、伞夫：一百五十 150；大盐：四十 40；馒首、点心：六十四 64；共五千五百七十 5570。

二十一日（3 月 18 日）驻寿阳县，五十里。

辰刻开车至芹泉卅里，道路甚平，至县城廿里，不甚好走，进朝阳阁，工程可观，城内庙宇精雅。此城东、南、西三门，周围不及二里，惟②此处公馆上房不洁，余寝息未安，小女、内子均似梦魇，余寒栗一会，默诵圣经三四遍，方得睡去也。移孝作忠，听天由命，闻怪不怪，化险为平，全赖天恩祖德之默佑耳。

兑一两二钱一分，合一千九百四十八 1948。

兑四两七钱二分，合七千七百八十八 7788。

上房香油、馒首：七十二 72；内外家人饭：九百五十 950；办、听差：一千一百 1100；马夫、号头：五十 50；棉线带

---

① 洞：京都本作"窑"。
② 惟：京都本作"且"。

毛毡:一千二百五十 1250;包马夫:六十 60;溜牲口、麸料:
七百一十五 715;共四千一百九十七 4197。

二十二日(3月19日)驻太安驿,五十里寿阳属。

辰正开车,路颇平,惟过河四次,稍不易走。是日偶坐驮轿,
沿山而行,甚至三四尺宽酥土山边,骡马鱼贯,非欲铤而走险,实
因骡夫躲泥河滩,反致行险徼幸。且一出寿阳头道浮桥,裕青马
被挤落水,及至此山,又逸上土冈,求逸反劳,此马之谓也。未正
驻太安驿。

什贴尖上饭:四百三十 430;内外家人饭:九百五十
950;民壮、伞夫:三百 300;办听差、溜牲口:一千三百五十
1350;尖店酒宿、站、更:一百八十 180;钉掌、麸料、赏小顺:
一千七百一十 1710;共四千九百五十 4950。①

二十三日(3月20日)驻王(湖)〔胡〕驿,七十里什贴尖,
自备。

辰刻开车,至十里铺,路颇平,至什贴道,难走,现值开山修
路,工尚未竣,是以难行,且是日东北大作狂风,又逢窄险土冈,
车中默祷而已。申初驻王(湖)〔胡〕驿。

兑七两,合一万一千五百五十 11550。

办听差、更夫、号头:一千七百 1700;补太安驮老爷用:
一百 100;永康镇尖:三百四十六 346;内外家人饭:九百五
十 950;馒首、粽子、沙锅、表心纸等:四百三十二 432;伞夫、
民壮、包马、尖店:四百 400;驮轿夫、长车夫:一千九百
1900;料麸、溜牲口:一千一百一十五 1115;共六千九百四
十三 6943。

二十四日(3月21日)驻徐沟县,七十里。

---

①　各项合计实 4920 文。

辰初开车，卅里至永康镇尖，自备。该处居民二千馀户，惟大路泥淖三尺馀深，车马难行，大车陷住，设法拉出，幸未倾覆。午刻由镇动身，十五里过河，十五里至徐邑，城内泥坑颇多，甚不易行，申正至西关行台宿焉。

办听差、更夫、号头、伞夫、民壮：一千八百五十1850；罗村尖饭、茶水：四百九十六496；内外家饭：九百五十950；又二百〇八208；麸料、溜牲口：一千一百〇八1108；铁锅、包马四百400；共五千〇一十二5012。

二十五日（3月22日）驻祁县，六十里。

辰初开车，行二里过大桥，平路好走，午初至罗村尖，自备。是日也，东北风①微雨，尖毕雨止，卅里平路，申正进县北门，出西门，入行台，台西隔壁有汉司徒王允祠。晚饭后微服只身②北门外，访温峤故里碑，至昏黑未果，路经丛家，颇觉凄楚。

办差：一百100；听差、更夫、号头、包马、伞夫、民壮：八百800；祁县早菜、平遥小菜：九百五十950；内外家人饭、木箱线带：一千七百二十1720；麸料、溜牲口：八百〇六806；老爷、太太用：三百300；共四千五百七十六4576。③

二十六日（3月23日）驻平遥县，五十里。

巳初开车，卅里过红沙集，廿里进县东门。是日无尖，未正宿平〔遥〕④行台，构造颇精，西厢前有老槐树一株，灵佑一方，县南大街铺户甚多，富庶丰裕，并有金井古迹。由新泰厚发仁字第二号家报，惜川资不足，未能汇银寄京，以奉老亲为歉耳。

---

① 东北风：京都本作"北风"。
② 京都本此处多"闲步"二字。
③ 各项合计为4676文。
④ "遥"字据京都本补。

兑三两八钱，合五千八百五十八5858；办差一两。

听差、更夫、号头、包马、伞夫、民壮：九百900；张兰镇办差、听差、厨子：一千六百1600；补内外家人：九百五十950；麸料、溜牲口：七百〇八708；白糖乙斤：二百二十220；共四千三百七十八4378。

二十七日（3月24日）驻介休县，八十里。

辰初①开车，卅五里平路，至张兰镇尖，介休供给，尖毕策骑行泥淖，裕青马乏了，驮轿大车迂道亦遇泥水，边套小马陷淖成泥，大车陷泥没槽，拖泥带水行四十馀里，酉正驻介休。

办听差、更夫、号头：一千六百五十1650；伞夫、民壮、包马：一百五十150；两渡镇办、听差：一千1000；猪猙、皮条、小菜：四百三十430；麸料、溜牲口：七百一十三713：共三千九百四十三3943。

二十八日（3月25日）驻灵石县，八十里。

【二十八日】辰初开车，过义棠镇，沿山至连洞镇尖，系②灵石供给，尖毕开车，沿山上下路极险，申初至县，行台有马王庙，饮窖水，如黄流，嗅臭煤，苦莫言状，行李车又另驻焉。

兑一两一钱，合一千八百〇八1808。

办听差、更夫、厨子：一千七百1700；仁义镇办差、听差、厨子、包马：一千二百1200；伞夫、民壮：二百200；换车轴油、水：三千二百六十3260；霍州添料：三百五十350；共六千七百一十6710。

二十九日（3月26日）越仁义镇，驻霍州，壹百里。

辰初开车，行十里石子路，上坡走韩侯岭，下岭徒步，以坡太

---

① 辰初：京都本作"辰刻"。

② 系：京都本作"乃"。

陡故也。岭上有淮阴庙，灵应如响，惜未叩拜，以致裕青马更累乏了。不知淮阴幽魂千年，愤闷不满于无能后生，抑有灵狐灵鬼，窃托淮阴以享祭祀哉？岭上换车轴，下岭至仁义镇已午正二刻①，尖毕②开车，走逍遥岭，上下坡路，酉初驻霍州，惟驮轿戌初方到，并失马鞭。

兑四两二钱，合六千五百五十三 6553。

办听差、执事、更夫：二千一百 2100；赵城办听差、号头、民壮、伞夫：一千三百五十 1350；点心、添菜、马药：三百四十四 344；包马、溜牲口：三百 300；赵城家人饭、执事：一千五百 1500；共五千五百九十四五钱五分 5594。

三月初一日（3月27日）驻洪洞县，八十里。

辰初开车，五里平路，馀则山沟，上下坡路多崎岖，午初至赵城县尖，尖毕开车过四阁楼，走豫让桥，又名国士桥，酉初驻洪洞县。

办听差、更夫、执事、民壮、号头、包马、伞夫：二千二百五十 2250；内外家人饭：九百五十 950；添点心：三百 300；添料、溜牲口：六百七十一 671；补廿九日溜牲口：二百五十 250；共四千四百二十一 4421。

初二日（3月28日）驻平阳府，六十里。

辰初开车，出南关，过大桥，廿里穿瑞羊生豸牌楼，走高河桥，越高梁城，以扬曲镇早尖未备也，申初驻平阳府。

兑二两四钱二分，合四千〇七十八 4078。

兑三两九钱六分，合六千八百十一二 6812。

老爷、太太零用：三百 300；听办差、号头、更夫、执事、

---

① 京都本此处多"矣"字。
② 尖毕：原作"毕尖"，据京都本改。

包马：一千九百八十 1980；内外家人饭：九百五十 950；添料、溜牲口：六百五十二 652；买套包、夹板、早晚菜：一千五百三十 1530；共五千四百十一二 5412。

初三日（3 月 29 日）驻史村驿，六十里。

辰正开车，出南关，走尧村，即帝尧故里，未初驻史村驿，属太平县，离城四十五里。

初四日（3 月 30 日）驻侯马驿，七十里。

辰正开车，行十里，有文中子故里碑，过义士桥，亦系豫让遗迹，山路好走，至高显镇尖，自备。曲沃属，县在东南廿里。尖毕〔行〕①，申刻驻侯马。

兑一两三钱，合二千 2000。

兑六两九钱八分，合一万二千二百一十五 12215。

办听差、更夫、尖店：一千七百 1700；尖站饭：五百 500；内外家人饭：九百五十 950；白毡、桌毡：五千 5000；麸料、油水、溜牲口：九百二十五 925；包马、伞夫、民壮、号头：二百五十 250；共九千三百七十五 9375。

初五日（3 月 31 日）驻闻喜县，八十里。

辰正开车，出南关，过浍水桥，廿里至铁闸关铁架山，卅里至东镇尖，自备，荒凉已极，食物颇贵，鸡卵廿钱一枚，溜马先讲价钱。申刻驻闻喜行台，在东关外路东南，凄凉满目，环堵萧然，不避风日，家人等多无宿处，栖于堂屋而已。

兑三两七钱，合六千四百七十五 6475。

办听差、更夫、号头：一千七百五十 1750；早尖上饭：三百三十 330；民壮、伞夫、伞上皮套、包马：二百三十 230；内外家人饭：九百五十 950；麸料、溜牲口：一千一百五十二

---

① “行”字据京都本补。

1152；共四千四百一十二 4412。

初六日（4 月 1 日）驻北相镇，九十里属安邑县。

辰初开车，五十里至夏县属之水头镇尖，自备，镇北北相有汉蔡伦墓，申刻驻北相镇。

兑四两六钱，合七千八百九十六 7896。

办听差、更夫、号头：一千六百五十 1650；伞夫、民壮、包马、更夫：四百 400；内外家人饭、尖店酒：一千〇二十 1020；尖站点心、早饭：八百三十 830；麸料、溜牲口：九百一十 910；共四千八百一十 4810。

初七日（4 月 2 日）驻樊桥镇，七十里临晋县属。

辰刻开车，午刻至猗氏县属之牛犊镇尖，自备，申刻驻樊桥镇。

办听差、更夫、厨子：一千四百 1400；伞夫、包马、号头、民壮：三百 300；内外家人饭、尖早饭、果：一千七百〇五 1705；麸料、溜牲口：九百五十 950；共四千三百五十五 4355。

初八日（4 月 3 日）驻寺坡底，七十里永济属。

辰初①开车，平路好走，五十五里至吕芝尖，自备，十五里申初至寺坡底行台宿焉，有唐虞帝都牌坊，山上有虞帝庙，坡下又有普正寺，土产盐碱。

兑三两五钱，合五千九百五十 5950。

兑一两八钱，合三千〇六十 3060；永济办差一两。

办听差、更夫、号头：一千六百五十 1650；内外家人饭、伞夫、民壮、包马：一千一百五十 1150；尖站饭、小菜、油：四百一十六 416；麸料、溜牲口：一千〇五十 1050；夹板油水：

---

① 辰初：京都本作"辰刻"。

一百三十 130；共四千三百九十五 4395。①

初九日（4月4日）驻潼关，七十里属永济县。

清明日，辰初开车，五十里有夹沟，至龙头泉，洗目甚清，至可河尖，永济供给，犒赏胜于自备，尖毕，穿夹沟至大禹庙，虔心拜祷平风静浪，平稳渡黄，西睹潼关，慨然兴起，仰见古人“表里山河，天府形胜”之说，信不诬也。惟骡马渡河不易，故稍延时刻至，协标旗牌马队已立待已，至官厅镇道、文武厅弁同迎，并有文太初、皂墨泉二同乡，畅谈许久。晚驻行台，酬酢多会，惜裕青马猛力登舟，又累着了。久闻潼关出藤鞭，而遍访②一无适用，传闻岂可信哉？

兑七两九钱七分，合一万三千五百四十五 13545；办差二两。

听差、更夫、号头、伞夫、民壮：八百 800；尖站、办听差、船户：一千六百 1600；办船人：一千 1000；协标对马：二千 2000；内外家人点心：六百五十 650；皂同乡来价：七百 700；文同乡来价：一千 1000；添菜、干、芝酱、轴籁：七百九十 790；抬夫、包马：二百五十 250；添料、溜牲口：六百 600；共九千三百九十 9390。

初十日（4月5日）驻华阴庙，三十五里华阴县属。

辰初开车，走吊桥，过泉店，远望华阴，白云出岫。午初至行台，即在庙内。饭后，微服缘墙北行，登万寿阁，拜太皞神，瞻露凝仙掌卧碑，观陈希夷先生遗笔，看编竹器，听塾师课读。亥初微雨，至四更③止，次日华山顶上已白头，而云雾往来，遮蔽仙

---

① 各项合计为4396文。

② 京都本此处多“之”字。

③ 京都本此处多一“方”字。

掌,未能五峰毕见,想小子无缘,不获全睹圣境,抑神示此役之辛劳亦犹此岳之云雪耳?

　　兑三两九钱三分,合六千七百九十九6799。

　　听差、长班、更夫、号头、包马:一千七百1700;厨役、伞夫、民壮:五百五十550;各家人饭、皮烟、荷包:一千二百五十1250;竹篮、点心:一千三百1300;添料、溜牲口:六百600;共五千四百5400。

十一日(4月6日)驻华州,七十五里。

　　辰刻开车,卅五里敷水镇尖,自备。华阴城内有关西夫子祠,北关外有郭汾阳碑坊祠墓,坊刻"功盖天下,再造唐室"。里许,又有陈希夷先生碑,即当日坠驴处。走太平桥,未正驻华州,惜雨后路泥,我马旭隉,未能往游玉泉园,为稍歉耳。

　　兑四两○四分,合六千九百四十九6949。

　　办听差、更夫、号头:一千六百五十1650;各家人饭、伞夫、包马:一千○四十1040;尖饭、炸酱、晚菜:五百五十四554;麸料、溜牲口:六百600,又三百五十350;共四千一百九十四4194。

十二日(4月7日)驻渭南县,五十里。

　　辰初开车,过赤水镇,该镇制售竹器颇佳,未正驻渭南,过土山几里,北望渭水,渔舟入画。

　　兑五两四钱九分,合九千三百三十三9333。

　　办听差、更夫、厨役、执事:三千3000;各家人饭:七百五十750;号头、民壮、伞夫、包马:二百五十250;点心、菜、老爷用、马药:七百五十二752;麸料、溜牲口:六百600;共五千三百五十二5352。

十三日(4月8日)驻临潼县,八十里。

　　辰初开车,四十里平路,零口驿尖,临潼供给,尖毕,卅里平路,十里碎石,不甚好走,穿县城,申正驻骊山下环园行台。饭毕浴温泉,游十景,拜药王殿、斗姥阁、土地祠,憩桐荫轩,越虹桥,观荷厅,坐钓台,卧船房,走湖堤,立棋亭,行长廊,游果园,读碑乐善亭,极半日之乐,月下乘凉船房之戏台,为沿路行台第一盛①境。不觉乐极生悲,念老亲在家月馀,此时不知作何排遣,兴致索然而罢,虽云移孝作忠,自揣才德,未必能为国宣勤于一二也。

　兑五两七钱七分,合九千六百九十五 9695。

　办听差、更夫、执事:二千四百 2400;尖站办听差、厨役、号头:一千八百五十 1850;伞夫、民壮、包马:二百五十 250;添晚菜:一百二十 120;麸料、溜牲口、油水:六百五十 650;共五千二百七十 5270。

十四日(4月9日)驻西安府,五十里。

　辰初开车,卅里平路,过灞桥,桥长半里,宽二丈馀,桥北尖站、行台颇齐,咸宁供给。尖毕,十里过浐桥,十里至西安府外郭东门,首府李觉堂同乡、咸宁首令胡海客同馆、长安首令余树(玸)〔珊〕同年官厅相迎,军帅、抚台、都统、藩、臬、道、协等俱差帖来迎。未初驻皇华馆,饭后策骑拜客,先进满城谒溥菊如军帅、联霖亭都统、〔继入汉城晤〕②叶冠卿署抚、张芝圃前辈、曾怀清同乡,均畅谈许久,因西安城池宽大,不亚京师,拜谒未周,时已日落,故暂驻行台,次日接拜。

十五日(4月10日)仍驻西安府皇华馆,早饭后出门拜客。由到省之时阖城文武同乡故旧源源来拜,日不暇给,行李是多摔坏了,裕青马是乏透了,送在溥军帅府调养,并借大马一匹,青白

---

① 盛:京都本作"胜"。

② 继入汉城晤:据京都本补。

色,脚步去得,暂以代步。派家人周福等赶紧收拾行李,不得已小住数日,并谕两首令麟自备伙食,免去供给,两首令一系庚午同年,一系翰林同馆,再三婉①恳,只得日给便饭两餐,麟始拜领食物。

十六日(4月11日)驻同前。午后拜客,因川资不济,不得已向张藩台、曾粮道二处告贷,经张芝圃前辈借银壹伯两,曾怀清同乡借银贰伯两,始拟觅雇驮轿,修补行李,幸遇金军转运局道台安仁山同乡。

十七日(4月12日)发仁字第三号家报。晚赴张芝圃前辈署便饭。

十八日(4月13日)拜壬午通家三孝廉。到省日抚、藩、臬、道、府、首令公送满汉席、中翅席三桌。

十九日(4月14日)驻同前。张藩台送翅席一桌,溥将军送烧猪鸭四点心、酥酪四碗,三通家送新拓法帖,馀则糕点、路菜、果席、便席等食,皆由乡年世谊而来,非敢无名而食也。家人郑铭大病一场,惟性子由此更坏了,想是福薄灾生之兆欤。

十四

办差二两;兑九两八钱三分,合一万五千二百三十八15238。

听差、更夫、号头、尖站办听差:二千六百五十2650;民壮、包马、伞夫二百200;藩台送席力:一千二百1200;首县号房、长班饭:二百200;溜牲口:二百五十250;共四千五百4500。

十五

兑九两七钱六分,合一万五千七百三十八15738。

---

① 婉:原作"渼",旁改为"婉";京都本作"渼"。

溜牲口：二百五十 250；将军送席力：一千二百 1200；首县号房、长班：二百 200；烟、白糖：三十 30；送马：二千 2000；马闸子：一千 1000；油布：二千八百 2800；红伞油套：二百 200；毛毡十块：四千五百 4500；马鞭：六百 600；长轿车赏：六千九百二十 6920；太太用：五百 500；棉花线：十五 15；车马鞭：一千二百五十 1250；共二万一千四百六十五 21465。

十六

粮道送席力：一千二百 1200；粮道送银力：二千 2000；通家送帖力：五百 500；首府送席力：一千二百 1200；买弓一张：二千七百 2700；修弓、酒钱：三百 300；钱板水牌：八百五十 850；诺同乡送席：一千二百 1200；溜牲口：八百 800；挑肩：八百 800；修马鞍：四百五十 450；修皮：五百 500；共一万二千五百 12500。

十七

兑九两八钱四分，合一万五千八百四十二 15842。

溜牲口：二百五十 250；竹杆：六百 600；筐子：一百二十 120；毡子：二千 2000；钉：四百五十 450；油纸：八十 80；绳子：二千一百 2100；白糖：三百二十 320；木箱：三百七十 370；小菜：四千 4000；棉花线：七十五 75；表心纸：三千六百 3600；水烟：四百 400；封筒：一千 1000；共一万五千三百六十五 15365。

十八

溜牲口：二百五十 250；藩台送银力：二千 2000；笔墨：九百 900；钉掌：一千七百五十 1750；木匠：四百 400；绒毡：五千七百 5700；水烟：二千 2000；修旗杆：七百五十 750；添菜：二百 200；木碗、火茸：一百一十 110；棉花：七十 70；厨刀：四百五十 450；共一万四千五百八十 14580。

十九

兑十九两三钱,合三万一千五百四十31540。

兑七两四钱,合一万一千八百七十二11872。

咸、长两县差门,四两。

毛毡十块:四千五百4500;皮条:五百500;钉:100①;麻线:一百100;白麻十斤:一千六百1600;溜牲口:三百五十350;干咯噔:四百五十450;大车赏:六千6000;蓝布带:七百700;剪子:三百300;皮道手:一百100;添菜:三百300;修弓麻:二百200;将军送路菜:一千二百1200;锐同乡送路菜:六百600;磁大盘:五百500;余同年送路菜:一千二百1200;驮轿夫赏:一万二千12000;木箱:四百六十460;绳子一斤、小绳:一百三十130;胡同馆送路菜:一千二百1200;长班:二百200;长班十六日至十九日 四百400;灯笼夫四百400;张立、刘喜四百400;杨、周福一千1000;祁荣、任喜:五百500;赏赵御二百200;共三万九千六百三十39630。②

二十日(4月15日)驻咸阳县,五十里。

巳初开车,出镐京西门,府县官厅相送,壬午三通家食铺公钱,杯水告别。策骑西上,不图行不二里,行李官车压伤百姓,押行李家人将车夫交地方送县究办,并令赶紧调治受伤之人。至三桥尖,申初渡渭③,驻咸阳。晚饭后率二女微服出南门观晚渡,欸乃声闻,渔烟四起,咸阳古渡之说信不诬也。

兑三两八钱三分,合六千一百六十六6166。

兑二十八两八钱五分,合四万三千五百43500。

---

① 以下有一字残,似为草码数字"六"。

② 各项合计为35590文。

③ 渭:京都本作"渭桥"。

修马伞:一百四十140;咸、长办差:八千8000;茶炉夫:一千五百1500;咸、长厨子:四千4000;咸、长听差:四千4000;执事、炮手、吹手、值宿:四千九百4900;装车夫:二千2000;把门役:一千1000;长班、号房:二千八百2800;号头、包马、民壮:二百六十260;三桥厨子、办听差:一千八百1800;杏干、梅子:二千五百2500;过渡、溜牲口:八百五十850;晚添小菜:九十90;共三万三千八百四十33840。

二十一日(4月16日)驻醴泉县,七十里。

辰初开车,出西北门,行不及廿里,甘澍淋淋,至店张驿,霖雨更甚,店房又窄,车上食馒,雨中趱路,申正驻醴泉,书院为行台,雨仍未止,行李家人如出泥淖,虽有赏犒,实不敌苦,长途遇雨,难受已极,主仆狼狈之形不堪言状。南关外有唐太宗祠墓碑,县城北五十里有唐太宗陵。

补添麸料:五百七十570;老爷用:一百100;溜牲口:二百五十250;内外家人饭:九百五十950;各家人赏:一千三百1300;伞夫、民壮、号头、包马六百五十:650;长车夫:二百200;办、听差:二千2000;执事、厨子、更夫:一千1000;驮轿夫:六百600;共七千六百二十7620。

二十二日(4月17日)驻乾州,四十里。

甘澍蒙蒙,自夜及旦,卯辰之间雨近滂沱,未初微霁,踏泥荡水开车出西门,行十馀里,土脉轻松,渐渐好走。而西山云气酝酿,大雨将至,催骑遄征,将及乾州东门,滂沱立霈,平地水深三尺。及入行台,无处不湿,派役往迎驮轿,及到公馆,眷属女娃仆妇人等全成水人。何也?驮轿全漏了,车棚都破了,赶紧修理备趱征途,车夫官役驺从人等均有薄赏。此出京以来初遇大雨,可知行路之苦,惟天知地知,走过的人知,仅以纸上空谈为据,则不如身受者也。

　　办听差、执事、更夫：二千四百2400；伞夫、民壮、号头：
五百五十550；包马四名、拉马夫：四百五十450；驮轿夫：六
百600；内外家人饭：九百五十950；各家人赏：一千三百
1300；溜牲口：二百五十250；油水：五十50；添料：三百300；
接轿民壮六名：六百600；共七千四百五十7450。
二十三日（4月18日）驻永寿县，九十里。
　　辰初开车，出西北关，入山十五里有高墩，即则天武后墓，又
卅五里至盟骋镇，俗名将军镇尖，系永寿供给，雨后泥滑，车驾三
套。尖毕天气晴霁，四十里申正至永寿南关外行台宿焉。公馆
后有文昌阁，阁南坡下坐望南山，少焉驮轿自上而下鱼贯而来，
小女东望欢呼，见麟坐待，而不知长途之苦，西山杏花初萌，两女
争相玩赏也。
　　补昨日点心：二百200；办、听差、更夫、执事：二千六百
2600；尖站办、听差、搭轿、看站：一千二百1200；号头、包
马、拉马夫、民壮：四百400；添料、溜牲口：五百500；共四千
九百4900。
二十四日（4月19日）驻邠州，七十里。
　　辰初开车，穿城上北坡，十五里至永寿山，平坡土山路，及
巅，下山行河滩石路，有沿山窄路，目击一货车覆焉，幸未伤人。
又过河滩，至太峪尖，邠州供给，借店铺为公馆，店房多系土窑，
煤气难闻。尖毕，上太峪岭及巅，下坡十里，有三里稍陡，申正驻
邠州。溥军帅送的大青马亦疲乏的不能行了，颇受累，语云路遥
知马力，岂不然哉？
　　兑四两，合六千四百6400。
　　兑九两八钱四分，合一万五千八百六十15860。
　　兑六两七钱，合九千9000。
　　包杆、绳子、小绳：九十90；筐子、篓子：四百四十440；

办、听差、执事、更夫：二千六百 2600；带菜：一百五十六 156；尖站办、听差：一千二百 1200；厨子、号头、包马、民壮：九百 900；添料、溜牲口：五百 500；共五千八百八十六 5886。

二十五日(4月20日)驻长武县，八十里。

谷雨日。辰初由邠州开车，出西关，走沿山窄路，望花果山，经水帘洞，穿新兴街，梨枣成阴，爽人心目。上坡行窄①山路，至大佛寺谒叩如礼，寺傍山洞大佛，高数丈，庄严法像，瞻拜起敬。梯级而下，沿山西行，路径极险，傍悬崖，临深水，思之惕惕。下亭口坡，过亭口河，至亭口驿打尖，长武供给。尖毕，上坡，酉初驻长武，公馆在县署仪门迤西，上房五楹，厢房六间，门居白虎，住者不利，然行路者不必论也。

兑五两，合八千一百 8100。

办、听差、更夫、执事：二千八百 2800；号头、包马、民壮、尖办差：一千二百 1200；听尖差、厨子：六百 600；麻绳、溜牲口：一千一百九十 1190；共五千七百九十 5790。

二十六日(4月21日)驻泾州，一百里。

辰刻开车，五十里瓦云驿尖，甘肃首站，临濠五六处颇险。泾州供给。尖毕，上下坡行四十馀里，至十里堡，是山顶长十里，始下泾州，坡陡如南天门，酉正驻泾州，行台在试院。自过保阳西上，沿途地方文武迎送如仪，甚至泥淖送迎，尤为可悯，至甘省更有同省之情，争先恐后，所以泾州牧不避高冈，上迎至十里堡西，倍形吃力也。州县为亲民之官，惟知酬应大吏，而不知验民疾苦，岂不哀哉？抑流俗使之然也。

今由泾州领得由泾州至肃州携眷车六辆折价银壹伯四十伍两二钱，除分赏内外家人二成，岳母老太太代存壹成外，实入账

---

① 窄：京都本作"穿"。

壹伯零壹两伍钱。

　　办、听差、更夫、执事：二千四百 2400；号头、民壮、包马、尖包马：四百 400；尖站民壮、办差、听差：一千一百 1100；老爷用：一百 100；溜牲口：二百五十 250；共四千二百五十 4250。

二十七日（4月22日）驻白水驿，七十里。

　　辰刻开车，卅里至王村尖，泾州供给。出泾州北门，过泾河，瞻王母降瑶池碑未果，过河上一坡，行五六里，沿山窄路甚险，又上下坡平路，始至王村，尖毕，四十里申刻驻白水驿，平凉供给。

　　兑二两二钱一分，合三千五百五十八 3558。

　　办听差、更夫、执事：二千六百 2600；溜牲口：二百五十 250；号头、包马、民壮、尖办、听差：一千二百五十 1250；共四千一百 4100。

二十八日（4月23日）驻平凉府，七十里。

　　辰初开车，卅里至四十里堡尖，平凉供给，尖毕，四十里，申正驻平凉府。按平凉背崆峒，面大河，东西枢纽，三秦①重地，东关石桥高大，关内石路甚长。入行台，道台、太守、大令先后来拜，会晤畅谈。固原军门雷维堂是日较军来凉，即遣马队相逆，晚间亦来公馆相晤，畅谈甘省情形。

　　兑四两八钱，合七千六百八十 7680。

　　办、听差、更夫、厨子：三千四百 3400；尖站办差、听差、马夫：一千一百五十 1150；雷帅送席力：一千三百 1300；骡下咳：二百八十 280；溜牲口、钉子、麻线：六百八十 680；木匠、棉花、马药、添菜：七百五十 750；雷帅厨子：一千 1000；民壮、号头：一百五十 150；共八千七百一十 8710。

---

①　三秦：京都本作"秦陇"。

二十九日（4月24日）驻瓦亭驿，九十里固原属。

辰初开车，走河套，四十里，过小河，至安国镇尖。饭后，忽闻家人郑铭有争斗声，问之则云与乡约口角，麟严行申饬，嘱示如不服约束，定交地方官重惩不贷，始各息散。尖毕行河滩，荡小河十馀道，至三关口，层峦叠翠，桃杏初华，西崖内新修关帝庙，雄丽壮观，前壁有记，惜未得看，北崖刻有"鸣壁奔流""山水清音"等字，形景逼真，爽人心目。关西数里即瓦亭驿，东、南、西三门，南门①有碑记，城高三二丈不等，登陴远眺，山河在目，兴人壮思，想见古人据险创业不易也。是日微雨，二更后震雷轰击，掣动山音，闻之凛然，次日晴霁，天即寒冷如冬。同行福润泉师爷②从此分道往宁夏福观察处去了，麟赠赆敬四金。

办、听差、更夫、厨子：二千六百2600；尖站办差、听差、包马：一千一百1100；老爷用：二百200；民壮、拉马夫：一百六十160；溜牲口：二百五十250；共四千三百一十4310。

四月初一日（4月25日）驻隆德县，五十里。

巳刻由瓦亭开车，棉袍、狐皮、马套、棉斗篷乘车南行十五里，登六盘山，十二三里至顶，有关帝庙，下山七八里，此山虽高而路宽，下山数里有小河渠，行十数里至隆德县宿焉。城池窄小，地瘠民贫，虽云形胜之区，其奈无民何？按瓦亭迤南沙石平川，六盘南障，万峰壁立，诚秦陇之保障，战士必争之地，惜兵燹后小民元气未复，村落凋敝，不堪寓目。

兑四两五钱，合七千二百7200。

办、听差、守更、执事：四千八百4800；驮轿赏：一千五百1500；长轿车赏、各家人赏：一千五百1500；内外家人

---

① 京都本此处多"楼"字。
② 京都本涂去"师爷"二字。

饭：九百五十 950；厨子、包马、伞夫、民壮：八百五十 850；
内用、溜牲口：一千二百五十 1250；共一万〇三百五
十 10350。①

初二日（4月26日）驻静宁州，九十里。

辰刻开车，卅里沙塘堡，胡参戎大队迎送，十五里神林堡尖，
隆德供给。惟在沙塘堡西偶失检点，坠骑，幸未受伤。尖毕，四
十五里，中有上下坡、河滩石子、沿山窄险路，申初驻静宁州。

办、听差、更夫、执事：二千六百 2600；厨子、号头、包
马、民壮七百：700；尖站办听差、溜牲口：一千二百五十
1250；补昨日菜：二百 200；添菜、香油：三百八十 380；共五
千一百三十 5130。

初三日（4月27日）驻清家驿，九十里，会宁属。

辰初开车，出西关，过河上坡，走窄险路，穿安岔墩，过邓家
墩，下齐家大山坡，走临崖窄险路，至高家村尖，静宁州供给。尖
毕，行十馀里平路，走二三处临崖窄险路，麟在车上有闭目凭天
之祝，又上下大山坡，行十馀里，沿山窄路，险极，申刻驻清家驿。
会宁县并未预备，现找乡约洒扫官店，饬厨子骆群赶炊晚餐，家
人等各给饭钱，其凄凉景况半生未遇。且此驿僻处山坳，三通曲
径，回民杂处，人亦无多，而慓悍之形外露，大有变生不测之势，
赖有维堂军门族弟雷外委拨兵守夜，幸免他虞，麟即以钜辅贤王
所赠小刀赠之，以酬雷外委垂顾之情，兵丁均有微赏。

兑四两四钱八分，合六千八百二十 6820。

办、听差、伞夫、号头、包马、民壮：二千二百八十 2280；
尖站办差、听差、溜牲口：一千二百五十 1250；各家人内外
饭赏：一千七百 1700；承同乡湛廷代茶：四百 400；青家驿

① 各项合计实 10850 文。

饭：三百 300；共五千九百三十 5930。

初四日（4月28日）驻会宁县，九十里。

辰初〔二刻〕①开车，下二坡至底，又上大坡，沿山上下坡数道，上下大坡，行十馀里平路，至大山川墩，上下大山坡，过小桥甚窄，走太平店，行廿馀里沿山窄路，上下坡数道，至翟家所尖，会宁供给一人馔，未用②，仍自备。尖毕，沿山上坡，行十馀里，会宁令来迎，并述清家驿误差之过，实由得信稍迟所致。走七十二道脚不干，申初驻会宁县。

会宁办差二两。

清家驿营兵、号头、乡约店、行李店：二千四百 2400；灯油、木炭、尖站饭、菜炉：六百五十六 656；抬驮轿、内外家人饭、麸料：一千四百三十 1430；赏各家人、溜牲口、驮夫、长车、短车：三千二百三钱二分 3200；包马、拉马、伞夫：三百三十 330；共八千〇六 8006。

初五日（4月29日）驻西巩驿，六十里安定属。

辰刻③出北关，过小河，走河滩，沙土上下坡，碎石夹沟，穿夏家寨，未打尖，下大山坡，行河滩碎石，午刻驻西巩驿。

听差、执事、号头、更夫、民壮、马夫：一千四百 1400；内外家人饭：九百五十 950；老爷用：一百 100；溜牲口、添菜：三百五十 350；共二千八百 2800。

初六日（4月30日）驻安定县，六十里。

辰刻④开车，行五里沿山路，至顶下大坡，过王公桥，上青岚

---

① 二刻：据京都本补。
② 会宁供给一人馔未用：京都本作"会宁供给麟一人馔，故未忍食"。
③ 辰刻：京都本作"辰初开车"。
④ 辰刻：京都本作"辰初"。

山打茶尖。上下坡行十八里，山顶又廿馀里，至青岚山尖。过七里坡，下一二里陡坡，走临崖极窄路，下上大坡，行夹沟过河，酉正东北风起，站车覆焉，晚驻安定县。

兑五两一钱四分，合七千七百一十五7715。

办、听差、更夫、厨子：二千六百2600；内外家人饭：九百五十950；伞夫、民壮、号头、包马、溜牲口、鞦搭：一千六百一十1610；添菜：一百四十140；太太用：五百500；共五千八百5800。

初七日（5月1日）驻秤勾驿，六十里。

巳正开车，安定令送出北关，而行李站车尚未齐①，何也？麟每到一处，公会地方文武后，即微服往街市闲游，一则以广见闻，一则以知民瘼。惟一到安定，即见差役拿车卖放，该令毫无觉查，即至次日辰正车尚未齐，且此项车价勒令麟自行发给，当即面允，而该令复悔，致令车夫拦麟车控诉，是皆甲榜之所为，非捐纳军功者见能及此也。过小河，行沿河路，过河二道，至巉口清茶馍馍尖，上下小坡，沿山窄路，申刻驻秤勾驿，安定供给。

办、听差、更夫、执事：二千六百2600；乡马夫、号头、包马、民壮：六百600；内外家人饭：九百五十950；枣筐、菜绳：二百二十五225；溜牲口：二百五十250；共四千六百二十五4625。

初八日（5月2日）驻甘草店，五十里。

辰刻②开车，走五六里下坡，上高坡廿馀里，下坡十五六里，至甘草店宿焉，皋兰县供给。

兑六两二钱，合八千九百九十8990。

---

① 齐：京都本作"装齐"。
② 辰刻：京都本作"辰初"。

办、听差、更夫、厨子、号头、包马：二千九百2900；初七、八安定短车：一千六百1600；驮轿、伞夫、长车、溜牲口：七百700；内外家人饭：九百五十950；晚菜：三百四十340；共六千四百九十6490。

初九日（5月3日）驻金家崖，六十五里。

辰刻开车，廿里至清水驿尖，金县供给。尖毕，四十五里至金家崖宿焉。行台整齐，西隔庙宇赛神，街市热闹，两女观剧甚乐。

兑七两九钱，合一万一千五百11500。差总二两。

办、听差、厨子、伞夫、拉马夫、包马：三千二百三钱二分3200；尖站办、听差：一千二百1200；溜牲口、内用：三百五十350；赏各家人、短、长车、驮夫、妈妈：二千〇五十2050；晚菜、梨果、油水：三百四十340；共七千一百四十7140。

初十日（5月4日）驻兰州省，七十五里。

辰刻①开车，行上下坡路，夹沟石子路，土大如烟，辙深尺许，东冈坡尖，皋兰供给。嵩月峰、庆宜川二同乡待焉，畅谈阔别，如见手足。尖毕，过卅里墩，行廿里平路，间有石子，申刻驻兰州省。至东关，问樵同年李首令官厅待焉，畅谈许久，共入行台。因是日劳之过甚，兼之四肢不爽，故未出门。当晚即将家人郑铭交皋兰县看押，以不服约束，屡戒不悛故也，兼有平凉差信，控其在安国镇擅打乡约，故并案交县待质。

兑二十二两五钱，合三万二千32000。

办、听差、厨子、包马：二千六百五十2650；尖站办差、厨子、听差：二千四百2400；拉马夫、长车、驮夫、溜牲口：一千一百1100；共六千一百五十6150。

---

①　辰刻：京都本作"辰初"。

十一日(5月5日)仍驻兰州,出门拜客。

蹄胸:一千一百1100;红棉纸:一百100;民壮、伞夫:七百700;李同乡送席力:一千1000;皮箱绳、钉:九千一百三十9130;收拾顶托:一百100;庆同乡送吃食力:一千1000;共一万三千一百三十13130。

十二日(5月6日)仍驻同①。嵩同乡家便饭,射鹄。

修脚、零用:三百四十五345;王太守送席力:一千二百1200;号房饭:二百200;定同乡席力:二千四百2400;耆同乡席力:二千四百2400;早晚添菜:三百六十360;庆同乡差价:四百400;表心纸、白糖:六百一十三613;共七千九百一十八7918;小银耳挖:四百六十二462;灯笼夫、驮轿夫:八百800;共一千二百六十二1262。

十三日(5月7日)仍驻同。谭制军前辈院上午饭。

兑二十五两五钱,合三万六千四百36400。

老米半斗:二千2000;号房饭:二百200;民壮、伞夫:五百500;挑皮:四百400;麸料草:二千一百2100;钉掌:一千二百八十1280;麸料袋:一千〇五十1050;早晚菜:二千五百2500;共一万〇三十10030。

十四日(5月8日)驻仍同②。两司道公请五泉山。

早、晚菜:一千九百1900;庆同乡送煮饽饽力:五百500;民壮、伞夫:五百500;号房:二百200;轿车赏:六百600;驮轿赏:一千五百1500;毡子五块:二千六百2600;麻袋:一千五百1500;麻绳:九百900;麻线:三十30;共一万〇二百三十10230。

---

① 仍驻同:京都本作"驻同前",以下十三日同样如此。
② 驻仍同:京都本作"驻同前"。

十五日（5月9日）驻仍同。李首令同年请曹家花园。

早、晚菜：二千一百2100；庆同乡送酪：五百500；嵩同乡送菜：五百500；民壮、伞夫：五百500；号房：二百200；收拾帽盒：二百200；车夫领油水五天：一千二百五十1250；二益丹：一百八十180；二位姑娘：四百400；麸料草：二千一百2100；马药、马鞭、蓝带子：一千九百八十1980；共一万一千五百三十11530。①

十六日（5月10日）驻仍同。嵩同乡家请，并由文巡捕辑廷李同乡处发仁字第四号家报。晚间微雨。

早、晚菜：二千2000；定同乡送路菜：一千二百1200；庆同乡送点心：一千1000；嵩同乡送礼：一千1000；李同乡送路菜：五百500；马伞、收拾京报局：五千5000；共一万○七百10700。

十七日（5月11日）驻于家湾，七十里。

由十六日晚间微雨，至十七日辰已甘澍淋淋，午后微霁，拖泥带水开车起程，迂道拜客，申初出北门，官厅少坐，首令李问樵同年茶饯。登卧桥观黄水，铁锁下河四十馀丈，过河瞻金山寺。庆宜川、李辑廷、吴诚斋同乡茶饯。走金城关，望小西湖，行石子转湾窄路，进后山策骑，酉正至朱家井子早尖，皋兰供给。少坐微食，策骑遄征，雨后坡滑，赖小子祁荣牵骑而下，戌正至小涝池东于家湾宿焉。两女乏困可悯，小食即寝，真平生未遇之苦也。

兑四两，合五千三百五十5350。

号房、民壮、办差、厨子、茶房、听差：一千七百一十1710；更夫、伞夫、尖站办差、听差、厨子：四千4000；短车、驮夫、长车、包马：一千三百五十1350；伞夫、短骡、粉皮、干

---

① 各项合计为9910文。

酱、上下热汤面：五千一百五十5150；共一万二千二百一十12210。

十八日(5月12日)驻红城子，七十里。

辰初开车，过通远桥，出哈家嘴子，午正至咸水河破店早尖，自备馍馍，未正起身，走上下坡，上下山顶，出后山，过徐家磨，酉初驻红城子，镇市颇佳，公馆去得。

兑六两四钱五分，合九千9000。

办、听差、厨子、包马：三千一百五十3150；短、长车、驮夫、老爷用：一千三百五十1350；尖站饭、绳子、麸料：六百五十650；共五千一百五十5150。

十九日(5月13日)驻平番县，七十里。

辰初开车，皆平路，巳正至大通驿，未打尖，遄行过庄浪满城，未正驻平番县，协标队伍颇齐。

兑十两二钱，合一万四千一百三十14130。

办、听差、厨子、更夫：二千三百2300；营兵、更〔夫〕、短车、长车、驮夫、包马：二千四百2400；内外家人饭十天：八千七百8700；外添晚菜：二百200；喂牲口、绿豆：七十70；共一万三千六百七十13670。

二十日(5月14日)驻岔口驿，七十里。

辰初开车，行廿里石子平路，走河滩，过庄浪河永济桥，上下小坡，至武胜驿馍馍尖①，申初驻岔口。一路村落萧条，地广民稀，兵燹后小民元气未复，而平番差役藉差需索，实堪痛恨。

办、听差、更夫、包马：二千五百五十2550；长、短车、驮夫、民壮：一千三百五十1350；溜牲口六天：一千五百1500；共五千四百5400。

---

① 尖：京都本作"早尖"。

二十一日（5月15日）驻龙沟堡，九十里。

卯正开车，顺边墙杨柳、二麦将生，巳正至镇羌驿，无公馆，小店打尖，午正过镇羌桥，登乌稍岭，岭上风冷，冰雪未化，下坡有古浪典史来迎，申正驻龙沟堡。

办、听差、长、短车、驮夫、包马：二千八百五十2850；尖站店面、麸料：八百五十850；共三千七百3700。

二十二日（5月16日）驻古浪县，五十里。

卯正开车，过黑松驿，至六里墩，瞻关帝显圣碑，走上下小坡，山沟相间地，行十馀里，穿古浪峡，观甘州石，未初驻古浪县。

兑三两二钱四分，合四千三百二十4320。

办、听差、长、短车：二千六百五十2650；驮夫、包马：五百500；共三千一百五十3150。

二十三日（5月17日）驻大河驿，一百里。

卯正开车，风雾弥漫，瘴气逼人，卅里至双塔堡茶尖，古浪捕厅叩送，过小河渠数道，午正至靖边驿尖①，古浪供给，尖毕，未正开车，顺河滩石子路，酉正至大河驿宿焉。

办、听差、驮夫、长车：二千四百2400；包马、民壮：四百400；茶尖办、听差：七百700；尖站办、听差：一千五百1500；共五千5000。

二十四日（5月18日）驻凉州府，卅里。

辰正开车，卅里石子路，车中摆籤难堪，巳正至凉州官厅，道、府、州、县文武相迎，队伍整齐，进城入行台。饭后拜客，晤倭陟堂同乡、承子锡同乡，畅谈阔别，并送来京盒、烧羊、煮饽饽、马蹄烧饼等食，大有京味。又拜满城崇云斋同乡，大兴故乡之感。惜石子太多，珍珠地之说，可笑。

---

① 尖：京都本作"早尖"。

兑九两六钱五分,合一万二千八百八十12880。

办、听差、短、长车、驮夫、包马:三千一百五十3150;倭太守、承公府送吃食赏力:二千2000;太太用、早、晚菜:七百700;白糖、鸭梨膏:约一千二百1200;皮纸、民壮、伞夫、号房:九百一十910;共七千九百六十7960。

二十五日(5月19日)驻丰乐堡,七十里。

辰正开车,文武相送。石路难行,走河滩大石如凳,小石如拳,午初至四十里堡关帝庙尖①,仆从轿马野地为营。尖毕仍沿河套②石子,申正驻丰乐堡,策骑缓行,浑身费力,真不易走也。

武威办、听差、厨子、号房:三千二百3200;长、短车、驮夫、包马:一千四百1400;民壮、伞夫、钉掌、尖站办、听差、车轴:三千五百一十3510;廿一至廿六六天溜牲口:一千五百1500;共九千六百一十9610。

二十六日(5月20日)驻永昌县,九十里。

辰初开车,行卅里石子平路,巳正至八坝尖③,借小营盘为公馆。尖毕,午初开车行五十馀里大小石子路,及三四里土平路,观湟中祈将军手刃三房、孤军战胜古碑,申正驻永昌县。

兑十九两一钱,合二万六千一百26100。

办、听差、茶房、厨子、长、短车、驮夫、包马:三千三百五十3350;尖站办、听差、厨茶、民壮:二千2000;共五千三百五十5350。

二十七日(5月21日)驻峡口驿,一百一十里。

---

① 尖:京都本作“早尖”。
② 京都本此处多一“行”字。
③ 尖:京都本作“早尖”。

卯正开车,行至水磑沟①,家人张立坠骑,压伤左脚面,幸未大损。麟车过水渠,深五六尺,水深二三尺,甚险,幸未覆,行上下大小漫坡,未初至水泉驿早尖。小子刘连、骆顺马上呕气,各责十鞭示惩。尖毕开车,行上脚平路,望边墙过定羌庙,走草地,日落斜晖,两山在目,凄凄楚楚,趱路遄征。至峡口南,长鹤汀同乡差帖待焉。进口疾行,先奠都统亲柩②,对景思亲,嚎啕大恸。戌正驻都阃署,从人露宿,车马野食。饭后与长同乡贤桥梓先后畅谈哈密情形,由是略知梗概焉。

　　办、听差、厨、茶役、长、短车、驮夫、包跟马:三千七百3700;尖站办、听差:一千六百1600;共五千三百5300。

　　廿八日(5月22日)驻山丹县,八十里。

　　卯初送长同乡东上,束装开车,出峡口,过河,仍望边墙,走河滩石子路,大风土,午正至新河驿尖③,未正沿戈壁滩过廿里堡,走十里坡,酉正驻山丹县,大令庚午同年查子屏。

　　办、听差、房役:二千五百2500;长、短车、驮夫、马夫:一千三百1300;尖站办、听差、茶役:一千六百1600;查同年送食物:一千二百1200;补昨老爷用:二百200;共六千八百6800。

　　二十九日(5月23日)驻仁寿驿,七十里。

　　卯正开车,下坡过河,将瞻弱水第一桥庙匾,未果,午正至东乐分县尖④,未正尖毕,乘大风土走沙石路,酉正驻仁寿驿。

　　办、听差、茶、厨役:二千六百2600;长、短车、驮夫、跟

---

① 沟:京都本作"关"。
② 都统亲柩:京都本作"长都统先亲柩"。
③ 尖:京都本作"早尖"。
④ 尖:京都本作"早尖"。

马：一千二百一十 1210；尖站办、听差、民壮、伞夫：二千三
百五十 2350；内外家人廿至廿九：一万 10000；线、麻绳等等：
一千〇七十 1070；共一万七千二百三十 17230。

三十日(5月24日)驻甘州府,四十里。

辰初由故城开车,走咸滩堡,过马莲井子,行大沙路,过沙
河,越廿里堡,未初驻甘州府,张掖县供给。

兑十二两二钱二分,合一万六千一百三十 16130。

兑七两〇七分,合九千一百五十 9150。

办、听差、茶役、厨役：二千二百 2200；长、短车、驮、伞
夫、民壮、号房、引马：二千二百五十 2250；小蒲扇：六百
600；共五千〇五十 5050。

五月初一日(5月25日)驻沙河①,八十里。

辰正开车,行八里平路,行十里河滩石子路,石子色黑,即古
黑河,又行廿七里沙土路,过两小河,未初至沙井驿尖②,尖毕,
走沙土平路,酉初驻沙河驿,以店为公馆。

办、听差、厨、茶役、长、短车、民壮、伞夫：四千 4000；尖
站办、听差、包杆、马夫、添菜、老爷用：二千五百五十 2550；
共六千五百五十 6550。

初二日(5月26日)驻高台县,九十里。

辰初开车,行大沙路,午刻至抚彝厅尖,未初尖毕开车,平路
水渠,一望远山,酉初驻高台县。

兑八两六钱一分,合一万一千六百二十三 11623。

办、听差、厨、茶役、长、短车、驮夫、包马：三千五百五十
3550；尖站听、办差、伞夫、民壮、菜棉：二千八百五十 2850；

---

① 京都本此处多一"驿"字。

② 尖:京都本作"早尖"。

共六千四百 6400。

初三日（5月27日）驻花墙子，九十里。

卯正开车，过七十二道水渠浮桥，午正至黑泉驿尖①。尖毕开车，沙土②平路，酉正驻花墙子行台，甚小，蚊蠓太多，幸未大炽。

　　办、听差、长、短车、驮夫、包马：三千七百 3700；尖站办、听差、茶役、粽子：一千五百 1500；共五千二百 5200。

初四日（5月28日）驻盐池，六十里。

辰初由花墙开车，行下脚黑泥路，至红孩庙，有山僧茶饯，遣仆叩拜，过大沙龙站，马惊逸走戈壁，午初至深沟驿尖。尖毕，顺草地遥望北山前白盐如雪，申正驻盐池，而定青骑陷落池边泥中，新鞍鞯及马全成泥的了，觅夫牵洗，化危为平。

　　办、听差、长、短车、驮夫、包马：三千三百五十 3350；尖站办、听差、茶房、洗马：一千九百 1900；共五千二百五十 5250。

初五日（5月29日）驻临水驿，壹百里。

卯正开车，仍顺草地，午初至双井驿尖③。此两站地旷民稀，支应④了事，午正开车，有风，酉正驻临水驿，肃州供给。

　　办、听差、长、短车、驮夫、包马：三千一百 3100；尖站办、听差、厨役、茶役、炸酱：二千二百 2200；共五千三百 5300。

初六日（5月30日）驻肃州，四十里。

---

① 尖：京都本作"早尖"。
② 沙土：京都本作"行沙"。
③ 尖：京都本作"早尖"。
④ 支应：原作"只应"，据京都本改"支应"。

辰正开车西行,将及东关廿馀里,遍地马兰,兰如素锦,草木畅茂,麦苗甚旺,此数日未遇之盛,然较之秦晋则瘠苦甚矣,午初驻肃州试院。饭后策骑拜客,遇绍庭裕同乡州牧,畅谈关外、京中情形,相得甚欢。

兑七两二钱二分,合一万○八百二十10820。

办、听差、长、短车、驮夫、包马:三千五百五十3550;民壮、伞夫四天:一千1000;赏短车、驮夫、狗狗、添菜:三千四百3400;共七千九百五十7950。

初七日(5月31日)驻同前。镇、道、州、牧公请泉湖①。按肃州即古酒泉郡,泉湖则左相所挑,因泉而广,傍岸筑亭,前有厅有厢有桥②,门前垂绿柳,湖畔长新芦,乘舟茶话,入室清谈,极一日之乐。谢宝林前牧有联曰:"雪岭风高,热血不知沙漠冷;泉湖月满,放怀好醉玉关秋。"真历尽边关之苦况也,观之令人悲感,然我世仆二百馀年受国恩厚,虽鞠躬尽瘁,尚不敢言报于万一,又岂敢以此即为苦哉?恐出关尚不止此况而已也。

兑十二两○三分,合一万六千九百四十16940。

兑五两,合七千三百7300。

兑十两二钱四分,合一万四千七百九十14790。

兑十四两五钱,合二万○六百六十20660。

兑五两一钱六分,合七千三百七十7370。

道台送鱼烛、饽饽力:一千二百1200;蔴绳十三斤:二千○四十2040;民壮、伞夫、出门用:五百500;太太用及白面一百斤:二千五百2500;白老米六斗:六千6000;草筐、马药:二百五十250;溜牲口十一天、油水:二千八百五十2850;黑

---

① 京都本此处有"午饭"二字。

② 前有厅有厢有桥:京都本作"亭前有所,有厢房有砖桥"。

纸廿张、马尾罗一个：二百三十五 235；大铁锅一口：三千四百
3400；油盐酱醋：二千五百八十二 2582；草筐三个、赶面杖：
三百四十 340；代手布：二百 200；油醋瓶子：二百二十 220；
添菜、赏民夫：二千八百 2800；共二万五千一百一十
七 25117。

初八日（6 月 1 日）驻同前。修理行装。

办差八两，车局八两。

席棚三个：四千二百 4200；毡子九块：五千二百六十
5260；洋布罗底三个：四千五百 4500；手工线：八百 800；棉帘
三个：四千五百 4500；下席棚二个：二千四百 2400；白糖：五
百 500；赏送护书人：七百 700；太太赏老李：五百 500；炒灼：
一千八百 1800；早晚菜、黑纸：二千一百 2100；钉赏①八分：
二千五百六十 2560；口袋：一千 1000；麸料：四千七百 4700；
车油瓶、车鉴：四百五十 450；钉子、缰绳草：一千二百 1200；
共三万七千一百七十 37170。

初九日（6 月 2 日）驻嘉峪关，七十五里。

辰正开车，州牧裕同乡暨洋人林甫臣、文武官弁官厅相送，
茶钱话别。午初至丁家坝，旷野破墙，无处尖，疏雨几点，趱路
前行，申初驻嘉峪关。按肃州为三秦之门户，嘉峪关是其阨要，
关门西向，南北山并峙，雄镇西域，诚天下第一雄关。关内有关
帝庙甚灵，庇佑一方，保护行旅，是日竭诚展拜，默祷平安。

茶、厨役、快、捕班、听差、看院：四千五百 4500；号房、
更夫、内外家人十天：一万 10000；共一万四千五百 14500。

初十日（6 月 3 日）驻惠回堡，九十里。

卯正开车，出嘉峪关，徒行数百步，回视雄关，西望沙漠，标

---

① 赏：疑为"掌"之讹。

兵驻勇,旌旗蔽空。乘台车走戈壁,巳初至双井子兵房茶尖,酉
初驻惠回堡。破店数椽,马槽为桌。饭后行食水边散步,青草绿
波,北山在目,惜水道太狭,一步即过,稍不满意。村民出卖石
砚,小女各买一方,以备磨刀而已,一笑。

　　办、听差、茶役、包马:二千八百2800;关帝香资:一千
1000;共三千八百3800。

十一日(6月4日)驻赤金峡,壹百壹十里。

丑正开车,走火烧沟,过赤金湖,破店打尖。尖毕,未正穿赤
金营,沙土弥漫,一望无际。酉正驻赤金峡,山色金红,地势形
胜,惜兵燹后百姓寥寥,一旦恐难复元,惟在地方官设法招徕,勉
其复业耳。

　　办差:一千二百1200;听差等:四百400;共一千六
百1600。

十二日(6月5日)驻玉门县,九十里。

丑初开车,过高见滩,辰正至卅里井子茶尖,少坐,午正驻玉
门县。今日起改夜行晓驻①。

　　兑十两,合一万四千五百14500;办差二两。

　　办差、巡役等、大车、伞夫、包引:六千三百6300;二位
姑娘零用、添菜、玉门听差:一千二百1200;厨子、执事等:
七百700;共八千二百8200。

十三日(6月6日)驻三道沟,五十里。

十二日亥正开车,出北门,大风起兮,文武送二三里,麟乘台
车如坐轮船遇傍飓。自出关眷属亦换台车,免长车驮轿,自玉门
夜行。跟班家人六名分两班随行。是日夜内初遇飓风,均有薄
赏,惟家人任喜托故未换,薄罚示惩,家人刘连通宵长跟,厚赏示

―――――――――

① 京都本后有小字注:“以戈壁路干,午行不便也。”

奖。后半夜风微止而雨来,风雨交加,路人太苦。十三日卯正驻
三道沟,而匡辅廷送的大马惊数十里,赖家人张立、穆平安设法
圈回,幸未逸远。官店行台颇大,而安西供给米面鸡油而已,关
外地瘠民稀,所以供支草率,又奚怪哉?

　　内外家人赏:一千八百1800;短车、伞夫、引马:一千九
百1900;营内茶尖:五百500;官店:三百300;三道沟办差、
巡役:一千四百1400;加赏刘连、张立、刘喜、祁荣、平安:四
百400;共六千三百6300。

　　十四日(6月7日)驻布隆吉尔,九十里。

　　十三日酉正开车,四十五里至七道沟,桥湾营都司带兵候
迎,并预备茶尖点心甚妥,即以身佩荷包一对为赠。十四日丑正
至布隆吉尔,该营都司迎接,官店供给,可怜几不敢饱。

　　办差、营兵等:一千四百1400;烙锅盔火及馒头:九百
八十980;共二千三百八十2380。

　　十五日(6月8日)驻小湾,九十里。

　　十四日酉正开车,亥初至双塔堡,千总叩接,茶尖少坐。十
五日穿桑稻园,无百姓,旷野沙滩,月明如昼,策骑疾行,辰正驻
小湾,官店破屋,权栖半日。

　　办差等:一千二百1200;茶尖差役、店家:六百600;共
一千八百1800。

　　十六日(6月9日)驻安西州,七十里。

　　十五日酉正开车,至车轱辘把茶尖,少坐。十六日策骑,子
正二刻至安西州。遇金贵山同乡畅谈,明镜泉同乡差郭什哈张
昔义等来迎,协台州牧逆焉。

　　兑十三两一钱五分,合一万八千二百18200。

　　兑十两,合一万四千五百14500。

　　茶尖役、伞夫、引马、听差:一千六1600;车赏、零用:四

千六百二十 4620；共六千二百二十 6220。

十七日（6 月 10 日）驻白墩子，九十里。

十六日戌初开车出西门，过疏勒河，拜龙王庙，席地少坐，待台车到齐同行。方知自乘轿车覆焉，幸是空车，惟伤茶盅一个①。策骑前行，过地窝铺茶尖。走大梁至石窑子茶尖，戈壁滩洼土房二间，营兵二名，兼卖热水，每杯京钱十六文。此首站大戈壁里数甚大，虽云九十里，实有壹百三四十里。十七日辰正驻白墩子，台车未正方齐。官店破土房②数间，与惠回堡等，好像京内面茶作房，切羔锅伙，其味深长，羶臭难闻，可倒省钱，除去地方供给臭肉臭酱③，自己裹带的米面，再想吃别的，那可万没处去找。闻得由此至黄芦冈大概皆同，十一站戈壁，绝④人烟，乏水草，沙碛千馀里，甚至一百七八十里无水，腰站须先运储待，不知如何结果，听天由命而已。

安西办差，二两。

办差：一千二百 1200；地窝铺、石窑子茶尖：四百四十 440；共一千六百四十 1640。

十八日（6 月 11 日）驻红柳园子，七十里。

十七日酉初开车，策骑穿独山子，形势颇佳，惜无一人，破土房⑤虽有一二，而磷火隐隐，骡马耳耸鼻鸣，似觉有异，下骑地坐，以待台车同行。十八日卯正驻红柳园子，官店颇敞。

办差：一千二百 1200；店家：二百 200；共一千四

① 茶盅一个：京都本作“茶壶一把”。
② 破土房：京都本作“破屋”。
③ 酱：原作“奖”，据京都本改。
④ 绝：京都本作“路绝”。
⑤ 破土房：京都本作“破屋”。

百1400。

十九日(6月12日)仍驻红柳园子,以怪风难行,去而复返。

安西办差,四两。

乡约:八百800;更鼓:五百500;官店、香资:一千三百1300;共二千六百2600。

二十日(6月13日)驻大泉,六十里。

十九日申正复开车,戌正至小泉,茶尖少坐,因昨日风大微着凉,故坐台车。二十日子正二刻驻大泉官店,水咸苦而辛。

官店伞夫、引马:一千1000;关帝庙香资、四站茶尖:一千三百1300;长流水腰站茶:五百500;共二千八百2800。

二十一日(6月14日)驻马莲井子,七十里。

二十日申正开车,亥初至大山头子,未得茶尖。二十一日丑初驻马莲井子。

二十二日(6月15日)驻星星峡,八十里哈密交界。

哈密办差,六站廿二两。

二十一日申正开车,亥正过红水河子,无茶尖。二十二日寅初驻星星峡,此站沙石路,有小山。和克庵公事车上遗失皮匣一个,内盛沿路印结一包,幸是无用之物,纹银壹伯六十馀两,其馀零物数事,当即写信由军台飞递安西州找寻,克庵驻官店坐待。哈密供给,颇妥,惜伙食稍迟,想因途长车慢故耳。

二十三日(6月16日)驻沙泉子,九十里。

二十二日申初开车,西行五六里至关帝庙,拈香。出星星峡,此峡颇具形胜,可战可守,惜水无多,不能多驻兵马为歉。过卅里标竿,亥正至小红柳园子茶尖,二十三寅正驻沙泉子。

二十四日(6月17日)驻苦水,八十里。

二十三日申正开车,亥初至矻磋井子,无茶尖。二十四日寅初驻苦水,水诚苦矣。

二十五日(6月18日)驻格子烟墩,壹佰四十里足毂一百八十里。

二十四日申初开车,带贝壶策骑行廿里,即渴,下骑小饮,策骑遄行,斜晖反照,竭力疾驰,平安坠焉,任喜殿焉,昏昏茫茫,踽踽凉凉,行沙洼廿馀里,腥臭蔽气,心烦无耐,渴焰如焚,行至天生墩东,实在不能扎挣了,卧以待水,而远望磷火明灭无常,不觉壮志一灰,几乎恸出,将欲饮溺,又乏碗勺。忽闻迎面车来,遣仆讨水,幸渠有携,索饮二气,惜其葫芦太臭,亦顾不得了,而臭水入喉,如饮玉液,一旦心地清凉,壮志复兴,策骑疾行。丑初至红山子镜泉腰站茶尖,开茶四大碗,心火始微息,小车疾驰,卯正驻格子烟墩。戈壁乏水之苦,这大概算第一,不知此去尚有此等乐乎?

二十六日(6月19日)驻黄芦冈,壹伯四十里。

二十五日申初开车①,走标竿,二十六日子正至长流水,哈密娄署倅同乡逆焉,一见如故,气味相投,畅谈许久,小食即行。寅正至矻磻井子西,哈密回王沙西屏率台吉等跪请圣安,行幄敬逆,其感戴天朝恭顺之情溢于言表。策骑遄征,卯正驻黄芦冈,镜泉同乡遣郭什哈张昔义备席待焉,刘毅斋爵帅差帖逆焉。由安西州至长流水,一望沙碛,远山起伏,并无一树,至此树木②、芦荻渐渐见焉,北望天山,积雪未化,不老青山,白头常在,亦一大观也。

二十七日(6月20日)抵哈密,七十里。

丑正开车,至卅里腰站,策骑疾行,过廿里堡沙碛,至十里堡。刘爵帅设黄幄跪请皇太后、皇上圣安毕,行幄少坐,相见甚

① 开车:京都本作"起身"。

② "一望沙碛,远山起伏,并无一树,至此树木",京都本脱此十六字。

欢,颇蒙青顾,而刘毅斋之为人磊落豪杰,诚不世之卓才,敬为我皇上赋得人之颂,及见其麾下文武,则济济多士,萃于一方,观其队伍,则严肃整齐,甲戈坚利。穿辕策骑,止乎明镜泉都护之帷,茶毕,登骑将行,复止乎沙西屏回王之幄,少谈,上马驰入哈密新城,进公馆,拜马王祠,会宾客,询情形。饭毕,拜明同乡镜泉,力疾相见①,痛谈一切,麟开诚布公,彼至言之泪下,麟亦不觉凄然。

廿八日(6月21日)拜印视事,叩折谢恩,恭报到任日期。是行也,由本年二月初六日起程,至五月廿七日行抵任所,共走了壹伯十壹日,未逾官限。

兑二十两;合二万八千28000。

黄芦冈回目送杏力:一千1000;伞夫:八百800;内外家人十六名,十八天饭:一万六千二百16200;赵御、平安饭:三千六百3600;溜牲口初七日至廿七:五千5000;共二万六千六百26600。

由京至西安,驮轿三乘,共价银壹伯廿两,贰套轿车二辆,共价银卅八两,三套大车二辆,价银六十八两,此项脚价银贰伯廿六两,入京账计原存领借,共入银壹千零七拾三两三钱八分。

由西安至兰州,驮轿三乘,价银七拾七两五钱,二套轿车二辆,价银廿三两伍钱。

由兰州至肃州,驮轿三乘,价银八拾贰两七钱,二套轿车二辆,价银卅伍两贰钱。由肃州至玉门县,雇台车三辆,州牧裕绍亭同乡垫价。赏其家人八金,车局八金。由玉门至安西州,发台车官价陆两八钱四分,由安西至哈密,发台车官价廿六两。京哈一路,兑钱用银伍伯八拾壹两八钱七分,卖大绸洋布、马鞍、车轴卅

①　力疾相见:京都本作"镜兄力疾相见"。

六两三钱九分，家人刘喜充郭什哈，递皇上万寿贺折进京，路费银四拾两，明镜泉外帮伍拾两在外，福润泉赆敬四两，吴诚斋赆敬拾两，和克庵赆敬廿两，一路赏犒银壹伯七拾四两四钱八分，以上共用银壹千壹百壹拾柒两玖钱捌分，下不敷用银四十四两六钱。

廿七八九等四五日间，刘毅斋、明镜泉暨沙西屏等各送食物，赏价①等费银伍拾馀两，赖暂假明镜泉同乡银贰伯两敷衍数日，骒马九头麸料亦由镜泉署暂假。

哈密在嘉峪关西北一千六百里，实足二千馀里，东至瀚海，西至准噶尔界，东南逾沙碛，至瓜州，连青海界，北逾天山，至巴里坤，又北逾瀚海，接喀尔喀界，至京师七千一百八十里，约其实八千馀里，即古伊吾庐地，汉魏晋隋唐五代宋元明建置不一，沿革各异。迨乎康熙朝回目蒙仁庙殊恩，嘉其军功，授扎萨克部长，赐印纛，编旗分，蒙列圣恩遇②日加，晋封公爵、递增至亲王。今其回王号西屏，名沙木胡索特，人颇聪明，善骑射，通清文，恭顺天朝发诸五内。其城居平川，中周四里，东北二门，东连果园，树木畅茂，有客厅，有鸽棚，有流泉，有菜畦，浓阴蔽日，未夏先秋，其住宅则临北雉，层台西上，屋宇朴俗，其回民皆住土房。城东有溪水西南流，北面大山，三面平旷。旧城在回城之东，周三里馀，东西二门，一街二衙，哈密通判、都司两官而已，万寿宫、大公馆在焉，刘爵帅粮台驻焉。新城在旧城之北，周五里馀，南、北、西、西北四门，城内外街市热闹，惜泛居浮住铺户居多。帮办大臣公馆在西北，左巡检、右协台二署。今麟所驻之处东西二院，西院体制稍崇，为办公会

---

① 价：京都本作"来价"。
② 蒙列圣恩遇：京都本作"蒙列恩圣遇"，误。

客之地，东院规模略小，为吃饭睡觉之居，再东则马号，车房粗具，而不甚大，幸原有马王祠，瑞甫文钦差①之所建焉。西门内有关帝庙，我辈朔望行香，馀庙寮属分祀。办事大臣公馆则在北门外一小堡，规制整齐，即秋坪景前辈之所筑也。东出登龙门，一望沙碛，北行二三里过河滩则②龙王庙，明③镜泉之所建也，因坡起屋，龙王殿居中，北则菩萨殿，有洞，南则眺远阁，有暖室，有地窖，上则玉皇阁，下则南北两厢，北厢北有鸽棚，南厢南有厨舍。大门向南，角门向东，前临月牙池，池广四五亩，中筑八角亭，茂芦高柳，浓阴蔽日，绿波荡漾，南北通流，池前大照壁，壁南有马道，戈壁平沙，较军之所。池中有小舟，可坐四五人，乘舟泛池，亭中小憩，北望天山，洵关外第一胜境也。明镜泉功德无量，数载所积，布施于此，亦可谓轻财重果之达人，其造因不为不深，其子孙福④岂能浅乎？白悟斋同年眺远阁楹联："彼美艳西方，好向一水澂渟，中央游溯；有尊开北海，恰宜醉邀明月，凉扇清风。"八角亭楹联："其小如船，无半点俗尘气；偶来饮酒，在一泓秋水间。"此李寿芝所作也。

　　按哈密帮办大臣廉俸，本任养廉银每年六伯两，加副都统衔者即食副都统俸，每年壹伯五拾伍两，加养廉银肆伯两，统计壹

---

① 钦差：京都本涂去此两字，改作"使者"。此应指文麟，同治七年（1868），哈密帮办大臣文麟重修原有供军队驻扎的兵城，被称作新城。新城在老城西北隅三里，中有街道相连。参见王鹏辉《近世哈密的佛寺道观考实（1727—1931）》（朱玉麒主编《西域文史》第九辑，科学出版社2015年7月版）。

② 则：京都本作"有"。

③ 明：京都本作"乃明"。

④ 福：京都本作"福泽"。

年廉俸银壹千壹伯伍拾伍两，向由甘肃藩库支①领，自军兴以来，由办事大臣军饷内动支，而办事大臣兵勇遣撤后，暂归刘爵帅粮台照现章发放，而部议未覆，抵任月馀，未进分文，幸刘爵帅谊顾同僚，慨借纹银壹千两，除还甘肃粮台叁伯两，明镜泉贰伯两，下剩五伯两，归途失欠款壹伯陆拾两，入门至闰月终②，日用壹伯四、五十两。六月仅剩不及贰伯金，为七月度日费，且分赏内外家人以贰伯捌拾金、二成计之，十七名口各分三两有馀，其月例贰伯七、八十金之说，是长鹤汀。据明镜泉云，即照新章，每月不过壹伯捌拾金，以哈密现在粮价、物价计，麟署主仆差役卅名口，日非五金不能两饱，即得新章领项，尚不敷用，况旧例乎？至于骡马麸料月费豆麦六石，麸子四石，暂假明镜泉署，而日积月累，不知从何筹还也。麟受命以来，日事典质挪借，自往岁至今春亦可谓债深累重，而抵任后又复如是，公事无多，私累甚重，幸遇刘毅斋、明镜泉二良友挥霍大度，惠顾同僚，不然将饿莩于沙漠，岂不哀哉？家中老亲幼子尚待节年接济，又不知求仰事俯育之方于何处也。区区苦衷，可质天地鬼神，惟望众亲友谅之。

哈密天时干热，今岁尤甚，闰五月中烦燥已极，夜不成眠，坐以待旦，较京中另有一番苦恼。而六月初旬甘霖微降，北风初来，早晚又须服棉。七月初旬，反潮而不甚重，而单袷衣早晚必用。爵帅大营在新城迆西，军容整肃，细柳声威，镇抚全疆，回民慑服，惜土著百姓无多，哈密厅所属仅七八十户，以关外第一冲繁，户口如此之少，南北两路阨要，差务往返之多，一旦大营改驻，此处又复萧条。本处回民久安于内习，力亦薄弱，用其人不

---

① 支：原作"只"，据京都本改作"支"。
② 入门至闰月终：京都本作"入门闰五月。"

足以当缓急,惟依我兵民既众,形势自固,谅庙算已计及于此,不待①末才赘言。新城西即河滩,有水磨,有虎笼,小船一只,乳虎二条,诚可谓风虎云龙也。南则有荷花池,高室三楹,茂柳百株,公馀散步,亦可消烦。北则陈芊僧太守公馆②,清况可钦,时令两女往拜陈伯,为与其二小姐闲耍。此由京至伊吾庐两③月大概情形也。

①　不待:京都本作"自不待"。
②　京都本此处多"名平远庄"四字。
③　两:京都本涂去"两",改为"数"。

哈密记事二①

光绪十年五月廿七日到任,拜刘爵帅、明钦差等。廿八日在办事大臣公馆接印视事,拜折谢恩,恭报到任日期,立受厅协、巡、都、守、委员、回王等参。入听事,阅公文。明钦差首以新疆将改郡县初奏相视②,次以办事衙门应需廉俸部驳交刘爵帅议奏相视,继以应办回王及一切地方公事相视。麟竭尽心力,将知梗概,一时未能详细,惟待随时随事和衷共济,乃心王室,勉称厥职耳。

廿七日(6月20日)恭军帅来拜,畅谈许久,恋恋乡情。明宅志少爷来拜,痛谈一路景况。晤会哈密行营及本属文武,一时记识不清,请待随时留心详志。

廿八日(6月21日)刘爵帅来拜,畅谈京外一切要务甚晰。恭军帅辞行。明钦差力疾来拜,并将公文三套面交留看,即新疆将改郡县原奏部覆等文也。

廿九日(6月22日)阿克苏③道雷振之辞行,面谈许久,其为人稳练老成,休休有容。刘爵帅来请水磨便饭,志少爷来看。午后拜客,谒明钦差,开诚布公,痛说一切,直至泪下。

闰五月初一日(6月23日)寅正谒关帝庙拈香。饭后拜客。午后赴爵帅水磨约,同观乳虎,共登小舟,极半日之乐。惟其池

---

① 此为清华大学图书馆所藏第二册日记封面所题。正文首页钤"国立清华大学图书馆藏"朱文印。

② 参见附录二001《奏为统筹新疆兵饷官制屯田情形并陈欠饷不可折发事》。

③ 阿克苏:原文用满语书写,今转为汉文。

水不深，岸柳不大，帷幄蒸热，兼之恭军帅晚间起程，不免思乡之
念。然而自问何人，受国厚恩，涓埃未报，岂敢萌退志乎？晚饭
后闻得鸣炮声，策骑疾驰十里堡，茶钱恭军帅东行，洒泪而别。
与明钦差并骑而归也。始到伊吾，该倅供给三日，今后则自起伙
食也。

　　回王送羊支、草料：十二两1200①；明宅送菜：二两五钱
250；丁协台送菜：四两400；凌大人送菜：四两400；大营陈
老爷送菜：三两300；哈密厅办、听差：六两600；郝协台送
菜：三两300；明宅送盒子、点心：八钱80；回王送杏子：一两
二钱120；洗衣大木盆：一两八钱180；磁盆：四钱40；名片三
百：八钱80；明宅送青菜：二钱五分25；廿九日上下早晚添
菜：二两四钱九分249；猪肉三斤：四钱八分48；羊肉二斤：
二钱20；板油一斤：二钱20；酱、醋、鸡子、豆腐、芽菜：三钱
二分三钱二分32；共四十三两四钱五分4345。②

　　由星星峡至伊吾庐毫厘皆无，甫经抵任，又不便告贷，月内
廿九日明镜泉饯恭军帅于龙王庙，略谈一路所费千馀金，绝不为
多，故闰月朔镜泉遣价送来洋银贰伯两，云系暂假，幸勿多心，然
初交通财，麟心不安，俟领款有着，即行奉璧。按龙王庙胜境已
登前册，今附识诸名作、对联于后。

　　眺远阁："彼美艳西方，好向一水濒浮，中央游溯；有尊开北
海，恰宜醉邀明月，凉扇清风。"此悟斋同年所作，有记："往岁早
秋出关，将游疏勒，过古伊吾，节使招饮斯地，蒲苇夹沚，万柳成
阴，陟冈憩亭，暑能消夏，皆公于治军暇所筑葺也，不意塞外有兹

---

①　此后细帐多用银计算，亦用草码书写，今皆整理为汉字数目，后附以阿
　　拉伯数字（以分为单位），以便统计。
②　各项合计为4344分。

奇胜,谢公墩欤,将军树欤? 如斯地与天地不朽也。今夏车归,
再游于此,风景依稀,弥滋留恋。征车既载,行有日矣,五十之
年,六千里路,未审能再来游否? 捉笔为此,并志数言,以寄慨慕
云。光绪甲申初夏白遇道并题。"惜麟来稍迟,未得与悟斋同年
会于此胜境也。

左子贤:"直望到万里长城,渺无尽处;且携得一壶浊酒,畅
饮其间。"

协营千把:"麟阁早驰声,十载丰功归大树;龙泉新酿酒,诸
番晋爵祝长松。"

城乡各户:"坐镇夷疆,定远声威扬万里;屯开塞雁,营平阔
泽被三边。"

有匾曰:"宣威布阃"。

前哈密厅署倅、今升张掖令李寿芝苻仙氏:"到处现菩萨
身,听晨钟响罢,暮鼓声残,有客同争壮士气;此地是伊吾国,看
水面楼台,堤边杨柳,无人不动故乡情。"又:"久从兵燹而来,得
元戎数载经营,乃见有流水半湾,青山一面;偶借公馀之暇,到此
处几番凭眺,好领取花前明月,树里清风。"

施均甫:"分冈底斯山一支,三万里纵横,惟天为大;汇伊吾
庐国诸水,十二时澄澈,有龙则灵。"

池亭。苻仙:"休问浮沉,试骋怀贝阙珠宫,何如此地;尽空
依傍,顾隔岸芦根柳叶,自全其天。"又:"其小如船,无半点俗尘
气;偶来饮酒,在一泓秋水间。"

草录于兹,以识咏胜之实。

闰五月初一日(6月23日)画行稿一件,系月内恭报到任咨
兵部捷报处、奏事处公文各一角,夹板、传牌一副。

初二日(6月24日)写仁字第五号家报。午后会客。

猪肉二斤半:四钱40;羊肉三斤半:三钱五分35;支油一

斤:二钱 20;酱二斤:二钱 20;油、醋、作料、豆牙菜布、点心:
三钱 30;共一两四钱五分 145。

初三日(6 月 25 日)写京中亲友草信。午后会客。

　　猪肉二斤半:四钱 40;羊肉三斤半:三钱五分 35;板油一
斤:二钱 20;酱二斤、醋、豆腐、猪干、油、芽菜、姜、羊肚等:四
钱二分 42;洋铁勺:四钱 40;面六十斤:二两二钱八分 228;
共三两九钱五分 395。①

初四日(6 月 26 日)补行拜发恭祝六月廿六日皇上万寿受
贺贺折,差弁郭什哈②刘喜。画行稿一件,咨奏事处公文一角,
夹板一副、传牌一张。午后李观察蘅石在公馆请,座有丁观察翘
山,人甚豪落。席散,酉正还公廨。

　　猪肉二斤半:四钱 40;羊肉三斤半:三钱五分 35;板油一
斤:二钱 20;酱二斤:二钱 20;姜、醋、豆府、芹椒等:三钱一分
31;共一两二钱六分 126。③

初五日(6 月 27 日)清晨微服策骑出南门,历城东,走戈壁,
过河滩,品茶龙王庙,谈心明镜泉。午后看书。天气渐热,画行
稿一件,咨刘爵部堂公文一角,系乌里雅苏台杜将军来文,凶犯
绕子卖迈就地拟结,并札哈密厅娄署倅遵办。

　　猪肉二斤半:四钱 40;羊肉二斤半:二钱五分 25;板油一
斤四两:二钱五分 25;油、酱、作料:三钱五分 35;钉子:四钱
40;锡灯一个:二钱 20;共一两八钱五分 185。

初六日(6 月 28 日)看修理天棚。按哈密无杉木,北山松木
颇多而价廉,天棚用松签枝架,惜无芦蓆,只用柳杷,花阴蔽日,

---

① 　各项合计为 405 分。
② 　郭什哈:原文用满语书写,今转为汉文。
③ 　各项合计为 146 分。

高逾房檐三二尺,若遇刮风,则柳叶纷飞,尘沙蔽目,平生未见之天棚也。午后署协台龙觐云来拜,晤谈许久,其为人也明白谨慎,晓畅戎机。

　　猪肉二斤半:四钱40;羊肉三斤半:三钱30;猪油一斤:二钱20;干酱二斤:二钱20;油、醋、鸡卵、作料:一钱四分14;东昌纸四刀:一两〇四分104;掸子一把:五分5;油灯碗三个:一钱10;共四两二钱三分四厘423.4。①

　　初七日(6月29日)传木匠构木植,修理房门挂板,成做桌张。午后署巡检王燮友来谒,晤谈一会,其为人深沉严重。署都司宋寿庵来谒,晤谈久,其为人老成谙练,通晓营伍。

　　猪肉二斤半:四钱40;羊肉三斤半:三钱五分35;板油一斤:二钱20;干酱二斤:二钱20;豆府、區豆、黄花、羊肚、鸡卵、园粉、醋:三钱六分36;铁锅一口:一两六钱160;铁筒二个:一两〇五分105;上下白面一百斤:三两八钱380;共七两九钱六分796。

　　初八日(6月30日)画稿一件,通行关内外南北东西各路将军、制军、军门、爵帅、大臣,咨报麟到任接印视事清汉文共卅二件。会丁翘山观察。

　　猪肉二斤半:四钱40;羊肉二斤半:二钱五分25;板油一斤:二钱20;干酱二斤:二钱20;姜、醋、豇豆、芹椒、灯油、羊肝:一钱五分15;太太用银:十两1000;换钱银:二两200;共十三两二钱1320。

　　初九日(7月1日)始到伊吾,明镜泉来拜时,见地毡不齐,即令亲兵以二绒毯合易之,至是刘毅斋见之嫌小,故送红黄二大毯易焉。

---

①　各项合计为243分,此处误差较大,疑有漏记。

猪肉二斤半：四钱 40；羊肉三斤：三钱 30；板油一斤：二钱20；干酱二斤：二钱 20；豆府、牙菜、姜、醋、羊肝：一钱五分15；鸡二支、卵卅个：三钱五分 35；送毯赏：四两 400；抬毯兵：二两 200；羽纱帽：三两 300；裱糊工：二钱 20；共十两八钱 1080。

初十日（7月2日）马圈射鹄，未出门，初尝哈密瓜，未熟，无味。

猪肉二斤半：四钱 40；羊肉三斤半：三钱五分 35；板油一斤：二钱 20；酱、醋、腰子、肝、豇豆、豆府：三钱五分 35；园户送瓜赏：三钱 30；羊烛一斤：一钱五分 15；共一两一钱五分 115。①

十一日（7月3日）回拜沙西屏回王，入其厅，层台重门，见其祖母伯王福晋。游果园，观菜畦，浓阴蔽日，引水入园，惜兵燹后房垣不整，惟可惨耳。赖西屏有心向上，构厅房，建鹄棚，规模粗具。饮茗食果，射鹄赏花，均不过徒有其名而已。

补初十羊肉一斤：一钱 10；猪肉二斤半：四钱 40；羊肉四斤：四钱 40；板油一斤四两：二钱五分 25；猪腰一个：七分 7；甜酱二斤：二钱 20；姜、醋、芹椒、茄子、胡罗卜、黄花、鸡卵等：六钱七分 67；骡马掌四付半：五钱四分 54；共二两六钱三分 263。

十二日（7月4日）未出门，马号射鹄。目送和克庵赴伊犁。

猪肉二斤半：四钱 40；羊肉二斤半：二钱五分 25；板油一斤：二钱 20；酱二斤：二钱 20；油、醋、作料：三钱二分 32；车上小挡二付：四钱 40；马号油灯：五钱八分 58；收拾马鞊：七钱 70；克庵赆敬：二十两 2000；鈾鎘钉锦：二钱五分 25；共二

---

① 各项合计为 175 分。

十三两三钱一分 2331。①

十三日(7月5日)补记:初十日刘招讨在大营请吃饭,燕菜烧烤,座有明镜泉、王辅世、丁翘山诸名贤,燕话甚欢。微服压马回王北马场。

　　猪肉二斤半:四钱 40;羊肉三斤半:三钱五分 35;板油一斤:二钱 20;酱二斤:二钱 20;白面一百斤:三两九钱五分 395;油、盐、醋、料:四钱三分五厘 43.5;压马赏:三钱 30。

十四日(7月6日)清晨微服策骑龙王庙,谒明镜泉燕话毕。策骑旋会太守陈芋僧印晋蕃,畅谈甚欢,其为人端凝清峭,出言有章。会发审局彭大令,例案详明,才识敏练。会凌志堂,畅谈宁夏驻防情形甚晰。并会龙协台、魏营务处讨论戎政。

　　猪肉二斤半:四钱 40;羊肉七斤半:七钱五分 75;板油一斤:二钱 20;甜酱二斤:二钱 20;油、醋、腰、肝、扁豆、椒、糖、豆府等:二钱五分 25;共一两八钱 180。

十五日(7月7日)谒关帝庙拈香。饭后射鹄。

　　猪肉二斤半:四钱 40;羊肉二斤半:二钱五分 25;板油一斤:二钱 20;甜酱二斤:二钱 20;白米一斗:二两二钱 220;油、醋、作料等:一钱二分五厘 12.5;共三两三钱七分五厘 337.5。

十六日(7月8日)辰刻策骑至头堡,接乌鲁木齐提台未遇,以时尚早也。未刻乘车复往,路过回王墓,少坐,食果品茶,薄赏回童。至头堡待至黄昏,小食方旋。途遇志少爷,方知金景亭戌亥间方能到哈密公馆耳。

　　赏回童仆从:一两 100;卸炭二车,重二千斤:三两 300;卸柴四车:一两 100;豌豆二斗:一两一钱四分四厘 114.4;铀頍

---

① 各项合计为 2330 分。

钉锔：一钱五分 15；猪肉二斤半：四钱 40；羊肉三斤十二两：三钱八分 38；板油一斤：二钱 20；干酱二斤：二钱 20；油、醋、糖、芹、作料：一钱八分 18；共八两八钱五分 885。①

十七日（7 月 9 日）拜金景亭，相见甚欢，惜其病躯远涉，未便久谈。午后画稿一件，为凶犯缠回绕子买迈刃伤蒙古一家七命均致死一案，咨覆刘招讨、杜军帅、明参谋，收到凶器，已交哈密厅储库存案。金军门力疾来拜，晤谈许久，其人久历戎行，晓畅兵机，谋勇兼备，洵为一方保障。惜在军日久，百苦备尝，边地苦寒，外伤内感，积渐成痨，可哀也哉，拟移龙王庙调摄数日。

猪肉二斤半：四钱 40；羊肉二斤半：二钱五分 25；板油一斤：二钱 20；干酱二斤：二钱 20；腰、肝、油、醋、作料、卵、豆等：二钱七分 27；大碗四个、红花：九钱二分 92；共二两二钱四分 224。

十八日（7 月 10 日）会前署迪化州刘玉珊印兆梅，人甚畅达，学亦渊博。会塔尔纳沁屯田都司向闰亭印科德，讨论水利，讲求树艺。

猪肉三斤十二两：六钱 60；羊肉二斤半：二钱五分 25；板油一斤：二钱 20；羊肝、肺：一钱 10；酱二斤：二钱 20；油、醋、木耳、作料：二钱五分 25；米一斗：二两二钱 220；白面一百斤：三两九钱五分 395；羊烛一斤：一钱五分 15；共七两九钱 790。

十九日（7 月 11 日）黄厚吾、廖万宾来拜。马圈射鹄。

猪肉二斤：三钱二分 32；羊肉二斤半：二钱五分 25；板油半斤：一钱 10；干酱二斤：二钱 20；油、醋、作料：一钱二分 12；共九钱九分 99。

---

① 　各项合计为 765.4 分。

廿日(7月12日)刘日乾、黄协堂来拜。饭后射鹄。

　　猪肉二斤半:四钱40;羊肉二斤:二钱20;板油半斤:一钱10;醋、卵、油、粉、豇豆、作料等:二钱六分26;干酱二斤:二钱20;收拾铜壶:一钱五分15;各处灯油半个月:五钱八分58;共一两八钱九分189。

廿一日(7月13日)李观察请午饭,坐有丁翘山、安吉人、龙觐云诸名宿,未终席而还,以天热腹泻故也。

　　赏王厨:二两200;车房铁锁二把:六钱八分68;猪肉二斤:三钱二分32;羊肉二斤半:二钱五分25;板油半斤:一钱10;干酱二斤:二钱20;油、醋、作料等:二钱七分27;赏赵御、平安:二钱20;共四两〇二分402。

廿二日(7月14日)微服龙王庙燕话,并将那钜辅旧赠镂银小刀转赠明镜泉,暨火镰一把,又托代赠金景亭小刀、火镰二事。当晚景亭遣差来谢。

　　猪肉二斤:三钱二分32;羊肉三斤:三钱30;板油半斤:一钱10;酱二斤:二钱20;白米一斗:二两二钱220;笼屉一分:二两九钱290;屉布等:二钱五分25;铁海卧一个:三钱30;油、醋、腰、肝、作料等:一钱九分19;共六两七钱六分676。

廿三日(7月15日)马圈射鹄。木工门窗、板壁竣工。

　　木匠四十五工,官价一钱:四两五钱450;羊肉二斤:二钱20;猪肉二斤:三钱二分32;油十二两:一钱五分15;酱二斤:二钱20;铁勺:一钱五分15;案板钉:八分8;油、醋、作料:一钱三分13;共五两七钱三分573。

廿四日(7月16日)马圈射鹄。明镜泉送烧羊肉、吊炉烧饼。二女赴明寅伯龙王庙吃饭,申正回。

　　猪肉二斤:三钱二分32;羊肉二斤:二钱20;板油一斤:一钱10;酱二斤:二钱20;油、醋、作料:一钱七分17;白面一百

斤：三两九钱五分 395；铁火剪：六钱 60；烧肉、饼赏：三钱
30；共五两八钱四分 584。

廿五日（7 月 17 日）马圈射鸹。

猪肉二斤：三钱二分 32；羊肉二斤：二钱 20；板油十二两：
一钱五分 15；酱二斤：二钱 20；厨布一块：三钱五分 35；绿磁
盆二个：八钱 80；白老米一斗：二两二钱 220；油、醋、作料：三
钱二分 32；洋烛二桶：六钱 60；共五两一钱四分 514。

廿六日（7 月 18 日）午后拜客，便往龙王庙，明镜泉留便饭，
同座金景亭、刘玉珊。将食，刘毅斋亦到，入座共餐，饭后纳凉，
戌初旋公廨。

赏郭什哈①等：三钱 30；刻官衔廿六字：一两五钱 150；
猪肉二斤：三钱二分 32；羊肉二斤：二钱 20；板油半斤：一钱
10；酱、作料等：四钱八分 48；共二两九钱 290。

廿七日（7 月 19 日）甘省西征粮台来申文一件，请将前在兰
州所借湘平银三百两由何项归款候覆。

猪肉二斤四两：三钱六分 36；羊肉二斤：二钱 20；板油半
斤：一钱 10；羊肚一个：一钱五分 15；酱一斤：一钱 10；油、醋、
肚、府、作料：二钱 20；共一两一钱一分 111。

廿八日（7 月 20 日）微服压马戈壁滩，便谒明镜泉于龙王
庙，将粮台申文送看，据云刘招讨午后在此请金军门，求其设法
归款。

押马赏：四钱 40；猪肉二斤：三钱二分 32；羊肉二斤：二
钱 20；油半斤：一钱 10；酱二斤：二钱 20；醋、腐、作料等：三钱
30；共一两五钱二分 152。

廿九日（7 月 21 日）明镜泉来言，昨晤刘毅斋，即将粮台申

①　郭什哈：原系满文。

文执看,据云祥帮办抵任以来已届月馀,应领廉俸又在部议未覆,诸多不易,暂由粮台拨借湘平银壹千两等语,其潇洒慷慨,推顾同僚之情如光风霁月,麟铭感刘、明之心,没齿难忘也。即与明镜泉云如此项到辕,先将前假兰省粮台三百金就近由王辅世处归款可耳。

　　猪肉二斤:三钱二分 32;羊肉三斤:三钱 30;板油半斤:一钱 10;酱二斤:二钱 20;白面一百斤:三两九钱五分 395;白米一斗:二两二钱 220;作料等:一钱二分 12;共七两一钱九分 719。

六月初一日(7月22日)谒关帝庙拈香毕,压马南湖,往返七十里,在彼茶尖。午后往龙王庙赴王辅世约,座有金景亭、明镜泉、李蔺石、丁翘山、刘玉珊诸公,观狮戏费明镜泉代赏四金,其艺颇佳,能叠桌三张,人足与木足走射,不爽丝毫,洵奇观也,酉正旋公廨。

　　南湖茶尖:四钱 40;赏郭什哈①等:三钱 30;猪肉二斤:三钱二分 32;油半斤:一钱 10;羊肉二斤:二钱 20;酱二斤:二钱 20;作料:三钱八分 38;杨福月例:三两 300;共四两九钱 490。

初二日(7月23日)收刘营咨照,由粮台拨借湘平银壹千两文存办事衙门备查。

　　猪肉二斤:三钱二分 32;羊肉二斤:二钱 20;板油半斤:一钱 10;酱二斤:二钱 20;醋、油、作料:二钱二分 22;补昨夕刘连、赵御、平安饭:三钱 30;共一两三钱四分 134。

初三日(7月24日)画行稿二件,一咨覆刘爵部堂,由行营粮台准拨银壹千两,一咨覆行营粮台,在爵帅借拨银壹千两之内

---

①　郭什哈:原系满文。

扣留三百两,拨兑甘肃总台归收前款。

　　猪肉二斤:三钱二分32;羊肉二斤半:二钱五分25;板油半斤:一钱10;酱二斤:二钱20;作料等:三钱30;回役散子赏:三钱30;共一两四钱七分147。

　　初四日(7月25日)派内郭什哈①张瑞带外郭什哈②由粮台领到湘平银柒伯两,当还明镜泉二百两,存备还二百廿两,以二百八十两之二成分赏内外家人十七名五十六两,又按前数之一成廿八两存家岳母处零用。

　　赏巡捕等:十两1000;赏骆群月例:一两八钱180;赏平安月例:一两二钱120;马药二剂、油、酒:一两〇三分103;赏小铃儿:一钱10;猪肉二斤:三钱二分32;油一斤:二钱20;羊肉二斤半:二钱五分25;酱二斤:二钱20;作料:一钱七分17;半月七处灯油:六钱60;共九十九两八钱八分9988。③

　　初五日(7月26日)画行稿一件。理藩院来满文通咨,经清印房主政富同乡印森布译汉,札哈密回王,即将未膺册诰之福晋等母家姓氏一并造册呈送来辕,以便转咨。午后策骑往谢刘招讨、王观察、明都护等处,并与金景亭送行。

　　猪肉二斤:三钱二分32;羊肉二斤:二钱20;酱二斤:二钱20;油半斤:一钱10;添羊肉半斤:五分5;油、醋、作料:一钱二分12;白面一百斤:三两九钱五分395;共四两九钱四分494。

　　初六日(7月27日)马圈射鹄。午后回城,果园纳凉,东小

---

① 郭什哈:原系满文。

② 郭什哈:原系满文。

③ 各项合计为1587分,差额较大;如果加上赏家人五十六两及给岳母廿八两,合计9987分,因此9988分的统计当合计了此两项。

门外观马戏。人多路窄,汉回杂处,亦犹京师春秋走马驰车,而无走车的,有跑马的,然而快马未见一匹。语云"观景不如听景",信然。

　　还路账欠款:三十九两九钱五分 3995;修表手工:六钱60;猪肉二斤:三钱二分 32;油半斤:一钱 10;羊肉二斤四两:二钱二分五厘 22.5;酱二斤:二钱 20;白米一斗:二两二钱220;作料:一钱八分 18;共四十三两七钱七分五厘 4377.5。

初七日(7 月 28 日)马圈射鹄。未出门。接福字二号家信。

　　猪肉三斤:四钱八分 48;羊肉二斤:二钱 20;板油十二两:一钱五分 15;酱二斤:二钱 20;白面一百斤:三两九钱五分395;作料:二钱六分 26;家信赏:二两 200;共六两二钱四分 624。①

初八日(7 月 29 日)明镜泉请家岳母、内子、两女龙王庙午饭,仆妇等大半随往,申正回公廨。

　　龙王庙道众香资:四两 400;借明署车赏:五钱 50;猪肉二斤:三钱二分 32;羊肉二斤:二钱 20;板油半斤:一钱 10;酱一斤四两:一钱二分五厘 12.5;作料:二钱 20;共五两四钱四分五厘 544.5。

初九日(7 月 30 日)自寅及卯甘澍淋淋,辰巳之间微风飒飒,忽然一冷,如届九秋,可见边外寒热无恒,衣服不能如时而论也。娄彝生送西瓜十枚。

　　瓜赏:四钱 40;东厢二次灯油:二钱二分 22;猪肉二斤:三钱二分 32;板油半斤:一钱 10;羊肉二斤:二钱 20;酱二斤:二钱 20;作料:一钱二分 12;共一两五钱六分 156。

初十日(7 月 31 日)午后策骑出门拜客,便谢明镜泉初八日

---

①　各项合计为 724 分。

之费也,然又在龙王庙便饭。卸大麦二石九斗四升交马号,小麦四石九斗当交磨房。

赏内外郭什哈①:四钱40;木匠十三工:一两三钱130;猪肉二斤半:四钱40;油半斤:一钱10;羊肉二斤:二钱20;酱二斤:二钱20;锯碗:一钱六分16;作料:一钱六分16;共二两九钱二分292。

十一日(8月1日)马圈射鹊。

补景亭送湖绸赏:四两400;猪肉二斤:三钱二分32;油半斤:一钱10;羊肉二斤:二钱20;补初十日板油四两:五钱50;酱二斤:二钱20;作料、玉兰片等:四钱40;共五两二钱七分527。

十二日(8月2日)马圈射鹊。遣价压马。

猪肉二斤:三钱二分32;板油半斤:一钱10;羊肉二斤:二钱20;酱二斤:二钱20;油、醋、作料:二钱五分25;赏赵御、祁荣:二钱20;共一两二钱七分127。

十三日(8月3日)两女观剧龙王庙。

猪肉二斤:三钱二分32;板油半斤:一钱一分11;羊肉二斤:二钱20;酱二斤:二钱20;又羊肉一斤:一钱10;干粉、作料:二钱八分28;白米一斗:二两二钱220;钉掌铁钉五十个:二钱20;共三两六钱一分361。

十四日(8月4日)马圈射鹊。

猪肉二斤十二两:四钱四分44;羊肉二斤:二钱20;板油半斤:一钱一分11;酱二斤:二钱20;鸡卵、作料:一钱五分15;共一两一钱110。

十五日(8月5日)寅正诣关帝庙拈香,午后谒明镜泉,以其

---

① 郭什哈:原系满文。

小恙,庙香未到故也。

猪肉二斤:三钱二分32;羊肉三斤:三钱30;板油半斤:一钱一分11;酱二斤:二钱20;作料:二钱八分28;共一两二钱一分121。

十六日(8月6日)马圈射鹄。闷极,与小孩斗叶子。

补十五日猪油四两:六分6;猪肉三斤:四钱八分48;板油十二两:一钱八分18;羊肉二斤:二钱20;酱二斤:二钱20;作料:二钱一分21;共一两三钱三分133。

十七日(8月7日)无聊之极,午后斗叶子。

猪肉二斤:三钱二分32;羊肉三斤:三钱30;板油半斤:一钱二分12;网油三斤:六钱60;老酱二斤:二钱20;作料:〔二钱二分22〕①;龙王庙十九、廿三香资:四两400;叶子费:四钱40;共六两一钱六分616。

十八日(8月8日)诣龙王庙,菩萨殿预拜,北厅少坐,便道过访刘招讨,畅谈许久。

猪肉二斤:三钱二分32;羊肉二斤:二钱20;板油半斤:一钱二分12;酱二斤:二钱20;作料、薰肉:二钱六分五厘26.5;鞋底二双:一两一钱110;共二两二钱〇五厘220.5。

十九日(8月9日)两女龙王庙拈香、观剧,馈明寅伯晚饭,酉正回公廨。

猪肉二斤:三钱二分32;羊肉二斤四两:二钱二分五厘22.5;板油十二两:一钱八分18;酱二斤:二钱20;作料:一钱七分17;共一两一钱四分五厘114.5。②

廿日(8月10日)马圈射鹄。申刻刘招讨、明都护先后来

---

① 原稿留空待补,未填钱数,此据总数减去各项花费倒推而出。

② 各项合计为109.5。

拜,均晤谈许久而别。

猪肉二斤:三钱二分32;羊肉二斤:二钱20;板油半斤:一钱二分12;酱二斤:二钱20;羊腰、作料:一钱八分18;共一两〇二分102。

廿一日(8月11日)马圈射鹄。西厅斗叶子。

石炭六车:八两800;七处半月灯油:七钱五分75;廿日猪肉半斤:八分8;板油、冬瓜:一钱六分16;猪肉二斤:三钱二分32;羊肉二斤半:二钱五分25;板油十二两:一钱八分18;酱二斤:二钱20;作料:一钱五分15;共十两〇九分1009。

廿二日(8月12日)马圈射鹄。西厅斗叶子。监督标兵修理马王殿棚柱。未正在办事衙门跪接恭报到任谢恩折件,奉旨"知道了。"钦此。此系军机大臣传奉者也。

太太用银:一两100;洋烛半斤,厨用:七分7;猪肉二斤:三钱二分32;羊肉二斤:二钱20;板油二斤半:六钱60;酱二斤:二钱20;作料:二钱八分五厘28.5;共二两六钱七分五厘267.5。

廿三日(8月13日)寅正以少牢祠马王神于本署,马圈巡捕、郭什哈、御夫、厩人等随叩。

两女观剧:四钱40;赏御夫:二钱20;叶子费:六钱60;赏厩人等:五钱50;红花碟十个:一钱一分11;鸡卵十五个:二钱20;糖仁、作料一钱三分五厘13.5;香烛、黄表:四钱40;共二两五钱四分五厘254.5。

廿四日(8月14日)寅初以少牢祠关帝于厅事,巡捕等陪祀。卯初复同明镜泉诣关帝庙上祭。

猪肉一斤:一钱八分18;筷子一把:一钱二分12;白糖、油料:一钱八分18;白米一斗:二两二钱220;老弦五十五分:

六钱七分五厘67.5；口棉线：一钱10；鞭抄：六钱五分65；共
四两一钱〇五厘410.5。

廿五日（8月15日）照藩署来文，八月十七日月食，札哈密
厅协届期救护。

　　猪肉二斤：三钱二分32；羊肉二斤：二钱20；油、酱、作
料：六钱60；共一两一钱二分112。

廿六日（8月16日）寅初诣万寿宫，恭祝皇上万寿圣节如
仪，行礼坐朝，食面而归。

　　陈芊僧价赏：一两100；叶子费：三钱一分五厘31.5；猪
肉二斤：三钱二分32；羊肉三斤：三钱30；板油十二两：一钱八
分18；羊心、肺：七分7；酱二斤：二钱20；羊肝、作料：二钱八
分28；共二两六钱六分五厘266.5。

廿七日（8月17日）会委署昌吉令陈亮斋，人甚明干，颇
有为。

　　压马赏项：一两三钱130；猪二斤、羊肉二斤、油半斤、酱
二斤、作料：一钱一两〇三分五厘103.5；共二两三钱三分五
厘233.5。

廿八日（8月18日）收谭制军、周军门公文二角，均系为哈
密回王贡瓜，均缓至下年恭进。

　　猪、羊肉、油、酱、作料：一两〇五分105；又羊肉十二两：
七分五厘7.5；马掌八付半：一两四钱二分142；炉条二付：四
钱40；共二两九钱四分五厘294.5。

廿九日（8月19日）马圈射鹄。

　　猪肉二斤：三钱二分32；羊肉二斤：二钱20；板油十二两：
一钱八分18；羊腰、肝：一钱三分13；酱二斤：二钱20；作料：
一钱三分13；共一两一钱六分116。

卅日（8月20日）补廿二日札哈密厅娄署倅，据商民张生玉

禀控郭俊光朋奸苛索一案，仰该厅秉公判断结案，此呈系张生玉
遣抱来辕禀诉者也。

　　猪肉二斤：三钱二分 32；羊肉二斤四两：二钱二分五厘
22.5；板油半斤：一钱二分 12；酱二斤：二钱 20；作料：一钱五
分 15；白米一斗：二两二钱 220；共三两二钱一分五
厘 321.5。

　　光绪十年七月初一日（8月21日）寅正谒关帝庙拈香。午
后策骑去看刘招讨，以其庙香未到故也，畅谈许久，看其服药一
盏而还。便谒明镜泉于龙王庙，两女在焉，梨园作焉。沙西屏年
例赛神献戏一台，麟适逢其会，又经镜兄敦迫，不得已而入席，乃
酒未半酣优人来也，执笏请点，触动乡情，派演《善宝庄》一出，
甚为可怜，较之侯伶天渊也已，不过几名无业贫民，当以四金赈
之。终席，酉正还公廨，画行稿二件，咨大理寺暨陕甘总督公文
各一角，系回覆哈密现在并无永远枷号人犯；又札哈密回王户部
来咨，该回王现借十年俸银，即在每年应领俸银二千两内按年坐
扣一半。

　　骆群、平安月赏：三两 300；众家人剃头月赏：三两 300；
戏赈：四两 400；本月七处灯油：一两五钱 150；一个月车上
油水：三钱 30；郭什哈①压马：五钱 50；补上月十天灯油：五
钱 50；猪肉二斤、羊肉二斤、板油半斤、酱二斤：八钱四分 84；
羊腰、作料等：二钱八分 28；醋缸子三钱 30；共十四两二钱
二分 1422。

初二日（8月22日）马圈射鹄。

　　猪肉、羊肉：五钱七分 57；油、酱、作料：四钱四分九厘

---

① 郭什哈：原系满文。

44.9；共一两一钱九分 119。①

初三日(8 月 23 日)两女南街闲步。

　　猪肉二斤四两：三钱六分 36；板油十二两：一钱八分 18；羊肉二斤半：二钱五分 25；酱二斤：二钱五分 25；羊腰、肝：五分 5；作料：二钱二分 22；二女用：一钱 10；共一两四钱一分 141。

初四日(8 月 24 日)西屏请吃饭，同座明、李、娄、富，东园射鹄，南厅听回曲，妄费十四金，真非甘心也。

　　猪肉、羊肉：五钱二分 52；油、酱、作料：四钱九分五厘 49.5；太太用：二钱七分 27；共一两二钱八分五厘 128.5。

初五日(8 月 25 日)东圈射鹄，西厅斗叶。

　　叶子费：八钱 80；李道台送香油价赏：五钱 50；油、酱：三钱二分 32；猪、羊肉：五钱二分 52；作料、鸡卵等费：一钱八分 18；共二两三钱一分 231。②

初六日(8 月 26 日)西厅斗叶子。明辕郭什哈张昔义差旋来谒，晤询一路情形。饭后明镜泉来看，晤叙许久，并言及二逃弁捉回看押在公寓等语而别。晚饭后微服闲步于荷畔少座，营弁采莲赠两女先回，麟徘徊至黄昏而返。近日无聊之极，且胃火上炎，牙齿疼痛，兼之哈密瓜熟食之甘美，其性似热，食后往往头眩齿血，虽欲节之而未能也。

　　荷弁茶资：二钱 20；薄荷油：一钱五分 15；猪肉二斤十二两：四钱四分 44；板油半斤：一钱二分 12；羊肉二斤半：二钱五分 25；酱、作料、添菜：五钱五分五钱五分 55；共一两七钱一分 171。

初七日（8 月 27 日）西厅斗叶子。午后家岳母率内子、两女、众仆妇等往游水磨营，乘小舟观乳虎，品茶莲花池，营弁赠莲而返。少焉陈芋僧太守率幼女微服来会，晤谈许久而别。

　　舟弁茶资：二钱二两 200；园丁瓜赏：四钱 40；郭什哈、车夫①：一两三钱 130；洋烛二桶八支：五钱 50；猪肉二斤十二两：四钱四分 44；板油十二两：一钱八分 18；羊肉二斤半：二钱五分 25；酱、作料：五钱一分 51；共五两五钱八分 558。

初八日（8 月 28 日）会新城义塾师贡生王玺林、附生陈敷治二先生，均品端学粹，教导有方。当将小子骆骧顺于十一日派巡捕送入西门外南街娘娘庙王先生学内开蒙，然资质下愚，性复顽梗，恐非一时所能格化者，麟惟有尽诚待人，以听其命耳。两女闲步旧城，观剧马神庙。卸大麦四石九斗，存仓。

　　二位姑娘用：一钱 10；哈密瓜：七分 7；猪肉二斤半：四钱40；脂油十二两：一钱八分 18；羊肉二斤：二钱 20；酱、作料：四钱三分 43；共一两三钱九分 139。②

初九日（8 月 29 日）孝静成皇后忌辰。未出门。

　　猪肉二斤四两：三钱六分 36；脂油半斤：一钱二分 12；羊肉二斤四两：二钱二分五厘 22.5；羊肝：七分 7；酱、作料：四钱一分 41；共一两一钱八分五厘 118.5。

初十日（8 月 30 日）孝懿仁皇后忌辰。未出门。

　　干柴五车：一两二钱五分 125；羊油烛：一钱五分 15；猪肉二斤半：四钱 40；板油半斤：一钱二分 12；羊肉二斤：二钱 20；酱、作料：四钱六分 46；共二两五钱八分 258。

十一日（8 月 31 日）斗叶子，射鹄子。

---

① 　郭什哈、车夫：原系满文。

② 　各项合计为"138"分。

猪肉二斤:三钱二分 32;板油半斤:一钱二分 12;羊肉二
斤半:二钱五分 25;羊肚、腰子:一钱一分 11;酱、作料:三钱
三分 33;瓦盆:五钱 50;红青坎布:九钱四分 94;共二两五钱
七分 257。

十二日(9 月 1 日)微服压马戈壁滩。两女闲步北街。

赏郭什哈、车夫①等:四钱 40;两女用:一钱五分 15;猪
肉二斤:三钱二分 32;板油一斤四两:三钱 30;羊肉二斤:二钱
20;酱二斤:二钱 20;作料:一钱五分五厘 15.5;灌牲口香油
六两,四分八厘 4.8;鸡卵:二钱四分五厘 24.5②;共一两九钱
七分 197。

十三日(9 月 2 日)斗叶、射鹄。补记:初六日哈密协营十三
军台台官橙槽沟李建阳、沙泉子臧玉成、瞭墩陈进旺、三道岭李
中元、南山口刘正统、黄芦冈哈进禄、长流水赵资亮、格子烟墩董
吉昌、苦水李王春、猩猩峡张逢恭等十弁领饷来哈而谒,以是日
小恙未会,今备录待考。

猪肉三斤半:五钱六分 56;板油半斤:一钱二分 12;羊肉
二斤:二钱 20;酱二斤:二钱 20;羊腰、肝:六分 6;作料:二钱
五分 25;哈密瓜:五分 5;共一两三钱九分 139。③

十四日(9 月 3 日)明镜泉约同祀刘忠壮公于毅斋公馆,是
日也,明镜泉备祭筵先送,午后待麟于菜圃,策骑往奠,毅斋陪
礼,西室少坐,饮汤食糕吃茶告别。乃刘招讨同往大营盂兰道
场,麟随镜兄祀死事湘军将士于南帷毕,与刘毅帅畅谈于北幄,
言及法人跋扈,宜早伐也。归署画批文一件,咨哈密厅,以张萧

----

① 郭什哈、车夫:原系满文。
② 此 24.5 分已包含灌牲口香油的 4.8 分。
③ 各项合计为"144"分。

元控王丕承一案秉公结案。

猪、羊肉、油：六钱四分64；酱、作料等：四钱40；共一两
〇四分104。

七月十五日（9月4日）寅正谒关帝庙、城隍庙拈香，有戏。
午后往十里堡戈壁滩遥祭祖先、先大父、先大母、先慈太夫人、先
婶母太夫人，如仪而还。接到大营寄来福字第一号家信，二月廿
四日由京发。批哈密厅凶犯绕子买迈妻子到案，仍候爵帅批示。
湘军作盂兰会超度阵亡将士，执镫游街。

大营郭什哈①送信：二两200；二位姑娘上街：二钱五分
25；猪肉二斤：三钱二分32；板油半斤：一钱二分12；羊肉二
斤：二钱20；酱二斤：二钱20；木耳、干粉、鸡子、醋、作料、灯
油：二钱五分25；共三两三钱四分334。

五天共用银拾两零三钱壹分

十六日（9月5日）二位姑娘往谒明钦差公馆，晚饭。午去申
归。巳初刘爵帅来谢步道谢，畅谈许久而去。

卸炭七千斤：十两五钱1050；初四沙王请饭：十四两
1400；笋鸡十支：一两100；卵卅个：二钱20；缸盆二个：四钱五
分45；十五猪肉半斤：八分8；猪肉二斤四两：三钱六分36；油
半斤：一钱二分12；羊肉二斤半：二钱五分25；酱二斤：二钱
20；菠菜、白菜、鸡卵、黄花、作料、豆府、油、醋：二钱四分五
厘24.5；共二十七两四钱〇五厘2740.5。

十七日（9月6日）文宗显皇帝忌辰。看书写信，未出门，马
圈射鹄。

猪肉二斤半：四钱40；板油半斤：一钱二分12；羊肉二斤：
二钱20；酱二斤：二钱20；扁豆、豇豆、醋、豆府、作料、灯油：

---

① 郭什哈：原系满文。

一钱九分五厘19.5;白米一斗:二两二钱220;共三两三钱一分五厘331.5。

十八日(9月7日)和克庵由精河来信,言故同年砚田霍枢中秋前后东上。午后巴燕岱领队大臣长印庚少白同乡由草地来拜,一见如故,领教伊犁情形甚悉,深恨相见之晚。

猪肉二斤半:四钱40;板油半斤,又四两:一钱八分18;羊肉二斤四两:二钱二分五厘22.5;酱:二钱20;木耳、豇豆、油、醋、作料:一钱五分15;共一两一钱五分五厘115.5。

十九日(9月8日)小恙,服灵应丸三粒即愈。午后回拜长少白、明镜泉。返廨草信三便封,浼少白转致乌绍云、尚颂臣两同年暨明秀峰世叔者也。

猪肉二斤:三钱二分32;板油半斤:一钱二分12;羊肉二斤四两:二钱二分五厘22.5;羊肚子:一钱一分11;酱二斤:二钱20;白菜、泊菜、豇豆、豆府、油、醋、作料:二钱一分21;补猪肉、鸡卵:一钱10;哈密瓜:八分8;共一两三钱六分五厘136.5。

廿日(9月9日)由长少白代寄仁字第七号家报。午与明镜泉公请长少白于龙王庙,烧烤翅果席,皆明三哥代垫也,坐有安吉人相陪,燕话甚欢,戌初散席还公廨。晚接叶挺生来信。

猪肉二斤:三钱二分32;板油半斤:一钱二分12;羊肉二斤:二钱20;酱二斤:二钱20;扁豆、胡罗卜、大虫米、油、醋、作料:一钱五分15;共九钱九分99。

廿一日(9月10日)午后往大营拜客,诣刘爵帅,会凌志堂,晤陈芋僧,品柳茶,观花圃,长少白、李藕石、陈芋僧诸友公拟古联,推许"顾视清高气深稳",麟实不敢当诸友月旦太过,然前岁梁斗南前辈曾以此联赠之矣,不图八千里外所见略同,非名实之相符,洵能者之见不殊也。镫下与长少白痛谈北路情形甚悉,颇动于中,亦惟待时而举耳。

廿日赏郭什哈①等:九钱 90;洋烛八支:五钱 50;猪肉二斤十二两:四钱四分 44;板油十二两:一钱八分 18;羊肉二斤四两:二钱二分五厘 22.5;羊肝、腰:六分 6;酱、作料:五钱 50;两女用瓜子:三钱 30;共三两一钱〇五厘 310.5。

廿二日(9 月 11 日)午后往拜长少白,未遇。陈芋僧来拜,少坐。晚饭后与明镜泉、李蘅石茶饯长少白于龙王庙后,戌初二刻还公廨。

猪肉二斤四两:三钱六分 36;板油半斤:一钱二分 12;羊肉二斤半:二钱五分 25;羊肚子:六分 6;作料、磨刀:二钱八分 28;羊油烛一斤:一钱五分 15;赏伞夫:一钱 10;共一两三钱二分 132。

廿三日(9 月 12 日)写仁字第八号家谕未竟,会凌志堂。午后赴娄彝生约于龙王庙,坐有明镜泉、王辅世、刘玉珊、左子贤,席散,戌初二刻还公廨。在途闻车夫赵御言巡捕林玉春坠骑,幸未伤损。沙西屏送哈密瓜两箱,薄赏回夫。卸大麦五石,还东府二石,馀存仓,小麦五石,当交磨房二石。

回夫赏:四两 400;城隍庙香资:一两 100;猪肉二斤半:四钱 40;板油十二两:一钱八分 18;羊肉三斤:三钱 30;作料:二钱三分 23;哈密厅厨役:四两 400;郭什哈、车夫②:四钱 40;共十两五钱一分 1051。

廿四日(9 月 13 日)未出门,大营满营务委员罕清如来拜,娄彝生来看,均未会。卸谷草二千七百斤。

买线:三钱 30;白洋布廿尺:一两 100;猪、羊肉、腰、肝:

---

① 郭什哈:原系满文。
② 郭什哈、车夫:原系满文。

五钱八分 58；板油十二两：一钱八分 18；黄花、木耳、口磨、椒面：一钱七分 17；作料：一钱〇五厘 10.5；共二两三钱三分五厘 233.5。

廿五日（9 月 14 日）仁宗睿皇帝忌辰。未出门，检点书籍，查出《中俄改订条约》一本，略看一过。

猪肉二斤：三钱二分 32；板油半斤：一钱二分 12；羊肉二斤：二钱 20；灯油、作料：一钱八分 18；共八钱二分 82。

廿六日（9 月 15 日）寅正即起，草致周生霖前辈一信，午正方竟。未正收明镜泉送新疆地理图一本，甚精，天山唐碑帖廿张，巴里坤汉碑帖四张；收哈密厅送巴里坤帖十张。镫下收刘营咨覆原任乌什帮办大臣文死事原由日期与原呈不符文一件。

猪肉二斤四两：三钱六分 36；羊肉二斤：二钱 20；板油半斤：一钱二分 12；羊腰：五分 5；黄花、鸡卵、虫米、豇豆、胡罗卜、油、醋、作料：三钱二分 32；共一两〇五分 105。

廿七日（9 月 16 日）卯正起，钤汉唐碑帖图章。昨夜梦家大人与先慈率小儿同家叔欢聚一堂，躬侍燕话，想因结想所致，惟欲我祖孙父子兄弟叔侄同聚一堂之心未卜何日可遂，且今日乃先慈诞期，故有此梦耳。饭后谒刘毅斋，谢查文故舅事。往戈壁地遥祭，顺道拜明镜泉，谢赠地理图、汉唐碑帖，未遇。惟在刘营恭读本年七月初六日上谕，法人渝盟，朝廷震怒，兴师问罪，敌忾同仇，惟有疆圻之寄者尤宜早为戒备，庶免临渴掘井。晚收刘毅斋赠汉龟兹左将军刘平国碑记、沙南碑墨（塌）〔拓〕二卷，薄赏来人未果。镫下草请旨从戎稿，来朝就正于安吉人幕友，会商于明镜泉都护，稿成时取决于刘毅斋爵帅，以尽臣职。

郭什哈①等压马：四钱 40；东昌纸一刀：二钱八分 28；

---

①　郭什哈：原系满文。

猪、羊肉、油：六钱四分 64；羊肚子：五分 5；作料等：一钱九分 19；共一两五钱六分 156。

廿八日（9 月 17 日）写字未果。凌志堂来拜，晤谈许久，并以七月初六日廷寄草录见赠。饭后明镜泉来拜，并以《行程日记》序成相示，语多过奖，期许太过，当将从戎请旨稿请酌，不图所见略同，亟请就正于安吉人幕友，痛谈半日，携稿而别。晚间刘毅斋来拜，会晤许久，领教军情。别后镫下钤碑图章，沙南帖不辨上下，遣仆就正于安吉人，批云"惟汉永和八年二月臣云中沙南侯"①，馀皆辨认不出，此系焕彩沟汉碑等语，可见幕中朋友博古通今者多，镜泉兄之公事明白有由来也。

猪肉三斤：四钱八分 48；猪油、羊肉：三钱二分 32；口磨、鸡卵：一钱 10；作料：一钱九分 19；铁通条：八钱五分 85；两女零用：一钱五分 15；共二两〇九分 209。

廿九日（9 月 18 日）未出门。阅恭祝皇太后十月初十日五旬大庆万寿贺折。写致溥菊如、嵩月峰、李辑廷三同乡草信三封，发与明镜泉告贷信三函。

猪肉二斤四两：三钱六分 36；板油半斤：一钱二分 12；羊肉二斤：二钱 20；羊腰、羊肝：六分 6；作料：二钱 20；叶子费：三钱 30；共一两二钱四分 124。

预赏骆群、平安：三两 300；杨福剃费：三两 300；车上油水：三钱 30；七处灯油：一两五钱 150。

八月初一日（9 月 19 日）寅正谒关帝庙拈香毕。办事大臣衙门拜发恭祝皇太后万寿贺折。明大臣差弁花翎候补都司差官张昔义、本大臣差弁六品军功郭什哈张立差费银捌拾两，由明大

---

① 祥麟所获帖大约质量不佳，该碑文字前两行实为"惟汉永和五年六月十五日臣云中沙南侯获……"。

臣处支领。午后镜泉兄遣价送到纹银贰伯两。早间在明都护署见其义塾诸生来参,颇有英俊,询其建学之由,始知造就人才亦非一日,今观其政绩,大有过人处,而不见知于时,惜哉,麟当为其表而出之。未刻致书于刘招讨,告贷伍伯金,即蒙推借如数,湘平银五封遣亲兵随小价送到,其慷慨好义之情于斯益见,拟由王观察处兑寄至陕,适见回音,已允代寄。收拾寄京信函,手不停笔,自到伊吾,未有今日笔墨之多。安吉人代正从戎奏稿成,阅后稍有更改,已送刘毅斋删正并取裁决焉。

　　补小顺七月廿天点心:四钱五分五厘45.5;赏小顺本月点心:七钱70;羊油烛一斤:一钱五分15;猪肉、羊肉、板油:六钱四分64;作料:二钱二分22;共九两九钱六分五厘996.5。

　　初二日(9月20日)清晨遣价往刘营取回奏稿,毅斋招讨来示,稍易数字,饭后一挥而就。午正持赴明镜泉公廨请阅,考订于安吉人幕友,并知"场"音"易",非场也,可见幕中须有真学问方能襄理公事,畅谈许久而归。

　　猪肉二斤半:四钱40;板油、羊肉:三钱二分32;羊肚子:六分6;作料:三钱二分32;补初一日青笋、豇豆:一钱〇五厘10.5;共一两二钱〇五厘120.5。

　　初三日(9月21日)详校奏折,饭后巳初至办事公廨,谨封请旨从戎文暨安折四分拜发,由驿驰陈,望朝廷俯如所请,早达海疆剿除法逆,幸甚。折稿并记:

　　奏奴才祥麟跪奏,为情殷报效,恳恩准赴海疆军营,力图用命,恭折仰祈圣鉴事。窃奴才满洲世仆,由甲兵学习清文,滥登科甲,受先朝特达之恩,改翰林院庶吉士,光绪二年丙子恩科散馆,授职检讨;历升内阁学士兼礼部侍郎衔,并挑在批本处行走;九年十一月内蒙恩赏给副都统衔,作为哈密帮办大臣。本年正

月内陛辞请训，蒙皇太后、皇上召见，训谕周详，无微不至，奴才
跪聆之下，钦感莫名；当于二月初六日由京起程，五月二十八日
行抵哈密，接印视事，拜折谢恩，恭报到任日期在案。奴才抵任
后会晤督办军务臣刘〔锦棠〕、办事大臣奴才明〔春〕，遇事商酌，
和衷共济。乃新疆大局一切善后事宜，臣刘〔锦棠〕悉心区画，
次第举办，诸臻妥协；哈密地方亦经奴才明春多年整顿，巨细靡
遗，民商均皆乐业，缠回亦耕牧相安。现在哈密防营已撤，事归
旧制。奴才顷读本年七月初六日上谕，法人渝盟肇衅，我皇太
后、皇上赫然震怒，振兴天讨，凡有血气者莫不同仇敌忾，奴才受
恩深重，报称毫无，当此时事多艰之际，正臣子效命之秋。奴才
幼隶火器营，素娴军旅，逮后词林供职，公馀涉猎兵书，史馆校
书，曾瞻先朝庙算。合无仰恳天恩，畀以偏师，驰赴海疆军营，助
剿法逆，勉效犬马之劳，稍尽涓埃之报，以冀仰酬高厚鸿慈于万
一。谨将奴才忠奋下忱，情甘效命疆场①缘由，不揣冒昧，恭折
由驿驰奏，伏乞皇太后、皇上圣鉴训示。谨奏。

　　午后拜刘毅斋、王辅世，均未遇。画咨奏事、捷报处行稿，暨
札回王、甘州提督缓瓜稿三件。酉戌大风，晚间颇冷，次早两棉
衣方御寒。镫下写致安仁山要信。

　　　猪肉二斤：三钱二分32；板油半斤：一钱二分12；羊肉二
斤：二钱20；作料：二钱六分26；共九两九钱990。

　　初四日（9月22日）清晨标画伊犁、甘陕贺节信廿九封。王
辅世亲送咨行西征粮台照会一角，面印齐缝。为安仁商缴湘平
银伍伯两，此即贷于刘招讨寄京仰事俯育之款，齐缝照会并信固
封，当交小价张立。午后稿祝刘招讨祖母太夫人清文寿联曰：
"寿同山岳永，福共海天长。"封从戎奏稿、行程纪略、京来家信

————————————

① 　场：原作"场"，天头改为"場"，并注音"亦"。

交寄。收龙觐云标下弁兵本年夏季俸饷马干银两数目单甚晰。
镫下记事。

猪肉三斤：四钱八分 48；板油半斤：一钱二分 12；羊肉二
斤半：二钱五分 25；肘子三斤十二两：六钱 60；羊腰、肝：六分
6；作料：二钱一分 21；拆洗铺盖工：二两 200；收什绒靴二
双：三钱 30；共四两〇二分 402。

初五日（9 月 23 日）秋分。封家报。午后往拜王辅世，未
遇。拜刘招讨畅谈，谢借观虎窝。

猪、羊肉、油六钱四分 64；羊肚八分 8；作料一钱七分
17；东昌纸一刀：二钱八分 28；粮房锄锦：一钱五分 15；洋锁
一扣：二钱 20；两女零用：二钱 20；三义庙用：二两 200；共三
两七钱二分 372。

初六日（9 月 24 日）写致那钜辅、朗月华二信。午后微服谒
明镜泉、安吉人燕话，观吉人令郎书法颇佳。镫下接军台把总董
吉祥呈开初五日辰下接到总理各国事务衙门文，七月初七日酉
刻发乌鲁木齐都统升、领队富、巴里坤领队金各递过批回夹板各
壹副，外各兵部火票壹张，均六百里收。凌志堂来字，云崇云斋
被参案内，谭制军附片浑朴无华，详明剀切，有如眘语堂原查之
论也。

买京物：七十二两 7200；桂谷香赙敬：四两 400；兰省报
房：四两 400；赏内外家人：二十两 2000；猪、羊肉、板油：六
钱八分 68；羊腰、羊肝、鸡卵：一钱〇五厘 10.5；作料等：二
钱八分 28；炭一千五百斤价：一两五钱 150；共一百零二两
五钱六分五厘 10256.5。

初七日（9 月 25 日）辰正早饭，微服压马于廿里堡戈壁滩，
观进表之差弁寄仁字第八号家报。接长少伯来函，前月廿六日
抵月支。午刻在戈壁滩食西瓜甚甘，亦因无水故也。未初二刻

还公廨,接升卓山来信。申正大风起兮雷声扬。

　　赏郭什哈①等:五钱 50;西瓜二个:一钱 10;骟马钉掌:一两二钱八分 128;洋烛二桶:五钱五分 55;猪肉三斤:四钱八分 48;板油十二两:二钱四分 24;羊肉二斤:二钱 20;作料:三钱 30;共三两六钱五分 365。

　　初八日(9 月 26 日)会凌志堂,谈海疆军务,据云张幼樵前辈有与法人水战获胜之风,当即固函致询于刘招讨,以寤寐驰思海疆故也。饭后看闲书。镫下接董把总呈开金景亭七月廿九日拜发夹板奏折壹分,五百里传单壹张,昨日丑下接。

　　猪肉、羊肉、油:六钱八分 68;羊腰、肝:六分 6;作料等:二钱 20;厨代手布:一钱六分 16;凌价赏:五钱 50;共一两六钱 160。

　　初九日(9 月 27 日)太宗文皇帝忌辰。未出门。辰接凌兄口信,以军情宜密为嘱。申刻明镜泉来拜,并以请命从戎折片见示,安折四分均妥,畅谈许久而别。折片明日密发,马递加紧。

　　猪肉二斤:三钱二分 32;板油半斤:一钱六分 16;羊肉二斤:二钱 20;作料:二钱四分五厘 24.5;白老米一斗:二两二钱 220;共三两二钱五分 325。②

　　初十日(9 月 28 日)寅刻谒文昌庙上祭。午后补行标发东南西北四路贺节信十五封,计十六件。晚间明镜泉遣价送来纹银壹伯四十八两,为赠两女暨差役仆从等节费,即拟一单交张瑞如数分赏,计内外家人、巡捕、差役等共用银九十五两。明镜泉待人优厚,洵非笔墨所能形容者也,心感而已。

　　猪肉二斤:三钱二分 32;板油半斤:一钱六分 16;羊肉二

---

① 　郭什哈:原系满文。
② 　各项合计实 322.5 分。

斤：二钱 20；作料：二钱八分五厘 28.5；赏女工：一两 100；共
一两九钱六分五厘 196.5。

十一日（9 月 29 日）凌志堂来拜，略谈喀什噶尔情形。午后
接嵩月峰同乡各信十封，知仁字第六号家报七月中旬已由兰寄
京，谅此刻亦抵家矣，念甚。太祖高皇帝忌辰，未出门。两女往
谢明寅伯，晚饭后回。镫下接刘毅斋鄂报，我兵在闽获胜，法将
请降。

猪肉三斤四两：五钱二分 52；板油十二两：二钱四分 24；
羊肉二斤：二钱 20；羊肚子：六分 6；作料：二钱四分五厘
24.5；共一两二钱六分五厘 126.5。

十二日（9 月 30 日）谒关帝庙，寅正上祭。凌志堂送两女月
饼、果品数事，娄彝生送果品二盘，李蕙石送家凫二只。午刻微
服率二女游南街。镫下画稿（二）〔三〕件，一咨兵部查销哈密贡
差回哈传牌；一批哈密厅饬令商民张生玉在哈完案，该商等倘仍
不遵断，即送敦煌县讯追；一仍札回王应进甘州军门代进贡瓜一
并暂缓。

活鸭二支：一两二钱 120；金、娄价赏：九钱 90；率女闲
步：五钱 50；羊肉二斤半：二钱五分 25；猪肉二斤、油十二两：
五钱七分 57；羊腰、肝：六分 6；作料：一钱八分 18；共三两六
钱五分 365。①

十三日（10 月 1 日）未出门。会巴里坤游击丁军门。午后
收明镜泉送花绒毡、桦木板光铁镫、皮鞧嚼、鞍子一分、鞯鞝鞍座
数事，王辅世诸人水果一二事。镫下监造内式月饼。

羊皮袄桶：九两 900；回绒六尺：九钱 90；王、陈、龙价
赏：九钱 90；又四钱 40；猪肉二斤半：四钱 40；板油十二两：二

---

① 各项合计实 366 分。

钱四分 24；羊肉二斤半、腰：三钱一分 31；作料：二钱八分 28；共十二两四钱三分 1243。

十四日（10月2日）监造月饼酢酬刘、明诸公，麟费廿馀金，未卜适众口与否，想羊羔尚难调众口，况此乎？收毅斋鲜藕，西屏活羊，馀则果点而已。镫下晤汉中镇标守备岳都阃，并由李辑廷同乡处带来福字第六号家报、京账暨亲友信函十封，外家严赐紫藤马鞭二柄，甚佳，可见父母爱子之心无所不至，受之愧感难名，非徒笔墨所能塞责。辰刻发墨泉皂同乡等信四封。

回王台吉价赏：三两 300；安、宋、向、陈、夏、吐（尔）〔鲁〕番价赏：三两四钱 340；刘价赏：五钱 50；李维翰节费：四两 400；巡捕、书识、标兵等赏：三十两 3000；收拾铜壶：一钱 10；内外家人节赏十七名：十七两 1700；做月饼油、糖等费：十九两九钱八分 1998；羊烛半斤：八分 8；赏庖人等：三两 300；猪、羊肉：五钱二分 52；板油十二两：二钱四分 24；作料：二钱二分 22；共八十二两〇四分 8204。

中秋日（10月3日）寅初即起备谒关帝庙拈香。仰观星象，一毫不晓，犹瞽夫瞻天，惟每遇行香早起，必先东望，以志不忘君父，而亮星则在东北，想哈密地势已在北京之西南也，略识数语，以待质诸善天文晓地理之方家，并述于家报中，俾小儿考据诸年伯耳。辰发致李辑廷信一函，限三百里加紧马递，内封仁字第九号家报，托其代寄至京，未卜九月内信能抵家与否？午后各处拜节谢步。早间棉袍套仍须绒紧身，午后棉袍套策骑微热，天时较京师节气早一半月。刘毅斋谢步拜节，挡驾未会。惟志少爷来拜，谊属同乡至契，故会。早饭卤面、晚饭炖肉、大饼，仍与京同，晚间果品供月，则不及京中大钱两千粗果齐备也。可怜老小随麟远出沙漠八千里，直是受罪来。镫果小酌，长女微饮半杯，残席分赐仆妇而寝，忆及家中老亲幼子，不觉凄然泪下，可悲也哉。

猪肉廿斤:三两二钱 320；板油三斤:九钱六分 96；羊肉
十斤:一两 100；干粉三斤、口蘑十五:五钱六分 56；青笋:一钱
一分 11；松花六个:四钱二分 42；鸡卵十八个:二钱四分 24；
猪腰、肝:二钱一分 21；红糖、瓜仁、烧酒:一钱六分五厘
16.5；黄花、作料、香烛:一钱九分 19；羊烛半斤:八分 8；共七
两一钱三分五厘 713.5。

十六日（10 月 4 日）饭后微服策骑谒明镜泉，入其卧室见
焉，以其呕泻小恙故也，燕话而别。出登龙门，沿河滩越龙王庙，
走戈壁地，历大营三面还公廨。

猪、羊肉:五钱二分 52；板油十二两:二钱四分 24；羊肚、
腰:二钱五分 25；作料:二钱四分 24；铡刀一把，自铁①:一两
八钱 180；月食香烛:二钱五分 25；鸡卵五十枚:二钱八分
28；共三两五钱八分 358。

十七日（10 月 5 日）戊子月有之食。原钞:初亏寅初二刻一
分，食既寅正二刻一分，食甚卯初一刻三分，生光卯正初刻六分，
入地平卯正初刻十四分，带食八分卅八秒，复圆辰初初刻六分。
在地平下。乃丑正三刻十分即初亏矣，寅初二刻即食既矣，寅初
三十分即食甚矣，寅正二刻即生光矣，卯初二刻即复圆矣，未在
地平下，不知甘肃来文有无笔误？抑关外与内地不同？抑钦天
监测量有差欤？麟谨遵哈密向章上香行礼，救护如仪，当调办事
衙门藩署来文，时刻与原钞无讹。午刻回拜沙西屏，便观九龙
树，老柳槎枒，盘屈有致，似唐宋间物，颇具古姿，与山西介休东
关外汉槐相等。晚间马圈射鹄。卸大麦五石五斗三升，存仓，小
麦五石六斗五升，交磨房二石七。

卸炭四车:六两 600；收拾铜壶工:一钱 10；马药、油、

---

① 自铁:疑为"白铁"之讹。

卵：九钱二分92；猪肉、油：四钱八分48；羊肉二斤半：二钱五分25；黄花、虫米、鸡卵：一钱七分17；作料：二钱20；共八两一钱二分812。

十八日（10月6日）未出门，坐观标兵拆天棚柳杷。

岳母存：二十两2000；猪肉四斤：六钱四分64；板油十二两：二钱四分24；羊肉二斤：二钱20；虫米、鸡卵等：一钱七分五厘17.5；作料：一钱八分18；卸车二车：二两二钱五分225；共三十三两六钱八分五厘3368.5。①

十九日（10月7日）卯正会明镜泉。压马于廿里堡戈壁滩，巧遇差弁刘喜回哈，就便迎接朱批，敬询家严起居，兼问差弁张昔义、立，行抵何处；据刘喜云，遇张立等于布隆吉尔等语。策骑疾驰，早馔于书识李澜家，明兄之所备，驰至龙王庙拆折包，与镜泉兄共瞻朱批，似丰侍读恭代者也。驰旋公廨，敬叩圣安，启家信，瞻严谕，见押记如见老亲，不觉感泣，并接麟履仁、伊建勋、绪子兴、奎茂川、舒畅亭、文翰章黄门、桂文圃礼曹、奎秀峰文案、英焕章黄门、溥文斋王子、明朗川藩部、荣耀庭诸生、那钜辅王爷、诚芝圃戎部、沐诚斋爵爷、玉润圃御前、常善庭护卫、景星阶金吾、棍太尉公爷亲友暨小儿福字第四、七号家信前后卅封，当写仁字第十号家报，惟鄙亲友处回信一时实难脱稿，俟之年终差弁补覆而已。

猪、羊肉、油：六钱八分68；作料：二钱二分22；卸干柴四车半：一两一钱五分115；改做荷包、手巾、扣子工料：六钱五分65；共二两七钱270。

廿日（10月8日）未出门，写致曾怀清、溥菊如二信。晚饭后马圈射鹄，又伤了一箭杆。卸（碗）〔豌〕豆壹石六斗，存马号。

①　各项合计为2368.5分。

猪羊油肉：六钱八分 68；羊腰肝：一钱二分 12；扁豆、豇豆、虫米：一钱六分 16；作料等：一钱○五厘 10.5；皮袄、洋布衬廿四尺：九钱六分 96；共二两○二分五厘 202.5。

廿壹日（10 月 9 日）午后谒刘招讨燕话。晚饭后马圈射鹄。

羊皮袍桶一件：九两 900；洋烛二包：五钱五分 55；猪肉二斤四两：三钱六分 36；油半斤：一钱六分 16；羊肉二斤半：二钱五分 25；羊腰、肝：六分 6；冬瓜、豇豆、作料：三钱三分 33；共十两七钱一分 1071。

廿二日（10 月 10 日）卯初策骑往戈壁地遥祭先大母，以讳日故也，回忆麟十四龄时，廿八年如昨日，光阴迅速，老大徒伤，椿永遐龄，萱已早谢，一乐已去其半，念之能不痛哉？巳刻发仁字第十号家报于镐京曾同乡处，望其速为转寄也。阅刘招讨来文一件，以标兵改土勇，每名月支实银三两，勤加训练，沙汰残弱吸食雅片者。

猪肉、油：四钱八分 48；羊肉二斤四两：二钱二分五厘 22.5；作料：三钱三分 33；赏郭什哈①等：六钱 60；共一两六钱三分五厘 163.5。

廿三日（10 月 11 日）世宗宪皇帝忌辰。饭后微服谒明镜泉，燕话射鹄，镜泉、恒甫贤桥梓暨两女率仆从徒行至龙王庙射鹄，登高炙肉辞秋。东北望天山积雪，东南观地水淤沙，洵可谓游目骋怀，不觉乐极生悲，忆及京中幼主老亲，海疆多事，不知此时胜负如何。申正策骑旋公廨。镫下接魏藩台、雷观察、吴吏目贺节三信，知诚斋同乡尚赋闲于省会也。

猪肉三斤半：五钱六分 56；板油十二两：二钱四分 24；羊肉二斤：二钱 20；玉兰片、口蘑等：二钱六分五厘 26.5；作

---

① 郭什哈：原系满文。

料：一钱七分 17；卸干柴三车：五钱 50；共一两九钱三分五
厘 193.5。

廿四日（10月12日）卸芦草四百八十捆。水始冰。会凌志
堂。饭后往约刘毅斋廿七日食先师孔子祭馀，未遇，留话以
请也。

猪、羊肉、油：六钱八分 68；青笋、椒面、虫米：一钱三分
13；作料等：一钱六分 16；共九钱七分 97。

廿五日（10月13日）卸芦草四千八百八十捆。午后明镜泉
来会，畅谈许久而别。接军台把总董吉祥呈开廿四日午下接到
帮办军务张军门本月初八日拜发夹板奏折壹分，四百里传单一
张。申刻致书于刘招讨，请廿七日辰正光临。镫下赵御与押草
缠回口角，申饬方散。

猪肉二斤四两：三钱六分 36；板油半斤：一钱六分 16；羊
肉二斤：二钱 20；鸡卵四个：五分 5；作料：二钱四分 24；羊烛
二斤：三钱六分 36；内用：二钱八分 28；共一两六钱五
分 165。

廿六日（10月14日）卸谷草三百九十捆。未出门，督饬庖
人准备祭品，暨另备刚猎家凫等馔，并往明都护处借碟碗数
十事。

香烛一分：六分 6；烧酒六斤：七钱八分 78；猪肉廿五斤：
四两 400；板油四斤：一两二钱八分 128；肚油四斤：九钱六分
96；腰子二对：二钱八分 28；肚子一个：三钱二分 32；大肠一
条：三钱五分 35；小肠一把：一钱 10；白糖半斤：五钱二分五
厘 52.5；红糖斤半：二钱七分 27；澄沙十二两：三钱六分 36；
玫瑰四两：一钱六分 16；芝蔴、瓜仁：一钱 10；香油半斤：二钱
四分 24；虫米、椒、姜：三钱三分 33；酱王瓜、蒜：一钱四分
14；元粉、椒面：一钱 10；胡罗卜、醋：二钱 20；厨用鸡卵六十

个:四钱三分43;内用鸡卵四十个:三钱30;赏庖人等:一两100;共十二两二钱八分五厘1228.5。

廿七日(10月15日)寅正率两女恭祀先师孔子于厅事,刘招讨、明都护、凌营总、志侍卫同于辰正巳初来食祭馀,晤谈甚欢。收巴里坤镇徐昆山于本月廿五日启用新铸印信,旧印镌缴爵帅军营咨一件。接军台把总董吉祥呈开廿六日已下接到帮办军务张军门本月十二日拜发夹板奏折一副,四百里传牌一张。

补廿五日账,本日账入在廿六日了。猪、羊肉、油:六钱八分68;肝、腰:六分6;作料等:二钱二分22;鹿皮二张:三两六钱360;白米一斗:二两二钱220;共六两七钱六分676。

廿八日(10月16日)饭后谒明镜泉、志恒甫贤桥梓,刘招讨、凌同乡三处,均晤谈许久,申初旋公廨。

收什马鞍:一两一钱一分111;毛扯手十条:二两五钱250;皮偏缰十条:一钱五分15;麻缰十条:一两五钱150;毡屉二块:三两六钱360;皮辫偏缰一条:五钱50;猪肉二斤十二两:四钱四分44;油半斤:一钱六分16;羊肉二斤:二钱20;鸡卵、醋、豆府、作料、灯油:一钱五分15;豇豆、菭菜等:一钱三分13;共十一两五钱1150。

廿九日(10月17日)接谭制军前辈、恩首郡同乡、向观察伟人、张副帅朗斋、李辑廷同乡贺节信帖,并明兄令弟信共六封。饭后致书于明镜泉,以日用不济告贷,镫下即接镜兄手覆,假以二百金用顾急需,其推顾之情,毕生难忘,洵非笔墨间所能感佩者也。

猪肉二斤:三钱二分32;板油:一钱六分16;羊肉二斤半:二钱五分25;鸡卵:五分5;作料:二钱一分21;共九钱九分99。

卅日(10月18日)丑初即寤,反覆忍睡半时之久,尚未能

着,想心肾不交欤？抑思虑过度欤？或朝廷有事欤？抑家庭多
故欤？愈思愈不困,披衣即起,执笔以书:俟请命折批回,则以时
日考之,吉凶自判。若严旨申饬,则当跪聆伏听;若免其议处,则
当具折谢恩;若格外优加,则当具折固辞;若俯如所请,则当束装
起程,以尽臣节;万不可以圣寿可不拜,致纠仪者严章纠参。接
刘招讨咨会一件,为行查回王年班事也。

压马赏:四钱 40;小皮袄衬、小皮裤衬月白洋布卅尺:一
两六钱五分 165;猪、羊肉、油:六钱八分 68;羊腰、作料:二
钱二分 22;叶子费:一钱 10;共三两二钱一分 321。①

九月初一日（10 月 19 日）卯初诣关帝庙拈香,珍珠毛袍、马
褂、白袖头、羊皮冠、黑绒领,因无羊皮冠,以珠绒冠代之。饭后
西厅斗叶子。镫下画稿二件。卸谷草四百捆。

补卅日晚猪肉十二支:一钱二分 12;猪肉二斤十二两:四
钱四分 44;板油十二两:二钱四分 24;羊肉二斤:二钱 20;口
蘑、作料:三钱六分 36;修理眼镜:三钱 30;棉花一斤多:二钱
20;油水:三钱 30;七处灯油:一两五钱 150;学生日用:七钱
70;骆、穆、杨月费:六两 600;共十两三钱六分 1036。

初二日（10 月 20 日）监做大小羊皮袄、羊皮裤。饭后西厅
斗叶子。镫下安西牧廖晓东差帖报到,当令庖人急备四簋二盘,
明日遣送,以尽居停之谊。

爵帅送藕价:五钱 50;洋烛二包:五钱五分 55;猪肉三
斤:四钱八分 48;板油十二两:二钱四分 24;羊肉三斤:三钱
30;羊腰、肝:七分 7;作料:三钱三分 33;炉条:二钱五分 25;
香油:一钱二分 12;共二两八钱六分 286。②

初三日（10月21日）接和克庵暨伊犁等处信六封。廖晓东来拜，晤谈许久而别。午后斗叶子。接军台董弃折开本月初二日丑下接到军机处于八月十一日发交乌鲁木齐都统升奉批回夹板壹副，外黄布口袋壹个，内十五件，四百里火票壹张。

猪肉十斤半：一两六钱八分168；板油、羊肉：六钱八分68；羊肉二斤：二钱20；澄沙十二两：三钱六分36；红、白糖玫瑰：一钱10；香油：六分6；黄花：一钱五分15；作料：三钱三分33；凌价赏：五钱50；共三两八钱六分386。

初四日（10月22日）卯正偕明镜泉东行压马，行至头堡二桥东，麟绪青小马失蹄，于是坠焉，昏然倒跌，人事不知。幸镜兄饬价往寻童便于十里堡，少焉麟醒，小价等保扶前往，饮童便而心明，五内微痛，兼之恶心欲呕，徒行至菜湖西南少坐。小价祁荣持三黄宝蜡丸贰至，即服四粒，书识李澜之兄又觅童便半盏，饮之甚效，即复策骑，偕镜兄至廿里堡东新庄李治家歇焉，食粥两碗，策骑而还。镜兄本约便饭于龙王庙，至是见麟狼狈之形，未肯敦迫。回公廨，又以黄酒服三黄宝蜡四粒，更衣乘车回拜廖晓东、王玺林，均未遇。返廨，腰痛如折，当敷七厘散，稍愈，饥，食江米藕一碗，甚好。今午力疾拜客者，为息浮言而作也，识者谅之。晚食白粥二碗，馒首二枚。西厅斗叶子，不耐久坐而罢。镫下镜兄差帖问好，可见待麟优且渥也。缘近日右眼肉跳，即非佳兆，今日之灾，或已伏之，惜忽而不避，至有此事，语云人有旦夕祸福，不诬也。然亦由自己失于检点，后宜慎之，免致八千里老亲闻而忧怒，惟是从此免骑之说乃妇人之见，麟不敢闻命也。若皇上天恩准赴海疆军营助剿法逆，则将乘驿马疾驰前往耳。接锡子猷覆函，写作俱佳，谨记备考焉。戌刻腰敷七厘散而寝。

猪肉二斤：三钱二分32；板油半斤：一钱六分16；羊肉二

斤：二钱 20；羊腰、肝：七分 7；作料等：三钱 30；赏郭什哈①
等：六钱 60；赏新庄李治：一两 100；赏十廿里堡童便：七钱
五分 75；共三两四钱 340。

初五日（10 月 23 日）卸谷草二百六十捆。卯刻兴，腰腿虽
稍愈，而周身无处不疼。志恒甫卯初来看，以麟未起，挡驾未会。
兴，以黄酒服七厘散一副，少焉辕内行药，而镜泉兄贤桥梓先后
来看，共谈许久而别。吃江米藕一碗，五内融洽。西厅斗叶子，
仍不耐久坐，小憩一会，腰敷七厘散。斯时也，凌志堂来拜，以药
未干未会。按哈密地方夏无苍蝇，一立秋日渐其多，平居无事不
理会，至是小恙一二日，卧榻一半刻，大受苍蝇之累。早饭吃素
面片二碗，午后饮童便一盏，腰敷七厘散，晚饭吃馒首二枚半，稀
白米粥一碗。昨今两晚小价平安、刘连每夕轮流捶腰与腿，颇见
轻松，忆及差价张立等此时谅已行抵西安，而不见报到兰省日
期，令人愤懑之至。小恙二日，痛定思静，记事颇多而并不敢计
及国政家事也。镫下收到管带旌善右旗马队副将马印正国招募
回勇于本日开用木质关防，归喀什噶尔董统领节制。

猪、羊肉、板油：六钱八分 68；作料：三钱四分 34；两女
上街用：二钱 20；共一两二钱一分 121。

初六日（10 月 24 日）小恙颇愈，腰尚微痛。收廖晓东送土
仪竹蓆、线毯二事。接叶冠卿藩台、曾怀清、安仁山二观察、刘参
戎贺节信肆封，七月初旬京报一本，延尚书奉懿旨议处，麟识浅
才疏，不解所谓，敬待高卓确论以启愚蒙。麟身在边庭，公事无
多，而心常在朝廷，惜区区之苦衷无所诉耳。

廖价赏：二两 200；郭什哈②压马：五钱 50；猪、羊肉、板

---

① 郭什哈：原系满文。
② 郭什哈：原系满文。

油:六钱八分68;羊肚子:六分6;黄花、木耳等:二钱二分22;作料:二钱一分五厘21.5;共三两六钱七分五厘367.5。

初七日(10月25日)小恙,虽未大痊,而饮食照旧。安吉人、娄彝生诸公先后来探,以疲于迎送,均未会晤。西厅斗叶子排遣,而心常不快耳。接军台董把总呈开初六日丑下接总理各国事务衙门于八月初二日酉刻发乌鲁木齐都统、巴里坤领队夹板各壹副,外各肆百里火票壹张。接刘招讨咨文二件,一系文故舅死事库车缘由访查明确,候汇奏请恤以慰忠魂;一系敦崇节俭,惜物力以阜民财,款宾五簋,多不过八,豚蹄只鸡尽足将敬,禁用海味,诚善政也。

猪羊油肉:六钱八分68;腰、肝:七钱7;作料:三钱八分五厘38.5;卸干柴四车:一两100;内用:二钱20;共二两三钱三分五厘233.5。

初八日(10月26日)小恙痊愈。午后往龙王庙谢镜泉、恒甫贤桥梓初四之照拂,初五日之来看,便道往谢刘招讨代查文故舅,并回拜凌志堂,以其早间为伊倅满进京引见来辞行而谢步兼送行。

猪肉二斤半:四钱40;板油十二两:二钱四分24;羊肉三斤:三钱30;黄花等:二钱五分25;泊菜、作料:一钱四分14;做皮袄二件、皮裤、小袄各一件工:二两200;共三两三钱三分333。

重阳日(10月27日)草覆麟履仁、伊建勋、绪子兴、奎茂川四信。午后赴明镜泉龙王庙之召,土地祠拈香并观剧,座有哈城文武暨刘营诸名贤,照壁东观志恒甫、沙西屏率仆从御者走马土台,少座,同返庙之新厅炙肉,甚美,终席,申正率两女还公廨。午间缠头卸柴,有寻父克丝子幼女也一名,年十二龄,聪颖异常,内子薄赏而遣。

　　猪肉一斤：一钱六分 16；板油四两：八分 8；作料等：一钱五分 15；共三钱九分 39。

　　初十日（10 月 28 日）草覆舒畅亭、文翰章、桂文圃、奎秀峰四信。午后斗叶子。接西安溥菊如、李觉堂、锐小舫、诺捷臣四同乡信五封，知六月初九日致那钜辅贤藩之信已由溥菊如处代寄致京矣，颇纾鄙念，并裕青马专俟差便携出关外也。

　　猪肉二斤：三钱二分 32；板油半斤：黄花、鸡子、作料：三钱五分 35；共八钱三分 83。

　　十一日（10 月 29 日）草覆英焕章、溥文斋、明朗川、荣耀庭四信。饭后西厅斗叶子，不耐久座，头疼不止，小卧一会，稍愈，以今日乍凉故也。自初四日即棉裤、小棉袄、大棉袄、皮马套，今晚则大皮袄、棉马套。镫下闷坐，闲听两女嬉耍于家岳母室中，老幼杯水清谈，笑即是哭，虽欲持二文钱向街头市枣栗以哄孩童，无其处也。动辄就是天罚，不知何人所遗善政。寒镫壹盏，夫妻二人想起乡情，泪逐笔下，不知老亲幼子醉叔弱弟苦妹良朋此时各当如何也。朝廷优恩命协是邦，惜无可办之事，直是尸位素餐，甚可愧也。

　　修理眼镜：七钱五分 75；收拾马鞍：九钱五分 95；猪肉二斤：三钱二分 32；板油半斤：一钱六分 16；羊肉二斤：二钱 20；羊心、肝、肺：一钱 10；黄花、作料：二钱二分五厘 22.5；共二两七钱〇五厘 270.5。

　　十二日（10 月 30 日）草覆那钜辅、诚芝圃、玉润圃、常善庭、景星阶五信。天气渐寒，水盆冰厚及寸，晚间皮袄、皮马套，各屋烧炕升火矣。烧炕是用干柴，升火是用石炭，即京之臭煤，以升火盆放在屋中，虽着红方进，其味深长，下房均无火盆，惟以土坏①为

───────────────

① 坏：同“坯”。

炉,屋烧生炭,其味熏人,头痛难受,真平生之福也。今一乍冷,头疼腰痛,想是初四日坠骑被震,当时不觉,阴天犯痛耳。内子小恙,经血不调,连服宁坤丸稍愈。惨云冷室,残躯病妻,想起家中老亲幼子,五衷滋味,请观是记者谅之,麟实不能形容于笔墨也,恐仲冬之苦尤甚于此。

压马赏:四钱40;糊窗户刘连、刘喜赏:二钱20;猪肉二斤四两:三钱六分36;板油半斤:一钱六分16;羊肉二斤半:二钱五分25;黄花、大虾米、倭笋、小白菜:一钱三分五厘13.5;作料:一钱六分16;共一两六钱六分五厘166.5。

十三日(10月31日)草致长石农、朗月华二信,写仁字第十一号家书,观小子刘喜、刘连裱糊窗棂。镫下草覆明晓峰、祝谙达、王荩臣三信。烦燥不宁,牙齿疼痛。

猪肉二斤:三钱二分32;板油十二两:二钱四分24;羊肉三斤:三钱30;羊腰、肝:六分6;洋烛二包:五钱五分55;作料:二钱四分24;共一两七钱一分171。

十四日(11月1日)草致色瑞亭、溥慰农、妹丈荣显斋、家姑父恒晓岩四信。饭后携两女闲步郊原,将归,明镜泉来拜,晤谈许久,并言天气渐寒,可换黑袖皮袍而别。镫下写五家叔信,启草二族叔常绪堂、老长房族叔、德舅父志三信,腰痛牙疼而罢。

猪肉二斤:三钱二分32;板油半斤:一钱六分16;羊肉三斤半:三钱五分35;羊肝:六分6;黄花、作料:二钱一分21;白米一斗:二两二钱220;太太用、老爷用、买核桃:四钱八分48;共三两七钱八分378。

十五日(11月2日)卯初诣关帝庙拈香,灰鼠袍马套江獭冠瓜仁领袖,惜忽而未知照爵帅,致毅斋以云狐腿皮袍上银鼠袖头也。饭后西厅斗叶子,炭熏难嗅。晚饭后率两女散步水磨河滩,略好些。

猪肉二斤：三钱二分 32；板油十二两：二钱四分 24；羊肉二斤十二两：二钱七分五厘 27.5；羊腰：五分 5；黄花、鸡子等：一钱五分五厘 15.5；泊菜、作料：一钱九分 19；直隶灾民：五两 500；共六两二钱三分 623。

十六日（11 月 3 日）早间监刘连磨墨充盒。饭后两女明寅伯公廨便饭，申正而归。午间巴里坤佐领多印贵来拜，晤谈许久而去。西廨斗叶子。镫下接金军马队吉江统领萨桂亭印凌阿同乡贺节信帖，简便无华，不失旗籍旧风。

压马赏：五钱 50；大猪头一个：二两 200；皮套裤三双：九两 900；卸炭三车：四两五钱 450；猪肉二斤、油十二两：五钱六分 56；羊肉二斤半：二钱五分 25；黄花、倭笋等：二钱五分 25；作料：一钱〇五厘 10.5；明御赏：四钱 40；共十七两五钱六分五厘 1756.5。

十七日（11 月 4 日）卯正率两女祀财神于西厅。饭后斗叶子。接军台董弁折开本日丑下接到军机处于八月二十八日申刻交发乌鲁木齐提督金奉批回夹板壹副，外五百里火票壹张；又接直隶藩台崧镇卿、口北道吉容帆二同乡、署两当县令陈世五同年贺节信三函。告兵折已发四十五日，想纶音在途，不日递到也，念甚念甚。恭录刘爵帅咨开请命从戎折①军机大臣字寄：光绪十年八月十二日奉上谕："刘锦棠奏仍申前请迅赴事机一折，据称张曜驻兵喀什噶尔，拔营不易，拟请自行领队北上等语。该大臣勇于任事，深堪嘉尚。惟新疆防务及善后事宜，数年来刘锦棠综理一切，具有条理，未便更易生手。张曜驻札喀什噶尔，虽程途较远，或于所部将领中酌派一人暂带数营留防，一面再由该大

① 参见本书附录二 002《奏为密陈遵旨详加酌度遴选熟悉边情之员带营前往喀什噶尔替防张曜一军请准原拟事》。

臣派员前往扼札。张曜即可先行起程,带队北上,著刘锦棠速即
行知张曜,赶紧料理,应由何路行走较为迅速,即著张曜自行酌
度奏闻。张曜移营后喀什噶尔防务刘锦棠务当妥筹布置,期臻
周密,将此由六百里谕令知之。"钦此。

猪肉斤半:二钱四分24;脂油:六钱6;黄花、口蘑:一钱
四分14;作料:八分8;祭神香烛:八分8;小毛皮桶一件为给
两女改做:八两800;郭什哈①抬土:二钱20;木锅盖四个:七
钱70;共九两五钱950。

十八日(11月5日)未出门,饭后西厅斗叶子。收镜泉兄生
猪肉一方,约重七八斤,自到伊吾,明兄时送小食、肉、麦及赠两
女玩物,颇蒙青睐,洵为同乡中待人浑厚之人,麟自知交朋友以
来未见如此之挥霍及人者也,惟不理于众口,惜哉。

猪肉二斤:三钱二分32;板油半斤:一钱六分16;羊肉二
斤:二钱20;羊腰、肝:六分6;黄花、海米:一钱三分五厘
13.5;作料:一钱三分13;共一两〇五厘100.5。

十九日(11月6日)饭后西厅斗叶子。刘毅斋来拜,晤谈许
久而别。是日也,东风飒飒,天气渐寒。晚饭后率两女行食西门
外水边,小立,风冷而还。镫下接科布多参赞清吉甫乡前辈、帮
办额霭堂同乡二信。

压马赏:六钱60;鸡六支②价:六钱60;猪、羊肉、猪油
共:六钱八分68;黄花、作料等:三钱一分31;共二两一钱九
分219。

廿日(11月7日)立冬。微雪,午霁。收毅斋爵帅送枣骝马
一匹,驯而走,惜不快。补记昨日杨仆妇买五分厚女木鞋底一

---

① 郭什哈:原系满文。
② 原文计数单位"支""只"不分,今从之。

只，价银天罡三个半，合重壹钱七分，按京中当十大钱计之，约在
两吊三四百钱，可买六只，物价昂贵诸如此类；麟来协是邦，目击
其苦，若在京中闻之，亦必不信也。午后西厅斗叶子。接巴里坤
领队驻伊犁沙振亭同乡贺节信一封。阅龙觐云册报菜湖等处屯
田牛畜器俱申文。

　　猪羊肉、油：六钱八分 68；羊腰：六分 6；黄花、干粉等：
　　二钱七分 27；鸡卵五十个：三钱 30；安西捕厅李玉堂：四钱
　　40；共一两七钱一分 171。

　　二十一日（11 月 8 日）寅正三刻兴，夜梦三骑并驰，止于目
前，想请命折件递回，当令小价刘喜往军塘密询，据其书记云，明
钦差折已奉批递回等语，惜天语不便即闻，及麟折尚未递到为歉
耳。饭后西厅斗叶子。收署西宁道恩佩言同乡信一封，写作俱
佳，撝谦之至。

　　刘招讨送马赏：四两 400；牵马夫：五钱六分 56；猪二
　　斤、羊肉二斤半、油十二两、羊肚子：八钱五分 85；黄花、作料
　　等：三钱七分 37；水桶一个：五钱 50；共六两三钱二
　　分 632。①

　　廿二日（11 月 9 日）昨夕与两女镫下斗叶子，郁闷不豫，戌
正即寝。以昼间未得瞻明章天语，暨麟仆从等互相倾轧，各具一
肠，致睡熟胡梦颠倒，五中不安。且梦麟似由家起行，家严目送，
儿鹏及亲友相送，又似微雨，麟擎盖着毡底靴，路微滑而未倾，送
客有怀绍先总兵同乡、尚颂臣学士乡年二友，想系结念所致，抑
将承雨露之恩欤？回忆二月初六日家严在鄢里目送八千里外远
去之孤儿，及诸亲友茶钱于彰仪门，儿鹏儿妇仆从等并送至茶舍
之西，万虑千思，目不交睫，卧以待旦。起观毅帅前送之良骥，鄢

————————

①　各项合计为 628 分。

衷稍舒,而进屋坐定,思亲之念又动,执笔以书,泪如雨下,抑老亲不豫欤?何麟此二日眼泪之多也?此所谓英雄气短,儿女情深,盖缘以有用之身,置之无事之地,岂不惜哉?午后策骑往谢毅帅赠马兼回拜近日来谒诸客。本欲往谒明镜泉,以腰痛未果,缘数日未骑,兼之初试新枣骝,小心太过,故腰稍累耳。毅帅所赠之马,脚步如裕青,微慢而腰稳,高矮大小亦相仿佛而尾小,其驯顺则过之,洵良骥也。西厅斗叶子。阅查山日期奏底,画催支廉俸稿,摒挡廿六日起行查山事宜。镫下镜兄微服来谒,晤谈许久,言其告兵折蒙天语褒奖。

太太买线:四钱40;修理笼扆:二钱二分五厘22.5;猪肉二斤半、羊肉二斤、油十二两:八钱四分84;黄花、作料等:二钱九分五厘29.5;洋烛二桶:五钱五分55;共二两三钱一分231。

廿三日(11月10日)西厅斗叶子。阅伊犁金军帅来文一件,系本年七月初六日上谕,八月十四日伊犁接到廷寄通行知照南北各路者也,若非居近刘招讨,则此旨尚在兰省京报之后承接。致书于安吉人幕友赶缮具奏察山折件,并约计折报抵都之日正值花衣期内,纸章颜色令其查照向章办理,庶免参差。

皮条二丈五:二两五钱250;鞭头小皮:三钱30;猪肉二斤半:四钱40;脂油半斤:一钱六分16;羊肉二斤:二钱20;羊腰子肝:六分6;黄花、木耳、海米、泊菜、豆腐:一钱八分18;作料等:一钱八分18;共三两九钱八分398。

廿四日(11月11日)辰起督饬小价等检点征衣,饭后濯足。明镜泉来拜,晤谈许久而别。马圈监视,收拾征车。申正军台递到请命从戎折件,当即跪迎叩接,伏读天语,军机大臣奉旨:"览奏,具见悃忱,哈密地方紧要,该帮办大臣实力整饬,即所以图报效,所请著毋庸议。"钦此。钦遵。感激涕零,悚惶无地,尸位素餐,何所整饬,谬蒙褒诏,寝馈难安,惟有遇事实心,仰酬高厚于万一。镫下接李辑廷同乡来信,知仁字第六号家报于七月廿六日由兰省折弁寄京,谅小儿早已接到矣,仁字第九号家报九月十六日由兰省驿寄至京,谅在十月上旬可以抵家,甚纾鄙衷。又随折包递到户部咨麟恭报到任日期,奉旨"知道了。"钦此。钦遵文一件。又明都护亲钞前所奉批旨,与麟钦奉批旨稍异三二字,想见圣恩优渥,一视同仁之至意也。午间恭阅查山日期奏折,当令补粘黄绫皮面,以昭敬谨,惜安折未用红里,似稍欠妥,惟有听天由命而已。

东昌纸二刀:三钱六分36;棉连四卅张:四钱五分45;猪肉三斤:四钱八分48;脂油十二两:二钱四分24;羊肉二斤:二钱20;黄花、作料等:二钱一分21;菜刀一把:五钱50;铁勺子一个:一钱五分15;白米一斗:二两二钱220;卸炭一车:一两五钱150;共二两六钱九分269。①

廿五日(11月12日)拜发恭报查山日期折件。督饬小价等装载伙食行李大车,令押行李者先期往驻南山口。是日也,飚风起西北,麟乌云豹袍套尚觉微寒。午刻拜折之便,往谒刘招讨,晤谈许久而归。画咨奏事、捷报处行稿二件,并阅查山咨文五通。接西安军帅吉仲谦、西宁观察恩配言、潼州太守文泰初三同乡信各一函。

夏通事送点心赏:四钱40;上天山回城行李车车夫:六钱60;烧酒:一钱八分18;洋烛一桶:二钱七分五厘27.5;猪肉二斤:三钱二分32;脂油半斤:一钱六分16;黄花、作料等:二钱六分26;厨房菜油桶一个:六钱60;共二两七钱九分五

---

① 各项总计实为629分。

厘279.5。

廿六日(11月13日)寅正由公廨出北门,走戈壁过泥鸡头子三道涝坝,策骑至黑帐房早尖,土房一间,其矮如窝,惟食一馕。午初起身,越长山子,申初至南山口,宿毡房,甚冷。明都护相导百有廿里之遥,并预备伙食车辆,且假纹银贰百两,以备查山赏犒诸费,其推顾之情,麟毕生实不敢忘也。

廿七日(11月14日)卯初与明兄拜寿,吃面。巳初策骑进山,峰峦叠翠,千古康庄,过焕彩沟,瞻汉碑,走回环沟九处,冰冻成渡,滑险难行。下骑徒步四五处,未初至羊圈沟,下骑拜山神庙,茶尖,席地少坐,策骑遄征。绕山阴寒冷异常,麟小毛羊皮袄裤、大毛羊皮套裤、皮袍、乌云豹马褂、棉袜暖靴棉子脚布,尚微寒。申初至天山巅,诣武庙,竭诚拈香,瞻仰神像,庙工威赫壮观,南望山脊老雪如银,洵平生之大观也。北望沙山茫茫无际,兴尽感慨,顿生出尘【出】之想。回忆幼主、老亲,尚须八千里外孤臣实力图维,以尽臣子之分,壮志复信,勉为所事。按天山武庙山门三间,正殿三楹,有廊有月台,高大如京师之中等古刹,东西配殿各三间,不供佛,西殿为客舍,东殿穿堂,再东僧房三套间,僧房东官店一所,以为往来兵商息驻之区。三院均有罩棚以避风雪,庙工万有二千馀金,明都护资其大半,馀则张副帅、金军帅、金军门诸公协资共成者也。

廿八日(11月15日)寅正即兴,辰正早饭,谒唐碑亭,督饬帖匠敬拓数十片,以所带棉连纸十欠二三,发信于公廨,令小价张瑞赶紧补买寄山。午初下盘道查二层、台口、门子等处,望松塘,酉初旋山上。

廿九日(11月16日)寅初雨雪,至辰正遍山皆白,寒瘴逼人,气喘无力,举动需人,形同大病,实难久驻。上殿行香叩辞,乘车下山,水沟皆冰,滑险莫喻。下车徒行一二处,幸有回王沙西屏派委通事率缠回等撮土垫冰，车马得行，不然鲜不倾覆者也，南路冰山大约类此。午初至南山口早尖，择要西查七道沟，仍驻南山口军塘，时已入夜。

　　卅日（11月17日）寅正即兴，入山东查三道沟。午正早尖，策骑沿河滩，申初驻石城子，地居两冈之中，水自北来，颇有风景，斜阳返照，犹入桃源。公馆在回目达尔瓜家，土屋二进，却是一间卧地坑，与小价刘喜、祁荣、杨福、刘连等同毡共寝，免伊等妄生他故。此次循例择要查山，到处缠回相安，仆从守法，登山涉水，遇险为平，皆赖国福祖德，神祇默佑，平稳竣差。惟赏犒稍费，幸有镜兄预为相假，得以敷衍耳。

　　十月初一日（11月18日）寅正即兴，坐地尖，辰策骑沿渠堤至廿里墩，下骑东向跪，遥拜祖墓，行送寒衣礼。午初至新城北，回王沙西屏郊迎，下骑少叙，进登龙门谒明都护，畅谈差次一切，并勉其具陈天山灵应，请颁匾额，并浼吉人幕友拟稿而还。午后安幕友来拜，晤谈许久而去。至于清印房诸友、龙协台觐云来看，以途劳微乏，均挡驾焉。

　　天山庙香资：二十两2000；拓碑文赏：二两200；缠头车赏：一两100；羊圈沟赏：五钱50；回王送点心赏：一两100；搭毡房羊赏：四两400；三道沟羊、柴赏：四两400；石城子回车夫：二两200；过冰赏巡捕、郭什哈①等：一两五钱150；明宅厨役赏：八两800；明宅车夫：四两400；赵御、平安：一两100；黑帐房茶尖：五钱50；南山口刘军塘：三两300；南山口塘兵：一两100；石城子达尔瓜、送鸡羊：四两400；石城子众回童：二两200；石城子缠回十六户：十六两1600；买黑山羊二支：一两100；赏霍通事：十两1000；买狼皮一张：五钱50；

---

① 郭什哈：原系满文。

赏刘喜碎天罡：五钱 50；由天山送朝顶来回车赏：一两 100；
由石城送署车：五钱 50；赏跟差巡捕、郭什哈①、家人、车夫
八名：三十二两 3200；马夫：二两 200；看家家人：八两 800；
平安勤劳加赏：一两 100；拓碑用纸：五钱四分 54；共一百三
十二两五钱四分 13254。

廿六至卅日公廨日用列后：

廿六日油、肉、青菜、芝麻饼、南糖等：二两二钱六分五
厘 226.5。

廿七日油、肉、青菜、竹箸等：一两〇四分 104。

廿八日油、肉、青菜等：九钱三分 93。

廿九日干柴三车、小葡萄、油、肉、青菜等：二两三钱一
分五厘 231.5。

卅日钉掌九付、夹剪一柄、铁炉七个、油、肉、青菜等：五
两二钱 520。

自到哈密共借过明都护银捌伯两，还过贰百两，借过刘招讨
银壹千伍百两，还甘肃粮台叁百两，还明宅贰伯两，寄京伍百两，
五个月实用借银壹千壹百两，岂不哀哉。

约略用款列后：

节次分赏巡捕、亲兵、内外家人等：壹百卅馀两。

还过路上零欠：四十馀两张瑞手。

交张立寄京置买物件：八十两。

添补羊皮袍袄桶鹿皮布匹：五十两。

天山往返赏犒等项：壹伯卅五两。

添补马鞍毡屈缰绳皮条，廿馀两。

龙王、城隍各庙节次香资，廿馀两。

---

① 郭什哈：原系满文。

添买傢伙器具等项,卅馀两。

到任后及中秋节各处送水礼价赏,四十馀两。

以上九款约在五伯五十两有奇。

五个月日用盖五伯五十两上下。

现存中秋节明都护所赠两女百金,以备差弁进京添买零物,至凉州给家严买皮袄桶,暨十月分度日之资。囊橐空空,寒风两袖,居官如此也,到①省心,阅者谅之,幸勿见笑。

———————————

① “到”与“倒”通假。

哈密记事三①

十月初一日（11 月 18 日）差旋公廨,接军台董弁月内呈开九月廿九日已下接到帮办军务张军门于本月十五日拜发奏折夹板壹副,外五百里传单壹张。又小价张立安信壹封,内云八月廿二日行抵兰州,报房节费四金已付等语,甚慰鄙衷。计此次查山共费赏犒香资等银壹百卅二两五钱四分。

骆群月例:一两八钱 180;平安月例:一两二钱 120;众家人剃头:三两 300;骆顺月费:七钱 70;赵御油水:三钱 30;八处灯油:一两七钱 170;猪、羊肉、油:六钱八分 68;猪肝:五分五厘 5.5;黄花、虫米等:三钱二分五厘 32.5;小米、锯碗:一钱二分 12;两女零用:三钱 30;共十两二钱七分五厘 1027.5。②

初二日（11 月 19 日）饭后谒刘招讨,遇明都护,共谈许久。拜袁营务处,走回城谢沙西屏,还公廨。

猪羊油肉:六钱八分 68;黄花、木耳、作料等:二钱七分 27;共九钱五分 95。

初三日（11 月 20 日）饭后刘招讨来拜,晤谈许久而别。回拜娄彝生、安吉人诸友。遇刘招讨于明都护公馆,共谈甚欢而还。沙西屏送新打黄羊二只,将炙,明兄来回拜,晤谈许久而去,即率两女食炙肉于东院西室,鲜美异常,惜不得以奉老亲为歉耳。

---

① 此为清华大学图书馆所藏第三册日记封面所题。正文首页钤“国立清华大学图书馆藏”朱文印。

② 各项总计实为 1018 分。

芋僧价赏送梨十枚:二钱 20;回王价赏:四钱 40;猪羊油肉:八钱八分 88;豆芽、作料等:一钱七分 17;共一两八钱五分五厘 185.5。①

初四日(11 月 21 日)辰正接军台董弁呈开本月初三日巳下接到帮办军务张军门于九月十九日在英阿瓦特台拜发奏折夹板壹副,外五百里传单一张。接陕西抚台边润民前辈信一封。接八月初六至十五日京报,内传八月十二日上谕,广天官老夫子仙逝。不觉泪如雨下,麟自受知以来,于兹十载,屡蒙训诲,时受栽培,于居官立品一切为人之本无不一一示谕,并改正翻译艺文,不啻业师,兹闻其卒,能不感而痛乎?又瞻八月十五日上谕,清参赞吉甫前辈复擢侍郎,则个中人居边陲者,惟麟一人而已。然以家资赔累,万不敢想早转帝都,边外虽苦,正臣子效力之区,且能假贷数百金寄京以奉老亲,若在京中,当此多事之秋,不知以何奉甘旨也,自怨自艾。饭后往回城西会镜泉兄,躬迓原任阿克苏道罗孟威灵枢于道左②,观之令人泪下,想忠义之士死于沙场者,不过如是,只缘限于成规,不得予谥,惜哉。

猪羊油肉:六钱八分 68;羊腰子、肝:六分 6;黄花、椒面、泊菜、鸡子、豆腐:二钱一分 21;胡罗卜、豆芽、作料等:一钱二分五厘 12.5;共一两〇七分五厘 107.5。

初五日(11 月 22 日)饭后微服率两女、仆从等闲步西门外河边眺远,绕南门至鞍鞯铺少坐,买羊肠小皮条,拴门坠之用,长二丈,价银三钱五分,按京中大钱计之,在五千内外,其物价之贵,不言而喻。未初旋公廨,西厅斗叶子。

---

① 各项总计实为 165 分。

② 参见本书附录二 003《奏为阿克苏兵备道罗长祜立功后积劳病故志节可传请准优恤建祠战绩宣付史馆事》。

猪羊油肉：七钱三分 73；木耳、作料：二钱二分五厘 22.5；小磁盆二个：二钱 20；羊肠皮：三钱五分 35；砚水壶一个：七分五厘 7.5；红枣二斤：一钱 10；两女零用：二钱 20；共一两八钱八分 188。

初六日（11 月 23 日）未出门，饭后西厅斗叶子。画行稿一件，咨覆陕甘制军哈密并无永远枷号人犯。恭阅照章具奏查山完竣回任日期奏底。镫下钤印唐汉碑拓图章一百十四颗，未用官印。

城隍庙香资：一两 100；羊油烛一斤：一钱八分 18；猪羊肉油：七钱八分 78；香油半斤：二钱 20；猪肝：五分五厘 5.5；木耳、作料等：二钱九分五厘 29.5；共二两五钱一分 251。

初七日（11 月 24 日）辕内亲兵甚苦，月饷三两，不敷养赡，惟赖小本营生赚些蝇头利以济衣食。炮手兵有善点豆腐脑者，麟半载未食此物，闻之甚喜，即令该兵如法点治，及成，一看可笑至极，形如稀面茶而不凝，着卤虽可食，毫无京中滋味，赖有豆味，稍形仿佛。用了二升黄豆，费了天罡八钱，加了卤汁、作料，盖在壹两五六，一家上下各食一二碗，如返帝乡也。诸如此类，岂不哀哉？饭后西厅斗叶子。镫下笔墨哄孩子。

刻监拓印：四钱 40；豆腐脑：八钱 80；猪羊油肉：七钱八分 78；羊腰、肝：六分 6；香油：六分 6；黄花、作料：四钱二分五厘 42.5；共二两五钱二分五厘 252.5。

初八日（11 月 25 日）饭后往吊罗孟威于伊吾旧城行台，赙敬四金，惜宦囊空空，不克多赙为歉耳。接明镜泉来字，自本日为始，在龙王庙演剧五日，恭祝皇太后万寿等语，见召随即前往，观戏三出，费银四两。陈芊僧太守率原任孟观察哲嗣谢唁，以公出未遇。晚接军台董弁呈开本月初七日亥下接到军机处于九月十八日申刻交发帮办军务张军门递过批回夹板壹副。外随五百里兵部火标一张。镫下与两女斗叶子，可笑长女、次女念书写字不肯用心，惟于玩耍等事，一见便会，亦常情耳。

赙敬：四两400；洋烛二包：五钱五分55；猪羊油肉：六钱八分68；碎支油斤半：三钱六分36；黄花、木耳等：三钱四分34；共五两九钱三分593。

初九日（11月26日）两女往龙王庙观剧，晚馔明寅伯而归。恭阅查山覆命折件，次日拜发。饭后西厅斗叶子，近日彩兴颇佳，多赢少输，聊以遣闷。

猪羊油肉：六钱八分68；黄花、鸡子等：三钱三分33；石城缠回送沙鸡子：四钱40；共一两四钱一分141。

初十日（11月27日）寅初即兴，饮杏仁茶，食枣儿饼。敬谒万寿宫，随同刘招讨、明都护率领阖郡文武暨回王等恭祝皇太后五旬万寿，普天同庆，行九叩礼，坐朝食面而还。午后观剧龙王庙，派演二进宫，又费天罡二两，时俗所迫，非甘为也。

猪羊油肉：七钱八分78；黄花、作料等：三钱六分36；共一两一钱四分114。

十一日（11月28日）饭后西厅斗叶子。两女观剧龙王庙，晚馔明寅伯而还。收大麦四石八斗七升，小麦四石七斗三升。

补昨日赏车夫、灯笼夫：五钱50；太太用：一钱五分15；猪羊油肉：八钱三分83；猪肝：六分6；黄花、虫米：一钱五分15；豆牙、作料等：一钱五分15；两女赏车夫、灯夫：五钱50；共二两二钱四分224。

十二日（11月29日）饭后策骑往龙王庙观剧，遇陈芊僧、王辅世、李蘅石诸名贤，派演铜旗阵一出，又费银天罡二两。申初策骑走戈壁滩，进西北门还公廨。

猪肉二斤：三钱二分32；板油半斤：一钱六分16；羊肉二斤半：二钱五分25；羊腰子：六分6；黄花、作料：二钱五分五厘 25.5;共一两〇四分五厘 104.5。

十三日(11 月 30 日)饭后接到西安将军吉仲谦、金军转运观察安仁山二同乡信各一封,并小价张立于九月朔行抵西安省所兑借(只)〔支〕廉俸已照数由协同庆汇寄至京矣,甚慰鄙衷。镫下阅张副帅来文,于九月十六日由喀什噶尔拔队北上。草覆安同乡回信。检点折弁寄京信件。

　　压马郭什哈①:五钱 50;毡帽盔一顶:四钱五分 45;墨晶眼镜:五两四钱 540;修理眼镜:五钱 50;猪肉二斤:三钱二分 32;板油十二两:二钱四分 24;羊肉二斤半:二钱五分 25;羊肚:五分五厘 5.5;黄花、作料:三钱二分五厘 32.5;共八两二钱 820。②

十四日(12 月 1 日)午正接军台董弁呈开本月十三日寅下接到军机处于九月二十日未刻交发副帅张军门肆百里批回夹板壹副。外兵部火票壹张,共三分。未初西厅斗叶子。

　　猪肉二斤半:四钱 40;板油十二两:二钱四分 24;羊肉二斤:二钱 20;黄花、木耳、虫米、鸡蛋:一钱五分五厘 15.5;作料等:一钱五分五厘 15.5;共一两一钱九分 119。

十五日(12 月 2 日)卯初诣关帝庙拈香毕,就赴办事公廨,与明都护同拜恭贺光绪十一年元旦安贺折件四分,镜兄差弁花翎都司邱文林、本大臣差弁六品军功郭什哈周福,差费每弁捌拾金,均由镜兄处发给,并蒙汇寄家严贰百金为寿,麟铭感之私,诚非笔墨间所能形容者也。还署,开写买办京物单,检点寄京物件,惜麟囊橐空空,未能汇寄仰事俯育之资为歉耳。晚接天山和尚赍到唐碑墨拓十九片,即钤图章,交周福并前帖合捆。

---

① 郭什哈:原系满文。
② 各项合计为 804 分。

猪肉二斤半：四钱40；板油半斤：一钱六分16；羊肉二斤：二钱20；猪肝：六分6；黄花、作料等：一钱八分18；赏小和尚：一两100；天山二层台标兵拓唐碑十九片赏：一两100；共三两300。

十六日（12月3日）归结仁字第十一号家报，计京信十二封。监视成做貂耳毡顶小帽，冠之，颇具旗仆本色。镫下偕两女斗叶子，而心计用度缺乏，不知又当告贷于何人，除此次着周福添买京物暨发凉州袄价、兰州报费、广师赆敬，约略五十馀金，现实存不过廿馀金，且有应发赏犒炭价等费，恐不及月终，则必告匮耳，言念及此，能无忧乎？困处沙漠，举目无亲，惟赖刘招讨、明都护二公随时接济，当此海疆多事之秋，西饷阻运，故刘、明二大臣亦将自顾不暇，不知麟何以卒岁？部覆廉俸准驳许久不定，真令人愤懑无聊也。接安吉人代书啃广宅恩世兄信甚妥，颇堪钦佩。

猪羊油肉：一两○四分104；羊腰：五分5；香油：二钱20；作料等：二钱四分24；菜刀一把：五钱50；马绊镮：四钱40；钉子：五分五厘5.5；卸炭一车：一两五钱150；共三两九钱八分五厘398.5。

十七日（12月4日）写恭祝刘招讨祖母八旬荣庆对联，清文，丈六红绫，两联十字，至镫下方竣事，并凌志堂前送礼藩寿字，当交画匠提揭裱工料银贰两贰钱，其贵视京中三倍。收谷草七百束。

三次戏赏：八两800；东昌纸一刀：一钱八分18；猪肉二斤：三钱二分32；板油十二两：二钱四分24；羊肉二斤：二钱20；黄花、作料：三钱四分34；共九两二钱八分928。

十八日（12月5日）偕明镜泉送故道罗孟威灵柩于十里堡，洒泪而还。午后两女往陈太守公馆看其次女，游玩半日，馔芋僧寅伯而归。镫下与两女斗叶子。收谷草贰千束,又收谷草壹百卅束。

　　寄京瓜干:七钱 70;伞、车夫赏:三钱 30;猪肉二斤:三钱二分 32;油半斤:一钱六分 16;羊肉二斤:二钱 20;黄花、作料:二钱七分 27;共一两九钱五分 195。

　　十九日(12月6日)辰正马圈射鹊,冷如京中三九天气。饭后西厅斗叶子。接军台董弁呈开本月十七日寅下接到副帅张军门于本月初八日在雅喀尔途次拜发奏折夹板壹副,外五百里传单一张。又发军机处公文夹板壹副。外五百里传牌一张。陈芋僧率其女来会,晤谈许久而别,并以天山唐碑墨拓八片见赠,钤章,交周福并前合捆,共六十七片。镫下与两女斗叶子。

　　压马赏:六钱 60;寄京小葡萄:七钱 70;猪羊油肉:六钱八分 68;黄花等:二钱六分 26;元粉面:一钱一分 11;香油半斤:二钱 20;卸干柴五车:一两二钱五分 125;共三两八钱 380。

　　二十日(12月7日)明辕差弁邱文林来谒,面谕其抵京差竣后,至舍下面见家严,代麟叩安,并将明兄所假纹银贰伯两汇交舍下,以表镜兄高谊。饭后西厅斗叶子。晚间监视周福等包裹行囊。镫下与两女斗叶子。

　　寄京买物:三十三两 3300;广师赙敬:八两 800;报房年赏:四两 400;洋烛二个:五钱五分 55;厨房锯碗:五钱二分五厘 52.5;黄豆、小米:一钱 10;猪羊油肉:六钱八分 68;黄花、作料等:二钱七分 27;花中碗六个:六钱 60;共四十七两七钱二分五厘 4772.5。

　　二十一日(12月8日)巳刻目送恭递光绪十一年元旦贺折差弁周福等起程,暨发仁字第十一号家报,并交该弁纹银五拾两,内欠五两,可哀也哉。饭后西厅斗叶子。派郭什哈等六名送周福等于廿里堡迤东，未初还。镫下与两女斗叶子解闷。戌初二刻接军台董弁单开于本月廿日戌时由南路台接到乌鲁木齐提督金于本月十六日辰时发总理营务处袁限行六百里公文壹角，又于廿一日丑时接昌吉县由北路于本月十六日辰时发刘招讨限行六百里双插鸡毛公文壹角。

　　猪羊油肉：六钱八分五厘68.5；黄花、青笋、虫米、陈醋：一钱七分五厘17.5；作料等：一钱三分五厘13.5；砂罐子一个：二钱20；共一两二钱四分124。①

　　廿二日（12月9日）卯刻致书于刘招讨，以询昨日羽檄缘由，蒙以升都统、英观察二函见示，始知乌垣驻扎骑勇溃变，戕其营官王玉林，往伊犁遁去，金军门景亭飞札谭统领云亭迎头截捕，毅帅派新募马队跟踪兜击，谅三五日间自可蒇事。饭后西厅斗叶子。晚间便服谒明兄燕话许久，西正二刻还公廨。

　　猪羊油肉：八钱九分89；羊腰子：五分五厘5.5；白鱼：一钱三分13；黄花、泊菜、豆腐、醋：一钱七分五厘17.5；作料等：九分五厘9.5；共一两三钱四分五厘134.5。

　　廿三日（12月10日）写仁字第十二号家报，钞《新疆图程纪略》，当将家信送明都护阅看。饭后西厅斗叶子。画恭递元旦贺折传牌行稿，存查山往返奏底。

　　猪肉二斤：三钱二分32；板油半斤：一钱六分16；羊肉二斤：二钱20；羊腰子：六分6；黄花、青笋、虫米、醋：一钱七分五厘17.5；作料：一钱三分五厘13.5；共一两〇五分105。

　　廿四日（12月11日）明辕差官刘副将长清来谒，晤谈许久，其为人朴愨可靠，惜年逾耳顺，于跋涉山川稍形吃力耳。饭后西厅斗叶子。晚间明镜泉来会，晤谈许久而别。镫下复写仁字第

----

①　各项合计为119.5分。

十二号家报,次日由明辕寄京。

　　回台麻花、馕赏:四钱40;大学一本:五分5;羊肚子:六分6;黄花、木耳、虫米、醋:一钱五分15;作料:一钱六分五厘16.5;共一两五钱八分五厘158.5。①

　　廿五日(12月12日)塔尔纳沁屯田向都司来谒,晤谈稼穑之艰难,难于中原百倍。保甲局冯委员、巡检王燮友同谒,面谈谋财毙命罪人斯得一案,麟以平心断狱、刑在持平为嘱,二公深以为然而别。饭后西厅斗叶子。接明辕差弁送到纹银壹伯两,甚为济急,镜兄惠麟之情,实不敢作口头禅念念也。抵任半载,惟事那②借,应领薪廉未见一毫,区区苦衷,朝廷莫喻,而无知仆从已有因贫求去之意,可胜叹哉?戌正卧寝,辗转不寐,念人情薄于春冰而危也。

　　猪羊油肉:六钱八分68;黄花、虫米、陈醋:一钱五分15;作料等:一钱四分五厘14.5;共九钱七分五厘97.5。

　　廿六日(12月13日)辰刻微服压马于西北戈壁滩,至龙王庙东马道梗少坐,观仆从等走马,刘招讨所赠枣骝脚步去得,跑亦可观,而性驯不劣,洵良骥也。惜久戍马老,良可悲也,人亦如是。饭后观寄园寄所寄序,名言至理,洵足感佩。晚接明镜兄送酥酪十碗,甘美异常,可怜两女食之如饮玉液,古人"物离乡贵"之说不诬也。接阅吏部来咨保荐人才先行履历,甚得慎重详细之道,可惜温棣华学士荐人不慎,致遭严谴,诚难免躁言妄动之讥。接乌里雅苏台参谋月舫恒同乡信一封,由刘招讨营中买牛委员傅公携来者也。

　　压马赏:四钱40;钉掌家伙:一两六钱160;向羊鸡赏:

---

① 各项合计为82.5分。

② "那"与"挪"通假。

一两 100；羊腰、肝六分 6；卸炭三车：三钱 300；猪羊油肉：八
钱四分 84；黄花、作料：三钱九分 39；共七两二钱九分 729。

二十七日（12 月 14 日）监视木工修理西厅炉坑板片。饭后
西厅斗叶子。接到户部由五百里来文，本部会议具奏督办军务
大臣刘〔锦棠〕奏统筹新疆兵饷、官制、屯田情形，以规久远①，于
本年九月卅日奉上谕："户部等部会奏议覆刘〔锦棠〕奏统筹新
疆全局一折，其应裁之办事、帮办、领队、参赞各大臣，著俟新设
巡抚、布政使到任后，再行交卸，候旨简用。"钦此。从今大局始
定，改土归流，快睹贤能宣政抚民，承恩布泽也。麟又将他徙，抑
还乡梓，伏待我皇上纶音早下，好理征车，惜不知小价至陕得牵
裕青马否，甚为念念。接到金军驻陕观察安仁山同乡信一封，知
由联霖亭所转之函重阳到陕。

表对联、寿字：二两二钱 220；补发鸡子价五十个：三钱
30；猪羊油肉七钱三分：73；羊肚：六分 6；黄花、木耳、作料：
四钱四分 44；共三两七钱三分 373。

廿八日（12 月 15 日）昨以户部来文，卧后辗转不寐，今于卯
初即兴，往观群骑。默念今日乃满枢臣奏请新疆换班之日，想朝
廷自有权衡，似将久戍边外之员召还内用，我辈甫抵严疆者，换
往他处宣劳，而应行撤回之员亦可藉此一转，或由是召来京当
差，得亲君父，亦人生之幸也。千思万虑萦系于中，殊不知恩纶
已降，老亲早喜于堂，盼儿早返家园，一家藉此团聚，动中思动，
执笔做梦乱语，直书半日未醒，可共闲谈；惟陈芋僧知其事忙不
便相请，五衷牢骚笔墨难罄。君子待时，达人知命，世路崎岖，事
由天定，宦海茫茫，静中思敬。饭后西厅斗叶子以解无聊之极

---

① 　参见本书附录二 001《奏为统筹新疆兵饷官制屯田情形并陈欠饷不可
　　折发事》。

思。晚接明都护所评户部来文，颇中肯要，惜成事不说，惟望仰赖国家洪福，缠回向化，渐臻富庶，出谷迁木，用夷变夏，则天下幸甚。戌初接王燮友折开凶犯李全供底，缘李全系敦煌县人，年廿三岁，于本月廿四日因饥寒所迫，起意窃财，致用羊角戳伤其外祖母毙命，当被明辕官弁访拿到案，因署倅娄彝生公出往迎张副帅，故明都护将此案交署巡检王燮友审讯，今赃证明确，讯得实供，将以定案也。

　　　　猪肉二斤：三钱二分 32；板油半斤：一钱六分 16；羊肉二斤四两：二钱二分五厘 22.5；卸炭一车：一两五钱 150；黄花、作料：四钱〇五厘 40.5；共二两六钱一分 261。

　　廿九日（12 月 16 日）揭裱寿字祝联成，配合寿烛、荷花、绸匹三事，遣郭什哈送往刘营，以祝毅帅祖母八虡荣庆，当经毅帅逐色全收，可见洒落为怀，不忍却寒士之所馈。于是饭后往谒，晤谈全疆情形，甚以饷欠民稀、地广田少为虑，至泣下而别。顺道拜客，往谒镜兄，畅谈许久而还。西厅斗叶子。镫下收逐价郑铭于八月廿三日由皖发蜡封三百里信一函，知张芝浦前辈未果收录，现将谋食于浙省，恳麟转荐等词，诚不自量，可笑之至，并以卢抚台马封递来，不知从何所盗，可恨之至。

　　　　猪羊油肉、羊腰、肝：九钱八分 98；黄花、作料：三钱五分五厘 35.5；小葡萄：三钱 30；共一两六钱三分五厘 163.5。

　　十一月初一日（12 月 17 日）卯初诣关帝庙拈香毕。订《行程日记》本，交书识李澜照出京路程从后转书，敬待召还旨下，即作归图。饬小价购①木做箱，盛载公文折报、铜磁器皿。饭后午觉，初睡将醒，毅帅来谢寿物，饬价挡驾，不图去而复反，一定

---

①　购：原文均写作"搆"，二字有通假现象，今为照顾阅读习惯，改为"购"。

要见，是以更衣相会，晤谈新疆艰难，并言戮毙外祖母石氏之凶犯昨已磔于犯事地方，纵谈许久而别。镫下与两女斗叶子解闷。

骆群月赏：一两八钱180；平安月赏：一两二钱120；众家人剃头：三两300；小顺：七钱70；车夫油水：三钱30；七处灯油：一两五钱150；猪羊油肉：七钱六分76；羊腰：六分6；黄花、青笋、虫米、豆腐干：一钱五分15；作料等：一钱九分19；喂马夫月赏：一两100；共十两六钱六分1066。

初二日（12月18日）忆及京中积欠债负典质诸费，五中焦灼，惟愿平生债负还清，一旦瞑目，则不结来生之债也。除抵哈告贷于刘、明者另有记载外，谨按京途欠款列后，以便触目惊心，早作偿还之计。张辅臣贰千伍伯两，以房券为凭，言明二年内归还，每月行息八厘。紧要零碎账约在伍伯两，长袍长褂典质一空，若在内地当差，是所必用，赎价亦逾伍伯两。家严自己积攒身后之费，麟出京时即蒙倾囊赐之，若一旦归家，为人子者可不如数敬献乎？亦在伍伯两。家岳母半生过活之金，麟多用之，而居心万不应不还者捌伯两。孟丽堂伍伯两，继澍民伍伯两，文翰章贰伯两，桂文圃壹伯两，崇受之贰伯两，英焕章壹伯伍拾两，穆清舫伍拾两，雅静山壹伯两，诚芝圃伍拾两，锡闰生伍拾两，富清圃伍拾两，恒世五壹伯两，吴昆甫贰伯两，尚有一时追忆不出者。在陕假曾怀清贰伯两，张芝浦壹伯两，临出京假景月汀贰伯两，张小价垫壹伯两，再加路费千两，酬应亲友瓜干、葡萄、水烟、毡子等费三二百两。通盘计之，若进京，约需捌千九百伍拾馀金，此其大略也。若刘、明之债，意外之费，则不敢计及也。若到京召见，费亦非百馀金不可，共逾九千之数，不知如何了结，以符鄙念。饭后西厅斗叶子。接吉林副都统恩雨三同乡信一封，写作俱佳，并知其抵京时家严赠馈，小儿趋庭，雨兄以情礼兼隆诵之，只缘麟承乏边外，反致老亲幼子酬酢于京中也，愧甚。接镜兄手谕,朗帅已抵三堡,彼以至契不得不远迎也。

　　猪羊油肉:六钱八分 68;羊肚:六分 6;黄花等等:一钱
七分 17;作料等:一钱三分 13;白米一斗:二两二钱 220;给
陈小姐买瓜子:五分 5;酥火烧:五分 5;共三两三钱四
分 334。

　　初三日(12 月 19 日)检点公文折报箱。得淳化法帖一部,
惜新拓墨劣,(惟)〔为〕稍歉耳。自朔及今右眼连跳三日,未卜
主何吉凶,又不得趋避之术,听天由命而已,抑京中老亲有何事
故? 俟得家报则验耳。

　　压马赏:五钱 50;叶子费:二钱五分 25;猪羊油肉:五钱
八分 58;黄花等等:二钱 20;泊菜、作料等:一钱八分 18;
□□①:一钱三分五厘 13.5;洋烛二包:六钱 60;共二两七
钱五分五厘 275.5。②

　　初四日(12 月 20 日)阅哈密厅呈明日冬长至节请诣万寿宫
行礼礼节。饭后西厅斗叶子。镫下与两女斗叶子解闷。接张副
帅差帖请安,并言其初六七日可抵伊吾庐。收大麦三石四斗四
升,小麦三石八斗。

　　猪肉二斤半:四钱 40;板油半斤:一钱六分 16;羊肉二斤:
二钱 20;狐尾三个一钱五分:15;泊菜等等:二钱三分五厘
23.5;陈醋作料灯油:八钱 8;共一两二钱八分五厘 128.5。③

　　初五日(12 月 21 日)寅刻敬诣万寿宫,行冬至令节恭贺皇
太后、皇上长至礼,礼节如祝贺万寿仪,此京中所不尚者,而外省
皆同者也。发三百里排单于督辕文巡捕李辑廷公文一角,内附

---

① 　方框处原稿为留空待补,今以方框示之。

② 　各项合计为 244.5 分。

③ 　各项合计为 122.5 分。

仁字第十三号家报，大约年内抵京可耳。饭后西厅斗叶子。接陕西粮道曾怀清同乡信一封，写作俱佳。镫下读京报五本，得观八月廿四日至九月十八日上谕，知法夷屡挫，我军屡胜，洵足以伸天讨而快人心，惜未准赴海疆，不得亲睹军容为稍歉耳，张幼樵前辈大展宏猷，可谓丈夫之志已伸。

猪羊油肉：六钱八分 68；黄花、木耳等：二钱六分 26；又猪羊肉：一钱八分 18；香油、元粉、青韭、干粉：二钱八分 28；羊烛一斤：一钱八分 18；还张瑞垫：二十两 2000；共二十一两五钱八分 2158。

初六日（12 月 22 日）卯刻往迓张副帅，未遇，便道往谒于老城公馆，又未遇。接天山和尚心月钞寄题壁诗："昔读《塞下曲》，悬想天山高。今日临绝顶，形势真岹峣。奇峰耸空中，积雪常不消。云傍马头起，松风若惊涛。昆仑迤逦来，嵩华俯遥遥。皇图九万里，开拓亦云劳。西顾系宵旰，我敢驻荒徼。何以康斯民，此心甚绸缪。"写景逼真，寓意慷慨。饭后朗帅来拜，晤谈许久，其为人胸怀洒落，治体通达，颇具古名将体，诚不世出之豪杰，为我皇上再赋得人之颂。麟此役也，离八旬老亲，行八千里路，负八千金债，而正经公事办未及八件，磊落人才所见不止八人，亦不幸之幸也。申初回拜张朗斋，未遇。诣明镜泉，晤谈许久而还。镫下军塘董弁来回镇迪道来羽檄一角于刘营，想乌鲁木齐溃勇剿抚藏事也，抑又另生枝节，均非逆料所及，惟待面晤毅帅，便见的信。

猪羊油肉：一两二钱八分 128；肘子四个：六钱四分 64；火腿四两：三钱 30；冰鱼十二两：三钱 30；黄花、干粉、香油、鸡卵：二钱 20；泊菜、冻豆腐、豆腐、牙菜：一钱三分五厘 13.5；作料、点心：一钱三分 13；共二两九钱八分五厘 298.5。

　　初七日(12月23日)接长鹤汀同乡信一封,知其于七月十壹日到京,廿六日扶彼亲柩安葬,小儿往吊。饭后明镜兄来,晤谈许久而别。送张朗帅燕翅鸭菜四簋,鸡鱼蒸食四盘。接凌志堂满信一封,知其于十月初三日行抵肃州,次日即东趋宁夏云云。近日心绪不佳,缘家岳母小恙故也。

　　点心、麻油、火烧二个:五分5;卸炭二车:三两300;猪羊油肉:七钱八分78;黄花、虫米、泊菜、豆腐:一钱四分五厘14.5;作料:一钱五分15;共四两一钱二分五厘412.5。

　　初八日(12月24日)清晨起视家岳母疾,比昨见轻,鄙衷差慰,忆及京中老亲,惟祝康安惟幸。昨夜梦立于十字街前,由南巷出一青马甚神骏,壮士牵之疾行。乘上入北巷,而北巷有脊门如庭,先有一骡一羊,此骑突入旋出,首南而立,壮士老焉,立于马傍。我曰"此马如何",彼答曰"好马",袖出一紫藤小马扎曰"升官富贵尽在其中",醒而异之,笔之于记。想系盼望纶音所致,然逐次梦马,必接批折或家信,屡验不爽。今考之,查山折在九月廿五日马递,往返须五十五六日,十月万寿折弁总在小阳中旬出京,均欠数日程,抑召还廷寄将到,故有此动象? 抑小儿专寄家信在途,故有此梦兆耶? 谅三日内必验,无聊之极,随笔妄写,阅者谅之。午后赴刘营陪张朗帅,座有明镜泉、袁陶泉,纵谈半日,至二炮而还。接库伦五云桂同乡、润圃松乡寅故友各一信,颇动乡情。[①]

　　猪羊油肉:六钱八分68;腰子、肝:六分6;黄花、虫米、泊菜、豆府:一钱四分五厘14.5;冷豆府、作料:一钱四分

---

① 此日天头有批,惜装订时不慎将部分字裁去(被裁部分代以方框):"□□之快□□已兆□□策骑□□生须□□功名□□石火□□又何□□亘夜紫□□于中致□□寝食□□哉。"

14；赏伞夫、灯夫、车夫：五钱 50；共一两五钱二分五厘 152.5。

初九日（12 月 25 日）饭后明镜泉来晤，并言张朗斋与麟气味相投，愿结金兰，诹吉订交，麟亦钦佩朗斋，于焉情允。午后往明辕公请张朗斋、刘毅斋，座有孙辑廷、张砚芬二友，亥初散席，还公廨。惟今日之局又经镜兄出资待客，麟仅出名而已，愧甚。

　早点心：五分 5；回王差赏：五钱 50；猪羊油肉：六钱六分 66；黄花、虫米等：一钱四分五厘 14.5；作料等：一钱四分 14；赏伞夫、车夫、灯夫：五钱 50；共二两一钱九分五厘 219.5。①

初十日（12 月 26 日）写仁字第十四号家报，托朗帅寄京。饭后朗帅来晤，并以兰谱相盟，于焉交拜，从兹永契金兰，纵谈许久而别。麟忆及三年前此日继娶贤妻，不图今日契结良友于伊吾庐也，人事变迁何能预？必今后长想听天由命而已。午后写兰谱二分，明日送张、明二盟兄处惠存。镫下收张盟兄赠搬指、翎管、毯绸数事。收豌豆二石八斗三升。

　早点心：五分 5；卸柴三车：一两二钱五分 125；猪羊油肉：六钱八分 68；腰子、肝：六分 6；黄花、泊菜、豆芽、豆腐：一钱四分五厘 14.5；豆腐干、陈醋、作料、灯油：一钱 10；共二两二钱八分五厘 228.5。

十一日（12 月 27 日）卯刻往老城公馆诣张盟兄换贴，并谢赠物，畅谈而别。回诣明盟兄换帖。偕小食策骑往刘毅帅营，贺其升授新疆抚台之喜，遇朗帅，纵谈许久，便饭同别。策骑偕镜兄往义园吊故文案王协亭毕，乘微雪还公廨。晚间瑞

---

① 　各项合计为 199.5 分。

雪霏霏,朗帅辞行,并谢麟送路菜数事,纵谈许久而别。镫下写致礼邸、勐府清文信二封,当遣郭什哈送至老城,托朗帅寄京,并询朗帅起程时刻;惜李灏回信时,朗帅已轻车减从出伊吾东门矣,只好差帖叩送,以麟不善驰骑,故不敢雪夜乘马疾逐远送也,愧甚。

卸炭一车:一两五钱150;卸柴三车:七钱五分75;猪羊油肉:七钱三分73;黄花、青韭等等:四钱40;猪肝:六分6;作料等:一钱四分五厘14.5;路菜:一两五钱八分158;共五两一钱六分五厘516.5。

十二日(12月28日)检点靴帽袍套四事,遣价往贺毅帅,蒙收貂沿、官靴,璧回袍褂两料。饭后西厅斗叶子。毅帅来拜,挡驾而去,不图去而复返,又如前次,只得更衣相会,晤谈许久而别。少焉观察王辅世来拜,将毅帅命,以五百金相假,是知陈芋僧之信通焉,将银收讫,畅谈许久,并浼麟代写清文联幅,麟许以缮就送去而别。当将张瑞京垫百金还清,并给各家人十七名六十八两,奉岳母老太太卅金,共耗去壹百九十八两,下馀三百零二两则为卒岁之资。

奉岳母:卅两3000;还张瑞:一百两10000;赏内外家人各四两,共:六十八两6800;自用:四两400;猪肉二斤:三钱二分32;板油十二两:二钱四分24;羊肉二斤:二钱20;腰子、肝:六分6;黄花、鸡卵、虫米、菹菜:一钱八分18;作料等:一钱七分17;共二百零三两一钱七分20317。

十三日(12月29日)圣祖仁皇帝忌辰。免盖策骑往诣明镜兄,知其昨日送张朗兄于黄芦冈,朗兄有加巡抚衔之喜,畅谈许久而别。顺道往拜王辅世观察、陈芋僧太守,迂道还公廨。西厅斗叶子。宿雪满山,大地光明,雪后天寒,重裘尚冷,而河滩流水澄澈可观,策骑缓行,远观入画。

　　猪羊油肉：六钱八分 68；黄花、干粉、木耳、椒面：一钱七分 17；作料等：一钱八分五厘 18.5；钉掌等：一两四钱 140；洋烛二桶：六钱 60；共三两〇三分五厘 303.5。

　　十四日（12 月 30 日）饭后微服策骑至十里墩，遥祭先岳父琦公，行三周年礼。未刻还公廨，明盟兄将兰谱来晤，麟拜而受之，畅谈许久而别。镫下与两女斗叶子。接军台口报古城六百里羽檄一角，未卜如何急事，明日便知的音。

　　卸炭五车：七两〇五分 705；又二车：三两 300；点心：五分 5；压马十里墩赏：七钱二分 72；猪羊油肉：六钱八分 68；羊腰：五分五厘 5.5；黄花、作料等：三钱一分五厘 31.5；共十一两八钱五分 1185。

　　十五日（12 月 31 日）卯刻诣关帝庙拈香。面晤毅帅，询及昨夕羽檄何由，据云济木萨百姓将乌鲁木齐戕官之溃勇目赵良敬擒获，毅帅令解来哈极刑处死，并祭被戕王、李二营官之灵，案由此定①。可见小民淳良，兵勇不法，司其事者宜如何抚绥也。接明辕差弁赍到九月廿五日拜发查山折，奉旨"知道了。钦此。"十月十八日钉封，冬月十三日到哈，今午跪接捧读者也。陈芋僧来访，畅谈许久而别。镫下与两女斗叶子。

　　两女零用：一钱 10；猪肉二斤：三钱二分 32；板油半斤：一钱六分 16；羊肉二斤半：二钱五分 25；肝尖：六分 6；黄花等等：一钱四分五厘 14.5；作料等：一钱三分五厘 13.5；共一两一钱七分 117。

　　十六日（1885 年 1 月 1 日）昨夜梦父子叔侄聚于花厅廊下，白日在天，闻麟降为候补主事，醒而异之，笔之于记。微服压马，

---

①　参见本书附录二 005《奏为精旗马队后哨哨长赵良敬等戕毙营官胁众哗溃追捕扑灭各情事》。

阅回城南,走老城东,在龙王庙南观小价等走马踏雪,进北门而还。饭后西厅斗叶子。镫下检点朝裙朝冠朝顶,以备送毅帅,贺其加尚书衔之喜。近日天气寒甚,呵冻记事,屋坐冻耳,诚可谓寒衙冷署。

　　压马赏:六钱60;两女葡萄、瓜子:二钱20;点心六个:五分5;鸡卵五十个:三钱30;猪羊油肉:七钱三分73;黄花、作料等:三钱六分五厘36.5;共二两二钱四分五厘224.5。

　　十七日(1月2日)饭后诣毅帅,并回拜刘统领,途遇明兄,分辄至刘营,晤谈许久而还。严冷无聊,西厅斗叶子。接果亭杜军帅、秋皋绍夫子信二封。镫下与两女斗叶子解闷。收大、小麦各二石二斗五升。

　　猪羊油肉:九钱二分92;羊肚:六分6;青韭:七分7;腰子:五分五厘5.5;木匠作箱四支,廿工:二两200;黄花、作料等:三钱六分36;共三两四钱六分五厘346.5。

　　十八日(1月3日)毅帅来谢,晤谈许久而别。饭后便服往谒明兄,燕话。策骑至龙王庙少坐,烟瘴寒沙,冷人肌肤,真生平初遇之乐也。在明辕接张朗帅问候一信,由苦水途次致于镜兄者也。未下与两女斗叶子解闷。镫下看两女读《缙绅》为戏,以解无聊之极思。召还诏不下,贺折弆不回,终日寒衙哄孩子,愤闷难受。

　　赏祁荣治咳药资五剂:二两五钱250;猪肉二斤:三钱二分32;脂油半斤:一钱六分16;羊肉二斤:二钱五分25;黄花、鸡卵、香油、陈醋:一钱九分五厘19.5;作料:一钱五分15;共三两五钱七分五厘357.5。

　　十九日(1月4日)镜兄约巳初策骑走西河滩,至龙王庙观小价等走马,率两女食炙肉于眺远阁,座有安吉人、刘丹山。饭毕观《鸿雪因缘》,忆及犊山前辈阀阅,并忆及去岁今朝乃受命协哈之期,今后不知又将移官何地,抑还京供职? 未刻骑马还公廨,阴云四合,寒冷异常,将雪而未,与两女斗叶子,烤墨记事。戌初起雨雪霏霏,遍地皆白,可卜明年天山水旺,麦秋有成,不知京中雪泽如何耳,念念。

　　麻油火烧六个:五分5;笼屉布:三钱30;猪羊油肉:七钱三分73;香油四两:一钱10;腰子、肝:六分6;黄花、作料等:二钱五分五厘25.5;共一两四钱九分五厘149.5。

　　二十日(1月5日)雨雪飘飘,午后无风,善晴。西厅斗叶子解闷,而乡情在抱,无可排遣。且念差价张立谅已在途,盼其早返伊吾,则家信自见,近日昼夜思乡,不惟老亲时形寤寐,即常晤亲友亦时时梦见,或召还恩命已下,京中亲友互相念念,致麟形诸梦寐,时作故乡情。镫下与两女斗叶子,以解无聊之极思。

　　猪羊油肉:九钱六分96;青韭:一钱一分五厘11.5;黄花、作料等:二钱七分五厘27.5;共一两三钱五分135。

　　二十一日(1月6日)往老城西南垒拜张营统领孙少襄,晤谈甚契,其为人谨饬英豪,恂恂然有儒将风。便谒镜兄,假玉如意为廿五日祝刘太夫人寿。饭后西厅斗叶子解闷。孙统领来拜,畅谈许久而别。晚间接凉庄子锡承同乡信一封,并九月下旬京报二本,尚欠十九、廿日纶音,不解何故。

　　猪肉三斤四两:五钱二分52;脂油十二两:二钱四分24;羊肉二斤半:二钱五分25;香油四两:一钱10;腰子、肝:六分6;黄花、作料:四钱二分42;共一两五钱五分五厘155.5。

　　廿二日(1月7日)午刻假明辕公请孙少襄,酒席仍由镜兄垫办,仅出一名,甚惭五衷。拜发代奏回王暂缓年班朝觐请旨折件,马上飞递,谅在明年正月中旬递回,画随折行奏稿二件。龙王庙新建瞻远阁楹联:对系一百六十言,节录。"万馀里边风奔来眼底,二千年古迹注到心头。""当披襟岸帻,直从高处凭栏;

坐贝阙琳宫，好约良朋酌酒。""看北辙南辕，忍令蹉跎岁月；听晨钟暮鼓，敲变几许沧桑。""纵天山雪寒透重衾，瀚海沙迷连大漠，长城窖防秋饮马，阳关柳赠别行人；想班定远投笔封侯，张博望乘槎犯斗，赵营平屯田上策，薛总管三箭奇功。""鹿鹿忙忙，感慨系之矣；烈烈轰轰，英雄安在哉？""壮怀难自已，抚旌旗壁垒，犹列阵图；长啸划然来，向芦荻萧疏，昂藏骋步。""欣民物疮痍，尽成都聚；尽鸢鱼飞跃，俯仰忘机。""收拾起荷衣藜杖，莫辜负林泉画稿，金石吟笺，旅馆胡琴，野云游屐；把(邯)〔那〕些块磊葛藤，都付与五夜霜砧，数声樵唱，半湾流水，一派苍烟。"回王老福晋迈哩巴钮差手本来拜，回王沙西屏来谒，晤谈许久，言及我辈将去，大有不舍之意，甚至泪下。麟以国恩优渥，总以恭顺而尽臣职，将来朝觐入都，麟必竭力照拂，该王始拭泪而去。可见改土归流，诚非易易，静观贤有司善为抚驭也。未正明辕公请孙少襄，座有吉人、丹山二幕友，酉初终席，还公廨。镫下与两女斗叶子。接九月廿八日至十月初一日京报，得瞻我皇太后五旬大庆，覃恩宗藩暨中外臣僚至优且渥也。接太宁镇绍先怀同乡信一封，马封固且速也。

　　卸炭三车：四两五钱450；车、伞夫、灯笼夫赏：五钱50；猪羊油肉：七钱三分73；羊肚子：六分6；黄花、虫米、泊菜、豆府：二钱一分五厘21.5；作料等：一钱三分13；共六两一钱三分五厘613.5。

　　二十三日(1月8日)饭后微服压马于西北戈壁滩，寒冷异常，沙碛小坐而还，真可谓(岩)〔严〕疆三九日，冻死野寒鸦，且也微风徐来，阴云四合，少焉晴霁。西厅斗叶子。先是压马回来，更换便帽，不图喜蛛已在冠内，忆及夜间梦兆有"西藏字四号文卷"之说，似是调驻西藏四年之兆，纶音已在关内也，无聊之极，胡思乱想，阅者谅之。毅帅遣送南路稻米六百斤，颇济急需。镫下与内子、长女学斗叶子,拉岔,颇费心思。

　　压马郭什哈①赏:五钱 50;送米赏:四两 400;猪羊油肉:七钱三分 73;羊腰子、肝:六分 6;黄花、豆腐等:一钱八分 18;作料等:一钱 10;共五两五钱七分 557。

　　廿四日(1月9日)送祝毅帅祖母寿仪,假镜兄玉如意一柄,蒸面、寿桃百枚,全行收下,并以刘成氏帖道谢。饭后毅帅来谢,并请内子免祝。及内子往祝,屡挡未允,始入公馆拜祝,便道往回城回拜该王太福晋,晤谈许久,未初还公廨。接和克庵由绥地来信一封,知霍同年灵柩尚寄该处,明年与恩文甫一同东下也。

　　太太赏车夫、家人、郭什哈②:三两 300;两女点心:一钱 10;猪羊油肉:七钱六分 76;猪肝:六分 6;青韭:七钱五分 75;黄花、作料等:三钱七分 37;洋烛二包:六钱 60;共四两九钱六分五厘 496.5。③

　　冬月廿五日(1月10日)辰刻偕明兄往刘营同祝毅帅祖母寿,共谈许久而还。午后盟侄志恒甫来叩,晚以官靴、荷包为赠。毅帅覆来谢寿,畅谈许久而去。接户部来文咨覆刘部堂催议哈密办事、帮办大臣廉费,惟此二缺现经兵部议裁,所有前请按照向章支领廉费之处,应勿庸议等因具奏,奉旨:依议。钦此。钦遵咨行前来。在部臣固是慎重度支,殊不知边臣已枵腹半载,麟自抵任七月馀矣,未见一毫廉费,在朝廷未必得知,在部臣未必不知,脱不有刘、明二大臣推顾同僚,曾假三千馀金为麟京外之费,已饿殍于沙漠矣。老亲幼弱,中外待济,不意居此等朝廷不甚爱惜之官,亦惟认命而已。

---

① 郭什哈:原系满文。
② 郭什哈:原系满文。
③ 各项合计为 564 分,疑青韭"七分五厘"误写为"七钱五分"。

猪羊油肉:六钱八分68;羊腰子:六分6;筷子一束:六分6;早点心:五分5;黄花等:一钱九分19;作料等:一钱八分18;共一两二钱二分122。

廿六日(1月11日)饭后回拜志恒甫,便道南街拜客,还公廨西厅斗叶子。晚间土炕火炽,延烧毡子尺馀,臭气难闻,真平生未经之苦也,惨甚。

猪肉二斤半:四钱40;脂油十二两:二钱四分24;羊肉二斤半:二钱五分25;卸炭二车:三两300;黄花等等:一钱八分18;作料等:一钱七分17;共四两二钱四分424。

廿七日(1月12日)饭后西厅斗叶子。两女往看明盟伯,晚馔而还。风闻差弁张昔义等早经出关,不日抵哈,信可乐也。毅帅约翌午酌叙。

点心:五分5;猪羊油肉:七钱六分76;香油:六分6;作料等等:三钱三分五厘33.5;共一两二钱○五厘120.5。

廿八日(1月13日)张朗兄由大泉子交陈委员寄来恰克图①火锅一件,甚灵。饭后赴毅帅召,座有明镜兄、刘玉珊、李蘅石、刘统领诸名贤,终席,戌初还公廨。接张朗兄由安西行辕来信一封,知其途次多遇风雪之苦。补致庆邸满信一封,备随朗兄马封附寄。

送火锅赏:六钱60;车、伞夫、亲兵赏:五钱50;羊烛一斤:二钱20;猪肉二斤:三钱二分32;脂油十二两:二钱四分24;羊肉四斤:四钱40;羊腰子、肝:一钱10;青笋、作料等:三钱六分36;共二两七钱二分272。

廿九日(1月14日)今日为上赏荷包等物之日,想御物已出都矣。送毅帅四世兄学堂书七部零二本。早饭后压马于廿里

---

① 恰克图:原系满文。

堡。未后西厅斗叶子。酉刻发四百里马封一角，粘联排单一张，内信二封，致朗帅张兄暨致庆郡王府者也。

压马赏：七钱70；猪肉二斤：三钱二分32；板油半斤：一钱六分16；羊肉二斤半：二钱五分25；羊腰子、肝：六分6；玉兰片：六分6；鸡卵、虫米等：一钱八分18；作料：一钱七分17；共一两九钱190。

卅日（1月15日）毅帅送内子、两女烧烤燕菜果席一桌，以其祖母寿未设寿筵故也。饭后西厅斗叶子。

刘仆席赏：二两200；抬盒兵：五钱六分56；猪肉七斤：一两三钱130；脂油一斤：三钱二分32；羊肉一斤：一钱10；猪肚：一钱10；太太用早点心：三钱三分33；作料：三钱三分五厘33.5；共四两八钱六分五厘486.5。①

十二月初一日（1月16日）卯刻诣关帝庙拈香。饭后午觉初醒，监视杨仆等成做条貂便帽，半日改就蓝顶青沿鸳鸯凑做，众力勉成，可谓穷凑也。镫下与两女斗叶子解闷。接诺捷臣同乡丁外艰讣文，并十月上旬京报二本，由辕门钞，知雨三恩同乡现署道篆也。

骆群月赏：一两八钱180；平安月赏：一两二钱120；众仆剃费：三两300；小顺：七钱70；车夫油水：三钱30；喂马工食：一两100；八处灯油：一两七钱170；铜镨：八钱80；卸炭二车：三两300；卸干柴三车：七钱五分75；猪羊油肉：七钱三分73；羊腰、肝：五分五厘5.5；黄花、青韭等：二钱二分五厘22.5；作料等等：一钱四分五厘14.5；叶子费：一两八钱七分五厘187.5；共十七两二钱八分1728。

初二日（1月17日）镜兄赠腌雪里红一盆，食之甚美，考其物即京师咸芥菜耳。署莎车直隶州牧刘玉珊来谒，晤谈许久而

---

① 各项合计为504.5分。

去。午后西厅斗叶子以解无聊。近日家岳母小恙,内子不豫,差价不回,麟坐卧不宁,并忆及京中老亲幼子胞叔胞妹,如热地蚰蜒,不知又有何故,总缘解组在即,纶音不下也。

　　猪羊油肉:七钱八分78;猪肝:六分6;又板油四两:八分8;黄花、木耳等:二钱二分五厘22.5;作料等等:一钱二分12;共一两二钱六分五厘126.5。

　　初三日(1月18日)巳初早饭毕,压马于廿里堡东戈壁滩,观小价等走马,仍以绪青为最,枣骝不逮多矣,还公廨时未初二刻。接阅玉珊刘署牧履历甚晰,而应璧回。娄署倅、龙署协来详戕毙营官之叛勇目赵良敬由乌鲁木齐押解来哈,今奉爵帅令已凌迟于市矣,王、李二偏将之仇已复,朝廷之典刑已正。① 先是策骑至十里墩,途遇张营弁兵三员名骑,据云统领孙少襄②行至苦水驿,被牵马勇拐去青黑马二匹,现经四路追捕等语,可见用人大非易事,今后又经历练一番,尤宜慎之。镫下便服谒明镜兄燕话,少坐而还。

　　压马赏:七钱70;猪肉二斤:三钱二分32;脂油半斤:一钱六分16;羊肉二斤半:二钱五分25;黄花、干粉、作料等:三钱三分33;洋烛二包:六钱五分65;共一两七钱八分178。③

　　初四日(1月19日)拜接恭报查山完竣回任日期折件,由驿递回军机大臣奉旨:"知道了。钦此。"计往返五十四日。饭后便服策骑至龙王庙东堤小坐,便道晤陈芋僧,燕话而还。西厅斗叶子。阅吏、户部行知毅帅公文暨哈密厅协申详等文六件,始悉办事、协办二署薪费未经裁撤以前准照向章支领,是知六月朔毅帅初假千金,可以计日算还而未敷也,曷胜叹哉。差价张立许久不归,京中家信百日未见,真令人愤懑无聊也。

猪肉二斤四两:三钱六分 36;脂油十二两:二钱七分 27;羊肉二斤半:二钱五分 25;羊腰子:六分 6;黄花等:一钱六分 16;作料等:一钱四分五厘 14.5;共一两二钱四分五厘 124.5。

初五日(1月20日)穆宗毅皇帝忌辰。饭后东圈射鸽,西厅斗叶。接乌孙军帅和圃金同乡贺年信一封。

羊肉二斤:二钱 20;猪肉二斤半:四钱 40;脂油半斤:一钱六分 16;香油半斤:二钱 20;黄花、芝麻等:二钱七分五厘 27.5;作料等:一钱七分五厘 17.5;共一两四钱一分 141。

初六日(1月21日)孝惠章皇后忌辰。微服压马于西北戈壁滩。至龙王庙少座,闻志益臣盟侄差旋,即往明辕相晤,畅谈许久而还。少焉益臣来谒,麟暨内子共谈而去,当以京靴、荷包为赠。晚接金贵山同乡贺年信一封。

早点心:五分 5;卸炭一车:一两五钱 150;压马赏:五钱 50;收拾水壶:一钱五分 15;毛掸一把:一钱 10;猪羊油肉:七钱六分 76;青韭:五钱五分 55;作料等等:二钱八分五厘 28.5;共三两四钱六分 346。①

初七日(1月22日)小恙,气逆不舒,兼之昨日在眺远阁坐观小价等走马,外感风寒,以致乍寒腹泻,当服灵应丸三枚,稍愈。接和克庵来信,知砚田故同年灵枢由草地旋京,并金和圃璧回靴帽尺头四事。收明兄赠京外食物数则,益臣侄所携者也。

---

① 各项合计为 389.5 分。

督饬仆价等凑做狼皮毡胎鞍座,两日方就。

　　明辕送京物赏:一两 100;卸炭二车:二两五钱 250;猪肉二斤:三钱二分 32;脂油十二两:二钱四分 24;羊肉二斤:二钱 20;羊腰子、肝:六分 6;作料等等:三钱 30;共四两六钱二分 462。

初八日(1月23日)煮粥献佛,送明兄食众丁。午后和暖,乘车拜客,并回拜益臣盟侄,与镜兄畅谈许久而还。视缝人耿工成做灰鼠皮袍及小狐外套,盖在数日成,以今日小恙稍舒,故出门耳。先是镜兄来晤,畅谈许久而别。画回王请缓年班存稿二件。未正嵩菊庄同乡来谒,晤谈许久而去,其为人貌似有才,中则不悉。

　　做袍衣线:二钱 20;黑皮纸:七分 7;黄米、小米:二钱五分 25;绿豆、豇豆:三钱七分 37;大小葡萄、桃仁:一钱五分 15;猪肉三斤:四钱八分 48;脂油十二两:二钱四分 24;羊肉二斤半:二钱五分 25;元粉、鸡卵、香油:二钱九分 29;口蘑、黄花、梅干菜:一钱五分五厘 15.5;作料等等:二钱二分五厘 22.5;共二两六钱八分 268。

初九日(1月24日)早饭后压马于回城东,便晤沙西屏,笔谈清文,讨论该王应行引见暨年班一切事宜,未初还公廨。镫下偕内子、两女检点各处贺年信件,钤章包衬,至三鼓方寝。收小麦一石八斗五升。

　　压马赏:六钱 60;早点心:五分 5;猪肉二斤:三钱二分 32;板油半斤:一钱六分 16;羊肉二斤半:二钱五分 25;羊腰:五分 5;作料等等:三钱〇五厘 30.5;共一两七钱三分五厘 173.5。

初十日(1月25日)辰兴,偕内子、连价接办信件,至饭后封妥标朱,逮申初歲事,计发关内关外贺年信八十封,计八十二件;

外有张朗帅、孙统领处排单、信二封,计三件,统计八十五函。两日奔忙,筋出力尽,总缘幕中无人之苦也,然脱无安吉人诸公之辐凑,尚不能如此之周到也。

包信纸一刀:二钱20;洋烛二包:六钱五分65;卸炭二车:二两五钱二分252;白布二匹:二两一钱210;猪羊油肉:六钱八分68;羊腰子:五分5;香油:五分五厘5.5;作料等等:二钱六分26;共六两五钱一分五厘651.5。

十一日(1月26日)孝和睿皇后忌辰。未出门,预写致怀绍先同乡、畅亭舒亲家各一信。忽焉仆妇陈氏染患风痰,口眼歪斜,动转需人,当以白糖姜汁灌之,稍愈,而饮食少进,可危也哉。收明辕排单马封六分备用。阅毅斋抚台来文,发落逃犯马急零一案。接景亭金军门贺年帖一封。嵩菊庄同乡二次来谒,镫下畅谈许久而去。

猪肉二斤半:四钱40;脂油半斤:一钱六分16;羊肉二斤:二钱20;羊腰、肝:六分6;黄花、海米、泊菜、青韭、豆腐:二钱二分22;冻豆腐、葫罗卜、醋等:一钱五分15;共一两一钱九分119。

十二日(1月27日)孝德显皇后忌辰。饭后策骑谒毅帅,晤谈许久,便道晤镜兄,燕话,并托其代致舒亲家京信而还。接金珍亭同乡、徐昆山军门贺年帖信二封,十月初九至廿一日京报三本,敬悉赋闲师友均邀降衔,洵盛典也。莎车署牧刘玉珊以白米八百斤赠别,当以貂冠京靴袍褂料为赆,渠仅收貂冠,馀悉却回。

刘价米赏:二两200;卸炭三车:三两七钱五分375;卸柴四车:一两100;钉箱钉子价:四钱40;猪羊油肉:七钱六分76;猪肝:六分6;作料等等:三钱四分五厘34.5;共八两三钱一分五厘831.5。

十三日(1月28日)饭后毅帅来晤,并以俄国来满文一角相询,其文为空索尔宝咨会毅帅,以驻伊领事与丁道查算帐目久未完结,魏哩将及撤回云云,罕清如所译汉文稍有简略,畅谈许久而别。镫下预裱碎纸,为封印前期封冬季日记附家报寄京。收彝生姜同乡送天山碑拓十六片。接杨融圃前辈答柬,言及收到汉碑二种,写作俱佳。

猪肉二斤:三钱二分32;脂油十二两:二钱四分24;羊肉二斤半:二钱五分25;羊腰、肝:五分五厘5.5;鸡卵四个、青韭:一钱四分五厘14.5;点心:五分5;作料等等:二钱九分29;共一两三钱五分135。

十四日(1月29日)接宋都司呈开嵩武军王营务现抵瞭墩,不日到哈。接明兄手谕,差弁张昔义十月廿八日出京,十一月十六日到陕,患病十七日,由安观察马封寄信,十二月初七日接到,现派谢弁沿途迎探云云,而原禀并未言及我价张立也,不知又有何故,实属愤懑之至,幸昨接融圃前辈来信,知其事前无差,稍可慰耳。午后陈芋僧来谒,并以《伊吾庐十景诗》见遗,当交书识钞录,以便寄京着儿鹏恭和。镫下缝人以灰鼠皮袍小狐马套成来缴工,价银贰两八钱,较京中贵几二倍,而做工尚属去得,当以摹本缎十三尺令其做男女两马套。阅毅帅来咨回王欠巴里坤商号李常年银壹千两,仍应由回王归还,惜当时麟未在场,难悉的确,然以理揆之,疆土乃我皇家之疆土,岂有官兵保卫哈密,粮饷即应回王供给之理?阅谭制军来文,贡瓜既缓呈进,绸缎皮张赏犒亦应暂缓,府县藉辞推诿,可叹也哉。

压马赏:六钱60;魏午庄差弁送宪书:四钱40;绿哈萨缎十尺:九钱90;猪羊油肉:九钱三分93;羊腰子、肝:六分6;作料等等:三钱七分37;共三两二钱六分326。

十五日(1月30日)卯刻谒关帝庙拈香。嵩武军冠阶王营务来谒,其人壮貌魁梧,精明勇干,颇有大将风,畅谈许久而别。

饭后策骑回拜王冠阶暨张、胥、李三营官,均未遇而还。接振亭雷观察贺年一信。

品月小绸十五尺半:二两一钱七分217;斜青缎一寸:七钱五分75;金色寸绦六尺五:二钱六分26;广扣一付:一钱二分12;酱色衣线四把:二钱20;黑皮纸十二张:八分8;猪羊油肉、作料等等:一两100;共四两五钱八分458。

十六日(1月31日)饭后晤镜兄,燕话许久,策骑至龙王庙东堤小坐,未正还公廨。写仁字第十五、六两号家报,补录陈芋僧太守《伊吾庐十景诗》并序于右:

按哈密为伊吾庐故地,东望玉关,北阻天山,西极昆仑,中西一大关键也。郡北折罗漫山为冈底斯北麓,积雪原泉融灌南流,又西汇为川,土人呼为南湖,即汉时柳中屯也。国朝平准定回,捐哈密地于花门,同治中敌军别阿古柏乘间攘窃回部旧疆,仅哈密一隅失而复守。今上初元,命将出师,逾年全疆平。六年冬,朝命节使刘公由疏勒东移,继今相侯左公开府于兹。暇日督军士因地导流为潴氄池,筑防开畦,尽辟河干隙地,相土宜植桑柳桃杏蓏祼芙蕖蔬卉,远致嘉种,候至物化,等夷江南,置亭榭,建轮磨,去垣墉稽禁,自春徂秋,游人相望于途。天方遗元,呕哑嘲哳,琨鍮杂遝,旅客羁人,顾而乐之,忘其身在绝域矣。贱子乔与戎事,比岁抱病,乞休未得。湖上寓目适情,得十景,每缀小诗一阕,并纪其实,用当樵唱。

其一曰《伊上屯田》:"上将筹边计万全,买牛买犊事农田。吾曹挟策更何事,愿上《车攻》周雅篇。"其二曰《温泉转磨》:"机转双轮白雪冲,果然人巧夺天工。飞泉也解征夫意,日夜潺湲总向东。"其三曰《祁连雪霁》:"九曲河源出大荒,祁连终古白茫茫。谁知消息盈虚意,都付东流水一方。"其四曰《南湖夜月》:"员象出尖尖复员,琼楼金粟自何年。可怜夜夜刀环月,几

处深闺人未眠。"其五曰《荷池消夏》:"几日池荷万朵齐,天涯风
景比濂溪。阿侬独具补天手,寄语江南吾道西。"其六曰《柳堤
春暮》:"湖上苏堤与白堤,只今春色柳依依。古贤韵事元戎略,
徼外风光是也非。"其七曰《征雁南霄》:"九边秋老自年年,阳鸟
南飞客未旋。奉使子卿早归去,问渠何事到胡天。"其八曰《鸦
阵连云》:"边声惨入战场秋,白草黄沙骨未收。唯有寒鸦太无
赖,夕阳斜带不知愁。"其九曰《双城联璧》:"盛世訏谟守在夷,
伊吾式廓载增其。征夫操畚民无事,为问秦皇知不知。"其十曰
《流沙古驿》:"万里流沙问客槎,武皇神圣至今夸。自从宛马东
归后,终古神州说汉家。"

　　猪肉三斤:四钱八分48;脂油十二两:二钱四分24;羊肉
　四斤:四钱40;香油四两:一钱10;青韭:二钱二分五厘22.5;
　元粉、鸡卵:二钱20;黄花等等:一钱二分五厘12.5;作料等
　等:一钱八分18;共一两九钱五分195。
　　十七日(2月1日)饭后策骑回拜嵩菊庄,并照十金而还。
申初菊庄来谢赆,并辞行,晤谈许久而去。

　　嵩友程仪:十两1000;点心:五分5;猪肉二斤半:四钱
　40;脂油十二两:二钱四分24;羊肉二斤:二钱20;羊腰、肝:
　六分6;黄花、口蘑、虫米、醋:一钱七分五厘17.5;作料:一
　钱三分13;共十一两二钱五分五厘1125.5。
　　十八日(2月2日)检点补服褂料、京靴、荷包四事赠吉人安
幕友,马褂料、京靴、荷包、画笔四事赠丹山刘幕友,马褂料、京靴
赠富主政,以表渠等代砚之劳。又检袍褂料、京靴、荷包四事赠
沙西屏回王,丰润细画二轴赠伯福晋,以谢其遣仆服役之劳。麟
自京带来江绸、宫绸、京靴、荷包、笔墨、书画等件,由抵任迄今节
次赠人,荡然无存矣。饭后明辕差弁张昔义差旋来谒,得知家严
平安康健,差价张立屡患小恙,同于本月初十由肃州起身,谅

在一二日抵哈云云。午间东圈射鹄。接十月廿二三日京报一本，知长石农通家已升侍讲，接宁夏令贾益轩同年、张营统领孙少襄贺年信各一封，又接伊犁春、果二同乡贺年信各一封。

　　粳米二斗：三两六钱360；黄米一斗：一两六钱160；红枣廿五斤：一两一钱110；以上三色为做年糕送礼。又金缕八寸：四分4；红糖一斤：二钱20；两女红枣：二钱20；猪羊油肉肝：八钱一分五厘81.5；作料等等：三钱五分35；共七两九钱〇五厘790.5。

　　十九日（2月3日）立春。卯正食饼，压马于廿里堡，兼迎差价张立于一颗树西，未遇而还，当饬小价祁荣往黄芦冈逆之，并谕该军台如张立抵彼，着即连夜回哈，万勿刻迟。祁价辰正起身，申初回辕，往返壹百四十里，策骑三时四刻，计一时行四十里，亦可谓勇于任事，当以天罡五钱奖之。

　　压马双赏：一两四钱140；赏祁荣：五钱50；卸炭四车：五两二钱五分525；羊烛一斤：二钱20；香油十二两：三钱30；干粉：四钱二分42；猪肉七斤：一两一钱二分112；脂油一斤：三钱二分32；口蘑、虫米、鸡卵、豆腐干：三钱三分五厘33.5；青韭、泊菜、豆牙菜、豆腐：四钱二分五厘42.5；作料：八分8；共十两〇五分1005。①

　　廿日（2月4日）发吉林宁古塔容峻峰世叔、吉林恩雨三同乡二处各贺年信一封，致西安曾、安、溥三同乡处各一信，附寄冬季日记三本，并附寄仁字第十五号家报共三百里排单五件。张立回哈日期详于仁字第十六号家报中矣。

　　猪羊油肉腰：七钱三分五厘73.5；黄花、木耳、作料等等：二钱九分五厘29.5；共一两零三分103。

---

①　各项合计为1035分。

光绪十年十二月廿日固封冬季日记三本,附西安马封,托曾、安二观察、溥都统三处合封并仁字第十五号家报寄京。收刘抚台咨会哈密贡瓜暂缓呈进文一件,甘肃方伯据情请缓,固属体恤商贾,惜乎新疆恢复有年,而原庙荐鲜之礼尚缺,曷胜叹哉。军台董弁以谭方伯咨行镇迪道四百里羽檄一角,内计三件,毅帅恐有军情,拆而公阅,其中仅咨寻常公事,敬甫藩台似乎轻题重作。接制军谭文卿前辈述职届期奏请陛见折稿一件。收阅回王遵札覆禀明辕文一件,为借俸领到如数报部缘由;又阅回王禀覆巴里坤商号李常年讨欠之款并非回城所用,并沥陈军兴以来所捐垫粮米羊牛合银不下十万馀金,请由刘抚院转行巴里坤领队金代奏请大皇帝旨。

廿一日(2月5日)卯时封印大吉。监视小价穆平安等蒸黄白米年糕、蜂糕,以备年终送礼而表微忱耳。接科布多参谋都振亭、精河粮员奎同乡贺年帖各一封。天山心〔月〕和尚信一封,知冬月廿日天山飓风损坏庙脊兽头、窗槅无数,可见山愈高,风愈大,猝然而来,莫能御也,山门外未竖旗杆,盖见于此。当交来僧棉连纸百张,嘱拓唐碑。接升卓山都统、魁介臣领队二同乡暨马游戎、苏迪化牧、甘镇西丞信帖各一封。张昔义十九日子正回辕,而差价张立至今未返,已三日矣,真令人愤懑之极,自维毕生恐难得仆从之力,曷胜叹哉。镫下与两女斗叶子解闷。近日虚火上炎,左耳轰轰不止,兼之烦燥不宁,盖缘水亏肝旺之故耳。

廿二日(2月6日)寅初差价张立回辕,询其京内情形,知家严比先康强,胞叔、胞妹、幼弟、儿子均各平安,只缘关外车马疲乏,所以抵辕较迟,且喜其见麟手字即奔驰于星夜,尚属可嘉。

赏张昔义:四两 400;赏李维翰:四两 400;哈密①斤芒

---

① 哈密:原系满文。

神赏：四钱 40；粉连四一刀：一两四钱 140；天山庙香资：二两 200；拓碑工：四两 400；喀缠赏：四钱 40；做匣木工：二两三钱 230；洋烛二包：七钱 70；济贫：四钱 40；压马：四钱 40；糖瓜、糖条：三钱 30；猪羊油肉：八钱四分 84；山药：六钱九分 69；羊腰、青韭：一钱二分 12；黄花、虫米、木耳、鸡卵：一钱七分 17；作料等等：一钱七分 17；共二十二两二钱九分 2229。

廿二日（2 月 6 日）辰初乘车往明辕，跪迎批回恭祝我皇太后大庆万寿贺折，便道拜客毕，辰正三刻还公廨。接乌鲁木齐领队富子约同乡贺年帖一封，惜与卓山同乡均呼麟为边臣，想因图章之讹耳。接巴里坤协领文孟宽、英梅轩二同乡贺年帖各一封。接宁夏凌志堂同乡信一封，京报二本。午正包到，接家严手谕、儿鹏家报，暨京中亲友溥月川、图内兄、曾明甫、王苾臣、柏世叔、柏介甫、伊建勋、舒畅亭、麟履仁、文翰章、长黄门等、那钜辅、朗月华、瑞兰台、明朗川、桂文圃、陆凤石、梁斗南、雅静山、吉迪之、崇绍棠、钟仁庄、荣显斋、诚芝圃、贵先五、景星阶、庆王爷、锡席卿、松寿泉、嵩犊山、庆熙斋、纯感铭、荣至田、玉久峰、嵩祝三、双子龄、德云舫、祥仁甫、承墨庄、敬子斋、崇受之、溥文斋、溥养泉、齐兰石、庆云樵、福世叔、花兰斋、伊熙泉、怀绍先、朱石峰、赵世叔、恒云镇、奎茂川、广姻祖、绪子兴、阿仪臣、恒继龢、富清圃、恩露芝、恒士龢、王雨庭、兴石海、常族叔、长石农、保雨亭、德善庭、荣耀庭共七十二封，捧读均悉，如叙天伦之乐，如晤亲友之颜，然不免起乡情而思仰育也，即具禀禀家严，写谕谕犬子，附太宁镇怀同乡文内发三百里排单马封，申刻寄去矣，标仁字第十六号。惜马封碍难多附，致亲友处覆函未能即时并发也，怅甚。收张昔义佛手、红果、倭笋三色。

张价赏：三钱 30；洋胰子：五分 5；猪肉二斤半：四钱 40；

板油半斤:一钱六分 16;羊肉二斤:二钱 20;羊腰:六分 6;作料等等:二钱九分五厘 29.5;共一两四钱六分五厘 146.5。

廿三日(2 月 7 日)写仁字第十七号家并致朗帅信,均附于孙吉生观察文内,未刻发四百里排单马封于山西、河南、直隶一带嵩武军中营途次。接恩佩言同乡由西宁贺年信一封。初鼓后恭祀灶神于东厨如京仪,惜无关东糖以献佛也。

猪羊油肉:七钱六分 76;羊腰:六分 6;羊肚:七分 7;黄花、作料等等:四钱〇五厘 40.5;香烛等等:六分 6;脂油六斤:一两九钱二分 192;白糖六斤:一两二钱 120;桂糖二斤:一两二钱 120;青丝四两:二钱 20;柴菜:一钱五分 15;桃仁三斤:三钱六分 36;共六两三钱八分五厘 638.5。

廿四日(2 月 8 日)敬覆京中亲友信廿片,手不停笔,至戌正而止。检查差价张立差便旋京,沿途置物赎当,及还嵩月峰垫赙邸报房节费,本房神桌供品用过京平纹银共八十壹两九钱壹分。接凉州镇汪石勋军门、肃州牧裕绍亭同乡、安肃道叶挺生、凉州倭陟堂、同州府文泰初二同乡贺年信共五封。

廿五日(2 月 9 日)孝庄文皇后忌辰。未出门。遣价送毅帅世兄《快雪堂法帖》壹部,灵山画兰四幅,送沙西屏匏头四对,墨拓绿兰绿竹各一分,夏通事墨拓绿竹四幅,张差弁隶篆竹兰四分,外分送刘、明、陈、王、李、陈、娄、王、安、富、刘、王、龙、宋等处年糕十四五分,以作年礼,聊表微忱。未正明镜兄来晤,畅谈许久而别。检点京靴、荷包、京烟、茶四事,补赠刘文川幕友,以酬其折奏之劳。收吐鲁番回王赍送葡萄四匣,当以墨拓绿竹笺对回赠,并资遣来缠而去。收巴里坤游戎丁军门贺年信一封,收王辅世山药、年糕二色。

赏张立:十两 1000;吐鲁番缠头:二两 200;王道差价:五钱 50;水胶:二钱 20;猪羊油肉:七钱三分 73;卸柴三车:

七钱五分75；作料等等：三钱七分五厘37.5；共十四两五钱五分五厘1455.5。

廿四日出项补此：

太太赏张立：五两500；东昌纸半刀：一钱10；猪羊油肉：六钱八分68；黄花、虫米、泊菜、豆腐：一钱四分五厘14.5；作料等等：一钱六分16；共六两〇八分五厘608.5。

廿六日(2月10)收龙觐云等公送家凫四掌、年糕一盘。收明镜兄赠两女、仆从等纹银贰伯肆拾两。收陈芋僧送两女红绿湖绉棉袄、马褂、花冠各一套、洋糖、橘、榴六事，诚可谓受之有愧，却之不恭也。收娄彝生同乡年糕、橘、梨、百合四色。收陈局总梨、鱼二色。收李蘅石火腿、年糕二色。收沙西屏站羊、黄羊、雪鸡、瓜干、苹梨十六色，张台吉黄羊、瓜干、雪鸡、苹果、胡桃六色，番夷献芹，碍难谢却。

岳母备赏：三十两3000；押岁天罡：二十两2000；巡捕、跑帖、亲兵、马夫等节赏：三十四两3400；内外家人十七名节赏：十七两1700；娄价赏：四钱40；陈价赏：四钱40；李价赏：五钱50；张价赏：二两200；沙价赏：二两200；明辕价赏：四两400；听差缠头：三两300；泥水匠节赏：一两100；蒸年糕厨役等赏：三两300；卸柴四车：一两100；羊腰、肝：六分6；羊肚：六分6；黄花、作料等等：三钱六分36；鸡卵百个：六钱60；公鸡四支：五钱50；猪羊油肉：八钱九分89；共一百二十四两一钱七分12417。①

廿七日(2月11日)雨雪霏霏，天气复冷。写致京中亲友信廿三片，共四十三函，并仁字第十八号家报。收塔台吉送黄羊、野羊各一支、雪鸡、瓜干、胡桃、苹葡六色，安吉人送年糕、

---

① 各项总计12077分。

元宵、麻花、点心四色,冯保甲火腿、年糕二色,王巡检家凫、年糕二色,冯都阃元宵一事,刘抚台赠洋钟一座、八音盒二个,回缎、湖缎被面四料,红橘二盘,广梨、苹果二盘,全数收谢,馀系仅收一二色,均以自造蜂糕、年糕四色报之,惟两台吉则以雨庭画兰墨拓对联酬之。饭后雪霁,乘车谒镜兄,谢赠金赠猪,并谢其间三五日一赠猪肉数斤,数月之间不下三二百斤也。镫下与两女包裹天罡包,以备仆从等押岁之用,每包银二钱,共备银天罡廿五两。

又押岁天罡:五两500;爵爷价赏:六两600;抬夫:一两一钱110;安价赏:四钱40;冯价赏:四钱40;王价赏:四钱40;冯价赏:三钱30;塔价赏:二两200;缝人价:五两500;卸炭四车:五两四钱540;猪羊油肉:六钱八分68;干粉三斤:四钱二分42;作料等:四钱三分43;共二十七两四钱八分五厘2748.5。①

廿八日(2月12日)天气严寒如三九日,墨盒结冰,呵冻记事。陈芋僧送巨鱼一尾,形如鲇鱼,头尖口在下,无鳞,长四尺馀,平宽五六寸,烹而食之,其味美而不敢多吃,以其无鳞而口在下也。

太太备赏:十两1000;夏价赏:一两100抽风;屠户:二钱五分25;猪肉一斤:一钱六分16;板油半斤:一钱六分16;黄花、木耳、虫米、元粉:三钱一分五厘31.5;鸡卵八个:一钱八分18;香油四两:一钱10;泊菜、豆腐、豆芽菜、作料等等:一钱九分19;共十二两三钱五分五厘1235.5。

廿九日(2月13日)收抽风食品三五分,俱从厚赏之。接科布多清吉甫前辈、额霭堂同乡贺年信一封。收明镜兄送鲫鱼捌

---

① 各项总计2713分。

尾。恭书东圈马王庙清汉布匾各一方，即时悬挂。

铁木耳抽风赏：一两 100；黑缠头抽风赏：一两 100；卸炭三车：三两八钱 380；羊二支价：二两四钱 240；羊油烛十斤：一两八钱 180；东昌纸一刀：二钱 20；两女鞋底：四钱 40；红洋布袄：一钱五分 15；兰谱红柬：三钱八分 38；红棉纸廿五张：四钱五分 45；对子纸七张：四钱 40；代手布：一钱七分 17；冻豆腐、鲜豆腐、陈醋、作料等等：二钱 20；鸡卵：五分五厘 5.5；香烛、黄表三分：二钱 20；冰鱼：四钱 40；香油五斤：二两 200；干粉一斤：一钱四分 14；元粉：二钱八分 28；青韭、泊菜：六钱七分 67；玉兰片：二钱 20；姜片：一钱一分五厘 11.5；筷子一把：一钱 10；冈盆六个：二两四钱 240；共十八两九钱一分 1891。

卅日（2 月 14 日）早饭毕，策骑至十里墩，作为由京寓出德胜门走大桥至先茔，先祭祖墓三处，次及先慈、先婶墓，行岁暮礼如仪，回谒三义庙，祭先岳父勤甫公，进城至五家叔、二伯母家暨元配之母家辞岁，此遥祭遥拜，略尽子侄之心于戈壁滩也，未正还公廨。申正晚饭毕，率内子、两女于公廨恭叩家严，行辞岁礼如京仪。此日此时念家中老亲幼子能不想八千里外之孤臣乎？只缘国恩优渥，未报涓埃，不得已暂罢乡情。还东院，至家岳母室行辞岁礼，复坐西厅，受内外家人、巡捕、亲兵等参拜毕，各赐天罡四枚，计银二钱押岁。镫下乘车至明盟兄驻辕拜年如京仪。还，封致督辕李辑廷同乡公文一角，附仁字第十八号家报、京中亲友覆函，并逐日随记一本，发预由马封三百里排单。

戈壁遥拜遥祭赏巡捕、郭什哈①等：一两八钱 180；收拾铜壶：一钱五分 15；预发正月厨赏二人：三两 300；众家人剃

---

① 郭什哈：原系满文。

头费:三两 300;二顺盘费:七钱 70;油水:三钱 30;马夫工食:一两 100;八处灯油:一两七钱 170;共十一两六钱五分 1165。

自抵任迄今八月,应得薪廉五个月九百两馀,皆刘、明二公随时接济,现仅存八拾四两有奇,为明正度日之资,而麦、豆等价二百馀金尚无款可抵也,不知如何结局,听天由命而已,麟泪笔。

光绪十一年（1885）日记

哈密记事四①

光绪十一年新正月元旦吉日（2月15日）寅初接神，诣东圈马王庙拈香。乘车诣万寿宫，恭贺皇太后如慈宁宫仪，恭贺皇上如太和殿行礼于品级山前仪。回诣关帝庙拈香毕，还公廨。吃煮饽饽，想起京中幼主老亲稚子病叔胞妹少弟及亲友故旧，几乎恸出，以元旦岁吉忍悲为喜，勉食廿馀毕。偕镜兄骑至毅帅行辕恭贺新禧，谨参钦帅，尽偏将仪，中营行参毕，诣龙王庙各殿，虔诚拜佛，而镜兄先至公廨拜年矣。回谒明镜兄，叩新禧，回拜盟侄志恒甫等暨幕友等。还公廨，而恒甫、益臣、吉人、文川、丹山五友相继来拜，挡驾不果，晤面互叩同别。少焉毅帅来拜，挡驾未果，内子、两女相见，少坐而去。先是除夕阖城文武暨刘营翼长等先后辞岁，今又来道新禧，车马络绎，甚于在京，麟亦便道回拜数十处，申正还公廨，明日接拜，谅一二日拜齐，以居址无甚鸾远者，似比京中省事耳。

安少价赏：五钱50；补除夕马夫赏：六钱60；园丁赏：四钱40；补亲兵押岁：八钱80；白糖：一钱10；红糖：五分5；虫

---

① 此为清华大学图书馆所藏第四册日记封面所题。正文首页钤"国立清华大学图书馆藏"朱文印。

米：一钱五分 15；玉兰片半斤：二钱五分 25；菜刀：八钱 80；
共三两六钱五分 365。

初二日（2 月 16 日）清晨恭祀财神于天地桌前，饭后拜老
城、回城、大营众客，申刻还公廨。先是乘车至老城，转新城，以
大营十哨客多路窄改策骑，而二时之久拜二百馀家，赖跑帖郭什
哈李灝腿快径熟，故得速蒇厥事，当以双分银封奖之。至回台拜
年，见沙西屏，晤伯福晋，畅谈许久而还。除夕、元旦即今三日拜
年，所有仆从、夫役每次各人均以四枚天罡封或二钱重银条赏
之，共用银五两有奇。

补包押岁等赏：二两 200；香油：一钱 10；龙灯红洋布一
丈：六钱 60；鞭三把：四钱五分 45；共三两一钱五分 315。

初三日（2 月 17 日）高宗纯皇帝忌辰。未出门，西厅斗叶
子。阴冷甚，以早间西北风故也。午后明兄来晤，畅谈许久而
去。忆今日在京诸臣均遵旨照例素服不拜客，不宴会，不理刑
名，遇帝后忌辰均仿此。

泊菜：一钱一分五厘 11.5。

初四日（2 月 18 日）午后刘营哨官等带领勇目等习演龙镫、
鱼镫、狮镫等玩艺于公廨，金鼓齐鸣，号令毕作，极一时之技，奖
以花红、燃鞭而去。

香油二斤：八钱 80；青韭、泊菜：二钱二分五厘 22.5；共
一两〇二分五厘 102.5。

初五日（2 月 19 日）斗叶子解闷。陈仆妇风疾渐愈，诸事仍
欲需人，甚有倚病搅人之意，炕箱积秽，臭不可言，可怜刘仆妇与
之同室也。

叶子费：一两 100；干粉二斤：二钱八分 28；作料等等：
一钱七分 17；灯油、磨刀：二钱一分 21；共一两六钱六
分 166。

初六日（2月20日）饭后拜徐昆山军门，晤谈许久，其为人精明勇干，卓卓然有古名将风。走登龙门东便道，龙王庙遇志益臣盟侄，观小价等走马而还。核计客岁出入账目，自抵哈密后共支借过刘、明二僚友纹银三千两有奇，已随时登入日记，除还甘肃路费三伯两，两次寄京七伯两，八个月日用壹千九伯壹拾伍两五钱零伍厘，现存银壹伯八拾四两四钱九分五厘，内有明兄给两女押岁银壹百两，用项浩烦，无法可俭，岂不糟乎？总缘哈密诸物昂贵，麟食指较多所致耳。接差价周福等于去冬十一月望行抵兰省暨报房信各一封，去冬十月廿九日至十一月初四日京报一本，惜英定轩同乡已递遗折于冬月初二日矣。接玉门王令贺年信一封。

压马赏：一两100；龙王庙道众、庙夫取银条十张：四两八钱480；酱、青菜、作料：一两零三分103；共六两五钱三分653。

初七日（2月21日）世祖章皇帝忌辰。接冬月初十日至十四日京报，内附申报一片，知恭邸倡输百万金，各大臣亦多乐助，顷刻顿集千万金之数，洵为臣子效忠于国家多故之日也，人情如此，法何足平？惜麟未得效命于海疆，甚为愧歉。接张朗兄由凉州途次来信，知其于客岁腊月中旬由中路循长城东走四天门，出井陉口，轻骑减从，曲径趱程，长征崎岖，以期早达帝都，谅此刻将抵京师，得觐见耳，庆邸清文信件已蒙接换，甚纾下怀。接凉州龙云阶观察贺年信一封，内附言法事议守多于议战，筹饷难于筹兵，彼客我主，彼逸我劳云云，甚中当时肯要。接署安化令陈世五同年贺年帖一封。西安驻局安观察同乡贺年信一封，附言局欠致十数万金之多，专待金军帅批谕，不知和圃帅如何了局，麟不免有杞人之忧，并知差价周福于客岁冬月廿四日抵陕，甚慰鄙衷。接陕西藩台叶冠卿贺年信一封。未正徐昆山来拜，晤谈许久而去。

　　香油一斤：四钱 40；泡菜：六分 6；虾米、白糖、醋、作料等等：一钱三分 13；共七钱九分 79。①

初八日（2 月 22 日）未出门，斗叶子解闷。戌刻焚香于天地桌前，叩拜尽顺星仪。

　　香烛、黄表一分：一钱 10；干酱：二钱 20；青菜、作料等等：二钱六分 26；共六钱六分 66。②

初九日（2 月 23 日）玉皇上帝圣诞，拈香于龙王庙后阁，并赴明镜兄召，观剧于眺远阁，派演全本《苦肉计》，赏银四两。又观社火、花鼓诸戏，又费银十二两，迫于众僚友，非甘为也。座有毅帅、回王、吉幕诸人，遥观两盟侄暨西屏、小价等走马颇畅，申正率两女还公廨。镫下写致升卓山同乡一信，藉其王差弁寄回，并赠该弁程资四两，以其与小价张立同行来辕，一路照拂，故有此钱。午间金领队珍亭同乡来拜，以公出未遇，愧甚。麟自抵任以来，幸赖刘、明二友推顾，同僚诸多照拂之情已言之屡矣，而铭感之私毕生不忘，可质鬼神，然此等浪费不能革除，真瘰瘰抱歉之事，众论尤以麟为悭吝，冤哉冤哉。

　　压马赏：一两一钱 110；王弁程资：四两 400；干酱、青菜、作料等：四钱五分 45；共五两五钱五分 555。

初十日（2 月 24 日）金珍亭同乡来晤，畅谈许久而别。饭后回拜金珍亭，送魏营务，遇明镜兄、徐昆山于珍亭旅寓，共畅谈许久而还。斗叶子解闷，射鹄子怡情。而镇邑社火会投帖献技屡挥不去，两女又从而敦请，不得已令渠等在东院演唱半日，细查其情，不过贫民数十名装男扮女演唱小曲，以图口腹，申刻众食

---

① 　各项总计为 59 分。

② 　各项总计为 56 分。

便饭一顿,资以八金而散。然此端一开,恐非止此而已也,由俭入奢易之说于此益信,只缘两女随麟受罪于八千里外,故有此圆通,而念及京中老亲诸事俭苦,问心甚有愧焉。

昨日社火赏:三两300;本日社火赏:八两800;洋烛十包:三两300;面酱:二钱20;黄花、虫米、白糖、〔作〕料等:一钱一分五厘11.5;泊菜等等:一钱三分13;共十四两四钱四分五厘1444.5。

十一日(2月25日)孝全成皇后忌辰。接客岁冬月十五、十六日京报一本,十月初二至初七日《申报》六篇,其中论说时事似乎尊周而又讥周,难保无外夷反间,徒乱华人者也,文人弄笔可畏也哉。接李问樵同年贺年信一封,洋板京报折片甚详,惜只有九百五十二、三、四、七号,而无五十五、六两号,或一时间断,终当续寄耳。

昨日烧酒二斤:三钱30;酱:二钱20;山药:五钱50;豆芽、高醋:一钱10;香油半斤:二钱20;又酱:二钱20;黄花、泊菜、黄豆、香干:一钱八分18;作料等:一钱五分15;共一两八钱二分182。①

十二日(2月26日)观《申报》,钱市大有转机说似是而非,大有王安石变法馀意,岂有库款存于银号使之生息,是将与小民争利,有失政体,况圜法自汉迄今代有变更,究未除其积弊,且盗铸之风总缘铜贵而愈炽,况以金银而为之,岂能免其盗铸,新疆天罡之多假是其明证也,纸上空谈,徒乱人意。午间本邑娘娘庙社火会投帖献技,及见其会众,更形贫苦,及闻其声音,半多哀楚,幸丝弦尚称嘹亮合拍,不然羁旅思乡,能不啜泣乎哉?申刻曲终,资以捌金,令渠众食面而散,是亦麟以技代赈之苦衷,非敢

---

① 各项合计为183分。

恣情行乐也。镫下斗叶子解闷。想廿五年前初登仕版,次年即遇庚申之乱,去岁甲申,法人渝盟,又兴海疆之师,不知如何结局,生斯世也,未获荷戈从戎,是幸中之不幸也。先是毅帅全队出行以今日之谷旦,比其返也,方知演阵试马诸技并作,惜未先知,误观军容,不然将策骑驰逐于戈壁矣,歉甚歉甚。

卸炭四车:六两三钱 630;卸柴一车:二钱五分 25;鹿皮三张:一两八钱 180;压马赏:四钱 40;初九日社火赏:三两 300;本日社火赏:八两 800;又外点社火赏:一两六钱 160;饽饽二斤:四钱四分 44;箭筒工料:二钱五分 25;白糖:六分 6;猪羊油肉:七钱二分 72;烧酒二斤:三钱 30;酱、作料等等:八钱四分 84。

十三日(2 月 27 日)刘营罕清如同乡来晤,便谈许久而去。饭后毅帅军中弁勇龙镫会来演,演习诸技而去。午刻策骑至龙王庙,公请昆山徐军门、珍亭金同乡,酒席又系明兄所备,麟只出名而已,愧甚,仅费梨园赏四金,两社火会秧歌赏各三金,戌初终席,乘车还公廨。镫下与次女斗叶子,以其微恙也。

龙灯鞭炮:四钱 40;卸柴二车:五钱 50;赏车夫、笀役:四钱 40;猪肉二斤半:四钱 40;脂油一斤半:四钱八分 48;羊肉二斤:二钱 20;酱二钱 20;作料等:二钱七分五厘 27.5;共三两〇三分五厘 303.5。①

十四日(2 月 28 日)宣宗成皇〔帝〕忌辰。承准军机处由兵部递到去年十一月廿九日奉旨赏来荷包、银钱、银锞、食物等赏,当即恭设香案,望阙拜领,饬属赶办谢恩折件,缮成拜发。午后东圈射鹄,未间斗叶子。食御赐枣荔甚美。

猪肉四斤半:七钱二分 72;脂油十二两:二钱四分 24;羊

---

① 各项合计为 285.5 分。

肉二斤：二钱 20；羊腰、肝：六分 6；酱：二钱 20；黄花、海米、
泊菜、香干、作料等等：二钱二分 22；代手布：一钱一分五厘
11.5；共一两八钱四分五厘 184.5。①

十五日（3 月 1 日）卯刻诣关帝庙拈香，毅帅未到，以刘忠壮
公忌日，渠不豫故也。申初晚饭后率两女观镫于龙王庙之菩萨
殿，酉正策骑进西北门还公廨。少焉家岳母率内子、仆从等乘车
踏月拈香于龙王庙，便观镫剧，戌初发赏而还，此家岳母随麟出
关第一乐也。

猪肉五斤：八钱 80；板油一斤：三钱二分 32；羊肉六斤半：
六钱五分 65；香油一斤四两：五钱 50；面酱：二钱五分 25；元
粉、面、鸡蛋：二钱六分 26；泊菜、作料等等：二钱四分五厘
24.5；羊烛一斤：一钱八分 18；太太赏众：二两四钱 240；共五
两六钱〇五分 560.5。

十六日（3 月 2 日）饭后东圈射鹄。承准军机处由驿递到去
年冬月廿一日拜发为回王请缓朝觐折，十二月廿日军机大臣奉
旨"该回王著准其暂缓入觐，钦此。"钦遵。当由明办事传知该
回王矣。计此折往返五十六日，麟盼迁念切，每遇拜迎批折，祝
望恩命，今又未奉，五衷更焦灼矣。差价周福等去腊廿日谅已抵
京，儿鹏回报未知能于二月间抵哈不，念念。未刻昆山徐军门来
辞行，晤谈许久，并言标兵改土勇于旧制不合，且非经久之方，欷
歔而别。申刻晚饭后策骑往昆山公馆送行，未遇，便道率两女往
龙王庙观镫剧及社火会，戌初率两女还公廨。

卸炭二次六车：九两 900；笼夫：二钱 20；笞帚：二分七厘
2.7；猪肉二斤半：四钱 40；脂油一斤：三钱二分 32；羊肉二斤
半：二钱五分 25；酱二斤：二钱 20；作料等：四钱二分 42；共

---

① 各项合计为 175.5 分。

十两八钱一分七厘 1081.7。

十七日（3月3日）未出门，斗叶子解闷。改正谢赏荷包、钱、锞、食物恩满折底。

　　卸炭四车：五两四钱 540；卸柴三车：七钱五分 75；猪肉二斤：三钱二分 32；脂油半斤：一钱六分 16；酱二斤：二钱 20；香油四两：一钱 10；干粉、鸡卵：一钱二分五厘 12.5；作料等等：二钱四分五厘 24.5；共七两三钱 730。

十八日（3月4日）未出门，与家母拉岔解闷。晚间接德锡江同乡贺年满帖一封，毅帅查询同治中三堡阵亡弁勇文一件，镜兄在哈年久，定知详细，麟不敢与也。

　　敦煌社火两次赏：五两 500；卸柴三车：七钱五分 75；玉皇善会：一两 100；太太用叶子：三钱四分 34；猪羊油肉：六钱八分 68；羊腰、肝、酱：二钱六分 26；作料等等：二钱五分 25；共八两三钱八分 838。

十九日（3月5日）卯初至明辕，遵制开印，参拜如仪而还。接协标宋都阃请假回籍印禀一封。饭后东圈射鹄，少选，斗叶子解闷。

　　月白粗洋布二二尺、每尺七分：一两五钱四分 154；扁扣十付：一两三钱 130；青回绒四尺：五钱二分 52；哈萨缎二尺：一钱七分 17；青衣线五把：二钱五分 25；白洋线二元：七分 7；猪羊油肉：一两 100；酱、作料：六钱五分五厘 65.5；共五两五钱〇五厘 550.5。

廿日（3月6日）昨夜梦似在京地安门外闲眺，忽见一青马如虎，自西而东，自以为麟骑，傍似有人应曰"尊骑已向东巷行去"，举目前望，将见枣骝之后半身，似是小价骑去，而正东廊下立一青虎，而瞽右目，傍又似有人应曰"豹也"，醒而异之，未卜主何吉凶。按《梦占》云梦虎升官，今梦豹矣，似应迁除，总缘召

还无信,调任无音,坐糜禄糈,寝馈难安,将具疏请命,又不敢率
然具奏也。接张朗兄、皂同乡贺年信帖各一封,去年冬月十七日
至廿四日京报三本,十月初八日至十四日申报,惟福同乡魁于冬
月廿二日已递折矣,惜哉惜哉。饭后策骑回拜王辅世,便晤明镜
兄,畅谈许久而还。观申报解闷。

　　二次戏赏:八两800;宣纸一张,六尺:六钱60;东昌纸一
刀:二钱20;猪肉二斤半:四钱40;羊肉二斤:二钱20;酱二斤:
二钱20;香油:五分5;作料等等:二钱六分26;共十两一钱
七分1017。①

　　廿一日(3月7日)孝穆成皇后忌辰。未出门,斗叶解闷。
致书于陈芋僧太守,斟酌可否请命交卸,候旨北上,据芋僧覆书
直断以内廷侍从持节守边,似以祗候明诏为定准云云,良朋忠
告,自宜恪遵,敬待纶音一下,即理征车耳。申刻镜兄来晤,畅谈
许久而去。

　　镇番社火赏三次:七两700;宣纸二张:一两二钱120;麻
缰绳十根:一两五钱150;小顺中庸:二钱20;猪羊油肉:一
两二钱一分121;酱瓜、鸡卵:三钱一分五厘31.5;作料等
等:五钱四分54;共十一两九钱六分五厘1196.5。

　　廿二日(3月8日)接毅帅转咨谭制军文卿前辈述职一折,
奉旨"勿庸来见,钦此"。阅回王呈请代奏谢赏荷包钱锞食物恩
满呈一件,清文颇通,不似本署文案之清文不通,缮写迟延,屡催
罔应,总缘解组在即,诸多解体,不以公事为重,实堪痛恨。镜兄
人太宽宏,致酿属下颓靡不振,麟虽将加严励,亦不免惑于五日
京兆之心,将就了事耳。饭后写清文对联一副、横幅一张送王黼
石观察,对联一副送沙西屏回王。午后清印房笔政以谢赏荷包

---

① 　各项合计为1011分。

等件恩清、汉折件呈阅,恭读一遍①,当即恭添日期拜发,自领赏至今已九日矣,兹方具折谢恩,麟甚不安,因循之情皆惑于"向来如此"四字,曷胜叹哉?申初金珍亭同乡来辞行,晤谈许久而去。且喜毅帅于巴里坤驻防旗兵迁移不易情形大有恻悯,再为请旨俯顺舆情之意,可见毅帅宏才卓略,见善必为,一视同仁,不分畛域也。少焉往饯珍亭,未遇而还。

锯碗二个:一钱一分五厘11.5;猪肉二斤十二两:四钱四分44;脂油十二两:二钱四分24;羊肉二斤:二钱20;酱二斤:二钱20;元粉、作料等等:七钱三分73;共二两〇七分207。②

廿三日(3月9日)孝圣宪皇后忌辰。清晨薰沐,恭书天山庙"亘古一人"清文匾四字。接乌里雅苏台杜军帅、恒参谋,果亭、月舫二同乡③贺年公信一封。饭后微服压马于西戈壁滩,至河滩少坐,观小价等拿逸马而还。与家岳母拉岔解闷。

黄毛边三张:一钱八分18;黄灯花廿张:三分3;猪羊油肉酱:九钱六分96;压马拿马赏:九钱90;作料等等:五钱三分五厘53.5;共二两五钱〇五厘250.5。

廿四日(3月10日)监视小价托裱清文匾字。饭后陈芋僧太守力疾率女便服来晤,会谈许久,见其病势可悯,似非静摄难期大痊,知其已乞假于毅帅,尚未奉批也。清高才士,奔波于沙碛十数年,即已形销骨立,可见大漠劳人,不易处也。麟出关未及一年,颇有老意,可畏也哉,兼之终日无事闷坐寒衙,筹维用度,盼望纶音,切念老亲,动想乡情,所有京中远亲近友无不形诸梦寐者,两鬓已霜,四支皆弱,国恩未报,亲恩未酬,虽远出八千

---

① 此处天头有批:"此折谅在三月中旬递回,谅明诏亦必随下,念念。"
② 各项合计为分。
③ 此处指杜果亭军帅、恒月舫参谋。

里外,未作一件正经公事,未尽一毫臣子之职,泪笔自愧,曷胜叹哉。午后斗叶子解闷,而心愈闷也,抛而卧之,小睡片刻,起视圉人喂马以解无聊。酉刻晚饭后,厨役骆群闭户外游,而梁上君子穴其屋而下,窃其廿馀金而逸。幸失金复获,小价等升屋捉贼,刘连误中二枪,伤腿,幸不大创。

羊猪肉油酱:八钱八分 88;作料等等:二钱五分 25;共一两二钱三分 123。

廿五日(3 月 11 日)辰刻率小价等策骑至十里墩戈壁滩,叩祝家严七旬晋五寿辰,默祷康强,逢吉而还,乃内子率两女、仆妇等已遥拜于公廨正室矣。及举箸食面,不觉潸然泪下,想此时老亲幼子病叔胞妹暨亲友门生等无不念羁旅孤臣者也。阅刘抚院转咨加兵部尚书衔暨特恩宽免议降议罚处分文二件。本城厅协申详俄商来货文一件,理藩院咨送哈密吐鲁番回王清文时宪书满文一件,文似鄙友明朗川所缮,惜"ᠰ"不通、"ᠵ"①落圈为稍欠耳。先是早饭时思亲念切,未终食而罢,午后倦极小卧,梦至乾清宫,与嵩犊山前辈小理顶帽毕即醒,梦中犹似有松寿泉夫子及三二至契共立于殿中也,恍惚忆之。少焉明兄来晤,畅谈许久而别。接署库车丞李佛田报去腊廿四日到任申文及信版各一件。晚饭后见两女不欢,似为昨晚捉贼时男女仆交喊所惊,次女尤重,跬步不离,情殊可悯。陈仆妇久病不愈,闻惊加剧,刘仆妇痛子中枪,亦将致疾。麟自出都即受仆从之累,至今未完,区区隐衷,惟天知耳。麟性褊急,遇事求速,常有卤莽灭烈之失,今因前夕厨役遇窃一事,细审形踪,详察盗迹,考之时刻,质诸众仆,盗非外来,似在萧墙,甚哉,用人之难也,以依母作佣之童,一旦

---

① 此二语为满文,第一个是 sirilefi,是 sirilembi 的完成体副动词,系住;第二个是 unggike,是 unggimbi 的完成体分词,送、派遣。

成丁,遂尔胆大如天,心怀巨测,俟访查得实,设法惩逐,以远孽根。近见立、荣等仆戒备远嫌,俱见细心,似乎可嘉,然今后宜恪遵我夫子"(予于予)〔于予与〕改是"之训为尚。近日心绪不佳,兼之仆累歧出,解无可解,两女小恙,治无可治,可哀哉。

赏内外家人十七名:三两四钱 340;元粉:一钱一分 11;两女用:四钱 40;猪羊油肉酱:一两二钱 120;作料等等:四钱七分 47;共五两五钱八分 558。

廿六日(3月12日)饭后微服策骑至龙王庙池亭少坐,便道明兄署畅谈而还。写仁字第十九号家报,托镜兄代封代寄,内叩家严安帖一片,谕儿鹏信二片,谅此二月内可以抵京,闻由毅帅差弁寄京,谅不迟也。

鞲鞋一双:一钱五分 15;玉兰片:七分 7;猪肉五斤:八钱 80;油一斤:三钱二分 32;羊肉二斤:二钱 20;羊腰、羊肝:六分 6;酱、醋、作料等等:五钱九分 59;共二两三钱四分 234。①

廿七日(3月13日)饭后微服策骑出北门,走东沙滩,至龙王庙中厅少坐,回公廨。晚饭后率两女闲步出西门,至莲花池畔小坐而还。

猪肉二斤半:四钱 40;脂油十二两:二钱四分 24;羊肉二斤:二钱 20;香油、腰子、肝:一钱二分 12;酱、醋、作料等等:五钱三分 53;共一两四钱九分 149。

廿八日(3月14日)接乌里雅苏台车藩贺年清文信一函。饭后微服策骑出西门,至回城南,坐河滩望流水,未刻进南门还公廨。少焉刘营差官左游戎富有来谒,略谈时务而去。近日两女小恙,可喜勿药矣。

白糖一斤:二钱 20;卸炭三千斤:四两五钱 450;猪羊油

---

① 各项合计为 219 分。

肉酱：八钱八分 88；猪肝：六分 6；黄花、作料等等：四钱六分
五厘 46.5；共六两一钱〇五厘 610.5。

廿九日(3 月 15 日)孝仪纯皇后忌辰。辰刻率两女至毅帅
大营将台北，遥观演阵，见其军容整肃，步发止齐，皆中规矩，洵
为新疆之劲旅也。已初还公廨，阅毅帅转咨户部开捐文暨咨覆
巴里坤商民李常年，本城回王前供兵食欠款实系无力代偿，已饬
镇西厅倅遵办文各一件。补画本月廿二日奏稿三件。接库伦大
臣五云桂同乡贺年信一封，系由明辕交来。未刻天山和尚心月
来晤，畅谈许久而去，遗书一函，为去冬庙殿遭风刮坏兽脊窗槅，
募化重修者也，惜麟力单，无资布施为稍歉耳，然临时亦须量力
小助，以尽微忱。

赏郭什哈①、车、马夫：一两 100；卸炭二车：三两 300；猪
肉二斤：三钱二分 32；脂油十二两：二钱四分 24；羊肉二斤：二
钱 20；酱、作料等等：五钱〇五厘 50.5；共五两二钱六分五
厘 526.5。

卅日(3 月 16 日)饭后毅帅营务处总办严别驾子卿往查南
八城矿务辞行，晤谈许久而别，其为人通畅明白，沉肃果干。又
差弁陶立忠奉折入都来辞，托寄家报而去。

猪羊油肉：五钱九分 59；酱醋作料等等：八钱四分 84；
共一两六钱三分 163。

日记儿鹏仍求虞臣二阿哥代为钞录，便中寄来，写时不必注
日用账，至于前恳世稣、虞臣代钞日记，如有录成者，由陶弁带回
更妙。②

二月初一日(3月17日)卯刻诣关帝庙拈香毕,还公廨。晤毅帅郭什哈陶差弁,托寄本年正月分日记,并嘱其抵京时面见家严、儿鹏,即带回信前来,殷殷渎恳,渠叩辞而去。饭后接陕西中丞边润民前辈贺年信一封。月氏镇军徐昆山于前月十六日酉刻由伊吾起程,十八日旋镇信一封,谅是昼夜兼程,所以如此之快也。忽闻街巷吆喝粽子之声,当令小价买数枚,与两女食之,颇甘,麟亦食一枚,以解乡思。细察其情,江米少而白米多,即如京师所买粗粽而小,问其价,每个老制钱廿文,共买了六个,又费银天罡七八分,合京中当十大钱壹千有馀,其贵曷胜叹哉!近因日用缺乏,不得已致书于镜兄,以告贷之。

骆群月赏:一两八钱180;平安月赏:一两二钱120;众仆剃头赏:三两300;油水、点心:一两100;马夫二食:一两100;八处灯油:一两七钱170;黄纸:二钱四分24;猪羊油肉腰肚酱:一两一钱六分116;香油、作料等等:四钱一分41;粽子六个:七钱7;共十一两五钱八分1158。

初二日(3月18日)清晨镜兄差纪送来纹银贰伯两,当交账房妥存,而愧赧之心实难形诸笔墨,终日那借,何款偿还?召还诏杳,迁除音无,困处沙场,伊于胡底,贰伯金可度月馀,三月中旬又当向谁摇尾也?饭后西厅斗叶子。接阅毅帅来文,为辞谢巡抚,奉旨优褒,勿庸固辞,钦此。钦遵咨行到辕①。其折闻系陈芋僧主稿,端庄流利,有如汉武侯《出师表》意,洵称大著作笔也。午后黄风大作,土气弥漫,至申正方息。补记去岁除夕收小麦三石六斗二升。

猪肉四斤:六钱四分64;脂油十二两:二钱四分24;羊肉一斤:一钱五分15;猪肝:六分6;酱二斤:二钱20;香油、酱

---

① 参见本书附录二004《奏为奉旨补授甘肃新疆巡抚谢恩事》。

油：二钱二分 22；作料等等：五钱一分五厘 51.5；共二两〇二分五厘 202.5。

初三日（3月19日）卯刻诣文昌庙拈香如仪而还。饭后西厅斗叶子。镫下恭缮本邑关帝庙"亘古一人"清文匾，将拟招匠镌刻，诹吉悬挂，以答神庥。

　　猪肉二斤：三钱二分 32；脂油半斤：一钱六分 16；羊肉二斤：二钱 20；酱二斤：二钱 20；黄花、作料：三钱二分 32；油、醋等等：一钱二分五厘 12.5；共一两三钱二分五厘 132.5。

初四日（3月20日）春分。饭后西厅斗叶子。心绪不佳，戌正即寝，梦家严小儿同聚一堂，如在京寓南舍也。

　　东昌手纸一刀：二钱二分五厘 22.5；猪肉二斤：三钱二分 32；板油半斤：一钱六分 16；羊肉二斤：二钱 20；羊腰、肝：六分 6；酱、作料等等：九钱二分 92；共一两八钱八分五厘 188.5。

初五日（3月21日）卯正策骑出北门，走登龙门，观小价等压马于戈壁路，辰正还公廨。饭后西厅斗叶子。接阅毅帅转咨总理衙门停止法人游历、吏部禁止捐至五六品职衔书吏充当本役文各一件。近日天暴热如京中，仲春棉衣尚燥，时令似比京都较早，而寒热无常，不易调和也。补记：正月廿一日收豌豆三石六斗，廿八日收小麦三石六斗，谷草一百卅束。

　　压马赏：五钱 50；猪肉五斤：八钱 80；脂油十二两：五钱六分 56；羊肉二斤：二钱 20；羊腰、肝：六分 6；酱二斤：二钱 20；豆腐干：三分五厘 3.5；作料等等：二钱三分五厘 23.5；共二两六钱九分 269。

初六日（3月22日）晨风飒飒，天半晴阴，热气稍减。饭后西厅斗叶子。午间黄风大作，至晚阴云四合，而未得雨。回忆去岁今朝由京起程，晚驻良乡县，犹昨日也。小梦一年，昏昏似醉，不知明年此日又在何地,想起家中老亲幼子,能不鼻酸乎? 且有职无事,敬待纶音,终日无聊,闷坐寒衙,形同胥靡耳。

猪肉二斤半:四钱40;脂油十二两:二钱四分24;羊肉二斤半:二钱五分25;腰、肝:六分6;香油半斤:二钱20;酱二斤:二钱20;韭菜赏:四钱40;作料等等:四钱六分五厘46.5;共二两二钱一分五厘221.5。

初七日(3月23日)孝淑睿皇后忌辰。接口北道台吉容帆同乡贺年信一封。饭后西厅斗叶子。未刻狂风大作,黄土弥天,飞沙扬尘,至酉方息,而寒气来矣。接阅毅帅转咨谭制军来文,回王俸缎照例解放文一件。收豌豆九斗四升。

收拾水壶:一钱五分15;猪肉二斤半:四钱40;脂油十二两:二钱四分24;酱:二钱20;羊肉四斤半:四钱五分45;猪肝:六分6;香油半斤:二钱20;作料等等:三钱五分五厘35.5;共二两〇五分五厘205.5。

初八日(3月24日)卯刻策骑出北门,诣社稷坛拈香,至龙王庙少坐,辰刻还公廨。按哈密坛壝在新城北门外河滩西崖,龙王庙、玉皇阁南隔壁;北门内东西二坛,东方西圆,均高三尺馀,方圆各丈馀,均四阶,城砖砌就,以备四时祭祀;北则西门东向,西殿三楹为正,例供八蜡神,北屋神库三间,南屋神厨三间,傍有小门通坛院,共成一所,均系左侯相开府于兹,治军之暇,与明都护、长军帅捐廉创建者,诚善举也。使地方得所敬祀天地社稷诸神,祈报雨雪风雷众圣。麟今与此差,得瞻左侯相暨明、长二兄之施为,不禁羡愧交作于中也。

猪肉二斤半:四钱40;脂油十二两:二钱四分24;羊肉二斤:二钱20;腰子:六分6;酱二斤:二钱20;黄花、青笋、虾米、香油:一钱九分19;作料等等:二钱三分五厘23.5;共一两五钱二分五厘152.5。

初九日（3月25日）天气寒冷，阴风凛冽。饭后西厅斗叶子。接巴里坤领队珍亭金同乡于前月廿六日还月氏署任信一封。乃未申之间，头痛恶心，不耐久坐而罢，食粥碗馀后，饮午时茶一盏稍愈。总缘终日无聊，闷坐寒衙，思乡愁债，以致气逆不舒，偶触外感则疾作耳。且数日未接京报，不知东南战事何如；张朗兄谅已抵京，未卜朝廷如何位置，是畀其防海欤，抑令其还镇欤？麟身在边廷而心时在朝廷也，念甚。

两女用：一钱10；钉掌九付：一两一钱110；猪肉二斤：三钱二分32；脂油半斤：一钱六分16；羊肉二斤半：二钱五分25；猪肝：六分6；酱二斤：二钱20；作料等等：三钱八分五厘38.5；共二两八钱六分286。①

初十日（3月26日）春寒阴冷。饭后西厅叶子戏解闷。申初食粥，镫下恭读《圣武纪》，气馁心灰而寝。

太太用：五钱六分56；水胶：一钱10；猪羊油肉酱：八钱八分88；黄花、鸡卵等：一钱九分19；豆腐干、豆芽、酱油：一钱10；醋、灯油、作料：八分8；共一两九钱一分191。

十一日（3月27日）孝康章皇后忌辰。饭后西厅斗叶子。昨夜梦静山雅亲家与麟共立天山巅谈形胜，想亦结想所致。因之念及畅亭舒亲家，想亦名列上考，覆带引见，备顾问矣，念甚，果尔，我老亲亦必悦豫耳。近日春寒侵体，复着冬衣，而狂飙怒号，惊沙扑面，不啻严冬，然风一息，午即烦燠晴日，晨可衣裘，午可易絺縠，午馀即挟纩，夜则被氍毹，仲春暴热，昼夜四时气候皆备，惟黎明沍寒，是其常耳。麟抵哈将周一载，考其时令，较京都为先，询诸土人，金曰"寒暑无常而已"，至于微躯则不如在京之壮健，可知"久戍人偏老"之说信不诬也。日来虽加意防护，而

---

① 各项合计为257.5分。

腹泻腿疼,似是去冬之积寒与今春之乍寒为患于下部,兼之虚火上炎,耳鸣如雷轰,看来此役也上未能酬国恩于涓埃,慰老亲于暮景,中未能偿知己之宿惠,下未能裕幼子之读书,直可榜之曰"徒劳无益,名利两空"。然自问何人受先朝特达之恩,拔诸侪伍之中,置诸清华之地,数十年间优协边寄,尚不知足乎?独是坐靡俸糈,寝馈不安,且久假良朋,何所底止,偶因小恙,故有此自吷耳,阅者谅之。

猪肉二斤半:四钱40;脂油十二两:二钱四分24;羊肉二斤半:二钱五分25;肝、腰:一钱二分12;大肠:一钱六分16;玉蓝片:六分6;酱、作料等等:六钱九分五厘69.5;共一两九钱二分五厘192.5。

十二日(3月28日)昨夜梦与庆熙斋同乡共署直班,与盛伯希同年共坐直庐谈成均之公事,盖念及翻书房、国子监朋友,结想成梦耳。饭后新署本城都阃黄虎臣印清发者三次来谒,前以麟小恙未晤,今力疾见之,其为人勇干精明,久历戎行,洵为矫矫虎臣也。饭后西厅斗叶子。晚间率两女出西门登月城远眺,少焉而下。

猪肉二斤四两:三钱六分36;脂油半斤:一钱六分16;羊肉二斤半:二钱五分25;肚子:六分6;大肠:一钱六分16;酱二斤:二钱20;作料等等:三钱九分五厘39.5;共一两五钱八分五厘158.5。

十三日(3月29日)寅正诣关帝庙拈香,行春祀仪。按春秋祭祀均由镜兄分祭,今春主祀三次,共领克食、太牢、少牢刚猎①腿各三只,分犒属下仆从等。书识李澜之兄续室,当遣小价张立持喜敬四金往贺,并饬其便道压马于廿里堡之戈壁东。昨夜梦

---

① 刚猎:即刚鬣,指猪。

与鲁臣文同乡共书清字于本房东廒下，想因三载趋直内廷，与黄门诸公共事一堂，虽隔年馀，而恋恋之心时形梦寐也。饭后西厅斗叶子。镌字缠回以关帝庙清文匾片成来缴，所刻阴文清汉尚属整齐干净，可知何处无才，今后曷敢尽以愚笨目缠回也？明辕谢弁将有差至京都。镫下批儿鹏家信，并写仁字第廿号家报备寄，发告贷信于毅帅，为寄京仰事俯育也。忽焉头昏闷而痛，浑身燥痒难受，兼之五衷不宁，四支无力，似是今早感冒，又加万虑萦心，内外交迫所致，临睡服灵应丸二粒。

喜敬：四两400；压马赏：五钱50；猪肉三斤：四钱八分48；脂油一斤：三钱二分32；羊肉二斤：二钱20；羊腰、肝：六分6；酱、作料等等：八钱三分83；共六两三钱八分638。①

十四日（3月30日）晨监视木匠成做献匾。饭后谒镜兄燕话，并告其将挂匾于关帝庙，暨谢其假金之谊，畅谈许久而还。行至辕门，有湖南灾民男妇老幼十馀名跪求赈饥，当以二金赈去。午后西厅斗叶子解闷。晤李书识之兄李治，来谢也。本日月食，并未接到甘肃方伯咨文，仅由哈密厅钞来一纸。按兰州府月食八分卅五秒，初亏十四日亥正初刻一分，戌正二刻即初亏矣，比兰省早二刻多，下同。食甚夜子初二刻六分，复圆十五日丑初初刻十一分，因未奉明文，未敢率行救护，及时验之时刻，亦均不符，惟于东院自行拈香行礼，自尽虔心而已，区区苦衷，自有天知。

赈灾：二两200；猪羊油肉酱：九钱六分96；黄花、木耳、海米、干粉：一钱六分16；泊菜、豆腐、豆芽、青豆：一钱四分五厘14.5；猪肝：五分五厘5.5；酱油、高醋、灯油、作料：一钱二分五厘12.5；共三两四钱四分五厘344.5。

---

① 各项合计为639分。

十五日(3月31日)卯刻诣关帝庙拈香。近闻客岁十二月
廿五日有报:毅帅者云左侯相体气健旺,虽饮食不能如旧,而精
神尚觉似常。杨石帅总制浙闽,同心同德,可无掣肘之虞。穆将
军驻扎长门,军事皆受商酌。张幼帅落职北上,听候查办,裴廉
访署船政大臣。刘省帅自失基隆后,按兵不动,物议哗然,援师
既集,或当改图。王莼农、陈展堂两观察月初率恪靖亲军五营取
道澎湖,暗渡过台,而法兵船梭巡严密,偷渡维艰,此时已否过去
尚无禀报,只盼援兵大张挞伐,庶快人心,否则惟望洋而叹耳。
法兵船自冬月下旬加封台湾海口后,凡来往商渔船只一经遇着,
杀害无遗,至剖腹断足,惨无人理。沈吉田方伯渡台会办民团,
被法船尾追数刻,幸驶近浅芦获免,亦危险极矣。杨厚帅率十二
营列闽,暂扎泉州,候乘机东渡南洋,派兵轮五艘援台,十六驶到
浙江玉环海面,意在进攻台北,然兵轮不若铁舰之坚利,未必能
与角胜。幸香港英督有封港不许英船接济法人军械粮食之说,
如果属实,不无裨益。此间饷项奇绌,现议借洋款四百万,周年
九厘行息,尚未定局。越南滇军获胜,收复宣光,而法虏有攻谅
山之说,以后再未见报等语。惟望诸将领协力同心,早奏肤功,
惜幼樵前辈志在殄虏,反因虏而落职,可见将才不易得也。饭后
西厅斗叶子。监督木工成做匾片成,专待打磨洁净,钉铁油色。
发仁字第廿号家报,并纹银壹伯廿两,均交明辕谢弁寄京,谅在
三月内到家,并赆该弁四金,以表微忱。

　　谢弁寄京:一百廿两12000;赆谢弁:四两400;猪肉四
斤:六钱四分64;脂油十二两:二钱四分24;羊肉二斤:二钱
20;羊腰、肝:六分6;木匠工:五钱50;作料等等、酱:六钱二
分62;共一百二十六两二钱六分12626。

十六日(4月1日)监视缠回补镌匾上献字,其刀法纯劲,人
亦谨饬,当以二金奖之而去。饭后西厅斗叶。酉间率两女至水

磨闲步，少坐而还。晚接毅帅来文，准户部咨称哈密大臣廉费应由四川已解饷内动用等语，是知毅帅所假二千金无处报销，而镜兄推顾之金久逾麟应领之数已。

刻字赏：二两 200；月白洋布四尺：二钱四分 24；锉草：五分 5；皮纸：三分 3；猪羊油肉酱：一两一钱七分 117；羊腰、猪肝：一钱一分五厘 11.5；玉蓝片、作料等等：六钱七分五厘 67.5；共四两二钱八分 428。

十七日（4月2日）饭后西厅斗叶子。午后镜兄来晤，谈笑许久而别。未申之间王麟石观察便服来谒，并以毅帅惠假五伯金亲送，畅谈许久而去。麟自到任后承刘、明二兄推顾，陈、王二友辐辏，真没齿难忘也，当由此款内分赏内外仆从十七人各四金，以示大公有钱同用之意，惜谢弁昨已东上，未能以此奉亲为歉耳。

家人、仆妇赏：六十八两 6800；鸡卵价：四钱七分 47；猪肉二斤半：四钱 40；脂油十二两：二钱四分 24；羊肉二斤：二钱 20；羊肚：六分 6；酱二斤：二钱 20；作料等等：四钱九分五厘 49.5；共七十两〇六分五厘 7006.5。

十八日（4月3日）饭后策骑至毅帅营往谢假金之惠，畅谈许久，而言及海疆军事，则又戚然，并以近日春阴风霾，日色无光，仍似蒙蔽之象，恐于中外战局有系云云，共叹时艰而返。便道往谢麟石王观察，未遇而还。午后西厅斗叶子。哈密厅以将建养济院来派捐款，麟输廿金。接客岁冬月廿五日至十二月廿三日京报六本，申报至是月初二日数十片。接张芝浦前辈、向伟人观察、吉仲谦、曾怀卿、李觉堂三同乡贺年信共五封。戌正甘澍淋淋，至次日寅正方止，数日阴霾变成酝酿，若得无风善晴，自致丰稔也。

白糖一斤：二钱 20；猪肉二斤：三钱二分 32；脂油半斤：一

钱六分 16；羊肉二斤：二钱 20；羊腰子：六分 6；酱二斤：二钱 20；黄花、木耳、作料等等：四钱一分 41；共一两五钱五分 155。

十九日（4 月 4 日）清明。诣城隍庙拈香。策骑至十里墩戈壁行展墓礼。甘雨初霁，沙路易行，北望天山，云雪笼罩，青翠入画，回忆去岁今朝渡黄河驻潼关，犹昨日也。饭后恭读去冬上谕，见言事诸臣议论纷纷，而总未及海疆军事，如何筹饷，如何制胜，曷胜叹哉！惟知乌绍云同年于腊八日抵京，蒙召见矣。定静山同乡引见后蒙召见，交政府存记矣。午后西厅斗叶子。酉刻率两女出西门，闲步郊原，河畔小坐，远眺云山，近观流水，田垄青葱，一望无际，且值毅帅公出，虎贲拥护，遥望尤形威武，真可谓大将军八面威风也。

展墓赏：九钱 90；两女用：一钱 10；猪羊油肉酱：一两四钱 140；香油十二两：三钱 30；羊腰：六分 6；作料等等：五钱〇五厘 50.5；共三两二钱六分五厘 326.5。

廿日（4 月 5 日）孝哲毅皇后忌辰。偕镜兄便服压马于廿里堡新庄。至李澜家食羊，其兄嫂出见行礼，以其燕尔新婚，当以纹银四金、花巾四事分赠焉。午初骑由旧路还公所小憩。西厅斗叶子。今晨策骑东行，天气晴和，白雪覆青山，黄沙载绿水，鸟噪平冈，农事田畴，极一时之春景。西间风云变态，尘土大飞扬，寒气随风至，复披裘矣。接军台董弁昨日未下接递过乌鲁木齐都统升于本月初十日拜发奏折夹板壹副，外黄布口袋壹个，传牌壹张。黄昏后风微息，阴云合，小雨疏疏点点矣。

猪肉二斤：三钱二分 32；脂油十二两：二钱四分 24；羊肉二斤：二钱 20；酱二斤：二钱 20；韭菜：一钱五分 15；压马赏：八钱 80；作料等等：二钱九分五厘 29.5；共二两二钱二钱〇五厘 220.5。

廿一日(4月6日)风寒交作,雪粒如雹,辰巳之间天有霁色,而风雪飒飘,尚未息止,可知塞外天时诚无定也。昨夜梦侍家严在京,忽尔升官,旋焉降级,仍居翰林侍读学士,想因思亲念故,结想成梦耳。盼迁望归,时萦鄙怀,而纶音杳杳,使小臣有苦无诉,且久靡禄糈,寝馈何安,以致夜夜有梦。饭后西厅斗叶子。猝然阴云如晦,大雪崩腾,少焉晴霁,微风徐来。酉刻率两女出西门,踏至水磨,青山绿水,白雪乌云,均堪入画,惜寒风刺骨,不耐久立,仅观激水转轮而返。收小麦壹石八斗六升。

赏茶房李郭什哈①:一两100;猪肉二斤半:四钱40;脂油十二两:二钱四分24;羊肉二斤半:二钱五分25;羊腰、肝:六分6;酱二斤:二钱20;作料等等:五钱九分59;共二两七钱四分274。

廿二日(4月7日)接安仁山观察同乡信一封,知麟去冬日记已于本年正月初十日代托曾同乡怀清观察代寄都中矣,甚慰鄙衷。接宁夏凌志堂同乡来信,知其抵宁五日,家遭不造,渠妻子暨孙相继疫殁,可哀也哉。饭后西厅斗叶子解闷。申刻毅帅来,晤谈许久,言及海疆军务,气短而别。接凉州荣玉亭同乡信一封。

猪肉二斤半:四钱40;脂油十二两:二钱四分24;羊肉二斤半:二钱五分25;酱:二钱20;猪肝:五分五厘5.5;虫米、鸡卵、香油:一钱四分五厘14.5;作料等等:二钱八分五厘28.5;共一两五钱七分五厘157.5。

廿三日(4月8日)饭后西厅斗叶子。军台董弁来言,乌鲁木齐军门、绥来县令各致六百里羽檄于毅帅,本月十八日飞咨,不知又生何事,边情告急,总缘饷欠。酉刻率两女至水磨闲眺,

---

① 郭什哈:原系满文。

忽焉郭什哈李灏来言，毅帅遣亲随以密信至署候，闻信疾走回
辕，启信阅视，乃绥来陈令所禀毅帅军情，言伊犁胜字营勇溃变，
现经金军帅派员截抚，且吉江十起马队全行溃变，有赴哈密找爵
帅算饷之语，观之不胜诧异。我旗仆受国恩二百馀年，虽万分艰
窘，从无异志，想为奸人煽惑，致生意外，可哀也哉。金和圃驾驭
无方，祸起萧墙，不知此时如何惩抚也。镫下便服谒明镜兄画
策，畅谈许久而还。

　　李治喜条来取：四两 400；车、笼夫赏：三钱 30；猪羊油
肉酱：一两一钱 110；羊腰：六分 6；羊油烛一斤：二钱 20；作
料等等：九钱七分五厘 97.5；共六两四钱九分五
厘 649.5。①

廿四日（4 月 9 日）饭后西厅斗叶子。未正策骑赴毅帅营吃
饭，座有明镜兄、袁陶泉、王黼石诸公，戌刻终席，还公廨。

　　裁底三双内子、两女用：一两二钱 120；车、伞、笼夫赏：五
钱 50；猪肉二斤：三钱二分 32；油十二两：二钱四分 24；羊肉
二斤半：二钱五分 25；羊腰子：六分 6；酱、作料等等：七钱二
分 72；共三两二钱九分 329。

廿五日（4 月 10 日）饭后西厅斗叶子。申刻率两女闲步水
磨，至平远庄晤陈芋僧，燕话而还。狂风又作，怒号如雷。接平
凉守王鹤卿来信一封，知其客岁十二月望抵平接篆矣。昨晤毅
帅时言及溃勇一事，当将谭云亭统领原禀示悉，并得观毅帅回
批，今明镜兄以毅帅札覆绥来陈令咨文相示，即饬签押李维翰钞
录而未成也。

　　两女用：一钱 10；东昌纸：二钱 20；猪肉二斤：三钱二分
32；脂油十二两：二钱四分 24；羊肉：二钱 20；猪肝：六分 6；酱

---

① 　各项合计为 663.5 分。

二斤：二钱20；作料等等：五钱一分51；共一两八钱三分183。

廿六日（4月11日）孝昭仁皇后忌辰。接去腊廿四日至廿八日京报二本，知岑宫保进攻宣光，大获胜仗，刘军门夺敌舟船，洵足以伸天讨，快人心，惟望早复北圻各城，转斯民于衽席之安也。

毅帅咨明事案：据统领亲军西宁谭镇上连禀称，窃沐恩于本月十七日夜子刻，接卑左营戴营官宏胜飞咨，窃沐恩于本日巳刻接到驻精河之徐统领锦帆羽檄函称：月之十三夜间，有驻绥定防营之吉江各马队官兵因饷不继，粮亦艰虞，起意结队东下哈密，赴刘爵帅行辕申诉，求赏护照川资，俾回旗籍，以济寒苦各节，尚无他意。不料伊犁闲人甚多，望风生浪，是晚乘其不备，已将南关铺户抢掠一空。维时弟在绥定，面奉将军吩示"回营约束所部弁勇，勿任滋事，切切"，是于十六日黎明赶回精河。然闻各起马队陆续接踵，已至大河沿矣。除约束并另函飞递西湖，嘱敝军营务处刘润堂兄赶将西湖两营弁勇传集，善言开导，加意抚绥，俾免滋事，特此奉闻等情，理合钞录原函飞报等情。据此沐恩当即会商绥来县李令，如该各起马队到绥实无他意，自应预备粮料柴草，以免滋事。至卑中营队勇已派往栽树修桥者，比即调回，相机防范，除陆续派弁侦探，随时飞禀外，合肃禀闻，伏候训示遵行等因，到本大臣爵帅部院行营，据此除批。据禀：已悉驻扎绥定城之吉江马队因粮饷不继，结队东来，虽已陆续至大河沿地方，料金将军必派得力大员赶来招集回伊，或不至任其东下，如果已至绥来，届时察看情形，实无他意，即照该统领所禀筹办粮料柴草，以免滋事。自是正办查吉江马队悉在旗子弟，世食钱粮，渥受国恩，历年在外征剿，素守营规，深明大义，此次结队东走，实因粮饷不继所致，并非有心桀骜可比，各马队果能不为游勇闲亡所惑，及早回伊归伍，其过犹小，尚可邀将军原宥，若果执迷不悟，径行东来，更属大违军律，即本大臣爵部院亦难为之曲恕。该统领可将以上各节向各马队谆切开导，俾知改悔。本大臣爵部院虽值饷项万分拮据，而各马队回往伊犁川资总须设法筹给，已饬行营粮台措备，即速拨解矣。至此起马队东来，难保无游勇乘风肆掠，该统领及沿途各防营务宜认真防守，不得稍涉大意。倘有游勇藉此结党为害，应即痛加剿办，毋稍宽纵，是为至要，印发并咨行云云。毅帅于剿抚之中大寓体恤之意，读之令人汗愧也。

昨夜梦钜辅贤王貂服策骑至东阙下马，恭侍皇上更衣，如陪祀原庙也。晚间狂飚又起，怒号如雷，连日如此，不知于海疆如何也，念念。羁旅孤臣，闷坐寒衙，时念君父，寤寐不忘耳。无如召还迁除纶音杳杳，而毅帅不日西入省垣，我辈倍形岑寂，真可垂泪。

赏木匠：三钱30；二次用钉：五钱50；猪肉三斤：四钱八分48；脂油一斤：三钱二分32；羊肉二斤：二钱20；羊腰、肝：六分6；酱二斤：二钱20；作料等等：五钱一分51；共二两五钱七分257。

廿七日（4月12日）回王沙西屏饯毅帅于其园，请麟及明镜兄陪宴，谊属同舟，不得不往，非甘为也。饭后策骑至回城赴西屏约，晤毅帅，得睹谭镇军诸羽檄及毅帅批稿，知伊犁溃变之匪已混集数百名，乃哥老会匪冒称吉江马队，窜至大河沿以东一带，沿途掳掠盘踞裹胁，意图东奔。毅帅已调队迎击，布置周密，谅将伙匪不日歼除净尽。然此一番击剿，京中闻知，又系宸廑，不知又生多少谣言，使老亲悬念于八千里外也。酉刻席终，策骑还公廨，毅帅忧国忧民见于颜色，不忍卒听靡靡之乐，以故散局不晚，然又费赏金十二两。

油炸果：五分5；修理车：一钱10；桐油一斤：七钱70；锭粉一包：六钱60；猪羊油肉酱：一两〇四分104；腰、肝：六分6；作料等等：六钱四分64；共三两〇九分309。

廿八日（4 月 13 日）赠毅帅双款对联二副，单款对联四副。饭后西厅斗叶子。晚间接毅帅手字，言伊犁溃勇一案，顷接绥来谭镇禀报，于精河迤西干河子地方，经马、徐两统领了结。原禀内称生擒逆目何偏头，交精河厅监押，阵斩逆目江志经，剿除逆党三百馀名，馀匪数十名现由东津西头台地方窜逸，其地通塔尔巴哈台、车排子、九架楼、沙湾等处，刻下进兵九架楼，搜捕馀孽，务期尽绝根株云云。观之不胜欣慰，语云"强将手下无弱兵"，毅帅之谓也。然和帅如何惩处吉江马队，如何抚辑南关商户，麟即欲要听下文，惜不能也。毅帅差官德峻峰者，嫩江之同乡也，现将随营西上，当以博黄小马赠之。

城隍庙香资十九日：一两 100；玉门令果丹力：四钱 40；回台回优等赏条：十二两 1200；猪羊油肉酱：九钱三分 93；作料等等：六钱二分 62；共十四两九钱五分 1495。

廿九日（4 月 14 日）写清文楹联一付，并养济院输款廿金，遣送彝生同年署。刘丹山代绘哈密全境图成见还，位置山川城市均妥，洵大手笔也。午后监视木工凑做天山匦。

峻峰购马先付：二十两 2000；伊吾养济捐款：二十两 2000；卸柴四车：一两 100；猪羊油肉酱：九钱六分 96；猪肝：六分 6；水胶、作料、羊腰等等：七钱〇五厘 70.5；共四十二两七钱二分五厘 4272.5。

哈密记事五①

三月初一日(4月15日)寅正诣关帝庙拈香,毅帅未到,谅以起节在迩,将祀于天山庙也。晤娄彝生,知张朗兄于正月十九日抵都,廿二日蒙召见矣,未卜仁字第十七号家报能赶到否。晤玉门令王子桢吉士,其为人明干潇洒,政体通达,诚循良也。饭后监视木工做匾。未刻策骑拜客,至明辕西厅事公饯刘毅帅及袁陶泉、方建华、王黼世诸公,麟仅出名,酒席仍是镜兄备办,愧甚。毅帅以伊犁此次勇溃原委见示,中有逆叛原定二月十五日起事,先杀将军及其营务处,全军溃变,因走漏消息,以故十三日仓卒举事,抢掠沙萨托三公馆及南关各铺户,哄然东窜,现经徐、马二统领剿灭尽殆云云。看来我皇上洪福齐天,臣子因之徼幸,若如贼原议起事,一金和圐圙甚费手②,而伊犁城池恐又有代守者将藉辞而索兵费也。戌刻终席,谢镜兄,还公廨。

谕众帖:爵帅初三日起节北上,本大臣先时至南山口候送。届时派张立带马夫一名至巴里坤叩送,先期派李灏押行李车,本大臣带林巡捕及刘喜、祁荣、赵御、平安暨马夫一名共九人,巡捕回事,刘喜写账,祁荣紧跟,赵御管车马,平安管伙食,各司其事,不可妄为。如有阳奉阴违不知自爱者,定行重惩不贷,勿谓言之不预也,凛之。

手谕先戒,回差赏犒,此役谅费五、六十金也。

月例、剃费:九两七钱970;水胶:一钱10;两女零用:一

---

① 此为清华大学图书馆所藏第五册日记封面所题。正文首页钤"移孝作忠效力边陲"白文印、"国立清华大学图书馆藏"朱文印。
② 甚费手:原作"不足惜",后改作"甚费手"。

钱10；赏车、笼、伞夫：五钱50；猪羊油肉腰肝酱：一两二钱120；香油、作料等等：八钱四分五厘84.5；共十二两四钱四分五厘1244.5。

初二日（4月16日）德、保二同乡辞行，晤谈许久而别。饭后督饬仆从小理行装讫，监视木工钉匾铁货。赠德峻峰小刀一柄，从张立请也。安吉人、刘丹山二友先后来谒，均畅谈许久而去。申初李灏押行李、伙食二车往南山口进发，谅明日寅卯之间可抵驻次也。

太太用：二钱八分28；洋糖一斤：二钱20；猪羊油肉腰肝酱：二两七钱一分五厘271.5；铁钉子：三钱30；木匠工八钱80、酒：一两二钱120；缠回奶赏：四钱40；香油、作料等等：一两一钱二分五厘112.5；共六两二钱二分622。

初三日（4月17日）寅正策骑出北门，走西北街，过河滩行戈壁，至十里墩北，日将升矣，巧遇黄羊三头于一矢之外，见人逸向东北，似有启泰之兆。行至泥岌头子坐待镜兄同行，南望四轮官式洋车飞奔而来，镜兄至焉，麟亦乘征车偕行，至三道濠坝少憩，策骑至黑帐房旱尖，吃镜兄炸食。北望天山在目，至南山口五十里上坡路，回视哈城，八十里下坡路，南北东西戈壁寒瘴四围，储水待客。镜兄曾穿三井于此，均卅馀丈，未得水而罢，费千金而功未就，冤哉。巳初策骑至长山子少憩，乘车至南山口军塘驻焉，时届午正，吃镜兄饭。午后风起，未间接儿鹏福字第十四封家报，知差价周福于去腊望日抵都，贺元折廿日恭递，次日奉批下；镜兄顾恤之金二百两均已收到，周福等今春二月间出京；敬悉家严身体康健，饭食如常，甚慰鄙衷；惟家婶母于去年十二月十三日病故，不免令人悲恸，可怜六舍弟暨两妹幼年失恃，虽经家伯母迁来照管教训，然家叔之分心，家严之受累有不堪设想之势。麟出京年馀，鄙族中死亡相继，曷胜叹哉。家信内附恩禄圃协揆、明秀峰世叔贺年信二封,桂文圃乡契清汉覆函一封,慷慨悲歌,卓识远见,洵当时之人才也,而不见知于朝,惜哉。

　　署用猪肉三斤:四钱八分 48;脂油十二两:二钱四分 24;羊肉二斤半:二钱五分 25;羊肚子:六分 6;酱二斤:二钱 20;鸡蛋三个:六分八厘 6.8;作料等等:四钱八分五厘 48.5;共一两七钱八分三厘 178.3。

　　初四日(4 月 18 日)仍驻南山口。明辕郭什哈回哈城,当将家报托寄至署。午后与镜兄斗叶子解闷。未刻巴里坤中营游戎丁瀛舫军门来谒,晤谈许久而去。晚间镜兄登东山巅小坐,麟企望甚殷,以腿弱乏未敢从也。

　　署用油炸果:五分 5;洋腊四包:一两四钱 140;猪肉二斤:三钱二分 32;油半斤:一钱六分 16;羊肉二斤:二钱 20;酱斤半:一钱五分 15;黄花、作料等等:五钱三分 53;共二两八钱二分 282。①

　　初五日(4 月 19 日)仍驻南山口。毅帅遣差官德峻峰前至驻次请镜兄与麟回署,不必候送,以其拔队尚需三二日云云。当留德差官便饭而返,俾代覆毅帅令,即云麟等已驻此三日矣,即再候数日也是应该的,务待爵帅节至,目送过山方回哈署也。午后观镜兄以马排车。镫下与镜兄斗叶子。

　　署用粉、胰子:一钱 10;白糖一斤:二钱 20;猪肉二斤半:四钱 40;油十二两:二钱四分 24;羊肉二斤:二钱 20;羊腰:六分 6;酱斤半:一钱五分 15;作料等等:六钱四分 64;共一两九钱九分 199。

　　初六日(4 月 20 日)谷雨。仍驻南山口。清晨眺远南望沙滩,东西戈壁中有烟村,即伊吾三城数堡之纷错处,渺渺茫茫,一

---

① 各项合计为 281 分。

望无涯。少焉哈密协龙觐云遣骑卒来探天山路径雪迹，并饬营卒、缠回赶紧撩除，以便毅帅征车易过也。饭后遣赵御回署，运取麸料并寄家岳母一信兼取闲书、普洱茶。午初偕镜兄策骑进南山口，走万古康庄至焕彩沟，详瞻汉石，在亭前少坐，三面环峰叠翠，沟下冰雪将融，盈盈绿水直达山下，洵胜境也。午正二刻返驻次，酉刻观缠回扑跤于官店。

　　署用卸炭三车：二两八钱280；卸柴一车：二钱五分25；猪肉六斤：九钱六分96；酱：二钱20；油三斤：六钱四分64；羊肉二斤半：二钱五分25；猪羊腰子、香油：三钱六分36；作料等等：六钱二分62；共六两一钱八分618。①

　　初七日（4月21日）仍驻南山口。毅帅前跕哨官等来采地扎营于山下。龙觐云协戎来晤，便谈许久而去。回王沙西屏来谒，晤谈而别。已正设行幄于山南五里，偕镜兄策骑至行幄候毅帅。少焉毅帅至，畅谈一切，并言爱屋罕厄鲁特变乱有将侵喀什噶尔之谣，忧形于色而别。麟亦蹙然，计自去岁来至新疆，一经乌鲁木齐勇溃，再经伊犁勇溃，今又闻西南将乱，可知番夷杂处不易治也。与镜兄并骑还驻次，少选，毅帅由营步来驻次叩辞，袁陶泉观察亦到，共吃镜兄午饭，麟亦附名送钱，愧甚。饭毕毅帅辞行，还营小憩，陶泉亦返。申刻麟与镜兄步至刘营送毅帅行，于叩拜之间，镜兄祝之曰"一路福星"，麟即续之曰"万家生佛"，又谈许久，并观其营制。毅帅仍步送镜兄与麟回驻次，而车马满路，旌旗蔽空，沿山绕行而返。毅帅畅谈新疆一切情形，并言与镜兄及麟相交甚洽，愿结金兰，于是互相跪拜，订为昆季，此麟二盟之契友也，至晚送毅帅还营次。随镜兄回拜袁陶泉、张砚芬、左子贤诸友而还。先是赵御运粮回军塘，并言家岳母嘱麟

---

①　各项合计为608分。

早晚谨慎小心风寒,殊不知今日之酬应已汗流通体矣。

　　署用油炸果:五分5;灯草:五分5;猪肉二斤:三钱二分32;脂油半斤:一钱六分16;羊肉二斤:二钱20;猪肝:六分6;酱斤半:一钱五分15;香油、鸡蛋、作料等等:五钱三分三厘53.3;共一两五钱一分七厘151.7。①

　　初八日(4月22日)寅正偕镜兄进南山口,见征车塞路,络绎数里,兼之积雪消融,涧水狂奔,流石滚滚,泉水淙淙,赖小价平安踏水牵驹至焕彩沟行幄。少焉左子贤、袁陶泉诸友陆续而来,毅帅继至行幄茶钱,目送登山,而毅帅军令严肃,整队徐行,健弁并骑背负兵符信矢,观之羡心与愧心交作。当令小价张立带马夫负刍粮往巴里坤叩送,俾麟知毅帅平安出境也。仍策骑沿东山出南口回驻次,而目击缠回苦况,不慊于心,虽毅帅格外体恤,秋毫不取地方,而大军经过,车辆柴草不得不价觅回众,当与镜兄商酌,于葫芦沟、二道沟等处回目进羊之际,从厚赏恤,以致此役计费将及百金。辰初早尖毕,辰正策骑偕镜兄南下,至长山子乘车,在黑帐房茶尖,过三道潦坝,未初至泥凎头子少憩,而炎热如夏,未正还公廨。恭阅毅帅出境日期照章具奏折件,即时拜发毕。内子以家姊母疾终,例应期服为请,麟即答之曰出差边远与在军营同例,似可旋京补尽期服而全私谊。数日公出,家信、京报、友函、官讯数十事先后递到,公私纷繁,非一时所能毕读全览者也。驻南山口五天,吃镜兄饭十顿,愧甚。

　　裱送镜兄屏、对:二两五钱250;卸柴二车:五钱50;猪肉四斤:六钱四分64;油十二两:二钱四分24;羊肉二斤:二钱20;羊腰:六分6;酱二斤:二钱20;作料等等:五钱一分51;

---

① 　各项合计为148.3分。

共四两七钱七分477。①

初九日（4月23日）阅初三日接到儿鹏福字第十一封家信，敬悉家严康健，人口平安，并阅恒士稣通家、张辅臣契友、倭辅臣同案、溥文斋同砚、恩子澄同馆、常受之同寅、荫槐庭同乡、多介川世兄各覆函八封，知诸亲友均各平安。阅初四日收到陕西锐小舫同乡、泰宁怀绍先同乡贺年信二封。董台弁呈开三月初四日未时下刻接到乌鲁木齐都统升于二月廿五日拜发奏折夹板壹副，外黄布口袋壹个，五百里传牌壹张。阅初七日收到陕西臬台张南圃贺年信一封，教弟为称，撝谦过甚。陕西粮道怀清曾同乡信一封，知麟去腊托寄冬季日记三本已于今年正月十二日由折差寄京矣，家中谅早收到，甚慰下怀。惟知谅山一路王朗青大溃，杨玉科战殁，潘抚帅受重伤，军退镇南关，敌至广西省，龙州戒严，台北添舰，南洋援闽师船被击，观之甚为短气。阅凉州、陕西讣文二套，知承子锡、诸捷臣二同乡于今正去腊后先殂谢矣，惨甚，叹甚。阅去腊廿八至今正十九日京报四本，申报去冬廿一至廿八日八片，其中议论纷纷，真赝难辨，容详览而摘记之。午后谒镜兄道谢，数人在南山口吃喝数日也。未刻遣两女请安明盟伯，晚馔而还。清文处罕清如同乡来谒，晤谈而去。镜兄以明日王观察生日，送来寿帐、寿烛，做就麟名，当配官靴、荷包二事，共凑四色遣送，乃蕭石观察廉隅自饬，一色未收，全行谢却，洵廉介之士也，钦佩。

南山口赈赏附记：赏送行李车二辆缠回银二两，赏夏通事银条十两，赏二道沟送羊二支缠回银条八两，赏葫芦沟送羊壹支缠回银条六两，赏沓水河送羊壹支缠回银条六两，赏石城子缠回银条四两，赏南山口军塘银四两，赏黑帐房茶尖银壹两，赏运粮送

----

① 各项合计为485分。

回行李车共三辆银六两,出南山口及沿路零用并加赏穆、刘七两,赏远差仆从路费八两,赏随差巡捕、郭什哈①、仆从银十二两,赏看家仆从兵丁银十三两五钱,统计此差共费银八十七两五钱。

  东昌纸一刀:二钱五分 25;红棉纸四张:四分 4;猪羊油肉酱:九钱六分 96;泊菜、韭菜:一钱三分五厘 13.5;元粉、芥末、鸡卵:二钱 20;作料等等:二钱七分 27;共一两八钱五分五厘 185.5。

初十日(4 月 24 日)孝贞显皇后忌辰。补记驻南山口五日署内事宜及各用款如右。饭后乘车往老城祝蠲世寿,便道看陈芋僧,均未遇而还。先是镜兄来晤,畅谈许久而别。罕清如来辞行,未晤而去。写仁字第廿一号家报,并二月分日记钉封待寄。酉正率两女出西门,至南水磨水边少坐。镫下标画奏稿一件,即初八日随折咨行捷报处、奏事处之文稿也传牌也。写致陕西粮道曾怀清同乡信一封待寄。

  猪肉二斤:三钱二分 32;脂油十二两:二钱四分 24;羊肉二斤:二钱 20;猪肝:五分五厘 5.5;酱二斤:二钱 20;两女零用:一钱 10;作料等等:四钱五分 45;共一两五钱六分五厘 156.5。

十一日(4 月 25 日)孝贤纯皇后忌辰。监视缠回恭刻天山庙匾。饭后王蠲石观察来谢寿,畅谈许久,并言将招募一哨兵勇,以卫粮台,当将小价任喜荐去,俾其有所栖身,免随麟奔波道路也。蠲石去后,写致雨三恩署道同乡信一封,封而待寄。申刻陈芋僧太守来辞行,晤谈许久,麟即将在南山口驻次与毅帅订交情形相告,并言久慕品学,愿续金兰,联为昆仲,芋僧欣然而别,

---

① 郭什哈:原系满文。

此麟三结契交之兄也。酉刻率两女出西门,闲步南河滩,小坐而还。收小麦八斗九升,豌豆四斗七升。

上鞋一双:一钱五分15;赏刻缠母莫:四两400;锯碗:九分9;华山缘梦:五钱50;厨用代手:一钱七分17;猪羊油肉酱腰肝:一两〇七分107;作料等等:五钱一分51;共六两四钱九分649。

十二日(4月26日)阅恩雨三致陈太守附函,义正词严,书法遒劲,洵为楚北同乡中之人才也,芋兄能识之于早年,契结金兰,伟哉。日来天气晴和,草木畅发,惟今午炎热异常,干燥难忍,虽盛夏不是过也。监视缠回恭镌天山庙匾成,敬待挂灰油色。酉刻率两女闲步西门外,品茶南河滩,小坐而还。

南红全帖:六分6;猪肉二斤:四钱八分48;脂油一斤:三钱二分32;酱:二钱20;羊肉二斤:二钱20;猪肝:六分6;作料等等:六钱七分67;共一两九钱九分199。

十三日(4月27日)写兰谱二分,一备毅帅信到即由马封驿递,一于饭后亲送至芋兄处,未遇而还。先是芋兄遗书于署,并遣其幼女来接两女同游毅帅遗垒,当令两女同车而往。接本城厘局由本日开用木质关防申文一件,标存恭报抚臣起程赴省日期奏底一分,莎车直牧刘玉珊来公信一件,为渠等同乡杨柳村求赙也。接正月廿至廿九日京报二本,知张朗兄廿二、三日均经召见,想天语优渥,面承顾问矣。知溥菊如兄内除京旗副都统矣,鄙衷欣慰。接宁夏署令贾益轩信一封。未刻芋兄以盟谱来契金兰,并以绸缎、果食、云玉烟壶、白玉佩坠数十事为赠订交,畅谈而别。申刻镜兄以其谢议叙天恩清汉折底嘱正,清文数处欠妥,均代润色,而汉文两段宜删,已致书,俾其斟酌,以尽友谊。昨夕交下标明今日子时发三百里排单马封二件,一行兰州署道恩同乡署,一行陕西粮道曾同乡署,内附仁字第廿一号家报,并二月日记一本,清和月内谅可抵家,而朗兄到京家信尚未接到,想又滞于途耳,盼甚。收小麦壹石壹斗三升,豌豆四斗六升。

收拾笼屉:五钱 50;水桶一个:二钱 20;陈价赏:四两 400;鸡卵百枚:五钱五分 55;猪羊油肉腰酱:一两一钱六分五厘 116.5;作料等等:四钱六分五厘 46.5;共六两七钱八分 678。[1]

十四日(4 月 28 日)元配爱新觉罗氏之忌日也,京中老亲幼子谅无不念之;而想麟四年前今日之遭逢也,人事变迁不能预必;辛巳今朝尚居庶子之职,寻兼内廷批本,知遇日隆,升学士,除少詹,超升阁学,改加衔协哈密,携眷抵任已届年馀。国恩优渥,未报涓埃,远弃老亲,有亏子道,且哺啜严疆,五日京兆,不知又将何之也,焦灼倍甚。昨日两女由陈盟伯处便道谒刘盟叔公馆去看,今日毅帅两如夫人具帖遣送两女湖绉、摹本、衣料、被面、巾镜、鸡鸭数十事,当具内子谢帖,资力而去。日来狂风大作,昨夜尤飓,甚至刮坏门窗户壁,今夕又然,不知天变如此,海疆如何也。

卸炭二车:二两四钱 240;猪肉二斤半:四钱 40;羊肉二斤:二钱 20;油十二两:二钱四分 24;羊腰、肝:六分 6;酱二斤:二钱 20;小罗十一:九分 9;作料等等:三钱二分五厘 32.5;共三两九钱一分五厘 391.5。

十五日(4 月 29 日)寅正诣关帝庙拈香,面晤镜兄,言明日在龙王庙请王蘁石观察吃饭,又将麟附帖出名矣,并赠麟蒙石金五钱为饰天山庙匾之用,当即拜而受之。惜不适用,而镜兄不知也。午后监视缠回油饰庙匾。未刻刘营清书委员文参领、恩孝廉二同乡来辞行,晤谈许久而去。饯芋兄菜四篦,点心二盘。

---

[1]　各项合计 688 分。

　　钉掌九付：一两一钱110；猪肉八斤：一两二钱八分128；脂油一斤四两：四钱40；肘子四斤：六钱四分64；羊肉二斤：二钱20；海参：四钱40；口蘑：一钱一分11；玉兰片：二钱20；香蕈：五分五厘5.5；香油、鸡蛋：一钱二分五厘12.5；酱、作料等等：四钱一分三厘41.3；共四两九钱二分三厘492.3。

　　十六日（4月30日）饭后策骑出南门拜客，越西门至平远庄送芋兄行，未遇。绕河滩至龙王庙，卧镜兄之榻睡中觉，以日来烦燥不宁，四支无力故也。少焉镜兄暨安吉人、刘文川、刘丹山、王黼石诸公先后到齐，戌刻终席，还公廨。接本年正月卅至二月初四日京报一本，客岁十二月望至廿一日《申报》七片。先是走河滩见积沙塞路，询之土人，金云数年来未有如此之大风也。

　　鹿皮坎绸衫工：六两600；车、笼夫赏：五钱50；卸炭一车：一两二钱120；酱二斤：二钱20；猪羊油肉：九钱九分99；黄花、口蘑：一钱10；青笋、干粉：一钱二分五厘12.5；元粉、鸡蛋：二钱20；作料：三钱八分38；共九两六钱九分五厘969.5。

　　十七日（5月1日）明辕交阅昨日由驿递回恭谢赏给荷包钱锞等恩折件，当即叩接恭读批旨，并阅公文三角：一系本月十一日毅帅由奎素咨来恭报初六日起程晋省折稿；一系理藩院咨回王准缓朝觐；一系吏部咨张、何二前辈遣戍军台文各一角。接军台董弁呈开本月望日申下接到毅帅于十四日卯刻由巴里坤途次拜发奏折夹板壹副，外随四百里滚单壹张；又十六日酉下接到乌鲁木齐都统升于本月初七日拜发奏折夹板壹副，外随黄布口袋壹个，传牌壹张。饭后候选从九品舒理丞焜明来谒，晤谈许久。并有莎车牧刘玉珊等十人公启，为杨柳村二尹灵柩回籍川资不济也，当赙八金，并致书于皋兰、鹑垣恩、曾二同乡，俾其设法协助。申刻镜兄遣送豆汁壹盆，素焖二盘，麟食之甘美如到家乡也。晚间芊兄率其幼女来辞行,并以百金留寄家严为寿,是诚谓受之有愧,却之不恭也。

柳村赙敬:八两 800;铁鈅鐍二条、锯子四个:八钱 80;两女用:一钱 10;鞋底一双代上:五钱五分 55;猪羊油肉肚酱:一两一钱八分 118;作料等等:三钱三分 33;共十一两〇六分 1106。①

十八日(5 月 2 日)镜兄手字"今日为后土神诞,我辈宜往祀之",巳正乘车出北门,会镜兄,共走登龙门,至龙王庙、后土祠拈香。镜兄以四轮洋辇接两女至瞻远阁观剧,芊兄率其幼女亦至,共谈甚欢。少焉狂风大作,黄土障天,吃饭于佛洞,为蔽风也。酉初风稍息,乘车还公廨。收豌豆九斗。

大赤金二钱,匾用:四两四钱 440;赏李灏、车夫:四钱 40;猪肉三斤:四钱八分 48;油十二两:二钱四分 24;羊肉二斤:二钱 20;羊腰、肝:六分 6;酱、作料等等:七钱三分五厘 73.5;共六两五钱八分 658。②

十九日(5 月 3 日)前由南山口驻次派小价张立往巴里坤叩送毅帅,迄今十有二日矣,虽闻毅帅有滞于松树塘二日之说,而十四日已由巴里坤曾发折报,即于次日小价等南返,昨日亦应到辕,日来狂风时作,想阻于途欤?可怜麟给盘费无多,所携刍粮太少,恐不免有绝粮之患。乃立价申刻返辕,据禀初八日随爵帅上天山,至羊圈沟,则雪路不易行矣。爵帅在关帝庙挂匾升炮报祀,晚驻松树塘,初九日驻同,初十日驻同,十一日驻奎素,十二日驻巴里坤,十三日、十四日均驻同,敬待爵帅十五日起节叩送,十六日回驻奎素,十七日回驻松树塘,大雪,十八日回驻南山口,

① 各项合计为 1096 分。
② 各项合计为 651.5 分。

沿山风雪，路更难行，今日回辕。带爵帅公文二角，一系行明辕者，又巴里坤领队金珍亭同乡暨德主事源、富局员升阿、韩照磨旭阳信禀四封。知毅帅征车阻于山麓，雪深五六尺，两日夜驮运维艰，初十日晚间方先后到松树塘，十二日抵巴里坤，幸山北天尚和暖，月终可抵乌垣。并寄来兰谱一分，永契金兰。当赏立价、马夫各四金，以酬微劳。镫下写覆月氏德、富、韩三便信，并璧来版，托芋兄顺致也，并浼吉人安幕代创覆毅帅信稿，俟脱成亲缮封寄耳。

　　赏立价、马夫：八两800；猪羊油肉酱：一两〇四分104；黄花、口蘑：一钱10；虫米、鸡蛋：九分9；干粉、香油、芥末：一钱三分五厘13.5；元粉：一钱一分11；韭菜、泊菜、小萝卜、豆腐、芽：二钱八分28；作料：一钱五分五厘15.5；共九两九钱一分991。

　　廿日（5月4日）写仁字第廿二号家报，致绍先怀镇军一信，午刻发三百里排单马封于直隶泰宁镇，附寄家信，谅端午前可以抵都。督饬小价张立、刘喜检点巴里坤汉碑拓卅六片，天山唐碑拓五十片，焕彩沟汉碑拓卅八片，共作十包，附刘丹山伊吾庐全图，陈芋兄伊吾十景二包，重作六包，俟差便寄京交儿鹏珍存，备送亲友暨裱悬寒舍。酉刻率两女出西门闲步，至平远庄寻芋兄，未遇，便道北水磨少坐，走小西街，进北门还公廨。晚接客岁十一月廿九日至十二月十四日《申报》十六片，惜欠十三日一片，重卅日一片，可恶。秉烛微看大略，甚至目晕头眩，及子初方毕，其中记论惟京师西山罢修铁路，诚善政也，而七闽联营，三辅布（陈）〔阵〕，恐又如咸丰中之热闹也，麟不免又生杞人之忧。

　　补赏爵帅公馆价：四两400；补赏洋车夫：一两100；猪肉二斤四两：三钱六分36；油十四两：二钱八分28；羊肉二斤：二钱20；酱二斤：二钱20；作料等等：四钱五分45；共六两四

钱九分 649。

廿一日(5月5日)立夏。监视亲兵等以柳杷搭盖东院凉棚、缠回油饰天山庙匾。午后安吉人以覆毅帅信稿见示,麟奉读毕,誊真待寄。安西州官绅以该处学宫文庙工程请捐廉助修,当输十金,以尽微忱。酉刻发三百里排单马封一件于毅帅行辕,覆其来笺也。率两女出西门,至南水磨河滩小坐而还。

安西捐款:十两 1000;羊烛一斤:二钱 20;猪羊油肉酱:一两一钱七分 117;羊腰肝肚:一钱一分五厘 11.5;作料等等:九钱四分五厘 94.5;共十二两四钱三分 1243。

廿二日(5月6日)以天山庙匾油饰成,即饬立价裱黄纸为障。申初芊兄来辞,麟以小恙未能亲送其行,当令小价刘喜持帖送焉。镜兄又赠豆汁一盆,熬食甚甘,颇有京腔。酉刻率两女出西门闲步南河滩,坐看两女采马兰编玩物许久而还。北望白雪青山,下视清流绿荇,游目骋怀,因乐思亲,乡情在抱,国事为怀,未卜近日法事如何,日人安否,且张朗兄抵都两阅月,尚未接儿鹏家报也,念甚。

刘喜送芊兄至十里墩赏:五钱 50;两女用:一钱 10;东昌纸一刀:二钱五分 25;黄表纸一刀:一钱二分 12;猪羊油肉酱羊腰:一两三钱四分 134;作料等等:六钱八分 68;共三两〇三分 303。①

廿三日(5月7日)借观镜兄洋板尺牍五种,《双桂轩》《梦花亭》《蓬莱馆》《六梅书屋》《有正味斋》六本均好,便中购来,以佐致答,惜未窥全豹为歉耳。近闻线毯价廉,当令小价价觅十八条,以备携京分送亲友,六七尺者每条价银五两,马褥每条壹两七钱。酉刻率两女步出北门,走小西街至北河池小坐,越南河

① 各项合计为 299 分。

池至河滩边少憩,进西门还公廨。阅明辕转致毅帅由行营来文一件,为新疆省创办税务矿务诸善政也。

　　羢毯十五条:七十五两 7500;羢马褥三块:五两 500;白糖一斤:二钱二分 22;猪羊油肉酱:一两〇八分 108;香油、猪肝、作料等等:六钱一分 61;共八十一两九钱一分 8191。

　　廿四日(5月8日)辰刻起,志分赠文翰章、桂文圃、兴石海、乌绍云、荣耀庭、恒士龢、荣虞臣、麟履仁、伊建勋、常绪叔、广心翁、家伯母、家五叔十三毯,即饬小价结束,并选二条鲜丽者留给两女,其马褥两连者赠绪子兴,单幅者麟挂布里以备行程,是大小十八条皆有所主也。缠回以天山庙匾油饰成,当以毛毡固束,并由哈密厅觅雇大车二乘,派郭什哈李灏、小价张立、祁荣、平安四人于是夜子正二刻恭请七尺五长、三尺四宽墨质金章清文匾一方,敬献于天山关帝庙内,以了鄙愿,并派立价恭代拈香,敬答神庥。收大、小麦各壹石壹斗。

　　天山庙缘:二十两 2000;挂匾香资:四两 400;张、李、祁、穆盘川:八两 800;车价二辆:四两 400;凤尾鞭三包:三钱 30;铁丝:五分 5;猪羊油肉腰酱:一两一钱 110;作料等等:四钱一分五厘 41.5;共三十七两八钱六分五厘 3786.5。

　　廿五日(5月9日)监视缠回补行油饰本城关帝庙四尺长、二尺五宽墨质金章清文匾,以前油白质不净,今故改之,以昭敬谨,俟油干及吉悬挂,油匾颜料赤金桐油先后用银七两有馀,并以六金为缠回工费。午后检点《冠章杂记》,另录一本,改其名曰《章服杂记》,原本俟便寄京,仍俾儿鹏存而备考。戌正与内子闲话。镫前忽见南街火起,即饬巡捕探之,少焉来报,厘局后身营盘内不戒于火,烧毁干柴一堆,幸未延及他室,然当时观之甚近,阖署均受一惊,祝融敛威,一方蒙福不浅,麟已默祷谢矣。

　　刻字工:六两 600;颜料桐油:二两 200;猪羊油肉酱:一

两一钱二分112；香油作料等等：六钱一分五厘61.5；小白菜、猪双皮、天山用酱：三钱五分35；共十两〇八分五厘1008.5。

廿六日（5月10日）检点冠章靴带。饭后稽核《章服杂记》，数忆此刻天山庙匾谅已敬谨挂妥，拈香藏事矣。本城关帝庙匾今早吉时瑞价等已请至兰若，俟铁钩成即吉恭悬。近日天时烦燠，哈密节气又早，已有日长如小年之势，终日无聊，惟观闲书以消永昼，然抛卷思亲，辄读念主，诚有一日三秋之叹。至于海疆军事尤难去怀，日用开销时时在抱，想毅帅晋省折到京都则可望迁除诏下也，盼甚。酉刻率两女出西北闲步，至南河滩少坐而还。

猪肉二斤半：四钱40；脂油十二两：二钱四分24；羊肉二斤：二钱20；羊腰：六分6；酱二斤：二钱20；香油、鸡蛋：一钱二分五厘12.5；青菜、作料等等：三钱四分34；共一两五钱六分五厘156.5。

廿七日（5月11日）卯刻立价等由南山口回辕，据禀于前日子末丑初恭请天山庙匾北进，已刻到黑帐房，沿途顺利，未刻到南山口早尖进山，廿六日子正到天山庙，昨日卯正吉时敬谨悬于关帝殿抱厦内左柁上，西向，与王黼石观察之匾对峙，配金和圃军帅之左也，其处空闲，似是预待，"至诚感神"，信不诬也，鄙愿甚惬。本城庙匾铁钩成，即传木匠随瑞价等前往敬谨恭悬于关帝殿抱厦内左柁上，西向，与天山庙同。麟于辰正吉时恭诣拈香，以了心愿，敬答神庥。内子率两女恭诣拈香，以尽阖家报谢之仪。所有本日将事人役均有薄赏，计此次挂匾各费前后二处约用四十馀金，以哈密物价论之，此即至省之事，可喜，诸事吉祥，神享所祀，下怀甚感。午后西厅斗叶子，酉刻率两女出西门闲步，至南河滩西土冈少坐，晚风起，还公廨。

赏张立、李浩、祁荣、平安：四两400；赏官车夫：二两

200；天山庙夫：一两100；赏张瑞、林玉珍、刘喜、任喜：四两400；赏李澜：一两100；本城庙夫：二两200；挂匾木匠：一两100；车夫、伞夫：一两二钱120；杨福、群、连：九钱90；骆顺、亲兵等：二两二钱220；鞭香：四钱五分45；日用：一两八钱二分八厘182.8；共二十一两七钱五分2175。①

廿八日（5月12日）以先祖考忌日，免盖策骑至十里墩行礼，并观小价等压马于戈壁路，辰正策骑还公廨。饭后观两女闲耍以消永昼，少焉则纷争矣，总缘终日无聊，一想家就不耐烦了，可悯可怜。接军台董弁呈开本月廿七日亥下接到乌鲁木齐都统升于本月十八日拜发奏折夹板壹副，外随黄布口袋壹个，传牌壹张。

压马：六钱60；软匾洋呢皮廿尺：二两200；桃红江缎：八钱80；两女用：二钱八分28；猪羊油肉酱：一两〇七分107；作料等等：四钱四分五厘44.5；共四两四钱七分五厘447.5。②

廿九日（5月13日）写致宁夏凌志堂信一封，午刻用三百里马递寄去，覆其所委，以尽乡谊。去岁麟抵嘉峪关之日，即恭诣关帝庙拈香，两女亦陪祀，当见关外将佐皆有酬神匾对，麟因之动念，俟抵任后设法还愿。今天山暨本城庙匾均已恭悬，而嘉峪关之愿尚在未了，且千馀里运匾维艰，若在肃州购办，又恐诸多不便，不得已从权，恭造软匾一方，俟差便赍往，敬谨悬挂，代答神庥。午后监视立价以红洋缎京销清文"亘古一人"四字。接科布多来文一件，以俄贩运马八十匹来哈出售也。酉刻率两女出西门，至南河滩西冈少坐而还。收小、大麦九斗二升。

---

① 各项合计为2157.8分。

② 各项合计为519.5分。

卸柴二车:五钱50;水胶:五分5;大铁锯八个、铁钩四根:八钱80;大鐴鑊八个、托钉桃钉二付:三钱30;猪羊油肉腰酱:一两〇九分五厘109.5;作料等等:四钱四分44;共三两一钱八分五厘318.5。

四月初一日(5月14日)寅正诣关帝庙拈香。辰刻东圈射鸹。饭后午觉,梦立北楼之上,观东西通衢行人,忽见飞马一队自东而西,首骑似立价策绪青,继骑似喜价策毅骝,先后狂奔如风,西至大河,绪青过桥甚疾,麟颇忧悸,旋见青马向东北立乎西岸之上,乃红马及立、喜二价均未见而寤,想家报将到欤?抑朝命将下欤?似数日间不无确信,抑结想成梦,心猿意马,交驰于方寸耳。监视仆从等恭纫嘉峪关庙匾并胶金着色。西正率两女出西门闲步南河滩,西冈少坐而还。收大麦九斗。

骆厨月赏:一两八钱180;平安月赏:一两二钱120;众仆剃头、小顺点心:三两七钱370;八处灯油:一两七钱170;车夫油水:三钱30;马夫月赏:一两100;两女用:一钱10;补明辕郭什哈①条:五钱50;上猫耳窝一双:一钱五15;猪羊油肉酱羊腰猪肝:一两一钱九分五厘119.5;口蘑、黄花:一钱10;元粉、虫米:一钱三分五厘13.5;作料等等:五钱一分五厘51.5;共十二两四钱四分五厘1244.5。②

初二日(5月15日)监视刘仆妇成做软匾。午间觐云龙协呈开据星星硖军塘张弁逢泰呈报魏方伯午庄于上月廿九日到硖,次日西进,谅初五六日到哈也。酉刻接军塘董弁呈开本日卯中接到军机处于三月初五日申刻交发钦差大臣抚院刘、乌鲁木齐都统升奉批回夹板各壹副,外随兵部火票各壹张。日来寒暑

---

① 郭什哈:原系满文。
② 各项合计为1239.5分。

无常,今晚腹泻三次,想因结热着凉所致,幸无别症,而亦因之四
(只)〔支〕无力,燥渴不宁耳,戌正服灵应丸二粒而寝。

销字青缎一三:一两一钱〇五厘110.5;青洋呢皮四尺:
四钱40;黄毛边三张,一八、芝麻饼等:四钱三分43;猪羊油
肉酱:一两〇四分104;作料等等:四钱一分五厘41.5;共三
两三钱九分339。

初三日(5月16日)清晨恭书清文"神祇默佑"四字,派立价
以元青缎京销以备恭悬于陕西邠州大佛寺,还内子愿也。又清
书"奇勋巾帼"四字赠老回王伯福晋,"延禧衍泽"四字赠西屏回
王,均用红绫为质,"矢弓自娱"四字用黄纸写就,交西屏自寿,
挂其鹄厅之中。午间微雨疏疏,凉风飒飒,未后黄风又起,申正
方息。酉刻率两女闲步西门外,小立而还,以风后乍寒,未便远
踏也。

卸炭二车:五钱50;拆洗铺盖赏:二两200;骡马清肺散
十五剂:四钱五分45、引:二两一钱六分五厘216.5;羊猪油
肉腰肝酱:一两一钱九分119;作料等等:五钱四分五厘
54.5;共十两九钱九分1099。①

初四日(5月17日)监视刘仆妇成做软匾朱字。午觉初醒,
与两女闲话乡情,宛如到京侍坐家严,诚无聊之极思,犹痴人之
说梦耳。哈密厅来信,魏方伯明日到哈云云,当派李灏询于镜兄
处,我辈接到何处也。李灏由明辕回,云明都护已派弁往十里墩
东菜湖设行幄,大约明日寅卯之间往迓。又据龙协戎、黄都阃来
信,魏藩台明晨到哈,先后禀复云云。酉刻出西门,至南河滩少
坐而还。乃将寝接镜兄手字,明日寅初往迓,俾麟寅正相迎。

猪肉二斤:三钱二分32;脂油十二两:二钱四分24;羊肉

①　各项合计为685分。

二斤:二钱20;酱二斤:二钱20;香油:五分五厘5.5;猪肝:六分6;作料等等:三钱七分37;共一两四钱四分五厘144.5。

初五日(5月18日)丑正即兴,寅正策骑至菜湖南九眼泉行幄,辰正午庄方伯至焉,畅谈许久,并言海疆法事,本年二月廿八日奉上谕,已允其行成,是又化干戈为玉帛矣,然夷人反复无常,惟望当轴者励精不懈,勿再临渴掘井,则天下幸甚。由行幄乘车还公廨,时已巳初矣。午后午庄魏方伯来拜,畅谈许久,并言关内外一切情形及驿路夫马等事,共叹时艰而别。申初回拜午庄,未在行台,遇诸途,让路而还。酉刻率两女出西门至南河滩少坐,以马兰编水轮为戏而还。

赏郭什哈①、车夫等:一两一钱110;卸炭:一两二钱120;黄坎布四尺:三钱二分32;猪羊油肉酱:一两一钱六分116;羊腰:五分五厘5.5;作料等等:四钱四分44;共四两二钱七分五厘427.5。

初六日(5月19日)镜兄以明日饯魏方伯于龙王庙帖见示,又附麟名,愧甚。接本年二月初五日至十五日京报二本,去年腊月廿二日至廿八日申报七片,知鄙亲家舒畅亭及三五同年均列上考,奉旨记名以道府用矣。并知仓储空虚,今春八旗兵食又改折色一半,以应领老米五斗五升折银七钱,当此困苦之际,又复减折口粮,可哀也哉。事由户部主政,而石海兴乡兄恐难免众兵之讥。昨夜两梦家严,麟如趋侍家庭左右,想由结念至极,屡次形诸梦寐,抑老亲念子心切,征诸八千里外欤,切念切念。酉刻率两女出西门闲步,将及南河滩,忽焉小价平安赶到,言明辕差弁邱文林回来,带有家信,周价并未同来云云,当即垄息回署,面见邱弁,敬询家严起居。据邱弁云,在京面见老太爷二次,精神

---

① 郭什哈:原系满文。

甚好,康强至极,麟闻之甚慰,并交到恒士穌代书家严手谕,麟捧读之下,不胜感愧。并知张朗兄代寄仁字第十四号家报,已于本年正月廿二日寄交张朗兄,廿五日光降舍下,家严甚喜其人品,深许麟与镜兄、朗兄订交。并接儿鹏福字第十五封家信,知周价到家寄物均如数收到,乌绍云已致信四川丁制军稚璜前辈矣,儿鹏敬谒张盟伯未遇,惟周价至二月朔尚未旋京,故将家信暨致刘、明二函并亲友覆信十封均托邱差官代呈也,镜兄处信当藉邱弁奉上,毅帅处信容由邮致。接图侍卫内兄、景星阶世叔、文翰章砚兄、桂月亭通家、阿子祥同乡、德晓峰表兄、广敏达哲嗣恩公世兄、胡笑山同乡、延大宗伯前辈、徐大冢宰前辈覆函各一封,敬悉诸亲友均各平安,惟树(枬)〔楠〕前辈又赋鼓盆,宜唁之。晚间狂风又起,凉气侵人,似有披裘之势,塞外天时真令人难测也。

猪肉三斤:四钱八分48;脂油一斤:三钱二分32;羊肉二斤:二钱20;羊腰、肝:六分6;酱二斤:二钱20;口蘑、黄花:一钱10;作料等等:五钱八分五厘58.5;共一两九钱四分五厘194.5。

初七日(5月20日)饭后策骑出北门,至明辕,给云台邱弁道乏,偕镜兄出登龙门,至龙王庙候饯魏藩台,而陪客娄彝生同乡、龙觐云协戎已到。未刻午庄方伯、黼石观察先后到齐,射鹄于眺远阁南室,申初入座,酉正终席,策骑还公廨。先是魏方伯送来火腿、咸鱼、挂面、果丹四事,以镜兄言未便固辞,具谢而受,少焉午庄来辞行,并言久慕清操,愿契金兰,麟亦欣佩午庄之深沉明干,磊落杰出,当订昆仲于庆叶饶歌堂而别,麟旋乘车至老城公馆送行,畅谈许久而还,并赠午兄罕搬指一个,鳅角九镶盘羊觚头四对,略表顷慕而尽盟谊。

赏魏价:二两200;卸炭三车:三两六钱360;赏巡捕、郭什哈①、车、伞、笼夫：一两三钱 130；双皮：一钱 10；猪羊油肉酱猪肚羊肝：九钱八分 98；作料等等：四钱四分 44；共八两七钱二分 872②。

浴佛日（5 月 21 日）小满。寒风凛冽如冬。卯正策骑出北门，送午庄兄于五里戈壁行幄，茶钱而还，时届辰初矣。午后策骑率两女至龙王庙菩萨殿拈香观剧，馔镜兄晚饭，酉正便服策骑还公廨，又费梨园赏贰金，以派演《竹林记》故也。

　　两女赏用：五钱 50；卸炭一车：一两二钱 120；白糖一斤：二钱二分 22；东昌纸一刀：二钱五分 25；猪羊油肉酱羊腰肝：一两〇三分五厘 103.5；作料等等：五钱一分五厘 51.5；共三两七钱 370。

初九日（5 月 22 日）昨夜梦冠章趋公，行过虎栏，见二乳虎锁系而伏，入栏逼视，心悸而出，至公所则如进乾清宫，先有西曹三五辈在焉，复见批本处一新友来焉，问其从学何人，则曰和砚田，霍然而醒，谅因盼迁热中，结想成梦，抑又届抖晾《实录》，本房寅友念麟还京欤？前日家严谕帖问麟是进京召见，是调往别处，实在不解等谕，想见念子极切，故有是问，然京中尚未见明降谕旨，麟在外又何由得知？再写禀时不知何以覆之。午庄兄抵省恭报到任后，想朝廷自有诏命，抑此时已奉恩旨，家严已慰，亦是奇想，亦未可知。午初阅科布多来文，销毁分界木质关防，哈密厅申详养济院收养贫民数目暨条规章程等文五件。接左候相贺年覆函一封，并璧衔篆。镜兄赠蜜果茶食四匣，糖蒜壹瓶。晚饭午兄咸鱼、镜兄豆汁，食之如到家也。酉刻率两女出西门，至河滩少坐，水磨观缠回架屋而还。收小麦八斗九升，大麦九斗

---

① 郭什哈：原系满文。
② 各项合计为842分。

九升。

卸炭一车：一两二钱 120；赏立价恭销大佛寺软圖：二两 200；芝麻酱：二分五厘 2.5；猪羊油肉酱：一两〇一分 101；作料等等：三钱〇五厘 30.5；共四两五钱四分 454。

初十日（5 月 23 日）东圈射鹄。黼石观察来信，现丁继母忧，遵制成服，择日开吊，当饬立价销字，杨价浇蜡，以便制轴购楮往吊。晚饭午兄火肉、镜兄豆汁，食之甚甘，不图镜兄惠我资斧之外，更惠麟自幼癖嗜之豆汁也，感甚。酉刻率两女出西门闲步，至南河滩少坐而还。

猪肉二斤：三钱二分 32；脂油半斤：一钱六分 16；羊肉二斤：二钱 20；补初九日油四两：八分 8；酱二斤：二钱 20；作料等等：三钱〇五厘 30.5；共一两二钱六分五厘 126.5。

十一日（5 月 24 日）清晨监视立价销字，饭后监视刘仆妇制轴，众价粘做楮锭。恭阅皇上万寿贺折、安折三分。接二月既望至廿一日京报一本，玉门县王令回任信一封。恭阅为魏午兄方伯过境奏报，由哈西上日期折件，即时拜发，谅端阳节前后抵都，批回递到盖在五月终六月初旬耳。酉刻监视祭幛、祭烛、楮锭、冥策四事做成，当即遣送王黼石观察公馆敬唁矣，所有制做轴楮仆众均有薄赏，亦惟是以工代赈之意，且免无事生非，鼓簧弄舌，并免市肆居奇，低物贵卖，区区苦衷，达人自悉，麟不多赘耳。

白洋布四尺：三钱六分 36；洋绿：二钱 20；金泊一刀：四钱 40；台连：二钱 20；两女用：一钱 10；赏工八名：一两四钱 140；猪羊油肉作料等等：一两九钱九分 199；共四两五钱〇五厘 450.5。①

十二日（5 月 25 日）辰刻偕镜兄往吊黼石王观察母丧如制，

---

①　各项合计为 465 分。

乘车而还。写仁字第廿三号家报。午间接董台弁呈报昨日戌下接到军机处于三月十六日未刻交发乌鲁木齐都统升奉批回夹板壹副,外兵部火票壹张,黄布口袋壹个,内卅二件。镫下写谕儿鹏信,致文翰兄信各一件。

　　武威四圣庙缘:一两100;派戏赏条:二两200;龙王庙浴佛缘:一两100;猪羊油肉酱:一两一钱110;香油作料等等:四钱九分49;共五两五钱八分558。

　　十三日(5月26日)清晨写致舒畅亭亲家、麟履仁妹丈、恒士稣通家、张辅臣契友、溥文斋王子、荫槐庭契友、桂月亭通家、景星阶世叔、乌俭农窗友、那王钜辅通家、兴石海契友、颐养轩王孙、桂文圃契友、瑞兰台通家覆信十四件。接客岁腊月初七日儿鹏由京寄来福字第十三封家信,内附京中亲友信七件,系由毅帅行营粘固马递,谅由提塘转致者,敬悉家严康健,亲友平安,甚慰下怀,当将仁字第廿三号家报及覆亲友信件分封妥,并将儿鹏历次家信及其感遇诗章封讫备寄,半日执笔,颇觉吃力,想亦久闲之过也。接刘营文案委员左子贤大令安信一封。酉刻率两女出西门,闲步至南河滩土冈少坐,绕西渠观流水而还。收大麦九斗,小麦壹石八斗。

　　猪肉三斤:四钱八分48;脂油十二两:二钱四分24;羊肉二斤半:二钱五分25;酱二斤:二钱20;香油:五分五厘5.5;作料等等:四钱六分五厘46.5;共一两六钱九分169。

　　十四日(5月27日)写致李辑廷、曾怀清二同乡、朗月华、长石农二通家、常绪堂族叔信五封。戌刻接军台董弁呈开昨日酉下接到军机处于三月十七日酉刻交发奉批回刘抚帅夹板壹副,外随兵部火票壹张,黄布口袋壹个,内廿五件。先是两女率仆往西门外娘娘庙观剧,戌初而还。

　　两女听戏用:六钱60;挂匾铁拐大钉十一个:二钱20;猪

肉二斤半:四钱 40;板油十二两①;羊肉二斤、猪肝、酱:四钱六分 46;作料等等:三钱三分 33;共二两二钱三分 223。②

十五日(5 月 28 日)丑正即兴,寅初诣关帝庙拈香,顺道明辕恭拜六月廿六日皇上万寿贺折,吉时祝发,并告贷于镜兄,即蒙允假贰伯金,交差价祁荣寄京,以奉家严零用,至于明辕差弁蓝翎县丞刘翰、本辕差价六品军功祁荣差费均由明辕支发各拾金。镜兄赠麟钢穰闷盖洋表壹件,以麟旧表停摆故也。卯初还公廨,监视立价、荣价以夹板恭束嘉峪关关帝庙软匾,交差价祁荣差便恭悬于彼,代答神麻,以了鄙愿。交荣价仁字第廿三号家报一封,内禀家严一件,谕儿鹏一件,致十五处亲友一件,致长石农、朗月华二通家、常绪堂族叔三件,共六件,外交督辕李巡政、陕西曾粮道二信,嘉峪关庙香资四两,兰州报房节费八两,西安道署垫款四两,京中还同泰轿局银廿两,共大小四包,计卅六金,并汉唐碑拓六包,附图画二封,谕儿鹏照图帖一件,《冠章旧记》并此记一包。早间在关帝庙晤娄彝生窘倅,据云张朗兄如夫人在喀什噶尔途次病故,其枢已到哈城,朗兄褓保子不日随其乳母到哈云云,今既知其如夫人枢到,内子即遣仆妇具祭轴楮锭往吊,俟其幼子到哈,内子亲身去看,以护名将之嗣而尽结义之情。

夹板一付:五钱 50;两女零用:三分五厘 3.5;猪肉二斤:三钱二分 32;油十二两:二钱四分 24;羊肉二斤半:二钱五分 25;面酱二斤:二钱 20;元粉:一钱一分 11;鸡卵、芥末:九分 9;香油:六分 6;青豆:三分五厘 3.5;作料等等:三钱一分五厘 31.5;共二两二钱五分五厘 225.5。③

---

① 原稿缺少价钱。

② 各项合计为 201 分。

③ 各项合计为 215.5 分。

四月十六日（5 月 29 日）固封芊赠绿石鼻烟壶，交差价祁荣
赍寄至京，代麟恭进家严检收，以尽微忱。酉刻天山庙僧心月来
谒，晤谈许久，并言前布缘银廿两已收，敬谢麟施，至于陈太守芊
兄、魏方伯午兄先后过山，均各平安云云，叩礼而去。晚间询得
朗兄褪保世兄经沈令锜晓楼巡政夫妇照扶到哈，内子拟于明日
往旅次去看，以尽盟谊，藉观名将之哲嗣也。

　　差价寄京还账：二十两 2000；关上挂匾香资：四两 400；
　　兰州报房：八两 800；曾怀兄垫款：四两 400；白洋布四尺：三
　　钱六分 36；纸锞二色：五钱五分 55；油、肉、作料等等：十九
　　两九钱 1990；共三十八两八钱一分 3881。

十七日（5 月 30 日）孝端文皇后忌辰。写兰谱壹分，封存待
寄魏午兄。已刻镜兄以其寄乃弟家信见示，知前假贰伯金改由
京垫拨，当将麟家报皮面记明，并致书于明晓峰盟兄交刘弁寄
京，俾其见信即为垫拨耳。午初内子往张盟侄旅次去看，少焉而
还，述及张世兄姿质不凡，燕颔虎颐，与朗兄逼肖，真不愧名将之
子也，宜为朗兄贺，并见其抚育之功洵赖沈晓楼夫妇，当饬庖人
赶办京菜四簋点心二盘赠沈晓楼之妻，代酬其抚乳劳。接军台
董弁呈昨日酉下接到军机处于三月廿六日未刻交发刘抚帅、
升都统奉批回夹板壹副，外随兵部五百里火票壹张，黄布口袋壹
个，内八件，又发乌鲁木齐都统升奉批回夹板壹副，外随兵部五
百里火票壹张。午正晓楼沈大令来谒，晤谈许久而去，其为人明
干练达，才堪肆应，洵能吏也。未刻回拜晓楼，未遇而还。未正
朗兄郭什哈河南驻防荣防御棠来谒，晤谈许久，询及河南满营官
额，渠答曰八旗满洲佐领、防御骁骑校各壹员，八旗蒙古官额与
满洲二旗同数，旗丁共九百馀户，统辖于城守尉云云，麟藉知一
段掌故，谢别而去。酉刻两女登城眺远，麟亦将升，经瑞价善谏
而止，仍出西门，闲步至菜圃少坐，率两女而还。

　　太太出门赏郭什哈①：四钱 40；赏亲兵：四钱 40；赏车
夫、马夫：三钱 30；南红金枣二分：六分 6；猪羊酱油肉：二两
八钱九分 289；作料等等：四钱一分五厘 41.5；共四两四钱
六分五厘 446.5。

　　十八日（5 月 31 日）补记：日来家岳母及连价母子、瑞价夫
妇、立价等先后赠献食品，麟果腹充肠，不解何味，其中自有所
为，达人观之自明，似可不赘。昨夜梦侍家严于卅年前赁居之故
第，犹如少时之趋跄，豁然而醒，梦尚宛然在目，实因思乡念亲，
并结于中而成梦耳。巴里坤金军局员富佐领恒川来谒，并带寄
德言泉一柬，晤谈许久而别。午后检京寄泥马一堂，遣送沙西屏
世子玩赏。酉刻率两女出西门，至菜圃少坐而还。

　　东昌纸一刀：二钱五分 25；屉布：二钱五分 25；粗白碗四
个：一钱五分 15；猪羊油肉酱：九钱六分 96；香油、作料等
等：四钱六分五厘 46.5；共二两○七分五厘 207.5。

　　十九日（6 月 1 日）卯刻策骑至十里墩戈壁滩恭叩家严、家
伯母、家叔如在京贱降前期行礼仪，卯正策骑还公廨。叩家岳
母，并致信于绪子兴姻兄，赠其线毯马褥壹对，均交差价祁荣寄
京，嘱儿鹏转送。明辕差弁刘翰来叩辞，面恳其抵都代叩家严、
面见儿鹏，晤谈而去。接军台董弁呈开昨日亥下接到刘抚帅于
本月十二日申时拜发奏折夹板壹副，外随四百里滚单壹张，谅为
恭报到任疏耳。接迪化直牧潘太守效苏少泉、绥定管带陈军门
建厚贺节信二封。酉刻志恒甫、志益臣二盟侄来拜，晤谈许久而
别，并蒙镜兄赠南阳缎袍褂料壹套，拜而受之，晚间谒镜兄道谢，
戌正还公廨。惟见镜兄良骥四枣骝现患中结，转症阴寒，已垂危
矣，当检灵应丸卅粒以调之，看其畜之命耳，良骥待毙于厩丁，可

————————

①　郭什哈：原系满文。

恨也哉。

　　赏郭什哈①五名：一两100；明辕价力：四两400；晚赏
车、笼夫等：六钱60；卸柴七车：一两七钱五分175；猪羊油
肉酱：一两四钱四分144；作料等等：六钱九分69；共九两四
钱八分948。

　　廿日（6月2日）吉时差价祁荣恭赍嘉峪关庙匾东上，因差
恭悬，代答神麻。督饬立价、连价等固封贺节信件四路八十三
封，午刻标朱交发。辰刻恒甫、益臣两盟侄来请午饭，如时，先遣
两女前往。申初乘车至龙王庙赴镜兄约，至则吉人、丹山二幕
友、镜兄贤乔梓均在焉，互相跪拜，暨明辕巡捕、郭什哈等率梨园
子弟先行参，皆镜兄之美意，实非麟之初心。镜兄派演庆寿
《五子宫》，麟派演《香山还愿》全本，亥初终席还公廨。先后赏
银捌两，诚非甘为。且谈及镜兄良骥倒毙于昨夜，尤叹良骥之不
易豢，厩人之不易用，亦犹人才虽见知于君上，而不见用于当轴，
则与良骥之辱于奴隶之手同也。

　　洋烛四包：一两四钱140；赏巡捕等：六钱60；赏车夫、
马夫、笼夫：七钱70；羊烛一斤：二钱20；猪羊油肉酱：二两
六钱七分267；作料等等：一两一钱〇五厘110.5；共六
两600。②

　　廿一日（6月3日）饭后至明辕给镜兄道谢，给恒甫、益臣两
盟侄谢步，吉人、丹山二幕友道乏，畅谈许久而还。午后致芋兄
处荐信一封，交席大令野樵代寄。端阳节近，需用较多，兼之差
价进京携去卅六金，以致日用之资已亏数日，若再与镜兄告贷，
以其将假贰伯金寄京，似难启齿，而鄙署卅馀口嗷嗷待哺，真令

①　郭什哈：原系满文。
②　各项合计为667.5分。

人愤懑无策耳，朝命不下，将致饿殍，居官如此，可谓尽矣，日坐愁城，束手待毙。酉刻东圈射鹄以解无聊之极而已。

猪肉二斤四两：五钱二分 52；脂油一斤：三钱二分 32；羊肉二斤：二钱 20；腰、肝：六分 6；酱二斤：二钱 20；香油：五分五厘 5.5；作料等等：四钱〇五厘 40.5；共一两七钱五分 175。

廿二日（6月4日）晨兴麟即不豫，尚无大疾，而内子腹痛腰疼颇重，使人观之不耐，且两女争吵不休，戒之觉敛，真有难乎为情之势，总缘无事乏资所致。接驻安西局员金贵山同乡贺节信版一封。午刻发三百里马封于清辑甫参赞、魏午兄方伯二处，又发排单一件于张家口穆清舫同年差次，均贺午节也，午兄信内附呈兰谱一分。未下镜兄遣送豆汁一碗，熬食颇甘，不免又起乡情。酉刻率两女出西门闲步，至菜圃少坐而还。

梨园领赏：八两 800；内用白糖一斤：二钱二分 22；猪羊油肉酱：一两四钱八分 148；羊肚、香油：一钱二分五厘 12.5；黄花、木耳、元粉：一钱九分 19；作料等等：四钱二分五厘 42.5；共十两四钱四分 1044。

廿三日（6月5日）接古城厘局委员沈大令先鉽申详三月十八日启用木质关防，本月十三日开局征税。接巴里坤游戎丁瀛舫军门贺节信版一封。日来天气燥热，烦熇异常，令人无处躲避也。酉刻率两〔女〕出西门，至菜圃少坐而还。闻得朗兄世兄今晚起程东上，当遣郭什哈李浩持帖送至十里墩，以尽友谊。据哈密厅娄署倅申详候审人犯冯升患病沉重，讨保外治，蒙明辕批准在外医治，仍仰申详爵抚院。

两女用：一钱 10；马封皮一百个：一两三钱 130；羊肉二斤：二钱 20；猪肉三斤：四钱八分 48；脂油十二两：二钱四分 24；羊肚：一钱五分 15；酱、作料等等：九钱二分 92；共三两三钱九分 339。

廿四日(6 月 6 日)写贺五月朔毅帅寿祝信一封,待寄。午后与瑞价习奕以解无聊。申正晚饭后率两女出西门,沿北河滩西圻少坐,绕东圻越西北街过小西街,沿水渠观水磨,仍进西门还公廨。回环步行七八里,稍解烦热。

猪肉二斤半:四钱四分 44;脂油十二两:二钱四分 24;羊肉二斤:二钱 20;腰、肝:六分 6;香油:五分五厘 5.5;酱二斤:二钱 20;作料等等:三钱四分五厘 34.5;共一两五钱三分五厘 153.5。①

廿五日(6 月 7 日)接安远营管带谭协戎用宾贺节信版一封。接二月廿二至三月朔京报二本,知中法复和允旨果于廿八日奉行矣。接甘凉道龙云阶于正月十七日丁外艰讣文一件。接兰州署道恩雨三同乡三月廿八日接到麟是月十三日三百里排单附函,本月初旬覆信一封,论事明确,侃侃直言,且悯麟之意甚深。接陕西臬台张南圃贺节信一封。观京报纶音,见刚子良滇藩升晋抚,定静山太守升江西粮道,可为我皇上赋得人之盛,一则廉介有为,一则老诚练达,洵当今人才也。申刻刘营陶弁折差回辕过哈,携家严手谕,敬悉三月初四日陶弁寄到麟禀日记,家严身体与先前一样,饮食亦好,饭后仍是闲走等谕,甚慰鄙衷,惟儿鹏暨媳先后患病,累家严忧劳数日,麟之罪也,愧甚。接儿鹏福字第十七封家信,知儿等疾时赖雅静山亲家医治,舒畅亭内外亲家照拂方得痊愈,所喜一门安静,家严十分康健,麟方转歉为欣,儿鹏报考已经本旗骑射,仁字第十九号家报由明晓兄亲交儿鹏、乌达峰、恩益堂、舒畅亭三信当即分送矣。二月廿八日长少白同乡到舍下,家严、儿鹏均已面晤,托寄信件亦收到矣。差价

---

①　各项合计为 154 分。

周福至三月初旬尚未〔还〕〔出〕京，真令人不解。张朗兄二月廿一日至舍下，家严、儿鹏均已面晤，畅谈半日而别，并蒙赠朱提三百金，真令人感愧交作耳。当将祝毅帅寿函交陶弁代呈。家信内附庆郡王、乌达峰年老前辈、松寿泉夫子、长春帆契友、训语周详。英和卿前辈、奎茂川妹丈荣升军校、雅静山亲家、文翰章砚兄、桂文圃至友、二信均嘱麟早为还京，切嘱麟早还家。景星阶、柏乐夫二世叔、祝华堂老兄、沐诚斋老兄、朗月华、有好诗。恩露芝、荣显斋三通家、阿仪臣、瀛丹五二友、舒畅亭亲家各覆函廿封，多有劝麟速作归图者，然而召还无诏，其奈麟何？酉正率两女出西门，沿东渠至北滩泉少坐而还。乃值德峻峰之妻已在悼时堂辞行于家岳母、内子前，阔谈行色，并曾遗两女别敬，不免又费赆仪往来酬酢，诚非得已。日来天时加亢，夜难成眠，小女鼻孔时破，血流不止，观之万分焦灼。

　　玛纳斯①庙缘：一两 100；东昌纸一刀：二钱二分 22；猪肉二斤半：四钱 40；羊肉二斤：二钱 20；板油十二两：二钱四分 24；酱、作料等等：六钱〇五厘 60.5；手巾：二钱五分 25；共二两九钱一分五厘 291.5。

　　廿六日（6 月 8 日）寅初热醒，洗目，三复家严谕帖、儿鹏家信、亲友覆函如面晤聆训矣，乃朗月华诗句甚佳，儿桂鹏吟哦进益，鄙衷颇悦。写回禀仁字第廿四号家报，致舒畅亭、雅静山二亲家、奎茂川妹丈三信五件，共钉待寄。接古城领队魁介臣同乡贺节信一封。酉刻两女至德峻峰家送其妻行，并赆廿金。晚间出西门，沿东渠至镜兄菜圃少坐，仍至北滩泉小坐，由旧路还公廨，两女已先归矣。镫下接魏午兄于本月廿日午刻由古城发信一封，并兰谱一分，知其将于廿六日入省到任。接金景亭军门贺

_____

①　玛纳斯：原系满文。

节信帖一件。今日午兄到任,想有一番布置,一番感慨矣。哈密厅申详前讨保外治之待质病犯冯升现已病故,明辕委验属实,饬令浅厝,仰申爵抚院,该故犯即松树塘讹盗奇兴阿资财之店主也,显戮似逃,冥诛即伏,可哀可畏。

德宅赠敬:二十两 2000;锯大碗:二钱 20;猪羊油肉腰肝酱:一两一钱八分 118;香油、元粉:一钱六分五厘 16.5;作料等等:四钱七分 47;共二十二两〇八分五厘 2208.5。①

廿七日(6 月 9 日)饭后两女至龙王庙观剧,馈明伯晚饭而还。接刘营厩长谈总戎永胜贺节信版一封。镫下接阅明辕移看刘抚帅咨开本月初二日行抵乌垣,驻扎满城之东,十二日附片恭报沿途经过地方情形及抵省日期文一件。原片附。

两女零用:一钱 10;赏跟两女出门:四钱 40;猪羊油肉:九钱二分 92;猪肝:六分 6;酱二斤:二钱 20;作料等等:六钱三分七厘 63.7;共二两三钱一分七厘 231.7。

廿八日(6 月 10 日)寅刻策骑出北门,走登龙门至龙王庙药王前拈香,中厅少坐,策骑仍由旧路还公廨,时卯初矣。接升都统竹珊同乡贺节信一封,刘营中军张军门仕林、古城税局委员沈大令先鋆贺节信版二分。接锡伯领队果、索伦领队春、乌垣领队萨桂亭三同乡贺节信三封,惟桂亭附函内云去冬接奉部咨,内开乌鲁木齐一带领队着其回京供职,听候请旨简放等因奉此,幸蒙军帅破格施仁,给咨入觐陛见,听候简放,大约端节后即可就道等语,不解所谓,麟甚诧异。接阅明辕送看爵抚帅咨开故(旧)〔舅〕岳文讳艺在库车殉难请恤片稿一件,俟奉到谕旨再行录咨云云,系二月廿六日在哈密拜发奏折附片者也,镜兄批云年月不符,似未看原呈之故耳。

① 各项合计为 2201.5 分。

赏巡捕、郭什哈①等:六钱 60;两女用:一钱 10;猪羊油肉腰肝:九钱 90;酱二斤:二钱 20;香油:五分五厘 5.5;作料等等:六钱二分五厘 62.5;共二两四钱八分 248。

廿九日(6月11日)孝慎成皇后忌辰。李老圃送四寸长王瓜三条,赏天罡四圆。接巴里坤协领英梅轩、文孟宽二同乡贺节版柬二封。

老圃抽风:二钱 20;羊油烛一斤:二钱 20;猪羊油肉酱:一两〇四分 104;蒜苗:一钱一分 11;香油:五分五厘 5.5;作料等等:三钱三分 33;共一两九钱三分五厘 193.5。

卅日(6月12日)补画行稿二件,即前咨奏事处、捷报处为恭报藩司过境及差弁恭递皇上万寿贺折传单二事。酉刻率两女至菜圃小坐而还。

药王香资:一两 100;老圃抽风:二钱 20;江米二斗:三两一钱 310;红枣廿斤:九钱 90;脂油十一斤:三两六钱八分 368;澄沙四斤:一两九钱二分 192;黑糖四斤:六钱四分 64;白糖二斤:四钱四分 44;玫瑰十两:四钱 40;红棉:五分 5;钱串:一钱 10;日用:一两五钱五分七厘 155.7;共十二两九钱八分七厘 1298.7。

① 郭什哈:原系满文。

哈密记事六①

五月初一日(6月13日)寅刻诣关帝庙拈香,还视小价等煮粽炸盒炸酥,分赠镜兄诸公十馀处以为节礼,地处艰窘,塞责献芹。节录爵抚帅咨为故舅岳文请恤片稿:

臣接绾兵符,复饬逐加采访,据库车善后局道员黄光达禀称,同治三年四月,逆回田满拉、苏满拉同到库车,勾通汉回马三保、马泷二等围城,时英吉沙尔领队大臣文艺告病回旗,道经库车,与该处办事大臣萨临阿守城,贼众兵单,至五月初二日城陷,文艺等全家同时殉难。上年准哈密帮办臣祥麟交出图晟呈称,故父文艺由侍卫历任城守尉、副都统、乌什办事大臣,同治二年调署英吉沙尔领队大臣,告病回旗,四年四月行抵库车,适值回变,协力守城,一门殉难,遗骸委诸沙漠,死事情形殊为惨烈,仰恳天恩,从优议恤,分别旌表,以彰忠节而慰幽魂,其萨临阿同时殉难,并恳饬部从优议恤云云。

发三百里排单马封二角于西安府,一致仁字第廿四号家报,托曾怀清代寄,一致上月日记并故舅岳文公请恤片稿,托安仁山代达转浼曾观察汇寄者也,谅六月中旬似可抵都。接雷子震观察、金和圃军帅贺节信二封,写作均佳。志恒甫侄来辞行,晤谈许久而别,惜乏赆赠,愧甚。酉刻策骑出北门,迎风而走,惊沙扑面,土气漫天,至十里墩送恒甫盟侄北上,席地话别,并赠以绪青马代步,风略息,仍策骑进北门还公廨,时戌初矣。接毅帅营务处袁观察陶泉、镇西厅照磨旭阳韩同乡信版二封,知陶泉勇号为

---

① 此为清华大学图书馆所藏第六册日记封面所题。正文首页钤"国立清华大学图书馆藏"朱文印。

"那尔珲",朝廷嘉奖之义甚深,且喜名实恰符,可谓精详矣。

骆、穆月例:三两300;众仆剃费:三两300;小顺点心、赵二油水:一两100;马夫月例:一两100;八处灯油:一两七钱170;太太用:五钱八分58;祭神香烛:五分5;本日日用:一两九钱五分195;共十二两三钱二分五厘1232.5。①

初二日(6月14日)裱糊砚章表墨印色等盒布囊数事以自娱。接毅帅营罕清如、德峻峰贺节信版二封,当即写信致覆璧版。接塔尔纳沁都阃润亭向总戎贺节信版一封。收李蘅石观察、龙觐云协戎、黄辅臣都阃各送食物八色,麟仅收鸭卵、角黍、火腿三事。娄彝生同乡送食物十色,仅收角黍、凉糕、窝窝、杏子如甲盖大。四事。酉刻率两女出西门,至菜圃少坐而还。昨夕今晚淡云微雨,凉风偶至,烦燠略消,雨亦数点而霁。补记:四月十七日收小麦九斗二升,青稞九斗。廿日收小麦一石二斗,青稞七斗。廿二日收小麦二石六斗四升,高粱一石八斗二升。卅日收小麦一石二斗八升,青稞五斗七升。

李、黄、龙、娄四力赏:二两四钱240;猪羊油肉:一两一钱二分112;酱二斤:二钱20;蒜苗:二钱四分五厘24.5;王瓜:一钱三分五厘13.5;香油:五分五厘5.5;作料等等:三钱六分36;共四两五钱一分五厘451.5。

初三日(6月15日)孝诚仁皇后忌辰。卯正收镜兄赠麟暨仆从等纹银壹伯肆拾两,受之愧赧,惟感于心,然此款仅敷端阳节赏诸费,而息假商金、日用众资尚不知偿自何处,借诸那方也,闷甚闷甚。收安吉人送凉糕、角黍、绿豆糕三事。收镜兄送猪肉壹节廿馀斤。军装陈、保甲冯、厘金闻、王巡检燮友各送食物八色,仅收金腿壹对,角黍二盘,海参壹包,又角黍壹盘。明辕送看

_____
① 各项合计为1228分。

昨日由驿递到三月初旬拜发刘抚帅出境恭报日期折件夹板壹
副,四月初旬奉旨"知道了。钦此。"当即敬谨叩阅讫,仍藉原弁
赍回,其安折朱批似是石农长侍讲通家恭代者,回忆入直内廷,
婉然在目也,叹甚。酉刻率两女出西门,至菜圃少坐而还。

　　陈军装、冯保甲力赏:一两二钱120;闻厘金、王巡检力
赏:一两二钱120;安幕友力赏:六钱60;立价印泥盒:五钱
50;绒毯马裤一对:三两八钱380;卸炭:一两五钱五分155;
猪羊油肉肝酱:一两一钱110;作料等:五钱二分五厘52.5;
共十两五钱三分1053。①

　　初四日(6月16日)写致祝华堂谙达信一函,封而待寄。收
毅帅公馆送糯米枣糕壹圆,洋糖二瓶,米糕甚佳,资力而去。照
章分赏巡捕、亲兵、缠回、马夫、内外家人共卅三名口,除镜兄赏
四十金外,麟加赏五十四金,明辕签押李维翰、豆汁把什王成各
四金,共用银壹伯零二两,准力度劳,别以等差,至优六两,极少
壹金,此视明辕省而又俭,新疆诸物昂贵,故不得不从厚节赏,若
在京中,则极少者可为至优。酉刻率两女出西门,至菜圃小坐而
还。镫下接三月初二日至十六日京报三本,知舒畅亭亲家已于
是月初五日预备召见矣,并诸契旧升授有差,惟庆云樵侍郎于是
月十二日递遗折,不觉凄然泪下,以个中人又去一知己故也,一
喜一悲,交攻于中。接张朗兄于三月十二日由京发信一封,知其
头队已扎涿州,基隆法人未撤,俄人、英人为爱屋罕有构兵之说。
接甘肃陶廉访子方、安肃叶观察挺生、凉州倭太守陟堂同乡、玉
门王大令子桢贺节信版四封。写覆朗兄信壹封,并仁字第廿五
号家报,合封待寄。预标三百里排单马封壹角,为明日辰刻行直
隶壹带探投张抚帅军门之公文也。收小麦一石一斗八升,大麦

---

① 　各项合计为1047.5分。

六斗四升。

赏巡捕、跑帖、书识、马夫、标兵等:三十四两 3400;赏内外家人十七名:十七两 1700;明辕签押、豆汁匠:八两 800;听差缠回二名:四两 400;骠马赏九付:一两一钱 110;爵帅公馆价力:一两二钱 120;洋锦褥面六尺:六钱六分 66;白糖一斤:二钱二分 22;本日日用:一两六钱六分 166;共六十七两八钱 6780。

端阳日(6月17日)辰刻发三百里排单马封壹角,内附仁字第廿五号家报。饭后差帖回拜同城文武暨镜兄幕中诸友,毅帅留驻马步各队管带、哨长等官,以麟烦闷,天时炎燠,未能亲往各处贺节,歉甚愧甚。午后干燥异常,肚腹疼痛,似乎中暑,当服万应锭十馀粒,微愈,而胃间仍隐隐作痛,又似乎食寒水热作祟于中也。总之哈密地居山阳,雨泽又稀,兼之盼迁念切,用度缺乏,热结于中,寒侵于夜,以致时染小恙。忽忆长廉访春兄训语,无以有用之身受病于无聊之地,不觉心地清凉。走字告贷于镜兄,厚颜求乞,切望其设法推顾耳。酉刻力疾率两女出西门,至菜圃少坐而还。乃御夫赵御、平安往观花鼓小戏,因口角被军功王姓殴伤,幸不大重,经巡检王燮友传讯两造,则各执一辞,麟将御、安二价痛加申饬一番而罢,然小恙因之愈矣。

另赏:十两 1000;猪羊油肉:九钱六分 96;肘子四斤:六钱四分 64;香油十二两:三钱 30;酱二斤:二钱 20;西葫芦:一钱三分五厘 13.5;作料等等:三钱六分 36;共十二两七钱〇五厘 1270.5。①

初六日(6月18日)巳初阴云北来,风雷暴作,疏雨点点而霁。接军台董弁呈开昨日卯下接递过军机处于四月初九日申刻

---

① 各项合计为 1259.5 分。

交发爵抚帅刘奉批回夹板壹副,外随黄布口袋壹个,内六件,兵
部火票壹张。未后狂风大作,尘沙弥天,想戈壁行人又戒备矣。
镫下监督仆妇修理腰刀鞘套。

　　洋镜:五钱50;铁丝:五分5;猪羊油肉酱羊腰:九钱八
分98;香油:五分五厘5.5;酱二斤:二钱20;蒜苗:一钱三分
五厘13.5;作料等等:三钱八分五厘38.5;共二两三钱〇五
厘230.5。

　　初七日(6月19日)镜兄以麟小恙来看,并言将致书于毅
帅,求其设法资助,现已告贷于王黼石观察,允而未假耳,且云俟
魏午庄方伯报到任后,拟稿请旨可否进京伏候简用,抑仍在哈密
待命之处,出自皇上格外天恩等语,畅谈许久而别。然而往返驿
递,即奉旨允准来京,则秋间起程北上,冬底方可抵都,若得数日
间敬承召迁纶綍,赶理征车,急凑川资,早见君父,则幸甚焉,焦
盼切盼。午后接库车署丞李福田贺节信版一封。西刻率两女出
西门,闲步至菜圃,少坐而还,则镜兄之邸价在焉,以王黼石假金
拨借贰伯两,当具收条谢借,感甚感甚。

　　收拾刀鞘:一钱五分15;卸炭:一两二钱120;猪肉三斤
半:五钱五分55;油十二两:二钱四分24;羊肉:二钱20;猪
肝:六分6;香油:五分五厘5.5;酱、作料等等:八钱三分九
厘83.9;共三两三钱〇二厘330.2。①

　　初八日(6月20日)卯正乘车出北门,走登龙门至龙王庙谢
镜兄假金之谊,适镜兄接到喀尔喀蒙古人毛弄呈称,因在葫芦沟
牧羊,经镇西厅牙行差役擅押班房,勒令纳税,强买羊只等词赴
诉,求断蒙汉呈各一纸,镜兄当交裕庭甘丞秉公讯办,畅谈许久,
仍乘车由旧路还公廨,时辰正矣。收明辕移交恭报四月初八日

---

①　各项合计为329.4分。

新疆藩司出境录存折稿一稿；又交看科布多四月初六、九日咨俄商来哈贸易文二件，各粘货单，尚无不合，惟带贩羊马，似于华民生意陇断太甚；又哈密厅申详厅役沈彪强娶民妇一案，实属不成事体。酉刻率两女微服出南门，步至德胜街买糊刷未果，越镇番街回至三岔路，遇黄都阃辅臣，进西南巷，沿渠至菜圃少坐，进西门还公廨。

　　猪肉二斤半：四钱 40；脂油十二两：二钱四分 24；羊肉二斤：二钱 20；腰子：六分 6；香油：五分五厘 5.5①；酱：二钱 20；扁豆：一钱一分 11；作料等等：二钱一分五厘 21.5；共一两四钱八分 148。

　　初九日（6 月 21 日）夏至。自卯至午甘澍淋淋，烦燥一息，柳香袭人，心气一爽。饭后持盖出西门，走菜圃至南河滩渠边，冒微雨少坐，一领清气，观溪渠荇藻而还。未后雨霁，与两女斗叶子解闷。酉刻率两女出西门，至菜圃少坐而还。镫下致书于镜兄，请销废排单十三件。收小麦一石一斗八升，大麦六斗四升。

　　猪肉二斤十二两：四钱四分 44；板油十二两：二钱四分 24；羊肉四斤：四钱 40；香油十二两：三钱 30；蒜苗：一钱一分 11；酱、作料等等：四钱六分 46；共一两九钱五分 195。

　　初十日（6 月 22 日）接莎车直牧刘渔珊太守、刘营文案张砚芬大令贺节信版二封。酉刻率两女出西门至菜圃，走荷花池少坐而还。镫下接军台董弁呈开本日丑下接到军机处于四月十五日未刻交发奉批回乌鲁木齐都统升夹板壹副，外随黄布口袋壹个，内六件，兵部火票壹张。

　　金银箔二块：八钱 80；修伞：四钱 40；黄表纸：二分 2；鸡

① 五分五厘：原稿草码误书为五钱五分。

子：七分 7；猪羊油肉：八钱四分 84；香油、酱：二钱五分五厘 25.5；作料等等：五钱三分五厘 53.5；共二两九钱三分 293。

十一日（6 月 23 日）善刻缠回镌刻"谨密禀封""固封"方圆小章、清文钉字及名号长章、"臣麟监拓"长章、"卅载镫火""伊吾行人"单联图书十件成，当奖贰金而遣，刀法尚属去得，惜不识汉字，篆法不清耳。酉刻率两女出西门，至菜圃少坐而还。闻得毅帅世兄暨二如夫人不日西上，当检微物数事备送。

小洋匣：三钱 30；牛奶子抽风：五钱 50；补赏刻章缠回巴斯提：二两 200；买线：五钱 50；猪羊油肉酱：一两一钱二分 112；作料等等：八钱二分 82；共五两二钱四分 524。

十二日（6 月 24 日）写致四胞妹信一封待寄。午后由黼石观察饷员交到二月初十日儿桂、鹏福字第十六封家信，内附麟履仁妹丈、舒畅亭亲家、诚芝圃契友信三件，知家严平安，亲友顺利，并嵩月峰同乡信一封，知李辑庭同乡伯母寿辰已过，寿屏未得列名，歉甚。检点火腿壹对，桂耳二匣，桂圆二匣，豆糕、紫菜、干芥各壹匣，遣送刘盟侄及两如弟妇，以尽微忱。接三月十七至廿二日京报一本，知盛京兵部侍郎钟芝泉同乡因病乞休，旨可其请，惜尚不知简放何人。热甚。接敬甫谭方伯、怀清曾、仁山安二观察同乡、鹤卿王太守、晓东廖署牧贺节信版五封。酉刻率两女出西门，至菜圃小坐旋还。购备楮锭，拟于明日准寅正策骑出北门，往戈壁路遥祭先慈，以尽乌私。

菜圃王瓜赏：六钱 60；豌豆抽风：四钱 40；家信酒资：一两 100；东昌一刀：二钱二分 22；猪羊油肉酱：一两〇四分 104；作料等等：四钱八分五厘 48.5；共三两七钱四分五厘 374.5。

十三日（6 月 25 日）先慈忌日，率两女至本城东十里墩西通衢行廿周〔年〕礼。卯正策骑还公廨，以故未得诣关帝庙行香，

愧甚。午刻发三百里排单马封于甘督内院嵩月峰同乡处，附仁
字第廿六号家报。接刘营委员章大令燿郇、总哨头邓军门政升
贺节信版二封，陈芋兄四月廿日抵省信一函，附《三个泉阻雪
诗》一首，甚佳。阅明辕移看毅帅来文二件，一系毅帅恭报到任
折，奉旨"该部知道，钦此"；一系魏方伯先行启用木质关防。写
覆陈芋兄信一函，计八片四十行，又写覆章、张、邓、谭、谈午禧五
片，托芋兄转致并璧七版。

　　内外郭什哈①赏：一两八钱 180；买毛驴一头：三两 300；
　　杏子抽风：三钱 30；猪羊油肉：八钱一分 81；酱、香油：三钱
　　一分 31；作料等等：四钱一分 41；共六两六钱三分 663。

　　十四日（6 月 26 日）辰刻封发三百里排单马封壹角于乌垣，
覆芋兄昨日来函也。午后裱糊象牙棋盒以自娱。交缠回"臣麟
监拓"汉章改镌"行夫天理循乎人情"清文于清文钉字长章背
上，加刻清文"已封"字样，以该缠回镌刻清文秀劲故也。酉刻
率两女出西门，至北水磨木闸边少坐，沿菜畦观池荷，便道南菜
圃小坐而还。

　　花布手巾：五钱 50；赏闫亲兵孩子：二钱 20；卸炭一车：
　　一两 100；赏园丁：五钱 50；猪羊油肉酱：一两〇四分 104；作
　　料等等：六钱三分 63；共三两八钱七分 387。

　　十五日（6 月 27 日）寅刻诣关帝庙拈香，收镜兄销换预印空
衔排单封筒十三角，储而待用。香毕，与镜兄联辔回辕时，乃路
侧有缠回老孀哭诉伊女被郑姓拐逃，身无养赡，曾在哈密厅呈
控，经娄倅答背甚重，冤无可伸，以故覆讼于镜兄也。缠回狡诈
讹赖，娄倅听断稍疏，我辈有名无权，且又交卸在即，静看抚帅之
施为耳。接凉州协领荣玉亭、同州太守文泰初、潼关协戎皂墨

---

① 　郭什哈：原系满文。

林、西安首府李觉堂四同乡贺节信版各一封。酉刻出西门闲步，至北水磨荷堤少坐，便道南荷池，立观小荷初放，仍由旧路而还。

　　两女用：一钱10；洋糖一斤：二钱二分22；猪肉：三钱二分32；板油十二两：二钱四分24；羊肉二斤半：二钱五分25；酱二斤：二钱20；作料等等：四钱五分五厘45.5；共一两七钱八分五厘178.5。

　　五月十六日（6月28日）卯刻微风习习，出西门散步，至北荷池木闸边少坐，踏菜畦沿东渠而还。午初毅帅三世兄印国祉者来辞行，晤谈许久，其为人年虽幼而英姿含秀，大有乃父风，且恂恂然儒者气，当以晋谙斋法帖赠别，旋赴公馆送其行，并阅其窗课，初学属对，出词工雅，尤熟葩经，不徒科名伟人，似是词章佳客，可为毅帅默贺。未后中觉，忽梦与仓督石海兄共坐朝房，见广敏达夫子冠带而来，沿北廊自西而东，麟与石海兄立以见之，敏达公未语而过，麟自顾及顾石海兄，均未冠带也，豁然而醒，不知主何吉凶，抑亦结想所致耳。日来缠回封斋啐经以迎其岁，而鼓乐之声远闻数里，然氏鼓羌笛使人不耐久听，因忆回民虽遵王化，而不奉正朔久矣，可知使其格面而未能使其格心也。

　　刮牲口铁铙五把：六钱60；补驴价：一两100；猪羊油肉：九钱六分96；羊腰肝酱：二钱六分26；香油：五分五厘5.5；芸薹豆：九分9；作料：四钱四分五厘44.5；共三两三钱五分五厘335.5。①

　　十七日（6月29日）接刘抚帅毅斋、杜军帅果亭、恒参谋月舫、清吉甫前辈、额霭堂同乡贺节信（三）〔五〕封。午觉初醒，意绪无聊，回忆去岁行程多赖马力，今则一倒于西安，一赠与恒甫，故召绘人追图之，乃喜价等以与其图马，曷若图人，当改其图曰

————————

①　各项合计为341分。

"高山流水,丹忱向日,一鹿顺风,三羊启泰",因口占一律以纪之:"九陛颁丹诏,孤臣转帝乡。早瞻君父面,何恋水山光。一鹿行风久,三羊向日长。赤忱旸谷暖,冰念玉壶凉。夏尽鹏飞程,远秋高鸟阳。路遥知马力,时否见仆肠。善骥骅骝最,奇驹騄駬良。策加跋涉价,仍许穆刘张。"酉刻家岳母率内子、两女乘车出西门,至菜圃少坐,便道南水磨观流湍,仍由菜圃乘车进南门而还。

南水磨缠回赏:四钱40;园丁赏:三钱30;车夫赏:四钱40;猪羊油肉酱:一两○四分104;猪肝、作料等等:六钱60;共二两七钱九分五厘279.5。①

十八日(6月30日)甘澍淋淋,自辰迄午而霁,柳气薰薰,爽人六腑,烦燠亦因之而息。未初出西门散步,至北水磨木闸边少坐,家岳母率内子、两女乘车继至,乃阴云复合,疏雨点点,荷香袭人,凉风飒飒,不胜雨寒,乘车仍进西门而还,然清风扑面,柳叶无尘,绿水云山,亦可称伊吾佳境矣。天津宋绘工以《缠回优伶乐岁秋千善扑图》来献,当以四金购之。

车夫赏:四钱40;画费:四两400;猪羊油肉酱:一两二钱120;香油、芝麻酱:一钱○五厘10.5;作料等等:六钱○五厘60.5;共六两三钱一分631。

十九日(7月1日)卯刻策骑出北门,东行沙漠北,走沙碛西,越河滩南息土冈,绕荷池,进西门而还。接军台董弁呈开昨日卯刻接到军机处于四月廿四日申刻交发升都统奉批回夹板壹副,外随兵部火票壹张;又于四月廿八日交发刘抚帅奉批回夹板壹副,外随兵部四百里火票壹张。酉刻率两女出西门,沿东渠遥望北水磨,至木闸边少坐,沿荷堤仍进西门而还。

---

① 各项合计为274分。

压马赏：五钱 50；山西解州僧缘：二两 200；猪羊油肉：
八钱四分 84；酱二斤：二钱 20；香油：五分五厘 5.5；蒜苗：一
钱一分 11；作料：二钱一分五厘 21.5；共三两九钱二分 392。

廿日(7 月 2 日)天气烦燠，未出门，晚间微风徐来。家岳母
率两女乘车出西门至回城观九龙树，游西屏园采杏，进南门而
还。日来青黄不接，回台购办粮草大有为难之势，呜呼。收小麦
九斗，白高粱壹石。

猪肉二斤半：四钱 40；脂油十二两：二钱四分 24；羊肉二
斤：二钱 20；酱二斤：二钱 20；香油：五分五厘 5.5；箭杆、白
豆腐：八分 8；作料：一钱二分五厘 12.5；共一两三钱 130。

廿一日(7 月 3 日)卯正乘车出西门，至大营回拜曾统领、谭
营官等诸将佐并送行，以其今日晚间北行，逐站西发，移驻乌垣
也。然而哈密仅剩标兵二百数十名，粮台亲军一哨而已，镜兄与
麟羁留冲要，兵粮俱单，仓卒遇事，束手待命，可哀也哉。接军台
董弁呈开本月十九日戌上接到抚帅于本月十三日巳刻拜发奏折
夹板壹副，外随四百里滚单壹张。明辕交看刘抚帅咨文二件，知
故舅岳文公请恤折片后开军机大臣奉旨："文艺、萨临阿均著交
部从优议恤。馀依议。钦此。"麟之感戴毅帅，非笔墨能(罄)
〔罄〕也。又知兵部变通条例于复姓归宗一节，提镇协参以上仍
准照向章办理。又哈密厅娄倅申详福盛昌李商发春与刘忠互控
一案，现已拟结。又回王代呈哈密回户瘝苦，请饬免供远差转
详，均候明批遵办，控案旋经明辕印批结案。

五台僧缘：一两 100；哈密抽风：五钱 50；石城子送杏抽
风：五钱 50；羊油烛一斤：二钱 20；猪羊油肉酱：一两〇八分
108；羊腰肝：六分 6；作料等等：七钱八分五厘 78.5；共四两
一钱二分五厘 412.5。

廿二日(7 月 4 日)接巴燕岱领队锡江德同乡贺节清文信帖

一封,附和克庵同年一信,知其困守伊江,故同年砚兄之枢改由大路东归,当写清文帖一片覆锡江,附致克庵一信。未刻发三百里排单马封于巴燕岱城,谅在六月中旬递到。酉刻率两女出西门,至菜圃少坐而还。

猪肉二斤半:四钱40;脂油十二两:〔二钱四分24〕①、羊肉二斤:二钱20;酱一斤:二钱20;香油:五分五厘5.5;口蘑:六分6;作料等等:二钱九分五厘29.5;共一两四钱五分145。

廿三日(7月5日)孝恭仁皇后忌辰。录记书识李澜嘉峪关五律:"壮势威天下,雄关最可嘉。嶙峋推第一,峪峻莫能加。锁钥严中外,咽喉制塞华。形原通瀚海,道自极流沙。旅客恒云苦,行人每忆家。千秋同雨露,万里共烟霞。雪积寒难禁,风狂冷无涯。披裘倚马立,忽听奏清笳。"封仁字第廿七号家报,覆谢毅帅信一函,钞请旨先行进京当差折稿二分,写致李辑廷同乡一信。酉刻两女随刘仆妇至北门裁底而还。

西瓜抽风:五钱50;打扫东房缠头、亲兵:二钱20;猪肉二斤十二两:四钱四分44;油十二两:二钱四分24;羊肉:二钱二分五厘22.5;酱二斤:二钱20;作料等等:六钱九分69;共二两四钱九分五厘249.5。

廿四日(7月6日)辰刻发三百里排单马封二角,一致刘毅帅,一致李同乡,附仁字第廿七号家报。昨夕至今朝阴云四合,疏雨滴滴,傍午而霁。接差价祁荣于四月廿八日辰初到嘉峪关,辰正恭悬匾额,敬代拈香,香资四金,给看庙杨住持矣;夹板并纸均交存,五月初五日到兰州,次日交报房节费八金、李辑廷一信讫,赍折东上等语信禀一封。接务本堂京报局邱泰昌一信,与原

----

① 原待空待补,今据前后文补出脂油价格,恰与总数相符。

禀相符,不图荣价粗中有细,承差明白,甚慰鄙衷。日来乍凉乍热,寒暑交攻,以致头疼身痛,四(只)〔支〕无力,兼之待诏孔殷,盼迁念切,故五中嘈杂不豫,今接此信,稍一解颐,钞折稿二篇又微受累。酉刻率两女出西北,沿东渠踏瓜畦,经菜圃至北河滩木闸边少坐观流水,绕南荷池而还。

猪肉二斤半:四钱40;脂油一斤:三钱二分32;羊肉二斤:二钱20;猪肝:一钱10;大肠:一钱五分15;酱二斤:二钱20;作料等等:四钱六分46;共一两八钱三分183。

廿五日(7月7日)小暑。接军台董弇呈开本日丑下接到军机处本月初八日申刻交发刘抚帅限行六百里不知有何密旨。奉批回夹板壹副,外随兵部火票一张。酉刻家岳母率内子、两女乘车出西门,至北河滩游东西堤,绕南荷池经菜圃采罂粟花而还。

太太赏车夫:四钱40;冰花糖一斤:二钱二分22;猪肉二斤:三钱二分32;羊肉二斤半:二钱五分25;脂油十二两:二钱四分24;酱二斤:二钱20;作料等等:六钱六分五厘66.5;共一两九钱八分198。①

廿六日(7月8日)镜兄便服来晤,并以请命折稿润色成见示,畅谈许久而别。接科布多来文一角,又系为俄人贩卖马牛羊等货也。接库伦桂都护五云、松文案润圃二同乡贺节信二封,知润兄在库大不称意,并劝麟切不可仍望外迁,久离老亲也,良友箴规,自当铭之肺腑。酉刻率两女出西门,沿东渠过西北街,越两水磨至北河滩小泉边少坐,穿菜畦,至镜兄菜圃小坐,越小西街,仍沿东渠而还。收小麦九斗壹升,红粮九斗七升。

太太用:二两200;桶箍六个:一两二钱五分125;猪肉

---

① 各项合计为229.5分。

二斤半：四钱 40；脂油十二两：二钱四分 24；羊肉二斤：二钱 20；羊腰、肝：六分 6；酱、作料等等：八钱七分 87；共五两〇二分 502。

廿七日（7 月 9 日）寅正策骑出北门，走登龙门至龙王庙晤镜兄，畅谈许久，仍策骑由旧路而还。回忆去岁今朝到此，毅帅驻军未移，人烟辐辏，街市繁华，今则城市凄凉，闾阎萧索，沧桑之快莫此为甚，瓜期已逾，朝命未颁，真令人无聊之极，盼甚。偶检京信，内有麟客岁临出都时尚颂臣同年赠别诗二章，今补录之，思所以续貂之法以和之："皇图巩固重西陲，锁钥全疆此驻师。别恨不须牵柳色，殊恩总许代瓜期。屏藩瀚海游居上，控制天山险扼岐。计日封侯从万里，功名定远更何疑。"此诗着儿鹏恭和四首，托荣虞臣楷书送至尚学士处。再叠前韵："一代才名压四陲，先看展布到车师。三边锁钥藩篱固，万里风云际会期。失马安知非后福，亡羊休被笑多歧。沙场自古男儿事，天命由来不用疑。"酉刻率两女出西门，沿东渠北行，浓云起西北，疏雨来东南，疾走小西街进北门而还。忽闻镜兄不豫，即策骑出北门，至龙王庙去探，则镜兄已愈，询其病源不过劳碌稍过，偶触眩晕旧症，即服卫生丸而愈，然心气久亏，又须加意调摄方妥，可知久征边塞不辞劳瘁者，受病未有不深者也，可哀也哉。戌初乘车还公廨，疏雨已止，飓风又来。

赏郭什哈、车夫①：七钱 70；猪肉二斤半：四钱 40；脂油十二两：二钱四分 24；羊肉二斤：二钱 20；酱二斤：二钱 20；香油：五分五厘 5.5；作料等等：三钱七分五厘 37.5；共二两一钱七分 217。

廿八日（7 月 10 日）饭后遣两女至龙王庙看镜伯，少焉而

---

①　郭什哈、车夫：原系满文。

还,喜镜兄已占勿药矣。接刘营军装委员县丞张芝云告帮禀柬壹封,当以二金批赈。酉刻率两女出西门,至菜圃少坐而还。

　　猪肉二斤半:四钱 40;脂油十二两:二钱四分 24;羊肉二斤:二钱 20;酱二斤:二钱 20;香油:五分五厘 5.5;鸡卵、元粉:九分 9;豆腐、白菜:八分 8;作料:一钱二分五厘 12.5;共一两三钱九分 139。

　　廿九日(7 月 11 日)卯正策骑至龙王庙看镜兄,见其新恙已愈,旧劳将发,仍须安心调养方可复元。酉刻率两女至北河滩少坐而还。

　　夏台吉价赏:四钱 40;卸柴三车:七钱五分 75;猪羊油肉酱作料等等:一两五钱 150;共二两六钱五分 265。

　　六月朔(7 月 12 日)寅初诣关帝庙拈香,镜兄未到,以其小恙新瘳,尚须静养故也。接三月廿三日至四月初五日京报二本,知凤翚堂阁学已除盛京兵部侍郎矣。阅兰省辕门钞,知凉州太守倭陟堂同乡调西宁太守矣。接谭制军文卿前辈、陕抚边润民前辈、吉军帅仲谦、怀镇军绍先同乡贺节信四封,并知去腊发至泰宁家信今正寄京矣。酉刻率两女至北河滩少坐而还。

　　辕内月例:九两七钱 970;听差散子抽风:五钱 50;两女用:二钱一分 21;黑娃抽风:五钱 50;猪羊油肉酱:一两三钱 130;羊腰:六分 6;茄子:一钱一分 11;作料等等:五钱二分五厘 52.5;共十二两八钱五分 1285。

　　初二日(7 月 13 日)接安西姚牧静庵信版一封,并去年五月在马莲井子地方失去皮匣等物,经该州民柴二拾获,并追出纹银卅八两,因柳武生差便寄来。当将诸物检明,虽与原失稍欠,甚喜沿途印结及衔戳名片合浦珠还,大有归家之兆,其失去银两麟客岁原议即拟半作拾者之采,半作寻者之犒,今将追出之款面交柳武生,藉呈姚贤牧,仍照麟原议代办,即覆静庵谢函,附璧来版清折二事,并赆柳生程仪十金,以酬其劳。当将姚牧来信交哈密娄倅阅看,俾其存案,以麟曾经言之于彼也。酉刻率两女出南门,至东沙滩渠冈少坐,绕镇番街,仍由旧路而还。

柳赆:十两1000;厨宰《论语》:二钱五分25;猪肉二斤半:四钱40;油十二两:二钱四分24;羊肉二斤:二钱20;猪肝:一钱一分11;肠:一钱10;酱二斤:二钱20;作料等等:三钱〇五厘30.5;共十一两八钱〇五厘1180.5。

初三日(7月14日)初伏。接陕西叶方伯冠卿、张营孙统领少襄贺节信二封。接明辕交读由驿递回恭报魏方伯过境奏折夹板一副,当即拜迎谨启原折后开军机大臣奉旨“知道了,钦此”。午间乘车出北门,至龙王庙看镜兄,并求其速饬文案朋友赶缮折件,即时请旨,早作归图也。镜兄遣送纹银壹伯两,当交瑞价暂还商款。接军台董弁呈开昨日卯下接到刘抚帅于五月廿五日卯刻拜发奏折夹板贰副,外随五百里滚单贰张。酉刻率两女出西门,至菜圃少坐而还。镫下写致毅帅、午兄、芋兄信三封。

补家岳母节敬:十两1000;绦子一板,十一尺:八钱五分85;洋烛四包:一两四钱140;白皮纸一刀:二钱二分22;猪羊油肉酱:一两〇四分104;作料等等:三钱五分35;共十三两八钱六分1386。

初四日(7月15日)辰刻发三百里排单马封一角于省城魏方伯午兄处,内附毅帅、芋兄二信,俾其转致。午间哈密厅娄倅彝生来谒,晤谈许久,并将麟照验粮单二事交其钞呈毅帅阅存,以俾行程车辆夫马粮草预为传派也。镜兄派本辕巡捕林玉春往古城子公干,便探乃弟之疾,由驿供给骑马一匹,以利遄行。酉刻率两女出西门,至北水磨木闸边少坐,惜浮梁圮矣。镫下致信于吉人安幕友,俾其请命折上粘黄绫面。

猪肉二斤半:四钱40;脂油十二两:二钱四分24;羊肉二

斤:二钱20;又脂油十二两:二钱四分24;酱、作料等等:九钱
○五厘90.5;共一两九钱八分五厘198.5。

初五日(7月16日)饭后乘车至回城回拜沙西屏,贺其新
岁,晤谈许久而还。午后监视木工成做水桶壹对,为行戈壁运
水。酉刻率两女出西门,游北河池,越南荷池至菜圃小坐
而还。

棉花绒二块,各十五尺:六钱60;哈密瓜抽风四个:三钱
30;卸炭一车:一两二钱120;木工二名:四钱40;猪羊油肉
酱:一两○四分104;作料等等:三钱○五厘30.5;共三两八
钱四分五厘384.5。

初六日(7月17日)寅正即起,督饬立价等抖晾皮服皮冠,
检点公文折报箱匣。申刻策骑率两女乘车至龙王庙赴镜兄烧羊
之食,酉正率两女仍由旧路而还。不图镜兄旧疾复作,以致未辞
而别,座有安吉人、刘丹山、刘文川诸友,谈及绘事,当将鄂兰谷、
安怡斋着色牡丹青绿山水横竖三幅晚间分赠三幕矣。接宁夏协
领凌志堂同乡、两当令陈世五同年贺节信版二封。小麦八斗壹
升,红粮壹石零壹升。

捆折件麻线:五分5;送盐缠回麻花抽风:四钱40;车夫
赏:二钱20;菜刀一把:五钱50;猪羊油肉酱:一两○六分
106;香油、作料等等:四钱○五厘40.5;共二两八钱七分五
厘287.5。①

初七日(7月18日)卯刻策骑出北门,至龙王庙探镜兄疾,
晤益臣侄,问乃翁,知镜兄服药见效,熟睡未醒,便谈许久,仍策
骑由旧路而还。文案朋友以请旨可否进京折件成呈验,当即恭
阅讫,请镜兄定期出奏。接午兄信壹封,并托彭镇军寿延寄到

---

① 各项合计为261.5分。

《圣武记》全部计拾册，《海国图志》全部计廿四册，开卷略看，洵好书也。酉刻率两女出西门，游北荷池少坐，绕南荷池而还。接军台董弁呈昨日卯下接到于五月十三日申刻军机处交发奉批回刘抚帅夹板壹副，外随兵部火票壹张，黄布口袋壹个，内十八件。收红粮九斗贰升。

　　城隍庙捐修：十两1000；北关回民送散子油行：四钱40；两女买香瓜：一钱10；卸炭一车：二钱五分25；猪羊油肉酱：一两一钱110；作料等等：三钱二分32；共十二两一钱七分1217。

　　初八日（7月19日）寅正策骑出北门，至城隍庙拈香，以修盖寝殿，今日竖柱上梁告祭后土神也。仍策骑进北门，出南门，至德胜街拜彭寿延镇军，未遇而还。写致毅帅、覆午兄二信。娄倅彝生来谒，并将照验粮单二事面缴，畅谈许久。当将麟起程时应用照章引马二匹，包马四匹，马伞夫壹名，骑民壮四名，本大臣大车十辆，眷口大车六辆，自带骒马卅匹，男女随从廿名口饩食足用清单面交娄倅，一概不准折价，临期照章应付，纵谈而别。接阅四月初六至初十日京报一本。午刻发三百里排单马封一角于省垣，致毅帅、午兄二信。午后成做公文折报箱夹毡布面，督饬仆妇改做毡氇褥套，喜价裱糊《圣武记》书套。未刻拜发请命进京当差折件如仪，伏望天恩允准，俾小臣早还家乡也，切盼切祝。接儿鹏福字第十八封家信，内家严谕帖一封，知谢弁四月初二抵都，即将麟仁字第廿号家报暨纹银壹百廿两交呈矣，敬喜家严体健如常，饮食照旧，甚慰鄙衷，并知儿鹏现在受业于四川举人名麟图星槎陈夫子之门，每月三、八日遥课，五、十日往柏林寺面试，甚纾下怀。接麟履仁、文翰章、瑞摹庵、容峻峰、祺寿臣、豁世叔、伊建勋、钟仁庄亲友信八封，敬悉亲友均各平安，又儿鹏恭和芋兄《伊吾十景诗》二篇，遇便寄呈。酉刻率两女出西门，至菜圃小坐而还。

　　粗白布二匹：二两一钱210；月白洋标布廿尺：一两二钱120；月白细布五尺：二钱七分五厘27.5；细白洋布十尺：五钱50；棉花二斤：三钱30；日用等等：二两八钱三分283；共六两一钱九分619。①

　　初九日（7月20日）卯刻策骑出北门，至龙王庙看镜兄，晤谈许久，仍策骑由旧路而还。画咨稿一件，为昨日发折行捷报处、奏事处及沿途传牌也。公文折报箱白布面用枝子黑矾刷色，费天罡两圆半，核京当十钱壹千柒百文，昂贵太甚，可哀也哉。镫下写致芋兄一信，附十景诗，当托王黼石转致矣。

　　换笼头皮条十丈：二两二钱220；麻缰绳十根：一两五钱150；鞋底一双：八钱80；捆公文箱皮条三丈：六钱六分66；洋锯一柄：三钱五分35；日用等等：一两六钱五分165；共七两一钱六分716。

　　初十日（7月21日）画行稿壹件，为回王呈请车辆免供远差代咨爵抚帅酌夺见覆。画存请旨进京当差折稿壹件。酉刻率两女出西门，越菜圃至南河滩之南水磨，绕中渠草滩少坐，经南荷池而还。收娄同乡彝生送甜瓜五个，西瓜二个，青苹果、红杏子各壹盘。

　　娄价力：六钱60；猪肉二斤半：四钱40；板油十二两：二钱四分24；酱：二钱20；羊肉二斤：二钱20；香油、豆腐：九分9；作料等等：一钱九分五厘19.5；共一两九钱二分五厘192.5。

　　十一日（7月22日）恭书城隍庙清文匾曰"一邦受福"，又书

---

① 各项合计为720.5分。

龙王庙清文匾曰"泽被伊吾"①，当即购料鸠工，敬谨成做。酉刻率两女出西门，至菜圃少坐而还。收高粱壹石零五升。

　　木工酒银：五分5；两女用：一钱10；卸炭二车：一钱七分五厘17.5；水胶：八分8；猪肉油肉酱：一两〇四分104；腰子、肝：六分6；作料等等：六钱七分五厘67.5；共四两二钱〇五厘420.5。②

　　十二日（7月23日）写覆凌志堂同乡一信，当即邮寄宁夏，谅在七月间递到。酉刻率两女出西门，至北水磨沿中堤，喜浮梁重修，仍在木闸边少坐，闻得葫芦沟山雪消融，河溜甚急，闸下流水淙淙，观之令人意动，不免又起乡思。且日来脑后汗风时时作痛，缘不解医术，不敢妄治，只好忍疾闲游，以解无聊，耐时听命而已。戌初绕南荷池观白莲而还。

　　卸炭一车：九钱90；猪肉二斤半③；脂油十二两：二钱四分24；羊肉二斤：二钱20；酱二斤：二钱20；香油：五分五厘5.5；作料等等：三钱二分32；共二两三钱一分五厘231.5。④

　　十三日（7月24日）中伏。检赠彝生娄同乡《大清律例》《各部条例》《学治一得》《明刑管见》《佐治药言》《劝戒近录》《万病回春》《闲谈消夏》《红楼梦评》九种共十三套。检赠安吉人世兄《粤匪纪略》《极乐世界》《愿同集》《救生船》《四书》《诗经》《书经》《忠孝经》《桃花（全）〔泉〕》《四（字）〔子〕谱》《残局类选》十壹种计十一套二本。检赠李书识澜《古文析义》《咫闻录》《养云山馆》《渔洋诗集》四种四套一本，《历代名人真草帖》

───────────

①　按本日天头标有"一邦受福"及"泽被伊吾"的满文写法。
②　各项合计为218分。
③　原稿缺费用，留空待补。
④　各项合计为191.5分。

三本,黄山图墨匣、冰梅米磁笔筒二事。阅明辕交看毅帅来咨二件,为巴里坤、乌鲁木齐驻防满兵移驻古城一处,改设城守尉一员镇守,又城守尉一缺可否由领队协领内简放请旨折稿各一件,洵善政也,原奏所论便益处居多。酉刻率两女出西门,至北水磨木闸边坐观立价顺流洗汗衫,少焉仍由旧路而还。

男女鞋底三双:一两五钱150;白皮纸一刀:二钱二分22;水桶一个:二钱20;白洋布十尺:五钱50;猪羊油肉酱:一两〇四分104;作料等等:五钱六分56;共四两〇二分402。

十四日(7月25日)监视木工成做庙匾二方成,一长五尺宽二尺七寸,一长三尺五寸,宽一尺八寸。接库车丞李福田申文一件,为由五月廿四日启用部颁铜质关防也。接德峻峰同乡来柬,渠家眷于前月廿六日到省信一封。酉刻率两女出西门,至南荷池少坐而还。

猪肉二斤半:四钱40;脂油十二两:二钱四分24;羊肉二斤:二钱20;酱二斤:二钱20;木匠二工:四钱40;作料等等:四钱40;共一两八钱四分184。

十五日(7月26日)寅刻诣关帝庙拈香,镜兄仍以旧恙未痊未到。接张朗兄四月下旬由京发贺午信帖一封。酉刻率两女出西门,至菜圃小坐而还。

猪肉二斤半:四钱40;脂油十二两①;羊肉二斤:二钱20;酱二斤:二钱20;哈密瓜:一钱五分15;作料等等:三钱九分39;共一两五钱四分154。②

十六日(7月27日)督饬立价糊裱布匣,喜价裱作《馆选录》《最乐篇》书套。接四月十一至廿日京报三本,我皇上屡幸太液

---

① 原稿缺费用,留空待补。
② 各项合计为134分。

池看侍卫等射布靶,洵讲武善政也。知景秋坪前辈复除内阁学士。陕西官报内附申报语有山右奇童一事,似非人瑞,识者自明。英俄战开,亦非吉兆。接西宁大臣勤伯同乡贺午信一封,呼麟字为耋云,虽系传闻之讹,甚切麟祥之意,俟遇镌石名手,即镌耋云为别号,以志勤伯之用意贴切。明辕交看哈密厅申详监犯因病取保,镜兄已批准。又画行稿二件,为行抚帅处麟等先后交卸请旨折稿,暨奎素马拨失马咨乌里雅苏台查获遗犯。酉刻率两女出南门,绕教场至东积沙冈少坐,北行沙碛至马市,进北门,到画坊观行路图稿而还。

　　棉花绒:九钱90;蘑菇抽风:五钱50;书套洋布:二钱五分25;哈密①瓜抽风:五钱50;猪羊油肉酱:一两二钱120;香油:五分五厘5.5;作料等等:五钱九分59;共三两九钱九分五厘399.5。

　　十七日(7月28日)督饬立价检点书箱,粘单备考。午后有粮台委员李赋卿凌汉来谒,晤谈许久,其为人清明稳练,有儒风,三湘多才,于斯益信。并以王黼石观察交来纹银伍伯两见遗,承毅帅令也,然亦由镜兄信及,谅兼芋兄辐辏。麟抵哈以来,蒙诸友惠顾撮合,真令人感之不尽也,惟祝诸友荷天之庥,使受惠者欣睹为快耳。当以纹银贰伯两付偿粮价,以重然诺,并走字敬谢镜兄,并分赏在署内外家人银伍拾三两。酉刻率两女出西门,至北水磨木闸边少坐而还。镫下写致毅帅、芋兄谢信二封,托黼石兄转达。

　　内外家人赏:五十三两5300;宣纸画行路图:三钱30;买线:二钱五25;麻酱:五分5;猪羊油肉酱:一两〇六分五厘106.5;东瓜:九分9;作料等等:二钱一分五厘21.5;共五

---

①　哈密:原系满文。

十四两九钱七分 5497。

十八日（7 月 29 日）卯刻策骑出南门，至老城谢王黼石，回拜李赋卿，均未遇而还，路过养济院，纪其门联"但觉眼前生意满，须知世上苦人多"。监视缠回恭刻城隍庙匾。接四月廿三至廿七日京报一本，敬悉我皇上是月廿八日至紫光阁看马箭，想钜辅贤王已中的膺赏矣，念念。京报后附《申报》节录云，是月初五日津约澎湖、基隆二岛关外华军撤退后，即由法人拱手交还，辞旨似慢，当轴者谅必处之得体。酉刻率两女出西门，至菜圃麦场少坐而还。刘仆妇凑做裁绒边镨氇褥套成，辛劳数日，补短截长，当以天罡十圆奖之。先是三缠回淘井可悯，工竣各奖银一钱。

零赏：一两 100；卸柴五车：一两二钱五分 125；太太济贫：二钱 20；西瓜二个：三钱五分 35；猪羊油肉酱：一两〇四分 104；厨巾：一钱七分 17；腰肝作料等等：五钱一分 51；共四两五钱二分 452。

十九日（7 月 30 日）卯刻策骑出北门，至龙王庙菩萨殿拈香毕，仍由旧路而还。接毅帅四百里排单粘固马封一角，内信二件，一覆麟屡次寄函，一致家严京信，当具覆书九页，午刻发三百里排单马封一角于省垣，覆毅帅来函也。监视缠回恭刻城隍庙匾成。申刻两女乘车至龙王庙观剧，酉正还公廨。日来天气炎热，幸时有大风，比京中伏天早晚觉凉爽耳。

毕图呢九尺：一两〇八分 108；青狷绒二尺：三钱六分 36；花洋布四尺：二钱 20；西瓜一个：二钱五分 25；猪羊油肉酱：一两一钱二分 112；作料等等：八钱 80；共三两七钱一分 371。

廿日（7 月 31 日）监视缠回恭刻龙王庙匾。午后阴云四合，督饬喜价裱褙灰酱色毕图呢暖黏。酉刻率两女出西门，至北水磨木闸观水，家岳母、内子率仆妇等亦至，少坐乘车而还，微雨淋淋矣。

　　赏车夫：三钱30；猪肉二斤半：四钱40；脂油十二两：二钱四分24；羊肉二斤：二钱20；酱二斤：二钱20；香油：五分五厘5.5；作料等等：二钱四分五厘24.5；共一两六钱四分164。

　　廿壹日（8月1日）监视缠回恭刻龙王庙匾成，木工成做大小马闸。酉刻率两女出西门，至北水磨木闸观水，以连日天气溽热，北山新雪消融，河滩流水源源滚滚也，坐视激湍良久而还。娄彝生送西瓜四枚，食之甚甘。瑞价献哈密瓜半个，食之尤甜，想家中老亲不得尝此甘美也，愧甚。

　　娄价赏：四钱40；铁撩环一对：一两七钱170；灰毕图呢二尺：二钱四分24；白洋标五尺：二钱七分五厘27.5；挂匾钉铁：一两六钱160；白糖一斤：二钱二分22；日用肉菜：一两三钱九分五厘139.5；共五两八钱三分583。

　　廿二日（8月2日）监视木工成做大小马闸二对成。缠回金饰龙王庙匾。酉刻率两女至菜圃少坐而还。收明辕李书识钞呈巴里坤、乌鲁木齐满兵改驻古城，裁领队，添城守尉刘升会奏折稿。

　　木工酒资：五钱50；木工二日：四钱40；猪肉二斤半：四钱40；脂油十二两：二钱四分24；羊肉二斤：二钱20；肝、酱：二钱六分26；作料等等：五钱五分55；共二两五钱五分255。

　　廿三日（8月3日）寅刻以少牢恭祀马神于东圈马王祠，两女、仆从等陪祀。监视缠回油饰龙王庙匾成，金饰城隍庙匾。酉刻率两女出西门，至北水磨木闸少坐而还，乃西门外吊桥迤东经厘金局版筑土墙一道，树栅门防走私，署其名曰吉祥街。收大麦九斗二升。

　　祭羊二支：三两五钱350；香烛：一钱五分15；月白洋

标:六钱 60;猂绒二尺二:四钱 40;酱色毕图呢十尺:一两二钱 120;赏厨役:五钱 50;鸡卵价:一两二钱 120;日用:一两三钱〇五厘 130.5;共八两八钱六分五厘 886.5。①

廿四日(8 月 4 日)寅刻以少牢率两女、仆从等恭祀关圣帝君于庆叶铙歌堂毕,率两女乘车出北门,走登龙门至龙王庙正殿,恭悬"泽被伊吾"清文匾于抱厦南梁上,所有住持道士、庙丁、木匠及请匾之两喜价等奖赏有差,此麟初到龙王庙即有是愿,今献微芹,敬答神庥。两女经明伯留馔观剧,麟策骑走东沙滩,穿镇番街至老城,回拜嵩武军营务处王梅初协戎豫升,未遇,出老城,走德胜街进南门而还。于更衣之际乃见腰佩扇套玉坠失落,当饬连价沿路找寻,少焉而返,据云行至登龙门外柳滩之下,遍寻无迹,坐除靴沙,不图玉佩即在路侧,当即拾归持献,麟验而收回,欣奖连价二金,且喜完璧归来,感神默佑。午后缠回油饰城隍庙匾成,询其两匾所费赤金、颜料、桐油计银三两九钱有奇,当以纹银十两为工料之资赠焉。西正两女由明伯处还公廨。

香烛:一钱 10;木匠:一两 100;道士:二两 200;庙丁:二两 200;两喜价:二两 200;连价:二两 200;油刻匾工料:十两 1000;月白洋标二尺:一两二钱 120;蓝毕图呢十六尺:二两一钱六分 216;绿毕图呢十尺:一两三钱 130;日用等等:一两三钱 130;共二十四两四钱七分五厘 2447.5。②

廿五日(8 月 5 日)午刻接午兄本月十六日来信一封,麟前恳之件已代达毅帅矣,并令麟奉旨北上有日,先期寄信云云,感曷待言,敬待纶音早降,即作归图。西刻率两女出西门,沿河滩

---

① 各项合计为 885.5 分。
② 各项合计为 2506 分。

越平远庄沿西渠，坐土冈训立、喜、平安三价，以连价不法也，绕北滩沿东渠而还。

　　补十九日善会：一两100；白皮纸一刀：二钱二分22；马掌八付：九钱六分96；羊烛一斤：二钱20；筷子一把：一钱10；日用等等：一两六钱八分168；共四两一钱四分414。

　　廿六日（8月6日）丑正即兴，寅初诣万寿宫行庆贺礼，坐朝食面而还。遣瑞、立二价恭请城隍庙匾悬于新建城隍殿正室，赏木匠等有差。卯正策骑出北门至东戈壁，与五家叔遥拜寿辰。便道龙王庙看镜兄，以其今早行礼未到故也，乃见镜兄旧疾又作，延医调治稍愈，早馔后暗出后门，乘车而还，缘镜兄服药小睡，是以未辞而别也。酉刻率两女出西门，沿东渠穿菜畦，走禾田越水渠三，至丁家园中少坐，时入暮矣，即饬任价回署传车马，比至，则已黄昏后，且车难越渠，只仍徒行，幸立价扶长女，任价负次女，行曲幽径，越窄渠，缠回执灯，园丁引路，至嵩武军装局方得乘车，过老城进南门还公廨，时将亥初矣。先后赏园丁、缠回、车夫、驺从等二金，此真不得已无名之费也。

　　挂匾木匠：五钱50；瑞、立二价：二两200；请匾亲兵：一两100；车、伞、笼夫：五钱50；丁家园户：一两100；晚赏车仆：一两100；猪羊肉油酱：一两〇四分104；作料等等：七钱三分五厘73.5；共七两七钱八分778。

　　廿七日（8月7日）立秋。接军台董弁呈开昨日卯下接到刘抚帅于本月十九日午时拜发奏折夹板壹副，外随四百里滚单壹张。未刻策骑出北门道喜尚保甲古斋，走光华巷，穿德胜街，进老城送行王协戎梅初，出老城走镇番街回拜新署倅冯高峰，均未遇，进南门还公廨。酉刻率两女出西门走吉祥街至菜圃，园丁以中碗大二西瓜奉献，两女食罢而还。收小麦九斗四升，大麦九斗四升。

　　月白洋标二尺：一钱二分 12；猪肉二斤半：五钱六分 56；
脂油二斤十二两：五钱六分 56；羊肉三斤：三钱 30；酱二斤：二
钱 20；香油半斤：二钱 20；作料等等：五钱四分 54；共二两三
钱四分 234。①

　　廿八日（8 月 8 日）毅帅新委署理哈密厅通判冯高峰森楷第
三次来谒，见其为人诚朴安详，谨饬稳练，晤谈许久而去，始知娄
彝生已三请假，抚帅方准，故委冯倅代也。当具凉朝冠、万丝冠、
罗苇帽、玉草冠、纱夹蟒袍二件、麻纱袍褂一套共八事为贺。收
镜兄赠棉花六十斤，为垫箱笼之用。酉刻率两女出西门，至北水
磨木闸少坐而还。

　　明价赏：一两 100；粽帚二把：二钱 20；哈密②瓜、葡萄：
二钱 20；哈密瓜：一钱 10；猪羊油肉酱：一两〇四分 104；作
料等等：三钱四分五厘 34.5；共二两八钱八分五厘 288.5。

　　廿九日（8 月 9 日）卯刻策骑出西门，荡南河滩，越回城，走
丁家园，绕老城，观其拓地新筑南、东、北三门，穿南阿牙尔庄，过
东河滩，走镇番街，经德胜街，进南门，还公廨，时辰初矣。日来
梦寐时形，家严、家叔、备庵舅、翰章兄常常在抱，想亦积念结中
耳。监视刘仆妇做灰酱鸳鸯毕图呢暖鞲成，当奖天罡十圆酬劳。
酉刻接芋兄于本月廿日由省寓来覆函一封，知麟携眷乘传照例
之件已由毅帅预檄所属照付，尘赆必难从丰，而抚帅厚谊多情断
不致负云云，麟惟铭之肺腑，诸事撙节以报知己。

　　做毡赏：五钱 50；压马赏：四钱 40；猪羊油肉酱：一两〇
四分 104；香油：一钱一分 11；元粉：一钱一分 11；作料等等：
三钱九分五厘 39.5；共二两五钱五分五厘 255.5。

---

①　各项合计为 238 分。
②　哈密：原系满文；下一处"哈密"原亦系满文。

哈密记事七①

　　光绪十一年秋七月朔（8月10日）寅刻诣关帝庙拈香毕，诣城隍庙拈香行报赛礼，以答神庥，敬毕宿愿，赏仆从、亲兵等天罡各四圆，以挂匾之喜也。买大颠紫马一匹，以备行程下骑。先是赏道士、乡长等有差，亦因挂匾而施也。午后写仁字第二十八号家报。酉刻率两女出西门，至北水磨木闸少坐，绕中堤沿西渠至平远庄小坐而还。镫下封五月既望至六月廿九日记事三本。接军台董弁呈开昨日亥下接到刘抚帅于六月廿三日辰刻拜发奏折夹板壹副，外随五百里滚单壹张。

　　马价：壹拾叁两1300；道香资：贰两200；会首等资：贰两200；瑞价等十一名：贰两200；亲兵等十二名：贰两肆钱240；西瓜一个：壹钱五分15；哈密瓜：壹钱五分15；月例定款：捌两800；镫油月例：壹两100；猪羊油肉酱：壹两100；作料等：五钱五分55；共叁拾两【两】零五分3005。②

　　初二日（8月11日）写致李辑廷、嵩月峰、庆宜川三同乡信各壹封，未刻发三百里排单马封一角于月峰省辑廷处，外附马封二角于月峰、宜川二处，分封五月既望至六月廿九记事三本，暨仁字第廿八号禀帖、儿谕、毅帅覆函三件，托辑廷并作一封寄京，

谅中秋节前可以抵家。绍秋皋夫子、吉容帆同乡贺午信二封。
酉刻率两女出西门,至菜圃麦场少坐,观农夫轧麦,询访稼穑之
艰难,移坐畦边观园丁刈掐韭花,咨问为圃之规矩,两女等食瓜
而还。

　　西瓜钱:贰钱 20;洋糖一斤:贰钱贰分 22;猪肉二斤半:
　　肆钱 40;脂油十二两:贰钱 20;羊肉二斤:贰钱 20;羊腰、肝:
　　陆分 6;酱二斤:贰钱 20;作料等等:贰钱壹分五厘 21.5;共
　　壹两壹钱玖分 119。①

　　初三日(8 月 12 日)拟恭报起程北上日期清汉折初定稿及
遵旨保荐人才初定稿共三件,均欠润色,俟随时删就缮正待发。
酉刻率两女出西门,至南滩少坐,乃水过地湿,寒瘴四起,臭气薰
人,致头疼恶心而还。回署闻平安散,服灵应丸稍愈。

　　紫毕图呢八尺:捌钱捌分 88;猧绒四尺:柒钱贰分 72;西
　　瓜五个:壹两贰钱五分 125;猪肉三斤半:肆钱 40;脂油十二
　　两:贰钱肆分 24;羊肉贰斤:贰钱 20;酱二斤:贰钱 20;作料等
　　等:五钱玖分五厘 59.5;共肆两肆钱肆分 444。②

　　初四日(8 月 13 日)以吉期恭缮荐才疏。喜杨价得子,当以
四金为贺,并起名杨桑阿,以志斐然。午后写贺中秋信帖廿馀片
备寄关内外朋友。沙西屏送里白毡三十片,毛绳三十条,资力而
受,以备棚车包箱之用。酉刻率两女出南门,绕南渠至菜圃少
坐,两女食瓜而还。请命折件自拜发日至今夕计廿日,谅已递至
兵部及奏事处矣。按今日庚子乃雨亭保兄直班,果尔,则递报之
声达于宫闱,明日召见枢〔臣〕早降恩纶耳,切盼切盼。

　　杨桑阿赏:肆两 400;毡绳赏:陆两 600;猪肉:肆钱 40;

脂油十二两:贰钱肆分 24;羊肉三斤:贰钱 20;酱二斤:贰钱20;香油:五分五厘 55;作料等等:贰钱零五厘 20.5;共拾玖两叁钱 1930。①

初五日(8 月 14 日)今日内廷直班及焕章英同年,麟请旨折若奉明诏,则家严、小儿及诸亲友闻之莫不欣慰,乃家严倚闾之心更切矣。卯刻策骑出北门,走马市至十里墩默祷毕,仍策骑走阿牙尔桥,绕教场行居仁巷,穿镇番街,由德胜街进南门还公廨,时辰正矣。午刻写贺中秋信帖廿馀片,申刻接毅帅上月廿六日由省来咨一件,照录钦差大臣全衔。为咨明事:为照本大臣现已奏奉谕旨回京,沿途需用车辆、马匹并口粮、麸料、草束各项,除饬哈密厅照数预备供支,并移知前途各州县一体应付外,相应咨明,为此合咨云云。毅帅不惟推顾之情可钦,而于公事简断尤非麟所能及也,感佩感佩。酉刻率两女出西门,沿水渠越小西街至明兄菜圃小坐,园丁黑娃子献哈密瓜一盘,两女食半而还。麟行至小西街南渠下,见一人牵粉嘴眼丁香枣骟剪騌马一匹,甚驯而端,即询其人,据云草地随货而来,马将二牙,小走脚步等语。即令任价往询,则曰马为萧姓之驹,现住通兴店,复令瑞价往华盛隆询之,据张商云萧姓尚未到哈,俟到时代询所以。可知"虫王常入孩童手"之说,信不诬也。

压马赏:五钱 50;黑娃赏:五钱 50;太太赏杨姐:贰两200;劈柴斧:陆钱 60;猪肉二斤半:肆钱 40;脂油十二两:贰钱肆分 24;羊肉二斤:贰钱 20;酱二斤:贰钱 20;作料等:贰钱陆分 26;共肆两玖钱 490。

初六日(8 月 15 日)辰刻署倅冯高峰来谒,畅谈许久,并将昨日毅帅来文出示,渠亦接奉矣,即将临行例需车辆、夫马、粮草

① 各项合计为 1179.5 分。

数目单预交而去。少焉娄前倅来谒，畅谈许久，并言接得京信，
张朗帅于五月廿九日奉旨补授广西巡抚矣，甚哉，我皇上赋得人
之盛，欢言而去。接四月廿八至五月十五日京报三本，欣悉叔裕
谭同年已授云南粮储道矣。报附中法新约十则，惜麟不识地理，
难明北圻之衢。观兰省辕门抄，知庆宜川同乡委署山丹令。接
河州牧问樵李同年贺午信一封。酉刻率两女出西门，至菜圃麦
场少坐，乃前拉门亲兵杨常清请假回籍，当资六金而去。镫下明
辕交看前日接到毅帅来文二件，一为塔尔巴哈台新勇溃变，一为
伊犁礼字后营亲军哗溃，附粘原奏及片稿二件，观之令人短气。
和圃帅但顾朝夕，不事远图，不知伊于胡底，可哀哉，可愧哉。麟
抵哈年馀，四闻勇溃，可知将才实不易得，勇丁实难驾驭也。

　　铺盖卷皮条二付：贰两 200；回台瓜赏：叁钱 30；长青川
　　资：陆两 600；猪羊油肉酱：壹两贰钱 120；作料等等：五钱捌
　　分五厘 58.5；共拾两零叁钱肆分 1034。①

　　初七日（8 月 16 日）辰刻策骑出南门，至老城回拜冯高峰，
出老城至嵩武军装局回拜娄彝生，仍由旧路还公廨。接毅帅上
月廿六日寄信一封，并赒麟千金川资，诚豪举也，惜麟抵家时旧
债未清，新累〔又增〕②，思之令人痛彻五中。写覆芋兄、午兄、毅
帅信三分，套封由陈及刘，由刘及魏，即发三百里排单马封一角
于芋兄处。立价购大黄马一匹来献，当以十五金买之，以备京中
赠人。前日晚间所见之骑，今一看之，多不合式，仍交张牵去，作
为罢论。日来左门牙不时作痛，今夕落去，甚觉适意，而右门牙
显露于外，反不利于口，且览镜自观，已入老象，而功名未就，学
业未成，忝居民上，可愧也哉。

------

① 　各项合计为 1008.5 分。
② 　"又增"二字据文义臆补，无版本依据。

黄马价:拾五两1500;两女零用:壹钱10;猪肉二斤半:肆钱40;脂油斤半:肆钱捌分48;羊肉二斤:贰钱20;酱二斤:贰钱20;油:五分五厘5.5;作料等等:五钱50;共拾陆两玖钱叁分五厘1693.5。

初八日(8月17日)写贺节信签五十支,并粘封筒。致书于王辅世观察,求其汇兑川资于兰州。致书于镜兄讨马,回书虽允麟请,乃辞旨简慢,可知求于者甚难,且迁怒之形露,更觉可笑,想因日来秋热异常,渠中焦燥所致耳。西刻率两女出西门,至菜圃麦场纳凉食瓜而还。

猪肉二斤半:肆钱40;脂油:贰钱肆分24;羊肉贰斤:叁钱30;酱二斤:贰钱20;香油:五分五厘5.5;麻酱:五分5;青豇豆:肆分4;椒面:肆分4;作料等等:壹钱贰分五厘12.5;共壹两叁钱五分135。①

初九日(8月18日)孝静成皇后忌辰。接陕西道员安仁山、渭南令胡海客信二封。收王西林塾师赠红柳烟筒廿支,当以对二付报之;并洗款潘伯寅书堂幅及对联二付赠龙觐云协戎;洗款徐颂阁书堂幅对联一分赠镜。收镜兄赠雪里站里花大走马及小走枣骝马共三匹,资来夫而去,以备还乡转赠那钜辅小王、颐养泉王孙、裕受田学士。西刻率两女出西门,至北水磨观饮马而还。近日天气蒸热异常,甚于中伏,以致夜不成眠,昼【不】无躲处,幸今晚狂风大作,暑气稍敛耳。

明价赏:捌两800;信封一百:肆钱贰分42;洋糖二斤:贰钱贰分22;洋烛二包:柒钱70;猪肉二斤半:肆钱40;脂油十二两:贰钱肆分24;羊肉二斤:贰钱20;酱:贰钱20;作料等等:五钱五分55;共拾两零玖钱叁分1093。

① 各项合计为132.5分。

初十日（8 月 19 日）孝懿仁皇后忌辰。检出嵌牙一品顶戴、梅花镀金托云玉翎管一枝，遣赠益臣盟侄为别敬。饭后乘车往龙王庙谢镜兄赠马，少坐而还。接军台董弁呈开昨日卯下接到军机处于六月十三日申刻交发刘抚帅奉批回夹片壹副，外随兵部火票壹张，黄布口袋壹个，内十一件。刘仆妇凑做毕图呢暖粘成，仍奖天罡十圆。酉刻率两女出西门，至北水磨北桥堤畔少坐而还。龙王庙道士赠西瓜二个，是又抽风之意耳。

　　做黏工：五钱 50；卸炭一千一百：壹两陆钱五分 165；猪肉二斤半：肆钱 40；脂油十二两：贰钱肆分 24；羊肉二斤：贰钱 20；酱二斤：贰钱 20；干粉：陆分 6；作料等等：叁钱贰分 32；太太用：五钱 50；共肆两零捌钱 480。①

十一日（8 月 20 日）辰刻志益臣来拜，晤谈许久而别。午后预钤沿途回致信封百馀，暨粘面签，饬立、喜两价以全红卅二行信纸裁改六行零片备用。酉刻率两女出西门，至北水磨木闸边少坐而还。

　　猪肉二斤半：肆钱 40；脂油十二两：贰钱肆分 24；羊肉二斤：贰钱 20；酱二斤：贰钱 20；香油：五分五厘 5.5；蘑菇：陆分 6；元粉：壹钱壹分 11；鸡子、芥末：玖分 9；麻酱：壹钱 10；作料：贰钱玖分五厘 29.5；共壹两柒钱五分 175。

十二日（8 月 21 日）秋热略息，凉风忽至，昨在河边受些晚风，今又头疼心闷，身不爽矣，可畏可叹。酉刻率两女出南门，走望西街沿河渠至菜圃少坐而还。镫下外郭什哈李灏由古城为明辕公干回辕销假，询其省城情形，稍闻梗概。

　　猪肉二斤半：肆钱 40；脂油斤半：肆钱捌分 48；羊肉三斤：叁钱 30；羊腰肝：陆分 6；香油：五分五厘 5.5；酱二斤：贰钱

---

①　各项合计为 407 分。

20；又香油：壹钱五分 15；口蘑、黄花：壹钱壹分五厘 11.5；作料等等：贰钱玖分 29；共叁两零壹分五厘 301.5。

十三日（8 月 22 日）清晨覆缮荐才疏，校对无讹，敬待附于恭报起程折并陈以应明诏。巳初王辅世观察来谒，并以毅帅赠千金兑于甘省藩库，按京平领取执照见授，麟即接收存箧，由其价交富领队子约同乡信一封，辅世兄畅谈许久而去。酉刻率两女出西门，至菜圃麦场少坐，食瓜而还。

　　两女洋铁镜墩：柒钱 70；卸炭肆千斤：陆两 600；补马平：叁钱 30；猪羊油肉酱：壹两壹钱 110；作料等等：叁钱叁分 33；西瓜：叁钱 30；共捌两柒钱叁分 873。

十四日（8 月 23 日）午初中觉，梦率幼女徒行京都兴化寺街，遇故领催福名祥姓者，见面道喜云，此缺系上宽恩，麟即令幼女给二爷爷请安而醒，不知主何吉凶；缘前梦故同年伊犁别驾和砚田云"你将补缺"，麟即答云"弟尚第四"，继梦英定轩统领寒暄数语而罢，今补记之，以屡梦亡友故也。酉刻率两女出西门，至北水磨木闸少坐而还。乃日来秋热稍敛，而积水作祟于中，以致夜不成寐，千思百虑因之生焉。

　　猪肉二斤：肆钱 40；脂油十二两：贰钱肆分 24；羊肉二斤：贰钱 20；酱二斤：贰钱 20；香油：五分五厘 5.5；口蘑：壹钱五分 15；元粉：壹钱壹分 11；鸡子、芥末：玖分 9；作料等等：贰钱叁分五厘 23.5；共壹〔两〕陆钱肆分五厘 164.5。①

十五日（8 月 24 日）寅刻诣关帝庙拈香毕，诣城隍庙拈香，进北门还公廨。少选，策骑出南门，至十里墩戈壁遥祭祖墓，行中元展拜礼。午后天山庙和尚心月来诣，并以汉唐碑精拓四十片见赠，晤谈而别。收沙西（层）〔屏〕赠黑白毡廿片，毛绳廿条，

---

①　各项合计为 168 分。

资力而去。酉刻率两女出西门,至菜圃、麦【麦】场少坐,两女食瓜赏月,大起乡情,几乎痛出,忍泣而还。

遥祭赏郭什哈:捌钱80;西屏价赏:肆两400;猪肉二斤半:肆钱40;脂油一斤:叁钱贰分32;羊肉二斤:贰钱20;酱:贰钱20;香油:五分五厘5.5;作料等等:贰钱陆分26;共陆两贰钱叁分五厘623.5。

十六日(8月25日)清晨监视立、喜二价装盛第一书箱,外包粗毡缝固。午后毅帅委员将抚帅令,送到菊花烟燻枣骝一匹,乌骓马一匹,二骑均有骨相,洵良骥也,当晡来弁,询问毅帅起居,赠其程仪而去。酉刻率两女出西门,至平远庄南路侧土冈少坐,观溜马而还。

越臣程仪:拾贰两120;麸料口袋十条:贰两捌钱280;猪肉二斤半:肆钱40;脂油十二两:贰钱肆分24;羊肉二斤:贰钱20;羊腰肝:陆分6;香油:五分五厘5.5;酱二斤:贰钱20;作料等等:叁钱柒分五厘37.5;共拾陆两叁钱叁分1633。

十七日(8月26日)文宗显皇帝忌辰。写覆毅帅赠马谢信一封,当交来弁曾越臣守府代呈。监视立、喜、安三价装盛第二、第三衣箱,外各包双粗毡缝固。接五月十六至十九日京报一本,彭雪帅请严备战事一疏,侃侃正论,耿耿忠心,披沥直陈,可钦可佩,外夷闻之,自不敢谓中国无人,惟愿我朝廷不中反间,则天下幸甚。酉刻率两女仍至昨处坐观圉人溜马而还。

做车帘、鞍罩蓝洋布四十尺:贰两200;白洋布廿四尺:壹两贰钱120;红洋布十五尺:玖钱90;月白洋布十五尺:柒钱柒分五厘77.5;青洋布三尺:壹钱捌分18;红毕图呢:贰钱贰分22;猪羊油肉酱:壹两壹钱110;作料等等:五钱玖分五厘

59.5；羊肠皮：贰钱五分25；共捌两贰〔钱〕五分825。①

十八日（8月27日）监视立、福、喜、安四价装盛第四、第五、第六内子衣箱三只，喜、安二价以毛绳捆箱五支，颇出力。西刻率两女出西门，仍至平远庄南道傍，坐观围人溜马还。接嵩武军王营务处豫升协戎由安西州来信一封，知其上月廿七日渡疏勒河，驻安西州也。

盂兰善会：壹两100；任喜赏：捌两800；补昨日羊肉三斤：叁钱30；香、酱油：玖分9；猪肉二斤半：肆钱40；脂油十二两：贰钱肆分24；羊肉二斤：贰钱20；羊腰肝酱二斤：贰钱20；作料等等：叁钱壹分31；共拾两零捌分1008。②

十九日（8月28日）预写由酒泉、皋兰回致伊吾等处信件。午后遣任喜往侍辅世王观察，以其不日西上，并资喜价捌金为赆，了却德志斋遗累一堆也。午后接午兄、潘牧少泉贺节信版二封。接军台董弁呈开昨日西下接到军机处于六月廿三日未刻交发刘抚奉批回夹板壹副，外随兵部火票壹张。西率两女出西门，仍至平远庄南渠边少坐，观围人溜马而还。

丝绵甜瓜麻酱：捌钱80；清马肺散十二剂：叁两陆〔钱〕360；马药引：壹两叁钱柒分137；驴鞍：壹两贰钱120；补十八日晚羊肉二斤：贰钱20；猪羊油肉酱：壹两零四分104；作料等等：陆钱陆分五厘66.5；共捌两玖钱贰分五厘892.5。③

廿日（8月29日）卯刻出南门，进老城谢步王辅世，未遇。出老城走镇番街，由东沙滩至曾越臣行寓回拜，未遇。便道教场观小价等试马，以刘赠黑马为最，明赠花马次之，刘赠枣骝又次

---

① 各项合计为722分。

② 各项合计为1074分。

③ 各项合计为887.5分。

之,然皆良骥也,诚不易得。乘车由居仁巷进南门而还。酉刻率两女出南门,走西南街出吉祥街,仍至平远庄南渠边少坐,观圉人溜马而还。

猪肉二斤半:肆钱40;脂油十二两:贰钱肆分24;羊肉二斤:贰钱20;酱二斤:贰钱20;香油:五分五厘5.5;玉兰片:壹钱壹分11;豆腐、豇豆:捌分8;作料:壹钱贰分五厘12.5;共壹两肆〔钱〕壹分141。

廿一日(8月30日)预写由陕西回致信件。午后检点挂面、窝儿面赠王辅世,并饯以熟食四篓,点心四盘。赠曾越臣金腿、金针、冬菜、干芥四事以饯之,全数璧回,一色未受,洵廉介之士也。酉刻率两女出北门,走小西街越河渠走河滩,绕北水磨过平远庄,仍至路南渠边,观圉人溜马而还。

零用:贰钱20;白糖一斤:贰钱肆分24;白皮纸一刀:贰钱贰分22;钉方盘:贰分五厘2.5;猪肉九斤:壹两肆钱肆〔分〕144;肘子四斤半:柒钱贰分72;作料等等:壹两零五分105;脂油肆斤半:壹两肆钱肆分144;羊肉二斤:贰钱20;笋鸡:叁钱五分35;白糖斤半:肆钱贰分24;黑糖十二两:壹钱五分15;玫瑰糖:壹钱五分15;澄沙面:贰钱叁分23;鱼翅六两:壹两贰钱120;共捌〔两〕零叁分五厘803.5。①

廿二日(8月31日)预写由保府回致信件未竟。日来待命情殷,乡念愈切,风声鹤唳,动触乡思,以致不力,五内如焚,小疾作矣。午后缠回刻工以清文"行夫天理循夫人情"及对字图章贰方成来交,当即收回,奖以二金而去。王辅世、马队统领焦凯泉以傅氏化百家锁缘簿来化,当助天罡十元以辅之。酉刻率两

---

① "共捌〔两〕零叁分五厘"原在"作料等等"后,今据体例调整至后。按各项合计为785.5分。

女出南门,走西街出吉祥街,沿大路至毅帅遗垒,进南门,出正门,至照壁后席地少坐,观圈人溜马,仍由大路进西门而还。

赏刻工:贰两 200;傅氏锁五钱 50;猪肉二斤半:肆钱 40;脂油一斤:叁钱贰分 32;羊肉七斤:柒钱 70;面酱二斤:贰钱 20;香油:五分五厘 5.5;作料等等:陆钱壹分 61;共肆两柒钱柒分五厘 477.5。①

廿三日(9月1日)卯刻策骑出南门,越老城过回城,绕西戈壁至西征将台少坐,观小价等压马,不图毅赠小里马胎里大走,胜于绪青多矣,感毅帅割爱之情,笔难尽数。仍由旧路策骑而还,且骑毅赠烟薰枣骝,颇有裕青故骑之意,鄙衷感慰,想此次还乡,角力川资均赖于毅帅也。午后督饬小价等束缚绒毯二捆作第七号、第八号。酉刻率两女出北门,走小西街过北水,至平远庄南渠边少坐而还,以日来西门内关帝庙演剧赛神,故避而出入南北门微行也。

压马赏:柒钱 70;西抽风:壹两 100;猪肉二斤半:肆钱 40;脂油十二两:贰钱肆〔分〕24;羊肉二斤:贰钱 20;羊腰肝:陆分 6;香油:五分五厘 5.5;面酱二斤:贰钱 20;作料等等:贰钱捌分五厘 28.5;共叁两壹钱肆分 314。

廿四日(9月2日)清晨钤印贺节信封,预标马封八十三件未竟,前后朱字,检点沿途回致信片,致目晕头眩而罢。日来乡情奇切,意常在归途,甘、陕、晋、直、京师街市、廊庙、家室宛然目前,想召还恩命不日到哈,抑不准先行回京严旨已在关外也,乃明辕谢弁久未回差,不知何故,切盼切盼。酉刻率两女出南门,仍至平远庄渠畔少坐,观圈人溜马而还。

红毕图呢四尺:肆钱肆分 44;紫毕图呢二尺:贰钱贰分

① 　各项合计为 478.5 分。

22；猪肉二斤半：肆钱 40；脂油十二两：贰钱肆分 24；羊肉二斤：贰钱 20；香油：五分五厘 5.5；面酱二斤：贰钱 20；作料等等：贰钱贰分五厘 22.5；共壹两玖钱陆分 196。①

廿五日(9 月 3 日)仁宗睿皇帝忌辰。监视喜、安价束缚第九号毡包大鞍全分，立、福价成做毡屉。午后王辅世观察来辞行，畅谈许久而去。少焉朗兄委员刘弁永福来谒，晤谈许久，朗帅令送升竹珊夫人晋省而来也。酉刻策骑出南门，至老城送王辅兄明日晋省，畅谈许久而别，便道回拜刘弁而还。接军台董弁呈开廿三日辰下接到刘抚帅本月十六日卯刻拜发奏折夹板壹副，外随四百里滚单壹张。接五月廿至廿四日京报壹本，敬悉五月下(洵)〔旬〕京师方得迭沛甘霖，郊原沾足，我皇上【皇上】是月廿五日虔谒殿宫报谢矣，差慰祀忧。接陕西曾怀清同乡信一封，知差价祈荣五月十一日到陕，麟仁字第廿四号家报是月十九日曾兄接到，已代寄至京矣，慰甚。接锐小舫同乡贺午信一封。

猪肉二斤：叁钱贰分 32；脂油十二两：贰钱肆分 24；羊肉二斤十二两：贰钱柒分五厘 27.5；面酱二斤：贰钱 20；香油：五分五厘 5.5；口蘑、鸡子：玖分 9；豆腐、豆腐干：壹钱 10；作〔料〕等等：壹钱贰分五厘 12.5；哈密瓜抽风：肆钱 40；共壹两捌钱零五厘 180.5。

廿六日(9 月 4 日)昨夕狂风大作，今晨始息。日来盼召念切，寝馈不安，兼之受制于人，动难自主，今日辅世观察起程，仅遣立价持帖送至十里墩而已。世情险巇，宦海风多，敬待恩准还京，于家严前缕陈种切于睡足饭饱之馀，细谕儿鹏，俾知人情难尽，天理易循也。午间乘车出北门，往客店谒升竹兄夫人，得晤，

_____

① 各项合计为 198 分。

见其精明风厉不异男子,(询)〔洵〕巾帼中丈夫也,即以便饭八事洗尘,以尽乡谊。便中送行曾越臣守府,进南门而还。接五月廿五日至廿九日京报二本,知朗兄奉旨督挑京师城濠,洵善政也。惟畿辅屯兵十数营之众,其统领若驾驭稍疏,难保不滋事端,窃为朗兄贺,复为朗兄忧。谅刻下河工亦将告藏,言之亦无及耳。朗兄福将,天必佑之。接徐昆山军门贺秋信一封。明辕交看毅帅来(资)〔咨〕二件,一为折差马匹照章一引一包一骑而已,不准多索,包重六十斤为率;一为文故舅岳全家殉难,礼部咨行该抚除恤典例由吏、兵二部办理外,本部照例旌表文也。酉刻率两女出西门,至平远庄南渠畔少〔坐〕而还。

　　月白洋布十尺零五寸:五钱柒分五厘 57.5;扁扣十二个:贰钱五分 25;马屉二块:叁两陆钱 360;皮条二十丈:肆两肆钱 440;麻缰十条:壹两五钱 150;镫皮一付:壹两捌钱 180;马药并引三剂:壹两贰钱叁分五厘 123.5;洗尘便席:柒两肆钱玖厘 740.5;日用:柒钱陆分 76;洋烛二包:柒钱 70;共贰〔拾〕两零捌钱五分五厘 2085.5。①

　　廿七日(9月5日)先慈诞日,卯初策骑出南门,至十里墩戈壁遥拜,便道菜湖庄,祀牛神于关帝庙,少坐,仍策骑由旧路而还,时辰正矣。饭后督饬张、刘、穆价检束字画、对联包裹,王辅世托寄恭振夔同乡碑拓一箱,公文一角。作第十号,其第九号即前日刘、穆二价毡包车鞍全分也。以曾越臣璧回之金腿、金针、冬菜、干芥四事馈升竹兄夫人,当经全数纳之。酉刻率两女出西门至菜圃麦场少坐而还。晚风飒飒,微雨淋淋,凉气侵人,大有冬意,身上又加棉矣。

　　菜湖善会:壹两 100;赏郭什哈、车夫:捌钱 80;猪肉二

---

① 　各项合计为 2222.5 分。

斤半：肆钱40；脂油十二两：贰钱肆分24；羊肉二斤半：贰钱五分25；酱二斤：贰钱20；香油：五分五厘55；木耳、鸡子：捌分8；作料等：贰钱五分25；共叁两贰〔钱〕柒分五厘327.5。

廿八（9月6日）清晨雨霁，踏湿郊原，远望天山白雪如银，葫芦沟一带白雪势犹大，走至北水磨少立，仍由旧途步入西门而还，极一时秋冬之色。酉刻率两女出西门，至平远庄南渠畔少坐而还。

赏缠回：五钱50；哈萨蓝布：壹（布）〔钱〕10；猪肉二斤半：肆钱40；脂油：贰钱肆分24；羊肉三斤：叁钱30；酱二斤：贰钱20；香油十二两：五分五厘5.5；作料等：贰钱五分25；共贰两零肆分五厘204.5。

廿九日（9月7日）白露。监视两女随家岳母、内子等成做小马扎口袋，以解无聊。酉初策骑出北门，走登龙门至龙庙看镜兄，晤谈许久而别，便道回拜钟、王二弁，仍由旧路而还。镫下接巴里坤金珍亭同乡贺秋信一封。

缝毡包麻绳：壹钱柒分五厘17.5；猪肉二斤半：肆钱40；脂油十二两：贰钱肆分24；羊肉二斤：贰钱20；羊腰肝：陆分6；作料等等：陆钱肆分64；共壹两五钱肆分五厘154.5。①

三十日（9月8日）接六月初一至初八日京报一。巳刻由驿递回请命折件，七月初五日原折后开军机大臣奉旨"祥麟著即交卸来京，明春著将经手事务赶紧清厘完竣，即行来京，钦此"。接凌志堂清文信一封。发四百里排单马封一角于王观察行辕，附致毅帅、午兄、芋兄三信。

衣线：五分5；白糖一斤：贰钱肆分24；送瓜抽风：五钱50；失驴草费：捌钱贰分82；猪羊油肉酱：壹两零肆分104；

---

① 各项合计为171.5分。

补廿六日玉蓝片:壹钱壹分壹厘11.1;作料等等:五钱陆分56;共贰两五钱捌分贰厘258.2。①

八月初一日(9月9日)寅刻诣关帝庙拈香。卯刻发三百里排单马封于西安府曾怀清同乡处,附寄仁字第廿九号家报。赠清印房主政富春渚同乡如意来福白玉翎管一只为别敬。以墨拓夫子像赠李春波书识,俾其敬谨供奉于室。回王沙西屏来谒,晤谈许久,即以毅赠小洋钟一座、薄荷薰烟一瓶赠别。赠外郭什哈李灏恒代对联二付。午刻发各路贺秋信件七十七封。酉刻率两女出西门,至菜圃少坐,观天山积雪而还。

月赏各费:柒两肆钱伍分745;平阳绿布:壹两100;糊灯大小六:叁两300;收拾帽盒:五钱50;裱心纸二刀:贰钱20;酱二斤:贰钱20;白糖一斤:贰钱捌分28;猪羊油肉作料等等:壹两玖钱肆分194;共拾五两玖钱贰分1592。②

初二日(9月10日)巳刻塾师王西林来谒,晤谈许久。录王子朗月华寄诗及儿鹏感遇诗二首而别。先是王红柳烟筒甚佳,今一询之,始知其出于敦煌县金场山沟党河内也,其水直达清海。午后监视喜、安二价缚束家岳母衣包铺盖卷二捆,标第十一、十二两号。酉刻率两女出西门,至北荷池少坐,绕南荷池采莲房数棵而还。昨夕今夕后街钟家演剧请客两夕,甚为繁华,痛演花鼓小戏,以至下场人两半夜未得安眠,冤哉冤哉。

杨桑阿弥月:二两200;祝赏:肆两400;零线零用:肆两400;小鞍搭子后鞦:陆两五钱650;黄洋布:五钱50;明辕赠棉:五钱50;猪羊油肉:壹两零捌108;作料等等:柒钱贰分五厘72.5;共拾玖两叁钱五分1930.5。

---

① 各项合计为332.1分。

② 各项合计为1457分。

　　初三日(9月11日)天山和尚心月遣其徒送石莲十对,益母草、催生草、一枝豪各一束,当以别敬四金藉赠心月,以一金赠其徒而去。按心僧单云,益母草和血,催生草催生,石莲和血,一枝豪当茶清心,爰并记之,以质方家。接升都统贺秋信一封。监视立、喜、安三价装盛束缚家岳母衣箱做第十三号,石莲、字画、翎皮褥等等做第十四号,女衣、男扇等等做第十五号。酉刻率两女出西门,至南荷池少坐,观残荷而还。

　　心月别敬:肆两400;小和尚:壹两100;麻绳:壹钱柒分五厘17.5;刷镫胶矾猪肉二斤半①:脂油:贰钱肆分24;羊肉二斤半:贰钱五分25;猪肝香油酱:参钱壹分五厘31.5;作料等等:陆钱零五分65;共柒两肆钱捌分五厘748.5。②

　　初四日(9月12日)监视福、连价用白洋布缝台车里围。宋画工以行路图绘成缴,当以四金为赠。午后镜兄赆银五百两,当还家岳母二百金,还年馀阗署湖茶银廿两,下馀二百八十金,交瑞价办理行程一切。赠安吉人、李蘅石、娄彝生各楹联一付,竖屏四条,以靴二双分赠龙觐云、冯高峰,以水笔十支、羊毫六管分赠文案朋友,以芋赠天青江绸褂料转赠镜兄,均为别敬,以表寸心。申刻乘车至龙王庙谢镜兄赆赠,畅谈而还。戌〔刻〕镜兄来晤,谈论许久而别。收回王沙西屏赠哈密瓜二笼,资力而去。收李治送西瓜十二枚。先是木工砍六尺长车轴二根甚妥,奖以一金而去。

　　收瓜赏:参两300;缝车麻绳:捌钱五分85;图工:肆两400;猪肉羊肉油:捌钱肆分84;酱二斤:贰钱20;又羊肉半斤:五分5;香油:五分五厘5.5;口蘑六分6;作料等等:贰钱

---

① 原稿此处失载花销数目。

② 各项合计为663分。

柒分五厘 27.5;共捌两五钱六分五厘 856.5。①

初五日(9 月 13 日)寅初恭阅恭报起程日期折件及填荐贤疏日期,跪封讫,即于卯正拜发,当发三百里排单马封一角于兰垣行谭制军折稿也。接(宾)〔谭〕云亭统领(用宾)〔上连〕贺秋信一封,及其族叔祖冠葬讣文一件。以红花白地磁罐茶盅十色遣赠伯福晋。画行奏事处、捷报处咨稿一件,画通行陕甘总督、新疆巡抚、伊犁将军等处起程日期文十三处,咨稿一件。未刻乘车恭谒办事衙门,交卸帮办大臣事务,晤镜兄,畅谈久许而还。便道文案朋友寓所道乏,以代办折件文书故也。申刻往沙西屏处赴饯席,酉正终局而还。接古(地)〔城〕领队魁介臣贺秋信一件。

砍二长轴工:壹两 100;大车蓆棚七个:玖两陆钱 960;钉子:壹钱五分 15;木工:贰钱 20;西屏价赏:肆两 400;麻绳缝棚:捌钱五分 85;又麻绳:五分 5;甜瓜:壹钱五分 15;日用:壹两叁钱叁分五厘 133.5;共拾陆两五钱柒分 1657。②

初六日(9 月 14 日)通行咨报交卸起程日期公文十三角,计十六处。以旧弓三张分赠回王沙〔西〕屏及外郭什哈李灏为别敬。接毅帅贺秋信一封。接王(世辅)〔辅世〕观察初三日未刻由巴里坤来信一封,并赆百金,令人受之有愧,却之不恭也。其毅帅之信已排递至省城矣,此刻毅帅、午兄、芋兄谅均接到回致矣,念念。接左子贤大令贺秋信一封。娄彝生同乡赠蓝洋褡裢棉袄廿件,油布二块,大绳廿条,旧毡十条,毛毯六块,当即收下,资力而去,分赏随行人众棉袄十五件。塾师王西林贡生和诗饯别原笺附第三十号家报待寄。立价购得海骝小走马一匹,良驯

---

① 各项合计为 933 分。

② 各项合计为 1733.5 分。

而健,购价十七金,亦可谓廉,惜不善大走为歉耳。未刻写谢辅
世赠赆一封。申刻发四百里排单马封一角于王观察途次,谅在
绥来一带追及也。

　　陕西邠州庙缘:壹两 100;海骝价:拾柒两 1700;娄价
　　赏:陆两 600;洋烛二包:柒钱 70;白糖二斤:肆钱捌分 48;表
　　心纸:肆钱 40;补车毡里:捌钱 80;回城回赏车、伞夫:五钱
　　50;猪羊油肉:壹两壹钱 110;作料等等:捌钱 80;共贰拾捌
　　两捌钱贰分五厘 2882.5。①

初七日(9 月 15 日)寅刻即兴,东圈观骑,率圉人刷马,西院
看车棚毡里,盘桓数刻,复坐悼时堂。乃差价祁荣突然而归,麟
喜出望外,即询家严起居、家叔身体,据云均称安适,及其包到,
敬读家严谕帖,领悉家严照常康健,寒舍人口平安,甚慰下怀,并
承寄来镜兄、毅帅、午兄、芊兄四信。当并儿鹏信禀、恒代屏联及
辅世屏联各一分,外各附信均托刘营钟委员代寄乌垣,镜兄信即
遣荣价送呈。并知儿鹏现随朗兄河工差委,儿鹏和诗并呈芊兄
海正。且知差价周福亦回差在途,尤纾鄙念。接绪子兴、图内
兄、沐诚斋、舒畅亭、麟履仁、恒士稣、桂文圃、文翰章、张子腾、绵
达斋、颐养轩、延树(枬)〔楠〕、祝华堂亲友信十三封,敬悉亲友
平安,且桂文圃议论时事甚中肯綮,洵可谓人才也。申初策海骝
出北门,至龙王庙赴冯高峰、龙觐云、娄彝生、闻(转)〔辅〕斋、焦
凯泉、陈于冈公钱,陪客明镜兄、安吉人、刘文川,观剧终席,乘车
而还,时戌正矣。知李蔺石观察家赠钱席一桌。接六月初玖日
至十七日京报一本。接张朗兄信一封。接金珍亭、王鹤卿、倭陟
堂、陶子方、丁瀛舫、张南圃、王子徵贺秋信版七封,廖晓东丁内
艰讣文一件。检查儿鹏寄来物件,即将笺纸十匣、缙绅一部即赠

---

①　各项合计为 2878 分。

镜兄矣,且喜寄来丝缰二尤适时用。

　　龙觐云等公请赏优人:肆两400;赏车、伞夫:壹两100;哈密瓜干四十六斤:叁两陆钱五分365;红毕图呢四尺:肆钱肆分44;李价力:壹两贰钱12;平安赙赏:肆两400;猪羊油肉酱:壹两零玖分109;香油:壹钱壹分五厘11.5;作料等等:叁钱肆分五厘34.5;共拾五两捌钱柒分1587。①

　　初八日(9月16日)清晨写第三十号禀帖、儿谕,封妥,并《行路图》《缠回乐岁图》托明辕差弁寄京。少焉周福差旋,带来薰烟蜜果鞦嚼数事,均妥。写致朗兄回信,当用三百里排单马封递去。接金和帅、清吉甫、额霭堂、果同乡、雷观察、金贵山、甘裕庭、英梅轩、刘渔珊、文孟宽、庆宜川②,并送海参、鱿鱼、银鱼、鱼翅四事,当即分赠镜兄、吉人、丹山、文川四处。巡捕林玉珍由古城公干回辕销假。沙西屏赠程仪四百金,青马二匹、鹿茸一对、干葡萄、匾对四事,当即却金受物,资力廿金;伯福晋赠两女瓜干、衣料四事,受之,资力而去。缠回黑孩娃率其妻女来看,赠其女零物而去,并以回王《清汉源流》交回王,呈明辕转咨刘抚帅存案。回目夏三来谒,当赠红鱼盖碗、白锡茶盘而去。申初乘车至龙王庙赴镜兄饯,音尊已设矣,陪客即昨之主人,戌初终局,仍乘车还公廨。

　　祁荣回差找前赏并现赏:拾捌两1800;找补周福:壹两100;缝车棚工:柒钱五分75;夏三价:肆钱40;哈密瓜干一百二十斤:玖两陆钱960;白布谷糠:柒钱70;西屏价赏:廿两2000;马药十七:五两叁钱贰分532;车箭:五钱50;明饯优(零)〔伶〕赏:捌两800;车、伞夫日用:贰两玖钱捌分298;

────────────

①　各项合计为1476分。

②　疑此处有缺漏。

共陆拾捌两贰钱陆分 6826。①

初九日（9 月 17 日）太宗文皇帝忌辰。清晨检点恒代新陈对联及墨拓楹联，分赠闻辅斋、陈于冈、王爕友、焦凯泉、黄辅臣、张信之六友为别敬。派二福价采办鹿茸、木箱。龙王庙道士送天山唐碑拓十片。接金景亭军门贺秋信帖一片。购哈密瓜干、葡萄干各百十斤，携归送诸亲友。监视喜、安等价束缚十八、九、廿号毡包，钉束铜锡器皿为廿一号，磁器木箱为廿二号。

伯福晋价力：肆〔两〕400；马掌十七付：五钱壹分 51；葡萄干一百斤：陆两 600；东昌纸一刀：贰钱贰分 22；赏内外家人十五名：陆拾两 6000；加赏瑞、立、喜、荣、安五价：贰拾两 2000；龙王庙道士：贰两 200；备赏阿牙尔庄：五两 500；日用等等：壹两柒钱捌分五厘 178.5；共壹百零肆两壹钱零五厘 10410.5。②

初十日（9 月 18 日）监视众价结束行装。巳刻乘车出西门，走焦凯泉马队营，登回台入老城，进南门出北，至龙王庙拈香。叩辞明镜兄，晤谈甚久。往来辞行阖城众文武，晤沙西屏、伯王福晋共数十处，未正还公廨。晤明辕陶巡捕、邱差官送行。收镜兄赠炉猪盒，安吉人点心路菜，萧立斋辣肉薰鸭，龙觐云金腿点心，沙西屏马料各等件，均资力而遣。接绥定营统领陈军门建厚贺秋信版一件。

李长安葡萄抽风：贰两 200；哈密瓜干五十六斤：肆两肆钱捌分 448；安价力：叁钱 30；明价力：贰钱捌分 28；羊烛：肆钱 40；老秩哥抽风：贰两 20；钉箱钉：五钱 50；马封壹伯五拾个：壹两玖钱五分 195；龙价力：五钱 50；路用账本：叁钱 30；

---

① 各项合计为 6725 分。

② 各项合计为 9951.5 分。

皮纸：贰钱贰分 22；林玉珍赏：陆两 600；李灏赏：肆两 400；李澜赏：肆两 400；赠李小青：肆两 400；豆汁匠：肆两 400；三庙别资：肆两 400；亲兵八名、缠头二名、马〔夫〕一名：贰拾贰两 2200；日用：壹两五钱壹分五厘 151.5；共五拾捌两捌钱陆分五厘 5886.5。①

十一日（9月19日）太祖高皇帝忌辰。接魏方伯午兄信一封，并赠程仪贰百金。收辅世兄程仪壹伯金。冯高峰来谒，并赆贰伯金，三却而受。镜兄、益臣盟侄、安吉人、刘文川、张若符三幕友、龙觐云后先来谒，各晤谈许久而别。接德峻峰、罕清如、沈厘委先鍷、李槐庭贺秋信版四封。接新管理哈密底驿尚安仁呈开本日辰下接到军机处于七月廿一日酉刻交发刘抚帅奉批回夹板壹副，外随兵部火票壹张；又于廿一日申刻交发刘抚帅奉批回夹板壹副，外随兵部火票壹张，黄布口袋壹个，内十九件。镫下写布谢午兄信一封，明日用三〔百〕里排单马封递致省垣。收冯高峰印结印花二件，固存备用。

……②壹两五钱 150；鹿茸箱二支：陆两 600；棉花九十斤：贰两叁钱五分 235；红洋布十四尺：柒钱柒分 77；铁钉子：柒钱五分 75；赏戏班：陆两 600；明价赏：五钱 50；加赏李小卿：肆两 400；点心二斤：陆钱肆分 64；号簿纸：贰钱贰分 22；皮条十丈：贰两肆钱 240；伙食：壹两叁钱肆分 134；共叁拾柒两陆钱贰分 3762。③

十二日（9月20日）清晨致信于冯高峰，言麟今日准申刻起程，俾其速备车辆，如时而行，并饬瑞价等先后装昨日来车辆，乃

① 各项合计为 6064.5 分。
② 疑原稿前有缺漏。
③ 各项合计为 2647 分。

行色匆匆,上下齐忙,及至酉初方得策骑诣本城关帝庙、城隍庙、
老城马王庙行礼。出老城走德胜街,由居仁巷过教军场,就大路
东上,至十里墩,明镜兄、陈于冈、焦凯泉、谭楚材、李世兄、安吉
人、刘文川、富春渚诸文武、标兵、游骑全队相待已多时矣,与明、
陈、焦、谭诸兄畅谈行幄,忍泪而别。策骑至菜湖关帝庙行礼,席
地少坐,以待家岳母及内子、两女等。乃车骑无迹,寒烟侵体,不
耐久坐,仍策骑龙王庙,道士叩送路侧。东行至廿里堡厘卡,王
燮友巡政待焉,登堂畅谈,以待眷口,少焉眷属齐至,麟换着大毛
酱氆德胜马褂,乘车东趋。十三日子正三刻至黄芦冈行台,则冯
高峰署倅在〔焉〕,登堂展拜,晤谈而别。乃见铺陈朴素洁净,胜
于去岁,坐待眷口,隐机而卧,赖立价加被于膝,瞌睡片刻,至寅
初一刻眷口方到,乃行李大车及仆从等尚未到齐,焦盼焦盼。

　　赏内外家人十六名:壹吊陆百;大车夫十六辆:壹吊六
百;代民壮四名:肆两;老糟儿:肆拾;备赏:捌两;兑换现钱:
贰拾两;包杆小绳八条:陆钱,卵价:五钱五分;伙食:壹两玖
钱叁分;共叁拾两零捌分。①

　　十三日(9月21日)清晨龙觐云、闻辅斋、娄彝生、冯高峰来
谒,晤谈许久,念驹阴之遣,沧桑之变,至忍悲闷,坐数刻而别。
何也,麟上年到任时,署倅娄彝生、协戎郝先超、龙觐云充毅帅巡
捕,冯高峰保甲局员,闻辅斋署镇西厅丞,今则数友差任各有更
变,惟郝先超空囊还乡,尤苦于麟,可叹也哉。回王沙西屏来谒,
晤谈离情,亦不免恋恋。盟侄志益臣来谒,并以镜兄饯席相送,
晤谈许久,道谢而去。书识李春波弟策骑尾送,春波并有钱别
诗二首,过誉之至,便寄儿鹏恭和。申正起程,乃瑞价将出行台

────────

①　以下花销记录既用银,复用钱,计量单位无法统一,不再附列阿拉伯数
　　字。

坠骑，幸未着伤。亥正至长流水。

　　镜兄饯席赏：肆两；回王价：壹两；哈密厅管厨：壹两；共陆两。黄芦冈办差壹吊；听差贰百；厨房贰百；内外家人壹吊六百；大车夫壹吊六百；民壮肆百；共五吊。十四日。①

十四日（9 月 22 日）

　　回王价赏贰两，赏林玉珍贰两，李治、澜贰两，罗廷弼、李浩肆两，周、杨福贰两，补十二日加赏办差肆两，老道抽风壹两，哈密欠款贰拾七两肆钱五分肆厘，共肆拾肆两肆钱五分九厘。

十五日（9 月 23 日）秋分。接向润亭都阃贺节信一封，并知其将饯于烟墩。接陈芋兄贺节信一封，并知午兄之惠，芋兄、竹兄与有力焉，且喜芋兄已三品衔道员用矣，致信宜贺。接天山和尚心月贺节信一封。监视瑞价等开发各项赏犒。

　　赏内外家人十六名月饼费廿两，又提零用拾金。接向伟人、安仁山、汪石勋、谭敬甫、叶挺生、文泰初、胡海客贺节信版七封。十四。例赏五吊，加赏办差管厨散驻焉。

寒烟四起，冷气侵人，身着小夹袄、大棉袄、狐皮坎、鸳鸯坎尤觉微寒，食点心四枚而寝。次日清晨率两女登土冈关帝庙侧观长流水泉，南望沙滩，城烟如雾。收沙西屏送羊二支，鸡二支，柴、草各二车。午后烹羊献佛，展拜如仪。率内子、两女登冈远眺，食炙羊于关帝庙内，看庙民以西瓜、鸭梨、大小月饼来赠，当以一金报之。申正二刻行李大车方源源到齐，辕罗、李二郭什哈承差有功，各奖二金，周、杨二福价督押行李小心，各奖一金，并今日厨役人等预备晚餐甚精洁，于例赏之外加赏办差人一千，官

────────────

①　此处既标"十四日"，而十四日又复有花销记录，而失载日记正文，不可解。

厨役一千,散厨杂役一千,看庙人一千,骆群一千,以示奖励。酉
正率长女闲步碱滩,少坐,绕菜圃而还。镫下写致谢镜兄、高峰
冯倅二信,预标十五辰刻三百里排单马封二角,俟时回发也。

　　役庙祝家庖五吊,周、杨饭壹百陆拾,共拾吊零壹百陆
拾;备赏贰两,内外家人节赏壹拾陆两,又分项肆两,办差节
壹两,岳母零用拾两,赏送马价捌两,回王送羊等赏陆〔两〕
玉素布①,川资在内,共肆拾柒两,十五日例赏五吊,潘民抽
风五百,共五吊五百。

十六日(9月24日)行至烟墩、苦水之间,明镜兄济人腰站,
即将哈瓜攒做水桶一对交该役收存,以备储水而济行人,是亦麟
将步盟兄之未尽耳。是夜冷气侵人,车卧甚寒,幸御价加裘于
体,身未着凉,可嘉可嘉。次日寅初睡于行台内室矣。

　　例赏五吊,包马贰百,腰站办差壹吊,水夫壹百,共柒吊
贰百。

“天澹月舒波,珊车夜枕戈。荒鸡啼古戍,孤雁度明河。入
峡寒威长,迎秋客梦多。穹庐征役苦,何日老烟萝。乙酉秋前一
日长沙天井山樵留印。”麟自哈起程,见行台题壁最多,中惟天
井山樵与范氏诗词入古,惜未得晤其人为歉耳。今但记星星峡
一诗,俟便询之于毅帅、午兄、芋兄,则可悉其所以也。

廿日(9月28日)次于马莲井子,饭后闲步街北头,见有重
修庙宇一所,正殿方成,庙祝以缘布来化,当助银壹金,香资五
百。少焉李灏来言,适见军塘来公文三角,一行署伊犁将军锡,
一行署(尔)〔塔〕尔巴哈台参赞明,一行刘抚帅者也,是知金军
帅开缺,明镜兄坐北门锁钥去了。

廿三日(10月1日)世宗宪皇帝忌辰。次于安西州东门内

───────────────

① 玉素布:原系满文,疑回王沙西屏派遣送物之人。

行台。接和克庵、德锡江、李勤伯、恩雨三、荣玉亭、谭文卿前辈、李辑廷、叶冠卿、皂墨林、恩佩言、邓军门政〔升〕贺节信版十一封，知和克庵八月初旬由伊犁起身，托购良骥已允代觅，惜恐不克及麟于途也，歉甚。陈仆妇病入疯急，时将寻死，幸福价昼夜保护，未及于凶，是亦麟之累也。戌初明辕差弁韩国秀赍折经过来谒，并呈镜兄来信一封，知麟由长流水所寄信件镜兄十六日接到也。

廿四日（10月2日）仍驻安西州行台，稍憩人马。饭后回拜本城文武，策骑往返。金贵山来谒，晤谈许久而别。泾州四圣庙道士来化缘，布施壹千而去。申初姚静庵同年来晤，【并以晤】并以照验印结粮草见还，并具并无多索印结一张①，且将赆程仪，麟力却而罢，即以故同年和砚兄灵柩过境时照拂一切为托，以敦年谊。静庵同年赠酱菜、滇茶二事，三却而受，资力而去。

廿五日（10月3日）驻小湾，安西供给。饭后率两女出东小门刘家庄后，观农人引水溉田，询其稼穑，则知较哈密大有生意，仍是地广人稀，野多旷土，幸赖新旧令尹廖父姚母时时以民事为重也。

廿八日（10月6日）玉门驻次，接曾怀清、李问樵、崧镇卿、叶挺生信版四封，知安西州吏目将受谭制军申饬也。

廿九日（10月7日）在赤金峡接绍先同乡信一封。

九月初四日（10月11日）仍驻肃州试院。督饬瑞价等修理行装。赙廖晓东母丧十金。赏内外家人十六名各一金。未刻赴叶挺生召，坐有郑朴臣、彭□□、沈□□、秦□□，终席而还。戌初岳都阃宝珊来谒，晤谈许久而去。收郑朴臣送鸡鸭锅食数事，资力而去。自今日仆从饭食、马匹麸料均麟自备，以待毅帅

---

① 此句抄写有错讹。

惠音。

初五日(10月12日)驻同,自备蔬食。饭后策骑拜廖晓东及前日落拜文武各官。收岳宝山都阃饯两女糕点二匣,资力而去。又托寄京中李云鹏处信一封。

初六日(10月13日)驻同。督饬福价等理大车蓆蓬,御价等换车轴,穿马掌。午间前署奇台县刘海霞焕曙来谒,晤谈许久,并阅其敬陈管见十条,甚合当今利弊,惜理正辞□,恐反不济于事耳。明辕李、罗两郭什哈代前署肃州镇原任哈密协胡之子士林谋入叶观察幕府,即致书代荐焉。接李参戎钧履历一本,俟抵兰省代达制军。收叶挺生饯一品锅、卤菜、馒首数事,资力而去。申刻叶观察便章来会,晤谈许久而别。

初七日(10月14日)驻同。接魁介臣贺节信一封。填写回致新省哈密信函廿八件,交明辕郭什哈李、罗代致。接吉军帅、张朗兄贺节信二封。申刻往阃城文武衙署辞行,晤叶观察、郑镇军,拜辞而还。少焉叶挺生来,晤谈许久而别。郑朴臣来,晤谈许久,并照小女等茶敬百金,且有随封,当浼挺生兄代麟璧谢焉。

九月十五日(10月22日)在山丹驻次。接毅帅送上月下旬发四百里排单行信暨锡子猷贺秋帖各一封。收庆同乡、查同年二大令公送枸杞、挂面各一匣,资力而去。

廿日(10月27日)仍驻凉州。赙故通判承子锡四金。收倭陟堂京点心及京席数事,收文幼丹京席五簋,点心四盘,均资力而去。收耆民鱼果二盘,赵价梨子一盘,均丰资而去。收德子权送一品锅、点心五事,资力而去。承子锡大世兄恩祐来谒,谈甚惨,资其六金而别。收向伟人送碑帖、藤膏、洱茶、膏四事,资力而去。收汪石勋送果席一桌,荣玉亭送点心、糟鱼、酱菜四匣,均资力而去。午后策骑回拜满汉两城都护、镇、道、守、令文武各官,晤汪石勋、向伟人、倭陟堂、德子权、荣玉亭诸友,至日落回行台。哈密差弁谢二回差来谒，晤谈一会，令其回差时替给镜兄请安道喜。晚间马夫麻娃子告辞，就近回家，资六金而去。

廿五日（11月1日）驻平番。赵嵩丞同年请食晚饭，申正二刻乘车往县赴约，亥初终席还行台，少焉嵩丞同年来送行，并馈家严探敬廿四金，托寄绍云、亚珍、子修三同年处各十二金，并托寄富察太年伯母普洱茶等物一包，畅谈许久而别。

九月廿六日（11月2日）驻皋兰行台。未申之间迎晤谭制军前辈、陆学台前辈、谭方伯敬甫、恩雨三同乡、雅观察秋农、俞首令昆崖、嵩月峰同乡、李辑廷同乡、徐小兰幕友，各先后来谒，畅谈而别，并刘海霞请发欠廉一事面交敬甫方伯查收办。晚间监放台车日赏，另奖山丹车户六名各回资纹银一两二钱，共十三两二钱。一日纷纷，致申后方吃早饭也。

廿九日（11月5日）孝敬宪皇后忌辰。仍驻皋兰。遣喜价送文卿前辈哈密瓜二枚。致书恩雨三，求其饬办车辆刍豆，并谕庖人骆群、圉人穆平安由今日自备伙食草料，免县供支，以示不忍需索之苦衷。赏内外家人十六名纹银各二两，共三十二两，俾整冬衣。臬台陈六舟、直牧裕绍亭先后来谒，均各畅许久而别，并以徐小兰衔条面交陈廉访。晚间以毅帅前赊千金藩库银票浼李辑廷代领，镫下辑廷领到库平银九百六十余金；以二百金交瑞价买羽缨六十头，花翎十支，羊皮桶三五事；交立价壹百金，羊皮衣套十数身；交荣价壹百买羊皮衣套十数身，以便携至京中分赠亲友；以六十余金交御价沿途添买麸料草束，以免扰累地方；以三百金浼李辑廷汇至陕西，以便及时兑银路用；下馀二百金，则由甘至陕之路用也。坦坦荡荡，质诸天地鬼神而无疑耳。与辑廷畅谈许久而别。以前守定赠黑马以入劳伤，恐难致远，牵向恩雨三，换得玉顶红马一匹，以便行程乘骑，当资二牵马人纹银二两，老钱一千。

三十日(11月6日)仍驻皋兰。监视福价等修理大车蓆蓬。检点哈瓜、葡萄数匣,待赠两司、道、府、首令及同乡朋友。午后补拜前日未诣各处。恩雨三、嵩月峰、承继斋、惠寿(如)〔农〕、陶子方先后来谒,均晤谈甚欢而别。

十月初一日(11月7日)仍驻皋兰。陶廉访、恩雨三、裕绍庭、徐德阶锡祺观察、恩月川崇大令、文大令、承继斋、徐游戎、刘游戎、维别驾、邓菘山参戎、徐小兰幕友先后来谒,均晤谈许〔久〕而别。午间安绥之太守、李辑廷通家来谒,晤谈而去。未正策骑补拜中协及同乡各友,便道藩署赴陆鱼笙、陈六舟、陶子方三前辈、潭敬甫方伯召,戌初终席,乘车还行台。

初二日(11月8日)仍驻皋兰。致字于敬甫方伯并呈照验,俾其转饬俞昆崖照办。少焉俞令来谒,并以例结面交,畅谈而去。日来收俞昆崖、徐小兰、承继斋、陶子方、裕绍庭、恩雨三、(潭)〔谭〕文卿、(潭)〔谭〕敬甫、李辑廷、惠寿农、嵩月峰、陆鱼笙、陈六舟各前辈、通家、同乡、契友先后送钱席、食品各有差,麟仅以哈密瓜、干葡萄报之,惟雨三、月峰、辑廷三通家另以鸹箭、鮑头、刀鞘、京茶数事留别。瑞、立、荣三价购得羊皮袍套、紫羔马套四十件,价银二百四十两,俟到京进家叔马褂、皮桶各一件,进家姑父母皮桶各一件,赠族叔常绪堂、(伯)〔柏〕介甫皮桶各一件,家兄子俊、舍弟太初马褂桶各一件,备巷舅皮桶一件,麟履仁妹丈皮桶一件,建勋、子兴内兄皮桶各一件,乐民内弟马套桶一件,舒、雅二亲家皮桶各一件,霍、赵、柏三父执各一件,福益斋、文翰章、桂文圃、奎秀峰、溥月川、明秀峰、王桢堂、吴昆甫八友皮桶各一件,李成夜、李瓦匠、孟木工、荣耀庭、恒继和皮桶马套五件,馀则家妹、内子、小儿、儿媳及麟分用也。午后承继斋、英大令麟来谒,晤谈许久而去。晚间嵩月峰来谒,畅谈许久而去。先是惠寿农通家之子宜泽随其祖母来谒,资其四金而去。

接九月初二日至初六日京报一本,内有本年九月初二日奉上谕:
"祥麟奏遵旨保荐人才一折,甘肃兰州府知府恩霖、礼部员外郎
桂斌,著陕甘总督、礼部堂官出具切实考语,交吏部带领引见,钦
此。"是麟保荐人才之疏及恭报起程折件已达天听,乃原奏夹板
尚未奉到,不知何故,灼甚,即发三百里排单于镜兄处,俾其挨站
酌查也。未刻赴安绥之、恩雨三、嵩月峰约府署,座有雅秋农、英
□□二同乡,戌正终席还行台。晚间接李辑廷赠羊皮桶、鹿茸、
貂便帽、枸杞子四事,收月峰羊皮袍套桶二件。

　　初四日(11月10日)仍驻皋兰。发三百里排单马封三,堂
行马封九件【件】,致信于刘毅帅、魏方伯、陈芋兄、王辅世、明镜
兄、(挑)〔姚〕静庵、王子桢、叶挺生、郑朴臣、彭树堂、廖晓东、李
荇仙、周渭臣、查子屏、庆宜川、倭陟堂、汪石勋、向伟人、文幼丹、
德子权、荣玉亭、李朗亭、王兰亭、周葆臣、赵嵩丞廿五信,并探镜
兄接奉麟八月初五日拜发夹板与否也。以四金购得绿石烟壶一
个,留赠迪之窗弟耳。上年经此有家叔之友秀春岩一信,彼时托
嵩月峰寄去,今一询之,春岩秀公曾于去秋作古,悲夫。午后策
骑辞行于(潭)〔谭〕制军、(潭)〔谭〕方伯、陈廉访、陶廉访、雅、
徐二观察、恩太守、俞首令暨学(召)〔台〕陆渔笙并同乡朋友,申
正而返。少焉陶子方、恩雨三、英小鹤①、承继斋、嵩月峰、李辑
廷、俞昆崖诸友先后来谒,各晤谈甚欢而别。并收诸友果点、水
烟一二色有差,惟老门生惠寿农之番来谒,均晤谈廿年前旧事,
且收其食品一二事,有不忍,以其四千〔里〕外来寻其母,困处于
皋兰也。镫下英小鹤便章来会,畅谈而别。

　　十九日(11月25日)驻邠州。借观京报,知桂文圃人才于
上月廿日引见,二十二日召见,奉旨"交军机处存记,钦此",谅

---

① 　鹤:原文有时作"雀",有时作"鹤",今统一作"鹤"。

文圃弟奏对称旨,自蒙心简矣。又知清舫同年与文圃同日引见,同日召见,奉旨"交军机处记名,以道府用"等因,钦此,谅亦不日简除矣,鄙怀甚惬。

二十四日(11月30日)驻西安府。鹿抚台芝轩前辈、理事厅毓印绂、首府李觉堂先后来晤,均各畅谈而别。藩台叶冠卿、盐道吴少岷前辈来晤,以麟腹泻未果见,歉甚。

二十五日(12月1日)驻同。曾槐卿同乡、张廉访南甫、咸宁令徐次琴、瑞小舫同乡、壬午三通家伊□□克坦、景□□格春、凤□□喜先后来晤,均各畅谈许久而别。申初往满城拜吉军帅仲谦、长都护笠笼,均畅谈而别,时戌初矣。

二十六日(12月2日)驻〔同〕。吉仲谦、长笠笼、安仁山先后来晤,均畅谈而别。午后往满城拜同乡,申初而还。收冠卿、南轩、槐卿、觉堂、仁山、仲谦、笠笼诸友食品各数色,均资力而去。检点瓜干葡萄,分赠鹿、叶、张、吴、曾、李、李、安、徐、吉、长、德数署各二包,以遮差而已。赠壬午三通家天山碑拓十片,轻烟二匣。

二十七日(12月3日)驻同。壬午三通家代缮回致信,仲三十片成来缴,并馈一品锅食,均畅谈许久而去。李太守筱云来谒,晤谈许久而别。午后往拜陕省同乡同年朋友,申正还行台。

二十八日(12月4日)驻同。凤、伊、景三通家来行台帮缮回致明镜兄、刘毅帅、魏午兄、陈芋兄、王辅世、安吉人、刘丹山、刘文川、(潭)〔谭〕文卿、(潭)〔谭〕敬甫、陈六舟、陶子方、恩雨三、嵩月峰、庆宜川、承继斋、李辑廷、惠寿农、张朗兄、松志帅廿处信各封,酉刻缮齐,便饭而别。

二十九日(12月5日)驻同。巳初乘车往本城大小官吏衙署辞行,午刻还行台。未刻发三百里排单马封五角,行新疆省、甘肃省、哈密、京师四处,附家信一封于朗兄文内也。未刻二刻往满城回拜将军、都统及三通家处辞行，申正二刻方还，先后晤鹿芝轩前辈、叶冠卿、张南圃、曾槐卿、安仁山、吉仲谦、长笠农、德滋轩及壬午三通家，均畅谈许久而别。收安仁山同乡赠四牙黑骡一头，驯而小走，似有初息，当以李赠鹿茸一架回赠焉。①

----

① 第七册末尾除钤"国立清华大学图书馆藏"朱文印外，另钤"士龢氏曾观"朱文和"士龢珍藏"白文印。

行程日记八①

哈密至黄芦冈,七十里。②

光绪十一年八月十二日(1885 年 9 月 20 日)酉初由伊吾庐新邑哈密帮办大臣公廨拜马神祠,携眷起行,次日子正三刻驻黄芦冈公馆,细事另记。

黄芦冈至长流水,七十里。

十三日(9 月 21 日)申正由行台开车,龙觐云、闻辅斋、娄彝生、冯高峰相送,洒泪而别。策骑东趋,沙西屏祖于五里外路侧,下骑相见,复言离情,饮茶告别,乃西屏跪请圣安,麟允代奏。策骑东上,至廿里腰站,席地坐待眷口至,乘台车行大路,亥正二刻驻长流水,从此入大戈壁路矣。

十四日(9 月 22 日)待行李车,仍驻长流水。辰至申行李车先后到齐。

长流水至格子烟墩,七十里。

十五日(9 月 23 日)午正开车,将登烟墩望明月,策骑至十里腰站少憩,食瓜,乘车趱征,申正三刻驻格子烟墩。接向润亭信一封,并赠枣马一匹,当以江獭冠一顶藉原差报之,并奖来弁八金。沙西屏钱物如前,资力而去。敬诣西土冈龙王庙,拈香,东望沙碛杳无尽处。

格子烟墩至苦水,壹百四十里。

十六日(9 月 24 日)辰正食烹羊甚适口,巳初率两女行食,

①　此为清华大学图书馆所藏第八册日记封面所题。书法与前六册不同,亦与第七册不同。
②　本页钤"国立清华大学图书馆藏"朱文和"士稣氏曾观"朱文二印。

遇皮工吴姓兄弟二人厄于途,赠京钱一千而去。午正内子、两女率行李车辆先行,麟未正策骑继进,涉苦水,思清泉,至廿里腰站少坐,食瓜,乘车东进,酉正至七十里腰站。喜、群、福等价预备羊汤挂面,办差人预备糕点、茶食,随家岳母率内子、两女席地而食。戌初起身,步至天生墩,周览一圈,时已入夜,未敢登高,仍乘车东走,十七日丑正二刻驻苦水驿。

苦水至沙泉子,八十里。

十七日(9月25日)酉初策骑开车,戌初三刻行卅馀里,席地荒郊食瓜解渴,乘台车走沙碛,十八日丑正二刻驻沙泉子驿。乃两夜寒凉,四支无力,似不豫矣。辰正登北冈拜观音阁,晚服灵应丸二粒,稍愈。未正接魏午兄初八日四百里排递送行信一封,知毅帅信亦将追及于途耳。

沙泉子至星星峡,九十里。

十八日(9月26日)申正二刻开车,大花马行廿馀里入星星峡西麓,周环小峰,远观入画,惜无滴水为大歉事。西正席地坐待车辆,少焉皆至,乘车夜行,十九日丑正至峡岭关帝庙拈香,内子、幼女陪祀。下山东趋,丑正二刻驻行台,微食即寝。

星星峡至马莲井子,八十里。

十九日(9月27日)申正三刻开车,策骑南进,至咬牙沟坐待眷口至,乘车夜行,过红水河,廿日子初二刻驻马莲井子官店。此站山路颇多,高低不平,比至行台,安西州并无预备,幸有店户张、姚二姓献草进羊,得度两餐。即飞信四百里排单于安肃道,俾其速饬所属也。

马莲井子至大泉,七十里。

廿日(9月28日)申正开车,策骑南进,转山脚向西南,乘车遄征,戌正二刻驻大泉官店,安西仍无预备,亥初三刻眷口到齐。始则风吼如雷,及晚风清月朗,饮白水而寝。廿一日辰正方兴,食面条三碗,闲步泉滩,则化缘之乡约又至矣,当施壹金而去。

大泉至红柳园子,八十里。

廿一日(9月29日)午正开车,策骑沿土冈向东南进发,至小泉子茶尖,仍策骑南趋,三面碎石,小山入画,曲径徒行,酉初二刻驻红柳园子官店,安西州仍无预备。幸店户田姓人以果点来赠,充饥以待眷口,戌初二刻方到齐,乃马夫降姓人坠车被压,幸未大伤,是亦神灵默佑也。晚接哈密冯倅十六日发四百里信版一封,当即用四百里排单覆答,并璧其版。

红柳园子至白墩子,七十里。

廿二日(9月30日)巳初二刻开车,策骑东南进发行十馀里,微风徐来,乘车趱征,未初三刻驻白墩子官店,安西州仍无预备。当将前三处暨此处贻误供支之处发四百里排单一角于州牧姚静安,俾其查照办理也。

白墩子至安西州,九十里。

廿三日(10月1日)卯初三刻开车,南行至石窑子,饮水少坐,仍乘车南行,越地窝铺,至嘉峪关龙神祠展拜如仪,庙祝献茶,资其一金。过疏勒河,则尚瑞庵协戎、姚静庵州牧、金贵山局员暨阖城文武逆焉,入城,驻行台,晤姚牧,意将询问贻误所以,谈及甲第方知静庵乃庚午同年也,欲言而止,当将公事交办。

安西州至小湾,七十里。

廿四日(10月2日)仍驻安西州,细事另记。

廿五日(10月3日)卯正开车,出东门五里之遥,尚瑞庵、姚静庵、金贵山及阖城文武祖于途,下车入行幄少叙,登车东行。南冈北漠,东水西城,烟村四五家,枫林六七处,大有腹地风味,过水渠下车,策骑至车辖辘把茶尖。仍乘车东行,午正至小湾行台,则仍上年来时之破店也,然生聚较前似庶,惟可庆耳。

小湾至布隆吉,九十里。

廿六日(10月4日)卯初二刻开车东北行,烟树秋光,思乡尤切,过乱山子,见其四面峰峦,北夹河滩,颇具形胜。巳初二刻至双塔堡茶尖,以待眷口,闲步河畔,询民疾苦,童叟金云较前生聚多矣,现垦种之地共十四顷半。午刻一刻策骑东北行,未正至布隆吉尔驻焉,此处亦比上年稍庶,且有一九十五岁耆民,可称熙朝人瑞。

布隆吉至三道沟,九十里。

廿七日(10月5日)水有冰,卯初二刻开车,策骑东南行,辰正二刻至七道沟茶尖。巳初二刻乘车东行,越过街渠数道,过大河滩,午正二刻驻三道沟。按自出哈密,经过营堡,都、守、千、把全行接送,想麟节信附片未能拦住,后则不详叙也。三道沟系安西州末站,一路供给均妥,即致信于姚静庵同年道谢焉。

三道沟至玉门县,五十里。

廿八日(10月6日)卯正开车,过河滩南行,巳初至玉门县驻焉。王大令、马游戎均逆至河西。闻得王子桢大令乃庚午同年王幼霞、甲戌同年王佩卿之叔也,当具年愚侄帖策骑往谒,晤谈许久而返。少焉,子桢年伯复来行台回拜,面交照验印花印结二事,并以龙黄白鹿碑帖、仿古藏烟见赠,因有年谊,资力而受。

玉门县至赤金峡,九十里。

廿九日(10月7日)卯正开车,策骑出南门,马游戎祖于五里墩,下骑相别,仍策骑过河滩,至卅里井子兵卡茶尖。乘车至(白)〔高〕见滩,时午初矣,换骑趱征,未初二刻驻赤金峡。子桢年伯在玉门行台目送,麟力请回衙方罢。按此站九十里足有壹百馀里,且有数十里沙碛,又行戈壁矣。申刻不图子桢年伯踵至,暗送一程,感莫大焉,且供给丰隆,尤所钦佩。

　　赤金峡至惠回堡,一百一十里。

　　九月初一日(10月8日)寅正开车入峡,东南行十馀里,策骑东趋过赤金营,逾岭至赤金湖,席地少坐。南望山冈及草湖村树,食鸡卵二枚,乘车东走,午初至火烧沟军塘坐待眷口,未正方到。复食鸡卵挂面,赠夏弁一金,散役五百,策骑东南趱征,走九沟十八坡卅里路程,足瘆五十馀里,申初二刻驻惠回堡新官店。玉门供给甚妥,较来时安适多多。

　　惠回堡至嘉峪关,九十里。

　　初二日(10月9日)卯初开车,策骑东征,辰正二刻至双井茶尖少坐。进肃州嘉峪西关门,东行十馀里,乘车趱征,午初一刻到关,则邹军门队伍及本关张游戎、王巡检、千、把、兵丁逆焉。下车相见,乘车进关谒关帝庙拈香,赠杨住持兵四金,并拜游戎、巡检等署,午正入行台少憩,晤游戎、巡检,畅谈许久而别。

　　嘉峪关至肃州,七十五里。

　　初三日(10月10日)卯初二刻开车,邹军门大队相送,张游戎、王巡检茶饯于东关门内,下车相见,乘车东征。巳初二刻至肃州,郑总戎大队相迎,叶观察率属相待。下车相见,入厅饮茶,升车进城,先拜州牧、镇、道,巳正驻试院。晤叶挺生、郑朴臣、彭树堂及学官游都守,午后晤杨朗如,收廖晓东一品锅点心数事,拆哈密瓜笼,分赠郑、叶、彭、杨、廖五处。

　　初四、五、六、七日驻肃州细事另记。

　　肃州至临水驿,四十里。

　　初八日(10月15日)辰初开车出东关,至泉湖镇,道州牧委员等同饯于官厅,少坐饮茶而别。策骑东征,郑朴臣大队相送,游戎、都守公饯于途,下骑相见,告别而东北行。沿河渠过墩堡,至武威废卡,席地少坐,策骑趱征,过河滩,至临水驿驻焉,时将午正。

临水驿至盐池,壹百里。

初九日(10月16日)寅正开车,策骑东进,巳正至双井驿早尖,高台县预备甚妥。午初二刻乘车东南行,未正二刻至盐池驻焉。茶后闲步复观盐池古迹,得瞻唐大令浔昉谕民告示,以五伦为题,明白晓示,理正文详,想见尽心民事,洵德政也。

盐池至花墙子驿,六十里。

初十日(10月17日)卯正开车东南行,辰正二刻至深沟驿早尖,高台预备甚妥。午正二刻策骑东南行,东风徐来,南山云起,行十馀里,疏雨点点,少焉即止,乃南山大雪冷气侵人。乘车趱征,过大沙龙,拜红孩庙,未正二刻驻花墙子行台,供给颇周,惜行台甚狭为稍欠耳。

花墙子驿至高台县,七十里。

十一日(10月18日)卯初开车,辰初二刻至黑泉驿早尖,高台预备甚妥。巳初二刻策骑东南行,未初至八里堡,张都阃、唐大令先后逆焉,未正至县,先拜本城文武,便道驻行台,晤唐浔昉等,畅谈甚欢。惟饥民男女数十人先叩于城外,继乞于行台,即以五百钱资之,实缘囊内空空,万难从丰也。

高台县至抚彝厅,四十里。

十二日(10月19日)卯初开车,沿渠东行至双泉堡,抚彝倅曾子仁逆焉。入庙少坐,乘车东趋,巳初至抚彝厅早尖,重晤子仁,畅谈而别,所备车辆一切均妥。昨夕高台厅供台车甚狭,眷口颇为受罪,内子、两女诸多不便,且麟日来屡感风寒,四(只)〔支〕无力,兼之马多疲乏,大不利于骑也,苦甚。旅雁秋光,令人见景生情,因情思亲,时时泪下。

抚彝厅至沙河驿,四十里。

十二日(10月19日)午正开车东南行,至小屯堡,子仁曾倅

清茶待饯,登堂展拜,畅谈而辞,并将抚彝百姓攀辕禀诉粮草折
色不便于民情形对(众)〔我〕言之,以麟非应干预地方公事之
人,故未接其红禀也。登车东南行,水色山光,田家风景,踏驿路
之黄华,看枫林之红叶,申初二刻驻沙河驿,斜阳晚照,大起乡
情,想此时家中老亲正由茶社归看蟋蟀也,念念。

沙河驿至甘州府,七十里。

十三日(10月20日)寅正开车东南行,过河滩至沙井驿早
尖,张掖预备颇妥。策骑东南行,走沙路十数里,行石子路数里,
提标马步队先后相迎,张掖令苻仙兄以肩舆逆于郊外。登舆东
行,饶(大)〔太〕守、李大令及提标将弁兵丁迎于城外。未正二
刻驻甘州府行台,晤阖城文武,少焉回拜周军门,晤谈甚欢,服厥
威望,顺道回行台,时酉正矣。

甘州府至东乐县,七十里。

十四日(10月21日)卯正开车,本城文武、马步队伍先后送
于东门外五里、十里之遥,下舆相见,乘车东行。巳初至仁寿驿
茶尖,策骑东南行,午正至东乐县早尖,晤娄丞,畅谈甚欢而别。

东乐县至山丹县,四十里此四十里不止五十里,然矮山浅水,饶
有风景。

十四日(10月21日)未正二刻策骑东行,及河乘车,绕山
脚,踏河滩,走夹沟,代理山丹县庆宜川通家逆焉,下车相见,痛
谈离情。乘车趱征,戌初驻山丹县行台,乃眷口台车亥初方到
齐,幸有宜川遣夫执镫相迎,不图刘仆妇车骡逸脱,幸未受伤。

十五日(10月22日)仍驻山丹县,自备饭食,午后策骑拜庆
大令、李游戎,少焉而还,约庆宜川来行台便饭。

山丹县至峡口驿,八十里。

十六日(10月23日)卯初开车东南行,巳初三刻至新河驿
早尖,山丹预备甚妥而周,且庆代令亲送至此饯别。惟山丹车户

执鞭不慎，当交宜川代令薄责示众。未初由新河开车东南行数里，策骑趱征，酉初至峡口行台驻焉。乃行李大车西正方到齐，忆去夏承差经此，遇长鹤汀军帅扶柩先待，犹昨日也。

峡口驿至永昌县，壹百一十里牛王宫河滩难行。

十七日（10月24日）卯初开车走峡口，东南行，午初至水泉驿早尖，永昌预备甚妥。午正策骑前进，申正至水磨关茶尖少坐，以日来朝夕寒瘴，兼之山雪未融，重裘御寒，故征车稍缓耳。酉正二刻至永昌县西，则王兰亭协戎、李朗亭大令及阖城文武队伍郊待已久。下车相见，乘车趱征，戌初驻行台，乃眷口大车及行李车辆戌亥之间方先后到齐也。

八月下旬峡口一带大雪深数寸馀，水磨关东乱石难行。

永昌县至丰乐堡，九十里。

十八日（10月25日）卯正开车东南行，协戎、大令及阖邑文武弁兵郊送于途，下车相见，告别东行。午正至八坝早尖，未正策骑东南行石子路，申正驻丰乐堡，眷口车辆等酉正一刻到齐。先是李大令朗亭面呈请封红白禀各一分，并有诰封费一封，麟接呈允代其请，俟抵京浼请敕房朋友代办，其封费一封麟未代携，俟其事成再行寄信。

丰乐堡至凉州府，七十里。

十九日（10月26日）卯正开车走石子路东南行，越朵兰镇，已初至四十里堡庙内早尖。午初二刻策骑东行卅里，凉州都护德子权、荣玉亭差帖逆焉。及郭外，始则汪石勋镇台率参、游、都、守、弁兵全队相迎，德子权都护率协、佐、满兵排队以待，继而向伟人观察、倭陜堂太守、文署倅、赵大令诸友迎于官厅，登堂相见，畅叙离怀。未正二刻驻凉州府行台，先后接晤郊外相迎文武大小官吏，戌初方罢。

廿日（10月27日）驻同，细事另记。

凉州府至靖边驿,七十里。

廿一日(10月28日)卯正二刻开车,策骑东行,镇道守令、都护协佐、旗绿弁兵、营哨练军分队相送如前日相接式,官厅行幄,先后相见,覆叙离怀。下骑登车,走石子路,巳正至大河驿早尖。午正策骑东南行,狂风大作,行石子过河滩,申初风息,阴云四合,雨雪霏霏,冷气侵人,申正至靖边驿驻焉,酉初眷口行李方到。村落萧条,行台颓败,幸武威预备去得,稍纾旅况,惟刍粮供给稍欠耳。

靖边驿至古浪县,六十里。

廿二日(10月29日)卯正开车,微风飒飒,行役仆仆,辰正二刻至双塔堡茶尖,接向润亭信一封。巳初策骑南征,走夹沟上下坡,午正驻古浪县行台,晤署令周葆臣同年、宋典史,畅叙离怀。饭后闲步便道,驿号询问前月由哈拜发折件,考其号簿,系八月十五日过境,至今尚未递回,焦盼焦盼。戌刻山丹令查子屏同年由省帘差回任,经此来谒,以小恙未会。

古浪县至镇羌驿,九十里。

廿三日(10月30日)寅初即兴,回拜查子屏同年于旅舍,晤谈甚欢,并将山丹车户疲玩情形相告,俾其回任惩责。卯正开车,穿古浪峡走黑松堡,巳正至龙沟堡早尖。午正策骑沿山东南行,过安远堡,逾乌稍岭,花都阃、杨游戎先后摆队相迎。过镇羌桥,申正二刻驻镇羌驿,平番预备甚妥。晤杨游戎,且以便席为馔,三却而受。乃行李大车至西正二刻方到。

镇羌驿至武胜驿,九十里。

廿四日(10月31日)辰初开车,杨游戎摆队相送,下车相别,登车东行,午初至岔口驿早尖,平番预备甚妥。未初策骑东南行,沿河滩,申正驻武胜驿,行李大车西初即至,可谓不慢,盖因乌稍岭下坡路,行之稍易耳。先是在岔口驿行台接西安首府

李觉堂贺节信一封,并接乌里雅苏台蒙古①参赞车王爷清文信
一封。

武胜驿至平番县,三十里。

廿五日(11月1日)辰初开车东南行,过庄浪河之永济桥,
沿东山至黄沙坡,赵宋臣同年逆焉。及郊,则平番文武及练军标
兵大队相迎,入城拜赵宋臣大令、朱祥兴东臣协戎、徐清斋都阃、
赵雨厚茶马厅。午初二刻驻平番西关外行台,重晤宋臣同年及
朱东臣协戎、赵雨厚茶马厅、徐清斋都阃,未刻宋臣年嫂来行台
谒内子,并以金腿、洱茶、活计数事为贶,久谈而别。

平番县至红城子,七十里。

廿六日(11月2日)辰初开车,朱东臣、赵雨厚、徐清斋、赵
嵩丞同年及阖邑文武官弁兵丁摆队相送,下车相见,登车南行。
及庄浪满城,则祥佐领奎等率满兵排枪队相送,下车徒行,过队
告别,登车南行,至小水泉明经阁重瞻古迹,策骑南行,越大通
驿,过徐家磨,未初二刻驻红城子。饭后闲步,率两女绕河滩东
岸至镇南门外观利涉坛而还。

红城子至朱家井子,壹百里。

廿七日(11月3日)孝慈高皇后忌辰。寅正开车南行,至咸
水河早尖,仍平番预备甚妥。辰初二刻策骑南行,未初至于家湾
茶尖,未正乘车上下坡,酉初驻朱家井子,乃行李车辆至酉正□
刻到齐。

朱家井子至兰州府,四十里。

廿八日(11月4日)辰初开车,进后山策骑走金城关,谒金
山寺拈香,先是,制军、学台、藩臬、道府首俱差帖逆焉。徒行卧
桥观黄水,午初及官厅,则供帐已陈,守令以学台录遗未果相迎,

---

① 乌里雅苏台蒙古:原系满文。

仍策骑进皋兰西门,拜首令俞昆崖、首府恩雨三、观察陶子方、廉
访陈六舟、方伯谭敬甫、制军谭文卿前辈。晤陶子方,畅叙离怀,
晤谭前辈,知荐贤疏已于本月初二日奉旨交查矣,畅谈许久,并
谒陆学台渔笙前辈,畅谈而别。未正驻皋兰行台。细事另记。

兰州府至金家崖,六十里。

十月初五日(11月11日)辰正二刻由皋兰开车,策骑出南
门,行石路,出东门,及官厅,李辑廷惟精如饯焉,谭制军云觐、陆
学台渔笙暨司道府县均差帖相送,以今日武闱开棚,各有差使,
下骑相会,畅叙离怀,并以制军昨赆程仪敬璧缘由浼辑廷婉覆,
并以行李大车不敷,自行添雇一辆,俾辑廷代达委员。告别东
行,至东关坡乘车上山,土大如烟,下山绕河滩,申初驻金家崖,
遇甘凉道奎绍甫,畅叙乡情。

金家崖至甘草店,六十里。

初六日(11月12日)辰初一刻开车东南行,午初至清水驿
早尖,金县预备颇妥。惜行台颇烂,永无人居,阴冷太甚。未初
策骑趱征,申初驻甘草店,惟上下沿山路颇险,大车遇险为平,仰
神灵之默佑耳。甘草店新建行台甚佳,想皋兰之德政,且刘游戎
之练军驻扎于此,尤形壮固。

甘草店至秤勾驿,六十里。

初七日(11月13日)辰初一刻开车,上墩台坡,策骑山行,
东南上下路,越车道岭,乘车下大坡,坡陡土深,行之不易。午正
二刻驻秤勾驿,安定县预备颇妥。

秤勾驿至安定县,六十里。

初八日(11月14日)辰初一刻开车东北行,沿山东南行,过
巉口河,走卅里堡,午初一刻驻安定县延寿驿行台。门小,大车
另驻旅店,甚费周折。再小女崇鹏寒火感染,朝夕磨人,以致五
衷闷闷,亦似微恙耳。

安定县至西巩驿,六十里足毂八十馀里。

初九日(11月15日)辰初开车出安定新邑东门,过河上坡东北行,过七里坡至青岚山顶,东北行卅馀里,未打尖,策骑山行,望山沟村落颇有庶意。乘车下青岚大坡,转过王公桥,走永定桥,上一陡坡至顶,沿山东北行,未初一刻驻西巩驿,安定预备颇妥。接陈世五同年、庆宜川通家信版各一封。

西巩驿至会宁县,六十里。

初十日(11月16日)寅正恭设空位于西巩驿行台,戎装佩刀跪祝慈禧皇太后万寿圣节,行三跪九叩礼如在哈密仪。坐尖,策骑东行,下坡东南行,过河进会宁北关,午初二刻驻行台,方大令秉钧来谒,晤谈离情而别,眷口大车午正二刻方到齐。

会宁县至清家驿,九十里。

十一日(11月17日)寅正开车出会宁南门,东北转上下坡,沿河滩走七十二道,脚不干,冰未成,渡大不易。行车几覆者数次,转危为平,惟御夫赵御落水二次,幸未受伤,且赖皋兰二车户节节保护得安,当奖三御二金。已正至翟家厅早尖,会宁预备颇妥。午正策骑沿山东北行,走大山川墩,上下坡,过平政桥,穿太平店,乘车东南行,走上下坡,过尚家湾履顺桥,申正二刻驻清家驿,会宁预备颇妥。回忆去岁驻此,安适多多矣。惜早间在河滩感受朝寒,以致贱躯不爽,且两紫马疲乏已极,尤不慊于鄙怀也,闷闷。

清家驿至静宁州,九十里。

十二日(11月18日)卯初一刻开车,过倒回沟利济桥之上下坡,沿山东北行,已初二刻至高家堡早尖,静宁预备颇妥,惟不供刍豆。午初策骑沿山东南行,过邓家墩,走齐家大山坡,乘车上下安岔墩,及河,则督带练军曾凌秋别驾、州牧朱叔梅、参戎广昆峰、守府承湛亭率队相迎。下车相见,告别入城,便道拜曾、朱、广、承四友，申初驻静宁行台，先后晤凌秋、叔梅、昆峰、堪亭，均畅谈而别。晚间承湛亭同乡便服过谈，并托寄其家信一封，纹银卅五两，当交瑞价固存，抵京即送。收湛亭茶叶、水烟三事。

静宁州至隆德县，九十里。

十三日（11月19日）在静宁驻次接庆宜川信版一封。卯初二刻开车，沿山东北行，值小阳之入律，遵大道以驰驱，辰正三刻至神林堡早尖。午初策骑东行，过卅里堡，乘车东南行，未正三刻驻隆德县行台尖宿，均系该县预备，颇妥，惜行台不整，且闻有祟，幸无他见。

隆德县至瓦亭驿，五十里。

十四日（11月20日）辰正开车东北行十五里平路，进六盘山南口，巳初越岭及坳，诣关帝庙拈香。徒行数里，乘车下山北行，午初二刻驻瓦亭驿，固原预备颇妥，惟未携印结前来，不知其中缘故。晤车局邱委员椁代具印结，借用瓦亭营守备印信。饭后携两女登城远眺，重睹午庄兄《瓦亭重修碑记》，写作俱佳，洵大手笔。按瓦亭驿距固原州九十里。

瓦亭驿至平凉府，九十里。

十五日（11月21日）卯初开车，东进瓦亭峡，入三关口诣关帝庙拈香，走河套，巳初三刻至安国镇早尖，平凉预备颇妥，惟不供刍草。午正乘车东南行，南北皆山，中巨河滩，幸水已落，车马易行。申初二刻至平凉，入城拜道府、游戎、大令，申正驻行台。晤锡太守子农同乡、程观察鄂南、穆游戎木天，均畅谈许久而别，陈大令然轩以感冒未到也。按三关口即古金佛峡也，北崖有“鸣壁奔流，山水清音”八字，南崖有“控扼陇东”四字。

平凉府至白水驿，七十里。

十六日（11月22日）辰初开车出东门，过河走永丽门，穿玉虚宫及官厅，则子农太守锡同乡茶饯于此，下车相见，畅谈许久而别。乘车东行，巳初三刻至四十里堡早尖，平凉预备颇妥，仍不供刍草为歉。有镜兄旧属弁马姓冒见而去，临行睹奴婢①忤家岳母，麟大不满意。午正一刻乘车东南行，未正二刻驻白水驿，平凉预备颇妥。春冰薄，人情更薄，先岳父勤甫公去世未久，其旧养奴婢已无知感家岳母者，可恨哉，可叹哉。

白水驿至泾州，七十里。

十七日（11月23日）卯初开车东行，巳初至王村镇早尖，泾州预备颇妥，惟家岳母车上失去红皮匣一个，当饬瑞价飞奔平凉府，属之白水驿呈报失物，另有清单。泾州吏目吴诚斋同乡迎至王村，畅叙离怀而返。未初开车，申初二刻至泾水桥，复观古王母降瑶池碑，入泾州北门，先拜胡牧、都阃、吏目，申初三刻驻试院，泾州预备颇妥。镫下写致平凉观察程鄂南、太守锡子农、游戎穆木天、大令陈然轩四信，亥刻用三百里排单马封发去。

泽州至长武县，壹百里。

十八日（11月24日）卯初开车东南行，登泾州坡，绕古濠东行，巳初至瓦云驿早尖，泾州预备颇妥。吴诚斋相送于此，畅谈许久，未初相别。乘车东行，申正及长武西廓，则张立庵大令待焉。下车相见，登车入城，申正二刻驻行台，晤张大令、蓝典史，畅谈许久而别。少焉闻福价等谣有妙手空空儿由平泾相随而来，意将行窃，当饬驺从人等各加谨慎防闲歹人，听天由命而已。

长武县至邠州，八十里虎节边甚险，大拐湾难行，阎王匾较前稍好走，然尤可危。

十九日（11月25日）卯正二刻开车东南行，沿坡上下，巳初二刻至亭口早尖，邠州预备。午初过亭口河，沿山东行，走虎节

---

① 奴婢：原系满文。

边,诣大佛寺挂匾拈香,布庙资一千。乘车走大拐湾,观花果山,穿新兴街行闫王匾,申初二刻至邠州。拜周煦生州牧,尹占一都阃及侯营官等,申正驻行台,邠州供给颇妥。晤周、侯二友,收尹占一同年锅馔数事,回赠京老米数斤,资力而去。晚间尹占一遣送家信二封,托寄至京,以其现在有孝,故未亲到也。少焉周福价来回,今日一行李大车覆于大拐湾,伤损零物数件,伊腿被压,尚未大伤,亦不幸之幸也。

邠州至永寿县,七十里。

廿日(11月26日)卯初二刻开车,出邠州东门南行,上太峪岭,巳初至太峪镇早尖,邠州预备颇妥,惟未供刍草。遇秦同年雨亭学台于行台,晤谈许久。告别乘车西南行,走河滩,行石路盘永寿山,未正二刻至永寿县,穿城拜陈大令,入行台,晤陈子铭大令,畅谈而别,供给亦妥。

永寿县至乾州,九十里。

廿一日(11月27日)寅正二刻开车,上东南坡,转东行,辰正二刻至盟莘镇早尖,永寿预备颇妥,惟不供刍草。巳正乘车东行,未正至乾州北关外北山,始则仁胜军大队相迎,继则徐牧芷生迓于路侧,下车相见,登车入城回拜徐牧,未正二刻驻行台,乾州预备颇妥。行李大车半驻紫阳书院,半驻街南旅舍。

乾州至醴泉县,四十里。

廿二日(11月28日)辰正二刻开车,徐牧候送于乾州东门外路侧,即上年遇暴雨处也,东则仁胜军大队相送,先后下车相见,登车东行。午初驻醴泉之峻南饮凤书院,晤熊大令子贞,畅谈许久而别,据云未接差信,以致预备未周,虽窗枢亦未得糊饰也,抱歉之至。然乾、醴两处差门均有恶声,早间西风飞扬,傍午即止,幸甚,不然大有难堪之势。御价以廿四金买二号四牙客骡一头,颇驯,惜毛颜不佳,似铁青又似红青。

醴泉县至咸阳县，七十里。

廿三日（11月29日）卯正开车东南行，巳初过宴村堡及店张驿早尖，兴平无预备，自买面片充饥。午初开车东南行，未正至咸阳县西北门，严大令少云逆焉，下车相见，登车入城，回拜严少云。未正二刻驻行台，晤严令畅谈许久，并言此次北上均系自行办理，不假手于奴隶而别，然尤得罪于差门也，惨甚。酉刻率两女出南门，观咸阳古渡，喜浮梁已成，惜难载重，眷口行李大车仍用船渡耳。

咸阳县至西安府，五十里。

廿四日（11月30日）卯正开车出东门，至渡口观大车载船过渡，家岳母率两女暨眷口均由浮梁渡渭以保重，及辰初方渡毕，向东南进发也。过丰桥，东趋大路，乃长青杨价失去皮马套一件，当饬咸阳役查找。未正及西安西廊，则满汉两城大吏均差帖逆焉，及官厅，则安大令煦斋同年相待已久，下骑相见，畅叙甚欢。策骑入城拜抚藩臬道府县令，均未遇，以今日盘查藩库，均在公也。申初驻大公馆。细事另记。

廿五、六、七、八、九日驻均同前。

西安府至临潼县，五十里。

十一月初一日（12月6日）辰刻吉军帅仲谦来钱，晤谈许久而去。巳初开车出东门，咸宁令徐次琴茶钱于官厅，畅谈而别。壬午三通家茶钱于显应宫，畅谈许久而去。出东稍门则东北行，满汉两城大吏均差帖先后相送，午正至灞桥早尖，咸宁预备颇妥。未初过灞桥东南行，申初二刻驻临潼考院，环园行台则出清海祭差钟郭二大臣踞焉。瑞雪缤纷，遍山皆白，惜未深润。

临潼县至渭南县，八十里。

初二日（12月7日）辰初开车北行，林望侯大令送于路侧，下车相别。升车东北行，穿新丰镇，巳正二刻至零口驿早尖，临潼预备颇妥。午正二刻开车东行,至万里桥西胡海客同馆渭南行台,晤胡大令畅谈许久而别。初三日子正有渭南巡役二名意将行窃,经福价等拿获交县审办矣。

渭南县至华州,五十里。

初三日(12月8日)辰正开车东行,胡海客饯于路侧,下车相见,告别东行。沿山坡走夹沟,穿赤水镇,遇集期,车不易行,午正驻华州行台。策骑至州署拜余年伯母而还,以树珊同年往同州府公出故也,办差人预备颇妥,想余同年预为交派妥价耳。

华州至华阴庙,七十五里。

初四日(12月9日)卯初开车出华州东门,东行坦途,过太平桥,瞻汾阳祠,穿敷水镇,巳正及敷水河早尖,自备。午正开车东行,未正至华阴县。拜伦大令子修,策骑穿城,未正二刻驻华阴庙行台,晤伦子修,畅谈而别。先是征车趱路,雨雪霏霏,已而疏雨点点,阴云四合,惜太华山不得瞻仰,自愧缘悭而已。少焉华阴庙道士以缘布来乞,施当资二金而去。

华阴庙至潼关,三十五里。

初五日(12月10日)辰正二刻开车东北行,过泉店,走吊桥,午初二刻驻潼关。拜皂协戎、文观察、杨别驾、袁都阃,始则镜堂同乡及文武属员官厅相接,继则文、袁诸兄来行台相会,均晤谈许久而别。皂墨林往同州公出,故未晤也。收文镜堂点心、酱菜六事,当以瓜干、葡萄报之,袁都阃慎初赠酱菜、窝笋四篓,亦以瓜干、葡萄还赠。

潼关至寺坡底,七十里。

初六日(12月11日)辰初开车过潼关,文镜堂、袁慎初茶饯于官厅,下车相见,告别东行。观行李大车渡黄,率内子、两女随家岳母乘棚船安渡黄河,抵北岸,行河滩,时巳正矣。诣大禹庙行礼乘车趱征,上大沙坡滩,行夹沟,至可河早尖,自备,永济未

支应。午正二刻开车，正北行，申正一刻驻寺坡底，乃行李大车
至戌初一刻方到齐，幸有潼关协标兵六名护送，无虞而至也。申
正二刻策骑至蒲州府，拜乌协戎、杜太守、米都阃、贾大令，两晤
乌、杜二同乡，来谒，均先后畅谈许久而别。杜幼霞以牛乳二瓶
为饯，资力而受，愧无以报。

寺坡底至樊桥，七十里。

初七日（12 月 12 日）子刻发三百里排单马封一角于太原省
城，致清文贺喜信于刚子良抚院也。辰初二刻开车，走夹沟东北
行，午初至白堡头早尖，自备。未初开车东北行，申正驻樊桥驿，
临晋预备颇妥。询及以前发过夹板排单四件，至亥刻查来云前
三件均已递讫，惟行刚抚台处清文一角未曾接到也，不知永济是
何居心。寺坡底公馆破烂，永济支应平常，至子正后和衣微寝，
寅初即兴，旅况清宵，大起乡情，几乎恸出。

樊桥至北相镇，七十里。

初八日（12 月 13 日）辰正开车东北行，午初至牛犊镇早尖，
自备，猗氏未支应。未初开车东北行，申正驻北相行台，安邑预
备颇妥。发三百里排单马封一角于太原省城，致清文信于山西
中丞刚子良同乡，为报过境例用夫马车辆也。接绍秋皋夫子贺
节信、金和圃军帅送行信各一封。午间在牛犊镇致信于蒲州协
戎乌星舫，托其催永济速发前信。

北相镇至闻喜县，九十里。

初九日（12 月 14 日）辰初开车东北行，午初二刻至水头镇
早尖，自备，夏县未支应。乃行台结彩悬灯，询系预备河东道者，
是知现官不如现管之说不诬也。未初开车，鄏眷先行，未初二刻
策骑东北行，申正穿闻喜邑，拜张大令，申正二刻驻行台，少焉张
瑶卿大令来谒，晤谈许久而去。由寺坡底至是三站，每日均有乌
星舫练军八名更番护送，以备不虞。

闻喜县至侯马驿,八十里。

初十日(12月15日)辰初二刻开车东北行,午初二刻至东镇东问店村早尖,自备。未初开车,沿乔山走夹沟,回环盘绕,东北行,过浍水桥,申正驻侯马驿,曲沃预备颇妥。惟夹沟路土大如烟,行之不易。

侯马驿至史村驿,七十里。

十一日(12月16日)辰初二刻开车东北行,巳正二刻至高显镇早尖,自备,曲沃未支应。午正二刻开车,策骑北行,走夹沟,路土大如烟,对面车来未及躲避,致延四五刻方出沟口。过义士桥,穿蒙城镇,复走夹沟路,酉初二刻驻史村驿,太平预备颇妥。

史村驿至平阳府,六十里。

十二日(12月17日)辰正开车,将出行台,乃荣价马逸,冲门而坠,一时之久方克立起,幸得转危为夷,未致大伤,即饮童便半盏,随行而北。巳正至赵典镇,襄陵未备尖站。趱程北进,土大如烟,未正驻平阳府官店,客车纷纷,人乱如麻,兼之日来不爽,以致五衷闷闷,大有难乎为情之态。接廖晓东信一封。

平阳府至洪洞县,六十里。

十三日(12月18日)圣祖仁皇帝忌辰。辰正二刻开车,迂路拜福厚庵同乡未遇,以其进省谒刚子良中丞也。出平阳北门北行,过高河桥,巳正至田境镇早尖,自备,临汾未支应。午初二刻北行,穿阳曲镇,未正二刻驻洪洞县南关泰和行台,洪洞预备甚妥。日来长女小恙,闷闷不欢,总缘干土燻鼻,食水不调所致,麟亦因之不爽,不耐于骑,不得已而乘车,困处于深土之中耳,苦莫大焉,笔难尽述,阅者谅之。

洪洞县至赵城,三十里。

十四日(12月19日)辰初开车过大桥,穿洪洞北行,绕道趱征,以大路积潦未干,泥淖初冰,不易行也。已正至赵城县南关外行台早尖,赵城预备。

赵城县至霍州,五十里。

十四日(12月19日)午正开车穿赵城,过石桥,走夹沟,行狭路,相逢维军帅桂亭侯,以致未得晤谈,候过而已,然查车许久,又延数刻,及出夹沟驻霍州,则申正二刻矣。策骑拜德牧,未遇而还,乃德佩九前辈已候于行台,于焉相会,畅叙乡情,至酉正相别而去。且福价等换车至子正方毕。维军帅由保府改为大轿驰驿,抬夫需用十数名,未审奉何廷寄,办理何事也。

霍州至仁义镇,六十里。

十五日(12月20日)卯正三刻开车,出霍州北门,过桥北上逍遥岭,辙深土大,兼有石路,未初至仁义镇早尖,自备,灵石未供支。

仁义镇至灵石县,四十里韩侯岭。

十五日(12月20日)未正二刻开车东北行,上韩侯岭,石陡土大,车行甚不易,徒行数里,酉初诣韩侯祠墓,拈香行礼。酉初二刻下岭,乱石嵯峨,土大如烟,马瘏人乏,至戌初一刻方驻灵石官店。乃家岳母暨长女陕雇二套车二辆,因在岭上换轴,延至亥正二刻方到,幸赖神灵默佑,均得平安。灵石令祝芸樵来拜,晤谈许久而去。

灵石县至介休县,八十里。

十六日(12月21日)冬至。辰初二刻开车北行,沿山上下坡路,已正至连洞早尖,自备,灵石未支应。午初二刻开车,沿山东北行,未正二刻驻介休行台,预备颇妥,惟不供秣料。申正接刚抚台子良兄本月十四日申刻由太原发来三百里马封一角,知前三信均已投到也。昨夜宿灵石官店,又梦马驰,故今得刚兄此信,是之谓意气相投,真形梦寐耳。镫下覆信。镫下介休令吴书年来谒,晤谈许久,见其人明白,闻其品介廉,当附子良信中。

介休县至平遥县,八十里行台整齐坚固,为晋之倡。

十七日(12 月 22 日)卯刻发三百里排单马封一角于太原省,覆刚子良中丞昨日来函也。辰正开车穿介休城,回拜吴大令,复观汉槐古树,循大路以东行,已正二刻至张兰镇早尖,自备,介休未支应。午正二刻开车,穿镇东南行,申初及平遥西郭,则杨大令蔗民同乡逆焉,下车相见,告别入城,回拜杨蔗民,申初二刻驻行台,平遥预备甚妥。重晤杨蔗民,畅谈而别,瑞雪飘飘一寸有馀。

平遥县至祈县,五十里。

十八日(12 月 23 日)辰正开车出平遥东门,杨大令蔗民同乡送于路侧,下车相见,告别北行。穿宏善村东北行,午初二刻驻祈县西关外汉王司徒祠东隔壁行台,晤马大令械材同乡,畅谈许久而别,祈县支应颇妥。午后写致松峻峰同乡信一封,当发三百里排单马封一角于直隶藩署,俾其预饬所属照例妥为预备也。

祈县至徐沟县,六十里。

十九日(12 月 24 日)辰正三刻开车,穿祈邑回拜马械材同乡,出北门,则械材候送于路侧,下车相见,告别北行。穿贾令镇,午初三刻至西罗村早尖,自备。午正二刻开车东北行,申初一刻及徐沟西廓,柳大令颖生逆焉,下车相见,告别东征。申初三刻驻徐沟行台,预备周妥,晤周典史承濂,重晤柳颖生,畅谈许久而别。

徐沟县至王(湖)〔胡〕驿,七十里。

廿日(12 月 25 日)辰初开车,进徐沟西门,回拜柳颖生大令,出北门东北行,已初二刻至永康镇早尖,榆次预备颇妥。午初开车东北行,未正一刻驻王胡驿,榆次预备甚妥,且方首令将刚中丞命来逆,晤谈许久而别,当覆子良兄一信,藉呈巡抚部院为永济贾令分晰,兼为方令午桥声叙也。先是寅卯之间柳颖生来徐沟行台畅谈许久,候选而别,晚间方午桥又在王胡行台来谒,三挡驾而去。

王(湖)〔胡〕驿至太安驿,七十里。

廿一日(12月26日)卯刻接徐沟柳令差价驰送京报,内开十一月十一日奉旨"祥麟著作为乌里雅苏台①赞参大臣,照例驰驿前往,钦此"。卯初开车北行,方午桥候送路侧,下车告别,并致候于子良中丞,升车北行。辰初至什贴早尖,榆次预备甚妥。未初开车,盘山东北行,申正驻太安驿,寿阳预备颇妥。惟仆从等一闻乌里雅苏台①之信,其灰心丧志之形不堪言状,幸一二未失天真者尚言愿随口外驱策也。然严亲在家,更不知何等忧闷也。固不敢效恒明陈情请命,而留京亦不忍被士林忘亲食禄之清议。

太安驿至寿阳县,五十里。

廿二日(12月27日)卯初开车东北行,盘矮山,走河滩,巳初至寿阳早尖,该县预备颇妥。惟日来天气严寒,重裘莫能御,念及乌里雅苏台②之差,反觉此地不冷,然小价等狼狈之形则不屑笔记也,惟祁荣、穆平安尚有勇往之言,差可嘉耳。先是将开车之先,接榆次方令差马夫送到刚中丞贺喜信一封,并言昨函已经收到也。巳正至寿阳行台,泪稿谢恩折稿一件,俟便寄京,浼文、桂二友斧削。

寿阳县至侧石驿,五十里。

廿二日(12月27日)午正开车东南行,沿山坡走河滩,崎岖不平,至燧口门西车侧行数武,致将右门牙碰落,血染征衣,痛不可忍。申正二刻驻侧石驿土燧行台,盂县预备颇妥,且穴居尤暖。此站土石相参,高低不平,难行不减韩侯岭,幸赖神灵默佑,屡屡化险为平。

侧石驿至平定州,五十里南天门匾署"峻极干天"。

廿三日(12月28日)辰正二刻开车,沿山东南行,过河滩转北行,上平定坡,则平定州专丁率肩舆二乘逆焉,力请换轿,力却而罢。麟实不忍扰累闾阎,仍乘车东走河滩,甚不易行。绕村落上土冈,午初三刻及云路初开石坊,东南行,午正至天门北下坎,午正二刻进南天门诣关帝庙行礼,下坡南行转东,未初驻平定州行台,该州预备颇妥。乃鄮眷车辆至申初□□方到。戌刻发三百里排单马封二角,一致山西刚中丞,一致广西张中丞公文也,内附折稿家报于张文内。

平定州至柏井驿,五十里。

廿四日(12月29日)辰正二刻开车,穿平定邑,上南坡,进榆门关,拜吴牧子复,并瞻汉韩侯屯兵古迹。出东门,走河滩东南行,西北转,石路崎岖,行大不易。向东北走上坡山路,午正二刻驻柏井驿行台土窑。乃眷口车辆未正二刻方到,家岳母不豫焉,当服灵应丸二粒,稍好些,但祝神灵默佑老幼平安到京,则幸甚。

柏井驿至井陉县,八十里西天门、北天门。

廿五日(12月30日)家岳母感冒难支,当即觅雇四抬肩舆,辰正二刻起身东北行,走河滩,穿西天门,乱石难行,巳正二刻至槐树铺早尖,自备。午正开车东北行,两山并峙,石路尤难,走固关,过甘桃驿,穿北天门,下大坡,石滑难行,麟车几覆。徒行数里,过晋直交界石坊,步核桃园,乘车东北行,越板桥镇及井陉南关,则长大令书舫茶逆于油酒店,下车相见,入店畅叙乡情,告别北行。绕河东征,走浮梁,进井陉东门,驻行台,重晤长同乡,复谈许久而别。接嵩武统领孙少襄贺年信一封,念二日由琉璃河营次发来。

井陉县至获鹿县,七十里东天门。

廿六日(12月31日)辰正三刻开车,回拜书舫同乡未果行,以其来行台切阻故也。复出东门,走浮梁,东上大坡,行石坎,过微水河,午初至微水镇早尖,自备。未正上石坡东北行,绕新坡甚坦,走南河滩,避东天门,东北趱征,酉初二刻进获鹿邑,拜杜大令,出获鹿邑,酉初三刻驻东关外行台,晤杜仲容,畅谈而别。戌正接镇宁驿递到兵部火票一张,公文一角,即本月廿一日新命之清文也;当即恭设香案,望阙叩头讫,其应如何恭谢天恩之处,俟进保定府再行斟酌。

获鹿县至正定府,六十里。

廿七日(1886年1月1日)家岳母病虽轻减,而气体稍弱,故与内子议,仍觅肩舆,添雇二套轿车一辆,俾眷属加站先行,分瑞、立、喜三价护送先行。当附孙少襄统领信内,谕儿鹏知之,并函致子兴内兄矣。辰正二刻开车,东行土山沟路,午正过滹沱河浮梁,走沙滩,则狂风作矣,未初驻正定郡行台。酉刻发三百里排单公文一角于琉河大营,覆孙少襄统领也,内附家报。

正定府至伏城驿,四十五里。

廿八日(1月2日)子正二刻接直隶松方伯峻峰同乡信一封,粘三百里排单,知麟前函投到,已代饬前途牧令照章供支矣。卯正开车,出正郡北门东北行沙路,巳初二刻至伏城驿早尖,正定供备甚妥,且询该差,此官厅即昨日鄙眷宿处也。福价等闻乌垣恩命部文已到,昨夕今朝分起叩贺,故赏周福、祁荣、杨福、刘连、骆群、杨长青、赵御、穆平安八人各老京钱壹千,馀人不赏。将出正定行台,刘连马逸,致被挤坏祁荣所佩圣字刀鞘,幸刀身未损为慰。

伏城驿至新乐县,四十五里。

廿八日(1月2日)午初开车,东北行沙路,走木道沟,过新乐河浮梁,未正三刻驻新乐官店,该县预备颇妥。且据店家云,官眷一轿四车将早尖而东也。麟拟明日早行,晚驻望都县,或与眷口相遇亦未可知。

新乐县至定州,六十里。

廿九日(1月3日)丑正二刻开车出新邑东门,走沙路东北行,穿明月店东北行,辰正复走沙路至定州西关北官店。则冷落空房,毫无预备,当饬荣价持帖往拜定州牧,少焉差丁陈纪来行台赶备一切,尚周妥。赵店户将瑞、喜两价昨遗信一封,因欠外包,裕元号未收,亦托陈差复送,并附麟片。

定州至望都县,六十里。

廿九日(1月3日)午初开车,由沙路东北行,穿清风镇,过清水河,申正二刻驻望都县官店,该县预备颇妥,且溥大令履廷孝廉乃满洲正红旗同乡也。酉刻泾阳驿马夫来探,麟面谕明日巳初准到该驿更换夫马车辆,馀概不用;询及眷口,则云今早已经北上,闻系晚驻清苑云云而去。

望都县至保定府,九十里。

卅日(1月4日)辰初开车,穿望都,拜溥履廷同乡。东北行,过方顺桥,午初及陉阳驿换车马,食蒸馍,饲骡马,小店少坐,陉阳号头备茶水木炭甚妥,当奖京钱壹千。午正开车东北行,申初二刻驻清苑西关官店。松峻峰、奎乐轩二同乡、刘景韩廉访、刘献夫观察、朱敏斋太守、朱允卿大令、陈华轩中衡、胡殿鳌游戎均差帖逆焉。酉初策骑入城,拜藩臬道大令协游守尉及边润民前辈,晤峻峰、景韩、润民三大人而还,时酉正矣。朱太守、朱大令、边中丞先后来拜,各晤谈而别。收峻峰松方伯点心八匣,资力而受。

保定府至安肃县，五十里。

十二月初一日（1月5日）卯初二刻开车北行，松方伯、刘观察差帖相送，巳初至安肃早尖，该县预备颇妥。途遇乌鲁木齐都统差弁王千总，当托其寄口信于升竹珊、刘毅帅、魏方伯、陈、王、袁三观察处，均代请安道念。及至行台，旧仆刘庆来谒，并言现随陈典史服役甚苦，愿随麟出口等语，未允其请，仅写荐信于峻峰方伯处，俾其啖饭耳。

安肃县至北河，六十里。

初一日（1月5日）午正二刻开车东北行，道途甚坦，惟行至卅里外大路中一破石桥，小黑骡失蹄入孔，险遭不测，幸赖神灵默佑，化险为平。下车徒行三二里，策骑北上，西初驻北河，则旅店充盈，皆遣撤之勇丁，且征车应在定兴邑内更换，当饬福价等催趱车辆往县城内更换，并令伊等车齐及时前进，明日涿州早尖。

北河至涿州，八十里。

初二日（1月6日）子初开车夜行，北过送王店，辰初至涿州，拜刘牧，回驻南关官店，乃行李大车至巳午间方先后到齐。早间那府罗护卫牵田四、李二已迎于涿鹿矣，召来相见，询问家严起居，金云康强犹昔，甚慰下怀，且眷口昨驻窦店，今日谅可还家，家岳母病势见轻，惟涿州车辆不齐，恐难遄行为歉耳。并接儿鹏家报，言张朗兄待谈要件。涿州刘牧来谒，畅谈许久而去。行李车减去三辆，且有七辆自行发价。

涿州至良乡县，七十里。

初三日（1月7日）卯刻在涿鹿发刘、魏、陈、明、恩、谭、谭、叶、曾、叶、张、吉十二信。辰初二刻开车，穿涿邑北行，辰正二刻过永济桥，复瞻"千间大庇"匾，巳初二刻及琉河，孙少襄公馆早尖。午正开车北行，申正入良乡邑，拜杨大令子英，申正二刻驻南关外四合店行台。戌初二刻瑞、立、喜三价护送眷口昨日到京，今日来迎也，并言家严康安，家岳母病势稍减，甚纾下怀。良乡杨令来谒，畅谈许久而去。行李车又减五辆，只剩八辆，外雇小车二辆下乘。

良乡县至京都，七十里。

初四日（1月8日）卯刻开车，巳初至长兴店早尖，惟行李大车一损轴，午初策骑将行，小儿桂鹏偕恒士稣通家、荣虞臣姻侄率源价逆焉，下骑相见，悲喜交集，忍泪敬询家严起居。策骑东北行，走卢沟桥，视小儿等早尖毕，由沙路乘车北行，及望河楼西，麟车覆焉，幸未伤损。徒行数武，仍乘车趱征，申正入阜城门，驻帽儿胡同关帝庙，惟行李大车落后四乘，未得入城，缘在长兴店换轴所迟滞故也。及入关帝庙，亲友纷纷而来，应接不暇，且家严念子心切，晚间亦临庙来，父子相逢，悲喜之情笔难尽述，今后则不暇记事，俟北行再有所识。

十一月廿七日在正定府换银壹锭，重三两九钱二分一两六钱；合老钱六千三百〇八文。出日赏家人、车夫、马夫、护兵及零用共肆千。

廿八日在新乐县换银二锭，重八两六钱五分；合老钱十三千八百四十文。出正定宿站尖站例赏三千，又包引马二次四百文；出日赏家人、车夫、马夫、护兵及零用三千八百五十文，包引在外。

廿九日在望都县换银壹锭，重三两二钱三分；合老钱五千乙百〇卅文一钱五分。出定州尖站办差等①二站包引马夫、车夫、护兵七千三百文。

卅日在保定换银六锭，廿三两〇五分；合老钱卅七千六百八

①　此处上有眉批："定州差陈。"

十六文一钱六分。出内外家人十名及杨、杨、高五日饭食十三千；出家肃定兴、涿州、良乡车夫赏六千四百文；出廿九日至初三日五天拉马夫赏两千；出松方伯价力乙千二百文；收拾表五百文；出望都送溥令信马夫赏及本日马夫陉阳号头五伯在内乙千三百文；出赏保府号房乙千，穆价二百文，店家乙百文。

〔十二月〕初一日出保府办差等例赏银乙两老京钱乙千；出安肃例赏乙千六百文，草夫五十文，马夫乙百文；出买白菜卅二斤老钱乙百卅文；出赏旧仆刘庆老钱五佰文；出北河碰破沙锅赔款老钱乙百文；出北河办差等例赏乙千六百文。

初二日出涿州办差车价十二两，听差人等一千；出涿州饭钱二千。

乌里雅苏台日记

光绪十二年(1886)日记^①

记事_{十二年正月至六月②}

光绪十一年十一月十一日(1885 年 12 月 16 日)奉旨："祥麟著作为乌里雅苏台参赞大臣,照例驰驿前往。钦此。"是月廿六日(12 月 31 日)在直隶获鹿县途次承准兵部来文,恭录谕旨前来,于十二月初七日(1886 年 1 月 11 日)到京跪请圣安,叩谢天恩,当蒙皇太后、皇上召对,顾问西陲一切情形罔不周详。十二年二月十九日(3 月 24 日)请假修墓,即蒙"赏假一个月,钦此"。三月十九日(4 月 22 日)假满请安并请训,复蒙皇太后、皇上召见,犹问西陲民瘼并缠金地方安静与否,仰见顾念边陲,时在宵旰也。赶紧修理行装,辞行亲友,只缘借支养廉办理稍迟,不得已拟于四月十三日(5 月 16 日)吉时出京。是日也,携自雇行李驮子廿五个,驮车一乘,骑马四匹,跟役张立、周福、祁荣、杨福、穆平安五人,策骑北进,于例搏节,仅用引马二匹,包马四匹,骑马五匹,并无折价等事,非敢自作廉怃,实不敢有负国恩家训耳。

---

① 以下光绪十二年、光绪十三年日记藏台北傅斯年图书馆。
② 《傅斯年图书馆藏未刊稿钞本》所收《乌里雅苏台行程纪事》影印本将各册封面裁去,仅标明册数,第一册日期为光绪十二年正月至六月;为便观览,据中国科学院图书馆所藏本封面添加标题,下同。

京师至昌平州，八十里。

四月十三日（5月16日）巳刻叩辞家严暨诸亲友，由舍下策骑出德胜门，午正至清河镇茶尖，与长少白、常馨吾席地先谈于路侧，与伊建勋、赛乐民、绪子兴、色颖臣、富清圃、瑞兰台、恒继龢、恒士龢、荣辅臣、荣虞臣、吉迪之、文质如诸亲友、通家继别于逆旅，并饬儿鹏即此还家，不必远送，代叩家严膝下，以慰遐思。午正二刻策骑北进，申正驻昌平州西门内行台，署牧陈筱亭镜清，预备甚妥。

昌平州至居庸关，五十里。

十四日（5月17日）卯正策骑西行，巳初至南口早尖，自备，雇四人肩椅，走关沟，午正驻居庸关内行台，延庆预备颇妥。少焉，绍秋皋夫子至，降舆相会，晤谈甚欢，训诲谆谆，笔难尽记，并以张家口外头台章京彭苏克那木济勒荐委随行，俟麟到口再作区处。先是早间，张瑞、赵御二价在昌平西门外叩送，当饬二价赶紧回京代禀家严安好，并传谕儿鹏妥养二黑骡，不免又是洒泪，思亲念子及畜也。晚饭后行食南北关门外，万峰叠翠，形胜可观，并视关额，知明景泰中修建关城，北关外席地少坐而还。

居庸关至怀来县，七十里。

十五日（5月18日）卯初乘肩椅出居庸，适遇二遣犯，自思虽居其右，同一戍也，不知何日召还，固云屡奉严命，移孝作忠，又岂能无见景思亲之本性哉。乱石崎岖，行大不易，穿上关，少憩，北行，瞻帐房石，西北行，过三堡，出弹琴峡，观杨六郎石影，看石佛像，层峦耸峙，泉水长流，行捷径走危石，出八大岭关门，趋岔口镇早尖，自备。时将辰正，四抬夫捷足疾行，可嘉可悯，除定价二千二百文外，加奖一千以酬之。午初策骑西北行，碎石如凉州，马蹶者数，幸未坠下，未初至旧榆林堡更换驿马。西行坦途，行役仆仆，劳人草草。未正二刻过通济桥，穿怀来邑，拜宋署

令,驻行台,晤宋静山,畅谈许久而别。该县预备甚妥,旅况清
寂,闷形露矣。晚饭后行食西庙,拜佛而还。

怀来县至鸡鸣驿,九十里。

十六日(5月19日)卯正策骑西行,甘澍淋淋,辰正至土木
驿,换马茶尖。雨微大,倒乘驮车疾行廿里,生人坐骡杠亦一快
事,大有樣归之兆,至沙城早尖,自备。午正雨止风来,仍策骑西
行,穿保安路城,申初至鸡鸣驿行台驻焉。宣化预备甚妥,羊肉
便席如到口外,办差人朴而精,非比西路之滑而狡也。且居庸东
西春麦可观,怀来迤南稻田颇旺,可卜有秋;惟麟鞍马生疏,虽借
乘那钜辅之良骥,日骑数十里即乏不可言;不过竭力遄征,以期
早抵乌垣,乃心王室,效力边陲,远慰老亲而已。虽观鸡鸣驿南
北山势入画,惜不能解释孤臣思亲慕君之天真耳。

鸡鸣驿至宣化府,六十里。

十七日(5月20日)卯正乘驮车西北行,沿河滩望南北山,
穿花园村,沿山边辰正至蛇绕湾,先有煤车陷焉,待至巳初方得
过险,走老龙背,逾响水梁,午初至响水堡早尖,自备。午正策骑
西北行,未正至宣化府行台驻焉,王镇台枫臣、吉观察荣帆、戴大
令冠英、阿参戎树屏先后来晤,均畅谈许久而别,吉同乡送菜一
桌,资力而去,那藩裕护卫恒叔侄来见,亦晤谈许久而别,枫臣、
荣帆留驻。

十八日(5月21日)仍驻宣化府,午刻策骑赴枫臣、荣帆约
于道署,并拜宣郡文武,且与枫臣、荣帆契结金兰。终席,共游介
春园赏牡丹,甚畅下怀,极半日之乐,不免大起乡情。酉刻仍策
骑还行台,收枫兄赠金肘、银米、滇茶、建曲四事,资力千钱而去。
瑞卿博兄遣卒来迎,回名片而去。镫下枫兄来行台送行,并以兰
谱见存,畅谈许久而别。收荣弟赠金肘、滇茶二事,资力千钱而
去。乌垣亲兵费永昌差便来行台叩迎,当即收在行辕听委。

宣化府至张家口,六十里。

十九日(5月22日)辰初阿树屏、吉荣弟、戴冠英先后来行台送行,荣弟并以兰谱见存,均畅谈许久而别,辰初二刻策骑西北行,行沙路,午初至榆林堡早尖,自备。乃辰及巳细雨蒙蒙,午则甘霖大沛,午正乘驮车西北行,逾石豁子,申初策骑踏泥过通桥至龙王堂,托子明、永峻斋跪请皇太后、皇上圣安毕,偏殿少坐,畅叙乡情,告别策骑,仍踏泥西北行。赖穆价牵之而走,申初二刻驻张家口内敦升店,驿转道预备颇妥。杜军帅先遣巡捕存禄、亲兵雷英、赵宽持信进京迎接,早经收辕委用外,本日在通桥东相迎之承差待行亲兵戴明魁、孙酉山一并行辕听委,连费永昌共允其六人随行,适晤托、永二都护,已将此节说明矣。

廿日(5月23日)仍驻张家口,代乌绍云遣送景介臣一信,防御丰厚巷①来谒,晤谈而去。午间策骑往上下堡拜托子明、永峻斋、承枫庭,均畅谈许久而别。拜定静村军帅、锡祉庭监督、金宝廷、景介臣、玉翰章、塔雨亭、文子延、博晓山、赓继巷、褚文轩、张沚莼、珠子宜、丰厚巷,均未遇。未正二刻还逆旅,申刻赓继巷来谒,畅谈数年前菊圃乡情,犹在目前,至忍泣而别。永峻斋赠烧烤京席一桌,资力而受;托子明赠烧烤京席一桌,资力而受。先是晤托都护时,即将绍秋皋夫子所荐察哈尔头台章京彭苏克那木济勒缘由当书其名,请飞札代调矣。卡伦侍卫吉绥之来谒,畅谈而去。赏巡捕、亲兵存禄等六人各千钱,为十日盘费,并将同乡赠馈分奖六人一桌,以示同甘之意。

廿一日(5月24日)驻同前,督修架杆车。塔雨亭、文子延、景介臣先后来谒,各晤谈许久而别。丰厚巷来谒,面谈而去。托子明来晤,畅谈许久而别。按跟役名下由户部支领过皮袄赏银

---

① 丰厚巷:疑为丰厚庵之误,下同。

卅六两,今照原数分赏张立等五价各七两三钱有奇,以示实惠下及,不昧国恩之意。永峻斋来晤,畅谈许久而别。承枫庭、景介臣各赠京席一桌,均资力而受。承枫庭来谒,畅谈许久而别。赓继巷赠京席一桌,资力而受。将同乡赠席转赠吉绥之一桌,以敦乡谊。先是五价随役而来,言明月无工银,仅由麟乌垣廉银内提给二成分赏五人,为渠等养家穿衣之资,惟栉沐之费每人月给银二钱,今先给银十两为五价十月之资,交杨福经理,藉免月无一文之叹,俟到乌垣,仍按季分麟养廉二成,以重然诺。金宝廷来谒,晤谈而别。

廿二日(5月25日)驻同前。写谕儿鹏日记录。午刻定静村军帅来晤,畅谈许久许久而别,老诚宿将,议论边情、时人多中关窍,洵当世之才也。那藩蒙古司仪长敦达格来谒,并以茶叶、奶饼二事相赠,以钜辅所属而受之,晤谈而去。文子延赠京席一桌,资力而受。午后策骑拜张幼樵前辈,晤谈边事及旧情许久而别。拜珠转道子宜同乡,俾验勘合乌拉票,畅谈许久而还。大新德杨商来谒,晤谈而去。买赏犒东生烟一篓,共一百八十包,价银九两三钱。何县丞宣三来,畅谈许久而去。珠子宜来谒,晤谈许久而别。彭苏克那木济勒将托子明名片来谒,当即面见,其为人明干朴沉,清汉语精通,洵为蒙古官中杰出者也,随将麟行李裹带令其估计,约用橐驼卅二只,即饬其前往军台协领景介臣处商办。由吉绥之处发忠字第一号家报,约在月内到家。一日奔忙,颇形劳乏,临寝思亲,尤想冬、崇二女甚切,反致夜不成眠,诚所谓英雄气短,儿女情深。

廿三日(5月26日)驻同前。张幼樵前辈来晤,畅谈许久而别。午后写兰谱二分,并致枫兄、荣弟各一信。张树亭升楷来谒,畅谈许久而别。彭盛斋由景介臣处来,言军台一切已经办妥,即将小黄旗面交该通事持去,先传谕前途台站照例办理,惟麟裹带稍重,不得不分队陆续而行。第一队派存禄、赵宽、周福、杨福押解老米、小米、白面十驮,第一箱至第六箱"刚、健、笃、实、光、辉"字六筐先行;第二队派彭苏克那木济勒带乌拉奇二名,驮马二匹,持小黄旗随行;第三队派戴明魁、孙酉山、穆平安押解"元、亨、利、贞、义、礼、悌、忠、谦、益、惠、迪、吉、公、正、廉、明、勤、俭、忍、让"等字廿一包继进;第四队派雷英、费永昌、张立、祁荣押解随身"孝"字等包跟随麟殿后,以专责成,庶免推诿。阿树屏来谒,当将德参戎寿峰一信浼其转致科城,畅谈许久而别。本日巡捕、郭什哈等帮做筐只梃绳辛勤出力,当犒六人一餐,以示薄奖。军台书手将景介臣饬谕来辕,开写橐驼卅二只,骑马十匹,驮马二匹,架杆马四匹,苏拉马八匹,乌拉奇八名,毡房十一顶清单二分,一呈都统,一送驿转道署照例传谕各台例支廪羊、驼马、巡捕、营卒,大有不欲色,然可见好人难作,例事难办。

　　廿四日(5月27日)驻同前。派立价持名万全县传办差人来辕,面问该役照例支应事宜,少焉而来,即将宣化印结交其照办。定静村赠珍羞四篚,点心四盘,绍酒一坛,资力受食谢酒而去。在口驻了五夜,梦见钜辅二次,谅亦结想所致耳。逆旅羁縻,坐待都辕传知前途方可起程,出口不免乡情又起,思亲念子,尤想冬、崇,不知两幼女此时如何淘气,如何念父也,忍泪记之,以志儿女情深。万全令张沚莼交来印结一张。晚饭后微服闲步于东河滩,绕菜圃而还。镫下饬田价核估日来用款,若五月初二日出口,恐原带三百金将有不敷之虞,奈何奈何。

　　廿五日(5月28日)驻同前。督饬田价等做米筐梃绳。万全令张沚莼赠席一桌,资力而受。遣立价于托兄子明处借观本月十六等日京报三本,知同乡诚果泉已作东鲁督粮观察,且观朗兄条陈山东河务历历如绘,掷笔金声,可钦可羡。由大新德购砖茶四箱，每箱廿七块，价银七两。未正阴云四合，暴雨一阵，若在草地，其乐甚大，申初及戌正甘雨淋淋，南亩润透。

廿六日（5 月 29 日）驻同前。甘澍淋淋，自卯及巳午间晴霁。大新德送京席一桌，三却而受。阿树屏来谒，畅谈许久，其为人朴诚干练，晓畅戎机，且羡麟愚直，愿契金兰，即在逆旅同拜，俟抵乌科补行换帖，又谈许久而别。是役也，未出大境门，又结交王、吉、阿三昆季，想亦命中先定耳，独是筐袋绳蓆四事颇费孔方，大有不济之势。军台博笔政晓山遣书手送来满票传牌印票六张，当将满票二张令其传谕头台预备，其印票二张随身佩存，传牌二张出口日交大境门验票放行。饭后微服闲步立通桥，观山水天然形胜，胜于嘉峪关多矣，进通桥门走石路还逆旅。

廿七日（5 月 30 日）驻同前。督饬田价等结束头起行装、口粮；核计到乌垣时主仆六人同甘苦，日食口粮章程：每月初二日、十六日宰羊，按卅斤计之，一日计食二斤以内，年节祭神另议，逢十日吃白面，一、四、七日吃老米，二、五、八日吃白米，三、六、九日吃小米，此其大略也，总而言之每月吃白面六次，吃老米十八次，吃白米十八次，吃小米十八次，或以金银米合煮二米饭卅六次亦可，至于茶烛油薪似难逆料，俟到任后再行明定章程，以节糜费而杜滥支。拟谕仆稿。

谕张立、周福、齐荣、穆平安、杨福等五人知之：本大臣奉命参赞乌城，原系朝廷优异，非苦差也，尔等跟役前来，自当恪遵王法，小心服役，不准干预外事、公事，我每年应领乌城廉费不拘若干，分出二成赏给尔等为养家穿衣之资，馀则为我主仆六人乌城日用，同甘苦也，如有不遵约束，于沿途任意需索，私行折价，在乌城妄生事端，勒索蒙民，即按军法从事，愆由自取，勿谓言之不预也，凛之，特谕。

因周福、杨福押运头起口粮十六驮，先行发给盘费银各一两二钱。先是,出京首站昌平州曾钞录勘合册,挨驿粘贴印花,今交驿转道照办,据云照式粘妥、驿递原发首站、汇送臬司衙门查销,当写致宣化县一信,交田价呈荣弟转致戴令冠英,俾其查验珠子宜如何办法。

廿八日(5月31日)驻同前。监视周、杨二价押解头起粮物筐箱卅六件由逆旅起程。午间景介臣来谒,畅谈许久而别。架杆车成,督饬田价找细工做车楼蓝布前围。晚饭后闲步西畴,自北及南穿下堡而还。浼逆旅记室代钞日用账。

廿九日(6月1日)驻同前。巳刻雇车一乘,辞行本处各同乡及各知交,晤阿树屏、托子明、承枫庭、景介臣、虞继巷、定静村六同乡,张幼樵前辈,均畅谈许久。至申初还逆旅,少焉张幼帅来送行,痛谈许久而别。申正微雨一阵而未大下。晚饭后微服闲步东河滩,青山绿水宛然如画,老圃下畦调理各菜,观之羡愧交作。原为散闷行食,反生慕亲念子之乡情而还,寂寞无聊,提笔疥壁,词曰:"孤镫闷坐,奇想天开。万虑千思,举笔难书仅一咳。叹人生、离合无定,聚散我常乖。此一去,孤雁守空斋。果能殻、为国宣勤,强邻无羌。也落得、竹帛流芳名常在。只怕是、枉离亲,白弃子,竟待随同画诺议处挨。反不如、率老妻,携幼女,祝颐庵里侍坐一回。"

五月初一日(6月2日)驻同前。督饬田、立、祁、穆四价总计一切使项,所有昨朝今日用款均归田价开销,如前款有馀,即奖田价,以酬其劳,如不敷,俾儿鹏补给,交田价忠字第二号家报及那王爷、乌侍郎二信旋京分递。午后张树堂、吉绥之、定静村、珠子宜、阿树兄、丰厚巷、白守府德生先后来送行,均各畅谈许久而别。丰厚巷馈点心四匣,三却资力而受。托子明、永峻斋、承枫庭先后同来送行,均畅谈许久而别。申刻乌云西起,轰雷大作,暴雨粗风一阵,少焉雨止,而山水来矣。出店视之,狂澜既倒,溯湃宣腾,自北而南奔流下注,观之凛然而还,好在一时之久水即过去。

张家口至查罕托罗海_{盘肠河},六十里。

一台

五月初二日(6月3日)卯正乘三套车出大境门,守兵验勘合于口内。出口下坡东转北行,至大新德茶尖,少坐。乘车东北行,走河滩石子路,形同甘肃会宁之七十二道,脚不干而宽,辰正二刻至托罗庙村,诣关帝庙行礼,逆旅早尖,田价预备。巳正仍乘车北行西转,即饬田价回京代叩家严,走河滩,及山坡,未正二刻驻查罕托罗海行台,饭食厨役包办。且喜沿盘肠河村落颇多,田地亦好,胜于甘肃嘉峪关内外多多矣。委参领、委骁骑校及帮台各弁均来谒见,当晤该官弁等,以清语寒暄数语而退。

查罕托罗海至布尔哈苏台_{小河一道},六十里。

二台

初三日(6月4日)卯正乘三套车诣关帝庙拈香,布香资银一两。乘车上大山坡北行,至鄂博西北行,一望碧锦,细草如毡,沿途土房穹庐别有风味,脱令左文襄公见之,又将议增郡县矣。马车疾驰,过小河二道,巳初一刻至布尔哈苏台早尖,惟此二三台均有厨役包办,麟仅例支廪羊二只,该役大有赔累之势,头、二台各奖银一两二钱。

布尔哈苏台至哈留台_{小河一道},七十里。

三台

初三日(6月4日)午正乘架杆车西北行,甚疾,馸^①跑皆稳,坐车之意与骑马等,过小河一道,未正二刻驻哈留台,沿途开垦沃壤,已多成熟村落,比甘肃富庶。本台支应仍是厨役包办,

---

① "馸"通"颠"。

故亦奖银一两二钱,每台及帮台章京等以小玉玩、火镰、活计五事分奖之,乌拉奇等则分奖东升烟四包,以示薄奖。头段管台参领吉克吉特扎布差帖请安。

哈留台至鄂罗胡都克,六十里。

四台

初四日(6月5日)卯初二刻乘架杆车西北行,辰初二刻至鄂罗胡都克,沿途上下小坡二三处,远观之皆如山,及近则坡也,间或有石。本台例供廪羊二只,缘尖站仅食一只,其一只即赏该台弁等分食矣。台西南水草丰茂,山前后生聚富庶,别有风味,观之生羡。

鄂罗胡都克至奎苏图,七十里。

五台

初四日(6月5日)巳初乘架杆车西北行,越草坡疾驰,午正驻奎苏图,穹庐十一座,奔走十馀人,饭后行食百馀步,上不在天,下不在田,席地而坐,静观造物之布令而已。

奎苏图至札哈苏台河一道,六十里。

六台

端阳日(6月6日)卯初乘架杆车西行,一望平川,卯初二刻乌拉奇换架杆马稍失检点,马逸杆脱,撑辕木板伤,此第一摔也,麟在车中幸未碰损。换马另架,其行愈疾,辰初至札哈苏台,修理撑板,幸有木匠,小有赏犒。按架车之杆已长一丈二尺馀,该蒙古弁兵尚云其短,再制时仍须加长方妥。辰正早尖,食炖羊肉如京制,举箸将食,泪如雨下,念今日老亲念子,幼女想父,儿鹏节债以何了理,含泪食讫,爰笔泣志。

札哈苏台至明垓,六十里。

七台

初五日(6月6日)巳初二刻乘架杆车西北行,碧草连天,微坡上下,巳正二刻驻明垓。土房数椽亦颇整齐,土筑围墙,大有秦晋行台之意,不可仅以番邦目之也,惜由第一台至此数百里未见一树为歉耳。日来立价等五人跟役前来,日事鞍马,随车驰逐一时之久,约行六七十里,可谓劳矣,当此端阳令节,麟无资犒赏,可哀也哉;较之往返伊吾,每逢节令人各有赏,苦乐霄壤;麟脱承国家优差,此五价似当先受润惠耳。午后飞土扬沙,大风作矣。

明垓至察察尔图,六十里。

八台

初六日(6月7日)卯初乘架杆车北行西转,走大坡西北行,及巅有石,行侧坡路二三段,馀皆绿草平铺,马兰如锦,花香草气爽人心目,乃阴云西起,细雨南来,车行甚疾,辰初至察察尔图早尖。

察察尔图至庆岱,八十里。

初六日(6月7日)巳初乘架杆车西北行,走大坡行侧路,坡巅一二处有石,及平路,辙如麦陇,青葱可观。乃架杆右马失蹄,杆脱板碎头碰,幸未肿破,此第二摔也。且阴云四起,山雨欲来,换马另架,疾驰如风,午正驻庆岱。晚食粟米粥,修撑车木板,雨云乱飞,晚风飒飒,穹庐记事,大起乡情。

庆岱至乌勒哈达①,壹百廿里。

初七日(6月8日)卯初乘架杆车西北行,走上下坡,绕花果山西北行。按此花果山顽石堆累,山花寥落,一湾积水,铺地马兰。站长车疾,辰正至乌勒哈达早尖。

乌兰哈达至本巴图,八十里。

初七日(6月8日)巳正乘架杆车西北行,走大上下坡二三处,兼有石,播摇不稳,又生闭目凭天之叹。且风从西北来,车由

---

① 乌勒哈达:文中又作"乌兰哈达""乌兰合达"。

东南进,风截马力,马抢风威,未初驻本巴图,雨云南长,轰雷鸣震。按台站支应差使虽有官备毡房,平日监守蒙户难保不借住,一旦有差,只于照传数支搭为行台,全家反致露宿。若一遇雨,其狼狈之形实难形诸笔墨,虽云并无骚扰,尤甚于骚扰,有天理者万难寓目。闻有无耻之徒仍欲由此索取,陋规可杀。

本巴图至锡喇哈达,六十里。

初八日(6 月 9 日)卯初乘架杆车西行,走上下坡,间有碎石,少焉阴云四合,甘澍疾来,车行愈快,乌拉奇等冒雨架杆,可怜之至。车窗进雨,被褥皆湿,辰正二刻驻锡喇哈达穹庐避雨,懊①闷难堪,午间微霁,抖晾湿物。按经过台站该章京等均各出具甘结书押,今彭参领呈出察哈尔第一段管台参领等加具印结一张,据云按四大段皆如此例行,稍纾旅况,乃五衷仍是不爽。早晚两餐廪羊二只不敷,添买一只,价银一两七钱。

锡喇哈达至布鲁图,七十里。

初九日(6 月 10 日)寅正二刻乘架杆车西北行,走上下长坡,微有沙碛一二段,卯正至布鲁图早尖。少焉阴云四合,即速检点起行,乃该台廪羊仅有一只,馀供白面数斤而已,亦甚可怜,以口粮一时不济,不得已暂一从权,非甘为也。

布鲁图至鄂伦琥图克,六十里。

初九日(6 月 10 日)巳初乘架杆车西北行,未及数里,大雨西北来,车行愈疾,人急路滑,杆又脱地,幸人物无伤,此第三摔也。换马另架,其行更快,巳正二刻驻鄂伦琥图克,雨霁。管台副参领巴木怕尔来谒,奖其玉玩二件,并交其谕存禄等留粮二信,令其速行代发而去。晚遇科城差旋庆兰圃连、彦文川成二同乡,畅谈许久,浼其代寄忠字第三号家报而别。

---

① 懊:通"燠"。

鄂伦琥图克至察罕琥图克,六十里。

初十日(6 月 11 日)露结为霜,以日来云腾致雨屡矣。卯初二刻乘架杆车西北行,麟在车中着紫羔皮棉袄、羊羔皮棉套,仍披棉斗篷,尚不克御其寒风,车行戈壁尤疾,辰初至察罕琥图克早尖。

察罕琥图克至锡喇穆楞,七十里。

初十日(6 月 11 日)巳初乘架杆车西北行,走戈壁,上下坡,午初二刻驻锡喇穆楞。按此路戈壁由布鲁图起至哈达图卅二台,据土人云通谓之戈壁,间有沙碛,亦有沙漠,其中间总有水草,非比西路戈壁仅生驼茨,馀皆不毛者也。然若久旱尤无觅食处,幸本年入夏以来甘霖时沛,实此方之大福耳。

锡喇穆楞至敖拉琥图克碱水,壹百里。

十一日(6 月 12 日)寅正一刻乘架杆车西北行,走崎岖长坡一二段,行微草沙碛百馀里,辰初一刻至敖拉琥图克早尖。惟昨饮锡喇穆楞赖水,以致终宵未昧,且穹庐外舍蒙古兵役值宿,臊气熏人,大有难乎为情之势。今日尖宿二台犹是碱赖二水,只好节饮而已。本段副参领拉奇彭楚克行幄叩谒,赠其玉玩二事而去。

敖拉琥图克至吉斯黄郭尔水赖,八十里。

十一日(6 月 12 日)巳正二刻乘架杆车西北行,走草戈壁路兼沙碛,上下坡,午正二刻驻吉斯黄郭尔。沙碛坡下弱草离离,破穹庐数座,乞丐十馀人,观之未免短气,其不来帮台之蒙古王公不知是何居心。麟虽有意赈之,惜力不赡,愧甚,歉甚,勉强以粟米数十碗分赠各穷户,以示薄恤。

吉斯黄郭尔至喜喇穆呼尔,七十里

十二日(6 月 13 日)卯初乘架杆车西北走,行沙碛微草坡数段,卯初二刻至喜喇穆呼尔早尖。该台穹庐如昨,仍赈粟米数十碗。

喜喇穆呼尔至呼隆布隆①,壹百里。

十二日(6月13日)卯正乘架杆车西北行,走沙碛弱草地,辰初换马时杆又脱落,幸麟与物无伤,惟架杆右乌拉奇左臂腿被杆压破,幸不致重,此第四摔也。管台参领多尔济札布叩迎道左,已初驻呼隆布隆,多参领随谒行帷,麟以清语温言数四,赠其玉玩二事而遣。缘日来雨后戈壁干热,自本日始改为夜行昼驻。多参领加具第二段印结一张,清文甚属明晰。

呼隆布隆至叟吉布拉克,七十里。

十二日(6月13日)申正二刻乘架杆车西北行,走沙碛微草,上下小坡,间有乱石三四段,馀皆微草沙漠,戌初至叟吉布拉克,饮粥少憩,廪羊二只全赏该台弁矣。惜疾风西来,暴雨点点,车行愈疾,未得下车瞻仰神柳圣迹,稍欠耳。

叟吉布拉克至托里布拉克,七十里。

十二日(6月13日)戌正乘架杆车西北行,走崎岖上下微草侧坡兼乱石路数十里,行沙碛沙漠,过河滩下车徒行,观马趵泉圣迹。一池清水涓涓,细流映月,澄清见底,即饮一勺,甘凉如醴,洵圣迹也。乘车西北行,驻托里布拉克,此处素多神蛇,幸未出现,时亥正三刻矣。慈荫寺喇嘛送奶茶果食,饮茶却食。一日行三百四十馀里,仆从鞍马之劳可谓苦矣,若在腹地,当作四日程。

托里布拉克至图固哩克,七十里。

十三日(6月14日)子初率仆从等徒行敕建慈荫寺,敬诣龙

---

① 此处天头有批:"此清文似倒书矣,应改写。"按祥麟赴乌行程日记,皆于每日前标注从何处至何处及里数,而首次出现之地名,每于汉文地名后附以满文,今删去满文。此处指"呼隆布隆"的满文写倒了。

神前行礼,并献哈哒一方,赠喇嘛香资银一两七钱,只缘囊内空空,未能多布惟歉耳。丑初坐地早尖,寅初二刻乘架杆车西北行,走崎岖回环、微草巨石、沙碛沙漠,上下大坡,路石大如桌,沙深数寸,车行甚疾,播荡难堪,危险太甚,车若行慢,将陷沙中。卯初三刻至图固哩克,饮粥,乃大风南来,仆从疲乏。该台穷苦尤甚,观之实难寓目,除免供廪羊二只外,分赏该台穷户粟米数十碗,以示薄恤。接福价等留禀,知其四人已照信留米于赛尔乌苏矣,甚纾下怀。

　　图固哩克至默霍尔噶顺,壹百里。

　　十三日(6月14日)未初二刻风微小,乘架杆车西北行,走沙碛微草,一望平川,路白骨黄沙,惨人心目,申正二刻驻默霍尔噶顺。管台参领派昆都罗钦经理台站驼马,可谓差使留心。先是沿土龙而行,车快未得细观,又一歉事。今在行幄东望沙冈,南亘无极,始知土龙如山,其脉甚长,询之土人,金云远通西路,是盖天山东沙山之一脉耳,俟遇博闻之士再行考证。

　　默霍尔噶顺至霍尼齐,壹百廿里。

　　十四日(6月15日)寅正二刻乘架杆车西北行,微草沙漠沙碛平路,其干处及里数之长与西戈壁烟墩、苦水同,至霍尼齐迤南查罕额英格尔石湾处下车少憩,饮茶食点心讫,仍上车西驰。辰正二刻驻霍尼齐,饭后诣溥恩寺,拈香,献哈哒一方于佛前,布喇嘛香资银一两六钱。午正乌城差弁王弼等奉皇上万寿贺折到台,当在行幄拜折恭祝,传见该弁等,面交忠字第四号家报,俾其附寄至京。溥恩寺喇嘛送奶茶果点心,饮茶却食。

　　霍尼齐至毕勒格库,九十里。

　　十五日(6月16日)寅正一刻乘架车西北行,走上下微草坡数段,馀皆沙碛平路,卯正二刻至毕勒格库早尖。昨夜梦那钜辅，如在其延禧堂共读也。

毕勒格库至哈济布齐，壹百里。

十五日（6月16日）辰正二刻乘架杆车西北行，微草沙碛平川路，已正下车少憩，饮茶于沙冈汔。上车疾驰，午初驻哈济布齐，喜中途有树，车臣汗盟帮台员弁亦至矣。中觉梦同砚奎岫峰，道路稍平坦，到的时候又不晚，闷处穹庐，所以梦多，只缘乡情在抱，醒亦是想，梦亦是想，人生一世本一大梦，麟是梦中梦，梦无一醒时耳，悲夫。

哈济布齐至扎拉图，八十里。

十六日（6月17日）寅正三刻乘架杆车西北行，沙碛微草上下小山坡，沙漠河滩，平路亦有三五株榆树，其形似新疆猩猩峡，坡小而有一湾积水，辰初至扎拉图早尖。惟昨晚在穹庐外赏月略受风寒，今朝又觉不爽，且想廿二年前今日先母抱孙鹏，马佳氏一门喜有冢孙，犹昨日耳，不免又是念乡情切。

扎拉图至卓布哩碱水**，六十里。**

十六日（6月17日）辰正一刻乘架杆车西北行，上下微草坡、沙碛路，已正二刻驻卓布哩，穹庐渐渐整齐矣。惟当日长如小年之际，闷坐穹庐，寂寞太甚，若再加站趱路，仆从等疲乏可怜，亦是不忍，且午间行路驼马尤其可悯，故不得不耐守耳。

卓布哩至博啰鄂博，七十里。

十七日（6月18日）寅正一刻乘架杆西北行，沙碛微草，上下小坡路，卯初三刻至博啰鄂博早尖，驿转道志功甫、笔政祥瑞卿差帖逆焉。

博啰鄂博至库图勒多伦碱水**，九十里。**

十七日（6月18日）辰初乘架杆车西北行，沙碛微草河滩平路，本段参领多尔津叩迎路侧，昆都伯和瓦察尔由半途架杆，猎马疾驰，已初至库图勒多伦茶尖少憩，廪羊全免，并奖多参领玉玩二事,该参领加具第三段印结一张。

库图勒多伦至赛尔乌苏有驿转道,如上库伦由此往东,六十里。

十七日（6月18日）巳正乘架车西北行,沙碛微草上下坡路,车行甚疾,午初二刻驻赛尔乌苏,祥瑞卿逆焉,穹庐相见,晤谈而别。当饬雷英等将福价等所留粟米、老米一筐取过。瑞卿饬果点六事,煮饽饽一盘,麟三却而受,即以老米十数斤、点心一匣报之。志功甫公出,亦以老米、点心二事留赠。少焉徒行瑞卿公馆谢步,畅谈许久而还。先是本段副参领三都克叩迎路侧,比至驻次,亦以玉玩二事奖之。酉戌之间焦雷震鸣,暴雨一阵,少焉阴云四合,甘澍淋淋。

赛尔乌苏至默端水赖,八十里。

十八日（6月19日）昨夕今朝甘雨通宵,沙碛微草势将丰茂,辰正雨少停,乘架杆车西北行,沙碛微草,上下长坡,巳正至默端早尖,而雨霁矣,花香草气,晴爽如秋。先是祥瑞卿来行幄送行,言志功甫往合少讯办命案,系蒙民刃伤汉民,缘财刃伤一家二命,该司员仅拟绞监候,似太轻纵,刑部必驳,未卜察哈尔都统如何覆拟也。

默端至哈比尔噶水赖,壹百廿里。

十八日（6月19日）午初二刻乘架杆车西北行,沙碛微草,上下大小长短草石坡路,未正二刻驻哈比尔噶。车行甚疾,十二刻行一百廿里,计一刻可行十里,以此考之,草地乘车疾驰一日可行四五百里,但恐仆从鞍马奔劳,未必能连赶三五日耳。

哈比尔噶至希保台,六十里。

十九日（6月20日）寅正二刻乘架杆车西北行,沙碛微草上下坡路,间有小乱石,及平原,乃架杆左马逸,杆又脱落,幸人物均无损伤,此第五摔也。又走上下乱石路,卯正二刻驻希保台早尖。志功甫差本台章京哈勒塔尔往前途护送,本段参领派哈沙图昆都吉克米特多尔济往前途护送,前派来罗勤、三都克二员从此销差,即奖二人小刀、火链各一分,遣回原台矣。

希保台至栳萨,七十里。

十九日(6月20日)辰正一刻乘架杆车西北行,微草沙碛,上下微坡路,右杆马逸,杆又脱落,幸人物均无损伤,此第六摔也。惟一日两惊,无伤,幸甚。本段委副参领勒克德恩札布叩迎路侧,随谒穹庐,奖其玉玩、京烟二事而遣。已正三刻驻栳萨,拆礼字包,取赏犒小刀、火镰数十件备赏。杭爱台赏犒改为每段台吉一玉一烟,每台章京或刀或镰,昆都、笔奇业奇则各一烟,乌拉奇则每台二块大茶而已。

栳萨至吉呼木碱水,八十里。

廿日(6月21日)夏至。卯初二刻乘架杆车西北行,微草沙碛、乱石平坡路,卯正一刻走微侧小坡,乃架杆车左轴头拆下,杆脱轮落,车幸未覆,此第七摔也。策马疾骎,辰正至吉呼木早尖,而备用车轴已在行李驮上先行着人取回,时已未初,比至拆轴处换妥而来,时未正二刻矣,穹庐坐待,焦灼难堪,困闷无聊,歌以代哭。

吉呼木至沙克舒尔噶水赖,六十里。

廿日(6月21日)申初乘架杆车西北行,微草漫坡路,本段副参领博罗特叩迎路侧,随谒行幄,酉初驻沙克舒尔噶,奖博参领玉玩二色而去。由本台起每日传辖驯良骑马一匹,以备车之不虞,从彭参领、费郭什哈请也,向例如此,不为多需。

沙克舒尔噶至察布察尔,七十里。

廿一日(6月22日)卯初乘架杆车西北行,沙碛微草路,卯正二刻走上下微坡,及坡底一湾积水,绿草渐茂,下车策骑西北行,上下碎石坡路,辰正至察布察尔早尖,山坡绿草,路径回环,草地气象与前十馀台近之矣。惟麟策骑卅馀里,四(只)〔支〕即甚乏倦,试思仆从之劳不言而喻。昨夜梦桂文圃。

察布察尔至哈沙图,九十里

廿一日(6月22日)巳正乘架杆车西北行,走沙碛,上下微草长坡,午正策骑走沙碛草坡,本段参领车林达西叩迎路侧,下骑相见,以其年高也。未初驻哈沙图,志功甫待焉,行幄相见,畅叙乡情,少焉回拜,痛谈而返。车参领进见,奖其玉玩二事而去。

哈沙图至哲楞,壹百里。

廿二日(6月23日)阴云微雨,志功甫来行幄送行,畅谈许久而别。车参领叩送,并加具第四段印结一张。卯初一刻乘架杆车西北行,微草沙碛,上下长坡路,辰初三刻下车少憩,策骑西进,辰正一刻至哲楞早尖。

哲楞至翁锦河一道**,壹百廿里。**

廿二日(6月23日)巳正二刻乘架杆车西北行,微草沙碛平路,惟走济芨丛生草地,车甚难行,马不易跑。未初二刻下车少憩,策骑择路西行,未正一刻驻翁锦。按此处水草甚好,羊马亦多零星出售,见海骝马二匹虽笨而驯,当出卅金买之,以备到乌后调教循良,压出小走,明年恭进,并愿随时节廉购得卅匹,为将来还京赠亲友也。

翁锦至乌讷格特,八十里。

廿三日(6月24日)卯初乘架杆车西北行,沙碛草地,过河走济芨丛生崎岖长路,车马行大不易,又走微草沙碛一段,仍行济芨丛生地,又及微草沙碛,巳初至乌讷格特早尖。阴云四合,疏雨滴滴矣,贴地野花粉蓝黄紫,惜不知名,询之土人亦多不识,可叹可悯。且盛热之时,着皮袄皮马套尚觉微寒。赠彭盛斋酱毡狐皮马套,以其外感也。

乌讷格特至哈达图，八十里。

廿三日（6月24日）午初一刻雨少停，乘架杆车西北行，微草小山，上下长坡路，微风细雨阵阵而来，未正三刻驻哈达图。乌云联山，绿草贴地，观之入画，惜冷气迫人，寒风侵体，实不敢久立于旷野也。管理哈拉呢敦等台公侧音丕音、帮台台吉阿玛萨赖率章京关楚克多尔济来迎，行幄相见，侧公、阿台吉各递哈哒一方，面接之，以其诚也。

哈达图至哈拉呢敦，八十里。

廿四日（6月25日）卯初一刻乘架杆车过河南转，走微草山坡西北行，上下长侧坡路，下车策骑西行，辰初一刻至哈拉呢敦早尖。管台公台吉等叩迎，各奖玉玩一事，并交四盟清文一字，俾其嗣后公事先行满文，以免蒙混。前台护送来之章京喀勒塔尔、昆都吉克米特多尔济差竣叩辞，当各以刀、镰、活计、京烟四事赠还。

哈拉呢敦至噶噜底小河一道，**七十里。**

廿四日（6月25日）巳初二刻乘架杆车西行，上下山坡草路，兼有石峰如叠云势，午正又行济芨丛生草地，下车策骑西行，午正二刻驻噶噜底。四面皆山，水草旺茂，蒙户富庶，羊马亦多，形如甘肃之三关口，水少无树，惟自该台起笔奇业奇等均不善清文，甘结例用蒙文。杜军帅、车王爷、赓怡斋、四部院司员、笔政均差帖逆焉，杜军帅并派文笔政润斋按站安台，晤其为人，精明干练，惟闻此差名曰调剂，其实乃台站之累耳。

噶噜底至塔楚河一道，**八十里。**

廿五日（6月26日）寅正三刻乘架杆车西行，上下大坡，走微草沙地，沿河滩西行南转，进北山口，走河滩西行，此盖进杭爱山之东南口也。山势虽巍峨，草多水少，辰正二刻至塔楚早尖，风闻台站于安台笔政小有馈赆，麟以尚未抵任，自不便干预其事,惟严谕彭通事饬令随来郭什哈、仆从等多加谨慎,如有例外索取者,加等重惩,决不宽贷。麟只有洁己奉公,以质神明而已。

塔楚至胡都克乌尔图,七十里。

廿五日(6月26日)巳正三刻乘架杆车西南行,过河,走上下大坡,西行微草地,西北转下大坡,午正二刻驻胡都克乌尔图。日来寒热无常,麟偶腹泻,今服灵应丸三粒稍愈,然世人皆醉我独醒之事,为之大不易易,是以五内糟杂不爽耳。遇科城回差绥远防御巴贵斋雅尔图,浼其进京时寄一口信,代叩家严也。杜军帅、车王爷派敝署巡捕乐善、玉连魁、郭什哈马希麟、郭信、郝子英等来迎,并代大盛魁王商忠、天义德任商经元持帖来迎,并带来青菜四色。吉笔政实斋杭阿由乌赴赛尔乌苏东西厂调取驼只,过辕来谒,当即晤谈而去,惟其为人瞻顾无常,恐不实耳。

胡都克乌尔图至沙尔噶勒珠特河二道,壹百里。

廿六日(6月27日)卯初二刻乘架杆车北行河滩石子路,卯正西北行,上下大小草坡,辰正二刻走大草坡山岭东北转,如走甘肃之乌稍岭,无浮土而短。下岭西北行草地,过河二道,巳初二刻驻沙尔噶尔珠特。管台吉旺楚克多尔济、罗布桑来谒,并各递哈哒各一条,即以玉玩二色报之。按此处四面皆山,水自西来,颇有腹地风味。

沙尔噶勒珠特至推,七十里。

廿六日(6月27日)午初乘架杆车西北行,上下沙石微草山坡路,及平川数十里,又走上下大山坡,未初二刻驻于推。四面皆山,群峰叠翠,前临推河,后枕卧山,颇具形胜,可战可守,可屯可牧,愈于新疆哈密一带多多矣。按推河据土人云源自北发,距此三二台,山下出巨泉三五,南注于某胡图克图合少巨淖之中,一方赖此水以生,洵天泉也。派巡捕乐善、郭什哈郭信二人往前途驰进，俾其截留杨价栉沐也，月馀未剃头，头痒难堪，故有此遣，并着伊等护送头起十六驮入乌。车王爷遣护卫持信来迎，当留该护卫一餐，即写清文覆函，藉呈车藩，并奖该员玉玩一事而去。

推至乌尔图，七十里。

廿七日（6月28日）卯初一刻乘架杆车北行河滩草地，西转涉推河，西行河滩石子三二里，及草地西北行，走上下长坡，卯正二刻下车出恭，以日来腹泻不止故也。乘车西北行，弱草坦途，惟鼠洞太多，车马不便，又走上下坡及乱石坡，辰正二刻下车，策骑沿山西行沙碛山路、乱石小坡、河滩草地，巳初一刻至乌尔图早尖。

乌尔图至鄂罗盖河二道，八十里。

廿七日（6月28日）腹泻不止，力疾遄征，午初一刻乘架杆车西北行，走上下大草坡数段，间有碎石绿草，黄花灿烂，遍地药香花气，不知何名。未正一刻过河驻鄂罗盖，腹泻将转痢疾矣，即以糖引服灵应丸三粒，稍愈。杜军帅、赓翼长遣巡捕、郭什哈持帖来迎，留该弁等一餐而遣。

鄂罗盖至乌塔河一道，七十里。

廿八日（6月29日）卯初三刻乘架杆车西北行，走草地，鼠穴如罗，马行不易，走河滩石子路一段，行上下大山坡数段，有草有石，石如浮摆，堆累成峰，辰正三刻过河，至乌塔早尖。

乌塔至白达拉克河一道，此台名系都图库都勒，其白达拉克①系河名也。壹百里。

廿八日（6月29日）巳正乘架杆车西北行，旷原百馀里，走

---

① "都图库都勒""白达拉克"原系满语，蒙乌云毕力格教授和金标教授赐告汉语译名。

长坡二三道，土润草肥，未正过河，驻白达拉克。按此处四面皆山，长百馀里，宽数十里，水起西北，注于东南，沿河微石，土脉尤好，可屯可牧，闻之土人云先年曾经开垦，不知因何而禁，想蒙古人安于游牧，不愿屯垦耳。管理台务台吉栋钮特奉委署理栋录布事，偕台吉多奈进谒，各递哈哒一方，当以玉玩二事报之。那钜辅旗下喇嘛三人来谒，各递哈哒一方，并代众递哈哒一方，当留该喇嘛等一餐，并以京烟三筒报之。

白达拉克至扎克河一道，壹百廿里。

廿九日（6月30日）①寅正二刻乘架杆车西行草地，过一微草长坡，走草地沙路，卯正三刻过河，辰初至扎克早尖。管台台吉栋录布来谒，并递哈哒一方，当以玉玩一事报之。金军帅和圃解送贡马防御萨醴泉来谒，晤谈许久，浼其代假一匹乘之，当写一函藉呈和帅也。

扎克至霍博勒车根河一道，八十里。

廿九日（6月30日）②巳初二刻乘架杆车西行微草地，至中途遇和帅马群，龙骧骐骥百数十匹，解马协领吉介五福来见，并代和帅假麟小走大海骝一匹，晤谈许久。即令乌拉奇牵马随行，午正二刻过河，驻霍博勒车根，即回信于吉介五，并赠其玉玩二事以酬之。那钜辅旗下台吉阿木苏录特扎布来谒，并递哈哒一条，当留一餐，并赠京烟一筒以报之。申正阴云四合，风雨交加，少焉而止，晚风飒飒矣。

霍博勒车根至乌朗奔巴河一道③，八十里。

卅日（7月1日）寅正乘架杆车西北行微草路，走河滩，沿山

---

① 此处天头有批："扎萨克图汗地。"

② 此处天头有批："□山也。"

③ 此处天头有批："围红山包也。"

边上下坡,过小河,辰初至乌朗奔巴早尖。接孙少襄信一封,附言东鲁水患甚悉。昨日杨价在霍博勒车根相待,午后剃头甚爽。晚间试乘金海骠不理会,又着凉矣,今早灰鼠皮袄、鹿皮马套犹不胜其冷,且此数台草尚微弱,地寒可知。

乌朗奔巴至鄂伯尔吉拉噶朗图河一道①,七十里。

卅日(7月1日)巳初三刻乘架杆车西北行草地河滩路,沿山微石,涉回环水,午初阴云四合,细雨纷纷,午正一刻驻鄂伯尔吉拉噶朗图,本台章京巴勒坦递哈哒一条。

鄂伯尔吉拉噶朗图至阿录吉拉噶朗图,七十里河一道②。

六月初一日(7月2日)寅正二刻乘架杆车沿山坡走河滩西北行,上下微草路,辰初至阿录吉拉噶朗图早尖,管台台吉扎木萨尔扎布、吹素伦等来谒,并各递哈哒一条,当赠玉玩二事而去,往前途护送矣。地势严寒,比新疆尤甚,日来麟着两皮棉尚觉微冷,悲夫。

阿录吉拉噶朗图至胡吉尔图③,六十里。

初一日(7月2日)辰正三刻乘架杆车沿山坡走危石,涉河滩南行,绕山根西北转,上小坡,雪山在望,瑞气氤氲,芝盖灵云,宛然如绘,下车遥拜,以通微诚,瞻仰徘徊,许久而罢。仍乘车西北行,走草地行河滩,午初一刻涉布音图河,水自西北来,注于东南,波平浪静,比推河稍旺,此乌属山水两大观也,午初三刻驻胡吉尔图,微雨来矣。按此处方广数十里,可屯可牧。派巡捕玉连魁入乌报到,并请果帅、车藩安。

---

① 此处天头有批:"山前河也。"

② 此处天头有批:"山后河也。"

③ 此处天头有批:"□域。"

胡吉尔图至达噶①得勒小河一道,八十里。

初二日(7月3日)②卯初一刻乘架杆车西南行,走长坡,盘山根,西南行微草沙碛,寒风凛冽,过小河,上长坡西北行,则东南山阴,松柏如蔌,下长坡行草地,巳初一刻至达噶得勒早尖。乃北山云起,甘雨随来,章京等共递哈哒一方,以其诚而受之。

达噶得勒至特穆尔图③,七十里。

初二日(7月3日)巳正三刻冒微雨,乘架杆车西行,过河西南行,上下长坡,走河滩石子路,涉滩沟,石如凉州,行之不易。沿山坡西行,下车少憩,策骑行乱石路,未正驻特穆尔图。乃郭什哈雷英被马蹶腿,幸未大伤。申初晴霁,检点灰布袄、绸紧身、京靴六事赠彭〔盛〕斋,以酬其劳。玉巡捕由乌折回,果帅等均原帖请安,并带来青菜四色,一昼夜驰五百馀里,勇往可嘉。章京等递哈哒一条。戌初杜、车二辕巡捕吉连、师木讷和等持帖来迎,并问入乌时车乎骑乎。

特穆尔图至舒噜克河一道,七十里。

初三日(7月4日)寅正三刻乘架杆车西行,沿山根走河滩,乱石太多,迂道避之,辰初至舒噜克早尖。

舒噜克至花硕洛图④河二道,七十里。

初三日(7月4日)巳初乘架杆车南行东转,走草滩东北行,过河复走草滩,上侧坡北行,过南昭。午初架杆左马逸杆脱,右乌拉奇坠骑挂镫,彼时实难寓目,幸人物无伤,想神灵之默佑耳,此第八摔也。换马另架,沿山西北行,午正驻花硕洛图。巡捕荣

---

① "噶":旁注有"恩"字。
② 此处天头有批:"山树□□聚□。"
③ 此处天头有批:"□□。"
④ 此处天头有批:"□□。"

广等率蒙古郭什哈等来迎,当即传见,温语相劳。存禄等亦由乌复出相接,知头起十六驮昨日入城,二起十六驮今日入城,周、杨二价已在敝署安排也。乌城兵部笔政合锡三色本以恭报到任折底来谒,当即润色数处,晤谈而别。发伊吾旧篆三百里排单马封一角于口北道吉荣弟处,附忠字第五号家报,报明日入乌也。

光绪十二年六月初四日(1886年7月5日)卯初二刻乘架杆车西北行,上下坡,走草地,又行上下大山坡,微有乱石,郭什哈等徒步帮辕,颇形出力。辰初下山,席地少坐,策骑西北行,乃果帅遣巡捕等驱车来迎,下骑乘车,走小坡,行河滩,东北转,则杜果帅、车王爷中军帐外相待。麟即下车徒行数武,军帅、参谋跪请圣安毕,入中军帐行礼相见。晤杜军帅之为人,深沉朴重,八面威风,洵镇边之宿将也,清语许久。升车东北行,涉大河,走草滩,入乌城南门,时辰正三刻矣。敬诣万寿宫,行九叩礼,礼毕,往见杜果帅,痛谈许久。便晤文案翼长察哈尔佐领赓怡斋吉图,其为人明干精通,品直学粹,畅谈许久而别。入参军署,拜门拜灶,及待时堂少憩,拟早饭后拜客,乃阴云四合,甘澍淋淋。午后内阁章京荣子山寿、全守徐成,户部章京吉丽昆玉、瑞岚秀山,兵部章京图少文伽布、札静亭朗阿,理藩院章京兆仰山麟、荣锡三昌、普耀庭祥,换防佐领玉宝臣凌,绿营守备定静安德,诸文武公同来谒,晤于春晖堂,见毕同去。坐班蒙古副将军等来谒,清语数四而去,此即四盟王公、贝勒、贝子、公等在河干驻班之差也。赓怡斋来谒,并送羊酒二事,三却,资力而受,畅谈许久而别。杜果帅来晤,清汉语许久而别。西乌梁海四总管来谒,并送青黄马四匹,貂皮四张,猞猁皮壹张,照章受之。接锡子猷、雷子震、魏午兄、谭敬甫、容峻峰、向润亭、德峻峰、罕清儒、戴冠英贺节信九封。绰和尔台照例供羊二只,循章受之。车王爷送京席一桌,资力镰、茶而受。申刻雨霁,检点江獭冠、京靴、荷包、锹嚼、老米、京酱、茶叶、冬菜八事赠杜帅，粗玉搬指、空竹、饽饽、金糕四事赠其世兄，杜兄慨受，一色未却。晚间赓怡斋来谒，麟即将奏参布鲁图一带不来帮台片稿面与商酌交缮，俾附恭报到任折具奏。以卅二金买荣价洋褡裢十四匹，火镰八十张，分赠敝署巡捕、郭什哈等暨蒙古郭什哈等，以示薄奖。按乌里雅苏台城周方三里馀，南、东、西三门，城高一丈五六尺，内外竖木，中筑草坯，四面皆山，三水环流，洵严疆之形胜。麟一入南山口，即兴慨慕。城中中建万寿宫，宫中有银、缎二库，四部院衙，将军节署在西，参赞衙门居东，依蒙古俗也，正宫体制崇隆，二署规模宏敞，较哈密公署差胜，然仍无砖瓦，仅用木肖泥抹，且盛暑如九秋，则不及新疆之四时俱备。惟敝署东园经旧官辟益，稍有馀味，且三柳槎枒，尤有风（蕴）〔韵〕。

初五日（7月6日）辰及巳甘澍淋淋，午正晴霁。乘果帅车出南门走河滩，回拜四盟坐班副将军，上东山拜车王爷，晤谈许久而别。下山入东门回拜四部院章京，绕西夹路而还，时未初矣。督饬彭盛斋汇集沿路印甘各结成册，并裱封筒，当送赓怡斋，浼其代呈杜帅阅后，交内阁钤印写咨，为初九日随报咨送也。赠车王爷京靴、荷包、老米、京酱、香茗、冬菜六事，赠赓怡斋老米、京酱、茶叶、冬菜四事，赠荣子山、吉丽昆、图少文、兆仰山四处各老米、京酱二事，以敦友谊。酉刻标来文二件，一系刘抚帅以迪化牧请改守，部覆准行；一系锡军帅准总署知照俄人别咧索伏斯奇、伯塔凝斯克惜①三人游历杭爱山并探推河源，俾沿途蒙汉地方官照拂相导也。晚间大虹现东山许久而消，少焉又甘澍淋淋矣。赠杜军帅御夫、亲兵等大茶八块，

①　承吴晓都研究员赐告，今一般译作"别列佐夫斯基、勃塔宁斯基"，祥麟可能漏写一人。

巡捕刀、镰二事。

初六日（7月7日）卯正东圃以少牢祀园圃神，牺羊奖园户。按东圃旧仅种菜，恒月舫参谋在任时浚池养鱼，垒土为山，建庙祀神，竖长杆挂镫，建小亭蔽日，立栅为门，署曰"放园"，左榜"游目"，右榜"骋怀"，东南起小楼，西北连厨舍，窗外署匾曰"张家二荤老铺"，正西连书房，出抱厦三楹，原名"青交绿翠之轩"，今改"喜青松雏鹤斋"，以将豢雏鹤于花栏内，放园木栅前鱼池，浮梁后老柳三株，玩赏有味，以其古也。惜地居极寒，冬多夏少，未免大煞风景。天中令节麟着单裤、汗衫、小棉袄、棉裤、棉套裤、夹衬袄、薄棉袄、江绸法兰绒外套。未刻堂齐，在春晖堂顶冠束带、着毡里靴见属，四部院章京等请看公事，画行稿七件，来文六件，堂行四件，虽均例事，体制尚严。亲兵张全、孙酉山禽来窝雏灰鹤二只，着实有趣，放于东圃花栏内豢养，脱令两女冬、崇见之，不知如何喜欢也。理藩院拟成咨送印甘各结汇册一清文底呈看，简明通顺，甚合官式，原底交回，即俾该衙门照办。晚间仪门外西厫看马，金海骝驯顺良善，颇通人意，不图无意中得此好马，可卜是役诸事吉利耳。

初七日（7月8日）户部章京送来采买米面单，本届应分白面十九袋，每袋价银二两壹钱三分三厘七毛四丝，十九袋共合价银四十两五钱四分壹厘六丝；保安白米七袋，每袋价银三两七钱二分二厘四丝，七袋共合价银廿六两五分四厘二毛八丝；西路白米二袋，每袋价银三两四钱六厘四毛，二袋共合价银六两八钱壹分二厘八毛；以上三项通共合银七十三两四钱八厘壹毛四丝，此项米面银两由应关养廉银内补还。午正果帅来谢薄赠，晤谈甚欢，并言贡马如不敷进，明日挑选二匹送来，麟即面谢，复谈许久而别。麟到处多赖朋友扶持，不知何修得此，想亦祖父阴骘，命中天贵所佑耳。传亲兵郝子英帮录寄京日记，以省馀暇，自誊行程日记耳。交巡捕走字于内阁,托四部院每于画稿前先各递略节一分,俾麟学公事记书诺。车王爷拟于初九日带领理藩院章京荣锡三等赴西昭马厂均齐马匹,车藩噶布奇喇嘛敦达格遣送花漆布桌面二方,马奶、奶豆腐二事,资力壹茶而受,当即以小刀、火镰二事、京茶二瓶报之。补记昨日标行稿件略节:内阁为本年五月分接到火票咨行兵部查销。户部为准京城户部咨新任科城沙参军请支养廉相符咨行科布多查照。兵部为准科城大臣咨派年满防御巴雅尔图前往归绥迎催台费,就近赴部引见,咨呈转咨绥远将军。理藩院为麟应领例马十九匹,札饬驻班副将军照数放给,先行咨报户部;又为据三盟盟长呈报派往新换卡伦图萨拉克齐等官衔名册送科城查办;又为据札盟盟长报本年当住津吉里克卡伦兵数册转科城查办。以漆布桌面二方赠彭盛斋,马奶子、奶豆腐奖放马郭什哈。

初八日(7月9日)果帅赠贡马二匹,江绸袍褂料二件,一品火锅一口,大小火碗十二个,挂面二匣,藕粉一匣,火腿一对,麟未敢却,全数谨登,资力刀、镰、四茶。车王爷赠贡马二匹,骑马二匹,全数而受,资力四茶。大胜奎商家照章代备贡马,今牵来七骑,暂收备选。内阁恭缮清汉折件成,请阅并画行奏稿二件,一为拜发奏事报匣一个、夹板一副咨呈兵部转奏;一为麟备文咨送结册俾理藩院查核。申下车王爷来辞行,晤谈许久而别。填写覆张家口托统制处十七信,交彭盛斋回差代呈各辕。酉刻登城眺远,率巡捕等从南上从东下,看郭什哈放马而还。将金海骝、车海骝三马牵至东园调训,仍以金海骝为良。先是登楼观试马,以杜赠丁香枣骝为最,车赠烟燻海骝乙之,烟燻枣骝次之,大胜奎黄马又次之,然好的不过色正毛齐小走而已,馀则毛色虽整齐,全是笨马。

初九日(7月10日)四部院稿件略节:内阁一件,为咨行兵部查核本年五月分接到及拜发过报匣数目日期时刻。户部六件，为照钞户部覆文咨行科城，查办科城新拔步兵找支银两；科城把总回缴银两；科城换防官兵找支盐粮；科城放过出差官兵准放银两；科城添制农具银两应令册报；科城革退马兵找缴盐粮相符。兵部三件，为麟恭报到任日期具奏，有附片①；杜帅等具奏遣撤前留文案人员回旗当差；杜帅等附奏赓翼长劳苦情形，请旨奖励。理藩院二件，为据三盟副将军呈报，本年秋冬二季派赴科属驻班札萨克等官咨行科城；又据署驻班副将军报，兵差呢玛扣因换遗缺、补放拟正丹巴饬覆遵行。午初谒杜帅节署，谢赠马物，晤面畅谈，同诣万寿宫拜发奏事折件。午正二刻还参署。饯彭盛斋于待时堂，以其一二日间起程回旗也。午间阴云四合，轰雷震鸣，甘澍淋淋，申初晴霁。先是四部院堂齐，画行稿十三件，来文十二件，堂行三件。理藩院呈阅行文汉底一件，当令翻清。恭记附片："再，奴才祥麟于本年五月初二日出张家口，所有沿途经过地方雨泽调匀，水草旺茂，堪纾宸廑。惟入布鲁图迤西，迄于霍尼齐一带，草尚微弱，驼马多未膘壮，各该台弁穷苦可悯，奴才询其所以，总缘帮台各盟旗下官弁前经奴才绍〔祺〕②参办勒限，至今仍未到齐，不知是何居心。若仅由察哈尔都统等竭力筹画，亦不过暂顾一时，傥再偶遇荒旱，势必援案请帑赈济，恐亦仓卒无及。奴才即将沿途管台官弁出具印甘各结汇册咨送理藩院，相应请旨饬下该衙门逐册察明，从严参办，务期各该盟照例帮台，以符旧制而肃邮政。奴才兹据各台弁甘结，并目击其贫苦情形，不敢壅于上闻。是以不揣冒昧，谨附片陈明，伏乞圣鉴。谨奏。"此片已上并咨行绥远将军、察哈尔都统等处矣。乌兰察

---

① 参见本书附录二007《奏报到任接印日期折》。
② "绍"后留一字空待补，据上下文补作"祺"。

布、四子王两盟,必有先行送信在理藩院布置者,惟在我秋皋夫子仍依前案舍施,则台站事宜自有起色也,不罔孤臣沿路辛劳百苦备尝,为国竭尽之愚忧。

初十日(7月11日)请果帅代派进贡马之满汉巡捕、郭什哈,果帅未肯代派,麟即派满汉巡捕存禄、玉连魁带领郭什哈马希麟、雷英、赵宽、丁超、萧万堂、李永春六人恭进贡马。哈拉呢敦喇嘛带领花什尔图二乌拉奇牵到前在翁锦所买海骝马二匹,膘色尚好,可知该喇嘛等用心牧放,当以小刀、火镰一分、京烟二筒、砖茶四块奖该喇嘛,京烟二筒赏二乌拉奇,以酬其劳。以三钱银买松签十条,在东圃东木栅支搭松棚一座射鹄,即以东南小楼下屋为鹄棚,虽狭而整齐。彭盛斋叩辞回旗,当令立、荣二价送于南山大坝而还,即来时所逾大山坡坝者,达巴罕之省音也。天义德商家照章代备贡马,牵来六匹,暂收备用,内有小海骝一匹,有半步走;大胜魁亦牵来烟燻海骝骒马一匹,颇驯;现在内圈共养大小黄白烟燻骒跑海骝马共七匹,每晡观圈人刷洗,以解无聊。未刻云起北山,微雨一阵,少焉而霁。酉刻出东门闲步至草滩,立观郭什哈李锦荣牧马许久而还。理藩院来回杜果帅,定于本月十五日验收唐努乌梁海应贡皮张。南河水大,彭盛斋去而复返,改于明日起程。月下观圈人刷马不理会,又着凉腹泻矣。交彭盛斋代致吉荣弟一信,内附忠字第六号家报并张家口数信①,俾其销差时便呈子明诸公也。

十一日(7月12日)具呈于果帅,致字于怡斋,为移支副都统养廉以资乌城办公。巳初壹刻彭盛斋起程,麟登南城楼目送过河,麟下西城楼,由后街走东夹道而还。添派杨福、穆平安随张立、齐荣送彭盛斋于南山大坝,以河水稍涨故也,四价午正三

---

① 此处天头批:"忠字六。"

刻而还。额尔德尼班第达胡图克图遣喇嘛送哈哒壹条，奶食壹匣、火镰、汤羊四事，补贺年禧，收哈哒、奶食二色，璧回火镰、汤羊，还哈哒一方，资力一茶，交理藩院代谕该喇嘛。乃理藩院笔政普耀庭来谒，面回此事系属年年如此，将军、王爷照章全收，今若受其一半则新章一变，后即为程，不如将镰、羊二事赏来喇嘛，麟不善蒙文，只好听之而已。未刻户部司员吉丽昆、瑞岚秀将果帅令并麟请移支副都统养廉呈云，此案似应并副都统俸全行移由乌城支领，且将前接京中户部来文麟借部款八百两已由副都统养廉内按八年坐扣，是来文在先，隐而未回，今麟有此呈，始将来文呈看，该衙门贻误公事已可概见。当致字于怡斋兄，浼其在果帅前先容。

　　十二日（7月13日）以南昭胡图克图所赠奶食转赠果帅二世兄扎印木色林扎布。辰正二刻策骑出西门，过河上北坡，东转至大胜魁商家谢步道乏。穿庐少坐，策骑沿山坡西南行，至后街亿奎店、天顺店谢步道乏。走前街行河滩过浮梁，绕城南走河滩东南行，至天义德商家谢步道乏。柜房少坐，并留信书于两商家，拟定公平交易章程。嗣后取货按市价加二成利，购马每匹十二金，售马每匹八金，以洗官价积习。午初仍策骑走河滩，进东门还公廨。兵部章京来回有无应缴事件，当将京中兵部限票、理藩院乌拉票各壹张、察哈尔都统印票二张均交该员持去报缴。乌城铁贵，马掌二圆为壹副，价银四钱五分，钉马掌六副即用大茶六块，每茶合市价四钱五分。标常行来文四件。四部院呈递略节：内阁壹件，准科城大臣咨接发报匣数目日时，造册请转兵部。户部壹件，为放给致祭雪山帛烛香银。兵部二件，为果帅保奏赓怡斋片稿，咨呈神机营咨行兵部、察哈尔、京城该旗；又为果帅遣撤人员，咨同前，加户部、黑龙江将军。理藩院五件，一为麟附片稿咨行兵部、理藩院、绥远、察哈尔、科、库二城并翻清，札饬驻班将军及赛尔乌苏司员;二为乌梁海进贡皮张例折马赏,咨报户部及翻清,咨行车参军;三为唐努乌梁海呈领俸银照例放给;四为三盟盟长呈报三音诺彦王旗下逃犯三次展限九个月,饬覆遵行;五为驻班副将军呈报逃犯三次限满未获,拟罚承缉银两照数查收,饬覆查照。写致刘抚帅信五片,露申交户部附咨查哈密欠领廉费数目,文内并行也。

　　十三日(7月14日)谨拟仲诚二字赠果帅二世兄为号,取志诚感神,神灵默佑之意。汇粘四部院递过略节成折,以免遗落。饭后东圃射鹄。巳刻果帅遣其二世兄仲诚来谢,晤谈许久,以《泛槎图》四本赠别。未刻堂齐,画行交稿九件,来文四件,堂行四件。接扎盟和贝汗多尔济帕拉嘛清文信壹封,哈哒壹条,枣骝马壹匹,当覆清文壹函,回哈哒壹方,资其护卫等玻璃烟壶、大茶二色而去。

　　十四日(7月15日)辰刻东圃射鹄。午后牧厂二品衔前章京忠堆送马四匹,三却而受,其黑马壹匹,黄马二匹,当以白玉烟壶、搬指、翎管、天青江绸褂料、镀金小刀、纯钢火镰六事兑之,并赏牵马人二茶而去。普耀庭送猞猁皮三张,白海骝壹匹,即以白玉烟壶、翎管、二蓝江绸袍料、毡里缎靴四事兑之。

　　十五日(7月16日)丑初二刻即兴,饮藕粉,食饽饽,寅正策骑诣菩萨庙、关帝庙、雪山菩萨庙、土地祠四处,先后拈香,奖三庙祝大茶各二块,卯初初刻仍策骑还公廨,昼寝,早馔。巳初三刻赴理藩院,偕果帅验收乌梁海进贡皮张,并监放该总管等俸银暨折赏银两马匹而还。午后阅内阁、户部拟成归复旧制,仍由古城采买米面片稿。收理藩交例马十九匹,尚属膘壮,当交本牧场牧放。日来买干柴前后壹百馀车,每车用大茶半块。未刻登小楼观牧场蒙兵试马,赏六蒙古兵大茶二块,以示薄奖。写致吉荣弟壹信,内附忠字第七号家报①,用三百里马封封固,交内阁铃印驿递也。户部略节一件,为京城户部咨查乌城裁撤新添驻班札萨克节省银数日期咨报查核。兵部略节一件,为派员护送进贡马匹官兵名数,咨行直督照例应付、察哈尔都统查照。理藩院略节四件,为满蒙二参赞缴销乌拉票;又为三盟贼犯俾该图萨拉克齐传讯查明呈覆;又为博多和呢〔霍垒〕卡伦呈报祈补兵缺,咨行科城;又为札盟呈报斌巴被害,骨殖作何定办请示等情,相应饬取尸亲甘结;又为本处监犯病故,札饬乌梁海总管饬令尸亲前来承领骨殖。酉刻登东城楼行食,遥观牧马,少坐,下城还署,晚间东圃赏月,并观围人刷马。

　　十六日(7月17日)未刻堂齐,画行交稿六件,来文九件,堂行四件。接兵部来文,知卡伦侍卫吉绥之同乡不日到乌。标致口北道吉荣弟处公文壹角。申刻东圃观匠人用大盐、小米、皂角合粥熟猞猁狲皮四张。少焉阴云四合,微雨疏疏矣,观园丁移花江西腊,才放四五叶,据云七月中可以开花,八月雨雪即冻萎矣。晚间晴霁,东圃射鹄,观围人刷马。移时阴云复合,雨又来矣。日来公馀时与立价等在待时堂斗叶子,以消永昼。每忆出使伊吾,公事无多,常与冬、崇二女斗叶子解闷,今则孤臣远戍,仰观惟见寒山,俯视只有仆从,雨夕思乡,故将牢骚形诸笔墨,阅者谅之。

　　十七日(7月18日)昨宵甘霖达旦,今晨时雨淋淋,乌垣所属可卜有秋。谨记进贡马匹口齿毛色脚步:正贡二匹,一玉顶黄马,七岁口,达罕步;一黄马,九岁口,小走。备贡二匹,一黄马,九岁口,达罕步;一黑鬃尾黄马,九岁口,小走,如不用,赠麟姑父恒晓岩,藉赠英捷臣镇军。赠惇邸黄马一匹,十岁口,达罕步。

---

①　此处天头批:"忠字七。"

恭邸黑马一匹,十岁口,达罕步。醇邸丁香枣骝一匹,七岁口,达
罕步。礼邸玉顶枣骝一匹,八岁口。庆邸玉顶枣骝一匹,六岁
口。克邸玉顶枣骝一匹,八岁口,小走。伯藩黑鬃尾黄马一匹,
九岁口,真小走。宝中堂佩蘅夫子玉顶黄枣骝一匹,八岁口。额
中堂晓山前辈黑枣骝一匹,八岁口,达罕步。绍大人秋皋夫子,
红枣骝一匹,七岁口,小走。松大人寿泉夫子,云青马一匹,七岁
口。八额驸黑枣骝一匹,八岁口,达罕步。惪大人篴亭枣骝一
匹,七岁口,达罕步。福大人东泉玉顶枣骝一匹,八岁口,达罕
步。德大人泽圃枣骝一匹,七岁口,达罕步。明大人芝轩青白马
一匹,七岁口。绪大爷子兴内兄青白马一匹,七岁口。留赠察哈
尔统制托大人子明花鬃黄马一匹,七岁口,小走。永大人峻斋花
鬃黄马一匹,九岁口,小走。惟因初到乌城,购马无多,京外亲友
酬应难周,俟明年再为竭力购觅,或可稍尽人情。写忠字第八号
家报①。已刻晴霁,观巡捕等拴进贡马牌共廿三匹,交牧场牧
放,以备廿一日起行。未刻阴云复合,大雨滂沱,好在少焉而霁。
画来文三件,封交巡捕玉连魁三线布包,内缝蓝洋布包袱,裹着
玉色缎托火狐皮马套一件,俾其寄京代呈家严服用。酉刻登东
城楼观北河发水,少坐而还。那钜辅所属东佐领下管旗章京产
巴等差护卫端车布呈递哈哒一条,青红马二匹,奶食三色,又该
旗下贝子旺沁察克都尔、公车林多尔济等呈递哈哒一条,以钜辅
所属,全行收下,即回哈哒二方,白玉翎管二只,赠二来人玻璃烟
壶二个,京烟二筒。

　　十八日(7月19日)交缝人以天青夹绸马褂里,改做水獭马
套托,就便挖补破烂。写致那钜辅一信,附家报寄京。以贡马在
即,昨奖本牧场兵丁一羊,今奖巡捕存禄等全羊一饭。四部院略

①　此处天头批:"忠字八。"

节:内阁一件,为此次宣、大二镇赴科屯田官兵陆绪到来,从权应付,嗣后仍照旧章咨会直督、晋抚、绥远将军、察哈尔统制、宣大二镇。户部一件,库布苏库勒诺尔乌梁海总管呈请放给羊价九百两,除将银两交给克什克吉尔嘎尔承领外,合亟札饬该总管查照。兵部一件,为发给进送贡马之荣侍读等驰驿路票并檄赛尔乌苏查办。理藩院二件,据驻班副将军呈大人王爷旗下更换察克达兵缺,请补放三保等转饬遵行;又为库伦咨行驻乌俄商转送小包一个咨覆库伦大臣查照。申刻赓怡斋来谒,畅谈许久而别。酉刻登东城楼眺远,转南城楼观水,少坐而还。赓怡斋以果帅军需报销奏稿见示,捧读一遍,甚见明晰,掷笔金声,尤所钦佩,当交巡捕奉璧矣。

十九日(7月20日)监视缝人成做水獭马褂,誊出靛月子孙万代旧摹本托,以备成做猞猁马褂。未刻堂齐,画行交稿五件,来文四件,堂行四件。户部交来自到任之日起至是月底止计廿七日应找领养廉实银卅七两壹钱柒分八厘二毫三丝壹忽,除分赏张立、周福、齐荣、杨福、穆平安五价二成七两五钱,下剩廿九两有奇,以路用原剩十四金补六两馀凑成卅五两二钱,偿齐荣洋褡裢十四匹、火镰八十张、玻璃烟壶十个、粗磁玉烟壶二个之价①,现存银九两七钱。内阁章京全守馀交来写讫赠马信禀十八封,均妥,当即钤章封好,交贡差巡捕等妥收,并将忠字第八号家报面交该巡捕等寄京。晚间西十四台管台二台吉莽格喇嘛、多尔济章产来谒,并各递哈哒一条,当以粗磁糙玉烟壶二事,京

① 此处天头批:"灰色洋褡裢十四匹合银八两四钱,火镰三寸十个,二寸五廿个,二寸廿个,一寸五廿个,合银十八两,共合廿六两四钱,加利五两六钱;又玻璃烟壶十个一两二钱,粗磁糙玉烟壶二个二两;共合银卅五两二钱。"

烟二筒分报之。

廿日(7月21日)清晨写致赛尔乌苏驿转道志功甫、口北道吉荣弟二处各一信，交贡马差弁便道分投，俾二同乡饬属照拂贡马也。东圃观皮工用铲刀刮除猞猁皮板油肉，大非易事，可见富贵人惟知服用绸缎皮毛，而不知制造艰难，与"谁知盘中餐，粒粒皆辛苦"同一理也。人生无处不可磨砺，麟是役也，又得见所未见、闻所未闻者居多，盖亦造物者又一番造就耳。未刻吉绥之侍卫来谒，畅谈许久而别。昨酉今申内阁先后呈阅盟长告病、司员补缺①清汉奏底四件，文理尚属通畅，措词均照旧章。贡马差弁等八人辞行，麟勉励数语而退。

廿壹日(7月22日)寅初二刻即兴，卯初早馔。卯正三刻策骑出南门，至河沿下骑少坐，至辰正三刻立候贡马过河毕，策骑沿河滩西北行，走浮梁，沿山西行，进前街西行，北转兴隆街，至三官庙回拜吉绥之同乡，晤谈一会。仍由旧路进西门，道乏全守馀，未晤，以其代写信禀，故往劳之。走西夹道，巳初二刻还公廨。管台市巡捕图伽本、兵部章〔京〕札静亭先后来谒，面回本署郭什哈李永春昨夕在街市官厅咆哮不法，讯质不讳等语，本拟从重惩办，果帅意将宽贷，麟故仅即革退，以示薄惩。缝人以改做水獭马褂成，当奖大茶二块而遣。

廿二日(7月23日)甘澍淋淋，时晴时雨。本城马王社演剧三日，社首持帖来请观剧，麟有鉴于伊吾庐，仅助大茶八块，实不敢领此神馀也。酉刻微霁，出南门闲步，沿城濠进东门而还。园丁进王瓜壹条，煮食之，如乍尝鲜，可哀也哉。观皮工熟猞猁皮将成，喜其惟用盐熟，并不用硝。户部略节一件，为放过唐努乌梁海总管等俸数目册报京城户部。兵部三件，为骁骑校达瓦林

---

① 　参见本书附录二008《奏为司员年满循例拣员充补各缺事》。

臣回旗赴部引见，造册咨送兵部兵科、察哈尔都统查照；又为荣侍读等进送贡马应由京部换给火牌，咨京城兵部、察哈尔都统查照；又为革退营兵李永春递解回籍交地方官严加管束，咨行察哈尔统制、直隶制军查照办理，并檄行赛尔乌苏驿转道遵办。理藩院三件，为科城众安寺胡毕勒汗现已期满，应饬三、札两盟仍前饬派赴科接管；又为三盟差派秋季赴科驻班等官，应咨科城查照；又为乌梁海补放官缺，札纳锡哩等除饬遵行外，并咨京城理藩院。检点冬菜一匣，并以八钱银买乌城点心四斤盛匣，遣费郭什哈永昌代饯吉侍卫绥之，并代其在户部借支卡伦差廉二季，以尽乡谊。

廿三日（7月24日）卯初二刻以少牢恭祀马王神于西厩，立价等五仆陪祀。祭毕既彻，即以饩羊赏厩卒李锦荣、张庭裕，以奖其饲马之劳，又烹全羊一只以食巡捕等，藉马王圣诞以犒之。巳及午阴云四合，甘澍淋淋。乃日来时晴时雨，八骑疾三，以昼啮青草，夜喂干刍，故致肝热火盛，当觅车盟护卫、吉厦蒙兵达拉们吉布针药并施，三骑稍愈，当以玻璃烟壶、京烟二事酬之。以春晖堂匾改拟"参谋赞画"四字，购白洋布五尺六寸，浼全守馀代书，仍悬故处，以表无忘本职之意。未刻堂齐，画行交稿七件，来文六件，堂行四本。申刻晴霁，在辕门内观围人遛马时许而〔进〕〔还〕。

廿四日（7月25日）卯初以少牢恭祀关圣帝君于参谋赞画堂，五价陪祀如昨，饩羊犒众卒。午间那钜辅旗下大喇嘛差人递哈哒一条，小枣骝一匹，当以白玉烟壶、哈哒报之，并奖来人京烟、大茶二事而去。申刻车藩乘微雨来晤，畅谈许久而别。户部笔政托莫尔欢来回，奉果帅令，由麟巡捕内出派一人往张家口一带迎催锡瑧臣所解饷银，当派巡捕赵亮前往，即致清文信于果帅并询其中有无缘故，以免传言人舞弊，果帅随饬吉丽昆、瑞岚秀来覆,此次因杜辕人多有差,故将由麟派往等语而去。甘澍淋淋,昼以继夜。镫下接果帅清文手翰一封,言赵亮现有管狱之差,俾麟另派一人前往云云,当即改派巡捕陈玉山往张家口催饷,镫下立写清文覆函遣送帅府,果兄旋谕麟原差费郭什哈永昌,此差即照改派之弁往催可也。

廿五日(7月26日)清晨饬安价炙酱羊肉一盘遣赠果兄二世兄札仲諴,旋焉仲諴来谢神馀,少谈而去。午刻策骑谒帅府,偕果兄出南门走河滩,沿山坡回拜车藩,微雨淋淋,晤谈许久,乃果兄遣人驱骡驾车,仍由旧路进南门还公廨。马王社募五价布施,当以大茶十块代助之。四部院略节五件:内阁为本处由口旋差各官弁印票八张咨送察哈尔都统查销。户部为本年呈进贡皮例折缎布银两如数放给,册咨京部、兵部为札饬阿拉克鄂博卡伦侍卫富祥交代吉福接管;又为满蒙参赞麟、车由京原领勘合限票各二张咨缴京部。理藩院为札盟拿获唐努乌梁海贼犯丹毕,饬覆该总管详取确供先行呈覆。车藩匀齐马匹回辕,例赠牺牲盈馀骒骟驹大小马十匹,麟照章收牧,即以白玉烟壶、天宁薰烟二事回赠,并奖该通事那逊等玻璃烟壶、京烟二事,大茶二块。疏雨滴滴,一日未止。

廿六日(7月27日)以全守馀代书"参谋赞画"匾成,仍悬原处。卯初二刻行礼,默祝我皇上万寿万万寿,俾孤臣如此四字宣勤于严疆耳。昨夜大雨滂沱,今晨虽止,仍阴,东北河水奔湃如雷,辰刻乘雨登南城楼观水,东山云雾弥漫,西河洸澜浩瀚,询之土人,金云此近年所无之大雨水也。少焉晴霁,抠衣下城而还,乃四山云飞,往来无定。宋巡捕进鲜蘑数枚,其大如饭碗,据云若得数日晴晒,则蘑生尤多,蒙民衣食有资矣。午初登东城楼观蒙兵代牧车赠十马,内四驹颇有趣味,若使冬、崇见之,又不知如何舞蹈而乐之也,因畜及人,不免又起乡情,少焉性志索然而下。返公廨,东厢观皮工挖猞猁狲之乌毛而缝之,大费工夫。申初堂齐,画行交稿六件,来文九件,堂行四本。

廿七日(7月28日)内阁略节二件,为司员年满拣员例补各缺恭折具奏①,又为本处拜发折匣咨行兵部。申刻接徐卓云信版一封,吉荣弟排递一封,内粘固儿鹏晋字第一号家信。拆阅之下,知家严近来饮食加倍,步履如常,甚慰鄙怀;知麟忠字第一、第二号家报五月初一、初六日先后到京;田价将马带回遣送各宅,唯长石农原骑送还,是舍下两骡一马,不知儿鹏何以喂养;独喜上科翻译进士恩、清二庶常均留馆,本科惠、伊二翻译进士均改庶吉士,诚殊遇也。国家优重翻译科目,而由翻译科目者宜如何敦本崇实,激发天良,稍酬高厚鸿慈于万一哉。欣悉亲友均各平安,且喜张朗兄调抚山东,恭振夔权嫩江帅篆,尚同年帮办驻藏,荫槐庭榷税张家口。借支廉银八百两,除偿松寿泉夫子四百金,馀金全数归家仰事俯育。附接庆兰圃军帅、齐兰石织造、徐晓兰县左信三分。户部奏底一件,内阁呈验奏折四件,夹片三件,安折二分,黄白封筒六分,所缮均妥,捧读一遍而去。旋画奏稿七件,行稿一件,堂行一本。户部略节为遵部议报销册前补奏立案附片;又为本城米面仍赴古城采买附片。理藩院略节为三盟贝勒额林沁忠蒲因病开缺恭折具奏②;又为三盟亲王特固斯瓦齐尔患病,照章给假调理具奏;又为乌梁海总管缺出循例奏补③;又为三盟札萨克索诺木达什等因病续假附片。晚间东圃观圉人刷马,金海骝颇见茁壮,甚纾下怀。

----

① 参见本书附录二008《奏为司员年满循例拣员充补各缺事》。
② 参见本书附录二009《奏为三音诺彦部落札萨克多罗贝勒额林沁忠蒲因病照章请开缺及委员署理印务事》。
③ 参见本书附录二010《奏请笔齐业齐克什克吉尔噶勒充补乌梁海总管事》。

廿八日（7月29日）辰正壹刻恭诣万寿宫行九叩礼，恭祝我皇上万寿圣节毕，内阁少坐，敬观章京等包封昨阅折件毕，敬诣东北厅黄案前拜发。按行恭贺万寿礼日期，我皇上初元曾经明降谕旨，每年六月廿六日我皇上御殿受贺；前在哈密，亦系六月廿六日恭诣万寿宫行庆贺礼，是以麟前日卯刻曾在参署之参谋赞画堂行九叩礼默祝矣。今敬将此节面启杜帅、车藩并告四部院章京等，明年自应凛遵前旨，于六月廿六日恭预祝我皇上万寿圣节，已误不可再误也。已初还公廨，午后内阁查出礼部来文一件，是为乌科两城于光绪初元因拜发贺折不知我皇上圣诞，部文示以六月廿八日，并未言及行礼日期。麟即致字于全守馀，如不凭信，即回果帅仍请部示，少焉荣子山、全守馀来谒，晤谈一会，俾其代覆果帅而去，申刻来覆，据传果帅云既系提白，明年即改于六月廿六日恭祝皇上万寿圣节，遵明谕也。酉刻出东门闲步，至草滩少坐，观水而还。四部院略节：内阁一件，为具奏司员补缺，先录折稿，咨行京部暨各该将军、都统查照。户部一件，为与理藩院会案库布苏库勒诺尔台吉苏隆札布应领一年盐粮，册咨京部查核。兵部二件，为乌、科二城贡马数目，册咨上驷院查照验收；又为山西抚院咨送科城换防官兵履历，原册二本咨送科城查照。理藩院六件，一为科城咨查乌梁海贼犯盗取杜尔伯特牲畜之案，俾乌转饬还结，除札饬外，咨覆科城办理；二为三盟副将军锦王呈报现因辞退将军之任，印务移交何人，除札饬三盟盟长兼办，仍饬锦王遵覆；三为科城调驼三百只，仍俾该大臣径行具奏；四为三盟亲王何贝特固斯瓦齐尔患病奏请给假，先录折稿咨行理藩院，并札三盟盟长转饬遵行；五为三盟札萨克公索诺木达什等因病续假，先录片稿咨行理藩院，并札该盟长转饬遵行；六为例补乌梁海总管等缺，先录具奏折稿咨行理藩院查照，并用蒙文札饬该总管等遵行。

廿九日(7月30日)蒙古钟表匠来擦洗马表油泥,少焉而成,酬其京烟、大茶二事而去。按,乌城驻班副将军按四季更替,今秋季驻班副将军图盟郡王阿木噶巴札尔来谒,并递哈哒一条,晤谈而去。上季驻班副将军车盟辅国公拉苏伦来辞行,并递哈哒一条,晤谈而别。牧场忠堆来谒,谕其妥牧各牲畜而去。科城贡马过境,接沙振亭贺任禧信一封。申刻堂齐,画行交稿十件,来文二件,堂行四本。酉刻出东门闲步,至草滩观亲兵郝子英等演鸟枪,少坐而还。车藩孙世兄罕丹多尔济来谒,晤谈而去,其为人精敏聪明,大有跨灶之势,当为车藩贺之。再查四盟副将军驻班,向章系派正任副将军一员,随带本任印信来乌驻班,办理四盟一切事件,如该员有差,应派何贝一员,如何贝亦有差,声明另派本盟闲散汗王、贝勒、贝子、公代印署理。

记事^{十二年七月至八月①}

七月初一日(7月31日)卯正策骑出东门，走草滩，涉河岔，诣关帝庙拈香，奖庙祝大茶二块，禅室少坐。仍策骑过河，沿山坡回拜车藩孙世兄罕台吉，下山回拜吉厦阿王，走河滩，由旧路而还，时辰初矣。四盟新旧笔奇业齐阿巴尔米特、那木济勒、达克巴与齐塔尔巴勒、玛克苏尔扎布、吉尔罕接交，先后来谒，均未晤而去。饭后闲看皮工攒缝猞猁皮张，挖肷去污，横竖凑做，二人凑成约需十数日方可。

初二日(8月1日)巳刻偕果帅往城内西南角楼下中军内看兵役等演火枪，中牌者记之，以兵役常凤鸣枪中三粒挑补李永春革退步兵之缺，递遗兵役之缺以效力郭子禄枪中六粒挑补，以效力宋国安枪中五粒记名，遇缺即补，以六品军功张立、周福、齐荣、杨福五人作为参署效力。午初二刻还公廨，驻班副将军郡王阿木噶巴札尔复递哈哒一条，丁香枣骟一匹，当以白玉烟壶、哈哒二事报之，并奖来人玻璃烟壶、京烟二事，藉壁馀珍数事而去。未刻接吴清卿前辈、维桂庭军帅贺禧信二封。申初二刻诣万寿宫，跪迎果帅五月廿八日拜发折件，旋焉而归。车藩孙世兄罕丹多尔济来谒，递哈哒一条，洋珊瑚二品顶戴一分，晤谈而别，随即以白玉翎管、搬指二事报之。管理孳生场务台吉那逊来谒，并递哈哒一条，晤谈而去。四部院略节：内阁一件，为充补笔帖式咨行京部、绥远将军、该旗都统。户部二件，为报销册先补奏立案

---

① 第二册日期为光绪十二年七月一日至八月三十日，首页钤"移孝作忠效力边陲"白文、"史语所考藏珍本图书记"朱文、"国立中央研究院历史语言研究所图书之记"朱文印。

钞录原片咨行京部查照;又为归复旧制,仍赴古城采买米面,先录原片咨行京部暨新疆抚台查照。兵部二件,为图主政年满回绥咨行该管将军查照;又为步兵王忠呈赏印文差便赴该营承领坐粮,檄行大同镇查饬。理藩院三件,为三盟盟长派胡毕勒罕①车伯拉旺楚克多尔济前往科城住管众安寺,咨行该大臣查照;又为每年进贡菓丹,现已秋季,应札驻班副将军转饬四部落迅速采送;又为据驻班副将军报,三盟黑人洛布札与俄人互相争论牲畜一案,饬覆驻班将军径行竭办。麟即致字于兆仰山,俾其切嘱该将军持平判断,固不可袒护黑人因小失大,亦不可曲意抚绥有伤国体,总要防微杜渐方是自立之基。

初三日(8月2日)派圈人李锦荣、张庭裕常川住署,分早晚班牧马。以大茶十块兑乐巡捕小狍皮十八张,交皮工熟成,成做鞍座小褥。誊写牧养簿一本备考,现养官私马共四十二匹,分内圈五骑,外牧卅七匹。申刻堂齐,画行交稿八件,来文十七件,堂行四本,放款三本。晚间在东圃观平安兜空竹、圈人刷马以解无聊。

初四日(8月3日)封忠字第九号家报②,并检点大小封套壹百卅九件,致字于全守馀,浼其代署信签。巳初早饭,吃羊肉炖蒜苗,即乌垣尝鲜也,可笑可哀。未后微雨淋淋,酉下晴霁。先是观皮工盘猞猁马套月子,因忆契友溥月川之论验,即写便信一封,附家信寄京。晚间东圃观圈人刷马,金海骝会以股依人抓痒,可发一笑。

初五日(8月4日)写致朗月华、溥文斋、大新德三信,午后写致文翰章、景星伯、荫槐庭、英子实四信,并昨写月兄信共捌

---

① 胡毕勒罕:蒙语"转世者""活佛"之意。
② 此处天头批:"忠字九。"

封,口上二信,浼荣子山差便代致,其六信附入日记封筒内寄京,俾儿鹏分投也。四部院略节:内阁一件,为六月分接到火票咨行京部查销。户部一件,为科城新拨步兵张士成等找领盐菜银两数目,转咨京部查照。兵部二件,为步兵王世昌呈请印文便赴该营承领坐粮,檄行大同镇查照;又为马兵玉春魁呈请印文便赴该营承领坐粮,檄行大同镇查照。理藩院二件,为札盟副将军呈报该盟饬传秋季前往科城驻班等官,咨行科城查照;又为理藩院奏咨本年蒙古王公来京年班钞单,札饬四盟遵照外,咨行库伦大臣查办。酉刻登东城楼少坐,观圈人牧马,眺远而下。晚间孤镫闷坐,写致绪堂叔一信,即如父子叔侄祝颐庵里闲话镫前也。

初六日(8月5日)卯初一刻派圈人张庭裕、张立、穆平安三人往西昭压金海骝、小海骝、丁香枣骝三骑,午正压马回。三盟札雅班第达胡图克图递哈哒一条,枣骝一匹,江绸一件,札萨克拉嘛阿尔达那递哈哒一条,大缎一件,当收哈哒二条,枣骝一匹,馀珍璧谢,奖来人等玻璃烟壶一个,京烟三筒,大茶一块,藉回哈哒二方而去。接鹿芝轩前辈贺午信一封。申刻堂齐,画行交稿六件,来文十三件,堂行四本。晚间东圃观圈人刷马。普耀庭来帖,约五价明日赴后庙吃午饭,因其情词肫切,仅代璧帖而允之。

初七日(8月6日)清晨看缝人缝猞猁皮马套,喜过半矣。午后阴云四合,微雨淋淋。立、福、荣、福四价赴普耀庭召,仅剩穆平安在署,麟与平安斗叶子于待时堂,以解无聊。酉刻登小楼眺远,少坐而下。四价赴召回见,言趋赴普召,食海菜猪席,为抵乌以来初见也,亦甚可怜。晚间阴云复合,焦雷震鸣,疾雨一阵而霁。镫下扎静亭亦来帖召五价吃饭,明日午刻假座后庙,昨既允耀庭于先,今不得不允静亭于后也,代璧原帖,即允其召。

初八日(8月7日)观皮工缝猞猁皮。午后阴云四合,焦雷震鸣,屋宇摇动,疾雨滂沱,一时而霁。四价赴札静庭召。接札盟盟长阿育尔色得丹占札木楚清文信一封,哈哒一条,黑马一匹,当俾理藩院代写清文覆函一封,回哈哒一方,奖来人玻璃烟壶一个,京烟一筒而去。酉刻辕门内闲步,闻宋巡捕传言今午焦雷震毙天义德下坎河滩山羊八只,犬一条,亦罕闻也。戌初四价赴札召回见,言今日酒馔与昨日同也。内阁、兵部、理藩院略节三件:内阁为本年六月分拜发过报匣数目,册咨京部查核。兵部为笔帖式裕兴年满回绥咨行该将军查照。理藩院为札盟阿公旗下贼犯抢夺商民驼只,咨覆科城查照,并饬该盟长转饬。

初九日(8月8日)以大茶八块兑獾皮十张,熟做拜垫及马褥,又以大茶三块兑羊皮十张,熟与五价做皮裤过冬。未刻堂齐,画行稿三件,来文三件,堂行三本。酉刻登东城楼眺远,如望家乡,少焉忍泣还公廨,晚风飒飒矣。

初十日(8月9日)合封忠字第九号家报,上月廿日至本月初九日记事并友信共三封,致字于荣子山差便代致京内外也。卯正早馔,辰初微服压马于水帘洞下,午初还公廨。是役也,现虽牧养四十馀骑而无一善走的,惟大小两海骝快慢小走而已,悲夫。按水帘洞去乌城廿馀里,山上有洞,方圆丈馀,洞上有泉涌出,顺沟下注,乱石纵横,杨柳丛生,山花掩径,细水长流,洵圣境也,可屯可牧。据土人云洞内曾踞巨蟒,今则移踞科城公署,未知确否,抑科城另是一蟒耳。独是沿河一带菜园托名种菜,其实麦陇数顷如绣,观之甚悦,是出谷迁木之征也。未刻吉绥之同乡来谒,并赠五尺馀长熊皮一张,畅谈许久而去,随以老米、白米各五十斤报之。贡马差员荣子山来辞行,晤谈一会,并托其代寄信件,面见家严代麟请安而去。钉大小海骝前掌各一副,工料大茶二块。

十一日(8月10日)皮工以猞猁皮马套缝成,熊皮大褥缝妥,当奖大茶八块以酬之。午后与立、福二价斗叶子解闷,晚间东圃观围人刷马。甘澍淋淋阵阵，渐如注矣，今岁乌属雨大，蔬丰草茂，为近年所无。

十二日（8月11日）昨夕通宵，今朝及夕，甘雨淋淋，一昼未止。午后札盟贝子衔公达什拉布坦遣递哈哒一条，青白马一匹，当回哈哒一方，奖其护卫玻璃烟壶、京烟二事而去。四部院略节：内阁为喀尔喀廿台台〔吉〕等呈请凭记，军帅不准行饬覆查照。户部三件，为前奏报销恭录谕旨，咨行京部钦遵；又为前附奏造册情形恭录谕旨，咨行兵部钦遵；又为前覆奏查明销册删驳款目恭录谕旨，咨行京部钦遵。兵部为防御吉廉等呈缴火牌廿七张，咨送京部查销。理藩院二件，为图盟呈报连行住当津吉里克卡兵，饬知该卡侍卫咨行科城大臣；又为札盟向三盟巴札萨克等旗对换差使，饬覆径行妥办。申后登楼观雨，云山苍苍，河水洋洋，寒气森冽，侵体而下。

十三日（8月12日）接曾槐卿署臬贺午信，沙振亭、额霭堂乞故协领穆枢将由草地回籍公信二封。未刻堂齐，画行交稿五件，来文六件，堂行六本。晚饭吃炒豆腐一块，价银一钱，此抵乌第一阔也，悲夫。前以现存银九两七钱交营兵常林镶做漆藤四碗里、木碗上下口，今五碗均镶成，当以大茶二块奖之。买赏犒褡裢荷包廿件，每件价银二钱五分，买马套白洋衬布九尺，价银五钱，二色价比京中贵一半，可哀也哉。

十四日（8月13日）早饭后登南城楼眺远，少焉果帅亦来闲步，畅谈许久，同下，各还公廨。适在城头闲话京烟高下，果帅嗅之而赞，当以天宁薰烟一筒赠之。钜辅旗下东佐领公车林多尔济来蒙文信一封，遣递哈哒一条，青马二匹，奶食一盘，奶酒一瓶，大缎一匹，仅收哈哒、青马、奶食各一事，馀物璧回，当回哈哒一方，俾理藩院代写清文信一封，奖来人等玻璃烟壶、京烟、荷包、褡裢四事而去。本牧场章京密什克、昆都班丹递哈哒一条，蘑菇、奶酒、奶皮三事,当奖该员弁精致旧小刀一柄,荷包、褡裢二事,即将奶酒转奖巡捕等而去。缝人成做猞猁马套成,当奖大茶二块而去。驻班毕奇业奇将车公蒙文信译成清文请阅,麟一看之,始则寒暄数语,继则报苦哀灾,并有蒙户公负天义德商家八万金之说,观之令人难受而无善处之法,其意不过为西佐领差多赔累一面之词,殊不知东三佐领充当钜辅京差赔累尤多,容将车信寄京,俾钜辅自行设法办理也。

十五日(8月14日)卯正策骑诣菩萨庙、关帝庙拈香,出西门走河滩过浮梁,沿山边西北行,诣城隍庙,拈香毕,仍策骑进北街至义盛德杂货铺,送行吉绥之,晤谈许久。将行,适遇城隍出巡,敬待神驾过,仍策骑由旧路还公廨,时辰初三刻矣。又以大茶三块兑羊皮十张,熟与五价凑做小袄。城隍庙庙祝奖大茶二块。四部院略节五件:内阁为推台哈布苏尔噶台呈报那王旗下赔漏一户差银,除饬三盟盟长秉公查办外,并饬覆该台。户部为笔帖式灵山等找缴银粮相符数目,转咨科城查照。兵部为遣撤回旗章京禄塔等照案核发路费,咨呈神机营咨行京部、黑龙江军帅、察哈尔该旗都统查照。理藩院为科城为补放阿拉泰乌梁海佐领各缺转报理藩院;又为图盟报呈派赴津吉里克卡差台吉兵丁名册驳回,俾该盟仍前饬办,另行具册派往该卡当〔差〕。晚间东圃看围人刷马,皓月东升,澄清如水,寒气侵人如冬,不耐久坐而罢。

十六日(8月15日)日来朝夕渐寒,凉风时至,首足偶有疼痛,兼之五内不爽,一日数起乡情,老亲幼女常在鄙怀,驹光空逝,无聊之极,饭后惟与小价等斗叶子解闷耳。未刻堂齐,画行交稿五件,来文七件,堂行四本。酉刻登东城楼远眺,斜阳夕照,万顷寒烟,岚气伏山,秋波澄水,牛吼羊鸣,晚风飒飒,极尽目力,不见家乡而下。

十七日(8月16日)文宗显皇帝忌辰。忽忆廿数年前同治中兴,发捻平定,夷酋向化,中外乂安,因国及家,不免乡情尤切。家严此时想以蟋蟀鸣秋,稍释思儿之念,儿鹏近日当因寒蝉告节,弥深念父之心,殊不知孤臣远戍严疆,日与马牛羊犬为伍,实无养育之方,鸡豕犹不易见,况其他者乎。未初军台递到上月初九日拜发折件回,计往返卅八日,当偕果帅跪迎于万寿宫,公同拆看,敬谨捧读:麟恭报到任原折①后开军机大臣等奉旨“知道了”。钦此。附片后开军机大臣奉旨“该衙门知道”。钦此。安贺折朱批“如例”,钦遵而还。按此折系六月廿八日到京,廿九日由军机处发回者也。本年往查沙宾达坝哈牌博笔政连昌等禀:奉派后于四月廿八日由乌起程,五月廿六日行抵倒兰套拉盖地方,卅日会同俄官前往查看牌博,由伯克索达坝哈起至沙宾达坝哈止,将所立牌博逐一确查,并无损坏之处,亦无挪界侵占之故,六月十七日查毕,当即与俄官各出甘结互相兑换讫,于是日回乌,先将俄官洋结、乌梁海总管印结、委员等甘结一并呈递查核。麟阅呈略悉,惜不得亲履其地,甚歉于怀。往科领粮郭什哈赵文玉回乌,携献西葫芦、王瓜、豆角等菜,当以白米十五斤酬之。

十八日(8月17日)辰正策骑出东门,压马于炮台山,午初及巅,观叠云巨石高七八丈,南北长三四丈,东西宽二丈馀,西望乌垣市月城,方流波西注,麦畦数顷,一望菁葱,自山及城不逾廿里,然由南盘北里数倍之。率巡捕、郭什哈等食炙肉,烹山泉,极一时之乐。乃乌云北起,微风西来,即作归图,山雨已至,轰雷震鸣,冰雹如注,策骑下山,苦难鸣状,风雨交加,马不进也。赖郭什哈李锦荣、张庭裕牵骑而行,幸得平安,毡褂沦透,靴袜尽湿,

---

①　参见本书附录二 007《奏报到任接印日期折》。

至四方石下骑少憩，雨过天晴，席地曝衣。待郭什哈等到齐，策骑西行，至天义德杯水略坐，仍策骑沿山坡过河滩，进东门还公廨，时申正矣。乐不敌苦之说，此之谓欤。传闻今日轰雷有震毙蒙民之讹，麟未目睹，不敢深信，亦不敢不信。按四方石在天义德东二里许，其石高壹丈馀，长二丈馀，宽壹丈馀，其方如桌，然人不易上，亦山边之一陈设耳。惟炮台山上石如叠云，花草平铺，黄虞美人，紫芍药须，红哈哒果，绿松柏枝，寥寥落落，灿烂可观，山坳松泉饶有风味。惜蒙民不解架屋屯垦，大负天地之生成造就，虽云地处极寒，而较之巴里坤，可屯之膏腴不下千万顷，甘肃、新疆动成千百里沙碛，乌属甚不多见。晚间穆价来言，东山下草滩小渠中有龙爪遗迹，将军已经亲往查验过，麟即往验视，见马兰根钩出数丛，小渠边掘成一沟，宽尺馀，长数尺，并来往参差数细道，似有灵迹。当询之草滩住户，据云午后雷雨时满滩如雾，忽有黑白二物如羊，驰行甚疾，奔上东山而没，雨后滩中即有是爪迹，旋闻北山有雷震蒙民之说等语。麟揣其迹似是狐始化人形，心即不端，致遭雷劫，及被神驱，乃现原形而奔，将入草滩鼠洞而避之，以致渠有爪迹，然妖之已成禽与否，实不敢必也。惟雷雨大作之际，麟正策骑在山，幸未逢神灵驱怪，脱在马前遇之，马逸人坠，不堪设想矣，神灵默佑于斯亦见。抑炮台山无人常到，麟今一往，妖怪离穴，将惑行人，致干天怒，均未可知。惟在举动凛畏，以迓天麻，以慰君亲而已。四部院略节：内阁一件，为三盟呈报玛札萨克旗下赊漏阿拉噶凌图等台台差工银，拟自本年起筹还，照拟饬覆拨还，并饬管科台台吉遵照。户部一件，为科城常年经费不敷，咨乌酌覆，仍咨科城大臣查办。兵部一件，为常凤鸣等拔补兵缺，咨行京部、直督并移付本处户部查办。理藩院二件，为库伦咨送俄商小包转交该商咨覆库伦；又为吉厦呈报图盟应付过官羊欠价，已向依勒固克森胡图克图借取拨还，札饬图盟径行竭办。

十九日（8月18日）昨日冒雨策骑感受风寒，四（只）〔支〕乏倦，虚火上炎，诸多不爽总缘自作之灾，实无所诉也。未刻堂齐，画行交稿六件，来文八件，堂行五本。酉刻力疾登东城楼远眺，少坐而下，腿尤痛矣。孤臣远戍，自当忍苦为乐，惟一有微疾，苦莫大焉，从价各图便宜，视同膜外，饮泣牢骚，乡情奇切，此时京中祖孙母子正纳晚凉耳。

廿日（8月19日）内阁笔政送交代写贺秋官信壹伯卅五件，午间督饬立、安二价封口钤章，又填写十三封，共计各省贺节信壹百四十四封，又填写京信九封，拟并忠字第十号由荫槐兄信内附寄①。未下甘澍淋淋，吉绥之来辞行，晤谈许久而别。内阁交来代写讫催解晋饷附函三片，钤章入刚中丞官信内待发。半日笔墨之劳，小恙愈矣，命该如此，可叹也哉。晚间雨止，长虹现南山，辕门外闲步一会而还。

廿一日（8月20日）清晨固封记事、京信稿、发信簿，午间约内阁笔政合寿昌、瑞荩臣来注信簿官衔、行号、称谓，酉刻留二公便饭于参谋赞画堂而别。晚间东圃观圉人刷马，至不胜夕寒而寝。

廿二日（8月21日）清晨合封贺秋信四十三筒，午后仍约合、瑞二笔政代写外封官衔，酉刻留馔如昨而别。内阁拟妥请旨饬催晋饷片稿，麟稍易一二字而去。酉刻登东城楼眺远，少坐而还。四部院略节：内阁一件，为转报科城拜发过报匣日时册报兵部。户部一件，为科城放过夏季出差官兵银两，册报京部查核。兵部一件，为麟前月附奏一片，恭录谕旨呈行各处钦遵查照。理藩院五件，为会勘新立牌博取具俄结，咨呈总理各国事务衙门；

① 此处天头批："忠字十。"

又为麟前月附片,恭录谕旨咨行各处钦遵查照,并翻清札饬驻班
副将军及赛尔乌苏司员钦遵查照;三为吉厦报呈拿获三盟贼犯
及疏脱各情,祈请饬办相应转饬;四为科城补放阿拉泰乌梁海官
缺转报理藩院;五为库伦裁撤匀拨各卡差户,檄饬各盟盟长一体
遵办外,并咨行库伦大臣查照。

廿三日(8 月 22 日)天气渐寒,薪将增价,福价等拟自往山
购买,每车仅出柴本银壹钱,当买木轮车四乘,排驽马四匹,雇御
夫二名,派周、祁、杨、穆四价每日二人轮流往北山购买柴薪,藉
以习劳。未刻堂齐,画行交稿六件,来文六件,堂行六本。发各
省贺节信壹百四十九件,共用马封四十七套,附忠字第十号家报
于荫槐兄榷司,浼其代寄至京也。酉刻登东城楼眺远,少坐
而还。

廿四日(8 月 23 日)辰正策骑出西门,沿河滩越浮梁,穿街
市,涉小河渠西北行,压马于水帘洞,率巡捕等食炙肉于行幄,牧
马东坡,南望山河,甚阔眼界,麦苗黄绿,已有登场,可云游目骋
怀。且郭什哈内有善音律,习秦剧者,自携乐具坐唱三二出,赏
心乐世,极半日之欢。不免乐极生悲,乡情又起,想老亲幼女未
必偶有此清净繁华,性志索然。仍策骑由旧路还公廨,时申正二
刻矣。户部章京吉丽昆、瑞岚秀来谒,言果帅报销现已办讫,盈
馀数金,奉军帅批分奖书识等以励其笔墨之劳,麟即称善数语
而别。

廿五日(8 月 24 日)督饬立价拆鹄棚大挡蓝布,杨价拆蚊帐
罗布,费郭什哈拆花布墙围,拟凑做凉暖卧帐一架以御冬寒及行
路用,高四尺五寸,长六尺,宽三尺。购香色洋布做月窗前帘,浼
全守馀代写"幨帷暂驻"四字,拟以青布销于紫罗布走水上,以
志旅况。恭阅明日拜发奏折二件,附片二件,安折、封筒各二分。
今日奏稿略节:内阁为本处奏事报匣一个、黄布口袋咨行兵部转

奏;理藩院为循例查点孳生马群恭折具奏①;又为孳生驼厂例追
倒毙恭折具奏②。户部为军需报销补奏立案附片具奏;又为请
旨饬催山西应拨本年乌城饷银作速拨解附片具奏。以上奏稿四
件已画。接贡马巡捕等来禀,本月十六日行抵哈拉呢敦,沿途草
茂马安,甚纾鄙怀。又户部略节为本年夏季放过出差官兵行装
银两,册咨京部查核。兵部为赓怡斋保案,恭录钦奉谕旨咨行各
处;又为遣撤人员回旗奏案,恭录谕旨咨行各处。理藩院四件,
为科城请发给杜尔伯特军械奏案,恭录谕旨札饬四盟查semi;又为
图盟呈报代当屯差兵丁、通事多取工银,饬该屯兵赔还,咨行科
城;又为科城查办索果克卡兵自行回旗,除飞饬吉厦将军饬拿
外,咨覆科城大臣;又为绥远将军咨查抢夺驼只,照钞原文札饬
图盟盟长转饬。

　　廿六日(8 月 25 日)辰正二刻恭诣万寿宫,偕果帅拜发昨阅
折件如仪而还。未刻堂齐,画行稿七件,来文六件,堂行六本。
偶阅纪氏五种③,见前联有甚恰关外风景者,曰:"阴碛日光连雪
白,风天沙气入云黄。"当以白洋布二尺馀浼全守馀代书,拟销
于卧帐,以志西北两路风味,并可假古对以自挽。

　　廿七日(8 月 26 日)自寅及申甘澍淋淋,与杨价斗叶子解
闷。酉初雨霁,登小楼看新晴,四山归云绕树,观之入画,惜岚气
侵人,不胜晚寒而下。晚间赓怡斋来辞行,畅谈许久而别,惜又
去一可谈政觇文之友,怅甚。

　　廿八日(8 月 27 日)以乌垣饽饽二匣饯赓怡斋,旋往送行,

①　参见本书附录二 011《奏为查点孳生马群情形事》。
②　参见本书附录二 012《奏为孳生驼厂倒毙驼只仍请饬由该管盟长严追
　　分赔事》。
③　纪氏五种即《阅微草堂笔记》。

晤谈许久许久而还。户部略节为奏催晋饷片稿,录咨京部、晋抚、科城大臣;又为军需报销补奏立案片稿,咨行京部。理藩院略节为奏孳生驼厂例追倒毙折稿,咨行理藩院、户部、库伦并札饬图车两盟照遵;又为奏报例点孳生马群折稿,咨行兵部、理藩院并翻清,咨行该管车参赞查照;再为札盟札萨克索诺木车林因病请假,饬覆查办。

廿九日(8月28日)以黑山羊皮二块交皮工改作足蹬,褥套交缝人做天蓝洋褡裢面,以貂皮四张交皮工做袖头三副,帽沿一副。督饬立价以黄洋布销全守馀昨日写来"幨帷暂驻"四字。未刻堂齐,画行交稿四件,来文三件,堂行四本。接沙振亭、额霭堂贺任禧信一封。户部送阅同治十三年十二月起至光绪四年四月底,所有前任将军额晓山前辈任内用过军需银两及出入各款总数简明报销清册十八本,麟观其大概,眉目尚清,旧管新收开除实存人数银数尚不舛错,惟款目既多,又未亲历,乃其中详细非一阅即能遍悉者,当将原册封还,仅令承办各员再为详校一遍耳。科城领粮德笔政赠西葫芦二个,王瓜三条,香瓜四个。

八月初一日(8月29日)辰刻在参谋赞画堂选派护送贡皮巡捕宋国喜、营兵郝崇、田玉喜、张贵、李锦荣、郭信等六弁兵。派巡捕巴雅纳、王英管台市,其夤缘谋差者均面行申斥矣,姑念初次,故从宽贷。添派张维锦、李槐、李昌富、王有禄、施恩奎、褚润随同费永昌、郝子英在书房当差,赵文玉随同张庭裕喂牧内圈马匹,各专责成,免事推诿。户部略节一件,为科城粮石拟暂停运,果帅未允,仍派户部德笔政赶紧赴科续领。当画行稿一件,堂行一本。皮工以貂鼠帽沿袖头凑做成,当奖大茶四块。牧场忠堆送蘑菇数挂。申刻画蒙古来文六件,阅其略节,有卡兵溃逃,恐邻封生隙等语,不知果帅如何布置也。

初二日(8月30日)派立、荣二价持帖候送赓怡斋过南河,并派周、杨、穆三价压马于河南草滩。卯正二刻出城后细雨濛濛，辰正二刻五价压马回，而怡斋公尚未起驾也。少焉甘澍淋淋，申后微止，仍饬立、荣二价持帖送怡斋公于南河崖而还。晚间秋霖尤紧，寒风飒飒矣。先是合寿昌来钞行程日记，拟自今得暇常川来写，谅可两月馀竣事。四部院略节：内阁为咨送本年七月分接到火票呈报兵部查销。户部为麟上月找领本任养廉银二咨报京部查核。兵部为科城戍卒回营转咨晋抚查照。理藩院二件，为绥城商民贸易旗分官名错误，除清文札饬四盟长查照外并咨覆绥远将军；又为科属乌梁海贼犯隐匿所掠杜尔伯特各牲物，咨覆科城大臣办理。雨窗记事，大起乡情，只影孤镫，假寐入梦，梦家叔率冬、崇二女来乌，章服萧索，气色尚和，次女尤形雀跃，恍惚而悟，谅亦结想所致耳。

　　初三日（8月31日）微雨淋淋，寒风阵阵，白雪青山宛然如画，秋行冬令，初睹寒光。未刻堂齐，画行稿五件，来文五件，堂行五本。额霭堂侄世兄朗莲峰寿由科回旗，便道来谒，晤谈许久而去。申后晴霁，酉刻东圈射鹄，晚间观围人刷马，服皮棉袄、罕皮紧身，仍披狐皮斗篷，凉可知矣。

　　初四日（9月1日）巳正二刻策骑走西夹道，至全守馀公馆道乏，未晤，出西门走河滩过浮梁，进南街回拜朗莲峰，未晤。皂君社社首等屡请观剧，不得已稍示圆通，便道真武庙观剧五出，助大茶八块，并代五价出茶拾块，此费又如马王社所耗也。申正二刻仍策骑由旧路还公廨。阅内阁拟看饬咨吉厦将军、科城大臣，博多豁呢和垒饥溃卡兵十馀名赶紧飞饬归伍，通融妥办清文一件。此等无米炊，果帅亦无善法，设有不虞，我辈亦惟束手而已。酉刻东圃射鹄。罗布桑胡图克图遣二喇嘛递哈哒一条，青马一匹，当回哈哒一方，奖二喇嘛褡裢二个，牵马人大茶一块而去。

初五日（9月2日）致清文信于果帅，讨亲兵于富移在敝署当差，旋蒙果帅允准，遣人持帖将于亲兵送来。即派该兵日往北山买柴，除在署饬食外，仍月给津贴银二两，以示体恤。未刻接儿鹏晋字第三号家信，知家严体健如常，幼女淘气照旧，甚慰下怀。接王枫兄、吉荣弟、褚文轩信三封，瑞价禀帖一件。内阁略节为本年七月分报匣数目册报兵部查核。兵部略节为佐领吉玉履历册行京部兵科、该旗暨绥远将军查照。理藩院略节四件，为秋季致祭关帝提用官牛，札饬吉厦将军遵办并咨户部；又为索果克等卡兵丁擅回游牧，除札饬吉厦将军查拿外，并饬覆该二卡侍卫等办理，并咨行科城大臣查照；再为违禁互赊、致滋事端之三盟所属等旗喇嘛拉特那等分别惩罚饬办；四为札盟副将呈报阿王旗属驻管乌梁海达噜噶照请发票，饬覆遵行，并饬哈齐克察罕布雕卡伦及乌梁海总管查照。西刻东圃射鹄。

初六日（9月3日）东圃看老圃以木筒腌白菜。未刻堂齐，画行交稿六件，来文十六件，堂行五本。沙振亭来文，将由乌库先借饷银壹万两，并派弁来乌候解，殊不知乌库早经告匮，竟待锡璜臣所解饷到，方能发放秋兵饷，刻下何以顾及邻封也，灼甚。

初七日（9月4日）午正策骑偕果帅恭诣关帝庙拈香，太牢大祀，读祝行礼。按乌垣春秋二祭皆如此仪，惟上祭时刻则由军帅择定，想以午时吉，自不计其迟耳。鸡口牛后之说古人论之详矣，自不待赘也，惟阅者谅之。未初还公廨，少焉车藩来晤，以其十二日过岭往查南台也，畅谈许久而别。户部、理藩院四章京来谒，将果帅令，言科城借饷拟即派员往绥远催提，其卡兵溃逃俾该城就近惩办，言讫而别。彻祭后台市送神馀牛羊二蹄，当奖巡捕、亲兵等分食矣。西刻东圃射鹄，晚间观圃人刷马。

初八日（9月5日）阴云四合，冷气森森，烟雾迷山，风雨阵阵。未刻恭诣万寿宫，偕果帅跪迎六月廿八日拜发折件，原折后军机大臣奉旨"均如所请,钦此",惟本日车藩未到,不知因何告假也。科城借饷差弁面诉窘迫,经玉、瑞、荣三章京拟代债商款千金以应急需,当蒙果帅允准,饬属赶办矣。未正二刻还公廨,接陈巡捕玉山来禀,知其七月十二日进张家口,廿日解饷出口等语,锡瑸臣约在本月内抵乌耳。恭阅礼部来文,钦奉皇太后懿旨,我皇上明年正月十五日亲政,皇太后训政数年,此即古之权听政,想大婚典礼亦将举行,诚天下臣民之福也。三盟德公来诣,递哈哒一条,青白马一匹,当回赠白玉烟壶一个,奖其随侍褡连一件,晤谈而去。秋霖一日至晚方止,闲步辕门内,南山松雪,寒景可观,惜冷气侵人,不能久立。四部院略节:内阁为推台台吉呈报三盟乌公旗下贻漏台差并欠工银,除饬该盟长查办外,并饬覆该台吉。户部为放给本年秋季致祭关帝需用香烛,册报京部查核。兵部为吉佐领顺差赴部引见并请假一个月回绥省亲,咨行该将军查照。理藩院为库伦咨为会议驮运俄茶拟除弊窦各节,本处并未接过总署来文,未便派员与议;又为唐努乌梁海呈报章盖桑吉多尔济等牲畜请照旧次移往章盖札那锡哩游牧内牧放过冬,除饬覆外,并饬津吉里克卡伦侍卫查照。内阁钞呈官员、弁兵出差驼马数目一单。

　　初九日(9月6日)清晨着郭什哈赴内阁将礼部来文提出,复行恭阅本年六月十四日及十八日钦奉懿旨三通,当交内阁翻译清文,俾果帅、车藩恭阅,庶知我国家勤政爱民,训臣工、权时宜之深衷耳。未刻堂齐,画行交稿六件,缘今日户部补略节一件,为果帅派巡捕白兆熊赴归绥一带催提晋饷,咨行绥远将军查照。画来文十件,堂行五本。西刻东圃射鹄。

　　初十日(9月7日)宋巡捕送红白小月饼一盒,除麟留食二枚外,均分赠满汉巡捕、郭什哈矣。巳初策骑出西门,涉河滩上北坡,压马天泉沟,少坐旋回。乃金海骝秋膘微壮,龙性勃然,怒吼奔驰,群驹莫及,麟在马上力将不逮,幸巡捕赵亮马上勇往,将左缰扯住,复驰数步方止,麟得无恙而下,实神灵之默佑耳。缓行几步,坐观巡捕、郭什哈等复行压马毕,仍策骑便道大盛魁,饮茶少憩。复策骑越西南岭,赖郭什哈等轮流牵骑而行,东转过浮梁走河滩,进西门还公廨,时未初矣。检点镀金什件小刀一柄赠赵巡捕,以奖其劳,检点薄荷京烟一瓶,遣赠大盛魁王商。接沙振亭、额霭堂信二封,知穆枢由科中秋前后东下。酉刻东圃射鹄。全守馀来谒,面交文润斋翻讫上谕三通并亲政贺折旧稿,畅谈翻译而别。镫下改上谕一道,润斋所翻尚妥,惜成文有不知者为稍歉耳。

十一日(9月8日)清晨恭校上谕二道讫,遣送内阁俾誊真详校,午后文润斋将翻清上谕三通誊妥来诣,面加详校考订而去。买乌垣香油月饼十斤,法其式,购黄油一肚,重十馀斤,除京带红糖二匣,玫瑰木樨二瓶,加购赤糖十斤,蔴仁二斤,桃仁十斤,潮白糖十二两,用白面廿馀斤,借宋巡捕红炉仿做月饼五十三斤,分赠果帅、车藩、全守馀、兆仰山、吉丽昆、扎静亭、荣锡三、普耀庭、合寿昌、瑞苌臣十处,聊尽乡情。

十二日(9月9日)果帅赠碗大西瓜二枚,翻瓜二枚,烂青沙果廿四枚,黄油白月饼、麻油红月饼二套,各重三斤,此乌垣极品之水礼也,约费数金,悲夫。午初牧场章京等将外牧马匹全数驱回,除拨给天义德拾匹、大盛魁十四匹变价归帐外,馀马廿四匹内圈喂六匹,中圈驾车四匹,外牧十四匹,均烙清文"仁"字新印记而去。以早间果帅所赠红白月饼二套分奖牧场官弁兵丁,以励今日微劳。酉刻东圃射鹄。购赏犒褡裢荷包廿三件,又费六金有奇。四部院略节:内阁二件,为奏补官缺,恭录谕旨咨行吏、户、京部、绥远将军、京城该旗钦遵查照;又为拣补委笔政崇肇,咨行吏、户、京部、绥远将军、京城该旗查照。户部三件,为由驿咨送额帅任内报销清册京部核销;又为奏买古城米面,恭录谕旨咨行京部、新疆巡台查照;三为补奏报销立案,恭录谕旨咨行京部钦遵查照。兵部二件,为商民武发义补控劫案,咨行科城大臣查照转饬追拿;又为科城拔补兵缺,转咨京部、晋抚查照。理藩院六件,一为奏补乌梁海总管,恭录谕旨咨札各处钦遵;二为三盟额贝勒因病奏请开缺,恭录谕旨咨札各处钦遵;三为三盟索公奏请续假,恭录谕旨咨札各处钦遵;四为三盟特王奏请病假,恭录谕旨咨札各处钦遵;五为吉厦阿王呈请病假回牧调理,饬覆遵行;六为唐努乌梁海贼犯偷盗达赍汗旗下牲畜,咨覆科城大臣查办。

十三日(9月10日)巳刻派五价压马于后庙北平原,未初而还。台市公送月饼十斤,转赠瑞岚秀;沙果百枚当奖底台章京等;西瓜二枚一奖皮工,一奖底台;哈密瓜二枚一奖底台,一剖食之,味薄而生。台市公送五价等果点如前之半,共奖来人二茶而去。札静亭送西、哈二瓜,奖来人活计一件,璧谢月饼二套而去。申刻堂齐,画行交稿十四件,来文十九件,堂行七本。户部补具略节,为科城将联衔具折催饷,咨覆该大臣并札吉厦。瑞岚秀送猪肉一方,奖来人活计一事,馀珍璧谢而去。接甘凉道奎绍甫同乡信一封。发柴夫二名本月工银大茶十块,合市价四两五钱,较原议稍盈五钱,恤其苦也。荣锡三送酱豆腐一瓶,奖来人活计一事,馀珍璧谢而去。全守馀送哈密瓜一个,兆仰山送豚蹄一肘,各奖来人活计各壹事,均璧谢馀珍而去。普耀庭送猪肉一方,奖来人活计一事,馀珍璧谢而去。酉刻东圃射鹄。

十四日(9月11日)吉丽昆送红白月饼二套,奖来人小活计二件,馀珍璧谢而去。车藩赠哈密瓜、西瓜、西葫芦三个,沙果四十六枚,奖来人活计二事而去,当以瓜果月饼数色分犒满汉巡捕、内外郭什哈等食之,以示同甘之意。午后阴云四合,疏雨滴滴,酉下雨霁,登楼看云,岚气侵人而下。朗莲峰来辞行,晤谈而别。着费郭什哈略综乌垣新欠羊茶烛布各款,除以例马孳生马廿四匹变价,尚亏壹百数十金,不知何以抵还,悲夫。

十五日(9月12日)辰初一刻策骑诣菩萨庙、关帝庙拈香毕,便道出西门,走河滩过浮梁,进前街送行朗莲峰,未遇,阴云四合,疏雨滴滴,仍策骑由旧路进西门还公廨,时辰正二刻矣。巡捕、郭什哈等拜节于参谋赞画堂。早馔待时堂,孤雁独食,乡情大起,虽有猪羊并陈,究不能解游子念亲之切,且回忆去岁今朝登烟墩望明月,孰知今年此日陟乌台听清流哉,几乎痛出而辍。想此时老亲幼女亦将念戍孤臣耳,至拙荆则隐思而不便言,谬子则搪帐而必急吼,揆情度理,想当然耳。台市交来小税盈馀银十两,当奖五价为中秋节赏。酉刻登东城楼绕南城楼,遥望家乡,少坐而下,闷坐待时堂,观《亦复如是》二则,如聆佩蘅夫子谈道也。四部院略节:内阁为致祭关帝需用羊只咨报户部。户部为科城放过因犯银粮册转京部查核。兵部为部覆支补防御哈达哈咨行绥远将军查照。理藩院三件,为遵旨派员致祭札盟车故公,札饬该盟转饬预备移付本处户部放给羊酒例折;又为三盟改派沙克吉巴勒住管科城众安寺,咨行该城查照;再为理藩院咨商民贸易如无院票照例治罪,除饬各属出示严查外,咨行库、科二城饬属一体遵照。晚间微霁,东圃观圈人刷马,寒风飒飒,黄叶飘飘,致不胜其冷而还。

十六日(9月13日)自夜及昼秋霖滂沱,询之土人,金云卅年来,未有如今岁之暖雨调和,水草旺茂者,将见天道北行,大有出谷迁乔之势,当为我朝廷贺之。午后微霁。全守馀持果帅手谕来谒,言科城前者来文,官弁兵丁走差需用驼马,将按归复旧制章程供给,果帅以蒙民元气未复而驳。守馀以覆文为难,俾麟赞画,当饬其酌度旧制新章适中之数,拟单请果帅裁夺,晤谈而去。未刻堂齐,画行交稿八件,来文十件,堂行十本。吉厦阿王请病假回游牧,遣递哈哒一条,具报明日起程。晚间晴霁,登东

圃小楼赏南山皓月,秋空无云,沧浪无波,屏山叠翠,万籁俱寂,
惜晚寒侵体而下。

十七日(9月14日)巳刻微服闲步,观纫工做卧帐于其肆,
甚见辛劳。至隆庆昌红炉观烙饽饽,少坐。便道阜丰仓观廒座
五十间,惜地板不齐,米多霉烂,当饬吉巡捕转知户部章京遇便
回军帅,设法筹款整理,以重储蓄,仍出仓由东夹道进东圃门而
还。户部以练军报销奏底来阅,稍增数字而去。扎静亭以奏缴
军械底来阅,分作十五起运交神机营,每起需驮驼廿八只,护解
兵三名,是又驿站夫马驼只一大供应,不知察哈尔军台能否应付
也,详阅原册来文而去。以大茶七十一块作银三十二两七钱三
分,偿三两月来竹木铁布活计零用各物债,另有细帐备考。皮工
以五价小皮袄皮裤十件缝就,奖二人大茶八块,以酬其劳。

十八日(9月15日)巳初二刻策骑出东门,过后庙越平原,
数涉回环水,巳正三刻至绿莺沟,席地坐观巡捕、郭什哈等压马,
午初二刻仍策骑由旧路还公廨,时未初矣。按,绿莺沟南北膏腴
卅馀里,水草丰茂,可屯可牧,惜当轴者狃于蒙俗,不肯试垦为歉
耳。接额霭堂信一封,知王令国桢回籍过境,照章更换传单,王
令赠西葫芦六个,奖来人活计一事而去。四部院略节:内阁三
件,为恭递贺折差弇莽阿哩、赵铨减章传给夫马,咨行察哈尔都
统查照;又为差员恭进皇太后万寿贺折咨行奏事处;再为科城报
匪数目转咨兵部查照。户部一件,为科城咨回锡兰泰截止盐粮
转报户部查核。兵部二件,为张家口商民张大兴请领部票往三
盟贸易,札饬署吉厦转饬;又为商民韩珍富控案檄饬札盟转饬该
旗严拿贼犯务获究办外,咨行科城大臣转饬。理藩院二件,为科
属各卡并无盗案,咨行理藩院照例查办示覆;又为三盟呈报二次
限内未获逃犯拟罚承缉不力达噜噶牲畜转饬查照。

十九日(9月16日)由隆庆昌以大茶十块购来小大方圆洋

铁炉二架,安放待时堂东西间内。以混糖饼二匣回饯王大令干臣,略尽地主之谊。午刻写附忠字十一号家报,面交赵巡捕铨差便寄京,并要回信。午正果帅率其世兄仲诚来晤,畅谈许久,并谆谆以汉文公事奏章俾麟以重国事而尽臣节,别后旋以清文手函敦恳,麟当覆清信一函,许以遇事赞襄,乃心王室,并副知交。札盟阿王遣递哈哒一条,黑马一匹,当回哈哒一方,奖其护卫小荷包一对,马夫大茶一块而去。未刻堂齐,画行交稿八件,来文四件,堂行五本。酉刻闲步东门外,北濠边少坐,云容水态,岚色天光,毡房蒙户炊烟缕缕,牧童驱犊返圈者策驹归。镫下钉封七月廿至本月十九日日记廿九扣于忠字第十一号家报①,面交吉巡捕,俾乃兄吉丽昆差便寄京也。

　　廿日(9月17日)辰初派立、安二价、孙郭什哈酉山自本日为始,每晨压马于河北平原,盘马习劳,以期两益。辰初一刻登东城楼,立观三人压大小海骝及昨来之乌骓于草滩路,惜无千里镜,不能观渠等过河,且不胜朝寒而下。昨夜梦广敏达夫子,见其气色颇霁,问麟近日何作,答以惟与蒲留仙、纪晓岚、青城子闲谈而已,竟忘敏达已卒,且麟手持金糕、奶卷、糖醮葡萄三事告别敏达夫子,趋松寿泉夫子、兴石海老兄聚会,燕话数语而醒,谅亦结想个中人及京中食品而成梦耳。已初三刻压马三人回,据云新黑马小走去得,尚堪驱策。未刻恭阅恭进贡马②、万寿贺折、奏销练军③、奏缴军械清汉折片④、黄白封套共十八件,旋画奏稿

---

① 此处天头批:"忠字十一。"
② 参见本书附录二013《奏为循例贡进马匹事》。
③ 参见本书附录二014《奏报查明并核销前送蒙古练军用过饷项银两数目事》。
④ 参见本书附录二015《奏为动支军需零尾项下款加修运送存储器械事》。

四件,行稿一件,堂行四本。浼全守馀代写致托子明、永峻斋二都护信二封,遣交赵巡捕铨差便代投,俾乌垣差弁兵丁不致久滞口内也。酉刻车藩来晤,以查台改于明日起程复来辞行也。客去后闲步东门外,草滩少坐而还。吉丽昆留赠老青马一匹,暂交内圈代喂,俟其差旋奉璧。

廿一日(9月18日)辰初登东城楼观立价等压马于河北,瞻仰旭日而下。辰正回拜果帅贤乔梓,晤谈一会,同诣万寿宫拜发昨阅折件,礼毕,还公廨,时已初三刻矣。立价等压〔马〕回,据云吉赠青马小走碎骥,性尚驯稳。奉果帅令,吉章京现在进京,户部图记派瑞岚秀署理,托笔政奉差古城,派兵部合锡三兼署。酉刻闲步南门外,至南河北岸少坐而还。按乌垣南北两河,一自东沟而西,一自绿莺沟回环而南,由城北西注,及浮梁西南,两水汇归一河,名曰齐克斯特依,直注于西昭而分派焉。

廿二日(9月19日)辰初二刻登西城楼,观立价等压马及浮梁而下。便道隆庆昌吃点心,闲步成衣肆,观张巡捕代做卧帐,喜过半矣。辰正二刻沿内渠还公廨,水有冰矣,朝寒可知,兹不多赘。未初二刻立价等由西昭压马回,分领仓储霉变粟米十石,当即分赈底台章盖昆都及帮台章盖三人二石,众蒙兵四十名三石,牧场章盖、昆都各一石,忠堆一石,众蒙兵二石,以示馀润均沾之至意。四部院略节:内阁一件,为饬咨我皇上明年正月望亲政清汉懿旨,俾四盟长、吉厦将军、库、科大臣等钦遵查照。户部一件,为定限赴古采买口粮咨行该大臣暨新疆抚台查照。兵部二件,为张家口复源成商民施怀毕等领票赴三盟贸易,札饬吉厦转饬;又为步兵艾喜呈请印文就便赴营承领粮饷,檄行大同镇查照。理藩院四件,为图盟整顿津吉里克台差祈请指饬,咨行库伦大臣核办;又为图盟兼当喀尔沁各差拟照前分别接当,咨行察哈都统查办、理藩院查照;三为合笔政等往查三、札两盟、金山卡

伦,除饬吉厦预传乌拉,并札饬该二盟转饬各卡官员会同查验;
四为(盟图)〔图盟〕阿王四旗重灾赆漏二百馀户差使无力通融,
咨行理藩院查照并咨行察哈尔都统、库伦大臣。酉刻出东门闲
步,北濠边少坐,观圉人饮马而还。

　　廿三日(9月20日)辰初二刻登南城楼,观立价等压马于河
南,少坐而下,巳初立价等由南坝压马回。未刻堂齐,画行交稿
八件,来文九件,堂行五本。酉刻出东门闲步,至东冈坡少坐而
还。东圃观圉人刷马,见三柳槎枒,叶落过半,两畦白菜仅馀
一棵。

　　廿四日(9月21日)辰初三刻登南城楼,观立价等沿河滩东
行压马,巳初立价等由四方石压马回。午后与杨价斗叶子解闷。
晚间东圃观圉刷马。

　　廿五日(9月22日)辰初二刻出东门,草滩闲步,观立价等
压马北行,麟沿北濠西行,至西角楼观暖泉涓涓,细流沏静无尘,
洵灵迹也。据土人云冬则河渠皆冰,惟此泉不冻,乌城各署赖以
饮马,徘徊许久,步入西门,至隆庆昌少坐,食点心而还,乃立价
等亦由北平原压马回,时辰正三刻矣。纫工以凑做卧帐成,当奖
大茶十块,酬其数日之劳。按卧帐高四尺五寸,长六尺,宽三尺,
帘长六尺,方门口三尺八寸,粗蓝布面,花洋布里,香色洋褡裢,
帘宽与背同,元青洋布走水。按,黄洋布"襜帷暂驻"四字,楹联
白洋布,写"楼台金碧将军画,水木清华仆射诗",双悬帐内东
围。正面白洋布横幅,分作四屏,写蒋太史遗偈;西围对文用
"阴碛日光连雪白,风天沙气入云黄",双悬向东。棚底帘围均
絮棉花,棚上设甘鼻,穿四横杆,托二长杆,以绳悬之棚内,夹油
布以防渗漏。门与帘设排扣以避风飘,设罗布月光于帘中以通
明透气,复设罗布抽口大围于门内,为夏日行路避蚊蚋诸虫,大
有益处。经营十馀日方凑成,朴素整齐,尚不奢华,惟尺寸稍狭,

若设在毡房似觉甚便，走台站者宜乎有此也。阅者详之，此非闲笔。西刻出东门，草滩少坐而还。四部院略节：内阁一件，为字识王运枢差便采买纸笔，咨行察哈尔都统查照。户部一件，为覆陈蒙古练军报销先录奏稿咨行户部查核。兵部一件，为连笔政昌作为委署骁骑校，咨行吏、兵二部、绥远将军查照。理藩院三件，为乌属西厂驼数相符，东厂欠驼如数赔补，札饬管理西东厂贝勒公查照遵办；又为科属乌梁海应进皮张既经奏免是否照准，咨行科城查覆，以凭汇奏，阿尔泰山俄界不知某大臣所分，致将产貂之区为强邻所占，致乌梁海藉此不进皮张，不知其为清属其为俄属也，悲夫；再为吉厦呈报承缉未获之图萨拉克齐拟罚牲畜，饬送该衙门转饬查照。

廿六日（9月23日）辰初二刻闲步西门外，过长桥进前街观立价等策骑西去也，至台市公所少憩，晤瑞荩臣畅谈而别，仍由旧路步回公廨，少焉立价等亦由水帘洞压马回，时巳初三刻矣。未刻堂齐，画行交稿七件，来文十件，堂行六本。接王枫兄、吉荣弟贺节信二封，内附儿鹏晋字第四号家信，欣悉家严康安照旧，亲友平安如昔，拙荆信内有家岳母谆嘱数语，自当铭之肺腑，惟早睡晚起之说似难从命，又喜儿鹏日惟与荣通家入学用功，固所愿也，恐未必长。附接朱石峰前辈、乌星舫同乡信三封，知二公均各平安。酉刻闲步东门外，至东冈少坐而还。

廿七日（9月24日）卯正二刻以少牢恭祀先师孔子于参谋赞画堂，立价等陪祀，共领神徐，惜无一通家拈香，不免又起乡情。数日前杨价以破木箱移种江西腊，以便朝夕陈设在屋，今见其华，粉白如菊，颇堪玩赏。午初行食于隆庆昌，少坐，绕后街走东夹道而还。乃昨接家信，夕复重观，以致卧后失眠，兼之诚意赛神，今丑即兴，终夜遐思交萦五内。未后与杨价斗叶子解闷，而奇想冬、崇，泪如雨下，可谓英雄气短，儿女情深。爰批拙荆来

信,尤触所思,以致四支不爽,烦闷无聊,酉刻出东门闲步,仍至
东冈少坐,犹未能去乡情于怀也,碍于众目,致忍泪而还,奈何
奈何。

廿八日(9月25日)辰初一刻出南门,至河边少坐,观立价
等压马于河南坝下,及渠等回涉二水,麟试骑新黑马进东门还公
廨,时巳初矣。未下办粮差员托雪亭笔政莫尔欢、杜辕保巡捕瑞
以明日起程赴古城采买米面来谒,晤谈一切,并立写致毅帅一
信,面交托笔政便道进省往见毅帅,请回信而回,并写致德峻峰
一信,亦交托雪亭而去。兵部递略节二件,为商民张恒昌等将贸
易札盟纳公旗下,札饬该盟转饬;又为京商全祯控案如果属实,
檄饬三盟盟长转饬追赔。户部一件,为更正前任大臣恒月舫找
领粮折,咨覆京部查照。理藩院三件,为本处咨行驻库匡索勒大
臣公文一角暨驻乌俄商小包一个,一并差人咨行库伦大臣;又为
秋季笔齐业齐等将届班满,札饬西两部落盟长迅传本年冬季应
班笔齐业齐前来接办;三为吉厦将届换班,除札饬札盟副将军遵
办饬覆。

廿九日(9月26日)辰正出东门闲步,至小炮台石下避风
湾,遇立价等由四方石压马回,麟试骑车公前赠青马,绕南濠进
西门,走后街东夹道还公廨,时巳初矣。未刻堂齐,画行交稿六
件,来文十件,堂行五本。申刻内阁交来致刘毅帅、魁介臣官信
二函,当即钤章封妥,由马递发讫,为乌员赴古采买米面也。以
大茶八块半买白菜一百五十棵,重四百五十斤;又以大茶六块半
买山蔓荆十贷,重五百斤,共入地窖以备冬食。

卅日(9月27日)辰初二刻出东门,闲步草滩,至后庙前遇
立价等由北平原压马回,麟策骑沿北濠进西门,少坐隆庆昌,食
点心而还,时巳初二刻矣。酉刻出南门闲步,绕至东冈,少坐
而还。

记事_{十二年九月至十月①}

九月初一日（9月28日）昨夕接吉绥之同乡信禀一封，知其于八月初四日接阿拉克鄂博卡伦侍卫之任，甚纾下怀。辰初三刻出西门闲步，及长桥遇立价等由水帘洞压马回，麟策骑进南门还公廨，时已初矣。未刻户部瑞岚秀来回，护解贡皮员弁兵丁应支盐菜等项银两乌库无存，暂由城工项下那放，已回杜帅，麟亦无法，只得如其所请，少谈而别。兵部请查验应缴神机营军械，当即率巡捕等步至军需库点验炮位、枪械、火药子粒，一切尚备，惜残坏者居多，且运送箱只绳皮等项大非易事，脱一旦用之，往返运资不知又费若干国帑也，悲夫。未正由军需库还公廨，写致吉荣弟一信，俾贡皮差纷便寄也。牧厂忠堆代借来子母黄牛二头，奖牵牛二人各大茶一块，派孙酉山每日牧放二牛，改派周福、祁荣每晨轮流同立、安二价压马。酉刻出东门闲步至小炮台石，少坐而还。写覆吉绥之同乡信一封，当交内阁加封马递讫。

初二日（9月29日）辰正二刻出南门闲步，至河涯遇立价等由南坝压马回，麟策骑进东门还公廨，时已初三刻矣。午刻东圃射鹄。以大茶一箱暂偿福臣魁自六月至八月羊烛盐碱仙香醋纸零帐，未敷其数另有细帐备考，然均较京价贵加二倍，悲夫。四部院略节：内阁一件，为本年八月分接到火票咨行兵部查销。户部一件，为赴古采买米面拟章定限添派向导兵以期迅速，檄饬官弁兵丁一体遵照并札饬四盟长遵照。兵部会同内阁、户部一件，

①　第三册日期为光绪十二年九月一日至十月三十日，首页钤"史语所考藏珍本图书记"朱文、"国立中央研究院历史语言研究所图书之记"朱文印。

运缴军械动款加修具奏一折,先录折稿咨呈神机营,咨行兵、户、工部、直督、察哈尔都统查照,并札饬南廿台台吉等遵照;又为给发进送贡皮官弁等驰驿路票,檄行张家口、赛尔乌苏二驿转道遵照。理藩院六件,一为科城援案咨调驼只,札饬孳生厂公等查照;二为三盟索公病痊,接办札萨克印务,咨报理藩院;三为三盟管厂昆都署理梅楞饬覆查照;四为索果克卡伦官兵均回,仅有侍卫、图萨拉克齐在卡,咨行科城大臣妥办;五为札盟驻科管厂台吉三年期满,派出台吉布噜车林前往,咨行该城大臣查照;六为科城驼册随咨未译汉文,碍难转送,咨行该城大臣查办。酉刻出东门闲步,草滩少坐而还,消磨岁月,虚度光阴。

初三日(9月30日)阅看四盟报灾旧清汉稿五件,当饬理藩院译汉四件,录底一件,以便合璧重阅,期知详细,然五稿数万言,未知何日交来也。辰正二刻闲步东门外,至避风湾遇立价等由四方石压马回,麟策骑沿南濠进西门,走后街由东夹道还公廨,时已初一刻矣。未刻堂齐,画行交稿十件,来文六件,堂行七本。接毅帅、午兄、雷子震、金珍亭、冯高峰贺节信禀五封。酉刻出东门闲步,至东冈少坐而还。镫下钉封忠字第十二号家报[①],内附上月廿至本日日记十七片,面交宋巡捕国喜差便寄京,代叩家严,顶珠、帽沿二事已交该弁附交儿鹏修理妥,仍俾该弁差旋寄回也。

初四日(10月1日)写家禀二扣,俾定静庵差便寄京代呈家严。辰正三刻出东门闲步,立价等由北平原压马回,麟策骑沿城濠转四面,仍进东门还公廨,时已初二刻矣。未刻接托子明、吉荣弟贺节信二封。酉刻闲步东门外,草滩少坐而还。宋巡捕等禀辞,谆属谨慎而去。

---

① 此处天头批:"忠字十二之件。"

初五日(10月2日)辰初二刻出西门,过长桥进前街,至义盛德商家少坐,待立价等由水帘洞压马回,麟策骑由旧路进西门,走后街穿东夹道还公廨,时巳初矣。巳正出南门至河涯,立观贡皮驼只过河,乃南来二骑,蒙古官一员背负黄袱涉水北行,当饬郭什哈等问之是否折子回来,该员马上答"然",时午初矣,即趋回署,更衣敬待跪迎。及未初二刻内阁方来打到,随即恭诣万寿宫,偕果帅跪迎七月廿六日拜发折件:催饷一片,军机大臣奉旨"另有旨"。钦此。枢臣钞夹一片,有"奉旨饬令晋抚照数拨解"之语;馀折片均奉例批,恭读讫而还。接曾怀清、永峻斋贺节信二封,知彭盛斋七月初旬到口,章盖、昆都等奖叙已蒙二都护代麟酬劳矣,当浼全守馀代写二信覆谢托子明、永峻斋二公,麟写致彭盛斋一信,俾定静庵差便代寄。酉刻东门外闲步,东冈少坐而还。四部院略节:内阁一件,为本年八月分接拜奏事报匣数目,咨行兵部查核。户部一件,为科城起运本处军粮完全,咨覆该大臣查照。兵部一件,为贡皮定差员等由部换给火牌,咨行京部、察哈尔都统查照。理藩院七件,一为三盟呈报捉取乌梁海万札拉马匹之黑人布彦可否照例鞭责八十,饬覆办理;二为图盟呈报已故巴拉多尔济因公拖欠天义德商债,已饬该札兰补还,现因该商讨要,饬覆查办;三为穆琥尔噶顺等台赔漏帮台差使,飞饬图盟转饬咨行库伦大臣就近办理,并知照察哈尔都〔统〕;四为图盟呈报牲畜骚扰把总青草,拟由天义德借款赔还,现在讨要,饬覆转饬;五为津吉里克台吉呈报盗马贼犯乌苏呢克除札饬三盟转饬外,并檄饬北九台台吉;六为科商无力赴乌质讯,除咨覆该大臣外并札饬图盟;七为杀伤札盟禄公旗下斌巴等四命一案,尸身究系何处,寻获之处,饬覆札盟查明,出结呈覆。

初六日(10月3日)辰正二刻出南门至河涯少坐,遇立价等由南坝压马回,麟策骑西行,及长桥东转进西门,走后街穿东夹道还公廨,时巳初二刻矣。未刻堂齐,画行交稿十件,来文十件,堂行七本。张巡捕以续做卧帐罗窗镶缘屏对成,奖大茶四块而去。酉刻闲步东门外,草滩少坐而还。奎笔政德由噶鲁底相验回来谒,当即晤见,据云已死蒙古人吹锦扎布实系坠骑伤重身死,仵作张书元具有尸格,并取具三盟该管章盖等甘结,麟反覆诘问,与原呈无讹,始同张仵作而去。

初七日(10月4日)辰初二刻出东门闲步,策骑至后庙少坐,立价等由北平原压马回,仍策骑由旧路还公廨,时巳初一刻矣。后庙前河新建浮梁成,甚便往来,当奖庙祝大茶。日来天气晴和,虽朝暮微寒而午间颇暖,大有京中小阳光景,以致粉紫江西腊华茂如菊,灿烂烁目,洵乌垣近年花木之盛也,际其会者,敢不尽其事以期永召天和哉。未刻定静庵来辞行,当将附忠字第十二号家报及致彭盛斋一信面交,浼其差便分寄,畅谈许久而去,其覆谢托、永二都护各一信昨已由内阁马递讫。酉刻出东门闲步,回东圃观圉人刷马,镫下与立、杨二价斗叶子,学打新疆十胡解闷。

初八日(10月5日)辰初三刻出东门闲步,由草滩策骑至后庙少坐,待立价等由北平原压马回,仍策骑由旧路还公廨,时巳初二刻矣。后庙张、王二庙祝一年七十馀,一年五十馀,均系晋人,始则在乌贸易,今则年老力衰,指佛穿衣,赖佛吃饭,因渠等在乌多年,人均朴实,故司事者以庙事任之,麟每晨步骑往晤,不惟己勉运甓之劳,兼可听渠等言些乌垣往事以广见闻,似比在纷华靡丽之场听风月者于身心稍有益耳,此即以苦为乐之意,阅者谅之。午后阴云四合,疏雨滴滴,乃东北山巅则白雪如银矣,酉刻雨霁,出东门闲步,至草滩少坐而还。户部略节为科城骁骑校庆瑞回城截止银粮,转报京部查核。兵部二件,为定静庵差便采办纸笔石灰,咨行京部、察哈尔都统查照;又为病故步兵高祥遗缺奉果帅令以兵役马如鳌拔补,递遗之缺以前记名宋国安拔补咨行兵部直督查照。理藩院五件,一为孳生驼厂例追倒毙一折,恭录谕旨咨行理藩院、户部、库伦库大臣钦遵查照,并札饬图车正副盟长等钦遵查照;二为例查马群一折,恭录谕旨咨行兵部、理藩院钦遵查照,并管厂参赞车王查照;三为乌梁海应纳贡皮派员护送钞录清单,咨呈军机处查办;四为俄官与驻乌俄商小包,咨覆库伦大臣查照;五为科城把总雷得功由乌解科商款壹千两,该大臣照数收讫,咨行前来,相应咨覆该城大臣查核见覆。

初九日(10月6日)辰初三刻出东门观山雪,策骑至后庙河边,郭什哈等率三蒙民移搭二道浮梁,席地坐观,少焉立价等由北平原压马回,仍策骑由旧路还公廨,时已初一刻矣。午初东圃小亭率值班巡捕、郭什哈等食炙肉,升小楼登高,与杨价射鸽,午间天气晴和,山雪尽融,鹤避烟飞,鸟穿柳噪,亦一时之景也。午正接张幼樵前辈、景介臣覆函二封。内阁报本年恭贺元旦折弁捧折回旋,恭诣万寿宫,偕果帅跪迎毕,至内阁少坐而还。未刻堂齐,画行递稿八件,来文廿四件,堂行七本。果帅派巡捕张德赴科承领秋季粮石,麟派营卒冯亨铨随运。酉刻出东门闲步,草滩少坐而还。

初十日(10月7日)辰正出东门闲步,策骑至后庙少坐,据王庙祝云乌垣西南五台地有结盘河地方,水草丰茂,地尽膏腴,可屯可牧,盖即长少仲所言之处也。立价等由北平原压马回,仍策骑还公廨,时已初二刻矣。遣郭什哈戴明魁偕立、荣二价持帖往花硕啰图迎阿树兄。午间与杨价斗叶子解闷。戌正立价等三人由南头台回,据云阿树兄明日驻乌,当饬穆价作羊菜数篚明午遣送,以尽友谊而敦乡情。

十一日(10月8日)辰初二刻出东门闲步,至北渠观围人饮马而还。午正二刻闻树兄到乌,即策骑出西门过长桥进前街,至广盛逆旅晤树兄，畅谈别后乡情许久许久，仍策骑由旧路还公廨，时未正二刻矣。申初陈巡捕玉山由口催饷回，据云锡瑯臣所提皖饷全数解到，甚慰下怀，惟锡章京现抱微恙，恐迟一二日方克回城；又云王巡捕弼交寄狼皮京靴一双，麟试着之，尚属合式，此即儿鹏购买者也。牧厂忠堆牵来枣骝马一匹，暂交内圈喂养，如其驯良即留备乘，如不驯良仍俾牵回，缘金海骝一逸之后，穆价等甚以麟骑为忧，故日加调训，乃廿日来并未排出一骑，可哀也哉。理藩院翻来本年六月初十日通谕懿旨部文一件，当即恭校讫，俾该衙门具稿札知四盟等处钦遵。

十二日（10月9日）辰初二刻出东门闲步，策骑至后庙少坐，立价等由北平原压马回，仍策骑由旧路还公廨，时巳初二刻矣。树兄昨遣人来借马，今派郭什哈将麟连鞍青马及代借底台下骑四匹一并送去。午初户部瑞岚秀来回，锡瑯臣现遣解到江西、安徽经费军饷仅八鞘七千八百七十八两，银色不齐，平头不敷，已回果帅，奉果帅令俟锡章京到乌再行核计，然科城经费二千五百金又须守候数日也，谈讫而去。未刻树兄来晤，畅谈许久而别。接张家口协领玉翰章覆函一封。车藩查南台回，率其孙世兄来晤，畅谈而别。旋即策骑出东门，沿山坡回拜车藩，又谈一会而别，仍策骑由旧路还公廨，时酉初矣。先是浼全守馀代写覆沙振亭、额霭堂二信，适面呈树兄阅，仍俾内阁封发。陈巡捕由口差旋，带来糖茶二事，三却而受，面壁毡袜、绒毡而去。树兄遣赠天青江绸马褂料一件，西路香果五十枚，奖来人小荷包一对而去。当以香果四十枚转奖陈巡捕玉山，以报糖茶。四部院略节：内阁会同理藩院一件，恭录本年六月初十日钦奉皇太后懿旨，皇帝自本年冬至为始，亲诣圜丘行礼等因，钦此。钦遵。咨行库科大臣并翻清檄饬四盟长等一体钦遵。户部二件，为恭录军需报销补奏立案片，奉谕旨咨行京部钦遵查照；又为恭录奏催晋饷片，奉寄旨咨行京部、晋抚、科城大臣钦遵查照。兵部一件，为吉绥之八月初四日接管卡务咨行京部侍卫处查照。理藩院二件，为杜尔伯特多公之次子请与台吉之衔，于例不符，咨行科城大臣查办；又为派员致祭故公事竣，咨覆理藩院。

十三日（10月10日）辰初三刻出东门闲步，策骑至后庙少坐，立价等由北平原压马回，仍策骑由旧路还公廨，时巳初二刻矣。以陈赠糖茶二包及混糖饼二匣遣赠树兄，并约其明午便章过谈。东圃射鹄。午后遣赠树兄炖羊肉一碗。未刻堂齐，画行稿六件，来文五件，堂行七本。酉刻登南城楼眺远，缘东马道而下。

十四日（10月11日）辰正出东门闲步，策骑至后庙少坐，立价等由北平原压马回，麟策骑西南行，沿北濠西行至长桥观工。先是往来台市，见长桥右梁软弱，恐一圮难修，当饬兵部筹款修治，亦未雨绸缪之意，今闻其开工，故往观之。仍策骑进西门，走后街穿东夹道还公廨，时巳正一刻矣。接承枫庭清文覆函一封，文理通顺，乡谊关切。派郭什哈曹旺随金笔政奇暹往归化城催提晋饷。未刻树兄来晤，东圃射鹄，西斋便饭，酉正以白玉烟壶赠别，半日畅谈，如亲骨肉也。锡琫臣差旋，申刻来谒，以树兄在坐故未得晤，容当见之。

十五日（10月12日）辰正策骑诣菩萨庙、关帝庙拈香，便道后街回拜锡琫臣，未遇，走西夹道还公廨，时辰正二刻矣。少焉立价等由后庙压马回，乃祁荣骑忠堆新购枣骝坠下，幸未受伤，而鞍辔俱粉，马亦远逸，仍为赵巡捕亮捉回，洵勇夫也。自前月廿日起日看仆从等压马，并无一失，本日麟因诣庙拈香，故令立、荣、平安三价出东门压马，即有此事，可知仆从年少逞能，离主自专，实不能为渠等放心，亦不暇为渠等忧心。且此枣骝是忠堆购来为麟骑的，一旦出疵，又不知再费多少工夫方可调教成也，悲

夫。午正二刻出东门闲步，至后庙西河边沙滩少坐，仍由旧路而
还，往返七八里，未正二刻还公廨。四部院略节：内阁一件，为科
城发过报匣册报兵部查照。户部一件，为庚笔政音纳由台赴科
领运本年夏季粮石，咨行该大臣查照转饬。兵部一件，为哈达果
二匣咨呈军机处查收转进。理藩院三件，为杜尔伯特多公二子
递相痘殇，转报理藩院查照；又为乌梁海呈报承缉逃逸贼犯限满
未获，官兵饬覆转饬；再为车盟梅楞患病令章盖驻当，除札饬车
盟副将军查办外，并饬覆吉夏。户部续略节一件，为恭录分运屯
粮前奏谕旨，札饬三、札两盟查照钦遵办理。

十六日（10 月 13 日）辰正出东门闲步，策骑至后庙少坐，立
价等由北平原压马回，仍策骑由旧路还公廨，时巳初三刻矣。午
后树兄来辞行，畅谈许久而别。未刻堂齐，画行交稿七件，来文
九件，堂行六本。少焉策骑出西门，至长桥，桥工未竣，涉齐克斯
特依河，进前街北转至广盛逆旅，送行树兄，晤谈许久，仍策骑由
旧路还公廨，时申初三刻矣。

十七日（10 月 14 日）辰正一刻出东门闲步，策骑至后庙少
坐，立价等由北平原压马回，仍策骑还公廨，时巳初三刻矣。天
气微寒，渠冰雁翔，如腹地十月光景。午初遣二福价持帖送树兄
于西昭。午间录四月行程日记四页，以合寿昌公出，瑞荩臣值台
市，均无暇代钞故也。申正二福价由西昭送树兄回，据云阿参戎
已携眷西上矣。

十八日（10 月 15 日）辰正出东门闲步，策骑至后庙少坐，立
价等由北平原压马回，仍策骑由旧路还公廨，时巳初二刻矣。未
刻接容峻峰世叔信一封，内附俾转勘路电线委员周太守少逸信
一封，该守尚未到乌，俟到代致。以大茶六十五块，合银廿九两
有奇，购南头台领催小青马一匹，微有脚步，性尚驯良，形势虽不
及绪青，脚步似过之。内阁打到户部来文一件，即奏催晋饷钦奉

上谕也，户部章京前以向无部文覆，麟不知今又当诿以何词。申刻登东城楼观立价等试马，酉刻出东门闲步，沿濠边行食而还。户部略节二件，为兆仰山致祭札盟故公放过羊酒价银咨报户部查核，又为科城屯田农具应用数目转咨户工部查核。兵部二件，为海军衙门具奏保奖章程，咨行库、科二城查照；又为兵部来咨赓怡斋保案，该部钦奉谕旨行知前来，转咨察哈尔都统查照。理藩院二件，为三盟乌公病痊接办印务，咨报理藩院查照；又为三盟沙巴朗①洛布桑丹占吹音毕勒往驻众安寺，咨行科城大臣查照。

十九日（10月16日）辰正出东门闲步，策骑至后庙西，观立价等压马毕，入庙少坐，仍策骑还公廨，时巳初二刻矣。未刻堂齐，画行稿六件，来文十三件，堂行四本。自午后寒云四起，冷风西来，酉刻东圃行食，甚见冬景，节近霜降，想坚冰将至矣。

廿日（10月17日）辰初三刻出东门闲步，寒风凛冽如京中严冬，策骑至后庙少坐，立价等由北平原压马回，仍策骑由旧路还公廨，时巳初三刻矣。以五钱银买毡帽头一顶，随将旧皮耳毡帽头奖立价，以励其压马之劳。未刻以树赠马褂料、大茶二箱兑果帅亲兵杨祥半步走小黑马一匹，性尚驯良，惜身躯不长，惟稍歉耳。申刻东圃射鹄，以习寒劳。晚间东圃观圉人刷马，见地多冻裂，其寒可知。

廿一日（10月18日）辰初二刻麟服小棉袄、棉裤、皮套裤、羊皮袄、狐皮紧身、羊皮马套、貂鼠卧耳、毡里暖靴，一出东门寒风刺骨，如身无寸缕，微风扑面，耳似刀割。勉力北行里馀，则身内暖和，策骑至北平原河边遥观立价等压马，别有一番清况，非亲历严疆者不知也。河边冰凌雪白如银，积厚尺馀，乃中流一泓

———————
①　沙巴朗：转世活佛之意。

清水,澄澈可爱。少焉饮茶于后庙,仍策骑西南行,沿北濠进西门至隆庆昌,奖立价等混糖饼各四两,巳初二刻步回公廨。未刻户部交来本年秋季养廉实银壹百廿三两六钱二分八毫六丝,分赏张立等五价廿五两,赏马卒张庭裕二两,以酬其牵马之劳,还大盛魁五十一两,还天义德卅两,还隆庆昌八两六钱,给杨价栉沐费三两,还木碗底边费二两,出叶子费二两,两袖寒风,毫厘无存,积债所亏,不知何以偿还,悲夫。

廿二日(10月19日)假阴天,辰正出东门闲步,策骑至后庙少坐,立价等由北平原压马回,仍策骑由旧路还公廨,时巳初三刻矣。由果帅处寻来红花二钱,熬染猞猁狲腿皮数寸做毡帽头皮沿,以奖荣价。午后以大茶半块买落花生一斤,盐水煮食,如到家中,惜价太昂,合京钱三千上下,花生微物即贵至十倍,他物可知。接张南圃、怀绍先贺秋信三封,怀同乡致麟封套有误署库伦大臣之签,想因幕中公忙耳。四部院略节:内阁二件,花硕洛图台台吉呈报车盟现欠工银,檄饬该盟查办;又为该台牲畜照案移住檄饬三、札两盟转饬。户部二件,科城笔政灵山由乌领回经费,咨行该城大臣查收见覆;又为金笔政等赴归化催提经费,咨行绥远将军、晋抚、科城大臣查照。兵部一件,为由科咨取照验十二张以备分送。理藩院三件,为札盟补放察克达兵缺饬覆转饬;又为管理牲畜扎萨克请假饬覆转饬;再为科城前奏察罕淖尔驻兵分札鄂隆布拉克等处搜匪一折,兹奉谕旨,翻清札饬吉厦转饬查照。

廿三日(10月20日)辰正出东门闲步,策骑至北浮梁,徒行北平原,观立价等压马毕,麟即回骑,至后庙少坐,仍策骑及北小渠过冰,步回公廨,时巳初三刻矣。按东门外正当西北寒风,大有三瞪眼之势,及过小渠则微暖矣。故有毡房四五处,为蒙户所居,谅亦识其地利耳。午后接明镜兄由额枚勒河行营来信一封,

内附凌智堂清文信一函,李春涛信禀一件。未刻堂齐,画行交稿
八件,来文五件,堂行五本,酉刻登南城楼眺远而下。

　廿四日(10月21日)昨夕浼全守馀代写覆镜兄回信,验稿
而去,麟写附函三片备寄。本日辰正出东门闲步,策骑至后庙少
坐,立价等由北平原压马回,仍策骑由旧路还公廨,时巳初三刻
矣,以大茶八块购貂皮一张做本貂冠,所遗旧沿交缝人改做毡帽
头,口耳如旧式。内阁交来写讫覆函镜兄一封,当即钤章附片封
妥,仍俾内阁用印马递。锡瑸臣、札静亭接交兵部图记来谒,未
晤,而不知瑸臣欠款交齐也未,念念。

　廿五日(10月22日)辰正出东门闲步,策骑至后庙少坐,立
价等由北平原压马回,仍策骑由旧路还公廨,时巳初三刻矣。在
途据围卒张庭裕言,昨夜东南山上有狐仙练巨丹,如初升之日,
主将军、大臣升迁之兆,春煦堂、桂五云、恒月舫诸公来乌去乌之
兆皆验于此,今又见之,想果帅将迁欤? 抑麟将承恩召还欤? 兹
姑志之以考俗讹。四部院略节:内阁二件,为札盟拟派驻管花硕
洛图等台饬驳俾覆该盟遵照;又为庆笔政麟充补富笔政祥遗缺,
咨行吏、户、兵部、京旗、绥远将军查照。户部一件,为科城年满
惠笔政廉截止银粮转咨京部查核。兵部一件,为科城步兵王成
贵等拔补马兵各缺,转咨兵部直督查照。理藩院三件,为车参谋
照章移牧官马,札饬三、札两盟转饬遵行;又为翻蒙上谕三道,札
饬唐努乌梁海、库布苏库勒讷尔等总管钦遵;再为科城请拨骟
驼,除札饬东西两厂查办外,并咨覆该大臣查照。

　廿六日(10月23日)辰正二刻出东门闲步,策骑至后庙少
坐,立价等由北平原压马回,仍策骑由旧路还公廨,时巳初三刻
矣。未刻堂齐,画行交稿七件,来文十一件,堂行六本。锡瑸臣
以欠项未齐呈请展限措资归款,果帅俾麟等参酌,麟亦不便干
预,仅饬四部院章京等代请果帅展其交限而已。理藩院以贡皮

清汉折稿请正,稍改数处而去。以大茶十块购小貂皮二张,收拾马套,大茶十六块购灰鼠皮百张,做脊子马套。

廿七日(10月24日)昨夕阴云四合,雨雪霏霏,乃今朝东风送暖,冻地皆融,北山微白,河水清碧,不懂乌垣天时地利为如何也,容遇耆民再行考证。辰正二刻出东门闲步,策骑至后庙少坐,立价等由北平原压马回,仍策骑由旧路还公廨,时已正矣。未刻三盟盟长吉公遣递哈哒一条,黄马一匹,当回哈哒一方,奖来人活计二件而去。晚间阴云四合,亥正瑞雪飘飘,乌垣山上下得雪约略分寸不等。

廿八日(10月25日)雪霁,辰正出东门踏雪,四山微白,清冷如春,据土人云乌垣从来未有如今岁之和暖。策骑至后庙少坐,立价等由北平原压马回,仍策骑由旧路还公廨,时已初三刻矣。未初二刻诣万寿宫,偕果帅、车藩会审乌梁海贼犯段多克、桑多克等二案,供认不讳,仍收大狱监候,咨请部示照例发落。未正一刻步还公廨,以台市差使苦累,改为每季轮派满汉巡捕一人管理三个月,以示体恤。以大茶十八块购海骝老马一匹,虽无脚步,性尚驯良。四部院略节:内阁二件,为特木尔图台站备差马匹被窃咨行查办;又为本处差弁呈缴印票咨送察哈尔都统查销。户部二件,为制造贡皮木箱银两清册,咨送户工二部;又为制造进贡果丹木匣银两册,报户工二部。兵部二件,为瑞主事呈缴部票咨送京部查销;又为图骁骑校呈缴火牌卌张咨送京部查销。理藩院三件,为博多和呢霍垒台吉乌尔津札布由五月十三日赴科领饷,至今无音,札饬吉厦转饬;又为科属实存牲畜册转户部;再为科城复饬杜尔伯特盟长迅催官兵接当卡差。

廿九日(10月26日)辰正二刻出西门,策骑至齐克斯特依河观浮梁,工将成,沿北堤步入台市,至义盛德商家少坐。立价等由下菜园压马回,仍由旧路步长桥,策骑还公廨,时已正矣。

未刻堂齐，画行交稿九件，来文十件，堂行四本。先是偕果帅诣万寿宫，跪迎八月廿一日拜发折件，均奉例批。内阁少坐，步还公廨。接晋抚刚子良兄覆函一封，并附议缠金开屯置戍奏稿，条分缕晰，有裨时局，洵不愧有为之良臣，麟甚愧羡。接荫槐兄信一封，内附儿鹏晋字第五号家信，知八月十九日辰刻儿鹏得儿，家严命名魁耀，欣喜家严七旬晋六得见曾孙，为马佳氏鄙支之冠，又悉儿鹏受业于奎聚五同年令弟光丽生之门，均惬鄙怀，且荣子山彼时已然到京见过家严，贡马重阳后入都，王巡捕不日回乌，尤纾鄙念。附接桂文圃二信，钞来光绪初元钦奉两宫皇太后懿旨，皇上万寿圣节改于六月廿六日受贺通谕文底一件，已交内阁呈明果帅存案矣。附接穆清舫同年、伊仲平通家、齐兰石、奎岫峰、嵩祝三、阿子祥、刘子贞、英曙楼覆函八封，得悉醇邸航海巅末，曙楼升少宗伯，桂文圃不试黄门，颇具卓识。冬季吉厦将军吉公来谒，晤于赞画堂，畅谈而去。派巡捕乐善、赵亮、营卒袁候辅、戴明魁、胡杰、何生业、王耀忠、王永和、常林、顾天佑、张全、孙酉山跟随兆仰山解交神机营军火，派张庭裕充郭什哈达，李槐牧喂子母牛，冯亨铨书房当差，以麟今有添孙之喜，本署巡捕、郭什哈等均来谒贺，即拟于十月初三、初四二日牵羊担酒，普请该弁兵喜面一餐。

十月初一日（10月27日）午初策骑至南门外西河沿吉厦吉公处回拜，未遇，进西门还公廨。写忠字第十三号家报[①]，暨圈点上月初四日至廿九日记事卅二页，钉封附寄，写致荫槐兄一信，半日奔忙，颇形碌碌。札盟吉公遣递哈哒一块，青马一匹，当回哈哒一方，奖来人活计二事而去。

初二日（10月28日）辰正二刻出东门踏雪闲步，及北浮梁，

---

① 此处天头批："忠字十三。"

乃荣价马逸，立、安二价涉水拿马，远观之颇壮锐志，少焉禽获。后庙少坐，而马卒张庭裕徒步追马，过冰落河，幸水不深，仅湿毡鞋棉裤，亦甚可怜。策骑由旧路还公廨，时巳正矣。午初将马封一角发交内阁飞递至张家口荫户部处，内附昨夕钉封家报，俾槐庭兄代寄至京也。接徐昆山、闻辅斋信禀各一封。以大茶三块购小熊皮一张，做二尺八长马褥，为闲步席雪之坐。四部院略节：内阁一件，为本年九月分火票咨送兵部查销。户部二件，为锡主事遣丁回京措资归款，果帅准限八个月；又为京部咨覆科城要文四件，照钞咨行该大臣查办。兵部一件，为例补司员一折，奉旨"著照所请"等因。钦此。钦遵。咨行绥远将军查照。理藩院三件，为三盟吹锦札布醉后被殴身毙一案，前派仵相验，札饬该盟长查照遵办；又为札盟派赴科城冬季驻班官名，转咨该大臣查照；再为三盟琥巴等与哲布尊丹巴胡图克图争端一案，咨行库伦大臣查办并饬该盟。接札盟阿公清文信一封，哈哒一条。

　　初三日（10月29日）辰正二刻出东门闲步，过浮梁，席雪少坐，观立价等压马于东山下，雪地走乌骓，别有风味。饮茶后庙，步还浮梁，策骑由旧路及冰渠而下，步回公廨，时巳正矣。普请鄙署巡捕、郭什哈卅馀人于赞画堂，杯酒火锅，盘餐喜面，尽欢而散。未刻堂齐，画行交稿八件，来文十一件，堂行六本。内阁现画略节，为明日拜发奏事报匣咨行兵部。浼全守馀代写致福协揆箴亭、容泽园、文锦如二镇军、熙煦庄、乌绍云二侍郎，堃子岩、阿子祥二翼长七信，俾兆仰山差便代寄，为神机营军火易于入城缴纳也。恭阅贡皮①、查台、札盟索台吉请假②、三盟特王续假等

---

① 参见本书附录二 016《奏为委员护送贡皮事》。
② 参见本书附录二 017《奏为札萨克头等台吉索诺木车林患病照章请赏假调理事》。

折片单套、安折等件。当画奏稿四件,行稿壹件。

初四日(10月30日)辰正二刻出西门,策骑至齐克斯特依河汊,下骑过冰,走长桥入台市,至义盛德少坐,观立价等买洋布,步出台市,走长桥过冰,仍策骑进西门,走后街穿东夹道还公廨,时巳正矣。理藩院奏稿略节三件,有二件带行,为例进贡皮数目分晰清单具奏并咨户部理藩院查照;又为札盟台吉索诺木车林因病请假具奏并咨行理藩院查照;再为三盟何贝王特固斯瓦齐尔因病续假附片具奏。未正二刻诣万寿宫,偕果帅拜发昨阅折四件、片一件、安折二分如仪而还,乃车藩虽有单衔具奏查台一折,以偶染小恙未到。酉刻兆仰山、荣锡三、普耀庭来回俄商交出盗驼俄犯鄂勒克三达尔一名,当饬照条约严行械送库伦,咨交俄官照章究办而去。宰肥羊三只,装肚冻实,浼仰山、戴郭什哈差便携京,代呈家严二只,给儿鹏、孙耀一只,以尽仰事俯育苦衷。

初五日(10月31日)辰正二刻出东门闲步,策骑至北浮梁,步入后庙少坐,出观立价等东雪滩压马,仍策骑及北渠而下,过冰进东门,步后街至成衣肆,观张纫工收拾貂鼠马套而还,时巳正二刻矣。写忠字第十四号家报暨覆奎秀峰、桂文圃、伊仲平、刘子贞、乌绍云信片,景介臣、赓怡斋二信。以大茶二块买消梨九枚。以张纫工代做五价小皮袄皮裤成,奖大茶十块。理藩院来回,俄犯本日起解并取具俄商甘结一纸,俄文一件,因系俄文,麟一字不识,仅登南城楼观蒙古差官等械解俄犯鄂勒克三达尔出南门而去,下城还公廨。四部院略节:内阁一件,为册报九月分奏事报匣咨行兵部查核。户部一件,为练军报销覆陈恭录兹奉谕旨咨行京部钦遵查照。兵部一件,为恭录兹奉奏缴军械谕旨,照前呈行各该处并札饬南廿台暨赛尔乌苏司员等钦遵查照。理藩院四件,一为字识马锡凯差便就近采买纸笔等项咨行察哈尔都统查照;二为乌梁海蒙妇被伤殒命一案结咨刑部理藩院查办;三为三盟盟长患病派委笔帖式查验;四为三盟特何贝王因病请假片稿,咨行理藩院查照。晚间立、荣、福四价口角,大加申饬而罢,可知驭众之难,辗转床第,半夜目不交睫,五衷不爽矣。

初六日(11月1日)辰正三刻出东门闲步,步过渠冰,策骑至后庙少坐,出观立价等压马,步过浮梁,仍策骑及冰渠而下,步入东门还公廨,时巳正矣。致字于札静亭,俾其严缉台市博徒而安闾阎。午正出南门至河滩,席地少坐而还。未刻堂齐,画行交稿七件,来文七件,堂行七本。内阁代写讫覆刚子良中丞一信,当即加封马递矣。接赛尔乌苏志功甫清文信一封,知贡马平安过赛矣。写致舒畅亭亲家一信,俾由家报附寄。以大茶一箱分奖戴明魁、常林二卒,为走差费以随司行走,例不由公支领盘费也。

初七日(11月2日)辰正三刻出东门闲步,过渠冰,策骑走雪及浮梁,观立价等压马东山下,后庙少坐,仍步浮梁,策骑由旧路至冰渠而下,步还公廨。夜雪晨风,冷气侵人,而蒙古孩童夹衣扫雪,观之可悯,而渠不理会也。① 差员明志、白兆熊解到本年乌科前半年晋饷三万三千两。理藩院略节,为由驿解送俄犯咨行库伦大臣查照。内阁交来写讫官信八件,即将致福箴亭协揆、容泽园、文锦如二镇军、熙煦庄、乌绍云二侍郎、堃子岩、阿子祥二翼长信七封并肚羊三只浼兆仰山差弁代寄至京,俾差弁兵丁投递。

初八日(11月3日)辰正三刻出西门闲步,走冰汊过长桥,

———————————

① 此处删去"以大茶六块购猞猁狲头皮四十个,大茶五块购小狼皮二张,凑做长袖马套一件"一句。

策骑走后街,至下菜园而还,便道义盛德商家少坐。以大茶二块
买大小桦根木碗三个,为拙荆、两女行路用。以大茶三块购洋蜡
六筒,每筒四只,每只合银六分,每夕计燃半只,每月计需银不及
壹两,仆室羊油烛二处,月需一两有奇。已正策骑出台市,过长
桥及冰汊而下,过冰,仍策骑由旧路还公廨。先是在义盛德商家
言及本年蘑菇茂产价廉,每斤不过一钱三分银价,当向该商等议
定五百斤,即以此价钱为准,以备麟回京时携回税进分赠亲友,
他无土产也。户部画稿一件,略节为晋饷到乌咨行科城查照,并
画拨款堂行一本。户部略节为咨报科城致祭杜尔伯特亲王用过
羊酒等项,转行京部查核。兵部为富笔政祥顺差赴部引见履历,
咨行京部、科、京旗、绥远将军查照;又为解缴军火缮单咨呈神机
营验收示覆,并咨行步军统领衙门查照。理藩院为科城台吉伯
落车林接办官厂牲畜札饬吉厦转饬;又为科城循案调驼札饬管
理东西厂钦遵办理。普耀庭交来译出四盟情形稿五件数万言,
明白通畅,当折一束另存备考。

　　初九日(11月4日)辰正三刻出西门,步渠冰及长桥北,策
骑走后街至下菜园观立价压马,便道恒和义,以大茶七块购二蓝
洋绉十四尺,小绸四尺,广钮一付,凑做猞猁头狼脊皮长袖马套
一件,以御朝寒。已正义盛德商家少坐,即策骑出台市过长桥至
冰汊而下,过冰,仍策骑由旧路还公廨,创履历稿。午正兆仰山
来辞行,晤谈而去。检点忠字第十四号家报①,附本月初一日至
初九日记事十二页暨覆桂文圃、伊仲平、奎秀峰、刘子贞、光丽
生、舒畅亭六件,外蓝洋绉长袖棉马套一包,果丹皮一束,均面交
戴弁寄付儿鹏。未刻堂齐,画行交稿五件,来文十一件,堂行四
本。户部交来本年冬季应领养廉实银壹百廿三两六钱二分八毛

————————————

①　此处天头批:"忠字十四。"

六丝,分赏张立等五价廿五两,还大盛魁商家五十两,天义德商家卅两,奖马卒张庭裕二两,杨价栉沐费三两,书识郝子英一两四钱八分,还隆庆昌十壹两,以二两按木碗里口,坦荡一挥,毫厘不存。草厂巡捕荣广交来馀草廿万束,交商变价银壹百廿两,以麟内圈牛马较多,免其一成,提二成分奖张立等五价,以三成奖满汉巡捕,以四成分奖阃署当差亲兵、馀丁、效力人等,惟五价虽有效力之名,以其沾润在先,自不应重复也,勉效陈平宰肉,自不暇顾及路人指摘耳,阅者谅之。

初十日(11月5日)卯初即兴,辰正二刻诣万寿宫,偕果帅恭祝皇太后万寿万万寿,行三跪九叩礼如仪而还。车藩以小恙稍重未到,麟不解其意,阅者自知,惜居牛后,自不便多言也。以银二两交张鉴之父代镶桦木碗里及底边,尚不敷用。天义德报前交回调理之小海骟倒毙,当饬掩埋之。酉刻出南门沿濠东行北转过吊桥,至冰渠边少坐,步入东门还公廨。

十一日(11月6日)淡云微雪,辰正三刻闲步南门外,至河边少坐,观安价压马,仍由旧路步还公廨,时已正二刻矣。午间雨雪霏霏,满山皆白,未后晴霁,雪亦半融,酉刻出东门闲步,至冰渠边少坐而还。

十二日(11月7日)辰正二刻出东门闲步,过冰渠策骑至浮梁,观立价等压马东山下雪地。入后庙少坐,步过浮梁,仍策骑及冰渠而下,步还公廨,时巳正矣。赶钞行程日记,至未正成,共计四十七页,亦非一日工夫,缘数日来朝夕随录也。当将二本送全守馀处,仍俾转涴合、瑞二笔政接钞前本,俟成,寄王枫兄阅,以合寿昌查山差竣,麟故续恳。接维侯帅、嵩廉访贺秋信二封。标内务府来文一件,为阿勒泰乌梁海皮张仍请照例恭进也,未卜科城大臣如何办理。户部略节二件,为科城拔补方逵找领银粮转报京部查核;又为江西方伯来咨前发交乌城委员锡璋协饷五

千两等因,咨行京部查照咨覆江西巡抚查销。兵部一件,为汇贡
马匹折件,恭录谕旨咨行京部、科城大(城)〔臣〕钦遵查照。理
藩院二件,为科城故员锡拉布原领马匹准其豁免,咨行该大臣查
照遵办;又为三盟派管众安寺之沙巴隆患病,复行饬催,咨行科
城大臣查照。

十三日(11月8日)辰正二刻出西门闲步,走冰汉过长桥,
策骑进后街,至下菜园而还,至义盛德商家少坐,定蘑菇廿斤,分
装木匣,俾差弁寄京分赠亲族也。巳正步出台市,过长桥走冰
汉,仍策骑由旧路还公廨。未刻堂齐,画行交稿五件,来文八件,
堂行五本。派巡捕图伽本恭递元旦贺折。

十四日(11月9日)辰正二刻出东门至避风湾少坐,策骑走
河滩,压马一棵树,饮茶天义德商家,少憩,仍策骑走山坡,过小
炮台石下坡,仍进东门还公廨,时巳正二刻矣。辰及巳雨雪霏
霏,午后晴霁,天气融和,大有腹地阳春烟景,抑地气将转软? 抑
将雨大雪软? 均未可知。

十五日(11月10日)辰正二刻诣菩萨庙、关帝庙拈香,旋还
公廨。巳初策骑出西门及冰汉,徒行数武,饬立价等压马下菜园
西,麟步过长桥进台市,至义胜德商家少坐,改购蘑菇卅斤,盛皮
包木匣,俾差弁等陆续寄京,孝敬家严二匣,家叔一匣,两家岳母
各一匣、绪堂叔、四妹畅亭亲家、丽生光同年、绍云乌同年、诗儒
文表弟、秀峰奎同窗、茂川奎妹丈、月川溥故友、辅臣张故友、澍
民继故友、星阶景父执、文圃桂契交、翰章文同门,及月华朗通
家、敏达广师母、鹤亭增总角各一匣。巳正由旧路步还公廨,饬
杨、穆二价装匣,每匣计盛二斤,共需廿二匣,得用四十馀斤,且
乌城分量最小每斤不过十四两,沿途风吹磨荡,到京每匣不过斤
半而已。四部院略节:内阁一件,为札克等台牲畜照章移往三盟
各旗过冬,檄饬该盟长转饬。户部二件,为由驿递送春公任内军

需销册,咨行京部查销;又为额骁骑校尔克代缴欠款相符,咨行绥远将军查照。兵部一件,为外委魏铭当差勤奋,咨行直督以经制外委尽先扣补,檄行宣化镇查照。理藩院五件,一为车台吉罚九转饬遵办;二为乌梁海逃贼丹毕访拿未获饬覆查办;三为哈尔呢敦等台抢夺唐古特牲畜,今由附近各该旗拟还,札饬三、札两盟查办;四为故员哈达哈原领马匹倒毙,咨报户部查核示覆;五为吉防御惠应缴例马照数归入官厂牧放,咨报户部。

十六日(11月11日)辰正三刻出南门,闲步南河滩,两过冰汊,至头道深河,冰尚未坚,席地坐观中流激湍,少焉策骑由旧路过冰汊还公廨,时已正矣。午正监立、杨二价以生羊皮钉十匣蘑菇,期严固也。未刻堂齐,画行交稿九件,来文六件,堂行七本。礼部来文本年十二月廿日巳时封印,明年正月廿一日午时开印。蒙古钟表匠擦洗大小二表,奖大茶二块,京烟二筒。

十七日(11月12日)辰正二刻出西门走冰汊过长桥,策骑进后街至城隍庙西而还,至义盛德商家少坐,仍策骑由旧路还公廨,时已正二刻矣。午后核计由京及官买米面数十石,日食十馀人,已食百馀日,现将告匮,乃科城秋粮未到,古城采买无因,大有断炊之势,奈何奈何。午刻第一起军火起运。申刻接明镜兄、刘毅帅、焦凯泉、安吉人、刘丹山、李春涛及沙西屏伯福晋、夏霍四三通事信禀八封。

十八日(11月13日)辰正二刻出西门走冰汊过长桥,策骑进后街至城隍庙,西南转进前街,至义盛德商家少坐,仍策骑出台市,由旧路还公廨,时已正三刻矣。午后守馀全章京来谒,以科城前咨来往文武官弁兵丁承传驼马数目单面酌,云已经果帅、车藩核减,麟复详加考证,尚属折衷,当浼其代写覆明镜兄、刘抚帅二信而已。合寿昌笔政以奉查金山卡伦日记略请看,麟详加逐阅,戈壁甚多,有冰山,有沙山,盖即哈密东北之雪山,天山东

北之沙山耳,好在金亦不产,亦无偷挖,不过遵例派查而已,晤谈
而去。理藩院请阅驼马变价补发蒙古弁兵欠饷奏底夹单,暂留
恭阅。四部院略节:内阁一件,为科城报匣日期转咨兵部查照。
户部一件,为咨覆安徽巡抚收到经费日期,俾该抚查销。兵部一
件,为咨行领侍卫内大臣查照本处奏请更换科城霍呢迈拉琥卡
伦侍卫原稿①,并咨行兵部科城查照。理藩院三件,为封开印日
期,札饬吉厦暨乌【乌】梁海一体遵行;又为拟罚总管迈达尔二
九牲畜饬覆乌梁海查照;再为札盟贼犯党苏伦原盗驼只由该总
管送交,咨行科城大臣查明见覆。

　　十九日(11月14日)辰正二刻出西门闲步,走冰汊过长桥,
策骑进后街,至西渠绕前街,至义盛德商家少坐,绪购蘑菇廿斤,
策骑出台市,由旧路还公廨,时巳正三刻矣。午后内阁交来覆毅
帅、镜兄信二封,当即钤章粘固合封马递于新疆省矣。未刻堂
齐,画行交稿六件,来文六件,堂行五本。理藩院章京面回唐努
乌梁海咨呈俄人绪购房屋,章盖等违禁索取工银等语,果帅令将
该总管、章盖等速饬来乌质讯,是又将兴一狱也。科城差员景宝
庭笔政善来谒,晤谈而去。

　　廿日(11月15日)辰正二刻出东门闲步,走冰渠,策骑至北
浮梁,步入后庙少坐。缘日来张庙祝患病,故屡西行台市,今闻
其愈,是以北游。乃见河冰冻满,光如匹练,亦有风味,运甓习
勤,以苦为乐,巳正策骑由旧路还公廨。喜金海骝走冰甚稳,然
亦赖马卒张庭裕牵之而行耳。午初第二起军火起运。理藩院呈
改奏底一件,文底一件,各易数处而去。申刻四部院章京等来
谒,以瑑臣锡主事欠款难交,昨夜情急自缢,经其仆救活,并搜有

---

① 　参见本书附录二 018《奏为霍呢迈拉琥卡伦侍卫富保三年期满循例请
　　拣员更替事》。

寄其亲阴状一封，有"仲云之仇不可不报"，情辞可悯，当回将军
究办。果帅俾麟参酌，麟细度其情，不过挟死吓人，希冀一差脱
身，麟惟待随同画诺，听候部议，仍令该章京等请果帅裁夺，旋焉
而回，果帅令内阁办折出奏而去。

廿一日（11月16日）昨夜以璲臣之事萦心，辗转通宵，缘其
事固属自作之孽，而其老亲在京倚闾之心自与家严情同一体，由
是不忍人之心油然而生，当写致车藩清文一信，俾其帮救璲臣一
家，未卜其力能逮与否也。辰正三刻出东门闲步，步渠冰走河
冰，至后庙少坐，过北浮梁策骑至冰渠而下，步还公廨，以黑马不
善走冰故也，时巳正二刻矣。午刻监视立、周、穆价钉十匣及缝
三袋蘑菇，为由廿六日陆续寄京。午后车藩遣其随侍通事纳逊、
巡捕玉振魁先后来谒，车藩手字允借银五百两，随即送来，当请
四部院章京全守馀、瑞岚秀、扎静亭、荣锡三、普耀庭同晤待时
堂，少焉五友同来，各愿借款帮了璲臣欠项，并将车藩所假之金
全数归代璲臣补齐欠款，立有借约收存，内阁已回明果帅允准
矣。镫下写覆吉绥之一信，并饬立价检点金肘一对，明晨闲步之
便俾义盛德商家转交绥之贾傔携回阿拉克鄂博卡伦也。

廿二日（11月17日）辰正二刻出西门闲步，步冰汉过长桥，
策骑进后街，走城隍庙西渠南转，进前街至义盛德商家少坐，策
骑出台市，由旧路还公廨，时巳正二刻矣。写忠字第十五号家
报。申刻锡璲臣来谒，晤谈许久，勉励数语而去。张纫工凑做猞
猁头长袖马套成，以大茶二块劳之。四部院略节：内阁三件，为
推台哈布苏尔噶各差贻漏，飞饬三盟查办；又为范、图二巡捕呈
递元旦贺折所需乌拉数目，咨行察哈尔都统查照；再为呈递元旦
贺折咨行奏事处。户部二件，为本年秋季出差官兵行装银两册
报京部查核；又为晋抚咨奏解过本年乌、科经费咨行科城大臣查
照。兵部一件，为闪彦京差之便采买纸笔，咨行察哈尔都统查

照。理藩院三件，为钞录内务府奏科属例贡皮张仍请照例呈进来文，咨行科城大臣并札饬两乌梁海总管遵照；又为吉厦呈报蒙古郭什哈转饬遵行；再为调取库布苏库勒诺尔前任新任总管来乌备质容匿俄人一案，饬覆唐努乌梁海总管查照。

廿三日（11月18日）辰正二刻出东门闲步，过冰渠及浮梁而下，至后庙少坐，仍由浮梁南策骑至冰渠，步还公廨，时巳正二刻。第三起军火起运。午后检出嵩赠《诹吉便览》一本，交存内阁，以备选择上表章吉日吉时之用。未刻堂齐，画行交稿八件，来文四件，堂行五本。恭阅元旦贺折安封套八分。镫下校正乌梁海官员户口册及咨行理藩院清汉文稿，未看完，以偶不豫而罢，食秋梨一枚方愈，缘木炭烟燻故耳。

廿四日（11月19日）辰正二刻出西门闲步，走冰汊过长桥，策骑进后街，及西渠南转进前街，至义盛德商家少坐，购粗白布十尺，合茶银二钱，交张纫工做羊皮袜头二双，策骑出台市，由旧路还公廨，时巳刻三刻矣。午后改正派查金山卡伦清汉奏底，润色数处，内阁持去。科城来文声覆收到皖饷，有汇费作正开销之语，当即函致瑞户部请果帅、车藩裁酌。镫下改正咨报理藩院乌梁海户口清汉文底未竟。

廿五日（11月20日）辰正二刻出东门闲步，过冰渠策骑及浮梁而下，至后庙少坐，仍过浮梁，策骑及冰渠而下，步还公廨，时巳正二刻矣。午后差弁图伽布辞行，当将忠字第十五号家报①内附本月初九日至廿一日日记十二片，及蘑菇匣六个，并致景介臣一信均面交该弁代寄矣。改校讫乌梁海清汉户口册及文稿，交理藩院誊真，咨报糊涂文册三件，将恐遗笑大方，三日校阅，未清眉目，可愧可叹。画元旦贺折奏稿二件。全守馀以科城

---

①　此处天头批："忠字十五。"

前咨官弁承传驼马章程将归旧章一节，果帅、车藩两议不决，今复饬守馀持新旧清汉则例二本，俾麟参画细加考证，不得不稍事权宜，酌古准今而谋画，仍候果帅、车藩折衷裁定而去。麟到处多居承上起下之席，时常代人为难，亦命也夫。户部略节二件，为骁骑校达志等退还银粮咨行京部查核；又为图、普二主事找缴银粮咨行京部查核。兵部三件，为商民秀山、卫玙等各往札盟贸易，札饬该盟长各转饬；再为归化商民王天云被抢驼只札饬三盟转饬严拿务惩办。理藩院三件，为三盟逃犯特木尔巴图尔四次未获，咨行理藩院查办；又为咨行驻库俄官公文，由库伦大臣转饬俄官查收；再为吉厦呈报俄人鄂勒克三达尔前捉三盟额公旗下驼只即请还给，咨行驻库俄官查办见覆。今夕乃蒙古属众小年之节，闻得各毡房前俱燃黄油镫祭天，城外颇觉热闹，惜职守攸关，不便出看耳，惟营卒李昌富、赵文玉、马照瑞未出，可嘉。

廿六日（11 月 21 日）辰正三刻出西门，走冰汉过长桥，策骑进后街，及西渠东南转进前街，至义盛德商家少坐，策骑出台市，由旧路还公廨，时巳正二刻矣。第四起军火起运。午间东圃射鹄。未刻堂齐，画行交稿八件，来文四件，堂行八本。申刻诣万寿宫，偕果帅拜发元旦贺折，车藩以病未愈未到。户部章京等面回果帅与麟，将援科城展限加支兵饷奏请饬部议覆遵循，当令全守馀、瑞岚秀拟稿出奏，不知二公如何措辞。

廿七日（11 月 22 日）辰正三刻出西门闲步，走冰汉过河冰，以日来天气严寒，齐克斯特依河冻实，故步之，由河神庙策骑进后街，至西渠东南转进前街，至义盛德商家少坐，策骑出台市，过长桥走冰滩，进南门还公廨，时巳正三刻矣。东风送冷，面耳如削，寒光至矣，幸喜午间和暖，仍有阳春烟景，小鸟噪枯枝，雏鹤伏酥土，乃乡情大起，烦闷不宁，想老亲燕话同汇轩，幼女弄侄又荪室，空斋饮泣，忽报客来，科城提饷委员英俊臣秀来谒，晤谈而去。理藩院交来乌梁海户口汉册二分，收九月分略节内。申刻四部院章京来谒，晤谈加支兵丁盐菜详细情形而去。镫下写致奏事处诸寅友便信一封，俾锡琫臣差便代达。

廿八日（11月23日）薄云蔽日，辰正二刻出东门，闲步过冰渠，策骑及浮梁而下，步入后庙少坐，仍步浮梁策骑由旧路还公廨，时巳正二刻矣。午后阴云四合，瑞雪飘飘，天地一色，四山不见，云雪相连，诚一大观也。未间写忠字第十六号家报毕，即钉封，先将肷羊二只、蘑菇四匣遣送锡琫臣处，俾其差便寄京。申刻接庆军帅兰谱、托统制子明、徐大令卓云信三封，知奉省练军已拣成营，穆钦帅春岩由吉赴江，可喜东北边已添劲旅，而不知北边脱有风惊，当何以御之也，悲夫。惟冀仰赖朝廷洪福，永无边报，诚万幸耳。酉下雪止，计三寸馀，乃晚风飒飒，冷气森森矣。户部略节二件，为咨覆科城汇费盘费系按军务章程，乌、科向来匀摊，提饷在先，规复旧制在后，俾该城大臣查办并有公信；又为署卡伦侍卫富祥找支银粮，咨行京部查核。兵部一件，为张家口大盛玉商民杨瑞吉等各持部票前往三盟等处贸易，札饬吉厦将军转饬。理藩院三件，为库布苏库勒诺尔乌梁海呈报札木色林旗下人补进皮张，咨行兵部纂入则例，咨报理藩院查照；又为两乌梁海户口汉册咨送兵部查核，蒙册咨送理藩院备查；再为三盟盟长吉克济特多尔济因患病不克年班，查验属实，咨行理藩院查办。雪后寒窗，孤镫记事，乡情大起，甚至饮泣，呵冻书之，聊志伤怀。

廿九日（11月24日）雪霁，辰正三刻出西门踏雪，山雾连天，晴雪铺地，驻足濠畔，远眺岚光，策骑踏冰雪进后街，及西渠转前街，至义盛德商家少坐，仍策骑由旧路还公廨，时巳正三刻矣。第五起军火起运。牧厂昆都牵来青马一匹，暂留内圈喂养试骑。内阁呈阅致沙振亭、额霭堂公信一封，计五片，当即饬发矣。未刻堂齐,画行交稿六件,来文五件,堂行三本。当将忠字第十六号家报①并致黄门公信均面交锡瑑臣差便寄京矣。内阁呈拆来文,内有安公德本年八月初旬奉命作为库伦办事大臣一件,想诗友色公已升任他处矣。

卅日(11 月 25 日)辰正三刻出西门闲步,策骑过冰汉走河冰,进后街及西渠东南转进前街,至义盛德商家少坐,购洋线十绺,备缝灰鼠,饬周价以大茶一块半购山羊皮二张,用旧靴底牙缝拆改暖靴,策骑出(市台)〔台市〕,由旧路还公廨,时已正三刻矣。奖周价山羊皮一张俾做暖靴,以昨奖立、杨二价各山羊皮暖靴一双,缘遇便以大茶二块购之,二价穿之合式而奖也。午后监视立价等以山羊皮裁剪靴料,觅工成做,未卜能否合式也。申下札静亭遣赠糖咸油炸果十馀枚,资力一茶而受,麟食之颇有京味,不免又起乡情。按乌垣寒俗,每于冬月宰羊而窖之,名曰卧羊,兹当其时,由大盛魁商家赊定大甲羊卅五支为今冬明春食用,适间该号秦商如数送来,晤谈而去。

---

① 此处天头批:“忠字十六。”

记事_{十二年十一月至十二月①}

十一月初一日(11月26日)辰正二刻出西门闲步,策骑走冰汉走河冰进后街,远观巴彦山巅蒙卒猎犬行围,颇堪入画。乃西渠东南转进前街,至义盛德商家少坐,策骑出台市,由旧路还公廨,时巳正二刻矣。午后内阁、户部先后送阅绪请兵丁加支银奏底各一件,情切辞繁,均及数千言,暂留细看。未下内阁呈阅恭贺我皇上明年上元亲政清汉安贺折封套六件,恭阅而去。申刻全守馀以台站官兵驼马羊只器械册稿来谒,晤谈详细新旧章程,留阅而去。酉刻阴云四合,雨雪霏霏,镫下详阅台站册稿,创改请加兵丁津贴奏底,至亥正而讫。

初二日(11月27日)遣送昨阅稿件及三奏底于内阁。辰正三刻出西门闲步,策骑走冰汉,过河冰进后街,及西渠东南转进前街,至义盛德商家少坐,以大茶一块零购绿股子皮半张,饬立价等凑做勒子皮履。巳正策骑由旧路还公廨,适遇第六起军火起运矣。申刻守馀、岚秀来谒,以请加津贴奏底面加考证而去。内阁现画略节三件,为锡主事等恭递贺折所需乌拉,咨行察哈尔都统查照;又为差员恭递贺折咨行奏事处;再为乌、科会衔贺折由乌拜发。旋画行奏稿三件,堂行三本。四部院略节:内阁一件,为本年十月分接到火票咨行兵部查销。户部二件,为科员英秀由乌分拨经费数目日期,咨报京部咨覆晋抚、科城大臣查照;又为分拨科城经费一万五千六百馀两发交差员领去,咨行科城

---

① 第四册日期为光绪十二年十一月一日至十二月三十日,首页钤"史语所考藏珍本图书记"朱文、"国立中央研究院历史语言研究所图书之记"朱文印。

大臣查照见覆。兵部一件,为张家口合盛隆商民李玉祥等持票各往三盟等处贸易,札饬吉厦转饬。理藩院二件,为三盟札雅班第达胡图克图呈报贻漏差使工银无力偿还,札饬该盟长查办;又为三盟驻班协理台吉棍楚克札布病故,札饬该盟副将军派员接当。

初三日(11月28日)辰正二刻诣万寿宫,偕果帅拜发恭贺明年上元我皇上亲政贺折,如仪而还,车藩因病未到,时巳初三刻矣。写致京师恒聚靴店一信,交锡瑹臣代购毡篆靴底,俾在乌成做皮靴,缘蒙古工人凑做山羊皮靴颇不恶,惟不善做底耳。未刻堂齐,画行交稿六件,来文十七件,堂行五本。晚间西厩看马,寒风彻骨矣。

初四日(11月29日)辰正二刻出西门闲步,策骑走冰汊行河冰,进后街及西渠东南转,迎风扑面,坚冰在须,腹地三九冷不及此。至义盛德商家,不敢即进暖屋,恐耳化落,观立价等在街梭行以温足,旋入柜房少坐。步出台市,走河冰,方策骑进西门还公廨,时巳正二刻矣。先是写附忠字第十六号家报,并上月廿二日至晦日记十一片,钉封讫,暨蘑菇四匣均面交亲兵何生业、王永和差便寄京矣。未刻瑞岚秀来谒,以请加支乌城官兵津贴奏底已翻清文,经果帅阅过,再送车藩阅后,即交内阁缮折,请果帅定期拜发云云而去,惟冀朝廷殊恩特沛,俾苏涸辙,则乌卒幸甚耳。内阁以致库伦大臣安公贺任年禧信稿请阅,即饬依稿缮发。当将官信封百馀套、红单帖二百馀片并交内□①笔政备写各省贺年信函。赠内阁黄绫夹板等十分,红里安折等八分。

初五日(11月30日)辰正二刻出东门闲步,走冰渠行积雪没胫,过浮梁,至后庙少坐,策骑行河冰走冰渠,由旧路还公廨,

---

① 原稿此处留一字空待补,今以方框代之。

时巳正三刻矣。第七起军火起运。闻将军衙门郭什哈梁禄初学
绘事,当向果帅借来,浼其代画《运甓图》一幅寄京,俾儿鹏知麟
在乌以苦为乐,每朝习勤之意。午后观梁画工在待时堂东室起
稿"四至",东至炮台山前车藩署,南至照山,西至巴彦山齐克斯
特依河长桥,北至后庙,中则麟策骑还公廨,立伛引马,张郭什哈
庭裕马前照拂,安、荣二价跟骑,费郭什哈永昌提熊皮褥与周价
步趋,杨价出南门至毡房觅蒙妇代麟收拾棉鞋,旭日丽天,白雪
盖地,虽不逼肖,而大略似之,亦解无聊之一具也。四部院略节:
内阁一件,为十月分拜发过报匣日期册行兵部查核。户部二件,
为科城新到换防官兵找支盐粮转咨京部查核;又为札饬领饷金
差员奇暹等省节花费。兵部一件,为由科送来照验十二张转送
库城七张,咨行科、库二城并报京都。理藩院四件,一为札盟图
公现未出痘,拟派巴台吉代往年班,咨行理藩院查办;二为札盟
未获盗驼之官兵咨报理藩院查照;三为三盟偷盗岗台吉牲畜一
案,咨行刑部、理藩院查办;四为札盟阿台吉现未出痘,拟令棍台
吉代往年班,咨行理藩院查办。

　　初六日(12月1日)辰正三刻出东门闲步,策骑走渠冰行河
冰,晨风北来,鼻耳如割,然一至后庙则不至甚冷矣。少坐,出庙
策骑南行,微风顺路,居然小阳春天气,可知乌垣风力盖甲于天
下矣。巳正三刻还公廨,看梁画工继稿《运甓图》。未刻堂齐,
画行交稿八件,来文十件,堂行四本。晚间寒甚,呵冻记事。

　　初七日(12月2日)辰正三刻出西门闲步,策骑走冰汉过河
冰,进后街及西渠东进前街,至义盛德商家少坐,策骑出台市,由
旧路还公廨,时巳正三刻矣。看画工细稿《运甓图》成,颇具邱
壑。午后运粮巡捕张德由科旋乌,带来阿树兄一信,知其于九月
念八日抵科任事矣。理藩院现递略节一件,库伦拿获由俄逃回
伊犁缠头四名,差蒙员转解科城递解,当画行稿一件,堂行一本。

军需差卒袁候辅、孙酉山辞行,当写再附忠字第十六号家报暨蘑菇四匣,均面交二卒差便寄京矣。

初八日(12 月 3 日)阴云四合,雨雪霏霏。辰正二刻率立价等乘雪出南门,闲步至南河沿,席地少坐观雪景,遇第八起军火起运。出西门绕西昭趋头台,以山雪积厚,南坝不易行也。巳正由旧路步还公廨。观画工着色《运甓图》,惜其笔色不齐,仅具大概而已。写覆阿树兄一信,交张巡捕俾科城护粮兵代达。四部院略节:内阁(一)〔二〕件,为察布丹章盖以吉克吉特苏伦充补;又为拜发奏事报匣咨行兵部。户部二件,为科城拔补粮缺免找银粮转报户部查核;又为科城放过秋季官兵行装银两转报户部查核。兵部一件,为商民武发义前赴古城收整遗业,咨行科城大臣查照。理藩院二件,为三盟呈报四次限满未获盗犯之员,咨行理藩院查办;又为三盟呈报二次限满未获之达噜噶照例展限三次,务须赶〔紧〕查拿,转饬遵行。

初九日(12 月 4 日)薄云蔽日,雨雪霏霏。辰正三刻率立价等出南门,踏雪西行北转,沿濠绕城至雪山菩萨庙后,席雪少坐。东行南转,仍进南门还公廨,时巳正二刻矣。午后雪霁。未刻堂齐,画行交稿六件,来文九件,堂行四本。旋阅十一日拜发请加支官兵银两①、援案驼马变价折放蒙饷②、派查金山卡伦③三奏折暨安折二分、封筒五分。户部面回由科领到夏粮五百石,均已收仓,奉果帅令现在天已严寒,本年秋冬二季粮石俟明正再行赴科运领,以恤驼力。梁画工代绘《运甓图》成,就便托裱备寄。皮棉鞋二双修理成,奖该工人大茶二块,而其式样甚可笑也,暖

---

① 参见本书附录二 019《奏为乌城官兵艰苦请另给津贴或加支款项事》。

② 参见本书附录二 020《奏请拟调孳生驼马变价补发盐粮事》。

③ 参见本书附录二 021《奏为查勘金山卡伦并无偷挖矿沙事》。

足而已,遑计外观。

初十日(12月5日)辰正二刻出西门闲步,策骑走冰汉行河冰,进后街及西渠,遥观巴彦山巅蒙卒捉牲,闻声思奋,惜马上无工夫,不敢妄举行围耳。东南转进前街,至义盛德商家少坐,购绿股子皮一张,策骑出台市,由旧路还公廨,时巳正三刻矣。监视立价剪棉鞋前后绿皮云二双,用布纸封固。梁画工初稿《乌垣八景》。午后写忠字第十七号家报①。画明日拜折奏稿三件。接锡军帅子猷、春参谋少山二封、图领队清文、孙军门少襄、叶观察挺生、朱太守敏斋、尚协台瑞庵、甘司马裕庭、彭刺史树堂、王大令子徵年伯、柳大令颖生、沙回藩西屏信禀十三封,知诸友均各平安,惟少襄移军烟台,子徵、颖生属境瘠苦,西屏重阳前已北上入觐矣。镫下钉封家报,合封皮云图稿,缝裹《运甓图》卷,并蘑菇匣四个、皮包一个,均面交赵巡捕等差便寄京矣。一日奔忙,硁硁碌碌,至戌正方得藏事。

十一日(12月6日)辰初写致那钜辅一信,当交赵巡捕等附寄,以昨夜梦见贤藩故也。辰正三刻出东门闲步,策骑过河冰,至后庙少坐,仍策骑由旧路还公廨,时巳正三刻矣。第九起军火起运。午正二刻谒万寿宫,偕果帅拜发昨阅折件,如仪而还,车藩未到,病尚未愈也。观梁画工继稿《八景图》。派营卒马照瑞走信差。内阁钞来科城差员松祥安插卡兵禀底一件,附入略节。

十二日(12月7日)辰正二刻率立价等出南门闲步,至南河沿席雪少坐,朝寒甚冷,左耳冻肿,仍由旧路还公廨,时巳正矣。午初率巡捕等微服压马于水帘洞前,两行冰渠,一走山坡,出入西门还公廨,时未正二刻矣。现届严冬,马性欢腾而冰雪在地,行大不易,适间压马,吉巡捕、周、穆二价先后坠骑,幸无一伤,亦

---

① 此处天头批:"忠字十七。"

不幸之幸耳。梁画工《八景图》稿成,颇有绘意。内阁钞来昨请加支奏底,附本月略节内。四部院略节:内阁一件,为科城拜发过报匣日期转报兵部查照。户部二件,为请加支奏稿咨行京部查照;又为援案驼马变价补发蒙卒盐粮奏稿清单,咨行京部查核。兵部一件,为换防回营弁兵名数转咨兵部直督。理藩院二件,为科城前咨盗驼贼犯照例办结,咨覆该大臣惩办;又为例查金山卡伦奏稿,咨行理藩院查照并札三、札两盟转饬。

十三日(12月8日)辰正二刻出东门闲步,率周价等至避风湾习演火枪,荣价颇知奋勉,周价尚属去得,立价不堪造就。席雪少坐,仍由旧路而还,时巳正一刻矣。午后东圃率费郭什哈等射鹄,晤谈科城撤防官兵由台回营原委而去。未刻堂齐,画行交稿六件,来文五件,堂行八本。三盟何贝特王遣递哈哒一块,奶食一匣,当回哈哒一方,即将奶食转赠仲诚札世兄矣。镫下写附忠字第十七号家报,内附《八景图》稿,交马照瑞差便寄京。

十四日(12月9日)昨夕内阁交来合寿昌、瑞茞臣钞讫麟来乌行程日记一本,计四十七页,当即封固,交马照瑞差便代寄至王枫兄处矣。辰正二刻率立价等闲步至南河沿,观张郭什哈鉴、周、祁、杨价习演火枪,席雪少坐而还,时巳正二刻矣。遇第十起军火起运。梁画工《八景图》绘成,悬待时堂东壁待寄。科布多来文,撤防官兵由台回营一折,先行折稿,俟奉到谕旨再行恭录等语;惟例撤弁兵现已到乌,果帅似不欲应付,全守馀往返两谒,始得从权画行也。库伦来文,前解件俄犯鄂勒克三达尔即阿里克桑得尔经驻库俄官审讯,供词含混,请转解科布多,交俄国审结。荣锡三、普耀庭将俄官清文照会来回,晤谈而去。瑞岚秀来回,此次领运夏季科粮到乌四百石,亏短十馀石之多,果帅派户兵二部会同理藩〔院〕讯办。新授札(蒙)〔盟〕正盟长阿公因未出痘，援例来乌叩谢天恩，适间来谒，晤其为人明白朴厚，畅谈而去。接明镜兄、张朗兄、倭峻峰、恩雨三、溥菊如都护、边润民前辈、刚子良五兄、德佩九前辈信八封，由此知镜兄明正方可旋京，履仁妹丈在倭营顺适，例解本年乌、科后半年经费良兄已拟拨解，佩九已奉委调署归化同知。

十五日（12月10日）辰正二刻策骑诣菩萨庙、关帝庙拈香，便道出东门至河滩，回拜阿公未遇，进南门还公廨，时已初二刻矣。监视木工凑做枪牌一座，高足六尺，宽足二尺四寸，由兵部借六十弓长绳一条，派蒙卒将牌抬至演所，午刻率郭什哈等徒行南河沿，试演牌枪，已知照吉厦看管闲人矣。未初看毕，以马胡义为优，仍由旧路步还公廨。台市差员换班，巴雅纳交来小税盈馀银十两，照章分给张立等五价矣。札盟盟长阿公遣递哈哒一条，黑马二匹，当回哈哒一条，白玉烟壶一个，奖来人小荷包二对，马夫大茶一块而去。还由八月廿五日起至本日止台市布匹绦钉零账大茶九块，合银四两零八分。未后东圃观郭什哈等射演步靶，以备十九日拔补各项兵缺。梁画工初稿《乌属地理图》。兵部略节一件，为照会宣化镇饬催出差弁兵按限回乌销差，并咨察哈尔都统俾代催出差弁兵在口守候传单。理藩院四件，一为械解俄犯阿里克桑得尔赴科交该俄官查办，并咨覆库伦大臣查照；二为特莫尔图台盗马贼犯已获，除饬三盟盟长呈覆，并饬覆该管台吉；三为准科咨委员分安杜尔伯特等卡，檄饬四盟查照均匀整办，并咨库伦大臣一体转饬；四为三盟已故章盖瓦齐尔前在科城所欠蒙债，拟由屯兵凑还，所报含混，饬驳遵办。

十六日（12月11日）辰正二刻步出南门，至南河沿观郭什哈等习演牌枪，喜杨福六枪幸中四粒，看毕仍由旧路步还公廨，时已正三刻矣。观梁画工乌属全图成，令其绪绘三幅以便寄赠亲友，午后填写图说。未刻堂齐，画行交稿五件，来文十二件，堂

行五本。以大茶三块购野羊皮二张,山羊皮二张,做战裙一副,
皮靴一双。

十七日(12月12日)辰正二刻出南门,至南河沿看郭什哈
等习演牌枪,以郝子英、宋国安、马胡义、张鉴中粒为最,看毕仍
由旧路还公廨,遇第十一起军火起运,时巳正二刻矣。接长鹤汀
信一封,并有公信,果帅交阅,是为历年军需报销将驳,麟抵乌未
久,自非所宜干预耳。未正三刻诣万寿宫,偕果帅跪迎上月初四
日拜发折件①,均奉例批,恭读而还。车藩因病未到,而单衔具
奏查台一折内阁未遽拆封,旋焉内阁由车藩将将折而来,当即恭
阅,亦奉例批,该员等捧折存署而去。申刻荣锡三、普耀庭来回,
札盟阿王旗下吹达克牧放俄牛倒毙一案在署审讯,两造各执一
词,且俄证不齐,碍难结定,奉果帅令俟俄证到齐再行拟结云云
而去,不知又将生何枝节也。

十八日(12月13日)辰正二刻率立价等出南门闲步,沿城
根踏雪进西门,至隆庆昌少坐,奖随行郭什哈等各饽饽四两,共
费银九钱,巳正二刻由西夹道还公廨。午间阴云四合,微雪霏
霏,末下微霁,东圃射鹄,观郭什哈等射演步靶,马献吉、王全式
样颇可,李槐准头去得,可见枫兄标下无弱兵也。内阁略节二
件,为军机片交嗣后陈奏事件每次不得过四封,片不得过三件,
转咨科库二城查照办理;又为科城具奏新到换防官兵收伍,撤回
官兵由台行走,咨行察哈尔都统查办。兵部一件,为乐巡捕善差
竣请假两个月回绥整装,咨行绥远将军查照。理藩院四件,一为
恭录贡皮折兹奉谕旨,咨行户部理藩院钦遵查照;二为三盟特王

---

①　参见本书附录二 016《奏为委员护送贡皮事》、017《奏为札萨克头等台
吉索诺木车林患病照章请赏假调理事》、018《奏为霍呢迈拉琥卡伦侍
卫富保三年期满循例请拣员更替事》。

因病请假,恭录兹奉谕旨咨行理藩院钦遵查照并札该盟转饬钦遵,三为札盟札萨克索台吉因病请假,恭录兹奉谕旨咨行理藩院钦遵查照,并札该盟转饬钦遵;四为回城笔帖式裕兴应缴例马收放,咨报户部并檄饬吉厦副将军。近因出差弁兵甚多,致东西官班当差人数不敷,暂将书房轮值郭什哈张维锦、冯亨铨、李昌富、王有禄、施恩桂五人仍回本处当差。

十九日(12月14日)辰正二刻出东门闲步,沿濠南转,至冰滩席雪少坐,进南门还公廨,时已初二刻矣。午后堂齐,画行稿七件,来文六件,堂行一本。未刻偕果帅至帷幄拔补兵缺,现出有候补外委一缺,以中箭四只张有拔补;马兵二缺,以中箭五只杨振基及中箭三只焦进库拔补;步兵三缺,以中枪三粒郭自禄及中枪二粒高锦、张玺挑补;馀丁三缺,以效力兵中枪三粒李昌及中枪二粒马祯、陈烈挑补;以马吉玉中箭三只,刘贞中枪二粒,均记名遇缺即补。公事毕,步还公廨,时已申初二刻矣。梁画工绪绘三地图成,浼内阁阿诚斋笔政克丹代注图说,拟赠长少白契友、张幼樵前辈各一幅,寄儿鹏一幅,麟留一幅备考。

廿日(12月15日)辰正三刻出西门闲步,朝寒森洌,不得已将毡帽皮耳下垂,此半生初举也。策骑入台市,至义盛德商家少坐,饬荣价等以大茶十块在洋商肆购洋铜大脸盆二个,合银四两五钱,步出前街,过河冰,策骑由旧路还公廨,时午初矣。第十二起军火起运。写忠字第十八号家信。先洋铜大盆一个、银里桦木碗一个、漆里外桦木碗二个面交乐巡捕备寄,旋将前借宋巡捕洋铜脸盆交乃弟宋国安收回,以今有洗脸之具也。梁画工代绘《乌属界牌图》一幅颇佳,一遵荣侯军帅所定界,惜原图无由乌去来路,未便妄添耳,梁画工数日辛劳,以大茶八块酬之,未下注界图山水名目。二皮工缝做灰鼠脊马套里、灰鼠肷紧身里成,各奖大茶四块。饬立价稿靴样,觅工做大山羊皮靴。

廿一日(12月16日)辰正三刻出东门闲步,策骑踏冰雪至后庙少坐,仍策骑由旧路还公廨,时已正三刻矣。午后监视皮工挖补貂鼠旧皮领,以四条凑三条,颇似整齐。未刻阅保、托二差员来禀,知伊等九月廿四日到古城陆续采买白面,每斤价银约在壹分八上下,尚不为昂,惟白米须赴玛那斯采买,不免稍延时日耳。申刻阿诚斋送来写讫地图注三片,当即钤章入信备寄,又将乌俄地图考旋浼诚斋代写。

廿二日(12月17日)辰正二刻出西门闲步,策骑走河冰,入台市至义盛德商家少坐,步出前街,仍策骑由旧路还公廨,时已正三刻矣。午后监视立、杨价以天青江绸拨缝山羊皮靴槽,饬纫工以天青江绸接做银鼠风帽上顶如帽头式,用貂腿皮凑缘二分窄边,七接八凑,以御朝寒,以解无聊,非故作奇妆也。四部院略节:内阁二件,为车藩查台折奉到谕旨恭录咨行兵部、理藩院钦遵查照;又为乌属台站驼马详细数目册报兵部续修事例。户部二件,为收到科粮四百石咨覆该城大臣查照;又为咨催吉丽昆假满作速回乌办理报销,行绥远将军查照。兵部一件,为阿树兄到科接屯任事日期,转咨兵部、直督查照。理藩院二件,为户部来咨科城奏调驼只,奉旨"如数拨给"等因钦此,咨行该大臣钦遵查照;又为札盟那公旗下发过负欠刘商之文,因伊丢失该处不能传办,饬覆转饬派员来乌对质。

廿三日(12月18日)按参署赞画堂后三门内上房五楹,中曰待时堂,东里间为麟卧室,北炕有南炕,东次间为荣、安二价栖处,北炕,西里间为二福价栖处,南炕,西次间立价栖处,北炕仍有南炕,是主仆六人同居一堂也。昨夜因忆及午间咨全守馀代写"遥祝遐龄"四字,拟贴在待时堂北壁,为麟率仆从等遥拜家严之所,当时思亲奇切,泪由心出,几乎失声,所以形诸梦寐致一时之久,连醒二次,万虑萦心,实难忍卧,一似梦魇,又似大病,不得已披衣起坐，心将明白，厉声大叫荣、安二价数声，卒无一应，仍是西间立、福三价应声起立，升火烹水，服灵应丸三粒稍愈，念京中老亲身体不康欤？抑家中另有别故欤？何麟昨夜不安之暴而心动若是之甚也？今补志之，以待考证。乃平、荣二价栖麟一板之外，缘麟寝后即出游荡，据供一系饮酒刘御者，一系闲谈杜木工，闻麟小恙先后趋回，维时已丑下矣，可知仆从鬼蜮防不胜防，伤心饮泣，笔难尽述。今辰起来四（只）〔支〕不爽，辰正三刻勉出南门闲步，进西门而还，时巳初二刻矣。第十三起军火起运。未刻堂齐，画行交稿七件，来文十五件，堂行五本。内阁文润斋翻来寿妇请旌题本稿一件，言系本年考试满教习题目，麟校正数处，遣郭什哈送去。

　　廿四日（12月19日）小恙稍愈，巳初力疾出西门闲步，策骑走河冰入台市，至义盛德商家少坐，仍策骑由旧路还公廨，时巳正三刻矣。闻户部祁郭什哈润业善卜筮，当即请来代占一课，敬卜家严在京安否，得卦风火家人，变卦水火既济，批曰："父临月建，日辰作合，管许福寿崇高，惟忌丑年"云云而去，是孤臣远戍，莫遂菽水之欢，戊子告归，稍尽乌私之愿，今日笔之于记，以志不敢忘亲。兵部以果帅、车藩叩谢加级清汉折底请校，稍易数字而去。瑞岚秀来回，驼屉绳条提款制造似于明年具奏方合前定年限云云而去。日来心身不爽，虚火上炎，夜不成眠，以致不敢早睡，仅观闲书破闷，至子初方寝，青雪霏霏矣。

　　廿五日（12月20日）昨夜迟眠，一觉醒时天未四鼓，辗转反侧，五内驰思，及四鼓后又睡一时即醒，梦如在京，由场差归家，遇骑客在门，麟下骑躲避，客去后方步及家门，始遇家严于门外，继逢家叔于门内，先后请安回话而醒，想因结念所致欤？惟许久未接儿鹏家信，念念。辰正三刻出东门闲步，山腰云雾横亘，颇具一幅画图，策骑走冰雪，至后庙少坐，庙祝面赠生干鸡二只，意似抽丰，是又年终之累也。仍策骑由旧路还公廨，时已正二刻矣。午间看闲书解闷，乃未刻巡捕王弼回差，顺带吉荣弟马封二角，内荣信二封，家严谕帖一封，儿鹏晋字第柒号家报一封，敬悉家严体健犹昔，亲友均各平安，甚纾下怀，所有寄来物件俟查点明确再记。接巡捕玉连魁来禀，知其九月初八日牵马到京，初九日即将赠亲友马匹送完，正贡马二匹十三日呈递上驷院交收讫，并将由京带出物件浼白、王二巡捕先行寄来，以其出口无期也。兵部略节一件，为奏请更换卡伦侍卫一折兹奉谕旨，恭录咨行兵部、侍卫处钦遵查照转饬。理藩院一件，为蒙古笔齐业齐班满，札饬三、札两盟迅即转传前来接办。先是偕果帅诣万寿宫，跪迎白、王二巡捕捧回贺折，均奉例批，敬谨读讫。与果帅燕话内阁，果帅闻家严有谕，当即请安问好，口称"阿玛"，其笃义重亲，诚敬可钦，于兹益见，麟敢不竭诚匡赞，以报知己之纯正乎。旋理公事一二则而还。镫下白、王二巡捕将二次由京带来衣物、果点、纸红，均按儿鹏来单查点明确，丝毫无伤，惟点子饽饽二匣自夏徂冬，似非原味，并生绿毛，麟未敢食，喜金糕尚未变味；独是晋字第二号家信曾由王巡捕在口面交赉怡斋加封马递，迄今尚未接到，不知阻于何台，容当寄信怡斋公查问；且由纸红包内拆出外甥国仁、畅亭亲家、成端甫同砚、溥文斋同门、端午桥世弟、恩露圃中堂、锡席卿天官、孙子受少农、嵩犊山少农、曾侍御前辈、花兰斋世叔、贵先五同僚亲友覆函十二封，知各亲友均属平安。

廿六日（12月21日）辰正三刻出南门闲步，沿城踏雪进东门还公廨，时巳初二刻矣。遇第十四起军火起运。检点金糕一碟，咸酱肉香肠一盘，杂拌干果一匣，饽饽一匣，遣赠果帅及其世兄仲诚；又检点饽饽一匣，冬菜一篓赠由科回营德参戎同乡。午后策骑出西门，走冰雪甚滑，入台市，至广盛店回拜德同乡，未遇,仍由旧路策还公廨。未刻堂齐,画行交稿二件,来文十八件,堂行四本。旋恭阅本年四月中至九月中邸钞及秋季缙绅,半载之间,督抚藩臬道府何其升转之多也。独是张芝浦前辈不知缘何没其名耳,就见陈六舟前辈数月之间由甘臬连迁皖抚,甚可贺也。库布苏库勒诺尔乌梁〔海〕总管差昆都札木色林因公来乌,仅收其哈哒二条,璧回貂皮二张。镫下批儿鹏晋字第七号家信,写覆四胞妹回信七页,历述乌垣风光土俗。

廿七日(12月22日)冬至。辰正三刻出东门闲步,踏雪走冰,策骑至后庙诣殿拜佛,行冬至贺礼毕,禅堂少坐,仍策骑由旧路还公廨,时午初矣。写谕儿鹏帖,午后写回禀家严帖。未刻德寿峰参戎来辞行,晤谈许久乡情而去。约白、王二巡捕便饭。阿诚斋写来地界图条约一则,粘附图右备考。镫下写覆舒畅亭亲家、溥文斋同砚二信,附封忠字第十八号家报①,面交乐巡捕差便代寄矣。收王巡捕送生栗子、佛手芥、时宪书三事,璧回饽饽、茶叶,旋以玉搬指、烟筒嘴二事报之。拆阅张瑞、刘顺、张玉、涌山、禄儿、赵御等六价京来信禀二封。

廿八日(12月23日)辰正二刻出西门闲步,策骑走冰雪进台市,至义盛德商家少〔坐〕,仍策骑出前街,由旧路还公廨,时巳正三刻矣。午后监视立价裱糊墨盒布囊。四部院略节:内阁三件,为官兵由台乌拉新章咨覆科布多,咨行绥远将军、察哈尔都统查照;又为吏部准补笔帖式等缺,咨行兵部、绥远将军、京旗该都统查照;再为札克等台屡被贼窃,移付本处理藩院查办。户部一件,为京部咨覆科布多覆文二件,钞咨该大臣查办。兵部一件,为锡军帅咨准兵部,议给绍都统秋皋夫子加级之处,咨行该旗查照转饬。理藩院二件,为札盟副将军现未出痘,派台吉代值

① 此处天头批:"忠字第十八。"

年班,咨行理藩院查办;又为察哈尔都统咨商喀尔沁台站移住分当之处,本衙门未便更张咨覆核办,除札饬图盟遵行外,相应札饬车、三、札盟查照。

廿九日(12月24日)内阁交来乌科定拟文武官员兵丁乘传车辆、驼马乌拉、毡房羊只数目清单共八款,附入略节套内备考,此即酌古准今,往返公同拟定之数也。辰正三刻出南门,策骑走冰雪,至南河沿观郭什哈等习演牌枪,并送乐巡捕等运解第十五起军火过河冰,是分起解缴神机营军火全数起运,想明年正月内自可全行交齐耳。巳正三刻仍策骑由旧路还公廨。张纫工成做野羊战裙、灰脊马套、灰鼠紧身,并凑补貂鼠蟒袍成,当以大茶八块劳之。饬立价将蟒袍并儿鹏寄来带袖灰江绸棉袄、蓝江绸夹袄、羽缎夹马套及灰脊马套分包储之,饬皮工裁毡底,做山羊皮大靴。未刻堂齐,画行交稿七件,来文十四件,堂行五本。先是在南河沿观郭什哈等演习火枪,以宋国安、马胡义各中牌三粒为一日之优,惜十九日挑缺时均未中粒,可见心存得失手反不稳,杨价学演颇有心思,乃是日一粒未中,想亦动于中耳。

十二月初一日(12月25日)辰正三刻出西门闲步,策骑走冰雪进台市,至义盛德商家少坐,出前街,仍策骑由旧路还公廨,时巳正三刻矣。午后内阁呈拆科布多来文,本年十月廿日长少白、额霭堂迁伊犁新设二副都统,廿二日魁介臣升科城帮办大臣,均奉旨驰驿等因,钦此,喜长少白得尽所知也;并接沙振亭等公信,知前解经费费用已允乌、科公摊矣。祁星者批来麟八字,以日贵财官,合参颇详,晤谈而去,旋以大茶二块报之。杨价觅工代做山羊皮大靴成,以大茶一块、京烟二筒劳之。

初二日(12月26日)辰正三刻出东门闲〔步〕,策骑走冰雪,至后庙少坐,仍策骑由旧路还公廨,时巳正三刻矣。未正二刻地动如轰,雷自东北起,向西南鸣,不知主何灾异,志以待考。理藩院送来唐努乌梁海咨呈前任东乌梁海总管被讦原被告亲供清文三件，旋约普耀庭来署面谈详细而去。四部院略节：内阁一件，为本年十一月分接到火票咨行兵部查销。户部一件，为咨送果帅任内军需报清册行京部核销。兵部一件，为三盟呈报所欠商茶银两，饬催该盟长迅速完案。理藩院三件，为三盟吹王患病，拣派车郡王明春来乌驻班，准照所请；又为三盟贝子出缺，奉旨圈出齐莫特德里克承袭，钦此，札饬该盟钦遵办理；再为图盟呈报该盟那札萨克等旗闲住商民陈情呈报，咨行库伦大臣查办。

初三日（12月27日）辰正三刻出西门闲步，策骑走冰雪进台市，至义盛德商家少坐，步出前街，仍策骑由旧路还公廨，时已正三刻矣。未刻堂齐，画行交稿六件，来文十件，堂行五本。

初四日（12月28日）辰正三刻出东门闲步，策骑走冰雪，至后庙少坐，仍策骑由旧路还公廨，时巳正三刻矣。现届严冬，朝寒尤甚，每晨运甓，须睫皆冰，幸赖君亲覆庇，尚耐冻耳。未刻户部来回向来春季盐菜皆于年终预支，今乃乌库奇绌，晋饷未到，奉果帅令，俾暂设法通融支放而去。

初五日（12月29日）辰正三刻出西门闲步，策骑走冰雪进台市至义盛德商家少坐，步出前街，策骑仍由旧路还公廨，时午初矣。接陶子枋前辈、文镜堂同乡贺秋信二封，子枋言今秋直省水患太大，大有引咎之意。内阁略〔节〕一件，为咨行本年十一月拜发过奏事报匣数目，咨行兵部查核。兵部二件，为杨振基等拔补兵缺，咨行兵部、直督、晋抚查办；又为张有拔补候补外委之处造具履历，咨行兵部直督查照。理藩院二件，为吉厦报图盟盗马逃犯们都巴雅尔四次限内未获，咨行理藩院查办；又为合色本例领马匹咨报户部。

初六日（12月30日）辰正三刻出东门闲步，策骑走冰雪，至后庙少坐，仍策骑由旧路还公廨，时午初矣。未刻堂齐，画行稿

五件,来文二件,堂行五本。旋阅果帅等谢加级汉折一件,代奏
阿公谢授盟长汉折一件,因文理稍欠,已饬内阁更换;安折二分,
封套四件,均妥。接穆春岩军帅、丰厚斋统领贺秋信二封。

初七日(12月31日)辰正三刻出西门闲步,策骑走冰雪,至
台市东坊下骑,以街内冰地太滑,步至义盛德商家少坐,仍步出
前街,策骑由旧路还公廨,时午初矣。未后看《石头记》解闷,与
曹雪芹考据盛衰之理。晚间内阁交来代写讫各路贺年信百馀
封,陆续核对钤章待寄耳。

初八日(1887年1月1日)辰正三刻出东门闲步,策骑走冰
雪,至后庙少坐,仍策骑由旧路还公廨,时午初矣。午后检点节
信,钤章换页。未后内阁请验换讫代奏谢授盟长汉折而去。镫
下写附寄贺节信片。四部院略节:内阁二件,为恭缴本年谕批呈
军机处查收;又为本处拜发奏事报匣一个、黄布口袋一个,咨行
兵部转奏。户部一件,为马厂应放赏项册报京部查核。兵部二
件,为换防满营官兵年终例保领催前锋,咨行兵部查照、绥远将
军转饬;又为乌城库存军火册报户部照案转送覆销。理藩院四
件,一为三盟达贝子旗下派出章盖驻管乌梁海请发卡票,札知津
吉里克卡及该总管;二为三盟吹王旗下拟补察克达兵旺沁,饬覆
转饬遵行;三为科城奏调驼只恭录谕旨前来,札饬东西两厂钦遵
办理,驼已到乌,当即派员由驿解送,咨行该大臣查照见覆并札
西台遵行;四为三盟达贝子旗下派往乌梁海收取貂皮请发卡票,
札知津吉里克卡及该总管。

初九日(1月2日)辰正二刻出南门,步至南河沿,观郭什哈
等习演牌枪,朝寒刺骨,坐立皆难,头带风帽,两耳生疼,冷与天
山近之矣;以郝子英、宋国安、马胡义中粒较优,各奖大茶一块,
馀兵均各奖隆庆昌饽饽半斤,以示鼓励。已正二刻仍由旧路步
还公廨。督饬穆价封贺节信卅封,计用七角。兵部现递略节一

件，为果帅等谢加级奏稿，杜、车会衔，麟照例不画。理藩院现递略节一件，为代阿公谢授盟长，联衔具奏。未刻堂齐，画奏行交稿十件，来文十件，堂行四本。当将麟前在哈密奉到朱批安折十分交内阁附缴，已声明军机处矣。惟奏过白折数分，因面上自注年月、旨意及第几次清文字样，碍难回缴，惟己恭存，是皆明镜兄之误也。前在伊吾，曾面询其折件应否回缴，渠即云我没缴过等语，今至乌城，遵例恭缴谕批，始知昔日之非，可见镜兄办事散漫无章，不稽成案，实不可为法耳。前购鱼油烛燃尽，俄商增价居奇，不得已向杨价假银一两八钱六分，交张鉴之父打烛盘一个，接在洋镫托上，从兹改燃羊烛，计一日可省银二分，亦习俭之一道也。镫下标粘马封七角，至亥正蒇事，一日奔忙，颇形碌碌，反不觉天时之寒耳。

初十日（1月3日）巳正三刻偕果帅诣万寿宫拜发前阅折件，车藩力疾亦到，跪叩如仪。午后写年信附片，封应璧版柬。申刻荣锡三、普耀庭持东乌梁海来质原被告供结来谒，据云刑讯得实，众供确凿，凭结定案等语，惟该处喇嘛章盖等违禁容匿俄人，添造板房，并收受俄钞一节，与条约不合，当饬该章京等从严定拟乌梁海人等罪名，明白照会驻库俄官，俾其遵照条约办理声覆，以敦和睦云云而去。然据麟意度，西乌梁海俄人挖金，总署仅令严禁而并未言所以严禁之方；东乌梁海又复违约盖房，以利诱民，此案脱稿后未卜总署又当如何指示也，俄人得步进步之势已成，吞并之心久蓄，东北迄西南疆臣似宜一气励志不懈，各存一误不可再误之心，方有济耳。然锡子猷权镇乌孙不得，即真恐中俄人之反间耳，伤心惨目。镫下四部院笔政瑞苌臣四人在东官厅代书春联，当饬穆价备酒菜点心挂面汤以暖之，子初后方散。

十一日（1月4日）淡云薄雾，青雪霏霏，辰正三刻出西门闲步,策骑走冰雪,至台市东坊下骑,步至义盛德商家少坐,步出前街,仍策骑由旧路还公廨,时午初矣。饭后校正理藩院翻来兵部武选司恭录本年九月初九日钦奉皇太后懿旨札行乌梁海清文一通,惟原汉文错字太多,当写备寄畅亭亲家一字,俾其严饬兵部书吏嗣后文书写后妥核再发,以免贻笑耳。未刻接恩雨三通家、朱东臣协台、赵嵩丞同年、朱叔梅刺史、广昆峰同乡贺秋信五封,徐昆山军门贺年信一封。申刻荣锡三、普耀庭来回三吉供结,并奉果帅令此案乌梁海人犯拟定同堂会审而结,以重信谳云云而去。

　　十二日(1月5日)辰正三刻出南门闲步,沿濠踏雪进西门,由西夹道而还,时巳初二刻矣。督饬立价复排山羊皮大靴,加穿毡袜,以右足冻痛故也。午间合封粘固贺年信四十六角,先后共计信一百五十一封,内有与果帅会衔十封。理藩院略节一件,为科城会奏杜尔伯特等卡安设复旧送到稿件①画讫,咨还该大臣。当画会奏稿二件,一交原差携回,一交理藩院存案。画行稿一件,堂行一本。一日奔忙,腰腿疼痛,至晚力不支矣,惜无一存问之人,甚可叹耳。四部院略节:内阁一件,为科城拜发接到报匣数目日期,咨行兵部查照。户部一件,为库伦各台官兵欠领钱粮,咨覆该大臣查照转饬。兵部一件,为千总杜生荣军政履历并出考咨送晋抚查办。理藩院二件,为阿公在乌谢恩代奏折稿,咨行理藩院并札饬札盟;又为科城转解俄犯,咨行库伦大臣查照转行。

　　十三日(1月6日)辰正三刻出东门闲步,策骑走冰雪,至后庙少坐,仍策骑由旧路还公廨,时午初矣。未刻堂齐,画行稿五

---

①　参见本书附录二022《奏为遵旨派员安设新换科属杜尔伯特乌梁海两旗驻卡官兵事》。

件,来文六件,堂行四本。户部交来预支十三年春季养廉银,除扣本年冬季米面银十七两,实领银壹百七两一钱七分六厘三毫五丝,分赏张立等五价各五两,杨价栉沐费三两,奖张庭裕二两,郝子英壹两,当遣还大盛魁商家五十两,天义德商家廿两,隆庆昌五两,烛托银壹两八钱六分,一挥而去,毫厘不存,大盛、天义两商家十不偿三,俟其清帐核来,未卜如何了结也,悲夫。

十四日(1月7日)辰正三刻出西门闲步,策骑走冰雪入后街,至城隍庙下骑观立价等压马毕,由中街步至义盛德商家少坐,步出前街,仍策骑由旧路还公廨,时午初矣。旋焉贡马差弁存禄、玉连魁等七人回差,据云贡马九月十三日平安恭进,家严起居康强,甚纾下怀,并呈出克王、庆王、伯王、佩蘅夫子、秋皋夫子、明芝轩、八额驸、福东泉、德箴亭、托子明、永峻斋、珠子宜信片十二件,知诸贤藩、夫子、故友均各平安。未刻写清文条一件交兵部,拟将郭什哈雷英、戴明魁二人均挑充本辕巡捕,仍候果帅裁定,旋经果帅允准,当派张贵为郭什哈达,丁超仍在书房行走。

十五日(1月8日)辰正二刻策骑诣菩萨庙、关帝庙拈香毕,仍由旧路还公廨,时巳初二刻矣。监视立价等暨书房四郭什哈扫房糊窗户,至酉刻待时堂藏事,所幸崇朝微雪,尚不大冷,故得收工之速。贡马回差郭什哈等五人带来京张土物,仅收渠生栗、干菜、青豆、咸菜数色而却他物也。户部略节一件,为合笔政等找缴盐粮咨报京部查核。兵部一件,为恭录果帅、车藩谢加级奏底先行兵部、黑龙江将军查照。理藩院一件,为恭翻皇太后通谕懿旨札饬东西乌梁海总管等遵照。荣锡三、普耀庭来回,奉果帅令定于明日午刻会审东乌梁海讦控人犯。

十六日(1月9日)辰正三刻出东门闲步,策骑走冰雪至后庙西,观立、安二价压马,入庙少坐,仍策骑由旧路还公廨,时巳正二刻矣。以大茶卅五块由王巡捕英代购大走小青马一匹,明年随贡赠京中好马朋友。购黄洋哈喇廿尺,合大茶廿九块,青荜图狱廿二尺,合大茶四块,黄洋布廿八尺,合银一两二钱六分,月白粗洋布六尺半,合银四钱五分,共合大茶三十七块,交张纫工恭做关帝庙"协天大帝"大旗一对,里面黄色,饬立价精销清汉"协天大帝"廿字以迓神庥,旗长七尺,宽五尺四寸,青字青走水。午后堂齐,画行交稿三件,堂行六本。旋诣万寿宫,偕果帅会审乌梁海三吉等案,持平定拟而还。少焉东乌梁海总管克什克吉尔噶勒率二昆都一章盖来叩辞,并递哈哒一条,当即传见,面加戒饬,于中俄交涉事件务须恪遵条约办理,卡界随时严查,勿得疏懈,致干重咎,并以白玉翎管、搬指、烟袋嘴五事分奖四人而去。未后接谭云觐前辈、谭敬甫方伯、向伟人观察、曾怀清、安绥之、庆熙斋同乡、秦雨亭、姚静庵、赵嵩丞、陈世五同年、程鄂南观察、周煦生刺史、承继斋、李辑庭、德锡江、魏午兄、春少山诸友贺秋贺年信片十七封,知嵩丞同年曾由檀斗生同年寄家严炭敬十二金也,五衷愧甚。

　　十七日(1月10日)库布苏库勒淖尔乌梁海总管起程回游牧,遣递哈哒一条。辰正三刻出东门闲步,策骑走冰雪,至后庙少坐,仍策骑由旧路还公廨,时午初矣。未刻假坐福臣魁,奖回差巡捕、郭什哈等全羊酒面,以励辛劳。牧厂章盖、昆都、忠堆等递哈哒一条,黄羊、汤羊各一只,奶子一圆,当奖忠堆白玉搬指一个,章盖、昆都玉烟袋嘴二个,蒙古郭什哈等大茶十五块。镫下监视立价销"协天大帝"八汉字。

　　十八日(1月11日)辰正三刻出西门闲步,策骑走冰雪至台市东坊,下骑步至义盛德商家少坐,并还月来零星布匹绿皮债大茶十二块,仍步出前街,策骑由旧路还公廨,时午初矣。饭后观郭什哈等糊纸镫,贴春联。内阁略节一件,为花硕罗图台吉呈报代当人户过多,饬覆该台查明呈覆。兵部一件,为马兵玉春魁与马兵祁润业互调营粮,檄行宣大二镇查照转饬。理藩院二件,为本年收获孳生羊只册报户部查核;又为循例汇报本处本年收过罚九及奖赏官兵银两,咨行理藩院查核。

十九日(1月12日)巳初二刻出南门,踏冰雪步至南河沿,观郭什哈等习演火枪,以郝子英、马胡义、周福中粒较优,各奖大茶一块,馀奖隆庆昌饽饽各半斤,以示鼓励。义盛德商家送鸭鱼果点数事,仅收其茶、枣二匣,馀俱璧谢,资力一茶而去。后庙送黄疏五通,为升表用。未刻堂齐,画行交稿四件,来文六件,堂行六本。旋接赓怡斋来信一件,内附儿鹏晋字第二号家信,家严有谕,并接荫槐兄一信,内附儿鹏晋字第十三号家信,欣悉家严康健,孙源结实,敝亲家舒畅亭升授荆州太守,尚颂臣同年留京当差,升竹珊帮办乌斯,附接桂文圃同砚、松寿泉夫子、景星阶世叔、和允修、崇受之、德润之、明晓峰信七封。大盛魁商家挽定除收现欠银壹百九十壹两五钱,天义德商家挽定除收现欠银六十壹两八钱,二处共欠银二百五十二两有奇,此来乌半载实赔之数也,不知如何了结,悲夫。以大茶十六块还福臣魁烛纸零星等债。西七台台吉莽噶喇嘛率章盖等递哈哒一块,汤羊二只,奶子二肚,当奖该台吉白玉翎管一只,章盖等活计一件,京烟二筒而去。

廿日(1月13日)钉封忠字第十九号家报[1],内附上月廿七日至本月十五日记事十九页,当写覆赓怡斋璧版一信,并写覆荫槐兄马封一角,于辰刻并前信发讫。巳正谒果帅节署,偕杜、车二兄封印如仪,受四部院章京、笔政及三署巡捕、郭什哈、四吉厦、驻班副将军、台吉等庭参而还。旋焉果帅率仲諴世兄来晤,

---

[1]　此处天头批:"忠字十九。"

按乌俗曰"道喜",畅谈而别,车藩孙世兄亦来叩贺,晤谈而去。晤全守馀,将果帅令俾拟开印后拜发联衔、同请更番陛见折底而去。午后复谒果帅节署谢步道喜,畅谈久久而还。监视二福价糊墙挂画,立价续销大字,督饬费郭什哈烙京式点子饽饽备送节礼。

廿一日(1月14日)辰正三刻出西门闲步,策骑走冰雪及齐克斯特依河,下骑踏晏水浮冰步入台市,至义盛德商家少坐,步出前街,过河冰,仍策骑由旧路还公廨,时午初矣。以汤羊一只回赠义盛德,以黄羊一只回奖后庙庙祝。牧厂炭夫送雪鸡二只,当以汤羊一只报之。绰霍尔台章盖笔齐业齐递哈哒一条,奶子一托,汤羊一只,当以白玉翎管、烟袋嘴二事、大茶一块奖之。蒙古杂役班定弟兄二人各递哈哒一条,奶子一托,当以大茶二块、京烟二筒奖之。日来天气严寒甚,午后东圃射鹄,致不胜其冷而罢。

廿二日(1月15日)辰正三刻出东门闲步,策骑走冰雪,至后庙少坐,仍策骑由旧路还公廨,时午初矣。监视立价等粘关帝庙旗背清字,并饬王巡捕英修补旧旗,缘乌城内关帝庙三对旗杆仅有整旗一对,破旗二对,今麟敬献新旗一对,以四破旗凑补一对,只因哈喇洋绒太贵,不得不修补凑做耳。新旗一对做成,合银十八两有奇。台市例送鸡鸭各一只,小鱼二尾,山药数条,猪肉一块,资力一茶而受,均是由古城东西口而来,干冰的,未卜尚得原味否。以醇赠活计七件、普洱茶二块、咸菜一盘、饽饽十斤赠果帅,以义盛德糖枣儿、白鹤茶二匣赠仲诚世兄,以溥赠活计五件、普洱茶二圆、咸菜一盘、饽饽十斤赠车藩,又以金糕一块、饽饽五斤赠其孙世兄,微物献忱,权当节礼,均经全收未却,且奖送礼巡捕、郭什哈等烟壶、活计、茶物颇厚。

廿三日(1月16日)辰正三刻出西门闲步,策骑走冰雪及台市东坊，下骑步至义盛德商家少坐，步出前〔街〕，仍策骑由旧路还公廨，时午初矣。赠全守馀石印《快雪堂法书》五册，饽饽八斤，赠瑞岚秀、札静亭、荣锡三、普耀庭四章京饽饽各八斤，赠合寿昌、瑞芰臣、阿诚斋、存（建）〔子〕元四笔政饽饽各五斤，以酬其笔墨之劳。南头台至五台台吉札木色林札布率五章盖递哈哒一块，汤羊一支，奶子一肚，当即传见，奖其玉搬指、翎管、烟袋嘴、活计共六事而去。车藩赠奶熟熊皮一张，锦皮桌面一方，洋铁小盒一对，汤羊、青羊二支，干鸡、干鱼各一对，资力玉烟袋嘴一支，大茶一块而去。申刻全守馀来谒，将礼部来文一件、表式四分，意将援案驳而不进，以纸张不齐故也，麟力主恭进为是，即令其请果帅裁夺；荣锡三、普耀庭来谒，言车藩欲将应罚东乌梁海章盖等援免，亦仍请果帅裁夺，先后而去。镫下麟致清文信于果帅，言贺表不可不进，麟可凑办纸张。购赏犒活计十五件，合银二两七钱五分。合计隆庆昌点子饽饽费白面五十斤，银壹两五钱；麻油九斤，一两三钱五分；香油七斤，一两七钱五分；白糖九斤，一两八钱；桃仁三斤，六钱；麻仁半斤，一钱；共合银七两一钱，不计火耗工食。亥正以汤羊、张糖、清茶三供恭祀皂神于东厨。先是未下接恭振夔军帅信一封，知其在途接麟前信也。亥下饬立价寻觅黄棉连纸黄绫包袱。

　　廿四日（1月17日）清晨果帅来清文覆函，言庆贺表文即遵部式赶办，请觐一节先请礼部示覆，再行办理。旋焉全守馀以声明进表纸张从权赶办缘由奏底来谒，稍易数字，并将黄棉连纸十张持去。午后往视马胡义等挂关帝庙旗杆大绳二条，营卒奋勇，神灵默佑，一挂即成，当以大茶四块奖之。监视立价裱黄绫表面封筒八片。瑞岚秀送食物数色，仅收口酱一包，乳腐一瓶，馀均璧却，资力一茶而去。理藩院略节七件：一为三、札两盟本年并未办过轻罪例赎人犯，咨报刑部、理藩院查核；又为三、札两盟本年并未办过鞭责枷号人犯,咨报刑部、理藩院查照;三为本年收获孳生驼只册送户部查核;四为本年收获孳生马匹册送户兵二部查核;五为四盟各旗下并无私放顶翎,咨报理藩院;六为四盟各旗下并无多用乌拉等情,咨报理藩院;七为西乌梁海转报控案,以轻捏重饬覆查明呈覆。镫下画行交稿七件,来文十四件,堂行四本。

廿五日(1月18日)清晨检点报匣一分,并黄绫棉垫表面八片、封套面二张遣送全守馀。监视立价粘旗面汉字,仍俾纫工成做。午刻全守馀来谒,并以咨行礼部文底见阅,当易数字,并定于本月廿九日拜发贺表折件,俾回果帅而去。

廿六日(1月19日)辰正三刻出南门踏雪闲步,沿城根进西门,至隆庆昌少坐,以大茶二块赁竹边金字玻璃方镫一对,悬挂一年。由西夹道至张纫工成衣肆,观做庙旗大字未成,便还公廨,时午初矣。遣荣价以大茶一块购黄洋布十尺,成做本署河神庙旗围桌。未刻扎静亭送礼,仅收其洋糖二斤,馀均璧却,资力一茶而去。恒和义商家送礼,仅收其金腿一条,馀均璧却,资力一茶而去。全守馀来谒,以明岁元旦拜牌时刻相订,俾请果帅定拟,又以请礼部示覆应否请觐一节,车藩仍不欲为,不知是何居心,麟力主应请部示为是,晤谈而去。旋奉果帅令,元旦拜牌定于巳刻。

廿七日(1月20日)辰正二刻出西门闲步,观立价等往天泉沟压马,席雪少坐而还。张纫工成做庙旗围桌成,当以大茶四块劳之。午后将旗围交庙祝敬存备悬,旋往观之,颇壮观瞻。北昭依勒固克森胡图克图差喇嘛车登丹巴递哈哒一条,藏香二束,褡裢一件,当回哈哒一方,白玉搬指一个,奖来喇嘛玉烟袋嘴一只,京烟一筒,晤谈而去。未正诣万寿宫,偕果帅跪迎冬月十一日拜发折件,车藩未到。请加支官兵银两折,军机大臣奉旨"户部议

奏"。钦此。①援案驼马变价折,奉旨"该部议奏"。钦此。②派
查金山卡伦折,奉旨"知道了"。钦此。③接王枫兄贺年信一封。
全守馀、荣锡三、普耀庭先后各送礼数色,仅收守馀小鱼四尾,锡
三猪肉一块,耀庭锭烟一包,馀均璧却,各资力一茶而去。麟起
自兵家,服食一切概不讲究,抵乌以来已逾半载,今日得食猪肉
熬白菜一顿,如返京师,且值岁杪,不免大起乡情,孤镫饮泣,不
知老亲幼子弱妻少女此时何以卒岁也,悲夫。户部来回,代报购
粮委员由古城先行采买白面五万馀斤,今已运到,麟应领十袋,
计千斤,当派郭什哈先领五袋,下馀五袋暂储仓中。

　　廿八日(1月21日)辰正三刻出东门闲步,踏雪沿城进南门
还公廨。钉封忠字第二十号家报④,附封本月十六日至本日记
事十二扣,又封松寿师、桂文圃、舒畅亭、恒士穌、钟仁庄、荣显斋
覆函六件,外浼全守馀代写致延树楠前辈一信并寄。果帅赠水
獭袖头一副,品月纺绸二匹,玫瑰露酒一瓶、金腿一肘、猪肉一
块,干鸭一对,干鸡一对,当奖来弁等玉搬指一个,活计一件而
去。内阁略节三件,为贺表请由礼部转行并请示应否觐见;又为
本处拜发奏事夹板一副,咨行兵部转奏;再为声明并未办过表
文,仅用黄折赶缮呈进,专折具奏⑤。午后恭阅贺表清汉四通,
封套二件,又奏折一件,安折二分,封套三件。三盟盟长吉公遣
递哈哒一条,汤羊一支,当回哈哒一方,白玉搬指一个,奖来人活

① 参见本书附录二019《奏为乌城官兵艰苦请另给津贴或加支款项事》。
② 参见本书附录二020《奏请拟调挚生驼马变价补发盐粮事》。
③ 参见本书附录二021《奏为查勘金山卡伦并无偷挖矿沙事》。
④ 此处天头批:"忠字廿。"
⑤ 参见本书附录二023《奏为遵照部咨呈进庆贺皇上亲政表文并声明久
　 未办过此案各情形事》。

计一件,晤谈而去。福臣魁送礼,仅收其山鸡一支,饽饽一盘,旋以汤羊一支报之。镫下画行稿二件,奏稿一件,来文十五件,堂行三本。先是申刻发马封一角于吉荣弟处,内附此次家报及亲友覆函共八件。

廿九日(1月22日)札雅班第达胡图克图差喇嘛多呢尔递哈哒二条,藏香三束,汤羊一只,荷包一个,掌印达喇嘛递哈哒一条,当回达胡图克图哈哒一方,白玉搬指一个,达喇嘛白玉搬指一个,奖来喇嘛活计一件,晤谈而去。隆庆昌送饽饽一盘,当以汤羊一只报之。现届年终,乌城内外八庙均送黄疏抽风,当以大茶十六块分奖之,外给后庙月茶二块。未正诣万寿宫,偕果帅、车藩拜发昨阅表章折件如仪。内阁少坐,接军机处来文,奉命颁到年例赏项,当即跪领大荷包一对,小荷包二对,银钱银锞六个,食物半分之半而还。管理推等台台吉旺楚克多尔济递哈哒一条,汤羊一只,奶子一肚,当奖该台吉玉翎管一只,二章盖活计二件,晤谈而去。札克等台台吉栋鲁布遣递哈哒一条,汤羊一只,奶子一肚,当奖二章盖玉翎管、烟袋嘴二件,晤谈而去。接容峻峰世叔、吉荣弟贺年信各一封。接晋抚刚良兄来文,本年乌、科两城下半年经费三万三千馀金已于十一月十八日由晋起运,解赴归绥道署矣。三盟特王遣递清字名片,奶食一匣,汤羊一只,当回玉搬指一个,奖来人活计一件,晤谈而去。画来文廿六件。哈尔呢敦等台台吉公车彦丕勒递哈哒一条,汤羊一只,奶子一肚,当赠玉搬指一个,奖其跟来三人大茶一块半,晤谈而去。哲布尊丹巴胡图克图差喇嘛斋桑来乌,递大哈哒一条,藏香四束,奶食一匣,哈喇、氆氇各一块,蒙信一封,当回大哈哒一方,玉搬指、烟袋嘴各一事,蒙信一封,奖二来人活计二件,大茶二块,璧回哈喇、氆氇二块,晤谈而去。奖常带四盟蒙古人回事、内阁理藩院笔政等汤羊二只,以劳其素日辛勤。吉丽昆之弟代送果席一桌，大小四十二件，当以福祥小刀报之。

卅日（1月23日）①清晨以少牢三只分献天地位前、河神庙内、马王神位，均供奉行礼如仪。札盟多汗差护卫阿齐尔递哈哒一条，汤羊一只，蒙信一封，当回蒙信一封，哈哒一方，玉搬指一个，奖来人活计一件，晤谈而去，旋将汤羊奖蒙古笔奇业齐等，以酬其代回蒙信之劳。以藏香三束遣交内外两关帝庙、雪山菩萨庙三庙祝，俾其夜间代麟恭上诸神前。札盟盟长阿公差梅楞递哈哒一块，满信一封，酒一瓶，汤羊一只，当回哈哒一方，满信一封，玉搬指一个，奖来人活计一件，晤谈而去。午后车藩差帖辞岁，旋亦差帖报之。本署满蒙汉巡捕、郭什哈、章盖、昆都等同诣待时堂辞岁，仅令渠等一见而罢。车藩孙世兄、四部院章京、吉厦王公等辞岁，均挡驾未晤。三盟锦王遣递哈哒一条，满信一封，饽饽二匣，汤羊二只，当回哈哒一方，玉搬指、翎管二事，满信一封，奖来人活计一件，晤谈而去。立价等五人恭诣果帅、车藩二署辞岁，突出旋归。戌初具戎服在待时堂遥拜祖先毕，率立价等五人遥叩家严、家伯母、家叔后，本署满汉巡捕、郭什哈等遥叩家严及麟。少焉诣果帅节署辞岁，面晤行礼，畅谈而还，旋果帅亦来回拜，又谈许久而别。除夕思乡，饮泣记事，笔难形容，难受万状。

① 此日天头批："先是三盟南昭胡图克图差斋桑鄂齐尔递哈哒一条，汤羊一支，火链一把，吃食一匣，当回哈哒一方，玉搬指一个，奖来人活计一件，晤谈而去。三盟副盟长吹王遣护卫递哈哒一条，汤羊一支，当回哈哒一条，玉翎管一支，奖来人活计一件，晤谈而去。接图盟那汗清文信一封，当回清文信一函。亥初阿诚斋来辞岁，晤谈而去。"

营卒冯亨铨马上勇健,当差勤奋作为,郭什哈达张庭裕牵马出力,奖常赠绿皮褡裢,以河神祠供馀奖园丁米英、郑魁禄,以马王神供馀奖马卒张庭裕、赵文玉、李槐,以示奖励。以活计五件分奖张立等五价为押岁赏,较之西路、京中俭啬多多矣,时事所迫,不得不尔。未正三盟驻厂贝子旺楚克车克塔尔来谒,求面贺新禧,当即晤谈,得悉那钜辅去岁有弄璋之喜,鄙衷甚快,旺贝子面递哈哒一条,当以玉搬指面赠,晤谈许久而去。

初二日(1月25日)昨夜右耳茄包压破,清水滴出,起敷七厘散不效,不得已用纸撵御水。辰正以少牢恭祀财神于参谋赞画堂,五价陪祀,以克食奖费永昌、冯亨铨、丁超三郭什哈,旋天地桌彻供,奖张立等五人。午刻策骑走东夹道及后街,回拜四部院章京等,绕西夹道出南门,踏河冰走滩雪,冰凝镜澈,滑不胜言,回拜四吉厦及天义德商家,沿小炮台石山坡进东门还公廨,时未正矣,与荣价斗叶子解闷。

初三日(1月26日)高宗纯皇帝忌辰。薄云蔽日,细雪霏霏,以薄荷油戏敷耳,肿稍愈,是以清凉攻寒冷之一道也。午后与立、杨二价斗叶子解闷。

初四日(1月27日)微雪霁,东风来而不解冻也。午刻策骑出西门,走河冰跋山坡行宿雪,入金山湾,至大盛魁商家回拜。少坐,仍策骑沿山坡走冰雪,涉齐克斯特依河,过长桥走后街,回拜义盛德诸商家。冰雪太滑,仍出台市,过河冰尤滑,由旧路进南门还公廨,时未正二刻矣。与周价斗叶子解闷。

初五日(1月28日)清晨在辕门外闲步一番,午后与立、杨二价斗叶子解闷,镫下看《石头记》。

初六日(1月29日)接果帅来清文信一函,言部驳军需报销一节将派骁果往赓怡斋处调取册档查核覆陈,麟即回字所拟甚妥,赶紧办理,并提白十五日应行庆贺皇上亲政大典礼于万寿宫,请饬内阁照贺元预备。镫下与周、荣二价斗叶子解闷。

初七日(1月30日)世祖章皇帝忌辰。牧场忠堆因听差蒙古郭什哈递哈哒一条,当奖奶食一匣,并奖该郭什哈奶肚一个。饭后出南门闲步,踏雪沿城进西门,至隆庆昌少坐,由西夹道还公廨,时未初矣。晚间与杨价斗叶子解闷,孤镫一盏,主仆二人,不惟闷无能释,而乡情大起,几乎失声,致饮泣而罢,此孤臣再戍之佳况也,阅者请代思之。

初八日(1月31日)辰正二刻出东门闲步,策骑走冰雪,至后庙少坐,仍策骑由旧路还公廨,时巳正三刻矣。春光明媚,鸟噪枯枝,乃寒气犹冬,毫无融和之象,实与腹地霄壤也。午间车藩遣赠果席一桌,当奖来人活计、大茶二事而去,及食其席,伤心惨目,虽有参翅鸡鱼,而太羹无味,虚耗银钱而已。镫下与周价斗叶子解闷。子初在天地位前拈香行顺星礼,周、穆二价陪祀,馀均往三元宫看蒙户持镫顺星仪去也。

初九日(2月1日)辰正二刻出西门闲步,策骑走冰雪,至台市东坊而下,徒行义盛德商家少坐,小食果点,步出前街,仍策骑由旧路还公廨,时午初矣。清晨无事,运甓习勤,远慰老亲,留微躯期报我主于万一而已。午后接沙振亭、额霭堂贺年公信一封。

初十日(2月2日)辰正二刻出东门闲步,策骑走冰雪,至后庙少坐,北风微来,鼻脸如削,幸便服可着风帽,两耳未复肿痛,巳正二刻仍策骑由旧路还公廨。杜辕李巡捕等贡马回差来谒,并带来志功甫贺年信一封,黄羊三只。午后写致那钜辅、荫槐庭、大新德三信,并忠字第廿一号家报①,及检点上年十二月廿八日至本日记二折共十二扣,旋即钉封备寄。未刻写致赓怡斋一信,俾其代稿覆陈果帅军需报销奏底。写谢志功甫一信。

---

①　此处天头批:"忠字廿一。"

接兆仰山来禀,知其上年冬月十一日到张家口,是月十五日由口起程进京也。晚间杜辕骁果刘庆连来谒,当将以上信件面交,因其差便代寄而去。

十一日(2月3日)孝全成皇后忌辰。辰正二刻出西门闲步,策骑走冰雪,及台市东坊下骑,步至义盛德商家少坐,步出前街,走河冰,仍策骑由旧路还公廨,时已正三刻矣。午后与杨价斗叶子解闷。

十二日(2月4日)立春。辰正二刻出东门闲步,策骑走冰雪,北风削脸,至后庙少坐,仍策骑由旧路还公廨,时已正初刻矣。午后在东、西官厅及福臣魁三处请巡捕、郭什哈等羊菜春酒薄饼,以示同甘之意。未刻科城粮员英子杰俊者来谒,晤谈十数年前同官笔政景况,犹昨日也,畅叙许久而去,旋以黄羊一只,奶食一匣饯之,以敦乡谊。浼全守徐代写致沙振亭一信。

十三日(2月5日)辰正二刻出东门闲步,策骑走冰雪,至后庙少坐,仍策骑由旧路还公廨,时已正二刻矣。午刻策骑走冰雪,进后街至广胜逆旅,回拜英子杰,晤面畅谈许久而别。未初仍策骑由旧路进南门而还。未正写致阿树兄一信,俾由子杰带去。英子杰送橘子十数枚,资力一茶,璧回老米一小袋而去。昨日吃薄饼一顿,不过羊肉炒黄花、京酱香油大葱火肉干粉货菜,而无鸡卵,又无菠菜,且豆芽菜每斤价银四分,合京钱五百馀文,可哀也哉。

十四日(2月6日)宣宗成皇帝忌辰。辰正二刻出南门闲步,策骑走冰雪,至台市东坊下骑,步至义盛德商家少坐,以大茶二块购小牛皮靴二双,内实蘑菇二斤,俾刘差弁庆连带至张家口,由荫槐兄处寄京,赠六舍弟服用,蘑菇即呈五家叔。巳正二刻步出前街,踏河冰,仍策骑由旧路而还。写附忠字第廿一号家报,并靴均交刘弁代寄矣。接车盟车汗清文信一封,哈哒一条,当回哈哒一方,清文信一封。内阁交来写讫致沙振庭信一封,当交内阁由驿发去矣。镫下与周价斗叶子解闷。台市官厅送圆宵百枚,并赠五价五十枚,义盛德商家送圆宵百枚,普耀庭送圆宵五十枚,均贺上元也,乌俗如此,不便不收。

　　十五日(2月7日)寅正即兴,在天地位前拈香,卯正诣关帝庙、菩萨庙,拈香毕,卯正二刻诣万寿宫,偕果帅、车藩行庆贺我皇上亲政大典礼,如仪而还,车藩到迟,果帅不悦,细考其由,缘内阁去请较迟耳。以英赠鲜橘十馀枚转赠仲諴世兄。内阁略节二件,为转送上赏科城大臣福字荷包等物,咨行该大臣查收见覆;又为礼部颁到清汉表式,恭录转行科城大臣查照。户部略节六件,一为科城主政灵山等找领银粮转报京部查核;二为恭录前请加(只)〔支〕兵粮兹奉谕旨,咨行京部钦遵查照;三为前请驼马变价补发盐粮兹奉谕旨,恭录咨行京部钦遵查照,并咨行管理驼马厂大臣札饬驻班副将军转饬各该处钦遵;四为咨行绥远将军饬催迅解乌科经费;五为刘差弁清廉赴口公干,咨行察哈尔都统查照转饬;六为催调吉丽昆玉迅速回乌办理部驳报销,咨行绥远将军、归化都护查照饬催。兵部略节二件,为吉丽昆验放,奉旨"照例用"。钦此。咨行绥远将军查照;又为赓怡斋部议加级,咨行察哈尔都统查照。理藩院略节一件,为派查金山卡伦一折恭录兹奉谕旨,咨行理藩院钦遵查照,并札饬三、札两盟钦遵查照。未刻堂齐,画行稿十一件,来文十六件,堂行五本。申初晚饭后乘微雪策骑出南门,走冰雪进后街,至三元宫下骑,步出台市中坊,至义盛德商家听坐腔秦剧《断桥》《二进宫》《金罡庙》三出。至台市官厅少坐,弹压镫火,立观本街社火、秧歌、旱船、玩艺,似胜哈密。诸剧且不需赏犒,皆由各商家义举,公资伙食,共庆圆宵佳节。少焉步出前街,踏河冰,仍策骑走冰雪,雪霁月寒,寒烟四起,别有清况,进西门还公廨,时戌初二刻矣。以台、义、普、宋四处送来圆宵二百枚,除麟日来煮食十馀枚,馀者分奖敝署巡捕、郭什哈等人各五枚,以示同甘。按乌城诸物昂贵自不赘言,惟圆宵一枚价银三分,且江米甚劣,亦与哈密同类,考其实,一枚仅置京当十钱八十文,悲夫。

十六日(2月8日)辰正二刻出东门闲步,踏雪沿城进南门而还。午初以上年杜、车赠食馀酒配以羊菜火锅,在东官厅约巡捕等小酌,以庆佳节。未刻策骑出南门,走冰雪进后街,至三元宫下骑,步出台市中坊,至义盛德商家听坐腔秦剧《观阵》《拣柴》《药王卷》《赤桑镇》四出,乐极生悲,大起乡情而别。东步前街,路冰滑甚,将及东坊,乃遇社火会,复立观少选,步出前街,仍策骑走冰雪,由旧路而还,时申正二刻矣。戌初月有微蚀,在东圃拈香行礼如在哈密仪。及询之巡捕等,佥云每遇日月蚀,乌城向未接过救护文书,而蒙古人救护,是由库伦哲布尊丹巴胡图克图处得信而遵从也。

十七日(2月9日)辰正二刻出东门闲步,策骑走冰雪,至后庙少坐,仍策骑由旧路还公廨,时已正二刻矣。接采买米面托、保二差员来禀,知其米在沙湾买妥,定于上年十二月十五日起运,惟在绥来属境失驼二只,四处寻觅无踪,不知李槐庭大令如何办理也,念念。

十八日(2月10日)辰正二刻出东门闲步,策骑走冰雪,至后庙少坐,仍策骑由旧路还公廨,时已正二刻矣。未下全守馀来谒,并以叩谢恩赏福字、荷包等物清汉折底①面回而去,惟额霭堂、魁介臣去科抵科日期尚未咨来,会衔谁何,无所适从,俟科文到乌方可出奏耳。晚间以大茶二块购家鸡二只,一为报晓,一为食卵。

---

① 　参见本书附录二 024《奏为恩赏福字等物谢恩事》。

十九日（2月11日）辰正二刻出东门闲步，策骑走冰雪，至后庙少坐，仍策骑由旧路还公廨，时巳正二刻矣。西北风清，东南日丽，颇有融和气象，乃春风扑面似刀，坚冰在须不去，仍如腹地三九日也。内阁略节一件，为钞录具奏照式恭进贺表折稿，咨行礼部查照。未刻差员托雪亭差旋来谒，并由庭州带来毅帅所赠黑马一匹，德峻峰赠青马一匹，均尚驯良，脚步亦稳，颇堪驱策。惟托雪亭一路照拂，大费心力，当以福祥小刀一柄、玉搬指、翎管、烟袋嘴三件报之。接富子约、松峻峰、庆宜川、娄彝生、倭陔堂五同乡、焦凯泉、王子徵、彭树堂、李觉堂、甘裕庭贺年信版十封，知彝生现署于闻令，甚可展其谋猷也。申刻画行稿一件，来文十件，堂行一本。

廿日（2月12日）寅正即兴，监视围人拣刍饲马。辰初带领郭什哈等出南门沿东城溜马，至北河饮焉，沿西城仍进南门而还，踏雪牵驹徒行三里馀，睹良骥而思良朋，毅帅之惠真没齿难忘也。接罕清儒信版一封。未刻出东门闲步，观围人饮马而还。画来文七件。

廿一日（2月13日）孝穆成皇后忌辰。辰正出东门闲步，策骑走冰雪，至后庙少坐，试骑毅赠黑马，腰稳脚轻，性驯而急，颇堪骑乘，胜于金海骝多矣，惜麟马上功夫幼而失学，稍觉吃力耳。仍由旧路还公廨，时巳初二刻矣。接刘毅帅、锡子猷、魁介臣、金珍亭、全凤二佐领、德峻峰、姚静庵、冯高峰、闻辅斋、丁瀛舫、伯福晋贺年信版十一封。午初谒果帅节署开印，行礼道喜，如仪而还。浼全守馀代写覆毅帅致镜兄信二封。

廿二日（2月14日）辰正二刻出南门闲步，策骑走冰雪，至台市东坊而下，步至义盛德商家少坐，步出前街，仍策骑由旧路进西门还公廨，时巳正矣。未刻接科城差弁代寄儿鹏晋字第十一号家信，欣悉家严康健，以下均安，并附来本貂爪仁便帽一盒，洋珊瑚顶珠一尊,蜀笺一包,由宋巡捕国喜托寄来乌者也,甚慰下怀。未正二刻车藩来会,晤谈许久而别。写覆德峻峰一信。四部院略节:内阁二件,为上年十二月分拜发接到过奏事报匣数目日期册报兵部查核;又为科城光绪十二年分接到随文火票数目汇册咨送兵部查核。户部一件,为放给满绿兵丁柴薪银两册报户部查核。兵部二件,为上年分乌、科、库三城现存照验数目咨报京部查核;又为察哈尔即补骁骑校达瓦林臣验放,奉旨"照例用。"钦此。等因,咨行该都统查照。理藩院八件,一为西乌梁海控案按限催令起程,将原呈蒙文及俄文一并饬驳该总管;二为驻库俄官咨三盟喇嘛欠还茶价迅速拨送等因,札饬该盟长查照并咨覆匡索勒大臣;三为科城大臣咨拿获贼犯之札哈沁昆例得奖赏,咨覆该大臣查照并檄图盟盟长;四为库伦大臣咨来俄文一角及驻乌俄商小包一个,咨覆该大臣查照;五为驻库俄官公文一角,由本处备文咨行库伦大臣转行俄官查收;六为图盟被盗绰黙尔台牲畜除饬西乌梁海总管查办外,饬覆查明呈覆;七为三盟札萨克巴拉丹等呈人户力穷不能当差,札饬该盟妥办;八为吉厦呈报三盟额贝子旗下都林前欠全章京面柴等价,饬覆查办。

　　廿三日(2月15日)孝圣宪皇后忌辰。辰正二刻出东门闲步,策骑走冰雪,至后庙少坐,仍策骑由旧路还公廨,时已止矣。监视梁郭什哈代果帅裱褙御赐福字,麟出黄绫黄绸数尺作边衬。未刻堂齐,画行交稿十三件,来文九件,堂行三本。内阁交来写讫刘、明二信,当即并德峻峰一信合封粘固,即交飞递矣。先是在后庙与王庙祝闲谈,得悉相驼之论有四,曰"三宽四窄五短一长":三宽者脖宽腰宽胯宽也,四窄者头窄胸窄左右胲窄也,五短者四腿短脖项短也,一长者身长也,数相若全,必能橐善走之物也。

　　廿四日(2月16日)辰正三刻出东门闲步,策骑走冰雪,至后庙少坐，仍策骑由旧路还公廨，时巳正二刻矣。未刻车藩遣郭什哈赏立价等五人京酒一瓶，京点心一匣，汤羊二只，当令五价谒辕叩赏并代麟请安道谢而还。申刻梁郭什哈裱补御赐福字成，麟代果帅恭缮年月衔名，派巡捕等恭送杜辕交纳讫。接恩都护雨三、景介臣、阿树兄贺年信三封。图盟莫尔根阿王遣递哈哒一条，烟荷包褡裢二事，蓝缎一匹，蒙信一封，当回哈哒一方，玉搬指一个，清文信一封，璧回蓝缎一匹，奖来人活计一件，大茶一块而去。并浼理藩院代写致札盟岱青达贝子清文信一封，谢托雪亭牵马过境，渠照拂喂养厚意也。阅户部咨行科城来文，内附言乌城前请加支官兵饷项"议准，仍前加支二年，指由直隶藩库每年拨解银壹万两"等因，欣幸皇上天恩，部臣体恤，乌城官兵此二年内可免冻馁沙场矣。

　　廿五日（2月17日）丑正即兴，具戎服率立价等在乌垣参署待时堂遥祝遐龄，行三叩礼。辰初三刻出南门闲步，踏雪沿城率周、穆价等溜马，绕东门依北濠越西门，仍进南门还公廨，时巳初矣。未初二刻谒万寿宫，偕果帅、车藩跪迎上年十二月初十日拜发折件，均奉例批，内阁少坐。阅户部来文，议覆前请加支官兵银两系援科案予限二年者也。与杜、车二兄、四部院章京等细谈公事数件，以尽赞画之职而还。西昭喇嘛递哈哒一条，供食一盘，当回哈哒一方，奖二来人活计各一件而去。未正二刻策骑出南门走冰雪，至台市东坊下骑，步至义盛德商家，听坐腔秦剧《乌玉带》《排王赞》二出，观社火秧歌，以今日天仓节，故民商有此一戏也。申正二刻步出前街，仍策骑由旧路还公廨。接托子明、永峻斋、谭敬甫、雷振亭、庆宜川、向润亭贺年信六封。四部院略节：内阁二件，为上年十二月分火票咨送兵部查销；又为科城上年十二月分拜发过报匣数目转报兵部查照。户部一件，为饬催台市商民积欠房园租银出示晓谕。兵部二件,为把总杨永林前经金军帅保案,咨查伊犁径行咨行两江曾制军;又为张家口福源成商民赵荣等各持部票前往三盟等处贸易,札饬吉厦转饬。理藩院四件,一为本年五月十二日应行派员会查中俄地界牌博之期,除以清文咨行驻库俄官转行派员往查外,并咨行总署库伦大臣查照;二为札盟特公旗下车登丕勒被害命案人证,拟饬正月内赴乌会办,札饬图、札、三三盟长查照;三为三盟落马身死吹锦札布骨殖,前经仵作会验,复查无冤,饬覆该盟径行完案;四为札盟呈报前在图盟伤人逃犯噶拉桑并非本盟之人,札饬图盟妥办。

廿六日(2月18日)辰正三刻出东门闲步,策骑走冰雪,至后庙少坐,仍策骑由旧路还公廨,时巳正一刻矣。未刻堂齐,画行交稿九件,来文十六件,堂行四本。浼全守馀代写致直隶方伯松峻峰一信,为协饷早为提解也。由本牧场调回架车马五匹,以备购买柴薪。奖牧场章盖等大茶十块,以酬去冬牛奶之费,奖忠堆赝洋珊瑚顶戴一尊,以酬其上年递小走枣骝之资。询及札盟贝子达什拉布坦合少屯田情形,据云该贝子旗下地广土饶,距古巴颇近,故有腹地气候,沃壤数百顷,水草丰茂,是以每岁麦秋常稔,昨两骑过境得以照拂麦科,即托雪亭所言岱青贝子游牧处也,图盟副将军王阿木凯巴札尔即俗说莫尔根王也。申正改正代奏谢恩、请添馀丁折片、批示绥来令详文汉底三件,亲政章程清文二件,均面交各该署笔政持去。

廿七日(2月19日)辰正三刻出南门闲步,策骑走冰雪至台市东坊下骑,步至义盛德商家少坐,步出前街走河冰,仍策骑进西门还公廨,时巳正三刻矣。晨风飒飒,冷气森森,地冰未融,其滑尤甚,每晨学骑行险,徼幸而已。未刻以大茶七块购赏犒活计十五件。申刻初校代奏谢恩清文折底讫,即交内阁矣。

廿八日(2月20日)辰正三刻出东门闲步,策骑走河冰,至

后庙少〔坐〕，仍策骑由旧路还公廨，时午初矣。四部院略节：内
阁一件，为汇报上年分随文火票数目册送兵部查核。户部一件，
为部议予限加支官兵银两，咨覆京部直督查照。兵部二件，为转
咨我皇上亲政章程于库、科二城，并翻清橄饬吉厦转饬四盟橄行
两乌梁海总管一体钦遵；又为张家口合盛隆商民寇腾恺等各持
部票前往三、札两盟贸易，札饬吉厦转饬；理藩院五件，一为四盟
各属汗王、公等衔名咨送绥远将军备案；二为三盟呈交罚九银两
饬覆吉厦转饬；三为恩诏查办减等人犯札饬四盟一体遵办外，并
咨库、科二城查办；四为春季致祭关帝牛只例由官提用除饬吉厦
遵办并咨户部；五为代奏札盟盟长阿公谢恩，恭录兹奉谕旨，咨
行理藩〔院〕并札饬该盟长钦遵。未后四部院章京等先后来诣，
均各晤谈而去。全守馀为勘酌科城魁大臣尚未到任联衔折内自
可不列其名，并交写讫致直隶方伯松峻哥一信，当即发去，为协
饷速拨也。瑞岚秀为果帅令筹拨驼只赴科领粮也，札静亭为果
帅令馀丁从缓请添也，荣锡三、普耀庭为东厂倒毙驼只照例着令
赔补也。阿诚斋钞来毅帅先后覆文二件，附本月略节内。申刻
监视穆价等车上什物，以备驾马排车。
　　廿九日（2月21日）孝仪纯皇后忌辰。辰正二刻出西门闲
步，策骑走冰雪，及河冰而下，以夜来东风扫去冰上浮土如镜，其
滑尤〔甚〕，故步过之。进前街，至义盛德商家少坐，由洋商肆以
大茶九块购蓝洋哈喇三尺四寸，元青猢绒三尺，改做猞猁皮头半
袖，缘上年凑做二蓝洋绉长袖马套一冬即糜烂也，今故不得已换
面改做。已初三刻步出前街，踏河冰，仍策骑由旧路还公廨。监
视周价拆破皮马套。未刻堂齐，画行交稿九件，来文十一件，堂
行五本。接张朗兄、张南圃、嵩书农、柳颖生贺年信版四封。接
吉荣弟马封一角，内儿鹏套封晋字第十一号家报、家严谕帖一
封，欣悉家严康健，上年十一月廿一日差弁戴明魁随兆仰山到

京，寄去肚羊三只，家严食之甚甘，鄙眷不克来乌，以长女待选故也。家严切嘱麟必须与杜、车二公和衷共济，任劳任怨，以期仰副天恩祖德等谕，聆之感愧交作，孤臣远戍，使八袠老亲远念于八千里外，罪莫大焉。惟有遇事恪遵严谕，以遥慰耳。儿鹏信内有麟履历一底，朗兄挑黄疏稿一分，均妥，附舒畅亭亲家二信，桂文圃契友、廖仲山、承墨庄前辈信三封，知各亲友均各平安，且喜畅兄今正之任，虞臣姻侄已有子矣，惟和克庵、嵩菊庄各寄喀固斋一信，不知固斋公为何许人也，容当询寄，想在伊犁耳。删改履历册稿，浼合锡三誊真，以便兵部造册咨报京部。派巡捕吉通管台市，营卒施恩椿赴归绥提晋饷。校正东厂赔补驼只清汉折底。镫下批儿鹏此次家信，至子初方罢，一日奔忙，无可投诉，惟孤镫知耳。

卅日（2月22日）辰正二刻出东门闲步，策骑走冰雪，至北平原席雪少坐，观立、穆二价压马毕，徒行，积雪深处及膝，踏至后庙少坐，仍策骑由旧路还公廨，时午初矣。观皮工改缝狢狸皮头马套，午后观穆价等以紫马排车备祭雪山驾用。未刻合锡三代录讫麟出身履历一分，当即核对妥交兵部照缮清册，以备报部。未正二刻诣万寿宫，偕果帅、车藩跪迎上年十月贺折，均奉例批，内阁少坐而还。旋有赵、莽二差弁来谒，面交儿鹏晋字第八号家信，欣悉家严体健，亲友平安，甚纾下怀。内附伊建勋、溥月川、那钜辅、文子俊、巴敦甫、绵达斋亲友信六封，得悉均各平安，且喜钜辅贤王有生阿哥格格之喜，可知旺贝子之言不诬。并接彭盛斋一信，奶饼廿包。日来联接家信，乡情大起，申刻登南城楼遥望家乡，雪海冰山，溟漠无所见而下。先是果帅聘请西昭达喇嘛讽经于南门外毡房内，杜夫妻率其世兄仲诚环跪祈佛佑，甚昭诚敬也，悲夫。

二月初一日（2月23日）辰正二刻出南门闲步，策骑走冰雪，至齐克斯特依河冰而下，步入台市，至义盛德商家少坐，以大茶二块半购小沙狐皮二张，熟做红羽毛帽罩里。已初二刻步出前街至河东，策骑进西门还公廨。午刻恭缮上家严禀帖一扣。收杜辕赵巡捕等交儿鹏晋字第八号信外附物，照单如数查收无讹，并收绷盛斋奶饼廿包。当赠果帅满宪书一本，汉宪书一本，奶饼四匣；车藩满宪书一本，奶饼四匣；全守馀奶饼一包；四部院汉宪书三本，满宪书一本；吉厦三盟车王满宪书一本；奖蒙古笔齐业齐等满宪书一本；本署王巡捕弼汉宪书一本，酬其先施也；奖本署满汉巡捕等奶饼二包；郭什哈等奶饼四包；牧厂忠堆奶饼一包，以示同甘。浼守馀代写覆朗兄回函一封，当即写讫来谒，即将拟派祁荣、杨福二价进京面叩家严康安，便接鄙眷情形详细晤谈，俾回果帅、车藩而去，旋言杜、车二宪均允照例发给驼马传单，以利遄行。当写致朗兄对印附函二件，一行东鲁，一交二价公存。如鄙眷因长女备选未毕，一时不克来乌，俾二价持函东鲁，往投河工效力，庶得糊口有资，麟以菲材边隅再戍，门户凋零，家人星散，可哀也哉。今在乌仅剩张、周、穆三价随麟苦耐，家中仅剩刀永山伺候家严，张玉洒扫庭除，禄儿作饭，赵御驱车数人而已。良禽择木而栖，狡仆趋炎而止，纪晓岚前辈义犬"四儿"之墓今不再见也。本署王巡捕英送熟栗子、落花生二盘。儿鹏寄来印泥一盒半，全大帖五十，颇应急需，惜未购蒙古字时宪书，惟稍歉事；引善普济小膏药数十贴，颇堪遇症赠人，万里草丹，想有灵效。

初二日（2月24日）辰正二刻出东门闲步，策骑走冰雪，至后庙少坐，令立价等压马北平原，少选而回，乃金海骝坠缰而逸，即饬周价跟踪。旋策骑由旧路还公廨，时午初矣，幸金海骝已先走归，鞍马无伤。午后检点上月十一日至卅日记事十馀扣，附钉封忠字第廿二号家报内待寄。四部院略节：内阁二件，为本季致祭关帝羊只数目咨报户部；又为本年正月分接到火票咨送兵部查销。户部一件，为上年冬季分放过出差官兵行装银两册咨京部查核。兵部三件，为察哈尔咨恒隆广商民李发荣等各持部票前往三盟贸易，札饬吉厦转饬；又为乌、科两城现任将军、大臣及卡伦侍卫出身履历册报京部查核；再为果帅、车藩前谢加级恩折恭录兹奉谕旨，咨行兵部、嫩江军帅并札图盟转饬（亲）〔钦〕遵。理藩院六件，一为乌科联衔安设新换杜乌两城卡兵，除札饬四盟盟长查照外，并咨行库伦大臣查照；二为科城奏派蒙古官兵分札鄂隆布拉克要隘缉盗安商，札饬吉厦转饬查照；三为绥来令副申由果帅批饬该令查拿被窃驼只，咨行新疆巡抚查照转饬；四为札盟索札萨克病痊接事仍遵前饬；五为察哈尔咨查蒙人夹带商货，札饬四盟饬属严禁并咨库科大臣查照；六为兵部咨催乌梁海营制册籍，除饬该总管等查照，并覆兵部。

初三日（2月25日）辰正二刻出南门走河冰闲步，策骑走冰雪至河冰汊而下，步入台市，至义盛德商家少坐，步出前街走河冰，仍策骑进西门还公廨，时巳正二刻矣。写致吉荣弟一信，即交内阁并朗兄信分发，吉信内附忠字第廿二号家报①。未刻堂齐，画行交稿十二件，来文二件，堂行四本。恭阅致祭关帝祝文。立价四人赴吉巡捕约午饭，未正而回。日来春寒太甚，前观穆价等排车，多立一会，即着凉矣，以致鼻塞声重，四（只）〔支〕不爽，虽屡服灵应丸数枚未愈，哀哉。

初四日（2月26日）巳刻偕果帅诣关帝庙，以太牢大祀行春祭礼，拈香读祝，如仪而还。申刻纫工改做蓝毡半袖猞猁马套成，当以大茶二块奖去。先是拜庙，车藩称疾未到。日来朝夕严寒，午间微暖，固属边隅风光，乃伤风小恙未减，又加以咳嗽痰

---

① 　此处天头批："忠字廿二。"

喘，夜来大嗽不休，五内如崩，一夜未得安眠，不敢妄服丹药，只
好节食避风，以收不治，是中医之效。按乌城边地，少年不可早
来，老年更不可久驻，如麟壮岁，尚如此难调摄也。

初五日（2月27日）辰正二刻出西门闲步，策骑走冰雪及河
而下，步入台市，至义盛德商家少坐，以大茶二块购蓝洋褡裢八
方做车赠熊皮大褥，又以大茶九块购元聚义京庄狐脑皮小袄里
一件，做以杜赠玉色纺绸面月白洋布衬，俟成交祁、杨二价孝敬
家严。巳正二刻步出前街，过河冰，仍策骑由旧路还公廨，便道
张纫工肆指示赶做家严大皮褥小皮袄。未刻东圃射鹄，荣、普二
章京来谒，言上年会讯东乌梁海控案，车藩意将从轻了结，俾回
果帅裁夺而去。法贵持平，车藩遇事偏袒，属员从中窃柄，果帅
听人愚弄，麟只好随同画诺，待时而已。接吉甫清前辈科弁代寄
京信一封。四部院略节：内阁二件，为本年正月分接到报匣册报
兵部查核；又为本处回差交到口票咨送察哈尔统制查销。户部
一件，为派吉笔政等赴科领运上年秋季粮石，咨行该大臣查照转
饬。兵部二件，为札盟那公旗下商债完结，饬覆该盟长查照转
饬；又为张家口大泉玉商民杜广宣等持票前往三盟贸易，札饬吉
厦转饬。理藩六件，一为杜尔伯特台吉瓦齐尔之子预保备袭，奉
旨"依议"，咨行科城大臣查办；二为吐尔扈特郡王及岁接办札
萨克印务，咨行科城大臣查办；三为三盟饬传胡毕勒汗札木色林
札布住管众安寺，咨行科城大臣查照；四为三音诺彦王病愈接办
印务，咨行理藩院查照；五为三盟德公旗下噶札尔齐差使札木色
林勿庸更换，饬覆吉厦转饬；六为近来三盟贼犯屡次窃盗，除饬
该盟严缉务获外，并饬图车札三盟派员会办暨南廿台台吉等
查办。

初六日（2月28日）辰正二刻出东门闲步，策骑走冰雪，至
后庙少坐，仍策骑由旧路还公廨，时巳正二刻矣。未刻堂齐，画

行交稿十一件,来文三件,堂行四本。近日路雪浮面微融,形如
硬五彩磁桌面,河冰积雪,如蹭走水银镜里,人马行之,较严冬大
不易也。每晨运辇,岂乐事乎,阅者未见其形,自愈其理耳。申
初内阁交来写讫致荆州军帅祥立亭一信,当将致舒畅亭钉封信
附入,合封粘固交发矣,谅在清和月内抵楚。日来陆续写出志功
甫、绷盛斋、荫槐庭、吉荣弟、伊建勋、溥月川、文诗儒、桂文圃、诚
芝圃、雅静山、常绪叔、奎秀峰、四胞妹、绪子兴、那钜辅、长石农、
彦巡政、穆清舫、惠心农诸亲友通家致覆信暨谕田价帖廿封,俾
祁、杨二价沿途及抵京、抵鲁分投。今日小恙稍愈,乃心气似亏,
夜不成眠,辗转反侧至鸡鸣后始得一觉而醒。

　　初七日(3月1日)孝淑睿皇后忌辰。辰正二刻出西门闲
步,策骑走冰雪及河而下,步入台市至义盛德商家少坐,步出前
街,踏河冰仍策骑由旧路还公廨,时巳正二刻矣。午初写忠字第
廿三号家报。未刻瑞岚秀以咨行晋抚提饷文底来谒,晤谈而去。
台市厅弁王英交来春季小税盈馀银十两,当即分奖五价各二金。
镫下王巡捕英送来干落花生二小盘,当饬穆价以花椒盐水煮食
之,如还乡梓也。

　　初八日(3月2日)辰正三刻出东门闲步,策骑走冰雪至后
庙少坐,仍策骑由旧路还公廨,时巳正二刻矣。未正二刻诣万寿
宫,偕果帅跪迎上年十二月廿九日拜发遵照部式恭进表文折件,
我皇上朱笔"知道了"①三字,初睹宸翰,不觉感激涕零,跪读之
馀,如觐龙颜也。科城复设杜尔伯特各卡兵奏折,奉朱笔"该衙门
知道"。车藩称疾未到,内阁少坐而还。旋恭阅谢赏福字荷包②、

————————

①　参见本书附录二 023《奏为遵照部咨呈进庆贺皇上亲政表文并声明久
　　未办过此案各情形事》。
②　参见本书附录二 024《奏为恩赏福字等物谢恩事》。

代乌城官兵谢二年加支恩①、酌赔因灾倒毙驼（支）〔只〕②、札盟
索台吉因病续假清汉折片四件，安折二分，封套七分，并接提饷
委员金齐遑来禀，知乌科上年下半年经费已定于十二月廿八日
由绥远起运。接明芝轩、曾怀清、吉荣弟、凌志堂、高理臣、李问
樵、安煦斋三同年、戴冠英、明镜兄、图领队、安吉人、刘丹山、李
春涛清汉信版十（二）〔三〕封，知李勤伯读礼回旗，福观察裕庵
现摄（清）〔青〕海大臣符矣。接刚良兄贺年信一封，议论晋省吏
治如指诸掌，洵称尽心国事民情之大吏也，当为朝廷赋得人之
盛。内阁略节二件，为拜发奏事报匣一个、黄布口袋一个，咨行
兵部转奏；又为叩谢福字荷包恩赏。理藩院三件，为索台吉续假
附片具奏；又为罹灾倒毙驼只酌拟摊赔具奏；再为先行录此奏
稿，咨行理藩院、户部、库伦大臣查照并札饬四盟、吉厦管厂公等
一体遵行。旋画奏稿四件，行稿二件，堂行三本。营卒马兆瑞差
旋，带来图巡捕禀帖一封，内附儿鹏晋字第十三号家信，欣悉家
严康健如常，每日仍是闲游，孙源日渐长立。军火陆续交局，并
不进城云云，甚慰下怀。附接翁叔平、孙燮臣二前辈、玉久峰、齐
兰石、花兰斋覆函五封，叔平手翰写作俱佳，俟寄交儿鹏并桂莲
舫师前信同藏。接王枫兄回函，丰厚斋覆信二封。四部院略节：
内阁（二）〔一〕件，为吏部准补庆笔政各缺，咨行兵部、绥远将军、
京旗查照。户部二件，为钞录户部来文三件转咨科城查办；又为
文笔政等前往归化催提本年经费，咨行绥远军帅、晋抚查照。兵
部二件，为天义德商民被劫驼马十三匹，札饬三盟转饬严拿究办；
又为商民李金珂往札汗部落达公旗下贸易，札饬该盟长查照。理

①　参见本书附录二 025《奏为蒙恩加增乌城官兵银两叩谢天恩事》。
②　参见本书附录二 026《奏为查明东厂罹灾倒毙驼只案内并无别项情弊
　　酌拟分别摊赔事》。

藩院四件,一为东乌梁海俄人建盖房屋,咨行驻库俄官查办;二为东乌梁海控案逐一审明,饬覆遵办;三为咨行驻库俄官公文一角,咨行库伦大臣转行俄官查收;四为西乌梁海前被俄人杀害人命,咨商驻库俄官如何办理,希祈见覆外,并饬唐努乌梁海总管候办。又内阁一件,为咨送科城主稿奏折一件,俾该大臣接收见覆。

初九日(3月3日)清晨春雪霏霏,午初晴霁。监视木工修理内厩,成做新木马槽。午正诣万寿宫,偕果帅拜发昨阅折件如仪而还,车藩仍称疾未到。未刻堂齐,画行交稿十件,来文四件,堂行五本。检点家严来谕、儿鹏禀帖、历次家信,合封一包,俾祁、杨二价携回交儿鹏查验。天气渐暖,冻羊将化,申刻在东圃小亭率巡捕、郭什哈等炙食上年所馀黄羊、汤羊,以赏春雪,以消残寒,此乌垣别有一种苦乐也,腹地无之。兵部交来祁荣、杨福往接鄙眷护票一张交二价妥存,抵京日俾儿鹏查收,又内阁交来祁荣、杨福蒙文传单一张,交二价随身妥存,以备沿途验看,麟并传谕各台如该价等沿途不法,例外多取驼马,即由该台站官送交驿转道转送察哈尔都统照例严惩,以杜滋事。

初十日(3月4日)辰正二刻出西门闲步,策骑走冰雪及河而下,步入台市,至义盛德商家少坐,步出前街,走河冰,仍策骑由旧路还公廨,时巳初三刻矣。午后登东城楼观穆价等排车绕西城楼而下。张纫工做小皮袄皮裤成,当以大茶四块奖之,即将二物并玉色纺绸棉裤以旧包袱裹妥交杨价携回,及绷赠奶饼四包代呈家严,又以绷赠奶饼二包遣赠义盛德杨商等。阿诚斋代写麟履历底成,封妥存奏过折件匣内备考。当将合锡三前钞草底附信寄交儿鹏留作事实。以上年札赠洋糖一包奖杨价食其子女也。镫下检点十日记事,钉封家报履历①,面交祁、杨二价寄

_____

① 此处天头批:"忠字廿三。"

京矣。

十一日(3月5日)孝康章皇后忌辰。辰正三刻出东门闲步,策骑走冰雪,至后庙少坐。仍策骑由旧路及冰渠,微下处积雪一滑,马失双前蹄,竭力一提,幸未坠下,乃力猛气岔,腹内作痛,下骑步入东门还公廨,时巳正二刻矣,腹痛已愈,想亦神灵默佑耳。先是车辕巡捕莽阿哩由金军保奖蓝翎来叩,当以玉翎管一只奖去。未刻瑞岚秀来回,奉果帅令派定守备静庵、巡捕魏铭,酌留营卒四名,就近赴保阳迎提加支经费,晤谈而去。申刻登东城楼,绕南城楼,眺远而下。

十二日(3月6日)辰正二刻出西门闲步,策骑走冰雪及河汊而下,步入台市,至义盛德商家少坐,以大茶十一块购银针大貂皮壹张,当用夹板夹好交祁荣寄京,俾儿鹏代做貂冠壹顶,貂尾做托,按月备上小帽。步出前街踏河冰,仍策骑由旧路还公廨,时巳正二刻矣。四部院略节:内阁二件,为恭录谢赏福字荷包恩折稿,咨行科城大臣查看;又为奏进文缘由,奉皇上朱批"知道了"。钦此。钦遵恭录咨行礼部科城大臣钦遵查照。户部一件,为咨覆科布多覆文二件,转行该大臣查办。兵部一件,为张家口元发昌商民魏存成等各持部票前往三盟等处贸易,札饬吉厦并檄饬札盟遵办。理藩院四件,一为吉厦呈报孳生厂兵吉克吉特与拉布丹对调,咨行管厂车王查办;二为札盟呈报偷盗乌城商民马匹之那札萨克等旗贼犯责惩缘由,饬覆该盟长妥办呈覆;三为三盟呈报前验贼犯骨殖各官出结,饬覆三盟径行完结;四为札盟索台吉续假奏片,先录折稿咨行理藩院并札饬札盟盟长转饬。

十三日(3月7日)辰正二刻出东门闲步,策骑走冰雪,至后庙少坐,仍策骑由旧路还公廨,时巳正矣。监视祁、杨二价结束驮驮,午初祁、杨二价叩辞,面嘱该二价沿途小心谨慎,抵家日代叩家严安好,洒泪而遣,派张、周、穆三价送至南坝。按祁、杨二价人均平和朴愨,祁荣在麟左右,微劳尤多,往返伊吾鞍前马后较他仆为得力也,杨福针线浆洗从无误事,惜二人财色两关稍重,又加以乌垣寒苦异常,不得已遣投张朗兄处喋饭,俾得长途历练。俟麟官况微佳,渠等磨砺渐成,仍可驱策以收"人惟求旧"之效。旋登南城楼目送祁、杨二价走河冰及南坡,麟午正自城而下,未初二刻张、周、穆三价送祁、杨二价归,言该价等已平安逾坝南下矣。少焉堂齐,画行交稿十件,来文八件,堂行五本。浣阿诚斋以大白折代录光绪十年二月初六日以来记事,俟成汇为一册,备考生平所历。户部现画略节一件,为派定静庵等持文迎提加支银两,除札饬该员等遵照外,咨行直督、察哈尔统制照会口北兵备道查照。接德锡江贺年信一封。监视木工成做内圈马槽。

十四日(3月8日)辰正二刻出西门闲步,策骑走冰雪及河而下,步入台市,至义盛德商家少坐,步出前街踏河冰,仍策骑由旧路还公廨,时已正矣。午后监视木工修理内厕。镫下看户部交来前任军帅额相国奏参绥远诺佐领敏欠款稿案十五件。

十五日(3月9日)阴云四合,微风细雪。辰初二刻乘新排马车诣菩萨庙、关帝庙,拈香毕,辰正壹刻更便服,仍乘车至东山下小教场,观郭什哈等开操习演牌枪铅丸,以隆庆昌饽饽三斤半分奖中粒各卒,巳初仍乘车还公廨。张纫工以旧二蓝洋绉长袖马套面凑旧玉色小夹袄里面改做小棉袄成,当以大茶二块奖去。内阁交来写讫覆刚子良中丞一信,当即封讫交发矣。未后雪停,瑞岚秀来谒,将果帅令为开复诺佐领革职处分并以户部则例讨论而去。四部院略节:内阁一件,为科城正月分报匣转咨兵部查照。户部一件,为科城回绥笔政贵廉应缴银粮转咨户部查核。兵部一件,为商民陈万山前往塔城贸易,咨行该城大臣查照并科城大臣转饬。理藩院四件,一为科城收到官驼咨行户部理藩院查照;二为东乌梁海呈报逃犯丹毕非是巴吉雅旗下之人,饬覆查办西乌梁海呈报承缉不力之达噜噶等衔名,札饬该总管查照遵行;四为金笔政奇暹例领马匹,除札饬吉厦饬放外,先行咨报户部。

十六日(3月10日)辰正二刻出西门闲步,策骑踏旧冰走新雪,其滑尤甚,及河冰而下,步入台市,至义盛德商家少坐,步出前街走河冰,仍策骑由旧路还公廨,时巳正矣。午刻监视木工以山柴巨木做五尺高、六尺长大马架一座,头尾毕具,为麟朝夕习演上下,惜年将知命,腰腿非昔,不过以此释闷,恐未必能进益也。未刻堂齐,画行交稿七件,来文四件,堂行五本。

十七日(3月11日)晨兴,四(只)〔支〕不爽,兼之春风刺骨,故未出门,换写“喜青松雏鹤斋”等处三匾以解无聊。午后乘车出西门,踏泥冰走晏水,行后街穿台市,至义盛德商家少坐,算还新马槽木价,计用松签寸板十五块,以大茶十块偿之。仍乘车出前街,由旧路还公廨,时未正矣。派营卒于富驱车采买山柴,言明每月工茶四块,每车山价一钱二分,终岁约需四五十金。

十八日(3月12日)四(只)〔支〕仍觉不爽。辰正二刻出东门闲步,策骑走宿雪,诚如翁叔平前辈覆函云“雪厚于棉”矣,惟祝羊大于马,则符贤哲之望耳。至后庙少坐,仍策骑由旧路还公廨,时巳正二刻矣。午后改校昨日瑞岚秀送来为诺佐领开复摘顶革职处分,暨适间德笔政送来科城前咨会查铅矿奏底清汉各一件,改校讫,即时遣交户部、理藩院分办矣。户部略节一件,为放过本年春季致祭关帝香烛银两册咨京部查核。兵部一件,为查乌城并无裁撤提镇员缺,咨覆京部查照。理藩院三件,为科城明阿特所放昆都各缺转报理藩院;又为前经本处奏奖西乌梁海官兵,迄今未准部覆,咨行理藩院查照见覆,并札饬该总管查照;

再为三盟呈报饬传本年秋冬二季赴科驻班台吉巴达尔前往,咨行该大臣查照。

十九日(3月13日)辰初二刻诣菩萨庙拈香,恭祝圣诞,礼毕还公廨。牧厂章盖昆都来谒,当令将乳牛牵回,奖大茶二块以酬之。麟自上年九秋至本年仲春每晨饮奶茶一碗,出城运甓,微躯较前颇健,惟前后共费大茶十四块之多,共食一百五十馀日,一日计费银八分有奇,较京中尚贵一倍耳。未刻堂齐,画行稿五件,来文三件,堂行五本。札嘎台台吉栋鲁布递哈哒一块,补叩年禧,当即传见,询问台情,奖其玉翎管一只而去。申刻札静亭、普耀亭来谒,言城后烈义菜园商民范述因讹赖账目被控一案供词狡展,俾其从严审讯,照例究办而去。

廿日(3月14日)孝哲毅皇后忌辰。晨雪霏霏,未克出门闲步,午间晴霁,乘车出西门,走泥冰进台市北街,至义盛德商家少坐,仍乘车出前街,由旧路还公廨,时未初二刻矣。日来营卒赵宽排车出力,今以玉搬指、烟袋嘴二件奖之。

廿一日(3月15日)辰正二刻出东门闲步,策骑走冰雪,至后庙前而下,以河汊晏水,浮冰滑如明镜,故步而过之。入庙少坐,仍策骑东南行,走河冰,积雪高低不平,深处有没马膝,浅处亦逾马胫,赖张庭裕牵之而行,始得无虞也。运甓习勤,行险徼幸,实迫于无聊耳,巳正二刻还公廨。午后登南城楼眺远,向阳少坐,望云饮泣而下。文笔政宴轩赴绥远迎提本年春夏晋饷来辞行,当由义盛德购狼皮一张,隆庆昌借银四两,俾其代做黑香羊皮暖靴以御冬寒。

廿二日(3月16日)辰正二刻出西门闲步,策骑西行,及河汊晏水浮冰而下,走长桥步台市,至义盛德商家少坐。步出前街,走长桥,仍策骑及南河汊而下,步过冰雪,仍策骑由旧路还公廨,时巳正二刻矣。日来天气渐暖,河冰中流消融,宴水岐流,河

汉泛溢,朝夕寒冷,浮冰复结,每晨学骑行大不易也。未后荣锡
三来谒,以咨覆总署札盟遵饬接护俄人伯塔凝游历出境文讨论
而去。先是在西门外河汉渡冰时商民范述路侧呼冤,当交兵部
持平严讯,适间札、普二章京来谒,并以烈义园铺帐数本详加考
证,尚无矛盾,当令再行覆审而去。户部略节一件,为科城去冬
放过出差官兵行装银两转报京部查核。兵部一件,为商民武发
义被窃牲畜旧案,咨行新疆巡抚就近完结。理藩院二件,为科城
派员会查都兰哈喇铅厂,札饬吉厦转饬;又为三盟呈报前派驻管
众安寺之胡毕尔汗捏病迁延,饬覆催令起程,咨行科城大臣
查照。

　　廿三日(3月17日)辰正二刻出南门闲步,绕冰汉行宿雪,
进东门而还。浼蒙古笔齐业齐代钞蒙古字头一本,即经指示音
韵而去,旋依韵读之,稍觉了然,惜麟年将知命,掩卷辄忘。未刻
堂齐,画行交稿五件,来文五件,堂行七本。户部现画略节一件,
为库伦解送伊犁回民一名,派员护解至科城查照转解外,咨覆库
城查照。

　　廿四日(3月18日)清晨出东门闲步,沿北濠绕西门而还,
午间乘车出西门,走晏水踏宿冰,穿后街至义盛德商家少坐,仍
乘车出前街,由旧路还公廨,时未初二刻矣。接阿树兄一信,即
写覆函,附都振庭信中寄去矣。

　　廿五日(3月19日)清晨步出东门,至较场观郭什哈等习演
牌枪,分奖中粒兵丁隆庆昌饽饽二斤四两而还。未刻札静亭、普
耀庭来谒,并以(义烈)〔烈义〕园范、王各商供结已回果帅,奉果
帅令即照例将讹赖妄诬之范述递解回籍,交该地方官严加管束
云云而去。四部院略节:内阁一件,为咨覆科城前经接递过会衔
折件,行该大臣查照见覆。户部一件,为庆笔政林等找缴盐粮,
咨报京部查核。兵部一件,为归化源恒昌商民孙涛等持票各往

三、札两盟等处贸〔易〕，札饬吉厦转饬。理藩院一件，为俄人伯塔凝游历札盟等处，咨呈总署查照。

廿六日（3月20日）孝昭仁皇后忌辰。清晨遣立价等压马绿营沟，巳正而回。未刻堂齐，画行交稿四件，来文八件，堂行五本。现出有馀丁一缺，奉果帅令着效力张立充补，麟虽往返三辞，果帅执意不允，以其当差尚知勤慎也，不得已权从其令，当率立价往果帅节署叩谢，晤谈许久而返。昨夜子正梦赤虎沿山而行，麟以趋避而醒，不知主何吉凶。

廿七日（3月21日）春分。辰正二刻出南门，沿东濠绕北河至中流，观围人饮马，绕西濠，仍进南门还公廨，时巳初一刻矣。札盟新袭公衔台吉色勒凝来谒，递哈哒一条，青马一匹，晤其为人年方髫龄，颇具质朴，立谈数语而去。未刻普耀庭以《蒙文指要》一书来晤，指示许久而去，惜麟年近五旬，记性毫无，闻教即悉，掩卷辄忘，甚悔迟也。晚饭后闲步隆庆昌，少坐而还。镫下闻立价宿疾大发，赖穆价以茶膏治之，或七日可以就痊耳。

廿八日（3月22日）清晨不爽，未敢冒风闲步。午后普耀庭来晤，以蒙古翻译《清文启蒙》指示许久而去，不图四十年愚蒙，今一旦启于乌垣，并可藉此排遣，可谓人生四十当知卅九年之非也。兵部略节一件，为递解范述回籍，檄饬赛尔乌苏咨行晋抚、察哈尔都统查照转饬。理藩院一件，为花硕落图帮台台吉呈报三、札两盟贼犯屡偷牲畜，除札饬四盟盟长查照外，札饬该台吉等遵办。

廿九日（3月23日）清晨不爽，勉钞蒙古《启蒙》一则，以解无聊。午后普耀庭以《三合便览》来晤，指示蒙文读法而去。札盟色台吉叩谢天恩毕来辞行，当即晤谈，以玉搬指、烟袋嘴二事饯别，并补奖牵马人大茶一块而去。驻班副将军车王递哈哒一块，枣骝马一匹，当回哈哒一方，玉搬指一个而去。未刻堂齐，画行交稿二件，堂行四本。接荫槐兄来信一封，内附儿鹏晋字第十三号家报，深言舍下艰窘异常，家严待奉甚殷，观之令人短气，可知苏季子之文不诬也。洁己奉公乃人臣之本分，非奇特之才能，尚不满于妻子，况他人乎。附来柏介甫、德晓峰、穆同年、张辅臣、锡席卿前辈、文锦如世叔、容峻峰世叔、嵩犊山前辈、松寿泉夫子、齐兰石、敬子斋、胡笑山、花兰斋亲友覆函十三封。接穆春岩军帅、娄彝生、李辑庭、承继斋、惠寿农四通家、文敬堂、皂墨林、李觉堂、吴诚斋四同乡、陈世五、安煦斋二同年、锡子农同乡贺年信版十二封，知诸友均各平安，惟世五同年、继斋、寿农二通家景况窘迫犹麟耳。

廿日（3月24日）日来朝夕不爽，昨夜一宿未眠，今晨目眩头晕，四（只）〔支〕不力，五内胀痛，手足麻木，将有大病之势，勉强起立，即服灵应丸五粒而不见愈，只好听之而已。午后普耀庭来晤，力疾讨论《蒙文启蒙》一则而去。未刻札盟那逊布彦吉尔噶勒公来谒，并递哈哒一块，黄马二匹，当即晤谈，面赠玉搬指、翎管二事，奖其护卫活计一件，马夫大茶一块而去。申刻力疾写致那钜辅一信，并浼全守馀代稿寿泉夫子覆函，并忠字第廿四号家报附寄。晚间闲步后街，至隆庆昌少坐，由西夹道而还。镫下借读全守馀《三合便览》解闷。

三月初一日（3月25日）辰正力疾步出东门至小教场，观郭什哈等习演牌枪，巳初步还公廨，以隆庆昌饽饽六斤四两分奖中粒各兵。巡捕等面禀营卒赵宽与张维锦口角斗殴，维锦用铜壶抛击赵宽，幸伤头不重，当即面讯，供认不讳，本拟责革示众，巡捕等又请从宽，即传狱卒来辕，责张维锦八十军棍，责赵宽廿军棍，以示惩警。午初乘车出西门，走酥冰沿山坡至大盛魁回拜那公，晤谈许久而别，仍由旧路还公廨，时未初矣。普耀庭来晤，指示《三合便览》而去。内阁交来写讫覆松寿泉夫子一信。以前

价购赏犒活计四十件备赏。穆价以谷米细面红糖蒸小馎馎数
枚,食之如返故乡也。镫下检点上月十一日至卅日记事十四
扣半。

初二日(3月26日)贱躯仍是不爽,力疾起立,勉钞《蒙文启
蒙》解闷。午后与普耀庭讨论《三合便览》序文而去。晚间闲步
阜丰仓,便道隆庆昌,少坐而还。内阁略节一件,为本年二月分
接到火票咨送兵部查销。兵部一件,为归化义成源商民陈学孟
等各持部票前往三、札两盟贸易,札饬吉厦转饬。理藩院三件,
为吉厦呈报本年夏季驻班副将军,檄饬车盟夏季来乌驻班;又为
檄饬西两部落盟长,迅传夏季应班笔齐业齐按期前来接办;再为
札盟盟长呈报偷盗科民王广胜驼只贼犯逃走,承缉达噜噶初次
未获,照例展限赶紧查拿饬覆。

初三日(3月27日)仍不爽,力疾钉封忠字第廿四号家
报①,附上月记事,当写致吉荣弟一信封交内阁马递矣。午间普
耀庭来晤,指示蒙文,阿诚斋来谒,讨论清文,与耀庭同去。未刻
堂齐,画行交稿五件,来文十二件,堂行一本。张纫工改做皮棉
红斗篷二件成,以大茶四块劳之。日来朝夕不爽,颇收不治中医
之功,且喜穆价茶膏力大,使立价数载沉疴除于七日也,无如狗
奴无知,虽能却病于一时,恐不恒心于久远也。晚间闲步后街,
至隆庆昌少坐,由西夹道而还。镫下观《三合便览》序文解闷。

初四日(3月28日)晨钞《蒙文启蒙》,午与普耀庭讨论蒙
文,与阿诚斋改校清文,先后而别,夕仍闲步隆庆昌,少坐而还。
镫下看《三合便览》解闷,少焉巡捕戴明魁偕营卒常林差旋,言
及抵都日面谒家严,见家严康健矍铄,起居尚强,甚纾下怀。带
来上年九月十五日至十一月廿七日京报七十二本,得瞻天语,犹

---

① 　此处天头批:"忠字廿四。"

亲君父,且喜京师西安门内英人教堂移于西什库右,我皇上郊祭礼成,乘辇宿坛,贵喆生同年弹章侃侃,深堪钦佩,吴清卿前辈升任东粤中丞,端午桥世弟不赴东鲁襄理河工,孝思高尚,恭邸承还双俸,佩蘅相师蒙恩致仕食俸,均欣服于鄙意者也。孤臣身在边庭,公事无多,愚衷时驰朝廷,今一敬瞻诸善政,小恙为之一瘳。附接光丽生同年、英子实世弟、和克庵同年、吴昆甫、小枢臣如鹤侪诸友、张朗兄、瑞摹庵前辈、伊仲平通家覆函八封,松竹精笺三匣,外接定静村军帅、景介臣、志功甫、兆仰山信片版禀四事,喜仰山抵京次日即谒家严,得见康强逢吉,尤纾下怀。京信内附旧价刘顺禀帖一封,情词委婉,乃其意不在京而在荆也,京价张玉安禀,尚属朴愨。

初五日(3月29日)清晨果帅遣禄郭什哈塔持清文信来谒,当即传见,启阅果函,系因腿疾复发,意将请假调理。旋往视疾,见果帅两腿旧染湿潮,近复肿发,以致步履维艰,筋骨作痛,大有不胜之状。可知久戍边疆者,及致年老力衰,无不因旧疾而已者也,晤谈许久而返。午间四部院章京等来谒,将果帅令着拟请假奏稿,将援案移篆暂护,麟实不敢当,俾覆果帅照督抚请假之例,日行公事委员代拆代行,紧要事件仍由果帅裁酌而去,旋奉果帅令,仍应照案办理,并以额相国在将军任请假旧稿见示而去。未刻普耀庭、阿诚斋先后来晤,讨论满蒙文而别。内阁略节一件,为二月分接拜报匣咨行兵部查核。兵部一件,为病故兵役刘钰遗缺以张立拔补咨报京部查照。理藩院三件,为蒙人王党在玉门县境内贸易,曾否领有路票,除札饬四盟盟长查照转饬外,咨覆陕甘总督查照转饬;又为吉厦副将军车王请假回游牧侍亲,以旺贝子署班;再为科城拣补屯田札兰等缺转报理藩院。

初六日(3月30日)改校户部拟阅循例由归绥道署咨取毛布口袋清汉奏底。午间普耀庭、阿诚斋先后来晤,讨论满蒙文而

去。未刻堂齐,画行交稿五件,来文十一件,堂行二本。派巡捕
荣广接管草厂事务。

初七日(3月31日)辰正出西门闲步,策骑走酥冰行后街,
至三元宫下骑,派立价等压马下菜园,步穿台市,至义盛德商家
少坐。接吉绥之同乡信一封,晤其跟役李恩荣,询问东乌梁海俄
人建造房屋是否属实,据云风闻俄人巴彦猛格、何楞格尔各在东
乌梁海境内建造房屋各一所等语,虽系传闻未必真确,而上年西
乌梁海所报不为无因,乃东乌梁海皆诿之于西乌梁捏词妄报,鄙
处虽已札饬呈覆,而至今并未覆呈,不知其中又将如何弥缝。车
藩遇事袒护阻挠,司员从中弄弊,诚如那钜辅来函所言,因循已
久,非一时一人所能清理者也,乃心王室者当如何耶?少焉立价
等压马回,仍策骑出前街,由旧路还公廨,时已正矣。写覆吉绥
之一信,旋藉来价寄去。午后署吉厦旺贝子来谒,晤谈而去。未
后普耀庭、阿诚斋来晤,讨论满蒙文而别。申下内阁交来果帅因
病请假清汉折底,各校数处交缮矣。晚间闲步,隆庆昌少坐,复
与全守馀润色折底而还。

初八日(4月1日)辰正出西门闲步,策骑走酥冰进前街,至
义盛德商家少坐,仍策骑由旧路还公廨,时已正矣。午后普耀
庭、阿诚斋来晤,讨论满蒙文而去。晚间闲步隆庆昌,少坐而还。
内阁略节一件,为乌梁〔海〕文封不符,札饬北九台及该总管呈
覆。兵部一件,为商民李春年等往杜尔伯特察贝子旗下贸易,咨
行科城大臣查饬。理藩院一件,为科城奏查铅厂,奉朱批"知道
了"。钦此。札饬署吉厦转饬。

初九日(4月2日)清晨钞读《蒙文启蒙》,午间普耀庭来晤,
讨论而去。接怀绍先、朱敏斋贺年信二封。魏午兄信一封,知其
去腊再赋鼓盆。麟前假毅帅有文千金,现经午兄代达毅帅,允登
私帐,则在通挪之数,可不报部矣。内阁交来写讫致伊犁署额鲁

特领队喀固斋信一封，当将和克庵、嵩菊庄二信及麟致长少白一信均附入粘固，交发马递矣。未刻堂齐，画行交稿三件，来文八件，堂行四本。

初十日（4月3日）孝贞显皇后忌辰。辰正二刻出西门闲步，策骑走酥冰进台市，至义盛德商家少坐，购绸月洋布八方，酱色菲洋绉十尺，合果赠品月纺绸，交张纫工凑做薄棉分幔一架以御夜寒，缘卧帐太严，夏用不便，乃乌城昼夜四时无幔又恐着凉也，故凑做之。仍骑由旧路还公廨，时巳正二刻矣。未刻阿诚斋、耀庭先后来晤，讨论满蒙文而去。闻内阁人云，果帅请假折底车藩将有更正而未果行，可发一笑，其遇事阻挠之行于此益见。

十一日（4月4日）孝贤纯皇后忌辰。清晨钞《蒙文启蒙》二则。监视木工成做四尺长一尺宽供板一分，为存紧要公物书章也。午后普耀庭、阿诚斋来谒，晤谈满蒙文而去。内阁交来写讫覆魏午兄信一封，当即粘固交发矣。接三盟锦王清文信一封，哈哒一条，当回哈哒一方，烟荷包、褡裢二事，俾理藩院代覆清文信一封，以其来信中斟酌上年回礼未见荷包，今故附函伴物。未后阴云不定，忽雪忽晴，晚间雪霁，闲步隆庆昌，少坐而还。

十二日（4月5日）清明。卯正二刻乘车出西门，走河汉行酥冰进后街，诣城隍庙拈香，并行展墓礼，策骑由旧路还公廨，时辰正矣。未刻阿诚斋、普耀庭来晤，讨论满蒙文而去。金笔政奇遒、营卒曹旺先后由归绥道署解到乌、科二城上年后半年经费银三万三千馀两。四部院略节：内阁（二）〔一〕件，为拜发奏事报匣咨行兵部转奏。户部一件，为咨行科城派员提领上年秋冬经费。兵部一件，为归化复成义商民庞璋等持票往三、札两盟贸易，札饬吉厦转饬。理藩院六件，一为三盟偷盗马匹贼犯等及被窃商民，均饬该盟传解来乌对质；二为哈尔呢敦等台台吉呈报台兵扎密雅官马被盗，踩缉被伤，札饬车盟遵办，图、三、札三盟查照并饬覆该台;三为哈尔呢敦等台台吉车公呈报近年被盗牲畜如何发给,札饬车盟遵办,图、三、札三盟查照并饬覆该台;四为三盟特王旗下逃犯吉克札布三次限内未获照例展限四次,严拿务获;五为驻库俄官咨行该俄商公文一角,转咨科城咨覆库伦查照;六为西藏喇嘛落布桑巴尔丹等呈前往乌梁海等处化缘,照案更换路票,咨行科城查照,并饬该总管及津吉里克卡伦查照,原票咨行库伦查销。今晨拜庙,勉服珍珠毛马褂、白袖头小毛袍,乃羊皮小袄裤尚未敢去身,晚饭仍吃熬冻豆腐,观此则乌城天时可知。晚饭后闲步关帝庙,瞻仰历任将军、大臣恭悬清汉匾额,便道隆庆昌,少坐而还。

十三日(4月6日)清晨闲步东门外,观圉人饮马,绕南门进西门而还。检点本月朔至本日记事十一扣半,写致荫槐兄一信,附忠字第廿五号家报,光丽生、桂文圃二信。午后阿诚斋、普耀庭来晤,讨论满蒙文而去。未刻堂齐,画行交稿十件,来文六件,堂行八本。内阁以明日拜发三折一片、安折二分、封筒五分来阅,当即逐件恭阅而去。全守馀来谒,将果帅令以明日拜折后即援案移交将军印信,麟闻之不胜惶恐,仍俾守馀代覆果帅,似应奉旨后再行移请印信为妥,旋焉复回,据云果帅以护理额相国将印时即以拜折之期为请假之日,权移印信,并将额相当时请假、续假稿件提来,麟考其时日尚无矛盾,只好遵案办理,复与守馀晤谈公事而去。当派巡捕八名,添派郭什哈三名,每日二人轮流在内值日值宿,监守印信,以昭慎重,此未携眷之苦验矣。户部现画奏稿略节二件,为援案往归绥道署领取毛布口袋,请饬晋抚转饬①;又为开复已革佐领诺敏处分片奏。理藩院一件,为奏派

---

① 参见本书附录二027《奏为乌科两城采办官兵米面口袋不敷需用请饬先期制造照案派员领取事》。

管理孳生驼只事务①。当画奏稿三件，果帅单衔请假奏稿照例
恭阅不画。接兵部递到我皇上亲政恩诏清汉誊黄一通，当即跪
迎，恭悬大门左右壁上，恩诏内有京外大小文武官员各赏加一级
等因，仰见初政维新，臣工先沾雨露也，即饬内阁办折谢恩，诹吉
拜发。酉刻内阁来验填写讫明日拜发折件日期，即将致槐兄一
信并家报发去矣②。

　　十四日（4月7日）清晨饬立价用黄纸裱糊前做供板，以备
供放将军印信。已正诣万寿宫，偕果帅、车藩拜发昨阅折件，如
仪而还。午初戍守营总玉凌、内阁章京全成等将果帅令，恭赍定
边左副将军印信一颗、钦差大臣关防一颗、印钥二柄暨令旗、令
箭、匣钥二柄移交前来，当即恭迓入室，供奉鄙署待时堂中，叩拜
如仪，立受四部院章京、巡捕、郭什哈等庭参毕，即饬监印巡捕开
启印箱，恭验虎符、帅印各一颗，钥匙四柄无讹，仍储原箱，陈于
卧室供板上。少焉车藩及仲诚二世兄先后来晤，均畅谈而别。
午正谒果帅节署，请教边情公事，晤谈许久而返。乘车出南门，
走河汉沿山坡至车藩署回拜，晤谈许久，仍乘车由旧路进东门走
后街，回拜四部院章京等，走西夹道而还，时未初矣。阿诚斋、普
耀庭来晤，讨论满蒙文而去。本日监印巡捕昼吉通，夜巴雅纳，
初护兵符，不敢远离。晚饭后闲步菩萨庙前，少坐而还。镫下与
立价斗叶子解闷。

　　十五日（4月8日）辰初谐菩萨庙、关帝庙，拈香毕，还公廨
更便服，登东城楼遥观绿营合操，队伍颇齐，少坐而下。午后阿
诚斋、普耀庭来晤，讨论满蒙文而去。申刻四部院各封呈明日应

画稿件并递略节,当即逐件详阅讫。户部稿内夹签一只饬核,此即代办将军之公事也。内阁一件,为科城二月分接到报匣转行兵部查照。户部一件,为驼马变价清单咨覆户部查核。兵部一件,为通行果帅请假奏稿。理藩院三件,为科城现存二项牲畜转呈枢廷并檄饬吉厦转饬;又为循例请简管理驼只奏稿咨行户部、理藩院查照,札饬三盟盟长转饬署西厂协理台吉暨吉厦查照;再为图盟副将军车王旗下请补察克达兵一缺以洛堆准补,饬覆遵行。戌刻狂风大作,枥马奔腾,亥正风息,阴云四合,微雪飘飘矣。本日监印巡捕昼张德,夜巴雅纳。

十六日(4月9日)雪后微寒而春阴酝酿,土脉滋润,巳间晴霁,宿雪半融,草木大有萌动之态,观此清和月,想可踏青耳。午间普耀庭来晤,讨论蒙文并以《蒙文汇书》留钞而去。当购棉连四纸四十张,俾丁、郝二郭什哈打本。未刻堂齐,画行呈行交稿六件,来文十四件,堂行二本。内阁用印五颗,理藩院用印八十二颗。本日监印巡捕昼玉连魁,夜吉通。申刻雨雪霏霏,阿诚斋来晤,讨论满文而去。台市厅官来报,前街蒙户不戒于火,延烧木柴一垛,毡房一顶,随起随落,未致大炽。接都振庭覆函一封,知其前信已经收到,阿树兄一信已代转达矣。同耀庭交钞《蒙文汇书》子、丑、寅、卯四本于蒙古笔奇业奇等。

十七日(4月10日)清晨钞《蒙文启蒙》解闷。监视立价裱糊挂斗,监视木工做印柜,拟高一尺四寸,深一尺,横二尺,荷叶门二扇,钉鈕鎻贯穿钉锁铁锁,内储二印箱,以昭慎重,谅须三二日成。午间阿诚斋、普耀庭来晤,讨论满蒙文而去。镫下与立价斗叶子解闷。本日监印巡捕昼王英,夜吉通。

十八日(4月11日)监视木工成做印柜。午间恭缮"宣威沙漠"蒙文匾一方,觅良工恭刻,俟成恭悬乌城内关帝庙。未刻阿诚斋、普耀庭来晤,讨论满蒙文而去。申刻四部院各封呈明日应画稿件,当即逐件详阅讫,略节:内阁一件,为催查时宪书札饬南廿台、赛尔乌苏,咨行察哈尔都统查明见覆。户部一件,为科城放过囚粮册转京部查核。兵部一件,为商民李祯前往札盟纳公旗下贸易,札饬该盟查照转饬。理藩院四件,一为科城奏派蒙兵分札各台等因,奉朱批"该衙门知道"。钦此。札饬吉厦转饬钦遵;二为图札三等盟赇漏科城屯田差使,札饬各该盟长查办并咨覆科城查照;三为西乌梁海呈报绰豁尔台被盗马匹札饬札盟查照呈覆;四为咨送东西两乌梁海应领满汉誊黄。本日监印巡捕昼陈玉山,夜吉通。

十九日（4月12日）监视木工成做印柜,恭做庙匾。午间阿诚斋、普耀庭来晤,讨论满蒙文而去。未刻堂齐,画行交稿九件,来文八件,堂行四本。内阁、兵部、理藩院共用印二百六十七颗。本日监印巡捕昼张玉秀,夜吉通。户部交来本年夏季养廉,除扣上年冬季米面银二十二两一钱七分九厘①,实领银一百一两五钱四分八厘九毫七丝②,还隆庆昌浮借银卅八两,大盛魁四十两,给张、周、穆三价各五两,奖张庭裕二两,郝子英一两,隆庆饽饽费六两二钱三分。蒙古笔齐业齐交来钞讫子、丑、寅、卯四本《蒙文汇书》,可谓速而妥也,当将辰、巳、午、未四本交钞。晚间木工成做印柜成,以大茶一块劳之。镫下监视立价等以黄京文纸裱糊印柜。

廿日（4月13日）清晨钞《蒙文启蒙》。吉笔政杭阿、果辕巡捕黄金贵、营卒赵文玉等由科领到上年秋季小麦五百石。接英子杰信一封。午后接果帅亲兵郑万库差旋带来乐巡捕禀帖一封,知其本年正月廿六日抵京,即将军火交讫,旋谒家严,二月初

---

① "二十二两一钱七分九厘"原为草码,今转为汉字。
② "四分八厘九毫七丝"原为草码,今转为汉字。

五日由京赴口,觅脚回绥云云。接家严谕帖,如亲聆庭训,敬悉家严身体康健,饮食如常,甚纾下怀,孙瀛出息,长女上月中旬入选,均纾鄙念。接儿鹏晋字第十五号家报,知家叔亲友均各平安,惟寄来各物尚在胡杰手内,附接庆邸、文葵卿、丰参领、溥文斋、德云舫同门、馀善庭①同年覆函六封,并附永侍卫家信一封,当即马递津吉哩克卡矣。未刻监视木工镌刻"宣威沙漠"蒙文庙匾。阿诚斋、普耀庭来晤,讨论满蒙文而去。吉巡捕由天义德代购紫红马一匹,性驯步稳,惜口太大身甚小惟歉耳。本日监印巡捕昼雷英,夜吉通。

廿一日(4月14日)监视木工恭刻庙匾成,钉四角铁锯毕,当向果帅借梁郭什哈禄购料油饰,惜胡杰尚未回差,儿鹏交来颜料未及用耳。午间车藩孙世兄来谒,以《四体文鉴》讨论一则而去。适阅伊吾记事,偶及前年今日天山庙匾成,乃今日在乌又饬匠恭镌本城庙匾,事逢其时,想亦神灵之默感耳。未刻阿诚斋、普耀庭来晤,讨论满蒙文而去。接兆仰山来禀,应缴军火全行交讫,惟第五起内失去刺刀七柄,第九起内失去木箱一只,押运弁兵声称刘天祥寻物冻毙等语,情殊可悯,该弁兵等互相推诿,亦甚可恶,俟神机营覆文到乌,该弁兵等差旋之日,再为严行究办,以为奉差不慎者戒。本日监印巡捕昼巴雅纳,夜张德。理藩院梅笔政和请阅驳查图盟稿底一件而去。

廿二日(4月15日)清晨恭缮后庙"亘古一人"清文匾一方,备刻。巳刻蒙古笔齐业齐交来钞讫辰、巳、午、未四本《蒙文汇书》,当将申、酉、戌、亥四本发缮矣。张纫工凑做棉幔成,以大

---

① 同治十三年进士有馀庆,正红旗满洲人,当即馀善庭;王振声《心清室日记》光绪二十九年中亦有同年"馀善庭",王氏为同治十三年进士,该科馀姓者只有馀庆。

茶二块劳之。科城差竣粮员恩荣甫厚同乡过境来谒，并以科物
六色见遗，仅收其科醋一篓，腌肉一块，资力一茶而去，旋以隆庆
昌饽饽二匣报之。未刻阿诚斋、普耀庭来晤，讨论满蒙文而去。
接阿树兄一信，言与恩荣甫至契也。本日监印巡捕昼玉连魁，夜
张德。申刻户、兵部、理藩院各封呈明日应画稿件并递略节，当
即逐件详阅讫：户部二件，为诺佐领开复奏片稿，咨行户、兵部、
绥远将军查照；又为奏取毛布口袋折稿，咨行户、晋抚、绥远将
军查照。兵部一件，为科属索果克卡伦侍卫年满，咨行兵部侍卫
处查照。理藩院五件，一为三盟达噜噶承缉展限，饬覆外咨报理
藩院；二为吉厦呈报所欠俄债拟给还结，咨行驻库俄官查办见
覆；三为驻库俄官公文一角，咨行库伦大臣转行俄官查收；四为
三盟贼犯偷盗北台章盖马匹，除饬该盟查办外，并饬覆北九台查
照；五为图盟前垫驼价祈请指放，饬覆查照。

　　廿三日（4月16日）清晨钞《蒙文启蒙》。早饭后策骑出西
门，走河汉过长桥，进后街至广盛逆旅，回拜恩荣甫，晤谈许久而
别。便道义盛德商家少坐，仍策出前街，由旧还公廨，时午初矣。
少焉恩荣甫来谢步，晤谈而去，并浼其代寄家报及吉绥之信包。
监视梁画工油饰东庙庙匾，高木工恭做后庙"亘古一人"清文庙
匾。午正二刻谒万寿宫，偕车藩跪迎本年二月初九日拜发折
件①，两奉朱批"知道了"，两奉朱批"该衙门议奏"，钦此。钦
遵。内阁少坐而还。未刻堂齐，画行交稿八件，来文十一件，堂
行四本，内阁、户部、理藩院共用印一百七十一颗。本日监印巡
捕昼王英，夜张德。检点本月十四日至本日记事九扣半，写恭覆

————————

①　参见本书附录二 024《奏为恩赏福字等物谢恩事》、025《奏为蒙恩加增
　　乌城官兵银两叩谢天恩事》、026《奏为查明东厂罹灾倒毙驼只案内并
　　无别项情弊酌拟分别摊赔事》。

家严禀帖、儿鹏谕帖、覆溥文斋一信，封入忠字第廿六号家报，浼恩荣甫代寄至舍下也。镫下与立价斗叶子解闷。

廿四日（4月17日）清晨钉封忠字第十六号家报①，当并吉绥之家信布包均遣交恩荣甫代寄至京。监视木工、画工成做油饰庙匾。午间车藩孙世兄来谒，讨论《文鉴》而去。蒙古笔齐业齐以申、酉、戌、亥《蒙文汇书》全数钞齐来缴，当即晤见，以玉翎管、烟袋嘴四事分劳之，旋以《蒙文汇书》十二本浼普耀庭俾合寿昌诸友代注清语，盖须两三月间注齐耳。未刻阿诚斋、普耀庭来晤，讨论满蒙文而去。本日监印巡捕昼陈玉山，夜张德。

廿五日（4月18日）清晨恭缮南北菩萨庙满、蒙文"十地圆通"匾各一方，当交木工恭刻。午后阿诚斋来晤，并拆刘毅帅公文一角，为行取原任英吉沙尔领队大臣文履历，即饬兵部咨行该旗并咨覆新疆巡抚。接张朗兄、恩雨三贺年信二封，计由东鲁至乌城马递百日，由兰省至乌城马递六十七日也。未刻普耀庭来晤，与诚斋各讨论满蒙文而去。监视木工恭镌庙匾。申刻四部院各封呈明日应画稿件并递略节，当即逐件详阅讫：内阁一件，为谢赏福字荷包等恩折，恭录兹奉谕旨咨行科城大臣钦遵查照。兵部一件，为科城经制外委姚富等对调员缺，转报京部查核。兵部一件，为京部来咨富笔政祥验放，奉旨"骁骑校用"。钦此。咨行绥远将军查照。理藩院二件，一为前奏查明倒毙驼只，恭录兹奉谕旨咨札各该处钦遵查照；又为札盟台吉续假一片，恭录兹奉谕旨咨札各该处钦遵查照。本日监印巡捕昼张玉秀，夜张德。

廿六日（4月19日）清晨钞《蒙文启蒙》。监视工匠油饰镌刻庙匾。饭后登南城楼眺远而下。午刻全守馀以恭谢加级清汉

折稿润色而去。未刻堂齐,画行稿五件,来文七件,堂行六本,四部院共用印一百五十八颗。本日监印巡捕昼吉通,夜玉连魁。阿诚斋、普耀庭来晤,讨论满蒙文而去。

廿七日(4月20日)清晨登东城楼闲步,转南城楼望云,绕西城楼而下,还公廨,钞《蒙文启蒙》解闷,监视工匠油饰庙匾。由隆庆昌烙小吊炉烧饼廿四枚,合银二钱,与巡捕等分食,如返故乡也。未刻阿诚斋、普耀庭来晤,讨论满蒙文而去。晚间谒东关帝庙,相度悬匾梁栋而还。本日监印巡捕昼雷英,夜玉连魁。

廿八日(4月21日)清晨登东城楼转南城楼,遥观围人饮马而下。果帅骁果刘清莲差旋,并带来赓怡斋信一封,当即拆阅,知果帅报销覆奏怡斋已代起稿,旋由果帅处取阅其稿,明白通畅,理直辞婉,一经出奏定蒙俞允,想果帅之疾可由此瘳。接荫槐兄覆函一封,京报廿本,知谦星桥降二级调用,可为荐才不慎者戒;京师冬春得雪二次,颇纾杞忧,惟圜法又将一变,未敢必其如何也。全守馀、瑞岚秀将果帅令来谒,以怡斋拟稿俾麟覆阅而去,然一字未敢妄为增损,以当时未及亲历耳。车藩孙世兄来晤,讨论《文鉴》而去。饭后午觉梦家岳母率恒世稣通家来乌,云系上年十二月念二日随恒和义商货而来,醒而异之,笔之于记,抑家中生故欤?抑念乡情切结想所致欤?均未可知。阿诚斋、普耀庭来晤,讨论满蒙文而去。监视工匠成做木柜油饰庙匾。四部院各封呈明日应画稿件并递略节,当即逐件详阅讫:内阁二件,为咨送满蒙汉时宪书卅四本于科城查收见覆;又为我皇上亲政恩诏,札饬四盟吉厦各卡侍卫钦遵。户部一件,为陆续由科领到上年春夏秋三季军粮,咨报京部并行该大臣查照。兵部一件,为行取文故舅出身履历,由鄂旗径行册报新疆巡抚,并咨该抚查照。理藩院四件,一为科城前奏安设卡兵,奉朱批"该衙门知道",札饬四盟咨行库伦大臣钦遵查照,咨覆科城大臣查核办理;二为补放札特丹巴充绰和尔台台兵饬覆遵行;三为绥属达贝子派员承领归属图布察克等处租银,札饬三盟盟长转饬;四为吉厦札盟拉台吉旧疾复发,准假回游牧,饬覆转饬。本日监印巡捕昼巴雅纳,夜玉连魁。木工恭刻四庙匾成,阳文凸字,工坚料实,可垂久远,计每匾刻成加奖酒资各茶二块。

廿九日(4月22日)昨夜卧后失眠,辗转半夜,今晨又不豫矣。致清文字于车藩处,为告贷三百金以济仰事俯育之资,未卜如何也。未刻堂齐,画行交稿八件,来文十一件,堂行五本,四部院共用印一百卅一颗。本日监印巡捕昼张德,夜玉连魁。派巡捕巴雅纳率郭什哈等恭请蒙文"宣威沙漠"木匾,预悬乌城内关帝庙正廊下西栋北东向。阿诚斋、普耀庭来晤,讨论满蒙文而去。

记事_{十三年四月至六月①}

四月初一日(4月23日)卯初诣关帝庙,以少牢告祭,行献匾礼,敬答神庥,辰初策骑诣菩萨庙、关帝庙,复代果帅拈香,如仪而还。风闻果帅腿疾仍未大痊,将续请假,本署巡捕守印终非长策,拟派满巡捕吉通率营卒马希麟、赵宽、薛振贵、馀丁郝子英、张立进京迎接鄂眷来乌帮办家务,当交兵部,俾候果帅裁酌。本季台市改派巡捕张玉秀接管。拟呈报兵部、鄂旗遣丁接眷请照例转发路引、粮单、照验、口票,俾利鄂眷遄行,续派周价福随同吉巡捕等进京,代叩家严,便接鄂眷。未刻阿诚斋来晤,讨论满文而去。浼全守馀代写致托子明、永峻斋、景介臣、赓怡斋、志功甫五信,俟成俾吉差弁等顺差代投。申刻车藩遣通事那逊来谒,并假纹银六封,共计三百两,当即覆函谢借,奖来人玉翎管、烟袋嘴二事而去。旋将来银面交吉弁等封固待寄,孝敬家严百金,给儿鹏百金读书,下馀百金为拙荆、两女出口川资。本日监印巡捕昼陈玉山,夜王英。

初二日(4月24日)清晨写致绷盛斋一信,午后写家信三幅。未刻阿诚斋、普耀庭来晤,讨论满蒙文而去。前科城帮办今升伊犁副都统额霭堂眷属回籍,额张氏嫂差帖来拜,当即饬隆庆昌装点心六小匣,赠饯其子女。四部院各封呈明日应画稿件并递略节,当即逐件详阅讫:内阁一件,为造送本年三月分拜发接到报匣日期咨行兵部查核。户部(二)〔三〕件,为代奏谢准二年

① 第六册日期为光绪十三年四月一日至六月二十九日,首页钤"史语所考藏珍本图书记"朱文、"国立中央研究院历史语言研究所图书之记"朱文印。

加增恩折；恭录朱批咨行户部钦遵查照；又为分拨科城经费发交
差员乌拉西苏领解回科，咨行该大臣查照见覆。兵部二件，为麟
派弁接眷咨行察哈尔统制查照转饬应付；又为商民张恒昌前往
札萨克图罕部落那公旗下贸易，札饬该盟查照转饬。理藩院三
件，为科属免供貂皮，恭录奉到朱批，咨行各该处钦遵查照；又为
颁发给乌梁海本年分时宪书，札饬该总管颁发；再为三盟改传那
林胡毕拉罕驻管众安寺，咨行科城大臣查照。户部现画略节一
件，为麟遣丁接眷咨行京部、兵部、敝旗查照办理，兵部、敝旗、麟
各具堂呈一扣。录志呈稿：祥麟谨呈，为呈请遣丁进京迎接鄙眷
来乌帮办家务事。窃职前于光绪十一年十一月十一日奉旨作为
乌里雅苏台参赞大臣时曾报携眷之任，迨十二年四月出京之际，
因职妻乌尔达氏患病未能携赴任所，今接家信，知职妻病已大
痊，当派家丁周福、祁荣、杨福进京迎接鄙眷来乌帮办家务，相应
呈请大部照例发给路引、照验，转取粮单、口票，俾利鄙眷遄行，
为此谨呈。年月下署名书押后，计开妻女年岁、仆妇姓氏年岁行
敝旗呈内，相应呈请额驸爷大人咨行兵部云云，馀与前呈相同。
本日监印巡捕昼张玉秀，夜王英。

　　初三日（4月25日）清晨写禀家严禀帖，午初车藩孙世兄罕
达多尔济来晤，当赠其字曰星岩，讨论《文鉴》而去。午间写致
诚芝圃、崇召棠、那钜辅、印佑之、四胞妹五信，钉封忠字第廿七
号家报。监视画工油饬庙匾。由隆庆昌借银十两支给福价为进
京路费，由秋冬二季工银内扣还也。未刻堂齐，画呈行交稿九
件，来文十四件，堂行六本。申刻阿诚斋来晤，改字曰信屏，讨论
清文而去。四部院共用印八十六颗。本日监印巡捕昼雷英，夜
王英。

　　初四日（4月26日）甘澍淋淋，自卯及巳午间，风来而疏雨
滴滴，此乌垣孟夏之时霖也，可卜蔬草丰登耳。写致荣辅臣、常

绪叔、光丽生、奎秀峰、荫槐庭、张幼樵、吉荣弟、王枫兄、常善庭、恩荣甫信十封，连前写绷盛斋信共十一封，内阁交来代写讫致志功甫、托子明、永峻斋、景介臣、赓怡斋、张沚莼信六封，当即钤章封固，分沿途张、宣共信十二封，京中亲友信十封，俾差弁、立价等按处投递也。申刻阿信屏来晤，讨论满文而去。本日监印巡捕昼玉连魁，夜王英。

初五日（4月27日）写致大新德一信，检点上月廿四日至本日记事二分，共十一扣并呈底二件，京信十封，合入家报，俾立价等寄京，外交张、周二价寄京红洋绉棉斗篷一袭，紫洋褡裢罗布月光卧帐一架，大小衣包三个，架杆二条，油布六块，铺盖蓝紫毯包二分，皮镶俱全，绿氆氇褥紫茧绸被二床，白铜手盆一个，带套洋铁行镫一分，带套为内子、二女路用。监视画工油饰庙匾，先后四方成，奖梁画工大茶八块，木料合大茶十五块，木工合大茶廿六块，外奖八块钉铁合大茶五块，颜料、桐油合大茶四块，水胶合大茶六块，六共合大茶六十四块，统共合银廿八两八钱，再加饭食供品，仍较新疆可省三分之二。未刻阿信屏来晤，讨论满文而去。本日监印巡捕昼巴雅纳，夜王英。接魁介臣到任信一封。写致承枫庭清文信一封，交福价到口代投补写致珠子宜一信，入沿途投递信包内，俾吉弁等代投也。四部院封呈明日应画稿件并递略节，当即逐件详阅讫：内阁一件，为本年三月分陆续接到火票咨送兵部查销。户部一件，为科城应领经费已交来员乌勒西苏解科交纳，咨行户部、晋抚、绥远将军查照。兵部一件，为商民李光昱等前往札盟那公旗下贸易，札饬该盟查照转饬。理藩院六件，一为三盟各差无法接济，札饬该副将军何贝等秉公商办，并饬覆该盟长候办；二为驻库俄官公文一角，咨行库伦大臣转行查收；三为札盟贼犯吉克吉交该盟驻班处对质，饬覆该盟查照；四为三盟喇嘛达什车林所欠俄债照数还完，咨行驻库俄官查

照;五为科属杜尔伯特乌札萨克之长子密吉特多尔济名姓不符,
照钞部文咨行该大臣酌核;六为东翼驼厂仍令牧兵落布桑等住
牧当差,札饬车盟并饬覆密公。

初六日(4月28日)清晨张纫工凑做紫褡裢卧帐成,当以大
茶二块劳之,即将卧帐一架并红洋绉棉斗篷用油布裹好,饬立价
并京信一包①、外信十三封均交吉弁等代寄舍下及沿途代投。
未刻堂齐,画行交稿九件,来文六件,堂行五本。吉弁六卒辞行,
当即面为严谕往返沿途务须小心谨慎,倘有不服约束妄生事端
者即交地方官照例惩办,麟将此情已附传单传知各台站矣,反复
严谕而去。由隆庆昌购绿哈喇廿尺,合银十两,以大茶七块半购
蓝洋哈喇三尺半,大茶四块半购青猺粀十尺,大茶二块购桃红洋
布十二尺、青缎壹小方,交张纫工为两女各做蓝绿鸳鸯坎二件,
俟成遇差便寄去;绿哈喇十馀尺,留为内子两女做长衣耳。适闻
果帅腿疾渐愈,旋往节署探问,晤谈许久,见其腿病少愈,即请其
销假接印,果帅未允而还。回部院共用印壹百廿五颗。本日监
印巡捕昼张德,夜陈玉山。申刻阿信屏来晤,讨论满文而去。

初七日(4月29日)清晨写致桂文圃一信,当即钉封交立价
附寄矣。派巡捕雷英率木工等预悬南北菩萨庙及后关帝庙庙
匾。已初登南城楼日送吉巡捕通、立价等起程而下。派巡捕戴
明魁督饬蒙工挑浚东圃鱼池。以《儿女英雄传》四套遣赠杜辕
吉巡捕廉,以其肯用心于天理人情也。申刻阿信屏来晤,讨论满
文而去。本日监印巡捕昼张德,夜陈玉山。

浴佛日(4月30日)卯正二刻诣南北菩萨庙,以素饽饽各五
盘致祭,行献匜礼。策骑出东门涉河汉及河,乘车诣后关帝庙,
以少牢致祭,行献匜礼。禅室少坐,乘车涉河,仍策骑由旧路至

① 此处天头批:"忠字廿七。"

南河汉,回拜吉厦那贝子未遇,仍进东门还公廨,时辰正矣。差弁图巡捕伽本差旋,当即晤询家严起居,据云康健如常,甚纾下怀。午刻罕星岩来晤,赠以《养蒙针度》一函,讨论而去。未刻诣万寿宫,偕车藩跪迎上年十月拜发元旦贺折,均奉例批,内阁少坐而还。接景介臣哀信一封,知其于本年正月初九日丁外艰,当浼全守馀代写唁信一封,赙敬四金,并交马希麟等顺差寄去。接文子延、博晓山信各一封。接张幼樵前辈蜡封信一函,知麟行程日记仍归王枫兄处也。接祁、杨二价随马兆瑞来禀,渠等三月初七日到口,初十日由口南进也,附接德寿峰参戎禀帖一封。户部、兵部、理藩院各封呈明日应画稿件并递略节,当即逐件详阅讫:户部一件,为本年春季放过出差官兵行装银两册送京部查核。兵部一件,为准科城步兵周义调换粮缺转咨京部直督查照。理藩院三件,为科城咨催驻管众安寺之胡图克图,札饬三盟盟长转饬;又为唐努乌梁海委章京车林端多布等控案,除饬覆遵办外,并饬东乌梁海总管查照;再为唐努乌梁海差派斋桑诺尔桑等与阿王等处送交皮张,发给卡票,札饬札盟盟长转饬并札哈齐克卡伦查照放行。本日监印巡捕昼张玉秀,夜陈玉山。申初阿信屏来晤,讨论满文而去。少焉阴云四合,甘澍淋淋,酉正而止,浴佛日天降甘霖,诚丰登之兆也。

　　初九日(5月1日)清晨罕星岩来晤,讨论《养蒙针度》数字而去。午初登南城楼,目送福价等起程而下。未刻堂齐,画行交稿五件,来文十五件,堂行三本,内阁、户部、理藩院共用印九十七颗。本日监印巡捕昼雷英,夜陈玉山。户部请派科城承领去冬粮石,当俾仍请果帅点派,乃果帅未肯,以假期以内例不举笔,仍俾麟点派,当派庆林、冯亨镒率兵往领。阿信屏来晤,讨论满文而去。五价遣散二名,接眷二名,今只剩穆平安一价,寂闷之形万难言状。

初十日（5月2日）清晨钞《蒙文启蒙》。罕星岩来晤，讨论《养蒙针度》而去。未申之间阿信屏、合寿昌先后来晤，各讨论满文而去。麟抵乌以来，时与好学者谈论满蒙汉文，讲求乌垣公事，故遇普耀庭、阿信屏、合寿昌、罕星岩四友时来鄙署讨论翻译，学识汉字，又如居乡教学相长之旧艺也。本日监印巡捕昼玉连魁，夜陈玉山。酉刻札静亭、荣锡三以札盟那公合少控告商民刘宽即刘噶一案，当阅两造呈辞，各有图赖，仍俾从公质讯而去。

十一日（5月3日）清晨罕星岩来晤，讨论汉字而去。未刻接吉荣弟一信，知麟忠字第廿二号家报已代寄矣。祁、杨二价前月十一日到宣，戴大令冠英已摄篆东鹿矣，当写覆函一封，马封粘固交内阁标发，内勘酌上年十二月廿八日发去忠字第廿号家报接到与否。接维侯帅桂亭贺年信一封。普耀庭、阿信屏、合寿昌来晤，讨论满蒙文而去。本日监印巡捕昼巴雅纳，夜张玉秀。请觐部示久无回文，树楠前辈信未接到，不知阻于何处也。

十二日（5月4日）清晨钞《蒙文启蒙》解闷，观梁画工油饰木箱。罕星岩来晤，讨论汉字而去。午后全守馀来谒，以请示礼部应否入觐文书系随折包发去，上年十二月念八日吉观察处马封文书亦系当时由台发去，各在案，麟俾其代稿催文咨查礼部而去，然其濡滞原由一时难于考察也，闷甚。普耀庭、阿信屏、合寿昌来晤，讨论满蒙文而去。四部院各封呈明日应画稿件并递略节，当即逐件详阅讫：内阁一件，为科城三月分拜发过报匣数目册转兵部查照。户部一件，为科城换防官兵找领银粮转报京部查核。兵部一件，为绥远来咨归化大兴胜商民贾安泉等各持部票前往三、札两盟贸易，札饬吉厦转饬。理藩院三件，为本季吉厦车盟副将军患病，改派拉贝子来乌接办，札饬图、札、三三盟长等查照外，并咨覆库伦大臣查照；又为三盟额札萨克旗下噶台吉驮运库伦商民货物，咨行该大臣查明见覆；再为三盟王新放副将

军吹苏伦札布尚未出痘,援案在乌叩谢天恩,照依所请,饬覆转
饬遵行。购木板做衣箱二只,工料油饰共合大茶十二块,计银五
两四钱。本日监印巡捕昼图伽本,夜张玉秀。内阁交来写讫喑
永峻斋素信一封,封存待寄。

　　十三日(5月5日)清晨钞《蒙文启蒙》解闷。罕星岩来晤,
讨论汉字而去。合寿昌色本、明律堂廉、奎文斋德、德建斋克精
额、存子元禄五笔政代注讫《蒙文汇书》清字十二本,由阿信屏
交来,妥而速、速而慎,可见四部院好学之士尚不乏人,当交蒙古
笔奇业齐核对。未刻堂齐,画行交稿六件,来文九件,堂行五本。
户、兵部、理藩院共用印一百十九颗。本日监印巡捕昼陈玉山,
夜张玉秀,派巡捕巴雅纳会查沙宾大坝。普耀庭来晤,讨论蒙文
而去。阿信屏、合寿昌来晤,讨论满文而去。

　　十四日(5月6日)立夏。清晨钞《蒙文启蒙》。罕星岩来
晤,讨论汉字而去。巳正阴云四合,西北风来,雨雪飘飘,至未初
方止,寒气侵人矣,麟着棉裤、棉套裤、小棉袄、灰鼠皮袄、毡面长
袖、羊皮马套以御夏寒,此乌垣之时令也,将亦由人心不平,天故
示肃以警之耳,阅者试代思之。申刻普耀庭、合寿昌、阿信屏先
后来晤,讨论满蒙文而去。车盟署吉厦拉贝子旺多尔济递哈哒
一条,黄马一匹,当回哈哒一方,玉搬指一个,璧回尺头一卷,奖
来人大茶一块而去。本日监印巡捕昼王英,夜张玉秀。

　　十五日(5月7日)天朗气清,卯正策骑诣菩萨庙、关帝庙,
拈香而还。少焉登东城楼遥观绿营合操,步南城楼而下。罕星
岩来晤,讨论汉字而去。未刻接张家口商家大新德贺年信一封,
知前两函均先后收到也。普耀庭、阿信屏、合寿昌来晤,讨论满
蒙文而去。车藩来晤,畅谈许久而别,以星岩将回合少省亲也。
本日监印巡捕昼雷英,夜张玉秀。四部院各封呈明日应画稿件
并递略节,当即逐件详阅讫:内阁一件,为咨催前发贺表公文咨

请礼部示覆。户部一件，为声覆长鹤汀军帅、文星垣夫子前借乌款查明前案咨部。兵部一件，为商民王俊堂等前往杜尔伯特察贝子旗下贸易，咨行科城大臣查照转饬。理藩院二件，为收到札盟初次承缉未获窃驼逃犯隆都克扣之达噜噶罚九银两饬覆，转饬查照；又为署额尔德尼昭尚卓特巴呈报大臣亲王旗下送来贼犯，转送该地方官收管，札饬东乌梁海总管查办并咨行库伦大臣转饬。拟于十七日午刻羊席便饭，请代注《蒙文汇书》之合笔政等小酌，并饯罕星岩。

十六日（5月8日）清晨阴云四合，甘澍淋淋，少焉山气微寒，则雪雨交加。接札盟那公哈哒一条，蒙文信一封。未刻堂齐，画行交稿五件，来文七件，堂行三本，内阁、户部、理藩院共用印七十七颗。理藩院拟派瑞笔政良查沙宾大坝，同事巡捕白兆熊、巴雅纳、字识景永升、画工梁禄共五人也。少选五人来诣，麟面加训饬，此差有关国家疆界，务须认真查验，照依条约定址，尺寸不得含混，牌博基志尤须详细考查，与俄人交涉时务须谨慎和婉，以敦和好，反覆切嘱而去。本日监印巡捕昼张德，夜雷英。申刻普耀庭、阿信屏、合寿昌来晤，讨论满蒙文而去。晚间雨霁，登南城楼望云而下。

十七日（5月9日）孝端文皇后忌辰。巳正罕星岩来辞行，未刻普耀庭、罕星岩、托雪亭、德建斋、明律堂、奎文斋、存子元、合寿昌、阿信屏九人便饭于参谋赞画堂，晤谈许久而别，旋以隆庆昌饽饽二匣遣赠星岩通家。接刘毅帅信一封，知麟上年借支部款已由伊吾欠领帮办任内廉费咨部核销矣，惟其信内言明镜兄已归道山，观之令人短气，不胜泣悼，大有物伤其类之感。接陈护道马封一角，拆而观之，则雷震之作古讣文也，想边远作吏一病即亡，效力严疆者能不中有所动乎？只缘国恩优渥，未报涓埃，自不敢惜身萌退耳，然杜果帅腿疾未愈，刘毅帅腿疾增剧，麟腿左膝亦不时酸痛,恐亦非能久于边塞者也,悲夫。本日监印巡捕昼玉连魁,夜雷英。浼全守馀代写覆毅帅信一函。

十八日(5月10日)四肢不爽,五衷不豫,以未得痛哭明镜兄故也,清晨写谕儿鹏帖,俾其代书挽联往吊明镜兄耳。未刻阿信屏、普耀庭、合寿昌来晤,讨论满蒙文而去。蒙古笔齐业齐核对讫《蒙文汇书》十二本,当俾寿昌代为修补。四部院封呈明日应画稿件并各递略节,当即逐件详阅讫:内阁一件,为出差弁兵陆续交到口票七张,咨送察哈尔统制查销。户部一件,为差派庆笔政等由台前往科城领运上年冬季粮石,咨行该大臣查饬。兵部一件,为归化大生权商民米天祯等各持部票前往三、札两盟等处贸易,札饬吉厦转饬。理藩院一件,为援案禁止乌梁海绰尔济、吹达尔等赴库伦磕头,饬覆该总管查照永远遵行,以免滋事。本日监印巡捕昼王英,夜雷英。晚间在辕门内坐观围人溜马,思乡奇切,五内如熬,麻木温凉不知所之,至起更方愈,悲夫。昨夜梦侍家严于寒舍,竟忘身在边庭,今夜卧后辗转许久,至子正一寐,复梦家叔,是父子叔侄之念不去于怀,故起捉笔以志之。

十九日(5月11日)卯正二刻步出东门,策骑至小炮台,东向礼石,如诣祝颐庵。步下山坡,策骑涉河汉过板桥,步至后庙少坐,晤合少农民郭俊,谈及白达哩克东河一带可屯处甚多,闻之颇欣下怀,而又惜不能垦办也。仍策骑由旧路还公廨,时辰正二刻矣。回想甲申今日驻金城所属之红城子,仆从十八人,老小五名口;乙丑今日在伊吾庐,犹同甲申;丙戌今日则驻张家口,仆从五六人;今则在乌垣,仅剩麟暨穆价,策黑白二骑礼石炮台山,可谓孤矣。不知明年今日又在何方,有谁无谁也,不觉凄然泪下,举笔书之,不言乡情而阅者自喻耳。未刻堂齐,画行交稿四件,来文十件,堂行四本,四部院共用印五十六颗。本日监印巡捕昼陈玉山,夜雷英。内阁交来写讫覆谢毅帅信一封,当即钤章粘固马递矣。普耀庭、合寿昌、阿信屏来晤，讨论满蒙文而去。
接赛尔乌苏桂转道红柬一件。车藩遣通事那逊来诒，言驼只疲
羸已极，将暂缓赴科领粮，故稿未署行。

　　廿日(5 月 12 日)清晨登东城楼望云而下，日来思亲念切，
贱躯不豫，想先慈尤甚，只得命庖人制素面以供之，如侍食也。
闲观《小苍山房尺牍》解闷，颇纾积虑，惜麟不学，不克尽识袁子
才前辈之文章，悲夫晚矣。午后阿信屏、普耀庭、合寿昌来晤，讨
论满蒙文而去。酉刻闲步后街，至隆庆昌少坐，观圉人溜马而
还。本日监印巡捕昼张玉秀，夜雷英。理藩院以例查沙宾大坝
清文稿底呈阅，稍易数字而去。

　　廿一日(5 月 13 日)清晨仍是不爽，将登城楼眺远，乃东北
乌云突起，西南白雪忽飘，好在少焉而霁。钞《蒙文(起)〔启〕
蒙》解闷。写致保黄门雨亭兄一信。闻安差卒言，吉弁、立价等
十一日行至哈尔呢敦，计渠等五日驰驱廿台地，颇纾鄙怀，福价
等则稍缓也。未刻瑞岚秀来谒，以解送军火用过款项数目咨册
面回而去。阿信屏、普耀庭、合寿昌来晤，讨论满蒙文而去。本
日监印巡捕昼巴雅纳，夜图伽本。

　　廿二日(5 月 14 日)清晨登东城楼眺远而下。钞《蒙文启
蒙》解闷。未刻普耀庭、阿信屏、合寿昌来晤，讨论满蒙文而去。
户、兵二部、理藩院各封呈明日应画稿件，并递略节：户部一件，
为解交神机营军火官兵津贴银两册报京部查销。兵部一件，为
张家口恒隆广商民刘义三等各持部票前往三盟等处贸易，札饬
吉厦转饬。理藩院二件，为瑞笔政等往查沙宾达坝罕，咨行科城
大臣转饬外，并札饬唐努乌梁海总管照例办理，津吉里克卡伦侍
卫查照放行；又为唐努乌梁海呈报札盟台吉玛呢巴札尔身故，照
钞原册，札饬该盟查明呈覆。本日监印巡捕昼张德，夜图伽本。
合寿昌交来代钞荣侯帅分界牌博图约一稿，附存本月略节箧内。

廿三日（5月15日）阴云四合，细雨纷纷，少焉而止。钞《蒙文启蒙》解闷。未刻堂齐，画行交稿四件，来文十件，堂行二本，内阁、理藩院共用印六十颗。本日监印巡捕昼玉连魁，夜图伽本。接张南圃方伯一信，知本年经费已起运一半矣，想文晏轩此时亦由道库起解钦。接祥立亭军帅、惠心农太守信二封。阿信屏、普耀庭、合寿昌来晤，讨论满蒙文而去。当俾寿昌代浣全守馀写覆南圃回函。

廿四日（5月16日）阴云酝酿，雨气侵人。未刻宋巡捕国喜等弁兵六人回差，敬悉家严康健，吉弁、立价等疾驰于途，约在月终月初抵京，均纾鄙念。普耀庭、阿信屏、合寿昌来晤，讨论满蒙文而去。本日监印巡捕昼王英，夜图伽本。酉戌之间细雨蒙蒙，入夜乃止。

廿五日（5月17日）天半晴阴，土脉滋润，老柳亦将萌芽矣，山坡微草青绿可观。惜毅赠黑马乍啮青草，火攻下部，肿如巨茄，水积于内，瘅串于皮，日来寻觅兽医，无一通者，只好用茴香散治之耳，闷甚。钞《蒙文启蒙》解闷。巳刻阴云布满，雪雨一阵而止。三盟盟长吉公遣递哈哒一条，枣骝马二匹，当回哈哒一方，玉搬指、烟壶二事，奖来人活计一件，大茶一块而去。午初全守馀来谒，以本月应奏事件日期为请，麟定于廿八日拜发，俾回果帅而去。接乐巡捕善禀帖一封，知其三月回绥，尚无来乌准期也。未刻阿信屏、合寿昌来晤，讨论满文而去。本日监印巡捕昼陈玉山，夜图伽本。户、兵二部、理藩院各封呈明日应画稿件并递略节：户部一件，为科城英粮员找领银粮转报京部查核。兵部一件，为绥远永兴厚商民张凯祥等各持部票前往三、札两盟贸易，札饬吉厦转饬。理藩院一件，为图盟鄂王旗下遗漏科城屯田差使，札饬该盟遵办呈覆。

廿六日（5月18日）日来乌云连朝，今晨白霜铺地，此寒疆之佳景也。未刻堂齐,画行交稿三件,来文十二件,堂行四本,户部、理藩院共用印五十颗。本日监印巡捕昼张玉秀,夜张德。接毅帅贺寿、问马二信,怀绍先、乌星舫、荣雨亭、奎绍甫同乡、陈春亭同年贺年五信,恩雨三、德子权信二封,子权丁内艰讣文一件,观之惕然思返,惟望国恩优眷,俾亲老孤臣趋跄帝都,公私兼尽也,盼甚。普耀庭、阿信屏来晤,讨论满蒙文而去。

廿七日(5月19日)清晨钞《蒙文启蒙》解闷。觅木工修理内厩马槽及南菩萨庙左右角门。昨接毅帅来文,为代麟核销前借部款,今拟一稿交户部照办文书咨行京部查核示覆。午正谒果帅节署,偕果帅、车藩跪迎上月十四日拜发折件:果帅请假折,奉朱批"著赏假一月";援案领取口袋折,奉朱批"知道了"①;为诺敏请开复片,奉朱批"著照所请,该部知道";拟派管理孳生驼只折②,奉朱批"著照所请,该衙门知道",钦此钦遵,逐件恭阅讫。果帅虽能力疾跪迎折件,而腿疾仍未大痊,拟再续请假一个月,当俾内阁办折而还。未刻画奏稿一件,为明日拜发代奏公衔台吉色呼呢音谢恩折也。内阁现画略节二件,一为明日拜发报匣咨行兵部转奏;又为联衔具奏谢赏加级恩③。当画行奏稿二件,内阁用印十八颗。本日监印巡捕昼雷英,夜张德。派巡捕存禄、营卒王有禄赴归绥道署领取口袋。普耀庭、合寿昌、阿信屏来晤,讨论满蒙文而去。

廿八日(5月20日)清晨钞《蒙文启蒙》解闷。午初诣万寿

---

① 参见本书附录二027《奏为乌科两城采办官兵米面口袋不敷需用请饬先期制造照案派员领取事》。

② 参见本书附录二028《奏请以拟正之札萨克辅国公达什多尔济管理西翼孳生驼厂事》。

③ 参见本书附录二029《奏为钦奉皇上亲政赏加级恩诏谢恩事》。

宫,偕车藩拜发昨阅折件而还。未初普耀〔庭〕来晤,并探马疾,喜大黑马连饮茴香散三剂,阴瘟已消大半,耀庭云从此善为调养可无忧矣,讨论蒙文而去。兵部交来果帅续假折稿,代易数字而去。合寿昌、阿信屏来晤,讨论满文而去。四部院各封呈明日应画稿件并递略节,当即逐件详阅讫:内阁一件,为年满更换南台台吉,札饬三盟盟长查办呈覆;户部一件,为麟前借部款请以哈密欠领廉银核抵,咨行京部查销示覆。兵部一件,为商民谷琮前往札盟纳公旗下贸易,札饬该盟长查照转饬。理藩院三件,为三盟额札萨克旗下绰尔济等与街市商民牵连债负,饬覆吉厦查办呈覆;又为札盟公衔色台吉代奏谢恩折稿,咨行理藩院札饬该盟长;再为津吉里克台章盖马匹被窃,先令该旗追还,札饬北九台台吉转饬查照。本日监印巡捕昼玉连魁,夜张德。

廿九日(5月21日)孝慎成皇后忌辰。清晨钞《蒙文启蒙》解闷。代校兵部翻讫果帅续假清文折稿,交原手持回。未刻堂齐,画行交稿六件,来文十五件,堂行二本。户部、理藩院共用印卅五颗。本日监印巡捕昼王英,夜张德。接额霭堂信一封,知其本月十九日由科起程西上也。写致沙振亭、魁介臣附函二片,言常年经费虽入不敷出,而加增军饷能长方妥也。普耀庭、阿诚斋来晤,讨论满蒙文而去。内阁交来写讫祝毅帅寿及致沙振亭、魁介臣信二封,当即沙信附函二片钤章并交马递矣。本日晚饭得食东圃鲜小葱萝卜缨,如返家乡。

卅日(5月22日)清晨钞《蒙文启蒙》解闷。检点本月初五日至本日记事廿二扣半,钤章封固,合忠字第廿八号家报①钉封附于吉荣弟马封内钉发矣。未刻普耀庭、阿信屏、合寿昌来晤,讨论满蒙文而去。本日监印巡捕昼陈玉山,夜张德。

---

①　此处天头批:"忠字廿八。"

闰四月初一日（5月23日）卯正策骑诣菩萨庙、关帝庙，代果帅拈香而还。内阁交来写讫四部院南北西台满蒙官兵名数全单，眉目甚晰。辰初策骑出东门，至教场观绿营兵丁操演牌枪，其中三粒者奖大茶一块，中二粒者奖大茶半块，抬枪倍之，以示奖励，共费大茶十有三块。看操毕，仍策骑由旧路还公廨，时已初矣。并以郑魁禄抬枪、马胡义牌枪有准而正，均记名，遇应补之兵缺即行挨补，以示鼓励。麟五龄从家严、先慈学演火枪，六龄挑补内火器养育兵，四十年来犹昨日也，今在乌操演士卒，触类伤怀，凄然泪下如雨，捉笔述之，以志感慕。午后全守馀来谒，以北台章盖因贫求去，俾饬吉厦暂为供支，往查沙宾达坝罕要差后再行更换而去。未刻普耀庭来晤，讨论蒙文而去。本日监印巡捕昼图伽本，夜玉连魁。乌属地势严寒，自不待赘，乃小满节后东沟冰未尽融，晚来寒风，池冰至有二分厚层凌，然可喜者牧场草已长三寸馀长也。

初二日（5月24日）清晨钞《蒙文启蒙》解闷。本日天气晴和，池冰已泮，燕噪梁间，鹤遨天际，水色岚光，豁然心朗。想立价等已抵家门，家严、儿鹏、拙荆、幼女同询孤臣之清况耳，抑麟闷处寒衙，念亲思女以为如此耳，俟接家信便知。万里思乡，无事妄揣，阅者谅之。未刻假坐福臣魁，以羊菜便饭约回差出差巡捕、郭什哈宋、存、张、李等十二人小酌，以示同甘之意，缘渠等回差均有京张豆饤之微献也，向来如此，实不便尽却寒戍献芹之意。少焉普耀庭、合寿昌来晤，讨论满蒙文而去。本日监印巡捕昼张玉秀，夜玉连魁。四部院各封呈明日应画稿件并递略节，当即逐件详阅讫：内阁二件，为恭录恭逢恩诏加级谢恩折稿，檄饬吉厦查照；又为图盟多公旗下章盖噶拉桑遗漏台差，檄饬吉厦转饬暨饬该盟长查办，并饬覆津吉里克台吉。户部二件，为开复诺佐领处分恭录奉到朱批，咨行户、兵部、绥远将军钦遵查照；又为奏取口袋恭录朱批,咨行京部、晋抚、绥远将军钦遵查照。兵部二件,为果帅前请病假恭录兹奉朱批,呈神机营咨户、兵部、理藩院钦遵查照;又为商民阎忠信前往札盟车札萨克旗下贸易,札饬该盟长查照转饬。理藩院四件,一为蒙古王公等年班奉旨不许藉辞推诿等因,钦此钦遵,札饬四盟盟长等并咨行库科大臣一体转饬遵办;二为科城夏季驻班明梅楞请假,改以丹梅楞驻当;(二)〔三〕为前经饬传三盟胡毕尔罕等赴科接管众安寺,咨行科城查照见覆,并饬覆该盟长查照;四为拣员管理孳生驼只①恭录奉到朱批,咨行理藩院、户部札饬三盟盟长查照转饬西厂及饬吉厦钦遵。

初三日(5月25日)清晨登南城楼,观围人饮马而下。派雷巡捕英、营卒张庭裕、褚润、李昌富等每日调习翁音海骝。毅赠黑马阴瘟已愈,膘分较亏,拟交牧场外牧一夏,或可复元,核计前后灌敷草药八付,兽医来看六次,共用大茶十九块半,鸡卵香油在外,约共合银十两有奇。未刻堂齐,画行交稿十件,堂行四本,来文卅五件,内阁、兵部、理藩院共用印一百零八颗。本日监印巡捕昼雷英,夜玉连魁。内阁呈阅明日拜发折件,当即恭阅讫更换卡伦侍卫②、果帅报销覆陈③、果帅因病续假折④三件,安折二分,封筒五分。旋画奏稿一件,咨稿一件,代阅果帅奏稿二件。内阁、户、兵部现画略节四件,一行兵部转奏,其三则适阅应奏事件也。接曾怀清贺午信一封,普耀庭、阿信屏、合寿昌来晤,讨论

---

① 此处天头批:"共现有大小驼五千六百七只。"
② 参见本书附录二031《奏为乌里雅苏台科布多所属各卡伦侍卫三年期满循例请饬下迅即拣员更换事》。
③ 参见本书附录二032《奏为行营吉江马队各官添支口分情形事》。
④ 参见本书附录二033《奏为假期已逾病仍未痊请再赏假事》。

满蒙文而去。

初四日（5月26日）兵部交来写讫卡伦侍卫、三辕门满汉巡捕、绿营换防弁兵花名单册，理藩院交来写讫喀尔喀四盟汗王、贝勒、贝子、公、札萨克台吉等衔名清单，均详晰。午正诣万寿宫，偕车藩拜发昨阅折件，如仪而还。普耀庭、合寿昌、阿信屏来晤，讨论满蒙文而去。户部请派领取口袋章京，即点瑞岚秀而去。接库伦大臣安、那二公清文信各一封，当交理藩院代写回函。本日监印巡捕昼王英，夜玉连魁。

初五日（5月27日）清晨钞《蒙文启蒙》解闷。巳正登东城楼眺远，见东山坡有马一群，下而观之，始知车藩所管孳生马也，骒驹儿骟百数十匹，立观许久而返。午间荣子山差旋来晤，少谈而别。接儿鹏晋字第十四、五号家信二封，瞻悉家严于二月初二日偶染风瘟，至三月初旬方就大痊，不免使孤臣五内如摧，恨不成着翅人问安于祝颐庵也，国恩优渥，虽不敢萌退志，乃亲老多疾，能使远臣不思归乎。惜果帅现已续假，宿疾未痊，麟仍军符暂护，俟果帅销假，自当请命归省，然不知家严允准与否也。接拙荆一信，言长女已经过选，即日撂牌子，儿鹏信内言畅亭亲家已于二月廿八日安抵武昌，惟是月十一日契友文翰章已归道山，观之令人短气，个中人又少一知己。收儿鹏寄来绿云青缎棉鞋二双，棉袜四双，大烟荷包一个，平安散五瓶，附接桂文圃一信，长女二月十七日入选排单，本旗恭录先朝谕旨各一件。英曙楼年前辈、成月坪世叔、和允修、张云衢、郭曼生、汪范卿同年、双子龄同砚、巴敦甫同乡、荣显斋通家信九封。子山赠京酱、佛手芥、茶叶、点心四匣，叶子烟一包，腐乳一瓶。未后普耀庭、阿信屏、合寿昌来晤，勉强与三友讨论满蒙文而去。反覆观看拙荆、儿鹏三信，心疾作矣，目晕头眩，乃四部院各封呈明日应画稿件并递略节，当即力疾阅看，致不能扎挣而罢，晚服灵应丸三粒，至子正而寝。本日监印巡捕昼陈玉山，夜玉连魁。

初六日（5月28日）清晨力疾接阅本日堂齐稿件：内阁一件，为本年四月分陆续接到火票咨送兵部查销。户部一件，为科城放过出差官兵行装银两册转京部查核。兵部一件，为果帅续假折稿仍前呈行各该处。理藩院三件，一为科属各卡台吉照案准予加级，除札饬吉厦遵办，咨行该城查照遵行；二为验讫商民魏广玉部票，饬覆札盟盟长查办；三为吉厦呈报何贝王旗下噶札尔齐以拟正阿迪雅补放，札覆吉厦饬遵。写忠字第廿九号家报①。接子良刚五哥一信，知其已有子玉麟矣。接荣帆吉六弟一信，知保阳经费将由藩库解至宣化五千金，当写覆函一封，并此次家报交内阁马递至口北道署矣。未刻堂齐，画行交稿六件，来文九件，堂行三本，内阁、兵部、理藩院共用印二百卅颗。理藩院请派祭差，即派章京普耀庭、笔政德克精额，并派萨克什纳验病。兵部请派解犯兵，当派李槐。全守馀来交贺节信封，当浼其代写贺子良兄得子之信而去。本日监印巡捕昼宋国喜，夜王英。申刻阿信屏、合寿昌来晤，讨论满文而去。

初七日（5月29日）仍是目眩头晕，四（只）〔支〕无力，无聊之极，不得已力疾出邀，至辕门外看马，不耐久立而返。吉丽昆赠京靴、花翎、饽饽、茶叶四事，奖来人大茶二块而去。以大茶八块买江黄米大粽子壹百廿枚，分赠仲诚世兄暨四部院章京、写信笔政诸人。未刻阿信屏、合寿昌来晤，讨论满文而去。本日监印巡捕昼图伽本，夜王英。日来小恙，不思饮食，乃东圃菭菜初生，穆价以羊肉熬烹一碗，食之犹返故乡也，悲夫。

初八日（5月30日）小恙仍不愈，虽三服灵应丸，乃疾若罔闻，赖小儿寄来平安散嗅之，伤风微止，而目眩头晕犹如昨也。

---

① 此处天头批："忠字廿九。"

不得已而力疾登西城楼,观雷巡捕等压马,喜翁音二海骝有一出息,或可备贡,城头少坐,扶丁郭什哈而下。午间中觉,梦家严于祝颐庵,缘自初五日由荣子山处接得儿鹏家信,知家严仲春违和,暮春方愈,故小恙起焉。揆度吉弇、立价到京之期,约在前三四日,或因麟派弇接眷,家严又不豫矣亦未可知,关山遥揣,莫测端霓,俟接立价等抵家之信自见的确,然须月馀时日耳。草地台站不识汉字,往返公文仅由驿转道数字清文,渠等亦即泛视,脱遇折报或有快时,麟身在乌城,心在家中,孤镫一盏,军符二颗,个中滋味阅者自知。本日监印巡捕昼张德,夜王英。合寿昌、阿信屏来晤,讨论满文而去。四部院各封呈明日应画稿件并递略节,当即逐件详阅讫:内阁一件,为本年四月分接递报匣数目日期册送兵部查核。户部一件,为科城额、魁二大臣缴找银粮转报京部查核。兵部一件,为饬商民赵德旺前往札盟那公旗下贸易,札饬该盟长查照转饬。理藩院五件,一为札盟已故辅国公特古斯德勒格尔奉旨派员致祭,札饬该盟转饬预备并本处户部折放羊酒;二为派员往验札萨克图汗多何贝患病,转饬该盟遵办;三为科城驼马数目部饬归入年终册报,咨行该大臣查办;四为三盟屡催罔应之札胡毕汗拟罚伊尚卓特巴二九饬覆,转饬遵行;五为三盟车王旗下贸易商民申运昌,札饬该盟转饬该商来乌验票。

　　初九日(5月31日)头目稍轻,四肢仍是不爽,力疾出东圃观马而还,喜毅赠黑马小疾大瘳,拟由十三日外牧三二月间,定当苗壮耳。未刻堂齐,画行交稿八件,来文八件,堂行四本,四部院共用印二百卅二颗。本日监印巡捕昼陈玉山,夜王英。内阁交来写讫覆贺晋抚刚子良五哥生子信壹封,当即钤章交递矣。荣子山、全守馀来谒,请觐一节奉果帅令,咨请兵部示覆以便遵循,俾回车藩而去。合寿昌来晤,讨论满文而去。

　　初十日(6月1日)小恙稍愈,微思饮食,令穆价冲茶汤一碗,泡状元饼一个食之,如返家乡也。张纫工做讫两女蓝绿哈喇鸳鸯坎二件,奖其大茶四块而去,衣俟遇差寄京也。未刻阿信屏、合寿昌来晤,讨论满文而去。本日监印巡捕昼张玉秀,夜王英。

十一日(6月2日)督饬费郭什哈钤押信章。午刻燥热,阴云起西北,雷始发声而未雨也。未刻阿信屏、合寿昌来晤,讨论满文而去。本日监印巡捕昼雷英,夜陈玉山。晚间步出南门,至吊桥稍立而还。

十二日(6月3日)卯正策骑出西门,观雷巡捕等排演贡马,走河汊过长桥进前街,至义盛德商家坐待穆价等压马回,步出台市,踱过长桥,仍策骑由旧路进西门还公廨,时辰初二刻矣。本日监印巡捕昼图伽本,夜陈玉山。午间车藩通事那逊带来喇嘛一名,云系京中伯王爷府家庙大喇嘛纳本胡图克,并代伯邸赠哈哒一条,意将藉此乞缘,麟困处寒边,廉隅自励,尚无奉亲之资,岂有饭僧之费,故未敢见,惟善言谢之,当写致溥文斋一信,浼其代璧哈哒并陈苦况,俟便寄京。未刻阴云骤起,迅雷疾雨一阵。内阁拟咨请兵部示覆应否入觐文底,增易数字而去。阿信屏来晤,讨论满文而去。四部院各封呈明日应画稿件并递略节,当即逐件详阅讫:内阁一件,为咨请兵部示覆应否入觐。户部二件,为派瑞岚秀等赴归绥道署领取口袋,咨行晋抚等处查饬京部查照;又为回城骁骑校舒敏泰欠交银两,咨催绥远将军转饬该员交齐,俾口袋差员携乌归款。兵部一件,为科城实在满汉两营官兵名数册转京部查照。理藩院三件,一为唐努乌梁海错写封套之委章京苏隆果尔拟罚饬覆该总管遵办;二为科城转解蒙犯中途脱逃,札饬吉厦转饬严拿;三为三盟何贝王旗下逃犯三次限内未获,拟将承缉不力之达噜噶罚九,饬覆转饬。

十三日(6月4日)仍不爽,昨夜三梦家严,一如见于家中,一如见于伊吾,一如见于乌城也,结想所致,梦境宛然,可知老亲远念孤臣于数千里外,心性相随耳。辰正牧场蒙兵将毅赠黑马、德赠青马牵去外牧,反覆谕其妥妥牧放,然未必即能遵循也。饭后五内糟杂,大呕一阵,乃巳初所食面物至午正尚未化也,味弱可知。未刻堂齐,画行交稿七件,来文七件,堂行四本,四部院共用印一百六十三颗,外马封六十八件。本日监印巡捕昼宋国喜,夜陈玉山。力疾闲步,监视郭什哈等以草泥抹房,如古诗云"牵萝补茆屋"也。派王巡捕弼管夏季台市,派玉巡捕连魁恭递六月万寿贺折。以大茶廿块买小走小海骝马一匹。合寿昌、阿信屏来晤,讨论满文而去。晚间力疾闲步南门外,至吊桥少坐,观围人溜马而还。

十四日(6月5日)仍是四肢不爽。果帅亲兵李进义、萧兰魁等差旋来诣,言差弁魏铭等在口竟待提饷文书,吉弁等架杆车辆均妥云云而去,不知鄙眷等能否出京也,旋饬户部赶办提饷文书咨行直隶藩台照会口北观察。由隆庆昌借银四两,并信面交玉巡捕连魁顺差代赙永峻斋也。午后勉登小楼,监视木工以旧板钉补梯栏,为两女来乌便于陟降,乃不耐风刺而下。合寿昌来晤,讨论满文而去。本日监印巡捕昼张德,夜陈玉山。

十五日(6月6日)卯初二刻诣菩萨庙拈香,策骑出东门走河汉踱浮梁,诣后关帝庙拈香,以城内东庙修理后檐柱墙也,故改后庙叩望。禅室少坐,待雷巡捕等调压贡马回,仍踱浮梁,策骑由旧路进东门还公廨,时辰初二刻矣。辰正二刻策骑出东门至教场,观绿营合操,奖中粒较优兵丁共大茶十二块,以示鼓励。巳初三刻仍策骑还公廨。荣锡三代觅黄马一匹,八岁口,快小走。合寿昌、阿信屏来晤,讨论满文而去。本日监印巡捕昼玉连魁,夜陈玉山。四部院各封呈明日应画稿件并递略节,当即逐件详阅讫:内阁一件,为科城四月分拜发过报匣日期册转兵部查照。户部一件，为经部指拨加增既由直藩委解口北道署，除照会该道照数发交委员解乌外，并咨行直藩查照。兵部一件，为前故防御乌忠额遗存衣物俾明笔政顺差带回交该故员家属承领，咨行绥远将军查照转饬并希见覆。理藩院三件，一为札盟索札萨克病痊咨报理〔藩〕院查照；二为三盟弋获逃犯吉克札布之弁照例奖励，咨报理藩院查办示覆；三为押解乌梁海遣犯送交理藩院查收转发，咨行该院刑部札饬西乌梁海总管查办，知照科城大臣。

十六日（6月7日）小恙初瘳，卯正登西城楼，观雷巡捕等压马，西行而下，便道隆庆昌少坐，饮白鹤茶，食混糖饼而还，时辰初矣。未刻堂齐，画行稿【行稿】六件，来文四件，堂行三本，户、兵部、理藩院共用印一百十四颗。本日监印巡捕昼王英，夜张玉秀。写致舒畅亭亲家节信三片，张幼樵前辈附函二片。申初东乌梁海克总管因差来诣，并递哈哒一块，貂皮一张，银合马一匹，当即传见，面询俄人近形，据云安睦如常等语，奖其从人等活计二件，大茶四块而去，旋由克总管代觅白海骝二匹，以玉玩二件，大茶二箱报之。合寿昌来晤，改字曰寿岩，以其昌字虽符于名而犯帝玺之文也，讨论满文而去。晚间立西厩观圉人刷马，喜翁海骝颇见茁壮驯良，似可入贡。

十七日（6月8日）卯正策骑出南门，观雷、陈巡捕等盘习贡马。走河汉蹀长桥进台市，至义盛德少坐，留蒙古文一条，大茶二箱，俾杨商代偿东乌梁海昨觅二海骝之价，并留奖克总管玉搬指、烟袋嘴二事而别。步出前街，蹀过长桥，仍策骑走河汉进西门还公廨，时卯初一刻矣。写致吉绥之一信，为贺午禧并代寄其家报也。午后督饬丁郭什哈超粘固贺节马封廿四角，内计信卅九封，酉正葳事，当交内阁标发矣，另详发信簿。合寿岩、阿信屏来晤，讨论满文而去。本日监印巡捕昼雷英，夜张玉秀。

十八日(6月9日)清晨督饬丁郭什哈超检点应璧版柬,合信附封粘固贺节马封廿四角,内计信四十九封,当交内阁标发矣,另详发信簿。合寿岩、阿信屏来晤,讨论满文而去。本日监印巡捕昼图伽本,夜张玉秀。四部院各封呈明日应画稿件并递略节,当即逐件详阅讫:内阁一件,为南头台呈报代当差户繁累饬覆查明呈覆。户部一件,为科城恩粮员携眷回京领过车价银两,转报京部查核。兵部二件,为本处派弁进京解交遣犯发给该弁等口票,檄行赛尔乌苏咨行京部、察哈尔都统转饬;又为普耀庭等呈前由锡军帅后路营中保案,除存案备查,咨行绥远将军查照。理藩院二件,为东乌梁海业已交到皮张,札饬西乌梁海迅速来乌交纳皮张;又为科城裁撤巡逻官兵等因奏明在案,札饬吉厦转饬。

十九日(6月10日)清晨阴云四合,微风飒飒,疏雨滴滴。写贺节信,内附函卅馀件,写致麟履仁妹丈一信,附倭峻峰信内转寄。午间督饬丁郭什哈超粘固马封廿八角,内计信版七十六件,当交内阁标发矣。未刻堂齐,画行交稿六件,来文四件,堂行五本,内阁、兵部、理藩院共用印一百卅四颗。本日监印巡捕昼宋国喜,夜张玉秀。户部请派署帮办章京,当派全守馀兼理。普耀庭赠海骝一匹,奖来人大茶一块而去。札盟那公递哈哒一条,海骝二匹,当回哈哒一方,玉搬指、烟袋嘴二事,奖来人活计二件而去。兆仰山回差来谒,据云前晤家严,精神业已复元,仍是街市闲游等语,甚纾鄙怀,并云上月廿三日在察哈尔第六台遇吉弁等早尖,该弁等意将上月内外进京,并纾企念,晤谈许久而别。接阿子祥、承枫廷、塔雨亭信禀三封。晚间晴霁,登东城楼遥观围人牧马,少立而下,步出东门至吊桥北少坐,不耐晚风而还。阿信屏来晤,晤谈适诣车辕车藩,补画讫科城领粮行稿而去。

廿日(6月11日)卯正出南门策骑,观雷巡捕等压马。走河

汉踱长桥进台市,少坐义盛德,待巡捕等压马回,仍策骑出前街,
涉奇克斯特依河,走河汉沿南濠进东门还公廨,时辰初二刻矣。
晨风飒飒,寒气侵人。午间登南城楼观差弁等押解乌梁海遣犯起
程,乃阴云一阵,冰雨交加,少焉而霁。下城,便谒果帅节署,晤谈
而返,当见果帅腿疾稍愈,即请其接印任事,果帅仍未允准也。合
寿岩来晤,讨论满文而去。本日监印巡捕昼张德,夜张玉秀。

　　廿一日(6月12日)检点本月初一日至廿日记事廿扣,俾差
弁连魁玉巡捕等寄京也。早饭后困闷无聊,登城闲踏,步量一
周,东之西三百廿弓,南之北二百六十弓,通盘计之,约在一千一
百馀弓,按三百廿弓为里核之,此城三里半有奇。以大茶六块半
购石青洋哈喇六尺①,做长袖棉马套一件;以大茶十三块半购正
蓝洋哈喇十二尺②,做袷袄一件;又以大茶三块半购月白粗洋布
廿三尺,做袄套衣里,三共合银十两零六钱。三盟副将军吹王来
乌叩谢天恩,递哈哒一条,黄黑海骝马各一匹,当回哈哒一条,玉
搬指、翎管、烟袋嘴三事,奖来人活计一件,大茶一块而去。内阁
画现行传单堂行一本,用印三颗。本日监印巡捕昼王英,夜雷
英。接徐昆山、娄彝生信版三封,知巴里坤尚未得透雨,于寘县
治化洽于民。张纫工以玉色、湖色洋绉袷衬衣各添凑绸里,一添
蓝江绸棉背心上身改为二件,又以驼江绸袷背心去短增棉,三衣
均改做成,奖其大茶四块以劳之。札盟多汗遣递哈哒一条,黑马
枣骝二匹,当回哈哒一方,玉搬指、翎管二事,奖来人活计一件,
大茶一块而去。

　　廿二日(6月13日)清晨封致溥文斋一信,并附璧伯邸哈
哒。巳正出东门闲步东草滩,观圉人牧马,席地少坐,起至后庙

① 此处天头批:"每尺合银五钱。"
② 此处天头批:"每尺合银七分。"

河边,则见浮梁被水冲圮,庙祝无力重修,木将顺流而去,当布大茶十块,俾其赶紧修固,以利行人,策骑由大路还公廨,时午正矣。乃差弁赵巡捕亮、营卒袁候辅、顾天佑、张全、孙酉山等差旋,接儿鹏寄信单一封,收到二套车小家伙一分,镣镮铜铫俱全,貂冠一顶,小帽二顶,均有木盒,京报一包,竹纸一包,棉线麻绳各一包,外胡杰交张全携来画心连纸五十张,松花肉一包,广胶一包,均收讫无讹。附接祁、杨二价一信,知渠等三月初七日到口,十六日到京,欣悉家严平安,寄去物件均交儿鹏代呈家严,亲友信件均已投递,渠等定于四月内出京往投东鲁张朗兄处等语,甚纾下怀。收杨福寄来旧靴底一双甚好,由线包内拆出吉绥之一信,俟便代寄;观二月朔之三月终京报纶音,欣悉崇建侯夫子赏三等侍卫,作为索伦领队大臣,刻下想已由京起程西进矣;惟延大宗伯树楠前辈作古,令人悯恻殊甚。吉厦请观扑跤之戏,酉正出南门,策骑走河汉踱长桥,及台市东巷口小庙前,蒙夫喇嘛扑跤为戏,其制与京师善扑营大不相同,看毕,奖赢跤五人各大茶一块而返。踱长桥,仍策骑走河汉进西门还公廨,时戌正矣。四部院各封呈明日应画稿件并递略节,当即逐件详阅讫:内阁一件,为呈进皇上万寿贺折咨行奏事处转奏。户部一件,为科城额帮办眷属回京例给车价,转报京部查核。兵部一件,为归化德兴元商民张鹏栖等持票前往三、札两盟贸易,札饬吉厦转饬。理藩院二件,为科城吉厦蕴札萨克因病回游牧,着派沙札萨克署理,札饬札盟查照;又为图盟索公旗报换台卒情理不符,札饬吉厦呈覆。本日监印巡捕昼图伽本,夜雷英。

廿三日(6月14日)清晨三盟吹王由万寿宫叩谢天恩毕来诣,当即晤见,其为人朴诚精敏,畅谈而去。写谕儿鹏帖,钉封忠字第卅号家报,内附记事廿扣,文斋信一封,并两女鸳鸯坎二件,均面交玉巡捕连魁因差代寄矣。未刻堂齐,画行交稿六件,来文十四件,堂行七本,四部院共用印六十九颗。本日监印巡捕昼宋国喜,夜雷英。管理南台台吉札木色林递哈哒一块,枣骝马一匹,当将吉赠花翎转奖,并奖其来人大茶一块而去。

廿四日（6月15日）卯正策骑出南门,走河滩绕避风湾,至天义德前回拜吹王,晤谈而别。仍策骑沿山坡及河,乘车便道后庙,少待雷巡捕等压马回,乘车过河,策骑走河汉进东门还公廨,时辰正矣。巳正闲步东门外,至东草滩观圉人牧马,车辕萧巡捕代购海骝二匹,均慢达罕步,一性良一性劣;天义德代购海骝二匹,均达罕步,性亦驯良,惜均破耳,有一可以将就而不堪备贡也,海骝难购如此,当由马群牵出,由旧路而还。未刻荣锡三、合寿岩来谒,请拣放东乌梁海官缺日期,即定于廿七日拜折之便,在万寿宫当堂拣选,晤谈而去。合寿岩、阿信屏来晤,讨论满文而去。本日监印巡捕昼张德,夜雷英。

廿五日（6月16日）假坐福臣魁,请出差回差巡捕、郭什哈等羊菜便饭,午间监视郭什哈等修理东圃木屏。三盟锦王遣递哈哒一块,海骝马二匹,当回哈哒一方,玉搬指、烟袋嘴二事,奖来人活计一件,大茶一块而去。本日监印巡捕昼陈玉山,夜雷英。四部院各封呈明日应画稿件并递略节,当即逐件详阅讫:内阁二件,为图盟呈报更换推台台吉,以车藩旗下台吉巴札尔更代,饬覆该盟查照并饬该台吉遵行;又为连骁骑校等恭递皇上万寿贺折所需乌拉,咨行察哈尔统制查照;户部一件,为科城来咨额霭堂自本秋季俸银移由京城支领,转报京部查核。兵部一件,为科城马兵一缺以解有仁等递补,转咨京部、直督查饬。理藩院三件,一为吉厦呈报图盟代当绰豁尔台差使,除将阿育尔札那补放,饬覆吉厦转饬;二为札盟呈报已故台吉巴札尔无嗣应管乌梁海人众,以锡凌德毕管理,结存本处,札饬鄂总管查照;三为三盟呈报商民被盗牲畜案连那钜辅旗下逃贼现派差役往提,札饬该盟长查照办理。

廿六日（6月17日）辰初乘车出西门，涉巨流上山坡，策骑至大盛魁回拜那公，晤谈而别。策骑由旧路仍乘车涉河还公廨，时已初矣。未刻堂齐，画行交稿七件，来文九件，堂行三本。本日监印巡捕昼张玉秀，夜图伽本。内阁、户部、理藩院共用印四十七颗。札盟贝子衔达公来谒，递哈哒一条，黑马一匹，晤谈许久，见其为人老诚干练，当回哈哒一条，玉搬指一个，奖来人大茶一块而去。接荫槐兄信一封，内附儿鹏晋字第十六号家信，内家严谕帖一封，敬悉家严康健犹昔，鄙眷已有出京之信，附接桂文圃、伊建勋、雅静山、桂月亭亲友四信，又接王枫兄、景介臣、陈六舟前辈信三封，当写覆禀家严禀一封，谕儿鹏谕帖一封，均附忠字第卅号①，面交玉巡捕寄京矣。合寿岩来晤，讨论满文而去。

廿七日（6月18日）卯刻登西城楼观雷巡捕等压马，少立而下。写致景介臣一信，面交杜辕连巡捕昌、鄙辕玉巡捕连魁，俾渠等差旋就便迎护鄙眷来乌也。巳正诣万寿宫，偕车藩拜发恭祝六月廿六日皇上万寿贺折如仪，并拣补东乌梁海佐领骁骑校等缺而还。午初乘车出西门，走河滩涉巨流上山坡，策骑至大盛魁回拜达贝子，晤谈而别。仍策骑及河，乘车涉焉，由旧路还公廨，时午正矣。乃云起东山，雷鸣南坝，风骤西北，雨疾东南，甘霖微沛，一时而停。本日监印巡捕昼王英，夜图伽本。合寿岩来晤，讨论满文而去。

廿八日（6月19日）卯正登西城楼观雷巡捕等压马，视渠等涉水登山而下，还公廨。恭拟贡马之便顺赠亲友马匹草单，约略应用马四十八匹。大盛魁交来代购黑红银蹄马二匹，灰黄海骝二匹，均难入贡，仍俾其再购驯良而去。内阁交来代写讫致长少

───────

①　此处天头批："忠字卅。"

白、刘毅帅、魏午兄、恩佩言、谭云觐前辈、谭敬甫、恩雨三、叶冠卿、曾怀清、李觉堂、崇建侯师信十一封,明日钤马封分发。接张朗兄贺年、王西林求聘信柬二封。札盟郡王衔阿贝勒来谒,晤其为人朴讷秀表,面递哈哒一块,黄马二匹,当回哈哒一方、玉搬指、翎管二事,奖来人活计一件,大茶一块而去。合寿岩、阿信屏来晤,讨论满文而去。本日监印巡捕昼张德,夜图伽本。户、兵部、理藩院各封呈明日应画稿件并递略节:户部一件,为科城岁款不敷,咨覆该大臣查照办理。兵部一件,为张家口兴隆发商民王鹤等各持部票前往三、札两盟等处贸易,札饬吉厦转饬。理藩院二件,为吉厦报呈绰豁尔台札笔齐业齐遗缺,以那王旗下阿育尔札那等充当,饬覆吉厦饬遵;又为三盟呈报本盟换当卡兵饬令起程,将其来册咨送科城大臣查办。

廿九日(6月20日)卯正登西城楼观雷巡捕等压马,少坐而下。张巡捕玉秀交来台市小税盈馀银十两,交隆庆昌分奖立价等三人,立、福二分即交该商仅数抵债。未刻堂齐,画行交稿四件,来文九件,堂行五本,四部院共用印六十六颗。本日监印巡捕昼陈玉山,夜图伽本。札盟公衔色台吉勒凝来谒,递哈哒一块,留其茶食而去。内阁写来马封十二件,一系吉绥之家报,馀则昨封陕甘新疆十一信,均交内阁标送案。接沙振庭、魁介臣贺午信一封,尚瑞庵贺午版一封。监视郭什哈等在东圃抹泥于木屏,添上顶破蓆,如土房半间,前架松棚,以为坐观圈人刷马之所,奖土木郭什哈等粽子十四枚以劳之。合寿岩来晤,讨论满文而去。营卒胡杰差旋来谒,并带来吉荣弟一信,行程日记一本,并羊毫廿只,海沫二块,颜料杂字,上年冬月廿八日至本年二月卅日京报,均按单查收讫无讹。附接景星叔一信,薰烟二瓶,嗅之如返故乡也。书内附儿鹏申饬立价等五人批语,言之甚切,不知由何而得渠等之病也。

五月初一日（6月21日）浓云微雨，卯初二刻策骑诣菩萨庙
并诣关帝庙，代果帅拈香而还。午初雨停，策骑出西门，走河汉
踱长桥逾土儿岭，沿山坡东北行，以日来雨后河流甚急，东沟冰
块激冲，故未敢涉奇克斯特依河也。至大盛魁回拜阿贝勒、色台
吉，晤谈少坐而别，乃疾雨南来而无避处，策骑遄行，仍由旧路而
还，时未初矣。本日监印巡捕昼张玉秀，夜宋国喜。阿信屏来
晤，讨论满文而去。晚霁，东圃观圉人刷马。

初二日（6月22日）清晨登西城楼观雷巡捕等压马而下。
日来见台市有养猪之家，今以大茶六块半买奶猪三口，一许十月
祭天遥祝家严平康，一为孟冬燕客，一则除夕率两女等卒岁也。
午间天气晴朗，督饬郭什哈等在东圃西北隅以柴木盖猪圈及窝。
阿信屏、合寿岩来晤，讨论满文而去。本日监印巡捕昼王英，夜
宋国喜。普耀庭、德建斋差旋来谒，晤谈许久而去。四部院各封
呈明日应画稿件并递略节，当即逐件详阅讫：内阁一件，为闰
四月接到火票咨送兵部查销。户部一件，为科城拔补步兵解有
仁①等缴找银粮，转报京部查核。兵部一件，为张家口广全泰商
民吴赞徽等各持部票前往三盟等处贸易，札饬吉厦转饬。理藩
院二件，为科城囚犯那噶那病故，札饬三、札两盟长查照转饬；又
为失迷路径呼伦贝尔兵胡图凌阿解送原籍，除咨行呼伦贝尔副
都统查照见覆外，并咨行嫩江军帅查照，按该兵胡图凌阿乃果帅
旧部也，曾经打仗出力。

初三日（6月23日）孝诚仁皇后忌辰。清晨在参谋赞画堂
西室前拈香，告祭司工后土神。以其室年久失修，势将倾圮，不
得已而捐廉鸠工，重为修整，小房三间约需数十金。督饬隆庆昌

---

① 闰四月二十五日云："科城马兵一缺以解有仁等递补。""马兵"和"步
兵"必有一误。

代做糕点，为分赠果帅、车藩、四部院章京等共庆端阳，而忆及京中老亲小子，不知如何拮据也。登南城楼望云而下。未刻堂齐，画行交稿五件，来文九件，堂行四本。本日监印巡捕昼张德，夜宋国喜。户、兵部、理藩院共用印四十三颗。合寿岩来晤，讨论满文而去。

初四日（6月24日）果帅回赠奶猪一口，粽子数十枚。普耀庭回赠奶猪一口，豚蹄一肘，札静亭回赠猪肉一块，荣锡三回赠凉糕窝窝一盘，荣子山、全守馀、吉丽昆、合寿岩各回赠粽子数十枚，义盛德回赠粽子数十枚，恒和义回赠绍酒小坛，消梨十枚，均各薄奖来人大茶一半块而去，当将糕粽分奖巡捕、郭什哈、木工、乌拉等分食。午间在厅事前监视木工乌拉拆检西室木料，凑合修造。兵部札静亭来谒，言前递解回籍之犯范速逃还乌城，当即拿获审讯，供称现有察哈尔驿转道公文一角，即阅该文，内称因递解之人并无随身文书，仍解回乌等语，观之甚殊诧异；并附覆麟一函，云渠将届任满，鄙眷到口不克代赁房间一节，尤殊荒唐，岂有驳解犯文夹杂私信，不知是何居心。且乌城前曾有递解到口转解之犯，并未接过驿转道来文，难悉从中真赝，当俾静亭往谒果帅裁酌。旋奉果帅令，该犯胆大妄为，目无法纪；该转道目无上官，未回该都统，擅发印章，传马私解，着即添派营卒徐明、贾常金将该犯械解至察哈尔统制衙门，复行交纳转递原籍，交该地方官严加管束，不准出外滋事，定于初六日即行起解。本日监印巡捕昼陈玉山，夜宋国喜。

端阳日（6月25日）煮杜、普昨赠奶猪二口犒巡捕、郭什哈十二人于赞画堂月舫室。兵部呈阅解犯稿底，改易数处而去。接吉绥之一信，并差人寄到桦木车轴四条，食盐四块，并嘱写"亘古一人"庙匾一方，当浼全守馀代写覆函一封，回赠玉搬指、翎管二事，京靴一双，并浼守馀代写庙匾。接永侍卫信一封，知文斋代寄渠之家报,渠已接到也。札静亭来谒,由解犯范述复行究出张家口驿转道传单一件,该司员驳解该犯,竟敢擅传骑马一匹,驮马一匹,禀羊一腿,实殊骚扰台站,有干例禁,俾将原单并文咨行察哈尔统制查照办理见覆而去。本日监印巡捕昼雷英,夜宋国喜。内阁、兵部、理藩院各封呈明日应画稿件并递略节,当即逐件详阅讫:内阁一件,为闰四月分拜发过奏事报匣日时册行兵部查核。兵部二件,为神机营军火交竣,所有动用银两册送户部查照,俾转工部核销;又为复解逃犯范述咨行察哈尔都统、晋抚查照,转饬橄饬赛尔〔乌〕苏饬台添兵递解。理藩院二件,为科城奏补屯田札兰转札吉厦钦遵转饬;又为普耀庭致祭特公灵枢事竣,咨报理藩院查照。大盛魁觅来白海骝一匹,头样亦颇不恶,惜性歪劣,人骑即坠,惟稍歉耳。

初六日(6月26日)张纫工成做哈喇袷袄马套成,以大茶四块劳之。阅改代奏谢恩、司员报满、采办屉绳折底三件。未刻堂齐,画行交稿五件,来文七件,堂行六本,四部院共用印六十九颗。本日监印巡捕昼张玉秀,夜张德。接托子明贺午信一封。接吉荣弟信一封,知直藩拨解经费五千金于口北道库,乃定静庵未领,荣弟代催,不知能否万金并解也。接承枫庭一信,内附马玉麟等禀帖一件,知该卒等闰四月初八日到口,吉弇等四月廿八日由口进京,周福等闰四月十一日由口进京也。车辕通事那逊来谒,奉车藩谕,津吉里克等卡台吉呈报乌城台市商民近有到卡贸易等事实殊有干例禁云云而去,旋即面谕内阁、理藩院赶办札文,饬该卡伦侍卫等严行申禁而去。札盟丹公递哈哒一条,枣骝马一匹,当回哈哒一方,玉搬指一个,奖来人大茶一块而去。监视高木工等配搭新旧木植,打截柁檩房梁。

初七日(6月27日)详阅札盟呈报拿获历年窃盗马匹贼犯文册,稍悉梗概,及普耀庭来晤,面为考订,俾候果帅、车藩裁酌而去。若揆之情理,则当律以腹地例案,详细奏明,请旨严惩,斩绞一二名,庶尽辟以止辟之意,不然酿成重案,反致束手无策也。申刻合寿岩来晤,讨论满文而去。本日监印巡捕昼王英,夜张德。

初八日(6月28日)大盛魁觅来草黑马一匹。未刻阿信屏来谒,言察哈尔新定官弁兵丁由台驼马核减章程,除坐车仍用架杆之处,已呈车藩验妥而去。普耀庭来晤,讨论蒙文而去。全守馀代写讫覆吉绥之一信,并其嘱写彼处新建关帝庙庙匾暨赠物三事,均交穆价面交绥之来僆矣。本日监印巡捕昼陈玉山,夜张德。四部院封呈明日应画稿件并递略节,当即逐件详阅讫:内阁一件,为察哈尔拟定乌科出差官兵需用驼马章程,咨覆该都统查照库科大臣查办,并札饬西南两路台站台吉遵行。户部一件,为钞咨京部覆文七件于科城大臣查办。兵部一件,为张家口万庆泰商民杜义伯等各持部票前往三、札两盟贸易,札饬吉厦转饬。理藩院二件,为完结刘噶一案札饬札盟盟长晓谕台市商民;又为津吉里克卡伦台吉呈报巴彦𬌗𬌗铺一案,除由本处惩办该商外,札饬博多和呢霍垒等卡侍卫查照禁止。札盟禄公递哈哒一块,枣骝马一匹,当回哈哒一方,玉翎管一事,奖来人大茶一块而去。监视木工等凿锯梁柱柁檩笱笋。

初九日(6月29日)巳刻诣万寿宫,偕车藩跪迎四月廿八日暨上月初四日拜发折件:代色公谢恩,奉朱批"知道了";联衔谢恩诏加级恩,奉朱批"知道了";更换卡伦侍卫,奉朱批"该衙门知道";果帅报销覆陈,奉朱批"著照所请,该部知道";果帅续行请假,奉朱批"著再赏假一月",钦此钦遵,逐件恭阅讫。偕车藩谒果帅节署探问,当即会晤,见其腿疾将就痊愈,力请其接印任事,果帅直以将请开缺为辞,麟反覆陈说,方允暂从众情,诹吉接印销假,力疾从公,至泣下而别。旋阅明日未刻拜发多汗请假①、司员年满②、交办屉绳折三件,安折二分,封套五分,当画奏稿三件,发折行稿一件。未刻堂齐,画行交稿五件,来文十二件,堂行四本。本日监印巡捕昼雷英,夜张德。内阁、户部、理藩院共用印一百廿九颗。普耀庭、阿信屏、合寿岩来晤,讨论满蒙文而去。接张南圃贺节信一封。监视木工以铁锅储水,水平西书房地址,监视皮工以羊羔皮凑做两女皮袄。

初十日(6月30日)辰刻监视高木工、郭什哈等竖柱上梁大吉,拟将星垣文夫子曩日书遗"虚堂悬镜"一匾饬胡木工镌刻油饰妥,悬于新修西书房,即颜其室曰"虚镜堂",以志不忘师泽并期鉴远之意。未刻诣万寿宫,偕车藩拜发昨阅折件,如仪而还。饬四部院章京等谒果帅节署,代麟婉言仍请果帅俯体众情,接印视事。旋焉该章京等来覆,奉果帅令,众情既屡敦迫,且自念受恩深重,亦不敢即卸仔肩,定于本月十五日权为接印恭报,力疾从公,所有日行公事仍俾麟先行阅稿,以期周妥云云而去。此即如京中部院之开堂也,麟何敢当?只代阅稿,仍俾果帅、车藩先署为是。接陈春亭、姚静庵同年、刘毅帅、魏午兄、松峻峰、富子约、喀固斋、金珍亭、闻辅斋、甘裕庭、丁瀛舫贺节信版十二封,绍秋皋师信一封,由直隶易州发,知绍师母已于去腊作古矣。合寿岩来晤,讨论满文而去。本日监印巡捕昼图伽本,夜张德。普耀庭来晤,讨论蒙文而去。

十一日(7月1日)监视木工锯松签扎(悬)〔虚〕镜堂北墙。

---

① 参见本书附录二034《奏为何贝札萨克图汗多尔济帕拉玛患病查验属实给假调理事》。
② 参见本书附录二035《奏为乌里雅苏台理藩院承办章京兆麟年满请旨更换事》。

未刻内阁呈递现画交稿略节一件，为俄国二等翻译官王厚前往库伦、乌、科、新疆、陇、秦、晋数省公干，照章札饬西南两路台站台吉等一体遵行，当即标画。共用印十五颗。本日监印巡捕昼图伽本，夜王英。少焉阴云猝起，疾雨忽来，轰雷一阵而霁。内阁呈阅果帅销假清汉奏底，各易数字而去。普耀庭、合寿岩、阿信屏来晤，讨论满蒙文而去。监视郭什哈等捹拖土坯备砌炕箱。

十二日（7月2日）清晨果帅力疾来晤，言接印后诸凡公事仍俾麟经理一切，不可另存谦逊，四部院如有办理不善之处即时饬驳，不必瞻顾，谆谆面恳而别。绿营社后关帝庙赛神来请拈香，果帅仍俾麟代往。辰正策骑出东门走河汊，涉巨流走河滩，诣关帝庙拈香观剧，派演《探母回令》《洋烟叹》二出，助社上大茶八块，奖优人活羊二只，未初仍策骑由旧路还公廨。俄官王厚差帖报到，车藩遣通事来谒，询以接见俄官处所，麟饬兵部章京查照成案并请示果帅裁夺，果帅以未接印例不会客，车藩意将援案在内阁公所，明日午时公同接见，兵部照章预备送俄官米面各一袋，活羊二只，黄酒二坛，当持我辈名片遣送，以尽地主之谊。酉刻普耀庭来谒，以中外交涉已结未结陈稿数件，条约一本，反复讨论讲求，俾其复谒果帅提白一切而返，又复讨论一番而去。镫下食穆价糟制豆汁饭，如重到伊吾庐也。内阁、兵部、理藩院各封呈明日应画稿件并递略节，当即逐件详阅讫：内阁二件，为司员年满例请更换一折，先录原奏咨行吏、兵二部、京城、蒙古正红旗查照；又为恩诏加级谢恩，恭录朱批檄饬吉厦钦遵查照。兵部一件，为果帅续假奉到朱批咨呈咨行各该处。理藩院二件，为科城囚犯丹毕章产在狱病故，札饬札盟查照转饬；又为三盟改派达台吉赴卡，咨行科城大臣查照转饬。本日监印巡捕昼陈玉山，夜王英。

十三日（7月3日）甘澍淋淋，自卯及未雨止未霁。巳初二刻俄官王厚来拜,晤于参谋赞画堂,宾礼相待,以示和好,其为人汉语详明,精敏练达,晤谈数十语而去,公事则待果帅销假后公所会议也。午刻堂齐,画行交稿五件,来文七件,堂行五本,四部院共用印一百四十三颗。本日监印巡捕昼雷英,夜王英。以《中俄改订条约》交存理藩院备考。杜尔伯特盟长察贝子遣递哈哒一块、貂皮一张,当回哈哒一条,玉翎管一只,奖来人活计一件,大茶一块而去。札盟盟长阿公来谒,晤谈许久而去。晚霁,登东城楼眺远而下。

十四日(7月4日)巳正策骑出南门,至河滩回拜阿公,及河乘车涉焉,至真武庙回拜王俄官,均未遇。穿台市涉河,仍策骑便道后庙观剧,派演《偷蔓菁》《定军山》二出,奖优人粽子五十枚,仍策骑还公廨,时申正矣。内阁呈阅折件,当即恭阅果帅销假①、代奏三盟吹王谢恩折二件,安折二分,封筒四分,旋画奏行稿各一件,堂行一本。内阁用印十六颗。本日监印巡捕昼张德,夜王英。

十五日(7月5日)寅正策骑诣菩萨庙、关帝庙拈香而还。卯初饬戍守营总玉凌、内阁侍读荣寿、全成等恭赍定边左副将军印信、钦差大臣关防各一颗、印钥四柄于果帅节署,旋诣果帅,面为缴明,乃果帅卯正而来,一切公事仍俾麟力为赞襄,无分你我,畅谈许久而别。未初诣万寿宫,偕果帅、车藩拜发昨阅折件如仪而还。乃车藩亦将请假,为避年班也,悲夫。普耀庭来谒,以札盟副将军呈报盟长阿公旗下台吉等禀揭该公,蒙文译成清文,细谈原由而去。合寿岩来晤,讨论满文而去。内阁、兵部、理藩院各封呈明日应画稿件并递略节,当即逐件详阅讫:内阁一件,为闰四月分科城拜发过报匣数目日期册转兵部查照。兵部二

---

① 参见本书附录二 036《奏报病势稍愈力疾销假接印任事日期事》。

〔件〕,为更换卡伦侍卫一折,恭录兹奉朱批,仍前咨札各该处遵照;又为存禄等部领火牌廿五张,咨缴京部查销。理藩院六件,一为代奏札盟色台吉谢恩一折,恭录兹奉朱批,咨行理藩院钦遵查照,札饬该盟转饬钦遵;二为札盟阿王因病坐汤例发卡票,饬覆该盟转饬檄饬管理西两盟博依卡伦贝子查照放行;三为札饬西两盟迅传本年秋季应班笔齐业齐来乌接办;四为饬调图盟副将军秋季来乌驻班;五为札盟何贝多汗因病请假,先录奏稿,咨行理藩院并札该盟转饬;六为俄官王厚差派蒙员棍布札布由驿护送,知照科城大臣查办,咨覆库伦大臣查照。

　　十六日(7月6日)卯正策骑出东门,涉河汊至后庙少坐,观雷巡捕等压马而还,时辰正矣。理藩院交来译出三、札两盟窃盗马匹人犯清文略节一分,附入汉字略节筒内备考。以隆庆昌点心二匣遣饯兆仰山。午间监视木工郭什哈等铺柳箔抹房泥。未刻堂齐,画行交稿九件,来文十四件,堂行五本。理藩院交中俄交涉未结事件略节四件,附存备考。果帅以步兵张永升出差逾限照例斥革,遗缺以记名刘祯拔补,递遗馀丁一缺以记名马胡义拔补,果帅又以步兵张全胜箭射有准,着以马兵遇缺拔补。合寿岩、阿信屏来晤,讨论满文而去。

　　十七日(7月7日)卯正二刻出东门闲步,策骑走河汊及浮梁,至后庙观雷巡捕等压马。逾浮梁,仍策骑由旧路还公廨,时辰初三刻矣。监视木工打截木板成做门窗。仔肩既卸,每晨仍以学骑习勤,还署监工,公馀与普、阿、合三友讨论满蒙文解闷,敬待殊恩召还,祝颐庵里侍坐家严,退思堂中弄孙馨儿也。信屏、寿岩来晤,讨论满文而去。台市厅官王弼、兵部、理藩院先后来报,台市铺商温姓因十三日晚间与蒙妇独玛斗殴,十四日回铺右手伤肿溃烂,逮至本日申刻因伤发身毙一案,经果帅派令合寿岩、合锡三二笔政明日相验。

十八日（7月8日）甘澍淋淋，自卯及申未霁，时雨频渥，昊苍眷佑，麦秋望稔，乌属兆丰，据土人云诚数年来未睹之盛也。三盟新袭贝子衔鄂公递哈哒一条，黄海骝一匹，当回哈哒一方，玉翎管一只，奖来人活计一件，大茶一块而去。监视木工虚镜堂安门大吉。四部院各封呈明日应画稿件并递略节，当即逐件详阅讫：内阁一件，为本处由口旋乌交到印票十一张，咨送察哈尔都统查销。户部一件，为京部议覆照准诸佐领开复，咨行京部、绥远将军查办。兵部二件，为果帅销假先录折稿呈行各该处；又为派顾占元护送兆仰山回京，咨行察哈尔都统查照转饬。理藩院四件，一为代奏三盟吹王谢恩先录折稿，咨行理藩院札饬该盟转饬；二为兆司员年满先行给咨回京，咨行吏、兵部、该旗理藩院查照；三为科城奏裁巡逻官兵恭录奉到朱批，札饬吉厦转饬钦遵；四为永侍卫呈报阿王旗下卡兵阿第雅在津吉里克自戕未殒，饬覆该侍卫查明呈覆，札饬吉厦查办，并咨行科城大臣查照。

十九日（7月9日）寿岩、锡三、二合笔政率仵作等来回，昨日相验已死（王）〔温〕伦，惟右手背磕伤一处，不致命，系因伤后风毒归内身毙，当将尸亲武进才、杨忠交兵部待质，即饬传蒙妇独玛邻证等赴部，交该章京等从严审讯。以羊菜假坐福臣魁，约监印巡捕等午餐，以酬渠等九十日轮班之劳。未刻堂齐，画行交稿八件，来文十六件，堂行四本。果帅定于明日午刻与王俄官在内阁公所会议中俄交涉事件。先是阴云四合，自卯及申细雨纷纷，终日未霁，以致河水涨发，后庙浮梁冲圮，长桥支流成河，麟闷处寒衙而无习勤处也，悲夫。酉刻锡三、寿岩来回，蒙妇一案现已审讯明确，干证悉符，故商温伦委系磕伤后数日身毙，与该蒙妇无干，惟其斗殴不法，即交吉厦递解回籍。

廿日（7月10日）阴云仍合，疏雨滴滴，辰初登南城楼观水而下。监视木工等做虚镜堂旧东门拐角照壁，以御穿风。未正谒内阁公所,偕果帅、车藩会俄官王厚,公同面议中俄交涉事件,麟以八字要言为主:"两国和好,谨遵条约。"该俄官穿凿条约文义,意将巧为开展,又不以该国匡索勒大臣之言为据,即以总署来文评之,渠则云并不知道,反覆辩论,至渠无词,则以请示总署而罢。果帅力疾会议,理直词正,尚不失臣子事君之义。车藩同声附和,依违两可,颇具袒护俄官之词。申正果帅派荣锡三、普耀庭二章京明日赴俄官公寓续议,就此了结事件。镫下写谕儿鹏谕帖本纸朱丝全八行一件。

廿一日(7月11日)浼全守馀代写致庆邸禀帖一分,钉封重套忠字第卅一号家报①,俟禀帖成,浼兆仰山一并寄京。日来甘澍微淋,时晴时雨,未刻合寿岩来晤,讨论满文而去。守馀交来信禀七片,当即注日钤章,附封家报,面交顾占元,俾兆仰山代致矣。晚间荣锡三、普耀〔庭〕来谒,言适与俄官续议事件,均如条约而定。

廿二日(7月12日)监视木工挖镶虚镜堂东照壁窗镜,成做前檐木窗稳砌,图巡捕以大茶三块半代购旧洋炉。派穆价持名护送兆仰山过河,及南坝而还。河水涨发,行大不易,麟亦无处学骑也,闷处寒衙,仍是无聊,惟以监工排遣,而工程若多,工价甚巨,筹款又非易事。按参署当急修理处甚多,今不过择其急而要者一处修理而已。俄官王厚借蒙古笔齐业齐一名代录公事,果帅派车盟驻班笔齐业齐札木色林札布而往。理藩院翻讫前准总署不准俄人在乌盖房来文一件,校正数字,遣交俄官王厚矣。阿信屏、合寿岩来晤,讨论满文而去。四部院各封呈明日应画稿件并递略节,当即逐件详阅讫:内阁一件,为杭州恭军帅钦奉敕谕恭录咨行库科大臣查照。户部一件,为科城致祭已故棍王用

----

① 此处天头批:"忠字卅一。"

过羊酒数目相符,咨覆该大臣查办。兵部一件,为张家口复元成
商民陈学仁等各持部票前往三、札两盟贸易,札饬吉厦转饬。理
藩院六件,一为验讫商民夏生茂等部票;二为验讫商民刘永等部
票;三为验讫商民宣永亮等部票,均饬覆札盟盟长查照转饬;四
为兆仰山缴销例马九匹,咨报户部檄饬吉厦;五为科城来咨胡毕
尔罕德青鄂特索尔现已接办众安寺,札饬三盟查照;六为果帅特
派札兰那逊德哩克提取札盟阿盟长公旗下档案并传台吉等
来乌。

廿三日(7月13日)孝恭仁皇后忌辰。清晨果帅新调三盟
额公旗下笔齐业齐阿毕尔米特来谒,当即传晤,勉励数语而去。
未刻堂齐,画行交稿九件,来文六件,堂行六本。普耀庭、合寿
岩、阿信屏来晤,讨论满蒙文而去。接锡子猷、德锡江、刘文川、
伯福晋、瑠通事锡札提、陈芊兄、德佩九前辈、吉荣弟贺午信版八
封。荣弟信内附《絮香吟馆诗稿》一本,得瞻竹友忠伯母词华苦
节,洵巾帼中之才藻筼操伟人也。荣弟仰承贤母懿训,克尽臣子
孝道,是知其居官舍施迥出人上者有由来也。文川信内言伊子
刘翰病故,伊同事富主政仰药而死,二事令人不忍卒读。

廿四日(7月14日)监视木工按虚镜堂前窗檩下旧木顶隔。
浼全守馀代写致毅帅,覆芊兄、午兄三信。午间乌云骤起,疾雨
东来,风雹一阵,至未正而罢,晚霁。合寿岩、阿信屏来晤,讨论
满文而去。

廿五日(7月15日)自辰迄午甘澍淋淋,未后雨霁。接瑞莨
臣等来禀,言会查沙宾达坝罕不果,以俄人不计闰而未数日也,
不知是何居心,当晤荣锡三,俾回果帅饬传俄官通事询问而去。
据麟妄度,此事似应咨行总署奏明办理。合寿岩来晤,讨论满文
而去。兵部、理藩院各封呈明日应画稿件并递略节,当逐件详阅
讫:兵部一件,为刘珍等拔补步兵咨行兵部直督查照。理藩院四

件,一为商民孙韬等验讫部票;二为商民关举士等验讫部票;三
为札盟阿王旗下贸易商民等验讫部票,均饬覆札盟盟长查照转
饬;四为图盟呈报本年应驻阿勒泰萨木噶拉戴等三卡台吉、章盖
等携带器械前往,原册咨送科城大臣备。

廿六日(7月16日)监视木工虚镜堂搭炕,石面土箱木墙而
已,按乌城并无瓦匠,好在木工多会泥作。唐努乌梁海总管鄂勒
哲依瓦齐尔、迈达尔、多哈尔、札木色林等递哈达四条,貂皮五
张,猞猁皮一张,海骝马三匹,枣骝一匹,当即传见,询问边界一
切情形,面奖该总管等玉搬指一个,翎管、烟袋嘴各四只,奖该章
盖等活计八件,勉励数语而去。接锡子猷信一封,附赠二蹄黄马
一匹,身躯不伟,性尚驯良,赠来差玉搬指、翎管二事,晤谈而去。
未刻堂齐,画行交稿五件,来文十六件,堂行四本。阿信屏来晤,
讨论满文而去。内阁交来写讫覆午兄、芋兄、致毅帅信三封,当
署魏方伯马封发去矣。浼全守馀代写谢子猷摄帅赠马覆函。理
藩院呈阅俄官呈报交涉事宜八件,札盟盟长办理文书一件,均阅
大约交办矣。额总管由阿拉克鄂博吉绥之处带来海骝马一匹,
性尚驯良,本拟作贡,惜膘分太欠,腿又不力,仍不果行,俟廿八
日仍由本群内择尤入贡耳。

廿七日(7月17日)吉绥之由西乌梁海代购黄海骝一匹,性
尚驯良,惜无脚步。午间果帅来晤,晤谈许久而别,以俄官王厚
将有所议,故来谘访,麟仍以慎守条约为赞。未后荣锡三来谒,
言适间王俄官往果帅节署相见,复与果帅言及先后交涉事件共
八件,果帅答以俟详阅来文,遵约答覆云云而去。阿信屏来晤,
讨论满文而去。奖锡三饬代压马及本牧厂代压贡马蒙古兵二名
各玉烟袋嘴、活计二事,大茶二块以劳之。

廿八日(7月18日)登西城楼观本牧厂马群涉齐克斯特依
河,入城而下,卯正至阜丰仓前院督饬蒙古郭什哈等拿马,护送

贡马弁兵陈、雷、张、冯等拴牌,牧厂忠堆赠五明黑马、五明枣骝、
驴皮黑马、黄海马四匹,性均驯良,当以青白红黄劣马六匹奖之,
如相兑也。谨按此次正贡黄海骝二匹,均由车藩代购,价尚未
定,每匹约需廿金;一备贡黄海骝,即上年在翁音十五金购得者,
贡馀送那贝勒;二备贡黄海骝,是天义德商家十二金购得者,贡
馀送诚公爷;送恭邸白海骝,是上年普耀庭赠的;送醇邸黄马,是
上年扎盟那公赠的;送礼、庆二邸黄海骝各一匹,是本年扎盟那
公赠的;送克邸、伯藩青海骝各一匹,均是荣锡三赠的;送那藩钜
辅黑马,是以大茶六十四块兑杜辕杨香的;送漪贝勒烟燻海骝,
是天义德十二金购的;送濂公烟燻海骝,是上年车藩赠的;送六
额驸黄海骝,是三盟锦王赠的;敬佩蘅师丁香枣骝,是吉厦阿赠
的;送额相国枣骝,是上年忠堆赠的;送福摄相黑马,是上年札盟
阿公赠的;送八额驸青马,是交牧厂昆都大茶廿七块代购的;送
尚九哥紫红马,是上年西乌梁海多总管赠的;送惪三哥银合马,
是克总管赠的;送德四哥黑马,是扎盟达公赠的;送福大哥黑枣
骝,是上年三盟达胡图克图赠的;送明大哥白海骝,是上年车藩
赠的;送桂瀛洲小青马,是交王巡捕大茶卅五块代购的;送芬三
哥黑马,是大盛魁十二金购的;送希三哥烟燻海骝,是上年在翁
音十五金购的;送熙五哥兔羯,是例马内拣出的;送特大哥黄海
骝,是交赵巡捕大茶廿块代购的;送溥文斋大海骝,是上年金忠
介留赠的;敬秋皋帅黄马,是三盟吹王赠的;敬寿泉师黑马,是札
罕赠的;送嵩犊山黄海骝,是三盟锦王赠的;送乌绍云花枣骝,是
兑忠堆的,计银十二两;送兴石海玉顶枣骝,是三盟吉公赠的;送
巴敦甫黄马,是札盟阿王赠的;送裕受田青马,是札盟罗胡图克
图赠的;送崇受之黄海骝,是天义德十二金购的;送长石农枣骝,
是札盟洛公赠的;送朗月华丁香枣骝,是钜辅旗下达喇嘛赠的;
送托子明黄马,是三盟吉公赠的;送永峻斋枣骝,是吉厦车王赠

的;送桂转道黑马,是札盟阿公上年赠的;送承枫庭黑枣骝,是札
罕赠的;送景介臣枣骝,是札盟洛公赠的;送王枫兄青马,是上年
吉丽昆赠的;送吉荣弟黑马,是上年札盟阿王赠的;送英焕章、文
鲁臣白海骝各一匹,均是由克总管代购的,每匹大茶廿七块;送
荫槐庭黑枣骝,是三盟吉公赠的;送绪子兴内兄小海骝,是大盛
魁十二金购的;奖小儿桂鹏青兔羯,是上年由南台以大茶六十五
块购的,紫红马是天义德廿四金购的。共拴牌五十二马,备牌二
分,除收赠回礼不计外,实共用过大茶二百六十五块,每块按市
价四钱五分合银,共合银一百十九两二钱五分,连用过现银一百
廿六两,二共用过白银二百四十五两零二钱五分。午正策骑还
公廨,奖牧厂蒙古弁兵等站羊一只,白米三斤,假灶福臣魁以劳
之。理藩院现画行交稿三件并递略节:一为果帅饬派西乌梁海
骑士持文星驰沙宾达坝罕,交瑞苓臣等迅速确查呈覆,并札饬该
署总管转饬;二为咨覆俄官前因乌梁海应还俄商羊价既已还结,
难追加利;三为咨覆俄官本属蒙古赊欠俄商债负,本处谨遵约
章,与公无干,札饬吉厦转饬。户、兵部、理藩院各封呈明日应画
稿件并递略节,当即逐件详阅讫:户部一件,为科城把总王嘉宾
部驳盐粮转咨该大臣查办。兵部一件,为张家口广全泰商民田
杰志等各持部票前往三盟等处贸易,札饬吉厦转饬。理藩院三
件,一为致祭雪山需用牛只例由牧厂提取,札饬吉厦转饬遵办,
并咨报户部;二为库伦格隆根敦达什等前往乌梁海讨债与例不
符,咨覆该大臣查照,并札饬两乌梁海、津吉里克卡伦侍卫、西两
盟卡伦贝子等一体查照;三为札盟驻卡官兵名册咨送科布多查
办。哲布尊丹巴胡图克图遣递大哈哒一条,奶食一匣,当回哈哒
一条,奖来人活计二事而去。合寿岩来晤,讨论满文而去。

廿九日(7月19日)张纫工成做蓝毡棉袄,凑做蓝绸棉袄
讫,奖其大茶四块而去。未刻堂齐,画行交稿五件,来文八件,堂

行五本。俄官王厚来晤并辞行，当与锡三、耀庭同晤王俄官于参谋赞画堂数语，该俄官面交荣、普二章京小包一个，即饬代发至驻库俄官，谢别而去。以羊菜假座福臣魁，约阿信屏、合寿岩及出差回差郭什哈等便饭小酌。以玉搬指一个兑德建斋红酱色哈喇二尺，为拙荆凑做蓝酱鸳鸯袷外套也，添桃红洋布里青猁子猁边。

卅日（7月20日）卯正策驴皮黑马出西门，走滑泥，涉河汉及长桥而下。日来朝云暮雨，阴晴无常，河流汪洋，宣腾奔湃，西看下流一望无涯。策骑至台市义盛德商家少坐，代吉绥之转交雷巡捕银信各二封，顺差交至伊家。由恒和义购绦扣猁布数事，均交张纫工矣。辰正策骑出前街，及河踱桥，仍策骑由旧路还公廨，监视木工按虚镜堂截断板隔。写覆吉荣弟一信，当用马封交内阁发去，内附忠字第卅二号家报①，上月下浣记事十扣半。普耀庭等来回，忠堆被控一案奉果〔帅〕令交理藩院严行讯办矣。合寿岩来晤，讨论满文而去。

六月初一日（7月21日）阴云四起，往来照山，疏雨滴滴，凉风侵体，不便出城学骑，只好督工遣闷。写致大新德一信问马。检点官封十二分、信封卅分，遣交全守馀，俾其代写赠马信函。内阁交来写讫覆锡子猷谢马信一封，附乞篆书交内阁并果帅信合发。未刻合寿岩来晤，讨论满文而去。晚霁，东圃观圉人刷马。

初二日（7月22日）卯正策二蹄海骝出西门涉河汉及长桥，席地少坐，踱过桥，仍策骑走后街，压马巴彦山下，进台市至义盛德商家少坐，仍策骑出前街如前行，由旧路还公廨，时辰正矣。午后普耀庭来晤，由大盛魁商家代债来纹银壹百零一两交存而

---

① 此处天头批："忠字卅二。"

去。当写附忠字第卅二号家报①,绪子兴、那钜辅、朗月华、溥文斋、长石农、英焕章亲友信六封,检点上月朔之晦记事卅壹扣半,包裹蓝小线棉袄及破马表一件,均面交差弁陈、雷二巡捕代寄至京,其银、袄孝敬家严,信、表交儿鹏遵办。四部院各封呈明日应画稿件并递略节:内阁一件,为五月分接递过报匣数目日期册咨兵部查核。户部一件,为差派合锡三往绥提领安徽筹拨乌科经费五千两,咨行归绥、察哈尔将军、都统等查照办理。兵部二件,为发给贡马差员弁兵等路票,檄行赛尔乌苏司员咨行察哈尔统制查办;又为上年定守备等由部原领兵票部票火牌共卅张,咨缴京部查销。理藩院四件,一为验讫商民毛何全等部票;二为验讫商民周维则等部票,均饬覆札盟盟长查照转饬;三为札盟差派台吉色呼塔尔赴管乌梁海移付本处户部;四为俄官咨行驻库俄官小包一个,照章转行库伦大臣转行匡索勒大臣查收。一日奔忙,颇形碌碌,惜无人知。

初三日(7月23日)内阁交来写讫赠马信卅一封,当即逐件阅讫,钤章封固,写附片三五片附入。未刻堂齐,画行交阅稿八件,来文六件,堂行三本。接阿树兄信一封,知科城今岁麦秋兆丰,甚纾下怀。合寿岩交来写讫递马信禀十一封,当即钤章封妥,连赠马信共四十二封,均面交雷巡捕英沿途到京投递。现出有马兵二缺,奉果帅令,以记名郑魁、马吉玉拔补,递遗步兵二缺,以记名马珍、马希恩拔补,递遗馀丁二缺,又出一缺,以记名萧英、张鉴、郭明春拔补,果帅又以张全胜、郝子英、杜玉、乔兆祥、司潭差使勤奋,均着记名,以应补缺出挨次拔补,以示鼓励。未后疾雨一阵而止。

初四日(7月24日)卯正策骑出西门,走滑泥涉河汉及长

---

① 此处天头批:"附卅二。"

桥,席地坐观巨流,汪洋浩瀚,急湍冲击,未过桥,仍策骑由旧路
进南门还公廨,时辰初矣。监视木工成做虚镜堂十锦钟鼎木隔。
未刻全守馀来谒,晤谈科城差弁贡马走台章程而去。接张朗兄、
松峻峰、容峻峰、吉荣弟、怀绍先贺午信五封,容信内有托询前署
乌什办事大臣文(兴)〔艺〕死事缘由,松信内言本年下半年经费
已拟拨解,当浼全守馀代写致刘毅帅、魏午兄二信,祈查文故臣
死事,覆松峻峰一信,谢拨经费。张纫工交来成做讫内子蓝酱毡
鸳鸯坎一件,奖其大茶二块而去,当将鸳鸯坎用油布包妥,面交
陈巡捕玉山,俾其在途交内子御寒也。写致景介臣一信,面交雷
巡捕英,俾其差旋投递,为渠等早回销差耳。阿信屏来晤,讨论
满文而去。

　　初五日(7月25日)巳初策骑出南门走河汊,乘车走河滩,
至照山下河北岸少坐,旋策骑及行幄,待午初,偕果帅遥祭雪山,
车藩未到,以在马厂烙印马匹未归也。彻祭后,仍策骑由旧路还
公廨,时午正矣。监视木工搭盖虚镜堂西院小屋半间。未刻合
寿岩来晤,讨论满文而去。先是合锡三出西口饷差来辞行,晤谈
而去。内阁、兵部、理藩院各封呈明日应画稿件并递略节,当即
逐件详阅讫:内阁一件,为五月分接到火票咨送兵部查销;兵部
二件,为荣子山等护送贡马到京由部换给火牌咨行京部、察哈尔
都统查照;又为商民靳光荣前往札盟索札萨克旗下贸易,札饬该
盟查照转饬。理藩院七件,一为本年乌梁海进贡皮张折赏马匹,
先咨户部及管厂车藩;二为吉厦呈报案连俄人牛只之札盟阿王
旗下吹达克等,札饬该盟查照转饬详文还给;三为札盟呈报萨木
丹等分还俄债惟吹王旗下未清,札饬三、札两盟转饬各该处派员
结办;四为俄官咨开俄商莫奇音之牛被当噶尔抢掠,札饬札盟查
明呈覆;五为俄官咨开俄商布色哩那前在达尔哈特等处贸易欠
债未收,札饬三盟转饬查办;六为俄官咨开俄人博珀罗瓦前在札

公旗下贸易被抢财物,札饬札盟转饬查拿声覆;七为吉厦呈报官厂马匹不敷差使,除本处具折另奏外,先咨管厂车藩。

天中节(7月26日)细雨疏疏,卯正以少牢祀河神于东圃,祭毕,克食饩羊例奖园丁米英。卯正二刻乘车出南门走草滩涉河汊,及南河北岸恭送贡马渡河,观马群上坝,仍乘车由旧路而还,时辰正矣。未刻堂齐,画行交稿十件,来文五件,堂行五本。接钜辅旗下车公蒙文信一封,交驻班笔齐业齐译出清文,晤其来人而去。阿信屏来晤,讨论满文而去。初四日写覆容峻峰世叔一信,今交阿信屏署马封发去矣。荣锡三、普〔耀〕庭来晤,以笔齐业齐译出三盟车公蒙信清文呈阅,其中多系债务碍难办理,当俾代回蒙文信一封,仍由该盟长处酌核办理而去。

初七日(7月27日)甘澍淋淋。清晨果帅遣刘清廉持清文信一封来谒,当即覆清文信一封,藉呈而去,其中公事则尽如果帅所拟办理也。张家口大新德白商树基遣其夥王锡藩持名来谒,并赠奶饼二包,当即传见,晤谈而去,旋以奶饼壹包遣赠果帅。理藩交来写讫覆三盟车公蒙文信壹封,当即钤章,遣交伊来人查木巴持回。

初八日(7月28日)天气晴朗。卯正策骑出西门走草滩涉河汊,及奇克斯特依河支流,席地坐观穆价等以三骑往返渡高木工等五人过支流疾水毕,仍策骑由旧路进南门还公廨,时辰初矣。监视胡木工镌勒虚镜堂廊下西壁。全守徐代写《改建平台记》,其文由麟率成,形同丑表功,阅者谅之:

　　夫建非常之功,必待非常之人,而立寻常之事,亦非寻常之辈。麟希贤三代,迹近好名,前使伊吾,曾法左文襄公悬额兰若;今来乌地,复继杜果亭帅筑室官衙。参署年久失修,率多倾圮,虽经历任参谋杜、桂、恒三公时有修葺,而赞画堂西亚室未暇顾也。麟今捐廉鸠工,改建平台三楹,并以文星垣师"虚堂悬镜"遗墨饬梓镂饰,揭之堂楣,即颜其室曰"虚镜堂",以志不忘师泽而期鉴远之意。其东西厢房及前后门舍,则望后之君子不避好名之嫌,节廉修缮,则参署壮观,亦乌垣之一幸也,岂非乐善之征乎?是为记。

接署皇清年月及麟出身衔名,共二百五十八言。阿信屏来谒,讨论满文而去。四部院各封呈明日应画稿件并递略节,当即逐件详阅讫:内阁一件,为致祭雪山需用羊只咨报户部。户部一件,普耀庭前出祭差需用羊酒价银咨报京部查核。兵部一件,为贡马官弁马匹数目咨行直督、察哈都统查办。理藩院四件,一为三盟呈报偷盗牲畜按限承缉取供呈覆;二为本处咨行驻库俄官公文一角,咨行库伦大臣转行俄官查收见覆;三为前与王俄官议而未定事件,咨行该俄官并咨行驻库匡索勒大臣查照;四为吉厦呈报更换察克达原阿拉布丹情殷倚饷,仍留本差,兵缺以依达木挑补,饬覆遵行。镫下内阁交来写讫致刘毅帅、魏午兄,覆松峻峰信三封,当即钤章,封交阿信屏明日发去。

初九日(7月29日)卯正策骑出南门,走河滩涉河汊,水势稍落,踱长桥进后街,及西渠转台市,至义盛德商家少坐,仍策骑由旧路还公廨,时辰正二刻矣。未刻堂齐,画行交稿七件,来文十件,堂行四本。接张朗兄贺午信一封。申刻车藩均齐马匹回,来晤,畅谈许久而去。

初十日(7月30日)监视霍木工镌刻壁板二百五十馀言,二日半即能蒇事,可谓速矣且妥。午初策骑出东门沿山坡回拜车藩,晤谈许久而还,时午正二刻矣。未刻阿信屏来晤,讨论满文而去。监视郭什哈等重抹虚镜堂炕地泥皮,札砌廊前河柳花障。接果帅清文信一封,定于明日午刻在万寿宫公所监收乌梁海皮张,验补官缺,并会办札盟盟长被揭案件。荣锡三旋焉来谒,亦言适奉果帅此令而去。晚间普耀庭来言,车藩意将此案人证再行取结,暂缓会审,果帅未允,仍依前议办理,车藩袒护阿公,屡梗果意,其中详细麟亦不懂,只好随同画诺而已。

十一日(7月31日)草绘会审盟长一单,似应恭请王命,遣送果帅阅看。卯正策骑出南门,走河滩涉河汊蹚长桥进后街,及西渠转台市,至义盛德商家少坐,仍策骑出前街,由旧路还公廨,时辰正矣。普耀庭来晤,果帅令今日审办札盟案件,先行隔审,如该盟长被揭各款概不承认,再行恭请王命会审原被两造云云而去。午正诣万寿宫,偕果帅、车藩监收乌梁海应贡皮张,监放赏项俸银,验补总管等缺,审讯札盟揭案,内阁面质阿公盟长,众供确凿,果帅令核丁册后请旨遵办而还,时未正二刻矣。写覆吉绥之一信。监视木工成做虚镜堂荷叶风门。以大茶五十四块购南台快小走小海骝一匹,貌颇不恶,性亦驯良,惜身躯太小耳。申刻阴雨一阵而霁。

十二日(8月1日)朝雨纷纷。写致继澍民一信。荣锡三、普耀庭来言,适奉果帅令,昨日审讯札盟揭案既已众供确凿,即应取具甘结以凭信谳云云而去。户部交来上年冬季粮单拾壹石二斗壹升肆合,以庆林等领粮交竣也。内阁呈阅会衔致科城大臣公信壹封,为众安寺喇嘛事也。车藩遣赠挈生癞马十匹,当奖来人活计壹件,大茶壹块而去,即将此项儿骒马遣交大盛魁变价归账。阿信屏来晤,讨论满文而去。① 细雨淋淋,一日未止,晚间荣、普二章京来谒,以取具札盟揭案内人证供辞呈阅而去。四部院各封呈明日应画稿件并递略节,当即逐件详阅讫:内阁一件,为科城接到火票咨送兵部查照。户部一件,为魁介臣移支俸廉等项转报京部查照。兵部一件,为册送乌科贡马毛片口齿咨

————————

① 此处勾去一句:"以大茶廿七块购二蹄钩鼻海骝一匹,身躯尚壮,惜无脚步。"

行上驷院。理藩院三件，一为商民李秀桂等验讫部票，饬覆札盟转饬；二为承缉逾限拟罚各节，札饬吉厦转饬遵办；三为三盟呈报本年秋冬二季驻班札萨克等官衔名，咨行科城查照。覆吉绥之一信，遣交义盛德转交乌梁海代达阿拉克鄂博。

十三日（8月2日）宿雨初晴。卯正策骑出南门走草滩滑泥，涉支流小汉至巨河汉，席地坐观奇克斯特依河疾流下注。遣穆价至义盛德购小香牛皮一张，绿股子皮半张，交郝郭哈崇凑作三镶小鞯，为乘海骝小马，少焉穆价回，仍策骑由旧路还公廨，时辰正矣。未刻堂齐，画行交稿六件，来文十七件，堂行四本。文笔政晏轩由归绥领到本年上半年乌科经费三万三千馀金，均已如数交库无讹，来谒，晤谈而去。唐努乌梁海额总管等来辞行，晤谈许久，勉以大义而去。真武庙庙祝送四寸长鲜王瓜四条，意似抽风，以大茶半块酬之。荣、普二章京来谒，取具札盟揭案原告壹百廿人亲供，均与堂讯供辞无讹，奉果令先行遣归游牧，听候传质，其忠堆被控一案有大盛魁商家账单为凭，均系该合少所欠，与渠无干云云而去。理藩院呈阅车藩匀齐马匹、奏补乌梁海总管、奏拨差马折底三件。阿信屏来晤，讨论满文而去。

十四日（8月3日）文晏轩昨夕送来由归化城大南街义合成代做九二毡底绿股子皮牙缝并前后芝云黑香羊皮狼皮里里面连毛夹做暖靴一双，工坚料实，胜于京靴店多矣，式样亦去得，香羊皮壹张①，价银二两八钱，狼皮一张，是前由〔天〕义德购的，约银壹两有奇，其馀工料银壹两壹钱，共计合银约需银五两有奇，若在内兴隆、恒聚店，不知又当加工银若干也。惜此靴仅容棉袜，难重毡袜，腰节有绿皮盘长，似不大气，惟稍欠耳。

十五日（8月4日）卯初二刻策骑诣菩萨庙、关帝庙拈香而

---

① 此句旁注："京都隆福寺东口内义盛布铺代购。"

还。监视木工按虚镜堂联架,风门垒砌两山墙,墙腿如京房式而未能也。图盟副将军何贝莽公达尔瓦递哈哒一块,海骝一匹,当回哈哒一方,奖来人大茶一块而去。户、兵部、理藩院各封呈明日应画稿件并递略节:户部一件,为王俄官来乌时支应过米面柴薪银两咨报户部查照。兵部一件,为马吉玉等拔补各缺咨行京部直督查办。理藩院四件,一为户部咨覆西厂驼只数目相符,札饬西东两厂查照遵办;二为三盟呈报弋获逃犯吉克札布,除将该犯寄禁外,饬覆该盟呈覆;三为理藩院奏驳倒毙驼只声序未清,札饬图车两盟查办呈覆;四为商民段有仁等验讫部票饬覆札盟查办。合寿岩、阿信屏来晤,讨论满文而去。张家口右营重修关帝庙,因差弁等带来缘簿一分,当书助银二两。以画新连纸八张浼全守馀代写格言联璧十段,裱于虚镜堂北壁为座右铭也。

　　十六日(8月5日)卯正二刻策骑出南门,走河滩涉河汊蹚长桥进前街,至义盛德商家少坐,购山羊皮十壹张,绸月洋布五十二方,为作虚镜堂铺垫,仍策骑由旧路还公廨,时辰正二刻矣。由大盛魁商家购西口麻纸十刀。监视杜辕刘郭什哈满德等裱糊虚镜堂顶隔,木工成做虚镜堂炕桌四对。未刻堂齐,画行交稿六件,来文七件,堂行四本。阿信屏、合寿岩来晤,讨论满文而去。

　　十七日(8月6日)监视户部王郭什哈廷武以胶灰抹虚镜堂前檐柁柱,将油饬也。监视木工成做虚镜堂墙角支板,并“忠信笃敬”匾质为悬参谋赞画堂中廊下也,长七尺六寸,宽二尺七寸。车藩萧巡捕宽代购银合骒马、银蹄花鼠皮驹二匹,当发原价大茶十五块,并奖其玉搬指一件而去。合寿岩来晤,讨论满文而去。荣锡三、普耀庭来晤,言奉车藩谕,札盟揭案意将复讯原揭人证,并将再取手印斗记,俾麟从中调停,麟以未谙蒙古情形,俾回果帅而去。

　　十八日(8月7日)检点本月朔之望记事十四扣,并车公蒙文信,致继澍民信,朱拓《修屋记》,合封一包,并谕陈、雷二弁等信帖,均遣交荣子山代寄,并浼其将附忠字第卅二号家报先行寄京。午正诣万寿宫,偕果帅、车藩跪迎恭贺亲政折件。接阅锡瑃臣请假修墓信禀,面晤车辕周巡捕万邦,言瑃臣欠款,伊父有凑,俾舍下代兑之语,内阁少坐而还。接吉巡捕通等闰四月初八日来禀,知内子定拟端节前后出京,刻下谅行沙漠,当派张巡捕德、郭什哈费永昌、丁超往杭爱一带探迎也。接崇壬舫世兄讣文哀启,警悉文星垣师老夫妻客冬今春先后辞世,未免伤心惨目,当由隆庆昌暂假赙敬八金,并浼全守馀代写唁信一封,亦俾荣子山代致。车藩遣通事那逊将满折底一件求正,改易数字而去,缘理藩院已奏年班则不敢规避称疾,只好援案请旨而冀恩免耳。果帅派白巡捕文俊、营卒张富往南台迎护鄘眷,车藩派玉巡捕振魁、营卒田文进。阿信屏来晤,讨论满文而去。户、兵部、理藩院各封呈明日应画稿件并递略节,当即逐件详阅讫:户部一件,为致祭雪山需用帛烛香银册送京部查核。兵部一件,为郑魁等拔补各缺咨行京部、晋抚查照。理藩院五件,一为绥来令申详严缉窃驼贼犯,札饬吉厦转饬查照;二为科属札哈沁丁册转送理藩院;三为科属安设卡兵章程,札饬四盟查明此项卡兵究自何年设立,详细呈覆;四为俄商往返小包各一个并本处咨行俄官公文一角,咨送库科城大臣转送见覆;五为札饬四盟迅采哈哒果以备成做果丹进贡。

　　十九日(8月8日)立秋。寒风即至,卯正策骑诣菩萨庙拈香,便道出南门,走草滩涉河汉,至避风湾东回拜吉厦莽公,仍由旧路进东门还公廨,时辰初矣。未刻堂齐,画行交稿七件,来文十三件,堂行四本。本月廿六日恭祝我皇上万寿圣节,果帅先定午刻行礼,麟一提白后改是日卯刻恭祝。往科领粮巡捕果帅派王英,随兵麟派王全。果帅派阿信屏为内子安台,麟以似殊多事,可不必派,内阁以为向来如此,历办在案,自应从权也。内阁交来写讫唁壬舫崇世兄一信,当俾荣子山代寄矣。

廿日(8月9日)以造屋馀板饬做七尺六寸长、二尺七寸宽横匾一块,以全守馀赠写"忠信笃敬"字监视霍木工刻之,备悬厅事前廊下。白、玉、张三巡捕率张、田、费、丁四郭什哈往南台迎护鄙眷而去。写致阿树兄一信,俾差弁王巡捕英代达。午正诣万寿宫,偕车藩跪迎上月初十日拜发折件:司员年满,奉朱批"该衙门知道";多汗请假,奉朱批"该衙门知道";交办屈绳,奉朱批"户部知道",钦此钦遵,恭阅讫,内阁少坐而还。果帅以折未列衔故未跪迎,亦似欠通。接吉林恩雨三、宁夏凌志堂贺午信各一封。接吉荣弟一信,知乌城下半年加增银两并上半年加增银两共万金,均交定静庵领解矣。附接儿鹏环字第一号家信,知家严精神复旧,饮食如常,孙馨亦见出息,学食学步,内子两女俟公文一齐即便起程,大约六月初旬到口,中旬出口,七月内可到乌城也,观之均纾下怀。家信内附松寿师、恩露圃中堂、瑞暮庵、乌达峰二前辈、冯仲梓同年、桂文圃、成端甫、诚芝圃三契友、钟仁庄通家信九封,陆凤石、会东乔礼书二件。

廿一日(8月10日)昨夜失眠不豫,丑寅二时目不交睫,清晨写谕儿帖七十行,钉封一包,写覆吉荣弟一信,浼其代寄此信,俟廿三日马封钤印即行封发。

廿二日(8月11日)昨夕今朝淫雨通宵,致虚镜堂渗漏数处,午后微霁。台市马王社赛神来请观剧,当助大茶八块。未正乘车出南门涉河汉,将诣马王祠拈香观剧,乃河水涨发,汪洋浩瀚,奇克斯特依河南岸上水深三尺,未涉而返,仍由旧路还公廨,时申初矣。监视杨油匠等施色虚镜堂内外檐暨小炕桌八张,长脚凳四件。四部院各封呈明日应画稿件并递略节,当即逐件详阅讫:内阁一件,为札克等台台吉栋鲁布呈报图盟阿王旗下遗漏本台差使工银，檄饬该盟查照遵办。兵部一件，为张家口祥发涌商民王子绅等各持部票前往三盟等处贸易，札饬吉（夏）〔厦〕转饬。户部一件，为崇笔政肇等前往归绥催提本年下半年经费，咨行晋抚、绥远将军查照。理藩院五件，一为拟补西乌梁海总管车林端多布等官饬覆遵行，咨报理藩院；二为锦王旗下成德赊取台吉格素尔札布银畜，札饬三盟转饬分还并饬覆札盟查照；三为驻库俄官咨三盟喇嘛达什车林应赔俄商茶价，札饬该盟转饬查明呈覆；四为札盟多汗请价兹奉朱批，咨行理藩院并札饬该盟转饬钦遵；五为理藩院咨传本年喀尔喀应行年班王公，札饬四盟遵办，咨行库伦大臣查办。又内阁一件，为廿四日拜发奏事报匣咨行兵部。理藩院四件，一为例补乌梁海总管；二为查点孳生马群；三为提取官厂马匹；四为车藩单衔具奏本年年班可否赏驿，此稿例阅不署。

廿三日（8月12日）卯初以少牢恭祀马神于西厩，彻祭，即以克食饫羊分奖围卒六名。午间恭阅例补总管、查点马群[①]、提取官马[②]、车藩请驿清汉奏折四件，安折二分，旋即堂齐，画奏行交稿十一件，来文廿六件，堂行五本。马王社来请拈香，以河水落也，未刻乘车出南门，涉河汉蹚长桥，策骑走后街，至真武庙、马王祠拈香毕，行幄观剧，派演《打金枝》《药王卷》《打刀》三出，奖优人活羊二只，仍策骑出后街蹚长桥，复乘车由旧路进南门还公廨，时申初矣。发吉荣弟马封一角，内附忠字第卅三号家报[③]。监视工匠油饰虚镜堂。

廿四日（8月13日）卯初二刻以少牢恭祀关圣帝君于参谋

---

① 　参见本书附录二037《奏为循例查点图们图南北两厂孳生马群事》。
② 　参见本书附录二038《奏为循案就近提拨马匹事》。
③ 　此处天头批："忠字卅三。"

赞画堂，以神馀饩羊交庖人酱炙，遣赠果帅一盘。已初诣万寿宫，偕果帅、车藩拜发昨阅折件，如仪而还。监视霍木工油饰虚镜堂前廊西壁，墨质白文，宛然石刻。未正策骑出南门，涉河汉走长桥，进后街至真武庙观剧，派演《牌王传》《打杠子》，仍策骑由旧路还公廨，时申正矣。

廿五日（8月14日）监视霍木工镌刻谭叔裕同年前赠"立脚怕随流俗转，高怀犹有故人知"楹联，俟成悬于虚镜堂廊柱，以期触目警心，有以自勉。四部院各封呈明日应画稿件并递略节，当即逐件详阅讫：内阁一件，为司员年满前请更换恭录兹奉朱批，咨行各该处钦遵查照。户部二件，为科城差员伊吉斯浑就领上半年经费，咨覆该大臣查收见覆；又为庆笔政等由科领到粮石全数收齐，咨覆该大臣查照。兵部一件，为步兵李连呈领坐粮檄行宣化镇查照转饬。理藩院六件，一为例补总管先录原奏，咨行理藩院札饬唐努乌梁海转饬遵行；二为例查孳生马群先录原奏，咨行兵部、理藩院该管车藩查照；三为援案调马先录原奏，咨行户、兵部、车藩及札饬吉厦转饬遵照；四为札盟呈报秋季赴科驻班官兵衔名，咨行该大臣查照；五为车藩请驿先录原奏，咨行兵部、理藩院、吉厦转饬遵行；六为管驼厂呈报所欠驼只，除饬三盟查办外，饬覆右翼驼厂车台吉。

廿六日（8月15日）卯初二刻诣万寿宫，偕果帅、车藩恭祝我皇上万寿万寿万万寿，跪拜如仪而还，此乌城十馀载未除之痼改正于今日也。接文镜堂观察、倭陟堂太守、庆宜川通家、焦凯泉统领、图守文领队、李春涛书识贺午信版六封，附接安吉人代稿明镜兄生前战绩。未刻堂齐，画行交稿十件，来文四件，堂行七本。闻科城王差弁传言，内子两女六月初六日起程，十六日出口等语，未知确否。接谭敬甫方伯贺午信一封。合寿岩来晤，讨论满文而去。偶阅《亦复如是》，录皮日休座右铭疥壁，如聆佩蘅师面训也。

廿七日(8月16日)监视木工赶做赞画堂隔扇,油匠赶做虚镜堂匾联,均拟于月内竣工。德笔政克什巴由吉厦相验蒙古贼犯来言,据件作张书元结称,委系因病身死,并非刑下毙命,该尸亲现有完案甘结为证等语而去。阿信屏为内子等安台辞行,俾代致一信而去。合寿岩来晤,讨论满文而去。

廿八日(8月17日)预派往花硕洛图接内子、两女,荣巡捕广率营卒马献吉、张维锦、郑魁禄、王德鸿、牧厂忠堆蒙古兵一名;往南坝去接,派宋巡捕国喜、图巡捕伽本率营卒施恩桂、南绪,是日书房厩长下班,四郭什哈牧厂章盖率蒙古兵四名;南河则派赵巡捕亮率营卒常林、孙酉山、家丁穆平安四人而已。郝崇成做三镶云边香牛皮小鞴成,奖工料大茶五块而去。午后诣万寿宫,偕果帅、车藩跪迎上月十五日拜发折件:果帅销假,奉朱批"知道了";代吹王谢恩,奉朱批"知道了",钦此钦遵,如仪而还。户部交来本年秋季养廉,除扣一成及酌减并减平欠平,实领银壹百廿四两三钱三分八毫,还天义德商家五十两,还隆庆昌浮借廿一两零四分,例赏张、周、穆三价十五两,另存东口做靴银四两,还隆庆昌饽饽债廿七两,下馀银八两一钱九分,存该号待用。合寿岩来晤,讨论满文而去。户、兵部、理藩院各封呈明日应画稿件并递略节,当即逐件详阅讫:户部二件,为萨笔政等赴科领运上年尾欠本年春季粮石,咨行该大臣查照转饬;又为科城本年上半年经费交来员伊吉斯浑解科交纳,咨报京部咨覆晋抚、绥远将军查照。兵部一件,为张家口协成源商民王增胡等各持部票前往三、札两盟贸易,札饬吉厦转饬。理藩院五件,一为三盟限内未获贼犯照例分别定办,札饬该盟转饬遵办;二为三盟呈报初次限内未获逃犯,本处照例二次展限六个月,赶紧查拿饬覆转饬;三为三盟呈报三次限内未获犯,本处照例展限四次,檄覆转饬严

拿务获；四为科属杜尔伯特盟长查明乌台吉长子之名，转咨理藩
院更正查办；五为博多和呢豁垒卡伦侍卫呈报乌梁海贼犯叠次
偷盗杜尔伯特等处牲畜，檄饬该总管转饬分赔，咨行科城大
（城）〔臣〕查照。合寿岩来晤，讨论满文而去。杜辕禄书识塔由
其原籍差旋来谒，当即传见，询问果帅家乡安善而去，渠来则杜
幕有人前期阅稿，复可息肩也。

　　廿九日（8月18日）虚镜堂裱画油饰成，奖杜辕刘郭哈满德
大茶八块而去。义盛德商家代购小黄海骝一匹，价银五两。未
刻堂齐，画行交稿八件，来文六件，堂行四本。现出有病故候补
经制外委马兵郭世珍一缺，又病故步兵阎华一缺，奉果帅令以车
辕巡捕萧禄补，候补外委递遗马兵以记名张全胜拔补，递遗步兵
及病故步兵二缺以记名郝子英、杜义拔补，递遗兵役二缺以记名
乔兆祥、司潭拔补。监视木工装修赞画堂中廊隔扇，仍归旧制。
合寿岩来晤，讨论满文而去。按虚镜堂落地从修赞堂改移隔扇，
除需用官大木四十馀株，旧椽百数十条不计外，用新丈板卅三块
六两六钱，寸板卅一块二两四钱八分，五分板三百六十四块，高木
工壹百八十一工，共合银七十七〔两〕九钱四分，霍木工匾对堂
记工料银十二两五钱，以及颜料、纸张、布匹、桐油、钉铁、节次赏
项，寔共用过大茶十五箱，均由大盛魁、天义德、义盛德三商家先
行垫办，俟养廉有馀，陆续偿还。

记事_{十三年七月至九月①}

　　秋七月朔（8 月 19 日）巳正，日有食之，不尽如钩，征诸史册，似非佳兆。在东圃率巡捕等拈香行礼，惜远处边徼，未能先事承准部文也。监视木工以赞画堂旧隔扇六扇安置待时堂后厦内，并浼全守馀代写条幅一堂。内阁来回吉侍卫呈报跟役恩荣不服水土，请援案发回，已经果帅允准，饬付一驼一马饩羊腿一条而去。按恩荣者，即成邸之王二也，又名李恩荣，前层营谋随麟来乌而不果，后钻在吉绥之门下者，其为人蒙古语甚精通，乌梁海话亦颇熟悉，心地狡狯，惟利是图，令色巧言，（斜）〔胁〕肩谄笑，北卡台吉控案即渠所酿也。吉绥之一经觉察即设法逐回，诚然得体，而若辈回京，又当布散流言以耸家严听闻耳，可恶哉。

　　初二日（8 月 20 日）监视王油工以红土锅烟刷饰赞画堂前檐，未敢油色，缘乌城桐油价昂也。合寿岩来晤，讨论满文而去。四部院略节：内阁一件，为本年六月分陆续接到火票咨送兵部查销。户部二件，为乌梁海总管等领过俸银册报京部查核；又为部咨科城覆文四件钞行该大臣查办。兵部一件，为果帅销假恭录奉到朱批，呈行各该处钦遵查照。理藩院四件，一为商民唐广庸验讫部票；二为商民李向阳等验讫部票，均饬覆札盟查照转饬；三为代奏吹王谢恩恭录兹奉朱批，咨行理藩院并札饬三盟钦遵；四为乌梁海奖叙，俟兵部咨覆时再行知照，相应用蒙文札饬该总管查照。

---

①　第七册日期为光绪十三年七月一日至九月二十九日，首页钤"史语所考藏珍本图书记"朱文、"国立中央研究院历史语言研究所图书之记"朱文印。

　　初三日(8月21日)监视南郭什哈绪裱糊赞画堂前窗,常郭什哈林界画虚镜堂土地,霍木工镌刻赞画堂"经济出自学问,心性见之事功"楹联,安木工等悬挂"忠信笃敬"堂匾,杜木工拆改内院西房土炕。未刻堂齐,画行交稿八件,来文十一件,堂行五本。李恩荣行矣。合寿岩来晤,讨论满文而去。接刘毅帅谢寿、魏午兄专覆、恩雨三、李问樵、锡子农、李觉堂、安煦斋、文泰初、皂墨林、朱勉斋、孙少襄贺午信版十一封,知建侯师未到庭州,雨三通家摄安肃道篆,问樵同年调补泾州牧,煦斋同年调署临潼县事。

　　初四日(8月22日)监视南郭什哈等裱补西厢房窗隔。荣锡三、普耀庭来回,奉果帅令,将往所属卡伦援案查阅,拟携钦差大臣关防公出,其将军印信仍俾麟暂护云云而去。接贡马差弁等禀帖一封,知三辕马匹均于上月廿八日安抵哈尔呢敦,附接陈、雷二巡捕公禀,知麟应贡海骝马仍前调演,并无毛病,甚纾下怀。

　　初五日(8月23日)监视安木工成做桌面,霍木工补雕匾托莲花蝙蝠。具帖遣约果帅、车藩、吉厦公、四部院章京、仲诚世兄等于初八日在虚镜堂全羊便饭。合寿岩来晤,讨论满文而去。四部院略节:内阁一件,为阁钞钦奉上谕"内外臣工章疏地名、人名均应全写"等因,钦此恭录,咨行库科大臣钦遵查照。户部一件,为驻管东乌梁海色台吉应领一年盐粮册,送户部查核并檄饬札盟。兵部一件,为定静庵军政考语册送直督查办。理藩院四件,一为札盟据锦王等请作依勒固克森徒众仍拨原处,札饬三、札两盟径行妥办;二为檄饬三、札两盟将蒙古王公出缺未袭者予限半年赶紧报部;三为吉厦呈报商民札丹巴向锦王旗下讨债,札饬该盟赶紧还结,咨行库伦大臣查办;四为札盟呈报那台吉前署车贝子印务请停止差使乌拉,于例不符,嗣后如有似此案件,勿得率报致干究查。车藩称病,缴帖不赴初八日之约也。

初六日(8月24日)监视常郭什哈林油饰桌面紫边皂心,张、何二郭什哈糊虚镜堂前窗。未刻堂齐,画行交稿七件,来文五件,堂行三本。合寿岩来晤,讨论满文而去。

初七日(8月25日)监视果辕韩庖人等宰羊备菜,为明日食客。虚镜堂、赞画堂补修齐整,所有工料价银均由天义德、大盛魁、义盛德三商家垫办,已详前记,其尤为出力之安木工、郭什哈李锦荣、常林、南绪四人各奖大茶四块,杜元二块,监工巡捕戴明魁玉搬指、烟袋嘴二件,以励微劳。

初八日(8月26日)巳初果帅、吉厦莽公来晤,巳正二刻终席而别。果帅赠朱拓博古花卉挂屏八条,新玉笔架一座,漆布桌面一方,洋毯一块,以贺建屋,当奖来人活计二事,大茶二块而去,此乌垣贺新居之俗也。未正全守馀、吉丽昆、札静亭、荣锡三、普耀庭、文晏轩、文润斋、托雪亭、德建斋、金凤楼、庆松涛、合寿岩、札仲諴、禄、阿二笔齐业齐,天义德郭商、大盛魁郭商、恒和义徐商、义盛德杨商来晤,申初二刻终席而别,并以五彩磁瓶一对、帽镜一架、三蓝茶罐一对、玻璃镫一对、磁茶盅六个、锡茶盘六个为贺,反复面却,众情不允,只以暂为陈设,俟麟离任全数璧回,奖来人大茶四块,谢借而去。细视各物,徒有其表,皆京中泛常之件,乃乌垣远处极边,购之大不易也,哀哉。四部院略节:内阁一件,为本年六月分接到及拜发过报匣数目册报兵部查核。户部一件,为乌梁海贡皮例折、缎布银两册报京部查核。兵部一件,为张全胜等拔补马兵等缺咨行京部、直督查照。理藩院三件,一为津吉里克阿第雅自伤已痊转送该旗,札饬吉厦转饬该旗收管,咨行科城大臣查照;二为三、札两盟呈报驻管科属众安寺胡图克图可否由科城派管,咨行该大臣核办见覆;三为吉厦呈报忠堆等由通事铺内取过账目,饬覆吉厦径行查照妥为办理。理藩院呈阅果帅往察西北两路军台边卡清汉奏底各一分，改易数字，遣送该衙门矣。惟此折出奏往返谅须四五十日，天气已寒，为果帅忧。

初九日（8月27日）孝静成皇后忌辰。以请客馀肴食巡捕、郭什哈等于赞画堂月舫室，奖喇嘛小乌拉巴哩吉牛大茶二块，以酬其两月来土工之劳。未刻堂齐，画行交稿六件，来文四件，堂行四本。先是昨夕寒风一阵如冬，今晨远山头微白矣，好在未即阴幸而霁。午刻谒果帅节署道谢，晤谈许久，言及往查台卡一节，麟以国家边卡自应及时查阅以免怠玩，无如天气渐寒，毡房宜暖，即将麟绒棉花布卧帐面赠果帅，喜而受之，又以巡捕图伽本、王弼、营卒张贵、袁候辅、李锦荣、何生业六员名草具一单，请果帅酌带行营差使，复谈许久而还。奖果辕韩庖人兆元大茶四块送回，以酬其三日之劳。理藩院呈阅调驼片底，改易数字而去。晚间出东门闲步，席地渠边，观圉人牧马而还。

初十日（8月28日）孝懿仁皇后忌辰。辰初策骑出东门涉河汊及巨流，乘车过河，复策骑走北平原，观穆价等策压马绿营沟。席地少坐，饮荣锡三奶茶，乃阴云北起，吸水后潭，虽未见龙而神异在目，诚不敢不信也。不图冰雪南来，粒如黄豆，巳初二刻乘车疾行，由旧路还公廨，时巳正二刻矣。午后全守馀来晤，讨论果帅查卡折底行款而去。合寿岩来晤，讨论满文而去。

十一日（8月29日）水有冰凌。辰初二刻策骑出南门，走草滩涉河汊踱长桥，仍策骑进后街，及西渠转台市，至义盛德商家少坐，仍策骑由旧路还公廨，时辰正二刻矣。张纫工成做虚镜堂蓝布桌套五件，大红羽绫坐褥四对，青毕图绒边木条心门帘、洋布心门帘各一架，青毕图绒走水碎凑红羽绫围桌二方，绸月洋布短墙围转角炕单一堂，改做蓝毕图绒炕幔一架，均齐，以大茶八块酬劳而去。接岱庆达贝子遣递哈哒一方，蒙文信一封，知其已授札盟副蒙长,当浼理藩院代写清文信一封,回哈哒一块道喜,交该护卫而去。荣锡三、普耀庭来晤,奉果帅令札盟揭案两造均有失实处,着将户口分晰清楚,饬令具结完案,其各应得之咎均着从宽免议,仍着理藩院严行申饬云云而去。

　　十二日(8月30日)辰初策骑出东门,走河滩过避风湾东南行,及照山阴河沿少坐,仍策骑由旧路还公廨,时辰正二刻矣。午间三盟咱音格根差斋桑递哈哒一条,当晤该斋桑,回哈哒一方而去。内阁呈阅果帅阅边①、调拨驼只折片各一件,安折二分,封套三分而去。旋画行奏稿三件。内阁现画行稿略节一件,为本处拜发奏事报匣咨行兵部转奏。理藩院二件,即适阅之折片由也。接蒲州守杜幼霞贺午信一件。往查沙宾达巴罕瑞、巴、白公禀一件,知渠等六月终七月朔先后接到札饬文书,现已遵札查毕回程,先行禀报。梁禄绘图一本,甚详。合寿岩来晤,讨论满文而去。荣锡三、普耀亭来晤,札盟揭案两造均具甘结后无争论,奉果帅令着理藩院妥分公私户口结案云云而去。户、兵部、理藩院略节:户部一件,为同治十年分银粮报销奉旨"依议"。钦此,咨覆京部查销。兵部一件,为萧禄等拔补候补外委等缺咨行京部、直督查照。理藩院三件,一为多汗病痊接事咨报理藩院查办;二为三盟巴札萨克旗下贻漏三户差使,饬覆该盟长等核办;三为札盟台兵被盗马匹檄饬乌梁海严拿著名贼犯,并饬覆该盟转饬候办。

　　十三日(8月31日)辰正诣万寿宫,偕果帅拜发昨阅折件,车藩称疾未到。果帅派普耀庭、文晏轩随营办事,麟辕巡捕图伽本、营卒张贵、袁候辅随营当差,内阁少坐而还。检出罕皮袷紧身羊皮毛战裙,面赠图巡捕,以其随果帅劳于边事也。未刻堂

────────────

① 参见本书附录二039《奏为查阅边卡军台情形事》。

齐,画行交稿五件,来文三件,堂行七本。瑞荄臣、巴、白二巡捕、梁画工等由沙宾达巴罕回差来诣,面询八博情形而去。奉果帅令,续派魁笔政德随营差委。合寿岩来晤,讨论满文而去。

十四日(9月1日)以大茶二箱购车辕玉郭什哈春魁钩鼻紫红马一匹,性尚驯良,脚步去得,惜身小口老,稍歉耳。午间盂兰社请上香观剧,助其大茶八块而去。午正策骑出南门走河滩,涉河汉蹚长桥进后街,至城隍庙拈香观剧,派演《二进宫》《乌龙院》二出,奖优人站羊二只而还,便道恒和义商家观演戏法,步至义盛德商家少坐,仍策骑出前街,由旧路还公廨,时酉正二刻矣。

十五日(9月2日)卯正二刻策骑诣菩萨庙、关帝庙拈香毕,出东门走河滩过避风湾东南行,及照山下遥拜先灵,行中元展墓礼,草滩少坐,仍策骑由旧路还公廨,时辰正二刻矣。巴巡捕雅纳递慢达罕青马一匹,性尚驯良,当以玉搬指、翎管二事报之。三盟札萨克札木苏伦札布递哈哒一块,白海骝一匹,当回玉翎管一只,奖来人活计一事,大茶一块而去。上年由京绪寄玉玩百件,至今日全数用完,再遇回礼宜从外购。四部院略节:内阁一件,为科城六月分接到过报匣日时册转兵部查照。户部一件,为本处加派营卒二名帮解科城经费,咨覆该大臣查照。兵部一件,为商民李志前往三盟那钜辅旗下贸易,札饬该盟转饬。理藩院七件,一为调拨驼只折稿,先行户部、理藩院查照,札饬孳生两厂及吉厦遵行;二为荣锡三奉派查点驼只,札饬图三两盟管驼公等会同逐一详查;三为吉厦呈报图盟请换查克达兵缺密图布差使无贻勿庸更换,饬覆转饬遵行;四为那钜辅旗下逃犯已获民人送乌,札饬图三两盟将案内人证依限解乌听候对质;五为果帅阅边折稿先行库、科二城兵部、理藩院查照,札饬三、札两盟遵办,并分饬两乌梁海、四卡伦侍卫、西北两路台站一体遵照;六为蒙众旧欠俄债至今未清钞单，札饬吉厦转饬各处查照呈覆；七为果帅阅边起程时需用乌拉等项粘单，札饬三、札两盟查办，并如前札饬各属一体遵办，再咨行科城大臣转饬所辖各处一体预备。合寿岩来晤，讨论满文而去。

十六日（9月3日）清晨登南城楼眺远而下。日来冷暖无常，冬衣不敢离身，以致胃火上炎，右腮槽牙肿痛，兼之乡情念切，儿女情深，张巡捕等往迎鄙眷已廿六日未见来音，阿信屏安台亦将廿日，亦未来信，不知内子两女滞于何处也，念甚闷甚。午间阴云四合，细雨淋淋，四山则白雪青松，大有冬意，思京中大萝卜丝羹无处觅也，想家严此时又以百餘文之烧羊肉熬倭瓜矣。未刻堂齐，画行交稿十件，来文五件，堂行三本。

十七日（9月4日）文宗显皇帝忌辰。辰初策骑出南门，走河滩涉薄冰涉河汊踱长桥，仍策骑进后街涉西渠，压马下菜园，东转两涉水渠进台市，至义盛德少坐。以大茶廿二块购杨商紫灰马一匹，脚步去得，性亦驯良，惜耳秃口老稍歉耳。仍策骑出前街，踱长桥由旧路还公廨，时已初矣。派牧厂昆都班登飞骑南台探听内子两女到乌消息，并寄去青菜四色。写致阿信屏一信，俾班登带去。合寿岩来晤，讨论满文而去。

十八日（9月5日）辰初二刻策骑出东门，涉河渠走草滩，至后庙前河南席地少坐，观巨流，未敢涉，仍策骑由旧路还公廨，时辰正三刻矣。果帅派千总杜生荣护送两乌梁海进贡皮张，本署派巡捕张德、营卒马献吉、费永昌、张维锦、郑魁禄、王德鸿走皮差，杜辕派出随营巡捕吉廉、郑万库、范元、王振文、营卒刘满德、刘清廉、何兆明、张全胜、焦锦满、赵宏璧、何喜、陈谟、申存仁、张永贵、阎吉泰共十五名。合寿岩来晤，讨论满文而去。内阁略节一件，为陆续四差口票十张咨送察哈尔都统查销。户部一件，为兆仰山找缴银粮咨报京部查核。理藩院三件，一为会查沙宾达巴罕等处牌博并俄文小包咨呈总署，咨行驻库俄官查明愆期缘由见覆；二为验讫商民万广良部票，饬覆札盟查照转饬；三为科城逃犯阿育尔限内未获，札饬吉厦转饬严拿。

十九日（9月6日）辰初策骑出南门，走河滩涉河汉踱长桥，进后街及西渠东南转进台市，至义盛德商家少坐，仍策骑出前街，由旧路还公廨，时辰正二刻矣。午间全守馀来谒，晤谈南北台兵额而去。札盟阿公递哈哒一条，海骝马一匹，当回哈哒一方，奖来人活计一事，大茶一块而去。未刻堂齐，画行交稿五件，来文四件，堂行四本。接宁夏维侯帅贺午信一封。合寿岩来晤，讨论满文而去。晚间出东门闲步，草滩少坐，观围人牧马而还。

廿日（9月7日）卯正二刻策骑出东门，走河滩过避风湾东南行，及照山阴河沿少坐，仍策骑西行坦途数里，即草滩中之大道，走河滩东北转进南门还公廨，时辰正矣。今岁遇闰，乌城早寒，每晨学骑颇有冬意，内子两女在途想已领略寒疆佳景，乃自接儿鹏环字第一号家信，今已一月，而未见六月何日出京准期，张巡捕、费郭什哈等往迎亦一月，并未来禀，思之闷闷不爽，可知世事诚难逆料。图巡捕由台市代购枣骝马一匹，价银大茶廿三块，脚步去得，惜身小口老耳。未刻札盟盟长阿公辞行，晤谈一会，勉励数语而去。合寿岩来晤，讨论满文而去。

廿一日（9月8日）辰初二刻策骑出东门，走草滩涉河渠及后庙南河沿，席地少坐，仍策骑由旧路还公廨，时辰正二刻矣。午间登南城楼眺远，观阿公起程而下。接阿信屏致全守馀一信，知其本月初八日到哈拉牛敦，鄙眷尚无到境准信，十五日前后渠可得之音，想已往前途侦探矣。接景介臣一信，知永峻斋已服满回任。附接定静村、赓继庵二信，吉巡捕六月初二日禀帖一封，知鄙眷路引、照验、粮单尚未承领，约在六月起程。接杜芝延信禀一封，内附张巡捕德等一禀，知渠等七月初一日行至塔拉多伦。接刘毅斋一信，知麟借台款千金早饬另记。接徐昆山贺秋信帖，知巴里坤营编改坐粮马队三旗，步队一营。阅刘毅斋、沙振庭来文三件，知塔尔巴哈台绥靖中左右三营步队勇丁溃变，杀伤营官陈明德等三员，并烧毁官衙，毅帅已饬汤统领彦和等分投剿抚，沙振庭、魁介臣已饬属严行防范，派弁侦探，麟刻即函致荣锡三、普耀庭，俾回果帅飞饬乌属一体侦候戒备，旋焉荣、普二章京来诣，奉果帅令作速办稿飞檄所属一体防探而去。合寿岩来晤，讨论满文而去。晚间札、普二章京来诣，讨论檄文而去。

廿二日（9 月 9 日）阴云四合，细雨纷纷。改正咨覆总署汉文一件，即前与俄官王厚议而未定之三事也。少焉雨止，闲步东门外，绕南门进西门，至隆庆昌商家少坐而还，仍是闷坐寒衙，思亲念子及于是否在途之妻女也。午后车藩二世兄推喇嘛来谒，晤谈而去。理藩院呈阅满汉戒备檄文，复易数字而去。合寿岩来晤，讨论满文而去。户、兵部、理藩院略节：户部一件，为购办屉绳前奉朱批并原奏录行户部钦遵查照，并檄饬吉厦遵照转饬。兵部一件，为刘抚帅来咨为塔城六月廿七日绥靖勇溃三营戕毙营官抢掠粮饷，除已饬属严防外，并飞咨库伦大臣查办。理藩院一件，为本处咨行驻库俄官公文一角，由库伦大臣转俾查收。

廿三日（9 月 10 日）清晨与文润斋校对台务覆部清文十馀扣，巳正藏事而去。未刻堂齐，画行稿三四件，来文十五件，堂行四本。兵部现画略节一件，为沙振庭、魁介臣来咨其塔城溃勇一案已饬所属严防侦探并转咨库伦。内阁呈阅贡马清汉折底夹单而去。合寿岩来晤，讨论满文而去。

廿四日（9 月 11 日）辰正策骑出南门，走河滩涉河汊蹀长桥，仍策骑西北行，至巴彦山下席坡少坐，观穆价压马。仍策骑东南转进台市，至义盛德少坐，以大茶一块买小木筒四个，移植江西腊为盆景。步出前街蹀长桥，仍策骑由旧路进西门还公廨，时巳正矣。前俾内阁代写公信一封,派蒙古骁果一名前往科城侦探塔城溃勇情形并函致察哈尔统制,适经文晏轩往返禀覆,均经果帅饬办矣。合寿岩来晤,讨论满文而去。申刻登南城楼眺远而下。

廿五日(9月12日)仁宗睿皇帝忌辰。辰初二刻乘车出南门,走河滩涉河汉涉南河上岸,策骑至坝下平川,观赵巡捕、张郭什哈、穆价等压马。巳正一刻乘车由旧路还公廨,时午初一刻矣。派营卒施恩桂前往张家口公干,为投致托子明署军情信并探听敝眷消息。合寿岩来晤,讨论满文而去。户、兵部、理藩院略节:户部二件,为科城农具数目相符,转报户工部查核;又为兆仰山部支俸银业经扣留,本年俸米照例放给,咨报京部、京旗查照。兵部一件,为杜千总生荣等赴京贡皮由部换给火牌,咨行兵部、察哈尔统制查照。理藩院三件,一为本年秋季致祭关帝需用牛只例由官牛提用,札饬吉厦咨报户部;二为科属阿勒泰乌梁海补放佐领各缺转报京院;三为饬覆三盟转饬商民王永昌验票。

廿六日(9月13日)辰正出东门闲步,策骑涉渠汉走草滩,至后庙南河沿少坐,观高木工等重修浮梁,运石下桩,颇费经营,谅须月馀蒇工耳,仍策骑由旧路还公廨,时巳初矣。未刻堂齐,画行交稿六件,无来文事件,堂行四本。兵部现画略〔节〕一件,即果帅差派施恩桂往张家口公干也。昆都班登由哈拉呢敦回,持阿信屏来禀言,内子两女约在七月初间出口,八月中旬到杭爱台,观之令人愤懑已极,当写谕内子一信,令其加站来乌,谕白、玉、张巡捕等一信,令渠等回乌销差,俾施恩桂因差代致矣。本季管台市派巡捕图伽本。奖昆都班登褡裢布一匹,以酬其九日驰驱之劳。

廿七日(9月14日)辰初二刻出西门闲步,策骑涉河汉踱长桥,步入台市,至义盛德商家少坐,步出前街,仍踱长桥,策骑由旧路还公廨，时辰正二刻矣。监视梁画工图往查沙宾达巴罕台路山川牌博于虚镜堂西壁，如临边界，以解积闷。日来以内子等出京愆期，三辕巡捕等跋涉山川，阿信屏为麟坐耗饩廪，实难惬于鄙怀，以致烦燥不宁，五衷不爽矣，可知父子夫妻各图便己，而不思纲常大义，以顾全局，哀哉。午后东圃射鹄以解无聊。合寿岩来晤，讨论满文而去。

廿八日（9月15日）辰初二刻出东门闲步，策骑走渠汉，至后庙南河沿少坐，观修浮梁，仍策骑由旧路还公廨，时辰正二刻矣。监视梁画工图壁。午后阴云四合，细雪纷纷，寒风凛凛如冬矣，当服皮棉袄。合寿岩来晤，讨论满文而去。户、兵部、理藩院略节：户部一件，为科城多骁骑校斯欢找领盐粮转报京部查核。兵部一件，为杜千总生荣等驰驿路票，檄行赛尔乌苏、张家口驿转道遵照。理藩院三件，一为三盟劫盗俄商马匹之犯初次例限三个月咨报京院；二为三盟偷盗那林台马匹之犯初次例限三个月咨报京院；三为吉厦呈报三盟德公旗下贼犯达克巴多尔济在押身死，相验无讹，饬覆吉厦转饬尸亲承领骨殖完案。

廿九日（9月16日）辰初出西门闲步，策骑走河汉冰凌踱长桥，步入台市，至义盛德商家少坐，购元青缎半方，桃红洋布三方，广扣三付，紫洋绉十尺，以购存绿哈喇及羊羔皮为内子、两女赶做皮袄各一件，搭包各一条，俟成遣送于途，以御严寒。步出前街仍踱长桥，策骑由旧路还公廨，时辰正矣。张纫工成做花布棉幔、狼皮车褥、蓝布八角桌套、毡帘等件成，以大茶六块劳之。未刻堂齐，画行交稿五件，来文六件，堂行三本。札盟副盟长贝子衔达公来谒，并递哈哒一条，海骝马二匹，当回哈哒一方，奖来人活计二件，大茶二块，晤谈许久而去。科城回差喜巡捕福回差来谒，晤谈许久，敬悉家严康强，甚纾下怀，代交桂芝延信柬而去。据芝延询得内子两女六月廿八日出京，旋接吉荣弟一信，知内子两女已于七月初二日抵宣,初三日到口,荣弟之女许字世弟端午桥,洵为佳偶天成。接崧镇青漕督、张南圃方伯、秦雨亭同年、徐卓云贺午及覆函四件。合寿岩来晤,讨论满文而去。

八月初一日(9月17日)辰初二刻乘车出南门走草滩涉冰凌,回拜札盟达公未遇,沿河滩东北行涉小河,及后庙拈香,禅室少坐。步至河沿观修浮梁,乘车涉河南,策骑走草滩涉河渠,进东门还公廨,时已初矣。预派何生业赴南台驰送两女皮袄。派张鉴书房当差。节近秋分,天即渐寒,杨柳树叶全行脱落,朝夕池冰厚至分馀,麟今晨拜庙已服棉裤、小棉袄、羊皮套裤、狼皮靴、灰鼠皮袄、羊皮毡面长袖马套方御朝寒,忆及两女在途,故饬纫工赶做皮袄耳。若在京中刻下不过单衣而已,麟在乌一夏,未离棉裤、棉套裤、棉袜、毡靴,袷绸袍套六月初旬穿过三五次,馀则袷毡、棉毡始过夏令。未刻由牧厂调回毅赠黑马、德赠青马,外牧百馀日,均见苗壮。接乌星舫、方午桥贺午信二封。饷差杜辕张郭什哈廷禄回差,果帅派杨巡捕香带其来谒,言内子两女上月初三日抵口,约在中旬出口,晤谈而去。合寿岩来晤,讨论满文而去。

初二日(9月18日)辰正出东门闲步,策毅赠黑马涉北渠走草滩,至后庙南河沿席地少坐,观修浮梁,仍策骑由旧路还公廨,时辰正三刻矣。黑马外牧,麟每晨学骑未得一合式者,今喜其苗壮而归,性仍驯良,骑之合式,尤念及毅帅惠我之深也。巳正张巡捕德、费郭什哈永昌由张家口远接鄙眷回,带来承枫廷、常介田信二封暨内子由京抵察哈尔头台行程记事一本,节略附录:

本年六月廿六日内子率两女叩辞家严,午正乘驮轿出京,亲友、儿鹏送至德胜门外小关而还,穿清河镇,戌正二刻驻昌平州,该牧照例出结供支,内子不豫。廿七日大雨滂沱,仍驻昌平,伙食自备。廿八日小雨连绵,辰刻起程,巳正二刻南口早尖,入关沟,沟水涨发,未初二刻驻居庸关行台,延庆预备,照例出结供支。七月朔卯正二刻起程,大雨淋淋,沙城早尖,巳初二刻驻鸡鸣驿官店。初二日卯初起程,走沙滩,涉阳河,觅水手带路,水势浩瀚,神灵默佑,化险为夷,走老龙背,午初响水铺早尖,未正二刻驻宣化府行台,该令照例出结供支,内子璧回廪给银两,颇是。赠王枫兄、吉荣弟京点、干菜各六匣,王枫兄回赠白米一袋,点心二盘,一品锅一口,火腿二条,茶果二包,洋糖四包,差帖请安道谢,璧回程仪,乃枫兄亲至行台,面给两女而去。吉荣弟回赠全席一桌,桂元栗子二匣,点心二包,茶叶一包,璧回程仪,差帖请安道谢。初三日卯刻内子力疾起程,走沙滩过旱桥,玉巡捕连魁、郭什哈薛振贵、郝子英去接,北行桥头,湖神庙报赛演剧,过通桥,驻敦升店内院,马兆瑞叩辞,传见而去。初四日饷差魏巡捕铭、郭什哈张廷禄叩辞而去。马差前起冯亨铨、褚润、赵文玉、李昌富、宋国安叩诣而去,又西口差王有禄叩安而去。午正永峻斋送烤猪一口,奖来人钱七百文,差帖请安道谢。饬吉巡捕将户、兵部执照去该管衙门呈递领结,并例支车价。晚间煎服汤药。初五日驻同前日,昨服药不效,周身不爽,两女贪玩,乡情大起,耆翁老母两系于怀,午正焦雷大雨一阵而霁。托子明送烤猪一口,奖来人钱七百文,差帖请安道谢。赓怡斋去拜,会谈而去,差帖请安谢步。恩荣甫留车二乘,有一可用,又向怡斋借得兆仰山所留之车及彭盛斋车一乘,共有三辆,足敷长征。连巡捕、周价押解行李口粮驮,三四日未见到口,焦灼不安。初六日驻同前,大雨淋淋,小恙不愈。赓怡斋送烤猪席一桌,奖来人钱七百文,差帖请安道谢。下仿此不另赘。玉巡捕送两女提浆饼一盘,月饼一盘。拟定吉巡捕前站,玉巡捕率李槐、王者锐、周福押大驮,连巡捕押伙食驮,厨房薛振贵、徐明,茶房郝子英,跟车张立、马进昌、赵宽、贾常金、头台昆都阿游什、蒙古人多尔济三晋,跟骒马马希麟、蒙古人满根尔准堆。初七日驻同前，小雨纷纷，小恙不愈，坐卧不安，未刻连巡捕昌率周价、三晋、准堆督驮来店，内子监视郭什哈等解驮，照单查点，连巡捕一路辛劳，尚无讹舛，心喜而疾减矣。饬吉巡捕、立价等检点京中土仪，赠托子明饽饽干菜六匣，苏酱一坛，火腿一条，永峻斋饽饽干菜四匣，酱腿同上，赠赓怡斋饽饽干菜二匣，酱腿同上，景介臣、玉翰章饽饽干菜各二匣，火腿各一条。初八日驻同前，小恙稍愈，玉翰章璧回土仪，改赠驿转道承公祐，内子催递传单作速出口。监视郭什哈、田、周、立价等装筐束绳。大新德商家送席一桌。绷盛斋叩谒面见，饬价留饭。初九日驻同前，监视郭什哈、田价等装束沿台赏需东生烟物，将玉赠提浆月饼等分食郭什哈、田价等为犒。景介臣送烤猪一口，点心二盘，京筵四簏。张巡捕、郭什哈费永昌、丁超进口去接，内子面谕张、费、丁三人回宣小驻一二日，张、费驰回乌城给将军请安，给麟送信销差，派丁超跟车。驿转道来信，当派吉巡捕领来车价实银二百零五两，草折钱十五千三百七十八文。初十日监视郭什哈等装束零物筐只。义盛德商家送果一桌，奖来人钱二百文而去。定于十三日头起行李米面驮出口。十一日驻同前，大雨滂沱，院水成河，午霁。十二日驻同前，景介臣赠饽饽六匣，奖来人钱五百文而去。三巡捕酌定明日连巡捕、周价、三晋、准堆押头起十四驮，十六玉巡捕、李槐押二起驮一同出口到头台，驮子先行。十三日驻同前，辰刻连巡捕、周价等督驮出口，当赠连巡捕饽饽二匣。午后饬田、张二价跟两女往游堡内关帝庙、财神庙，观剧而还。赓怡斋差帖探问内子等出口日期，原帖请安而去。监视纫工缝做车围。十四日驻同前，清晨秋风飒飒如冬，不知乌城如何冷也，闷待无聊，闲步廊下。十五日驻同前，身体又觉不爽，呕吐一阵。午后赓怡斋亲去送行，会谈而去。立价为两女购来绿云山羊皮靴各一双，每双价银二两二

钱。纫工做三车围成,工料共费十千有奇。吉、玉二巡捕代定出
口驮轿一乘,雇价银五两。陈店主赠饽饽二个,旋以京点四匣酬
之。奖三蒙古人盘费钱各一千文。为明日出口预派张巡捕顶
马,田价、郝子英跟轿,吉巡捕前站,临口验票,俾车驮前进,次女
随内子坐轿,长女率赵仆妇一车,张仆妇一车,立价押车一辆。
十六日辰刻店主人备馔送行,资钱五千文,赏厨役二千文,杂夫
一千文。已正内子率两女等由敦升起程,穿长街出大境门,过朝
阳村,瞻关帝庙后随山石刻"内外一统"四字,山顶瀑布倾注,景
甚可观,走沙滩过盘长河,水深三四尺,未刻入石子路,走沙滩至
陀罗庙村茶尖,西北转走沙石路,沿途农家芟刈秋菽,可见"秋
光先到野人家"之诗是咏实也。申正驻头台,行台齐整,该台预
备甚妥,果点颇佳,且有鲜杏数枚,洵为罕见云云。
　　四部院略节:内阁一件,为台站官兵驼马款目咨覆兵部核
办。户部二件,一为科城本年夏季行装银数册转京部查核;二为
本处本年夏季行装银数册报京部查核。兵部一件,为杜千总顺
差由京采办纸笔,咨行兵部、察哈尔统制查照。理藩院四件,一
为三盟捕未获初次展限三个月咨报京院;二为三盟丹占等催要
债负,咨行库伦大臣径行定办,饬覆吉厦并札该盟;三为札盟揭
案本处分别取结拟罚外,其功牌四纸饬送该盟长转饬遵行;四为
王俄官前来乌城议而未就各款,咨呈总署示覆。
　　初三日(9月19日)辰正策骑诣关帝庙,偕果帅、车藩拈香
行秋祭礼而还。未刻堂齐,画行交稿八件,来文十七件,堂行五
本。毅帅来咨塔城溃勇由春小珊参军现拟就抚。接额霭堂到任
信、恩雨三贺午信二封,知王子徵年伯处有一番箴规也。合寿岩
来晤,讨论满文而去。
　　初四日(9月20日)辰初二刻出东门闲步,策骑走渠汉行草
滩及后庙南河沿,席地少坐而还,时辰正二刻矣。午正诣万寿

宫,偕果帅、车藩跪迎六月廿四日拜发折件:例补总管,奉朱批
"著照所请,该衙门知道";查点马群,奉朱批"兵部知道"①;提
取官马,奉朱批"兵部知道"②;车藩请驿,奉朱批清文"另有
旨"。车藩奉到清文廷寄,光绪十三年七月十七日奉旨:"车林
多尔济奏年班届期可否进京瞻觐请旨一折,车林多尔济本年著
勿庸来京,俟届下次年班再行具奏请旨,该衙门知道。"钦此。
内阁少坐而还。合寿岩来晤,讨论满文而去。晚间闲步东门外,
草滩少坐,观圈人牧马而还。

初五日(9月21日)太宗文皇帝忌辰③。辰初二刻出西门
闲步,策骑走河汉蹀长桥,步入台市,至义盛德商家少坐,由恒和
义购蓝洋布廿尺,为两女做长紧身以护皮袄。步出前街,蹀长
桥,仍策骑由旧路还公廨,时辰正二刻矣。未刻张纫工交来成做
讫两女皮袄、搭包各二件,当即包裹妥并内阁交来小传单一张,
并青菜四色、香果卅五枚,均面交何生业明日清晨为两女驰寄南
台也。接萨笔政、王巡捕来禀,科粮上月廿五日起运,一二日谅
可到乌也。晚间出东门闲步,至北濠角少坐,观圈人牧马而还。
四部院略节:内阁一件,为本年秋季致祭关帝需用羊只咨报户
部。户部一件,为谦星桥革职留任处分廉俸奏章,咨行科城查
照。兵部一件,为杜千总差便引见履历考语册,咨行部科、晋抚
查照。理藩院六件,一为俄商小包代送兰州,咨行科城转送见
覆;二为三盟拟定贼犯罪名,饬覆该盟取结呈覆;三为查点马群
奉到朱批,咨行兵部、京院及车藩钦遵查照;四为拣补总管奉到
朱批,咨行京院札饬西乌梁海钦遵;五为调取官马奉到朱批,咨

① 参见本书附录二 037《奏为循例查点图们图南北两厂孳生马群事》。
② 参见本书附录二 038《奏为循案就近提拨马匹事》。
③ 此处误记,八月九日所记时辰无误。

行户、兵部及车藩钦遵;六为车藩奏免本年年班,咨行兵部、京院并饬图盟吉厦钦遵。合寿岩来谒,面正铸佛咨文而去。

初六日(9月22日)辰初三刻出东门闲步,策骑走渠汊,及后庙南河沿少坐,仍策骑由旧路还公廨,时辰正二刻矣。内阁交来写讫致乌达峰前辈一信,当写致乌绍云同年一信,合作一封,面交费永昌差便代投。王巡捕英偕萨笔政等领到科粮六百石,马兆瑞偕魏巡捕铭领到加增经费一万两,均经户部验收无讹。接阿树兄覆函一封,知科城将办灵差,念成卒久没沙场,万里移枢,情殊可悯,一阵心酸,致不豫矣。未刻堂齐,画行交稿九件,来文十六件,堂行四本。合寿岩来晤,讨论满文而去。车藩来会,晤谈台务而去。

初七日(9月23日)辰初三刻出东门闲步,策骑涉渠汊走草滩,至后庙浮梁西少坐,仍策骑由旧路还公廨,时辰正二刻矣。午间全守馀来谒,讨论南台事务而去。旋谒果帅节署,晤谈车藩查台情形,奉果帅令派全守馀跟随车藩往查南台,并以步兵梁禄、费永昌差使勤慎,均记名以马兵拔补,以示鼓励云云而还。接庆兰圃军帅贺午信一封,吉、玉二巡捕出口禀帖一件。合寿岩来晤,讨论满文并代写书签,便饭而去。

初八日(9月24日)辰初二刻出西门闲步,策骑走河滩踱长桥,步入台市,至义盛德商家少坐,步出前街,仍踱长桥,策骑由旧路还公廨,时辰正二刻矣。内阁交来小传单一张,面交王德鸿矣。由张鉴之父代打小炉瓶三设一分,工料银十五两,除提用秋廉馀银,其不敷之数均由隆庆昌商家垫办。已正张纫工交来成做讫内子皮袄、搭包各一件,连前工奖其大茶六块而去。写致内子一信,并皮袄、毡靴、搭包三事均面交王德鸿驰寄南台矣。管台市王巡捕弻交来小税盈馀十金,照章分奖立、福、平安三价矣。未正二刻丁超由途驰回,据云皇上万寿贺折差弁连巡捕昌明日赍折回乌，行李驮子约在一二日间进城，内子定于十一日午刻率两女、仆从等到乌，当向果帅借车一乘，为是日往南坝接鄙眷也。监视梁郭什哈禄画虚镜堂前照壁鹤鹿同春。内阁略节一件，为本年七月分拜发过报匣日时咨行兵部查核。户部一件，为本年秋季致祭关帝需用香烛银两册送户部查核。理藩院七件，一为札盟缉捕盗驼贼犯二次限满未获例展三次，饬覆转饬；二为伊犁喇嘛前往库伦鼓铸佛像，札饬吉厦转饬放行；三为西乌梁海章盖例那游牧过冬，札饬津吉里克卡伦；四为科属达公旗下盗畜贼犯，札饬札盟查办；五为西乌梁海交到罚九饬覆转饬；六为札盟阿王旗下达噜噶前往乌梁海请领卡票；七为科属旧管新收开除实在驼马数目册转户部。

初九日（9月25日）太宗文皇帝忌辰。巳刻连巡捕昌由途来谒，晤谈劳慰而去。午正诣万寿宫，偕果帅跪迎连巡捕赍回万寿贺折，均奉例批，内阁少坐而还。车藩称疾未到。未刻堂齐，画行交稿九件，来文六件，堂行五本。乌云疾雨一阵而霁。昨今先后共发贺节马封七十三角，信详信簿。接明镜兄讣文一件，祥利亭军帅贺午、魏午兄贺秋、沙振庭、魁介臣贺秋、姚静庵同年贺秋信版四封，谭敬甫覆函一封，知建侯夫子已于六月初旬由兰垣西发，沿途均经藩司饬伺省城小助川资，惜建侯师未却，为麟歉歉然事。

初十日（9月26日）清晨登南城楼眺远而下。派图巡捕伽本率郭什哈马献吉、张维锦、郑魁禄、南绪及蒙古郭什哈三名、穆价平安共九人往花硕洛图迎接内子两女。巳刻玉巡捕连魁、营卒李槐回差，少焉周价福回乌，言家严体健，亲友平安，孙馨结实，内子行李后半日可到，旋登南城楼望驮，乃何生业驰回，据云鄙眷十二日午时进城，并带吉巡〔捕〕等一信，知内子本月初一日抵赛尔乌苏，日行三台，则十二日进城不为慢也，并带内子赴乌总簿一本，得知京中亲友馈遗食物，独是钜辅贤王惠麟甚优。接阿信屏来禀，知内子初五日到哈拉呢敦，定于十二日入乌。午间穆价折回，言图巡捕等往二三台间去迎鄙眷也。未申之间内子头二起行李到齐，提出刻款墨盒十三匣，交四部院分送矣，遣赠车藩中花、老花眼镜二盒，星岩镌款墨盒一匣，检点画兰小横隶篆大对补赠德、庆、金三笔政矣。赠守馀《缙绅》一部。

　　十一日（9月27日）太祖高皇帝忌辰。督饬穆价等检查内子两女帽盒及赏犒活计，旋遣穆价覆往花硕洛图台迎接鄙眷。由义盛德购蓝梭布一匹，交张纫工成做钜（钜）〔辅〕赠来绒鞾。午刻接沙振庭、魁介臣公信一封，为果帅查卡情形诸多不便，将使果帅中止，当将原信俾全守馀代回果帅而去。未申之间白、玉二巡捕率张、田二郭什哈由南台远接鄙眷先后回乌，均晤谈而去。以京模三副交隆庆昌，做点心数十斤，分赠果帅、车藩及四部章京、缮信笔政等，即作中秋节礼以塞责耳。申正阿信屏回差来谒，据云明日申初鄙眷抵乌，晤谈而去。酉正车辕冯巡捕亨镒由南台接鄙眷回，遇于南门外吊桥而别，旋焉穆价由南台回，言内子两女申正驻花硕洛图台，明日午刻入乌。

　　十二日（9月28日）巳初巴、宋诸巡捕率蒙汉郭什哈十六名、周、穆二价等往南坝迎接鄙眷。午初登南城楼，观架杆车下坝疾驰，涉南河走草滩进东门，旋见内子两女乘果帅骡车暨麟马车涉河北来，吉巡捕通等纷纷上城来诣，麟即下还公廨。少焉，内子率两女、仆从等至参署仪门下车，麟在待时堂前跪请家严金安毕，继见两女，不觉思亲念子，儿女情深，内子则饮泣于内室矣。未刻札仲诚世兄来谒，内子、两女晤谈而去。四部院章京等投帖请安，均挡驾焉。车藩遣赠羊菜酒席一桌，福臣魁商家送羊菜酒席一桌，均资力而去。内子由口及乌仅行廿五日，其行程记事一本俟暇别录备考。四部院略节：内阁三件，为拜发奏事报匣黄布口袋,咨行兵部转奏;又为差员呈进皇太后万寿贺折咨行奏事处转奏;再为赵明、丁岐山赴京呈递贺折,咨行察哈尔都统查照。户部一件,为科城放过囚粮册转京部查核。兵部一件,为郭存礼顺差采买纸笔,咨行察哈尔都统查照。理藩院三件,一为西乌梁海格隆丕勒等四人来乌学经,檄饬津吉里克卡伦官查照放行;二为三盟修理新召多呢尔等赴乌梁海化缘,檄饬卡伦查照放行,并饬该总管查照转饬;三为科属索果克卡拟添书识,咨覆该大臣就近酌办。阅内子带来四胞妹、履仁妹丈、畅亭亲家、静山亲家、霍世叔、那钜辅、荫槐庭、常善庭、诚芝圃、高搏九、容泽园、巴敦甫亲友信十三封,知亲友均各平安。

十三日(9月29日)内子检点青缎狼皮暖靴一双、平金针黹七件赠果帅,官燕二匣、银耳二匣、对翅一包、青笋二匣赠果帅夫人,洋糖二瓶、云片糕四两、针黹二色赠仲諴世兄,针黹五色、海参二斤赠车藩。果帅赠内子、两女貂皮二张、红摹本缎一件、紫绿洋绉二块、洋磁盘二件、水烟袋一件、水烟二包、平果数十枚,资力活计二事,大茶二块而去。内阁交来写讫覆沙振庭、魁介臣公信一封,藉原差持回矣。未刻堂齐,画奏行交稿八件,来文七件,堂行五本。旋阅明日拜发例进贡马①、采办砖茶、恭祝皇太后万寿贺折及安折、封套全分。接刘毅斋、金珍亭、恩雨三、魏午兄、荣雨亭、陈春亭、向润亭、周葆臣贺午、贺秋信版八封,谭云觐前辈信一封,知赆崇建侯师双柏西上。

十四日(9月30日)内子检点由京携来针黹,赠巡捕白文俊、玉珍魁、连昌、张德、玉连魁、吉通各五件,巴雅纳、图伽本、荣广、宋国喜、赵亮、王弼、王英、张玉秀、戴明魁各二件,营卒张富、田文进、徐明、马晋昌各二件,费永昌、丁超、何生业、王德鸿、张

---

① 参见本书附录二 040《奏为循例进贡马匹事》。

贵、郝子英、薛振贵、曹旺、马献吉、马希龄、王全、乔瑞、袁候辅、李锦荣、田玉喜、王耀宗、王永和、郝崇、李献廷、胡杰、郭信、张维锦、郑魁禄、南绪、李槐、马照瑞、萧万堂、常林、赵宽、贾常金、米英、于富、杜元、孙酉山、张全、李昌、顾天祐、马胡义、张鉴、梁禄等四十人各一件，牧厂米什克、班登、忠堆各一件，共壹百零九件，加奖吉通玉搬指一个，针黹一匣，回绸被面二件，酱色摹本缎套料一件，赵宽、丁超、李槐、郝子英、薛振贵各大茶四块，察哈尔头台领催莽噶尔大茶十块，羊皮袄一件，以酬渠等迎送之劳。辰正诣万寿宫，偕果帅、车藩拜发昨阅折件如仪，内阁少坐而还。旋焉车藩为十六日往查南台来辞行，晤谈而去。未刻内子率两女谒果帅夫人，晤谈而还，少焉仲诚世兄来谢步，晤谈而去。阿信屏、合寿岩来谒，内子各赠针黹二件而去。果帅、车藩、全守馀、吉丽昆、札静亭、普耀亭、合寿岩、义盛德、恒和义先后各赠两女中秋月饼、西路苹果、西瓜、哈密瓜三二事，均资力而去。浼全守馀代写覆秋皋绍夫子一信。内子由京领出照验、粮单、口票各一张，及出口沿途台站官出具印甘各结七十一件，并张家口传单印票，均面交吉巡捕通持交内阁部院验明，果帅照例咨缴各该处并咨明鄙旗查照。

十五日（10月1日）卯正二刻策骑诣菩萨庙、关帝庙拈香而还。果帅巳刻来晤，畅谈而去，诣果帅谢步，晤谈而别。乘车出南门走河滩，沿山坡至车藩公廨送行，晤谈许久而别，仍乘车由旧路进东门还公廨，时未初矣。派戴巡捕明魁、周价福跟随两女往城内四庙行礼，瞻仰殿阁而还。四部院略节：内阁一件，为字识李生华顺差采买纸笔，咨行察哈尔都统查照。户部一件，为由科领到军粮六百石咨覆该大臣查照。兵部一件，为内子由京领到照验咨缴京部查销。理藩院二件，为科城来咨三盟达贝子旗下贻漏屯田差户，札饬该盟遵办并咨覆该大臣查照；又为内子由京领到乌拉票咨缴查销。晚间内子在待时堂祭月，上香行礼，以月饼六套、西瓜六个、苹果百枚分奖巡捕、郭什哈等，又以西瓜各二个、月饼各二套、苹果各四十枚回赠义盛德、恒和义二商家，以祭月供馀分奖张、周、穆三价及厨房蒙、汉二郭什哈，以示同甘之意。

十六日（10月2日）写禀家严禀帖、谕儿鹏谕帖一封，覆绷盛斋一信，并回赠其大红摹本缎一料，女活计七件，葡萄干二包，西路杏干十斤，并覆谢绍秋皋师一信，均面交原差莽噶尔，明日由乌回张也。未刻堂齐，画行交稿五件，来文七件，堂行五本。

十七日（10月3日）内阁交来传单一件、骑马一匹、驮马二匹、乌拉奇二名、食羊腿一条，已付莽噶尔传马起程矣。补写日来记事，由十二日至本日，难免挂漏。

十八日（10月4日）接王枫兄、吉荣弟贺秋信二封，当写覆函二片。接陈六舟前辈贺午信一封。果帅赠内子两女站羊一只、绍酒一坛、挂面一匣、猪肉一块。四部院略节：内阁一件，为南台呈报欠发工银衔名檄饬四盟查办。户部一件，为内子由京领到粮单咨缴京部查销，咨行鄮旗查照。兵部一件，为科城步兵朱升等拔补粮缺，转咨京部、直督查照。理藩院一件，为扎盟阿公旗下请来胡毕勒汗回籍派人护送，咨行驻藏大臣查照。

十九日（10月5日）浼合寿岩代写致谢托子明、永峻斋二信。未刻堂齐，画行交稿四件，来文六件，堂行九本。果帅派巡捕乐善偕德笔政克什巴往查金山卡伦，预派巡捕宋国喜古城采买米面，赵亮恭递元旦贺折，吉通冬季台市。合寿岩来晤，讨论满文而去。

廿日（10月6日）辰初二刻出东门闲步，策骑涉河汉走河滩踱浮梁，至后庙少坐，仍踱浮梁，策骑由旧路还公廨，时巳初二刻矣。未刻果帅夫人率仲諴世兄来晤，与内子畅谈许久，赠仲諴

《养蒙针度》二本而去。未正率两女策骑出南门走河滩蹚长桥进前街，先后至义盛德、恒和义两商家少坐，步过台市中坊，策骑出后街，涉奇（克特依斯河）〔奇克斯特依河〕，仍由旧路还公廨，时申初矣。果帅夫人赠内子、两女奶食二事，奖来人活计二件而去。晚饭后率两女出东门闲步，吊桥少立而还。

廿一日（10 月 7 日）午正策骑率两女出东门，涉河汉走草滩蹚浮梁，步至后庙，视两女礼佛，禅室少坐，庙外闲眺，仍蹚浮梁，视两女乘车，策骑由旧路还公廨，时未初二刻矣。后庙庙祝赠鸡卵卅枚，酬其大茶一块而去。合寿岩来晤，讨论满文而去。内子由衣箧检出绪堂叔、秀峰弟、嵩犊山前辈、朗月华、忠九峰两通家覆函五封，知朗月华上年大考，已授职矣。

廿二日（10 月 8 日）阅家严赐来由本年四月朔至六月廿一日京报壹百馀本，知雅静山亲家、柏介甫族叔均以卓异副都统记名召见，文叔平前辈升内阁学士，承墨庄前辈升太仆寺卿，长远堂寅友监督粤海关税，荫槐庭契友记名道府，原任国子司业治舜臣故同馆由翁叔平前辈奏入孝友科，我皇上亲行耤田礼，每日召见臣工至数起之多，勤政爱民，继述宣庙，善政遐闻，使边臣得瞻尧舜之政焉。四部院略节：内阁一件，为科城接到随票公文日时转送兵部查照。户部二件，为办运砖茶折稿先行京部、绥远将军、晋抚查照；又为咨行绥远将军转催瑞岚秀速运归绥口袋。兵部一件，为刘抚帅来咨塔城溃勇七月朔就抚归棚，札饬三、札两盟及东西乌梁海、西北各卡伦一体遵照，并咨行库伦大臣查照转饬。理藩院二件，为三盟吹王旗下并札盟诺们汗、沙毕①互推商债，札饬各该盟长转饬；又为兵部咨前奉上谕"内外臣工章疏全写地名年号"等因，钦此钦遵，翻译蒙文转饬两乌梁海钦遵查

---

① 诺们汗：称号，意为法王；沙毕：意为徒弟。

照。合寿岩来晤,代写讫致谢托子明、永峻斋二信,讨论满文而去。镫下与两女斗叶子解闷。

廿三日(10月9日)日来秋热如京,九秋池冰尽融。未刻堂齐,画行交稿六件,来文六件,堂行五本。忽焉云起东山,细雨一阵,似是热极寒来之意。乐巡捕善假满回乌销差,据云马希龄牵驱骡马在途,膘分尚好,惜骡掌微擦,不克疾行,一日仅走一半台,当派赵巡捕亮偕穆价疾驰南台接护骡马,钉掌疾行,以便及时来乌驱策也。申刻合寿岩来晤,讨论满文而去。晚饭后率两女出东门闲步,进南门而还。

廿四日(10月10日)巳初赵巡捕亮率穆价疾驰南台接牵骡马。未刻合寿岩来晤,讨论满文而去。晚饭后率两女闲步,至隆庆昌商家少坐而还。镫下与两女斗叶子解闷。

廿五日(10月11日)监视梁画工补绘果帅飞虎旗,颇佳。巳正诣万寿宫,偕果帅跪迎上月十三日拜发折件:果帅阅边,奉朱批"著照所请,该衙门知道"①;调拨驼只,奉朱批"该衙知道",钦此钦遵。内阁少坐而还。普耀庭来晤,奉果帅令定于九月初一日移交军篆,拜折起程往查边卡云云而去。接张朗兄信一封,知祁、杨二价均经收录,甚纾下怀。四部院略节:内阁一件,为内子等出口印票咨送察哈尔都统查销。户部二件,为上年科粮先后运齐,咨报京部查照;又为科员伊吉斯浑解去加增银五千两,该城照数收讫,转报京部查核。兵部一件,莽阿哩保案咨查京部示覆。理藩院二件,为德笔政普诗巴等往查金山卡伦札饬三、札两盟卡官会同查验;又为果帅奉命查阅边卡仍前咨札,钦遵办理。

廿六日(10月12日)昨晡写帖二分,一为廿七日巳刻便酌,

①　参见本书附录二039《奏为查阅边卡军台情形事》。

饯果帅于虚镜堂;一为约吉厦莽公作陪。今晨写请单一件,请廿
七日未刻饯普耀庭、文晏轩诸友,吉丽昆、札静亭、荣锡三、文润
斋诸友作陪,廿八日巳刻饯随果帅行营郭什哈等,廿九日早晚则
馔本辕出差回差巡捕、郭什哈等也,羊菜便酌,以示圆通。未刻
堂齐,画行交稿六件,来文十四件,堂行五本。接吉绥之一信,库
伦安、那二大臣来清文公信一封,当交理藩院代写回函,晤其来
人而去。

廿七日(10月13日)卯正以少牢恭祀先师孔子于参谋赞画
堂。午初饯果帅于虚镜堂,莽公陪客因病未到,果帅终席而别。
未正饯普耀庭、文晏轩诸友,终席而去。理藩院现画略节一件,
为果帅查阅边卡应用乌拉、驼马复行删减,咨行科城大臣札饬
三、札两盟、东西乌梁海、西北两路台吉、四卡伦侍卫一体遵备。
当画行稿一件。荣锡三、文润斋由东西厂验驼回乌来诣,晤谈而
去。理藩院交来写讫覆库伦清文公信一封,阅后由果帅藉来人
而去。初更赵巡〔捕〕亮率穆价由南台回辕,言骡马掌已钉齐,
约在九月初四、五日到乌。

廿八日(10月14日)接吉绥之一信,当写回函一封,附赠京
茶二瓶,藉原差寄回。午未之间约写信笔政及迎护鄙眷巡捕、跟
随果帅查卡郭什哈等便酌于虚镜堂,并假坐福臣魁,均终席而
去。普耀庭以接交军篆果帅起程折底来诣,改易数字而去。户、
兵部、理藩院略节:户部一件,为定静庵等领到本年加增银壹万
两,咨报京部咨覆直督、口北道查照。兵部一件,为晋抚前咨抢
劫罪名除晓谕本处街市商民遵照外,札饬三、札两盟遵照办理。
理藩院二件,为秋季笔齐业齐班满临迩,札饬西两部落盟长迅传
本年冬季笔齐业齐前来接办;又为吉厦呈报换班临迩等情除札
饬札盟副将军遵照外并饬覆莽公。

廿九日(10月15日)接津吉里克永侍卫来禀,知其将届年

满并原有空花翎升阶，当将原禀交兵部查照，俟奏请更换时附入。未刻堂齐，画行交稿四件，来文十二件，堂行七本。以羊菜便酌馔出差回差巡捕、郭什哈等于虚镜堂，均终席而去。果帅定于九月初一日卯刻过印，已刻拜折，未刻拔营西进，往查边卡。

卅日（10月16日）已刻杜辕随营禄笔齐业齐、巡捕、郭什哈等谒辞，均晤谈而去。午刻果帅来辞行，晤谈许久而别，少焉诣果帅送行，晤谈而还。未刻普耀庭、文晏轩来辞行，晤谈而去。内阁现画略节一件，为明日拜发折件行奏事处。当画行奏稿二件，印簿一本，旋阅果帅查边恭报起程折①一件，安折二件，封套三分。本辕随果帅行营巡捕图伽本、营卒张贵辞行，切嘱小心当差而去。派巡捕巴雅纳、宋国喜自明日起常川监印，派巡捕戴明魁暂代图伽本管台市。

九月初一日（10月17日）卯正二刻果帅遣戍守营总玉凌、四部院章京、笔帖式等恭赍定边左副将军印信一颗、印钥一柄、令箭匣钥二柄，当于参谋赞画堂迎接行礼。立受该营总等庭参，即饬巴雅纳、宋国喜恭请印信，储于待时堂隔扇后印柜内，柜钥则俾内子收执也。理藩院现画略节一件，为科属哈萨克抢掳杜尔伯特马匹，咨行该大臣径行办理，并檄饬索果克卡伦侍卫。当画行稿一件。已正诣万寿宫，偕果帅拜发昨阅折件如仪，内阁少坐而还。午正策骑出南门，走河滩涉齐克斯特依河，穿台市及西渠，行喱少坐，茶饯果帅，视其乘马轿涉渠西行，先是狂风大作，冰雪一阵而止，乘车进台市，至义盛德商家少坐，仍乘车出前街，由旧路进西门还公廨，时未正矣。派巡捕巴雅纳、宋国喜持名送果帅于西头台而去。果帅已行，车藩未归，当饬兵部每夕早掩城门以昭慎守。镫下与两女斗叶子解闷，乃长女大起乡情，以致找

---

① 参见本书附录二041《奏报遵旨查阅边卡军台移接印务起程日期事》。

事拌嘴，三慰而寝。

初二日（10月18日）巳初巴、宋二巡捕由西头台叩送果帅回辕销差，据云果帅平安西上而去。乃因昨日风雪，今晨河已冻严，大冷将至矣。少焉仲诚世兄来诣，复询果帅旅安而去。四部院各封呈明日应画稿件，封装貂皮用印花十二片，四部院并递略节，当即逐件详阅讫：内阁一件，为本年八月分接到火票咨送兵部查销。户部一件，为科城马兵朱升等找领银粮转报京部查核。兵部一件，为塔城溃勇就抚，首要各犯就地正法，咨行库伦大臣查照。理藩院二件，为果帅遵旨阅边，恭报起程移印日期，先行奏稿，呈行各该处并札饬所属；又为调取驼只奏片恭录兹奉朱批，咨行户部理藩院札孳生东西两驼厂吉厦等钦遵查办。

初三日（10月19日）巳初马希麟、准堆牵来黑骡青马，膘尚去得，马希麟一路辛劳，小心无误，当记大功一次。未刻堂齐，画行稿五件，来文十一件，堂行六本，户、兵部、理藩院共用印壹百一十六颗。派李锦荣内厩常川住宿，饬其专管骡马夜料。按乌城并无高粱、黑豆，仅购青稞三二石，每夜添饲内厩四骡马数升也。未正仲诚世兄来晤，讨论汉语而去。申酉之间微雪一阵而霁，貂皮箱封剩印花二片，当即注销，交巴雅纳付丙矣。接恭振夔贺午信一封。

初四日（10月20日）监视圉人刷洗黑骡，监视梁郭什哈初稿内子、两女行路图。写致倭峻峰、麟履仁妹丈、舒畅亭亲家信三封，饬内阁署吉林、荆州马封二角，后日钤印发去。

初五日（10月21日）辰正出东门闲步，策骑走渠冰行草滩，及浮梁下骑，步入后庙少坐，仍蹲浮梁，策骑由旧路进东门还公廨，时巳初二刻矣。札萨克图汗遣递哈哒一块，青马一匹，当回哈哒一方，针黹五件，奖来人活计一件，大茶一块而去。未刻画传单二件，用印二颗，为明日贡皮箱初起起程也。奖马希麟活计二件,大茶十块,照拂骡马准堆活计一件,大茶二块而去。日来写覆京中绪堂叔、四胞妹、霍世叔、雅静山亲家、那钜辅、朗月华二通家、溥月川、奎秀峰、荫槐庭、诚芝圃、常善庭、忠九峰信十二封,并承枫廷、赓怡斋、景介臣、张幼樵前辈信附片四件。内阁、兵部、理藩院各封呈明日应画稿件并各递略节,当即逐件详阅讫:内阁一件,为本年八月分接递过奏事报匣日时册行兵部查核。兵部一件,为托雪亭顺差引见履历,咨行兵部、兵科、京城该旗、绥远将军查照。理藩院二件,为吉厦呈报图盟密公旗下车台吉罚九银两照数收讫,饬覆查照;又为乌梁海例贡皮张派员护送钞单,咨呈军机处查办。晚间率两女登东城楼眺远,绕南城楼而下。

　　初六日(10月22日)辰正出西门闲步,策骑走冰汊及河,乘车涉焉,进后街穿台市,至义盛德商家少坐,仍乘车出前街,涉河由旧路还公廨,时已初矣。未刻堂齐,画行呈交稿四件,来文九件,堂行五本。接吉荣弟马封一角,内儿鹏环字第二号家信,拆阅之下,见家严康健,孙馨结实,荣子山七月下旬抵京,所寄百金家严已赐儿鹏了中秋节负矣,均纾下怀。附来庆王爷、崇受之、敬子斋、舒畅亭亲家信四封。接托子明、恭振麓、安少农贺秋信三封,当发马封二角致倭峻峰,统附致履仁妹丈并畅亭亲家也。申初约仲诚世兄食炙羊肉于东圃小亭而去。石勇送贡馀果丹皮六片,奖其大茶一块而去。定静庵回乌来诣,晤谈而去,带来景介臣一信。四部院前后共用印壹百廿九颗。庆邸覆函交荣锡三收存,俟回果帅、车藩,以有中俄交涉也。

　　初七日(10月23日)辰正二刻出东门闲步,策骑涉冰渠走草滩,至后庙少坐,踱浮梁,仍策骑由旧路还公廨,时已初二刻矣。未刻画来文二件,堂行一本。内阁用印一颗,为二起皮差传台也。接谭敬甫、锡子猷、春少山、奎绍甫、尚瑞庵、闻辅斋贺秋信版六封,兆仰山覆函一件。晚间率两女出南门闲步,沿城根进东门而还。

　　初八日(10月24日)检点七月分记事廿三扣,八月朔至望记事廿扣,写覆明秀峰、崇召棠、奎茂川、文诗儒、荣显斋、桂文圃、绪子兴、伊建勋亲友信八封,谕儿鹏帖卅六行。张巡捕德等二起皮差辞行,当将张家口托、永诸友信十六封,宣化王枫兄、吉荣弟二信先交该弁矣。未刻全守馀回差来诣,晤谈而去。封忠字第卅四号家报①,内附记事三分,亲友信甘封,外果丹六片,玉峰小横幅,均先后面交张巡捕、费郭什哈顺差代寄至京。先是接普耀庭等行营公信一封,知果帅途次平康,甚纾下怀。少馬瑞苳臣来谒,晤谈西七台情形而去。四部院各封呈明日应画稿件并递略节,当即逐件详阅讫:内阁一件,为补送札哈沁丁册,咨行理藩院并饬覆张家口驿转道查照转送。户部一件,为字识王德溶差便采买纸笔,咨行察哈尔都统查照。兵部一件,为历进果丹二匣咨行军机处转进。理藩院五件,一为科属众安寺补放副达喇嘛咨报京院;二为吉厦呈报更换绰豁尔台兵缺饬覆遵行;三为库伦前调驼马册报札饬吉厦转饬;四为京院来咨议准乌梁海保案札饬该总管等一体钦遵;五为字识杨忠差便采买纸笔咨行察哈尔都统查照。

　　重阳日(10月25日)食荣锡三赠祭馀羊肉。未刻堂齐,画行交稿八件,来文五件,堂行三本。户、兵部、理藩院共用印一百廿九颗。据管理南台车藩来咨,拜达里克台一带鼠洞太多,车马难行,当饬内阁办折奏那台路以期无误递送公文折报。旋策骑出东门,沿山坡至车藩署晤谈许久,乘车由旧路而还,时申初矣。定静庵赠金腿一条、麻酱一篓、京茶叶一瓶、笺纸卅张,奖来人大

---

①　此处天头批:"忠字卅四。"

茶一块而去。

初十日(10月26日)致清文信二片于车藩,将为四卡伦侍卫创请保案,当将昨拟片稿附寄,俾其删正。

十一日(10月27日)辰正二刻出东门闲步,策骑涉冰渠走草滩,及河蹚浮梁,至后庙少坐,仍蹚浮梁,策骑由旧路进东门还公廨,时已初二刻矣。接车藩清文覆函一封,言麟所拟片稿尚妥,稍改二句,当将片稿内阁缮正。未刻画堂行一件,内阁用印四颗。札静〔亭〕来谒,改正更换卡伦侍卫折稿而去。车藩来谢步,讨论台务而去。仲诚世兄来晤,持凉州膏药而去。

十二日(10月28日)辰正二刻出西门闲步,策骑走冰汊及河蹚长桥,仍策骑入台市,至义盛德商家少坐,仍策骑由旧路进西门还公廨,时已初二刻矣。内阁为车藩派查拜达里克鼠洞之吉厦车盟梅楞威都布东奈换传单一件,当画堂行一件,用印二颗,销旧传单一件。未刻瑞荩臣来谒,讨论更换卡伦侍卫折行款而去。监视梁画工绘内子行路图。仲诚接世兄交来骁果施恩棓来禀,派赴张家口公干,于八月十四日到口,已将要函投递,托子明回信已由马递发讫。改正更换卡伦侍卫折底清文二处而去。接庆笔政松涛来禀,知拜达里克一带并无私垦。札静亭来晤,讨论附保科属霍呢迈拉扈、昌吉斯台二卡伦侍卫共六卡伦而去。户、兵部、理藩院各封呈明日应画稿件并递略节,当即逐件详阅讫:户部二件,一为报匣包袱银两册报户工二部;又为部咨科城来文二件钞咨该大臣查办。兵部一件,为杨映山拔补兵役咨报京部查照。理藩院三件,一为科属杜尔伯特公多诺噜布因未出痘不克年班转报京院;二为乌梁海呈报俄人绘画该处地图,咨呈总署查照示覆;三为科属札公旗下贻漏布拉克台差,札饬札盟查照转饬遵办呈覆。

十三日(10月29日)辰正三刻出东门闲步,沿濠北西转进西门还公廨，时已初二刻矣。监视长女上小帽貂沿，为御朝寒。未刻堂齐，画行呈交稿六件，来文五件，堂行五本，内阁、兵部、理藩院共用印壹伯八十颗。接穆春岩、祥利亭、松镇卿、张南圃贺秋信四封，惟利亭信内言前二信只见后一封，其前一封并未接到，俾麟饬查等语，当查发信簿内一系二月初六日所发，一系闰四月附贺午信所发，即饬内阁查核行文簿，亦均相符，不知前一信滞于何处，抑有意外阻押也，闷甚，台吏行同奴隶，可恶至极，当致字于全守馀，俾其挨台查究，据实呈报。荣锡三来晤，言俄官王厚跟役批达拉因病回国，求传乌拉，俾回车藩而去，旋奉车藩谕派人按台护送，以免别生事端。

十四日（10 月 30 日）监视梁画工着色内子行路图，饬霍木工成做镜匣。阅理藩院解护俄人文一件。

十五日（10 月 31 日）辰初二刻策骑诣关帝庙、菩萨庙拈香而还。申刻四部院各封呈明日应画稿件并递略节，当即逐件详阅讫：内阁一件，为科城八月分拜发过报匣数目日时转咨兵部查照。户部一件，为进贡果丹需用木匣银两册报户工二部。兵部一件，为津吉里克卡伦侍卫永恰布期满更换，咨行兵部侍卫处查照。理藩院三件，一为俄人丕达尔回库，加派蒙员护送，咨行驻库俄官查照见覆；二为咨行驻库俄官公文一角，咨行库伦大臣转行查收；三为科城拟请蒙员纪录，咨行京院照例查办示覆。

十六日（11 月 1 日）清晨出南门闲步，走河滩绕城濠，进西门而还。午间全守馀来谒，讨论更换兵部司员折底，俾回车藩而去。未刻堂齐，画行稿六件，来文十二件，堂行五本。四部院共用印壹百一十四颗。梁画工代绘内子行路图成，内子奖该画工活计一件，纹银一两。

十七日（11 月 2 日）清晨出西门闲步，至北河沿少立，观冰而还。申刻写致沙振亭一信，用旧马封一角，俾全守馀及时批发,以询果亭兄阅卡消息。

十八日(11月3日)清晨出东门闲步,至草滩观围人牧马而还。未刻接果帅来信一封,知其重阳日抵科,十二日由科往查后八台,一路天气和暖,惟昌斯台大雪封坝,俟抵索果克再行寄信云云,甚纾下怀。当将原信交巴雅纳达知果帅夫人后,即送车藩阅看,再交理藩代写清文回函,并将麟拟保卡伦侍卫片稿附寄。户、兵部、理藩院各封呈明日应画稿件并递略节,当即逐件详阅讫:户部一件,为制造贡皮木箱包袱银两册报户、工二部查核。兵部一件,为护军校联秀引见,咨行伊犁军帅查照。理藩院二件,为接到俄官封套转行讫咨覆库伦大臣查照;又为三盟台吉噶勒桑丢失商民茶物,札饬该盟长转饬该旗查明呈覆。仲諴世兄来谒,持禄笔齐业齐蒙文信函一封,当即约略阅讫,与果来信大略相同,俾阿必尔密特代仲諴覆蒙文回信而去。

十九日(11月4日)清晨写致舒畅亭亲家一信,计四片,加封粘固,当用贺节旧马封交内阁发去矣。未刻堂齐,画行交稿四件,来文四件,堂行四本。四部院共用印六十六颗。理藩院写讫覆果帅清文信一封,及将入前拟保卡伦侍卫片底,札静亭则云前已发去,彼时大众在堂,未便深究,旋使人俾吉丽昆代为问询所以,少焉吉丽昆、札静亭、荣锡三复来谢过,据云前因错听故致早发片底,今钞呈永恰布年满奏稿附呈果帅,当俾改致果帅清文信尾而去。仲諴强世兄来谒,以所寄乃翁满蒙文信函代阅而去。接周渭臣、曾怀清、惠心农、德峻峰、罕清如、朱淑梅、恩雨三、焦凯泉、图领队贺秋信版九封,知明镜泉故兄灵柩于七夕过庭州,毅帅赆赙二千四百金。

廿日(11月5日)辰正一刻出东门闲步,过冰渠,策骑走草滩过浮梁,至后庙少坐,仍策骑由旧路进东门还公廨,时已初矣。午初全守馀来谒,讨论南台避鼠改道折底,俾车藩删正而去。接长春帆契友、高理臣同年贺秋信二封,见春帆兄亲笔附函,如亲故友也。未正诣万寿宫,跪迎上月十四日拜发折件:例进贡马,奉清文朱批"该衙门知道,单并发";采办砖茶,奉朱批"著照所请,该衙门知道",钦此钦遵,内阁少坐而还。车藩称疾未到。全守馀复来谒,请派字识王运枢恭赍批回折件,驰往北卡请果帅恭阅而去。理藩院请阅例查东西翼驼只折底而去。旋画北台传单一件,内阁用印二颗。写致果帅清文信一封,略陈附保卡伦侍卫诚以慎固边围起见。写致普耀庭一信,俾其转呈果帅二信,套封交全守馀饬王运枢藉差代投。车藩遣其巡捕请阅查台覆命清文折底而去。内阁查来上年军机处来文,陈奏折件每次不得过四封,每封附片不得过三件。

廿一日(11月6日)内阁呈阅车藩拟定南台改道避鼠清文折稿,仍俾内阁译汉再行删正。午正率两女乘车出西门,走河滩涉河冰进后街转台市,至恒和义商家购天青小哈喇六尺,为两女接改皮袄,复至义盛德商家少坐,购小羊皮五张,为赵仆妇做套裤,仍乘车由旧路还公廨,时未初矣。先是仲诚世兄来谒,与内子晤谈而去。阴云四合,大风疾来,寒气至矣。全守馀来谒,改正南台移道译汉折底,定于廿五日午时拜发而去。

廿二日(11月7日)清晨出南门闲步,走河滩绕城濠,进西门而还。冬季吉厦吉公来谒,晤谈而去。户、兵部、理藩院各封呈明日应画稿件并递略节,当即逐件详阅讫:户部一件,为檄饬吉厦转饬赶办屉绳。兵部一件,为阿树兄卓异咨行科城径行报部。理藩院六件,一为恭逢恩诏乌梁海官员应否加级,咨请兵部理藩院示覆,并饬覆该总管等查〔照〕;二为图盟呈报恭逢恩诏蒙古札萨克等官是否加级,咨请示覆同上,并饬该盟查照;三为三盟呈报盗畜贼犯饬令该旗查拿呈覆以备核办;四为拉公呈报会讯拟定偷盗哈尔呢敦等台牲畜众犯罪名查拿逃犯,檄饬三盟

盟长查办外,札饬管台台吉;五为博多和呢豁垒卡伦侍卫呈报请
饬查拿抢劫马匹之乌梁海贼犯,札饬该总管等查办并饬覆查照;
六为吉厦呈报谎窜骗驼之巴杂尔萨达,札饬札盟查照。节近立
冬,天时渐寒,忆及果帅在途,贤劳王事,栉沐于冰山雪海之中,
不觉羡愧交作。

　廿三日(11月8日)立冬。清晨出南门闲步,吊桥少立,不
耐其冷而还。车藩遣通事那逊来谒,改于明日拜发折件而去。
未刻堂齐,画行交稿八件,来文十件,堂行五本。接喀固斋、德锡
江、娄彝生贺秋信版三封。户、兵部、理藩院共用印五十九颗。
草厂巡捕荣广交来馀草变价银壹百廿两,除免该巡捕一成外,以
二成廿四金分奖张立、周福、穆平安三价、赵氏一仆妇各六金外,
以三成分奖满汉众巡捕,以四成分奖众郭什哈等也。三盟特王
固斯瓦奇尔因笔齐业齐顺差递哈哒一块,大奶饼一匣,当回哈哒
一方。冬季吉厦札盟吉公递哈哒一块,青马一匹,当回哈哒一
方,奖来人活计一件,大茶一块而去。

　廿四日(11月9日)清晨监视蒙古工人修补虚镜堂洋炉。
午正恭阅本日申刻拜发更换卡伦侍卫①、南台改道供差、更换兵
部司官②、车藩查台覆命、附保卡伦侍卫满汉折片五件,安折二
分。当画奏稿四件,行稿一件,堂行一本。内阁现用印十八颗。
未初策骑出南门,至河滩回拜吉厦吉公,毡幄少坐,晤谈许久,仍
策骑进西门而还,时未正矣。申初诣万寿宫,偕车藩拜发适阅折
件如仪,内阁少坐而还。内阁、兵部各递现画略节,即适画行奏
稿之事也。

---

①　参见本书附录二042《奏为年满卡伦侍卫循例拣员更换事》。
②　参见本书附录二043《奏为乌里雅苏台衙门司员年满循例拣员更换
　　事》。

廿五日（11 月 10 日）辰正二刻出西门闲步，策骑走河滩过长桥进前街，至义盛德商家少坐，为内子购青狼皮三张，饬工奶熟成做马套，仍策骑由旧路还公廨，时已初矣。未刻率两女出东门闲步，至冰渠边席地少坐，观围人牧马而还。内阁字识王运枢与全守馀来信，廿三日在后八台闻得果帅行至博多霍呢和垒卡伦，日行两台等语，甚纾下怀，以其行计之，谅在月终月初回乌也。内阁、兵部、理藩院各封呈明日应画稿件并递略节，当即逐件详阅讫：内阁一件，为南台应换三台吉，檄饬车三两盟拣员来乌以备拣放，并札该台吉等查照。兵部一件，为贡马朱批并原奏稿，咨行兵部科城钦遵查照。理藩院三件，一为俄文一小包咨送科城咨覆库伦大臣查照；二为官厂牲畜例那业克阿固拉地方度冬，饬覆吉厦转饬遵行；三为图盟那札萨克旗下仍不接当原差，饬覆该盟查办呈覆。

廿六日（11 月 11 日）清晨出南门闲步，绕西门而还。张纫工改做两女毡面羊皮袄成，奖其大茶四块而去。行营内阁来报，果帅昨日驻津吉里克卡伦，以此计之，果帅若仍日行二台，则十月朔日返乌也。未刻堂齐，画行交稿五件，来文六件，堂行二本。兵部、理藩院共用印七十七颗。率两女出东门闲步，草滩少坐，观围人牧骒马而还。仲诚世兄来谒，内子晤谈而去。

廿七日（11 月 12 日）清晨出南门闲步，绕东门而还。兵部呈阅附保卡伦侍卫文稿，改易数字而去。未刻仲诚世兄来谒，晤谈而去。晚间率两女行食于张纫工成衣肆，观做内子小皮袄而还。镫下与幼女斗叶子解闷，乡情大起，念老亲幼子稚孙奇切，致不豫而罢。

廿八日（11 月 13 日）清晨出南门闲步，绕西门而还。张纫工赶做内子小皮袄成，奖其大茶二块而去。未刻接总署夹板来文一件，言俄人本年夏间会查沙宾达巴罕爽约，文内有"直是侮慢,俄人之语甚殊狡赖",当交理藩院赶紧办稿声覆。接乌星舫、托子明、永峻斋、嵩书农、恩雨三五同乡信五封。接容峻峰世叔信一封,附申报三片,知其已因病乞归,蒙恩俞允矣。四部院各封呈明日应画稿件并递略节,当即逐件详阅讫:内阁一件,为锡主事年满奏底,咨行吏、兵部、京城镶白旗满洲查照。户部一件,为例办砖茶朱批奏底,咨行户部、绥远将军、山西抚台查照钦遵办理。兵部一件,为附保卡伦侍卫片稿咨行兵部、侍卫处、科布多查照,札饬四卡伦侍卫等钦遵。理藩院六件,一为图车两盟应当各卡差户,咨行库伦大臣查办;二为三盟副盟长旗下罚九银两如数收讫,饬覆查照;三为官马牧厂移往戈壁度冬,札饬三、札两盟转饬;四为科属乌梁海本年七夕逃走十六人,札饬吉厦转饬严拿,并札饬两乌梁海总管一体查拿;五为东翼驼厂添派无饷札兰车旺瓦齐尔饬覆遵办;六为札盟呈报本年冬季驻科及管牲畜札萨克衔名,咨行科城查照。户部交来本年冬季养廉实银壹百廿四两三钱三分三毫,当还大盛魁、天义德两商家各五十金,分奖张立、周福、穆平安三价、赵仆妇四名口各五金,馀四两有奇交隆庆昌归账。晚间率两女至隆庆昌少坐而还。先是行营内阁呈报果帅本月廿七日方驻津吉里克,当派巡捕吉通、玉连魁、营卒何生业驰往北台迎接,少焉果帅遣其巡捕王振文驰回来谒,据云果帅一路平安,拟于十月初二日回乌,随营章京笔政等亦均平顺,沿途台卡预备均妥,并未遇疾风骤雪,天气和暖等语,晤谈而去,甚纾下怀。

廿九日(11月14日)清晨出西门闲步,沿北城根绕东门而还。吉、玉二巡捕辞行,率何生业驰迎果帅。未刻堂齐,画行交稿十件,来文十三件,堂行三本。以大茶九块购一丈长、六尺宽白粗毡二块,做待时堂东室雨搭。张纫工改做内子茶色羊皮袄成,奖其大茶二块而去。

记事_{十三年十月一日至十二月三十日①}

十月初一日(11月15日)辰正乘车诣菩萨庙、关帝庙,拈香
毕,走后街出西门走河滩过河冰进后街,诣城隍庙拈香,便道义
盛德商家少坐,仍乘车出前街,由旧路进西门还公廨,时已初二
刻矣。先是仲诚世兄来辞行,往北台迎接乃翁,内子晤谈而去。
午正内子率两女各乘车诣菩萨庙,出东门走渠冰涉河冰走河滩,
至后关帝庙拈香,仍乘车由旧路沿北濠西北行,走河冰进后街,
诣城隍庙拈香,穿台市出前街,由旧路进西门还公廨,时未正二
刻矣。三庙庙祝各奖香资大茶各二块,两女借乘果帅车,奖其御
者大茶二块而遣,并奖蒙古引导兵大茶二块而去。吉、玉二巡捕
由北三台迎接果帅回,据云果帅一路平康,惟普耀庭途次稍觉吃
力,少焉杜辕吉巡捕廉由差次驰归来诣,亦云果帅旅次平安。晚
间安台存笔政禄回差来言,后九台支应甚妥,均纾下怀。先是午
间监视梁郭什哈等糊裱待时堂东室窗户,申正蒇事。
　　初二日(11月16日)巳正乘车出东门,走冰渠涉河冰,至后
庙后毡幄,偕车藩迎候果帅,少焉果帅由北而回,行幄相见,畅谈
边卡情形,随果帅、车藩由旧路进东门还公廨,时午正矣。旋策
骑谒果帅节署相会,又谈许久而返,当饬庖人收拾羊菜一桌遣赠
果帅洗尘。普耀庭、文晏轩等来诣,晤谈许久而去。普耀庭赠海
骝马二匹,奖来人大茶二块而去。饬内阁请示果帅接印日期,果
帅定于初四日接印,初七日拜折。四部院各封呈明日应画稿件

---

① 第八册日期为光绪十三年十月一日至十二月三十日,首页钤"史语所
考藏珍本图书记"朱文、"国立中央研究院历史语言研究所图书之记"
朱文印。

并递略节,当即逐件详阅讫:内阁一件,为本年九月分接到火票咨送兵部查销。户部一件,为本年秋季分放过出差官兵行装银两册送京部查核。兵部一件,为奏换卡伦侍卫折稿,咨行京部侍卫处、京城镶红旗满洲并札饬永侍卫遵照。理藩院二件,为三盟札雅班第达胡图克图游牧内命案人证,札饬该盟一并来乌质讯;又为科属吐尔扈特台吉津巴病故出缺,拟定承袭,转报京院。

初三日(11月17日)监视安木工修理桌几。午刻果帅来谢洗尘,晤谈许久而别。全守馀来谒,晤谈兵部来文而去。内阁交来写讫致锡子猷、托子明、谭敬甫、谭云觐前辈四信,当用马封封讫交内阁递去。未刻堂齐,画行交稿五件,来文十二件,堂行四本。四部院共用印三百九十颗。

初四日(11月18日)辰正饬内阁章京全成、营总玉凌恭赍定边左副将军印信一颗、钥匙三柄请于果帅节署,果帅拜而受之。少焉麟谒果帅,面交军篆,并请果帅夫妇、仲诚世兄于本月十二日来食祭馀,畅谈许久而返,当饬满巡捕巴雅纳帮同经理十二日祭天礼仪。巳初乘车出西门,走河冰进前街,至义盛德商家,借来朱漆木盘、木碗各十五件,仍乘车由旧路进西门还公廨,时巳正矣。晚饭后率两女陟步至张纫工成衣肆,少坐而还。派巡捕宋国喜往古城采买米面,借兵马希麟。镫下改正果帅阅边覆命折底,稍易数处而去。

初五日(11月19日)检点刘毅帅、魏午兄、陈芋兄、恩佩言、罕清儒、德峻峰、毅斋文案、巡政诸友、绥来令李槐庭信九封,面交宋巡捕国喜因差代致矣。午间饬图巡捕伽本代写十二日请车藩、吉公来食祭馀帖二分,当即遣送,并写请满营诸同乡暨杜辕随营汉巡捕、郭什哈等食祭馀知单一件,饬令本辕郭什哈各请书知。申刻理藩院呈阅咨覆总署文稿,稍易数字而去。四部院略节:内阁一件,为本年九月分拜发接过奏事夹板报匣数目日时册,行兵部查核。户部一件,为科属年满文主政龄缴回银粮,转报京部查核。兵部一件,为参将钱凤鸣官阶无案可稽,咨行伊犁军帅查照,并咨覆山东抚院查照。理藩院二件,为科属众安寺呼毕勒罕德清鄂苏尔接办附奏札饬三盟查照;又为科城来咨三、札两盟胡图克图停驻众安寺碍难照办,札饬该两盟查照遵行。札静亭来谒,晤谈跟随果帅阅边员弁兵丁劳绩而去。

初六日(11月20日)昨夕致清文信于果帅,为跟随果帅阅边官弁兵丁将立稿存记其劳,遇缺分别升补也。本日巳刻监视安木工接补待时堂内室北炕。札盟盟长阿公遣递内子哈哒一条,蓝摹本缎十八尺,奶食一袋,当回哈哒一条,活计一匣,奖来人活计一件而去。原来清文信交理藩院代写回函。接果帅清文信一封,言跟随阅边官弁兵丁均准奖励也。内阁现递略节一件,为明日拜发折件行兵部转奏。午刻普耀庭、文晏轩来谒,呈验果帅沿台卡取具册结而去。旋阅果帅阅边覆命[1]、例贡皮张折[2]、单、委查孳生驼只[3]清汉折件三折一单,安折二分,分封套五分。未刻堂齐,画行交奏稿十件,来文三件,堂行五本,稿内有覆总署一件也。理藩院交来写讫覆阿公清文信一函,当藉原差寄回。接库伦安使者贺秋信一封。户部来回,适奉果帅令后庙新修浮梁成,其工料壹百馀金即由城工馀款动支开销也。

初七日(11月21日)昨夕亥初接果帅清文信一封,将有荐贤自代之意,今晨写覆果帅清文信,婉言谢却,当即遣送。未正诣万寿宫,偕果帅拜发昨阅折件如仪,内阁少坐而还,车藩称疾

---

[1]　参见本书附录二044《奏报查阅边卡军台事毕回任接印日期事》。

[2]　参见本书附录二045《奏为委派绿营千总杜生荣等护送貂皮赴京呈贡事》。

[3]　参见本书附录二046《奏为循例查阅东西两厂孳生驼只事》。

未到。接吉绥之信一封，附赠两女葡萄干、杏干、桃干、糟糕各一匣，留为明日转赠荣锡三世兄耳。接沙振亭、魁介臣覆函，荣雨亭、曾怀清、秦雨亭同年、皂墨林、广昆峰五友贺秋信共七封。张纫工改做内子绿毡棉袄成，奖其大茶二块而去。镫下接果帅清文信一封，当写清文覆信四片，反覆详言，交玉连魁送去。

初八日（11月22日）午正率两女乘车出东门，走渠冰涉河冰，改策骑，饬吉巡捕通、立价等随两女往金山湾观荣锡三世兄，麟率福价等压马北平原，席地少坐，仍策骑由旧路至后庙坐待两女到，仍乘车走河冰进东门还公廨，时申初矣。锡三如夫人赠两女红洋绉衣料各一件，银手镯各一对，内子、两女哈哒各一条，奶食一匣，从蒙古仪也。四部院略节：内阁一件，为本处并无自行奏请陛见成案，咨覆兵部查照。户部无事。兵部二件，为普耀庭等跟随果帅阅边劳绩，咨行绥远将军查照；又为巡捕、郭什哈字识等劳绩记名存案。理藩院三件，一为俄商莫钦牛只被抢一案，咨行驻库匡索勒大臣查办见覆，并檄饬札盟盟长查照；二为本处咨行驻库俄官公文一角，咨行库伦大臣转行俄官查收；三为札雅班第达胡图克图拟罚达噜噶牲畜价银照数查收讫，饬覆署三盟盟长查照。镫下写覆容峻峰世叔一信。

初九日（11月23日）辰正二刻乘车出西门，走冰汉行河冰进前街，至义盛德商家少坐，购蓝洋褡裢二匹，为两女做长背心以避油污，仍乘车由旧路进西门还公廨，时巳初一刻矣。张纫工拆做讫茶色洋绉皮袄成，奖其大茶二块而去。果帅赠小鹿茸一枝、罕达尔罕角二架、貂皮二张、猞猁狲皮二张、枣骝烟燻马二匹，奖来人活计二件，大茶四块而去。午刻赴果帅节署道谢，晤谈许久而返。未刻堂齐，画行交稿六件，来文五件，堂行四本。仲諴世兄来谒，晤谈而去，为其母现染小恙，十二日不克来食祭馀也。新换花硕洛图等台台吉罗布桑车本、哈尔呢敦等台台吉光乌伦扎布各递哈哒一条谢栽培。

初十日（11月24日）辰正诣万寿宫，偕果帅恭祝皇太后万寿圣节，率四部院章京、吉厦吉公等行九叩礼，如仪而还，车藩称疾未到。写致桂芝延一信，交全守馀署马封，十三日钤印批发。乐巡捕善往查金山回乌销差，晤谈一切情形。接德笔政克什巴等禀帖，言金山一带并无偷挖情弊，各卡官例具甘结呈验而去。申正诣万寿宫，偕果帅跪迎上月初一日拜发果帅恭报查边折，奉朱批"知道了"，钦此钦遵，内阁少坐而还，车藩仍称疾未到。接丰厚斋、凌志堂、克胜斋、刚子良中丞贺秋信四封。巴、乐二巡捕荐德级三笔政善将祭祀献牲事宜，当即面请十一日夜内代将祭事，有感斯通不期然而然者也。

十一日（11月25日）监视郭什哈等结彩悬镫，预备祭事，欣喜阳春烟景，颇有腹地风味。

十二日（11月26日）子正，率内子、两女在待时堂前敬谨祭祀，献牲献熟，诸事吉祥，德级三、阿信屏、本辕满汉巡捕、郭什哈等均来道喜，且喜德级三、张贵、薛振贵、丁超、郝子英、何生业、马胡义、立价、张鉴、福价、穆价等均能恪谨将事，又值天朗气清，惠风和畅，麟着皮里吉服并未觉一毫严寒，甚纾下怀，当写谕儿鹏一帖，以志感格耳。牧厂章盖缺出，即以二品顶戴花翎蒙古郭什哈忠堆充补。辰正率内子两女领克食，由巳初至午正果帅、吉公、四部院章京、满营同乡、杜辕随营巡捕、郭什哈、本辕巡捕、郭什哈等暨大盛、天义、义盛、恒和四商家均陆续来食祭馀而去。内阁略节一件，为花硕洛图、哈尔呢敦等台补放台吉，饬覆车三两盟并饬新旧台吉等遵行。兵部一件，为商民靳光荣前往札盟索札萨克旗下贸易，札饬该盟查照转饬。理藩院三件，一为果帅阅边移交印务折奏，奉到朱批呈行各该处钦遵；二为果帅阅边事毕回任接印奏报折稿，呈行各该处并札所属；三为吉厦呈报更换察克达兵达里苏伦饬覆遵行。

　　十三日（11月27日）检点戳纱荷包一对，镜盒一件，遣送德级三，以大茶四块奖厨役薛振贵，大茶四块分奖外邀屠人。未刻堂齐，画行交稿五件，来文十八件，堂行四本。接沙振亭信一封。由内阁发马封一角，即致桂芝延信也。先是宋国喜请派马锡林随走米面差，全守馀奉果帅令俾麟斟酌，麟以慎重兵食起见，俾覆而去，旋奉果帅令，嗣后此差轮派跟兵一名也。

　　十四日（11月28日）监视皮工以皂角洗猞猁狲皮，俟熟成凑做欠襟皮袍。午正二刻乘车出西门，走河冰进后街穿台市，至恒和义商家购觅袍面不果，得步至义盛德商家少坐，仍乘车出前街，由旧路进西门还公廨，时未初二刻矣。接阿树兄信一封。

　　十五日（11月29日）辰正乘车诣菩萨庙、关帝庙拈香毕，仍乘车便道德级三处道乏而还。四部院略节：内阁一件，为札克等台那移游牧牲畜度冬，除饬三盟各旗并饬覆该台吉。户部二件，为古城采买米面，咨行科城查照转饬并咨行古城领队、新疆抚院查照转饬；又为采买米面添派向导兵札饬四盟遵照。兵部一件，为派弁护送灵差，咨行察哈尔都统查照转饬。理藩院二件，为补放察克达兵根敦苏伦，饬覆吉厦转饬遵行；又为三盟吹王请开副将军仍留副盟长派员查验。

　　十六日（11月30日）科城京差主政景漪风秀来诣，晤谈许久而别。接叶冠卿中丞、文镜堂、文泰初、锡子农、安绥之四同乡、李问樵、安煦斋二同年贺秋信版七封，福绥庭讣文一件。未刻堂齐，画行交稿六件，来文九件，堂行□①本。派汉巡捕赵亮恭递明年元旦贺折差。监视高木工成做四尺长、二尺宽木板面箱。户部拟出札饬绥来令交驼文底一件，改易数字而去。

①　此处原留一字空待补，今以方框代之。

十七日（12月1日）午后策骑率两女乘车出西门，走冰汊及河冰，乘车进前街，至义盛德商家少坐，仍乘车出前街，由旧路进西门还公廨，时未正矣。

十八日（12月2日）辰正二刻出东门闲步，策骑走冰渠及浮梁，步入后庙少坐，仍由浮梁南策骑走旧路进东门还公廨，时已初二刻矣。未刻米面差员苏兰泰、宋国喜前往古城辞行，并言同办一事，米面均须公同采买方无推诿等语，麟复勉励数语而去。略节：内阁一件，为科城九月分接到报匣数目日期册报兵部查照。兵部一件，为补造同治十年分军械火药清册，咨送户部查照转送。理藩院三件，一为上年采买米面在绥来县所属沙湾地方丢驼二只，札饬该令照文遵办；二为图盟奇札萨克旗下赔漏屯田差使，札饬该盟查照呈覆；三为津吉里克卡伦侍卫呈报推抗卡差之图萨拉克齐，咨行科城查照并饬覆该侍卫。镫下与两女闲话天理人情，神仙正果。

十九日（12月3日）果帅派吉巡捕廉偕赵亮恭递元旦贺折，冬月朔拜发。未刻堂齐，画行交稿五件，来文十一件，堂行三本。灵差郭什哈南绪叩辞，勉励数语而去。张纫工成做讫两女蓝布背心二件，奖其大茶二块而去。郝崇成做讫山羊皮暖靴，奖其大茶二块而去。

廿日（12月4日）以大茶一箱由阿信屏购南台小走黑马一匹。由普耀庭交来吉绥之信一封。相验差合寿岩、明远亭二笔政来诣，代呈尸亲王重金诉呈一张，晤谈而去。

廿一日（12月5日）写致锡子猷、长少白二信。午后乘车出西门走河冰，至台市义盛德商家少坐，仍乘车出前街，由旧路进西门还公廨，时未正矣。

廿二日（12月6日）清晨出南门闲步，绕东门而还。少焉阴云四合，细雪霏霏。未后合锡三差旋来谒，晤谈而去，并解到安徽省拨乌科经费五千两。张纫工凑做讫接肩蓝江绸欠襟灰鼠皮袍,奖其大茶二块而去。伊犁贡马差乌防御喜峰来谒,俾其代致锡、长二信,晤谈而去。略节:兵部二件,一为商民郑生梁;二为商民贾恒功等均往札盟那公旗下贸易,各饬该盟长查照转饬。理藩院一件,为三盟误写恩诏日期之章盖陈德例罚九牲,饬覆该盟长查照转饬。

廿三日(12月7日)大雪,雪后微寒。清晨出东门闲步,绕南门而还。未刻堂齐,画交稿三件,来文八件,堂行五本。扎静亭、荣锡三来谒,言果帅查边赏犒费二百金,暂由验票公项拨抵。图巡捕代交合锡三由西口代购元青毡靴二双,价银三两一钱五分。

廿四日(12月8日)检点《乌城十景》《眷口行路图》各一幅,用木杆衬裹妥,并果赠三叉小鹿茸一枝及小罕角二架,均面交赵巡捕因差寄京。未初乘车出西门走河冰入台市,至义盛德商家少坐,仍乘车出前街,由旧路进西门还公廨,时未正矣。合锡三赠西口糕点、咸菜、手纸、锭烟数事,奖来人大茶一块而去。

廿五日(12月9日)吉绥之等三卡伦侍卫差章持帖来乌谢保奖,并接吉绥之来信一封。未后全守馀来谒,讨论南台羊价驼驮斤两而去。四部院略节:内阁一件,为吉、赵二巡捕折差乌拉咨行察哈尔都统查照。户部一件,为前委员明安泰处分,咨覆兵部查照,转咨该旗径行查办。兵部一件,为商民范永珍等前往札盟那公旗下贸易,札饬该盟查照转饬。理藩院三件,一为札哈沁公等旗丁册前已补送,再行咨覆理藩院查照;二为东两盟将撤科属台差着不准行,饬覆图车两盟查照;三为科属军械不齐之台卡咨行该城照数放给,并札图盟查办呈覆,札饬卡伦侍卫查照。

廿六日(12月10日)检点本年八月十六日至本月十五日记事三分,计卅九扣,附忠字第卅五号家报寄京。午后写禀家严禀帖,谕儿鹏谕帖,钉封家报。未刻堂齐,画行交稿六件,来文十三件,堂行五本。酉刻雨雪霏霏,四山皆白,冷气侵人矣。接陶子方前辈贺秋信一封。

廿七日(12月11日)辰正三刻出西门闲步,乘车走河冰进台市,至义盛德商家少坐,仍乘车出前街,由旧路进西门还公廨,时巳初二刻矣。监视庖人装盛肚羊。未刻在虚镜堂邀合锡三、合寿岩、明远亭、吉、赵二巡捕羊菜便酌,涤尘饯行,巴巡捕作陪,均终席而去。旋将肚羊一只、忠字第卅五号家报①均交赵巡捕亮因差寄京矣。酉初晚饭后率两女出东门闲步,观围人捉牛,绕南门而还,夕寒刺骨,喜两女不以为冷也。

廿八日(12月12日)写附卅五号家报,面交赵巡捕专付儿鹏拆。午后出东门闲步,过冰渠策骑及浮梁,步入后庙少坐,仍步浮梁,策骑由旧路进东门还公廨,时未正矣。吉厦吉公来报东翼交到骟驼四百只,俾理藩院验收。四部院略节:内阁一件,为差员呈递元旦贺折,咨行奏事处转奏。户部一件,为科城差员景善由乌领去经费银两,咨行该大臣查收见覆。兵部一件,为商民韩振富前往札盟札公旗下贸易,札饬该盟查照转饬。理藩院二件,一为吉厦呈报棍柏札布【札布】补放兵缺,饬覆转饬;二为四盟呈报拟将代当工银按限送给,饬覆四盟遵行,檄饬吉厦查照转饬。

廿九日(12月13日)昨夕写覆吉绥之一信,今交义盛德,俾原差寄回。未初恭阅明年元旦贺折二分,安折二分,封套四分。旋焉堂齐,画行交奏稿七件,来文九件,堂行五本。新放札克等台台吉那木济勒瓦齐尔递哈哒一块谢栽培。接徐辕张信之信一封。

---

① 此处天头批:"忠字卅五。"

　　卅日（12月14日）辰正三刻策骑出西门，走河冰进台市行滑冰，至义盛德商家少坐，购绿股子皮一张，饬立价为二女挖铰靴云。乘车由旧路进西门还公廨，时巳初二刻矣。午间吉丽昆、全守馀来谒，奉果帅令本年七月冷雨一场，古城、巴里坤一带谷麦冻萎者多，以致粮价日增，蒙古兵丁觅食甚艰，将由城工馀款先提数千金购粮散放，俟其饷到再按市价坐扣等语，事近那移，理诚救急，俾与车藩斟酌妥协而去。申刻内子以小故勃谿，致麟大发雷霆而不豫矣。

　　十一月初一日（12月15日）辰正诣万寿宫，偕果帅、车藩拜发明年元旦贺折如仪，内阁少坐而还。旋焉车藩来会，晤谈而去。写致赓怡斋一信，因车辕噶布齐进口之便，俾将内子乘来之车驼驾壁回，当饬内阁发小传单一件，由南台挨台借驼一只驾去也。派满巡捕吉通管冬季台市。监视立价与二女挖抠靴云。晚间率两女闲步，隆庆昌商家少坐而还。孤镫一笼，三主一仆，寒气侵人，别有冷况，非亲历严疆者不知也。

　　初二日（12月16日）午后果帅来会，晤谈而去。旋乘车出东门走河滩沿山坡，回拜车藩，晤于穹庐，畅谈许久而别。仍乘车由旧路进东门，便道果帅节署谢步，畅谈许久而还。两女率立价、赵仆妇诣果帅夫人，久坐而还，果帅遣赠两女点心四色，奖来人活计一件而去。四部院略节：内阁二件，为锦王呈报拟拣花硕洛图等台吉应勿庸议，除饬覆该旗遵照外，并檄饬三盟查照；又为拣放札克等台台吉那木济拉瓦齐尔起程前往，饬覆三盟查照，并札该新旧台吉遵照。户部一件，为合锡三由绥远管解皖拨乌科经费本处收到数目日期，咨覆该将军报行户部、皖抚查照。兵部一件，为商民白世忠前往三盟额贝子旗下贸易，札饬该盟长查照转饬。理藩院六件，一为三盟呈报是谁等几人偷盗图尔扈特牲畜贼犯，饬覆该盟即将全案人等审明取供，呈覆咨行科城查办;二为更正杜尔伯特台吉明珠尔多尔济名字,咨行科城查办;三为本年十二月廿日巳时封印,明年正月廿一日午时开印,札饬吉厦转饬遵行,并札饬两乌梁海总管一体遵行;四为此次各札萨克旗下丁册于年终内呈送京院,勿得逾限,札饬四盟遵办,咨行科城转饬库伦查照;五为三盟呈报巴札萨克旗下倒毙驼只,饬覆迅速追出造册呈报;六为京院檄行吉厦文册转交该吉厦外,其咨送科属册籍转行科城查办。内子以芝麻冰糖为两女熬梨膏,求似京食而不肖也。

初三日(12月17日)清晨监视蒙古工人擦洗钟表各一件,奖其大茶一块而去。未刻堂齐,画行交稿十件,来文十八件,堂行三本。未初二刻率两女乘车出西门,走河冰上山坡行沙冈,至大盛魁商家少坐,仍乘车由旧路进西门还公廨,时申初三刻矣,该商家赠两女果点各五事。申正烧炕时,待时堂东室第二炕漏火,致烧毡毯如茶盅口之巨,当饬李郭什哈锦荣将炕修妥,其味则甚难当,又如在伊吾时卧室炕毡被焚也,悲夫。

初四日(12月18日)辰正三刻乘车出西门,走河冰进台市,至义盛德商家少坐,仍乘车出前街进西门还公廨,时巳正矣。车辕噶布齐喇嘛来诣,当将赓怡斋架杆车一乘俾其用驼驾入张家口代为璧回,晤谈而去。仲諴世兄来谒,内子晤谈而去。吉厦呈报东翼交到骟驼三百只,俾理藩院验收而去。晚饭后闲步张纫工肆,少坐而还。月前宋巡捕国喜等新疆采买米面之便,俾其代赠旧同事诸友蘑菇共二百斤,另有信稿,在十月分略节内附。

初五日(12月19日)寅卯之间雨雪霏霏,辰正而霁,乌属得雪分寸不等。检点旧川连纸七十张,俾兵部代印红线,为录寄京记事。午正三刻乘车出南门,走冰汊东北行及浮梁,观新建乐善桥木碑树成,步入后庙少坐,仍乘车走河冰及冰汊,进东门还公廨,时未正矣。户部呈阅乌科会奏请添额支经费、报销展限折片二底,各易数字而去。梅笔政和查验三盟吹王患病时发时愈取结而还。四部院略节:内阁一件,为本年十月分接到火票咨送兵部查销。户部一件,为科城本年秋间放过出差官兵行装银数册转京部查核。兵部一件,为张学商前往杜尔伯特察贝子旗下贸易,咨行科城查照转饬。理藩院七件,一为札盟札公旗下贻漏科城台差,拟饬该处迅速接办,咨行科城查照;二为三盟达贝子旗下贻漏科城屯差,拟饬该处迅速接济,咨行科城查照;三为吉厦呈报更换军帅署兵本处补放巴彦察罕,饬覆转饬遵行;四为东翼倒毙驼只,现经拟结,册送户部、京院查办见覆;五为三盟拟罚特台吉二九牲畜本处查收讫,饬覆转饬查照;六为科城咨查札盟札雅班第等借取商债,札饬该盟迅速完结呈覆;七为三盟拟罚达鲁噶巴图瓦齐尔牲畜本处查收讫,饬覆转饬查照。晚间率两女闲步张纫工成衣肆,少坐而还。

初六日(12月20日)辰正三刻策骑出西门走冰汊,乘车走河冰进台市,至义盛德商家少坐,仍乘车出前街,由旧路进西门还公廨,时巳初三刻矣。公干差施恩桂回差,据云马差巡捕雷英传单已递,不日出口,马匹无恙,交递均清,所有京信雷英持守等语而去,颇纾下怀。未刻堂齐,画行交稿十件,来文二件,堂行七本。接祥利亭军帅贺秋信一封。张纫工交来改做讫蓝江绸欠襟羊皮袍,奖其大茶二块而去。晚饭后率两女至隆庆昌少坐,便道张纫工成衣肆,监其以紧团二则酱紫薄库缎凑做欠襟袍面而还。

初七日(12月21日)果帅派其巡捕白兆熊驰往科城呈画会稿来辞行,当俾持帖二分于沙振亭、魁介臣、阿树兄处,代麟请安,晤谈而去。内子以日来严寒太甚,偶染小恙,幸午后稍愈。未刻荣锡三来诣,讨论三盟命案,俾诣车藩斟酌而去。户部现画略节,为白巡捕等前往科城会画两城经费奏稿,咨行该大臣查照书诺并钤印,仍交原差携回,以便具奏。当画行奏稿二件,堂行一本。施恩楑由口携赠果点数事,仅收冻柑五枚,干藕五小枝。

　　初八日(12 月 22 日)冬至。辰正二刻乘车出东门,走冰渠及河冰,诣后关帝庙拈香,禅室少坐,仍乘车由旧路进东门还公廨,时巳初三刻矣。本辖满汉巡捕、郭什哈等诣于参谋赞画堂,同叩冬长至节,如新疆仪也。未刻札静亭、荣锡三来诣,晤谈三盟命案,俾其严加刑讯而去。四部院略节:内阁一件,为本年十月分接拜过奏事夹板数目日时册行兵部查核。户部一件,为科城骁骑校穆克德善找领银粮,转报京部查核。兵部一件,为商民武发赆前往札盟达公旗下贸易,札饬该盟查照转饬。理藩院四件,一为札盟盟长等因未出痘不克年班,例派台吉代往,咨行京院查办;二为吉厦呈报管厂阿台吉因病请假准如所请,饬覆照行;三为西翼驼册含混,饬驳逐一查明呈覆;四为三盟札喇嘛等向商民李姓赊立债负,不干旗佐还给,咨行库伦大臣查办见覆,并札饬该盟长。监视立价裱糊待时堂东室窗挡二件,即前以鸧挡凑做者也。

　　初九日(12 月 23 日)右边槽牙火痛,大不利于饮食。午后诣万寿宫,跪迎九月廿四日拜发折件:更换卡伦侍卫,奉朱批"该衙门知道"[1];南台改道供差,奉朱批"著照所请,该衙门知道";更换兵部司官,奉朱批"该衙门知道"[2];附保卡伦侍卫,奉朱批"兵部议奏",钦此钦遵,内阁少坐而还。果帅以未列衔未到,似殊不合,车藩称疾未到,其查台覆命折,内阁俾其亲启恭阅。未刻堂齐,画行交稿七件,来文十件,堂行四本。接维桂亭侯帅、凌志堂同乡贺秋信二封,指墨白菜萝卜一片,可见凌志堂

①　参见本书附录二 042《奏为年满卡伦侍卫循例拣员更换事》。
②　参见本书附录二 043《奏为乌里雅苏台衙门司员年满循例拣员更换事》。

不忘故人之意，当写附函一件，俟附年信寄谢。内阁呈阅车藩覆命折，奉清文朱批"知道了，钦此"。

初十日（12月24日）辰正三刻乘车出西门，走冰渠及河冰进台市，至义盛德商家少坐，仍乘车出前街，由旧路进西门还公廨，时巳正矣。花硕洛图等台台吉罗布桑车贲递哈哒一条，红颠马一匹，当奖来人活计一件，大茶一块，晤该台吉而去。

十一日（12月25日）辰正三刻策骑出东门走冰渠及河冰，至后庙少坐，乘车由旧路进东门还公廨，时巳正矣。大盛魁商家驱来大羯羊卅五只，当饬庖人如旧棚卧。未刻合寿岩来晤，讨论满文而去。

十二日（12月26日）辰正三刻策骑出西门，走冰渠及河冰进台市，至义盛德商家少坐，乘车出前街由旧路进西门还公廨，时巳正矣。内阁、兵部、理藩院略节：内阁三件，一为车藩查台奉到朱批，咨行兵部、理藩院钦遵查照；二为台递折报迟延，咨行察哈尔都统檄饬赛尔乌苏查照转饬；三为南台改道奉到朱批，檄行吉厦札克、推河等台台吉一体钦遵。兵部一件，为科城张士成等拔补兵缺，转咨兵部直督查照。理藩院四件，一为三盟凶犯成德供辞不合，仍交原差解回，饬覆该盟讯取确供呈覆；二为吉厦呈报车辕兵缺补放纳楚克；三为车辕兵缺换补臣得；四为绰豁尔台差缺补放鄂特索勒，均饬覆转饬遵行。

十三日（12月27日）清晨出南门闲步，沿濠北转，晨风吹面如削，进东门穿后街，至隆庆昌少坐，以饽饽二斤分奖每晨随行郭什哈等以示同甘。日来赵仆妇寒疾大作，腰痛难支，观之愤懑已极，束手无策，真平生不得仆从之力也，幸内子率两女等井臼自操，稍纾下怀。监视立价裱糊盛面木箱。未刻堂齐，画行交稿八件，来文十二件，堂行四本。派乔瑞解送犯人差。邀马医兆瑞为赵仆妇诊脉疗疾，立方服药，望速痊也。

　　十四日(12月28日)辰正二刻出西门闲步,策骑走冰汊,晏水甚大,乘车涉焉,走河冰进台市,至义〔盛〕德商家少坐,仍乘车由旧路进西门还公廨,时巳正矣。午后扎静亭、荣锡三来谒,讨论三盟命案,仍俾原差合、明二笔政再行带件检验而去。马差巡捕雷英、营卒张庭裕、冯亨铨回辕,由京带来家严谕帖一封,敬悉家严身体康健,蟋蟀娱情,补行军政尚能挽强命中,甚纾下怀。六月廿二日至九月初六日京报七十四本,谨聆时政如亲炙也,并悉雅静山亲家升授成都副都护。接儿鹏环字第三号家报,知赠亲友马匹均已分送,惟石海兄未收之马改赠巴敦甫,巴敦甫之马改赠文锦如,文鲁臣未收之马家严另蓄,大新德代喂海骝、特大臣未果赠之海骝并赠那钜辅,漪贝勒未收之马改赠诚芝圃,诚枫廷未果赠之马改赠荣苇臣。带来旧表一件,石榴数枚,酱菜、山查一匣,干果二蒲包,全八行百片,便封二百数十个,水笔十支,徽墨七块,飞白清字百片,当交全守馀分赠笔政诸友。孙馨尤见出息。附接舒畅亭亲家、绪子兴内兄、松寿泉夫子、长春帆、嵩犊山前辈、景星阶世叔、奎星斋前辈、陈栗斋同年信八封。雷巡捕等由张、宣、京中带来张幼樵前辈、定静村、托子明、永峻斋、景介臣,附干菜点心八匣,大新德商家、王枫兄、吉荣弟、伯藩、庆邸、克邸、漪贝勒、诚公、八额驸、惠箴亭、尚九兄、芬三兄、福东泉、德泽圃、明芝轩、桂瀛洲、希三兄、希五兄谢赠马及贺秋信廿三封,并带来醇邸、六额驸回赠活计各一匣,燻肉、燻鸡、毡袜四双、铡刀一柄,缸盆四个,胰皂二匣,旧仆张、刘等禀帖二分,当即逐件详阅,均无讹舛。惟此次贡馀马匹性劣者多,大不满于亲友所欲,覆函多有讥剌,且有托购良骥者,不知明岁如何应副,哀哉。

　　十五日(12月29日)辰正乘车诣菩萨庙、关帝庙,拈香而还。以景赠饽饽分赠果帅二匣。图巡捕交来冬季小税盈馀十金,分奖张立、周福、穆平安各三金,赵仆妇一金。以大茶廿二块购黄花马一匹。未后邀雷巡捕、张庭裕、乔瑞、施恩椿便饭于虚镜堂。四部院略节：内阁一件，为兵部锡司员年满奉到朱批，咨行吏、兵部、京城该旗钦遵查照。户部一件，为科城张士成找领银粮转报京部查核。兵部二件，为永侍卫年满奉到朱批，咨行京部侍卫处、京城镶红旗钦遵查照并札饬该侍卫；又为拟保年满卡伦侍卫奉到朱批，咨行侍卫处、京部、科布多钦遵查照，并札乌属四卡伦。理藩院二件，为科城吉厦巴札萨克因病给假所遗图记，饬交巴图萨拉克齐署理，札饬吉厦查照转饬；又为科城拣放札哈沁佐领等官转报京院。合寿岩、阿信屏来晤，讨论满文，先后而去。

　　十六日（12月30日）辰正三刻出西门闲步，策骑走冰渠及河冰进台市，至义盛德商家少坐，乘车由旧路进西门还公廨，时已正矣。杜辕白巡捕由科城呈画会稿回，带来沙振亭、魁介臣公信一封，言会奏折稿复易数处，并代寄来阿树兄片信一件。未刻堂齐，画行交稿六件，来文八件，堂行三本。阿信屏来晤，讨论满文而去。接怀绍先镇军贺秋信一封。吉丽昆、全守馀来谒，复易会奏乌科经费折底，当将京中寄来徽墨七块及小玻璃匣面赠全守馀而去。监视李皮工缝做内子乳熟狼皮马套并猞猁皮出缸，寒天熟皮大非易事，观之真令人焦燥也。赵仆妇病而未愈，张仆妇亦病不支，均令人不耐而无法耳。

　　十七日（12月31日）检点十月后半月记事七扣，妥封待（记）〔寄〕。未后阿信屏来晤，讨论满文而去。荣锡三来谒，晤谈三盟吹王请开副将军文而去。科城灵差刘弁生来谒，当传见而去。镫下与两女闲话四十年来往事解闷。

　　十八日（1888年1月1日）辰正三刻出西门闲步，策骑走冰汉及河冰，乘车进台市，至义盛德商家少坐，购豆芽菜一斤，以食两女尝鲜，仍乘车由旧路进西门还公廨，时已正矣。午后恭阅乌科会请经费①、常年报销展限、派弁往查金山折②片三件,封套四分,安折二分。内阁现画略节,为明拜发奏事报匣咨行兵部转奏。旋画奏稿二件,行稿一件。阿信屏来晤,讨论满文而去。四部院略节:内阁一件,为科城十月分接到报匣数目时刻,转咨兵部查照。户部无事。兵部一件,为本年明年封开印日期,咨行库、科二城查照。理藩院四件,一为图盟盗马贼犯札饬图、三两盟照文遵行;二为吉厦呈报京院交来丁册内有破烂情形,咨报京院查照;三为西乌梁海贼犯应还杜尔伯特牲畜欠款,明春再行补还,咨行科城查照,檄饬该总管查照转饬;四为三盟吹王钞呈旧案,咨送京院查办见覆。

十九日(1月2日)监视李皮工缝内子狼皮马套。未刻偕果帅、车藩诣万寿宫,跪迎十月初七日拜发折件:果帅阅边覆命,奉朱批"知道了"③;例贡皮张,奉朱批清文"知道了,单并发"④,单经军机处存查;委查挈生驼只,奉朱批"该衙门知道",钦此⑤,钦遵。当即拜发昨阅折件,内阁少坐而还。旋马堂齐,画行交稿六件,来文七件,堂行四本。接朱□□⑥、杜幼霞、德智斋、张朗兄、孙少襄贺秋信版五封,少襄附函议论东海辽海情形甚悉,惟朝鲜与英法俄日交涉稍使远人杞忧耳。

廿日(1月3日)辰正三刻出西门闲步,乘车走河冰及河汊进台市,至义盛德商家少坐,仍乘车由旧路进西门还公廨,时已

① 参见本书附录二047《奏报乌里雅苏台科布多二城额饷不敷缘由事》。
② 参见本书附录二049《奏为派员查勘复设金山卡伦并无偷挖情弊事》。
③ 参见本书附录二041《奏报遵旨查阅边卡军台移接印务起程日期事》。
④ 参见本书附录二045《奏为委派绿营千总杜生荣等护送貂皮赴京呈贡事》。
⑤ 参见本书附录二046《奏为循例查阅东西两厂挈生驼只事》。
⑥ 原文此处留两字空待补,今以方框代之。

正矣。接桂芝延覆函一封。阿信屏来晤,讨论满文而去。晚间率两女闲步,隆庆昌少坐而还。

廿一日(1月4日)辰正三刻乘车出东门,走冰渠及河冰,至后庙少坐,仍乘车由旧路进东门还公廨,时巳正矣。先是写谕儿鹏谕帖卅四行待寄。未刻札盟丹公木定苏伦署管驼马厂来诣,晤谈而去。阿信屏来晤,讨论满文而去。监视梁绘工为隆庆昌代稿乌城八景嵌扇,一曰金山朝霞,二曰濂洞夕照,三曰后庙赛神,四曰西昭献技,五曰台市春光,六曰照山叠翠,七曰长桥秋风,八曰雪山圣境也。

廿二日(1月5日)清晨穆价由台市购来西路肥猪肉、科城鱼各十数斤,肉价每斤银三钱,鱼价每斤银二钱,味均不佳,徒食其名而已。未初率两女乘车出西门,走河冰及河汊进台市,至义盛德商家少坐,仍乘车由旧路进西门还公廨,时未正矣。瑞荩臣代写讫奉查沙宾达巴罕记一幅,当俾梁绘工裱于虚镜堂图右。户部交来写讫乌科应放官兵每岁盐菜银两总数清单,立筒另存。阿信屏来晤,讨论满文而去。略节:户部一件,为科城步兵周万春等找领银粮转报京部查核。兵部一件,为乌、科、库现存照验数目,咨报京部查核。理藩院五件,一为查勘金山先录折稿,咨行京院札饬三、札两盟转饬遵行;二为查点驼只兹奉朱批,咨行户部、京院札饬图、三两盟盟长、车盟副盟长及东西两厂一体钦遵;三为例贡皮张兹奉朱批,咨行户部、京院钦遵查照;四为果帅阅边回任兹奉朱批行呈各该处,札饬各处一体钦遵;五为合寿岩等前往札雅班第达游牧,复行检验王锦龙骨殖,札饬三盟查照转饬遵行。写致阿树兄一信待寄。

廿三日(1月6日)辰正三刻出东门闲步,过冰渠策骑至后庙少坐,仍策骑由旧路踏滑冰进东门还公廨,时巳正矣。未刻堂齐,画行交稿七件,来文十九件,堂行三本。旋焉乘车出南门,至河滩回拜丹公,穹庐相会,晤谈许久,该公面递哈哒一条,貂皮一张,清酒三杯,如递九白仪,复谈而还,丹公即来谢步,又谈许久,赠以哈哒一条、活计七件而去。阿信屏来晤,讨论满文而去。

廿四日(1月7日)郝崇凑做讫内子两女暖靴成,奖其大茶四块而去。未后阴云四合,微雪纷纷。图巡捕代钞讫瑞苌臣等往查界牌记事一则,附存略节备考。晚间微雪霁,率两女闲步,至隆庆昌少坐而还。

廿五日(1月8日)辰正三刻出东门闲步,策骑走冰渠及河冰,至后庙少坐,仍策骑由旧路进东门还公廨,时已正矣。监视李皮工熟猞猁狲皮去油,严冬熟皮,大大不易。检点本月朔至望记事十六扣。阿信屏来晤,讨论满文而去。略节:户部一件,为瑞苌臣等前往科城领运本年夏季屯粮,咨行该大臣查照转饬。兵部一件,为步兵马锡凯与王全忠对调粮缺,檄行宣、大两镇查照转饬。理藩院四件,一为通饬四盟查逐无票商民,咨行库伦大臣查照;二、三、四为遣犯布特特、达克巴札布、阿巴克凯、端多克、尚达迈、鄂郭托尔多哈尔六名派兵解交,咨行京院、刑部查收,科城查照,札饬唐努乌梁海总管查办。

廿六日(1月9日)辰正三刻乘车出西门,走冰汊及河冰,进台市至义盛德商家少坐,以大茶十五块为两女购绿云香牛皮靴二双,仍乘车由旧路进西门还公廨,时已正矣。乐巡捕善递小走小青马一匹。未刻堂齐,画行交稿六件,来文六件,堂行三本。

廿七日(1月10日)自入冬以来乌城未见透雪,大不利于蒙众牲畜,观之甚为焦灼。谨于本日巳正二刻乘车出南门,走河滩过河冰及南岸,策骑西南行,陟西坝巅,竭诚遥拜雪山,默祷祥霙,及叩祷毕,乃瑞云突起,笼罩雪峰,或以微忱感召神灵默佑,于三九内仰蒙祥霙渥沛,则当斋沐报谢耳。瞻仰久之,步下南坝,山坳少坐,饮奶茶,食巡捕、郭什哈等糕点毕,仍策骑走微坡及平原,乘车由旧路进南门还公廨,时未正矣。以郭什哈李锦荣、张庭裕、贾常金、顾天佑陟降西坝,牵马出力,各奖活计一件而去。全守馀代写讫沙宾达巴罕图册说二页,俾梁绘工附裱册内。阿信屏来晤,讨论满文而去。

廿八日(1月11日)辰正三刻出西门闲步,乘车走河汉及河冰进台市,至义盛德商家少坐,以大茶二块购小西洋景二分,仍乘车由旧路进西门还公廨,时已正矣。内阁交来写讫致绍秋皋师、绵佩卿前辈、崇受之故友三信,当即钤章妥封,交全守馀俾杨有珍等因差进京代投。四部院略节:内阁一件,为口票五张咨送察哈尔都统查销。户部一件,为锡瑝臣应缴银粮咨报京部查核。兵部一件,为杨有珍等解送犯人布特特等,檄行赛尔乌苏,咨行察哈都统、京部查照。理藩院七件,一为科属吐尔扈特台吉锦巴病故,近族承袭家谱,转送京院查办;二为科属吐尔扈特鄂拉哲依等未给台吉,转报京院查办;三为果帅谕饬禁旗绿蒙众争尚服饰以厚风俗,出示严禁,檄行吉厦转饬;四为转送俄文咨覆库伦查照;五为饬传明年春季三、札两盟应班笔齐业齐前来接办;六为饬传明年春季三盟何贝特王来乌驻班,札饬该盟长并饬覆吉厦;七为札盟拟罚承缉不及达噜噶牲畜银两,本处照数查收讫,饬覆该盟查照。写致荣耀庭、恒士穌两通家信四片,附封儿鹏信内待寄。

廿九日(1月12日)辰正三刻出东门闲步,策骑走冰渠及河冰,至后庙少坐,仍策骑由旧路进东门还公廨,时已正矣。写禀家严禀帖,钉封忠字第卅六号家报。未刻堂齐,画行交稿十件,来文三件,堂行四本。阿信屏来晤,讨论满文而去。内阁交来贺年信壹百卅封,马封捌十贰角,俟入附片封发。

十二月初一日(1月13日)监视李皮工凑做猞猁皮袍筒。检点贺年信件。写景介臣附函、张幼樵前辈、定静村军帅、王枫兄、吉荣弟附片,当发马封八角,计信廿一封。午后饬次女接粘马封内衬纸。镫下写信,外重裹浮签,饬图巡捕补写承默斋、色石友军帅贺节信二封。

初二日(1月14日)辰正三刻出东门闲步,绕南濠西北转,乘车走冰汊及河冰进台市,至义盛德商家少坐,仍乘车由旧路进西门还公廨,时巳正矣。午间阴云四合,米心细雪。发贺年信马封卅角,计信卅八封。西正雪霁,约略分寸不等。略节:内阁二件,为推河等台呈报请按旧制仍由附近各旗出派官兵护送要差,檄饬三盟查办;又为本年十一月分接到火票咨送兵部查销。兵部一件,为满营换防官兵年终例保前锋领催各缺,咨行京部查照,绥远将军转饬。理藩院二件,为回城防御普善应缴例马照数收讫,咨报户部檄饬吉厦;又为科咨俄犯送回前提驼十一支,拟由领粮委员瑞良等携回,咨行该大臣并檄吉厦。

初三日(1月15日)辰正三刻出东门闲步,策骑走冰渠过河冰,至后庙少坐,仍策骑由旧路进东门还公廨,时巳正矣。未刻堂齐,画行交稿五件,来文五件,堂行八本。检点秦、晋、陇应璧版柬廿二分,另封署签待璧。

初四日(1月16日)辰正三刻出西门闲步,乘车走冰汊及河冰进台市,至义盛德商家少坐,觅高木工俾其代做查沙宾大坝图册夹板,仍乘车由旧路进西门还公廨,时巳正矣。巡捕雷英荐绘工马峻元,当即传见考画,即收本辕效力。库伦安使者暨那汗遣送清文信二封,当俾理藩院代写回函。

初五日(1月17日)穆宗毅皇帝忌辰。辰正三刻出东门闲步,踏宿雪走渠冰,策骑走河冰行雪滩,晨风寒瘴,冷气逼人,雪海冰山,一望无涯,至后庙少坐,仍策骑由旧路进东门还公廨,时巳正矣。监视郭什哈丁超、郝子英等封发各省贺年马封四十四角,计信版共九十九件。理藩院交来写讫覆安、那清文信二封,当即钤章，面交库伦来人持回矣。张纫工做讫内子藕合洋绉狼皮马套，奖其大茶二块而去。略节：内阁一件，为本年十一月分接发奏事报匣册行兵部查核。兵部一件，为科城拔补兵缺，转咨京部、直督查照。理藩院三件，为吉夏额梅楞请假，果帅允准，饬覆吉夏遵行；又为三盟达贝子达噜噶住管乌梁海；再为达贝子派令章盖车赍等赴乌梁海收取皮张，均札饬津卡侍卫及该总管。晚饭后谒果帅节署，晤谈车藩将于南台私立秤斤于例不合而还。

初六日（1月18日）辰正三刻出西门闲步，乘车走冰汊及河冰进台市，至义盛德商家少坐，购黄洋褡裢一匹，饬长女成做长竿旗帜，仍乘车由旧路进西门还公廨，时已正矣。写覆吉绥之年信并其家报，重封用马封发去。补发杜幼霞、德佩九信版二角，计信版共四件。未刻堂齐，画行交稿五件，来文十二件，堂行三本。那钜辅旗下旺贝子遣递哈哒一方，晤其来人而去。检点上月后半月记事十二扣，封附忠字第卅六号家报待寄。

初七日（1月19日）昨哺东圃观马着凉，今晨四（只）〔支〕不爽，心不豫矣。解犯差郭什哈乔瑞叩辞，当将忠字第卅六号家报①、冬月后半月记事、奶饼一匣、官本一包均面交寄京，俾其代叩家严而去。装订图巡捕代钞讫库伦事宜。全守馀代写列圣列后忌辰单一件，俾梁绘工托裱讫，恭悬虚镜堂西柁上。高木工代做讫查往沙宾达巴罕全图，河柳夹板，当裱高丽纸二条，粘联图之前后，颇肖册页，惜不甚齐也。

初八日（1月20日）寅正即兴，饬穆价煮粥献佛，旋于卯正二刻诣本署河神祠灶神前献粥行礼，以神馀分食执事巡捕、郭什哈等。午间浼阿信屏代注果帅、车藩梁绘沙宾大坝图册，俟成分赠。午后在辕门内立观乌梁海遣犯起解。闻果帅夫人不豫，内

子遣赵仆妇往探焉。梁绘工画图画册数月辛勤,奖其大茶八块
而遣。四部院略节:内阁一件,为恭缴上年十二月至本年十二月
奉到朱批,咨送军机处查收。户部一件,为果帅报销内贡尔逾
领饷项本处查收讫,咨报京部查照。兵部一件,为本处库存军械
火药咨送户部核销。理藩院二件,为三盟吹王旗下逃犯初次限
满未获,例展二限赶紧查拿;又为三盟特王旗下逃犯初次限满未
获,例展二限,赶紧查拿,均饬该盟转饬遵行。本年乌城天气太
暖,较京城三九稍冷三二分,然瘟疫将萌,大不利于蒙众,总缘未
得透雪故耳。晚间闲步隆庆昌少坐,绕东夹道而还。

　　初九日(1月21日)辰正三刻出西门闲步,乘车走冰汊及河
冰进台市,至义盛德商家少坐,仍乘车由旧路进西门还公廨,时
已正矣。全守馀来谒,讨论南台驼驮斤两羊只定价等事,惟立秤
一节果帅仍是未允,晤谈而去。未刻堂齐,画行交稿五件,来文
卅八件,堂〔行〕三本。阿信屏代注讫梁绘图册,当即遣赠车藩、
果帅矣。荣锡三来谒,晤谈库伦来文,果帅饬令照办,车藩意袒
图盟而去。车藩遇事阻挠,大非和衷共济之道。

　　初十日(1月22日)辰正二刻出东门闲步,策骑走冰雪至后
庙少坐,仍策骑由旧路进东门还公廨,时已初三刻矣。午后全守
馀来谒,晤谈南台秤斤而去。未后写春联解闷。晚间率两女闲
步,隆庆昌少坐而还。

　　十一日(1月23日)孝淑睿皇后忌辰。督饬立价、马郭什哈
峻元等掸扫裱糊待时堂五间顶隔窗户及东厢房窗户,未后全守
馀来谒,晤谈南台事宜,车藩允如果帅所办而去,旋致果帅清文
信一函,为覆例保也。

　　十二日(1月24日)孝德显皇后忌辰。接果帅清文覆函一
封,言俾章京等寻觅例保成案再行核定云云,当致信于全守馀,
俾其查找成案再复果帅也。监视马郭什哈等裱贴内外院春联。

阿信屏来晤,讨论满文而去。略节:内阁一件,为南廿台乌拉廪羊,札饬该台吉等遵办,并咨覆车藩查照。兵部一件,为张家口协成元商民余金魁等各持部票前往三盟等处贸易,札饬吉厦转饬。理藩院四件,一为吉厦呈报副将军王旗下四次未获逃犯,拟罚车登恩多尔济等牲畜,照数查收讫,饬覆转饬遵行;二为三盟呈报抢窃天义德驼马逃犯未获,二次展限,赶紧查拿,饬覆转饬遵行;三为图车两盟呈报库伦闲住人等酌定明年夏季由各盟派员收管,札饬三、札两盟转饬遵办,咨行库伦大臣径行办理;四为吉厦呈报补放图盟察克达兵乌宁克什克,饬覆转饬遵行。夜来屡梦马行而不见家报,亦不见回差官弁,焦甚盼甚。

十三日(1月25日)巳正出西门闲步,乘车走冰汉及河冰进台市,至义盛德商家少坐,觅珠人数片,即窗户空处所贴五彩纸片小花也,仍乘车由旧路进西门还公廨,时午初矣。监视马郭什哈等裱糊虚镜堂窗户。未刻堂齐,画行交稿六件,来文四件,堂行四本。接桂芝延禀帖二分,外黄羊二只,汤羊一只,又赠内子黄羊、狍子各一只。接惠心农故友、陶子方前辈贺秋贺年信二封,差弁陈玉山等禀帖一件,并晤车辕回差萧弁,知渠等上月十五日出口也。

十四日(1月26日)巳初出东门闲步,策骑走冰雪,至后庙少坐,仍策骑由旧路进东门还公廨,时巳正矣。监视李皮工凑狼皮上身、猞猁狲皮下身欠襟袍筒,将及蒇事。饬吉巡捕代购杂色赏犒活计五十件。户部验收讫差员崇肇、姜兴隆等解到晋拨本年后半年乌科经费银三万三千三百卅三两,科城加增银五千两。奉果帅令,科城应领经费一万六千六百六十六两五钱及其加增银两均着该委员英秀领解回科。

十五日(1月27日)寅正即兴,辰初诣菩萨庙、关帝庙拈香。巳初乘车出南门,走冰汉行雪滩涉河冰晏水,策骑进东沟,东南行走烂石上下坡，乘车南转，走河冰，策骑陟西冈，至往年会祭雪山处下骑，时午初矣。东望雪山银光瑞霭，当即叩拜，敬谢前降祥霙，徘徊瞻仰许久，并饬马绘工立稿四山佳景。午正策骑下西冈长坡，北转及河，乘车走雪滩西北行，走回环河冰，出东沟涉晏水，由旧路进东门还公廨，时未正矣。少焉普耀庭来销假，晤谈而去。四部院略节：内阁一件，为科城十一月分拜发报匣数目日时册转兵部查照。户部一件，为科城铁斤册转户、工二部查销。兵部一件，为商民赵德旺等前往札盟那公旗下贸易，札饬该盟查照转饬。理藩院二件，一为三盟喇嘛达什车林赔还俄人茶价交涉台吉前往转还，咨行驻库俄官查收见覆；二为本处咨行俄官公文一角，咨行库伦大臣转行驻库俄官查收。户部来报科城差员英秀已领去经费加增银二万壹千两有奇。

十六日（1月28日）牧厂章盖忠堆来诣，当以桂赠汤羊奖其二只作为年赏，并奖炭户一只，俾祭窑神。未刻堂齐，画行交稿五件，来文九件，堂行五本。李皮工缝凑讫狼皮上身、猞猁下身皮袍筒、貂鼠袖头及内子狼皮马套均成，奖其大茶八块而去。晚间率两女闲步张纫工成衣肆，观其赶做皮袍而还。

十七日（1月29日）丑正月有之食。辰正三刻出西门闲步，乘车走冰雪进台市，至义盛德商家少坐，仍乘车出前街，由旧路进西门还公廨，时巳正矣。牧厂章盖、昆都、稿子号等公递哈哒四条，汤羊二只，黄羊二只，野猫一对，当奖众等活计二件，大茶十块而去。

十八日（1月30日）巳初马差郭什哈李昌富回辕，并带来张巡捕德在张家口代做狼皮统毡底孁云暖战靴一双，着之尚殊合式，虽不及内兴隆针线精工，结实似过之，谅做价自不甚昂，俟张巡捕回差自知。旋出东门闲步，乘车走冰雪，至后庙少坐，仍乘车由旧路进东门还公廨，午初二刻矣。杜尔伯特沙贝子克都尔札布差伊子台吉蕴伦多尔济来诣,并递哈哒一条,貂皮一张,当即传见,晤谈风情并回哈哒一方,奖该台吉及其通事活计二件而去。本辕满汉巡捕等公荐郭什哈谷增、马吉玉仍回本辕当差,即依众请传见,派在西官班当差耳。西七台台吉莽噶喇嘛递哈哒一条,汤羊二只,奶子二肚,当奖来人活计二件,大茶一块而去。张纫工凑做讫酱缎欠襟猞猁皮袍,奖其大茶二块而去。略节:户部二件,为科城差员领去经费,咨行该大臣查收见覆;又为崇肇等由归绥领到乌科经费缘由,咨报户部咨覆晋抚、绥远军帅查照。理藩院十件,一为三、札两盟本年并未办过收赎案件,咨行刑部、京院查核;二为四部落并无私放顶翎咨报京院;三为三、札两盟本年并未办过责枷案件,咨报刑部、京院查照;四为四部落并无多用乌拉咨报京院;五为本年孳生羊只册报户部查核;六为本年孳生马匹册报户、兵二部查核;七为收过罚九放过奖赏汇报京院查核;八为三盟札雅班第沙毕逃犯二次未获,例限三次,赶紧查拿,饬覆转饬;九为三盟明年春季驻科梅楞诗达尔,咨行该大臣查看;十为东西两翼孳生驼只,咨明户部查照,其西厂短欠赔足补报。

　十九日(1月31日)青雪纷纷,巳初二刻出西门闲步,乘车走冰雪进台市,至义盛德商家少坐,购黄河鲤鱼二尾,仍乘车由旧路进西门还公廨,时午初三刻矣。午正堂齐,画行交稿十二件,来文十二件,堂行三本。奉果帅令,满汉两营官弁例保先行,具折请旨可否奖励,当饬四部院拟稿来看。接崇建候师、徐昆山军门贺年二封,向润亭都阃讣文一件,久戍人偏老,又去一宿将也。昆山附片言标协路各营前由毅帅奏设叁千八百名,现拟改设十四营旗,是知星罗旗布,声威远播也。兵部呈阅更换昌吉斯台卡伦侍卫折底而去。户部交来预领十四年春季分未扣米面费实支养廉银壹百廿四两二钱六分四厘有奇,分赏平安六两,张立、周福、赵仆妇各五两，蒙古工人四两，还大盛魁五十两，天义德四十两，下馀九两有奇还隆庆昌商家，惟大盛、天义两商家十不偿二，俟其挽帐核来，未卜如何清结也，悲夫。

廿日（2月1日）巳初二刻诣果帅节署，随杜、车二兄行礼封印如仪，受四部院章京、笔政及三辕门巡捕、郭什哈、四吉厦、副将军、台吉等庭参而还。旋焉仲诚世兄来谒内子，晤谈而去。接德寿峰参戎由独石口来信一封，当浼全守馀代写回函。大盛魁商家挽来除收净欠纹银六百四十四两九钱壹分。

廿一日（2月2日）天义德商家挽来除收净欠纹银三百八十七两三钱六分，麟自到乌城一年零六个月有馀，除接眷寄京两债五百金外，今核大盛、天义两商家又积累至千馀金之多，实不知何以了结也，悲夫悲夫。

廿二日（2月3日）昨夕卧而不寐，辗转床第，因思平生积累日复一日，不知临终能否偿清，以致今晨大不豫也。巳初三刻出西门闲步，乘车走冰雪进台市，至义盛德商家少坐，仍乘车由旧路进西门还公廨，时午初矣。午后率两女闲步隆庆昌，监烙送年礼饽饽，购张糖二斤，以备明夕祭皂。未刻合锡三来谒，讨论例保折稿，复易数字，俾请果帅裁夺而去。

廿三日（2月4日）立春。辰正三刻出南门闲步，策骑走河滩石子冰雪路至南河沿，席雪少坐，雪山冰海，银光灿烂，诚乌垣一大观也，仍策骑由旧路进南门还公廨，时巳正矣。隆庆昌代烙年礼饽饽成，以景赠平金活计七件，饽饽十斤赠果帅，赠车藩饽饽十斤，赠吉丽昆、札静亭、荣锡三、全守馀、普耀庭、玉宝臣饽饽各八斤，杜仲诚世兄、禄笔政、文晏轩、文润斋、德健斋、金凤楼、庆松涛、瑞茇臣、合寿岩、阿信屏、奎文斋、存子元、萨鹊桥饽饽各六斤，聊以塞责。马差巡捕陈玉山、郭什哈褚润、赵文玉、宋国安回辕，据云王德鸿代买奶饼数匣及褚润衣服等件，走至喀拉沁查布齐尔台全行被窃，台路盗风甚炽，走差人员往往失事等语而去，此风断不可长，俟晤果帅请其查办。申刻仲諴世兄来谢，晤谈而去。内阁交来写讫覆德寿峰一信，钤章待寄。

　　廿四日（2月5日）巳初二刻出西门闲步，乘车走冰雪涉晏水进台市，至义盛德商家少坐，仍乘车由旧路进西门还公廨，时巳正二刻矣。发独石口德寿峰处马封一角。以果赠朱拓屏八幅、汤羊一只赠义盛德，墨拓细屏四幅赠恒和义，奖马峻元汤羊一只，高福黄羊一只，后庙住持黄羊一只，以京寄兰画山水竖幅赠合寿岩。隆庆昌送大麻花六十枚、大卷酥六十枚，奖来人大茶一块而去。花硕洛图台吉罗布桑车贲、（堆）〔推〕台台吉巴札尔、札克台吉那木济勒瓦齐尔各呈递哈哒一条，汤羊一只，奶子一肚，当奖该台吉等活计六件，大茶三块而去。全守馀来谒，晤谈近日走差员弁在台被窃情形，俾回果帅而去。内阁现画略节一件，为廿七日拜发奏事报匣咨行兵部转奏。理藩院现画略节二件，为三盟丁册不克按期造办，咨行京院；又为驻库俄官小包一个，咨送科城，咨覆库伦大臣查照。本处理藩院京缺司官已奉旨"著钟湘去，钦此"。内阁交来军机处颁到年例恩赏，当即跪领大荷包一对，小荷包二对，银钱银锞六个，食物半分之半，在待时堂行九叩礼，自尽臣职而已。接博瑞卿、王枫兄贺年信二封，附瑞卿寄树兄一信，适遇科员回差，浼其代致。接广东高方伯崇基贺午信版一封，不知其为何许人也。申刻画行稿三件，来文九件，堂行四本。

　　廿五日（2月6日）孝庄文皇后忌辰。巳初二刻出东门闲步，策骑走冰雪至后庙少坐，仍策骑由旧路进东门还公廨，时午初矣。吉丽昆、荣锡三、普耀庭先后各送鱼、鸭、山鸡、猪肉等物，及赠两女活计、糕点一二事，均各资力一茶而去。

　　廿六日（2月7日）巳正出西门闲步，乘车走冰雪晏水进台市,至义盛德商家少坐,仍乘车由旧路进西门还公廨,时午初矣。全守馀送猪肉鱼酒及赠两女活计手帕四事,资力一茶而去。义盛德送鱼参糕点,资力一茶而去。未刻恭阅明午拜发更换卡伦侍卫①、规复例奖保案折②二件,安折二分,封套四分。旋画奏稿二件,来文十二件,堂行一本。札盟阿王遣递哈哒一条,清文信一封,克金褡裢一件,当交理藩院代写回函。接沙振庭、魁介臣贺年公信一封。瑞茇臣等禀帖一封,知科粮已于本月十九日起运。奉果帅令,定于明年元旦卯刻同诣万寿宫恭叩贺元礼节,此数年来仅见之举也。

廿七日(2月8日)果帅送干鸡二只,干鱼二条,猪肉一块,汤羊壹只,五加皮酒一瓶,及赠两女糕点二匣,资力活计二件,大茶二块而去。恒和义送绍酒金肘四事,资力一茶而去。午正诣万寿宫,偕果帅、车藩拜发昨阅折件如仪,内阁少坐而还。哈尔呢敦台吉棍苏伦札布递哈〔哒〕一条,汤羊一只,奶子一肚,当奖来人活计二事,大茶一块而去。以汤羊二只、奶子二肚分赠隆庆昌、福臣魁二处。未刻画户部堂行簿四本。接谭云觐前辈贺秋,魏午兄、锡子猷、果领队贺年信三封,午兄附函言南路间有水患,善后兴建缓停待款,冬来祥霙迭见,明岁或望有秋。札静亭赠两女雪鸡、奶猪、糕点,资力一茶而去。本辕满汉巡捕等公赠两女点心四盘,福臣魁赠两女点心二盘。

廿八日(2月9日)伊勒固克森胡图克图及其尚卓特巴苏胡特褚遣递哈哒二条,藏香二枝二小束,活计二件,当回哈哒二方,奖来人大茶一块而去。内阁现画略节二件,为转送科城御赐福字、荷包赏,咨行该大臣等祇领见覆;又为近来走台差弁被窃物

---

① 参见本书附录二 050《奏为昌吉斯台卡伦侍卫隆惠期满请更换事》。
② 参见本书附录二 051《奏为戍守官兵将届换班请准酌拟奖叙事》。

件,檄饬南台、赛尔乌苏咨行察哈尔都统查办。车藩送干鸡二只,点心二匣,奖来人活计一件,大茶一块而去。申刻画行稿二件,来文十七件,堂行三本。果帅夫人遣赠内子荷包一对,绦子一板,金糕、点心二匣,并奖二仆妇蓝洋裙褂二件,当奖来人活计一件,大茶一块而去。理藩院交来写讫覆阿王清文信一封,当附哈哒一方,奖来人活计一件,俾交原差而去。

廿九日(2月10日)三盟盟长吹王遣递哈哒一条,汤羊一只,当回哈哒一方,奖来人活计一件而去。三盟那钜辅旗下喇嘛遣递哈哒一条,札各一包,当回哈哒一条,奖来人活计一件而去。三盟札雅班弟达胡图克图遣克瓦递哈哒二条,汤羊一只,藏香三束,活计一件,当回哈哒一方,奖来人活计一件而去。三盟尚卓特巴喇嘛克苏尔遣递哈哒一条,活计一件,当回哈哒一方,奖来人大茶一块而去。明春吉夏三盟特王来诣,当即晤谈,其为人朴诚谙练,畅谈而别。未初二刻策骑出东门走山坡,至小炮东回拜特王,晤于穹庐,复谈许久,乘车由旧路进东门还公廨,时未正二刻矣。特王旋递内子哈哒一条,酱色摹本缎一匹,当以活计一匣报之。接库伦满蒙大臣清文信二封,当俾理藩院代写回函,并奖来人活计大茶二事。哲布尊丹巴胡图克图差喇嘛洛布桑递哈哒四条,蒙文信一封,藏香束,奶食一匣,两女红哈喇紫氆氇二块,当俾蒙古笔齐业齐代写回函,回哈哒一条,貂皮一张,阿赠摹本缎一料,奖来喇嘛活计一件,大茶一块而去。奖后关帝庙、东关帝庙、真武庙、三元宫、城隍庙五庙祝大茶十块,后菩萨庙喇嘛汤羊一只。

卅日(2月11日)辰正乘车出东门走河滩,及东沟口照山后,向日遥拜先茔先妣,行岁暮展墓礼。礼毕河滩少坐,仍乘车由旧路进东门还公廨,时巳正矣。三盟锦王遣递奶食二匣,汤羊二只,因锦王进京未递哈哒,当回哈哒一条,奖来人活计、大茶二事而去。南昭胡图克图遣递哈哒一块，小火镰一张，汤羊一只，当回哈哒一方，奖来人活计、大茶二事而去。札萨克图罕遣递哈哒一条，汤羊一只，当回哈哒一方，奖来人活计一件而去。理藩院蒙古笔齐业齐交来写讫覆库伦满蒙信三封，当将伴函皮缎及赏犒活计、大茶均各面交来人持去。杜辕札仲諴世兄、那台吉木凯多尔济、禄笔政塔三人同来辞岁，当赠活计仲諴四事，那、禄各二事，晤谈而去。吉厦特王遣递哈哒二条，火镰二张，汤羊一只，奶食一匣，当回哈哒一方，奖来人活计一件，璧回缎料二卷而去。札盟盟长阿公遣递哈哒一条，奶酒一瓶，汤羊一只，奶食一匣，清文信一封，当俾理藩院立写回函，并回哈哒一方，奖来人活计一件而去。特王遣赠两女红绿缎料二件，奶食二匣，奖来人活计一件，大茶一块而去。酉正具戎服率内子、两女、仆从等遥拜家严、家伯母、家叔，行辞岁礼。礼毕，本署满汉巡捕、郭什哈等遥叩家严及麟等，内子奖巡捕等活计各二件，奖郭什哈等活计各一二件有差，共用荷包、褡裢七十四件，奖立价等五人各大茶二块，蒙古二工人各大茶二块，蒙古幼女红洋褡裢一匹。少焉诣果帅节署辞岁，面晤行礼，畅谈而还，少焉果帅亦来回拜，又畅谈许久而别。阿信屏、合寿岩先后来辞岁，各晤谈许久，内子各赠活计二件而去，其扎静亭、吉丽昆、全守馀等来辞行，则均挡驾焉。除夕思乡饮泣，记事难受形（壮）（状），笔难尽述。

光绪十五年(1889)日记①

记事十五年正月分②

　　光绪十五年新正月朔③(1889年1月31日)子正敬具香疏少牢,率内子两女在乌垣参署待时堂右檐下天地位前行接神礼,风从艮地起,历主人寿年丰。辰初诣万寿宫,偕果帅、车藩恭贺元旦令节,叩拜如仪而还。本署满汉巡捕、郭什哈等均请安道新禧而去。辰正乘车出南门,走雪滩行冰雪河冰,走街北诣真武庙、城隍庙拈香,进北街诣三元宫拈香,仍乘车穿台市出前街,由旧路走城北冰滩,诣后关帝庙拈香,禅室少坐。仍乘车走冰雪东南行雪滩甚崎岖,沿山坡回拜罕星岩,拜车藩及其喇嘛弟,晤谈行礼而别,由旧路走雪滩进南门,至果帅署道新禧,晤谈行礼还公廨,时午初矣。率内子、两女食煮饽饽,馅子三色,猪肉蘑菇、猪肉干泊菜、羊肉白菜。年菜四碟,一油爆羊肚仁,二清拌豆腐皮,三醋烹豆牙菜,四肉炒酱瓜丝。以河神祠供馂少牢奖园丁张福、郑魁禄、马兆瑞、胡杰、南绪,以马王神供馂少牢奖马卒李锦

---

① 以下光绪十五年、十六年日记藏中国科学院图书馆。

② 此为中国科学院图书馆所藏第一册日记封面所题。

③ 正文首页钤"中国科学院图书馆藏"朱文、"东方文化事业总委员会所藏图书印"朱文印。该页右下脚不知谁添写"怀塔布绍先"五字,当系后人错认怀塔布为日记作者而误添。按怀塔布,正蓝旗人,叶赫那拉氏,字绍先。累官至礼部尚书,充内务府大臣。

荣、张庭裕、乔瑞、田玉喜、李槐、杨万金,以示同甘。札仲諴世
兄、罕星岩通家、车藩喇嘛弟、旧吉厦莽公先后来叩新禧,均各晤
谈而去。写复恩露芝通家、常绪堂二叔贺喜信各三片,存而
待寄。

初二日(2月1日)辰正以少牢恭祀财神于参谋赞画堂,祭
馀分奖书房郭什哈张贵、费永昌、褚润、何生业、丁超、郝子英、马
峻元七人,以示同甘。午后乘车出南门,走雪滩,回拜吉厦车公
及天义德商家,进东门回拜四部院章京等,绕西夹道而还,时未
正矣。旋诣万寿宫,跪迎上年十一月廿一日拜发折件:乌科再请
加支,奉朱批"户部议奏";请派卡伦侍卫,奉朱批"该衙门知
道";南台复道供差,奉朱批"该衙门知道。钦此。"钦遵。内阁
少坐而还,果帅、车藩均称疾未到。适准军机大臣折外夹单:
"本日贵将军等呈递安折二分,汉文'请'字应在次行平抬书写,
今写于首行之末,殊属不合,为此知会,十二月十二日"等语。
按乌城章奏坏样甚多,麟屡言之,置若罔闻,当以此事质诸司其
事者,则曰向来如此书写,殊不知枢臣此次指示出于格外,后则
当遵正也。当饬全守馀请示果帅,然其后拜发安折已同前折一
律敬待吏议耳。检点绷赠奶饼二百五十枚盛匣,及羊皮金小荷
包二对,哈哒五条,写清文帖四片,藉原差鄂诺特回赠三盟特王
弟,资力活计二件,大茶二块而去。理藩院前交来写讫清文回函
四封,今藉原差复哲布(普)〔尊〕丹巴一函,回礼已交;复札盟阿
公一函,回哈哒一条,资力活计二件,大茶一块而去。复库伦那
罕一函,回哈哒一条,藉原差交回。接安使者、克军帅胜斋、安少
农、吉荣弟、阿树兄贺年信五封,知荣弟处四伯母康强逢吉,安然
无恙,前闻蜚语可恶孰甚,幸未冒发唁信,差可自慰,当浼全守馀
代写贺年信,俟用印钤封,寄于荣弟耳。镫下初翻军机处交片,
为请果帅阅看,俾其切谕所司谨遵照改,胜于麟之口干舌敝也。

初三日（2月2日）高宗纯皇帝忌辰。将昨翻枢垣知会面交杜辕杨巡捕祥，俾其代回果帅，并将奎秀峰前钞给恭缮安折、贺折款式单并请果帅阅看而去。旋奉果帅令，即饬内阁嗣后即照此恭缮。午后车藩来拜年，晤谈行礼而去。写谕儿鹏帖卅二行，谕穆价帖八行，请安帖一片，并绪堂叔、露芝弟信二封，钉封信字第一号家报待寄。写吉荣弟信内二附片待附年信、家信并寄。镫下遣立价请教普把克什十五年正月蒙文而还。

初四日（2月3日）午正二刻乘车出西门，走雪滩河冰，策骑陟金山坡西北行，东转至大盛魁商家回拜，少坐，乘车西南行，下坡过河冰，走街北回拜台市前后各商家，惟义盛德少坐，乘车出前街，由旧路进西门还公廨，时申初矣。普耀庭来谒，讨论科咨茶政而去。

初五日（2月4日）写复阿树兄一信，封而待寄。

初六日（2月5日）午刻果帅来回拜，晤谈而去。内阁交来写讫复吉荣弟年信并马封，当附家报①，交文晏轩发去。

初七日（2月6日）世祖章皇帝忌辰。奉果帅令，十六日开笔。

初八日（2月7日）细雪霏霏。申正策骑率两女乘车出西门，走雪滩河冰，进前街至义盛德，俾两女观毡房木架，乘车出西街，走雪滩渠冰，至德茂园回拜，仍乘车回，至义盛德少坐，两女往三元宫拈香毕，仍策骑率两女乘车出前街，由旧路进西门还公廨，时戌初矣。亥正率内子在天地位前拈香，行顺星仪。先是奖执镫卒田玉喜、张鉴，御者马吉玉及二噶札尔奇大茶五块。

初九日（2月8日）札盟阿王来人，领去清文回信一封，并回哈哒一方，奖来人大茶一块而去。吉厦索公诺木达什遣递哈哒一块，青马一匹，当回哈哒一方，奖来人活计一件，大茶一块而去。

---

① 此处眉批："信字一号。"

初十日(2月9日)思乡不豫,看《槐西杂志》解闷。派赵巡捕等压马。

十一日(2月10日)孝全成皇后忌辰。午后率张、何、褚三郭什哈在东圃演射步靶。隆庆昌赠两女冰镫二只,别有意趣,微临寒疆,不易见也。

十二日(2月11日)果帅差帖约十六日申初春酒。

十三日(2月12日)监视马峻元接绘毡房鹊屏。写谕儿帖十六行,致桂文圃、溥文斋二信,并赠文斋哈密瓜干五小盘,写致吉荣弟一信,封附信字第一号家报①。果帅派其巡捕白兆熊赴京公干。台市官厅、义盛德商家各赠元宵百枚,均资力一茶而去。普耀庭、五辖官弁来回,东门门军赵廷弼疯迷妄控,持刃逐人,俾暂寄禁,候果帅裁酌而去。写致桂芝延一信,附家信、吉信,均面交白巡捕代寄而去。

十四日(2月13日)宣宗成皇帝忌辰。普耀庭赠两女元宵百枚,资力一茶而去。接赓怡(齐)〔斋〕贺年信柬一封,赠两女京点二匣,当写回函璧柬,俾白巡捕因差寄去。监视马峻元着色毡房鹊屏。镫下读《三国志》解闷。

十五日(2月14日)辰正二刻乘车诣菩萨庙、关帝庙,拈香而还。内阁呈阅果帅致赓怡斋、荣锡三汉信二封,对读而去。内阁交来代写讫复容峻峰世叔信一封,封而待寄。镫下读《三国志》解闷。

十六日(2月15日)吉时开笔。四部院略节,内阁二件,为由库伦转送御赐科布多大臣福字等项咨送该大臣咨覆库伦大臣查照;又为上年十二月分接到火票咨送兵部查销。户部一件,为乌科会衔复请加增银两,兹奉朱批"户部议奏,钦此。"钦遵恭录

---

① 此处眉批:"附信字一号。"

咨行京部、科城钦遵查照。兵部二件：为白兆熊公干咨行察哈尔都统查照转饬；又为科城沈文焕等拔补马兵各缺转咨兵部、直督查照。理藩院二件：为收到三盟贡果尔札布罚九饬覆转饬查照；又为札盟本年春季前赴科城班官员衔名咨行该大臣查照。未刻堂齐，画行交稿七件，来文四十件，堂行四本。部①来文，军营内阁承办章京奉旨："著庆祚去。钦此。"钦遵等因前来。接托子明、景介臣、麟履仁妹丈、长鹤汀、德敬斋、娄彝生、恩配言贺年信版七封。内阁交来钤讫容峻峰世叔、阿树兄马封二角，当将前写二信封固发去。申正赴果帅召，燕菜烧烤，酉正终席，奖其庖人大茶八块而还。

十七日（2月16日）无事。

十八日（2月17日）写复长鹤汀、麟履仁，写致溥菊如三信，封而待寄。监视马峻元着色鹊屏红梅，似须数日工。未后东乌梁海克总管遣递哈哒一块，猞猁皮一张，当回哈哒一方，点心一匣，奖来人活计一件，大茶一块而去。

十九日（2月18日）辰正二刻策骑出南门，走雪滩河冰，进前街至义盛德商家少坐。饬安木工速做双画鹊屏木架。乘车出前街，由旧路进西门还公廨，时已初矣。果帅夫人赠内子、两女燕菜果席一桌，奖来人活计一件，大茶二块而去。以干鸭二只遣赠巴防御，汤羊一只遣奖高、安、郝三匠人，以其昨日开工也。未后吉丽昆、瑞岚秀先后来谒。奉果帅令，派文润斋笔政往绥远城催领砖茶而去。当俾图巡捕挽其缓行，稍待总署来文，惜未悟也。内阁交来写讫致毅帅、午兄二信，刘、魏、长马封三角，当并鹤汀、履仁合函，各封固发去矣。适准兵部来文，巴防御请缓引见一片，部议"准如所奏"。并递到本年时宪书满、蒙、汉四本。

---

① "部"前留一空待补。

内阁现画略节一件,为上年十二月分接到拜发过奏事报匣数目日时册送兵部查核。旋画行稿一件,来文九件,堂行一本。

廿日(2月19日)寅卯之间青雪霏霏。内子检点友赠活计、手绢,备赠巴防御及其子女共数事也。写致奎瀚泉世叔一信,封而待寄。内阁交来写讫致定静村经略一信,当即钤章封固,用前钤马封发去矣。监视马峻元着色鹊屏梅蕊。普耀庭、庆松涛来谒,讨论商票及东翼应赔驼价并代稿咨覆科城、新疆巡抚回文而去。

廿一日(2月20日)孝穆成皇后忌辰。监视马峻元透画鹊屏。午初诣果帅节署开印,如仪行礼,受四部院章京、笔政、吉厦公、台吉、三辕巡捕、郭什哈等庭参而还。罕星岩、札仲诚来谒,同晤谈而去。赵巡捕亮荐民丁周玉喜来辕投效,俾在官班效力而去。

廿二日(2月21日)辰正二刻乘车出南门,走雪滩河冰,进前街至义盛德商家少坐,仍乘车由旧路进南门还公廨,时已初矣。写复娄彝生一信,封而待寄。四部院略节:内阁二件,为上年接到随文火票数目总册咨送兵部查核;又为本处接到时宪书除收分讫外,今将满蒙汉宪书卅九本夹封咨送科城查收见覆。户部一件,为文润斋往绥催茶咨行绥远将军查照转饬。兵部二件,为何生业拔补候补外委册行京部、直督查照;又为郭自禄等拔补马步兵各缺咨行京部、晋抚、直督查照。理藩院四件,一为本年六月初六日应行派员会查牌博之期,咨行驻库俄官按期派员往查呈行总署、库伦大臣查照;二为三盟派赴科城春季驻班官兵衔名咨行该大臣查照;三为咨行驻库俄官公文一角咨行库伦大臣转行俄官查收;四为颁发唐努乌梁海光绪十五年分时宪书札饬该总管颁发。监视马峻元透画鹊屏。未申西之间薄云细雪,先后霏霏。晚间闲步,隆庆昌少坐,绕西夹道而还。

廿三日(2月22日)孝圣宪皇后忌辰。监视马峻元透画鹊

屏。罕星岩通家明日回游牧来辞行,晤谈而去,旋以点心四匣饯
之。内阁交来写讫复陈芋兄一信,当即钤章,并彝生信封固,用
陈封交发矣。未刻堂齐,画行交稿八件,来文卅四件,堂行一本。
奉果帅令,文润斋赴绥催茶一差改饬巴防御回城之便顺带札文、
札饬札静亭速领砖茶回乌销差。派何生业走东口灵差。巴防御
来谒,当将前写致奎瀚泉世叔一信交其代达而去。致字于普耀
庭,俾其赶办兵部覆准巴防御暂缓引见,先补骁骑校文稿,廿六
日现画现行,面交奎文斋代达。

廿四日(2月23日)细雪霏霏。检点郝子英代写讫上年十
一月分记事廿九扣半。监视马峻元透画鹊屏。内子以前检出活
计、手绢四分交费郭什哈永昌代赠巴防御及其子女而去,以其廿
八日启程回绥也。

廿五日(2月24日)卯正率内子、两女在待时堂内室东向遥
祝遐龄,行三叩礼如祝颐庵仪,家严七旬晋九,闻尚康强,谅亦由
京回乌者慰孤臣之遥念,而游子思亲之天性又岂能已于时刻哉?
羁縻三年,未卜何日重还乡梓也,悲夫。午后全守馀来谒,讨论
乌、科会衔叩谢天恩福字荷包等赏清汉折稿而去。监视马峻元
透画鹊屏着色。未后全守馀、普耀庭、庆松涛来谒。前奉果帅
令,上年马差巡捕郭什哈等均已回差,所有在台多需乌拉等件今
已讯明事出有因,俾覆果帅裁夺而去。晚间闲步隆庆昌少坐而
还。四部院略节:内阁二件,为科城上年接到随文火票总册咨送
兵部查核;又为南台复道供差片,奉朱批"仍前行札各该处"一
体钦遵。户部一件,为巴防御回城便催砖茶咨行绥远将军查照
转饬。兵部四件,一为商民韩正恺前往札盟那公旗下贸易札饬
该盟转饬;二为和侍卫病故奏请接管,恭奉朱批"仍前咨行各该
处"钦遵查照;三为巴防御年满回绥咨行该将军查照;四为巴防
御准缓引见咨行该将军查照转饬。理藩院三件,一为四盟罕王

公等衔名咨送绥远将军备案；二为本季致祭关帝牛只札饬吉厦转饬遵办；三为吉厦呈报充当车辕郭什哈吉克札布出缺，拣放伊子呢玛饬覆转饬遵行。

廿六日（2月日25）辰正二刻乘车出西门，走雪滩河冰进前街，至义盛德商家少坐，购黄铜小檐铃五口。晤安木工、郝铁匠，讨论毡房顶架而去。仍乘车出前街，由旧路进西门还公廨，时巳正矣。未刻堂齐，画行交稿十件，来文四件，堂行五本。监视马峻元透画鹊屏成。监视李、马郭什哈等拆去东院观马小屋，为支架毡房也。春季管台市巡捕派图伽本、张玉秀。巴防御来谒，面呈其回绥公文二角，履历册一本，验讫而去。

廿七日（2月26日）寅初即兴，卯正诣万寿宫，偕果帅、车藩率四部院章京、吉厦公、台吉等行恭贺我皇上大婚礼如祝万寿仪，内阁少坐而还。果帅腿疾将发，起跪不力，车藩寒禁难堪，畏冷太甚，"久戍人偏老"之说洵不诬也。同治朝大婚时麟尚居小吏，以恭翻各项祝文，经枢臣保奖，得邀候选主政，今虽幸列边臣之末，而不得在京供差，敬仰鸿禧钜典，又不能竭力寒疆，徒在具臣之列而已，驹隙如驰，韶华不再，惟叹老之将至耳。巴防御来辞行，嘱其回城竭力当差，以期上进，洒泪而别。监视马峻元学绘渔樵耕读青绿山水。

廿八日（2月27日）辰正二刻乘车出西门，走雪滩河冰进前街，至义盛德商家少坐，晤安木工，饬做毡房小木窗八扇，风门一扇，仍乘车出前街，由旧路进西门还公廨，时巳正矣。监视马峻元绘山水。合锡三代钞讫上年秋七、八月奏稿九件，图巡捕代钞讫上年秋九月、冬十月奏稿九件，单一件，当将原稿俾交内阁矣。巴防御复来叩辞而去。四部院略节：内阁一件，为科城上年十二月分接拜过报匣日时册转兵部查照。户部二件，为放给满绿两营兵丁柴薪银两册送京部查核；又为科城新授委署主事玉善等找领银粮数目转报京部查核。兵部三件,一为科咨准甘督禁止私茶如何会办、除咨新疆巡抚查照见覆并咨覆该大臣查照;二为何生业等护送灵差咨行察哈尔都统查照转饬;三为赵廷璧因瘨斥革馀丁递解回籍,咨行察哈尔都统查照转饬橄行赛站司员遵办。理藩院二件,为卓里克班第照例拟罪飞饬札盟赶紧搜查呈覆;又为大婚礼成后归政,两次崇上皇太后徽号札饬吉厦橄饬四卡伦侍卫、两乌梁海总管、三路台站台吉等一体遵办并咨库科二城遵办。晚间闲步隆庆昌,少坐而还。

廿九日(2月28日)检点郝子英代写讫上年十二月分记事廿六扣半。监视马峻元为次女初稿蒙古游女,颇肖,如伊吾宋绘工善画回妇也。未刻堂齐,画行交稿七件,来文六件,堂行四本。接刘毅帅、魏午兄、额霭堂、德锡江、果领队、金珍亭、周渭臣、沙西屏、伯福晋、黑通事等,刘文川、王子征年伯、尚瑞庵、吴诚斋、德峻峰、丁瀛舫、甘裕庭、李春涛、古城魁协领庆贺年信版廿封,知长少白弟曾留黄马于古城,将由德健斋等带回也。

卅日(3月1日)辰正二刻乘车出西门,走雪滩河冰,进前街至义盛德商家少坐,由恒和义购白小线素绸四尺,俾马峻元再绘唐努乌梁海地图,仍乘车出前街,由旧路进西门还公廨,时已正矣。写致桂芝延、吉荣弟各一信备寄。未后补画行稿一件。普耀庭来谒,讨论科咨而去。晚间闲步后街,至吉丽昆公所少坐而还。

记事十五年二月分①

二月初一日(3月2日)卯正乘车诣关帝庙,偕车藩拈香致祭,行春祭礼如仪而还。果帅以疾未到。写复沙西屏、刘文川回信二封,封而待寄。写谕儿帖廿行,封信字第二号家报②,附入吉荣弟信封内,申刻面交何郭什哈生业因差代投。户部交来写讫开单报销总册一本,计廿七页,存而备考。监视马峻元着色山水。

初二日(3月3日)辰正二刻出西门,乘车走雪滩河冰进前街,至俄商肆购花洋布卅尺,红缕登十尺,黄缕登廿尺,绿缕登十尺,青缕登壹百廿七尺,共计大茶廿块。至义盛德商家少坐,购蓝粗洋布卅七尺,均为做行幄铺垫也。仍乘车出前街,由旧路进西门还公廨,时巳正二刻矣。四部院略节:内阁一件,为本月致祭关帝需用羊只咨报户部。户部二件,为咨覆科城晋饷仍遵旧案办理;又为上年冬季放过出差官兵行装银两册送京部查核。兵部二件,为保巡捕瑞部咨准补额外防御咨行绥远将军查照;又为雍笔政谦病故咨报吏兵部咨覆绥远将军查照转饬。理藩院四件,一为巴防御缴销例马咨报户部檄饬吉厦;二为咨行驻库俄官公文一角咨行库伦大臣转行查收;三为吉实斋前往西乌梁海交还俄人羊只咨明驻库俄官并札该总管遵办;四为三盟逃犯二次限内未获,三次展限九个月赶紧查拿饬覆转饬。阿信屏来谒,赠两女奶乌他一碟,晤谈而去。晚间闲步隆庆昌,少坐而还。镫下

---

① 此为中国科学院图书馆所藏第二册日记封面所题。正文首页钤"中国科学院图书馆藏"朱文、"东方文化事业总委员会所藏图书印"朱文印。

② 此处眉批:"信字第二。"

看《纪氏五种》解闷。

初三日（3月4日）我皇太后归政,卯正敬诣万寿宫,偕车藩行礼如仪,内阁少坐而还。果帅以疾未到。辰正乘车出西门,走雪滩行河冰进前街,至义盛德商家少坐,晤安木工讨论行幄床板行桌尺寸而去,仍乘车出前街,由旧路进西门,便道果帅节署相探,据云较前稍轻,晤谈许久而还,时已正矣。未刻堂齐,画行交稿十件,来文十一件,堂行七本。旋诣万寿宫,跪迎上年十二月廿六日拜发折件:开单报销总结,奉朱批"户部议奏。单并发";变通更换绿营官兵,奉朱批"该部知道,钦此。"钦遵。内阁少坐而还。果帅以疾未到,车藩称疾未到。全守馀先是来谒,讨论本月应发折件而去。理藩院现画略节一件,为由库解科俄人二名咨行科城转解外咨覆库伦大臣查照。接恩雨三都护、吉绥之贺年信二封。写复绥之一信,吉实斋往西乌梁海会交羊只来辞行,即将绥之一信俾其代致,并由户部借银六十两,俾其代购贡马,晤谈而去。内阁交来钤讫沙西屏马封一角,当将前写复函粘固封发矣。普耀庭、庆松涛来谒,讨论千总杜生荣病故一缺,大同镇仅有在科一人,不符拣选,可否由宣大二镇在营把总内选拔,似应附片请旨,俾覆果帅而去,果帅旋报可。

初四日（3月5日）我皇太后以皇上大婚礼成受贺,辰初二刻敬诣万寿宫,偕车藩行礼如仪,内阁少坐而还,果帅以疾未到。午初二刻乘车出西门,走雪滩河冰进前街,至义盛德商家少坐,仍乘车出前街,由旧路进南门还公廨,时未初矣。接阿树兄信一封,知其事多棘手,肝气触发矣。普耀庭来谒,讨论杜千总之缺,仍俾果帅斟酌而去,旋奉果帅令,以现届换防,即将此缺咨回该镇更换而定,反覆无常,任人播弄。

初五日（3月6日）谨遵礼部来文,按行礼日期辰初二刻敬诣万寿宫,偕车藩行礼如仪,内阁少坐而还,果帅以疾未到。辰正乘车出南门，走雪滩河冰，进前街至义盛德商家少坐，仍乘车出前街，由旧路进南门还公廨，时已正矣。马峻元为两女学绘渔樵耕读山水成，奖其大茶四块。写复阿树兄信一封，遣交全守馀，浼其代署马封，明日钤发。酉初普耀庭来谒，讨论科咨茶政而去。四部院略节：内阁一件，为本年正月分接到火票咨送兵部查销。户部二件，为京部咨覆科城公文三件转咨查办；又为本年春季致祭关帝需用香烛册送京部查核。兵部二件，为二月恭逢归政大典，归复旧制，咨行库科查照；又为莽防御准补额缺咨行绥远将军查照。理藩院五件，一为东翼驼厂密公更正册文饬覆查照；二为东厂倒毙驼只遵赔札饬四盟一体遵行；三为俄商由口运茶到科咨覆该大臣查核定办；四为住当阿卡台吉咨行科城大臣查明办覆；五为办满洲锡哩昭内喇嘛用过毡房札饬三、札两盟遵办并覆图车两盟。

初六日（3月7日）辰正二刻乘车出西门，走雪滩河冰进前街，至义盛德商家少坐。监视高木工、何铁匠等钉包毡房木架铁叶及上顶柳椽，颇费工夫，当以汤羊二只犒之。仍乘车出前街，由旧路进西门还公廨，时已正矣。监视张纫工、王皮工成做毡房上顶。马峻元再绘唐努乌梁海地图，为悬付幄也。未刻堂齐，画行交稿十一件，来文廿件，堂行五本。普耀庭来谒，讨论科城祥章京等公信而去。本年春季承领晋饷笔政、果帅令托雪亭往归绥候领，本辕郭什哈派施恩桂去。适准科城来文，以有绥远明文、理藩院部票来至乌科贸易砖茶为私，怪哉！接沙振庭信一封，知成丽堂世叔已于上年腊月廿二日抵科，廿六日出科就道矣。酉初普耀庭持理藩院则例来谒，讨论科城怪文而去。理藩院现画略节一件，为查验孳生马厂原设各数目详细声覆咨覆京院查核。

初七日（3月8日）孝淑睿皇后忌辰。辰正乘车出西门，走雪滩晏水河冰进前街,至义盛德商家少坐,监视高木工等穿行幄上顶皮条及顶上八角木顶,仍乘车出前街,由旧路进西门还公廨,时已正二刻矣。现画略节:内阁二件,为上年领到福字荷包等赏叩谢天恩;又为明日拜折行兵部转奏。理藩院一件,为三盟札台吉等因病续假改折奏请。旋画奏稿二件及行稿一件,来文一件,堂行一本。内阁呈阅明日拜发联衔谢恩清汉折一件,代奏请假折一件,安折二分,"请"字遵枢臣知会改于次行平抬恭缮矣,向来如此,坏样经枢臣责政始于此折遵改也。阅封套四分,提白"安"字应作二三抬恭缮而去。晚间闲步东夹道,穿北街至隆庆昌少坐,绕西夹道而还。

初八日(3月9日)春阴酝酿,细雪霏霏。辰正二刻乘车出西门,走雪滩晏水河冰进前街,至义盛德商家少坐。监视高木工、郝铁匠等钉裹毡房木架床板桌凳,仍乘车由前街行旧路进西门还公廨,时已正矣。午霁。未正诣万寿宫,偕车藩拜发昨阅折件如仪,内阁少坐而还。果帅以疾未到。义盛德代称讫毡房木架长短横竖八十杆,共重七百廿斤,顶盘顶杆行床马札共重壹百零一斤,床板五分,支凳十条,小桌六张,活腿高桌马札一分,大小方窗八扇,风门一扇,及板台地板均未称计也。四部院略节:内阁一件,为本年正月分接过奏事报匣日时册送兵部查核。户部二件,为军需各款开单请销兹奉朱批,恭录咨行京部钦遵查照;又为托雪亭前往归化催提晋饷,咨行绥远军帅、晋抚查照。兵部三件,一为额缺骁骑校恒裕等充补本处额缺之处,再行咨请京部查照示覆;二为前锋校官保前往索果克坐卡,咨行科城札饬金凤楼遵照;三为商民王治金等前往札盟阿公等旗贸易,札饬该盟长查照转饬。理藩院五件,一为皇后戊辰年廿一岁正月初十日千秋,札饬吉夏遵办、两乌梁海总管查照;二为皇后母家姓氏仍前札饬一体查照;三为三盟未获达公旗下逃犯三次展限,赶紧查拿饬覆遵行;四为三盟未获锦王旗下逃犯三次展限,赶紧查拿饬覆遵行;五为科城界内闲居喀尔喀人等速为收管一节,咨覆该大臣查明见覆。晚间普耀庭来谒,讨论城内夜间被窃获犯而去。

初九日(3月10日)辰正乘车出西门,走雪滩河冰晏水进前街,至义盛德商家少坐,饬高木工等检点行幄木架,未申之间假车运至鄙署,明日支架。仍乘车出前街,由旧路进西门还公廨,时已初矣。张绱工针黹颇多出力,当以汤羊一只犒之。写致刘毅帅信一封。内阁交来钤讫马封一角,封固发去。未刻堂齐,画行交稿十一件,来文六件,堂行四本,图巡捕代钞讫上年冬腊月分奏稿九件,当将原稿交内阁归号矣。借天顺店大车将行幄木架全数运齐,奖该御者大茶一块而去。晚间普耀庭、钟溥泉、庆松涛来谒,讨论初讯蒙古窃犯而去。

初十日(3月11日)清晨率巡捕图伽本、玉连魁、雷英,郭什哈张贵、谷增、丁超、郝子英、马峻元、马兆瑞、马吉玉、杨万金、李献庭、任福昌,高、何木铁工等在东圃支搭行幄木架,便饭小酌,酉初藏事而去。

十一日(3月12日)孝康章皇后忌辰。监视张绱工、王皮工成做行幄上顶,安、刘二木工成做行幄行床。马峻元再绘白绢地图成,奖其大茶四块而去。当浼瑞荩臣代注白绢唐努图。申刻普耀庭来谒,讨论咨覆科城禁茶回文而去,当将其稿改易数处交去。普耀庭、庆松涛来谒,讨论满营保案斥革营卒而去。

十二日(3月13日)监工如昨。天未融和,鼻耳如割。申刻普耀庭、钟溥泉、庆松涛、文润斋来谒,讨论焦进满所控窃犯供辞支离,坚不吐实而去。四部院略节:内阁一件,为本处各差由口旋乌陆续交到印票司票各十一张,分送察哈尔都统、赛站司员查销。户部二件,为玉宝臣缴免银粮咨报京部查核;又为科城步兵马禄等找领银粮转报京部查核。兵部二件,为绿营变通更戍兹奉朱批,呈行政府、京部、直督、晋抚、科城钦遵查照;又为杜千总病故日期咨兵、户部,晋抚查照。理藩院四件,一为照会驻库俄官公文咨行库伦大臣转行查收;二为固西迈一案本年四月初旬在札盟阿王旗下会讯,咨覆驻库俄官查照;三为三盟札台吉续假折稿,咨行京院札饬该盟转饬遵行;四为三盟特王旗下逃犯吉克札布四次限内拿获,照例分别办结,檄饬该盟即遵院文查办。

十三日(3月14日)监工如昨。兵部现画略节一件,为营卒姚禄、张连升奉差不力斥革名粮,咨覆绥远军帅檄行大同镇查照转饬。未刻堂齐,画行交稿十件,堂行四本,来文十二件。接恭振夔、松峻峰、安少农,高搏九、张幼樵二前辈信五封,知津通铁路将兴,刘毅斋陈情归省矣。镫下普耀庭、钟溥泉、庆松涛、文润斋来谒,讨论焦控窃案质证供辞稍有端倪,奉果帅令先将首犯寄禁而去。

十四日(3月15日)监工如昨。昨夕瑞荩臣交来代写唐努地图山名河名,今浼全守馀代注原约,午间面交而去。普耀庭等四员来谒,奉果令焦控窃案赃贼解交合少严加管束,无干省释,从权结案而去,善政哉。

十五日(3月16日)辰初乘车诣菩萨庙、关帝庙拈香。乘车出东门,走雪滩渠冰河冰,诣后关帝庙再行拈香,禅室少坐。仍乘车由旧路进东门还公廨,时巳初矣。监工如昨。午后果帅长世兄乌副总管伯恭由胡伦贝尔来乌省亲毕,便道过访,及仲诚世兄昆仲同来晤,伯恭之为人朴诚干练,大有乃父风,畅谈而去,果帅有子矣。合寿岩病痊来谒,讨论咨覆科城翻译文稿而去。四部院略节:内阁一件,为科城接到文票日时册转兵部查照。户部一件,为科城实在铁斤数目册转户工部查核。兵部二件,为嗣后军政之年仍造将军履历,属员每年春秋二季造册报部咨行科、库二城查照遵办;又为阿振之保案部议改奖空花翎仍前咨行各处查照转饬。理藩院二件，为三盟达贝子派达噜噶等驻管乌梁海请发照票；又为收取皮张请发照票均饬覆遵行，各札饬津卡侍卫及该总管。

十六日（3 月 17 日）饬庖人烹调羊菜五篦，遣赠乌伯恭世兄洗尘。写复张幼樵前辈信一封，封而待寄。监工如昨。写致吉荣弟一信，俾内阁署钤马封，并幼樵信固封发去矣。午正谒果帅节署回拜乌伯恭，晤其乔梓，畅谈许久而还。接克胜斋信一封。未刻堂齐，画行交稿六件，来文九件，堂行五本。接丰厚斋贺年信一封。

十七日（3 月 18 日）晨风飒飒，寒气侵人。监工如昨。兵部现画略节一件，为再行咨覆科城、新疆禁止私茶，乌、科仍照旧制办理，其俄商运茶一节慎守条约妥办，均希该大臣查照见覆。现将照章拟保绥远骁骑校本辕开送吉通。申刻画行稿一件。五辖呈报蒙古凶犯巴勒丹在监病故，萨鹊桥带件相验是实。

十八日（3 月 19 日）春寒如昨。监工如昨，木工何亮、铁匠何义年壮艺强，均令在本辕效力。派李锦荣教习演枪备选。赵、陈二巡捕交来小税盈馀十金，照章分奖仆从讫。四部院略节：内阁一件，为上年马差弁兵在台多需乌拉等项，本处业经从重惩办，咨覆察哈尔都统查照檄饬赛站司员遵办。户部一件，为故员雍谦应缴应免银粮咨报京部查核。兵部一件，为商民李珍前往札盟阿公旗下贸易，札饬该盟长查照转饬。理藩院二件，为三盟逃犯和吉格尔三次展限；又为三盟逃犯吉克吉特二次展限，均各饬覆赶紧查拿，转饬遵行。

十九日（3 月 20 日）春分。观世音菩萨圣诞，辰初敬诣南菩萨庙，拈香而还。监工如昨。牧厂蒙古妇女等代纳讫行幄大小顶棚毡围共十片，计十馀丈，工精线实，奖其大茶廿块而去。兵部现画略节一件，为前次在差病故绥远骁骑校哈达哈等在营遗存衣物等项交托雪亭差便携回，咨行该将军查照转饬见覆。全守馀交来代注讫唐努地图，附录雍正五年、同治九年中俄约章会要二则，共数千言，颇见根柢，惜未经其地，其山名地名读之不易耳。未刻堂齐，画行交稿六件，堂行四本。普耀庭来谒，讨论例保满营弁兵折底而去。

廿日（3月21日）孝哲毅皇后忌辰。监工如昨。图、玉、雷三巡捕率郭什哈等比试行幄大顶围，幸颇合式。阿信屏、合寿岩来谒，俾其核对图注约章，代注雍正旧约山名河名清文而去，期便诵记也。晚间闲步隆庆昌，少坐而还。先是五台札萨克喇嘛差喇嘛洛布桑呢玛来乌化缘，递哈哒一块，地图一张，藏香一束，璧回氆氇一块。库伦蕴曾喇嘛遣递哈哒一。戴巡捕荐民丁李彦魁来辕投效，俾在西官班当差。

廿一日（3月22日）监工如昨。按上年敬陈管见折[1]，已奉朱批“交总署议奏”，事在冬月下旬，而至今已届三月之久，尚未见议覆文到，灼甚盼甚。宋巡捕率本辕效力民丁等在东门外习演火枪备选。戌亥子丑怪风半夜。

廿二日（3月23日）谨将乌属霍呢音岭迤东山名、河名、卡伦名、台龛名附列于记：鄂尔怀图山、布尔古特依山、奇兰卡伦、齐克太、阿鲁奇都呼、阿鲁哈当苏、楚库河、额波尔哈当苏、察罕鄂拉卡伦、额尔古讷河、特们库朱浑、毕齐克图、胡什古、卑勒苏图山、库克齐老图、黄果尔鄂博、永霍尔山、博斯口、贡赞山、胡塔海图山、蒯梁、布尔胡图岭、额古德恩昭梁、多什图岭、克色讷克图岭、固尔毕岭、努克图岭、额尔寄克塔尔噶克台龛、托罗斯岭、柯讷满达、霍呢音岭、柯木柯木查克博木、沙毕纳依岭【沙毕纳

---

① 参见本书附录二 079《奏为唐努乌梁海边地俄人采金拟清界限固疆圉折》。

依岭】，录以识之，期开卷触目也。监工如昨。四部院略节：内阁一件，为更换北九台台吉吹彦檄饬图盟吉厦查照饬覆该台吉。户部一件，为故弁杜生荣应免银粮咨报京部查核。兵部二件，为杨有珍等原领火牌十二张咨缴京部查销；又为故弁杜生荣等原领部票一纸火牌廿五张咨缴京部查销。理藩院三件，一为三盟盗畜贼犯并呈札覆该盟遵办；二为三盟本年秋冬二季鄂贝子科城驻班咨行该大臣查照；三为收到三盟达噜噶班丹罚九饬覆查照。

廿三日（3月24日）卯辰之间细雪微风，寒冷如冬。监工如昨。写谕图、玉、雷三巡捕一帖，俾其同拆密看，为访查二竖之形踪诡密，辞色支离，面交而去。未刻堂齐，画行交稿七件，来文八件，堂行五本。晚间图巡捕缴谕而去。接喀固斋、陶子方前辈、陈春亭同年、图守文、奎绍甫、广昆峰、皂墨林、崇建侯师贺年信柬八封。

廿四日（3月25日）天气稍和，监工如昨。饬图、玉、雷三巡捕及张贵等十郭什哈各录乌属霍呢音岭迤东山名、河名、台斡名各一纸备考。晚间出南门闲步，绕进东门而还。

廿五日（3月26日）监工如昨。三部院略节：户部一件，为科城上年冬季放过行装银两册转京部查核。兵部一件，为归化大盛公商民郭蒲等各持部票前往三、札两盟等处贸易，札饬吉厦转饬。理藩院二件，为科属坐卡台吉等纪录札饬吉厦转饬遵办，咨行该大臣查照遵；又为本处监禁凶犯巴勒丹在监病故，札饬吉厦转饬尸亲承领骨殖。

廿六日（3月27日）恭阅《啸亭杂录》以解无聊，惜年近知命，记性毫无，掩卷辄忘，有负前贤（后）〔厚〕望也。监工如昨。全守馀、吉丽昆、普耀庭往返来谒，讨论果帅病势见轻，然仍须移出就汤，喇嘛晬经，以期速愈，拟于廿八日具折请假移印调治云

云而去。未刻堂齐，画行交稿四件，来文六件，堂行五本。接车
藩清文信一封，言查办唐努乌梁海事件已将麟派出，不知其从何
闻此捷音也。

　　廿七日（3月28日）检点郝子英代钞讫本年正月分记事十
九扣待寄。监工如昨。内阁呈阅果帅请假清汉折底，捧读而去。
晚间出南门闲步，桥边少立而还。

　　廿八日（3月29日）辰正二刻内阁章京全成、笔政文哲珲等
将果帅令，恭赍定边左副将军印信一颗，钦差大臣关防一颗，印
钥二柄暨令旗、令箭、匣钥二柄移交前来，当即恭迓入室，供奉待
时堂中，叩拜如仪，立受四部院章京、巡捕、郭什哈等庭参，印箱
敬陈于卧室东壁供板印柜内，柜钥则内子掌管矣。旋谒果帅节
署探视，见其腿疾尚能起立，而气体较前稍弱，据云即日赴汤泉
浸浴，畅谈而还。派图伽本、宋国喜监印请印。监工如昨，张纫
工自去冬至今春毡房活计颇多，奖其大茶十块，王皮工、安木工
各奖大茶二块。内阁现画略节一件，为本日拜发折件咨行兵部
转奏，当用印十八颗。恭阅例保满营骁骑校十二员折一件，单一
件，果帅请假折一件①，安折二分，封套四分。接定守府、吉巡捕
贺年禀帖一封。未初画奏稿一件，行稿一件，堂行一本。果帅单
衔奏稿，照章阅而不署。兵部现画略节二件，即为酌保满营官兵
暨果帅请假之二奏案也。德健斋由古城采买米面回差来谒，晤
谈而去，带来陈芋兄信一封，冬果百枚，少白弟信一封，黄马一
匹，罗委员霁、陈参府东旸、欧巡捕培塘谢束三封，陈、魏、恩、德
四片。未正诣万寿宫，偕车藩拜发适阅折件如仪，内阁少坐而
还。接罕清儒、魏午兄、谭敬甫、黄厚吾、安煦斋、朱东臣、张南
圃、德子权、俞昆崖、安绥之信版十封。四部院各封呈明日应画

———————

① 　参见本书附录二081《奏为旧疾复发请赏假调理事》。

稿件并递略节，当即逐件详阅讫。内阁一件，为本年二月分接递过奏事报匣数目日时册送兵部查核。户部一件，为驻管乌梁海台吉色呼特尔多支一月银粮照数追缴，咨覆京部查核。兵部一件，为归化商民米天珍等各持部票前往三、札两盟等处贸易，札饬该两盟转饬。理藩院一件，为收到三盟棍布札布罚九饬覆转饬查照。

廿九日（3月30日）微雪飘飘。寅初即兴，监视圉人秣马，辰正率圉人出南门饮马，绕东门而还。午霁。写复长少白信一封，内阁旋交其马封一角，当即封固钤发矣。未刻堂齐，画行交稿四件，来文九件，堂行二本。户部、理藩院共用印廿五颗。拆来文四角。普耀庭、庆松涛来谒，讨论绿营兵缺拟照章拨补，俾请果帅、车藩裁酌而去。拆总署本月十一日发出夹板二分，一行果帅，一行办事大臣，均为洋人游历贸易人名，华文傍添注洋文姓名也。又拆来文三角，知乌、科加增经费已准一半，惟额设官兵各缺不符颇多，似应查照成案声覆也。接高博九前辈正月十九日来信一封，知郑工已于去腊十九日合龙，吴清卿前辈即真，零雨东山之慨已达，惟忠字第四十九号家报并未提及，鄙衷不免戚戚耳。

记事十五年三月分①

三月初一日(3月31日)辰初策骑出东门,走冰渠雪滩及河,乘车走冰滩,诣后关帝庙拈香,禅室少坐,仍乘车由旧路过河冰,策骑由旧路进东门,穿后街走西夹道,回拜德健斋,谢其带骑之劳,还公廨,时辰正矣。监工如昨。

初二日(4月1日)薄云细雪,分寸不等。辰正杜辕禄笔政塔来谒,晤谈许久而去,据云二月十二日由胡伦贝尔启程,昨日抵乌,疾驰十八日,飞奔数千里,可谓善骑捷足矣。巳霁。监工如昨。四部院各封呈明日应画稿件并递略节,当即逐件详阅讫。内阁一件,为本年二月分接到火票咨送兵部查销。户部一件,为题销乌、科二城同治十一年分经费银粮咨行科城大臣查办。兵部一件,为果帅因病请假恭录奏稿呈行神机营、吏户兵部、理藩院咨札各该处查照。理藩院四件,一为图盟驻班梅楞车伯克瓦齐尔;二为札盟驻班梅楞噶瓦、札木楚均请假回游牧各饬覆吉厦遵行;三为饬覆唐努乌梁海赶紧将盗马贼犯多尔里克等解乌核办;四为三盟逃犯班第初次限内拿获咨行京院照例议奖见覆。晚间出南门闲步,绕进东门而还。

初三日(4月2日)晨风飒飒。监工如昨。采买米面李巡捕镕回差来谒,晤谈而去。郝子英代钞讫本年二月分记事廿四扣,当即检点并正月分记事合封待寄。未刻堂齐,画行交稿七件,来文十件,堂行四本。拆来文一角。内阁、户部、理藩院共用印八

①　此为中国科学院图书馆所藏第三册日记封面所题。正文首页钤"中国科学院图书馆藏"朱文、"东方文化事业总委员会所藏图书印"朱文印。

十八颗。吉丽昆现补该城正红满防御来谒,晤谈许久而去。兵部呈验本年春季官册而去。

初四日(4月3日)寒食。监工如昨。户部来回应分买玛那斯白米七袋,当交二袋,存仓五袋。监视何铁匠钉黄马黑骡全掌,颇觉费力,当以东口饽饽犒其昆仲,并言明减价,每掌三圆,大茶一块。晚间闲步隆庆昌,少坐而还。

初五日(4月4日)清明。着小皮袄灰鼠袍套,卯正二刻策骑出西门,走晏水冰雪滩河冰,行后街诣城隍庙拈香,北冈行展墓礼,乘车走冰雪滩,至德茂菜园购定麸麦,言明麸价每斤一分,麦价每石二两四钱。仍乘车由旧路穿前菜园,走渠冰穿台市,至义盛德商家少坐。策骑出前街,由旧路进西门,回拜吉丽昆未遇,还公廨时辰正二刻矣。四部院各封呈明日应画稿件并递略节。内阁一件,为图盟阿王旗下赇漏西南两路各台差,檄饬该盟转饬遵办,吉夏查照各该台吉遵照。户部一件,为照钞部咨覆文咨行科城查办。兵部二件,为恭录遵保满营戍守官兵奏稿,咨行吏兵部、绥远将军查照;又为商民郑万银等各持部票前往札盟那公等旗贸易,札饬该盟长转饬。理藩院五件,一为吉夏呈报本年夏季吉夏祈请指饬檄饬车盟副将军来乌驻班并饬覆;二为札饬西两部落转传本年夏季应班笔齐业齐前来接办;三为前盗东乌梁海马匹各案咨行库伦大臣转饬办结,札饬该总管及三盟查办;四为吉夏呈报转传台吉错写年月之笔齐业齐饬覆查办;五为三盟锦王旗下格隆札木色林于赊欠库伦商民债负案内未得究出檄行该盟长转饬查办,呈覆【呈】并咨行库伦大臣查照。

初六日(4月5日)德茂园开来上年冬间用过白菜清单,核与出茶账率多不符,以卅棵喜价捏报四十棵,每棵价银均报二分五厘,且先购之百馀棵闻系九厘一棵,其干没太甚,实出情理之外,乃出账发齐,今该园单上尚欠银三两五钱,质之喜价,则云不赚老爷赚谁，一派赖话，反覆狡辩，立价仍是一味懒惰，嗜好仍深，当致字于全守馀，俾回果帅、车藩照章饬传驼马，即将二价逐回。内阁交来写讫致德敬斋、魁云尉庆信二封，及敬斋马封一角，当即钤封发去。德健斋等赠两女葡萄干、杏荇四盘，挂面十束，小绒毯一块，当奖来人大茶二块而去。未刻堂齐，画行交稿九件，来文八件，堂行六本。拆来文一角。四部院共用印壹百八十三颗。申酉之间督饬喜、立二价结束行装，并由隆庆昌借银廿两及白米四十斤、白面六十斤，分赏二价为口内外路费。酉初二刻即将二价逐去，当派郝子英、马峻元在内院西室常川住宿，充内郭什哈之差。

初七日（4月6日）雨雪霏霏，忽阴忽晴。致字于普耀庭，浼其将昨日逐价情形赶紧回明果帅、车藩，办稿知照兵部、理藩院、顺天府、直督、察哈尔都统、新疆抚院留案，以免别生事端，致滋罣碍，并浼全守馀代写复高搏九前辈回信。未刻底台乌拉奇来报，喜价、立价已妥交花硕洛图台南解矣。监工如昨。写谕儿帖卅行。晚间闲步隆庆昌，稽核日用茶账，穿后街，微雪晚霁，土脉滋润，融雪积水未冻，颇有暮春之态，走东夹道而还。

初八日（4月7日）春雪飘飘，午霁。监工如昨。内阁交来写讫复高搏九前辈一信，封而待寄。申刻普耀庭来谒，讨论逐价稿文而去。四部院各封呈明日应画稿件并递略节。内阁一件，为归政后京外各衙门应用清字奏折均着仍用清字，遇有请旨折件均用汉字，钦此钦遵等因，咨行科、库二城钦遵查照，并移付本处三部院遵照。户部一件，为科城放过囚粮册转京部查照。兵部二件，为科属昌吉斯台卡伦侍卫成春等接交卡伦日期转咨京部侍卫处查照；又为具呈逐价汇案知照京部、理藩院、顺天府、直督、察哈尔都统、新疆抚院查照。理藩院二件，为西乌梁海前盗俄人财物贼犯未获，承缉达噜噶初次展限三个月转饬查拿；又为三盟逃犯三次限内未获,例展四次,赶紧查拿饬覆转饬遵行。钟溥泉来谒,讨论高连仲有侮喇嘛而去。镫下杜辕满汉巡捕等来谒,讨论果帅病势加重,俾请杜嫂夫人、伯恭世兄斟酌而去。派宋巡捕等杜辕听差,旋据乌伯恭呈报,果帅病笃入城,即往看视,见其弥留犹以国恩深重,未报涓埃,边疆一切均付之麟,诚可谓语不及私,麟即以养神少憩而还。按果帅从征十馀省,战功卓著,镇乌十馀载,劳绩尤多,今其临危,萧条如洗,真令铁石人落泪,况同舟者乎?脱有不虞,自当具实直陈,我皇上优重疆臣,定邀恤典于格外耳。四部院章京等来谒,预为讨论果帅身后一切事宜,熟为筹画而去。

初九日(4月8日)丑正二刻兵部来报,据乌副管尔图那逊等呈报,伊父杜军帅已于本日丑正因病卒于军,闻信之馀不觉痛悼,果帅忠厚性成,爱民如子,久镇严疆,鞠躬尽瘁,身后萧条,不忍寓目,当俾四部院章京等拟稿,与车藩合词代奏,以尽寅谊。卯初诣果帅节署,递哈达探丧,痛哭一场,与禄笔政塔商办果帅一切后事,饬伯恭、仲诚即日遵制成服,饬该巡捕、郭什哈等小心将事而还。派本辕巡捕每日一员听差,本辕郭什哈每夜一名坐更,请四部院章京每日一员照料,笔政每夜一员听差。拟挽故帅杜果亭:"一世忠贞,数十载驰驱,战功足迹半天下;三朝宿将,几多时痼疾,尽瘁勋业在乌城。"横幅则以"北障东倾"四字挽之。购白洋布十五尺,浼全守馀代书横幅挽联,又购天蓝江绸大裁袍料一件,俾马峻元精销清文"名垂竹帛"四字,再挽之。内阁呈阅恭报果帅因病出缺折底,稍易数处而去。钉封信字第三号家报①,套钉于高搏九前辈信内,附其公牍钉封交兵部发去,谅于清和上旬抵京耳。兵部现画略节一件,为禄笔政塔到乌日

_____

① 此处眉批:"信字第三。"

期咨行京部、嫩江军帅、胡伦贝尔副都统查照。未刻堂齐,画行
交稿八件,无来文,画堂行四本。饬马峻元先为果帅赶糊冥轿冥
马。四部院共用印壹百九十二颗。申酉之间疾风微雨,后则米
雪如雹,一寸有馀,夜霁。

　　初十日(4月9日)孝贞显皇后忌辰。饬隆庆昌代漓五斤重
冥烛,为祭果帅。接陈世五同年、长笠农、文镜堂、程鄂南贺年信
版四封。刘毅帅二月初八日来函,知其将有如晋李密之陈情归
省也。接穆清舫同年贺年信一封。拆来文四角,总署夹板一付,
内言唐努乌梁海一事遴派熟悉边情妥员查明沙滨岭迤东至卡克
图可建牌博处所绘图帖说,咨覆总署奏明办理。晚间普耀庭、文
润斋来谒,讨论总署来文,当令赶办札文,饬调荣锡三前往,并派
文润斋一同往查而去,惟不知车藩月内清文谣言来自何处也。

　　十一日(4月10日)孝贤纯皇后忌辰。寅正即兴,便往将军
节署巡查坐更弁兵而还。辰初普耀庭、文润斋来谒,详阅昨日总
署来文,盖房、挖金、开地三事仍应具折请旨定办,俾速拟稿缮
折,十五日拜发而去。内阁现画略节二件,为十五日拜发报匣咨
行兵部转奏;又为十五日辰时拜发紧急折报限行里数、札饬南廿
台遵照檄行赛站司员转行。午间画行交稿二件,堂行一本,内阁
用印廿六颗。镫下改拟查勘折稿交去。

　　十二日(4月11日)辰刻合寿岩来谒,讨论查勘界限折底满
文,改易数处而去。全守馀代写横幅挽联成,隆庆昌代浇祭烛
成,配冥资百五十张,祭羊二牵,遣送杜辕。未初谒将军节署,督
饬巡捕郭什哈等协同乌伯恭、札仲诚昆仲大殓,杜果帅一世忠
诚,盖棺论定,未正奠毕而还。派巡捕赵亮驻管本辕草厂,派巡捕
范元接管将军草厂,派合锡三往科城承领屯粮,本辕随兵派宋国
安去。三部院各封呈明日应画稿件并递略节,当即逐件详阅讫。
户部二件,为合锡三等由台前往科城领运秋季屯粮咨行该大臣查

照转饬;又为京部议准乌科经费每年添拨银五千两、加增银每年筹拨一万两咨行科城大臣查照。兵部一件,为张家口广全泰商民田喜福等各持部票前往三盟等处贸易,札饬该盟长转饬。理藩院三件,一为盗畜贼犯初次展限承缉咨报京院;二为年满郎中世魁缴销例马咨报户部檄饬吉厦;三为科咨补放众安寺副达喇嘛各缺转报京院。晚间普耀庭来谒,讨论查勘界限清文折底,车藩又将阻挠,并交来四盟破图四张,俾覆车藩详阅折底,从权出奏,以重边务而去。戌初赴将军署为果帅送三而还,时戌正矣。

十三日(4月12日)辰刻文润斋来谒,讨论图盟地图,俾其代译清文而去。车藩遣其巡捕萧禄来谒,并寄清文信二片,言乌属有俄人挖金、开田、盖房三事,总署来文有遴员查勘之言,是未看明原文,当将汉文文稿交该弁覆呈车藩详阅,旋经该弁交回,言车藩复阅明晰矣云云而去。未刻堂齐,画行交稿六件,来文十件,堂行四本。本年例查沙滨岭八处牌博,派奎德、图伽本去,然麟脱有乌梁海之差,则图伽本亲随,即将此差改乐善去耳。四部院共用印壹百九十二颗。普耀庭来谒,请代派军署应查牌博巡捕,当派防御保瑞,俾商之于车藩而去,旋焉保瑞来谒,谆嘱而去。理藩院呈阅札调荣锡三往勘界限札稿,批限不过四月廿五日到乌而去。

十四日(4月13日)车辕萧巡捕来谒,言车藩日来不豫,明日拜发折件未必即能到班,如可支持必到云云而去。申正内阁呈阅果帅因病出缺请旨简放①、遵将拟勘北边界限情形②二折、

---

① 参见本书附录二082《奏报乌里雅苏台将军杜嘎尔病故日期并所遗员缺请简放事》。

② 参见本书附录二083《乌里雅苏台办事大臣祥麟等奏俄人占地垦荒请饬库伦办事大臣派员会勘折》。

安折二分、封套四分,兵部略节一件,理藩院略节三件,即适阅之折先行奏稿各该处及札调荣锡三赶紧来乌以备往办,当画交呈奏稿四件,兵部理藩院共用印卅六颗。普耀庭、文润斋来谒,讨论咨行库伦公文外,俾写致安、那清文公信而去。

十五日(4月14日)卯正乘车诣菩萨庙、关帝庙,拈香而还。辰初诣万寿宫拜发昨阅折件如仪,内阁少坐而还。车藩称疾未到。写致阿树兄一信,交宋国安因差代呈。午刻画堂行一本,内阁用印二颗,补画来文一件,即适拜发之查勘界限折总署原来文也。四部院各封呈明日应画稿件并递略节,当即逐件详阅讫。内阁一件,为科城本年二月分接到报匣日时册转兵部查照。户部一件,为科属昌吉斯台成侍卫找缴银粮转报京部查核。兵部一件,为将军因病出缺折稿呈行政府、神机营、吏户兵部、理藩院并咨札各处。理藩院三件,一为西乌梁海达总管所属未获各项皮张饬覆查照办理;二为收到三盟达噜噶棍楚克罚九银两饬覆转饬查照;三为科咨照例仍留章盖管理牧放牲畜、转咨政府橄饬吉厦转饬。晚间出南门闲步,沿濠雪融大半,渠冰亦渐融泮,数日未出闲踏,不觉春光如此也,绕进东门而还。

十六日(4月15日)本牧昆都班登来谒,言章盖忠堆患病日久,想念伊侄女阿育什,俾其来接,当将阿育什应得节赏四金,及果帅前赏一金、手绢一块均交该昆都代交伊家,并将阿育什俾其领去归宁三五日,并奖忠堆奶饼一包,留班登便饭同去。午刻堂齐,画行交稿六件,来文九件,堂行三本。理藩院呈阅致库伦大臣安、那二兄清文公信稿,改易三处而去。三部院共用印壹百零三颗。午正策骑出东门,至东教场拔补马兵等缺,车藩称疾未到。杜故帅前由三、札两盟购妥备贡马数十四,今以大茶五箱买妥札盟杂色马九匹,身躯不大,微有脚步,又以大茶八十七块买妥三盟杂色马六匹,身躯亦不大,微有脚步。兵部呈递补缺单,马兵二缺以各中箭三枝郝永恩、宋国安拔补，步兵四缺以中枪二粒三粒赵鸿章、黄金祥、顾天佑、张鉴拔补，兵役五缺以中枪三粒赵登鳌、周天福、周玉喜、郑生彦、武秉钺拔补外，馀共记名十三人，中的较次，另有清单。

　　十七日（4月16日）监视安、杜二木工为杜故帅成做四轮车托。午刻诣万寿宫跪迎上月初八日拜发折件：会衔叩谢天恩，奉朱批"知道了"；三盟札台吉续假，奉朱批："该衙门知道。钦此"；并承准军机处知会"由内发下奏事报匣应用御笔押封六件，托封纸三张，一并交贵将军等祗领，为此知会，傍注三月初二日"等语，当即严密恭存，惟御笔押封自应恭粘报匣锁门之外，惜乌城并无办过成案，临期仍当附片请旨。内阁少坐而还，车藩称疾未到。接张家口马封一角，内附儿鹏上年冬月廿四日、十二月朔、望三日环字第十三号家报四片，知吉巡捕冬月廿一日到京，家严寿躬康健，饮食如常，孙馨晌气结实，是月廿七日又生次孙魁光，家严心甚快乐，均纾下怀。荣子山是月廿九日到京，存巡捕亦到京，附接畅亭舒亲家贺秋信一封，礼节一本，十一年八月旧记事八页，又附刘梅庭一信，不知其谁，仍当寄儿鹏查询。接德智斋、高方伯信版二封。

　　十八日（4月17日）昨夕今朝写谕儿鹏帖五十行，叩家严添曾喜帖一片，合本年正二月分记事，钉封信字第四号家报①。写致吉荣弟一信，并家报粘封妥固待寄。监工如昨。理藩院写讫致安使者、那罕清文公信一封呈阅，钤章交去。派将军巡捕恒裕、杨祥、黄金贵、赵明为杜故帅演架四轮车托。四部院各封呈明日应画稿件并递略节，当即逐件详阅讫。内阁一件，为乌科会衔叩谢赏福字恩，奉到朱批咨行科城钦遵查照。户部一件，为部

---

① 　此处眉批："信字第四。"

议乌科经费及加增银一万五千两咨行直督、晋抚查照。兵部一件，为张家口万庆泰商民牛什隆等各持部票前往三盟等处贸易札饬该盟长转饬。理藩院二件，为三盟鄂鲁特贝子应领地租银两橛饬归绥道转饬查办、札饬该盟长转饬遵行；又为唐努乌梁海在刑部监毙遣犯尚达迈并无亲属领尸，咨行京院查照。将军巡捕等请派护送故帅灵柩回旗弁兵名数，当俾恒巡捕等请杜嫂酌派廿四名而去。

十九日（4月18日）写致桂芝延一信，封而待寄。内阁交来写讫致托子明、赓怡斋信二封，俾附察哈尔公牍发去，桂芝延、吉荣弟马封各一角，当即钤讫，将前二信分盛发去，其吉封内已附信字第四号家报并发讫。兵部现画略节一件，为故杜辕兵刘福前代故帅购买车辆，催其火速运乌，咨行察哈尔都统饬传乌拉严催旋乌。未刻堂齐，画行交稿六件，来文十件，堂行四本。四部院共用印三百卅六颗。申刻便往将军署丈量杜柩尺寸而还，监做车托。

廿日（4月19日）预派本辕巡捕二名、郭什哈四名护送故杜帅灵柩至哈拉牛敦，又派本辕巡捕四名、郭什哈八名护送至花硕洛图，以敦寅谊。普耀庭、庆松涛来回，现出有步兵孙永祚病故一缺，即以中枪记名之杨喜拔补，递遗兵役一缺，即以记名之张福拔补而去。本辕担水之差即派闫宝谦应役。午后登小楼看本辕郭什哈等为故果兄架演四轮车托，尚称稳适。马峻元为故果兄糊明器成，轿一乘，马四匹，偶人八束，当即遣送，并奖马峻元大茶二块。晚间闲步隆庆昌，核计为故果兄糊明器纸料，约需三金有奇，穿后街而还。

廿一日（4月20日）辰初率巡捕、郭什哈等在东城根习演步靶，图伽本、宋国喜、费永昌各中箭四枝，各奖其隆庆昌饽饽一斤，以示鼓励。巳正二刻登南城楼，遥观阿信屏等为故果帅架演四轮车托而下。未正二刻信屏等由南坝演车回，言前轮稍远，车辕中颤，当俾普耀庭与众斟酌而去。杜嫂夫人、伯恭世兄遣赠故果兄遗念，一品嵌牙顶戴一座，长线花翎一只，小翠翎管一枝，新翠搬指一个，资力活计二件，大茶四块而去。

　　廿二日（4月21日）草创故果兄灵柩就近回旗折底，交全守馀讨论而去。军署杨巡捕祥、车辕玉巡捕振魁先后来谒，讨论果柩将由苏木台回旗情形而去。午正二刻登南城楼，遥观普耀庭等为故果兄架演四轮车托而下。全守馀来谒，讨论附片具陈接到御笔押封日期，乌伯恭呈请就近扶榇回旗折底及伯恭、仲諴各路哀信稿而去。文润斋来谒，讨论四盟地图仍以蒙古旧制绘画注写清文而去。玉巡捕振魁复来谒，车藩言故杜帅灵柩就近回旗之请似应从缓云云而去。故果帅旧疾复发，自上月廿八日移驻城外坐汤，本月初八日病笃入城，初九日丑时出缺，迄今廿有馀日，乃车藩一次未来，其人情之薄已可概见，且于故果帅饰终之请就近之陈又复屡梗众议，节节阻挠，不知是何居心也，哀哉。内阁复呈阅乌伯恭世兄请扶其父榇就近回旗清文呈一件，当以清文即据此情赶紧办折具奏请旨批去。申正普耀庭、德健斋等由南坝演架车托回，据云较昨颇妥。内阁呈阅故果帅灵柩就近回旗清文折底，与耀庭核对改易数处，俾车藩裁正而去。兵部、理藩院各封呈明日应画稿件并递略节，当即逐件详阅讫。一为步兵杜成等护送故千总杜生荣灵柩回籍归葬，咨行察哈尔都统查照檄行大同镇查照转饬；二为三盟札台吉续假折兹奉朱批咨行京院，札饬该盟转饬钦遵；三为三盟盗马贼犯展限四次严拿务获；四为札盟阿王旗下翰克抢去杜尔伯特牲畜各案，札饬该盟照例究办呈覆。镫下致字于普耀庭，俾其赶紧办理片底送回禄笔政。初更后全守馀交来复创故果帅灵柩就近回旗折底，甚为周妥，即俾收拾清文再呈车藩阅后缮折，廿五日拜发。二更普耀庭交来禄笔政回旗附片，改易数字，俾其翻清呈车藩阅政缮片附奏而去。

廿三日（4月22日）监视马峻元以黄绫黄绸恭糊御笔押封榆木小匣，以昭慎密。马峻元精销故果兄祭轴成，当写清文前后款，配冥资百张送去。全守馀、普耀庭来谒，讨论廿五日午刻拜发折件而去。未刻堂齐，画行交稿四件，来文四件，堂行五本。四部院共用印壹百七十五颗。派钟溥泉、德级三带领字识张喜往札盟阿王合少会办中俄交涉事件。旋诣将军署祭奠故果兄而还。晚间闲步隆庆昌，少坐而还。

廿四日（4月23日）春阴酝酿，疏雨滴滴。未初恭阅明日拜发故帅灵柩就近回旗①、接到恭用御笔押封日期、禄塔随柩回旗折片三件，安折二分，封套三分。当画行奏稿四件，堂行一本，拆来文二角。内阁、兵部略节四件，即适署之奏稿三件及行兵部转奏报匣一件也。内阁用印十六颗。接世星垣禀帖一封，内附英焕章同年、保雨亭、文鲁臣信三封，欣悉雨亭上考记名、菊侪头衔钦加二品矣。晚间出南门，桥边少立，观渠水涨溢而还。

廿五日（4月24日）夜来稠云密布，子丑之间疾风骤雨，今晨河汉涨溢，巳初登南城楼观水，大河冰未消通，支流狂澜济湃，台市南岸受水。本日拜发折报宜加慎重，当派巡捕图伽本、雷英，郭什哈达马献吉、李锦荣届时涉南河护送，以保无虞。巳正内阁请领御笔押封二个，托封纸一张，馀仍尊储原匣。午正诣万寿宫，拜发昨阅折件如仪，内阁少坐而还，车藩称疾未到。即登南城楼遥观递报人涉水渡河，星驰南坝而下。札克台呈报十五日辰刻拜发折件，十六日寅时过台，一昼夜疾驰十台，可谓捷矣。

---

① 参见本书附录二084《奏为已故原任乌里雅苏台将军杜嘎尔本籍地方近捷请准其子就近扶榇回旗事》。

未初图巡捕等回报,言报匣无虞平安上坝疾驰矣。三部院各封
呈明日应画稿件并递略节,当即逐件详阅讫。内阁一件,为故帅
灵柩就近回旗奏稿仍前咨行各该处查照,札饬四盟、南路台吉、
赛站司员等遵照。兵部一件,为吉绥之报满咨行京部侍卫处查
照。理藩院三件,一为三盟贼犯棍布札布在途脱逃饬覆遵办;二
为札盟贼犯饬覆遵办;三为三盟贼犯洛布桑车林在途病故,饬覆
审明呈覆。申后普耀庭、庆松涛来回台市成河,街南铺户稍被水
灾云云而去。晚间出南门观水,绕进东门,便道隆庆昌少坐
而还。

廿六日(4月25日)辰初出东门至城根,率郭什哈等习演步
靶,胡杰、李槐、萧万堂各中箭四枝,各奖隆庆昌饽饽一斤以示鼓
励。沿濠绕行,观溢水微冰较昨稍减,鄙衷略纾,进南门而还。
已初登西城楼,观雷巡捕等涉水登山,绕往天泉沟压马而下。午
正二刻雷巡捕等由天泉沟压马回。未刻堂齐,画行交稿五件,来
文三件,堂行四本。户部、理藩院共用印卅颗。钟溥泉现将出
差,理藩院图记派普耀庭署理。四部院章京等来谒,讨论部咨满
营官缺定制新章员数不敷,并拟公赙故帅五百金,均俾车藩斟酌
而去。本牧章盖忠堆病痊,率其子萨吉尔琥来诣,并报骒马又生
二驹,当询外牧马匹膘分,留伊父子便饭而去。晚间出南门闲
步,沿河滩观落水泥迹与平日稍有参差,绕进西门,便道隆庆昌
少坐而还。

廿七日(4月26日)清晨登南城楼遥观河流,顺轨绕至东城
楼,遥观绿营兵丁演铅丸而下。写复英焕章同年、保雨亭、文鲁
臣信三封。监视马峻元初稿图盟地图。札盟副将军吉公克蜜特
多尔济遣递哈哒一块,蒙文信一封,言旧疾复发,将移游牧附近
雪山坐汤,仍带印力疾从公等语,当俾普耀庭代稿回信,仍应遵
照新章派员查验属实,派员署理后方可出境坐汤以疗疾。晚间

闲步隆庆昌，出西门沿城根进南门而还。

廿八日（4月27日）图巡捕代钞讫本年二月分奏稿四件，当即核对讫，将原稿交内阁归号矣。合寿岩来谒，讨论答复吉公清文信稿而去。申刻普耀庭来谒，讨论三盟鄂贝子复行请假，似应稍待部文遵办而去。理藩院写讫复吉公蒙文信一封，当即钤章，附哈哒一块发去。三部院各封呈明日应画稿件并递略节，当即逐件详阅讫。内阁一件，为附奏接奉御笔押封录片呈行政府、兵部、直督、察哈尔都统查照转饬札饬赛站司员、南廿台台吉等一体遵照。兵部一件，为商民张思谦前往札盟那公旗下贸易札饬该盟转饬。理藩院三件，一为札盟凶犯卓里克班第年貌原册咨送刑部、京院查办并饬覆查照；二为三盟巴札萨克与车盟推争差户，除饬车三两盟秉公办理，并札赛站司员查办；三为图盟盗马贼犯禄布桑欠交马价，饬覆该盟转饬查明呈覆。晚间出南门，桥边少立，仍进南门闲步，隆庆昌少坐而还。

廿九日（4月28日）草创满营裁饷留缺中稿，遣交吉丽昆酌办。接吉绥之信一封，晤阿博二卡采买粮石来人而去。拆来文三角，知刘毅帅奉准归省，已于本年二月廿五日交卸抚篆，起程南下矣。接雅静山亲家、朱敏斋、祥立亭、张朗兄、孙少襄、德滋轩、惠心农、怀绍先、杜幼霞贺年信版九封。未刻堂齐，画行交稿五件，来文八件，堂行三本。三部院共用印壹百壹十六颗。晚间出南门闲步，绕进西门，便道隆庆昌少坐，遇全守馀，畅谈而还。

卅日（4月29日）春阴酝酿，雨雪霏霏。写复吉绥之一信，遣送义盛德代交原差寄回。本牧章盖忠堆牵回上年拴剩八岁口海骝马一匹，性太恶劣，当交大盛魁商家归账。未霁。监视杜元以生马皮钉裹故果兄车托两辕，颇加坚固，当以大茶二块奖之。晚间闲步，隆庆昌少坐，稽核本月出入茶帐，穿后街走东夹道而还。

记事十五年四月分①

四月初一日(1889年4月30日)卯正策骑出东门,走渠冰涉河冰走河滩,诣后关帝庙拈香,禅室少坐,乘车由旧路至东城根,率巡捕、郭什哈等射演步靶,乘车进东门还公廨,时辰初二刻矣。午后拆来文四角,并接到我皇上大婚、我皇太后归政誊黄清、汉诏书二分,当即跪迎,恭贴本署大门东西壁矣,来文内有定静村经略暂署盛京将军,已于本年正月廿一日接印视事,惜不知庆兰圃军帅又之何处。

初二日(5月1日)昨日郝子英代钞讫上月分记事廿八扣半,当即检点,封而待寄。写前任将军衙门满汉巡捕及郭什哈全名单,面交保巡捕核对,并面交玉巡捕照缮车辕一单,图巡捕照缮本辕一单,以便随时检阅。午后新任津吉里克卡伦侍卫倭蔼堂哩贺来谒,晤其人老成历练,畅谈乡情许久而去。接默哲生、桂芝延信二封,知何生业等已于二月廿一之廿三日过赛矣,旋写复哲生一信待寄。未后本季吉厦车盟车贝子林桑都布及车盟根公敦车林来谒,同晤谈而去。四部院各封呈明日应画稿件并递略节,当即逐件详阅讫:内阁一件,为本年三月分接到火票咨送兵部查销。户部一件,为乌、科银粮报销遵议查明各案咨覆京部查照。兵部二件,为札盟无票民人张世兆公私债负查明呈覆;又为宋国安等拔补马兵各缺咨行京部、晋抚、直督查照。理藩院二件,为收到三盟棍布札布罚九银两饬覆转饬查照;又为科属明阿

---

① 此为中国科学院图书馆所藏第四册日记封面所题。正文首页钤"中国科学院图书馆藏"朱文、"东方文化事业总委员会所藏图书印"朱文印。

特总管巴图胡雅克病故日期转报京院查照。

初三日（5月2日）辰初乘车出南门，走河滩涉河汊，回拜吉厦车贝子，未遇，西行草滩，涉河汊涉大河进后街，至茂森逆旅回拜倭蔼堂未遇，便道义盛德商家少坐，出前街涉河走河滩涉河汊，崎岖不平，行大不易，进西门还公廨，时已初矣。午刻倭侍卫蔼堂来谢步，晤谈而去。未刻堂齐，画行交稿六件，来文十四件，堂行三本，拆来文一角，三部院共用印壹百卅五颗。未正吉巡捕回差来谒，敬询家严寿躬康健，起居如常，孙馨结实，均纾下怀。马峻元绘讫图盟地图一张，面交文润斋及阿笔齐业齐代注清文说而去。吉巡捕交来上年十一月初七日之十二月十四日京报四十三本，当即恭读纶音，不意绍秋皋师去冬作古，并知嵩犊山前辈升译署尚书，族叔柏介甫授京旗副都统，人事荣枯实非逆睹，惟十二月十一、十三日二本疏章，天语均为善政善教，家严曾于报上各注写清文善字，并以押记示麟，敬悉家严潜心政务，寿康弥笃，并接儿鹏（是月十七日）另禀一片，宪书一本。晚间闲步隆庆昌，少坐而还。吉巡捕代购黄白铜什件青丝线锹嚼一分，硇砂、豆蔻、梹榔末各一小包，刷牙散四匣，晤谈而去。

初四日（5月3日）倭蔼堂遣赠松花、鸭蛋各十枚，蜜供一匣，京酱、酱菜二小篓，资力一茶而去，监视马峻元为故果兄油饰车托。阿毕尔米特来谒，讨论图盟四界鄂博三百七十三处而去。

初五日（5月4日）写谕儿鹏帖廿行。张纫工拆做蓝哈喇欠襟棉袍、天青哈喇棉马褂成，做蓝哈喇欠褂夹袍、天青哈喇夹马褂、蓝哈喇棉半袖、天青哈喇长袖夹马褂、天青哈喇夹紧身、棉紧身，拆做灰色洋褡裢皮袄，先奖其大茶十块。王皮工成做行幄铺垫，奖其大茶四块。图巡捕代钞讫上月分奏稿五件，当将原稿交内阁归号矣。拆来文八角。接荫槐兄信一封，知其以郑工合龙

荐剡邀奖花翎矣。午正诣万寿宫,跪迎二月廿八日拜发折件,满
营例保骁骑校,奉朱批:"该部议奏。单并发。"果帅因病请假,
奉朱批:"赏假一个月。"钦此①。钦遵。内阁少坐而还,车藩称
疾未到。吉夏车贝勒遣递哈哒一条,海骝花笨马一匹,绸缎袍套
料二件,资力二茶、回哈哒一块而去。三部院各封呈明日应画稿
件并递略节,当即逐件详阅讫:内阁一件,为本年三月分接递过
奏事报匣日时册送兵部查核。兵部一件,为咨送本年春季官册
京部查核。理藩院二件,为三盟鄂公患病仍听候大部如何指示
再行饬覆该盟转饬遵办;又为西乌梁海呈报阿王等旗斋桑布达
札布等入卡照票檄覆,转饬札饬札盟转饬,并饬哈齐克卡伦查照
放行。申后普耀庭、庆松涛来谒,呈验汉营兵册而去。

　　初六日(5月5日)立夏。卯初二刻诣万寿宫公所,简拔绿
营应留兵丁二百六十名之中,年力就衰、嗜好太深者共记卅一
名,俾车藩择其差使可靠,蒙语熟悉者勉留十一名以观后效,按
奏定之数共留马步兵二百四十名,遣撤廿名而还,时辰初矣,车
藩称疾未到。辰正普耀庭、庆松涛来谒,复讨论驻遣兵丁事宜而
去。巳刻阴云四合,风雪微加。写谕兵部一帖,为绿营保案较射
拣拔俾请车藩裁夺。午间雪停,疾风一阵而霁。未刻堂齐,画行
交稿四件,来文四件,堂行五本,拆来文二角,四部院共用印八十
颗。户部交来本年夏季盐菜廉银壹百十两三钱有奇,还大盛魁、
天义德二商家各四十两,隆庆昌浮借银廿七两七钱四分,下剩银
四两,分奖郝子英、马峻元各二两,以示微奖。先是午前车辕玉
巡捕珍魁来谒,讨论车藩照案留兵及高连仲情形而去。申刻兵
部交来车藩阅定遣撤回营兵丁郭明春、戴福成、赵元福、王有禄、
丹世华、郭和、王廷武、陈芝英、贾吉升、姚宗虞、秦善、杜成元、杨

――――――――――

① 　参见本书附录二 081《奏为旧疾复发请赏假调理事》。

德山、李兰芳、高福、杜魁、杜成、杜义、冯玉、王德胜廿名，均标识清文"遣去"字样交去公所遣撤兵丁，一洗从前故态，此数年来仅见之举也。

初七日（5月6日）监视王皮工凑做行幄坐褥毡穰。酉刻普耀庭、庆松涛来谒，讨论绿营更成议叙成案而去。

浴佛日（5月7日）绿营留驻弁兵等同来谢栽培，谆嘱好生当差，勤习技艺而去。科属昌吉斯台前任卡伦侍卫隆雨田惠来谒，并赠京酱一匣，潼关酱一小篓，当奖来人大茶一块，璧回馀物，畅谈许久而去。接成丽堂信一封，阿树兄信二封，知科城茶案至今未结，树兄久疾未瘳，未免使知交戚戚耳。普耀庭、庆松涛来谒，讨论拣选应行列保弁兵册，定于十二日午时在东门外东城根拣选，俾请车藩裁夺而去。兵部、理藩院各封呈明日应画稿件并递略节，当即逐件详阅讫：兵部三件，一为部咨恒裕等充补额外骁骑校咨行绥远将军查照；二为部咨乐善等充补额外骁骑校咨行京城正红蒙、绥远将军查照；三为归化德兴元商民吕喜功等各持部票前往三、札两盟等处贸易札饬三、札两盟转饬。理藩院三件，一为大婚、归政誊黄翻蒙札饬两乌梁海一体钦遵；二为奎笔政文斋等往查沙滨岭牌博札饬唐努总管遵办，咨行科城转饬所属一体应付，并饬津卡侍卫；三为札盟本年夏季图公布多尔济前往科城驻班咨行该大臣查照。

初九日（5月8日）未刻堂齐，画行交稿六件，来文廿一件，堂行三本，拆来文四角，内俄文一件，即科城停留俄茶之事，又附接库伦咨行科城公文一角，当即属飞递矣。四部院章京等复来谒，讨论再请半支加增，俾请车藩妥为斟酌而去。接陈六舟前辈贺年信一封。三部院共用印壹百廿一颗。普耀庭遣赠油粉豆汁一盆。

初十日（5月9日）巳初普耀庭来谒，拆驻库俄官公文壹角，内文二件，一为派来玛育尔①阿里克桑德尔会办札盟阿王旗下库什迈一案；一为该玛育尔就近往科城办理停茶一案云云而去，玛育尔投文人名瓦什烈。午刻普耀庭来谒，钞录库伦来文咨行科城清文稿底，俾其赶紧办理而去。四山忽云，疾风猝至，冰雪一阵而霁。沙振庭差帖问好，晤其为故果帅吊奠巡捕范德胜等，寒暄数语而去。申刻兵部呈阅吉绥之报满更换卡伦侍卫清汉奏底而去。

　　十一日（5月10日）巳刻将军巡捕白兆熊回差来谒，接荣锡三信禀一封，附接儿鹏环字第十三、第十四号家信二封，内家严二月初十日谕帖一封，敬悉家严身体康泰，饮食照常，并严谕有"能縠听说就是孝道"等语，尤见倚闾之心时切亲怀，长孙、次孙足壮结实，均纾鄙衷，上年腊月廿六日荣锡三到京，忠字第四十八号家报儿鹏已接到，正月十一日三盟特王弟亦到京，鄙族叔柏介甫调补吉林伯都讷副都统，白巡捕二月初十日到京，信字第一号附信字第一号家报儿鹏亦均接到，知成端甫砚兄已除徽宁海关道矣，附接四胞妹、溥文斋、朗月华通家、孙子寿前辈、长远堂、舒畅亭亲家信六封，又附接庆邸、奎星斋前辈、松寿泉师、英子实世兄、溥月川故友信四封，又接吉荣弟二月七日交白巡捕一信，敬悉各亲友均各平安。家信内附接上年腊月十五日之本年二月初一日京报廿九本，敬阅之下，仰见天语煌煌，善政下达，且正月卅日一本又有家严三音押记，是喜张朗兄河运漕粮未可久停之嘉谟入告也。文斋信内附来永阔亭家信一封，遣交倭蔼堂代致矣。未刻诣万寿宫公所，面晤驻库俄官遣来玛育尔毘塔洛阜，讨论中俄交涉谨守条约，其库什迈一案俾其仍往犯事合少会办，科城停止俄茶一案俾其仍往该城会办云云而还，车藩称疾未到。

_____

①　吴晓都研究员赐告，玛育尔即少校之意。

旋普耀庭先后来谒,讨论科城禁止华商凭票运茶往返来文补行咨知总署理藩院查照,科城停止俄商运茶暨经库伦来文赶紧立稿,明日现用现画,咨覆科城谨守约章,妥为筹办,以顾和好,谆嘱而去。车辕萧、玉二巡捕先后来谒,随将中俄乌、科茶政咨覆之案,暨适晤俄人慎守约章以敦和好之言先后俾覆车藩而去。晚间出东门闲步,桥边少立而还,先后遇玉巡捕、普耀庭于菩萨庙前,各言禀覆车藩科库公文而去。

　　十二日(5月11日)接写谕儿帖四十四行。午初出东门,至城根行帐阅视绿营应保弃兵步射而还,车藩称疾未到,箭册俾请车藩酌定而去。日色无光,疾风阵阵,兼之夜梦前车两覆,似非佳兆耳。理藩院现画略节一件,为库伦咨俄商运至科被阻照钞原文飞咨科城查照,就近径行核办,旋画行稿一件,理藩院现用印五十九颗。普耀庭先后来谒,讨论驻库俄官来文赶紧照录咨行科城谨守条约、就近酌核办理而去。四部院各封呈明日应画稿件并递略节,当即逐件详阅讫:内阁一件,为归政、大婚誊黄清文檄饬吉厦转饬四盟亟札西北四卡伦侍卫等一体钦遵。户部一件,为乌、科二城经费并加增万金由绥便交委员托莫尔欢承领分运解乌咨行绥远将军查照并札托笔政遵行。兵部三件,一为故果帅生前请假兹奉朱批仍前呈行各该处钦遵查照;二为满营例保兹奉朱批咨行兵吏部绥远将军钦遵查照;三为札饬倭蔼堂侍卫与永阔亭侍卫接交。理藩院二件,为饬催津卡等侍卫迅造各卡官兵名册以备报部;又为奎笔政文斋等会查沙宾岭牌博再行札饬唐努总管转饬所属妥备乌拉。阿信屏赠糕点一盘,资力一茶而去。

　　十三日(5月12日)普耀庭来谒,讨论俄人将会于彼,重有交涉之件而去。午刻拆来文四角。接容峻峰世叔、徐昆兄、刘毅帅信三封,知峻峰叔上年冬月二日抵任视事,昆山兄引疾求归,孟秋便由坤东下,毅斋弟亦交卸归省矣,人生无定驻,天各有一方,麟亦不能预必其驻于何处也。札盟新袭札萨克巴札玛呢遣递哈哒一块,蒙文信一封。未刻堂齐,画行交稿十件,来文十二件,堂行七本,三部院共用印六十六颗。理藩院现画略节三件:一为转送俄官小包咨行库伦大臣转送见覆;二为俄官就便会办科城茶案飞咨该大臣就近径行妥办;三为俄官前往札盟阿王旗下会办事件,已于本月初间起程檄饬该盟转饬遵办、札饬钟溥泉等查办。倭蔼堂来辞行,晤谈而去,旋以隆庆昌饽饽二匣饯之。申正普耀庭复来谒,言俄人并未来晤,行科公文已交吉厦乌拉偕俄人往科矣,其交札盟札文已交吉厦驿递矣。

十四日(5月13日)写复四胞妹、溥文斋、朗月华、那钜辅、英子实、溥月川回函五封待寄,钉封信字第五号,安帖一片,谕儿帖六十九行,附录《阅(薇)〔微〕草堂》八行,合封英焕章、保雨亭、文鲁臣三信。午后普耀庭来谒,讨论玛育尔明日由乌启程,会办阿王合少事件,拟由吉厦派人一同前往而去。申刻四部院章京等来谒,讨论乌、科再请半支加增,车藩已允出奏云云而去。

十五日(5月14日)卯初乘车诣菩萨庙、关帝庙拈香,策骑穿后街出西门走河滩,及河,乘车涉焉,至茂森逆旅,回拜隆雨田,并以隆庆昌饽饽二匣饯之,晤雨田、蔼堂,畅谈乡情而别,仍乘车由旧路还公廨,时卯正三刻矣。加封信字第五号家报[1],亲友七便信,三月分记事,批回儿鹏环字十三、十四号信,车藩清信,树兄汉说暨马峻元代绘麟小照,纸布粘固待寄。申刻隆雨田来辞行,当将适封家报暨合封复英焕章、保雨亭、文鲁臣三信均面交其回差寄京,畅谈而去。四部院各封呈明日应画稿件并递

---

① 天头注:"信字五。"

略节,当即逐件详阅讫:内阁一件,为科城接到火票公文日时册转兵部查照;户部一件,为本年春季放过出差官兵行装银两册送京部查核;兵部二件,为科城官兵数目册转京部查照,又为马兵田有保呈请截留坐饷檄行宣化镇查照转饬;理藩院一件,为三盟罚九收到饬覆转饬查照。

十六日(5月15日)辰初出东门至城根,率郭什哈等射演步靶而还。内阁交来代写讫复毅斋送行信一封,封而待寄。未刻堂齐,画行交稿五件,来文九件,堂行五本,拆来文三角,钤讫,刘毅帅马封一角,当将适封之信粘固发去。三部院共用印壹百六十四颗。图伽本现将出差,改派吉通监印。前派查沙宾岭八牌博差奎笔政德、保防御瑞、图巡捕伽本来辞行,谆嘱慎守约章,会同俄人妥查为要而去。宣化领饷差派连昌进口承领,旋焉连巡捕来谒,晤谈而去。普耀庭来谒,晤谈绿营弁兵原额而去。科城范巡捕德胜等来辞行,晤谈而去。酉正二刻登南城楼眺远而下,旋诣万寿宫,跪迎上月十五日拜发折件:故果兄因病出缺,奉朱批"另有旨"[1];拟勘界限大略情形,奉朱批"览奏,已悉,所有应勘界址著先行遴派妥员详细履勘,并知照库伦办事大臣派员会同查勘奏明办理。馀依议。该衙门知道",钦此[2]。钦遵。内阁少坐而还,车藩称疾未到。接吴清卿前辈贺年信一封,高搏九前辈马封一角,内则孙莱山前辈再赋鼓盆之讣也。阅克胜斋专致故果兄一信,专为乌、科茶政而来,俾内阁代录原委。

十七日(5月16日)孝端文皇后忌辰。写禀家严禀帖廿八

---

① 参见本书附录二082《奏报乌里雅苏台将军杜嘎尔病故日期并所遗员缺请简放事》。

② 参见本书附录二083《乌里雅苏台办事大臣祥麟等奏俄人占地垦荒请饬库伦办事大臣派员会勘折》。

行半,俟部文到日再行接禀。俄人在唐努乌梁海所属盖房、挖金、开地三事,派吉丽昆率领合笔政寿岩、玉巡捕珍魁、字识李永富、兵目谷增前往履勘,派荣锡三率领文笔政润斋、玉巡捕连魁、步兵马峻元前往查勘,此遵旨遴派妥员之事也。午间吉丽昆、普耀庭先后来谒,即将以上二事及派丁超持急檄飞奔绥远城速调荣锡三回乌销差,以便往办勘界要务,暨恭录朱批飞咨库伦大臣各节,俾请车藩酌夺而去。三盟额鲁特达贝子克丹多尔济遣递哈哒一块,平金、活计四色,当回哈哒一方,奖来人一茶而去。前饬马峻元油饰故果帅四轮车托成,今已风干,即交其巡捕杨祥等拉去,俾杜嫂夫人酌量使用,并配给接辕千斤等皮条数斤,铁钩信二分。申刻普耀庭复来谒,言查勘之件均面回车藩,均如拟定办理,惟履勘中唐努山河一差添派蒙古笔政那逊特理克同往,又言现有祭差,请以文润斋作为章京,偕德健斋笔政致祭等语而去。润斋旋来谒,晤谈而去。丁超现将出差,书房差使派张鉴暂行代替。晚间查勘狱墙木栅工程,令人短气而无如何,便道隆庆昌,少坐而还。

十八日(5月17日)写致荣锡三信四片,催其迅速回乌,封交丁超随文带去。理藩院呈阅行库伦恭录朱批暨行绥远将军札调锡三文底,改易数字而已。午后吉丽昆率合寿岩、玉珍魁、谷增、李永富等来谒,晤谈界址,谆嘱遵旨详细履勘而去。恒和义张商恩惠、顺德来谒,晤谈乡情而去。理藩院现画交稿二件:为札调荣锡三;又为文润斋等往三盟吉故公合少致祭。该院用印十二颗。草创派员查勘界址折底,遣交普耀庭翻清。三部院各封呈明日应画稿件并递略节,当即逐件详阅讫:户部一件,为连巡捕昌等持文前往口北道署请领部指经费银五千两咨行察哈尔都统、口北道查照。兵部二件,为姜兴元等管带年满遣撤兵丁回营册檄宣大二镇查照收伍;又为科城骁骑校多斯欢接署玛呢图噶图勒干卡伦事务，转咨京部查照。理藩院三件，一为恭录勘界朱批呈行总署库科京院钦遵查照，并札吉厦、两乌梁海总管等钦遵一体查照；二为恒巡捕等应领例马檄饬吉厦转饬放给、咨报户部；三为吉丽昆等往乌梁海会查事件，应需乌拉札饬吉厦查办，并饬该总管及北九台台吉、津卡侍卫等一体查办，库伦会勘之员定限五月望前到乌。

　　十九日（5月18日）寅初即兴，思亲萦切，行礼于待时堂内室，如返故乡也。粮差卒宋国安由科回乌，言屯粮均如数领到无讹。接阿树兄一信，知其已于本月初九日赴屯督耕矣，当写回函，仍前封固遣交义盛德商家代致。普耀庭来谒，并带库伦遣来台吉达什多尔济等来谒，接安、那二使者清文信一封，北边地图一卷，雍正中旧案二本，图细案清，原原本本，当俾呈车藩阅而去。未刻堂齐，画行交稿七件，来文八件，堂行七本，拆来文二角。把总白文俊呈请回籍终养，取具乃兄甘结，标日而去。合锡三由科领粮回差来谒，晤谈而去。兵部现画略节一件，为丁超催调荣锡三咨行绥远将军查照转饬应付。内阁呈阅皇太后归政恩诏加级清汉谢恩折底而去。文润斋来谒，讨论库伦地图满蒙成案二本，俾交蒙古笔政等代录而去。丁超来辞行，谆嘱沿途小心，疾驰而去。宋国安赠两女洋冰糖一盘，韭菜四束，石燕数枚。酉刻普耀庭、庆松涛来谒，请点绿营官弁各缺，把总一缺以玉珍魁拔补，经制外委一缺以白兆熊拔补，候补外委一缺以阎文彩拔补，绪点黄金贵、萧禄、雷英三人列保，俾请车藩裁夺而去，旋报可以，均如办理。理藩院现用印七颗，为钤行库伦之文也。

　　廿日（5月19日）寅初即兴，思乡仍切。辰初策骑出西门，走河滩涉河汊，蹑长桥穿后街，诣三元宫拈香，仍策骑便道恒和义，回拜张商恩惠，晤谈而别，至义盛德商家少坐，策骑出前街，蹑长桥，乘车由旧路进西门还公廨，时巳初矣。巳正巡捕王英回差来谒,询其在途遗金情形可悯,预派夏季管台市而去。六月万寿贺折,差派西辕白兆熊、本辕荣广恭递。午正诣万寿宫,跪迎差弁郑万库等赍回上年十月分皇太后万寿贺折,均奉例批,内阁少坐而还,车藩称疾未到。吉丽昆请添派字识于宝随差而去。普耀庭、庆松涛来谒,讨论绿营专选善演火枪兵四十名为小队而去,旋画堂谕一道,并俾其由候补外委之中选拔队长四名,吹海螺兵四名,仍兼本差,当将由恒和义购来海螺二角交兵部转交五辖演习,操期为令,以壮军威。

廿一日(5月20日)辰初出东门至城根,率巡捕、郭什哈等射演步靶而还。内阁交来写讫复安、那二使者清文信一封,面交该台吉等,并奖其活计二件,大茶二块而去。又交来致沙振庭清文信一封并节信,马封发去。普耀庭、庆松涛来谒,讨论拨调小队枪兵等事而去。车藩添派马林魁跟随吉丽昆往唐努乌梁海会勘界址。

廿二日(5月21日)普耀庭来谒,讨论俄人随文赴科往返六日,今寄该俄商小包一个,当即遣交本城俄商而去。兵部请派护送故果帅灵柩回籍弁兵,当将杜嫂夫人前送过刘满德、何兆明、郑魁、焦进库、刘清廉、李祯、李树、张全胜、许富、马如鳌、韩肇元、焦进满、张永贵、张富、何喜、张廷禄、高锦、周向云、赵宏璋、夏福杨廿名点去,其原拟郭明春一名现饬回营,故改派赵宏璋也。添派闪惠跟随连巡捕东口领饷。蒙古笔政等交来代钞讫雍正中中俄交涉满蒙旧案二本,与理藩则例、同治约章大同小异。申刻普耀庭、庆松涛来谒,讨论绿营操演日期,仍以一、六、三、八日为期,遇忌辰停操,大风雨停操,先俾耀庭会同守备、千总等演习,稍熟再堂看而去。晚间登南城楼闲步,绕东城楼而下,走里城根至大狱观工,便道隆庆昌,少坐而还。三部院各封呈明日应画稿件并递略节,当即逐件详阅讫:户部一件,为满绿官兵前经借款修房立稿存案。兵部三件,一为宋国安、王永和互调粮缺,檄行宣大二镇查照转饬;二为乌伯恭扶柩回籍先行咨明嫩江军帅查照转饬;三为故果帅出缺恭奉朱批,仍前呈行檄饬各处。理藩院三件,一为诗巡捕等应领例马,札饬吉厦咨报户部;二为吉厦呈报图盟察克达兵缺,喇嘛札布补放饬覆转饬遵行;三为科城官马不敷需用,照案由乌调取,咨行车藩查照。镫下普耀庭来谒,讨论钟溥泉来呈俄官玛育尔已抵阿王合少,乃俄商库什迈尚未到案,俾与该玛育尔遵约妥办而去。

廿三日(5月22日)已刻普耀庭来谒,讨论中俄交涉阿王等原报而去。全守馀来谒,本月折件拟于廿六日午时拜发,明笔政志病故,所遗候补笔政一缺以存禄点补,俾回车藩而去。未刻堂齐,画行交稿七件,来文九件,堂行四本,三部院共用印壹百五十九颗。

廿四日(5月23日)全守馀来谒,讨论图盟送来备管北九台台吉二员,均不识蒙文,似难办公,俾请车藩斟酌而去。普耀庭来谒,讨论蒙古笔政那逊特里克现请终养,俾覆车藩裁夺而去。三盟特王弟遣递哈哒二分,清文信一封,知其本月初十日已抵游牧,并寄来绿石搬指、烟袋嘴二件,平金活计一匣,绍酒一小坛,赠两女红洋绉二件,附接儿鹏环字第十五号家信,知儿鹏小恙已瘳,家严康健,两孙壮实,均纾下怀,并接恩雨三一信,膏药一包,桂文圃一信,知其恭办大婚典礼差使,不惟开复处分,并邀懋赏开缺,以四品京堂候补,颇纾鄙念。普耀庭来谒,晤谈公事毕,小酌便饭而去。写复桂文圃一信待寄。

廿五日(5月24日)写附信字第五号家报,写复特王清文信,回哈哒六块,玻璃挂屏一对,蓝大缎一匹,京茶一匣,徽墨一匣,洋糖四小盒,晤其护卫鄂纳塔,即将已上六事藉其持回,奖其活计一件,大茶二块而去。申刻约吉丽昆、瑞岚秀、全守馀、普耀

庭、庆松涛、合寿岩、阿信屏七友小酌便饭而去。连巡捕来谒,当
将钉封家报、友信及桂芝岩、托子明、永峻斋、景介臣、赓怡斋、博
晓山、王枫兄处七信均面交其因差代达而去。酉刻恭阅明日拜
发恩诏加级谢恩满折一件,安折二分,封套三分,当画行奏稿贰
件。内阁现画略节二件,即适署之行奏稿也,该衙门现用印十三
颗。四部院各封呈明日应画稿件并递略节,当即逐件详阅讫:内
阁一件,为存禄充补候补笔政咨报吏、兵部,绥远将军,该员京旗
查照。户部一件,为乌城解到饭银咨覆京部查销。兵部三件,一
为归化信义久商民刘世常等各持部票前往三盟等处贸易,札饬
该盟转饬;二为商民张学商前往杜尔伯特察贝子旗下贸易,咨行
科城查照转饬;三为商民董万有等前往札盟洛公旗下贸易,札饬
该盟转饬。理藩院三件,一为唐努乌梁海章盖噶拉桑债务,檄饬
图盟迅查呈覆,并覆该总管查照;二为收到三盟罚九饬覆转饬查
照;三为四盟呈报喀尔喀人犯由科解旗,请由额鲁特、杜尔伯特
等处出用乌拉,咨行该大臣查办并饬覆。

　　廿六日(5月25日)辰后普耀庭来谒,讨论蒙古案件、车藩
僻再质讯云云而去。内阁交来写讫致吉荣弟节信一件,钤章封
交连巡捕代寄。拆来文三角。兵部颁到恭上皇太后徽号誊黄一
分,谨贴本署门内东西壁上。接王枫兄、定经略贺午信二封。午
初诣万寿宫,跪迎上月廿五日拜发折件:故果帅灵柩就近回旗,
奉朱批“著照所请,该衙门知道”[1];恭粘御笔押封,奉朱批“知道
了”;禄塔顺差回旗,奉朱批“该〔衙〕门知道”,钦此。钦遵。拜
发昨阅折件如仪。内阁堂齐,画行交稿八件,来文五件,堂行五
本而还,车藩称疾未到。三部院共用印壹百九十三颗。车藩遣

---

[1]　参见本书附录二 084《奏为已故原任乌里雅苏台将军杜嘎尔本籍地方
　　近捷请准其子就近扶榇回旗事》。

赠玫瑰露一瓶,京点一匣,火锅料一匣,资力一茶而去,惜锅料霉变难食矣。未刻全守馀来谒,并钞来军机处知会"本日贵大臣等具奏粘贴御笔押封式样一片,奉朱批'知道了。钦此',嗣后粘贴御笔押封即照此次发回所粘式样办理可也,为此知会",后注四月十三日等语,并讨论托封纸而去。申刻普耀庭,西辕恒、黄、赵、杨四巡捕先后来谒,言杜嫂夫人、伯恭世兄等定于五月初四日扶故帅灵柩、遵旨就近回旗安葬,行(里)〔李〕大驮初一日先行启程,各云云而去,当以恩荣甫笨车一乘遣赠杜嫂夫人,为行程驾杆之车,内子之义举也。

廿七日(5月26日)寅正即兴,派郑万库、李镕、梁生魁、武进财、夏玉、李成林等看守军署,会同兵部妥员查点什物。严谕恒裕、黄金贵、赵明、杨祥等妥送故果帅灵柩回旗。督饬郝子英封钤节信并粘外封护纸。写致舒畅亭亲家节信三片,封而待发。未刻全守馀来谒,讨论故果帅灵柩回旗需用驼马乌拉等项,及阿信屏安台跟随护送弁兵、驼马乌拉等项均不逾制,俾请车藩酌核而去。写致履仁妹丈、玉桂初故友节信各二片待寄。普耀庭来谒,讨论钟溥泉等来禀札盟阿王合少会办中俄事件,俄人库什迈两次未到,该玛育尔据众质证,先行拟结应赔羊只,各禀上司酌办云云而去。户部交来上年秋冬二季粮单一张,计廿馀石,交宋巡捕转饬本署承差之大盛园按照现章每石交净面八十五斤而去。画堂行一本,即今晨所交之谕也。

廿八日(5月27日)普耀庭往返来谒,讨论交涉案件转送俄文云云而去。车藩遣送清文信一封,晤其巡捕玉珍魁,允其为添蒙古笔政不裁台吉请旨遵办而去,旋将其原文交耀庭、丽昆同阅,酌拟奏底待时而发。写附安使者、定经略、怀绍先、长鹤汀、柏介甫、奎瀚泉、长少白、雅静山、崇建师、魏午兄、陈芋兄、张朗兄、刚良兄、吴清卿、乌绍云、裕寿田、高搏九、松峻峰、嵩书农、孙少襄、徐昆兄、长春帆、荫槐庭、恩雨三、吴聘侯、陈世五、容峻峰世叔信，内夹片廿九片，换写信二片。四部院各封呈明日应画稿件并递略节，当即逐件详阅讫：内阁二件，为故果帅灵柩遵旨就近回旗仍前咨行，檄饬各该处四盟、南台台吉等一体钦遵；又为图盟拣来备选北路台站台吉车登索诺木等均不识字，拨回另派，檄饬该盟转饬遵办。户部一件，为恒裕等应找银粮、咨报京部查核。兵部二件，为禄塔回旗片奉朱批，咨行京部、该将军等钦遵查照；又为明志兵缺应还绥远正白旗挑补以符原额，咨行京部、该将军查照办理。理藩院二件，为收到三盟二次限内承缉未获达噜噶禄布桑罚九；又为收到三盟初次限内承缉未获达噜噶札木色林罚九，各饬覆转饬查照。

　　廿九日（5 月 28 日）孝慎成皇后忌辰。寅初即兴，检点应发节信，已发未发共一百零五封，马封六十九角。写信外浮签，交郝子英、马峻元包粘封固，交内阁发去。巳初钟溥泉、德级三等回差来谒，讨论会办交涉事件而去。普耀庭来谒，讨论蒙古笔政原设旧案而去。午间阴云四合，疏雨滴滴，拆来文三角。未刻堂齐，画行交稿八件，内有一件，即代玛育尔转送小包于库伦转行驻库俄官也。画来文七件，堂行五本。普耀庭、庆松涛来谒，现出有马化成在差病故马兵一缺，即以旧记名故果帅看操中箭三枝之冯亨铨拔补；递遗步兵一缺，即以中枪记名之任福昌拔补；递遗兵役一缺，即以资深中枪记名之王有全拔补，俾请车藩裁酌而去。兵部呈取夏季管台市名，本辕派乐善、王英，西辕派郑万库、李镕接管，郑、李二巡捕旋来谒，谆嘱其好生当差，慎守西辕而去。申霁，普耀庭等来回新选枪兵路鹏贵差操懒惰，不服约束，呈请惩办，当饬将该兵责革示众，俾请车藩裁酌而去，旋以为可。接车藩清文信一封，言三辕巡捕、郭什哈等似难迁拨等语，诚可谓姑息养奸，任人播弄。灯下普耀庭、庆松涛来谒，讨论迁挪①巡捕、郭什哈等，草单而去。绿营把持成风，已非一日，未卜能革否也。

卅日（5月29日）阴云四合，轰雷震鸣，疾雨小雹一阵。监视木工创做拜匣。写谕三辕巡捕、郭什哈一帖，交普耀庭翻清就正。车藩饬隆庆昌创做小三层官摆馂馂桌一张成，式样虽非，大致依稀，遣供故果兄作为节礼，又为饯行，并由丽昆处暂假五十金以赙之，以尽友谊。午后监视马峻元裱糊拜匣。未霁，普耀庭、庆松涛来谒，讨论三辕巡捕、郭什哈等清文名单，并改正清文堂谕，俾请车藩酌夺而去。车藩派其巡捕路吉，郭什哈马进昌、马文炳、任有魁护送故果帅灵柩于南廿台也。画堂行一本，斥革馂丁路鹏贵一缺，即以中枪记名之梁富拔补。申初素服谒军帅署，奠酒三杯，痛哭故果兄一场，晤伯恭、仲諴、杜嫂夫人，立谈区衷，书房更戎服，谆嘱护送员弁沿途妥为照拂而还。普、庆二友复来谒，言车藩阅讫兵单，小有更章，并交可迁兵单一件，麟即将其单上首列者点归军署六名，俾复而去，旋报可以，此十馀年把持积习将革于今日，而不如意者腾谤弥深，麟惟念苟利社稷，岂顾身家云尔。

---

① 挪：原稿作"那"，为"挪"之异体字，今改正字，后皆同，不出注。

记事十五年五月分①

五月初一日(5月30日)丑寅之间夏雪飘飘,卯正策骑出东门走河渠,四山皆白,及河乘车涉,诣后关帝庙拈香,禅室少坐,乘车由旧路进东门还公廨,时辰初二刻矣,午霁。全守馀来谒,讨论咨覆文底而去,为行枢廷也。午刻西辕御卒刘福架到故果兄生前定购紫油傍门官车一乘,据杜嫂夫人云现在无此闲款,俾麟暂存,俟荣锡三回乌再行酌办等语,当奖架车乌拉奇五名各半茶而去,刘福即留本辕,仍充御夫之差。晚间闲步隆庆昌,少坐而还。

初二日(5月31日)辰正登东城楼遥观绿营刀矛枪箭合操而下。以隆庆昌饽饽二匣遣饯西辕禄笔政。隆庆昌代烙新模节礼饽饽成,分赠车藩八斤,加增老米四十斤,车藩喇嘛弟六斤,全守馀、吉丽昆、瑞岚秀、普耀庭、庆松涛、钟溥泉各六斤,文晏轩、合锡三、合寿岩、阿信屏、瑞苫臣、存子元、萨鹊桥各四斤,德级三三斤,荣锡三之世兄六斤。理藩院交来写讫致安、那二使者清文信一封,钤章,遣交恒巡捕因差代致矣。申刻图盟阿王遣递哈哒一块,蒙文信一封,活计二件,赠两女酱色摹本缎十八尺。阿信屏为故果兄安台辞行,谆嘱妥为照料而去。四部院各封呈明日应画稿件并递略节,当即寄件详阅讫:内阁二件,为粘用御笔押封兹奉朱批呈行政府兵部及仍前咨札各该处一体钦遵;又为恭奉恩诏谢恩檄饬吉饬②吉厦查照。户部二件,为乐骁骑校等找领银粮咨报京部查核;又为文润斋等致祭三盟吉故公羊酒折价,

---

① 此为中国科学院图书馆所藏第五册日记封面所题。正文首页钤“中国科学院图书馆藏”朱文、“东方文化事业总委员会所藏图书印”朱文印。

② 吉饬:二字疑衍。

咨报京部查核。兵部一件，为商民李清前往杜尔伯特索王旗下
贸易，咨行科城查照转饬。理藩院二件，为札盟四次限内未获逃
犯承缉达噜噶人名咨报京院照例查办；又为世星垣应领例马札
饬吉厦放给，咨行户部。晚间出南门闲步，绕进西门便道隆庆昌
少坐，遇守馀，畅谈而还。

　　初三日（6月1日）孝诚仁皇后忌辰。夜间夏雪飘飘，随下
随融，晨间出南门观圉人饮马，四山草滩积雪二寸有馀，桥边少
立而还。台市官厅例送粽子百枚，资力一茶而去。接沙振庭、德
峻峰贺午信版二封，龟兹拓二片，知袁陶泉观察现由喀什喀尔入
庭州摄藩篆矣。兵部现画略节一件，为前奉懿旨加恩从戎文武
大员咨请京部查核示覆。未刻堂齐，画行交稿八件，来文五件，
堂行六本。西辕护送故果兄灵柩巡捕、郭什哈等来辞行，谆嘱妥
为护送而去。四部院共用印壹百五十二颗。旋谒西辕，看故果
兄十六人小请车托而还，惜小杠太短，十六夫太少，谆嘱其巡捕
等妥为演架、方保无虞也。杜嫂、伯恭差帖辞行。吉丽昆、普耀
庭来谒，讨论杜嫂夫人回旗应领照验车价而去。本牧驱回外牧
骟马卅八匹，当即鞴而试之，无一可备入贡者，奈何，暂留廿匹为
本辕郭什哈等明日骑陟南坝，送故果兄灵柩南下也。宋巡捕现
在出差，本署监印改派玉巡捕连魁暂替。理藩院代写讫复图盟
阿王蒙文信一封，封而待交。

　　初四日（6月2日）清晨督饬本辕巡捕、郭什哈等扣鞴马匹，
巳正谒西辕照料故果兄灵柩，步出南门，乘征车走河滩涉河汊、
走草滩涉南河，陟南岸行幄少坐，南岸少坐①，遥观故果兄灵柩
出城，策骑走长微坡，陟南坝鄂博②前行礼，步下南坝，席地少

---

① 南岸少坐：四字疑衍。
② 鄂博：即敖包。

坐,旋焉四部院章京、笔政等到齐,故果兄灵车平安下坝,率众行
礼,痛哭一场,送行杜嫂、伯恭、仲諴世兄,谆嘱护送弁兵沿途妥
为照料,目送四轮灵车疾行坦途南去,时未初矣。乘征车逾南
坝,由旧路进南门还公廨,时申初矣。奖乌拉奇三名各半茶,巡
捕、郭什哈等便酌便饭而去。全守馀、吉丽昆、瑞岚秀、普耀庭、
钟溥泉先后各送玫瑰露酒、猪肉、凉糕、粽子、炸糕各三二事,各
资力而去。图盟阿王来人领信,奖其活计一件,大茶一块,回哈
哒一方而去。义盛德送粽子百枚,资力一茶而去。

　　端阳日(6月3日)清晨以友赠粽子壹百九十枚添买卅枚,
分奖小队亲兵等,以示同甘。以兵目马献吉、费永昌差使勤慎,
步射去得,作为西辕、本辕巡捕,马兵宋国安、徐明差使勤奋,为
西辕、本辕兵目,以示鼓励。巡捕乐善、荣广、赵亮等护送故帅灵
枢由南台回辕,带来伯恭、仲諴世兄安帖一封,言灵车平安过坝
南下矣。札盟达公木定来谒,递哈哒一块,蓝缎料一件,资力活
计一件,大茶一块,回递哈哒一方,晤谈而去。派玉春魁、安吉
庆、刘福涌充西辕书房郭什哈之差。天义德商家阎商来谒,并代
购草黑骡一头,原价卅金,当由丽昆处如数借而付去,惜此骡口
青性野,当饬御夫刘福、赵宽等安心调教,以期驯良耳。内阁呈
阅原任将军杜枢回旗片底,改易数字而去。申正邀札盟达公、普
耀庭便饭小酌,终席而去。三部院各封呈明日应画稿件并递略
节,当即逐件详阅讫:内阁一件,为本年四月分接到火票咨送兵
部查销。兵部二件,为发给杜嫂照验咨行京部、嫩江查照;又为
玉珍魁等拔补把总等缺,册行京部、直督查照。理藩院三件,一
为恭上皇太后徽号誊黄,札饬两乌梁海、吉厦一体钦遵;二为科
咨众安寺副达喇嘛开缺拣放,转报京院查照;三为科咨杜尔伯特
盟长车札萨克病故日期,转报京院。恒和义送糖、酒、粽子、饽
饽,奖其来人大茶一块而去。以吉赠凉糕回赠义盛德,以钟赠凉

糕配隆庆昌饽饽一盘转赠恒和义，往返酬酢，聊以塞责。

　　初六日（6月4日）清晨出南门闲步，及河汊，观圉人饮马而还，穿菜圃至西署，阅历房屋器俱，查点值宿弁兵，无误而还。接文润斋、德健斋清文禀帖一封，知其祭差已毕，本月初二日由三盟吉公合少回乌启程矣。午后钟溥泉、普耀庭、德级三来谒，讨论俄人库什迈现已到乌，又生枝节，俾即照约办理，请车藩裁酌而去。未刻堂齐，画行交稿六件，来文七件，堂行六本。拆来文三角，内有故果兄恩旨一通，"赏银壹千两，伊子乌尔图那逊服满后带领引见，札木色林札布俟及岁时带领引见等因"，钦此。钦遵。当饬理藩院立即翻清，派笔帖式瑞良驰及南台原任将军灵柩途次宣读，并飞咨该旗将军、副都统钦遵查照。四部院共用印壹百四十三颗。接吉荣弟贺午信一封。吉丽昆现将出差，户部图记派瑞岚秀掌署。车藩遣赠奶酒一瓶，奶腐一方，马湩二桶，资力活计一件，大茶一块而去。申刻钟溥泉、普耀庭来谒，讨论复讯蒙古案件而去。酉戌之间合寿岩往返来谒，改正四月初二日故果帅奉准恩旨清文而去。兵部交来分妥西辕、本辕巡捕、郭什哈等名单：西辕巡捕保瑞、图伽本、吉通、宋国喜、荣广、郑万库、魏铭、玉连魁、潘世成、范元、萧涌、陈玉山、雷英、曹富、杨祥、李镕、马献吉，郭什哈刘万宝、褚廷魁、何兆明、宋国安，书房张贵、玉春魁、冯亨铨、褚润、刘福涌、安吉庆，厨房谷增、韩兆元，马厩刘清廉、郝涌思、夏玉、田玉喜，园丁梁生魁、李成林，画匠梁禄，待诏武进财、何喜，官班李珍、焦进库、李澍、张全胜、李全孝、马麟魁、许富、焦进满、张富、赵宏璋、姚喜、马兆瑞、顾天佑、夏福杨，汉营弁兵共四十九名，效力高连云、许贵；本辕巡捕恒裕、乐善、连昌、白兆熊、王弼、赵亮、张德、王英、张玉秀、王振文、赵铨、戴明魁、曹旺、马如龙、费永昌，郭什哈达马希麟、袁侯辅、徐明、上屋郝子英、马峻元，书房何生业、丁超，马厩张廷裕、李锦荣、乔

瑞、杨万金、李槐，厨房薛振贵，车夫刘福、赵宽、马吉玉，扫内院
郑魁禄，皮工王德鸿，待诏李献庭，园丁张福，官班王全、王耀宗、
郝崇、马胡义、任福昌、宋殿元，汉营弁兵共卅八名，效力数名。

　　初七日（6月5日）冯亨铨回差来谒，敬悉家严寿躬康健，两
孙结实，均纾下怀。合寿岩恭录讫清汉上谕一通，恭阅而去。检
点上月记事卅四扣半待寄。户部现画略节一件，为钦奉上谕咨
行黑龙江将军、呼伦贝尔副都统，并札乌副管钦遵查照。旋画行
稿一件，堂行一本，户部、理藩院现用印廿二颗。写致乌伯恭清
文信一封，瑞苌臣来辞行，即将此信面交，晤谈而去。写谕儿鹏
帖五行，请安帖一片，并上月记事钉作一封，又合致容峻峰世叔
一信，护封作附信字第五号家报①，遣交荣、白二巡捕寄京。

　　初八日（6月6日）写致张幼樵前辈贺午信一封，计四片，写
复吉荣弟一信，套封粘固，遣交荣巡捕因差代致。冯亨铨交来荣
锡三代购京纸二卷，文斋松花肉二方。世星垣回差来谒，晤谈京
中时事而去。内阁交来写讫复高搏九前辈一信，喑孙莱山前辈
一信，并由丽昆处借来赙敬二封，均交白、荣二巡捕因差代致矣。
未刻恭阅明日拜发我皇上万寿贺折一分，安折二分，封套三分。
当画行奏稿三件，堂行一本。内阁现画略节三件，即适署之行奏
稿，行奏事处、察哈尔都统查照。内阁现用印廿二颗。户部呈阅
乌、科再请加支折底，留阅。世星垣赠来新磁帽筒一封，京靴一
双，京烟、七厘散、卤砂膏数事，资力二茶而去。接诚芝圃、松寿
师、小枢臣如鹤侪等信三封。申刻吉丽昆、合寿岩、玉巡捕珍魁、
营卒谷增、马麟魁、李永富、于宝等来辞行，瑞岚秀接事来谒，文
润斋、德健斋、顾占元等祭差毕来谒，均先后晤谈而去，并知故果
兄灵柩沿途平安东下矣。世星垣世兄椿鹤庵来谒，并赠画扇、洋

---

①　此处天头眉批有"信字五"三字。

点数事,资力一茶,晤谈而去,乃知其为兴石海兄之高弟也。晚间便服至星垣公所回拜其贤乔梓,晤谈而别。吉丽昆公所送行,赠以旧蚊帐杆一分,晤谈而别,合寿岩公所送行,晤谈而别,便道隆庆昌,少坐而还。四部院各封呈明日应画稿件并递略节,当即逐件详阅讫:内阁一件,为本年四月分接递过报匣夹板数目日期册送兵部查核。户部一件,为科城本年春季放过出差官兵行装银两册报京部查核。兵部二件,为苏兰泰引见朱批咨行绥远将军查照;又为归化复盛昌商民万光亮等各持部票前往三、札两盟贸易,札饬各该盟长转饬。理藩院二件,为收到三盟达噜噶格里根罚九,饬覆转饬查照;又为科城俄商运茶回国,既已咨呈总署查办见覆,咨覆该大臣查照,听候办理。风闻定边将军一缺内简托可斋,惜部文未到,尚不能派弁迎迓也,未卜何日仔肩可卸,念甚。

初九日(6月7日)辰正诣万寿宫,拜发我皇上万寿贺折如仪,内阁少坐而还,车藩称疾未到。未刻堂齐,画行交稿六件,来文七件,堂行三本,三部院共用印八十九颗。瑞岚秀、普耀庭、庆松涛来谒,讨论故果帅灵柩回旗豁免廉俸马匹折底而去。派刘福泉、郑万库绿营社管戏,本季管大狱巡捕车辕仍派萧宽,本辕派费永昌,车辕两季台市均派诗木讷贺、萧禄。接三盟特王弟哈哒一块,清文信一封,知前赠之件均已收到,当回哈哒一方,并写清文复函二片,面交阿毕尔米特回寄。

初十日(6月8日)辰正策骑出西门走河滩踱长桥,进前街至义盛德商家少坐,乘车出前街涉河,由旧路进西门还公廨,时已初二刻矣。监视张纫工、刘御夫等修理新车。午间前任津吉里克卡伦侍卫永阔亭来谒,晤谈许久而别。上年皮差巡捕曹旺率郝崇、马胡义回差来谒,据云遇故帅灵柩于南八台,沿途灵车平安南下矣。晚间闲步大狱观工,晤安木工,言狱墙木栅四围满换估价壹百廿金,便道隆庆昌,少坐而还。

十一日(6月9日)辰初策骑出东门,走河滩,涉河渠及河,乘车至后关帝庙,先期拈香,禅房少坐。策骑走河滩西南行,及河乘车西行,涉大河进前街,至义盛德回拜永润亭,畅谈乡情许久而别,仍乘车出前街涉大河,策骑由旧路进西门还公廨,时巳初矣。新调三盟随丽昆履勘中唐努界址笔齐业奇绰克托瓦齐尔来谒,晤谈乌梁海情形,谆嘱详细履勘而去。接吉实斋禀帖一封,言乌梁海旧欠俄人羊七千馀只,均已如数还清,拆来文一角,即该总管所上之公文也。实斋旋来谒,言代购备贡马十馀匹,俟驱到选试云云而去。接鄂总管蒙文信一封。世星垣、普耀庭接交兵部图记,其帮堂主事职衔一席仍以普耀庭署理。酉刻耀庭、实斋率领唐努乌梁海章盖班第及两乌拉奇等驱来杂色马十七匹,暂拣十匹,派巡捕、郭什哈等分班骑试,惜无一可作备贡者,奈何。抵乌三载,马孳甚重,未卜何日得脱此善地也,悲夫。添派吕桃林、申存仁、胡杰骑压备贡马匹。

十二日(6月10日)午初内子率两女乘车出东门,走河滩河渠涉北河,诣后关帝庙拈香观剧,派演《北天门》《善宝庄》二出,奖该社及优伶大茶八块,随行巡捕、郭什哈等饽饽一匣,仍乘车由旧路进东门还公廨,时申正二刻矣。拆来文四角,恭荷誊黄一分,仍前恭贴本署大门东西壁,承准兵部清文来文,"本年四月初四日奉旨'乌里雅苏台将军员缺,著托克湍补授,照例驰驿前往',钦此。钦遵。咨行前来",而未言及可斋兄未到任以前何人护理也。接高搏九前辈四月初九、十一日马封二角,一则逐价之文京兆存案,一则儿鹏听字首号之家信也,附接四月初十日家严谕帖一封,敬悉身体康健,饮食如常,每日上街闲走,两孙日渐出息,均纾下怀。接吉荣弟、长鹤汀、安使者、乌星舫、安少农、德敬斋、徐德阶、魏午兄、焦凯泉贺午信版九封。酉初车藩来谒,晤谈于东圃行幄而去。先是拆阅儿鹏来信，内有拜禹特氏岳母于本年三月十二日作古，饮泣半日而无人知及。内子拈香回署，见其气体疲乏，不便卒然使知，缘明日为先慈忌日，麟于堂齐后将往照山阴遥祭，使内子再知，庶可一痛哭耳。语云"老健春寒有老亲"者，羁旅他乡，见此等事，问心能无痛乎？三部院各封呈明日应画稿件并递略节，当即逐件详阅讫：户部一件，为明笔政远堂在差病故应免银粮，咨报京部查核。兵部二件，为张家口商民曹增华等各持部票前往三、札两盟贸易，札饬该盟长转饬；又为冯亨铨等拔补马兵各缺，咨行京部、直督查照。理藩院二件，为三盟抢马逃犯严饬查拿呈覆；又为札催两乌梁海总管等按限呈送皮张以备呈进。灯下与内子斗叶子解闷，便讽先岳母之作古也。

十三日（6月11日）派满巡捕吉通、汉巡捕雷英、营卒刘万宝、夏玉、李献庭、姚喜、赵宽、马光瑞进京恭迎新任将军托可斋出口之任。午正堂齐，画行交稿五件，来文九件，堂行六本，四部院共用印六十一颗。少焉乘车出东门，走河滩陟东冈，沿山坡至车藩署回拜，晤于毡房，畅谈许久而别。策骑降土冈走河滩，至照山阴行先慈忌日礼，行奠先岳母礼，乘车走河滩，便道天义德商家少坐，仍乘车走河滩过避风湾，由旧路进东门还公廨，时未正矣。及入待时堂东室，则内子饮泣而卧，当以大义慰之，稍节痛母之哀。适派李献廷、赵宽往迎新帅，当令军署武进财、顾天佑暂入本辕郭什哈额数之内。兵部来回议叙候补，俾将西辕、本辕马兵各造一册，看箭拣选，以昭平允。

十四日（6月12日）理藩院交来写讫复唐努鄂总管蒙文信一封，封而待交。检点阿赠酱色摩本缎一件，封而待赠。午初策骑率两女乘车出东门，走河汉河滩涉北河，至后关帝庙拈香，为公悬"德冠古今"匾行礼，观绿营社赛神戏，派演《竹影计》《泗

（洲）〔州〕城》二出，赏犒如前，并奖随行巡捕、郭什哈等粽子数十枚，晤世星垣，畅谈而别，步河滩踱乐善桥，策骑西南行，两女乘车涉河，共由旧路还公廨，时申初。乃内子霍乱不豫矣，呕吐狼籍，早餐未化，当服红灵丹三分，稍愈，按其病源，总缘痛母之心所致耳。户部呈阅恭逢恩诏可否援免借支京廉文底，稍易数字而去。吉实斋率唐努章盖班第等来辞行，当将晨封信缎并哈哒一方面交该员等，即奖其活计一件，大茶六块，晤谈而去。酉戌之间阴云四合，晚风飒飒，疾雨滴滴，内子哼哼，野犬吠吠，镫下写谕儿鹏帖廿有六行，大有"风雨夕闷制风雨辞"之态，而多一哼哼吠吠雅闻耳，亥霁。

十五日（6月13日）寅初即兴，卯初策骑谒关帝庙、菩萨庙，拈香而还。内子昨抱小恙，腹痛通宵，揆其病源似是宿寒新火交感于中，以致腹痛不止，今晨小饮姜汤稍愈，而仍不能支持也。补写致儿鹏谕帖四行，并禀贴，钉封作信字第六号家报。写溥文斋信二片，封而待寄。张巡捕玉秀交来台市小税盈馀十金，分奖阿育什四金，馀则交隆庆昌代偿喜、立二价之宿累也。永阔亭来谒，当将家报、溥信面俾代致，晤谈而去。申正瑞莠臣回差来谒，言恭赍上谕于本月十壹日申刻追及故果帅灵车于乌尔图台站，当将清文上谕宣读，乌副管等跪迎敬聆，宣毕，望阙叩头如仪，并谢车藩及麟云云而去，当交伯恭等清文信一封，其感念之情溢于言表，观之殊有愧焉。闻杜枢十二日到哈拉蛇敦台，十三日本辕弁兵即可回行，谅在廿日内还乌耳。四部院各封呈明日应画稿件并递略节，当即逐件详阅讫：内阁一件，为各差由口陆续旋乌，交到印票、司票咨送察哈尔都统、赛站司员查销。户部一件，为本大臣前借部款八百金已还三百六十两，下欠四百四十两，恭逢恩诏可否宽免咨请京部示覆。兵部一件，为张家口商民张成谟等各持部票前往三盟等处贸易，札饬该盟长转饬。理藩院一件，为派员致祭已故吉公事竣,咨报京院查照。晚间出东门闲步,至教场席地少坐,遥观围人牧马东山下,及凉风侵体,随马步还公廨。

十六日(6月14日)阴云四合,疏雨滴滴,巳霁。隆庆昌交来穆平安自上年七月至本年二月应存工食分项各款共计卅三两九钱有奇,当写谕帖一片,并其清单均遣交吉巡捕因差代交,又借来纹银壹百两遣交吉巡捕等因差代献家严作为冰敬。未刻堂齐,画行交稿四件,来文八件,堂行三本,三部院共用印四十六颗。旋出东门闲步,及东山下少坐,复及东北草滩,水边少坐,观围人牧骡马而还。

十七日(6月15日)寅初即兴,缘内子昨夜腹痛加剧故也,偏方驱寒,未见大效,乌城苦无医药,得病听之而已。巡捕王弼、营卒于富、宋殿元回差来谒,据云遇故帅灵车于南十六台等语而去。卯初策骑出东门,涉渠汉走草滩踱乐善桥,至后庙少坐,待陈巡捕等由北平原调压贡马回,乘车走河滩涉河,由旧路进东门还公廨,时卯正二刻矣。椿鹤庵世兄遣赠内子莲子一碗,支油包儿一盘,杏仁粉一包,熟芥数枚,资力一茶而去。钟溥泉、普耀庭等来谒,言库伦委员不日到乌,天顺逆旅小备寓所,并讨论蒙古案件而去。写致佩蘅师、吉荣弟二信,妥封固,面交雷巡捕因差代投而去。晚间出东门闲步东草滩,席地少坐,观围人牧骡马而还。

十八日(6月16日)卯正策骑出东门,走河滩渠汉及河,乘车涉焉,走河滩复涉河走草滩及绿营沟,席地少坐,观陈巡捕等调压贡马,仍乘车由旧路进东门还公廨,时辰初二刻矣。大盛魁商家代购来备贡马五匹,交陈巡捕等压试。东乌梁海克总管来谒,递哈哒三块,貂皮二张,海骝马二匹,晤谈而去。科城德云亭、津卡永阔亭先后来谒,各晤谈而去。钟溥泉遣赠内子莲子、蛋包、小食四色,资力一茶而去。内阁代写讫派委弁兵迎接可帅信四片,兵部代写讫可辕弁兵名单一件,当写附片一件,合封待寄。三部院各封呈明日应画稿件并递略节,当即逐件详阅讫:户部一件,为派营兵闪惠宣化催提经费咨行察哈尔都统查照转饬。兵部二件,为梁富拔补兵役咨报京部查照;又为托可斋升帅定边咨行神机营、吏、户、京部查照并札各处。理藩院三件,一为俄官玛育尔会办案件毕,咨覆库伦大臣查照;二为咨行驻库俄官公文一角,咨行库伦大臣转行查收;三为俄官玛育尔来咨蒙人不与生理是否虚实,咨行驻库俄官查办见覆。

　　十九日(6月17日)卯正策骑出西门走河滩,及河,乘车涉焉,进前街,至义盛德回拜永阔亭,并以隆庆昌锊锊二匣饯之,晤谈许久而别,策骑穿台市,至天顺逆旅拜库伦派来会勘边界委员图怡亭及章盖车林绷楚克、笔齐业齐乌尔精、那木萨赖等,晤谈边务而别。乘车出后街涉河,由旧路进西门还公廨,时辰正矣。巡捕宋国喜、潘世成、戴明魁等回差来谒,言故帅灵车已于十三日由哈拉呢敦台平安东去,并带来伯恭、仲诚世兄各帖请安。巳正图怡亭等来谒,畅谈许久而别。东乌梁海代购枣骝花马二匹,价茶六十块,稍有达罕步而已。未刻堂齐,画行稿六件,来文九件,堂行六本。兵部现画行稿二件,一为吉巡捕等迎接托可帅咨行托子明查照转饬;一为永阔亭请咨回京,咨行京部侍卫处、京城镶红满右翼前锋营查照。四部院共用印八十六颗。世星垣等面呈酌保绿营弁兵折底,稍删改数字交去。接沙振庭清文公信一封,为乌、科再请全支加增银两,俾请车藩阅去。户部呈阅乌、科再请全支加增银两折底,改易数字交去。内阁呈阅三月十五日恭上皇太后恩诏加级清汉折底,改一"并"字交去。写致桂芝延一信,并赠其世兄糖枣、柿饼二色,交雷巡捕因差代寄。写谕儿鹏帖廿行,钉作附信字第六号家报,封而待寄。晚间闲步东草滩,观围人牧马,进东门而还。

廿日(6月18日)辰初策骑出东门,走草滩蹚乐善桥,至后庙少坐,待陈巡捕等压马回,乘车涉河走草滩,由旧路进东门还公廨,时辰正矣。检点红摹本缎十二方,哈哒一条,遣赠车藩,贺其孙世兄罕星岩乘龙之喜。又检点大裁江绸袍褂料一套九件,平金活计一匣,面交雷巡捕因差代赠王枫兄,贺其世兄乘龙之喜,数月友赠转赠一空,徒费纸笔而已。辰巳之间阴云四合,疏雨滴滴,未霁。雷英、刘万宝、李献庭、夏玉、姚喜、马兆瑞、赵宽等来辞行,谆嘱其沿途小心谨慎伺候可帅而去。内阁交来代写讫贺王枫兄之世兄乘龙禧信一封,附写一片,钤封,遣交雷巡捕并礼代致。派胡继祥往科呈画汇稿。

廿一日(6月19日)卯正拆来文二角。接荣锡三禀帖一封,知其已于上月廿五日由绥报起程矣。接定静帅、托子明信二封。辰初乘车出东门,至教场拣拔例叙候补外委,西辕马献吉中箭二枝,张贵中箭三枝,本辕李锦荣中箭四枝,均入候补议叙。阅小队枪技操演,记圈十三名,随时鼓励而还,辰正二刻矣,车藩称疾未到。车藩应叙兵目等仅有中箭一枝者一名,仍俾车藩自行酌叙。内阁拟叙王运枢,理藩院拟叙贾连升,均传见而去。户部现画略节二件,为乌科联衔绪请加增全支银两恭折沥陈,又为差派胡继祥驰往科城呈画会稿,咨行该大臣书诺钤印。理藩院现画略节一件,为乌库委员会勘界限,飞咨库伦大臣饬属预备台站乌拉并札本属东西乌梁海一体遵办。午刻画行奏稿三件,户部、理藩院共用印五十七颗。接阿信屏禀帖一封,知其本月十三日送果帅灵车至哈达图而返,旋来谒,晤谈而去。车辕即以中箭一枝之张福入议叙候补。

廿二日(6月20日)辰初策骑出西门走河滩,及河,乘车涉焉,进前街至义盛德商家少坐,待陈巡捕等由下菜园压马回,乘车出前街，由旧路进西门还公廨，时辰正矣。午刻新任内阁章京庆锡田来谒，晤谈乡情许久而去。接英焕章同年信一封，京酱、小菜四篓，丰丽泉同寅信一封，火腿一只，果脯一匣，京酱二匣，松润圃信一封，知京中朋友均各平安。三盟札雅班第达胡图克图差喇嘛克瓦三保递哈哒二块，黄马二匹，当回哈哒二块，果赠绿石搬指一个，奖来人活计二件，大茶二块而去。由锡田交来张家口塔雨亭信禀一封。四部院各封呈明日应画稿件并递略节，当即逐件详阅讫：内阁一件，为科城四月分拜发过发报匣日时册送兵部查照。户部一件，为故果帅眷口回旗例支车价咨报京部查核。兵部三件，一为雷英、宋国安等互调营粮檄行宣化镇查照转饬；二为商民王露安前往三盟札札萨克旗下贸易，札饬该盟长转饬；三为商民崔建立前往札盟阿公旗下贸易，札饬该盟查照。理藩院四件，一为科属杜尔伯特图萨拉克齐分别驻管各卡咨覆该大臣查照转饬；二为收到三盟达噜噶噶那罚九银两饬覆转饬查照；三为三盟札札萨克叠请病（价）〔假〕，限内痊愈接办印务，咨报京院查照；四为唐努鄂总管勿庸请假仍遵前饬来乌交纳贡皮，其随吉章京履勘界址即准以总管迈达尔前往。接吉丽昆行抵津卡日记，甚妥，当写复函三片交普耀庭寄去。

廿三日（6 月 21 日）孝恭仁皇后忌辰。卯正二刻乘车出南门，走河滩东南行、东北转及四方石下，观陈巡捕等压马，席地少坐，乘车西北行，涉河汉走微坡，至天义德商家少坐，仍乘车由旧路进南门还公廨，时辰正二刻矣。午初普耀庭、文润斋来谒，讨论会勘界限，润斋、怡堂一律乘坐架杆车辆，俾请车藩裁酌而去。庆锡田赠京酱、老米、金腿、板鸭、香油、京点数事，资力二茶而去。未刻堂齐，画行交稿九件，来文十一件，堂行五本，拆来文二角。全守馀来谒，讨论本月廿八日拜发折件、六月初一日巳时致祭雪山而去。三部院共用印壹百五十二颗。理藩院现行唐努札文一件，复用印八颗。普耀庭、文润斋来谒，乘车一节车藩已允，惟北九台又有差弁多需羊价等事云云而去，当写附吉丽昆一信，俾其代为查询也。申刻耀庭、润斋复来谒，讨论车藩派委蒙古笔政额尔奇木巴雅尔随同乌库委员会勘霍呢音岭迤东界限而去。

廿四日（6月22日）卯正策骑出南门走河滩，及河乘征车涉焉，走后街涉渠汉，至巴彦山下，观陈巡捕等压马排车，仍由旧路穿台市，至义盛德商家少坐，仍乘征车出前街涉河，策骑由旧路进西门还公廨，时辰正二刻矣。申刻钟溥泉、普耀庭来谒讨论蒙古案件而去。瑞岚秀来谒，讨论西口催饷拟派西辕汉巡捕魏铭而去。酉刻普耀庭复来谒，讨论车藩添改咨行总署文件而去。

廿五日（6月23日）卯正策骑出东门走河滩，及河乘征车涉焉，走河滩行草滩，至绿营沟观陈巡捕等压马，席地少坐，策骑由旧路南旋过草滩，乘车走河滩涉河，由旧路进东门还公廨，时辰正矣。杨万金荐民丁张吉升来辕投效，戴巡捕荐民丁刘圮来辕投效，均俾在官班当差。吉巡捕率褚润进京迎接托可帅，来辞行，当将附信字第六号家报面交寄家①，俾其代叩家严，谆嘱一切小心而去。理藩院复呈阅咨行总署催取总图文底，改易数字，面交普耀庭持去。户部、理藩院呈阅明日应画稿件并递略节，当即逐件详阅讫：户部一件，为昨派魏铭前往绥远催提经费，咨行该将军查照转饬。理藩院五件，一为饬覆三盟书写本衔仍用暂护字样遵办；二为三盟新换津卡官兵名册咨行科城查办；三为三盟贼犯棍楚克拟罪饬覆查办；四为本年六月致祭雪山牛只，札饬吉厦饬办咨报户部；五为回城存骁骑校缴销例马，咨报户部檄饬吉厦。魏巡捕西口催饷，叩辞而去。

廿六日（6月24日）卯正乘征车出西门，涉北河陡坡，至天

---

① 此处天头有眉批："附信字六。"

泉沟观陈巡捕等压马,席地少坐,仍乘车由旧路进西门还公廨,时辰正二刻矣。天义德商家代购来备贡马五匹,交陈巡捕等压试。未刻堂齐,画行交稿六件,来文十三件,堂行六本。派世星垣充贡马官。四部院共用印七十九颗。接果领队、金珍亭、德锡江、富子约、周渭臣、雅静山亲家、甘裕庭、沙西屏、伯嫂福晋、刘文川、丁瀛舫、尚瑞庵贺午信版十二封。东乌梁海克总管来辞行,勉励许久,面钱饽饽二匣而去。

廿七日(6月25日)卯正策骑出西门,走河滩,及河乘征车涉焉,走北街涉渠流,至巴彦山下,观陈巡捕等压马,席地少坐,乘车涉渠汉进西街,至义盛德商家少坐,乘车出前〔街〕,由旧路进西门还公廨,时辰正二刻矣。午后接奎瀚泉世叔贺午信一封,札静亭信禀一封,并代做绿皮云裕毡靴二双。申刻内阁呈阅明午拜发恭逢三月十五日恩诏加级谢恩满折、故果帅灵柩启程日期①、更换卡伦侍卫②、援案调拨马匹折片四件,安折二分,封套五分。旋画奏行稿五件,堂行一本,内阁用印十七颗。内阁、兵部、理藩院略节五件,即适署之奏稿四件暨行兵部转奏事件一稿也。大盛魁又代购备贡马二匹,仍交陈巡捕等压试。

廿八日(6月26日)阴云四合,疏雨滴滴。卯正乘征车出东门走河渠涉河行河滩,至后庙少坐,待陈巡捕等由北平原压马回,仍乘车由旧路进东门还公廨,时辰正矣。辰巳之间雨势颇紧,午霁。午正二刻诣万寿宫,拜发昨阅折件如仪,内阁少坐而还,车藩称疾未到。申刻世星垣、溥耀庭、庆松涛来谒,讨论裁撤

---

① 参见本书附录二085《奏为原任将军杜嘎尔灵柩遵旨就近回旗并请豁免预支廉俸马匹事》。

② 参见本书附录二086《奏为管理阿拉克鄂博卡伦侍卫吉福任职期满请简员更换事》。

把总额缺以符户部原奏云云而去。晚间闲步隆庆昌，浼安吉庆代钉行幄上窗铜纱而还。四部院各封呈明日应画稿件并递略节，当即逐件详阅讫：内阁一件，为庆锡田到乌任事咨缴执照照验于吏、兵部查销，咨报内阁京旗查照。户部一件，为永阔亭等找缴银粮、咨报内阁京部查核。兵部一件，绥远奏派戍科满兵，咨行该大臣查照。理藩院五件，一为片调官马先录奏稿，咨行户、兵部查照，车藩、吉厦转饬遵照；二为收到三盟罚九饬覆转饬查照；三为札盟换驻津卡兵册并请钱粮咨行科城查办；四为库伦件作前往札盟洛公旗下寻找骨殖，檄饬吉厦查办咨覆该大臣查照；五为遵旨派员履勘北边界限，拟令委员等先行，由乌启程，咨呈总署速颁红限总图以备遵办，文内有"总之贵衙门总图不到，本处不敢率然定办"一语，又有不豫者也。

廿九日（6月27日）晨雨纷纷，未便出门，仅令陈巡捕等压马南河岸，少焉而返，据云水势尚不甚大，未初轰雷震鸣，大雨如注。拆来文五角，未正雨霁，堂齐，画行呈交稿八件，来文三件，堂行三本。内阁交来写讫致徐昆兄信一封，当将沙西屏催匦原片附入，钤其马封发去。晚间东辕门观巡捕、郭什哈等捉马，备明日往祭雪山之骑也。派王全书房当差，马胡义书房常川值宿，每日伺候蒸食，阎宝谦充升灶乌拉奇。

记事十五年六月分①

六月初一日（6月28日）卯正乘征车出南门走河滩,晨风飒飒,香气袭人,进东沟走烂石坡,行偏坡涉支流暨大河,水势颇大,水溜颇急,幸未及入车箱,而小马亦过腹矣。及河滩,穹庐少坐,时辰正一刻,仍乘征车,陟西冈行幄上祭,喇嘛唪经,笔政读祝如仪,礼成,乃淡云疏雨,雪山云罩,而银光内蕴,另显灵奇,乘车下冈,复至穹庐,率巡捕、郭什哈等烹羊食面,已正乘征车走河滩涉巨流陟偏坡,策骑走乱石坡,两过小山沟,山水涓涓,山花馥馥,而巨流奔湃,河石滚滚,别有山水清音。下骑席坡少歇,仍乘征车由旧路进东门还公廨,时午正一刻矣,车藩称疾未到。新派索果克卡伦官侍卫保来谒,晤谈而去。接家严二月十八日谕帖一封,敬悉身体康健,阖家平安,均纾下怀。附接京报十六本,敬聆天语,暨吴清卿前辈议礼嘉章也,外接富俊璋安帖一封。接三盟特王弟清文信一封,哈哒四块,晤其来人而去。接克胜斋贺午信一封。拆来文六角。伊犁贡马前起达防御春来谒,晤谈而去。申初谒万寿宫,跪迎四月廿六日拜发折件恩诏加级谢恩满折,奉朱批"知道了,钦此",车藩力疾亦到,内阁少坐而还。车藩来谢前赠喜缎,晤谈而去。理藩院现画略节一件,为札饬吉丽昆暨迈达尔总管等遵旨履勘界址也。旋画交稿一件,堂行一本,理藩院用印卅二颗。河神社初三日起赛神四日,派宋守备、刘千总管戏。丁超由西口驰回来谒,言荣锡三乘车疾驰,明后日即可抵乌也。胡继祥由科城呈画会稿回,沙振庭小有更改,俾户部照办出

---

① 　此为中国科学院图书馆所藏第六册日记封面所题。正文首页钤"中国科学院图书馆藏"朱文、"东方文化事业总委员会所藏图书印"朱文印。

奏。官同乡赠京酱、京点二匣，资力一茶而去。

初二日（6月29日）卯正三刻策骑回拜庆锡田，未遇，出西门走河滩，及河，乘车涉焉，穿天顺逆旅，回拜官侍卫雅斋，晤于图怡堂行台，畅谈许久而别，穿台市便道义盛德商家少坐，待陈巡捕等由下菜园压马回，仍乘车出前街，涉河由旧路进西门还公廨，时辰正一刻矣。未后写复特王弟清文信三片，封而待寄。普耀庭、文润斋来谒，讨论奏派吉丽昆、荣锡三、合寿岩、文润斋、图怡堂等查勘界址折稿而去，旋翻来清文，改正数处，俾呈车藩阅定交去。特王随侍台保来谒，当将回信一信，哈哒四条面交，奖其活计一件，大茶二块而去。车藩遣赠小黑马一匹，枣骝马一匹，资力活计一件，大茶四块而去。四部院各封呈明日应画稿件并递略节，当即逐件详阅讫：内阁一件，为致祭雪山需用羊只咨报户部。户部一件，为致祭雪山需用缎匹香烛银两册报京部查核。兵部三件，一为世星垣等护进贡马火牌，咨行京部、察哈尔都统查照；二为庆锡田原领照验，咨行京部查销；三为恭录绿营留兵朱批，呈行政府科城查照留驻，遣回官兵名册，咨送京部、直督、晋抚查照转办。理藩院七件，一为收到三盟达噜噶达克丹罚九价银饬覆、转饬查照；二〔为〕津卡侍卫等呈报应领光绪七年夏季饷银，咨行科城筹款放给；三为唐努还清俄人羊只，咨行驻俄官总署查照、札饬该总管查照；四为三盟察克达兵缺补放达木定饬覆吉厦转饬遵行；五为京院咨催给封蒙古王公福晋夫人查明送部札饬四盟转饬，并咨行科库二城转饬；六为庆锡田原领乌拉票咨送京院查销；七为本处咨行驻库俄官公文一角，咨行库伦大臣转行查收。镫下普耀庭复来谒，讨论查勘界址遵旨派员折底，车藩改易二处，删去库伦委员考语二句，即将汉稿删易而去。

初三日（6月30日）卯正乘车出东门，走河滩涉河至后庙，席地少坐,观陈巡捕等压马东山下,仍乘车由旧路进东门还公廨,时辰初二刻矣。午间阴云雷雨一阵而止,未刻堂齐,画行交稿十二件,来文十五件,拆来文一角,四部院共用印六十四颗。世星垣、普耀庭来谒,讨论例保卡伦侍卫案件而去。荣锡三回差来谒,讨论边界情形,晤谈许久而去。当派汉巡捕玉连魁,营卒冯亨铨、丁超、马峻元四名跟随锡三履勘界限。东口大新德王商锡藩来谒,并赠两女奶饼八包,洋糖二瓶,蜜枣一包,糕点三匣而去。

初四日(7月1日)卯正谒阜丰仓,率马差巡捕宋国喜、陈玉山、戴明魁,营卒褚廷魁、张贵、玉春魁、宋国安、张庭裕、刘福涌、郝永恩、田玉喜、李槐、吕桃林、申存仁、胡杰等恭拴贡马牌条共六十二匹,午正藏事,半日纷忙,煞费苦心,惨目伤心,无所陈诉,终岁盐菜廉银四百九十金,不足马价之用也,悲夫。而计可乘之骑十无一二,未卜何日得脱此苦,惟冀上苍垂鉴耳。缘暂摄军篆,正贡驽骊八匹,以策驽骊之力:一正贡大海骝,九岁口,达罕步,是上年三盟札雅班第达胡图克图赠的;二正贡二海骝,九岁口,快小走,是上年天义德购的;三正贡三海骝,九岁口,达罕步,是大盛魁购的;四正贡小海骝,九岁口,快小走,是大盛魁购的;五正贡红枣骝,七岁口,达罕步,是上年唐努购的;六正贡红枣骝,八岁口,小走,是唐努购的;七正贡黑枣骝,八岁口,达罕步,是唐努购的;八正贡黑枣骝,八岁口,小走,是唐努购的。一备贡白海骝,七岁口,达罕步,是上年车藩合少赠的,馀赠绪子兴内兄。二备贡白海骝,八岁口,达罕步,是上年鄂总管赠的,馀赠文锦如世叔。三备贡枣骝,七岁口,达罕步,是札盟阿王合少购的,馀赠广厚田世叔。四备贡枣骝,七岁,达罕步,是唐努购的,馀赠上驷郎中。赠恭邸玉顶红枣骝,八岁口,小走,是三盟车公合少购的;又红枣骝,八岁口,达罕步,是天义德购的。赠醇邸大黑马，七岁口，拉小走，是上年伊犁和鹤峰购的；又大黑马，七岁口，半步走，是前年刘毅弟赠的，暂以车藩所赠小黑马，九岁口，小走的，拴之到京，饬儿鹏换赠。赠礼邸剪鬃白海骝，六岁口，小走，是克总管赠的；又白海骝，九岁口，达罕步，是天义德购的。赠克邸红枣骝，七岁口，达罕步，是大盛魁购的；又红枣骝，九岁口，达罕步，是车藩赠的。赠庆邸玉顶黄马，七岁口，小走，是上年多总管赠的；又玉顶黄马，九岁口，达罕步，是大盛魁购的。赠伯藩黑花马，八岁口，小走，是上年荣锡三赠的；又黑花马，七岁口，达罕步，是大盛魁购的。赠六额驸白海骝，九岁口，达罕步，是唐努购的；又白海骝八岁口，达罕步，购同上。赠那钜辅红马，九岁口，大走，是前年以快红马换的；又剪鬃红马，八岁口，达罕步，是唐努购的。赠漪贝〔勒〕枣骝花，七岁口，小走，是克总管购的；又枣骝花，七岁口，达罕步，购同上。赠那贝勒黑花马，九岁口，达罕步，是三盟车公合少购的；又剪鬃黑花马，八岁口，达罕步，是唐努购的。赠濂贝勒海骝花，六岁口，达罕步，是札盟阿王合少购的；又海骝花，六岁口，达罕步，是车盟吉厦赠的。赠礼邸诚公爷黄海骝，九岁口，小走，是三盟车公合少购的。赠庆邸振大爷黑马，九岁口，达罕步，购同上。赠宝佩师青白马，九岁口，小走，是兑忠堆的。赠额相国青白马，九岁口，小走，兑同上。赠福协揆二蹄烟熏枣骝，九岁口，小走，是前年锡子猷赠的。赠八额驸黑鬃尾黄马，七岁口，小走，惟性劣不易驾驭，嘱宋差弁等由大新德更换。赠明芝轩青马，八岁口，小走，是上年天义德购的。赠惪箴亭黑马，八岁口，小走，是札盟阿王合少购的。赠福东泉枣骝，九岁口，小走，是兑忠堆的。赠德泽圃黑海骝，七岁口，达罕步，是图盟吉厦赠的。赠桂瀛洲黄马，九岁口，硬半步走，是天义德购的。赠芬馀亭黄马，九岁口，达罕步，是兑忠堆的。赠希少亭红马，九岁口，达罕步，是札盟阿王合少购的。赠希抑山枣骝，

六岁口,达罕步,是唐努购的。赠松寿师黑马,七岁口,小走,是
札盟阿王合少购的。赠嵩辕山白海骝,六岁口,达罕步,是唐努
购的。赠乌绍云枣骝,七岁口,小走,是札盟阿王合少购的。赠
巴敦甫海骝,八岁口,达罕步,是唐努购的。赠朗月华枣骝,八岁
口,达罕步,购同上。赠溥文斋黄马,八岁口,达罕步,是札盟那
公赠的,性虽驯良,身躯太小,亦嘱宋差弁等由大新德更换。赠
英焕章枣骝,六岁口,达罕步,是唐努购的。赠长石农枣骝,六岁
口,达罕步,是唐努购的。赠桂芝延海骝,六岁口,达罕步,购同
上。赠托子明枣骝,八岁口,小走,是天义德购的。赠永峻斋枣
骝,七岁口,小走,是札盟阿王合少购的。赠景介臣枣骝,八岁
口,达罕步,是三盟车公合少购的。赠王枫兄青马,九岁口,小
走,是上年阿信屏代购的。赠吉荣弟黑马,七岁口,达罕步,是上
年荣锡三赠的。又以杂色马六匹遣偿穆平安上年代债五十金,
以了宿累。此次共拴进京马五十二匹,到口马十二匹,共六十八
匹。未申之间忽阴忽雨忽晴。车藩添派田文进跟随荣锡三等履
勘界限,晤谒而去。检点官封半全信笺放套,俾全守馀代写赠马
信件。接巴防御信禀一封,知其三月间回绥充委章京差使。贡
马拴剩骝十二匹,内圈喂四匹,外场牧八匹。张庭裕、李槐现在
出差,仍添顾天佑偕乔瑞中圈喂马。车藩往图木图官牧厂查点
马匹,派马献吉持帖送行。先是在阜丰仓外院捉拴贡马,蒙古郭
什哈等持竿捉套,惟西辕巴彦力擦刚勇冠众军,泂蒙古中善
骑者。

　　初五日(7月2日)河神社请拈香。午间荣锡三来谒,讨论
履勘界限折底而去。未初策骑率两女乘车出西门走河滩,踱长
桥走后街,诣真武庙河神位前拈香,行幄少坐,过图怡堂观剧,晤
谈许久而去,派演《盘河战》《金斗阵》二出,照章奖茶,仍策骑率
两女乘车出后街,涉河由旧路进西门还公廨,时西正矣。四部院

各封呈明日应画稿件并递略节,当即逐件详阅讫:内阁一件,为前奉恩诏加级谢恩兹奉朱批,檄行吉厦钦遵查照。户部一件,为庆锡田粮单咨送京部查销。兵部二件,为请免故果帅廉俸折稿,咨行兵、户部,理藩院,嫩江军帅查照;又为更换卡伦侍卫吉绥之折稿,咨行京部侍卫处查照。理藩院二件,为吉厦呈报请传本年秋季图盟吉厦来乌并饬覆;二为札饬三、札两盟迅传本年秋季笔奇业齐前来接当。荣锡三请添派字识马锡凯、张喜跟随履勘界限之差,是并玉连魁、马峻元、冯亨铨、丁超、田文进,为弁兵七名也。

天中节(7月3日)阴云四合,甘澍淋淋。寅正率郝、马、冯、丁、马五郭什哈抖晾皮衣,辰初藏事。午后写致那钜辅信三片。未刻堂齐,画行交稿六件,来文十六件,堂行五本,拆来文一角,四部院共用印二百卅颗。兵部请派庆松涛署守备,缘宋巡捕将出贡马差也。终朝未霁。

初七日(7月4日)晨霁。写致溥文斋、长石农、朗月华三信,写复英焕章、丰丽泉二信,并昨写那钜辅信合封待寄。午间阴云复合,轰雷震震,甘澍淋淋。接吉丽昆信禀二封,知其偕迈总管等将履勘界址矣。荣锡三、普耀庭来谒,论履勘界限事宜而去。接色石友军帅信一封,赠来枣骝马一匹,虽无脚,性尚驯良,晤其来弁图建亭伽苏,资力活计一件,大茶二块而去。三盟吹王遣递哈哒一块,回哈哒一方而去。酉霁,戌阴复雨。

初八日(7月5日)先晴后阴,午霁。近因满、绿两营官弁兵丁等公议援案赠匾拟字悬挂,屡却未果,本日假座福臣魁,先邀回教朋友便饭,即饬庖人预备明日午未小酌。郝子英代写讫贡马赠马单八十行,当写谕儿帖廿行,粘连一单,钉作再附信字六号家报①。写致东口大新德一信,并昨封致那钜辅等六信,均面

---

① 此处天头眉批:"再附信六。"

交宋巡捕因差代致矣。午正拆来文一角,即总署咨覆科城俄人擅运茶块由张及科,并无三连执照,照约应罚文也。德级三来回,俄人固什迈并不承领本人羊只,俟札盟禀覆到日咨行驻库俄官,俾其见覆云云而去。未刻阴云复合,甘澍淋淋。内阁呈阅明日拜发遴派吉丽昆、荣锡三等履勘界址、例保年满卡伦侍卫①、例保绿营弁兵②折单四件,安折二分,封套五件,又呈阅十三日拜发乌、科会请全支加增银两折③一件,安折二分,封套三件,旋画奏行稿四件,内阁、兵部、理藩院略节四件,即适署之奏稿三件,行兵部转奏稿一件也。内阁现用印十三颗。四部院各封呈明日应画稿件并递略节,当即逐件详阅讫:内阁一件,为本年五月分接到火票咨送兵部查销。户部一件,为京部咨覆科城覆文二件,照钞咨行该大臣查办。兵部三件,一为世星垣等驰驿路票檄行张、赛司员等查办;二为本处贡马官兵衔名、马匹数目单,先行咨行直督查照转饬前途预备,并咨行察哈尔都统查办;三为札盟呈报上年秋间贸易归化商民庞花隆等限内旋回饬文错开之件转行查明定办,咨行绥远将军查办札覆该盟转饬。理藩院二件,为三盟二次限内未获逃犯,例展三限九个月,赶紧查拿外饬覆、转饬遵行;又为收到三盟章盖等罚九银两饬覆该盟转饬查照。晚间疏雨滴滴,云气满山,连阴时雨至矣。

　　初九日(7月6日)晨雨潇潇,车辕周巡捕万邦回差来谒,风闻托可帅有请假两个月之谣云云而去,已霁。普耀庭遣赠黑花

① 参见本书附录二087《奏为酌保乌里雅苏台津吉里克卡伦年满侍卫永恰布不辞劳瘁始终无过请准遇缺即补事》。
② 参见本书附录二088《奏为遵旨酌保绿营戍守弁兵请奖叙事》。
③ 参见本书附录二089《奏为乌里雅苏台及科布多岁支例款不敷请饬筹全支加增银两事》。

马一匹，奖来人大茶一块而去。拆来文二角，内阁请用御笔押封二件，托封纸一张。午初诣万寿宫，跪迎本年元旦贺折，内阁少坐，拜发昨阅折件如仪，旋焉堂齐，画行交稿七件，来文廿二件，堂行四本而还，车藩公出未到。三部院共用印九十四颗。未初满绿两营官员弁兵等赠悬"敷政明敏"横匾一方，蓝质金章，官兵全名，三却而领，奖木工、鼓手、抬夫等大茶壹箱，留官弁兵丁小酌便饭而去。图怡堂、官雅斋等同来道喜，俾同四部院章京等小酌便饭而去。未申之间阴云复合，甘澍淋淋。写致吉巡捕一便信，交宋巡捕代寄，俾询托可帅出京确期也。官弁兵丁小酌廿四桌，自未初及酉初陆续终席，先后散去，本地黄酒共用六十斤。写致景介臣一信，交张庭裕持去。

初十日（7月7日）辰正乘车出南门走草滩，至南河汉，席地少坐，遥送贡马涉东南河，由照山前上坝，以日来连沛甘霖，南河涨发，是以绕越也，仍乘车由旧路进南门还公廨，时巳初矣。阴云复合，疾雨西来，焦雷震鸣，雹如豆粒一阵，未霁。荣锡三遣赠清汉针黹、诗笺、荳蔻、水烟、茶叶、松花、京点、酱瓜数事，资力二茶而去。内阁交来写讫赠马信禀卅七封，钤章封妥，并单待交车辕阁巡捕文彩因差追交宋、陈、戴三巡捕也。申酉雨。

十一日（7月8日）甘澍连阴，房屋多漏，晴霁后又不免土泥之工也。检点上月分记事四十一扣，钉封，待交阁巡捕追及宋巡捕等附信寄家。未后兵部现画略节一件，为咨行科城札饬官雅斋、金凤楼接交索果克卡伦事务，当画行稿一件，用印十八颗。

十二日（7月9日）朝霁。午间户部现画略节一件，为乌、科再请全支加增银两折底、先行咨行京部科城查照，当画行稿一件，现用印廿三颗。内阁现画略节一件，为明日拜发奏事夹板一副，咨行兵部转奏，当画行稿一件，现用印十三颗。拆来文三角。官雅斋来辞行，未晤，以其屡有渎也。四部院各封呈明日应画稿件并递略节,当即逐件详阅讫:内阁一件,为西台台吉莽噶喇嘛病故,檄饬札盟查办吉厦查照。户部一件,为庆锡田移支俸银咨报京部查核示覆。兵部二件,为酌保年满卡伦侍卫永恰布折底,咨行京部侍卫处查照;又为科城沈玉宝等拔补步兵各缺转咨京部直督查照。理藩院二件,为三盟逃犯例展三限九个月赶紧查拿饬覆转咨查照;又为奏派吉、荣二章京等会同库伦图委员等由乌启程履勘界限折底,呈行总署、京院、库伦、科城查照,并札饬吉厦、两乌梁海总管等转饬查照,并摘录事由照会驻库俄官。本辕、西辕弁兵清音秦剧八出,《伍员逃国》《定军山》《辞朝》《二进宫》《汾河湾》《药王卷》《竹影计》《偷蔓菁》,小酌便饭,酉初而散。

十三日(7月10日)午初阴云四合,迅雷疾雨一阵而未霁也。先是以隆庆昌饽饽二匣遣钱官雅斋,午正甘澍淋淋。诣万寿宫拜发乌、科联衔再请全支加增经费①夹板一副,内阁少坐,旋焉堂齐,画呈行交稿六件,来文八件,堂行四本。以小队亲兵巩庆有艺精人朴,挑在本辕西官班当差。四部院共用印壹百廿三颗。世星垣、庆松涛来回,王者锐告退,步兵一缺,即以中枪记名之孙酉山拔补,递遗兵役一缺,即以中枪记名之王庚玉拔补而去。酉霁。

十四日(7月11日)甘澍淋淋,由夜及昼,午霁。世星垣、钟溥泉来谒,讨论咨覆总署文底,改易数处而去。理藩院呈阅摘录派员履勘北边界限咨行总署、驻库俄官文底,改一"北"字而去。兵部现画略节一件,为总署来文俄商运茶一节除咨覆总署查照外,钞录原文咨行科城查照遵办,旋画行稿一件,用印十九颗。

---

① 参见本书附录二 089《奏为乌里雅苏台及科布多岁支例款不敷请饬筹全支加增银两事》。

未后忽雨忽晴，过阴数阵而霁，晚凉颇甚，麟着薄棉袄、棉毡厚马套尚不胜其寒，而鼻塞声重，又不豫矣。

　　十五日（7月12日）卯初策骑诣菩萨庙、关帝庙拈香，乘车出东门走河渠行河滩，踱乐善桥，策骑诣后关帝庙复拈香，禅室少坐，仍策骑过桥，乘车由旧路进东门还公廨，时卯正二刻矣。世星垣、钟溥泉来谒，面呈咨覆公文一件，封筒一角而去，当用印十颗，交所司即行总署，为分晰科城私放俄茶文诿本处而所司又因之播弄矣。午间写上庆邸红安禀一扣，白禀五十行，钉作官封，写谕儿鹏帖五行，均附赠马信重封待寄。唐努鄂总管等因差来谒，各递哈哒一方：鄂勒哲依瓦齐尔面递哈哒一块，海骝二匹，貂皮二张；迈达尔遣递哈哒一块，枣骝一匹，貂皮一张；多哈尔遣递哈哒一块，红黄马一匹，貂皮一张；达什端多布遣递哈哒一块，猞猁皮一张，貂皮一张；当奖来人活计五件，大茶五块。晓鄂总管等，切谕履勘界限一事，荣章京等跋涉山川一切均须妥筹办理，该总管则以初秋雪即封坝为词，意存诿卸，反覆谆谆开导而去。复以麟暂摄帅事，递哈哒、赠皮马如前数，而资力亦如前数也，惜先后递来八骑均近笨马，无一小走者，而有一银合性极劣也，悲夫。四部院各封呈明日应画稿件并递略节，当即逐件详阅讫：内阁一件，为五月分拜发过报匣日时册送兵部查核。户部一件，为放给报匣包袱用过彭绶工银册报户、工二部查核。兵部一件，为酌保绿营弁兵折稿录行京部、直督查照转饬。理藩院三件，一为荣锡三等履勘北界先行咨明驻库俄官查照、照约保护并呈总署查照转行，循例之事，车藩率将末节抹去，不知何意，麟未敢从；二为庆锡田应领例马、札饬吉厦转饬放给并咨户部；三为咨行驻库俄官公文一角、咨行库伦大臣转行查收。

　　十六日（7月13日）夜来伤风咳嗽，脏腑如割，牵扯头痛，真另有寒边清况也，公事腹背受敌，贱躯日见衰痿，可帅无信到乌，未卜何日得脱此苦而还鬼趣也。巳正将昨夕重封马信壹包，面交费巡捕持恳全守馀由台迅派乌拉奇一名驰及南台，面交贡马差弁宋巡捕等查收而去。午正绰霍尔台昆都达木定带领全守馀派来乌拉奇巴达尔罕，手持适交信包、内阁代裹油布来谒，费巡捕外夹夹板旧袱，面嘱其无分雨夜星驰追及宋巡捕查收，取其回信而还，该蒙卒等答以三日夜似可追及，数日即可返回云云而去，惟布音图河水若涨发，恐难如期而往返，仍冀昊苍默佑耳。未初堂齐，画呈行稿六件，来文八件，堂行五本，四部院共用印四十二颗。

十七日（7月14日）昨夕甘霖如注，今朝阴云未开。详读总署来文，未免为朝廷叹用人之难，振庭兄久历戎行，镇科数载，而于俄人私运茶货毫无定见，以因循为老成，以推诿为历练，守故果兄之衣钵真传，办理交涉事件，今接总署之复文，不知何以登覆也。辰正闲步后街，便道北菩萨庙，晤世星垣于钟溥泉公所，遇疾雨一阵，畅谈许久，乘车还公廨，时巳初矣，雨停。午间吉实斋来回，荣锡三等履勘界限咨呈总署一稿车藩仍未署，呈原稿请验，当饬实斋持稿冒雨疾持西昭，再请车藩补署，如再不署呈，麟将单衔咨呈总署矣，谆谕而去，戌初吉实斋由西昭驰回来谒，面呈其稿，车藩已署呈矣。实斋自午及戌往返疾驰八九十里，尚殊可嘉。

十八日（7月15日）疏雨滴滴，巳刻普耀庭由西昭来谒，讨论日来咨呈总署文件原委而去。日来昼夜连阴，时晴时雨，较往年稍甚，幸蘑菇颇生，蒙众稍有资耳。四部院各封呈明日应画稿件并递略节，当即逐件详阅讫：内阁一件，为科城本年五月分接到报匣日时册转兵部查照。户部一件，为照钞部覆咨行科城查办。兵部一件，为造具例保候补把总、候补外委册籍咨送兵部、直督、晋抚查照。理藩院一件，为科城补放明阿特参领奇莫特多尔济转报京院查照。监视张纫工裁剪碎花蓝缎备做灰鼠皮袄，改做猞猁皮头半袖，裁剪碎花酱缎备做猞猁皮袄，凑做灰鼠皮半袖。饬王皮工以唐努貂皮窜刀缝做袖头，以解无聊。庆锡田遣赠烧酒半坛，乳腐一碗，海米一小匣，冬菜、佛手芥二匣，资力二茶而去。戌初接宋巡捕等昨午由贲巴图台发来回禀一封，言马信一包卅八封全数整齐收到，绰霍尔台乌拉奇巴达尔罕三昼两夜往返疾驰十六台，勇敢可嘉，奖其大茶四块而去，惟宋巡捕等虽具红禀，而未用包内寄去伯和笺纸写回信，尚未惬于鄙怀。镫下将其红禀批谕，半扣钉封妥固，交费巡捕送交全守馀，俾其加封飞递南台，驰及宋巡捕等，接到见覆也。

十九日（7月16日）朝晴，卯正诣南菩萨庙，拈香而还。未刻拆来文二角，知乌、科茶政与新疆无涉，华茶不入甘引。旋焉堂齐，画行稿四件，来文八件，堂行四本。接额霭堂、图守文、陈春亭同年、张南圃、谭敬甫、文泰初、黄厚吾、广昆峰、李春涛旧属、杨福旧仆贺午信禀十封，又接容峻峰世叔二月十九日信一封，知其京秩之迁是缘将摄海军署之差也，且知乌绍云同年督学闽中甚好。四部院共用印二百四十颗。晚间登南城楼，眺远而下。

廿日（7月17日）卯正二刻乘车出南门，走河滩涉河汊大河，进前街，泥泞不易行，至义盛德商家少坐，仍乘车出前街，由旧路进南门还公廨，时卯初二刻矣。巳正偕内子率两女食炙羊于行幄，并犒成做行幄张巡捕玉秀、王郭什哈德鸿等于行幄，以示同甘。马峻元照绘库伦北边全图一幅，图、车、三三盟舆图三幅成，由隆庆昌暂假四金以奖之。酉刻车藩由西昭匀齐马匹回来谒，晤谈而别。邀图怡堂、椿鹤庵、荣锡三等明日炙羊便酌。

廿一日（7月18日）午初约图怡堂、椿鹤庵、荣锡三、文润斋、庆锡田、普耀庭于行幄炙羊便饭，并饯图、椿、荣、文之行。申

初约世星垣、全守馀、钟溥泉、瑞岚秀、庆松涛、阿信屏于行幄炙
羊便饭,并钱星垣之行,均先后终席而去。写致吉巡捕一信,俾
其诣庆邸,与雷巡捕结领北边红限总图,信外加封署签宋巡捕转
寄,写致桂芝延一信,俾其饬属飞递总署颁来总图,二信均面交
回营王者锐因差代寄,留其便饭而去。

廿二日(7月19日)台市马王社请拈香观剧,午刻策骑率两
女乘车出南门,走河滩,及河,乘车涉焉,穿后街诣真武庙,马王
位前拈香,行幄观剧,派演《蜈蚣岭》《黄鹤楼》二出,照章奖茶。
申正仍乘车穿后街涉巨流,策骑由旧路及南门,派潘、费二巡捕
等先送两女乘车还署,麟亦乘车走河滩陟东冈,沿山坡回拜车
藩,晤谈许久,其言北边界限也语多模棱,迹近左右,意在化有为
无,不知是何居心,麟只好唯唯而退,仍乘车由旧路进东门还公
廨,时西正矣。乃荣锡三、图怡堂、文润斋来谒久矣,讨论驼马乌
拉、食羊数目,俾请车藩酌定而去。晚间迅雷疾雨,风雹一阵。
镫下写致普耀庭一信,俾其斡旋履边公事,婉言车藩无再阻挠
也。车藩遣赠骡骢癞马八匹,资力活计一件,大茶四块而去,子
母马旋倒毙二匹。兵部、理藩院各封呈明日应画稿件并递略节,
当即逐件详阅讫:兵部一件,为兵部来咨故果帅前奉恩旨赏银一
千两治丧等因,咨行黑龙江将军查照转饬。理藩院二件,为户部
咨查科城官厂驼马数目,咨行该大臣查办;又为锡瑅臣缴销例
马,咨报户部檄饬吉厦。接吉丽昆等禀帖一封,知履勘界址已棘
手矣。以西辕荣巡捕之子荣万金年力富强,挑在西辕效力。

廿三日(7月20日)卯正以少牢恭祀马王于本辕西厩,克食
分奖圉卒李锦荣、乔瑞、顾天佑、御夫刘福、马吉玉、杨万金,以示
同甘。西辕园丁李成林献王瓜三条,各长三寸,烹而食之,初尝
鲜味。午刻堂齐,画行稿三件,来文八件,堂行四本。拆来文三
角,内有托可帅二件,五月初一日奏请陛见暨附请修墓假两个

月,借用黑龙江印信来文也。四部院共用印四十三颗。普耀庭来谒,讨论吉丽昆等勘界情形,俾请车藩裁酌而去。接皂墨林、德子权、德智斋、嵩书农、崧镇卿、恩雨三都护、丰厚斋贺午信柬七封。马王社请观剧,未刻率两女各乘车出南门,走河滩涉河穿后街,至真武庙行幄观剧,先后遇普耀庭、图怡堂、鄂总管,晤谈,各别坐,派演《斩黄袍》《采桑》二日①,奖粽子九十枚,仍乘车出后街涉巨流,由旧路进南门还公廨,时西正矣,奖杨、马二御夫便饭而去。

廿四日(7月21日)卯正以少牢祀关圣帝君于参谋赞画堂,午初乘车出南门走河滩涉河穿后街,至真武庙行幄观剧,看其《斩子》《表功》《竹影计》《佘塘关》四出,乘车出后街涉巨流,由旧路进南门还公廨,时酉初矣,奖随行巡捕、郭什哈等便饭而去。接桂芝延信禀一封,言谢食物,想雷、吉巡捕等早经过赛矣。

廿五日(7月22日)以仓存白面八袋分赠图怡堂、荣锡三各二袋,文润斋一袋,玉巡捕,冯、田、丁、马四郭什哈三袋,以饯其乌库北界之行。辰正乘车出东门,走河滩涉渠汉涉北河,至后庙少坐,观木工等成做庙内旗杆,仍乘车由旧路进东门还公廨,时辰正矣。未刻普耀庭来谒,讨论乌、科前定出差官弁兵丁驼马食羊旧章,俾请车藩酌定锡三、怡堂、润斋等车马乌拉而去。兵部、理藩院各封呈明日应画稿件并递略节,当即逐件详阅讫:兵部一件,为孙酉山等拨补步兵等缺咨行京部、直督查照。理藩院三件,一为三盟未获逃犯三次展限九个月赶紧查拿饬覆、转饬遵行;二为同上;三为三盟锦王光复郡王之爵,札饬该盟转饬钦遵查明呈覆。酉初阴雷疾风而未雨。普耀庭来谒,讨论王商锡藩来乌收债,俾传原借喇嘛三锦及格隆图穆尔洛堆等质讯,照例归

---

① 日:疑为"出"之误。

债,其荣锡三等出差驼马、食羊、跟役等件俾照前定章京办理
而去。

　　廿六日(7月23日)寅初即兴,着棉绸袍套,卯初诣万寿宫,
偕车藩恭祝我皇上万寿万寿万万寿,行礼如仪。面谕全守馀等
嗣后本处出差官兵均须遵照定章应付夫马食羊,不得援引另章
索取,面谕荣锡三等遵札先行会同吉丽昆等履勘界址,俟总署发
到红限总图即行履勘北边界限而还。更便服,策骑出南门,走河
滩涉大河穿前街涉渠汉,至大盛园观老圃理蔬、老农锄麦,乘车
涉渠穿后街涉巨流,由旧路进南门还公廨,时辰初一刻矣。折差
巡捕萧涌、张德、马如龙等回差来谒,晤谈而去。午初三刻阴云
疾雨,迅雷巨雹,午正偕车藩冒雨诣万寿宫,跪迎本年元旦大婚
贺折,均奉例批,内阁少坐,冒雨而还。少焉雨停,堂齐,画行交
稿五件,来文七件,堂行四本。内阁请派管理北九台台吉,当以
拟正之索诺木车林点去。理藩院现画略节一件,为遵旨派员会
同库伦委员等履勘界限启程日期,札饬吉厦转饬照章预备,并饬
北九台台吉、津卡侍卫、两乌梁海总管一体遵办外,并咨行库伦
大臣转饬预备。兵部、理藩院共用印壹百七十七颗。理藩院呈
阅札饬吉丽昆、荣锡三等文底,改易数处交去。申霁。全守馀来
谒,讨论锡三等传单数目而去。写复吉丽昆一信,交普耀庭钉附
公牍发去,以本辕马竣元,理藩院张喜、马锡凯将随荣锡三往勘
北边界限,均着先行赏给七品顶戴,俾兵部回车藩裁酌,旋报可,
行后补功牌。

　　廿七日(7月24日)卯正二刻策骑出东门,走河滩涉河渠过
避风湾东南行,及照山阴河北岸少坐,晨风侵体,乘车由旧〔路〕
进东门还公廨,时辰正矣。伏雨疏疏,巳正偕内子率两女食炙羊
于行幄。未刻画堂行一本,内阁用印四颗,即图怡堂、文润斋等
传单也。接吉荣弟马封一角,内即儿鹏听字第二号家信,敬悉家

严康健,两孙结实,甚纡下怀,附接麟履仁妹丈、舒畅亭亲家、恩露圃相国、巴敦甫、嵩犊山前辈、贵喆生同年信六封,欣悉恩露芝通家成己丑翻译进士改庶吉士,本科进士五名三改庶常,诚盛典也,原中一文海,二恩祥,三富连,四冯文星,五嵩恩,覆试恩二甲一,嵩三甲一,冯三甲二,文三甲三,富三甲四,恩、文、嵩改庶常,富授主政,冯归中书原班,嵩青州、富荆州均是壬午通家。酉刻普耀庭来谒,讨论唐努总管报呈出差向章需用乌拉等项较多,俾其拟札,札饬吉丽昆等即照新定核减数目,以省台力。

廿八日(7月25日)卯正策骑出南门,走河滩渠汉涉大河进前街,至义盛德商家少坐,乘车出前街由旧路进南门还公廨,时辰正矣。巳正钟溥泉遣赠羊菜四碗,烧麦二盘,资力一茶而去。申刻世星垣、钟溥泉、普耀庭先后来谒,讨论唐努总管呈报案件及图怡堂感冒缘由而去。荣锡三、文润斋等来辞行,谆嘱遵旨妥勘北边界限而去。普耀庭遣赠蔴花、烧麦二盘,油粉豆汁一盆,资力一茶而去。酉刻荣锡三复来谒,借去前照绘库伦北边白布总图、唐努乌梁海白绸舆图二张,满蒙旧案二本,复谈内多左袒情形,仍以国恩大义勉之而去,总之红限总图不到,究无所措手也,念甚,盼甚。特王弟旗下阿尔布登来谒,交其哈哒四块,俾代请安问好而去。以友赠京点三匣遣赠阿笔齐业齐等,以酬渠等写图之劳。三部院各封呈明日应画稿件并递略节①,当即逐件详阅讫:内阁二件,为新补北九台台吉索诺木车林除札饬该台吉饬图盟并吉厦查照;又为哈拉乌苏台吉呈报三盟札札萨克漏当一户差使,檄饬该盟长转饬遵办,并覆该台。兵部二件,为乌、科贡马数目咨行上驷院权为验收;又为椿鹤庵省亲回京,咨报吏部知照中书科查照。理藩院二件,为三盟梅楞奈丹因错公务检举

---

①　此处原衍"并递略节"四字。

饬覆、转饬遵行；又为科城奏拨马匹壹百五十匹，派员由台解送
该大臣查收见覆。

廿九日（7月26日）卯正二刻策骑出东门，走河滩涉渠汉大
河，至后庙少坐，乘车仍旧路进东门还公廨，时辰初二刻矣。图
怡堂来辞行，谆嘱遵旨详细履勘而去。未刻堂齐，画行交稿八
件，来文九件，堂行四本，拆来文二角。理藩院现画略节二件，为
图盟呈报车藩旗下换当一户台差，札饬札克等台、西七台转饬遵
行；又为添派荣锡三等会勘界限毕，会同吉丽昆等接办一切，除
札饬锡三、丽昆等一体遵照，并札两乌梁海总管遵行。三部院共
用印八十三颗。世星垣、普耀庭来言，车藩将惠顾椿鹤庵，饬传
食羊，麟以小恙未晤，仍俾车藩裁夺而去。晚间闲步隆庆昌，少
坐而还。

卅日（7月27日）卯正策骑出南门，走河滩涉河汉，及南河
北岸少坐，绿草青山已含秋气，乘车由旧路走草滩东北行，至吉
厦稿案库少憩，仍乘车走草滩归大路，进南门还公廨，时卯初二
刻矣。已正约唐努鄂总管、阿笔齐业齐等八人食炙羊烹羊，小酌
便饭于行幄，午初终席而去。未刻夏季吉厦车盟车贝勒、根公、
秋季吉厦图盟图公鲁伯罗特来谒，晤谈而去。接宋巡捕等廿五
日由图圪利台发来禀帖一封，附回伯和笺一片，康乐封一件，言
今拆原封检点明白，计打禀帖十扣，信廿六封，宅信一封，赛信一
封，俟到口先将宅信、那藩信寄京等，语意尚明白，惜措辞不甚清
楚，赖有钤章笺封为据，差慰下怀。写复履仁妹丈信一片。晚间
出东门闲步，策骑至东山下席地少坐，观围人牧骒马，沿渠西行
过城北及西北角，河边少立，观唐努官兵策骑涉河，沿西壕进西
门，便道隆庆昌少坐，清算茶账，及西辕朗如山馆少坐，观老圃调
畦理菜而还。

记事_{十五年七月分①}

　　七月初一日(7月28日)卯正策骑出东门，走草滩渠汊及河，乘车涉焉，诣后关帝庙拈香，绰楔下少坐，乘车由旧路陟东山坡过小炮台，回拜吉厦图公未遇，下山坡由旧路进东门还公廨，时辰初二刻矣。玉巡捕连魁等辞行，勉励谆谆而去。以绿云毡靴一双赠玉巡捕，俾其着之，履勘北边界限，如麟亲履其地，渠复来谢，交勉忠告而去。写复舒畅亭亲家贺秋信一封，封而待寄。检点历年由京寄乌家信，合封一包待寄。

　　初二日(7月29日)卯正二刻策骑出南门，走河滩河汊涉大河穿后街涉横渠，至万春园观老圃理蔬，席地少坐，乘车由旧路进西门还公廨，时辰正矣。午正诣万寿宫，偕车藩验收唐努乌梁海皮张，补放章京、骁骑校、达喇嘛等缺，监放俸银、赏项而还。乃新补官缺数人，尚知南向叩首叩谢皇恩，其输服天朝之心已可概见。四部院各封呈明日应画稿件并递略节，当即逐件详阅讫：内阁一件，为本年六月分接到火票数目，咨送兵部查销。户部一件，为庆锡田找领银粮数目咨报京部查核。兵部二件，为商民贾学好前往札盟车札萨克旗下贸易，札饬该盟长查照；又为黄金祥呈领坐饷，檄行大同镇查照转饬。理藩院三件，一为科属阿拉泰乌梁海各处查拿逃犯，札饬吉厦转饬遵办；二为补放察克达兵得勒格尔达赉饬覆吉厦转饬；三为三盟前盗沙尔噶拉卓特台兵驼支贼犯沙拉扣病故年月、具结呈送饬覆查办完案。

①　此为中国科学院图书馆所藏第七册日记封面所题。正文首页钤"中国科学院图书馆藏"朱文、"东方文化事业总委员会所藏图书印"朱文印。

初三日（7月30日）卯正二刻策骑出西门，走河滩涉河，穿后街涉横渠走河滩，至德茂园少坐，考稼穑之艰难，乘车由旧路穿台市，至义盛德少坐，乘车出前街，由旧路进西门还公廨，时辰正二刻矣。检点友赠奶饼五百枚盛匣，并以隆庆昌饽饽二匣遣赠唐努鄂总管乔梓。未刻堂齐，画行交稿七件，来文廿一件，堂行四本，拆来文四角。接朱敏斋、惠心农、恭振夔贺午信三封。世星垣、普耀庭、庆松涛来谒，星垣现将出差，兵部图记仍派耀庭署掌而去。庆锡田来谒，代交致舒畅亭亲家马封一角，当将前信封固交去。检点郝子英代写讫上月分记事卅八扣，写请安帖一片，谕儿帖四十五行，合其近接批回之信，钉作信字第七号家报待寄。三部院共用印九十四颗。钟溥泉赠两女玻璃挂美一对，洋景十二片，万国来朝粗画一张，伯寅赝屏一张，资力二茶而去。晚间闲步西辕，朗如山馆少坐，绕至后圃畦边观老圃理蔬，走后小栅而还。

初四日（7月31日）卯正二刻策骑出东门，走草滩河渠涉北河，至后庙少坐，观木工等竖立左旗杆，未果立，大非易事，乘车由旧路进东门还公廨，时辰初二刻矣。未刻鄂总管等来辞行，晤于行幄，细询北边情形，地多沃腴，天时亦暖，可耕可牧，其总署来文难保无蒙部奸民串卖地亩一节，俾其确切查明，据实结报而去。昨今二午秋热颇烦，大有腹地九秋暴热之态，想又燥雨耳。晚间闲步隆庆昌少坐，循行大狱木栅而还。

初五日（8月1日）卯正三刻策骑出东门，走草滩河渠涉北河，至后庙少坐，观木工等再竖左旗杆，幸赖神灵默佑而成，乘车由旧路进东门还公廨，时辰正二刻矣。烦燥如昨，想京中秋热又如光绪初年矣，家严又将席地而寝，恐年登八旬之老人气体不能如前，大热非宜，难纾孤臣之忧。三部院各封呈明日应画稿件并递略节，当即逐件详阅讫：内阁一件，为本年六月分接递过夹板报匣数目日时册咨兵部查核。兵部一件，为咨保陈玉山、萧国弼、褚廷魁、郝明、徐明五员檄行宣化镇查照办理。理藩院四件，一为唐努总管等应领俸银照例放给；二为乌梁海贡皮折赏，咨报户部咨行车藩；三为札盟本年秋季赴科驻班衔名，咨行该大臣查照；四为三盟本年秋冬二季索公赴科驻班，咨行该大臣查照。

初六日（8 月 2 日）卯正二刻策骑出西门，走河滩涉大河，走后街穿台市，至义盛德商家少坐，乘车由旧路进西门还公廨，时辰初二刻矣。午刻诣万寿宫，偕车藩跪迎五月廿八日拜发折件：二次恩诏加级谢恩，奉朱批"知道了"；果帅灵柩启程豁免廉马，奉朱批"著照所请，该衙门知道"①；更换卡伦侍卫，奉朱批"该衙门知道"②；援案调拨马匹附片，奉朱批"该衙门知道"，钦此。钦遵。内阁少坐而还。世星垣来辞行，当将信字第七号家报③、内子孝敬家严针黹、历年寄来家信各一封，共三包，均面交其因差代致而去。接贡马差弁宋巡捕等公禀一封，知贡马于七月初三日到哈拉呢敦台，平安南上矣。未刻堂齐，画行交阅稿七件，来文十一件，堂行四本，拆来文八角。理藩院现画略节一件，为三盟何贝车王患病查验属实饬覆，查照转饬，并札饬该王遵办。四部院共用印六十七颗。接吉荣弟信一封，知本处经费上月十五日已交连巡捕领出矣，定静庵已升镇标右营都阃矣。接祥立亭军帅、俞昆崖、安煦斋同年贺午信版三封。派庆锡田充贡皮官，西辕贡皮巡捕马献吉，营卒李成林、李生枝、郭振雄、杨全仁、赵

---

①　参见本书附录二 085《奏为原任将军杜嘎尔灵柩遵旨就近回旗并请豁免预支廉俸马匹事》。

②　参见本书附录二 086《奏为管理阿拉克鄂博卡伦侍卫吉福任职期满请简员更换事》。

③　此处天头有眉批："信字第七。"

登鳌,本辕贡皮巡捕费永昌,营卒马希麟、袁侯辅、薛振贵、萧万堂、乔瑞,小队营卒赵鸿璧、南绪、常林、杜瑞。写复吉荣弟一信,椿鹤庵来辞行,俾其代致,晤谈而去。以椿绘春夏秋冬山水四屏、钟赠伯寅赝字条幅转赠内阁跻壁。

七夕(8月3日)薄云细雨,终朝未霁。写谕守备等整顿大狱一底,交兵部照录堂行标识存案,驻管大狱巡捕一月一换,改为每日一人直日,每夜二人直宿,两班狱卒卅名拨补足额,以昭严肃,三辕巡捕每月各派一名,不准改派别项差使,以昭平允。潘巡捕荐效力民丁郭世德,俾在西辕学习当差而去。晚间画堂行一本,即早间交谕,谕整顿大狱之事也。

初八日(8月4日)薄云无雨,烦热顿消,而朝寒侵体矣,如此摆播,欲无病而能乎?卯初策骑出东门,走河滩涉河渠北河,至后庙,喜见左右旗杆均竖妥矣,当以活羊一只犒劳木工,乘车由旧路进东门还公廨,时卯正二刻矣。车辕贡马巡捕闫文彩本日由乌起程驰逐南上,想贡马群今已将抵赛尔乌苏矣。派萧巡捕涌由天顺、茂森两店假大车二辆移运后庙旧旗杆壹对,交高木工等修补妥固,敬竖于真武庙绰楔前旧旗杆处,以易其朽,拟于本月十二日开工赶办,以答神庥。午间义盛德杨商来谒,晤谈而去。适阅前拆部文,知内表兄图书园晟已掣出本处卡伦差矣。写致大新德一信,俾其代购天青缎六尺,天马皮三个,白狐膝二个,为凑做大毛马套,写致宋巡捕等信一片,俾其回寄缎皮赶紧成做,为冬间觐君服用,信交全守徐加封,由台驰及世星垣代交宋巡捕等。四部院各封呈明日应画稿件并递略节,当即逐件详阅讫:内阁一件,为二次恩诏加级谢恩恭录朱批,檄饬吉厦钦遵查照。户部一件,为唐努鄂总管等请领俸银册送京部查核。兵部四件,一为札盟车札萨克旗下贸易归化商民杜锦玉催令验票,札覆该盟长查照转饬;二为定静庵、白文(治)〔俊〕就近回营,咨报京部咨行直督查照转饬；三为姜兴元等管带宣大两镇回营兵丁由乌启程，咨行京部、直督、晋抚查照；四为新疆咨准甘督咨为晋商运茶令在乌、科、蒙古地方销售，咨行科城查照。理藩院八件，一为三盟盗马首犯乌拉幹班第病故具结，饬覆查办完结；二为三盟遵查盗马首犯那木吉勒病故年月具结，饬覆查办完结；三为收到库伦咨行驻乌俄商包一个转交讫，咨覆该大臣查照；四为札盟呢公旗下二等台吉噶玛拉锡哩驻管东乌梁海放给请钱粮，移付本处户部查办；五为补放唐努章盖各缺，饬覆遵行咨报京院；六为补放唐努达喇嘛，饬覆遵行咨报京院；七为调取孳生马匹附片朱批，咨行户、兵部，科城并车藩札饬吉厦转饬钦遵；八为三盟盗马贼犯旺丹等病故年月具结，饬覆查办完案。

初九日（8月5日）孝静成皇后忌辰。薄云四起，卯正策骑出西门，走河滩渠汊涉大河穿后街，至真武庙监视高木工等扎立旗杆木架，绰楔下少坐，乃疾雨南来，秋霖西至矣。禅室少避，乘车穿台市，至义盛德商家少坐，雨停，乘车出前街由旧路进西门还公廨，时辰正矣。未刻堂齐，画行交阅稿十五件，来文廿三件，堂行四本，拆来文一角。签派曹旺管大狱，以补本月望至八月望三辕各出一巡捕之差。三部院共用印卅四颗。理藩院现画略节一件，为札饬唐努鄂总管照依总署来文，详细查办俄人在乌梁海盖房、挖金、开地三事，加结呈覆。义盛德杨商由口带赠烧酒二瓶，奶饼二包，洋糖、燻肉、蜜果、松花四事，资力二茶而去。椿鹤庵代绘三盟舆图，无处注说，改派梁禄另绘。

初十日（8月6日）孝懿仁皇后忌辰。卯正三刻策骑出西门，走草滩河汊涉河走后街，至真武庙少坐，监视木工等成做旗杆夹杆木，据云今晚即可竖成，拟于明日敬以少牢祀之，以报葳工。乘车出后街由旧路进西门还公廨，时辰正二刻矣。未申之间阴雨无常。理藩院现画略节一件，为图盟阿王患病，派瑞莐臣查验、札饬该王遵办咨覆库伦大臣查照。当画交稿一件，该院用印廿二颗。

十一日（8月7日）立秋。巳初乘车率两女出西门，走河滩涉河走后街，诣真武庙拈香，以少牢报赛行礼如仪，仍乘车涉横渠走河滩涉北流陟巴彦冈西行，沿北坡走草滩陟北冈至水帘洞，时午初矣，席地少坐，南望麦田遍野微黄，秋光云色如腹地九秋，而大麦尚未登场也。乃帮台蒙古官兵等敛资公祀鄂博，即饬冯郭什哈驰回真武庙取顶帽冠之，叩拜山神，并以大茶八块助之。行幄少坐，观蒙童等调压马匹，合声唱号，喇嘛唪经，蒙古兵等策骑逾北梁接马，形景入画，惜麟马上功夫太欠，未便随众趋观驰马，为稍歉耳。步下北冈，策骑率两女乘车，沿山坡由旧路上下巴彦冈，及河乘车涉焉，仍回真武庙，率两女、巡捕、郭什哈等共领祭馀，奖庙祝大茶二块，仍乘车由旧路进西门还公廨，时申初矣。接世星垣信禀一封，知初八日托寄信函，星垣初九日行至七台接到矣。札盟巴札萨克台吉札尔玛呢来谒，递哈哒二块，笨青马一匹，奖来人活计一件，大茶一块而去。吉厦图公遣递哈哒一块，蓝摹本一件，笨枣骗一匹，奖来人活计一件，大茶二块而去。张喜代钞来科城来文廿扣，颇妥。

十二日（8月8日）详阅张录科城来文，巧言推诿，直令径达总署，当交普耀庭翻清，俾请车藩酌定遵办。四部院各封呈明日应画稿件并递略节，当即逐件详阅讫：内阁一件，为绰克巴达尔琥补放西七台台吉，檄饬札盟吉厦查照。户部一件，为本年呈进贡皮员弁例折缎布银两册送京部查核。兵部三件，一为玉连魁等由部原领火牌廿九张咨缴京部查销；二为原任将军灵柩回旗豁免廉马恭奉朱批，咨行兵、户、理藩院、嫩江军帅钦遵查照转饬；三为更换卡伦侍卫恭奉朱批，咨行京部、侍卫处钦遵查照。理藩院九件，一为秋季应进果丹札饬吉厦迅速采送；二为三盟鄂贝子接办札萨克印务咨报京院查照；三为由科运粮梅楞照呈改派，饬覆吉厦转饬遵办；四为唐努盗俄贼犯二次展限六个月赶紧查拿，饬覆遵行；五为三盟盗马首犯班第扣病故，饬覆查办完案；六为三盟已死贼犯那逊并无尸亲，饬覆查办完案；七为三盟盗驼贼犯噶噜底病故并无亲属，饬覆查办完案；八为图盟派赴阿勒泰苏木驻卡官兵名册，咨送科城备查；九为补放珠克都尔充当绰豁尔台兵，饬覆吉厦转饬遵行。

十三日（8月9日）薄云疏雨，卯正二刻策骑出西门，走河滩涉河进前街，至义盛德商家少坐。徒行高木工肆，瞻仰车藩六哥逆书清文"德洋恩普"匾，步出台市兴隆街，乘车走后街，由旧路进西门还公廨，时辰正矣，已初疾雨。拆来文二角，旋焉堂齐，画行交稿十四件，来文九件，堂行四本，三部院共用印壹百廿二颗。午未秋霖，瑞岚秀、普耀庭等来谒，拟添调驼只转运粮石，俾请车藩裁酌而去。钟溥泉、普耀庭等复来谒，拟派瑞荩臣、德级三往图盟查验阿王、莽公患病虚实而去。差帖持哈哒往车辕道喜。申霁。

十四日（8月10日）卯正二刻策骑出东门，走草滩涉渠汊，及河，乘车涉焉，走草滩至后庙少坐，仍乘车由旧路进东门还公廨，时辰正矣。昨日秋霖如注，今晨河水涨发，适涉北河，水托车底矣。未初诣万寿宫，偕车藩跪迎上月初九日拜发折件：派员履勘界址，奉朱批"该衙门知道"；例保年满卡伦侍卫，奉朱批"兵部议奏"①；例保绿营弁兵，奉朱批"兵部议奏。单并发"②。钦此。钦遵。内阁少坐而还。乃报匣锁门上御笔押封二贴均各崩断，当令内阁办稿恭缴，少焉阿信屏呈阅文底而去。拆来文三

---

① 参见本书附录二087《奏为酌保乌里雅苏台津吉里克卡伦年满侍卫永恰布不辞劳瘁始终无讹请准遇缺即补事》。

② 参见本书附录二088《奏为遵旨酌保绿营戍守弁兵请奖叙事》。

角。接尚熙亭、魏午兄、孙少襄、安绥之、德滋轩、乌星舫、杜幼霞贺午信版七封。未后阴云四合，秋澍淋淋矣，酉霁。

十五日（8月11日）卯初策骑谒菩萨庙、关帝庙，拈香而还。乘车出南门，走河滩河汊涉巨流走后街，诣城隍庙拈香，陟北冈，行中元展墓礼。乘车穿台市兴隆街，便道义盛德商家少坐，仍乘车出前街由旧路进西门还公廨，时辰初矣。以科城前来文底涴全守馀代稿上总署公信，附催北边红限总图也。户部拟派吉实斋领西口秋季饷银，本辕派乐善去。午间薄云秋霖，申霁。车藩遣其巡捕萧禄来谒，讨论年班事宜而去。晚间闲步隆庆昌少坐，便道守馀公所，燕话而还。四部院各封呈明日应画稿件并递略节，当即逐件详阅讫：内阁一件，为本处各差交到印票司票各十一张，分送察哈尔都统、赛站司员查销。户部一件，为科城步兵杨殿祥等找领银粮，转报京部查核。兵部二件，为原任杜果帅灵枢就近回旗免缴廉马折恭奉朱批，咨行嫩江军帅、库伦大臣钦遵查照转饬；又为满营例保骁骑校部章相符，奉旨："依议。"钦此。咨行绥远将军查照转饬。理藩院三件，一为收到三盟三次限内未获逃犯，承缉达噜噶罚九银两，饬覆转饬查照；二为图盟查明前传驻班那札萨克患病情形饬覆转饬；三为科城墨防御回缴例马相符，咨覆查照。

十六日（8月12日）卯正二刻策骑出东门，走河滩渠汊，及北河乘车涉焉，至后庙少坐。三盟梅楞拉布丹来谒，代递特王弟清文信一封，哈哒四块，晤谈而去。乘车由旧路进东门还公廨，时辰正矣。巳刻普耀庭来谒，讨论车藩年班事宜而去。未刻堂齐，画行交稿十件，来〔文〕九件，堂行四本。接张朗兄、吉荣弟、乌星舫贺午信三封，知星舫已回蒲州协本任，马兵侯维障换防来乌矣。理藩院现画略节二件，为科城俄商运茶，总署饬办原委往返函复并俄文小包，咨送库伦大臣查办见覆，并覆该大臣查照；

又为派员查验图盟阿王、莽公患病,咨行库伦大臣查照。李全孝回差来谒,俾在本辕西官班当差。定静庵回差来谒,晤谈而去。内阁交来全守馀代写讫上总署公信六十一行,红禀一扣,当即钉封妥固,钤用官封,交内阁发去。未正二刻诣万寿宫,偕车藩跪迎上月十三日拜发夹板:乌、科再请全支加增经费,奉朱批"户部议奏",钦此①。钦遵。内阁少坐而还。接景介臣信一封,知其有丧明之叹。四部院共用印壹百廿三颗。普耀庭来谒,讨论车藩年班仍将单衔具奏而去。写复吉荣弟信四片,封而待寄。

　　十七日(8月13日)文宗显皇帝忌辰。卯正策骑出西门走河滩,及河,乘车涉焉,穿后街涉西渠走草滩至德茂园,观油麦大麦黄绿数十亩,颇见秋光。磨房少坐,乘车走河滩涉渠汊穿前街,便道义盛德少坐,仍乘车由旧路进西门还公廨,时辰正矣。写复景介臣一信,封而待寄。写复特王弟清文信四片,封而待交。监视王皮工等凑作猞猁皮袄下身。普耀庭来谒,讨论萧巡捕交阅车藩请缓年班清文折底而去。

　　十八日(8月14日)卯正二刻策骑出东门,走草滩渠汊,及北河,乘车涉焉,至后庙少坐,乘车由旧路进东门还公廨,时辰正矣。监皮工如昨。午后普耀庭来谒,讨论蒙汉交涉债务而去。钟溥泉廿日祭神,请吃饭观剧。特王弟遣达木定来谒,当将昨写复函交去。晚间闲步后菩萨庙,便道隆庆昌少坐而还。四部院各封呈明日应画稿件并递略节,当即逐件详阅讫:内阁一件,为接到磨损御笔押封各一分,恭缴政府查销赐覆。户部一件,为乌、科再请全支加增银两恭奉朱批,咨行京部、科城钦遵查照。兵部二件,为世星垣等原领部票、兵票、火牌廿八张,咨缴京部查

―――――――――

①　参见本书附录二 089《奏为乌里雅苏台及科布多岁支例款不敷请饬筹全支加增银两事》。

销;又为科城军器、火药原册,转咨兵、工部核办,咨行该城查照。理藩院五件,一为遵旨先行派员履勘界限,恭奉朱批,呈行总署、京院、库科大臣钦遵查照,并札吉厦、两乌梁海总管等转饬钦遵查照;二为京院来文本年蒙古王公挨班奏奉谕旨等因,札饬四盟遵办、咨行库伦查办;三为本处咨行驻库俄官公文一角,咨行库伦大臣转行俄官查照;四为札盟阿王旗下根敦与俄人争殴一案,各派委员会办情形,咨商驻库俄官查办见覆,并札该盟长转饬候办;五为唐努署印多参领呈报交羊委员,查事部员等廪羊数目钞单,饬覆该总管查饬,并札委员弁兵一体遵行。

十九日(8月15日)卯正二刻策骑出南门,走河滩河汊,及河,乘车涉焉,走后街穿台市兴隆街,至义盛德商家少坐,仍乘车由旧路进南门还公廨,时辰正矣。写致普耀庭一帖,俾其于恭录朱批、咨呈总署文尾添写并催总署颁交北边红限总图,未卜车藩阻挠也不。未刻堂齐,画呈行交稿九件,堂行四本,拆来文四角,四部院共用印壹百卅八颗。内阁交来景、吉马封二角,当即钤印,将介臣、荣帆二信粘封发去。定静庵遣赠香油、台片、茶叶、口点、裱心纸伍事,资力二茶而去,并代购来京弓一张,京箭六枝,弓弦二条,试之尚殊合手。

廿日(8月16日)昨接恒巡捕等来禀,知故果兄灵柩于本年六月十三日抵其游牧,并绘来糙图一张,见其山水、树木、庙宇、坟茔、毡房,颇有风味。理藩院现用印十颗,即行总署催图文及乌拉票一张也。本日钟溥泉北菩萨庙赛神,送来烧烤果席一桌,奖来人大茶二块而去。午正策骑,率两女乘车诣北菩萨庙拈香观剧,派演《佘塘关》《荐诸葛》二出,奖戏上大茶八块,仍策骑率两女乘车还公廨,时申正矣。

廿一日(8月17日)清晨丁超由唐努悉毕尔胡都尔噶二昼夜驰回来谒,面呈荣锡三等禀帖一封,据该总管等禀报,唐努山梁已落雪难行等语,已饬田文进、马峻元等往探云云,按此事似殊支吾,已饬理藩院赶办札文,札饬该总管等务须设法过坝,先照库伦总图往查大略情形,俟总署颁到红限总图再行酌核定办。写复荣锡三等一信,并封钤章,全八行一张,军机中放一分,面交丁超持去。午后普耀庭来谒,讨论札饬唐努总管札文,并饬冯亨铨、张喜偕丁超一同前往而去。钟溥泉请观剧,未刻便服至北菩萨庙前看戏,派演《定军山》《竹影计》二出而还,时申正矣。赠溥泉仓存白面二袋。

廿二日(8月18日)寅卯之间阴雨一阵,巳初微霁。监视王皮工凑做羊羔上身、猞猁下身皮袄筒,大非易事,惟较之成做马套省工多矣。郑巡捕荐东口民丁宇宣投效,俾在西辕学习当差。钟溥泉请观剧。普耀庭来谒,讨论札文汉底,改易数处而去。未初便服至北菩萨庙前看戏,派演《三疑计》《芦花计》二出而还,时酉初矣。四部院各封呈明日应画稿件并递略节,当即逐件详阅讫:内阁一件,为科城接到火票公文日时册送兵部查照。户部一件,为吉实斋等提领西口经费,咨行绥帅、晋抚查照。兵部二件,为例保绿营弁兵恭奉朱批,咨行京部、直督钦遵查照转饬;又为马峻元承领坐饷檄行大同镇查照转饬。理藩院四件,一为吉厦呈报驼只疲瘦、九秋解运兵粮,饬覆查照转饬遵行;二为车盟车贝勒游牧经过商民任意驮运茶斤,饬覆查照转饬各札萨克等照例分别查办;三为札盟阿王旗下根敦与俄人互殴之案,未领回牛支内残伤廿支,请即领回结案,照会驻库俄官转饬承领,见覆并檄覆候办;四为照会驻库俄官公文咨行库伦转行。

廿三日(8月19日)薄云秋雨,自寅徂辰,巳霁旋阴。午后内阁呈阅明日拜发循例查点孳生马群①、车藩请缓年班汉清折

---

① 参见本书附录二 090《奏为查点乌里雅苏台马厂孳生马群数目事》。

二件,安折二分,封套四分,当画奏行稿二件,拆来文三角,内阁理藩院现画略节三件,即适署之奏行稿二件也,车藩单衔,阅而不署。未刻堂齐,画行交稿八件,来文十四件,堂行四本,四部院共用印壹百五十颗。丁超、冯亨铨、张喜来辞行,谆嘱妥勘而去。

廿四日(8月20日)自寅徂辰,秋霖滴滴,巳霁,乃北山白雪漫头矣。饬张喜代钞前上总署公信附稿,面交丁超、冯亨铨等三人,俾其代交荣锡三等,如北边封坝,雪路实在难行,则与吉丽昆等会办中唐努俄人挖金等事,谆嘱三人而去。现画理藩院交稿一件,其略节即札饬唐努总管等暨添派札兰多尔哩克会同委员等设法往勘北边界限也,现用印廿颗。未初诣万寿宫,偕车藩拜发昨阅折件如仪,内阁少坐而还。钟溥泉、普耀庭来谒,讨论唐努总管同锡三前报雪封山路,难以履勘等语,俾其仍遵前饬办理而去。

廿五日(8月21日)仁宗睿皇帝忌辰。卯正二刻策骑出南门,走河滩河汊,及河,乘车涉焉,中流甚急,水未及入车箱者仅数分,顶马费巡捕险遭不测。穿后街涉西渠至德茂园少坐,观磨官磨面,购雏鸡六只,仍乘车由旧路涉巨流进南门还公廨,时辰正矣。巳正率内子两女食炙羊于行幄。申刻普耀庭来谒,讨论吉厦呈报有形迹可疑喇嘛、蒙古游手数人偷窃马驼沿途出售,当派察克兵跟踪访拿,旋据回报,追至三盟锦王合少一带见踪,人饥马乏而回,俾请车藩斟酌而去。耀庭、松涛来谒,讨论绿营兵丁功牌旧案,俾造全册而去。派全守馀带领郝明、杨有珍跟随车藩往查南台。三部院各封呈明日应画稿件并递略节,当即逐件详阅讫:户部一件,为部覆科城公文六件照录,咨行该大臣查办。兵部二件,为定静庵既经班满给咨回营,咨行京部、直督查照转饬;又为酌保卡伦侍卫永阔亭兹奉朱批,咨行京部、侍卫处钦遵查照。理藩院四件,一为驻库俄官来文,俄人阿斯丕哩克乌属传教,札饬吉厦、四盟、四卡、三路台站、两乌梁海查办呈覆;二为科城补放阿勒泰、乌梁海佐领各缺转报京院;三为车藩请缓年班折底,咨行兵部、京院并饬吉厦、图盟查照;四为例查孳生马群折底,咨行兵部、京院、车藩查照。晚间闲步西门外,沿北濠绕进东门而还。

廿六日(8月22日)辰初策骑出东门,走渠汉草滩,及河,乘车涉焉,至后庙少坐,仍乘车由旧路进东门还公廨,时辰正矣。午间普耀庭、钟溥泉、庆松涛先后来谒,讨论蒙汉案件弁兵功牌更换(图怡堂等月馀伙食二百馀金公款),初奖共点七十一名而去。未刻堂齐,画行交稿七件,来文十件,堂行四本。四部院共用印九十九颗。预派巡捕张玉秀往古城采买米面。馀丁绔工武秉越挑在本辕应役。四部院章京、五辖守备等来谒,各举例奖功牌兵丁花名而去。

廿七日(8月23日)先慈冥寿。辰初策骑出南门,走河滩行大路,趋东南及照山阴河北岸,遥祝行礼如仪。席地少坐,乃普耀庭蒙卒棍布①递奶茶、奶皮二事,饮其二盏,旋以大茶一块报之。乘车由旧路进南门还公廨,时辰正二刻矣。麟到乌已逾三载,时刻思亲,笔难尽述,形诸梦寐者十常八九,昨夜直梦人子所不忍言之事,痛哭而醒,想倚闾之心望穿数千里外,使游子感而成梦,抑家严真不豫欤,念甚。吉巡捕等进京三月之久,尚无回禀,可帅亦无出京消息,真令人焦灼万分也。监视王皮工绷钉皮筒,以解无聊。未后四部院章京等来谒,各荐奖给功牌兵丁及车辖共添廿馀名而去。西口饷差巡捕赓音纳、魏铭先后来谒,各晤询而去。民丁许富、孙珍、阎宝谦、潘澍、周士海差使勤奋,均着以兵役记名。

---

① 此应指普耀庭手下蒙古族士兵棍布。

廿八日(8月24日)卯正二刻策骑出西门,走河滩及河,乘车涉焉,进前街至义盛德商民①少坐,仍乘车由旧路进西门还公廨,时辰初二刻矣。理藩院呈阅调拨驼只片稿,稍易数字而去。绥远换防新兵大半抵乌,内有吉丽昆世兄恩广佥世兄、管带营总恩纶、荣锡三介弟荣尚,均属世交同乡,当饬庖人赶做羊菜各四簋,点心各二盘洗尘,以尽乡谊。接桂芝延信禀一封,知贡马于本月十一日过赛平安北上矣。托雪亭回差来谒,晤谈而去,言本年春夏晋饷如数领到。接奎瀚泉世叔、平凯轩信三封。钟溥泉遣赠烧猪羊菜数事,资力二茶而去,旋以羊菜数事转赠托雪亭洗尘。庆松涛、合锡三带谒绥远到防戍守官兵,当晤营总恩纶,戍卒额尔德蒙额、安贵、恩广、玉明、奢哩、恩庆、瑞秀、锡龄、博勒合恩、贵兴、荣尚、兴魁、安祥、莫德哩,并以玉明挑充本辕满巡捕,荣尚挑充西辕满巡捕,均嘱以勤勉当差而去。接巴巡捕信禀一封,坤履三双,当写复函二片便封交去。三部院各封呈明日应画稿件并递略节,当即逐件详阅讫:户部一件,为科城放过本年夏季出差官兵行装银两册转京部查核。兵部一件,为定静庵等由部原领火牌三张咨缴京部查销。理藩院五件,一为收到驻库俄文咨覆库伦大臣查照;二为科咨三盟札札萨克旗下班弟和迈,前欠杜尔伯特亲王旗下格隆凌楚克货驼,札饬该盟长查办呈覆;三为唐努呈报往查边界雪大封山饬覆,仍遵前饬办理;四为本年秋季致祭关帝需用牛只,札饬吉夏转饬遵办,并咨报户部;五为三盟吹王仍留副盟长咨覆京院查核示覆,并札该王听候办理。晚间出南门闲步,沿濠绕进西门,便道隆庆昌少坐而还。

廿九日(8月25日)卯正二刻策骑出南门,走河滩趋大路东南行,及照山阴河北岸,席地少坐,流水高山,朝来秋气,乃触景

---

① 民:疑为"家"之讹。

思亲,四(只)〔肢〕不爽矣。乘车由旧路进南门还公廨,时辰正二刻矣。护送故果帅灵柩恒巡捕等廿四弁兵回差来谒,询其沿路情形,尚称周妥而去,带来乌伯恭札,仲諴两世兄、禄笔政清文信二封,安使者信一封,当写复伯恭清文信四片待寄。未刻堂齐,画行交稿七件,堂行四本,拆来文三角。接文镜堂贺午信一封。车藩米面差派冯亨镒。派萨鹊桥偕莽阿哩往查金山,庆锡田借带王有全随差。新换戍守玉明改充西辕满巡捕,恩广挑充本辕满巡捕。内阁呈阅请领报匣奏底而去。谕兵部将恒巡捕等廿四人各记大功一次,遇缺酌量补用,以示奖励。三部院共用印壹百廿颗。监视王皮工等凑做灰鼠皮袄筒。托雪亭遣赠西口点心一匣,干酱一篓,堂幅、楹联二事,资力一茶而去。盂兰社修补城隍庙请布施,资其大茶十块而去。恩营总昆仲遣赠西口点心二匣,香油二小篓,干酱、酱瓜、咸鸡卵各数枚,资力二茶而去。魏巡捕赠两女西口点心各二匣,外玫瑰露一瓶,转奖本辕王巡捕、皮工而去。四部院章京等来谒,各请派新兵作为委署笔帖式分拨各署当差,当以安贵、额尔德蒙额、瑞秀、锡龄派入内阁,贵兴、莫德哩、玉明派入户部,奢哩、恩庆、荣尚派入兵部,安祥、兴魁、博勒合恩、恩广派入理藩院学习当差,并以笔墨稍通者分布四部院兼行而去。画兵部堂行一本,即恒巡捕等记功之堂谕也。

记事 十五年八月分①

八月初一日(8月26日)卯正二刻乘车出东门,走河滩渠汊涉河,诣后关帝庙拈香,抱厦前少坐,仍乘车由旧路进东门还公廨,时辰初二刻矣。本季管台市巡捕西辕派潘世成、范元,本辕派王振文、马如龙,十月折差,西辕派曹富,西辕郭什哈焦锦库、许富均挑在书房当差。荣锡三介弟遣赠鲜姜数块、松花数枚,麻酱、绥酱各一篓,西口点心二匣,资力一茶而去。午后全守馀、庆锡田、普耀庭、钟溥泉②等来谒,讨论贡马折件遵用清文,功牌顶戴先行发给而去。

初二日(8月27日)皂君社请拈香观剧,巳刻札萨克图罕预保三子公衔台吉索将木拉布丹来谒,年将八岁,资质朴厚,举止端方,面递哈哒四条,晤谈许久,内子赠其奶饼、饽饽二匣,密果二包而去。午正策骑出南门,率两女乘车走河滩汉涉巨流,进后街,至真武庙,诣皂神位前拈香,行幄少坐,派演《香山还愿》、《斩子》二出,照章奖茶。率两女各乘车由旧路涉河进西门还公廨,时申正二刻矣。接总署夹板一副,内拆来文一角,西北八卡旧图新绘一张,辞不达义,公文一件,当交全守馀、钟溥泉、普耀庭赶办覆文札文,并面谕萧巡捕代启车藩而去。总署司股者未悉北边界限,率以此文来覆,可发一笑。接高博九前辈马递覆函

---

① 此为中国科学院图书馆所藏第八册日记封面所题。正文首页钤"中国科学院图书馆藏"朱文、"东方文化事业总委员会所藏图书印"朱文印。此册原误装于光绪十五年正月前,今据内容调至七月后。

② 此处原为"四部院章京",后涂去,改添三人姓名,此四人应即四部院之章京。

一封，孙莱山前辈谢帖一片。儿鹏六月廿三日听字第四号家信，敬悉家严神清气爽，身体康强，甚纾下怀。荣、白二巡捕已于六月下旬差竣出都，吉、雷二巡捕均已到京，信件儿鹏收到无讹。惟永阔亭彼时未到，托可帅彼时亦尚未到，附接桂文圃一信，知其京堂到班无期，谅迟一二年耳。接长鹤汀覆函一封，颇体乡情。索台吉遣递哈哒一块，红青枣骝滴泪马三匹，资力四茶，回哈哒一方而去。户部交来本年秋季盐菜廉银，除扣米面银，实领九十三两有奇，还大盛魁、天义德二商家各四十两，奖郝子英四两，馀十来金，均还隆庆昌，尚欠七十馀金也，哀哉。四部院各封呈明日应画稿件，并递略节，当即逐件详阅讫，内阁一件，为本年七月分接到火票数目咨送兵部查销，户部一件，为托雪亭解到晋饷，本处存收一半，下馀一半交科城差员解去，除咨行该大臣查收见覆，并将分拨日期咨报京部咨覆晋抚、绥帅查照。兵部二件，为遵照部销乌城同治十一年分军械火药补造清册，咨送户部查照转送；又为科城添换新兵忠祥由乌赴科，咨行该大臣查照。理藩院六件，一为三盟逃犯车伯克拉什初次限内未获，二次展限六个月，赶紧查拿饬覆转饬遵行；二为斩犯卓哩克班第本年秋审情实不准援免，札饬札盟盟长遵照；三为吉厦呈报残伤驼支饬覆查照转饬；四为在科城拿获喀尔喀由杜尔伯特乌拉护解无凭究查札饬四盟查办；五为津卡侍卫等呈报萨木噶拉泰卡伦台吉钦毕勒淹毙，仍令达台吉驻管，札饬图盟副将军查照转饬，并饬覆该侍卫转饬遵行；六为收到三盟未经拿获盗犯罚九银两饬覆转饬查照。灯下批注儿鹏听字第四号家信。

初三日（8月28日）索台吉诣万寿宫谢恩毕，来辞行，当以钟赠挂美镜一对面赠，内子赠其西洋景一套，洋糖二瓶而去。自辰徂午，阴雨滴滴，未刻堂齐，画行交稿十件，来文廿一件，堂行六本，拆来文五角，四部院共用印壹百壹十六颗，添派恩营总纶常川监印，本辕监印派恒巡捕裕，西辕派杨巡捕祥。本月管大狱西辕杨祥，本辕张德。车辕管台市仍诗谟讷和、萧禄，部院管台市阿信屏、合寿岩。以西辕安吉庆、本辕郝子英差使勤慎，均记名，以马兵尽先即补，俾请车藩酌夺而去。派梅笔政和往查拜达里克。内阁呈阅呈覆总署文底，稍易数字而去。雨霁，皂君社请观剧。申初率两女各乘车出南门走河滩，回拜索台吉，未遇，涉河汊大河，穿后街，至真武庙行幄观剧，派演《哭山》《龙凤配》《听金》《斗阵》，仍各乘车由旧路涉河进西门还公廨，时酉正矣，饬锡匠李全孝打造高锡奠田扈壶、洋铁奠池一分，交内阁预备明辰上祭之用。

初四日（8月29日）卯正二刻，诣关帝庙拈香，行秋季大祭礼而还，车藩称疾未到，而安吉庆、郝子英马兵记名之事已允，并将陈秉忠亦记名矣。领祭馀太牢、少牢二分。西口饷差乐巡捕等来辞行，晤谈而去。皂君社请观剧，午正策骑率两女乘车出西门走河滩，及河乘车涉焉，走后街至真武庙行幄观剧，派演《采桑》《泗洲城》《打城隍》三出，两女各助奖大茶四块，各乘车由旧路涉巨流进西门还公廨，时酉初矣。画堂行一本，即安吉庆、郝子英、陈秉忠记名马兵之堂谕也。饬庆守备松涛为小队亲兵队长等，成做号衣四十八件，粗洋布白边蓝心白月巴图鲁坎，依火器营式也，需用工料，由西辕、本辕草厂交价，台市小税内捐办，先交隆庆昌筹款估价，需用百馀金也。张纫工成做讫酱缎两截猞猁皮袄，照章奖茶。

初五日（8月30日）钟溥泉代觅协和公矾庖人以香油炸果百馀枚，颇有京味，奖其大茶二块而去，惜绝技不轻传人也。以油炸果八十枚分赠全守馀、普耀庭、钟溥泉、阿信屏，各廿枚，以剩油饬任福昌、马胡义学炸，而不仿佛也。午间内阁呈阅贡马清文折单二件、安折二分、封套三分，定于月之十三日拜发，先俾车藩署稿而去,车辕管大狱派赵明。理藩院呈报章盖洛堆等跟踪拿获形迹可疑三、札、图盟喇嘛二名,拐掳扣肯二口,俾交吉厦先行审讯。酉刻车藩将查南台,来辞行,晤于行幄,畅谈三盟盗贼情形许久而去。理藩院现画略节一件,即收到总署乌属西北八卡界图呈覆该衙门核办并札饬荣锡三等遵照。四部院各封呈明日应画稿件并递略节,当即逐件详阅讫。内阁一件,为八月分致祭关帝需用羊只咨报户部。户部一件,为本年夏季放过出差银两册送京部查核。兵部一件,为验讫札盟蕴札萨克旗下贸易归化商民张广等部票饬覆该盟长查照转饬。理藩院六件:一为库伦咨三盟刚公旗下相争布呢巴札尔等案札饬该盟长查照遵办;二为图盟误写堂衔札饬该副将军等查照转饬;三为本处照会驻库俄官公文一角咨行库伦转行查收;四为萨鹊桥、莽巡捕等往查金山饬传吉厦转饬预备,札饬三、札两盟转饬各卡官会同查验;五为札盟阿王旗下根敦与俄人争欧牲畜照会驻库俄官见覆饬覆转饬候办;六为三盟官等前往伊犁请新那噜班缠胡图克图胡毕勒罕、本处办给路票饬送该盟查收转饬遵行。

初六日(8月31日)卯正乘车出西门,走河滩涉大河进前街,至义盛德商家少坐,便道恒和义商家,购月白茧绸衣里、缎边、钮扣等零物,与张商顺德畅谈商贾情形许久而别。仍乘车出前街涉巨流,由旧路进西门还公廨,时辰正矣。监视张纫工裁剪酱色摹本袷袄,凑做皮棉套裤。派潘、马二巡捕送车藩查台启程。未刻堂齐,画行交稿十件,来文九件,堂行八本,拆来文一角。新派西辕、本辕满巡捕玉明、荣尚、恩广任差。四部院共用印壹百卅三颗。钟溥泉、普耀庭来谒,讨论蒙汉交涉债务三锦已认而去。连巡捕解饷回差来谒,面交白巡捕带来儿鹏听字第三号家信,敬悉家严康健,起居均好,话茶着棋,两孙坚壮,均纾下怀,并带来搭包绸料十四尺,灵应丸半料,鼻烟二两,水笔十四只,附接恩相国、乌大司马、嵩尚书、清吉甫、贵坞樵四前辈、崇受之、长远堂、恩露芝庶常通家信八封,外接雷巡捕托带宝相国佩蘅师收到前信回投,见师笔如见师面也。托可帅彼时尚未到京,雷巡捕回东口敬候。

初七日(9月1日)卯正二刻策骑出南门,走河滩涉河汊,冰凌见矣,行草滩寒气侵人,由大路及照山阴,河北岸少坐,乘车走滩石,便道天义德商家少坐,仍乘车走河滩过避风湾,进东门还公廨,时辰正矣。昨由家信附来二月十八日至六月十七日京报壹百十七本,敬谨捧阅温纶,如还乡梓也,并悉长石农通家已升学士,宝朗轩同年已升礼部侍郎,风竹冈同年已升内阁学士,桂五云同乡已开复原衔,赏头等侍卫矣。署理索果克卡伦侍卫金凤楼交卸来谒,晤谈边卡棘手情形而去。接奎笔政,保、图二巡捕等查讫西北八卡界牌禀帖一封,俄文一件,结记数纸,阅讫交去。适阅五月初九日宫门钞,知魁介臣兄已到京请安,蒙召对矣,即致字于庆锡田,俾其代达文晏轩、全守徐,饬知南台探询,以便介兄到境跪请圣安也。连巡捕东口带来四色笺纸十六张,鲜姜一盘,奶饼四匣,酱瓜一盘,赠两女也。

初八日(9月2日)辰初策骑出东门,走渠汊草滩及河,乘车涉焉,至后庙少坐,仍乘车由旧路进东门还公廨,时辰正矣。写复禄笔政清文信一封,附入乌伯恭信内待寄。写致荣锡三一信,交理藩院发去。阿信屏交来代写讫节信一包,随时封发。未后恒和义张商顺德来谒,讨论台市南堤工程,俾交普耀庭督率厅官等经理一切,工银料价则由各商家自行筹款而去。耀庭来谒,讨论戍守官兵到营奏底文底而去。金凤楼遣赠科城王瓜、扁豆、西葫芦、洋糖一包,洋胰子二匣,资力一茶而去。四部院各封呈明日应画稿件并递略节,当即逐件详阅讫。内阁一件,为伊犁折差委员陈福等呈请自雇脚驮回程咨行伊犁查办咨覆察哈尔查照。

户部二件,为派员前往古城采买口粮咨行科城、古城、新疆抚院
查照转饬;又为采买米面檄饬各官兵一体遵照,札饬吉厦转饬遵
行。兵部一件,为科城祥章京凌吐尔扈特致祭,蒙古处图记笔帖
式全安署理,转咨吏兵部理藩院查照。理藩院二件,为三盟逃犯
二次限内未获,例展三限九个月,赶紧查拿,饬覆转饬遵行;又为
唐努总管呈报本乌梁海喇嘛绰尔吉沙拉布设召念经,饬覆转饬
遵行。

　　初九日(9月3日)太宗文皇帝忌辰。卯正策骑出西门,走
河滩及河,乘车涉焉,穿后街涉西渠,至德茂园少坐,观农人割刈
大麦,颇有腹地风味,仍乘车走河滩,进前街至义盛德,便道恒和
义,偕刘、张二商履勘台市河堤而别,仍乘车涉河,由旧路进西门
还公廨,时辰正二刻矣。未刻堂齐,画行交稿六件,来文四件,堂
行五本,拆来文三角,三部院共用印七十三颗。接徐昆兄、魏午
兄、长笠农、德敬斋贺午贺秋信版四封,知昆兄六月廿七日得一
子,汤协臣军门抵坤,即交卸起程。兵部呈阅奖给六品功牌文底
而去。定静庵将回营借带营兵何通点去。检点郝子英代写讫七
月分记事卅七扣,封而待寄。写致阿树兄贺秋信三片,封而
待寄。

　　初十日(9月4日)卯正策骑出东门,走河滩河渠及北河,乘
车涉焉,至后庙少坐,仍乘车由旧路进东门还公廨,时辰初二刻
矣。午后监视郝子英钤印节信图章。写魏午兄信内附片。瑞岚
秀、普耀〔庭〕来谒,讨论台市河堤工程而去。

　　十一日(9月5日)太祖高皇帝忌辰。卯正二刻策骑走河滩
河汊及河,乘车涉焉,进前街至义盛德商家少坐,购蘑菇壹百六
十斤,仍车由旧路进西门还公廨,时辰初三刻矣。写致古城魁同
乡节信、德峻峰节信各二片,新疆抚院巡政信一片,并注魏午兄
各节信上附赠蘑菇斤数,魏四十斤,袁廿斤,恩廿斤,巡政十斤,

峻峰十斤,古城德廿斤,魁四十斤。冯巡捕亨镒、张巡捕玉秀往
新疆采买米面叩辞,当将沙振庭、阿树兄、魏午兄、袁陶泉、恩佩
言、巡政友、德峻峰、德敬斋、魁同乡寿贺节信九封暨购定蘑菇均
面〔交〕该二弁,谆嘱小心谨慎奉差而去。奎笔政德、保巡捕瑞、
图巡捕伽本等回差来谒,详询沙宾岭八牌博情形甚悉,俄人建盖
坚固房屋,吉丽昆等不日勘毕回乌,荣锡三等将拟履勘北边界
限,金云唐努乌梁海山清水秀,沃野千里,山阳甚暖,大有南方风
味,所以俄人屡有侵占之事,盖房盘踞不迁,良有以也云云而去。
庆锡田赠红白月饼二套,苹果七十枚,资力一茶而去。

　　十二日(9月6日)写节信内包浮签,定静村、长鹤汀、溥菊
如、柏介甫、双都护、崇建师、徐昆兄、沙西屏、长少白、奎瀚泉、乌
绍云、张朗兄、孙少襄、陈六舟、高搏九、景介臣、吉荣弟十七信,
内附片折来文一角。接荣锡三等禀帖一封,知丁超、冯亨铨、张
喜三人初二日抵悉毕尔胡都尔噶,是日即拔队北行,遵谕履勘北
边界限,而探雪马峻元等尚未回毕也。接南台禀报,魁帮办不日
到乌,当派瑞苌臣安台而去。督饬郝子英粘封节信。保、图二巡
捕各赠猞猁狲皮二张,以皮工萧兰魁仍在西辕应差,暂在本辕作
活,武进财拨入小队操演,何喜待诏本辕。接王枫兄、定静村、张
幼樵前辈贺秋信三封,知可帅到任约在明春,当写复幼樵一信,
附入吉荣弟信内浼寄。文晏轩、德健斋各赠两女苹果数十枚,月
饼数斤,资力二茶而去。内阁呈阅明已拜发请颁报匣①、续调驼
只折片二件,封套一分,其贡马清折、安折、封套曾于初五日偕车
藩恭阅过,当画奏稿三件,行稿一件,堂行三本,该衙门现用印十
三颗,内阁、理藩院现画略节二件,即适署之行奏稿也。四部院
各封呈明日应画稿件并递略节,当即逐件详阅讫。内阁一件,为

①　参见本书附录二091《奏请饬颁报匣事》。

本年七月分接递过报匣夹板数目日时册咨兵部查核。户部二件,为放给秋季致祭关帝需用香烛银两册送京部查核;又为连巡捕等领到直隶经费五千两咨行科城查照派员提领。兵部二件,为恩营总等到乌日期咨覆绥帅查照;又索果克官雅斋、金凤楼接交卡务咨行京部侍卫处查照。理藩院三件,一为例查西北八卡俄结咨呈总署;二为三盟逃犯托克托和初限查拿咨报京院;三为斥驳钜辅旗下章缠札饬吉厦,仍由本旗拟定呈送补放。

十三日(9月7日)巳初诣万寿宫,拜发昨阅折件如仪。内阁堂齐,画行交稿八件,来文三件,堂行六本而还。拆来文五角。四部院共用印壹百五十颗。发各路贺节马封七十角,计信九十封。隆庆昌代做节礼饽饽成,遣赠车藩十斤,老米廿斤,其喇嘛弟五斤,庆锡田、全守馀、瑞岚秀、普耀庭、荣锡三世兄、钟溥泉、庆松涛、文晏轩各五斤,恩綧庭五斤,合寿岩、金凤楼、托雪亭、德健斋、瑞茞臣、阿信屏、存子元、奎文斋、萨鹊〔桥〕、定静庵、合锡〔三〕各四斤,恒和义六斤,托赠当幅一张,义盛德六斤,以献微(臣)〔忱〕。西辕、本辕巡捕郑万库、李镕、乐善、王英交来台市小税盈馀卅金,其西辕廿金交庆守备为小队亲兵成做号衣,本辕十金交隆庆昌补偿价累。普耀庭、钟溥泉来谒,讨论蒙汉债务而去。恒和义、台市官厅、吉丽昆、荣锡三、恩綧庭各赠月饼二套,西瓜、哈密瓜一二枚,苹果数十枚,各资力一茶而去。普耀庭、瑞岚秀各赠月饼二套,西瓜、哈密瓜二枚,猪肉一二块,资力三茶而去。阿信屏赠苹果数十枚,资力半茶而去。以友赠月饼转奖蒙古笔齐业齐、王巡捕弼、杨万金、章盖忠堆各壹套,王德鸿、萧兰魁、武秉钺、郝崇、贾常金、萧万堂、杨级、李彦魁、刘玘、张吉升、徐明、何兆明、李成林、梁生魁各半套,又以友赠西瓜、哈密瓜转奖宋殿元四枚,苹果廿枚,费巡捕永昌瓜四枚,张巡捕德二枚,以示同甘。

十四日(9月8日)卯正二刻策骑出西门,走河滩河汉及河,乘车涉焉，沿河堤观疏流，进恒和义后门，柜房少坐，乘车出前街，涉巨流，由旧路进西门还公廨，时辰正二刻矣。以友赠瓜分奖保、图、恒、连四巡捕各二枚，奖李锦荣、刘福、巩庆有、李全孝、何喜、夏福杨月饼各半套。义盛德赠月饼四套，西瓜二枚，苹果数十枚，资力一茶而去。接唐努鄂总管哈哒一块，蒙文信一封，当俾理藩院代写回函。以托子明、永峻斋、景介臣、赓怡斋、博晓山、王枫兄、吉荣弟、桂芝延节信复函、马封六角暨赠芝延月饼一匣，均遣交定静庵回京便寄也。

十五日（9月9日）卯正二刻策骑诣菩萨庙、关帝庙，拈香而还。普耀庭昨交来代写讫复唐努鄂总管蒙文信一封，钤章，附哈哒一方交去。写谕儿鹏帖四十行，钉封信字第八号报并上月记事①、批回儿信合封，面交费巡捕转浼定静庵寄京。接瑞荛臣来禀，言魁介臣明已到乌，当写迓信一封，派图、曹二巡捕率李澍、宋殿元驰往南头台相迎。冯亨铨、马峻元由唐努来谒，带呈荣锡三、吉丽昆等禀帖二封，言唐努后山落雪，不克履勘北边界限，俄人盖房三事履勘明确，当派刘清廉持禀飞奔南台呈明车藩裁夺，以便札调荣锡三等先行回乌。普耀庭来谒，讨论锡三、丽昆来禀，俾其先办札文饬其取具俄人结据，以凭覆奏，并覆总署而去。派存子元为魁介臣安西台。四部院各封呈明日应画稿件并递略节，当即逐件详阅讫。内阁二件，为具奏请颁报匣折稿呈行政府兵部查备直督、察哈尔都统转饬，暨札赛站司员、南台台吉一体遵照；又为字识乔照祥贡皮差便采买纸笔咨行察哈尔都统查照。户部一件，为科城采买农具用过价银册转户工部查核。兵部二件，为德健斋引见清册咨行部、科、京旗、绥帅查照；又为发给庆锡田等路票檄行张、赛转道遵照。理藩院二件，为调驼片稿咨行

────────────

①　此处天头有眉批："信字八号。"

户部、京院札饬两掣生厂吉厦遵行；又为锡瑹臣缴还例马咨覆厢白满都统查照。戌正图巡捕等由南台驰回，言魁介臣已抵头台，明巳抵乌而去。少焉内子祭月拈香。

十六日（9月10日）卯初乘征车出南门，走河滩涉南河陟南岸，行幄少坐，辰初魁介臣策骑而来，麟道傍跪请皇太后、皇上圣安，行幄少坐，畅谈京乡一切情形，仍乘征车由旧路进南门还公廨，时巳初矣。介臣兄来拜，晤谈许久，便饭小酌而去。未刻堂齐，画行稿七件，来文七件，堂行四本。拆来文四角。四部院共用印壹百廿三颗。接沙振庭贺节信一封。钟溥泉、普耀庭来谒，讨论总署旧文拟札荣锡三等遵办而去。少焉策骑出西门，走河滩河汊及河，乘车涉焉，进前街至介臣公馆回拜，晤谈许久而别，策骑河堤观工，乘车涉河，仍策骑由旧路进西门还公廨，时未正矣。以隆庆昌饽饽四匣遣钱魁介臣，乃介臣遣赠金腿二条，石耳二匣，蜂蜜一瓶，京点一匣，璧回东参壹对，京靴壹双，资力二茶而去。图巡捕代购小海骝一匹，性尚驯良。荣锡三遣赠黑花马一匹，毛片颇佳，惜太驽笨。接文润斋《乌梁海记略》一本，颇为详晰，惜少润色，俟誊清代质名流可耳。

十七日（9月11日）卯初策骑出西门，走河滩渠汊及河，乘车涉焉，穿后街至西渠，行幄坐待许久，与魁介臣畅谈离怀，茶饯而别，策骑穿台市兴隆街，便道义盛德商家少坐，购银鬃浅红马一匹，达罕步，乘车出前街，涉巨流，策骑由旧路进西门还公廨，时辰初二刻矣。派保、马二巡捕送魁介臣于西头台，未正而还。监视皮工等凑做黄狐皮马套。饬图巡捕觅工代纳拆改青缎暖靴。理藩院呈阅札文汉底，改易数字交去。

十八日（9月12日）定静庵来辞行，晤谈许久，俾其代叩家严而去，旋以隆庆昌饽饽二匣钱之。接全守馀禀帖一封，知其跟随车藩查台，十四日抵哈拉呢敦，次日启程回驰矣。画理藩院现画札稿一件,用印十六颗。略节一件,即札饬荣锡三等会办中俄交涉三事也。钟溥泉来谒,讨论总署俄股总办而去。普耀庭来谒,讨论向由察哈尔军台驿递京报旧章而去。三部院各封呈明日应画稿件并递略节,当即逐件详阅讫。户部二件,为杨喜差便采买纸笔咨行察哈尔都统查照;又为科城本年春夏二季囚粮册转京部查核。兵部二件,为科城拔补马兵孙长贵等转咨京部、直督查照转饬;又为科城拔补马兵朱元等转咨京部、晋抚查照转饬。理藩院一件,为贾联升差便采买纸笔咨行察哈尔都统查照。恩巡捕广由津吉里克台驰回来谒,言吉丽昆等明日即可回乌而去。

十九日(9月13日)薄云细雪。辰初策骑出南门,走河滩涉河汊,趋大路走草滩及照山阴北河岸,席地少坐,雪疾,乘车由旧路进南门还公廨,时已初矣。未刻堂齐,画行稿五件,来文七件,堂行七本。拆来文五角。四部院共用印二百壹十颗。接吉荣弟贺秋信一封。吉丽昆、合锡三、玉巡捕珍魁、谷增等回差先后来谒,晤谈履勘俄人在乌梁海地方挖金、开地、盖房三事颇为详细,并记有俄人姓名及奉委官衔,面呈而去。申正大雪飘飘。镫下普耀庭率南台驰回刘清廉来谒,持有车藩谕理藩院一帖,语多模棱,迹近左右,俾耀庭办札而去。

廿日(9月14日)卯正策骑出西门走河滩,雪后泥泞,行大不易,走渠汊及河,乘车涉焉,进前街至义盛德、恒和义,先后各少坐,偕刘、张二商同看堤工,仍乘车涉河,由旧路进西门还公廨,时辰正矣。午后恭阅廿二日巳时拜发恭祝皇太后万寿贺折一分,安折二分,封套三分,信屏等请去。普耀庭、钟溥泉来谒,讨论蒙汉交涉案件,三盟喇嘛三锦所欠大新德商债九百馀金数年之久,即以一本一利,分六年归清。每年由乌城通事家取银三百两。

廿一日(9月15日)辰正二刻策骑出东门,至教场阅看绿营枪箭刀矛操演,记双圈者二名,记单圈者十二名,均以应补缺出酌量拔补,应出差使(仅)〔尽〕先差派而还,时巳正矣。午正策骑出西门,走河滩河汊及河,乘车涉焉,沿河堤观工许久,便道恒和义商家少坐,仍乘车出前街涉河,由旧路进西门还公廨,时未初三刻。内阁呈阅贺折年月日期,当画奏稿一件,行稿二件,现用印十五颗。申酉之间玉巡捕连魁、丁超、荣锡三、图怡堂等后先由乌梁海回差来谒,晤谈勘界棘手情形许久而去。镫下添改吉丽昆等详勘界址文底,俾图巡捕誊写初稿,并将马绘库伦旧图交合寿岩代注雍正中旧约而去。

廿二日(9月16日)续添丽昆等勘界文底,仍俾图巡捕续录讫交合寿岩誊真而去。巳初谒万寿宫,拜发十月分恭祝皇太后万寿贺折。内阁少坐而还。文润斋等由乌梁海回差来谒,晤谈边界情形而去。草创上总署信底,俾图巡捕代录初稿。四部院各封呈明日应画稿件并递略节,当即逐件详阅讫。内阁一件,为本年七月分科城拜发过报匣日时册送兵部查照。户部一件,为呈进贡皮木箱、包袱、银两册送户工部查核。兵部四件,一为戴刘升顺差采买纸笔咨行察哈尔都统查照转饬;二为郭自禄请领坐饷橛行大同镇查照转饬;三为张仲魁请领坐饷橛行大同镇查照转饬;四为庆锡田进送贡皮由部换给火牌,咨行京部、察哈尔都统查照。理藩院二件,为唐努乌梁海进纳贡皮清单咨呈政府查办;又为三盟盗马逃犯锦丕勒未获初限三个月转饬查拿咨报京院。监视王、萧皮工等凑做黄狐皮马套。

廿三日(9月17日)世宗宪皇帝忌辰。辰初二刻策骑出东门,走河滩渠汊及河,乘车涉焉,秋风飒飒,寒气侵人,至后庙禅室少坐,仍乘车由旧路进东门还公廨,时辰正三刻矣。钟溥泉、普耀庭来谒,讨论三盟窃盗人犯而去。未刻堂齐,画呈行交稿七件,来文五件,堂行五本。拆来文二角。三部院共用印九十三颗。以大甲羊二只遣赠图怡堂及蒙古章京等,以尽地主之谊。

镫下钉封公函,内清字安帖一扣,图录官信七十行,合录委员查勘界址清单九十七行,草录清文俄咨三件,照绘库伦北边总图一幅,装入赍呈总署封套,加封待寄。

廿四日(9月18日)辰初策骑出南门,走河滩河汊,趋大路及照山阴北河岸少坐,乘车由旧路进南门还公廨,时辰正二刻矣。写谕儿鹏帖廿行,钉封作附信字第八号家报①,外锡壶壹匣,计大小三个,小盘二个。写复东口大新德一信,暨昨夕钉封公函图张均面交皮差巡捕费永昌,俾其代寄,谆嘱小心谨慎奉差而去。昨夕厨房左柁后插进烟燻年久脱折,经众郭什哈等架木暂支,今监视巩木工另支柁,下加竖数木为小隔断,庶保无虞,然赖神灵默佑,昨经马胡义看见,始集众力而支,不然又不堪设想耳。皮差费巡捕、马希林、袁侯辅、乔瑞、薛振贵、萧万堂等辞行,谆嘱沿途小心护送而去。晚间闲步隆庆昌,少坐而还。

廿五日(9月19日)辰初策骑出西门,走河滩河汊及河,乘车涉焉,踏河堤观工,席地少坐,仍乘车涉河,由旧路进西门还公廨,时辰正矣。监工如昨。午后荣锡三、普耀庭来谒,拆乌梁海来文二角,一咨送旧俄文三件,一系鄂总管捐备明年马匹、乌拉、羊只,当将昨上总署信稿单稿交其饬钞存案,办稿奏咨,谆谆切谈而去。鄂总管递哈哒一块,晤其来人,回哈哒一方而去。三部院各封呈明日应画稿件并递略节,当即逐件详阅讫。内阁无事。户部一件,为盛装进贡果丹木匣、银两册送户工部查核。兵部二件,为三盟贸易商民米天珍赴乌验票并未起行饬赴转饬;又为验讫商民张秉礼等部票饬覆札盟查照转饬。理藩院二件,为补放察克达兵吉尔噶拉饬覆吉厦转饬遵行;又为札盟阿王等旗派赴驻管乌梁海达噜噶请发照票,檄饬哈齐克察罕布噽卡伦并乌梁

---

① 此处天头有眉批:"附信字八。"

海总管查照。内阁来回，车藩今夕驻南头台，明巳入城。

廿六日（9月20日）辰初策骑出东门，走河滩河汉草滩，过乐善桥，至后庙少坐，仍策骑过桥，乘车由旧路进东门还公廨，时辰正矣。派赵巡捕铨科城领粮。未刻堂齐，画行交稿五件，来文六件，堂行四本。拆来文六角。四部院共用印八十一颗。笔政粮差派崇肇去。派巡捕恒裕、杨祥往南台接车藩。未初二刻车藩由南台回乌来谒，晤谈而去。酉刻普耀庭来谒，讨论蒙汉交涉大新德案件，天义德不允存放而去，奸商把持居奇，可恶哉。

廿七日（9月21日）卯正以少牢恭祀先师孔夫子于参谋赞画堂。普耀庭、阿信屏、合寿岩三通家先后来行礼，领食祭馀，并以克食馔两辕陪祀满巡捕、郭什哈等，回忆数年前在舍下西厅祀先师，祖孙父子先领克食，暨请数十通家共食祭馀，不免又生乡情，思亲念子及孙，即上年故果兄老夫妻率其世兄仲諴来食，并约莽公等东圃较射，亦另有一番热闹，今则凄凉多矣，悲夫。未初策骑出东门，走河滩陟东冈，沿山坡至车藩署回拜，晤谈而别，乘车由旧路进东门还公廨，时未正二刻矣。兵部请以新派满巡捕玉明、荣尚、恩广例充骁骑校，准其先换顶戴而去。接阿树兄本月初九日来信一封，知其屯务与上年收成相伯仲也。酉初普耀庭由车辕来谒，讨论日来公事各案，均经允行而去。

廿八日（9月22日）辰初策骑出西门，走河滩河汊及河，乘车涉焉，至河堤观工，便道恒和义商家少坐，购零星绸布钮扣，仍乘车涉河，由旧路进西门还公廨，时辰正矣。监视梁画工等糊裱赞画堂等屋窗户。午刻拆来文十角，内俄文一件，即固什迈勒赔羊价也。旋诣万寿宫，跪迎上月廿四日拜发折件：例点孳生马群，奉朱批"知道了"①；车藩请缓年班，奉朱批"另有旨"，钦此。

---

① 参见本书附录二 090《奏为查点乌里雅苏台马厂孳生马群数目事》。

钦遵。内阁少坐而还。车藩奉到廷寄，仍如前年之"勿庸前来，下届再行请旨"等因，钦此。乃车藩又称疾未到，真令人不测也。接托子明、永峻斋、溥菊如、德寿峰、安少农、明朗川贺节信六封。普耀庭、文润斋来谒，讨论西口差使而去。车藩遣赠月饼、西瓜、哈密瓜、苹果数事，奖来人活计一件，大茶二块而去。三部院各封呈明日应画稿件并递略节，当即逐件详阅讫。户部一件，为崇笔政肇等领运科粮咨行该大臣查照转饬。兵部三件，一为庆锡田等顺差采买纸笔咨行京部、察哈尔都统查照；二为验讫归化商民段有仁等部票；三为验讫归化商民张秉仁等部票各饬覆札盟查照转饬。理藩院三件，一为冬季吉厦札饬札盟副将军遵照并饬覆吉厦图公；二为札饬西两盟迅传本年冬季应班笔齐业齐前来接办；三为荣锡三等往查北边阻雪，明年春间再行查办，咨行库伦大臣停止应备台站，并札饬吉厦及北九台津卡侍卫、两乌梁海总管一体查办。

廿九日（9月23日）秋分。辰初策骑出东门，走河滩渠汊，晨风飒飒，寒气侵人，蹀乐善桥，至后庙少坐，仍过桥乘车，由旧路进东门还公廨，时辰正矣。写复明朗川、德寿峰二信，午间用明转道马封发去。监视马绘工等糊裱待时堂等屋窗户。未刻堂齐，画行交稿七件，来文九件，堂行三本。拆来文三角。户部理藩院共用印壹百零六颗。图怡堂、王商锡藩各来辞行，各以隆庆昌饽饽二匣饯之。接恩佩言、穆清舫同年、尚瑞庵、甘裕庭、丁瀛舫、焦凯泉贺秋信版六封。派文润斋率陈仲元西口催饷。

卅日（9月24日）辰初策骑出南门，走河滩河汊，朝寒侵体如冬，趋大路东南行，及照山阴河北岸，席地少坐，乘车由旧路进南门还公廨，时辰正二刻矣。监视梁画工等裱褙赞画中堂顶隔。

记事十五年九月分①

九月初一日（9月25日）辰初乘车出东门，走河滩河汊涉河，至后庙拈香，禅室少坐，乘车由旧路进东门还公廨，时辰正矣。辰正二刻乘车出东门，至教场看绿营操演，玉连魁、田有保各中箭五枝，均以应出差使先派，梁富、荣万金各中枪三粒，均以应补缺出拔补，其馀中枪三粒及刀枪技艺记圈者仍前鼓励而还，时巳正矣。监视萧皮工等凑做全狐皮半袖。合寿岩来谒，讨论图车三三盟汇报上年桂芝延查台案件而去。

初二日（9月26日）辰初策骑出西门，走河滩河汊，及河，乘车涉焉，至河堤观工，便道义盛德、恒和义两商家各少坐，仍乘车出前街，由旧路进西门还公廨，时辰正矣。本月管大狱巡捕西辕派玉连魁，本辕派王英。预派冬季管台市巡捕西辕杨祥、萧涌，本辕王弼、恒裕。预派元旦贺折，西辕玉连魁。午后义盛刘商、恒和张商同来辞行，同晤谈而去，旋以隆庆昌饽饽四匣分钱各二匣，又以魁赠石耳二匣、杏荇、干葡萄二匣遣钱庆锡田。四部院各封呈明日应画稿件并递略节，当即逐件详阅讫：内阁一件，为本年八月分接到火票数目咨送兵部查销。户部一件，为文润斋等西口催饷、咨行绥远将军查照。兵部二件，为绿营六品功牌咨行京部、直督、晋抚查照转饬；又为施恩椊截留坐饷、檄行宣化镇查照转饬。理藩院五件，一为例查孳生马群恭奉朱批，咨行兵部、京院、车藩钦遵查照；二为车藩奉旨缓赴年班朱批，咨行京

---

① 此为中国科学院图书馆所藏第九册日记封面所题。正文首页钤"中国科学院图书馆藏"朱文、"东方文化事业总委员会所藏图书印"朱文印。

院、兵部钦遵查照，并饬图盟及吉厦转饬钦遵，此稿车藩单衔，阅而不署；三为科城牲畜数目册转户部；四为图盟漏当卡差兵三名，札饬该盟副将军查明呈覆，并饬覆津卡；五为图盟密公旗下禁犯索诺木车林，札饬吉厦查照文内事理遵办。钟溥泉、荣锡三、普耀庭来谒，讨论驻库俄官来文，车藩俾饬该盟声覆再呈总署而去。日来九秋初寒，风劲气冷，兼之中俄交涉车藩仍事阻挠，因循司事，依违取容，以致五衷不豫，胸嗝气逆不舒，将有疾焉，晚服灵应丸三粒。

初三日（9 月 27 日）检点郝子英代写讫上月分记事卅九扣，封而待寄。未刻堂齐，画行交稿八件，来文廿六件，堂行七本，拆来文一角，四部院共用印七十九颗。图巡捕、锡笔政代钞讫文润斋《乌梁海纪略》二分。监视王、萧三皮工凑做乳熊皮鞍座，土豹皮暖鞊。镫下写上庆邸公信廿行，写致张幼樵前辈信一片，吉荣弟信一片。

初四日（9 月 28 日）辰初策骑出东门走河滩渠汊，趋东路踱乐善桥，至后庙少坐，过桥乘车由旧路进东门还公廨，时辰正矣。钉封上庆邸公信，内附《乌梁海纪略》，钉封致幼樵前辈信，内附《乌梁海纪略》，套封吉荣弟一信及昨钉上月分记事。午初庆锡田来辞行，晤谈乡情，当将公信、友信、记事三封均面交其因差代致而去。监视皮工等缝做暖鞊如昨。车辕派恩庆充满巡捕。

初五日（9 月 29 日）辰初二刻策骑出西门，走河滩汊河及河，乘车涉焉，沿堤观工，便道义盛德少坐，仍乘车出前街涉河，由旧路进南门还公廨，时辰正二刻矣。王皮工等凑做讫豹皮鞊，交王纫工做里，郝皮匠镶边。午间初稿拟驳光绪七年《中俄改订条约》卡伦单内十三恰克图以下，俄人捏称十四博齐斯基、十五热勒都林斯基、十六哈拉采斯基、十七哈木聂斯基、十八克留车甫斯基、十九欢金斯基、二十额庚斯基七卡名，暨廿一、廿二、廿三有数,不便捏称三卡名,附片底,交理藩院俾车藩酌夺。四部院各封呈明日应画稿件并递略节,当即逐件详阁讫:内阁一件,为本年八月分接递过报匣日时册送兵部查核。户部一件,为科属署玛卡侍卫多斯欢找领银粮转报京部查核。兵部一件,为科城祥章京凌祭差旋回,接办图记,转报吏、兵部,理藩院查照。理藩院四件,一为唐努鄂总管捐备明年骑马羊只饬覆查照;二为唐努乌梁海呈报嗣后查边乌拉,请由东乌梁海一体应付,札饬克总管查办呈覆;三为收到库伦咨来俄文一角咨覆该大臣查照;四为台市俄商毕万三盟达公等旗贸易被窃,札饬该盟取供呈覆。

初六日(9月30日)辰正二刻乘车出东门,至教场看视新到满营官兵十五员名及汉营巡捕、郭什哈等步射刀矛技艺,乃阴云四合,雨雪霏霏。满营步射可观,而中箭五枝者贵兴一名,中四枝者六名,中三枝者四名,中二枝者三名;汉营王弼、徐明各中箭五枝,曹旺、李锦荣、杨万金、郝子英、贾常金、马胡义各中箭三枝,及中箭二枝额尔德蒙额,均有薄奖而还,时已正矣,共费斜文布九件,隆庆昌饽饽十二斤。未刻堂齐,画行交稿八件,来文三件,堂行四本,拆来文一角。理藩院现画略节一件,为俄商库什玛勒赔牛羊等价、札饬札盟迅速转饬查办呈覆。四部院章京等请保留托雪亭而去。三部院共用印壹百卅一颗。接周渭臣、图守文、刘文川、伯嫂福晋、沙西屏、黑通事等、旧属张昔义、李灏、李澜、周葆臣同年、额霭堂、松峻峰贺秋信版九封,知故明镜兄祠匾已经西屏饬饰妥,于本年七月廿八日悬挂矣。申霁,以小队梁富、阎吉泰兼充西辕郭什哈,王凌、马珍兼充本辕郭什哈。

初七日(10月1日)辰初二刻策骑走河滩,河汉冰凌,及河,乘车涉焉,沿堤观工,踏土坝阅旧基,便道义盛德商家少坐,仍乘车出前街涉河,由旧路进西门还公廨,时已初矣。监视安皮工等铲刮猞猁狲皮,备做大袄度冬。接三盟特王弟哈哒一块,清文信一封,言钜辅旗下台吉多尔济固图布已经擒获,并有历年案据公文,当即致字于普耀庭,俾其照例严讯收禁。合寿岩来谒,讨论翻讫麟上总署公信,改易数处,俾请车藩阅看而去。

初八日(10月2日)辰初二刻策骑出东门,走河滩渠,微冰,踱乐善桥,至后庙少坐,过桥乘车,由旧路进东门还公廨,时辰正二刻矣。监工如昨。午间草创派员履勘界址缮单呈览奏底,阻雪难勘北边片底,遣交普耀庭翻清,俾呈车藩裁酌。荣锡三、普耀庭来谒,讨论适交折底单底片底,暨札绥来令赔缴驼只札文底而去。镫下车辕玉巡捕来谒,言西辕草厂有扣留花硕洛图台驼只之事,车藩饬传管理草厂巡捕范元及察克达兵丁,及将范元并许铁匠、察克达兵等交吉厦讯办,乃范元等不候讯办而去,实殊目无法纪,任意妄为,当交理藩院严行传讯而去;然此事已经月馀,车藩并未言及一字,乃西辕范元等不服饬谕之后始令其巡捕来告,以前擅作威福之形亦可概见,此所谓和衷共济也,悲夫。三部院各封呈明日应画稿件并递略节,当即逐件详阅讫:户部一件,为科属原任和侍卫并无多找银粮转报京部查核。兵部七件,一为历进果丹二匣咨呈政府查收转进;二为魁介臣回任,部发照验行文查照,咨行该大臣查照;三为故果兄奉免银马恭录朱批,咨行嫩江军帅查照;四为三盟巴札萨克旗下贸易归化商民尚未验票,饬覆查照转饬;五为札盟呢公旗下归化商民樊通、朱经验票,饬覆查照转饬;六为三盟巴札萨克旗下贸易归化商民王长荣等尚未验票,饬覆查照转饬;七为札盟车札萨克旗下贸易归〔化〕商民等饬令赴乌验票,饬覆查照转饬。理藩院二件,为充补绰豁尔台兵达瓦,饬覆转饬遵行;又为收到三盟端贝勒旗下承缉不力达噜噶罚九银两,饬覆转饬查照。谕派巡捕杨祥、兵目谷曾明日驰赴军署草厂查询事件。

重阳日(10月3日)辰初二刻策骑出南门走河滩,至照山阴河北岸少坐而还,时巳初矣。午间阴云四合,雨雪霏霏。全守馀来谒,讨论请颁御笔押封片稿而去。未刻堂齐,画呈行交稿十一件,堂行五本,内谕帖一本,即交审扣留驼只之案也。拆来文一角,四部院共用印六十九颗。理藩院现画略节一件,为札饬绥来县赔缴前被窃驼二只、并饬冯亨镒等遵行。拟于明日寅刻乘架杆车往西辕草厂查办扣留驼只案件,俾内阁代传马匹乌拉。罕星岩由该旗来乌省亲来谒,晤谈而去。合寿岩来谒,讨论派员履勘界址折片底,增删数字而去。接札萨〔克〕图罕遣递哈哒二块,奶食二匣,蒙文信壹封。监视御夫等更换架杆车轴,收拾千斤皮条。秋雪飘飘,半日未霁,约足三寸有馀,未卜明日能往军署草厂与否也。

　　初十日(10月4日)雪霁。卯正乘征车出南门,走河滩涉河穿后后街,踏雪西行,涉河汉走草滩行乱石逾小梁,涉那林支流,过西昭驰康庄逾大梁,巳初至阿勒泰台茶尖。行沙路,下河滩走乱石,南望本辕草厂,草木畅茂,西望东辕草厂,细草无涯。驰大路走沙滩,午初二刻至博尔扈台茶尖,食馒首三枚。走沙路下河滩,涉河走草滩,丛莽难行,未初一刻至西辕草厂,踏看草垛及南山,北河沃野数百里,可屯可牧。以兵目谷曾作为额外巡捕留驻西辕草厂,经理刍务。策骑由旧路十馀里及河,仍乘征车涉焉,回至二台,时未初三刻。换马疾驰,宿雪皆融,黄草离离,深秋风景,申正回至头台。申正一刻赵巡捕亮送别,换马疾驰,石多路滑,及还公廨,时戌初二刻矣,奖往返架杆乌拉等大茶廿六块,执镫笼接至后街西渠卒大茶各半块,随行巡〔捕〕、郭什哈等往返星飞四百馀里,除另筹奖励外,先奖便饭而去。

　　十一日(10月5日)辰正三刻乘车出东门,至教场看操而还,其中枪三粒暨技艺娴熟者照章存奖。监视王、萧皮工等凑做猞猁狲歁马褂、猞猁狲脊皮袄。理藩院交来代写讫复札盟多罕蒙文信一封,回哈哒一方,奖来人大茶一块而去。全守馀来谒,讨论暂留托雪亭标呈奏底而去。理藩院呈开递解新疆缠头文底,改易数字交去,旋画行稿一件,现用印十四颗,该院略节一件,即适署之行稿也。兵部呈画堂谕一本,即昨派谷曾驻管军署草厂之札也。合寿岩来谒,讨论翻清履勘界限折底片底清文,改易数处而去。

十二日(10月6日)辰正策骑出西门,走河滩河汊及河,乘车涉焉,沿河堤观工,策骑至恒和义,购零星缎布,便道义盛德少坐,乘车出前街,涉河由旧路进西门还公廨,时巳初矣。未刻星岩罕福晋及其妹来谒,行初见礼,面递哈哒、坐褥靠背一分,活计一分;递内子哈哒、酱缎衣料一匹;两女哈哒、洋绉衣料各一件。当面回哈哒如数,赠其貂皮一张、红缎衣料一匹、活计一分、荷包一对;赠其妹貂皮一张,食点心畅谈而去。内子遣赠其妹挂镜一个、红绢一方、洋花一匣、洋糖二匣。吉丽昆来谒,讨论常年报销而去。普耀庭来谒,讨论三盟解到要犯多尔济固图布,俾回车藩,先行解职寄禁,一面具奏严讯。三部院各封呈明日应画稿件并递略节,当即逐件详阅讫:户部一件,为多扣科城减平银两前已咨行晋抚补解,咨覆该大臣查照。兵部四件,一为、二为、四为札盟那公旗下贸易归化商民毛合权等、车札萨克旗下贸易归化商民李秀魁等、阿公旗下贸易归化商民贾安等原领部票,饬令赴乌呈验,均各饬覆该盟长查照转饬;三为张家口商民马福喜等请领部票前往三、札两盟贸易二件,札饬该两盟查照转饬。理藩院三件,一为三盟盗马案连人证除行该处质讯,札饬该盟遵办呈覆;二为札盟差派台吉密都布前往科城接管官牧牲畜,咨行该大臣查照;三为唐努总管呈报迈达尔总管等佐领下牲处移往章盖苏伦游牧内度冬,饬覆遵行并饬津卡侍卫。

十三日(10月7日)吉丽昆来谒,面呈援案回绥当差堂呈,标日而去。当拟补缺堂谕，翻清，遣呈车藩酌夺，旋准附函，惟普章京为理藩院有用之人云云，即于堂谕上添"普祥与荣昌同办一事"数字，交内阁先行立案办稿。未刻堂齐，画行交稿八件，来文三件，堂行四本，拆来文三角，四部院共用印七十五颗。监视缝皮如昨。全守馀来谒，力辞户部承办之差。吉丽昆来谢准其回绥。钟溥泉、荣锡三、普耀庭来谒，讨论履勘折片底稿同去。

十四日（10月8日）午正内子乘车出东门，走河滩陟东冈过小炮台，沿山坡至车辕，看星岩之母老福晋，回拜星岩之妻小福晋及其妹大格格，穹庐少坐，畅谈而别，仍乘车由旧路进东门还公廨，时未初二刻矣。星岩之母赠内子哈哒一块、蓝江绸一匹，其妹赠内子哈哒一块、红哈喇一丈。少焉星岩来看，晤谈许久，赠其鼻烟一瓶而去。全守馀来谒，讨论补缺章程，俾开全单公点而去。钟溥泉、荣锡三、普耀庭来谒，讨论三盟要犯及扣驼勒茶案件而去。镫下全守馀来谒，请点补缺人员，吉丽昆所遗户部承办主事职衔一缺点补瑞岚秀递遗，户部帮办主事职衔一缺点补普耀庭递遗，理藩院委署主事职衔一缺点补合寿岩递遗，理藩院额外笔帖式一员点补阿信屏递遗，内阁候补笔帖式一缺点补奎文斋而去。钟、荣、普三章京复来谒，言适奉之件已回车藩，范元既已认罪知悔，情尚可原，车藩俾麟从宽办理，范元着降为额外巡捕，撤去驻管草厂之差云云而去。

十五日（10月9日）辰初策骑诣关帝庙、菩萨庙，拈香而还。内阁呈补缺堂谕底，稍加改易交去。瑞岚秀谢栽培，并诉棘手情形，晤谈而去。吉丽昆来谒，讨论移交事务而去。画内阁补缺堂谕一本，兵部补巡捕堂谕一本。兵部呈阅递解不安本分太原民人许国柱文底而去。范巡捕来谢，谆嘱赶紧清理草厂积负，作速交代而去。星岩之母遣赠哈哒一条、蓝缎料一件，并赠两女耳环、手绢、荷包各一分，回哈哒一方，资力活计一件、二茶而去。

四部院各封呈明日应画稿件并递略节,当即逐件详阅讫:内阁一件,为科城八月分拜发过报匣日期册转兵部查照。户部二件,为科城步兵张喜等找领银粮;又为步兵李福海等找领银粮各转报京部查核。兵部二件,为奖绿营兵丁七品功牌咨行京部、直督、晋抚查照转饬;又为递解许国柱、除札赛站司员挨解外,咨行察哈尔都统、晋抚查照转饬。理藩院二件,一为驻乌俄商转行驻库俄官小包一个,咨行库伦大臣转送见覆;又为科城收到梅和解去官马,咨行户兵部查照并札饬吉厦查照转饬。内阁呈验哈拉呢敦传单,言博多霍呢和垒图书园侍卫于本月初七日到台,谅在三二日间到乌云云而去。普耀庭、合寿岩、阿信屏等来谢栽培,勉励谆谆,畅谈而去。

十六日(10月10日)阴云四合,雨雪霏霏。未刻堂齐,画行稿七件,来文五件,堂行四本,拆来文三角,派图巡捕伽本催提砖茶兼催晋饷。接八月廿二日吉荣弟信一封,内附儿鹏七月廿日听字第五号家信,敬悉家严寿躬康健,两孙日渐出息,均纾下怀,是月初四日永阔亭到京,交到信字六号家报,宋巡捕面交再附信字第六号家信及急字一号各信,儿鹏均已收到。接宋、陈、戴三巡捕禀帖一封,知贡马八月十二日进口,沿途信、马均已呈送。接吉、雷二巡捕禀帖一封,知前饬买零星缎皮已购交何生业矣。由家信内附接朗月华通家、溥月川、怀绍先信三封。接王枫兄、克胜斋、长鹤汀、吴清卿前辈贺秋、贺午信四封。接图书园交来桂芝延信一封。户部理藩院共用印九十五颗。申霁。

十七日(10月11日)辰初以少牢率内子两女恭祀增福财神于待时堂。辰正二刻乘车出东门,至教场看绿营操演,中枪记圈者照章存奖而还。未初图书园内兄来谒,晤谈许久,面约晚饭而别。罕星岩之母率其妹来回拜,内子又递哈哒,复回哈哒如蒙古仪,畅谈许久,内子赠其玉色二则、摹本衣料一件而去。玛呢图噶图勒斡卡伦侍卫玉阶坪德来谒，晤谈而去。兵部呈阅满营戍守官兵到防日期折底①，改易数字交去。图内兄痔疾偶发，未来吃晚饭，当将便菜四簋八碟遣赠去，图书园内兄遣赠套红、套蓝烟壶二个，玉搬指、烟袋嘴二个，鼻烟一小瓶，毛掸二柄，赠内子茶叶二匣，京点二匣，赠两女洋线手巾四块，提花鞋面四双，资力二茶而去。玉阶坪遣赠老米一小袋，京酱一匣，资力一茶而去。

十八日（10 月 12 日）辰正二刻策骑出西门，走河滩河汊及河，乘车涉焉，至茂森逆旅回拜图书园内兄、玉阶坪同乡，晤谈乡情，许久而别。策骑至河堤观工，乘车涉河，由旧路进西门还公廨，时午初矣。图巡捕西口催茶来辞行，谆嘱小心奉差而去。户部现画略节一件，即为图伽本催提砖茶咨行绥远军帅查照，当画行稿一件，该部用印八颗，画堂行一本。内子烹调京菜四簋，点心、炸食四盘，遣赠车藩之妹、星岩之母。兵部、理藩院各封呈明日应画稿件并递略节，当即逐件详阅讫：兵部二件，为商民魏发贵等前往札盟阿公旗下贸易，札饬该盟转饬；又为札饬博多翰呢霍垒卡伦侍卫庆福、图晟遵照交接。理藩院一件，为唐努鄂总管前报俄文三件内除二纸另行呈送总署核办，一仍饬交该总管查收备查。晚间闲步隆庆昌，少坐而还。

十九日（10 月 13 日）辰正策骑出南门，走河滩趋大路，晨风飒飒，寒气侵人，及照山阴河北岸少坐，乘车由旧路进南门还公廨，时巳初矣。接吉绥之信一封，石盐二块，赠两女葡萄干、杏荇一匣，饽饽一匣，资力一茶而去。午未之间阴云四合，雨雪霏霏。未刻堂齐，画交稿三件，来文八件，堂行六本，拆来

---

① 参见本书附录二 094《奏报乌里雅苏台满营换防战守官兵到防日期事》。

文二角，四部院共用印壹百零三颗。接富子约、崇建师、倭陟堂、文泰初、恩雨三通家、雅静山亲家贺秋信版六封，知长少白弟妇于本年五月廿六日由川回京，少白六月廿五日由川进藏，颇纾下怀。合寿岩来谒，讨论履勘覆奏夹单而去。阿信屏来谒，借去乌梁海存图核对履勘夹单山名河名地名，少焉交回。申霁，得雪三寸有馀。

廿日（10月14日）辰正策骑出西门，走雪滩冰汊及河，乘车涉焉，进前街至义盛德商家少坐，便道茂森逆旅，晤图书园，畅谈许久而别，仍乘车由旧路进西门还公廨，时已正矣。午后拆来文二角。普耀庭、全守馀来谒，讨论购办铸镣、札噶台工银等事而去。图书园内兄来晤，面赠两女磁茶杯二个、棉线数绺，便饭小酌，畅谈半日，乘车送去。

廿一日（10月15日）辰正二刻乘车出东门，至教场看绿营弁兵枪箭刀矛操演，王全中箭四枝，作为本辕兵目，其馀中箭中枪技艺可观者照章存奖而还。合寿岩来谒，核对履勘稿底而去。瑞岚秀来谒，讨论图侍卫借支盐菜银粮移支俸米而去。拆来文三角。未刻诣万寿宫，跪迎上月十三日拜发折件：请颁报匣，奉朱批"著照所请"①，并由政府颁来报匣三分；续调驼只片，奉朱批"该衙门知道"；贡马清折，奉朱批"该衙门知道，单并发"，钦此。钦遵。当堂验收报匣无讹，内阁少坐而还，车藩称疾未到。接张朗兄、恩雨三襄帅、张南圃、德子权、嵩书农、谭敬甫、奎绍甫、程鄂南、陈春亭同年、德锡江、喀固斋、俞昆崖、陈世五同年、广昆峰、朱东臣、安守和同年贺秋信版十六封，绍甫马封内附文葵卿作古讣文、哀启二件。全守馀来谒，面交恭录廷寄而去。军机处片交："本日贵大臣奏请更换报匣一折，相应发去报匣三分

---

① 　参见本书附录二091《奏请饬颁报匣事》。

交贵大臣祗领,其损坏报匣俟奏事之便缴至本处,为此知会。九月初五日。"

廿二日(10月16日)辰正二刻策骑出西门,走雪滩冰汉及河,乘车涉焉,穿后街走河滩,至德茂园,购白菜壹百苗,遣赠图书园内兄。乘车走河滩进西街,至恒和义商家少坐,购棉花二斤,步至河干,见其堤工卅八丈已竣,尚殊工坚料实,众商家急公好义,乐成其事,淘义举也,并拟接筑土坝卅馀丈以御来春晏水,尤为善事,乘车由旧路进西门还公廨,时巳正矣。内子遣赠书园内兄自制酱鸡二只,烧饼廿五枚,绸油糖包卅枚,生煮饽饽六十枚,以饯其行。午后全守馀来谒,讨论附片奏报接到新颁报匣三分、钥匙六柄、御笔押封托封纸一分片底文底,改易数字,并验遵缴旧报匣三分而去。阿信屏、合寿岩来谒,各讨论代录本年夏秋季折稿而去。写复吉绥之一信,附赠其老米五十斤,均封而待寄。四部院各封呈明日应画稿件并递略节,当即逐件详阅讫:内阁一件,为札克台移往吹王等旗牧放牲畜,檄饬三盟查照转饬饬覆该台台①遵行。户部二件,为故果帅豁免银粮咨报京部查核;又为科卡隆惠回缴锅价转报京部查核。兵部二件,为商民祁宝前往札盟那公旗下贸易,札饬该盟查照转饬;又为商民王吉珍前往札盟蕴札萨克旗下贸易,札饬札盟查照转饬。理藩院二件,为图盟、车盟、库伦尚卓特巴②、达喇嘛等呈内地商民驮运砖茶于定章不符,咨行绥帅、察哈都统转饬照例遵办、并报京院备查、檄饬原报三处一体遵办;又为科城收到由乌拨去马匹内有骟马、咨覆该大臣查照。

廿三日(10月17日)辰正策骑出西门,走河滩冰汉及河,乘

---

① 此处似衍一"台"字。

② 尚卓特巴:总揽庙仓之权的喇嘛职位。

车涉焉,进前街至义盛德商家少坐,面交复吉绥之一信,及赠其老米五十斤。策骑至茂森逆旅,送行玉阶坪,晤谈图书园而别。仍乘车涉河,由旧路进西门还公廨,时已正矣。未刻堂齐,画行交稿七件,来文十六件,堂行五本。兵部、理藩院共用印廿颗。理藩院请派护送杜尔伯特王公年班委员。合寿岩来谒,点派金凤楼、合锡三、连巡捕昌及字识郭子禄等而去。图书园内兄、玉阶坪同乡先后来谒,各晤谈而去。书园复留赠套红烟壶一个,颇陈,以隆庆昌饽饽二匣遣饯玉阶坪,以尽乡谊。

廿四日(10月18日)辰正策骑出东门,走河滩渠冰及河,乘车涉焉,至后庙少坐,仍乘车由旧路进东门还公廨,时巳初矣。监视皮工为两女凑做灰鼠皮袄。预派巡捕张德偕玉连魁呈递元旦贺折。未初全守馀来回,接到本月初七日军机处发来交递署乌里雅苏台将军祥夹板壹副,以为紧急廷寄,当即跪迎,率章京等公同拆阅内钉封,办理军机处为咨行事:"本月初五日发去新换报匣三分,内封钥匙六把,向以三把钥匙存留贵处以备启用,其馀三把钥匙系属本处误发,相应咨明贵处;俟报匣到后,希将钥匙三把即日专咨封送军机处,勿俟报便并发,须至咨者,右咨署乌里雅苏台将军。"当饬内阁赶办咨文,明日并旧报匣三分、旧钥匙三把、新钥匙三把先行由驿恭缴,章京、笔帖式等一同散去,惟政府来文一"署"字未卜误否,致该章京等同来企望也。守馀旋复来谒,讨论呈复政府文底,改易数字而去。罕星岩来谒,晤谈而去。

廿五日(10月19日)阴云四合,雨雪霏霏,午霁。内阁呈阅附片恭报接到新报匣暨新钥匙各三分奏底,复易数字而去。乌城今岁早寒,念走更兵丁太冷,庆松涛来谒,当以熟妥老羊皮六十张交去,俾其觅工代缝大袄十件,存五辖,交该兵丁分着走更以御夜寒,而示体恤。内阁现画略节二件,为恭缴不堪适用报匣

三分,呈交军机处查销示覆,咨行兵部、直督、察哈尔都统查照,
札饬赛站司员及南廿台台吉一体遵照;又为附缴政府误发钥匙
三把,备文呈送军机处查收赐覆。旋画行稿二件,来文一件,堂
行一本,内阁现用印四十九颗。以馀剩老羊皮十九张分奖王、萧
三皮工以示微奖。书园图①内兄来辞行,留寄伊子恩华家信一
封,银封三件,晤谈而去。申刻普耀庭、庆松涛来谒,讨论灵差,
当派西辕兵目何兆明、营卒许富,本辕巡捕曹旺、营卒杨万金而
去。以友赠金腿二条、隆庆昌饽饽四匣遣饯图书园内兄。四部
院各封呈明日应画稿件并递略节,当即逐件详阅讫:内阁一件,
为本处明日拜发奏事报匣咨行兵部转奏。户部一件,为图书园
侍卫移支俸米咨报京部查核。兵部四件,一为商民郑生梁前往
札盟达公旗下贸易;二为商民郭恩前往札盟那公旗下贸易,各札
饬该盟查照转饬;三为商民何春发前往杜尔伯特察贝子旗下贸
易,咨行科城查照转饬;四为贡马恭奉朱批,咨行京部、科城钦遵
查照。理藩院三件,一为片调驼只恭奉朱批,咨行户部、京院,札
饬孳生两厂、吉厦钦遵查办;二为派员接护科属年班王公,咨行
察哈尔都统查照并咨京院;四②为图盟阿王、莽公病假并未声明
署衔,饬覆查办呈覆。兵部来回明日绿营操演附演子母炮位。
晚间步出东门,至教场行幄预看陈设炮位而还。

　　廿六日(10月20日)巳正乘车出东门至教场,偕车藩以少
牢恭祀炮位,令小队兵丁每炮试演三出,昨请出子母炮六尊,今
共演十八出,车藩不耐午寒先行。该兵丁初习演放,中靶过半,
尚殊可佳;继看绿营弁兵箭枪刀矛各技艺,亦多可观。当以神馀
饩羊二只分犒小队兵丁,以示鼓励;并以曹世雄、孙酉山、杨映

---

①　书园图:即"图书园"。
②　四:当为"三"之讹。

山、张永贵、杨在元、李荣、周向云、郭明拨入西辕当差,以王忠、任洧、李德义、田永章、杨芝、周天福、张鉴拨入本辕当差,均仍在小队之额,按日操演。内阁呈阅明日拜发遵旨派员履勘界址折①,谨缮清单恭呈御览长单,附陈托吉乌梁海已落大雪碍难履勘界限片,附陈光绪七年新约不合请饬更正片②;满营戍守官兵到防日期③,附陈接到新换报匣御笔押封片,蒙员患病请假,车藩查台覆奏清汉折单片八件;安折二分,封套六件。旋画奏稿七件,行稿四件,内阁、兵部、理藩院现画略节十一件,即适署之行奏稿也,车藩单衔奏稿阅而不署。申初堂齐,画行交稿九件,来文二件,堂行五本,拆来文四角,四部院共用印壹百零三颗。少焉策骑出西门走河滩及河,乘车涉焉,至茂森逆旅送行图书园内兄,晤谈许久而别。仍乘车涉河,由旧路进西门还公廨,时申正二刻矣。以军署郭什哈安吉庆作为西辕兵目,马麟魁书房当差,西辕记名馀丁荣万金拟列孙珍之次拔补本辕效力,民丁张吉升馀丁记名交去,均以差使勤奋也。

廿七日(10月21日)孝慈高皇后忌辰。全守馀来谒,讨论折件次序及折扣单裁扣片章程,并添派郝明护送灵差而去。派冯亨铨持名往送图书园内兄,逾北梁而还。未初诣万寿宫,偕车藩拜发昨阅折件如仪,内阁少坐而还。吉丽昆等履堪界址详细情形及将更正俄人捏称乌城东北及西卡名廿馀日可达天听也。

① 参见本书附录二092《乌里雅苏台办事大臣祥麟等奏派员履勘唐努乌梁海中俄界址请饬俄使令背约俄人迁回折》。
② 参见本书附录二093《乌里雅苏台办事大臣祥麟等奏乌梁海久隶版图请饬俄使照约办理片》。
③ 参见本书附录二094《奏报乌里雅苏台满营换防戍守官兵到防日期事》。

画兵部堂行一本,即昨将张吉升记名馀丁之谕也。申刻科城委员松祥、瑞全护送杜尔伯特左翼达赉汗贝子进京来谒,并递哈哒二块,青马、海骝二匹,郡王遣递哈哒一块,札萨克台吉递哈哒一块,当回哈哒三方,奖来人大茶四块,均晤谈而去。接景一峰信版一封,科属北界地图一张,墨线红线黄线,界址实难遽晓也。

廿八日(10月22日)辰正二刻乘车出西门,走河滩涉河,策骑穿台市,至三元宫前回拜噶罕,晤于穹庐,少谈而别。乘车出后街涉河西东,策骑走河滩陟北冈转金山湾,至大盛魁商家回拜察贝子,晤谈边界形址而别。仍乘车逾土冈,由旧路涉北河进西门还公廨,时已正二刻矣。写复景一峰信一封,遣交科城松委员差旋代交。全守馀来谒,讨论杜尔伯特罕王年班驼马乌拉旧案,并改正贡皮清折底而去。德盛和崔商来谒,面交书园内兄留信一封,璧回火腿二条,留赠茯神莲子、白糖、红枣数事而去。茂森逆旅挽来书园伙食廿四个,当以大茶廿块偿之。户部呈阅请援恩诏豁免房园租税折底,改易数处交去。本年夏秋操演除步射有准、火枪中牌者随时奖励外,兹查曹世雄、周天福、郭自禄、杨芝、王凌、郭世亮、张富、刘珍、周玉喜、戈赐福、赵喜、任泃、张永贵、孙光庭、杨在元、陈谟、武进才或火枪有准,或技艺可观,录以识之,遇机鼓励。四部院各封呈明日应画稿件并递略节,当即逐件详阅讫:内阁一件,为接到新换报匣御笔押封呈行政府、兵部、直督、察哈尔都统查照,札饬赛站司员、南廿台台吉一体遵照。户部一件,为金凤楼找领署索果克卡伦任内银粮咨报京部查核。兵部二件,为金凤楼采买铸镣咨行察哈尔都统查照,札饬赛、张司员查照;又为商民张起发等前往札盟那公旗下贸易,札饬该盟转饬。理藩院三件,一为图们图牧群移往三、札两盟度冬,札饬各该盟转饬遵行,咨覆管厂车藩查照;二为科属杜尔伯特洛公长子图们巴雅尔等应给职衔转报京院查办;三为科属哈尔乌苏多台吉请往五台磕头，札饬札盟查办、咨覆该大臣查照。戌初科属新吐尔扈特贝子阿勒特纳巴札勒来谒，递哈哒一块，貂皮一张，当回哈哒一方，晤谈而去。

　　廿九日（10 月 23 日）孝敬宪皇后忌辰。辰正二刻乘车出东门，走河滩涉河汊过避风湾走黄草滩，至天义德商家回拜阿贝子，晤谈而别。仍乘车由旧路进东门还公廨，时巳初二刻矣。差弁白巡捕兆熊回差来谒，收到高搏九前辈六月十六日接信条一件。五辖来报，把总刘福泉在营病故，当以大茶十五块赙之。未刻堂齐，画行交稿七件，来文十件，堂行四本，拆来文二角，三部院共用印壹百八十二颗。理藩院呈阅三盟拿获贼犯台吉多尔济固都布等附片解职归案审讯底，改易数字交去。接魁介臣八月廿二日抵科信一封。兵部呈报拔①总因病出缺，即谕以白兆熊拔补，其递遗经制外委、候补外委二缺择日较艺公补，范元仍作为巡捕拨入蒙古参赞署当差，刘福涌着以马兵记名，遇缺挨补，俾请车藩裁酌而去。旋诣万寿宫，偕车藩跪迎六月分皇上万寿批回贺折，与车藩公同拔补把总一缺，即以差使勤奋、步射可观之白兆熊拔补，其经制外委一缺车藩直欲以其巡捕萧禄拔补，私语刺刺，反覆渎恳，麟以奏保者非止一人，总以较射公补方符我国家拔取真才之道，婉言谢却，不欢而还。

---

① 拔：为"把"之讹。

记事十五年十月分①

十月初一日（10月24日）辰正二刻策骑出东门，走河滩冰汉，乘车涉河，诣后关帝庙拈香，乘车走河滩，涉河西行，再涉河穿后街，诣城隍庙拈香，陟北冈，遥行孟冬展墓礼。仍乘车穿台市，至河岸少坐，台市众商家请验收堤工，晤普耀庭，饬其加筑碎石子坝以卫木堤。仍乘车涉河，由旧路进西门还公廨，时已正矣。接特王弟遣递哈哒八块，清文信一封，奶食五匣，当奖来人大茶二块而去。

初二日（10月25日）辰正二刻策骑出南门，至南河滩回拜吉厦吉公，未遇而还。接永阔亭信一封。普耀庭来谒，讨论改派护送吐尔扈特贝子兵卒，当派马吉玉去，又偕署守备千总等，分拨五辖大狱兵卒照单点去。吉厦吉公来谢步，晤谈而去。派柯许连护送故把总刘福泉灵柩进口，当以旧车轮一分遣赠刘故弁凑做灵车。四部院各封呈明日应画稿件并递略节，当即逐件详阅讫：内阁一件，为本年九月分接到火票数目，咨送兵部查销。户部一件，为科城笔政松祥等差便领回添拨经费，咨覆该大臣查收见覆。兵部三件，一为商民李福兴前往三盟那胡图克图旗下贸易，札饬该盟查照转饬；二为两江总督咨查游击张与廷保案，咨覆该督查照径行核办；三为续修会典各署原设书吏有无添裁，咨覆吏部查照。理藩院三件，一为直督咨查贸易商民被阻，札饬车盟查办，咨覆该督咨行库伦大臣查办；二为收到三盟未获二限

---

① 此为中国科学院图书馆所藏第十册日记封面所题。正文首页钤"中国科学院图书馆藏"朱文、"东方文化事业总委员会所藏图书印"朱文印。

逃犯承缉达噜噶罚九银两,饬覆转饬查照;三为科城奏赏众安寺佛号,札饬三、札两盟转饬查照。

初三日(10月26日)晨风飒飒,雨雪飘飘,午霁。未刻堂齐,画行交稿八件,来文四件,堂行八本,四部院共用印三百卅四颗。接张朗兄贺秋信一封。酉初罕星岩来谒,面递哈哒二条,言伊母明日回其游牧,晤谈而去,当以奶饼四匣、京点二匣遣饯,并回哈哒二方。晚间检点旧书,觅得《圆音正考》一本,当以后寄之本遣赠普耀庭。

初四日(10月27日)辰正二刻策骑出西门,走雪滩冰汊及河,乘车涉河冰,行大不易,穿后街,雪后清寒,晨风飒飒,走冰渠行雪滩,至德茂园少坐,观园丁磨面,另有农风。仍乘车行雪涉冰进台市,至恒和义晤张商顺德等,畅谈河堤情形而别。仍乘车出前街涉河,由旧路进西门还公廨,时巳正矣。午刻步出东门,至城根行幄拣选官缺,把总一缺即以白兆熊拔补,递遗经制外委一缺以中箭五枝之萧禄拔补,递遗候补外委一缺以中箭三枝之郭明拔补而还。吉厦吉公遣递哈哒一块,青笨马一匹,当回哈哒一方,奖来人活计一件,大茶一块而去。

初五日(10月28日)辰正二刻策骑出西门,走雪滩冰汊,跶长桥进前街,至义盛德、恒和义二商家各少坐,仍策骑出前街,由旧路进西门还公廨,时巳正矣。午间全守馀来谒,讨论初九日未刻拜发折件而去。四部院各封呈明日应画稿件并递略节,当即逐件详阅讫:内阁二件,为图盟阿王旗下贻漏札克等台差使,严饬该盟查照转饬遵办,饬覆该台吉遵照;又为图盟阿王旗下贻漏推河等台差使,请由通事铺内给发檄饬该盟长遵办,饬覆该台遵照。户部一件,为部覆科文一件钞行该大臣查办。兵部二件,为赵巡捕铭等护送故弁刘福泉等灵柩回籍,咨行察哈尔都统查照转饬;又为满营戍守官兵到防原奏报行吏、户、兵部,绥远军帅查照。理藩院三件，一为故果帅前领例马照录原奏恭录朱批，咨行户、兵部，京院钦遵查照，札饬吉厦查照转饬钦遵办理；二为张家口王商锡藩控案定限拟结，札饬图札两盟遵办，檄饬吉厦转饬一体遵照；三为库伦咨来俄商天津税票六纸，咨送科城大臣查照办理。

初六日（10月29日）辰正二刻策骑出东门，走雪滩冰渠，趋东路蹚乐善桥，至后庙少坐，仍过桥策骑由旧路进东门还公廨，时巳正二刻矣。补奖上月初十日跟随查勘军署草厂弁兵玉珍魁、玉明、荣尚、玉连魁、萧涌、杨祥、恩广洋褡裢各二件，陈秉忠、何兆明、冯亨铨、焦锦库、马麟魁、刘清廉、李锦荣、丁超、马峻元、刘福、杨万金、马吉玉洋褡裢各一件，以示奖励，共费洋褡裢廿六件，约敩渠等是日未取四台之羊价而已。补奖蒙古女役阿育什中秋节银四两，由隆庆昌假交伊父持去。午刻全守馀来谒，讨论拜发折件次序而去。钟溥泉、荣锡三、普耀庭来谒，讨论俄人库什迈与札盟阿王旗下交涉案件，俾请车藩酌夺而去。未刻堂齐，画行交稿八件，来文十二件，堂行四本。写复特王弟清文信三片，封而待交。拆来文一角，三部院共用印七十二颗。普耀庭遣赠两女西路小梨廿二枚，苹果十枚，资力一茶而去。特王弟梅楞达木定札布来谒，当将回信一封附哈哒四块，晤谈交去。以记名馀丁张吉升挑充内厨乌拉之差。

初七日（10月30日）辰正二刻策骑出西门，走河滩冰汊蹚长桥进前街，至义盛德商家少坐，便道恒和义商家少坐，至河沿观筑碎石土坝，天寒地冻，工大不易，然街南河滩西低中洼，明春晏水大至，未必即能御也，仍赖神灵默佑耳。仍策骑蹚长桥，由旧路进西门还公廨，时午初矣。接桂芝延信禀一封。蒙古女役阿育什请假数日回游牧省亲，交伊父领去，内子率两女自操井臼，十数年前苦处景况再见于今日矣。未刻钟溥泉、荣锡三、普耀庭来谒,讨论俄人库什迈讹索札盟根敦案件,拟呈总署示覆遵办,俾请车藩裁酌而去。

初八日(10月31日)晨风飒飒,辰正二刻策骑出东门,走河滩、渠冰踱乐善桥,至后庙少坐,仍从桥南策骑由旧路进东门还公廨,时已初二刻矣。户部交来本年冬季盐菜廉银壹百廿三两二钱有奇,还天义德、大盛魁二商家各四十两,奖内郭什哈郝子英、马峻元各三两,下馀三十八两,交隆庆昌收账。内阁呈阅明未拜发例贡皮张清折单、多罕预保子代奏谢恩①、三盟拿获台吉解职严讯、请免追赔兵米②、例查金山卡伦③折单片六件,安折二分,封套五分,当画奏稿五件,行稿一件,内阁、户部、理藩院现画略节六件,即适署之行奏稿也,画堂行三本,内阁现用印十三颗。普耀庭来谒,讨论功牌式样及俄人来字两歧而去。四部院各封呈明日应画稿件并递略节,当即逐件详阅讫:内阁一件,为本年九月分接递报匣数目日时册送兵部查核。户部一件,为销米部驳无从赔补恳恩豁免折稿,咨行京部查照。兵部二件,为咨催科城履历官册迅速造送来乌;又为商民李瑞云前往札盟那公旗下贸易,札饬该盟查照转饬。理藩院二件,为收到三盟承缉不力达噜噶罚九银两,饬覆转饬查照;又为科属纪录各卡官单,咨行京院查办。

初九日(11月1日)日来感冒风寒,伤风太甚,昨夜通宵未安眠,今朝再服灵应丸,嗅红灵丹,稍愈。粮差巡捕赵铨由科领讫屯粮来谒,带来阿树兄信一封。曹巡捕旺、何兆明、许富、杨万

① 参见本书附录二095《奏为札萨克图汗多罗郡王三子索特那木喇布丹移赏公衔头等台吉奏谢恩事》。
② 参见本书附录二096《奏请饬部豁免经部驳查无从赔补各项军米事》。
③ 参见本书附录二097《奏为派员查勘金山卡伦并无偷挖矿沙情弊事》。

金等灵差辞行，谆嘱小心奉差而去。何生业回差来谒，带来大新德商家信一封，代购天青缎六尺、钮扣四副，价银三两五钱，白狐滕子二方、添毛梃子三条，价银五两五钱五分。未刻堂齐，画呈行交稿十件，来文二件，堂行三本，三部院共用印壹百五十七颗。本月驻管大狱巡捕军署派魏铭，本辕派白兆熊。理藩院现画略节四件，即代奏谢恩、查勘金山、寄禁台吉三折稿咨行京院查照、札饬三、札两盟转饬遵行；贡皮清汉折单稿呈行政府户部、京院查照。未正诣万寿宫，偕车藩拜发昨阅折件如仪，内阁少坐而还。乃俄人库什迈待于理藩院公所外，将求传用乌拉回库伦等语，当俾普耀庭传谕照约办理，以敦和好而去。车辕另派汉巡捕洪恩，以补刘福泉之额，范元仍在军署也。理藩院又用印十颗，即札饬王锡藩之蒙文交郝明因差代札者，以据收债，然不知三锦喇嘛又生如何枝节，蒙汉交涉与中俄交涉大相仿佛，惟冀托可帅加意驾驭耳。

初十日（11月2日）寅初即兴，辰正诣万寿宫，偕车藩恭祝我皇太后万寿圣节，叩拜如仪而还。写致兴石海兄信二片，写复大新德商家信三片，封而待寄。午间登南城楼眺远，遇耀庭高弟库台吉，讨论《蒙文启蒙》而下。画洪恩挑充车辕巡捕堂谕一本。日来伤风转嗽，烦燥不宁，晚间以麦冬引服灵丸三粒，以期止嗽，不虞午间食烧胡桃数枚，晚间洞下于厕，又着凉矣，以致卧后发烧，半夜胡梦颠倒，后半夜方睡熟矣。

十一日（11月3日）小恙如昨，五衷烦闷。巳初二刻乘车出南门，走河滩、冰汉趋康庄进东沟，寒风凛冽，至四方石席地少坐，观巡捕、郭什哈等压马解闷，微坡驰骑，别有风味，惜不耐山风而下，仍乘车由旧路进南门还公廨，时午正矣。未后张商顺德来谒，晤谈而去。

十二日（11月4日）辰正二刻力疾策骑出西门，走河滩行冰汉踱长桥进前街，至恒和义，便道义盛德二商家，各少坐，仍策骑出前街，由旧路进西门还公廨，时已正矣。检点郝子英代写讫九月分记事四十扣。未后星岩罕通家来谒，晤谈而去。三部院各封呈明日应画稿件并递略节，当即逐件详阅讫：户部一件，为科城戍守兵忠祥到防找领银粮，转报京部查核。兵部二件，为商民卫玛前往札盟那公旗下贸易，札饬该盟查照转饬；又为商民卫秀山前往杜尔伯特察贝子旗下贸易，咨行科城大臣查照转饬。理藩院三件，一为孳生马厂纪录，咨催京院查照见覆；二为札盟本年冬季往科驻班台吉，咨行该大臣查照；三为台市俄商玛札拜报前经巴里坤贸易，被三盟札札萨克旗下窃取牲畜，札饬该盟拿获贼犯，审供呈覆。

十三日（11月5日）小恙稍愈。接科城差弁魏国治由口带来儿鹏九月初五日听字第七号家信一封，敬悉家严寿躬康健，两孙日渐出息，甚纾下怀，附接钜辅回信五片，又接钜辅复特王弟蒙文信一封，当浼普耀庭代交。旋接吉荣弟马封一角，内附儿鹏九月朔听字同号家信一封，敬悉贡马八月廿二日到京，家严寿躬吉祥，蟋蟀鸣秋，儿辈均适，子馨内兄得子，均纾鄙衷，附接庆邸回信一封，活计一匣未到，附接兴石海兄、舒畅庭亲家、奎星斋前辈、裕受田同年、巴敦甫、长远堂亲友信七封，又接凌志堂清汉、祥立亭、穆清舫同年贺秋贺午信五封，内有清舫致少白一信，容当转寄，附接宋巡捕等禀帖一封，敬悉贡马八月廿六日恭进无讹，托可帅仍无到口的音。未刻堂齐，画行交稿六件，来文三件，堂行五本，拆来文一角，四部院共用印二百四十四颗。

十四日（11月6日）写复那钜辅通家信四片，附《乌梁海纪略》一分，钉封妥固，及猞猁狲马褂一件，图书园内兄信一封，银三包，前写复大新德商家一信，均面交玉巡捕连魁临差代寄。科城冬季粮差巡捕、郭什哈西辕派李镕、焦锦库，本辕派王全。写附石海兄再片，并前信待交。钉封上月分记事四十扣暨批回儿来信三件待寄。

十五日（11月7日）立冬。辰正乘车诣菩萨庙、关帝庙拈香而还。写复阿树兄信一封，封而待寄。未后兵部用印二百十四颗，即前奖绿营弁兵六品功牌五十八张，七品功牌四十九张也。节交立冬，天气大冷，骣马多有寒战者，可怜。三部院冬①封呈明日应画稿件并递略节，当即逐件详阅讫：户部二件，为由科运到十四年分一年屯粮，咨报京部查照；又为本处委员由科领到官粮，咨覆该大臣查照。兵部一件，为商民富润堂等前往札盟那公旗下贸易，札饬该盟查照转饬。理藩院三件，一为收到三盟乌公旗下承缉逃犯未获，达噜噶札木色楞罚九银两，饬覆转饬查照；二为恭照徽号礼成誊黄，札饬两乌梁海檄饬四盟转饬，一体钦遵；三为札盟那公旗下人等赴唐努乌梁海化布施请发卡票，札饬该盟查照并饬巴彦布拉克卡放行。

十六日（11月8日）辰正二刻乘车出西门，走河滩、冰汊河冰进前街，至义盛德商家少坐，仍乘车由旧路进西门还公廨，时巳正矣。午间率何、王郭什哈等东圃射演步靶。全守馀来谒，讨论奏补官缺折底及各点考语而去。未刻堂齐，画行交稿六件，堂行七本，来文九件。瑞岚秀等谢点考语而去。拆来文三角，四部院共用印六十四颗。

十七日（11月9日）小恙不愈，烦闷无聊，看《纪氏五种》解闷。

十八日（11月10日）辰正二刻策骑出西门，走河滩北河冰，涉河汊陟北冈，观刘福跑马，至大盛魁商家少坐，乘车由旧路进西门还公廨，时巳正二刻矣。未后赵宽由口回乌来谒，带来吉巡

---

① 冬：当为"各"之讹。

捕禀帖一封,言齐城文都护全八月廿日请训,托可帅尚无到京准信,红限总图不克通融领出,并带来蓝布包一个,内照相二片,京报七十五本,大仿纸二块,粗细手巾八块,毛耳窝二双,马批手四条,水烟袋一只,胰子四匣,宫皂一匣,膏药三帖。费巡捕禀帖一封,言九月廿三日到口,并带来鲜姜五斤,栗子五斤,膏药六贴,宪书一本。王枫兄、吉荣弟二片。全守馀来谒,讨论折底,瑞岚秀衔上添"记名"二字而去。四部院各封呈明日应画稿件并递略节,当即逐件详阅讫:内阁二件,为推台五属牲畜暂移游牧,檄饬三盟转饬饬覆该台吉遵行;又为花台五属牲畜暂移游牧,檄饬三、札两盟转饬,饬覆该台吉遵行。户部一件,为李巡捕镕等往科领粮咨行该大臣查照转饬。兵部一件,护送故果帅灵柩员弁呈缴文单各一件,咨送库伦大臣查照转饬。理藩院三件,一为补放察克达兵珠吉迈,饬覆吉厦转饬遵行;二为京院檄行四盟吉厦公文一角,札饬吉厦查收;三为本年十二月十九日辰时封印明年正月廿一日巳时开印,札饬吉厦并两乌梁海总管一体遵行。

十九日(11月11日)先后写谕儿帖六十行,并文润斋《乌梁海纪略》底一分,前写致兴石海故交信三片,钉作信字第九号家报暨上月分记事①,均面交玉巡捕连魁因差代寄矣。皮工王巡捕弼、王德鸿、萧兰魁代作皮衣日久,今均作齐,王巡捕弼、王德鸿各奖大茶壹箱,萧兰魁则奖大茶廿块,以示微奖。午正率李、何、冯、王十数郭什哈在东圃习射鹄候。未刻堂齐,画行交稿七件,来文三件,堂行三本,拆来文四角,三部院共用印五十九颗。接高搏九前辈贺秋信一封。

廿日(11月12日)薄云清雪,午霁。未刻钟溥泉、普耀庭、合寿岩来谒,讨论三盟锦王谢恩年班事宜而去。札盟盟长阿公

---

① 　此处天头有眉批:"信字九号。"

来谒,晤谈而去。酉刻钟、普、合三章〔京〕复来诣,讨论前事,暨咨札文底而去。晚间闲步隆庆昌,少坐而还。

廿一(11月13日)辰正二刻策骑出西门,走河滩冰汊河冰进前〔街〕,至义盛德商家少坐,仍乘车出前街,由旧路进西门还公廨,时巳初二刻矣。恭阅京报。

廿二日(11月14日)札盟阿公遣递哈哒二块、黑马二匹、黑枣骝二匹,当回哈哒一方,奖来人活计二件,大茶四块而去。武绷工成做讫天青缎白风毛猞猁狲肷马褂一件,加奖其大茶二块而去。午正乘车出西门走河滩河冰涉河汊,策骑陟北冈过金山湾,至大盛魁商家回拜札盟阿公,晤谈而别,仍乘车由旧路进西门还公廨,时未初二刻矣。天义德商家牵来卧羊廿只。恭阅京报。四部院各封呈明日应画稿件并递略节,当即逐件详阅讫:内阁一件,为科城本年九月分接到报匣日时册送兵部查照。户部二件,为秋季放过出差官兵行装银两册送京部查核;又为乌城街市拖欠房园租税恳恩蠲免钞录折稿、咨行京部查照。兵部一件,为札饬宋国喜、玉连魁偕同前派吉通、【雷】雷英等备接新任将军咨行察哈尔都统查照应付。理藩院三件,一为收到三盟承缉达噜噶罚九银两,饬覆转饬查照;二为三盟限内拿获逃犯承缉官兵给奖,咨请京院见覆;三为限内拿获贼犯声明停限,咨请京院如何奖叙,希祈见覆。

廿三日(11月15日)恭阅京报。午正率郭什哈等在东圃习射鹄候。札静亭回差来谒,晤谈而去。未刻堂齐,画行交稿八件,来文十二件,堂行五本,拆来文二角。接安绥之贺秋信帖一封。四部院共用印八十六颗。理藩院现画略节,为三盟锦王因年老力衰不克年班,札饬该盟加结呈覆以凭报部。

廿四日(11月16日)辰正二刻乘车出西门,走河滩河冰穿台市走渠冰,至德茂园购雏鸡二只,以备廿六日满蒙朋友便饭之用,策骑由旧路便道义盛德商家少坐,出前街由旧路进西门还公廨,时已正矣。午后内阁呈阅明未拜发元旦贺折二分,安折二分,封套四分,循例拣补司员笔政①、保留年满笔政②、请免台市租税③折三件,封套三分,安折二分,封套二分,当画奏稿五件,行稿三件,堂行一本,拆来文三角,内阁现用印卅二颗,现画略节八件,即适署之行奏稿也。嫩江军帅来文,言托可帅已于八月廿一日起程由京赴乌矣。接惠心农、德志斋、吉荣弟三信,并吉赠中俄界图二张,颇佳,储而待用。写复荣弟信二片,并《乌梁海纪略》一分,封交玉连魁藉差代致矣。

廿五日(11月17日)腰痛如折,当以凉州膏药贴之。普耀庭来谒,讨论兵部图记,仍俾札静亭掌署而去。未初力疾诣万寿宫,偕车藩拜发昨阅折件如仪,内阁少坐而还。吉丽昆、瑞岚秀、普耀庭来谒,讨论常年报销而去。车藩遣赠参桂鹿茸膏二贴,资力活计一件而去。札静亭遣赠张子和临欧《朱柏庐治家格言》六条,朗兄《长白书院纪》墨拓一分,绥点二匣,香油一篓,介臣瑞世兄同门朱卷一本,赠两女硬翠钗二枝,资力二茶而去。三部院各封呈明日应画稿件并递略节,当即逐件详阅讫:户部一件,为科城派员致祭吐尔扈特羊酒银数,转报京部查核。兵部一件,为新疆咨查游击张与廷保案,本处无册可稽,咨行两江总督查照。理藩院二件,为科咨喀尔喀韩克抢去杜尔伯特甲兵们都故马匹,檄饬札盟转饬遵办,咨覆该大臣查照;又为东乌梁海克总

① 参见本书附录二098《奏请以瑞山补授军营承办粮饷章京主事等员缺事》。
② 参见本书附录二099《奏为援案请留年满笔帖式以清销案而资熟手事》。
③ 参见本书附录二100《奏请蠲免乌里雅苏台街市房园租税事》。

管呈报明年勘边官弁所需乌拉,札覆该总管札饬唐努总管查照。

廿六日(11月18日)腰痛微轻,左腿牵掣作痛矣。未刻堂齐,画行交稿四件,来文八件,堂行三本,拆来文一角,三部院共用印二百廿颗。接文镜堂、杜幼霞、李筱云贺秋信版三封。申初约札盟长阿公、吉厦济公、罕星岩通家、札盟库台吉、吉丽昆、札静亭、全守馀、瑞岚秀、普耀庭、荣锡三、钟溥泉、合寿岩、阿信屏、恩綍庭十四友便饭小酌,酉初均终席而去。户部来回,静亭由晋领到赏犒茶壹千块全数收讫无讹。

廿七日(11月19日)腰腿疼痛如昨,步履稍觉吃力。未后普耀庭来看,晤谈于待时堂,畅谈而去。

廿八日(11月20日)腰腿如昨,服吉丽昆九分散,稍愈。未后合寿岩来看,晤谈许久而去。荣锡三遣赠参桂鹿茸膏一小罐。四部院各封呈明日应画稿件并递略节,当即逐件详阅讫:内阁一件,为保留托雪亭折稿咨行吏、户、兵部,京旗,绥帅查照。户部一件,为科城本年秋季分放过出差官兵银数册转京部查核。兵部一件,为商民邵巨川前往三盟落贝子旗下贸易,札饬该盟查照转饬。理藩院三件,一为三盟刚公旗下贼犯会讯,饬覆吉厦查照转饬遵办;二为库伦格根差派伯特等前往西藏呈进党舒克,本处发给路票,札饬吉厦转饬咨行新疆抚军查照转饬护送;三为京院咨现办会典应将蒙古汗王等官袭职次数造册送院,札饬四盟转饬咨行库科大臣查照办理。议者谓麟腰腿疼痛为虚寒牵动旧伤,须以参茸膏理气调元,似近之矣。

廿九日(11月21日)小雪。腰腿略轻,巳初出东门闲步,观郭什哈溜马,步进南门而还。午正东圃看郭什哈等射演步靶。未刻堂齐,画行交稿六件,来文四件,堂行三本,拆来文四角,三部院共用印七十七颗。西辕草厂巡捕谷增交来本年馀草变价银壹百卅二两,除奖该巡捕银十二两,还买海螺二个银壹两五钱,制号衣四十八件银五十八两六钱五分,上月初六日看操奖满汉两营中箭官兵斜文布九件银四两九钱五分,隆庆昌饽饽十二斤银二两四钱,上月初十日查勘草厂奖随行巡捕、郭什哈等十八员名好斜文布廿六件银廿三两四钱,沿台架杆乌拉奇等大茶廿七块银十两零八钱,奖伍辖走更兵卒老羊皮袄十件手工银十两,共用银壹百一十一两,之外下馀银八两三钱及清单一件,交兵部收存,俟托可帅到任,俾该章京等代呈。本辖草厂巡捕赵亮交来本年馀草变价银壹百卅二两,奖该巡捕银卅六两,加奖谷巡捕银廿四两,还立价旧欠大盛魁大茶二箱,价银廿壹两六钱,三月初六日逐价时借隆庆昌路费银廿两,立价私赊义盛德零货银八两,立价私赊恒和义零货银十两,立价私赊元聚义零货银三两九钱,立价私赊永兴恒零货银八两,立、喜二价私赊福臣魁零货银三两五钱,共用银壹百卅五两,其不敷银三两由盐菜银内拨还,以清孽障积累,哀哉。保巡捕荐张家口投效民丁寇瑞来谒,俾在本辖西官班学习当差而去。晚间普耀庭来看,晤谈而去。

　　卅日(11月22日)接库伦图怡堂清文禀帖一封,知其本年八月卅日由乌启程,九月初十日到库伦,次日见堂,十九日进署堂差。内阁代钞来昨接科城咨呈廷寄,缘于本年十月初九日承准军机大臣字寄沙、额二大臣:"光绪十五年九月十一日奉上谕,前据色楞额等奏筹议承化寺僧众迁徙事宜,请将哈巴河一带地方改隶塔尔巴哈台管辖,当经降旨允准。兹据沙克都林札布奏称,哈巴河游牧地方改归塔尔巴哈台管辖,本属蒙古及前收哈萨克数万之众无地谋生,恳请将承化寺一带游牧仍由科布多乌梁海收回,俾得就地安插等语,与色楞额等会奏蒙哈情形不甚相符;且据该将军等奏称,哈巴河一带为边防要地,塔尔巴哈台于该处派兵驻守,以故数年尚称安静,此节尤关紧要,朝廷兼权熟计,借地自应给还,边防尤不可忽。应否一面将该处游牧地方仍归乌梁海，俾得安插蒙哈；一面由塔尔巴哈台照旧派兵驻守，期于防务、民情两无妨碍之处，着沙克都林札布与额尔庆额会商妥议具奏。沙克都林札布原折着钞给额尔庆额阅看，将此由四百里各谕令知之，钦此。遵旨寄信前来等因。承准此除钦遵会办外，相应恭录谕旨咨呈贵将军、大臣，请烦查照钦遵施行。"申刻瑞岚秀来谒，讨论麟前借部款尚欠四百四十金，拟由参赞本任四季盐菜养廉内抵还、咨请部示文底，改易数字而去。

记事十五年十一月分①

十一月初一日(11月23日)腰腿如常,勿药有喜。辰正二刻乘车出东门,走冰渠行河滩走河冰,诣后关帝庙拈香,禅室少坐,仍乘车由旧路进东门还公廨,时巳正矣。

初二日(11月24日)辰正三刻乘车出西门,走河滩冰汊河冰进前街,至义盛德商家少坐,仍乘车出前街,由旧路进西门还公廨,时巳正矣。申刻伊犁贡马回差图伽苏来谒,晤谈而去。合寿岩来谒,讨论咨呈总署俄人库什迈诈诈文底,稍易数字而去。四部院各封呈明日应画稿件并递略节,当即逐件详阅讫:内阁一件,为拣补司员各缺折稿,咨行吏、兵部,京城各该旗,绥远军帅查照。户部一件,为麟前借部款欠而未还四百四十金,拟由参赞盐菜银分四季由乌缴还,咨报京部本旗查销示覆。兵部一件,为三盟贸易商民阎班翁等赴乌验票,饬覆该盟查照转饬。理藩院四件,一为札盟万台吉赴署哈尔乌苏等台,咨行科城查照;二为三盟盗畜案内逃犯台吉札拉保寄禁,札饬三、札两盟核办,并饬三路台站查照一体遵办;三为京院咨查乌属各呼图克图喇嘛等转世次数名号查明送院,除札饬四盟转饬,并咨行库科二城查照办理;四为三盟逃犯翁里扣存在吹王游牧内身故属实,札覆该盟查照转饬。库伦堪布喇嘛洛布桑锦巴前往西藏递党舒克,过境来谒,递哈哒一条,未晤而去,旋回哈哒一条,车赠奶食一匣,特赠奶饼二匣,以尽地主之谊,惜廉简缺寒,无资饭僧也。

---

① 此为中国科学院图书馆所藏第十一册日记封面所题。正文首页钤“中国科学院图书馆藏”朱文、“东方文化事业总委员会所藏图书印”朱文印。

初三日(11月25日)洛喇嘛遣递哈哒一条,藏香二束,紫氆
氇一匹,当回哈哒一条,奖来人大茶二块而去。午正率郭什哈等
东圃射演步靶。拆来文五角,内总署常行夹板二付。接景介臣
信一封,内附本年十月初六日邸钞,敬悉托可斋已到京请安,蒙
召对矣。未刻堂齐,画行交稿七件,来文廿一件,堂行四本。派
管冬季台市西辕杨祥、萧涌,车辕黄金贵,本辕王弼、恒裕。四部
院共用印八十一颗。未正诣万寿宫,偕车藩跪迎九月廿七日拜
发折件:派员履勘乌梁海界址,奉朱批"该衙门知道。单并
发"①;乌梁海内界俄人捏称各卡片,奉朱批"该衙门知道"②;托
吉乌梁海落雪委员不克前进片,奉朱批"该衙门知道";接到新颁
报匣御笔押封,奉朱批"知道了";蒙员患病给假,奉朱批"著照所
请,该衙门知道";满营戍守官兵到防,奉朱批"该部知道"③;车藩
查台覆奏,奉朱批清文"知道了",钦此。钦遵。内阁少坐而还。
合寿岩来谒,讨论中俄交涉札覆清文而去。

初四日(11月26日)检点郝子英代钞讫上月分记事卅一
扣,写谕儿帖廿行,并郝钞文底卅一行钉封作信字第十号家报,
写致吉荣弟信三片,重封待寄。

初五日(11月27日)辰正二刻乘车出西门,走河滩冰汉河
冰穿台市走冰滩,至德茂园少坐,观老农扬场,仍乘车由旧路进
西门还公廨,时已正矣。发吉荣弟马封一角,内附家报④,交内

---

① 参见本书附录二092《乌里雅苏台办事大臣祥麟等奏派员履勘唐努乌
　　梁海中俄界址请饬俄使令背约俄人迁回折》。

② 参见本书附录二093《乌里雅苏台办事大臣祥麟等奏乌梁海久隶版图
　　请饬俄使照约办理片》。

③ 参见本书附录二094《奏报乌里雅苏台满营换防戍守官兵到防日期
　　事》。

④ 此处天头有眉批:"信字十号。"

阁递去矣。内阁交来代写讫复色石友军帅信三片,铃封,藉图差员伽苏回差代达矣。未刻大盛魁张商牵来卧羊卅只,并天义德前送卧羊廿只,均交本辕牧厂外牧,按十日仍前驱回二只,以充庖厨日用。四部院各封呈明日应画稿件并递略节,当即逐件详阅讫:内阁二件,为车藩查台折稿并奉朱批,咨行兵部、理藩院钦遵查照;又为恭接报匣御笔押封折,兹奉朱批,呈行政府、兵部、直督、察哈尔都统钦遵查照,札饬赛站司员、南廿台一体钦遵查照。户部一件,为委员领到砖茶,咨报京部,咨覆晋抚、绥帅查照。兵部二件,为商民张崇进前往札盟那公旗下贸易,札饬札盟查照转饬;又为乌、科大臣侍卫秋季履历细册,咨送京部查核。理藩院六件,一为三盟贼犯洛堆丹巴病故,逃犯桑济拿获拟罪,橄覆该盟查照转饬;二为三盟贼犯色德德等犯寄禁,札饬三、札两盟,三路台站一体查办;三为三盟盗畜另案台吉多尔济固都布暂寄禁,札饬三、札两盟,三路台吉一体查办;四为札盟多汗等均未出痘,不克年班,加添印结转送京院查办,札覆该盟查照;五为俄商库什迈讼案照钞原文,咨呈总署查照示覆,饬覆该盟转饬遵行;六为吉丽昆将届回城缴销例马,咨报户部橄饬吉厦。

初六日(11月28日)午正率郭什哈等东圃射演步靶。未刻堂齐,画呈行交稿十一件,来文三件,堂行五本,拆来文一角,四部院共用印壹百十七颗。瑞岚秀、普耀庭来谒,预派赴绥承领明春晋饷,当派满巡捕恩广偕润斋文笔政,并派营兵李荣、周天福西口饷差而去。兵部请派本月驻管大狱巡捕,西辕派潘世成,本辕派马如龙交去。晚间闲步隆庆昌,少坐而还。

初七日(11月29日)辰正二刻乘车出西门,走冰滩河冰,至义盛德商家少坐,便道俄肆,以大茶四块购香羊皮三隔盛包一个,仍乘车出前街,由旧路进西门还公廨,时已正矣。库伦堪布洛喇嘛来辞行,递哈哒一条,未晤,当回哈哒一方而去。晚间至西辕,观其弁兵拉弓而还。

初八日(11月30日)辰正二刻策骑出东门,走河滩行渠冰河冰,至后庙少坐,乘车由旧路进东门还公廨,时已正矣。检点印签粘签放套壹百,官红八行裁改单帖二百片,遣交全守馀代写贺年信件。未后普耀庭来谒,讨论德级三患病将藉差回城调治,俾请车藩酌夺而去。三部院各封呈明日应画稿件并递略节,当即逐件详阅讫:内阁一件,为本年十月分接到火票数目咨送兵部查销。兵部二件,为委署笔帖式玉明等当差奋勉作为,委署骁骑校,咨行吏、兵部,绥帅查照;又为步兵赵万成赏给七品功牌立案备查。理藩院七件,前三件即履勘界址折片恭奉朱批,仍前呈行札饬各该处钦遵查照;四为蒙员患病给假恭奉朱批,咨行京院札饬三盟钦遵查照;五六七各为三盟贼犯那木济勒、莽鼐、布林三名各病故原委,各该管札萨克等官出结呈报,均各檄覆该盟查照转饬。该院呈阅洛喇嘛等六十人援案进藏路票文底而去。

初九日(12月1日)午正率郭什哈等在东圃射演步靶。未刻堂齐,画呈行交奖稿十件,来文十二件,堂行四本。当派往绥承领明年上半年饷差恩广、诗莫讷和、德普诗巴,兵添李永富而去。四部院共用印壹百四十六颗。写致文润斋信二片,钉封遣交恩巡捕因差代达。

初十日(12月2日)辰正二刻策骑出西门,走冰滩冰汉及河冰,乘车穿台市走水渠,至德茂园少坐,仍乘车由旧路进西门还公廨,时已正矣。未后罕星岩来谒,晤谈而去。马峻元再绘讫库伦旧图,浼合寿岩代注图说。

十一日(12月3日)阴云四合,细雪簌簌,未霁。合寿岩来谒,讨论代注图说清汉文而去。

十二日(12月4日)雪后严寒,寒风飒飒。辰正二刻策骑出东门,走冰渠行河冰,至后庙少坐,乘车由旧路进东门还公廨,时巳正矣。牧厂昆都班登尔达克来报,章盖忠堆于本月初九日病故,当以大茶十块赙之,其章盖一缺公同酌定,即以班登尔达克充补,递遗昆都一缺以车辕挑入理藩院达木苏楞充补,忠堆之子萨吉尔琥差使去得,着奖以六品顶戴,均俾理藩院代回车藩而去。合寿岩来谒,讨论库什迈一案咨呈总署汉文一件,俄文①件,札盟原报文②件而去。晚间闲步隆庆昌,少坐而还。四部院各封呈明日应画稿件并递略节,当即逐件详阅讫:内阁一件,为本年十月分拜发报匣数目册送兵部查核。户部一件,为德级三等往绥提领经费,咨行绥帅、晋抚查照。兵部三件,一为满营戍守官兵到防原奏恭奉朱批,咨行吏、户、兵部,绥帅钦遵查照;二为商民杨世贵前往杜尔伯特索王旗下贸易,咨行科城查照转饬;三为商民杨九仁前往札盟那公旗下贸易,札饬该盟查照转饬。理藩院五件,一为三盟逃犯棍布四次未获,咨报京院照例查办;二为三盟逃犯章产例展四限,檄覆严拿务获;三为三盟逃犯齐巴哈察例展四限,檄覆严拿务获;四为三盟逃犯鄂特哈例展四限,檄覆严拿务获;五为三盟锦王不克年班,加结咨送京院查办。

十三日(12月5日)圣祖仁皇帝忌辰。午正率郭什哈等在东圃射演步靶。接夹板壹副,拆政府十月廿一日覆文一角,言廿日接到旧报匣三分,旧钥匙三把,新钥匙三把。未刻堂齐,画行交稿十一件,来文十三件,堂行四本,又拆来文四角。接冯高峰信一封,知其因事被议,栖身乌孙也。三部院共用印二百九十八颗。理藩院现画略节一件,即图盟阿王推诿年班咨行京院库伦查照。阴云四起,未雨而风,大寒将至矣。

十四日(12月6日)寒冷如昨。监视马峻元油饰乌锡香炉、

---

① 此处留空待补。
② 此处留空待补。

烛台、三设，木匣如供桌式，以备明日雪山拈香之用也。合寿岩来谒，讨论图说注解而去。

十五日（12月7日）大雪。辰初诣菩萨庙、关帝庙，拈香而还。辰正二刻乘征车出南门，进东沟走河滩回环冰，行东西岸过乱石沟，走大河冰甚滑，策骑走雪坡，西南转陟西冈，积雪二寸有馀，至会祭雪山处下骑，时午初矣。日丽风清，天气颇暖，东望雪山银光瑞霭，即率巡捕等拈香默祷祥霁，叩拜如仪。席坡小坐，南望山河，薄雪青松，爽人心目，惜山坳形胜可观，而无人创建庙宇常供香镫，麟虽有鄙愿，未卜能遂与否也。旋有北山沟住户蒙古四童持赠奶茶二壶，率众饮讫，当以带去五斤重月饼一套分报之。午初二刻乘车下雪冈，由旧路过乱石沟走坦途过河冰，策骑走西南坡康庄，步回河冰，仍乘车走河滩，由旧路进南门还公廨，时未正矣。巡捕、郭什哈等冰雪驰驱，行大不易，当将西辕保瑞、玉明、荣尚、冯亨铨、安吉庆、马林魁、李德义、刘清廉、张富、张永贵、阎吉泰、赵宽、孙酉山、夏福杨，本辕王英、赵铨、王振文、何生业、李锦荣、刘福、宋殿元、马峻元、顾天佑、王忠、王凌、张鉴共廿六员名各记功一次，遇差先派，并奖小酌便饭而去。随行噶札尔奇、乌拉奇六名各奖半茶，负香烛供箱者加奖半茶而去。潘、范、王、马四巡捕各照章交来台市小税盈馀银两，仍存隆庆昌备付公用。三部院各封呈明日应画稿件并递略节，当即逐件详阅讫：内阁一件，为科城接到随文火票日期册转兵部查照。兵部二件，为乌城满营官兵年终援奖前锋领催，咨行京部、绥帅查照转行；又为乌、科、库现存照验，咨报京部查核。理藩院五件，一为三盟伙犯车林年实七十，檄覆该盟查照完案；二为收到三盟格里克纳罚九银两，饬覆转饬查照；三为三盟何贝王旗下逃犯例展四限严拿务获；四为收到三盟札木色林等罚九银饬覆转饬查照；五为札盟领票拟由归化驮运货物，札覆该盟仍照原章遵办。

十六日（12月8日）午正率郭什哈等东圃射演步靶。未刻堂齐，画行交稿八件，来文十件，堂行五本，四部院共用印二百零九颗。拆黄布包一个，内来文十七角，计卅五件。旋诣万寿宫，跪迎上月初九日拜发折件：呈进貂皮，奉朱批"该衙门知道。单并发"，单奉朱批"览"；代多罕谢恩，奉朱批"知道了"①；台吉解职严讯，奉朱批"知道了"；请免追赔兵米，奉朱批"著照所请，该部知道"②；例查金山卡伦，奉朱批"知道了"③，钦此，内阁少坐而还，车藩又称疾未到。适阅户曹来文，知乌、科官兵绪请全支加增银两已准，由本年正月为始，乌、科一律绪支矣，慰甚。接德滋轩贺秋信一封。吉、瑞、普三章京来谒，讨论应裁应减官缺，俾其拟稿而去。伍辖呈报现出有东镇步兵一缺，即以西镇步兵马峻元调补，所遗西镇步兵一缺以旧记名张全拔补，递遗兵役一缺以记名尽先杨级拔补，旋画堂谕一本。

十七日（12月9日）昨夕食渴，过饮白毫茶，以致夜不成眠，兼之思乡綦切，今又觉不豫矣。辰正二刻策骑出西门，走河滩及晏水薄冰，乘车涉焉，走河冰穿台市行冰滩，至德茂园少坐，观磨面解无聊，仍乘车由旧路进西门还公廨，时已正矣。未后恩巡捕、李荣、周天福等来辞行，谆嘱小心奉差而去。

十八日（12月10日）辰正二刻策骑出东门，走冰渠行河滩及河冰，乘车至后庙少坐，仍乘车由旧路进东门还公廨，时已正矣。晚间闲步隆庆昌，少坐而还。三部院各封呈明日应画稿件并递略节，当即逐件详阅讫：户部一件，为请免追赔兵米兹奉朱

---

① 参见本书附录二095《奏为札萨克图汗多罗郡王三子索特那木喇布丹移赏公衔头等台吉代奏谢恩事》。

② 参见本书附录二096《奏请饬部豁免经部驳查无从赔补各项军米事》。

③ 参见本书附录二097《奏为派员查勘金山卡伦并无偷挖矿沙情弊事》。

批"著照所请,该部知道。"钦此,咨行京部钦遵查照。兵部二件,为步兵马峻元等互调粮缺,檄行宣、大二镇查照转饬;又为马兵王永和请领坐饷,檄行大同镇查照转饬。理藩院九件,前四件即台吉解职严讯、委员护送贡皮、派员查勘金山、据情代奏谢恩四朱批,仍前呈行政府、京院、户部札饬各该处转饬钦遵;五为三盟错认马匹拟罚三巴色尔图布等穷苦陈情,札覆该盟查照完案;六、七各为三盟贼犯多尔济巴拉锦等病故日期,札覆该盟查照遵办;八为三盟逃犯诺固干巴图三次限内拿获,请停限期,咨请京院奖叙见覆;九为图盟阿王因病不克年班,檄覆仍遵前饬,力疾赴京充当要差。日来朝夕寒甚,屋内唾地成冰,为四载寒冷之尤甚也。

　　十九日(12月11日)合寿岩来谒,讨论图说而去。未刻堂齐,画呈行交稿十二件,来文廿件,堂行四本,拆来文三角。接朱敏斋贺秋信一封。三部院共用印七十二颗。户部呈阅清厘积案折片底二件,各改易数字交去。

　　廿日(12月12日)辰正二刻策骑出西门,走冰滩及晏水汊,乘车涉焉,走河冰进前街,至义盛德商家少坐,仍乘车由旧路进西门还公廨,时已正矣。户部呈阅免追以前加四粮折折底,改易数字而去。

　　廿一日(12月13日)青雪籁籁,故(盖)〔章〕盖忠堆之子萨吉尔琥来谒,递哈哒四块,枣骝跑马一匹,貂皮一张,奖其假砗磲顶戴一分,便饭而去。合寿岩来谒,讨论北边舆图添注中俄约章条件而去。晚间闲步隆庆昌,少坐而还。

　　廿二日(12月14日)天气微和,午后登南城楼眺远,绕西城楼而下,便道隆庆昌而还。三部院各封呈明日应画稿件并递略节,当即逐件详阅讫:户部一件,为部覆科城公文四件,照钞咨行该大臣查办。兵部一件,为商民张思谦前往札盟那公旗下贸易,札饬该盟查照转饬。理藩院二件,为三盟明春吉厦奇贝子来驻,札饬吉厦济公查照;又为收到三盟初次未获逃犯罚九银两,饬覆转饬查照。安兵目、马峻元修理旧走马戏台镫一座赠两女。

廿三日(12月15日)未刻堂齐,画行交稿四件,来文廿件,堂行五本,拆来文三角,四部院共用印壹百六十三颗。晚间闲〔步〕隆庆昌少坐,便道西辕,饬木工曹世雄、巩庆有成做西辕、本辕匾、联、镫各三分而还。

廿四日(12月16日)辰正二刻策骑出西门,走冰滩及晏水冰,乘车走河冰穿台市走渠冰,至德茂园少坐,观磨面,颇有腹地风味,乘车由旧路进西门还公廨,时巳正矣。午后新笔政额尔德蒙额、安祥来谒,讨论满文而去,以巴巡捕、合寿岩、保巡捕公荐及于门也,额、安二人资质均堪造就,惜来乌稍迟耳。前阅景介臣寄来邸钞,知托可帅上月初旬到京,至今并无出口之音,仍派赵宽驰探,俾请车藩酌夺,旋以为可。

廿五日(12月17日)写复吉巡捕等信三片,封交赵宽代交。写谕儿帖廿六行,钉封待寄。李巡捕镕、王全、焦锦库等由科领粮回差,带来阿树兄复函一封,其家报一包,附封信字第十一号家报待寄。接景一峰信禀一封,得悉科城西北界限惨目伤心,叹当时人才而已。四部院各封呈明日应画稿件并递略节,当即逐件详阅讫:内阁一件,为本处各差陆续交到印票司票各四张,分送察哈尔都统、赛站司员查销。户部一件,为恩绂庭等找领银粮咨报京部查核。兵部三件,一为差派赵宽进口探听托可帅确音,咨行察哈尔都统查照,转饬札饬吉巡捕等遵照;二为更正玉振魁为玉珍魁,咨覆京部查照更正;三为刘把总福泉病故日期咨报京部查照。理藩院二件,为札饬三、札两盟迅传明年春季应班笔齐业齐前来接办;又为乌梁海贼犯偷盗杜尔伯特马匹,札饬唐努总管严行查拿,咨行科城查照。晚间闲步隆庆昌,少坐而还。

廿六日（12月18日）内阁交来写讫致托可帅贺年信一封，附请早临本任，以便麟陈情归省，封而待寄。写桂芝延、景介臣、赓怡斋年信内三附片，封而待寄。又将托子明、永峻斋、博晓山年信三封封而待寄。未刻堂齐，画行交稿七件，来文三件，堂行四本。三部院共用印六十二颗。赵宽来辞行，当将家报①、托信、肚羊暨芝延、介臣、怡斋、子明、峻斋、晓山八信均面交其因差代投而去。四部院章京等来谒，公同讨论裁减满蒙官兵各缺，酌古准今，不克裁减，俾请车藩裁夺而去。

廿七日（12月19日）辰正二刻策骑出西门，走河滩及渠冰晏水，乘车走河冰穿台市走冰渠，至德茂园少坐，观磨面，仍乘车由旧路进西门还公廨，时已正矣。午后内阁呈阅明未拜发常年报销展限②、免赔以前半支加增③折二件，安折二分，封套四分，当画奏行稿三件，堂行一本，内阁现用印十七颗。内阁、户部略节三件，即适署之奏稿二件，行奏事处稿一件也。申初罕星岩来谒，晤谈而去。

廿八日（12月20日）清晨检点年信，应璧版柬，签封待附。午后普耀庭来谒，讨论裁减官缺，车藩仍欲增添蒙员而去。未正诣万寿宫，拜发昨阅折件如仪，内阁少坐而还，车藩称疾未到。合寿岩来谒，面交代注讫马绘库伦旧图说及中俄约章二则，畅谈而去。瑞岚秀、普耀庭各遣赠猪肉一方，各资力半茶而去。三部院各封呈明日应画稿件并递略节，当即逐件详阅讫：户部二件，为免赔以前半支加增原奏咨行京部查照；又当年报销展限原奏咨行京部查照。兵部三件，一为永阔亭保案，部覆议准，咨行侍卫处、

---

① 此处天头有眉批："信字十一。"
② 参见本书附录二101《奏请展限办理乌里雅苏台积年销案事》。
③ 参见本书附录二102《奏为乌里雅苏台前经放过官兵加增银两不能造销请免赔补事》。

该京旗、该营查照;二为本年封印次年开印日时,咨行库、科二城查照;三为张全等拔补步兵等缺,咨行京部、晋抚查照。理藩院一件,为索果克官雅斋呈报更换年老卡兵,咨行科城查办。晚间闲步隆庆昌,少坐而还。武绅工成做讫两女红洋绉花灰鼠皮袄二件,先后奖其大茶四块,长女一袄该绅工做未如式,可哀哉。

　　廿九日(12月21日)冬至。青雪簌簌,天不甚寒。辰正乘车出东门,走雪滩冰渠河冰河滩,诣后关帝庙拈香,行贺长至仪,禅室少坐,仍乘车由旧路进东门还公廨,时巳初二刻矣。未刻堂齐,画行稿六件,来文十四件,堂行四本,四部院共用印七十九颗。

记事十五年十二月分①

十二月初一日（12月22日）辰正策骑出东门，走冰渠行河滩走河冰，诣后关帝庙拈香，禅室少坐，乘车由旧路进东门还公廨，时已初矣。本月管大狱巡捕西辕派李镕，本辕派王振文。

初二日（12月23日）写年信外包浮签。未刻拆来文四角。接图、乐巡捕等禀帖一封，知本年秋季晋饷已于十月十八日传解矣。接奎瀚泉世叔收马信一封，接高搏九前辈马封一角，内儿鹏十月十九日听字第八号家信，敬悉家严寿躬康健，精神清爽，两孙日就成立，尤欣恒士稣通家领本年恩科翻译乡荐，定静庵十月初九日到京，费巡捕十九日到京，信字第八正附二号家报儿鹏均已收到，上庆邸二函均已投递，行总署信图亦呈讫，费巡捕交来总署回投一纸，均纾下怀，当将回投遣交理藩院收存。附接陆凤石同年信一封。旋诣万寿宫，跪迎十月廿五日拜发折件：蠲免台市房园租税，奉朱批"户部议奏"②；循例拣补司员，奉朱批"该部知道"③；保留年满笔政，奉朱批"著照所请。该衙门知道"。钦此④。钦遵。内阁少坐而还，车藩称疾未到。大盛魁马商习和由科返乌，带来山鸡二只，干鱼十馀尾，资力一茶而去。督饬丁

① 此为中国科学院图书馆所藏第十二册日记封面所题。正文首页钤"中国科学院图书馆藏"朱文、"东方文化事业总委员会所藏图书印"朱文印。

② 参见本书附录二100《奏请蠲免乌里雅苏台街市房园租税事》。

③ 参见本书附录二098《奏请以瑞山补授军营承办粮饷章京主事等员缺事》。

④ 参见本书附录二099《奏为援案请留年满笔帖式以清销案而资熟手事》。

郭什哈超粘封年信外包五十三封。晚间闲步，将拟隆庆昌少坐，行至西夹道乃见军署菜房烟筒不戒于火，当往扑救，幸赖安郭什哈吉庆升屋拆落，旋起旋落，谅亦赖神灵默佑耳，仍往隆庆昌，少坐而还。四部院各封呈明日应画稿件并递略节，当即逐件详阅讫：内阁一件，为本年十一月分接到火票咨送兵部查销。户部二件，为委员李镕等领到官粮七百石咨覆科城查照；又为部议按年再由晋省拨银一万两为乌、科官兵全支加增，咨行晋抚、科城查办。兵部二件，为张家口商民刘广照等，又为白汉万等各持部票前往三盟等处贸易，各札饬该盟查照转饬。理藩院一件，为拟罚唐努承缉达噜噶牲畜明年差便呈交，饬覆该总管遵行。

　　初三日（12月24日）发各路贺年马封五十三角，计信版六十七封。写谕儿帖卅九行。未刻堂齐，画行交稿七件，来文七件，堂行三本。户部现画略节一件，为黑龙江委员依勒唐阿欠款就近呈交京部查收归款，咨催该将军查照转饬。三部院共用印壹百五十一颗。适批儿鹏昨信，知总署俄股总办为兵曹正郎吕镜宇（寰海）〔海寰〕，曾与舒畅亭亲家同司，且升吉甫世兄亦在俄股上行走也。札盟多罕遣递哈哒二块，黑马二匹，奶油一匣，炒面一小袋，蒙文信一封，当浼理藩院代写复函。

　　初四日（12月25日）检点上月分记事廿五扣半，钉封信字第十二号家报，写吉荣弟信内附片，写致张幼樵前辈年信二片，合封待寄。合寿岩来谒，讨论多罕处回信满底，并以干鹿肉数条见赠而去。

　　初五日（12月26日）穆宗毅皇帝忌辰。发吉荣弟年信马封一角，内附家报、友信二封[1]。辰正二刻乘车出西门，走冰滩过河冰穿台市走渠冰行河滩，至德茂园少坐，观磨面，仍乘车由旧

---

[1]　此处天头有眉批："信字十二。"

路进西门还公廨,时已正矣。接米面差冯巡捕亨镒、张巡捕玉秀等禀帖一封,知其由古城买妥白面六万馀斤,每百斤价银一两五钱二分云云。理藩院交来代写讫复多罕蒙文信一封,阅讫钤封,附回哈哒二方,奖来人活计二件,大茶二块交去。四部院各封呈明日应画稿件并递略节,当即逐件详阅讫:内阁二件,为循例拣补司员各缺兹奉朱批,咨行吏、兵部、绥帅,各该京旗钦遵查照;又为奎文斋充补候补笔帖式咨行吏、兵部、绥帅,京旗查照。户部三件,一为连巡捕等前解到直隶添拨乌、科经费五千两,咨报京部咨覆直督、照会口北道查照;二为蠲免台市房园租税兹奉朱批,咨行京部钦遵查照;三为前存潮朽军米全数出仓以清廒储,咨报京部查销。兵部二件,为绿营保案分别准驳,咨行直督查照;又为乌库现存军械火药册送京部照转核销。理藩院一件,为札盟棍公年班在途患病转报京院查办。

初六日(12月27日)孝惠章皇后忌辰。写魁介臣、魏午兄、色石友、崇建师、陈世五同年、庆锡斋、恩雨三、定静村、柏介甫、溥菊如年信,内十附片,阿树兄、景一峰、麟履仁妹丈年信六片,当饬丁郭什哈超按号粘封交内阁递去。未刻堂齐,画行稿八件,来文十二件,堂行五本,拆车藩来文一角,三部院共用印卅七颗。合寿岩呈请赴部引见防御。写致禄笔政塔清文年信三片,附候杜嫂夫人起居。镫下瑞荩臣诸友来署,代写两署春联,亥正便酌汤点而去。

初七日(12月28日)写双都护、雅静山亲家、长少白、奎瀚泉世叔、刚子良、张朗兄、吴清卿前辈年信,内七附片,并以《乌梁海纪略》二分分赠朗斋、清卿,饬丁郭什哈超仍前粘封交内阁递去。札盟阿公遣递哈哒一块,盘羊脱角十对,资力四茶而去。晚间闲步隆庆昌,少坐而还。

腊八日(12月29日)辰正二刻乘车出西门,走冰滩过河冰进前街转台市,至高木工肆少坐,徒行洋商肆购红绿绦登,备做帘幔,乘车出前街,由旧路进西门还公廨,时已正二刻矣。未刻连巡捕昌、马吉玉护送杜尔伯特罕王回差来谒,带来桂芝延信禀一封,汤羊二只,黄羊三只。接金凤楼禀帖一封,知其已进口采买镑镣矣。四部院各封呈明日应画稿件并递略节,当即逐件详阅讫:内阁二件,为保留托雪亭奉到朱批,咨行吏、户、兵部,该京旗,绥帅钦遵查照;又为上年十二月起至本年十二月止接奉朱批、恭缴政府查收。户部二件,为永阔亭、倭蔼堂缴找粮数不符、声覆京部查核更正;又为部咨科城覆文一件照钞咨行该大臣查办。兵部一件,为合寿岩赴部引见册行京部兵科、该京旗、绥帅查照。理藩院一件,为三、札两盟不赴乌城验票商民,咨行绥帅查明见覆。户部呈阅请留陆续增添章京笔帖式各缺折稿,改易数字而去。晚间闲步隆庆昌,少坐而还。

初九日(12月30日)瑞岚秀、普耀庭来谒,讨论留员折稿而去。未刻堂齐,画行稿六件,来文九件,堂行四本,四部院共用印八十九颗。札静亭、普耀庭来谒,面回台市众商家公赠"冬日可风"木匾,定于十三日悬挂而去。高木工丈量赞画堂东间中地尺寸,成做突出旋归粗截断而去。吉实斋等解到本年下半年头起晋饷。

初十日(12月31日)预拟陈情归省折稿。接图巡捕禀帖一封,知其解运三起晋饷封印前可到。接奎瀚泉世叔信一封,广药一匣,其附致托可帅一信存而待寄。户部来回,收到头起晋饷二万五千两有奇。满营补调新兵成安来谒,晤谈而去。

十一日(1890年1月1日)孝和睿皇后忌辰。辰正二刻策骑出西门,走冰滩,过河冰走后街至高木工肆,饬做木床、活腿桌。少坐,乘车穿台市,由旧路进西门还公廨,时巳正矣。札静亭赠绥远腐乳大小三瓶。

十二日(1月2日)孝德显皇后忌辰。写吕镜宇、升吉甫、景东甫信,内三附片。监视安木工等安设赞画堂粗隔断。理藩院呈阅代奏锦王谢恩折底而去。三部院各封呈明日应画稿件并递略节,当即逐件详阅讫:内阁一件,为本年十一月分接递过报匣日时册送兵部查核。兵部一件,为乌、科绿营员弁履历册二本咨送兵部查核。理藩院七件,一为三盟逃犯班第初次限内拿获,札饬推河等台台吉巴雅尔查照遵办;二为三盟贼犯绰拉图木拟罪,札饬车盟遵照橄覆三盟查照;三为三盟贼犯森吉拟罪,饬覆三盟查照完案;四为三盟贼犯拉布丹等拟罪,札饬哈尔呢敦等台台吉棍苏伦札布查照;五为三盟贼犯巴图瓦齐尔照例拟罪,札饬同上查照遵办;六为三盟贼犯托克塔扈等均有老亲,札饬该盟查照遵办;七为三盟贼犯和尔噶泰拟罪,札覆该盟查照完案。晚间闲步隆庆昌,少坐而还。

十三日(1月3日)巳正台市众商家以“冬日可风”蓝质金章匾悬于参谋赞画堂中室东桡上,众商叩谒少坐,当奖抬夫、木工、鼓手各役大茶四十块而去。先是吉实斋遣赠猪肉一块,干鸡鸭二对,冰鱼四条,绥点八包,资力二茶而去。未刻堂齐,画行交稿九件,来文十件,堂行四本,拆来文四角。接定静村经略贺年信一封。四部院共用印壹百七十四颗。普耀庭来谒,讨论图、庆两侍卫尚无接交公文而去。

十四日(1月4日)写致诚芝圃贺年信一封,钉封致吕镜宇、升吉甫、景东甫贺年信三封。未后合寿岩来谒,讨论引见礼节,当浼其代写致乌达峰前辈贺年信而去。乃送客之顷,寒风蔽炭气,目眩头晕,几乎卧道,即嗅红灵丹,稍愈。晚间闲步隆庆昌,不耐久坐而还。

十五日(1月5日)辰正乘车诣关帝庙、菩萨庙,拈香而还。写复杜芝延一信,并检点洋糖、杏荇、葡萄干、绥点四事待赠。写致恒士稣信四片,封而待寄。交卸博卡侍卫庆星伍同乡来谒,晤谈而去。接图书园内兄信一封,知其十月廿二日到卡任事。接吉绥之贺年一信。合寿岩交来代写讫致乌达峰前辈一信,钤封,俾其代寄,并将吕镜宇、升吉甫、景东甫、诚芝圃、恒士稣、桂芝延七信及洋糖、绥点四事均面交其因差代寄而去。三部院各封呈明日应画稿件并递略节,当即逐件详阅讫:户部一件,为回营马步兵姜兴元等回缴盐粮,咨报京部查核。兵部二件,为戍守新兵成安到防,咨行吏、兵部、绥帅查照;又为合寿岩引见后请假一个月回绥整装携眷,咨行绥帅查照。理藩院四件,一为达瓦棍布补放察克达兵缺,饬覆吉厦转饬遵行;二为三盟贼犯拉布丹病故结报,饬覆该盟查照遵办;三为东翼欠驼应由各旗赔还,札饬图车两盟遵办、管厂公密什克多尔济查照;四为三盟盗犯身故,札覆三盟查照遵办、津卡、北九台台吉查照。

十六日(1月6日)辰正二刻乘车出西门,走冰滩河冰进前街,至义盛德商家回拜庆星伍,晤谈而别,仍乘车出前街,由旧路进西门还公廨,时巳正矣。三盟贝子衔公鄂勒哲依特木尔来谒,面递哈哒一块,笨马一匹,当回哈哒一方,奖来人活计一件,大茶一块,晤谈而去。未刻堂齐,画行交稿七件,来文十六件,堂行四本,拆来文三角。本牧蒙古兵忠堆病故一缺以该盟壮丁巴雅斯琥朗充补。三部院共用印壹百十一颗。全守馀来谒,讨论德健斋年满出缺,俾请车藩酌夺而去。兵部呈阅酌保卡伦侍卫庆福折底,改易数字而去。

十七日(1月7日)辰正二刻乘车出南门,走冰滩冰汊过避风湾,至天义德回拜三盟鄂贝子,未遇,仍由旧路进南门还公廨,时巳初二刻矣。写复吉绥之一信,附赠其粗笺纸八十片,封交内阁,俾倭蔼堂差丁寄去。科城饷差委员钟祥来谒,晤谈而去。瑞岚秀来谒,言科城待饷孔亟,将其应领一半之半一万金先行拨

解,俟二运三运到齐,再将全数交钟委员领解云云而去。写复图
书园内兄贺年信二片,封而待寄。未后全守馀来谒,请点官缺,
当将德健斋年满其所遗户部额外笔帖式一缺点补瑞荩臣,递遗
候补笔帖式一缺定于明日午刻在本署公同面试考补而去。晚间
闲步隆庆昌少坐,观安头目成做走马宫镫而还。

　　十八日(1月8日)选拟考试候补笔帖式小题目十则备考,
应试诸笔政西辕牧厂章盖、昆都、蒙古郭什哈共廿四名,公递哈
哒二块,汤羊一只,黄羊一只,奶子二肚一托子,当奖其活计三
件,大茶十二块,晤见而去。西七台台吉绰克巴达尔琥呈递哈哒
一块,汤羊二只,奶子二肚,奖其活计一件,大茶二块而去。先是
监视郭什哈等挖补待时堂以外窗棂,粘贴各门户楹联,午间罕星
岩来谒,晤谈而去。内阁交来代写讫复奎瀚泉世叔信三片,并前
写附启封而待寄。未正全守馀、合寿岩等带领十二应试人员来
谒,当于赞画堂面试,申正试卷交齐,以安祥为稍优,额尔德蒙
额、博勒合恩次之,馀则全卷三二人,半卷履历数人,其候补笔帖
式一缺即以安祥充补,额、博二人记名,俾请车藩酌夺而去。武
纫工做讫赞画堂帘幔桌套一堂,奖其大茶四块而去。画堂行四
本,兵部现用印四十二颗。恩綍庭、奎文斋等恭洗关防印信讫,
各储原匣,敬存原柜而去。

　　十九日(1月9日)寅正即兴,写谕儿鹏帖廿四行,封作信字
第十三号家报。辰正车藩来会,同在参谋赞画堂行礼,敬谨遵封
关防印信如仪,受四部院章京、笔政及三辕门满汉巡捕、郭什哈、
四吉夏、副将军等庭参毕,车藩等先后告别。钤讫奎瀚泉、图书
园马封二角,即将前写二信粘封①,交内阁发去。合寿岩来谒,
当将家报及由普耀庭代债百金并赠景东甫盘羊角一对,面交其

———————————

①　此处天头有眉批:"信字十三。"

因差代致而去。少焉，罕星岩通家来道喜，晤谈而去。闪惠回差来谒，带来费巡捕禀帖一封，知其十月廿五日呈交贡皮讫，附接托可帅覆函一封，绪子兴内兄信一封。张庭裕回差来谒，带来宋巡捕等禀贴一封，言带来活计二匣，回信十七封，名片十一片，托可帅尚无出口准信。附接儿鹏十月廿五日家信一封，敬悉家严寿躬康健，眠食起居均皆照旧，两孙壮实，甚纾下怀，带来缙绅、宪书、京报、全八行纸、腌肘、士酥卷、小照、胰子、宫皂、脂粉，均如数收到。附接文诗儒表弟、怀绍先、嵩犊山前辈、玉桂初亲友信禀四封，又接景介臣信一封，海味四色，点心四匣，朗月华通家、英焕章同年、广厚田世叔、托子明、永峻斋、明芝轩、福东泉、博藩、桂瀛洲、松寿师、克藩、漪贝勒、八额驸、德泽圃、德郎中、芬馀庭、惪箴亭、希抑山、希少亭谢马信十九封，额中堂、宝佩帅、兴石海、嵩犊山前辈、长石农通家、文锦如世叔、广厚田世叔、巴敦甫、英焕章同年、德郎中、福中堂谢马璧马名片十一片。申酉之间闪惠、张庭裕交来由京由口寄来物件，均如数查点讫，无讹，当由物包中检出恒士酥通家高标题目佳章一分观之，如在棘围也。写复儿谕十二行，复士酥信三片，先后封交合寿岩因差并致。细检闪、张寄来物件，费巡捕代购靛月纺绸三匹，广扣十副，涌泉膏二罐，红单八行八百片，印签大放套六百个，鞍座天青花氆氇十八尺，酱砖十块，麻绳七斤，桦车铁中柱竹条，均各随全分，由大新德代购蓝江绸袍料、天青江绸马褂料各一件。

廿日（1月10日）写致吉绥之便信一封，并昨由家信内拆出绥之家报，合封待寄。检点昨附家信寄来九月初四日至十月廿二日京报四十九本，天语煌煌，随时恭读，以广见闻。本牧厂章盖班登尔达克、昆都丹苏楞率蒙古郭什哈十八名公递哈哒四块，汤羊一只，黄羊一只，奶子一肚，当奖渠等活计二件，大茶十块，并奖昆都之子三吉大茶二块而去。合寿岩来谒，俾其差便代购江绸十一尺，洋绉茧绸各一匹，晤谈而去。闪腾龙带来行镜二面，黑绒领一条，卤虾一篓，小菜一篓，酱瓜一盘，提浆饼一篓，笺纸二匣，名片百片，封套二包。札静亭、普耀〔庭〕来谒，讨论遵旨覆奏满绿两营官兵粮饷差操章程，草创折稿而去。晚间闲步隆庆昌，少坐而还。恒巡捕代购大甲羊十五只，专备明正请客。

廿一日（1月11日）恭读京报，惜锡席卿前辈已卒，欣悉麟芝庵调吏部尚书，犹山前辈调刑部尚书，松吟涛前辈补理藩院尚书，尤欣熙煦庄同寅已总宪万邦矣，惟祈年殿灾，未免孤臣杞忧。午间全守馀来谒，讨论廿三日、廿八日拜发报匣二分，并点瑞苌臣、普云亭考语而去。拆来文四角。接沙振庭、魁介臣贺年公信一封，科城部院景一峰等贺年公禀一封。户部交来预支明年春季盐菜廉银，除扣一成廉银十七两五钱，又扣酌拟核减银廿五两，扣欠平银一两三钱三分三厘四毫，扣减平银七两九钱五分，扣米面银十五两，原应领壹百七十五两，今实领壹百八两二钱有奇，还大盛魁、天义德二商家八十两，奖郝子英、马峻元六两，阿育什四两，下馀十八两二钱有奇，还隆庆昌零星货费也。

廿二日（1月12日）监视郭什哈等掸扫挖补待时堂顶隔窗棂。未刻内阁呈阅明日未刻拜发请留章京笔政各缺①、酌保博卡侍卫庆星伍②、代锦王谢晋爵恩折三件，安折二分，封套四分。当画奏稿三件，行稿二件，来文十六件，拆来文四角。内阁，户、兵部，理藩院现画略节五件，即适署之行奏稿，内附瑞苌臣等补缺咨行吏、兵部，绥帅，各该京旗查照。台市官厅公送绥点十小包，猪肉，干鸡二只，干鱼四条，资力一茶而去。图巡捕伽本晋饷

① 参见本书附录二103《奏为办公需员孔亟章京笔帖式各缺难议裁撤请仍留陆续增添各缺事》。
② 参见本书附录二104《奏为三等侍卫庆福驻卡期满无过援案请奖事》。

回差来谒,晤谈西口情形而去。户部来回,图巡捕解到晋饷六千两如数收讫无讹。合寿岩来谒,当拟信稿上礼邸,俾其誊真,并写致那钜辅信二片,浼其代致而去。

廿三日(1月13日)恭阅京报。午正开印,户部、兵部、理藩院呈画现行现交例稿廿二件,四部院共用印二百八十二颗,画堂行四本。未正诣万寿宫,拜发昨阅折件如仪,内阁少坐而还,车藩称疾未到。三部院共递现画略节廿二件,即适署之庆星伍请咨回京,暨年终例事照案咨札各该处也。隆庆昌赠两女煮红枣、油炸豆、冻柿、元宵、锅盔五盘而去。先是接阿树兄、德敬斋、黄厚吾贺年信版二封。张庭裕销差,俾在东厨经理一切,常川驻宿。亥正以清茶少牢恭祀皂神,祭馀分奖庖人韩兆元、任福昌及马胡义、阎保谦、张吉升。

廿四日(1月14日)青雪三分有馀,巳霁,鹊噪可听。昨日内阁交来署讫吉绥之马封一角,当已钤印,将其家信并前写附函合封交递矣。隆庆昌代烙年礼饽饽成,当赠车藩十斤,加赠老米四十斤;赠车藩喇嘛弟、罕星岩、吉丽昆、全守馀、瑞岚秀、普耀庭、札静亭、荣锡三、钟溥泉、义盛德、恒和义各八斤,义盛、恒和各加汤羊一只,守馀加荣赠诗笺一匣、粗水笔十五支;文晏轩、托雪亭、庆松涛、阿屏屏、瑞苌臣、合锡三、奎文斋、存子元、萨鹊桥、额九馀、安云亭、安静臣、锡祝三、瑞绮文各六斤;合寿岩、庆星伍均将行,各赠二匣以钱之。拆来文五角,内有政府夹板一付,驻库俄官公文二件。顷准政府由驿颁到年例恩赏,当即跪迎叩领大荷包一对,小荷包二对,银钱银锞六个,食物半分之半,其可帅福字等赏彼时在京面交矣。监视木工凑做四尺三寸见方空心火盆桌瓶势活栏杆,当饬马胡义刷色。理藩院呈阅三盟何贝王续假折底,加改二字而去。

廿五日(1月15日)孝庄文皇后忌辰。以汤羊二只,牛乳二肚分赠隆庆昌、福臣魁,又以汤羊二只分奖王巡捕英、高木工福。俄商递哈哒一方,洋胰二块,洋糖四盒,洋烛廿四只,洋刷一柄,洋铁盘一个,资力一茶而去。札盟库台吉来递哈哒一块,黄酒一小坛,璧回顶托一分,回哈哒一方,奖来人大茶二块,旋以隆庆昌代烙饽饽八斤报之。户部现画行稿一件,堂行一本,用印十八颗,略节一件,为派文润斋就近提领乌、科加增晋饷、咨行绥帅查照转饬。未刻合寿岩来辞行,晤谈而去。庆星伍遣赠两女柿子、梨棠数事,资力一茶而去。义盛德遣赠干鸡、鸭、鱼各一对,绥点数匣,资力一茶而去。木工曹世雄、巩庆有做讫军署本辕匾、联、镫架各三分成,各奖其工料大茶各十块而去。合寿岩留赠小堪达尔罕皮一张,致字庆星伍,俾其携交东口大新德代觅良匠熟妥,并致字该商家代办。王巡捕弼代烙卷酥、锅盔二盒赠两女。恒、杨、萧三巡捕各赠两女绥点、柿子、葡萄数〔事〕,各资力而去。

　　廿六日(1月16日)武纫工成做红绿绦登机套六个、空心大桌围、神桌小黄围讫,奖其大茶二块而去。福臣魁赠寿字酥、红月饼二盒。荣锡三遣赠树鸡、干鸡、鸭、鱼各一对,猪肉一块,赠两女绥点、洋糖、金糕四色,资力二茶而去。普耀庭赠干鸡、鸭、鱼、猪肉、鸡卵、绥点、金糕数事,资力二茶而去。花台台吉孟克达赉、札台台吉丹占、推台台吉巴札尔各递哈哒一块,汤羊各二只,奶子各二肚,各奖活计各二件,大茶各二块而去。大盛魁挽来本年除收净欠银壹千壹百壹拾四两叁钱六分,天义德挽来本年除收净欠银捌百壹拾九两三钱七分,日复一日,债深累重,不知如何了结也,悲夫。哈台台吉棍苏伦札布递哈〔哒〕一块,汤羊二只,奶子二肚,资力活计二件,大茶二块而去。伊勒固克森格根遣递哈哒一块,细藏香二束,扇套一件,折扇一柄,当回哈哒一方,奖来人活计一件,大茶一块而去。申刻札静亭、普耀庭、荣锡三、钟溥泉来谒,讨论台市蒙民酗酒怀疑、妄控偷盗案件,拟交造言之蒙民缉贼，俾请车藩酌夺而去。理藩院呈阅照会驻库俄官文稿二件，正误二字交去，一为库什迈之案待总署覆文遵办，一为雅库布之案仍前定期会办也。

廿七日（1月17日）瑞岚秀遣赠干鸡、鸭四只，干鱼四尾，腐乳一小罐，猪肉一块，资力二茶而去。安云亭来谒，晤谈而去。预派明年正月驻管大狱巡捕军署范元，本辕赵铨。札盟阿王遣递哈哒一块，清文贺年信一封，蒙古针黹一件，信交理藩院代写回函。吉丽昆、恩绶庭各赠干鸡、鸭、鱼、猪肉、五酒、绥点、挂面数事，资力二茶而去。全守馀遣赠干鸡、鸭、鱼、猪肉、五酒，赠两女绥点、荷包、手绢，资力二茶而去。恒和义赠汤羊、猪肉、干鸡、鸭、鱼、糖果数事，资力一茶而去。札静亭赠猪肉、干大鱼、细绥点，资力一茶而去。未刻内阁呈阅明未拜发遵旨覆奏满绿两营官兵额折单①、请免追赔以前官兵加四粮折②、蒙员因病续假折片共四件，安折二分，封套四分。旋画奏稿三件，行稿五件，堂行五本，来文十三件，三部院共用印壹百五十一颗。接魁捷臣贺年信一封，序事颇有牢骚也。钟溥泉遣赠猪肉、干鸡、鱼、五酒，资力一茶而去。理藩院现画行交稿八件，堂行一本，现用印八十三颗。车藩遣赠干鸡、鸭各二只，干鱼二尾，青羊一只，两女冰梨二包，奶条二包，资力活计一件，大茶二块而去。四部院略节：内阁四件，一为本处拜发奏事报匣咨行兵部转奏；二为科城十一月分拜发报匣日时册送兵部查照；三为政府咨送到上赏福字等项转咨科城查收见覆；四为兵部咨来钦奉通行上谕"各直省陈奏事件，地名全写，一概不准减文等因。钦此"，咨行库科大臣钦遵

① 参见本书附录二105《奏为遵旨具报防营官兵数目并例支粮饷银两并无侵蚀事》。
② 参见本书附录二106《奏请宽免赔项事》。

查照。户部二件，为以前放过官兵一半加四粮折、恳恩免追、恭折具奏；又为已故把总刘福泉找免银粮咨报京部查核。兵部一件，为遵旨覆奏满绿戍守官兵数目缮单恭折具奏。理藩院九件，一为三盟何贝王车林多尔济因病续假附片具奏；二为照录原片咨行京院札饬该盟转饬遵行；三为东厂倒毙驼只拟定摊赔，咨行户部查核示覆，咨覆京院查办；四为东翼拨给官厂驼壹百只，饬覆密公什克多尔济查照；五为西厂拨给官厂驼壹百只，饬覆达公什多尔济查照；六为库咨俄官公文暨送俄商密呢音信包一个，咨覆库伦大臣查照；七为本处咨行驻库俄官公文一角，咨行库伦大臣转行俄官查照；八为札盟阿王旗下抢窃俄商雅库布牛只，咨覆该俄官查照，札饬该盟长查照；九为俄商库什迈伯里索福一案，咨覆驻库俄官俾待总署指示查照。

廿八日（1月18日）乐巡捕善领解二起晋饷回差来谒，晤谈西口情形而去。图书园通事、德盛和商家遣赠绍酒一小坛，干鱼、鸭各一对，挂面一匣，资力二茶而去，旋以汤羊一只、绥点二匣报之。未正诣万寿宫，偕车藩拜发昨阅折件如仪，内阁少坐而还。户部现画行稿二件，堂行一本，现用印十四颗。三盟吹王遣递哈哒一块，汤羊一只，当回哈哒一方，奖来人活计一件，大茶一块而去。户部现画略节二件，为图书园、庆星伍找缴银粮咨报京部查核；又为戍守兵成安找领盐粮咨报京部查核。那钜辅旗下格根遣递哈哒一块，札噶一包，当回哈哒一方，资力大茶一块而去。图巡捕由西口带来干鸭二只，暖靴一双，阿信屏遣赠猪内一块，干鱼二条，各资力一茶而去。户部来回，乐善解到晋饷九千两如数收讫无讹。

廿九日（1月19日）以绥点八包，汤羊二只，蓝摹本缎壹料回赠俄商翟差贲。图巡捕交来奎瀚泉世叔、绥远瓮城道士赵洪耀信禀二封。赵巡捕亮赠猪肉一块，干鱼一尾，靛子烟一包，挂

面一匣。以汤羊七只分奖王巡捕粥、北菩萨庙喇嘛、后关帝庙庙
祝各一只，军署本辕木炭窑二只，蒙古笔齐业齐二只；以黄羊五
只分奖西辕园头梁生魁、纫工武秉越、峻元之兄顾占元、东关帝
庙庙祝、土地祠庙祝各一只。接文润斋禀帖一封，知本年加增晋
饷已拟提解，于本月十三日报启程矣。三盟札雅班弟达格根棍
布札布①及其尚卓特巴遣递哈哒一块，汤羊二只，藏香三束，小
火镰一张，蒙古活计二件，当回哈哒一方，奖来人活计二件，大茶
二块而去，以汤羊二只分奖白巡捕兆熊、赵巡捕亮以示同甘。明
年春季署吉厦三盟贝子奇密特德哩克来谒，递哈哒一块，晤谈而
去。户部现用印九颗，为分拨科城经费交该委员钟祥按数领解
回科之文也。画堂行三本。乐巡捕赠干鸭二只，沙鸡数只，绥酱
二篓。札盟阿公遣递哈哒一块，清文信一封，饽饽二匣，酒二瓶，
汤羊二只，交理藩院代写回函。

　　卅日（1月20日）辰正乘车出南门，走冰滩雪地及照山阴，
向日遥拜先茔先妣，行岁暮礼，礼毕仍乘车由旧路进南门还公
廨，时巳初二刻矣。库伦哲普尊丹巴胡图克图及其尚卓特巴遣
递大哈哒各一条，蒙文信二封，藏香四束，红哈喇一块，花氆氇一
块，蓝哈哒一块，奶食二匣，火镰一张，晤其斋桑等而去，交理藩
院代写回函。三盟锦王遣递哈哒一块，奶食二匣，清文信一封，
汤羊二只，信交理藩院代写回函。三盟特王弟遣递哈哒八块，奶
食一匣，清文信一封，蒙古活计六件，信交理藩院代写回函。札
盟达公遣递哈哒一块，汤羊一只，资力活计一件，大茶一块，回哈
哒一方而去。札盟索公特诺木阿勒布登遣递哈哒六块，白油一
匣，炒面一小袋，活计七件，当回哈哒三方，资力活计二件，大茶

---

① 乌云毕力格教授赐告：札雅班弟达是活佛称号，格根是活佛之意，棍布
札布是其名。

二块而去。札盟多罕遣递哈哒一块，汤羊二只，小火镰一张，蒙
文信一封，交理藩院代写回函。札盟阿王遣递哈哒一块，蒙文信
一封，活计二件，奶食一匣，信交理藩院代写回函。酉正具戎服
率内子两女在待时堂遥拜家严、家伯母、家叔，行辞岁礼，礼毕，
西辕、本署满汉巡捕、郭什哈等遥叩家严及麟。以军署张永贵、
张富、杨映山、杨在元，本辕任洧、马珍、郑魁禄、张富差使勤奋，
均着奖以七品顶戴，交兵部存记，俾请车藩酌夺。俄商翟差赍缴
片道谢，留俄文职名一片而去。罕星岩、额九馀、安云亭、阿信屏
四通家先后来辞岁，均各晤谈而去。其四部院章京等来辞岁，均
挡驾未会。以大茶廿四块分奖庖人韩兆元、任福昌及马胡义、阎
宝谦、张吉升，内郭什哈张庭裕、郝子英、马峻元，厩卒李锦荣、刘
福及园丁张富各二块，蒙古女役阿育什二块。以藏香四束遣献
城内四庙，以达神庥。接库伦那罕清文信一封，交理藩院代写回
函。由恒和义购酱色摹本缎一料，备回赠哲普尊丹巴胡图克图。
以白油奶食二匣，炒面一小袋，奶子二托分奖绰霍尔台章盖、昆
都等，以示同甘。子初乘车诣本城菩萨庙、关帝庙、北菩萨庙、土
地祠四庙，虔诚拈香，敬报神庥，便道钟溥泉寓拜年而还。

光绪十六年(1890)日记

记事十六年正月分①

光绪十六年新正月朔(1890年1月21日)子正敬具香疏少牢,率内子两女在乌垣参署待时堂右檐下天地位前行接神礼,风从艮地起,历主人寿年丰。辰初诣万寿宫,偕车藩恭贺元旦令节,叩拜如仪而还。车藩来拜年,晤谈行礼。军署本辕满汉巡捕、郭什哈等均请安道新禧而去。辰正乘车出南门,走雪滩行冰雪河冰,进前街诣三元宫、真武庙、城隍庙拈香,仍乘车穿后街,由旧路走城北冰滩,诣后关帝庙拈香,禅室少坐,仍乘车走冰雪、东南行冰雪滩,路甚崎岖,沿山坡回拜车藩暨其弟达喇嘛并罕星岩通家,晤车藩行礼,畅谈而别。仍乘车下巨坡走冰滩,回拜新旧吉厦济公、奇贝子,均未遇,绕进西门回拜四部院章京及管营官弁,穿东夹道还公廨,时午初二刻矣。庆星伍、达喇嘛、罕星岩、库台吉先后来拜,均晤谈而去。率内子两女食煮饽饽,不免大起乡情,未卜今夏能归省与否也。以本署河神祠供馔少牢分奖园丁张福及郑魁禄、杨芝、郝崇、李全孝,又以马王神供馔少牢分奖马卒李锦荣、刘福及孙酉山、马吉玉,并加奖酉山、吉玉活计

---

① 此为中国科学院图书馆所藏第十三册日记封面所题。正文首页钤"移孝作忠效力边陲"白文、"中国科学院图书馆藏"朱文、"东方文化事业总委员会所藏图书印"朱文印。

各二件，以励其御车之劳，以奶子一肚奖引马噶札尔齐等，以示同甘。

初二日（1月22日）辰正以少牢恭祀财神于参谋赞画堂，祭馀分奖书房郭什哈何生业、王全、丁超、宋殿元、冯亨铨、马麟魁、焦锦库七人，以示同甘。检点前购酱色摹本缎一料，貂皮一张，备赠哲布尊丹巴胡图克图，又貂皮一张备赠其尚卓特巴，又检点东口奶饼四小匣，醇赠堆花活计一全分，备赠蒙古伯母及三盟特王弟等。午正乘车出南门，走冰雪滩过避风湾，回拜天义德商家，少坐。策骑走冰雪滩越城南，回拜库台吉未遇，乘车走冰滩河冰，进后街穿台市，回拜各商家，至义盛德，并回拜庆星伍晤谈，少坐而别。仍乘车出前街，由旧路进西门还公廨，时未正二刻矣。写特王弟信内附片，及钤封理藩院交来满蒙回函待寄。先是额九馀、安云亭二通家复来叩新禧，晤谈同去。

初三日（1月23日）高宗纯皇帝忌辰。三盟特王弟护卫来谒，即将昨备信件面交，奖其活计二件，大茶二块而去。又将哲布尊丹巴胡图克图暨其尚卓特巴、库伦那罕、札盟多罕、阿王、巴札萨克、三盟锦王满蒙信七封及回哈哒礼件，并奖各处来人活计九件，大茶九块，先后交恒、萧巡捕等分交。未后监视武纫工裁剪皮袄面、棉紧身面。浣额九馀代录罕王来往贺年清文信稿，浣图巡捕代录上年十二月分记事，均交去。

初四日（1月24日）薄云微阴，午正乘车走西夹道出西门，走河滩河冰及北冈，策骑而陟行山坡，绕金山湾，至大盛魁商家回拜，晤谈少坐，乘车由旧路进西门还公廨，时未正矣。三盟吉厦奇贝子递哈哒一条，小海骝一匹，当回哈哒一方，奖来人活计一件，大茶一块而去。

初五日（1月25日）检点图巡捕代钞讫上年十二月分记事

卅一扣。午后钟溥泉、荣锡三、普耀庭、阿信屏先后来谒,讨论俄人运茶过境,俾其拟稿请饬总署妥议章程,谏吉出奏而去。接吉荣弟、安使者贺年信二封。

初六日(1月26日)军署马差郝永恩回差来谒,接吉巡捕等禀帖一封,知托可帅上年十二月中旬出京,本年二月间出口,三辕巡捕、郭什哈共留廿五名随行差委,勿庸再派弁兵迎接云云。额九馀交来代钞满蒙信稿。未刻拆来文十七角,内上年十二月初四日清文上谕一道,沙振庭已授吉林副都统矣。接王枫兄、安少农、克胜斋、永峻斋贺年信四封。旋诣万寿宫,偕车藩跪迎上年十一月廿八日拜发常年报销展限、请免赔以前半支加增,均奉朱批"著照所请,户部知道",钦此钦遵,内阁少坐而还。

初七日(1月27日)世祖章皇帝忌辰。写复桂文圃信三片,谕儿鹏帖四十行,钉作笃字第一号家报,封而待寄。未刻罕星岩通家来谒,晤谈许久,率其随侍巴琥尔考订蒙古咄文,茶食而去。全守馀来谒,讨论十三日开笔画事,拜发折件,并呈阅谢赏荷包、食物、乌科联衔折稿及交代拟俄人绕越运茶折稿而去。阿信屏来谒,讨论俄人运茶折稿,增改数处而去。庆星伍来辞行,当将玉把总珍魁履历一本附家报面交其回差代致①,畅谈而去。监视王泥工修理外院西厨炉灶,粘补赞画堂泥炉。

初八日(1月28日)辰正二刻出西门,走雪滩河冰,穿后街南转,诣三元宫拈香,出台市中坊,至义盛德商家送行庆星伍,畅谈而别。仍乘车出前街,由旧路进西门还公廨,时午初矣。未后玉巡捕珍魁、阿信屏、奎文(轩)〔斋〕等先后来谒,各为车藩说项,有以俗论十三日为杨公忌日,拜折不利者,则以是日值除岁,德能解诸凶,月空宜上表章却之;有以既经具奏俄茶,宜查验放

---

① 此处天头有眉批:"笃字一号。"

行者,则以库伦虽有来文,并未接准总署覆咨,亦无三连执照却之。总之车藩与俄官交结甚密,遇事无不左袒于人,而阻挠于我也,悲夫。晚间闲步隆庆昌,便道荣锡三、普耀庭、阿信屏公寓,讨论折稿而还。亥正率内子在天地位前拈香,行顺星礼如仪。

初九日(1月29日)全守馀来谒,讨论车藩仍以十三日拜折不利拟请改定等语,当改于明日出奏,速饬缮折人员赶紧妥缮而去。普耀庭、阿信屏往返来谒,讨论昨阅折稿,填写文数,俾回车藩阅看,速交内阁赶缮而去。荣锡三饬属代捕巨鹿一只,遣蒙古郭什哈等送来,当奖大茶廿七块,活计二件,奶食一匣而去。阿信屏复来谒,言荣锡三提白俄人运茶到乌,先请函致总署,当浼全守馀代拟信稿而去。镫下守馀遣阅信稿,改易数字交去。

初十日(1月30日)午刻开笔大吉,恭阅本日吉时拜发乌、科联衔谢赏福字荷包恩满折,俄商运茶绕走乌城折二件,安折二件,封套四分。旋画奏稿二件,行稿存稿九件,堂行四本,画来文卅件,四部院共用印二百零十颗。申初诣万寿宫,偕车藩拜发适阅折件如仪,并以此次俄人绕路运茶,本处情入告者是依库伦来文所办,即饬所司办札严行札饬津、阿、博三卡侍卫台吉蒙员及唐努总管等严守卡界,如俄商不守约章,私入卡界沿途销售,立即拦阻查拿,呈报本处照约办理等语。当堂切嘱荣锡三、普耀庭等,同众说与车藩知道,车藩阳以为然,少坐而还。发呈总署公函一角,即全守馀昨夕拟稿,今日写就之信也。理藩院呈阅适间饬拟札文底,改易数字交去,并钞来俄商运茶合同执照三纸,存而备考。写致图书园内兄一信,封而待寄。晚间普耀庭来谒,讨论总署旧来文,当将书园一信俾其附牍钉发而去。本年春季台市巡捕军署派玉明、荣尚,本辕派赵铨、王英。四部院略节:内阁三件,一为福字赏联衔谢恩;二为上年十二月接递过报匣数目日时册送兵部查核;三为拜发奏事报匣咨行兵部转奏。户部三件,一为吉实斋等先后解到晋饷分拨科城一半,咨报京部咨覆晋抚、绥帅咨行科城查照;二为常年经费报销展限朱批,咨行京部钦遵查照;三为以前放过加增宽免朱批,咨行京部钦遵查照。兵部二件,为步兵张富等九名奖给七品顶戴立案备查;又为酌保庆星伍原奏录行京部侍卫处、镶黄蒙查照。理藩院三件,一为俄商运茶回国绕走乌城请饬核办具奏;二则此件折稿呈行总署,京院,绥帅,归化、库、科大臣查照,札饬吉厦转饬查照;三为四盟罕王等衔名册送绥帅转饬备案。

十一日(1月31日)孝全成皇后忌辰。监视丁郭什哈等修补西厨墙壁,检点家俱,惟忆昨日拜发之章有"请旨饬下该衙门"一语,似不甚明晰,应作"请旨饬下总理各国事务衙门"云云方合规矩,过后聪明不如无,敬待诏责吏议而已,然亦缘强邻任意,汉奸阻挠,以致有此疏略,区区苦衷,惟冀天知,伏望天佑。理藩院呈阅札饬津、阿、博三卡侍卫汉文札底而去。

十二日(2月1日)督饬韩、丁内外庖人等预备上元请客便席。检点恩露芝太史通家戊子、己丑乡会联捷文论稿遣赠普云亭,检点恒士龢孝廉通家己丑高标文论稿遣赠额九馀二通家,俾知我国家取士之成法。午后接奎瀚泉世叔信一封,附来鲜瓯朴廿圆,石榴十枚,龙井茶二瓶,荐来右卫医生赵相如廷璧,晤谈而去。接魁捷臣信一封,知其将请休而不果也。

十三日(2月2日)写复魁捷臣信三片,封讫交兵部附牍发去。台市巡捕等公送圆宵百枚,资力一茶而去。饬恒巡捕等开单恭请车藩,吉厦,四部院章京、笔政,三辕满汉巡捕、郭什哈,两牧厂章盖、昆都等十五、十六、十七、十八等日音樽候叙。未后内阁、兵部现画稿三件,一为上年十二月分接到火票数目日时咨行兵部查销;二为沙振庭补吉林副都统咨行科城钦遵查照;三为乌城满绿官兵数目折单咨行京部查照。来文廿八件,堂行三本,内阁、兵部、理藩院共用印壹百五十二颗。督饬巡捕、郭什哈等悬挂本署匾、联、镫三副。

十四日（2月3日）宣宗成皇帝忌辰。普耀庭、义盛德先后各送圆宵百枚，各资力壹茶而去。玉巡捕振魁率领梨园朋友相度赞画堂东室新截断，前为前台，月舫室为后台，开箱供神，检点戏俱，以备明日至十八日演戏待客，预辞还乡，留众友便饭而去。

十五日（2月4日）立春。辰正策骑诣菩萨庙、关帝庙，拈香而还。赞画堂东室祭郎神如仪。午初音樽待客，亥正罕星岩、阿信屏、额九馀、安云亭四通家终局而散，一昼一夕共演秦剧十二出，除箱底八金，加奖大茶八块，圆宵一百六十枚。

十六日（2月5日）阴云四合，细雪纷纷，未霁。午初音樽待客，车藩、吉厦、奇贝子等、库台吉、吉丽昆、全守馀、瑞岚秀、普耀庭、札静亭、钟溥泉、荣锡三、恩绶庭暨文晏轩笔政等先后来赴约，车藩未正而别，诸友陆续散去，时亥初矣，共演秦剧十一出，内子奖戏上大茶八块，绥点二巨盘。

十七日（2月6日）午初音樽待客，台市商家，共请六桌，镫下普耀庭、钟溥泉、阿信屏来观剧，亥初散戏，同共演秦剧十出，内子奖戏上大茶八块，绥点二巨盘。

十八日（2月7日）午初音樽待客，昼夜共演秦剧十一出，亥正吉、札、瑞、全、普、钟、恩、阿诸友散去，内子犒赏同前。

十九日（2月8日）督饬冯、何兵目等洒扫赞画堂，安、王兵目，马郭什哈等移出戏箱，内外厨检点家俱，半日之间仍前清楚，众力合作胜于无义狗奴十倍也。未后四部院现画略节：内阁一件，为本处上年接到火票数目汇总咨送兵部查核。户部二件，为科臣魁捷臣找缴银粮转报京部查核；又为科城旧新开在铁斤数目册转户工二部查销。兵部二件，为乌城拣补主事职衔各缺奏奉朱批，咨行绥帅查照；又为科城兵役赵祥等拔补步兵各缺，转咨京部、直督查照。理藩院一件，为本年五月十八日应行派员会查西北外八卡牌博照会驻库俄官，呈行总署库伦大臣查照。旋画呈行稿六件，来文十二件，拆来文五角，内俄文一件，三部院共用印八十颗。接景一峰、明朗川、德寿峰、德智斋、凌志堂、长鹤汀、陈六舟前辈贺年信版七封。少焉阴云细雪，申正而霁。由十五日至十八日请客四日，共用果席卅桌，羊菜教席四十馀桌，东口烧黄酒二百五十斤，绍酒一小坛。

廿日（2月9日）天气晴和，春光明媚。写复景一峰信二片，封而待寄。未正内阁奎、安笔政等在虚镜堂恭洗印信关防而去。旋登南城楼眺远而下。晚间率次女闲步，隆庆昌少坐，走西夹道而还。写复明朗川一信，封而待寄。

廿一日（2月10日）孝穆成皇后忌辰。巳初二刻车藩来会，同在参谋赞画堂行礼，敬谨遵开关防印信如仪，受四部院章京、笔政及三辕门满汉巡捕、郭什哈、四吉厦、副将军等庭参毕，车藩等先后别去。浼全守馀代写复德寿峰回函。午间罕星岩、库台吉同来道喜，晤谈而去。恒巡捕等公保西辕本署郭什哈十数名，除将马麟魁、丁超作为兵目，馀交兵部立稿，同前存记。吉丽昆来谒，晤谈户部一切情形，以图赠套红烟壶面赠而去，缘上年冬间图书园内兄赠来大小套红套蓝烟壶共三个，一赠全守馀，一赠普耀庭，一赠吉丽昆也。申刻拆来文五角，接甘裕庭、丁瀛舫、焦凯泉、王黼石、周渭臣、富子约、陶子方前辈、魏午兄、雅静山亲家、长少白弟贺年贺秋信版十一封，黼石服阕重度玉门，现在魏护抚辕下总理营务，少白两函十四片切论乌属北边界限，旧例新约了如指掌，洵可谓边才也，子方信言由嘉峪关直达陕省，现拟创立电线，未免周章。

廿二日（2月11日）辰正乘车出西门，走河滩河冰走后街，过晏水冰渠，至德茂园少坐，由旧路穿台市，至恒和义购买零星缎布棉线,便道义盛德商家少坐,仍乘车出前街,由旧路进西门还公廨,时巳正矣。内阁交来写讫复德寿峰、王黼石信二封,王信附启一片,封而待寄。庆松涛、玉把总来谒,面回官戏分项而去。申刻瑞岚秀、普耀庭来谒,讨论部咨造报房园租税案据而去。四部院各封呈明日应画稿件并递略节,当即逐件详阅讫:内阁一件,为科城上年分接到随文火票汇册转送兵部查核。户部一件,为部覆科文三件照钞,咨行该大臣查办。兵部三件,一为科城步兵苏林等拔补马粮各缺,转咨京部、直督查照;二为商民李昱光前往札盟那公旗下贸易,札饬该盟长转饬;三为步兵马锡凯等差使勤奋记功记名,前后共四十八名合稿存记备查,遇缺鼓励。理藩院二件,为行驻库俄官公文一角,咨行库伦大臣转送;又为本年春季札盟赴科驻班官兵衔名,咨行该大臣查照。

廿三日(2月12日)孝圣宪皇后忌辰。午初饭后行食闲步东门外,乘车走冰渠河冰河滩,至后庙少坐,仍乘车由旧路进东门还公廨,时午正矣。未刻堂齐,画行交备稿七件,来文廿二件,堂行二本,无拆来文,理藩院用印廿一颗。兵部面回本年遇闰,请分台市厅官驻管日期,当以宪书为据,闰二月十六日清明节以前作二月,以后作三月定去。内阁交来王黼石、景一峰、明朗川三马封,钤讫,将昨写信件各粘封发去。申刻马峻元与张吉升口角,当交巡捕等各责数策,以戒将来。以隆庆昌馎馎四匣遣钱吉丽昆,晚间亲往其公寓送行,未遇,便道隆庆昌,少坐而还。

廿四日(2月13日)春阴将雪,昨夜子丑之间梦科城送来巨虎一只,拴于东卧室北间中堂,睹其尾而醒,未卜主何吉凶。午霁,登南城楼望云而下,晚间闲步隆庆昌,少坐而还。

廿五日(2月14日)卯正率内子两女在待时堂内室东向遥祝遐龄,行三叩礼如祝颐庵仪,家严八旬正寿,孤臣念切,边庭羁縻四载,未卜何日重还乡梓,四世团圆也,饮泣以志之。上年皮差袁侯辅回差来谒，询其上年十二月廿六日出口，托可帅已有信出京，约在年内到口，途遇合寿岩，刻下谅已进口云云，带来玉巡捕连魁禀帖一封，由口代购干菜十数事，原带价银十两不敷，下欠壹两九钱，隆庆昌暂垫，由大新德商家暂假八十金寄京，交儿鹏卒岁等语，外货单一件。午未之间薄云细雪，申霁。三部院各封呈明日应画稿件并递略节，当即逐件详阅讫：内阁一件，为科城上年十二月分拜发接到报匣日时册转兵部查照。兵部二件，为商民任庆年前往杜尔伯特索王旗下贸易，咨行科城大臣查照转饬；又为吉丽昆请咨回绥，咨行该将军查照。理藩院二件，为三盟达贝子旗下鲁巴喇嘛①禄布桑楚拉图木等前往西藏磕头办给路票，咨行驻藏大臣查照；又为三盟达贝子之母等前往西藏与达赉喇嘛叩头办给路票，咨行该大臣查照。晚饭后踏雪出东门闲步，绕进南门而还。

廿六日（2月15日）阴云四合，细雪霏霏，二寸有馀。未刻堂齐，画行交稿五件，来文四件，堂行五本。本年春季致祭关圣帝君定于二月初六吉日卯时。领运科粮驼只分作两起，派员领运。四部院共用印六十一颗。瑞岚秀、普耀庭来谒，讨论丽昆、岚秀交接户部事务，标画各甘结日期而去。唐努鄂总管差昆都递哈哒一块，貂皮一张，晤询而去。家严本日八旬正寿，本署多知，申酉之间吉丽昆、札静亭、荣锡三、全守馀、瑞岚秀、普耀庭、钟溥泉、恩绶庭、文晏轩、托雪亭、瑞荩臣、庆松涛、阿信屏、额九馀、安云亭，三辕满汉巡捕、郭什哈等先后分起在参谋赞画堂拜祝家严，均留食寿面，先后而别。韩庖人等五人半日烹调奔忙，以大茶十块奖之。

廿七日（2月16日）唐努昆都来辞行，当回哈哒一方，奶饼

---

① 赤峰学院敖拉教授赐告：鲁巴，意为法事指导，法会主持者。

百枚,绥点一匣,奖来人大茶二块而去。申西之间假座福臣魁补
馔昨日祝家严回教巡捕、郭什哈羊酹寿面,奖其庖人大茶四块。
接三盟特王弟清文信一封,哈哒八块。

廿八日(2月17日)巳正乘车走东夹道,穿后街谢寿四部院
章京、笔政等,出西门走雪滩渠冰河冰,进前街,至义盛德商家少
坐。策骑出西街,走雪滩及晏水渠冰,乘车至恒盛园回拜赵相
如,晤谈而别。仍乘车由旧路穿台市行冰雪,进西门还公廨,时
午正矣。申刻吉丽昆来辞行,晤谈许久而去。三部院各封呈明
日应画稿件并递略节,当即逐件详阅讫:内阁二件,为接到本年
时宪书今将满蒙汉卅九本夹封妥固,咨送科城查收见覆;又为札
克台台吉等呈报巴彦孟都等应否重当差使,檄饬三盟查办饬覆
该台吉。兵部二件,为部咨永润亭保案补用委前锋侍卫,咨行侍
卫处、厢红满前锋营查照;又为商民韩正凯前往札盟那公旗下贸
易,札饬该盟查照转饬。理藩院六件,一为收到驻库俄官公文,
咨覆库伦大臣查照;二为科咨俄商科科斌巴索福运茶由科回国,
咨行库伦大臣查照咨覆该大臣;三为补放察克达兵拉塔尔扣,饬
覆吉厦转饬遵行;四为分发本年时宪书,札饬唐努乌梁海总管颁
发;五为三盟达贝子旗下派赴驻管乌梁海达噜噶等卡票,饬覆遵
行,札饬津卡侍卫、唐努总管;六为三盟达贝子旗下雅克巴雅尔
等前往乌梁海收取皮张卡票仍前饬覆札饬。

廿九日(2月18日)未刻堂齐,画行交稿十件,来文四件,堂
行三本,三部院共用印五十颗。阿信屏来谒,讨论会典馆前来文
今已翻清,改正数处而去。札静亭、普耀庭、庆松涛来谒,五辖呈
报现出有戈赐福病故马兵一缺,当以记名尽先之安吉庆拔补,递
遗步兵一缺以记名杨在元拔补,兵役一缺以记名王廷栋拔补
而去。

记事十六年二月分①

二月初一日（2月19日）辰正乘车出东门，走雪滩河冰，至后关帝庙拈香，禅室少坐。乘车西南行，走雪滩渠冰河冰，走后街至三元宫，太阳位前拈香。仍乘车穿台市出前街，由旧路进西门还公廨，时已正矣。派图、荣二巡捕率郭什哈四名送吉丽昆过南坝还乡。午正吉丽昆复来禀辞，晤谈而去，旋登南城楼目送其行，见其盘桓晏水，陟西南冈而下。申刻图巡捕等送丽昆逾南坝而还。晚间阿信屏来谒，讨论会典馆交绘舆图，俾饬四盟遵绘而去。

初二日（2月20日）写致魁捷臣一信，封而待寄。写复三盟特王弟清文信一封，封而待交。午后罕星岩通家来谒，补为家严上寿。车藩遣递哈哒一块，玉如意一柄，大裁江绸袍褂料一套。星岩面递哈哒一块，紫氆氇一匹，行礼如仪，晤谈许久，回哈哒一方，资力活计四件，大茶四块而去。申刻三盟特王旗下喇嘛来谒，当将适写回信面交，并奖其大茶二块而去。四部院各封呈明日应画稿件并递略节，当即逐件详阅讫：内阁一件，为本年正月分接到火票咨送兵部查销。户部一件，为外委路吉等往科领运屯粮，咨行该大臣查照转饬。兵部二件，为科属卡伦玉阶坪抵卡接事，转咨京部侍卫处查照；又为部咨上年十二月初三日上谕"双参谋(初)〔寿〕赏副都统衔等因，钦此"②，咨行科城大臣钦

---

① 此为中国科学院图书馆所藏第十四册日记封面所题。正文首页钤"中国科学院图书馆藏"朱文、"东方文化事业总委员会所藏图书印"朱文印。

② 据《光绪德宗景皇帝实录》卷之二百七十八：光绪十五年十二月三日"赏记名副都统双寿副都统衔。为科布多参赞大臣"。知此处"双参谋初"当为"双参谋寿"之讹。

遵查照。理藩院五件，一为本年春季致祭关帝需用牛只，札饬吉夏咨报户部；二为院咨初次限内拿获逃犯，札饬三盟查照遵办；三为院咨同前【同前】札饬遵办；四为收到三盟罚九银两，饬覆转饬查照；五为东翼甲兵锡拉沁重当台差，札饬图盟查办，密公查照。

初三日（2月21日）图巡捕代钞讫上年十一月分奏稿二件，当即核对讫，将原稿交内阁归号矣。午刻文润斋解饷回差来谒，晤谈而去。未刻堂齐，画行交稿九件，来文九件，堂行三本，拆来文十二角，知麟欠还部款四百四十两已准由上年夏秋冬及本年春季参赞廉银内扣还，归乌城光绪十五十六两年经费内外销矣。接裕寿田同年、乌星舫贺秋、贺年信二封。三部院共用印壹百廿八颗。未正诣万寿宫，偕车藩跪迎上年十二月廿三日拜发折件：请留章京笔政各缺，奉朱批"著照所请，该衙门知道"[1]；酌保年满卡伦侍卫，奉朱批"兵部议奏"[2]；代奏锦王谢恩，奉朱批"知道了"，钦此。钦遵。内阁少坐而还。晚间闲步东关帝庙，见前献"协天大帝"对旗破坏至极，当饬王巡捕英代购黄绦登八丈，青绦登一丈六尺成做之。便道普耀庭公寓，少坐而还。

初四日（2月22日）早饭后，已正乘车出西门，走雪滩晏水河冰进前街，至义盛德商家少坐，仍乘车由旧路进西门还公廨，时午初二刻矣。前浼吉丽昆、瑞岚秀、普耀庭在大盛魁、天义德两商家代债纹银四百四十两，今奉部覆准还欠款，即将此项交本处户部入于上年、本年新收项下归款，俟报户部核销，并俾于放款档上注明"找清"字样，语云"拆了东墙补西墙"，此之谓也。

---

① 参见本书附录二 103《奏为办公需员孔亟亟章京笔帖式各缺难议裁撤请仍留陆续增添各缺事》。

② 参见本书附录二 104《奏为三等侍卫庆福驻卡期满无过援案请奖事》。

申酉之间荣锡三、文润斋、普耀庭先后来谒，均晤谈而去。

初五日(2月23日)昨夜失眠，今晨不豫，草创拟补司员各缺折底，封而代交。未后瑞岚秀、普耀庭来谒，讨论现办常年经费稽核久欠之款，江西省尚欠五万金之多，俾其咨催户部转催而去。德健斋曰差来谒，以小恙未晤。接景介臣、大新德信二封。四部院各封呈明日应画稿件并递略节，当即逐件详阅讫：内阁一件，为本年正月分接发报匣日时册送兵部查核。户部二件，为奏留章京笔政各缺朱谕，咨行京部、绥帅钦遵查照；又为文润斋等解到晋省添拨乌、科加增银壹万两，咨行科城派员提领。兵部二件，酌保年满卡伦侍卫朱批，咨行京部、侍卫处、厢黄蒙钦遵查照；又为归化商民阎尚文等各持部票前往三盟贸易，札饬该盟查照转饬。理藩院三件，一为收到三盟罚九，饬覆转饬查照；二为三盟逃犯根敦二次展限六个月赶紧查拿，饬覆转饬遵行；三为唐务总管呈报前盗俄货逃犯三次展限九个月赶紧查拿转饬遵行。镫下阿信屏、额九馀通家先后来谒，各晤谈而去。雷巡捕英率常林由张家口来谒，言正月十八日出口，托可帅二月初一日由口启节，约在月内到乌。接吉巡捕等禀帖一封，词语大略相同，交内阁呈车藩阅。接儿鹏十二月廿一日听字第九号家信等物，敬悉家严寿躬康健，精神饮食均好，两孙绕膝堂前，笑逐颜开，甚纾下怀。附接麟履仁妹丈、松寿师、巴敦甫、奎星斋前辈、牟朵珊同年、亲友信五封。

初六日(2月24日)卯初策骑诣东关帝庙，偕车藩上祭，行春祭礼如仪而还。少焉全守馀来谒，讨论荣锡三年满呈请回绥，当将昨朝拟就折稿面交，并派文晏轩为托帅安台而去。派图巡捕伽本、安吉庆、马麟魁、焦锦库、韩兆元、张庭裕、丁超往南台迎接托可帅。雷巡捕英及常林均仍饬回迎可帅，派汉巡捕郑万库、潘世成、萧涌、杨祥为可帅督修节署。全守馀复来谒，以荣锡三呈请回绥当差,其所遗递遗各缺开单请点,当以理藩院帮办主事职衔点调普耀庭,户部帮办主事职衔点补合寿岩,委署主事点补文润斋,额外笔帖式点补合锡三,候补笔帖式点补额九馀,锡龄候补笔帖式记名,并以清文写就,俾请车藩裁夺而去。未刻堂齐,画行交稿八件,来文十二件,堂行六本,拆来文二角,四部院共用印壹百零八颗。接定静庵信禀一封,内阁代署图书园马封一角,即将其世兄恩华由儿鹏寄来家报附片粘封,交内阁发去。

初七日(2月25日)孝淑睿皇后忌辰。以前拟陈情归省折稿交全守馀翻清,代呈车藩校正。车辕添派满巡捕莽阿哩,营卒王正兴、萧英迎接可帅,连前派共官二员,兵八名,均来辞行,谆属谨慎奉差而去。写复大新德商家一信,写致合寿岩一信,合封待寄。申后普耀庭来谒,讨论车藩交拟乌梁海、四盟绘图文底而去。画堂谕堂行二本,用印四颗。内阁呈阅拟补司缺折底,交去致可帅信底,改易数字,并写附片信底,交其代写而去。接博瑞卿上年讣信一封。

初八日(2月26日)辰刻雷巡捕率常林回迎可帅来辞行,谆嘱小心奉差,持帖请安而去。内阁交来写讫致可帅途次信一封,附片钤章,交三冈持交图巡捕代呈而去。午刻图、雷二巡捕,安、马、张、丁四兵目,焦锦库、韩兆元等复来叩辞,谆嘱仍前而去。科城领粮巡捕路吉、营卒张喜等来辞行,当将前写致魁捷臣兄信一封俾其代达,马表一件俾其代觅良工修理,晤谈而去。内阁交来写讫致乌达峰前辈一信,末附数行待寄。内阁呈阅保留文晏轩折底,改易二字而去。德健斋赠两女京点一匣,果脯四碟,春橘十枚,资力一茶而去。检点为家严成做讫茶色洋绉青狐胲筒海龙袖皮袄一件,双袱夹油布缝裹妥固,待差寄上。申刻全守馀、瑞岚秀、普耀庭来谒,讨论补缺折底、呈阅附奏台市房园租税片稿,请派文晏轩理藩院兼行、合锡三户部兼行而去。检点旧貂

鼠马套、黄狐马套二筒，双袱夹油布缝裹妥固，待差寄交东口朋
友觅工刷色。理藩院呈阅三盟锦王因病请假片底，增易八字而
去。四部院各封呈明日应画稿件并递略节，当即逐件详阅讫：内
阁一件，为致祭关帝羊只数目咨报户部。户部二件，为放给满绿
兵丁柴薪银两册送京部查核；又为上年冬季放过出差官兵行装
银两册送京部查核。兵部二件，（又）〔为〕归化商民王长荣等各
持部票前往三盟等处贸易，札饬该盟查照转饬；又为安吉庆等拔
补马兵各缺，咨行京部、直督查照。理藩院八件，一为三盟锦王
晋爵谢恩奉到朱批，咨行京院钦遵查照，札饬该盟长转饬钦遵；
二为收到三盟罚九银两，照数饬覆转饬查照；三为三盟本年夏秋
二季驻科札克德瓦齐尔咨行科城大臣查照；四为会典馆咨办
舆图，札饬四盟、两乌梁海查照库科大臣查办见覆；五为三盟盗
马案情虚实，饬覆该盟查明呈报；六为三盟特王旗下喇嘛禄布桑
叶克宁等前往西藏磕头，办给路票，转饬遵行；七为三盟吹王旗
下贼犯札饬该盟查办，并饬推河台吉；八为三盟贼犯乌尔图那逊
病故、阿底雅患病，檄覆三盟盟长详查，照例拟罪。

初九日（2月27日）内阁交来写讫复长少白信四十五行，接
附五行粘固，马封钤发矣。监视王巡捕英粘贴庙旗清文大字。
额九馀、安云亭来谒，讨论满文而去。未刻堂齐，画行交稿十三
件，来文十三件，堂行四本，拆来文二角，四部院共用印九十四
颗。内阁请点合寿岩、文润斋、合锡三、额九馀等考语而去。镫
下阿信屏来谒，讨论折底而去。

初十日（2月28日）额九馀、安云亭来谒，讨论满文而去。
午后札静亭来诣，讨论可帅到任折稿而去。

十一日（3月1日）孝康章皇后忌辰。玉巡捕振魁来谒，讨
论加增银两内户部将扣上年官兵借支修房银两，俾请车藩裁夺，
总以仍遵前案妥办谆嘱而去。全守馀来谒，讨论清汉陈情折，俾

呈车藩校正,拟于前期先行其稿并预呈政府,夏末秋初恭报启程,便与可帅督理未结案件,及定本月十七日拜发折件,晤谈许久而去。额九馀、安云亭来谒,讨论满文而去。申正诣万寿宫,跪迎上年十二月廿八日拜发折件:遵旨覆奏操兵放饷折①、官兵缺额单,奉朱批"兵部知道,单并发";蒙员绪假片,奉朱批"知道了";请免追以前加四粮折银两,奉朱批"著照所请,户部知道"②,钦此。钦遵。内阁少坐而还,车藩称疾未到。自上年三月杜果兄卒于军之后,清理积案数十件,大半奏结,幸蒙皇上天恩,多可其请,诚非意念所及,谅亦赖云兴四岳耳,铭之记事,聊志感慨。接祥立亭、倭峻峰、钮老哥、恩雨三贺年信三封。全守馀来谒,讨论应放上年加增银两,岚秀等已拟照案零扣官兵等前借银两原领原放而去。钟溥泉、普耀庭来谒,讨论俄人运茶回国请领乌票,由津吉里克卡伦将越乌梁海等语,钟、普二章〔京〕婉谢其非,不敢悖约云云却之,畅谈而去。俄人尝试,藐我无人,可叹哉。

十二日(3月2日)额九馀、安云亭来谒,讨论满文而去。玉巡捕振魁来谒,奉车藩谕,俾户部翻译饷档云云而去。午正策骑出西门,走河滩及冰汊,乘车走河冰穿后街,过渠冰行晏水冰雪滩,至德茂园少坐。走冰雪滩进西街,至义盛德商家少坐,乘车出前街,由旧路进西门还公廨,时未正矣。罕星岩来谒,晤谈而去。旋往军署监视工匠裱褙正室顶隔,少坐而还。车藩交回阅讫麟陈情归省满稿,交内阁誊清立稿而去。三部院各封呈明日应画稿件并递略节,当即逐件详阅讫:户部二件,为本年春季致

① 参见本书附录二105《奏为遵旨具报防营官兵数目并例支粮饷银两并无侵蚀事》。
② 参见本书附录二106《奏请宽免赔项事》。

祭关帝需用香烛银两册送京部查核;又为以前放过官兵一半本色口粮加四折放恳恩宽免赔补一折,兹奉朱批录行京部钦遵查照。兵部二件,为商民周永富等前往札盟阿公等旗贸易,札饬该盟查照转饬;又为商民韩葆田前往杜尔伯特索王旗下贸易,咨行科城查照转饬。理藩院八件,一为科咨现办会典众安寺胡图克图有无名号,亟札三、札两盟查照遵办①;三为年满回城委署主事常秀缴销例马,咨报户部檄饬吉厦;四为院咨吐尔扈特各旗承袭台吉各缺均与例符,咨行科城转饬钦遵;五为院咨吐尔扈特拉贝子补行引见,奉旨"拉特纳巴札尔著回原游牧",钦此。钦遵,咨行科城转饬钦遵。六为三盟贼犯拉布丹病故、成德并无亲属檄覆该盟查照完案;七为乌属蒙员捐输图盟至今尚未呈覆,再行札催该盟仍遵前饬呈覆立待报部;八为三盟贼犯拉布珠尔照例拟罪等因,亟札覆该盟查办。镫下普耀庭来谒,晤谈而去。

十三日(3月3日)额九馀、安云亭来谒,讨论满文而去。未刻堂齐,画行交稿十二件,来文三件,堂行四本,拆来文三角,四部院共用印二百十壹颗。户部呈阅请示京部增复水手兵额二名文底而去。晚间闲步隆庆昌,少坐而还。

十四日(3月4日)全守馀来谒,讨论其催缺片稿及酌正陈情满稿而去。户部请派托雪亭率营卒王成林、张希尧宣化道署提领经费,如拟点去。雪亭旋来谒,当将上家严皮袄一包,寄大新德一信,托熟鹿皮一张,并托刷色马褂二件均交去。申刻钟溥泉、普耀庭来谒,讨论三盟锦王旗下车林揭案而去。

十五日(3月5日)卯正二刻乘车诣菩萨庙、关帝庙,拈香而还。监视武纫工裁剪江山万代蓝江绸大袷袄棉半袖二则,天清

---

①　原稿少理藩院第二件文字。

江绸袷马褂。额九馀、安云亭来谒,讨论满文而去。普耀庭来谒,讨论三盟揭案旧档而去。内阁呈阅附保全守馀催缺清汉片底,删去四字交去。户部瑞荩臣来谒,呈画放款堂行三本而去。王巡捕英修做讫旧字新幅东关帝庙清汉"协天大帝"对旗成,敬谨悬挂,交该庙祝恭储,奖王巡捕京点一匣以酬其劳。文润斋赠绥点二匣,腐乳二瓶,豆腐干一盘,葫芦条一束,靛烟一包,字画一幅一联,咸菜一盘,山药一束,赠两女棉鞋三双,资力二茶而去。镫下札静亭、瑞岚秀、普耀庭先后来谒,讨论全守馀催缺片底,俾其再请车藩酌夺而去,利之所在人所必趋,惜不自量耳。四部院各封呈明日应画稿件并递略节,当即逐件详阅讫:内阁一件,为科城接到火票公文日时咨送兵部查照。户部二件,为吉丽昆、合寿岩找缴银粮咨报京部查核;又为托雪亭等前往口北道署请领经费,咨行直督、察哈尔都统照会道署查照。兵部四件,一为遵旨覆奏满绿戍守官兵数目折单,兹奉朱批,咨行京部钦遵查照;二为德健斋引见,兹奉朱批"照例用,钦此",咨行绥帅查照;三为吉厦呈报前由达哩刚阿调来马匹于十一年间倒毙十二匹,口齿印记饬覆查照转饬遵办;四为归化商民贺庆魁等前往三盟等处贸易札饬该盟查照转饬。理藩院六件,一为三盟盗犯禄布桑札饬该盟东乌梁海总管讯办;二为札克台呈报三盟著名贼犯,札饬该盟转饬查办,并饬札克台【台】等审办;三为三盟寄禁贼犯札拉保案连逃犯台吉干巴图尔等,合亟饬覆该盟,迅将在逃著名贼犯极力严拿核办;四为三盟盗犯噶拉桑,饬覆该盟查办;五为科城奏调驼只,札饬管厂公查照;六为三盟何贝车王绪假朱批,咨行京院札饬该盟钦遵查照,转饬钦遵。

　　十六日(3月6日)额九馀、安云亭来谒,讨论满文而去。普耀庭来谒,讨论车藩谕令为全守馀、札静亭、瑞岚秀三人一同催缺片底,当各加考改易数字而去。午刻内阁呈阅明日未刻拜发

拣调司员各缺折①、援案保留文晏轩折②、挨查台市铺房照例征
租片、三盟锦王请假片四件，安折二分，封套四分。当画奏稿四
件，行稿一件，内阁、户部、理藩院现画略节五件，即适署之奏行
稿也。未刻堂齐，画行交稿十三件，来文七件，堂行四本，拆来文
二角，四部院共用印壹百卅五颗。接张朗兄、孙少襄、崇建师、荫
槐兄、尚瑞庵、倭陟堂、朱东臣贺年信版七封，高搏九前辈作古讣
文一件。未正诣万寿宫，跪迎本年正月初十日拜发折件：乌、科
联衔谢赏福字荷包恩，奉朱批"知道了"；俄人运茶过乌，奉朱批
"该衙门知道"，钦此。钦遵。内阁少坐而还。车藩称疾未到。
旋经四部院画稿笔政等先后来回，车藩本日实病，所有本日应画
稿件均于十九日补画云云而去。

　　十七日(3月7日)额九馀、安云亭来谒，讨论满文而去。内
阁呈阅附片保奏全守馀、札静亭、瑞岚秀催缺片底而去。补画奏
稿一件，兵部略节一件，即适署之奏稿也。申初诣万寿宫，拜发
昨阅今阅折件如仪，内阁少坐而还，车藩以疾未到。户部开来乌
库现存银两清单，正项实存银七千二百八十八两有奇，城工项实
存银二千五百三两有奇，加增项实存银二千八百五十五两有奇，
减平项实存银五百六十一两有奇，房租项实存银二百九十三两
有奇，官兵采买米面项实存银一千四百四两有奇，共现实存各项
集款共银壹万四千九百四零有奇，仍存原库以备可帅到任盘察。
接三盟特王弟清文信一封，遣递哈哒六块。画工梁禄绘讫西辕
匾、联、镫三分，照壁镫一架，奖其大茶十二块而去。镫下将特王

①　参见本书附录二 107《奏请以普祥调补军营理藩院帮办章京等员缺
事》。
②　参见本书附录二 108《奏为边务倍繁请将年满额外笔帖式文海援案留
驻事》。

弟将请假往库伦磕头清文信遣交普耀庭阅看,俾其照案办理,旋写复特王弟清文信二片,封而待交。

十八日(3月8日)微风细雪一阵而霁。额九馀、安云亭来谒,讨论满文而去。兵部呈阅为兵丁功牌咨复京部文底,改易数字交去。申刻闲步西辕,监视裱褙顶隔而还。三盟特王弟护卫达尔济来谒,当将昨写一信面交,并回哈哒六方,奖其大茶二块而去。钟溥泉遣赠乳腐、酱菜、小菜、熟芥、干泊菜馅、锅炮鱼酱数事,资力一茶而去。偶见京味,大起乡情,尤欲即还故里也。四部院各封呈明日应画稿件并递略节,当即逐件详阅讫:内阁三件,一为拣补司员各缺折稿录行吏、兵部、绥帅、各该京旗查照;二为请留文晏轩折稿,咨行吏、户、兵部,京旗、绥帅查照;三为额九馀充补候补笔政,咨行吏、兵部,京旗、绥帅查照。户部二件,附奏派员挨查台市铺房片稿,咨行京部查照;又为复设南河水手二户,咨请京部查核示覆遵办。兵部三件,一为归化商民米天珍等前往三、札两盟等处贸易,札饬各该盟查照转饬;二为荣锡三请咨回绥,咨行该将军查照;三为绿营兵丁功牌碍难删减,咨覆京部核准示覆。理藩院六件,一为三盟锦王请假片稿,咨行京院札饬该盟;二为兴荣斋等缴销例马,咨报户部檄饬吉厦;三为三盟逃犯乌苏呢喀例展三限赶紧查拿,饬覆转行;四为蒙犯卓哩克班第本年停止勾决,札饬札盟钦遵;五为俄商运茶绕乌回国奏折,兹奉朱批,呈行总署、京院、归绥、库、科,札饬各该处一体钦遵查照;六为恩诏二件录札四盟遵办,咨行库科大臣转饬遵办。

十九日(3月9日)辰初步诣菩萨庙,拈香,行祝佛诞日礼而还。额九馀、安云亭来谒,讨论满文而去。可帅头起大驮到乌,巡捕马献吉、营卒刘万宝等回差来谒,晤谈而去,并饬西辕奖渠等羊菜卤面洗尘。张庭裕、丁超迎接可帅至翁音台回差来谒,带来图、吉二巡捕禀帖一封,言本月十五日行抵翁音台,谒见军帅,询得廿四日抵乌，廿八日接印云云，当将原禀交全守馀、札静亭、普耀庭同看，各备所事交回。未刻堂齐，画呈行交稿十四件，来文三件，堂行七本，拆来文二角，四部院共用印壹百卅四颗。锡祝三代钞讫本年正月分记事，旋即检点共廿五扣半。接文晏轩禀帖一封，辞意与图禀大略相同，旋往军署，率札、钟、普三章京等验收裱糊一切小工，以文赠楹联堂幅悬于书房北壁，同众少坐而还。派军署巡捕保瑞、玉明、荣尚、魏铭、杨祥、潘世成、萧涌，营卒刘清廉、张永贵，民丁许贵、荣万金于廿二日往南台迎接可帅，派本辕巡捕恒裕、连昌、白兆熊、王振文、营卒何生业、王凌、张鉴、田永章同日往南台迎接可帅。荣锡三留赠八八果席一桌，资力一茶而去。自初六日至本日陆续谕儿鹏帖一百零九行。

廿日（3月10日）孝哲毅皇后忌辰。钉封笃字第二号家报，内附钉上月分记事，外封朗兄《古丰长白书院记》。额九馀、安云亭来谒，讨论满文而去。玉巡捕连魁等押运可帅二起驮回差来谒，晤谈一切而去，带来文鲁臣一信。接丰厚斋贺年信一封。写致吉荣弟一信，封而待寄。饬寇庖人预为廿四日可帅到乌成做洗尘翅席。未正诣万寿宫，跪迎玉连魁赍回本年元旦贺折，均奉例批，内阁少坐而还。兵部请派合锡三往南台呈验可帅报接印奏底，如拟点去，锡三旋来辞行，晤谈而去。托雪亭来辞行，当将笃字第二号家报①、《古丰书院记》、致吉荣弟信均面交其因差代寄而去。玉巡捕交来费巡捕代购天蓝江绸棉裕小帽二顶。晚间闲步西辕，督饬玉、杨、萧三巡捕为可帅点收行李茶驮。

廿一日（3月11日）额九馀、安云亭来谒，讨论满文而去。写张朗兄信三片，钉封待寄。西辕保、玉、荣、杨、魏、潘、萧七巡捕为明日往南台迎接可帅来辞行，谆嘱谨慎奉差而去。本辕恒、

_____

① 此处天头有眉批："笃字二号。"

连、白、王四巡捕，何、王、张、田四郭什哈为明日往南台迎接可帅来辞行，谆嘱谨慎奉差而去。车辕亦派四巡捕、四郭什哈往迎，未晤而去。乌城入春以来瘟疫流行，传染病人甚多，麟近日亦甚不豫，连服灵应丸，饮午时茶，幸未卧床不起耳。

　　廿二日（3月12日）乐巡捕面回图、吉二巡捕奉可帅令，令择廿四日入城方向时刻，祁润业代选得是日卯刻由台东北行，未刻进西门，逢天乙贵人大吉大利云云，保、杨七巡捕等持往三台而去。罕星岩来看，晤谈而去。未正力疾诣万寿宫，跪迎曹富赍回上年十月皇太后万寿贺折，均奉例批，内阁少坐而还，车藩以疾未到，守馀、润斋、耀庭均以疾告假，瘟疫流行，可畏也哉。奎文斋来谒，讨论交卸陈情折底文底，俾其妥办而去。接庆锡田禀帖一封，京报五十九本，报交普耀庭。以前年友赠五彩磁瓶一对，蓝花磁罐一对，玻璃座镫一对，近做白锡烛奴一对，木板印柜一分，面交玉连魁，备赠可帅，又检点友赠茶青酱色摹本缎二料，待由外牧调回杂色马四匹，备赠可帅。理藩院请派阿信屏往三盟查验特王弟病症，如拟点去。晚间力疾闲步西辕，巡查各执事而还。阿信屏来谒，讨论三盟吹王护盟长，车藩仍依原文办理而去。四部院各封呈明日应画稿件并递略节，当即逐件详阅讫：内阁二件，为麟交卸印务日期并请假归省奏稿，咨呈政府查照；又为谢赏福字奏稿朱批，咨行科城大臣钦遵查照。户部一件，为札催德级三等承领本年前一半经费赶紧解乌，咨行绥帅查照转饬。兵部三件，一为归化商民史承善等各持部票前往三、札两盟贸易，札饬各该盟查照转饬；二为归化商民侯志义等贸易处同前，各札饬亦同前；三为步兵张全请领坐饷，檄行大同镇查照转饬。理藩院五件，一为三盟镇国公旗下公文漏印，札饬该盟查明呈报，饬覆赛站司员候办；二为科城放给新任侍卫玉德例马咨报户部；三为协理台吉车林讦控锦王，札饬三盟办理；四为锦王呈报车林休致，札饬三盟迅将此案实情查明呈报；五为三盟特王请病假移交印务，札饬该王遵办。小恙缠绵，卧后发烧不寐，大嗽通宵，内子两女日来亦均不豫，本辕巡捕、郭什哈等亦多传染，可哀也哉。

廿三日（3月13日）小恙如昨，额九馀、安云亭来看，晤谈而去。未刻堂齐，力疾画行交稿十件，来文十五件，堂行四本，拆来文三角，四部院共用印二百八十三颗。瑞岚秀、普耀庭来看，晤谈而去。东西辕迎接可帅巡捕、郭什哈等各回差来谒，晤见本辕而去。军署吉巡捕通回差来谒，晤谈而去。内阁交来张朗兄马封一角，当将前写复函钤封发去。将卧，服四正丸四粒，卧后仍不得眠，后半夜万不能忍，坐以待旦。

廿四日（3月14日）巳正乘征车出南门，走雪滩河冰陡南岸，至行幄坐待托可帅。午正可帅策骑到，即偕车藩在路傍跪请皇太后、皇上圣安毕，行幄少坐，仍乘车下坡，由旧路进南门还公廨，时未初矣。车藩来会，晤谈许久，同行可帅节署见面行礼，晤谈许久，车藩先行，可帅留麟晚饭，并契金兰而还。按可兄之为人久历戎行，精明干练，兹镇是邦绰有馀才，可为朝廷赋得人之盛。前备薄仪奉去，蒙璧缎而留馀物也。接桂芝延信禀一封。

廿五日（3月15日）奎文斋以呈行政府交卸公文一角来验，俾其赶紧发去。可兄遣赠果席一桌，资力二茶而去。午刻可兄来谢步，并契金兰，晤于待时堂，畅谈许久而别，浼全守馀代写兰谱成。可兄遣赠针茶一匣，京点四匣，金糕二巨方，炒红果一碗，茶叶二瓶，京酱一匣，佛手芥一匣，白鸭二只，板鸭二只，金肘二条，熏肉二块，猪肉一巨方，共十二色，资力二茶而去，旋谒可兄道谢，并送兰谱，晤谈而还。申后可兄交来儿鹏上年十二月廿二日辰刻发来第九号家信一封，知可兄出京时留赠儿鹏袍套二端，罕皮一张，言中俄交涉之件庆邸大致节其已往，杜其将来等语。

附接容峻峰世叔贺年信一封。户部略节壹件，为科城步兵苏林等找缴银粮转报户部查核。理藩院一件，为俄人依立业伤害乌梁海吉尔达克拜，审明供情，照依驻库俄官原文翻蒙，札饬唐努总管查办。日来大嗽，饮橘红二三盏，稍愈，而流弊益深，夜嗽更甚矣。

廿六日（3月16日）孝昭仁皇后忌辰。可兄遣赠江米半袋，长尾羊一只，酱萝卜一盘，腐乳二碗。理藩院现画略节三件，一为三盟锦王旗下协理台吉车林、本旗逃犯图们托克塔虎有与本旗台吉苏伦札布同伙情形，札饬该盟查明呈报；二为图书园化布施修庙，札覆查照遵办；三为图盟呈报车藩旗下界址含混，除饬覆该盟查核转饬，并札车、三、札三盟一体查照。未刻堂齐，力疾画行交稿五件，来文三件，堂行五本。罕星岩、瑞岚秀先后来看，各晤谈而去。军署巡捕陈玉山回差来谒，晤谈而去。接王枫兄谢马信一封。三部院共用印壹百十八颗。可兄以车辖巡捕周万邦调充军署巡捕。

廿七日（3月17日）小恙如昨，普耀庭来看，并以可兄四跟役均作为记名馀丁，先奖七品顶戴而去。午正谒可兄署道谢，畅谈而还，时未正矣。内阁呈阅明已拜发可兄到任接印①、麟交卸陈情折②二件，安折二件，封套四分。旋画奏稿二件，行稿二件，堂行二本。内阁、户部略节二件：一为拜发奏事报匣咨行兵部转奏；一为同治十三年起光绪十四年止分拨过科城银数开单，咨行该大臣查办见覆，二处用印卅五颗。荣锡三来谒，讨论其回绥事宜而去。

廿八日（3月18日）寅正即兴，小恙稍愈。辰正二刻饬内阁章京、笔政等请印出堂，供于参谋赞画中室行礼，及受众庭参，均

---

① 参见本书附录二 109《奏报到任接印日期事》。
② 参见本书附录二 110《奏报交卸暂护将军印务日期并请进京陛见事》。

如接印仪。车藩来会，晤谈于虚镜堂。派恩绥庭、全守馀恭请定边左副将军印信一颗，钦差提调关防一颗，赍交可兄军署讫，旋与车藩同谒道喜，晤谈一会，共诣万寿宫拜发昨阅折件如仪，内阁少坐而还。可兄即来回拜，并回换兰谱，畅谈许久而别。一载仔肩一旦而卸，乐莫大焉。四部院略节：内阁一件，为本处各差陆续由口旋乌，交到印票、司票各十二张，分送察哈尔都统、赛站司员查销。户部一件，为可兄粮单一纸，咨送京部查销，京城、厢白满查照。兵部一件，为可兄照验限票勘合各一纸，咨缴京部查销。理藩院二件，为可兄乌拉票咨送京院查销；又为可兄应领例马，札饬吉厦照数放给，先行咨报户部。西刻四部院章京等来谒，奉可兄令，堂齐日期自闰月为始，改为三八日巳刻，堂司同聚于万寿宫公所，当堂画诺书行稿件，前期轮呈三堂阅看，如遇紧要公事随到随结，预画明日行稿五件而去。可兄才识卓著，公事认真，麟四载不果行之苦心，今其次第行之，感莫大焉。荣锡三来谒，讨论可兄将留其数日询访边情等事而去。

廿九日（3月19日）薄云细雪，三盟锦王遣递哈哒一块，清文安帖一封，当回哈哒一方。晚间可兄便服来会，燕话许久【许久】而别。

卅日（3月20日）内阁呈画来文三件。未刻谒可兄署赴席，申正终局而还，奖其庖人等大茶八块。

记事_{十六年闰二月分①}

　　闰二月初一日(3月21日)四部院章京等来谒,讨论可兄交派诸多新政而去。全守馀、普耀庭来谒,讨论车藩将请病假,俾请可兄酌夺而去。可兄遣赠内子、两女翅参果席一桌,资力二茶而去。日来力疾从公,小恙益觉缠延,本日尤觉不支,几卧床矣。

　　初二日(3月22日)小恙如昨。钟溥泉、普耀庭、合锡三来谒,讨论督理未结案件,俾请可兄裁夺而去。内阁呈画车辕交下蒙古公文十一件而去,旋画来文五件。四部院各呈阅明日应画稿件并递略节:内阁一件,为本年二月分接到火票咨送兵部查销。户部四件,一为科城上年冬季官兵行装银两转报京部查核;二为科城囚犯油薪银两转报京部查核;三为科城拔补粮缺找领银粮转报京部查核;四为分拨科城加增银五千两发交该委员文奎等承领回科,咨行该大臣查收见覆,咨报京部咨覆晋抚、绥帅查照。兵部三件,一为可兄恭报到任折稿,咨呈政府、神机营;咨行吏、户、兵部,理藩院并照会札饬各处;二为撤销吉通骁骑校咨回该城当差,咨行京部、绥帅查照;三为沙振庭履历转行京部查核。理藩院二件,为吉厦呈报春季换班临迩,请传夏季人员,檄饬车盟副将军来乌驻班并饬覆;又为乌梁海呈报雪大碍难行猎,所欠贡皮本处饬催尽力捕猎,严饬唐努总管转饬遵办。

　　初三日(3月23日)小恙如昨。巳初二刻力疾诣万寿宫公所,堂齐,画行交稿十件,面视当堂用印行文,偕可兄盘查银缎库

① 此为中国科学院图书馆所藏第十五册日记封面所题。正文首页钤"中国科学院图书馆藏"朱文、"东方文化事业总委员会所藏图书印"朱文印。

无讹而还,车藩以疾未到。可兄乃心王室,力除积习,一洗前人故辙,洵堪钦佩。接额霭堂、喀固斋、程鄂南、张南圃、奎绍甫、谭敬甫、德子权、陈春亭、陈世五二同年、广昆峰、俞昆崖、文泰初、沙西屏、伯福晋、张昔义、李春涛贺年信版十五封。五辖呈报大狱病故监禁蒙犯一名,可兄即派吉实斋、张书元相验属实。日来小恙,似乎四载积劳由时疫触旧疾,中气下陷,荣锡三寄来成方一本,内有补中益气一方,颇近。黄耆一钱五分,白术土炒、人参、当归、炙草各一钱,柴胡、升麻各三分,陈皮五分,加生姜一片,大枣二枚。

初四日（3月24日）小恙如昨,昨服补中益气汤未见其功,今不敢再服矣,只好听天由命,敬待召还命下,即作归图,或者觐君省亲之念遂,百病自愈耳。图巡捕带领可兄跟役永安、帅尚金、张有、冯起增来谢栽培,谆嘱谨慎当差而去。可兄派其巡捕郑万库、雷英,跟役帅尚金进京公干,于十一日由乌启程。

初五日（3月25日）小恙如昨,罕星岩来看,晤谈而去,星岩之子名完钦苏伦,实不解其何义。可兄遣图巡捕持上醇、礼、庆三邸禀稿,致荣仲华、德泽圃、永峻斋、景介臣信稿来验,捧读交去。普耀庭来谒,讨论蒙古案件而去。

初六日（3月26日）小恙如昨,力疾检点茶色洋绉紫羔裘一件,重袱油布裹妥,备上家严。草创恭报启程折底,浼全守馀讨论交去。瑞荄臣来谒,讨论护理印务、找领将军半支盐粮文底而去。酉刻可兄来看,言护署一体,燕话许久而别。

初七日（3月27日）小恙如昨。可兄昨夕遣赠黄白蜂糕一盘,今晨食之,犹返故乡也。力疾检点郝子英代钞讫上月分记事卅六扣。内子检点友赠绿色、茶色摹本缎衣料二件,京点四匣,赠荣锡三妾女,以饯其行。库台吉将回游牧,递哈哒来辞行,以疾未晤,旋以哈哒一块,奶饼二匣回赠阿王,果食二匣,遣钱库台吉。接吉荣弟正月廿九日信一封，内附儿鹏正月十九日听字第十号家信一封，敬悉家严康健精神，两孙平安壮实，均纾下怀。附接庆邸、怀绍先、如鹤侪小枢臣、堃子岩诸友、荣耀庭通家贺年信五封，又接刚良兄、嵩书农、惠心农贺年信三封。画来文十二件。接图盟阿王蒙文信一封，哈哒三块，活计二件，箸筒一分，信交所司译清。写谕儿鹏帖卅行，合二月分记事、回信，钉封待寄。四部院各呈阅明日应画稿件并递略节：内阁一件，为二月分接递过报匣数目日时册送兵部查核。户部二件，为可兄找领廉银咨报京部查核；又为可兄支领俸银俸米咨报京部查核。兵部二件，为科城拔补把总范得胜转咨京部、直督查照转饬；又为郑万库等赴京公干，咨行察哈尔都统查照转饬。理藩院六件，一为三盟逃犯车林等三次限内未获，例展四次，檄覆转饬严拿务获；二为春季笔齐业齐班，札饬西两盟迅传本年夏季应班人员前来接办；三为三盟贼犯一年限内未获，咨报京院照例查办；四为三盟逃犯齐密特巴拉德勒三次限内未获，例展四次，檄覆转饬严拿务获；五为札盟住当喀尔喀廿台哈布苏尔噶差使内裁撤，本盟十二户转代三盟之差，请撤回补当赔漏差使，檄饬三盟查明呈覆；六为三盟贼犯桑吉案内鄂特色尔，饬覆该盟照例鞭责发落。

初八日（3月28日）小恙如昨。复写复吉荣弟信二片，合致张幼樵前辈信固封待寄。巳初力疾诣万寿宫公所，偕可兄堂齐，画行交稿十一件，堂行四本，伍辖呈报孙光庭病故徐丁一缺，可兄即以记名在前之高连云拔补而还，车藩以疾未到。理藩院代写讫复图盟阿王清文信一封，当回哈哒一方，奖来人活计一件，大茶一块交去。大盛魁商家马商习和、刘商裕同来看，晤谈而去。恒和义商家交来魁捷臣、阿树兄信二封，当写复函二封交原手寄回矣。

初九日（3月29日）小恙如昨。闻得步兵张全疫故，悯其曾在本辕当差，即以大茶十块赒之。监视武纫工裁剪蓝摹缎，为家严成做大棉袄，为麟成做长袖棉马套。额九馀来看，晤谈而去。未后罕星岩来看，以疾难酬应，未晤。军署本辕巡捕、郭什哈等跟随可兄先后回差，均有两女糖果豆钌之赠，各收其一二事而去。

初十日（3月30日）小恙如昨。军署雷巡捕英来谒，当将笃字闰二号家报一封①、上家严绉面羊裘一件、复吉荣弟重封信一封均面交其代寄，谆嘱小心奉差而去。德茂园罗商病亟，遣人来乞老米三碗而去。米面差巡捕冯亨镒驰回来谒，言庭州、古城迤东雪深三二尺不等，道路难行，驼只疲乏云云而去。欣闻魏午兄有祝家严寿幛，而有赠麟双骥也。

十一日（3月31日）小恙如昨。检点全红八行二百片、红笺八行百片、印签大放套百套，遣交全守馀代写贺午信件。军署图巡捕来看，晤谈而去。接米面差巡捕张玉秀等禀帖一封，知米面价较上年颇省也。理藩院来回，近日瘟疫不止，奉可帅令自本日为始，在北菩萨庙嗺经三日，可兄明日卯正虔诣拈香等语，麟以疾告假，实不克力疾从事耳。接粮差巡捕路吉等禀帖一封，知其屯粮领齐，于本月初一日由科回乌矣。

十二日（4月1日）小恙如昨。昨夕今朝春雪飘飘，分寸不等。米面差巡捕张玉秀回差来谒，带来魏午兄、德敬（齐）〔斋〕、阿佐领纳欢、德峻峰、英华峰信禀五封，午兄祝家严红缎八仙寿幛、红笺锦边寿联一分，赠麟小走青马一匹，达罕步黑马一匹，性尚驯良，敬斋赠来香梨一百五十枚，挂面廿四束，峻峰赠来羊皮筒一件，柳花一筒，杏荇十斤，晤谈而去。可兄交来双志樵贺年信一封，魁捷臣复函一封，计五片。画来文十六件。接李辑庭通家、安煦斋同年、安绥之、杜幼霞、文镜堂贺年信版五封。写复德

————————

① 此处天头有眉批："笃字闰二。"

峻峰、英华峰信二封，封而待寄。写复魏午兄信，内一附片。四部院各呈阅明日应画稿件并递略节，当即逐件详阅讫：内阁一件，为科城本年二月分接递过报匣数目日时册转兵部查照。户部二件，为麟找领护将军半支养廉、全支粮石数目日期，咨报京部查核；又为吉通退还银粮咨报京部查核。兵部二件，为乌、科两城将军、大臣、侍卫出身履历册送京部查核；又为高连云拔补兵役咨报京部查照。理藩院十一件，一为科城例留官厂弁兵，咨呈政府檄饬吉厦转饬；二为拿获三盟逃犯多尔济人名，札饬该盟查明呈覆以便报部；三为三盟禁犯供出伙犯，檄饬该盟查照转饬；四为吉厦呈报丢失俄人库什迈马匹沙拉布各情，饬覆转饬照会驻库俄官查照转饬候办；五为吉厦呈报管吉厦牧厂公车登札布病故，图记移交协理台吉车伯克密特护理，饬覆查照转饬遵行；六为津卡呈报卡兵翰齐那逊病故，饬覆遵办并饬三盟查照咨行科城；七为图盟呈报贼犯维都布供出索诺木车林监故，札饬吉厦转饬该旗遵照；八为车盟副将军何贝年班贝子普尔布札布来驻夏季吉厦，檄饬查照；九为吉厦呈报阿王旗下二游民准其保释，札覆转饬；十为照会驻库俄官公文一角，咨行库伦转俄官查收；十一为图、札、三各盟长等呈报阿拉泰苏木台欠饷官兵衔名数目报单，钞行科城查办见覆。

　　十三日（4月2日）小恙如昨。巳初力疾诣万寿宫公所，偕可兄堂齐，画行交稿十六件，堂行三本。步兵张全病故一缺，可兄即以昨日兵部验看中枪三粒之杨级拔补，递遗兵役一缺即以中枪三粒之荣万金拔补而还，车藩以疾未到。本月驻管大狱巡捕派张玉秀。户部交来由十五年四月十六日接护将军印务之日起至十六年二月廿八日交卸之日止，计十个月十二日，找领护任半支养廉银六百四十九两九钱九分，内扣一成廉银六十四两九钱九分，又扣酌拟核减银八十六两六钱六分，剩银四百九十八两三钱三分,内扣减平银廿九两九钱,又扣欠平银四两三钱,仅实领银四百六十四两有奇,全数遣还大盛魁商家,以了燃眉。按此款虽经可兄在川找领过,惟恐边腹不同,户曹若饬追缴,不知以何款相抵也,悲夫。申刻瑞岚秀来谒,讨论常年经费暨收仓粮石等事而去。

十四日(4月3日)小恙如昨,又加泻肚。昨拟借随还乡巡捕四员、郭什哈十八名,及预拟本年夏秋冬满汉巡捕、郭什哈应出各差单,遣交普耀庭临期代呈可兄裁夺,遵令而行。力疾恭录恭报启程折稿,遣交全守馀,俟奉赏假折回,代回与可兄,缮折诹吉拜发单衔夹板。冯、张二巡捕由庭州带来线地绒毯一块,赠两女杏荐、葡萄干、桃干三事而去。申初策午兄赠来青骑,力疾出东门散闷,走河滩渠酥河冰,至后庙少坐,仍策骑由旧路进东门还公廨,时申正矣。大盛魁牵来黑马一匹,身躯颇壮,性亦驯良,惜无脚步耳。

十五日(4月4日)腹仍泻。卯正力疾策骑诣菩萨庙、关帝庙,拈香而还。预拟借随还乡巡捕、郭什哈各项差使:头起随差驮王弼、张鉴、王忠;二起毡房木架行李驮乐善、张庭裕、巩庆有;三起随身行李赏犒驮马如龙、马吉玉、何喜;伙食驮马胡义、任福昌、张吉升;草料驮李锦荣、刘福;第一辆车内子乘,张玉秀、丁超、郝子英;第二辆车两女乘,杨芝、王德鸿;第三辆车麟乘,何生业、马峻元、杨万金,此其大略也,临期再为详定。画来文五件。写复魁捷臣一信,浼恒和义遇便藉呈交去。

十六日(4月5日)清明。小恙如昨,腹泻不止。辰正力疾策骑出西门,走河滩及晏水,乘车涉河冰走后街,诣城隍行宫拈香,便道陟北冈,遥行展墓礼,策骑穿台市,至义盛德商家少坐,购办包毡筐绳,仍乘车由旧路进南门还公廨,时巳初二刻矣。由科领粮回差巡捕路吉、营卒张喜等来谒,晤谈而去。内阁交来代写讫复魏午兄信一封,当写谢帖一片,并前写附片及复德、英二信均附封粘固用钤妥,午兄马封、复德敬斋喧、阿佐领信二封粘固用钤妥,敬斋马封,同交内阁递去矣。罕星岩、札盟达公先后来谒,均以疾未晤而去。张喜交来科居张成武修理讫马表一件,资其手工大茶二块而去。本日自朝至夕肚泻五次,力不支矣。

十七日(4月6日)小恙如昨,腹泻不止。可兄遣赠两女托荤羊肉馅饼二盘,嗅之有异香,食之如到京都瑞兴居也。日来小恙缠绵,思乡尤切,触物伤怀,草木皆兵,敬待赏假殊恩一到,即作归图,望无意外羁留,则幸甚焉。午间札静亭、玉把总各病痊,先后来销假,未晤而去。札盟达贝子遣递哈哒一块,枣骝笨马二匹,当回哈哒一方,奖来人活计一件,大茶二块而去。三部院各呈阅明日应画稿件并递略节,当即逐件详阅讫:户部一件,为庆锡田移支俸银俸米,报行京部、厢白蒙京旗查核。兵部一件,为杨级等拔补步兵各缺,咨行京部、晋抚查照。理藩院十一件,一为三盟逃犯四次限内未获,咨报京院照例查办;二为卡伦侍卫任意济私,札饬三卡侍卫等查明呈覆并覆科城查照转饬;三为札盟贸易商民李世魁等未经验票,檄覆该盟转饬;四为三盟逃犯诺郭干巴图三次限内未获,印甘各结,咨送京院查照檄覆该盟转饬;五为三盟逃犯三次限内未获,例展四次,檄覆转饬严拿务获;六为三盟贼犯旺丹等病故,檄覆该盟转饬;七为科咨众安寺胡毕勒汗年满转传,檄行札盟转饬遵行;八为三盟贼犯伟都布等伙犯患病,檄行三盟查办、呈覆图盟一体妥办;九为科咨众安寺胡毕勒汗院奖大缎二匹,檄行三、札两盟转饬钦遵;十为会典应入蒙古汗王等袭官次数,三、札两盟原册咨送京院核办;十一为会典应入胡图克图喇嘛转世次数名号,三、札两盟原册送院核办。

十八日(4月7日)小恙如昨,腹泻稍止。可兄遣赠玉兰片鱼骨二碗,蒸食二盘,食之颇甘。巳初力疾诣万寿宫公所,偕可兄堂齐，画行交稿十三件，堂行三本。当将预拟还乡跟差巡捕、郭什哈名单及恭报起程折底均面呈可兄阅看讫，可兄以巡捕马献吉、兵目玉春魁拨入本辕当差而还，车藩以疾未到。接阿信屏验病禀帖一封，旋其回差来谒，晤谈而去。借随还乡巡捕、郭什哈等来谒，谆嘱谨慎而去。理藩院现画略节一件，为库咨俄商贩茶由乌、科行走回国，今准总署覆文查办，咨催库伦大臣查办见覆。写复三盟特王弟清文信四片，封妥，回哈哒八块，面奖其随侍大茶二块交去。

十九日（4月8日）小恙如昨。辰初力疾谒可兄署道谢，燕话许久而还，时辰正一刻矣。接魁捷臣信一封，知其派来巡捕二弁、营卒四名赴口迎接双如山参谋赴科也。罕星岩通家来看，晤谈而去。可兄遣赠翅子、海参、鱼肚、肘子四篓。札盟达公来谒，晤谈而去。

廿日（4月9日）小恙如昨。可兄派其巡捕保瑞，郭什哈安吉庆、刘清连、张富四员名随麟等还乡，均晤见而去。午刻力疾监视本辕随行郭什哈等结束麟"元""亨""利""贞"四衣包，内子两女头、二号衣箱。锡祝三代钞讫上年十二月分奏稿片稿六件，当将原稿交内阁归号矣。以前做黄油巨衣箱二只遣赠可兄。

廿一日（4月10日）小恙如昨，腹又泻于寅卯矣。普耀庭代借来架杆车二乘，即交纫工、木工修理。义盛德贾商来谒，俾其代购皮条、油布等物而去。

廿二日（4月11日）小恙如昨。力疾监视巡捕、郭什哈等结束全分木架毡房及铺垫一切。札盟阿公来谒，晤谈而去。画来文廿件，内总署咨覆俄商仿照恰克图由张家口及科布多出索果克运茶回国文一件，德国游历文二件。户部呈阅可兄联衔盘查仓折底，改易二字交去。可兄遣图巡捕来寻书籍，当以钜辅前赠《三合便览》二函、《三合圣谕广训》一函赠去。以友赠五加皮酒二瓶、金肘二条分赠札盟阿公、达贝子，以小恙不克便酌也。三部院各呈阅明日应画稿件并递略节，当即逐件详阅讫：户部二件，为科咨玉阶坪侍卫找领银粮数目转报京部查核；又为先后领到十五年分科粮数目报行京部查照。兵部二件，为商民阎锦荣等前往杜尔伯特察贝子旗贸易，咨行科城查照转饬；又为商民安喜迎前往札盟巴札萨克旗下贸易，札饬该盟查照转饬。理藩院六件，一为西翼达公呈报解送拨换驼十只，饬覆转饬遵行；二为札盟请领宪书台吉缠巴等行至乌兰察布游牧内，被贼捆打，抢驼只银两，咨行绥帅查照转饬，并请院示檄行三、札两盟查照；三为绥来李令交张玉秀等带回驼价四十八两，批饬该令查照檄饬吉厦转饬；四为札盟阿王旗丁前在杜尔伯特被盗案连人犯赴乌质讯，咨科转查见覆；五为乌、科所属卡伦数官兵数原册二本咨送京院核办；六为三盟贼犯巴图瓦齐取供拟罪，檄行该盟遵办札覆该台吉等遵照。

廿三日（4月12日）小恙如昨，腹又泻。巳初力疾诣万寿宫公所，偕可兄堂齐，画行交稿十件，堂行三本，可兄以霉变粟米一节将户部章京等痛加申饬一番而还，车藩以疾未到。监视史木工等修理架杆车，成做夹板。接图书园内兄上月十五日信一封。瑞岚秀、普耀庭往返来谒，晤谈而去。全守馀呈阅代拟俄商由科出卡凭单式样，改易数字，俾请可兄裁夺而去。全守馀来谒，讨论可兄盘查仓库折稿列衔次序而去。

廿四日（4月13日）小恙如昨。监视郭什哈等结束鞍鞊筐。巳刻可兄来看，晤谈而去。小恙月馀，心气益亏，勉强支持，时有怔忡之态，日夜祷盼，盼恩赏假归，即作启程耳。未后全守馀来谒，讨论拜发折件日期，可帅定于下月初三日而去。当即函致可兄，月报一节而未果允。钟溥泉遣赠挂面四匣，蘑菇一包，两女杏荇、葡萄干四包，资力二茶而去，此盖预送我行之土仪耳。以马绘《代君尝胆图》一幅、杜赠锦皮桌面一方遣赠可兄。

廿五日（4月14日）小恙如昨，又值阴冷疾风，稍有病者五衷难乎为情之苦，阅者自喻焉。拟札沿台官兵清文底，浼普耀庭翻蒙，亲录一通，复请校对无讹，存而待交。内阁代钞讫廿二日总署来文一件，附津海关道原议一件，均粘存本月略节内备考。

廿六日（4月15日）小恙如昨，昨夕微雪，今晨清寒，头疼腹又泻矣。皮差巡捕费永昌、营卒李槐等回差来谒，晤谈而去。午初二刻力疾诣万寿宫，跪迎上月十七日拜发折件：拣调司员各缺，奉朱批"著照所请，该衙门知道"①；保留笔政，奉朱批"著照所请，该部知道"②；挨查台市照例征租，奉朱批"户部知道"；锦王请假，奉朱批"该衙门知道"；保奏全守馀三章京，奉朱批"兵部议奏，钦此"；报匣内附政府一片，恭录清文光绪十六年二月廿八日奉旨："崇欢著赏给副都统衔，作为乌里雅苏台参赞大臣，照例驰驿前往。钦此。"是麟缺已开，未奉部文，不敢悬揣陟降也。内阁少坐，便道可兄署，晤谈许久而还，画来文卅九件，车藩以疾未到。罕星岩来看，晤谈而去。金凤楼回差来谒，以疾未晤而去。札盟阿公遣递哈哒一块，喜鹊青、黑枣骝各一匹，当回哈哒一方，奖来人活计一件，大茶二块而去。

廿七日（4月16日）小恙如昨，腹仍泻。午初车藩由可兄署便道来会，晤谈而去。金凤楼遣赠乳饼、腐乳、靛烟、张点四事，资力一茶而去。画来文二件。四部院各呈阅明日应画稿件并递略节，当即逐件详阅讫：内阁二件，为拣调司员各缺兹奉朱批，录

---

① 参见本书附录二107《奏请以普祥调补军营理藩院帮办章京等员缺事》。

② 参见本书附录二108《奏为边务倍繁请将年满额外笔帖式文海援案留驻事》。

行吏、兵部，京旗，绥帅钦遵查照；又为奏留文晏轩兹奉朱批，录行同前。户部一件，为挨查铺房兹奉朱批，录行京部钦遵查照。兵部四件，一为商民魏发贵前往札盟阿公旗下贸易；二为商民阎廷相前往札盟那公旗下贸易，各札饬该盟查照转饬；三为归化商民张桂等前往三、札两盟贸易，札饬各该盟长查照转饬；四为京部咨为恭录本年我皇上二旬万寿，各省督抚将军等俱不准来京祝嘏等因，咨行科、库二城大臣钦遵查照。理藩院七件，一为三盟贼犯旺丹等拟罪，檄覆遵办；二为三盟贼犯栋贵等病故，檄行查照遵办；三为三盟额鲁特贝子差人归化领租，檄行转饬遵行；四为皇上二旬万寿不准祝嘏，翻蒙札饬两乌梁海一体遵照；五为札盟抢驼贼犯未获，咨行科城查照转饬见覆；六为札盟伤毙三人派仵确验，檄行迅速查明呈覆；七为俄商运货回国由科出卡凭单式样拟妥，咨请总署详细示覆，先行咨送科城查收见覆。

廿八日（4月17日）小恙如昨。巳初力疾诣万寿宫公所，偕可兄、车藩堂齐，画行交稿十四件，堂行二本而还。可兄遣赠两女澄沙包一盘，计廿枚，食之颇甘。全守馀来谒，讨论桂五云、恒月舫未待接交旧案而去。普耀庭遣赠枣骝马一匹，性尚驯良，达罕步而已。晚间阴云四合。

廿九日（4月18日）小恙如昨，昨夕今朝春雪通宵，随降随消，约在二三寸不等，本年乌属可卜有秋，水草丰茂也，缘可兄善政多端，至诚感神之所致耳。户部呈阅咨调吉丽昆来乌登覆军需报销案件文底而去。理藩院呈画可兄昨派钟溥泉、瑞苕臣等往札盟阿王旗下相验交稿一件，堂行一本。罕星岩夫人后日回游牧，遣人递哈哒二块辞行，当以奶饼、果食二匣，隆庆昌饽饽二匣钱之。

记事 十六年三月分①

三月初一日（4 月 19 日）辰初力疾策骑出东门行数武,晨风飒飒,不胜朝寒,乘车涉渠冰走河滩涉北河,诣后关帝庙拈香,禅室少坐,仍乘车由旧路进东门还公廨,时辰正二刻矣。户部现画略节一件,为咨调吉丽昆除咨兵部查照外,由四百里飞咨绥帅迅饬该员依限启程来乌,当画行稿一件,堂行一本。科城领粮巡捕派白兆熊,营卒派袁侯辅,军署营卒可兄派孙酉山。监视张郭什哈等结束小鞍车家伙。史木工等成做备用车轴架杆。日来收拾行装大费经营,幸有巡捕、郭什哈等协理也。由普耀庭处借来破围架杆车二乘,以大茶十七块购红蓝洋缎绦登洋尺五十八尺成做车围。

初二日（4 月 20 日）小恙如前,加之闷胀,且昨夕寝后四（只）〔肢〕发烧,五衷烦热,不知又将作何变证也,悲夫。内阁交来代写讫贺午官信九十馀封,待写附片封发。接德滋轩、长笠农、朱敏斋、张朗兄贺年信四封。内阁呈阅明已拜发可兄到任联衔盘查仓库②、特王弟因病请假、调拨挈生骗马折片三件,安折二分,封套四分,奉可兄令,奏行稿件同于拜折日署奏书诺云云而去。四部院呈阅明日应画稿件并递略节,当即逐件详阅讫:内阁二件,为拜发奏事报匣咨行兵部转交;又为本年闰二月分接到火票咨送兵部查销。户部二件,为循例盘查仓库恭折具奏;又为

---

① 此为中国科学院图书馆所藏第十六册日记封面所题。正文首页钤"中国科学院图书馆藏"朱文、"东方文化事业总委员会所藏图书印"朱文印。按第十六册日期为光绪十六年三月一日至五月初二日。
② 参见本书附录二 111《奏报循例盘查仓库等项事》。

盘查仓库原奏录行京部查照。兵部五件,一为崇欢①奉补麟参赞之缺,呈行神机营,吏、户、兵部,理藩院查照并咨札各该处;二为全、札、瑞三章京催缺保案奏片朱批,咨行京部、绥帅钦遵查照;三为部咨庆侍卫保案另行办理,咨行侍卫处、该京旗查照;四为德健斋请咨回绥,咨行绥帅查照;五为商民武绍文前往杜尔伯特察贝子旗下贸易,咨行科城大臣查照转饬。理藩院十三件,均例事也。接札盟阿公信一封,哈哒一块。申酉之间穆平安由京来乌,接儿鹏喜字第一号家信一封,敬悉家严喜慰,精神康健,以本年二月廿八日奉上谕"祥麟著补授内阁学士兼礼部侍郎衔,钦此",因此家严十分喜悦,故遣穆价来迎。麟七年两戍,合浦珠还,感激国恩祖德,非笔墨所能罄述也。附接桂文圃、恒士龢、合寿岩二通家信三封。

初三日(4月21日)清晨具戎服遥叩家严毕,谒可兄署行礼,晤谈许久而还。昨夕今朝三辕巡捕、郭什哈、四部院章京、笔政均来道喜,如庭参仪。巳初可兄来道喜,行礼于虚镜堂,晤谈许久。同诣万寿宫,跪迎二月廿八日拜发折件:可兄恭报到任,奉朱批"知道了"②;麟陈情归省,奉朱批"祥麟已简放内阁学士矣"③,钦此。钦遵。公所少坐,拜发昨阅折件如仪,并叩天恩。当即堂齐,画奏行交稿廿四件,堂行五本而还,时午初矣。车藩、罕星岩先后来道喜,各晤谈而去。四部院章京、笔政等复来道喜,同晤谈而去。督饬郭什哈等结束行装。接景介臣信一封,附京报二本,内有纶音二通,即麟复补阁学,崇同乡参赞乌城之旨也。以官车一乘、小黑骡一头遣赠可兄,以作别敬,三却而受。

---

① 欢:原作△,今补全。
② 参见本书附录二 109《奏报到任接印日期事》。
③ 参见本书附录二 110《奏报交卸暂护将军印务日期并请进京陛见事》。

札盟阿公来道喜并辞行，晤谈而去。全守馀来谒，讨论谢恩满折底、恭报启程日期汉折底，改易二字而去。阿信屏通家来谒，讨论分钞《伊吾庐记事》而去。

初四日（4月22日）小恙稍愈而气体较亏，兼之日来结束行装，不免费心，惟有勉强支持酬应检点而已。骠马草料十驮定于初九日启程，随差员弁兵丁行李驮十三日启程，麟"元""亨""利""贞"等行李廿驮十九日启程。

初五日（4月23日）由外调回骟马四十匹，合内圈八匹，拣选十匹随行，分奖本牧章盖班登额尔德克、昆都达木色楞及萨吉尔额琥，本辕厩卒李锦荣、刘福、旧价田四、张二、穆平安、刘顺、张、王十人各一匹。下馀廿八匹及新购二匹仍交外牧，俟本年季夏差便入京分赠亲友，聊以塞责。以骠骒马四匹奖女役阿育什，又以骠骒马卅一匹俾普耀庭折交例马十九匹，以大骒马一匹奖恒巡捕，以酬其承办之劳。未正策骑走东夹道穿后街，回拜四部院章京、笔政等，仍出东门走河滩陟东冈过小炮台，沿山坡至车藩署回拜，行礼如仪，穿庐少坐，仍策骑由旧路进东门还公廨，时申初一刻矣。全守馀往返来谒，讨论恭报谢恩启程折底，奉可兄令初九日吉期可以拜发等语，当画来文五件，堂行二本而去。罕星岩来谢步，晤谈而去。晚间内阁呈阅翻讫启程谢恩折底，改易数处，俾请可兄校正，旋报可，即浼笔政朋友赶紧代缮而去。

初六日（4月24日）监视史木工等成做箱包夹板。

初七日（4月25日）寅卯之间春雪飘飘寸馀，监视史木工作活如昨，巳霁。内阁交来代写讫贺午信，内附函百片而去。以费购南鲜八行五百片、印签、大放套二百五十套，粗笺纸数张、毛边纸五刀遣赠全守馀，以作别敬。本年夏季吉厦车盟贝子普曾布札布来谒，晤谈而去。荣锡三来辞行，晤谈而去。画来文七件，四部院各呈阅明日应画稿件并递略节：内阁例事一件；户部例事二件；兵部三件，为麟请假朱批，录行京部、鄜旗、绥帅钦遵查照；又为可兄到任兹奉朱批仍前呈行札饬各处；三则例事也。理藩院例事三件，四则麟缴销例马报部札饬吉厦。

初八日（4月26日）内阁呈阅明已拜发叩谢天恩恭报启程满折一件满文不妥，忽于九年旧折也，安折二分，封套三分。当画奏行稿二件，内阁略节二件，即其事也。可兄遣赠馅饼二盘。已初诣万寿宫公所，偕可兄堂齐，画行交稿十件，堂行三本而还，车藩称疾未到。派巡捕费永昌管大狱。安云亭、白巡捕、袁侯辅、孙酉山等往科领粮，辞行而去。本辕李锦荣、刘福明日带领大黑骡一头，常骑马十匹，马料七线袋计六百馀斤，麸子七毛袋计壹千馀斤，干草大小十六袋，共用台驼十只；奖该二卒白面二袋，白米一袋为路用，并将前拟蒙古字札文一件封交伊等带至花硕洛图交该台吉章盖等挨钞传遵办。浼普耀庭代写蒙古字札台旗一面，以便挨台传示也。可兄派文润斋、额九馀往查沙滨岭。

初九日（4月27日）写附张幼樵前辈信内二片。可兄遣赆麟及内子两女程仪三封，是诚受之不忍却之不恭也。辰正二刻诣万寿宫，拜发叩谢天恩恭报启程折件如仪，内阁少坐，面谢全守馀等而别，便道可兄署道谢，晤谈而还。李头目、刘福牵骡马十一匹头启程南行矣。内阁交来代写讫致各路贺午信，内附序恭报启程原委百片，当即监视丁、郝二郭什哈钤章加外封粘浮签，以备封发。写复图书园内兄回信二片，封妥交理藩院遇便附入公牍发去。

初十日（4月28日）孝贞显皇后忌辰。昨夕可兄交改文润斋、额九馀往查沙滨岭以内事宜咨行总署文底，增改数字，理藩院请改照会驻库俄官清文底，增易数字，一并交去，并提白可兄约上"横断山河"四字为守土之根本，此麟为国愚忱，临行复多事也。粘封贺午信件，除初八日曾浼荣锡三带去西口三封，安云亭带去科城四封,昨交理藩院附牍带发一封,今交王巡捕弼沿途代递七封,到口代呈景介臣由内站转发马封五十一角,计信六十四封,交内阁代发马封十二角,计信十七封,浼塔城孙宽志差员国乾代寄马封二角,计信四封。按本节贺午报行信先后共发壹百封,附璧版谦十数件。由义盛德商家购来干蘑菇壹百斤,价银廿两。四部院章京、笔政等公钱挂面四大匣,蘑菇、杏荮二巨盘,葡萄干二盘,资力大茶六块而去。监视巡捕、郭什哈等安设架杆车楼门,拴捆长轴车轮,打包内子行李。普耀庭遣赠烧麦一盘,资力一茶而去。

十一日(4月29日)孝贤纯皇后忌辰。督饬费巡捕、郝郭什哈等结束帽盒六个,盛书木箱六只,毡包木夹板。

十二日(4月30日)修理旧花翎,督饬张郭什哈等结束皮褥毯包。写致大新德商家一信,信封而待寄。随差行李驮明日启程,巡捕王弼,营卒张富、高锦、王德鸿等辞行,谆嘱小心奉差而去。以前做小黄油竖柜一对遣赠可兄。午未之间阴云四合,微风细雪,申霁。检点随身章服,随手行箧,零星笔墨纸札等等。

十三日(5月1日)补画恭报启程日期谢恩稿,录行吏、户、兵部,绥帅、鄙旗,札饬吉厦转行各盟查照。将昨写致大新德一信交王巡捕弼因差代致而去。午后罕星岩来谒,车藩遣赠赆金二百两,星岩赆红哈喇十尺,绿氆氇一匹,晤谈而去。可兄来谢步,晤谈而去。

十四日(5月2日)遣催武纫工赶做架杆车围,巩木工成做烛匣、帽架。高木工送来做讫逐台日用毡房,四尺高矮,门槛、门扇四分,面交绰霍尔台章盖根敦,俾其前期交南台更番递用,并留奖该章盖及昆都达木定银什件、火镰各一张,友赠大匣挂面各一匣;又以食馀白面四百斤留奖本辕郭什哈薛振贵、张福、武秉钺、阎宝谦各壹百斤;又以白面四百斤分奖本牧蒙古郭什哈廿名每名廿斤，以作别赠。饬两女成做随身仁字包，内红洋缎箧袱书袱四分。督饬马峻元裱糊仁字包内二布匣，仁字包则俾王巡捕英做一蓝洋褡裢，面红洋缎，里毡心斜行象眼者也。

十五日（5月3日）卯正借乘车藩车诣南菩萨庙、东关帝庙、北菩萨庙、土地祠，拈香叩辞，奖各庙祝各大茶二块，午初乘车出东门，诣后关帝庙拈香辞行。涉巨河四过河汊，便道大盛魁商家辞行，晤马、郭诸商，畅谈而别。乘车走山坡，逾青龙岭，诣真武庙、城隍庙、三元宫拈香叩辞，各庙祝各奖大茶二块，穿台市西坊走河滩数涉河渠，至德茂园辞行，罗商以疾未晤。由旧路穿台市辞行诸商家，晤元聚义杨商、协和公李商、恒和义田商、义盛德杨商、德盛和崔商，均畅谈而别。出前街涉巨流，走河滩，进南门还公廨，时申初矣。四部院章京等来谒，奉可兄令将为四部院请颁铜铸关防六颗片底俾麟更正而去，旋改数处交去，此二多事也。接张朗兄复函一封，内附《治黄三疏》，议论河防动中肯綮，谕旨一通，信任甚专，诚善政也。接刚良兄、吉仲谦贺年信二封。奖本日随差噶札尔奇、乌拉奇五名各大茶一块，车辕艾御夫大茶四块而去。

十六日（5月4日）普耀庭代挽来大盛魁商家四年积负，除还净欠该号壹千四百两零零三钱六分外，有该商家代兑别家六百五十金，共欠二千零五十五两有奇。

十七日（5月5日）立夏。图巡捕交来代钞讫上月分记事廿八扣半，当写谕儿鹏帖四十七行，合记钉封，写上家严禀帖廿行钉封，并儿谕重封。检点上家严天蓝摹本大棉袄一件，天青摹本长袖棉马套一件，驼色宫绸棉紧身一件，玉色洋绉祫衬衣一件，重袱夹油布包裹妥固，均交穆平安先行携回，恭上家严，递交儿鹏，俾知本月廿五日麟携眷由乌启程，约在五月间到口进京叩觐君亲也。内阁呈阅本日接到部文："吏部为知照事，文选司案呈本部具题,今出有内阁学士宗室丰烈升任一缺,应行开列,查应补无人,谨将应升之詹事府詹事志锐等职名开列具题等因,于光绪十六年闰二月初二日内阁钞出二月二十七日奉上谕'祥麟著补授内阁学士兼礼部侍郎衔,钦此',相应知照可也,右咨乌里雅苏台参赞大臣。"当画来文三件,有崇参谋二月廿八日奉命赞乌之二兵部恭录清文知照者也。可兄拟于四月十六日携带关防由乌启程往查西北边卡,派普耀庭、文晏轩、金凤楼、博勒合恩随营,派其巡捕图伽本、周万邦、范元、杨祥,郭什哈褚廷魁、何兆明、马麟魁、李珍、焦进库、李澍、张全胜、张永贵、李献庭、申存仁、郭振雄、常林十六员名,本辕派巡捕连昌、营卒李槐一同跟随听候差遣。

　　十八日(5月6日)兵部交来麟携眷回京照验一张。内阁呈阅明日巡捕乐善、郭什哈张庭裕、杨芝、巩庆有、穆平安押运麟二起行李廿驮启程蒙文传单,当要原堂行考证无讹交去。普耀庭来谒,代挽讫天义德商家四载积负,除还净欠该号银壹千三百五十【两】零四两有奇。户部交来内子还京应领车价银,除缴还廿八日养廉卅八两七钱有奇,实包银壹百四十四两有奇。监视武纫工、马峻元上车围油车顶。接德敬斋作古讣文一封,伊子富勒浑、富勒罕信禀一封。乐巡捕、张庭裕、杨芝、巩庆有等辞行,谆嘱小心奉差而去。办妥沿台赏犒茶十二箱,东生烟三囤,挂面十匣,褡裢布十匹,鼻烟十筒,活计廿件,火镰五张,均面交巡捕黄金贵、马如龙沿途经管。可兄遣赠白肉一方,胡肘一个,下水一盘,白汤一锅,内子资力二茶而去。可兄派奎文斋笔政为麟安台来谒,俾其明朝来署督饬台弁载驮而去。适间户部所交之款全数交乐巡捕代寄大新德商家,并写便信一封,俾其挽还旧债。

　　十九日(5月7日)寅正即兴,卯初督饬奎文斋、乐巡捕、张兵目、绰霍尔台章盖根敦、昆都达木定、乌拉奇等捆载麟二起木架毡房行李驮共廿驼，卯正二刻登南城楼遥观驮驼回涉南河，辰初二刻而下，以桃汛盛涨，南河水深，故向西绕行十馀里也。少焉乐巡捕善、张庭裕、巩庆有、杨芝、穆平安先后辞行，各谆嘱十分小心谨慎照拂行李而去。申初二刻谒可兄署，赴其饯行之召，座有罕星岩，酉正终席而还，奖其庖人、纪纲大茶十六块。

廿日(5月8日)号鼓渊渊，询之系奉可兄令春秋二季绿营操演改为每月逢十日上队，各署兵丁轮流演枪，洵为体恤士卒也。督饬马峻元规画铜盆布套。张巡捕代约武、高二纫工成做讫上家严棉袄套及麟酱色江绸裕半袖裕紧身，共廿工，奖其大茶十八块遣去。张巡捕、武纫工成做讫内子裕袄棉袄等服架杆三车围，奖张大茶十二块，奖武大茶六块而去。购灰绿俄缎二板，合银十三两三钱，携赠亲友。

廿一日(5月9日)督饬何、丁、郝三郭什哈等检点随身衣包，结束随身箱只。午后德盛和崔商德厚田来送行，并以蘑菇、葡萄、绥点、金糕四事饯之，晤谈乡情，资力一茶而去。补记：十二日改定头起随差驮王弼、张富、王德鸿、高锦；二起麟行李廿驮乐善、张庭裕、巩庆有、杨芝、穆平安；伙食驮马如龙、安吉庆，并专管厨房上厨任福昌、张吉升，中厨马胡义、王忠；随身行李驮保瑞、张鉴；烟茶赏犒驮黄金贵、何喜；草料十驮李锦荣、刘福；跟第一车张玉秀、丁超、郝子英、张廷禄；跟第二车何生业、刘清廉、马吉玉；跟第三车马如龙、安吉庆、马峻元、杨万金；张巡捕兼管茶房，何喜、张鉴司茶，马巡捕、安头目轮流跟第三车，轮流押火食驮，各司其事，庶免推诿。东乌梁海克总管遣递哈哒一块，貂皮一张，猞猁狲皮一张，当回哈哒一方，资力活计一件，大茶二块而去。隆庆昌钱饽饽四匣三竹小篓，福臣魁钱饽饽二盘。监视丁头目为内子架杆车钉里围上玻璃。

廿二日(5月10日)诣可兄署辞行，晤谈许久而还。午正二刻借乘车藩车出东门，走河滩陟山坡过小炮台，沿山坡至车藩署辞行，晤于穹庐，畅谈许久，饮奶茶而别，下山冈至天义德商家辞行，晤谈而别，走河滩辞行吉厦未遇，陟北冈由旧路进东门，辞行四部院章京笔政，晤札静亭、普耀庭，馀均未遇而还，时未正矣。恒和义张商顺德、罕星岩通家先后来谒，各晤谈而去。以友赠饽饽二匣回赠塔城孙宽志、车辕马御卒，奖其大茶四块而去。

廿三日（5月11日）三盟特王弟遣其护卫鄂诺勒图来谒，面递哈哒八条，奶食一匣，活计一件，清文信一封，并代债川资五百金，当回哈哒四方，写清文谢借覆函一封，面交该护卫，并留其一餐，资力八金而去。检点随身仁字等包零星物件。接沙振庭、景一峰信禀二封。大盛魁马商来谒，晤谈许久，送行而去。车藩遣饯羊菜一桌，资力二茶而去。普耀庭、义盛德、恒和义先后各遣饯蘑菇、杏苷、葡萄、挂面各四事，各资力而去。

廿四日（5月12日）督饬何、丁、郝、马四郭什哈面加检点"仁""义""礼""智""信"五匣包零星随手物件，草登杂项簿。军署、车辕及本署满汉巡捕、郭什哈等先后均来叩送，均立受其庭参，谆嘱谨慎当差，勉图上进等语而去。巳午之间可见、车藩来送行，先后各晤谈（久许）〔许久〕而去。四部院章京笔政等来送行，晤钟、札、瑞、全、普、文、恩等，畅谈许久而去。四吉厦、将军、公、台吉等来送行，晤谈而去。张商顺德来送行，晤谈而去。

光绪十六年三月廿五日（5月13日）卯正督饬保、黄、张、马巡捕、郭什哈等装载随身行李、伙食、赏犒廿一驮启行，可见遣饯美酒佳肴四簋四碟，煮饽饽百数十枚，奖其庖人银三两，辰初食讫，辰正二刻内子两女乘架杆车二辆先行，由乌里雅苏台启程。巳初麟具行装拈香参署待时堂、参谋赞画堂、河神祠、马神位，各行礼如仪，以谢辞四年来神佑之慈。虚镜堂少坐，策骑出承恩门，走河滩涉河汉及草滩，台市众商家杯酒公饯，下骑少坐，巨商郭寿峰等叩送。乘架杆车涉巨河二道，策骑陟南岸及行幄，可兄待焉，畅叙离情。车藩驰骑而来，与可兄跪请圣安。麟告辞而别，乘架杆车行坦途，及南岭下，四部院章京、笔政、四吉厦、蒙员等、张商顺德复饯于穹庐，下车畅叙许久，洒泪而别。乘架杆车陟南岭，下岭疾驰，复逾二小岭涉小河沟，午正至花硕洛图台驻焉，奖前台蒙古官兵大茶四块。未刻俾绰霍尔台及本台章盖、昆都各具例结一纸。罕星岩送至此叩还，当以旧氎云战靴二双赠去，旋车藩遣递复家严清文信。申正率内子两女例食廪羊二只，未尽之馀分奖随行员弁，后仿此。

廿六日（5 月 14 日）卯正二刻内子率两女各乘架杆车先行，后仿此，麟卯正三刻策骑南行数里及冈，乘架杆车陟焉，走沙滩行沙碛涉小河二道，巳初至舒噜克台早尖，该台章盖、昆都等例具尖站甘结。按麟此次回京供职，沿台供支仍照例每台饩羊二只，后均仿此。未初二刻乘车沿山河疾驰，涉回环河数道，走乱石坡，行大不易，涉疾流策骑至特穆尔图台驻焉，时申正三刻矣。按山川台路与来乌时大略相同，架杆车作车，及摔杆无伤，均不赘叙。

廿七日（5 月 15 日）卯正二刻由特穆尔图启行，策骑数里，乘车遄征，巳初一刻至达噶得勒早尖。未初二刻启行，乘车疾驰，申正至胡吉尔图驻焉，管台、帮台二台吉各具甘结一张，各奖洋裤褂一件，火镰一张。接定静村经略、溥菊如统领、麟履仁妹丈信三封，欣悉履仁已邀奖即选主政矣。镫下写致托可兄信一封，交图巡捕代呈，旋图、洪二巡捕，兵目冯亨铨、营卒田玉喜、田文进等叩辞，明日回乌，谆嘱小心当差，未卜麟明朝可涉布音图河与否也。

廿八日（5 月 16 日）卯正策骑先行，走微坡数里，途遇三盟格根来乌起票进藏，席地坐谈许久，当递哈哒三块，当回哈哒一块而别。乘车下坡，及布音图河西岸，瞻仰雪山，行礼如仪，水势颇旺，乘车先涉，内子车继涉，两女车绪涉，仰赖神灵默佑，率众平安过渡，两女复叩雪山，默谢神庥，与内子两女席东岸，坐观随身行李驮平安过渡毕。图巡捕等辞回，时巳初。乘车疾驰，路甚崎岖，午初二刻至阿录吉拉噶朗图早尖。奖河干水手大茶四块，加奖胡台官兵大茶四块，东生烟八包，以示微奖。本日过渡多赖随行官兵众力扶持，故得履险为平，且马胡义、杨万金三涉巨流，尤形出力，各记犒一次，抵口汇奖。未正二刻乘车沿山河遄征，酉初至鄂伯尔吉拉噶朗图驻焉，恒巡捕等十二员名辞，明日行。

　　廿九日（5月17日）卯初三刻乘车由鄂伯尔吉拉噶朗图启行疾驰，近下台策骑，巳初一刻至乌朗奔巴早尖。午正由台启行，策骑数里，乘车遄征，未正二刻至霍博勒车根驻焉。接吉荣弟信一封。

　　卅日（5月18日）卯初二刻策骑由霍博勒车根启行，数里换车疾驰，巳初至札克台早尖，管台、帮台二台吉各加结同前，各奖犒同前。午初二刻策骑由台启行，数里换车疾驰，未正三刻至都特库图勒驻焉。

记事十六年四月分①

四月初一日（5月19日）卯初由都特库图勒策骑启行，数里换车疾驰，巳初二刻至乌塔早尖。乃随身行李驼半途惊逸，及申初到台换驼，即由台带驮策骑启行，数里换车遄征，至巨淖东策骑，酉正到鄂罗盖驻焉。

初二日（5月20日）卯初二刻策骑由鄂罗盖启行，数里换车疾驰，巳初至乌尔图哈勒托罗盖早尖。午初二刻策骑由台启行，数里换车遄征，未正二刻驻于推，三盟札雅班第达胡图克图遣递哈哒一块，蓝缎一件，当回哈哒一方，璧回蓝缎，奖来喇嘛洋烟一筒，挂面一匣而去。管台、帮台二台吉各具甘结一张，各奖洋褂褛一件，挂面一匣。按推台形胜为乌属之冠，惟来源不旺，为近年之歉耳，何郭什哈等觅推河石，未得一可器者。

初三日（5月21日）卯初策骑启行，涉推河走河滩，数里换车涉支流走河滩，巳初至沙尔噶勒珠特早尖，午初策骑由台启行，数里换车遄征，及台数里，策骑走上下坡，未初三刻至胡都克乌尔图驻焉。

初四日（5月22日）卯初由胡都克乌尔图策骑启行，十数里换车疾驰，辰正二刻至塔楚早尖。午正二刻由台策骑启行，数里换车遄征，申初至噶噜底驻焉。遇新任阿拉克鄂博卡侍卫福馨圃来谒，晤谈乡情许久，留富清圃通家、恩耀亭姻侄信二封而别，旋以煮乌查一件、馅饼五枚饯之，以敦乡谊。回差弁兵张有、沈海、杜瑞、魏长盛等来谒，同晤去。

---

① 此题为整理者添加，中国科学院图书馆所藏第十六册日记将三月和四月合订为第十六册。

初五日（5月23日）卯初策骑由噶噜底启行，陟叠云峰，乱石难行，走沙石路数里，下梁及坦途，疾行数里，换车遄征，辰正至哈拉呢敦驻焉。接长鹤汀信一封，桂芝延清文安禀一封，并派来章盖吉克默特多尔济远迎。接察哈尔第四段管台参领车林达什、副参领博罗特、委副参领勒克德恩札布安帖一封，并派来章盖阿育尔咱纳迎接。惟于拆信之时偶于褡裢之中觅取牙签，则广敏达夫子遗念蜜蜡烟壶亡矣。即饬前台章盖巴图蒙克率蒙古兵四名趋回来路沿途寻觅，未初而回，云得之于叠云峰背草滩边等语，是失之于早间策骑疾行之际，幸赖神灵呵护，完璧而还。当奖蒙古弁兵等各二金，以酬其劳。写致托可兄信一封，车藩清文信一封，交奎文斋笔政及车藩遣送廿台随侍护卫鄂勒哲依巴雅尔明日持回代达，并浼奎文斋代写致乌垣四部院章京、笔政等安帖十三片，合封藉交全守馀分达。奎文斋持可兄、车藩帖、四部院柬送行，并其辞行而去。管台帮台二台吉加结同前，赏犒同前，并奖鄂护卫火镰一张，洋烟一筒，挂面一匣，洋褡裢一件，以酬其廿日之劳，并其辞行而去。未申之间狂风时作。

初六日（5月24日）狂风微息，寅正二刻兵部递回上月初三日由乌拜发报匣一件，廿五日由内交发并黄布口袋一个，计公文七角，外随火票一张过台，当即跪迎原封，验交飞递而去，谅在三四日内抵乌也。奎文斋、鄂护卫送行，辰初乘风策骑，由哈拉呢敦启行，数里寒风刺骨，换车疾驰，巳初至哈达图早尖。午初策骑由台启行，未正二刻至乌讷格特驻焉。遇乌城换防文芝卿守备瑞来谒，面交儿鹏二月廿五日家信一封，吉荣弟信一封，色颖臣通家信一封，晤谈乡情而去。敬悉家严康健，两孙结实，甚纾下怀。附接克邸、巴敦甫、长远堂贺年信三封。申酉之间风微止，阴雨将至，策骑至本台召内拈香行礼，献哈哒二块，布喇嘛大茶四块而还。遇乌城回差营卒赵鸿璧等四名，在台谒见，晤谈而去。

初七日（5月25日）文芝卿赠两女京点、蜜果二匣，资力而去。遇乌城回差巡捕阎文彩来谒，晤谈而去。卯初二刻策骑启行，由乌讷格特数里换车而驰，巳初至翁锦早尖；午正一刻策骑由台启行，数里换车遄征，申正至哲楞驻焉。此二台大半济芰丛生，沙碛路长，行大不易也。且喜察哈尔头台参领绷盛斋差其昆都阿育什札布持信来迎，当即晤谈三年前离情，并询麟前行骡马及头起行李驮件，均无讹，留该昆都及吉昆都随行随馈，以示同甘。晚间策骑至本台召内拈香行礼，献哈哒二块，布喇嘛大茶四块而还，遇庙行香，从俗从宜。

初八日（5月26日）卯初策骑乘风由哲楞启行，数里换车疾驰，狂风大作，辰正至哈沙图早尖。午初策骑乘风由台启行，数里换车遄征，未正至察布察尔驻焉。管台副参领博罗特叩送，当以洋裆裢一件，挂面一匣赠去，以酬其迎护五台之劳，其章盖则以活计一件，大茶二块赠去。申酉之间风微息，晚间遇乌城回差营卒宋国安来谒，面呈儿鹏三月十六日喜字再号家信一封，敬悉家严精神康健，寿躬喜爽，两孙出息，甚纾下怀。附接桂文圃契友、舒畅亭亲家信二封，钞报一本。

初九日（5月27日）宋国安叩送，晨风飒飒，卯初二刻策骑由察布察尔启行，数里换车疾驰，辰正至沙克舒尔噶早尖。乃遇上月初九日由乌拜发恭报到任折件夹板一副，廿八日由口内发回，当即跪迎谨启，恭奉朱批"知道了，钦此"，外随火票一张。即写便信一封启知托可兄，包固妥协交台飞递而去，并写致绷盛斋、大新德信二封，谕乐巡捕、李头目等帖二片，均交阿昆都随兵持去飞达，并奖该随兵活计一件，大茶二块而去。午正策骑由台启行，数里换车遄征，未正至吉呼木驻焉。

初十日（5月28日）晨风飒飒。卯初策骑由吉呼木启行，数里换车疾驰,辰初至栳萨早尖,勒参领叩迎,奖其乌查一盘。午初策骑由台启行,十数里换车疾驰,未初至希保台驻焉,车参领叩迎,加具关防甘结一张,赠其活计二件,洋烟一瓶,挂面一匣以示薄奖。车参领派章盖达木凌札布远送。莫霍尔噶顺参领多勒锦、三都克、伊达木札布遣昆都绰克托札布持帖远迎,酉刻阴云起西北,粗风轰雷,暴雨一阵而霁,惟疾风骤起,毡房将覆者再,设非何、丁郭什哈等坠项持绳竭力保护,险遭倾覆,可危也哉。晚间狂风不息,以行李一驮坠于毡房顶下方寝,乃夜间狂风犹作,忽醒忽睡,夜未安眠。

　　十一日(5月29日)寅初即兴,卯初二刻策骑由希保台启行,十馀里换车疾驰,辰初二刻至哈比尔噶早尖。以十二金购栳萨喇嘛小玉顶四银蹄黑马一匹,毛颜尚殊去得,惜仅慢达罕步而已。巳初二刻由台乘车启行疾驰,午正二刻至默端驻焉,一时四刻驰行壹百廿里,可谓速矣。前台昆都济克默特多尔济叩送,当以活计一件,大茶四块奖去。桂芝延来迎,两晤谈而别,旋以乌查一件,馅饼十枚赠之。

　　十二日(5月30日)遇乌城回差巡捕宋国喜、张德来谒,并赠两女香椿一束,小梨二包,晤谈而去。卯初二刻策骑由默端启行,数里换车疾驰,辰初三刻至赛尔乌苏早尖。桂芝延随到,广笔政惠泽圃来谒,与芝延先后晤去,以蘑菇、香椿、小梨、金糕、京点数事分赠芝延、泽圃二同乡。乃芝延遣赠羊菜一桌,泽圃遣赠果点一桌,各资力二茶而去。巳正策骑谒本台关帝庙行礼,献哈哒一块,奖庙祝大茶四块。便道回拜芝延,晤谈许久,赠其六子女各一金而别,便道回拜泽圃,晤谈而还。巳正二刻芝延、泽圃送行,晤谈免送。乘车由台启行疾驰,午正三刻至库图勒多伦驻焉,多参领叩迎,加具关防结一张,赠其活计二件,洋烟一筒,挂面一匣,以示薄奖。酉初一刻遇俄国男妇仆从九名到台,少憩而去。

十三日(5月31日)寅正三刻策骑由库图勒多伦启行,十馀里换车疾驰,辰初至博啰鄂博早尖。途遇赴库章京车二乘,主仆七八名,未得晤谈。巳正二刻乘车由台启行疾驰,午正三刻至卓布哩驻焉。节近芒种,天气渐热,时令似京中暮春而燥,惟朝夕寒凉仍如初冬耳。

十四日(6月1日)卯初策骑由卓布哩启行,数里换车疾驰,辰初至札拉图早尖,巳初策骑由台启行,数里换车遄征,午初二刻至哈济布齐驻焉。

十五日(6月2日)卯初策骑由哈济布齐启行,数里换车疾驰,巳初至毕勒格库早尖,有潼关道士在途化缘,助其大茶四块而去。巳正二刻阴云四合,风至雨将来,乘车由台启行遄征,午正三刻至霍呢齐驻焉,未初二刻风将息。率内子两女步诣溥恩寺行礼,前后殿共献哈哒四块,布庙祝喇嘛大茶四块而还,该庙祝仍前赠奶茶、果点,照章却食饮茶。风又作矣。

十六日(6月3日)丑正即兴,寅正二刻策骑由霍尼齐启行,数里换车疾驰,沙路坎坷,行大不易,辰初至默霍尔噶顺早尖,一时二刻驰行一百廿里,加奖架车官兵大茶二块、东生烟四包。少焉阴云四合,未雨而风,巳初三刻乘车遄征,沿土龙而行,午正至图固哩驻焉。接二段参领多尔济札布安帖一扣,并派来委副参领察克都拉札布、委章盖伊什那木济勒、额外昆都吉木布拉什、达米楞远迎,并经理台站默端章盖达米凌札布、哈毕尔噶委昆都绰克逊札布同叩送,各奖其大茶四块,以酬其数台之劳。未申之间狂风又作矣。

十七日(6月4日)孝端文皇后忌辰。风后朝寒,卯初二刻乘车由图固哩启行,辰正至托里布拉克,慈荫寺喇嘛送奶茶果食,照章饮茶却食,旋率内子两女诣庙行礼,献哈哒二块,赠庙祝大茶四块而还。接庆锡斋同乡信禀三片，惟封套破烂，似有遗失。早尖毕，已正策骑率内子两女由台启行，至马趵泉瞻仰圣迹，徘徊许久。乘车疾驰，仍行崎岖沙碛侧坡路，午正至叟吉布拉克驻焉。该台有马套大车四乘，芦席二片，大见腹地风味。遇库伦差车二乘，惜不知官衔姓名。

　　十八日（6月5日）卯初二刻策骑由叟吉布拉克启行，数里换车疾驰，于路左遥瞻神树圣迹，已正至布隆早尖。乃乌城差弁雷英待焉，并面呈景介臣信一封，知崇参谋不日抵口出边矣，畅谈许久，留其一餐。已正雷巡捕叩送，乘车由台启行，行崎岖路，未初至锡拉穆呼尔驻焉。多参领叩见，并面呈加具关防甘结一张，温言数四，赠其乌查一件，洋烟二筒，活计二件，挂面一匣，以示薄奖；惟言此台帮台官兵仍前抗差不到，已志于本台甘结之上，敬请藩部查办耳。

　　十九日（6月6日）卯初二刻策骑由锡拉穆呼尔启行，陟小冈数里，下骑向东南山遥拜，行三叩礼，如往年乌垣小炮台仪。换车疾驰，辰初二刻至吉斯黄郭尔早尖。接吉荣弟本月十一日贺午信一封，附言崇怡亭参谋已经请训，而无到口的音。午初二刻策骑由台启行，十数里换车疾驰，平川沙路，未初二刻至敖拉琥图克驻焉。遇乌城回差世星垣同乡，畅谈许久，并赠其乌查一件，羊菜四碟，饭后回拜星垣，又谈许久而别。本段副参领阿拉西彭楚克叩谒，奖其活计二件，洋烟一筒而去。晚间阴云四合，风雷大作，惜雨仅数点而已。

　　廿日（6月7日）卯初二刻策骑由敖拉琥图克启行，数里换车驰行，沙碛沙漠，辰正至锡拉穆楞早尖。午初三刻轰雷又作，风雨将来，策骑由台启行。数里疏雨滴滴，乘车疾驰，未初二刻至察罕琥图克驻焉。写致崇怡亭贺午贺禧信一封，附言借留张巡捕玉秀、兵目何生业、丁超，营卒杨万金、郝子英、马峻元、马胡义及民丁张吉升等八名随麟进京，馀十四名均归其麾下当差，并写谕乐巡捕等一帖，各封交随行昆都阿育什由台递去。

廿一日（6月8日）卯初二刻策骑由察罕琥图克启行，数里换车疾驰，辰初二刻至敖伦琥图克早尖。先是可兄派来参署巡捕连昌、王振文、营卒任洧、王麟及王全、李德义、李槐随后押驮进口，迎接崇怡亭。前四人在上台相谒，询问可兄安燕、车六兄平康，俾其换马先行，不意此台草弱马疲至此，渠等尚未越过；并闻乌城谣言云上月廿八日麟等涉布音图河时，两女车将没水中，可兄闻之大怒，申饬连昌等近送诸人，记怒远送众弁兵等语。当即传见询问得实，即写致可兄信卅五行，力陈乌城谣言万不可听，并借留护送进京弁兵缘由，交阿昆都加封由台递去。午初二刻乘车由台启行，黄沙漠漠，绿草茫茫，瘦马遄征，情甚可悯，未初一刻至布鲁图驻焉。本段多参领派来护送十一台之蒙古官弁察克都拉札布、伊什那木济勒、吉木布拉什、达米楞等四人叩辞，当奖其洋烟一筒，活计五件，并各大茶四块而去。

廿二日（6月9日）卯初二刻策骑由布鲁图启行，数里换车疾驰，辰初二刻至锡拉哈哒早尖，彭盛斋待焉，并赠两女果点四事，畅谈许久，旋以乌查一件报之。二段察委参领叩送，以京点一匣赠去。午初二刻由台乘车启行，未初三刻至奔巴图驻焉。十台昆都莽噶拉叩谒，晤谈而去。彭盛斋辞行，晤谈先行，约以头二台相待。

廿三日（6月10日）昨夕狂风通宵，今朝阴云四合，卯初二刻策骑由奔巴图启行，数里换车疾驰，辰正至乌兰合达早尖。已正策骑由台启行数里，疏雨至，冷风来，乘车疾驰，沿花果山走平沙路，雨后沙湿，风不扬尘，未初至庆岱驻焉。

廿四日（6月11日）晨风飒飒，卯初二刻乘车由庆岱启行，辰正至察察尔图行台早尖，遇回差庆锡田率随兵王有全来谒，晤

谈而去。巳正二刻策骑由台启行，数里换车疾驰，绿草茸茸，颇
有腹地风味，午正二刻至明垓行台驻焉。晚间阴云四合，疏雨滴
滴矣。

　　廿五日（6月12日）遇乌城回差弁兵赵明等四人来谒，晤谈
而去。卯初二刻乘车，冒微雨由明垓启行疾驰，卯正三刻至札哈
苏台行台早尖。辰正二刻乘车冒雨由台启行，沿碱淖疾驰，巳正
至奎苏图穹庐驻焉，疏雨仍滴滴，申霁。

　　廿六日（6月13日）卯初二刻策骑由奎苏图启行数里，换车
疾驰，辰初至鄂罗胡图克早尖，奖前台章盖等银一两，以茶尽也，
四、三、二台仿此。巳初二刻乘车疾驰，午初二刻至哈留台驻焉。
奖远接至哲楞昆都阿育什札布银八两，以酬其往返七十馀台之
劳，奖其随兵松录布银二两。本台向来包办饭食，今仍照例支应
廪羊二只，奖其章盖银二两，奖迎送昆都莽噶拉银二两，奖何喜
银二两，以其沿途省茶也。接由乌预备赏犒二七大茶十二箱，沿
途仅饮八块，馀均作赏犒矣。奖随行巡捕保瑞等六官弁银十二
两，兵目安吉庆等五名银七两五钱，营卒刘清廉等十七名银十七
两，加奖杨万金、马胡义二两，以酬其布音图河往返三涉之劳。

　　廿七日（6月14日）卯初二刻乘车由哈留台启行疾驰，巳初
三刻至布尔哈苏台早尖，王厨役包办颇妥，奖其银二两。头台章
盖棍楚克、昆都赛固玉图、什长多尔济等来谒，晤谈而去。午初
策骑由台启行，数里换车疾驰，彭盛斋侄世兄福灵阿、伊灵阿①
飞骑来迎。午正至东营盘驻焉，乃那钜辅通家已遣其护卫田裕
庭久待，即饬何、丁、杨、张四郭什哈修换短轴，抖晾随身行李，小
歇三四日，以内子小恙故也，俟雇觅驮轿二乘。初二日移驻大新
德再行检点一切及留赠口上朋友土产薄物。盛斋备食甚妥。

―――――――――――――――――――――

① 福灵阿、伊灵阿：原为满文书写，承王策博士译为汉语。

廿八日(6月15日)驻同前。以天宁薰烟二两,张赠洋烟二小瓶,官黄印钥袋一件,魏赠大黑马一匹,阿赠小枣骝马一匹留赠彭盛斋。景介臣遣其郭什哈绰勒栋持帖来迎,晤谈,带名片请安而去。晚间王全、李德义、李槐因差来谒,并呈图巡捕信三片,晤谈而去。

廿九日(6月16日)孝慎成皇后忌辰。驻同前。写飞白清文"福禄寿禧""诚实无伪"横幅二片,分赠福贵臣、吉伯臣二世兄。察罕托罗海章盖棍楚克预交甘结一张。昨闻绷盛斋有添侄孙之禧,明日弥月,即遣田价进口购办薄仪。今其买来银造锁符一分,红羽毛八尺,价银五两有奇,并雇得双鞭驮轿二乘,价银六两,明日来迎,以便后日由此启行。内子旋至鹤龄室道禧,并送薄仪。

记事十六年五月分①

五月初一日（6月17日）卯正二刻诣东营盘召内行礼，敬献黄白哈哒三块，递盛斋之叔喇嘛哈哒一块，彼回哈哒一块，饮其奶茶而还。便道盛斋穹庐道喜，并辞明日行，仍驻同前。按东营盘之说，谅系先朝平定朔漠曾驻大兵之地耳，蒙文曰巴彦托怀，北枕高冈，前临草滩，泉甘土沃，生聚富庶。东南土山曰阿勒坦西拉格，有鄂博；正南有土山曰蒙棍西拉格，颇具形胜；惜南小河来源不旺，赖有土井数眼，取之不竭；西有小召一座，尤壮地势。盛斋面递麟及内子、两女哈哒四块，藏香四束，孔雀尾一束，青马一匹，花马一匹，紫白毾氊各二匹，受之真愧，却之不恭。内子当即检点友赠活计廿馀件，预备明日分赠盛斋、贵臣、伯臣叔侄夫妇六人，以谢别也。

初二日（6月18日）绷参领加具关防甘结一张。辰刻早尖，巳初策骑由东营盘启行，数里换乘二套车，越查罕托罗海台，未正至托罗庙村兴隆寺拈香茶尖。有首善武襄张生员等茶果相迎，痛谈许久，值其修建殿宇，庙祝募缘，当以四金助之，内子亦助其四金，各乘车而别。先是在东营盘奖其庖人仆婢银九两五钱，头台棍章盖等银四两，以酬其四日之劳。未正一刻走盘肠河，永峻斋差帖逆焉，申正至大新德商家驻焉。永峻斋、景介臣各赠烧烤果席，各资力而去。峻斋来会，畅谈许久而别。盛斋随送，借酒留馔留驻而去。

五月初三日（6月19日）孝诚仁皇后忌辰。驻同前。以三

---

① 此为中国科学院图书馆所藏第十七册日记封面所题。按第十七册时间实为五月三日至五月十七日，今略予调整。

盟格根旧赠小黄马遣赠永峻斋,以赛赠枣骝马遣赠景介臣,以普赠紫花马遣赠赓怡斋,以阿赠青马、锡赠枣骝马遣分赠王枫兄、吉荣弟。景介臣、玉含章、盛斋令兄噶鹤龄、主政拉桑车林、义盛德刘商先后来谒,各晤谈而去。写那钜辅信二片,谕儿帖二片。遣借介臣凉帽。购灰白夏布赶做大衫,内子两女汗衫。接乐巡捕等留禀,知其与曹巡捕及李锦荣、张庭玉、王德鸿等已于上月廿一日由口进京迎接崇怡亭参谋去矣。督饬马吉玉修理坐车,觅钉骡马掌,备明日进口拜客之用。

初四日(6 月 20 日)驻同前,景介臣遣赠糕粽点心六盒,资力而去。午初乘车进大境门,拜张城大小官员,晤永峻斋、景介臣、荣砚堂三同乡,馀均未遇而还,时未正三刻矣。奖马吉玉、杨芝各五百文。赓怡斋处赠席一桌,资力而去。申刻沈实甫司马守诚来谒,晤谈六年前泉湖相聚离惊及中俄交涉苦况而别。玉含章赠席一桌,资力而去。

端阳日(6 月 21 日)驻同前。将前合封谕儿帖及三月朔至本月初二日记事原本,并致那钜辅二信俾田价浣本柜进京阎、杨二商代交,谅在月之中旬初到家耳。写致乌城全守馀、瑞岚秀、札静亭、普耀庭、麟履仁信五封待寄。署都阃祥保臣焰来谒,晤谈许久而去。荣砚堂赠烧烤席一桌,资力而去。署转道谦吉人光来谒,未晤而去。绷盛斋遣赠绍酒一小坛,金肘一只,饽饽二盒,资力而去,以绷赠酒转赠张商,荣赠席转赠阎、杨二商。塔雨亭来谒,晤谈许久而去。沈实甫赠席一桌,酒一坛,祥保臣赠金肘、蘑菇、葡萄、点心四事,各资力而去。晚间阴云四合,先风后雨。

初六日(6 月 22 日)驻同前。薄云细雨,绿水青山,观之入画。写致绷盛斋一信道谢调马。巳霁。景介臣代稿复定静村、张朗兄、长鹤汀、溥菊如四信底,致托可兄、长少白弟、魏午兄三信底,验后仍祈浼友誊真,并将勘合照验藉呈景兄转浼万泉令、驿转道照例备车备马,俾麟月之十二日携眷进口,由张及宣,便信交去。义盛德刘商来谒,并以烧烤席一桌,燻肉一块,乳饼十巨匣馈之,资力千钱,晤谈而去。接大源永魏商实代寄吉荣弟一信,又由宣化驿中觅回吉荣弟一信,内附张幼樵前辈一信,当写复荣弟信三片,以其封套重封,仍藉魏商寄去。荣砚堂来谒,晤谈而去。锡申之转道纶来谒,晤谈乡情,悉其为雅静山雅亲家之婿,内子晤谈而去。前年马差之便存此驽骀十匹,上年倒（弊）〔毙〕一匹,本年穆价骑回一匹,今调回八匹,性多蹇劣,膘尚去得。

初七日（6月23日）驻同前。寅卯之间甘澍淋淋,辰霁。检点前起运到行李,驿转道官役来验照验,俾其转行万全令照例支应。内子官车六辆,该转道通融大车二辆,即不必用坐马二匹跟役马六匹,惟照例包马四匹引马二匹,其大车八辆十一日晚间来装,资该三役老钱三千而去。锡申之姻家遣赠京席一桌,资力千钱,晤其来人,附致一字,俾其代达谦吉人照例妥办车辆马匹也。以西路地毯一块赠义盛德,地毯一块、紫氆氇二匹留赠大新德二商家。

初八日（6月24日）驻同前。以驽马二匹、地毯一块遣赠噶鹤龄;以蘑菇四包各一斤,杏荐二包各斤半,葡萄干二包各二斤为土仪,一分遣赠锡申之姻家,永峻斋、景介臣、玉含章、赓怡斋、荣砚堂、沈实甫、谦吉人、余枢丞大令效衡各一分;祥保臣则杏荐、葡萄各三包;至绷盛斋则以江绸袍褂料二件、红哈喇一件、旧毡暖靴一双、貂尾毡冠一顶、蘑菇、杏荐、葡萄、二小柜及二小桌留赠。景介臣遣交代写讫复定静村、长鹤汀、溥菊如、张朗兄,致魏午兄、托可兄、长少白弟信七封,当将复麟履仁一信附于菊如信内,致守馀、岚秀、静亭、耀庭四信附于可兄信内,用乌城旧马封六件粘改封固,浼介臣转交军台驿站发去。噶鹤龄来道谢,晤谈许久而去。监视郭什哈等另行检点结束行装。义盛德刘商来道谢,晤谈而去。

初九日(6月25日)驻同前。督饬郭什哈等再行结束书籍木箱,以羊二只假灶烹熟而犒,并馈本号朋友永峻斋,遣赠祭肉一方,下水四碗。噶鹤龄遣钱乳饼八匣,各资力而去。景介臣来晤,畅谈许久许久而去。

初十日(6月26日)大新德张商赠江绸二料,哈喇十尺,洋胰、洋碱、乳饼、洋糖、洋镜五事,三却而受。万全县御塘号办差人沈连福交回贴讫,例供六车印花照验一张,奖其银四两,晤见而去。先是驿转道差役交回勘合一张,贴讫例供四包两引八马勘合册一本,奖其钱二千而去。检点口外沿台印甘满蒙各结七十六张,封固附字,遣交景介臣,俾其代呈永峻斋附牍代缴藩部查照。旋介臣遣钱乳饼四巨匣,燻肉一块,资力而去。

十一日(6月27日)卯正二刻借乘景介臣车进大境门,回拜辞行张城诸亲友,晤介臣、刘商而还,时巳初矣,奖景宅御者大钱一千文而去。丰厚庵来送行,晤谈而去。永峻斋来送行,晤谈而去。荣砚堂遣钱燻鸡二只,燻肉一方,乳饼、官碱二匣,资力而去。万全令送来例具印结一张,资力千钱而去。沈实甫来送行,以栉獬未晤而去。锡申之来送行,晤于楼上,畅谈许久而去。荣砚堂、祥保臣先后来送行,均未晤而去,以申之在楼上,故挡驾焉。接孙少襄贺午信一封。景介臣来送行,晤谈而去。东光裕雇定驮轿二乘,每日雇价银二两五钱。监视郭什哈、田价等装载内子例支官车六辆,借用官车二辆,共用引马二匹、包马四匹,行李大车八辆,其本官骑马二匹、跟役骑马六匹及廪给口粮全行减去也。

十二日(6月28日)由大新德告辞张、杜、孔诸商,卯正二刻策骑进大境门，行坏石路，过上下堡，至通桥北龙王堂，永峻斋、荣砚堂跪请圣安，少焉而别。策骑东征，祥保臣率绿营弁兵送于路侧，军署巡捕郑万库、参署巡捕马如龙等率回差郭什哈等送于路侧，洒泪而别。东行至七里村茶舍，乃绪子兴内兄逆焉，绷盛斋待送焉，畅谈许久，盛斋饯别。乘二套车遄征，巳正二刻至榆林堡早尖，自备。塔雨亭、永峻斋、景介臣差帖远送，讨片而别。午正王、范二商辞回，乘车南行，走石豁子东南转，申初进宣化西门，拜镇道府县四署，均未遇，绕出南门，至逆旅而驻，时申正矣。汪子长太守守正、史谷孙大令诒善、王盟侄育桐先后来会，各晤谈许久而去。王枫兄、吉荣弟均公出，吉弟夫人来会内子，畅谈许久，并留赆四十金，赠两女红绿洋绉二件，资力四千而回。枫兄留饯果席一桌，绍酒一坛，荣弟留赠果席一桌，史令遣赠果席一桌，各资力一千而去。王嫂夫人南扇一柄，金肘二支，洋糖二块，洋食二匣，奶饼四匣，南耳一匣，资力一千而去。汪子长回赠金肘一只。以三火腿留奖黄、王、张三巡捕。以枣骝马一匹换回子兴所骑博瑞卿黑马，添枣骝一匹璧赠瑞卿，加赠子兴海骝马一匹。

　　十三日（6月29日）辰正策骑由宣化启程，数里换车逾要儿梁，山路崎岖，车行不易，午初至响水堡早尖，自备，未正乘车启程，回环涉河，未逾响水梁，穿花果园村，走羊河沙滩，陟老龙背，行蛇绕湾，沿山边行沙路，申正一刻至鸡鸣驿，未驻，更换包马，以崇怡亭参谋前站已到，行李如云，驺从甚夥，行台难容两起差也。在车饮水半瓢，饬御前行，申正三刻遇怡亭于途，先时下车恭待，及其至也，佩刀跪请圣安毕，席地坐谈许久，各分东西。仍乘车遄征，丑初一刻至保安路城驻焉。鸡鸣驿送到粘贴印花，店饭自备。

　　十四日（6月30日）卯正由保安乘车启行，辰正至沙城早尖，自备。午初乘车启行，未初至土木行台茶尖，更换包马，粘贴印花，乘车遄征，申正至怀来县行台驻焉。大令潘藜阁青照公出,典史沈少清金波来谒,晤谈而去。闻知王枫兄在逆旅茶尖,当即往谒,晤谈甚欢而还,少焉枫兄来回拜并辞行,又畅谈许久而别。接同和信局代寄儿鹏本月十二日家信一封,敬悉家严寿躬时有不豫,五衷焦急难堪,只好竭力遄征,十七日抵京,早瞻君亲耳。附接张朗兄信三片。

十五日(7月1日)卯正乘车由怀来启行,急火上攻,身不豫矣。辰正至榆林堡茶尖,更换包马,粘贴印花,辰正二刻乘车遄征,午初至岔口镇早尖。定静庵世兄、文翰卿明来谒,晤谈而去,旋以笨海骝一匹留赠静庵。未初乘车进八大岭关门,走关沟新修坦途,延庆办理,甚可钦慕。及弹琴峡,遇可兄纪纲帅尚金押数驮回乌,在途谒见,俾代请安而别。入居庸关驻官店,时申初三刻矣。预奖护送进京巡捕、郭什哈等各回张、宣旅资脚费各四金,以酬其劳,而免临期贻忘。先后服灵应丸六粒。

十六日(7月2日)服灵应丸三粒。卯正策骑由居庸逆旅启行数里,换车遄征,卯初二刻至南口早尖,自备。午初乘车由逆旅启行,未正至昌平州,拜屠迪旃刺史义容,未晤,驻官店焉。检点行李件数,俾郝子英开写清单,以便明日报门过税。计开毡包衣箱七只,毡包木箱二只,木板书箱六只,伙食零物筐八只,夹板毡包三个,有架帽盒二个,箭匣一个,蘑菇木匣二个,毡包小木匣二个,蓝布暖帽盒一个。

十七日(7月3日)卯正内子率两女乘驮轿先行,清河镇早尖,麟待行李车驮启程后,辰正策骑由昌平启行。午初至沙河镇早尖毕,乘车启行,未初至清河镇,儿鹏及恒士稣通家逆焉。逆旅少憩,乘车启行,进德胜门,走果子市,至帽儿胡同文昌庙驻焉,时酉初矣。亲友通家纷纷光降,那钜辅等各赠肴馔。拟于明日夜内呈递安折绿头签,十九日待召西苑门,觐君后还家叩见老亲耳。

察哈尔日记

光绪二十四年(1898)日记

记事_{光绪廿四年正月分①}

光绪廿四年正月初一日(1898年1月22日)②寅正即兴,吃煮饽饽。辰初着蟒袍貂褂,诣衙神堂、马神祠,拈香行礼。回拜清子荫先生,晤谈而别。乘王佐臣前赠方车诣朝阳洞,拈香行礼,便道回拜依荶臣,未晤。诣万寿宫,更元貂朝服,偕依荶臣、禄雪樵,率三司三翼司员协领等,文武官员恭诣龙亭外,共叩我皇上,贺元旦令节如仪。西室更花衣,诣关帝殿、文昌殿,拈香行礼,仍乘车诣普渡寺,拈香行礼,回拜钱幼苏,晤谈于西禅室而别。仍乘车,回拜禄雪樵,未遇。诣观音院,拈香行礼而还。四处僧俗,各资其口钱壹千文,奖张御口钱四百文,王二格口钱二百文,时午初矣。未正晚馔,食煮饽饽。申初三刻着常服率属齐

---

① 此为上海图书馆藏祥麟日记第一册封面题签,右上角标"一"字;封面又有顾廷龙跋云:"壬申新正,游厂甸所得,不详谁作。后在东方文化会获见十七册,不知何时分散者。在此十七册中,有自叙及姓名曰祥麟。检《清史稿》疆臣年表,察哈尔都统确为祥麟。光绪二十二年十一月任,二十六年六月召。惟祥麟事迹仍无考见。阅今人文科学研究所藏书目,改其名曰《张垣日记》,而题怀塔布撰者,误矣。人文科学研究所者,旧为东方文化会,丁丑后更名。辛丑春日,补记。"按光绪二十四年日记为上海图书馆藏。

② 本页钤印"上海图书馆藏"朱文印和"訇諝珍庋"朱文印。

集大堂，拈香行礼，救护日食，酉初复元，更花衣，拈香行礼而散。元日日食，我皇上上年曾下减膳撤宴明诏，自必感召天和耳。接国伟人军帅贺年信一封。详校廷寄翻清而去。晚接门报二件。

初二日(1月23日)莹孙、珽孙、瑜女孙以少牢鱼鸡，恭祀财神于天地桌前，拈香行礼。接总署夹板一分，文则上年十二月廿七日发来会讯孟士仁控案，自行咨知直督，出派监司大员，俟三处查办情形，咨覆总署也。当饬右司赶办文稿，咨行直督，派员出口会办为要。接宣化镇陈渭滨、独石厅潘锡三信禀二封。右司现画行直督稿一件。晚接门报二件。

初三日(1月24日)高宗纯皇帝忌辰。清子荫代写讫致王夔帅信一封，马封递去。右司呈阅行直督公文一角，验看交发。宣化陈渭滨复函一封，马封发去。折差松秀等赍折回，当偕伊苠臣跪迎恭启：管台官员请奖，恭奉朱批："准其酌保数员，勿许冒滥。"钦此。废员坐台八年期满，恭奉朱批"准其释回"，钦此①。钦遵。送别苠臣。接松秀带来克邸、徐寿蘅前辈、双子龄、瑞辑五、存子秀、焦建勋、隆和尚法、瑞价等信禀八封。晚接门报二件。

初四日(1月25日)东光裕交来行匣二个，内鸡茸二罐，燻桂鱼四条，乃舒畅亭亲家交荣虞臣姻侄所赠也，资力二百文而去。左司呈阅孚亦兰请添改代奏折底而去，清子荫校讫。口占七绝，附录于此，以记五十年来之际遇也："六龄食饷忆龆年，管钥于今忝镇边。时事多艰臣图报，不欺君父不欺天。"以大花雕酒三坛遣赠大新德禄雪樵，暨由雪樵带赠宝朗轩同年而去。晚接门报二件。

初五日(1月26日)以大花雕一坛遣赠大美玉，以中花雕一

---

① 　参见本书附录二112《奏为废员李占奎在台效力年满请释事》。

坛遣赠兴泰隆。以驼色大裁江绸一匹涴清子荫书字销成，遣唁孚亦兰处世伯母葛氏太夫人之丧。以南茶二瓶遣赠德义店司账，以酬其代记上年日用出入款项之劳。军台呈画交稿一件，为禄雪樵出口，札饬四段参领预备驼马乌拉也。大美玉交来徐荫相、徐颂阁前辈公信一封、八旗书院回文一角，言前汇陆百金收到矣，文交左司存案，回条一据，饬交依荩臣收执而去。禄雪樵御者与上营旗人格僧额口角斗殴，当交该旗严惩而去。晚接门报二件。

初六日（1月27日）风冷。画来文卅七件。折本处呈阅明日拜发代奏孚监督丁艰折件①。接赛驿纯感铭、恩笔政安贴二封，肚羊四肚、黄羊四只，当以黄羊分奖本班章京、郭什哈等，资力四百文而去。吊葛世伯母祭轴成，奖纫工二百文，遣送孚宅。禄雪樵来辞行，挡驾而去，以其御骄而未会也。饬普章京、法郭什哈综计上年出入银账，大不易也，亏数三百馀千，入钱款，以清眉目。清子荫代写讫谢沙西屏回王弟赠物信一封，待寄。晚接门报二件。

初七日（1月28日）世祖章皇帝忌辰。正直大祀斋戒期内，已正着常服，偕依荩臣拜发昨阅折件，送别荩臣。乘车至东绅店，回拜禄雪樵，未遇。便道下堡，至孚亦兰处葛世伯母柩前，奠酒行礼，晤亦兰昆仲而还，时午正矣。先是折差恩绪来谒，即将复沙西屏一信一片，敬使四金，王佐臣一片，敬使四金，均面交该郭什哈而去。大境门御塘军来报，本日辰时宣化送到本月初三日军机处发给库伦连大臣报匣一分，即刻驰递头台矣。景介臣孙世兄如格来拜年，内子、冢媳、二小女均各奖其活计匣件，便饭而去。晚接门报二件。

---

①　参见本书附录二 113《奏为代奏张家口税务监督孚会丁忧事》。

初八日（1月29日）万全令吴鲁南来贺年，未晤而去。张理厅邓兰坡来贺年，未晤而去。画来文二件，附接杨蓉圃前辈信一封。晚接门报二件。

初九日（1月30日）独石口骁骑校乌拉本来叩年，并带来该处防守御、防校等贺年名帖，及千家店防校贺年名帖，未晤而去。饬直班章京派郭什哈持帖远送禄雪樵，申正吉禄图回辕，言已送禄大臣过托罗庙矣。闲看由乌还京记事。晚接门报二件。

初十日（1月31日）画来文十件。大马群现画交稿一件，为上驷院调马，札饬该群牧妥为拨调也。接斌子俊宗兄信一封。晚接门报二件。志廓轩家信一封，交大源永寄京矣。

十一日（2月1日）孝全成皇后忌辰。画来文七件。为清子荫写"风来花自舞，春入鸟能言"，"微云淡河汉，疏雨滴梧桐"清文对二副。晚接门报二件。

十二日（2月2日）画来文七件。大境门御塘军来报，昨日戌时头台递来上月廿日戌时定边崇军帅报匣一分，即刻驰递宣化矣。未初冢妇率瑜女孙乘车往下堡孚宅，供饭吊祭，少坐，未正二刻而还。陈渭滨遣赠水礼八色，受其冬笋、瓢儿菜、香肠、绿茶四事，资力四百文而去。申正乘车往大美玉拜年，便酌晚饭而还，时酉正矣。晚接门报二件。

十三日（2月3日）画来文九件。接裕寿珊、廖谷式、长久山、宝朗轩、阿霁园信五封，朗信交左司查案，为询牛捐也。瑞典国有教士将在口外建房传教，来谒，未晤，俾其有总署来文，自当遵办也。通桥东南村社火秧歌，来献技，农隙贫民数十人，装男扮女，歌舞一番，奖其口钱六千文，犒其馒首百馀枚而去。大新德遣赠张席一桌，资力四百文而去。清子荫代写复长久山一信，马封递去。检点上月京报廿六本，封交耀立庭代递赛驿纯感铭矣。晚接门报二件。

十四日（2月4日）立春。宣宗成皇帝忌辰。万泉令吴鲁南遣赠《春牛图》一分，资力四百文而去。画来文五件。王佐臣世兄来谢奠，未晤，以其服色不便也。左司呈阅牛捐部覆原委稿一件，阅讫，俾其或咨或函，复科而去。宜子琴来回，闲散瑞全等争继一案，俾交右司会办而去。耀立庭遣赠王瓜、扁豆、香椿，资力四百文而去。二小女为瑜女孙糊八卦风筝颇佳。晚接门报二件。

十五日（2月5日）画来文十六件。已正着吉服诣衙神堂、马神祠，拈香行礼，乘车诣朝阳洞、观音院、关帝殿、文昌殿、普渡寺，拈香行礼而还，时午初二刻矣。观音院请镫会，资其二千文而去。孚宅葛伯母灵柩本月十九日回旗，道经通桥，当派纯章京毂带领郭什哈达祥玉、阿克栋阿、郭什哈恩绪、札拉芬、额图浑、那木尚阿、依吉斯浑前期于普渡寺路傍，以人字中军及八风毡房，设路祭一所，约依苕臣诸友公同路祭，以尽寅谊，其应设供器奠具及棚外执事、位前祭品、途中冥具等项，均由纯子寿代借置办而去。随文接杨蓉圃前辈信一封。清子荫率三孙辈市圈闲步，便观庙镫而还，时申初矣。晚接门报二件。

十六日（2月6日）画来文十二件。新授察哈尔正红旗总管巴图德勒格尔来谒，未晤，谕其早为接任，好生办公，旋来辞行而去。午正二刻二小女率瑜女孙乘车至下堡孚宅，供果奠酒而还，时申正矣。下堡东门外火神庙善会，资其二千文而去。新任监督启省三抵张，酉正差帖来报。晚接门报二件，戌正三刻接电报局交来总署覆电，“初三日伊犁转都统俭电悉，已饬新监督赶紧赴任接办”，户部江、印伸伉。原照俾裕述先交司矣。

十七日（2月7日）画来文十件。接电报局交来总署昨夜子初交电：各省将军、督抚、都统议覆黄思永息借华款一折，颂发昭信票，俾各出示晓谕，万勿迟误，希照办等因二百馀言，当与裕述先查缮电码讫,交司遵办而去。启省三来谒,并带来善星垣宗弟信一封,佛手饼四匣,茶叶四瓶,畅谈廿载乡情而去。

十八日(2月8日)画来文七件。接曾怀清、赵次珊、景月汀世兄、郑芝岩前辈信禀四封。午正偕依荩臣跪迎初七日拜发代奏孚亦兰丁艰折件,恭奉朱批"知道了",钦此①。钦遵。送别荩臣。未正晚饭。申初二刻乘车至下堡,回拜启省三,未遇。西至孚宅,更衣冠奠酒,晤亦兰昆仲及荩臣、省三、立庭、含章、雨亭、兰坡、容庵诸友,申正送圣,见别,更衣冠,便道普渡寺,看纯子寿等预备明日寅正路祭,中军供器执事,甚妥,仍乘车而还,时西初矣。折差恩绪交来由京寄回文贡三、世振之、穆立亭信禀三封,夏通事、王佐臣回片。晚接门报二件。

十九日(2月9日)寅初即兴,卯初早馔,卯正乘车至普渡寺前,行幄少坐,辰初孚宅葛世伯母独龙杠至,即偕依荩臣等路祭,奠酒供果点,送亦兰昆仲而别,仍乘车还,时辰正矣。画来文五件。大境门御塘军来报,本日寅时宣化递到本月十五、十六日由军机处发给科城宝大臣、乌城崇军帅报匣二分,即刻驰递头台矣。午初依荩臣来会,当具朝服朝冠,印房司员笔政等恭请印信关防四颗,供奉大堂,即偕荩臣率属员等行三跪九叩礼,遵开印信。送别荩臣,更常服,东书房堂齐,画销毁空白稿七件,右司现画稿一件,用印七颗。精锐营请派赴津请领马步洋枪子药官员,当派章京图林、图塔浑、依克坦而去。拉路祭行幄车脚零费二千文,做六角纸架亭费五千文,摆执事赁脚价二千文,果点供二堂费三千五百文,郭什哈赏犒四千六百文,共用口钱十七千一百文,子寿另奖不计。接博瑞卿信禀一件,资力四百文而去。晚接门报二件。

---

① 参见本书附录二113《奏为代奏张家口税务监督孚会丁忧事》。

廿日（2月10日）画来文六件。国静侯来谒，讨论三一教堂划界情形而去。大马群主政笔来谒，讨论调来马匹，旧案放款而去。三翼协领来谒，讨论部颁昭信股票，满蒙两营祝嘏旧案，俾其援引分办集股而去。宣化镇陈渭宾来会，晤谈甚欢，订以口盟而别，旋赠来瓦鸭、金肘二事，资力四百文而去。图章京等呈来依荩臣面交马步洋枪什物单，俾交清子荫附入代写致王夔帅信内而去。申初乘车至下堡行台，回拜陈渭兄，未晤而还，时申正二刻矣。接长鹤汀信一封。内子以荆缎、洋绉、活计四事赠子荫妻女。晚接门报二件。

廿一日（2月11日）孝穆成皇后忌辰。画来文四件。内子以活计九件遣赠陈渭兄，旋派郭什哈持帖送渭兄于十三里茶房而还。饬张木工赶做茶杯口圆三分厚木片四块，为女孙辈糊金银活眼，按于五尺高八卦风筝八角上，以解无聊。石岛仙来谒，未晤，其集股之事俾商之于三协领而去。晚接门报三件。

廿二日（2月12日）画来文二件，印房呈递明日应画稿一件，军政处一件，左司五件，右司二件，精锐营一件，军台八件，大马群十一件，牛羊群三件，太仆寺三件，银库无稿。糊大八卦风筝未竟。晚接门报二件。

廿三日（2月13日）孝圣宪皇后忌辰。画来文七件。午初堂齐，所司均到，当画行交存稿卅五件，军政处用印七十一颗，大马群、太仆寺四十四颗，关防上驷院八十五颗。接恩雨三军帅、溥荩臣、景介臣、李辑庭信禀四封，其介臣家信，当交普子培持去。接总署电信一件，言户部昭信票需时造成，有缴款者应由地方官先付用印实收，俟股票颁发再行换给，希照办勿迟，户养印云云，当即饬办而去。晚接门报二件。

廿四日（2月14日）画来文三件。大源永交来志廓轩家信一封，当即加封递去乌城矣。大马群广笔政元，拟来堂谕底一件,改易数字交去。折本处接写讫上年十二月分记事,圈点齐,封而待寄。晚接门报二件。

廿五日(2月15日)画来文五件。接总署夹板一分,文则为美人保护游历也,其意叵测。写致恩露兄一信,谕田玉文及张瑞信一封,开除郑瑞、张吉,停止张瑞分项,王顺送清子荫晋京会试,就便留京看家,以节糜费,信谕并记事合封交东光裕标局寄京,交田玉文办理,资力捷足四百文。由大美玉浮借银四十两,以贶清子荫,为其廿八日启程北上也,由东光裕雇二套车一辆,骑骡一头,定于是日来迎。晚接门报二件,电译邸钞一通。

廿六日(2月16日)画来文五件。普章京荫请领开库放款钥匙,当画存稿一件。写致和斋六弟家信一封,封交王顺寄家。昨日电报商局送来本日邸钞,并钱幼苏信一封,当即恭阅上谕讫,交依荩臣阅后存公,并饬银库每月于骡干盈馀项下提银三两,送交电报商局,为其译费足力。今浼清子荫代写复盛杏村京卿信一封,马封递去,以谢其饬属电发纶音也。启省三送礼八色,受其搢绅、茶叶、酱菜、点心四事,馀珍璧却,资力四百文而去。晚接门报二件,电译邸钞一通。

廿七日(2月17日)接胡云楣同年复信一封,言铁路经费,又将劝捐也。批田玉文、张瑞上年来禀八片半,交王顺持回,面交而去。午正精锐营、马步队合操,策骑至教场菜埂,率三孙辈席地观其八卦步阵,五行马阵而还,时未初矣。清子荫来辞行,畅谈而去。军政处呈递明日应画稿一件,印房三件,左司廿三件,内有昭信事。右司七件,军台五件,银库一件,太仆寺三件,大马群二件,牛羊群无稿。札盟副盟长阿王来谒,未晤,派人持名送行矣。酉初率三孙辈至小书房送行清子荫,旋以小酌便饭饯之,痛谈而还,时戌初矣。晚接门报二件。

廿八日(2月18日)画来文十五件。清子荫告辞,视其升征车而别,遣莹孙、珽孙率郭什哈乘车送其师清子荫于通桥东普渡寺,茶钱而还,并派郭什哈持名远送于十三里茶房,以尽友谊。午初堂齐,所司均到,当画行交存稿四十二件,印房用印卅五颗,银库六颗,左司壹百七十一颗,军政处廿九颗,精锐营五十六颗,右司十五颗,庆丰司六十二颗,关防上驷院七十九颗,太仆寺卅九颗,军台二百四十颗。兵部调取玉协领含章卓异引见,其所署左司关防改派常廉章兼署,左翼协领派恒佐领寿署理,佐领派钮防尉勒们署理,大马群承主政泰、广笔政元均年满晋京引见,派牛羊群双主政惠、太仆寺成笔政禧各兼署而去。清子荫公车北上,暂邀裕述先课读两孙,自二月朔入学教读也。东光裕标局开来清师爷二套车一辆,脚银六两,王顺驮子一担,脚银二两五钱,当由大美玉兑交讫,其骡车夫二人,每日饭钱二百文,则由子荫发付耳。未后远送子荫郭什哈由十三里茶房讨其名片而还。晚接门报二件,电译邸钞一通。

廿九日(2月19日)微雪春寒。画来文二件,总署夹板一分,为三联单定限也。接王夒帅、祥立帅、英焕章信三封。银库呈阅明日开库放款稿一件。晚接门报二件,电译邸钞一通。

卅日(2月20日)阅上海《十万卷楼书目》,内多绘图闲书,今写讫将购《前后七国志》《南北宋志传》《杨家将》《飞龙传》《醒梦录》《一捧雪》《双冠诰》《韩湘子传》《奇书大观》,暨《详注尺牍不求人》《新花样生意尺牍》《尺牍采新》《管注鸿雪轩尺牍》《大版汗简》《详注幼科保赤心法图说》《地理辨正参解》十六种,圈单一件,内附买《验方新编》,交图差弁在津门京师购求,未卜能全数买来否。共得十四种。画来文九件。纯章京觊请领开库放款钥匙,当画存稿一件。晚接门报二件。日来春寒伤风咳嗽,始则以伤风鼻烟治之,今午又以梁会大津丹下之,今晚又以风寒梨膏润之,乃杯水车薪,膏不胜痰,由戌及亥喘嗽不休,复以梁会大津丹吞之,则洞泻数次,展转反侧,一夜未眠,大不豫矣,好在次辰尚能札挣拜庙,想亦是神灵之默佑耳。跟随图章京等赴津领枪队兵希拉绷阿、成林、花连布、特木尔吉雅、克什吉雅、讷钦图、苏鲁克、苏图哩、额林沁多尔济、平志、明德、额勒浑、林寿、文志、诺勒洪阿、色布征、格森额、苏春阿、庆祥、庆寿。①

_____

① 　本册末页钤"起潜持赠"朱文印。

记事光绪二十四年二月①

二月初一日（2月21日）画来文三件。辰正诣衙神堂、马神祠拈香行礼，乘车诣朝阳洞、观音院、关帝殿、文昌殿、普渡寺，拈香行礼而还，时巳正矣。银库交来二月分应领廉俸，米豆草折，公费等项银四百十七两有奇，当交大美玉，先提其卅六金归其本利，一成散众，二成亲族月费，又提六十金，归成端兄本利，再提十五金，均面交差员图章京林赍交田玉文二款，交成宅一款，并购书买洋烛也。东光裕交来恩露兄信一封。裕述先来课两孙读，约以早馔不下榻，期两便也。清子荫遗下灰洋绉羊皮袄一件，包裹妥交图章京代交田玉文而去。晚接门报二件，电译邸钞二通。

初二日（2月22日）写复恩露兄一信，封交图章京带致。辰正具朝服乘车诣河神庙，偕依莀臣率属拈香，献爵读祝，行春祭礼，东室少坐，仍乘车而还。张理厅送祭馀猪羊二块，资力四百文而去。画来文九件，左司呈递明日应画稿十六件，右司六件，军台四件，精锐营五件，太仆寺三件。未下接电译邸钞二通。印房、大马群、牛羊群均无稿，右司补递稿二件。大境门御塘军来报，本日未时头台送到上月廿二日库伦连大臣拜发报匣一分，即刻驰送宣化军站矣。昨日李梓庄县丞来谒，当将逐役张吉及其母不通情理原委述明，俾其劝导责惩而去。晚接门报二件。

初三日（2月23日）画来文八件。辰正具朝服乘车诣文昌殿，偕依莀臣拈香，献帛爵，行三跪九叩礼，读祝毕，复行三跪九

---

①　此为上海图书馆藏祥麟日记第二册封面题签，右上角标"二"字。正文首页钤"上海图书馆藏"朱文印。

叩礼,视焚帛祝,礼成。西室更衣,就便堂齐,所司均到,当画行
交存稿卅四件,说堂毕,仍乘车而还,时巳正二刻矣。接总署夹
板一分,文则经济特科通行也。西书房左司用印四百十一颗,右
司六十二颗,关防太仆寺七十二颗,军台五十四颗。富叙堂、裕
述先查缮电码九十二字:总署鉴,昭信两电已照办,张家口、察哈
尔满蒙官员拟援祝嘏外销成案,报效银壹万壹千馀金,交商汇
解,其商民愿否领票,或由地方厅县缴款,如需用印实收,乞先颁
一式,交敝署如式刻刷转付,是否如何,乞代达户部电示遵办,麟
江印,叙堂送局。接谭敬甫、员梧冈、长远帆信三封。直月协领
送祭馀牛、羊、猪肉三件,资力四百文而去。玉含章来辞行,晤谈
昭信票一切情形而去。叙堂送电取执回,九十二字电价洋元三
元八角整,合口钱十三千八百文,饬由库领付。接连捷庵信一
封,其幕任孝廉夔公车北上,来谒,未晤而去。写致廖仲山前辈
一信,交玉含章代寄。晚接门报二件,电译邸钞二通。

初四日(2月24日)画来文八件,内有北洋一件,言瑞典国
教士在口外盖房传教,与约相符,是则察哈尔厢黄旗地方又将设
立教堂也。李梓庄来谒,言逐役张吉巳具甘结,悔过自新,杨万
清、阎文彩等出结保释而去。晚接门报二件,电译邸钞一通。纸
铺裁订奏稿颇齐,资力二百文而去。

初五日(2月25日)无应画来文。日来春寒太甚,痰嗽不
爽,闲阅闲书以解无聊。保正行递公呈,言昭信股票集之匪易,
俾俟地方官传谕到,酌核办理而去。晚接门报二件。

初六日(2月26日)画来文六件。合义画铺代油饰八风行
幄内朱红截扇架成,并代裱元狐朝冠盒,蓝布面,花布里成,俱
妥,俾其接裱江獭朝冠盒而去。午后闲看《纪效新书》解闷,则
知兵之难也。晚接门报二件,电译邸钞一通。

初七日(2月27日)孝淑睿皇后忌辰。画来文十五件。午

正接总署来电，张家口转递察哈尔都统江电悉，昨奉旨凡报效银两自应归入股票，无论官弁商民，先给实收，俟股票颁到换给，至刻刷向无守式，应由贵处自行酌定，盖印发给，户鲫印，六十六字。当写致玉含章旅次信一封，内附实收式一片，龙云斋信一片，即交东光裕标局捷足寄京，俾其就近刷刻，驮来应用也，资其捷足银二两五钱交去。军政处呈递明日应画稿二件，折本处一件，左司六件，右司三件，军台三件，银库七件，大马群二件，牛羊群三件，太仆寺一件，印房精锐营无稿。长廉章、宜子琴、塔雨亭、额容庵、富叙堂来谒，晤谈昭信集股而去。晚接门报二件。

初八日（2月28日）画来文四件。写致恩露兄信一封，交东光裕便寄，酒资银一钱五分，为询批本处何人充班领也。巳正堂齐，所司均到，当画行交存准稿廿八件，派凤骁骑校鸣晋京请领本都统坐名敕书差而去。左司用印二百十八颗，右司壹百卅三颗，银库五十一颗，庆丰司六颗，关防太仆寺四十九颗，军台九十一颗。日来风冷，人多寒嗽，耐何。晚接门报二件，扎鹤亭额驸信一封，言其族孙常侍卫贵偕海公年往三盟。赐奠差也。

初九日（3月1日）耀立亭来报，祭差海、贵二大臣本日到口，当派郭什哈恩瑞持名远递而去。画来文一件。接兵部火票递到夹板一分，内由军机处发出初七日钦奉廷寄上谕一道，户部议覆景副都统祺奏垦察哈尔左翼地亩，并原奏一件，当交依荩臣阅后饬办而去。接文镜堂、彭保清信禀二封，梁舍班世祺等信禀一封，潞河金糕一匣，大源永交来志廓轩家信一封，即并宋千总国喜安禀，马封递去乌城矣。未初乘车诣普渡寺，待祭差正副使，少焉而来，偕依荩臣跪请圣安毕，禅室少坐而别。便道光裕店拜常侍卫，河神庙拜海公而还，时申初矣。接石岛仙信一封，询昭信缴款事，当复其一函，言本处承领股票一百十馀张，其款一万一千馀两，已饬由大美玉商号汇缴京中户部矣。晚接门报二件。按本署大堂内、三门外、西书房侧为内郭什哈住宿之房，今夕亥刻竟有法福哩值宿，被窃铺盖一案，真可谓门禁不严，当饬该章京严缉并严禁。

初十日（3月2日）画来文十四件。常副使来拜，未晤而去。海公寿彭遣赠裱笺对联一副，京点四匣，受其一对，璧其四匣，资力四百文而去。饬庖做焖鸭块、海参、苏丸、胡肘、鸡片、玉兰片、三仙钉、溜蘑菇大小八碗，点心二事，二分，分赠海、常二友，以尽乡谊。总办恰克图电杆事宜陈司马忠伟来谒，未晤，以麟小恙初愈，思避风也。海寿彭来拜，未晤而去。银库呈阅明日开库收放款稿一件。晚接门报二件，电译邸钞二通，欣悉廖仲山前辈已入政府学习行走矣。

十一日（3月3日）孝康章皇后忌辰。画来文十三件。普章京荫请领开库放款钥匙，当画存稿一件。接宣化陈渭兄信一封。常廉章、塔雨亭、额容庵、富叙堂来谒，讨论昭信股票，察哈尔内外八旗满蒙官员等共领票壹百十七张，其汇费平色部费应由缴款者逐票加增而去。常振良侍卫遣赠活计、茶叶、咸菜二匣、京点二匣，受其四匣，璧其二事，资力四百文而去。接文子元安帖一封，阅后交依苬臣而去。海寿彭遣赠药茶三小包，旋赠怀章京塔奉矣，以麟向有二瓶之蓄也。酉刻塔雨亭等来回，并呈阅小单，言已公同与大美玉商号言明，汇银壹万一千七百金，交库，其汇费平色部费共需银五百卅八两二钱，是则麟借支库款一千两，领股票十张，又应加添五十金矣，且派领股票原单已似偏重，今再加增也，哀哉，容提其单再行更订。晚接门报二件，电谕邸钞一通。

十二日（3月4日）画来文九件。大境门御塘军来报，本日卯时宣化送到本月初八日由军机处发给库伦连大臣报匣一分，即刻驰递头台矣。又接军务处札文一件，即议覆荣协揆请练劲旅之原议也。未正二刻乘车率瑜女孙至大美玉少坐而还，时申初三刻矣。东光裕交来恩露兄信一封，知其已摄批本处班领矣，荣显斋信一封，知其已戴花翎矣。印房呈递明日应画稿一件，左司九件，右司九件，精锐营一件，军台五件，太仆寺三件，大马群四件，牛羊群三件，馀无稿。晚接门报二件。镫下写复恩露兄一信，计三片，荣显斋一信，合封，明晨遣交东光裕标局，便寄京中露兄处也。

十三日（3月5日）辰正具朝服乘车诣文昌殿，偕依荩臣率属上祭，拈香行三跪九叩礼，献帛爵，读祝毕，复行三跪九叩礼，视焚帛祝，礼成，西室更衣，就便堂齐，所司均在，当画行交存稿卅五件，说堂毕，仍乘车而还，时已初三刻矣。画来文三件，左司用印二百零六颗，军政处五十二颗，右司壹百十三颗，庆丰司廿四颗，军台关防九十九颗。值月协领送祭馀牛羊猪肉，资力四百文而去。检点正月分京报廿本，封交耀立庭，转递赛尔乌苏纯感铭矣。晨间与荩臣面商缴款领票，已定壹百十七张，似乎零星，而十旗领票五张，亦似偏轻，俾其饬核更定，适据该协领等来回十张股票，十旗分领，共成缴款银壹万二千两，应领股票壹百廿张云云而去，此等办法庶昭平允，而不知又生何色枝节也，悲夫。晚接门报二件。本日堂齐，军台笔政面呈祭差正副使驼马乌拉单阅看，观之尚无大参差处，惟正使食羊十二只，副使食羊十只，悬殊太甚，问其有成案否，则对曰有，屡问屡答，而未呈出，及至还署，尚未交来，傍晚饬郭什哈催取，始将伯爵、散秩大臣良使臣三音诺彦祭差成案呈出，正副使食羊均照例也，又侍卫正使食羊三只也，又文星阶少尹正使则食羊照例也，据此三案，俾其援案照办而去，扶同循隐，遇事撞骗，此等愚弄，尚可列诸荐剡乎？曰算了罢。

十四日（3月6日）画来文壹件。饬取印房来文号簿，查阅上年伊犁来文件数而未得也,改饬军台查来,上年下半年来文四件,本月来文一件,阅讫交还,又查阅头台月报,知禄雪樵上月初十日由头台西行矣,阅讫交还。银库呈阅明日应画稿一件。晚接门报二件。

十五日(3月7日)卯初即兴,卯正早馔,辰正具吉服诣衙神堂、马神祠,拈香行礼,乘车诣朝阳洞、观音院,拈香行礼,诣万寿宫,西室更朝服,偕依苶臣率属诣关帝殿拈香,献帛爵,行三跪九叩春祭礼,读祝毕,复行三跪九叩礼,视焚帛祝,礼成,西室更衣。考试牛羊群笔政一缺,以捐输到班记名者补去,其牧长四缺,各以其前列者照章补去。别苶臣,复诣关帝殿、文昌殿,拈香行常祭礼,仍乘车诣普渡寺,拈香行礼而还,时已正二刻矣。画来文二件,军台现行稿一件,即海寿彭、常振良往三音诺彦祭差,照例传单也。接苏抚奎洛峰信一封。军台用关防廿七颗。值月协领遣赠祭馀牛羊猪肉,资力四百文而去。纯章京嘏请领开库收放款钥匙,当画存稿一件。以永赠枣骝残马,转赠伊戚凤骁骑校鸣而去。同和标局交来清子荫十二日京信一封,知其初二日抵都,初八日见其仲师,初十日见其燮师,现驻苏州胡同内八宝胡同刘宅,旧居停也,资力二百文而去。折本处交来正月分记事十八开,检点圈句,封而待寄。接玉含章来电,北京张家口都宪鉴,河督任报效万金,旨归股票,璞禀,廿一字,译费口钱四百八十文付去。海寿彭来拜,未晤,据云十二只食羊之说,是常振良处开来,传语而去。适阅邸钞,有哈密故大臣明镜兄被控,牵涉志恒甫一案,麟在伊吾时,并未闻其事也。晚接门报二件,电译邸钞二通。

十六日(3月8日)画来文六件。接英曙楼信一封,玉含章禀一件,知其初八日到京,初九日接到麟信,已往龙云斋刻刷实收,不日交来,甚纾鄙念。右司呈阅覆奏承准廷寄折底,改易数字交去。午间精锐营马步队合操，以小恙初愈，未敢往观。常振良来辞行，未晤而去。耀立庭来报，明日常副使先出口，海正使廿日启程云云，当派郭什哈明日持帖先送常副使而去。写复清子荫一信，封而待寄，玉含章一信，未竟，待实收赀到，一并复之也。晚接门报二件，电译邸钞一通。

　　十七日（3月9日）接颍州守联伟臣信禀一封，写谕田玉文信一片，待寄。观世音菩萨十九日圣诞，该首善等自今日为始，献戏三朝，西院墙内照章搭看台一座，内设卧帐四架，以便女孙辈隔墙观剧，派纯章京碫经理其事，以期整肃。左司呈阅明日应画稿十一件，右司四件，军台二件，大马群五件，牛羊群二件，精锐营一件，馀均无稿。写致和斋六弟信一封，待寄。午间率女孙辈轮流观剧，先后派演《射戟》《演火棍》，奖其四千文，加官二千文。石岛仙遣赠蛋卷、瓦甀点心十包，资力不受而去，以其铺伙提篮而送来也。折本处纸本差帖写松年、文惠来谒，未晤而去。晚接门报二件。

　　十八日（3月10日）画来文十三件。巳正堂齐，所司均到，当画行交稿廿五件。凤差员鸣禀辞，当由大美玉提银八两，俾其代购卅七炷高香壹百封，回差驮来，随时献佛。印房用印十四颗，左司三百六十一颗，右司卅六颗，军政处廿四颗，精锐营壹百六十二颗，庆丰司廿一颗，关防上驷院四十九颗，太仆寺廿六颗，军台十七颗。军台呈阅请奖折单片底[1]，删易数字，并撤一片，批云"不敢冒滥"等语，均面交富叙堂持去，并承准廷寄复奏，坐补参领各折件，均定于廿三日拜发也。午间内子观剧，派演《打金枝》，冢妇派演《伐子都》，二小女派演《盗灵芝》，先后奖其七千文，麟以风冷太甚，未敢往观也。晚风息而冷尤甚，春寒之冻

---

[1]　参见本书附录二114《奏为遵旨酌保军台四段尤为出力各员事》。

人也深矣。接门报二件,电译邸钞二通。

十九日(3月11日)画来文十八件。乘车诣观音院,拈香行礼,资其善会二千文而还。午间内子率媳、女孙辈观剧,派演《双锁山》《朝金顶》《锁五龙》三出,先后奖其八千文,加官在内,是三日共费廿一千也,从俗耗费,勉为应酬。写致荣虞臣信一封,合上月分记事,玉信、清信、和信、田谕六封,加封待寄,封交染大绸一件,附信待寄。海寿彭来辞行,未晤而去。晚接门报二件。

廿日(3月12日)薄云细雪。孝哲毅皇后忌辰。画来文六件。写复善星垣宗弟信一封,封而待寄。接裕寿泉方伯、世振之运使信禀二封。接总署夹板一分,文则吕法使催口外三一教堂地案,孟士仁之外又生枝节,总署文内语有嗔责,当饬右司赶紧照会口北道出口,会同晋省委员、本处总管赶紧讯结也。裕述先交阅同治八年出使外洋斌君友松椿者《乘槎笔记》一本,阅其正月至四月事,已叹汪洋,惜未与其盛也,其板存文宝堂,容浼风差员代购二本来,俾置座右,为卧游之具,以广见闻也。申霁,风差员来谒,当将昨封信件、今封信件并开一购书条,均面交其代交、代购而去。晚接门报二件。镫下接读《乘槎笔记》五月至十月事,如亲到重洋,见其涉历风涛之险,而羡其大千世界之几遍也,钦佩钦佩。

廿一日(3月13日)续读《乘槎笔记》,题辞"天外归帆草",读讫交还。画来文九件。右司呈阅咨覆总署、晋抚照会口北道,札饬丰镇厅稿底,删其二字而去。军台呈阅废员年满,缴完台费,例准释回折[1],并声叙案由片底,改易数字交去。晚接门报

---

[1]　参见本书附录二115《奏为废员安维峻效力期满台费缴清请旨释回事》。

二件。

廿二日(3 月 14 日)画来文壹件。军政处呈阅明日应画稿一件,左司十件,右司七件,大马群三件,牛羊群一件,太仆寺三件,军台三件,馀均无稿。折本处呈阅明日拜发承准廷寄覆奏①、军台官员请奖②、奏补参领③、清汉台员三年期满,折、单、片七件,安折四分,恭阅讫交去。大境门御塘军来报,本日申时由头台送到本月十三日库伦连大臣拜发报匣一分,即刻驰递宣化矣。东光裕交来玉含章信禀一封,龙云斋刷印讫,实收票六百张,当即面交银库掌案笔政穆金泰,全数持去存库,并嘱其订立存根册一本,随时用印而去。镫下写复含章信一封,文折差恩绪代寄。晚接门报二件,电译邸钞一通。

廿三日(3 月 15 日)画来文九件。为两孙各钞十二字头一则,交裕述先循循代教。巳正堂齐,所司均到,当画行交稿廿八件,印房用印廿七颗,左司壹百七十三颗,军政处廿三颗,右司廿八颗,庆丰司十五颗,大马群、太仆寺廿六颗,关防上驷院廿六颗,军台廿五颗。未初偕依荩臣拜发昨阅折件如仪。在思齐自省斋考试牛羊群帖写笔帖式一缺,以蒙文稍通者补去,以蒙文去得者记名,其太仆寺翼长二缺,各以奉旨记名者照例坐补,大马群牧长二缺,各以其首列者照章补去。送别荩臣,时申初矣。户部颁到昭信股票详细章程六本,阅存一本,交大美玉商号转交市

①　参见本书附录二 116《奏为遵旨办理察哈尔左翼四旗已垦熟地照例升科并补交押荒银两大概情形事》。

②　参见本书附录二 117《奏为张家口左翼满洲协领玉璞出色得力请旨奖励事》。

③　参见本书附录二 118《奏为请以蒙古理刑员外郎多普沁多尔济坐补察哈尔正红旗参领事》。

圈、朝阳村、上下堡各行，轮看一周，看毕交还，俾朝廷大信昭于天下，即遵旨剀切晓谕之意也。旋接石岛仙片字，言务遵示代转。晚接门报二件，电译邸钞一通。

廿四日（3月16日）无应画来文。塔雨亭呈阅大美玉商号收到汇京交部库库平纹银壹万二千两，汇费、上库部费五百五十二两，收单一件，阅毕，饬其存库而去。旋谕左司将户部颁到昭信股票详细章程赶紧翻清，札知察哈尔八旗、三群各总管，并谕息银按年存库，将来仍归报效，廿年后本银还来，各归原主，如有升故，交该旗承领，分散其后，以昭大信。晚接门报二件。

廿五日（3月17日）画来文四件。接纯感铭信一封，大境门御塘军来报，本日巳时由头台送到本月初十日定边军帅拜发报匣一分，即刻驰递宣化矣。东光裕交来本年二月十九日张瑞信禀一封，丁酉年垫款账簿一本，共欠而未还银二百六十三两四钱四分，当写谕田玉文信一封，拟由大美玉商号暂假京平松银如数清偿，从此逐出。银库呈阅明日开库稿一件，当即预署。内郭什哈讷吉合恩病故，念其平日差使勤慎，寡言笑，和同伙，赙其口钱五千文交去，旋其弟来谢，未传见。晚接门报二件。

廿六日（3月18日）孝昭仁皇后忌辰。无应画来文。普章京荫请领开库收放款钥匙。接崇怡斋谢药信一封，志廓轩家信一件，即刻遣交大源永矣。接荣县孟令桂庭信禀一封。巳初乘车率女孙至大美玉商家，借口平纹银二百四十三两，合京平松江银二百六十三两四钱四分，不取汇费，并昨写谕田玉文一信，面交石岛仙，归标筒寄京兑交而还，时巳正二刻矣。写复纯感铭一信，遣交耀立庭加封代递。写谕田玉文一信，遣交东光裕便寄，为搪沈春华油饰寿木之债也。接陈孟威太守信禀一封，言乃弟陈司马忠伟现总张恰电线，俾指示也。晚接门报二件。先是廿三日公事毕，依荩臣坐谈片刻，言及时事多艰，需财孔亟，当为朝廷筹之，以尽臣子之忱，当俾其浼人拟稿而去，其意不过挟人求售，乃今日交来一底，是欲由养畜驼马驴牛猪羊之家，逐户征资，列有等差，每匹头一两至一钱，别为五等，并有行诸一隅，行诸口内外，行诸天下等语，反复观览，迹近搜括，万不可妄行，麟以不敢办为辞，原底封还，俾其独任其艰也。穷极热衷，奇想天开，其欲假库储，以了私债之说，已饬库总婉言谢却。接电译邸钞三通。

廿七日（3月19日）画来文五件。左司呈阅明日应画稿四件，右司七件，精锐营七件，大马群二件，牛羊群二件。德义木店交来代做讫核桃木大夹板一副，小夹板四副，均妥。晚接门报二件，电译邸钞一通。

廿八日（3月20日）画来文十一件。巳刻堂齐，所司均到，当画行交存稿廿二件，左司用印壹百四十六颗，内有昭信缴款万有二千金，咨行农部，批执大美玉商号事也。右司二百四十七颗，庆丰司卅二颗，上驷院关防六十四颗，太仆寺六十一颗。银库呈阅明日开库放款稿一件。晚接门报二件，电译邸钞二通，欣悉崇建侯夫子已补授内阁学士矣。

廿九日（3月21日）画来文四件。纯章京碫请领开库放款钥匙，当画存稿一件。折本处交来代写讫本月初一日至十七日记事十四开，当即圈句交还，俾其接写以后所记也。接玉含章信禀一封，内附廿一日京报一本，廖仲山回片一件，知其已于十九日引见，廿一日具折谢恩矣。晚接门报二件。

记事光绪廿四年三月分①

三月初一日(3月22日)辰正诣衙神堂、马神祠,拈香行礼,乘车诣朝阳洞、观音院、关帝殿、文昌殿、普渡寺,拈香行礼,并拈香行社首献戏礼,资其善会二千文而还,时巳正矣。画来文十七件。银库交来三月分应领月扣书院捐款五金,股票缴款十金之养廉,米豆草折,公费等项银三百五十三两有奇,当交大美玉,先提其卅六金本利,一成散众,二成亲族月费,又提六十金归成端兄本利,分封待寄。大境门御塘军来报本日卯时由宣化送到上月廿七日军机处发给库伦连大臣报匣一分,即刻驰递头台矣。合义画铺、德义木店油饰"泽被群商"木匾成,抬来,当即饬其悬于本署三门外门罩下,颇壮观瞻,亦缘戴瞻原侍御之书法张垣无俦,龙云斋之刻工无出其右也,当奖上匾工匠二千文而去。午后大源永交来廓信二封,加封递去。右司现画交稿一件,即巴总管告假,不准行也。用印八颗。申初微风细雪,戌止而未霁。接图章京林等信禀一封,知其上月十二日抵津,待领械而归也。晚接门报二件。

初二日(3月23日)晨霁。按上月下旬得雪,据报三寸,昨晡得雪,亦及二寸,想南亩均沾,可望有秋耳。画来文四件。乃赛驿上下各台均因上年年终、本年正月间先后大雪,牲畜率多倒毙,将误要差,据该转道转报矣,耐何。双馨吾遣交四胞妹、田玉文、王禄、那钜王、荣协揆、崇受之、徐筱云、薛云阶、寿午卿、色智泉、英竹农、成端兄、兴石兄、赵展如、廖仲山前辈信禀十七封,布

---

① 此为上海图书馆藏祥麟日记第三册封面题签,右上角标"三"字。正文首页钤"上海图书馆藏"朱文印。

包三件外，馨吾赠来点心四匣，酱菜二篓，资力四百文而去。午后策骑出大境门，走朝阳村，至大新德拜双馨吾，畅谈许久，柜上少坐，乘车而还，时申初矣。印房呈阅明日应画稿三件，左司六件，右司六件，太仆寺二件，军台二件，馀均无稿。馨吾白商来拜，未晡而去。晚接门报二件，电译邸钞一通。

初三日（3月24日）画来文九件。接延松岩信一封，批田玉文、禄价信禀六片，待寄。巳正堂齐，所司均到，当画行交存稿十九件，印房用印壹百廿一颗，左司七十六颗，精锐营十五颗，太仆寺关防十六颗。以理刑增司员龄调补镶蓝旗理刑官，其正白旗理刑官派蒙员兼署，镶白旗理刑官派玉司员成兼署，是左翼国、玉二司员，右翼锡、增二司员，暂为分理也。左司补画行稿四件，即清厘张理厅寄禁人犯，分别递解各该处，咨行直督、东抚转饬也。写复成端兄一信待寄。精锐营步队由津领到哈乞开思兵枪三百杆，枪刺全，哈乞开思枪子五万二千五百粒，哈乞开思线袋三百根，铜扣全，马队由津领到毛瑟枪一百杆，毛瑟枪子一万七千五百粒，毛瑟枪绊一百根，毛瑟枪用三义起子十把。图章京林等由津回差来谒，并呈阅后膛马步枪二枝，子药袋绊等件，均齐，并呈王夔帅公文一件，复信一封，承总办静雨观察信禀一封，晡谈一切往返情形而去。写复四胞妹一信，待寄。晚接门报二件，电译邸钞一通。

初四日（3月25日）画来文四件。图章京林交上由津带来船婢洋烛二匣，合银六两六钱，代购洋板华板书籍十四种，共合银壹两七钱，希郭什哈拉绷阿代购桂花油四桶，竹洋布五块，洋胰四块，另有清单。图章京等赠糖粉四匣，橙子、鸭子、松花、鲤鱼四事，即以买物馀银六两零报之，又交来成端兄二月分收银名片一片，田玉文购来活计二匣，颇妥。大境门御塘军来报，本日卯时宣化送到本月初一日军机处发给定边崇军帅报匣一分，即刻驰递头台矣。写复廖仲山前辈信一封,后附一片,待寄。晚接门报二件,电译邸钞三通。是刚良兄上三封事,朝廷均可其请,照折降旨,饬各督抚办理也。

　　初五日(3月26日)画来文六件,内晋抚一件,即饬右司照会口北道札饬玉协领咨呈总署也。接玉含章信禀二封,七紫三羊毫笔十支,购价二两八钱,折差内郭什哈恩绪带来洋布羽绫缎等,合口钱六千五百文,交讫。午刻偕依苾臣跪迎上月廿三日拜发折件:覆奏承准廷寄,恭奉朱批:"知道了。"钦此①;遵保军台出力各员,恭奉朱批:"该部议奏。单并发。"钦此②;另片恭奉朱批:"玉璞仍著交军机处存记。"钦此③;察哈尔坐补参领,恭奉清汉朱批:"兵部知道。"钦此④;军台效力三年期满,恭奉朱批"著再留二年"⑤,钦此。钦遵。送别苾臣,合封麟、成、廖、田、王五信,遣交东光裕便寄,资力二百文付讫。晚接门报二件,电译邸钞二通。

　　初六日(3月27日)画来文十三件。接长少白信一封。饬精锐营购制顷麻指粗五十丈长弓绳四条,四十丈长弓绳四条,以便试演新枪,丈量弓数之用。折本处交来二月十八日至廿九日记事,检点圈句讫,并前合封,待寄。写谕田玉文信一封,合上月

---

①　参见本书附录二116《奏为遵旨办理察哈尔左翼四旗已垦熟地照例升科并补交押荒银两大概情形事》。

②　参见本书附录二114《奏为遵旨酌保军台四段尤为出力各员事》。

③　参见本书附录二117《奏为张家口左翼满洲协领玉璞出色得力请旨奖励事》。

④　参见本书附录二118《奏为请以蒙古理刑员外郎多普沁多尔济坐补察哈尔正红旗参领事》。

⑤　参见本书附录二115《奏为废员安维峻效力期满台费缴清请旨释回事》。

记事一分,重封待寄,俾其知道刘仆妇回京探望也。晚接门报二件,电译邸钞九通。

初七日(3月28日)饬由大美玉借银五两五钱,为给刘仆妇回京车价也,并将昨封信件交东光裕标局便寄,资其酒力二百文,交讫。画来文七件。银库用印壹百廿颗,实收盖印齐缝也,又用印壹百廿颗,共票壹百廿张。左司呈阅明日应画稿三件,右司八件,军台四件,银库七件,精锐营一件,大马群一件,牛羊群一件,馀均无稿。申刻东光裕交来恩露兄信一封,知其已于上月廿六日引见批本官,廿七日述旨,廿八日谢恩碰头,廿九日颐和园帮班矣,甚纾下怀,当写复信二片,申正封固,遣交东光裕便寄,资力口钱二百文,付讫。晚接门报二件,电译邸钞一通。

初八日(3月29日)画来文六件。银库昨呈存稿一件,添改后尾数十字,交去,为昭信借款扣缴章程也。巳刻堂齐,所司均到,当画行交存稿廿五件。文子元销假,常廉章请假廿日,其承办印房一差派文子元兼理。两翼请派管理官马出青章京,当派骑都尉爱伸泰、云骑尉普寿,交去。左司用印壹百六十九颗,右司壹百卅六颗,银库廿九颗,军台关防卅一颗。晚接门报二件,电译邸钞二通。

初九日(3月30日)画来文一件。仆妇刘李氏乘二套车出署还乡,归训其不肖子也。耀立庭详文,言杜尔伯特达赉汗差使,有广笔政元奉宪谕,即速应付出口之说,麟并无是谕,仅饬其"照例办"三字,当饬声覆而去。军台旋报,达赉汗差使已出口矣。精锐报销差,带来《养蒙针度》二函,购价六百文,交去。晚接门报二件,电译邸钞一通。

初十日(3月31日)孝贞显皇后忌辰。画来文八件。检点二月分京报廿九本,封固,写致耀立庭信一封,并交,其报俾其代递纯感铭处矣。常廉章明日晋京,来辞行,未晤。当写谕田玉文一信，并前封本月分成端兄本利六十金，亲族闰三月月费八包，田玉文等分项八包，合封一总包，交郭什哈法福哩，面交常廉章，便交田玉文，照章分送而去。晚接门报二件。银库呈阅明日开库收放款稿一件，电译会试头场题目。

十一日（4月1日）孝贤纯皇后忌辰。图章京林请领开库钥匙，当画存稿一件。画来文十一件。耀立庭来谒，并递覆禀一件，畅谈历年驿转例案而去。玉防御琨来谒，并以其接到电信面呈，乃玉含章在旅次偶中痰蹶病故，当准该防御晋京，迎其弟柩来张，了理丧葬也。玉含章人甚端谨，公事明白，前列荐剡，仍蒙存记，将见都护一方，将将边地，今忽闻其作古，不觉潸然泪下，更叹人生之无定，并叹其二妾三女之无依也。接总署夹板一分，文则晋抚前咨，总署重录以示也。晚接门报二件，电译邸钞一通。

十二日（4月2日）画来文六件。大源永交来志廓轩家信一封，置而待寄。左司呈阅明日应画稿十四件，右司三件，军台三件，大马群三件，太仆寺四件，馀均无稿。晚接门报二件。

十三日（4月3日）画来文九件。右司接呈孟士仁遣佃呈控教士刘拯灵又生事端等语，当饬赶紧照会口北道作速出口讯结而去。巳正堂齐，所司均到，当画行交存稿廿六件，左司用印壹百八十一颗，右司八十二颗，精锐营卅一颗。谕军台，派耀立庭承办，宜子琴帮办，广笔政改为收掌随印，以期整顿，俾其立稿札饬而去，未卜依荩臣以为如何也。石岛仙来谒，言本月初四日起更后，武城街裕源生钱铺突有强盗十馀人持械入户，抢去宝银二千五百馀两，麟毫无所闻，地方亦未详报，其捕务废弛可知矣；并交回股票详细章程一本，畅谈许久，言其将回籍省亲，接其事者为罗领事，许、贺二公副之，辞行而去。麟到任年馀，谨慎从公，临下以简，御众以宽，乃被人蒙蔽致如此之深也，哀哉。当饬精锐营巡更练军严加梭巡，缉捕逸匪为要。接到大美玉交来本月初三日田玉文收到前汇松江京平银二百六十三两有奇，红单一件，想其信不日递到。大美玉交来新花样做生意经络尺牍六本，观之颇有意味。晚接门报二件，电译邸钞一通。

十四日（4月4日）画来文七件，内有口北道一件，知其本月十九日前往丰镇厅会讯孟士（仕）〔仁〕、刘拯灵案件也。银库呈阅明日开库收放款稿一件。晚接门报二件，电译邸钞一通。本署大堂外左有厅事，右有折本处，仪门外左则回事处，右则大官厅，仅东则马厩，西南则银库，北则为印房，踏月巡查一番，直宿官兵尚无迟误，惟银库严饬小心而已。

十五日（4月5日）画来文三件。辰正诣衙神堂、马神祠，拈香行礼，乘车诣朝阳洞、观音院、城隍行宫，行清明节拈香礼，关帝殿、文昌殿、普渡寺拈香行礼而还，时已正矣。麟自到任以来，每遇行香拜庙，无不接呈交讯，今日则在西辕门外拦舆呈控者至四起之多，当交所司查案，准驳而去。普章京荫请领开库钥匙，当画存稿一件。右司呈画现行稿一件，即口北道钟筱舫十九日赴丰镇札饬该厅暨巴总管也。用印十六颗。军台呈画现行稿一件，即派耀立庭承办，宜子琴帮办军台事宜也。用关防十三颗。左司呈阅札饬厅县都司严缉逸匪稿一件，署讫，交办告示而去；详细股票章程翻清通饬稿一件，留阅，改正讫再行交办。晚接门报二件。

十六日（4月6日）画来文十三件，内有库伦一件，为拿获大东沟强劫重犯许枯隐子、许佉等二名，就地正法，传首犯事地方示众，当饬照例办理。凤差员鸣京领到坐名清汉敕书一通，当即跪迎恭阅讫，饬属存库。凤委员带来那钜王信一封，田玉文信禀二片，知前汇还款二百馀金，现经四胞妹取具张瑞细账，始还前垫，以昭核实。凤委员代购京都东四牌楼桂兰坊记高黄速佛香壹百封,合银六两五钱,薄木箱二只,合银六钱,《乘槎笔记》二套,均妥,馀银两馀,抵脚价而不足也,拟补付之,不肯多领而去。猞猁狲皮十四张交董皮工,觅缸熟去。大源永交来志廓轩家信一封,并前合封,饬递乌城矣。双子恩断弦,照例请假,批其廿一日而去。耀立庭来谢栽培,未晤,俾其谨慎从公,整顿台务,有事堂齐日面说而去。晚接门报二件。

十七日(4月7日)画来文六件。独石倪协戎开珩奉委接带库伦练军,来谒,未晤,带来定静庵信禀一封。精锐营制壹百弓、八十弓弓绳各四条成,呈阅,当赴教场马道傍,监视该营官兵等以弓尺步量,有盈无绌。策骑便道大美玉,送行石岛仙,未遇,与许商等晤谈而还。乌垣旧友普耀庭来谒,畅谈乌事许久,一罄积愫,临行以洋马表一事留别,资力四百文而去,旋以驼色洋绉、瓯绸被面、汴缎被面四事报之。左司呈阅明日应画稿十四件,右司五件,军台二件,大马群二件,太仆寺三件,馀均无稿。大境门御塘军来报,本日未时头台送到定边军帅恭缴朱批一匣,即刻驰递宣化军站矣。晚接门报二件。

十八日(4月8日)画来文七件。校讫通行口外,昭信股票详细章程满稿一件,面交左司承办笔政松秀,详加讨论署札而去。已正堂齐,所司均到,当画行交稿廿七件,左司用印二百零六颗,右司九十六颗,关防上驷院卅七颗,军台二百零六颗。午刻依荩臣来会,同在思齐自省斋挑补精锐营队长一缺,练兵十一缺,八队练兵二缺,马队练兵五缺,各以口号微熟,汉仗去得,及前次记名照章补去。送别荩臣,策骑至小教场隆合逆旅,回拜普耀庭,未遇而还,时未初衣。接宝朗轩同年信一封,交折本处代写复函,声覆牛捐章程,已录旧案咨行矣,其附致陈渭兄信,容代附递。晚接门报二件。镫下写第一头清文连字,为两孙学认也。

十九日(4月9日)写致陈渭兄一信,合朗信,马封递宣化矣。画来文十二件。接志廓轩家信一封，即刻遣交大源永矣。科城公文封筒内，拆出沙玉福上依荩臣信禀一件，为上年马差便，代朗轩送荩臣五十金，迄未接到收到回信也，原禀遣交依荩臣查询而去，旋据斟酌来云，荩臣宪银已收讫，曾两复函，想滞于途也。折本处交来代写讫复朗轩信三片，加封递去。瑞典国洋人兰理训等来谒，未晤，验其北洋照票，准其在哈拉乌苏地方建立教堂之处，饬属赶紧札知该旗而去。晚接门报二件，电译邸钞一通。

廿日（4月10日）画来文九件。口北道钟篌舫改于廿六日前往丰镇会讯案件，丰镇厅拟在察哈尔正黄旗总管衙门于闰三月初二日调齐人证、弁兵备讯，请饬札调也。接故友晋臬刘毅吉讣文一件，附其子国安等哀启一件。晚接门报二件。

廿一日（4月11日）画来文六件。接总署夹板一分，文则为俄人过境驼马也。右司现画现行稿二件，即札饬万泉令，传讯孟士仁，咨呈总署，报明会讯日期处所也。用印四十八颗。大美玉罗商怀国作觳者，来字，并交来昭信缴款壹万二千金回批，实收，复文三事，当交印房登号画到，付司存库，复字罗怀国而去。玉防御琨由京搬取伊弟玉协领璞灵柩回口，带来京中怀绍先、张樵野、效树堂、陪都溥荩臣、公车清子荫信包五件。子荫包内附观音咒壹百片，并致两孙一信，饬其交慈恩寺五十片，普渡寺五十片，各于庙门外贴一片，俾过往信善见而求之，益勉为善也。折本处交来代写讫本月初一日至十四日记事，圈句备接。晚接门报二件，电译邸钞一通，欣悉葛振卿已大光禄矣。

廿二日（4月12日）画来文五件，又四件。巳初着元青珍珠毛褂，策骑至原任协领故友玉含章第，往探其丧，抚棺恸哭，甚为悼叹，悲不自胜，念其三女无依，身后凄凉，晤其四、七两兄，悲谈数语，仍策骑而还，时午初矣。牛羊群继笔政昆送奶剂四枚，当率妻女媳孙辈分甘之。印房呈递明日应画稿一件，左司八件，右司二件，军台四件，精锐营一件，大马群六件，牛羊群三件，太仆寺二件，馀均无稿。浼友代写"壮志未信"四字，交油画铺销金字，为唁玉含章之丧也。大境门御塘军来报，本日申刻头台送到本月十三日库伦连大臣报匣一分，即刻驰递宣化矣。晚接门报二件。

廿三日（4月13日）画来文七件。巳正堂齐，所司均到，当画行交存稿廿七件。左翼署协领恒佐领寿呈报原任玉协领病故日期，当饬左司赶紧办稿，咨呈军机处。右司照章请补蒙古笔帖式一缺，面考满蒙字履历补去。左司用印壹百六十六颗，右司卅九颗，庆丰司十五颗，关防上驷院卅六颗，太仆寺八十七颗，军台壹百六十九颗。晚接门报二件，电译邸钞一通。

廿四日（4月14日）画来文三件。昨夕左司呈画协领因病出缺，咨呈军机处，部旗行稿一件。今用印卅五颗。油画铺代销大小金字成，以天蓝大裁江绸一匹交纫工绷做挽幛，配以楮锭香烛，遣唁故友玉含章之丧，以尽乡谊。耀立庭交来纯感铭信一封，恩笔政安帖一封，纯信内言祭差海公、常侍卫于本月初五、初八等日先后过境，闰月中旬或可还口云云。未正瑜女孙往市圈兴泰隆观剧，酉正而还。晚接门报二件。

廿五日（4月15日）画来文廿二件。兵部文内有栋参领噶尔布补授总管之案，已饬所司赶札该总管到任，以实营伍。接宣化陈渭兄廿三日复信一封，颇通畅。接丰佐领绅图缴还赴部引见咨文二角，以其丁内艰也。阅头台廿三年正月起至本年正月止过往差使清册，用驼至七千馀只之多，可谓费矣。银库呈阅明日开库放款稿一件。为两孙写清文变音字各廿馀行于连字本上。晚接门报二件，电译邸钞一通。

廿六日（4月16日）画来文五件。其口北道驳回前为武举乔旺等联名控告三一教堂,照会该道,归案讯结一件,措辞不周,当饬右司飞咨直督,速饬该道就近讯结,并咨呈总署,再行札饬察哈尔正黄旗、正红旗总管、丰镇厅而去。纯章京赧请领开库放款钥匙,当画存稿一件。申后钟筱舫来拜,晤谈许久而去。晚接门报二件。

廿七日（4月17日）辰初早饭后,画来文十件。策骑至下堡镇军行台,回拜钟筱舫,送行,未遇而还。巳初策骑至教场东菜圃西埂,席地坐观精锐营步队分翼进退阵,马队五行阵,演毕仍策骑而还,时巳正矣。左司呈阅明日应画稿十六件,右司五件,精锐营五件,牛羊群二件,大马群八件,军台二件,馀均无稿。玉防御琨来谒,未晤而去。晚接门报二件,电译邸钞二通。

廿八日（4月18日）画来文十一件。巳刻堂齐,所司均到,当画行交存稿卅八件,印房用印壹百零四颗,左司壹百六十六颗,右司壹百卅二颗,精锐营五颗,庆丰司八十九颗,关防上驷院壹百七十六颗,太仆寺二百四十四颗,军台壹百零一颗。左司请定春操骑射并挑缺日期,即定于闰月初四、初五二日,其伊犁骁骑校一缺,暂行停验,当派左右司、银库司员协领等先将伊犁移驻张家口兵丁确切点验,明白声覆,再行定夺。昨夕玉防御之来而未晤也,是为玉含章故后无嗣,愿继者多,伊孀妇已拟将其功服侄柏年承继,阖族书押甘结,经玉防御积留不办,当饬该佐领经文布会同署协领恒介眉妥为了结,无使玉含章柩中不安也。午后阴云四合,甘澍淋淋。接旧属梁世祺由永盛驼店带来信一封,南荸荠一蒲包,十斤,鲜甘蔗十五根,各长五尺,其信言本月十九日两仓帅祭坝,验收山东德正帮漕粮矣,江浙海运尚无抵通日期云云,当写复信二片,封待驼店来取,酒资四百文,并存本署回事处。乃闻穆章京面回,玉宅孀妇持呈来控玉防御琨,未收其呈而去。晚接门报二件,电译邸钞二通,欣悉陆凤石同年已服阕起复,重入南斋矣,定振平同乡已升任沂州太守矣。

廿九日(4月19日)雨停而未晴霁。画来文五件。大境门御塘军来报,本日辰时宣化递到本月廿七日军机处发给库伦连大臣报匣一分,即刻驰递头台矣。酉霁,晚风飒飒矣。银库呈递明日开库收放款稿一件。闲阅故寅友万厚田《重刻清文虚字指南编》,洵为初学翻译者梯山之捷径,航海之津梁也。晚接门报二件。

卅日(4月20日)画来文六件。图章京林请领开库放款钥匙,当画存稿一件。接总署夹板一分,文则为美人哥洛岸游历保护也。东光裕交来恩露兄廿四日发寄信一封。同合局交来清子荫廿六日发寄信一封,内附其本科会试头场首艺一篇,诗一首,词意圆融,立说清真,有分量,有建白,可期必售,同合走力二百文付去。大源永交来寄志廓轩京报一包,连前一包,合封递去乌城矣。由大美玉借银二两八钱,封交普子培转交玉含章家属,以偿其前代购来七紫三羊毫十枝笔价。接文子元、桂一枝、塔雨亭公禀一件,言委点改驻张垣伊犁官兵,尚无空额冒饷情弊,惟患病者多,限十日补点,出缺兵丁九名,而应挑者人不及额等语,麟以此事似应陈奏,请饬议覆遵办方妥云云,交去。写复恩露兄信四片,附片一片,记事针眼纸上,龙云斋刻刷红格小本说,附露兄信内,俾其便交陈谨堂。晚接门报二件。

记事_{戊戌闰三月分}①

闰三月初一日（4月21日）画来文五件。辰正诣衙神堂、马神祠，拈香行礼，乘车诣朝阳洞、慈恩寺、关帝殿、文昌殿、普渡寺，拈香行礼而还，时巳正矣。写复清子荫信二片，封妥，写谕田玉文、王禄等一信，均合封恩露兄信内，附璧子荫诗文，遣交东光裕标局便寄，资力二百文付去。银库交来匀领本月分除扣净剩米豆草折，公费等项银贰百八十三两有奇，暂交大美玉收存，容再分成提用。晚接门报二件，电译邸钞二通。

初二日（4月22日）画来文十九件。昨日领款内，先拨大美玉本利银卅六两，提还成端兄六十金。又提一成：田玉文一等，加一个二等还垫款，王禄、王顺、老张三，二等；郝子英、樊荣、张三、古四，二等；韩同骧、韩同蹇、大陈、李修龄、王二格、浆洗，三等；共一等的一分，二等的八分，三等的六分，合银廿一两五钱八分。又提二成：看家月费六两五钱，补一两；老三姑太太二两，四姑太太二两，七姑爷二两，六老爷三两，大老爷三两，五老爷三两，子乾婿三两，大小女三两，胡姐二两，厨役三两，更夫二两，共合银卅五两五钱。本月大共提银壹百十七两零八分，共作卅一包，浼大美玉代分包讫，存而待寄。印房呈阅明日应画稿四件，左司五件，右司十二件，军台六件，大马群一件，太仆寺五件。管带驻库宣化练军独石协倪砺卿来谒，晤谈许久而去，其赠土仪数事，全行璧谢。晚接门报二件。

初三日（4月23日）画来文三件。巳刻堂齐，所司均到，当

---

① 此为上海图书馆藏祥麟日记第四册封面题签，右上角标"四"字。正文首页钤"上海图书馆藏"朱文印。

画行交存稿卅三件，印房用印七十二颗，左司二百七十八颗，右司五百八十颗，关防上驷院八十八颗，军台六十颗，大境门御塘军未报。昨夕亥刻头台送到三月十九日定边崇军帅拜发报匣一分，即刻驰递宣化矣。又报本月初三日卯时宣化送到三月廿九日由军机处发给科布多宝大臣报匣一分，即刻驰递头台矣。晚接门报二件，电译邸钞二通。午至戌阴云时合，疏雨滴滴。

初四日（4月24日）画来文七件。宜协领子琴来报，教场马道水浸，不克骑射，俾饬赶紧撤水，修理干妥，再定操演挑选日期而去。折本处交来代写讫上月后半分记事，检点圈句讫，封而待寄。牛羊群呈画现行二次调羊稿一件，用印四十三颗。浣裕述先督饬莹孙，拣点上年春贡单，分别信束，浣钮蔚之代写禀信，裕述先代写片束。批上月十六日接到田玉文信二片，合封记事内，交东光裕标局便寄恩露兄处，代交，酒资二百文付去。晚接门报二件。复读昨日电谕，甚悼麟芝相之卒，想其在日之端方纯粹，可谓老成凋谢也，伤哉。

初五日（4月25日）画来文八件。德章京寿来回，普渡寺东西配房数间均经电报商局租用，社上司房二椽，夏日不敷坐落等语，当饬传谕三翼协领，嗣后凡遇过往将军、大臣跪请圣安，即在庙内西小院支搭帐房，预备坐落而去。写致奎秀峰信二片，待寄，敬询大阅军容也。晚接门报二件。

初六日（4月26日）画来文八件。春贡在迩，派普章京荫带领头目祥玉、郭什哈法福哩、伊吉斯浑、额图浑、札拉芬、恩瑞会同副堂郭什哈等护送贡品。抡才书院本月课题，生员："暮春者，春服既成，冠者五六人，童子六七人，浴乎沂，风乎舞雩，咏而归，夫子喟然叹曰。"童生："植其杖而芸。"诗题："赋得'弹琴复长啸'，得长字，韵如故。"接景介臣信一封，言俄人由江及恰，兴办铁路数千里，吉江开山伐木以供其用，中国征其木厘，为目前

小利云云，其附来家信一封，即交普子培，其致吉荣弟一信，存而
待寄耳。宜子琴来报，教场马道修理干净，请定拣选官缺，操演
兵丁，即定于明日辰刻而去。晚饭后率三孙闲步教场而还。接
门报二件，电译邸钞一通，欣悉端午桥世兄已简放直隶霸昌
道矣。

　　初七日（4月27日）画来文二件。辰正策骑到教场，偕依荩
臣拣选察哈尔厢黄旗骁骑校一缺，以中箭四枝、兵差五次之棍布
拟正，以两次中箭、马步六枝之索特巴拟陪；察哈尔厢蓝旗参领
一缺，以中箭马步七枝之布呢雅拟正，以中箭马步五枝之贡果尔
拟陪；护军校一缺，以奉旨记名之拉什色楞照例补去；察哈尔厢
红旗公中佐领一缺，以中箭五枝、兵差三次之索特诺木丕勒拟
正，中箭马步六枝之松鲁布拟陪；独石口骁骑校一缺，以奉旨记
名之景云照例补去；张家口正黄旗满洲领催一缺，以中箭十枝之
特齐欣挑补，委前锋、委领催二缺，以中箭马步六枝之盛秀、中箭
马步五枝之阿克栋阿挑补，马甲三缺，以中箭五枝之法福哩、文
德，中箭二枝之荣华挑补，匠役一缺，以中箭二枝之喀尔冲阿挑
补，其中箭马步六枝之德勒贺、中箭五枝之阿木朗阿均以前锋、
领催记名，遇缺即补，其中箭五枝之祥云、广华均以委前锋、委领
催记名，遇缺即补。阅看张家口驻防左翼五旗、前锋、领催、马甲
春操骑射，中帽者照章奖赏，仍策骑而还，时午正矣。左司呈阅
明日应画稿八件，右司六件，军台二件，银库六件，牛羊群一件，
太仆寺二件，馀均无稿。晚接门报二件，电译邸钞二通，知奉天
正副帅有龃龉也。

　　初八日（4月28日）画来文十件。辰正策骑至教场，堂齐，
画行交存稿廿五件。偕依荩臣挑选厢蓝旗马甲二缺，以中箭马
步六枝之迈拉逊、两次中箭马步八枝之禄喜挑补，步甲二缺以中
箭四枝之图萨布、中箭三枝之额尔德呢挑补；左翼蒙古马甲一

缺,以两次中箭九枝之额图浑挑补,步甲一缺,以中箭二枝之额林沁敖索尔额挑补;右翼蒙古委前锋一缺,以中箭五枝之松秀挑补,马甲三缺,以中箭马步六枝之富侃,中箭五枝之舒勒贺、那思浑挑补,其中箭九枝之那尔浑、中箭马步十枝之巴图勒沁均以马甲记名,遇缺即补,其坐补养育兵中箭五枝之郭勒敏色,以步甲记名,遇缺即补。阅看右翼兵丁骑射如昨,中帽者照章奖赏,仍策骑而还,时午正矣。未刻左司用印二百十九颗,右司四十五颗,银库廿二颗,关防太仆寺四十五颗。晚接门报二件。

初九日(4月29日)画来文三件。未正率瑜女孙乘车至汉桥砂河孤山台相度地势,为演新调快枪,席地少坐,仍乘车而还,时申正矣。大境门御塘军来报,本日申刻宣化送到初七日军机处发给定边军帅报匣一分,即刻驰递头台矣。接谭文卿前辈信一封。写致继澍民信一封。晚接门报二件。依荩臣派出护贡郭什哈博勒忠武、舒珍、乌尔图、诺莫欢四人来谒,未晓而去。

初十日(4月30日)无应画来文。辰正策骑至教场,偕依荩臣阅看精锐营春操,步队演三面固守阵,马队演五行阵,加演交冲,阅毕而还,时巳初矣。饬购洋铁叶廿张,交枪工、木工,以大箭靶包做凸镜枪牌,并定于十五日在孤山台阅看精锐营马步队队兵,试演新枪准头,如中一粒者,奖银壹两,以示鼓励,并饬札知万全令、营都司各派兵役拦管闲人,以昭慎重。预写复王夔帅信二片,封待望日发递也。普章京交上春贡馀一单,奶饼四百七十二包,内有上用馀卅三包,燻猪六口,晾羊六只,猪头一个,猪胸脇一个,羊胸脇十个,随用奶饼八十包,共五百五十二包,合三百七十六匣。晚接门报二件。

十一日(5月1日)画来文四件。普章京荫请领开库放款钥匙,当画银库昨呈存稿一件。综核贡馀赠友燻猪、乳饼数目草单,交裕述先登簿,会同普子培等照章分办。写家中取物、京中买物单,备交差员等代取代购。检点三月分京报卅本,封交耀立庭代递纯感铭处矣。写附廖仲山前辈信内一片,俾其代速清子荫,仍来接课两孙读也。晚接门报二件。

十二日(5月2日)画来文三件。宜子琴协领来谒,面呈经文布佐领下,领催玉芳率伊故弟玉含章之妾、孀妇刘氏呈诉伊胞弟玉琨把持家务,阻挠过继,合族押结,抑不呈堂,列款诉呈底一件,层层沥陈。当即传谕该翼恒署协领介眉,即饬防御玉琨速将其族押结交出,交司照例咨请户部示遵,如玉琨抗不遵饬,即行奏明请旨,饬部核办而去。印房呈阅明日应画稿一件,左司八件,右司六件,大马群二件,牛羊群一件,军台三件,馀均无稿。凯佐领祥领火药回营销差,并带来六堂弟和斋、文诗儒、麟五妹丈祐、成端兄、清子荫信五封,逐价瑞收到垫款信一件,当交莹孙、珽孙收执矣。枪工、木工代钉讫洋铁枪牌呈阅,当奖木工钱四百文,交存精锐营,十五日孤山台备用而去。三翼协领公呈,张家口银价太低,口平银壹两仅易口钱壹千二百文上下,兵丁困苦异常,请饬万全令出示平价等语,当将其底改易数字交去。晚接门报二件。写考试蒙文题目廿条。写致和斋六堂弟信三片待寄。

十三日(5月3日)写复文诗儒表弟一信,待寄。画来文十二件。张理厅邓兰坡来谒,讨论地方案件而去。已刻堂齐,所司均到,当画行交存稿廿二件,左司用印壹百七十七颗,右司五十六颗,庆丰司壹百十八颗,军台关防五十一颗。塔雨亭来回,监放兵米玉防御琨呈阅本月张理厅开放官兵粟米,与原样不符,俾该厅更换而去。偕依莐臣考试达里杭爱委翼长一缺,太仆寺委翼长一缺,各以其名列第一,蒙文通顺者放去。精锐营呈阅李枪工制成演试快枪铁牌一架,颇妥,俾交该营,并铁叶大木牌,十五日运至孤山台下,一树于七百廿弓,一树于四百八十弓之外,以较枪力远近。送别荩臣。牛羊群呈春贡清单，核与上年相符。银库呈阅改定明日开库收放款稿一件，以十五日有大操演也。两翼请定官马出青日期，定于十七日而去。节近立夏，天气暴暖，饮水较多，夜不安眠，又见不豫之态矣，哀哉。晚接门报二件。

十四日（5月4日）画来文三件。写致陆凤石同年信二片，封而待寄。纯章京覩请领开库收放款钥匙，当画存稿一件。其口北归绥二道公文，请饬额容庵防御前往丰镇厅会讯孟士仁案件，当饬右司赶紧札催栋总管、额防御速往会讯，照会二观察，咨行直督晋抚，咨呈总署云云，面告塔雨亭而别。驿转道来报，祭差海公今日还口，接头台呈报，三音诺彦祭差海公十三日驻头台，十四日申刻进口，当派郭什哈持帖远逆，旋回报已迎至西甸子，进口矣。接口北钟观察、归绥文观察十二日由丰镇发来五百里排单公信一封，言察哈尔正黄旗七苏木内无空暇馀地，八苏木内有地可垦，请饬栋总管札饬该苏木拨办云云，当饬右司照信札饬该总管等遵办，并咨呈总署，咨行直督、晋抚查照。监放本月官兵粟米玉防御琨来回，本日张理厅开放粟米，与原样相符，尚属堪食云云而去。右司呈画现行稿一件，即札饬额防御、栋总管等速赴丰镇会讯。咨呈咨行之文也，用印四十二颗。额容庵来谒，晤谈而去。晚接门报二件。

十五日（5月5日）画来文十件。辰初诣衙神堂、马神祠，拈香行礼，乘车诣朝阳洞、慈恩寺、关帝殿、文昌殿，拈香行礼，辰正诣普渡寺，拈香行礼。晤钱幼苏，观题名录，欣悉宝文靖夫子孙世兄荫笛楼桓、通家荣耀庭煜，均高捷南宫矣。更戎服，策骑至汉桥东孤山台下砂河滩中军，依荩臣待焉，下骑步至铁枪牌右，席地少坐，请荩臣移坐铁牌前二百八十号之遥，教看精锐营兵丁试演新调快枪，逐名训诲，颇有命中。午间南风冽冽，疏雨滴滴，旋焉阵阵，该营管带请中军少憩，未允，少焉雨止，演枪未辍，绕行铁牌左，仍席地坐观中牌，步枪八队三百杆，各演三出，时已酉初矣，马枪壹百杆，各演一二出，酉正演毕，则雷声隆隆矣，饬奖步队兵丁口钱壹百千，马队兵丁口钱五十千，如春操赏，策骑走河滩，至中军，乘车而还。行至边路街，则雨又来矣，车马疾驰还署，时戌初矣。头台驿转道来报，祭差常侍卫本日进口。精锐营交上各队枪册手掐，镫下标朱，核对中粒数目，则不符者多矣，其中枪一粒奖银一两之说，改为上队演枪兵丁，步队加奖银四十两，马队加奖银廿两，俾请依苌臣酌核而去。戌正晚餐后，仍勉看两孙认连字。接门报二件。

　　十六日（5月6日）画来文四件。接常廉章带来恒晓岩姑丈信一封，田玉文上月十九日收到银信回条。右司呈画严行札饬察哈尔正黄、正红旗两总管，恪遵口北归绥道台来函，严饬八苏木佐领拨垦地亩稿一件。用印四十颗，文则排单发去，谅三日可抵丰镇厅耳。初十日预写致王夔帅一信，今已马封发去。写复恒晓翁姑丈信一封，待寄。牛羊群送贡猪样子二方，资力四百文，肉仍交来手，并贡馀廿四方，均寄京赠亲友也。晚接门报二件。

　　十七日（5月7日）画来文二件。写致恩露兄一信，待寄。左司呈阅明日应画稿九件，右司六件，牛羊群一信，大马群四件，太仆寺三件，军台一件，馀均无稿。督饬李枪工拆撤各屋内洋炉五座，统存三门外东房内，奖枪工口钱四百文，泥匠钱二百文，两内郭什哈钱四百文。董皮工交来代熟讫猞猁狲皮十四张，每张熟刮工钱三百文，共合口钱四千二百文，以其熟刮颇妥，加奖五百文，定于四月中旬开工，为内子缝葡萄肷、小皮袄筒子而去。边路街天长院交来法国教士刘拯灵信一封，计五片，另具其名一片，当将原信交右司掌案笔政伊齐泰立即照信办稿，照会口北钟道、归绥文道,查照持平办理,并咨呈总署,咨行直督、晋抚,查照施行,明日现画排单飞咨,勿延,谆谆面谕而去,三二日内谅总署有夹板文也。晚接门报二件。

十八日(5月8日)画来文七件。图章京林请领开库收放款钥匙,当画银库昨夕呈阅存稿一件。右司呈阅照会钟、文二道等咨文底,改添二字,钩节原信,交其速办而去。巳刻堂齐,所司均到,当画行交稿廿四件。印房请定换戴凉帽,定于四月朔,用印八颗。左司壹百七十七颗,右司壹百零八颗,庆丰司十五颗,关防上驷院四十三颗,太仆寺廿六颗。左右司面呈伊犁改驻张家口佐领瑞奎等呈称,其所属官兵移驻口内已久,均不愿回伊犁,呈请留驻等情,当饬办奏而去。少焉阴云四合,甘澍淋淋矣。午刻右司呈画教士刘拯灵函诉稿一件,用印四十五颗,其咨呈总署咨行直督、晋抚照会口北钟道、归绥文道四百里排单公文四角,均阅讫饬递而去。依苌臣来会,畅谈而去,为人所愚,未忠其事也。晚接门报二件,电译邸钞二通。

十九日(5月9日)折本处交来代写讫随贡禀信,上恭、礼、庆、克、端、那六邸,翁叔平、刚子良、钱子密、廖仲山四枢臣各处奶饼八匣,燻猪一方,晾羊半只,恭礼门政,奶饼各四匣,计用奶饼共八十八匣,燻猪十方,晾羊五只。李少荃、昆晓峰、徐荫轩、荣仲华四中堂、熙淑庄、孙燮臣、敬子斋、怀绍先、许芸庵、徐颂阁、松寿师、启颖芝八尚书、徐寿蘅、裕寿田二总宪奶饼各二匣,燻猪各一方,崇受之都统奶饼二匣,燻猪一方,计用奶饼共卅匣,燻猪十四方。徐筱云、立豫甫、张樵野、文叔平、杨蓉圃、文贡三六侍郎、【薛】陆凤石同年、吴燮臣、景东甫、刘博泉、崇建师、张邵予、长鹤汀、长石农、札鹤亭、恩保庭、桂瀛洲、芬馀庭、色利廷、广厚田、永子懋、色智泉、荣显斋、恩仲涵、李道生、常馨吾、忠松、双子龄、英子实、恩耀珊、茹子和、恒士龢、吉迪之、奎秀峰、富清圃、广师母、色欣泉、常绪叔、溥文斋、长养田、孟丽堂、孚亦兰、麟履仁、皆如川、效树堂、广芝轩、成端兄、恩露芝、荣虞臣、朗月华、桂师母、惪箴亭、舒畅亭、兴石海、继澍民、赛乐民、和斋、俊亭、泰初、文诗儒、陈谨堂、杨品三、善星垣、瑞鹤庄、桂文圃、陈渭滨、启省三、梁七、陈五两舍人、七堂妹，七十二处各奶饼二匣，共用奶饼壹百四十四匣，其内四胞妹、大小女婆家、内子、婿媳母家各加二匣，计用八匣，由恭邸至七堂妹，大共用奶饼二百七十匣，贡馀应领奶饼二百卅六匣，其不敷卅四匣，仍由仆从应领四十匣内买补，贡馀燻猪样二方，一赠恒姑母，一赠四胞妹，其胸岔一条，则附赠渭宾兄也。其禀信五封，官信卅九封，亲写信谕月封，东信四十九片，及取买物件二单，并成端兄闰月本利，亲族月费，田玉文等分项银三包，均面交差员普子培等，因差代寄而去。申初策骑至河神庙广玉逆旅，回拜海寿彭、常振良，并送行，途遇振良而还。写致荣虞臣一信，遣交普子培代寄。文子元、桂一枝等来回，复点伊犁改驻患病兵丁，尚有三名未痊，请再宽限云云，并呈原册，当再展限十五日交去。牛羊群继笔政昆请验本年春贡奶饼、燻猪、晾羊，敬谨验讫，恭为奉去，随贡馀奶饼四十匣，除饬寄京八匣，分奖田玉文、王禄、老张三、王顺各二匣，馀仍按每匣口钱六百文计之，奖郝子英、樊荣、张三、谷四、王二格、韩同骥、策伯克、巴彦，内郭什哈额图浑、希拉绷阿各一千二百文，胡仆妇、李修龄、韩同蹇、燕翎、青梅三千六百文，外买二匣一千二百文，共十六千八百文。驿转道来报，祭差还口海公、常侍卫明日午初启程晋京覆命。晚接门报二件，电译邸钞一通。

　　廿日（5月10日）画来文五件。巳初乘车至普渡寺西院中军内，坐待祭差海公寿彭、常侍卫振良，少焉依荩臣、启省三先后来会，午正寿彭、振良同来，畅谈许久告别，当偕荩臣、省三跪送圣安，仍乘车而还，时未初矣。接冯仲梓同年信一封。塔雨亭交

来茹子和信一封。乌城回差崇肇来谒，未晤而去。晚接门报
二件。

　　廿一日(5月11日)画来文七件。军台用关防十五颗，为札
覆头台公文也。接荣虞臣信一封，内附张翰东一件。未初清子
荫由京回口，带来田玉文一信，物件包三个，并附常馨吾一信一
包，大新德一信，那钜王一信，敬子斋一信，其馨吾信包、新德之
信当即交去，又带来恩露兄信一封，清文六十条子一本，干红枣、
大杏干、倭瓜子、大海米各二斤，恩泽生一件，均收讫无讹。由大
美玉借银七两，付东光裕子荫驼轿价也。晚接门报二件。

　　廿二日(5月12日)画来文四件。接总署夹板一分，文则为
日本寺家村和介游历也。纯章京蝦请领开库放款钥匙，当画银
库昨日呈阅存稿一件。写复荣虞臣信二片，恩露兄信六片，那钜
辅信二片，普子培信一片，批回田玉文信二片，各封讫，合封交东
光裕标局，便寄钜王邸，酒资二百文付去。接景介臣信一封，内
附其家信一包，当即遣交伊家而去。左司呈阅明日应画稿八件，
右司三件，军台三件，军政处一件，大马群一件，太仆寺四件，馀
均无稿。晚接门报二件。

　　廿三日(5月13日)画来文十件。已初堂齐，所司均到，画
行交存稿廿件。太仆寺请援案翼长图鲁巴图兼补伊孙牧长而
去。三翼协领请春季枪操日期，即定于廿五日而去。接科城钉
封马递一角，拆而阅之，即禄雪樵二月廿一日到科任事官信二片
也，依茛臣一信，交去。左司用印四百四十七颗，右司五十颗，三
群廿三颗，军台关防十二颗。右司呈阅故协领玉含章之姜刘氏
呈请过继，玉防御琨不肯书押诉呈，及其六兄玉瑛诉呈三件，俾
其咨请部示而去。大源永交来志廓轩盛字第四十九号廿一日发
来快信一封，当即并前信一包马封递去。旧属玉连魁由乌进口，
迎接贵军帅坞樵，便道来谒，未晤而去。晚接门报二件，电译邸

钞一通。

廿四日（5月14日）画来文五件。接荣协揆信一封，为善征也。戌刻电报商局交来电呈察哈尔祥都护，口北钟道台均鉴：余道思诒，办理张恰电工，所有员司物料现已到口，希拨兵沿途护送，并分饬蒙旗一体知照，至荷，韶敬印。卅四字。当将原电交司，赶紧办稿，札饬军台四段一体遵派弁兵沿途护送，并咨行库伦大臣查照。近来口内银价太低，虽前饬万全出示平价，今已十数日矣，而未见其长，乃清子荫先生亲赴下堡，以银易钱，竟落至口平银一两易口钱一千零六十馀文，并云京中仅易京当十钱九千数百文等语，未易而罢，当俾子荫代写致夔帅之信，乞其饬属平价。晚接门报二件，电译邸钞一通。

廿五日（5月15日）画来文十五件。接总署夹板一分，文则乔旺等控案，准饬归三一教堂，孟士仁互控案内并讯也，当交右司照会口北钟道、归绥文道查照讯结。其正黄旗栋总管来文，第五第七苏木等呈，即饬右司译汉，以便咨呈总署也。辰正策骑至教场，偕依荩臣看演春季枪操，照章奖励而别。仍策骑至东绅店，回拜张恰电线总办余易斋思诒观察，畅谈许久，并请出示蒙民而还。按余易斋，江苏武进人，曾由工部主政出洋，留于北洋当差，历保布政衔，直隶即补道，洵獻为兼优杰出之员也。策骑回署，至西辕门，则故友侧室刘氏呈控玉防御琨阻挠过继，当饬其赶紧葬其夫，呈交右司并案，咨请部示而去，悲夫。写电复："直隶制军夔帅鉴，敬电悉，已饬蒙古弁兵沿途护送，并咨库伦，适晤余易斋观察，为之出示晓谕蒙属，麟径印。"四十二字。交裕述先译电码，交局电去。左司呈画现行稿一件，即据夔帅电通饬左翼四旗、右翼正黄旗、三群太仆寺各总管、军台四段参领、西林果勒等盟，一体拨派蒙兵沿途护送电工物（科）〔料〕也，并咨行库伦大臣、直督查照。右司现画稿一件，即据总署来文，乔旺等控案照会口北道,归案讯结,咨行直督、晋抚也。述先送电回,复电四十二字费,仍口钱六千三百文,由库收据拨发。晚接门报二件。

廿六日(5月16日)画来文二件。图章京林请领开库放款钥匙,当画银库昨日呈阅存稿一件。右司用印四十颗。接直督夒帅来电,径电祗悉,翘承关照,感荷莫名,谨谢,诏宥印。廿三字。余易斋观察信一封,告示底一件,当交左司翻清。折本处交来本月朔至十八日记事,写讫圈句。申后阴云四合,暴风细雨,酉戌间雨住,而未霁也。晚接门报二件,电译邸钞一通。

廿七日(5月17日)画来文十三件。左司呈阅瑞典国教士兰理训照票一张,用印壹颗,又呈阅为张恰电局树杆挂线翻清告示,校正数处,俾其翻译蒙文,按照余易斋观察牌示尺寸,缮写十张,钤印标朱,照会该道发给,并咨行直督查照。日来清子荫代写讫复承静雨观察,附景函致吉荣弟;复王夒帅昨电;并言银价信三封,先后各用马封递去。桂一枝、塔雨亭来谒,讨论故友玉含章家争继互控一案,伊家均愿和息,免其咨部请示,另立甘结过继等语,当如玉芳、玉琨谢过而退。左司呈阅明日应画稿五件,右司七件,精锐营五件,军台六件,太仆寺三件,馀均无稿。荣价面呈伊父来信,令其告假还乡,当给口钱五千文。晚接门报二件,电译邸钞二通。

廿八日(5月18日)画来文十件。巳初堂齐,所司均到,画行交存稿廿六件,印房用印壹百五十颗,左司二百卅六颗,右司六十颗,军政处壹百七十颗,精锐营五颗,关防太仆壹百卅二颗,军台卅八颗。右司请补达喇嘛、格思贵二缺,照章补去。太仆寺请补帖写笔帖式一缺,考写满蒙字履历,照章补去。接前任大马群承主政泰信禀一封。清子荫代写讫致孚亦兰一信,待寄。银库呈阅明日开库稿一件。晚接门报二件,电译邸钞一通。

廿九日（5月19日）画来文七件。图章京林请领开库放款钥匙，当画存稿一件。接总署电，张家口呈察哈尔都统，铺税药牙，奏准照陕省一律暂缓开办，户勘印。廿三字。当即译交左司，札饬厅县遵办而去。拟复电码廿字，总署鉴，勘电悉，已饬厅县遵办，希转达户部，麟艳印。交富叙堂送交电报局。写饬田玉文，接交荣价行李信二片，附清子荫代写致孚亦兰信一封，逐价衣物单一件，惟内有桃红绸帕一方，殊属不安本分，其逐之也宜矣。信件合封，派直班怀章京等面交东光裕来人，资其脚价酒力口钱壹千五百文，为逐价赎当口钱五千六百六十文，连前日赏钱五千文计之，是开逐一孽，共费老钱十三千有奇，合口平纹银十二两也，可哀不。左司呈画遵勘电札饬厅县，咨行户部，呈覆总署稿一件，用印廿七颗。酉刻富叙堂交来送电收照，其费三千三百文，俾由库押领而去。晚接门报二件，电译邸钞一通，欣悉张子仪已简广东南韶连道矣。

记事_{戊戌四月分}①

四月初一日(5月20日)辰正诣衙神堂、马神祠,拈香行礼,乘车诣朝阳洞、慈恩寺、关帝殿、文昌殿、普渡寺,拈香行礼。电报局少坐,晤钱幼苏,遇依荩臣,畅谈许久,仍乘车而还,时已正矣。画来文六件。银库交来本月分应领除扣,养廉米豆,草折役食,公费等项银三百三十七两有奇,交大美玉先扣其本利银卅六两,提清子荫束脩十两,成端兄本利六十两,亲族月费廿一两,又提一成京外仆从卅三两四钱二分,封包待寄。大境门御塘军来报,本日辰时头台军站送到闰月廿一日库伦连大臣拜发报匣一分,即刻驰送宣化军矣。文子元、宜子琴来谒,讨论左翼协领一缺,力保现在穿孝之丰佐领绅图,未敢允其所请,当定于初五日在教场阅看骑射,公同拣选而去。博瑞卿都阃便道力疾来会,晤谈五十年乡情,真便饭,微酌而去,故人久别,各悼儿夭,未免垂泣也。额容庵来谒,讨论孟士仁、刘拯灵互控之案,又经钟、文二观察讯结,两造及蒙员等,均各具甘结完案,其勘丈地亩,该道各派委员会同栋、巴二总管经理云云而去,其中详细,俟两观察完案文到便悉也。右司呈画现行稿一件,即两观察昨来现办大概情形,请再札该总管等转饬察哈尔正黄旗第八佐领拨垦闲地也,咨呈总署,咨行直督晋抚,照覆该道等文,用印十一颗。晚接门报二件。

初二日(5月21日)画来文十二件。印房呈阅明日应画稿四件,左司七件,右司八件,大马群二件,太仆寺四件,牛羊群二

件,军台一件,馀均无稿。申后钟筱舫观察由丰镇厅查办孟士仁、刘拯灵互控案件,讯办完结来谒,晤谈许久而别。旋乘车至下堡行台,回拜钟观察,未遇而还,时酉正矣。晚接门报二件。

初三日(5月22日)驿转道来报,贵将军本日到口,当派郭什哈持名远逆。画来文十件。巳初堂齐,所司均到,当画行交存稿廿八件,印房用印廿九颗,左司六十八颗,右司四十五颗,庆丰司十三颗,三群四颗,关防上驷院卅七颗,军台九十九颗。午初乘车至普渡寺,中军内少坐,贵坞樵将军到,偕依荩臣、启省三跪请圣安,中军坐谈许久而别。仍乘车便道拜坞樵前辈,未会而还,时未初矣。乔旺等三成局同伙复控,当饬右司札饬丰镇厅栋、巴二总管就近讯结。三防御音图为弟丰佐领绅图来递诉呈,言以前栋选奏补协领章程,待入选者服满、病痊,各有原委,语多强牵,原呈交还而去。晚接门报二件。早间吴鲁南来谒,未晤而去。

初四日(5月23日)画来文二件。饬庖勉烹燕翅鸭肘参丸大小十二篑,点心四盘,遣赠贵坞樵前辈,旋焉坞樵来会,晤谈许久许久而别。文子元、宜子琴、额容庵、富叙堂来谒,讨论左翼协领一缺,仍请暂缓拣选,为丰厚庵服满入选也,仍未敢允其请而去。桂一枝、塔雨亭来谒,讨论启侯牧场地亩,咨行该旗而去。坞樵遣赠扇对活计囊茶四事,资力壹千文而去。右司呈画札饬丰镇厅栋、巴二总管稿一件,即为乔旺之案也,用印卅三颗。御塘军大境门来报,本日未时由头台送到库伦连大臣上月廿四日拜发报匣一分,即刻驰递宣化矣。折本处交来代写讫上月十九日至廿九日记事,接圈句讫,封而待寄。旧属玉连魁、赵亮、莫得哩、普林来谒,当即传见,谆谆切切,面谕沿途妥为护送贵军帅之任乌垣,倘有参差,必惟该巡捕等是问而去。坞樵先后交来驼马单、乌拉票二件,手函二封。接纯感铭信一封。坞樵驼马单交驿转道,乌拉票交大境门,赶紧查照例章妥为办理也。晚接门报二件。综计四月标债壹百零五千四百文。

初五日(5月24日)画来文三件。写致徐颂阁前辈信二片,恩露兄信一片,各封讫,复合封上月记事,遣交东光裕标局,便寄京中那邸,交田玉文分投,酒资口钱二百文,付去。辰正策骑至教场,偕依芨臣拣选张家口左翼协领一缺,以厢黄旗佐领恒寿中箭一枝,防营二次,拟正;以正蓝旗佐领经文布,工程保案,年逾七旬,拟陪;仍以军营保案,孝服未满正白旗佐领丰绅图一并咨行兵部,示覆遵办。察哈尔厢黄旗参领一缺,以奉旨记名之策布札普照例坐补。厢白旗护军校一缺,以中马步箭九枝、兵差六次之鄂勒哲依图拟正,以中箭十枝之孟克巴图拟陪。正红旗护军校一缺,厢蓝旗公中佐领一缺,及护军校一缺,各以其奉旨记名之察克都尔札普、阿穆嘎巴咱尔、格里克札木苏照例坐补。独石口防御一缺,以中马箭一枝之景云拟正;逾岁之多禄拟陪。口内厢黄旗委领催二缺,以各中马步箭四枝之嘎勒斌、倭什浑挑补,马甲二缺,以各中箭二枝之恩承、庆凯挑补,其厢黄旗中马步箭四枝之马甲双喜着以委领催记名。左翼蒙古委前锋一缺,着以中箭二枝之托津布挑补,请补马甲二缺,即以前次中箭记名之巴图拉沁、那斯浑坐补而还。其步甲以下各缺,粘档存案。以漆边绮纨一柄,浼贵坞樵军帅,为依芨臣染翰而赠;以上年所制四轮车全分,配其二短轴,并连床卧帐二全分,遣赠坞樵前辈,俾其沿途起居,稍适于用也。短轴价四千五百文。左右司司员协领来谒,讨论伊犁补点兵丁,尚有一名实病未痊,俾其述奏,先行咨请部示而去。酉正贵坞樵来信,头起行李驮卌驼,食羊一只,已定于初七日出口,派郭什哈二名另给传单,当写致耀立庭信一件,并坞信,交其立即赶办,明日出札遣人送去,旋接立庭回信,遵办,明午前后画稿云云。晚接门报二件。

初六日(5月25日)画来文五件。以花雕绍酒二坛遣赠贵坞樵前辈,作饯行也。写谕军台六行,为坞樵明日头起卅驮出口,需押运跟役名数,及护运郭什哈,另分传单也。未初耀立庭、额容庵来谒,讨论定边将军出口,驼马乌拉及护送弁兵,删减传单,当画交稿一件,用印而去。未正乘车至下堡行台,拜贵坞樵前辈,畅谈许久许久,仍乘车而还,时酉初矣。晚接门报二件。

初七日(5月26日)画来文四件。军政处呈递明日应画稿,左司七件,右司五件,银库八件,牛羊群一件,大马群三件,军台六件。文子元、宜子琴来谒,讨论奏补参领清汉二底,并呈画左翼协领一缺,拣定正陪,可否将丁忧卓异佐领俟其百日服满,一并带领引见,咨请部示稿一件,署行而去。接王夔帅上月廿九日复信一封,内附其军械局一单,谨查哈乞开思兵枪线牌,起足能及远,美国尺一千二百码,合工部尺三千四百五十六尺,即六百九十一弓二,按三百六十弓为一里,计合一里九分二;又查毛瑟马枪线牌,起足能及远,德国尺一千二百密达,合工部尺三千七百八十尺,即七百五十六弓,按每三百六十弓为一里,计合二里一,若每枪均可及的,七百二十弓,计合二里正,核与该枪线牌所定及远里数相符云云,原单交存精锐营备考。大境门御塘军来报,本日申时,宣化送到初四日军机处发给科布多宝大臣,初五日发给库伦连大臣报匣各一分,均即刻驰递头台矣。晚接门报二件。

初八日(5月27日)画来文十二件。接电报局钱幼苏信一封,言以后如发电报,即为一等印电,收其半价云云,信交印房存案,印片廿片,电信新法俱存署内,以备速电。左司用印二百廿九颗,右司九十一颗,银库卅八颗,庆丰司廿一颗,关防上驷院六十一颗,太仆寺四十一颗,军台五十二颗。接贵坞樵前辈信三片,言初十日出口,驿转道仅供骑马,馀不供给,并有不愿人受

累,亦不愿受人欺等语,当将来信遣交耀立庭阅看,俾其亲谒坞
樵行辕,敷陈所以,旋将原信交回,言已面谒将军,备陈原委矣。
晚接门报二件。

初九日(5月28日)画来文十三件。贵坞樵前辈来辞行,晤
谈许久许久而去。春贡差普子培防御回差来谒,并带来俊亭堂
兄家信一封,悼悉泰初五堂弟于本年闰三月十六日亥时病故,身
后一无,浼奎秀峰窗弟代偿成端兄,暂假七十金了其丧葬,哀哉。
上年先叔寿终,丧葬未了,本年五堂弟身故,又绪新债,且周年之
内,两遭其丧,家运之否也可知矣。又带来恩露兄信一封,玫瑰
饼、炸食、薄脆、点心四匣,四胞妹信一封,茶叶二瓶,清酱一瓶,
柿饼、杏干、红枣、花生、花样、花籽八事。孚亦兰世兄信一封,附
赠二小女、瑜女孙荷包、手帕、绳穗数事。文叔瀛族前辈信一封,
神曲一匣,玉兰片一匣,桂元二篓,洋烟二瓶,岩茶四包,干鱼一
包。裕寿田同年信一封,南茶八瓶,洋果八罐,陆凤石同年信一
封,春茶二瓶,茶腿一只,钱子密年伯、李少荃世伯、孙燮臣、徐颂
阁、刘博泉三前辈,成端甫、奎秀峰二同窗,恒姑丈信九封,崇受
之信一封,兴石嫂栋鄂氏讣文一纸。当即批田玉文信二片,写复
四胞妹信一封,由大美玉提银二两五钱,并信遣交东光裕标局,
速发捷足,递至那钜邸,交田玉文备礼往兴宅吊祭,谅在十一日
信可抵都也。又带来翁叔平、刚良兄、廖仲山、李少荃、昆晓峰、
荣仲华、熙淑庄、敬子斋、怀绍先、许芸庵、徐颂阁、孙燮臣、启颖
芝、徐寿蘅、薛云阶、徐筱云、崇受之、立豫甫、杨蓉圃、刘博泉、文
叔瀛、文贡三、崇建师、恩世兄、广芝轩、朗月华、善星垣、张樵野、
景东甫、陆凤石、张邵予、吴燮臣、桂瀛洲、札鹤亭、长鹤汀、惠箴
兄、恩保庭、色利亭、色智泉、永子懋、兴石兄、长石农、色欣泉、继
澍民、长养田、成端兄、桂文圃、双子龄、奎秀峰、麟履仁妹倩、皆
如川亲家、文诗儒表弟、常绪叔、英杰轩、英子实、恩露兄、赛乐

弟、荣虞臣、瑞鹤庄、孟丽堂、恩仲涵、吉迪之、富清圃、恩耀珊、茹子龢、恒士龢、荣显斋、效树堂、双馨吾、杨品三、陈谨堂、启省三、陈渭兄名片收条七十五件。由家取来《秋围得鹿》大横幅，大竹帘二架，草帽儿一顶，由京代购来蓝洋绉一匹，蓝库纺一匹，元青缎八尺二寸，蓝洋布、白洋布、绿皮条、绿粗布、青丝线、红头绳、黄板翅十斤，大海米三斤，高丽纸、大仿纸、裱心纸、缸磁盆、小笤帚、鸡毛掸、万应锭、小便封、中放护、锦川烟、真广扣、木钱板，共由大美玉借其口平纹银八十五两八钱三分。普子培遣赠蒲菜、芦笋、豌豆角、扁豆角、莴苣、王瓜、蒜苗、西葫芦八事，资力五百文而去，旋以牙柄绮纨报之，并奖随差六郭什哈口钱四千文。以普赠蒲菜、豌豆、扁豆、王瓜、蒜苗、西葫芦六事，哈哒八条，遣赠贵坞樵前辈，以示芹献。申正乘车至下堡行台，谢步贵军帅，未遇而还，时西初矣。晚接门报二件。奖贡差蒙古官兵口钱四千文。

初十日（5月29日）画来文八件。辰初乘车出大境门，至朝阳村，大新德商家少坐，巳初二刻步至关帝庙，偕依荩臣茶钱贵坞樵前辈，畅谈而别，仍乘车进大境门而还，时午初矣。派郭什哈吉鲁图送贵将军至托罗庙，章京穆吉楞额、兵吉明、图伽浑送至头台。晚接门报二件。

十一日（5月30日）画来文六件。写复成端兄、奎秀峰、俊亭堂兄、和斋六弟及五弟妇信八片，各封待寄。大境门御塘军来报，本日寅时由宣化送到本月初九日军机处发给库伦连大臣报匣一分，即刻驰递头台矣。钱幼苏交来京电张家口局照，本月圣驾驻园时多，故阁钞甚少，京复，原电交还。穆章京等由头台回，言贵将军今辰已启节，往二台进发矣。纯章京嘏请领开库放款钥匙，当画银库昨呈存稿一件。晚接门报二件。

十二日（5月31日）画来文二件，一则总署夹板，为美人雷云霄、罗雅各携眷游历保护也；一则口北钟道、归绥文道会咨也，当用印片照录电码：北京总署鉴，适据口北、归绥二道公牍，奉讯孟士仁控案已结，三造各具甘结完案，麟文印，卅五字。午初交裕述先送局电出。写复谢陆凤石同年、孚亦兰世弟信，内附启二片，入清子荫代写复谢信内，各封，合封昨写成、奎二信，计四件，遣交东光裕标局，便寄京中那钜王邸，着田玉文分送也，酒资口钱二百文付去。俊兄、和弟等三家信，在奎信内附寄也。述先送电回，卅五字半价，仍俾银库开发。接电谕邸钞二通，一系皇太后懿旨，一系我皇上悼谕，惊悉恭忠亲王于初十日薨逝，不禁痛哭，既痛廊庙之孤，复悲知遇之感，当此时事日蹙，朝廷失此股肱良弼，不知当轴诸君子何所适从也，伤哉，伤哉。左司呈阅明日应画稿九件，右司四件，大马群三件，牛羊群二件，军台六件，馀均无稿。晚接门报二件。

十三日（6 月 1 日）画来文四件。已刻堂齐，所司均到，画行交存稿廿四件，左司用印壹百廿三颗，军政处十颗，右司五十八颗，军台关防壹百八十颗。接陈渭兄专丁遣呈信一封，兰谱一分，黄花咸鱼六十条，海虾五十对，陈盟嫂遣赠内子平金补服一分，宫花八对，当浼清子荫代写回信一封，兰谱一分，回赠团扇一柄，活计七十件，内子回赠女活计五件，挽袖、绣带二事，藉原差候补经制王文元代呈，资力口钱一千文而去。咸鱼分奖直班九章京，以示同咸。接电译邸钞三通，欣悉白悟斋同年已简放甘凉兵备道矣，其懿旨一通，则恭忠亲王配享太庙饫议位次也。启候泰遣其族弟春元、荣绪来谒，未晤，代该候递诉呈一件，当交右司而去。接本日电译邸钞一通，则我皇上披览恭忠亲王遗章，训励臣工，法则勉效也。晚接门报二件。

十四日（6 月 2 日）画来文一件。候补骁骑校凤鸣以印房有差，请开精锐营练兵差操，当批该营呈到详文，遇有队官缺出，即行拔补，以免因勤勉当差，而反失有津贴之差也。日来干热太甚，夜不安眠，晨兴即可单衫，乃午后阴云四合，震雷暴风，未申风息，而甘霖立沛矣，烦热顿消，晚服薄棉。接门报二件。

十五日（6月3日）辰霁微风。画来文九件。诣衙神堂、马神祠，拈香行礼。策骑诣朝阳洞、慈恩寺、关帝殿、文昌殿、普渡寺，拈香行礼。仍策骑至万寿宫前，则孟士仁遣抱待焉，控告巴总管拨地不公，砌词妄控，实堪痛恨，只缘钟、文二观察未科其罪，故又复逞其健讼也，还署时巳正矣。桂一枝、塔雨亭来谒，讨论启侯泰牧场地案，札催声覆孟士仁控案，咨呈总署，咨行直督，饬县拿回原籍，无使在外生事，免酿祸也。写致成端兄信三片，浼其代购恭邸祭奠桌幛，封而代寄。军台呈阅覆奏军台四段保案，仍请照准折底，改易数字，俾呈荩臣详阅而去。接电译邸钞二通，知植轩马廉访乞休矣。接多伦刘司马亭霖信禀一封，门报二件。

十六日（6月4日）画来文二件。万全令吴鲁南来谒，讨论出示平其银价，云云而去。桂一枝、塔雨亭来谒，讨论孟士仁要挟复控巴总管，应咨直督晋抚，先呈现画钟、文二观察会讯结案稿一件，署行而去。以绿珠洋纱饬做内屋门帘三件，木工做帘板，枪工做铜活，颇避蝇蚊，而计其价，则较京中二倍矣，悲夫。东光裕交来本月十一日酉正田玉文收到初九日快信回条一件。右司用印七十三颗，文即钟、文二道会讯结案，全录咨呈总署，咨行直督、晋抚也。大马群用关防二千七百六十八颗，为放饷封条印花也。雨后朝夕凉爽，颇有秋意。晚接门报二件，电译邸钞二通。

十七日（6月5日）孝端文皇后忌辰。画来文五件。额容庵来谒，讨论孟士仁昨遣抱告阎刻宾，复控巴总管呈内，有待其到集指界之说，是该生任意要挟等语，查其呈内捏饰甚多，无足深较,当俾右司于咨行直督、晋抚,咨呈总署文内节录原呈,不必述其呓语也。送别容庵,左司呈阅明日应画稿六件,右司七件,精锐营壹件,军台三件。右司稿内有更改,添其数字,节其数字,交其接录而去,该司每遇地亩案件,往往阳奉阴违,诸多掣肘,想其中必有无耻之徒,撞骗需索也,一经查出,重惩不贷。精锐营稿外有说,依芘臣又向塔雨亭绪借五百金也。印房、三群无稿。晚接门报二件。

十八日(6月6日)画来文二件。巳刻堂齐,所司均到,画行交存稿十七件。恭阅廿日拜发奏补参领清汉①、覆奏军台保案②折件。牛羊群呈阅双主政惠并案请奖继笔政昆期满请奖折底③,改易数字,交其速呈后堂阅看,缮正,廿日一并入告也。右司请补喇嘛三缺,精锐营请补练兵二缺,均照章补去。左司用印壹百廿颗,右司二百四十六颗,庆丰司廿五颗,关防上驷院卅八颗,军台六十二颗。大源永交来寄志廓轩京报一封,并前交一包,合封遣递乌城矣。检点本月分应寄成端兄本利银陆十金,亲族月费、田玉文等分项,合封二包,遣交雨亭塔协领代交银库贴写托友伦布、松友寿,因差分赍成端兄、田玉文查收,分送而去。接领催玉芳复讼伊弟玉琨仍阻过继,原呈交右司办理而去。大境门御塘军来报,昨日亥时由头台送到本月初九日库伦连大臣拜发报匣一分,即刻驰送宣化矣。清子荫代写讫,啥滢贝勒信禀廿行,容附成端兄信,并复谢裕寿田同年、文叔瀛族前辈二信,待

①　参见本书附录二119《奏请以策布木札普坐补察哈尔镶黄旗参领事》。
②　参见本书附录二121《奏为查明前保武职各员并无冒滥请仍照前拟给奖事》。
③　参见本书附录二120《奏为察哈尔牧群值年委署主事双惠笔帖式继昆年满分别保奖事》。

交廿日差弁寄京也。晚接门报二件，电译邸钞三通。

十九日（6月7日）画来文七件。玉防御琨等来谒，未晤，仍为伊兄玉芳讼案，将欲分辩，俾其具呈而去。明日折差弁禄安、兵那拉尚阿来谒，当写谕田玉文一信，合封成端兄、兴石兄、文叔瀛前辈、裕寿田同年，暨喑滢贝勒信禀五封，面交禄、那二差友因差代寄至那钜王邸，转交田玉文查收分送而去。晚接门报二件。

廿日（6月8日）画来文九件。清子荫交来其家信一封，银拾两，鞋一只，当交禄差弁代寄京中，交王顺遵办。折本处呈阅写讫牛羊群主政资深笔政期满折件①，当即恭阅讫，俾入昨阅折件，午间拜发而去。印房呈画行奏事处稿一件，用印八颗。午刻偕依苌臣拜发折件，当画奏稿三件毕。会考察哈尔正白旗空衔八品笔帖式一缺，以蒙文通顺之前锋札拉布僧额拟正，亲军策凌拉什拟陪。送别苌臣，监视董皮工代裁猞猁皮胈脊。接库伦连捷庵信一封，折本处呈阅缮写正副清汉折件人员功课片四包，留阅。晚接门报二件，电译邸钞二通。

廿一日（6月9日）画来文十二件。详阅折本处帖写功课甲乙，凌瑞、瑞庆、莫尔根、和尔赓额、常瑞、景禄、凤英、凯定、依吉斯浑、阿穆唐阿、谦益、文惠、哈当阿、苏鲁克、喀拉楚浑、法福哩、花连布、哈苏图、德山、兴僧额、格鸿额、托金布、博罗哩，其鹿鸣、布彦林沁、铭瑞三名，功夫未尽也。派正黄旗防御普荫、翰林院孔目桂连会同口北道委员等往查察哈尔左翼开垦事宜，交右司办理。接陈渭兄、钟筱舫信二封。申酉之间阴云四合，甘澍滴滴，晡霁，携三孙辈踏泥闲步，至署东北营城子庙前散闷，购草帽、洋人、玩物数事而还。晚接门报二件。

---

① 参见本书附录二120《奏为察哈尔牧群值年委署主事双惠笔帖式继昆年满分别保奖事》。

廿二日（6月10日）画来文六件。接大境门御塘军来报，本日辰刻头台送到本月初八日定边崇军帅拜发报匣一分，即刻驰递头台矣。右司呈画先行咨调翰林院桂孔目连会勘左翼地亩稿一件。双馨吾由那钜王旗下回差来谒，晤谈许久而去。桂馨山来谒，晤谈而去。凌瑞、凯定、依吉斯浑来谒，讨论书法，钞写电码十六行而去。接张理厅公信一封，报口北道委勘地亩官令庆于四月廿一日到口。写致恩露兄信三片，待寄，清子荫代写讫致徐荫相、昆筱相信二封，待寄，均为咨调桂孔目也。东光裕交来田玉文十五日信一封，内附徐颂阁前辈十四日信一封，稿底一件。左司呈递明日应画稿五件，右司五件，精锐营二件，大马群六件，牛羊群一件，太仆寺一件，军台四件，馀均无稿。晚接门报二件。

廿三日（6月11日）无画到来文。写致那钜王信二片，批回田玉文信二片。饬庖赶做参肘鸡丸四篓，点心四盘，遣钱常馨吾，并封二信，俾其代寄京中。张理厅邓兰坡、试用令官云亭来谒，讨论左翼垦荒章程，俾查办过成案，公同商酌，妥筹办法，声覆而去。巳刻堂齐，所司均到，当画行交稿廿四件，左司用印四十三颗，精锐营十五颗，右司九十五颗，庆丰司五颗，关防太仆寺四十颗，军台四十一颗，右司呈阅改驻张垣伊犁佐领瑞、奎等结呈，及岁、未及岁现丁五名，不敷挑补兵缺，原结即交该司存案，又呈阅咨请部示伊犁改驻官兵，拣选挑缺文底，添易数字交去。桂馨山来谒，未晤，当将致恩露兄一信，上徐、昆二相国二信均交其因差代寄矣。瑞庆、阿穆唐阿、文惠来谒，讨论书法，钞写电码十六行而去。接昨日电译邸钞三通，欣悉荣仲华协揆即真、管理农曹，刚良兄转大司马、协揆，崇受之授大司寇矣，可为朝廷赋得贤良之颂。接魁介臣信一封，知其上年冬月十二日到家，并嘱照拂田戈什哈也。晚接门报二件。

廿四日（6月12日）画来文十八件。军台呈阅现画稿一件，即为定边军帅报匣外丢失黄布口袋,挨站沿台查究也。莫尔根、哈当阿、苏鲁克来谒,讨论书法,钞写电码十六行而去。用关防五十四颗。接王夔帅、祥云川镇军信二封。接电译邸钞二通,立大学堂、宗支出使也。晚接门报二件。

廿五日(6月13日)画来文十件。银库呈阅明日开库收放款稿一件。军台呈阅总署来文,俄国掌黄教喇嘛过境,乘传勘合,原传坐车一乘,今因洋人患病,请以骑马二匹改传坐车一乘,共二辆也,权准其请,照办而去。夫禹之治水,水之性也,今以喇嘛骗蒙古,是知其术必售也,悲夫。和尔赓(尔)〔额〕、喀拉楚浑、法福哩来谒,讨论书法,钞写电码十六行而去。晚接门报二件。

廿六日(6月14日)画来文六件。接恒瑞源齐商昭华寄来贵坞樵前辈京报一包,当交清子荫代写信一封,附报递去,沿途探投。图章京林请领开库收放款钥匙,当画存稿一件。常瑞、花连布、哈苏图来谒,讨论书法,钞写电码十六行而去。接额裕如、恩雨三、刘芸笙、胥峻斋军门信禀四封。接电译邸钞四通,晚接门报二件。

廿七日(6月15日)阴云四合,疏雨滴滴。画来文八件。接理藩院夹板一分,钉封文咨一件,为蒙犯斩决也,当交左司赶紧办理而去。景禄、德山、兴僧额来谒,讨论书法,钞写电码十六行而去。左司呈阅明日应画稿五件,右司四件,精锐营五件,大马群一件,牛羊群一件,太仆寺一件,军台一件,馀均无稿。酉霁。晚接门报二件。

廿八日(6月16日)无应画来文。余易斋来辞行,晤许久而去。接电译邸钞四通,知翁叔平前辈已罢相回籍,崇云生世叔已除山西遗缺守矣。已刻堂齐,所司均到,画行交存稿十九件,印房用印三百颗,左司二百十六颗,右司六十颗,庆丰司卅颗,关防上驷院壹百十三颗,太仆寺十三颗,军台卅七颗。清子荫代写讫致贵坞樵前辈途次信一封,并其京报马封递去。凤英、托金布、格鸿额来谒,讨论书法,钞写电码十六行而去。由大美玉借银四两,遣奠玉含章之敬也。接潼商马封一角,锡闰生丁外艰讣文也。晚接门报二件。

廿九日(6月17日)孝慎成皇后忌辰。画来文十件。凌瑞、依吉斯浑、博罗哩来谒,讨论书法,钞写电码十六行而去。接定静庵贺午安禀一封。银库呈阅明日开库放款稿一件。晚接门报二件。

卅日(6月18日)画来文六件。纯章京碫请领开库放款钥匙,当画存稿一件。大境门御塘军来报,本日寅时由宣化递到本月廿七日军机处发给定边崇军帅报匣一分,即刻驰递头台矣。折本处交来代写讫本月朔至望记事,当即检点圈句。瑞庆、凯定、阿穆唐阿来谒,讨论书法,钞写电码十六行而去。申初偕依苃臣跪迎本月廿日拜发折件:奏补参领,恭奉清汉朱批:"兵部知道。"钦此[1];牛羊群主事资深笔帖式年满请奖,恭奉朱批:"该衙门知道。"钦此[2];军台保案覆陈,恭奉朱批"兵部议奏",钦此[3]。钦遵。送别苃臣,折差禄弇等交来田玉文四月廿四日收到托、松二差友带去成端兄本月本利、亲族月费及京仆分项银两无讹回条,其回信等件,仍由托、松差旋时回赍也。接电译邸钞五通,知徐寿蘅前辈署户部尚书,许芸庵前辈教习庶吉士,翻译二庶常均授职编修矣。晚接门报二件。

---

① 参见本书附录二119《奏请以策布木札普坐补察哈尔镶黄旗参领事》。

② 参见本书附录二120《奏为察哈尔牧群值年委署主事双惠笔帖式继昆年满分别保奖事》。

③ 参见本书附录二121《奏为查明前保武职各员并无冒滥请仍照前拟给奖事》。

记事戊戌五月分①

五月初一日（6月19日）辰初诣衙神堂、马神祠，拈香行礼，乘车诣朝阳洞、慈恩寺、关帝殿、文昌殿、普渡寺，拈香行礼，仍乘车而还，时辰正三刻矣。银库交来本月分应领除扣养廉米豆草折，役食公费等等银贰百八十三两有奇，暂存大美玉商家，备提用。接通州高文轩一信，茶叶、茶菊、通点、青菜四事，附来王少农同年信一封，当浼清子荫代写复函，并致傅眉卿、陆春江同年、颂南斋前辈三信，均藉来差代呈，资力一千文，留其一餐而去。和尔赓额、哈当阿、苏鲁克来谒，讨论书法，钞写电码十六行而去。启省三监督遣赠节礼八色，节敬五十金，受其角黍、炉粽、鸡、鸭四事，馀珍全璧谢，资力四百文而去。耀立庭诸友遣赠节礼，则照章全璧谢焉。以葛布袍料一件、牙柄纨扇一把遣赠裕述先，为两孙节敬也。桂一枝、塔雨亭来谒，讨论三成局地案而去。高赠茄子十枚、冬瓜五个，瓠子五条，毛豆一斤，蚕豆二斤，莴苣十条，苋菜十束，蒲菜十束，均堪食，饬庖烹鲜焉。以启赠角黍、炉粽二事遣赠代写记事朋友，以酬其劳。接长远帆、柴守府信禀二封。晚接门报二件，电译邸钞一通。

初二日（6月20日）画来文六件。清子荫先后代写讫，各直省贺午信七十馀件，均已随时马封递去矣。印房呈阅明日应画稿三件，左司十一件，右司七件，大马群一件，牛羊群一件，精锐营一件，军台二件，馀均无稿，详阅右司稿内，仍有拨给孟士仁领垦地亩之案，此等办法，有意朦混，已批其稿，并饬咨行晋抚，转

---

① 此为上海图书馆藏祥麟日记第六册封面题签，右上角标"六"字。正文首页钤"上海图书馆藏"朱文印。

饬另招良民垦种矣。接文星阶信一封，笺纸八匣，便封一匣，金腿一肘，京点二匣，果脯二匣，茶叶二瓶，附寄奎聚五同年一信，李愚庵信一封，着色写意花梅茶酒一幅，颇佳。接崇建师信一封，孟丽堂信一封。莫尔根、文惠、喀拉楚浑来谒，讨论书法，钞写电码十六行而去。大马群主政广元、笔政广惠来谒，未晤，谕以明日在厅事，说堂相会而去。晚接门报二件，电译邸钞四通。

初三日（6月21日）夏至。孝诚仁皇后忌辰。大源永交来志廓轩家信一封，京报一包，当即加封递去乌城矣。巳初堂齐，所司均到，当画行交存稿廿五件，印房用印廿一颗，左司壹百卅五颗，右司卅颗，精锐营六颗，庆丰司十一颗。牛羊群双主政惠、太仆寺成笔政禧交卸大马群事，本群主政笔政广元、广惠接事，便以相见，嘱其谨慎当差。详核幹珠尔扎布，揭其翼长控案云云而去。三翼协领面回，公选伊犁改驻张垣官兵各缺，如本翼缺出，仍行调还，以昭平允，俾其附咨兵部示覆而去。精锐营督操营总来回，官兵勤劳，将请奖励，俾其勤加演准，嗣后不拘官长兵丁，如有能命中多粒者，即行从优奖励，庶昭平允云云而去。大美玉遣赠凉糕二桦，张点一样，松花一样，熟豚一碗，资力四百文而去。接石岛仙由太谷来信一封，当复其信二片，封交罗黼章代复而去。浼岛仙代购大枣车较也。常瑞、法福哩、花连布来谒，讨论书法，钞写电码十六行而去。接独石潘司马廷诰信禀一封。接连捷庵信一封，交军台立稿照办。晚接门报二件。阴雨来，电光现矣。

初四日（6月22日）彻夜通宵甘澍淋淋。画来文六件。大境门御塘军来报，昨日戌时头台送到上月廿五日由库伦连大臣拜发报匣一分，即刻驰送宣化矣。由大美玉提扣卅六金，归其本利；再提亲族节敬，三姑母三金，七堂妹二金，和斋弟二金，四胞妹四金，五堂妹四金，大小女、子乾婿十金，乐民内弟四金，仲涵义弟四金,子荫先生十金,冢妇十金,二小女十金,共六十三金;再提一成分项,一等一分,二等七分,三等六分,十九两九钱二分;胡仆妇、厨役、更夫七两,家中月费六两五钱二成,亲族月费廿一两,先生束脩十两,共银六十四两四钱二分,三大共合,提银壹百廿七两四钱二分。景禄、德山、哈苏图来谒,讨论书法,钞写电码十六行而去。接电译邸钞一通,为宋祝帅参营官也。接张邵予同年信一封,附言松古生上公椿牧场地亩,该公派其家占长山,持照来口谒见,未晤,当将其原照饬交右司,照例查办而去。酉霁。晚接门报二件。

　　端阳日(6月23日)无应画来文。午刻策骑率莹孙、斑孙、瑜女孙乘车走小教场西河滩,至永丰堡北,下骑下车,陟北冈,至水泉小庙坡下,少坐,饮小泉水数碗,甘凉适口,持镜眺远,响水沙冈宛然在目,未正率三孙辈步下北冈,仍前车骑,由旧路款段而还,时申初矣。晚接门报二件。

　　初六日(6月24日)画来文二件。裕述先告假数日,送其胞妹回京,来晤,当由大美玉提出成端兄本利银六十金封固,写谕田玉文一信,并初四日提来亲族节敬、月费、京仆分项月费三包,均面交述先代交田玉文而去。董皮工荐章纫工来,开工成衣,当监其裁蓝洋绉皮袄、棉袄、棉套裤,均妥,奖其口钱二百文,自今日为始,凑做男女衣裳也。接长鹤汀信一封,桂馨山禀一封,知翰林院回文不日到口,恩露兄充庶常馆提调,忙上加忙也。清子荫代写讫,贺崇受之大司寇执金吾信一封,遣交述先代寄也。接昨日电译邸钞八通,知乡会试暨童考均改策论,而去时文也。晚接门报二件。

　　初七日(6月25日)画来文六件。接松峻兄、丰鹤亭、倪协戎开珩信禀三封。凌瑞、托金布、博罗哩来谒,讨论书法,钞写电码十六行而去。左司呈阅明日应画稿十件,右司九件,银库六件,大马群二件,牛羊群五件,军台四件,馀均无稿。接昨日电译邸钞四通,知那钜王已授阅兵大臣矣。折本处交来代写讫上月望至晦并前半月记事,圈句。抡才书院送呈本月分生童课卷,当浼清子荫代定甲乙而去。晚接门报二件。

初八日(6月26日)画来文十件。接徐颂阁前辈信一封,为抡才书院安山长联蝉也。巳刻堂齐,所司均到,当画行交存准稿卅六件,左司用印壹百五十八颗,右司六十一颗,银库卅五颗,庆丰司廿一颗,关防上驷院十三颗,军台五十八颗。瑞庆、凯定、依吉斯浑来谒,讨论书法,钞写电码十六行而去。清子荫代写讫,复张邵予信一封待寄。接差友托伦布、松寿带来田玉文信一封,知孤侄惠鹏不日来张读书也。又接克邸、荣相国、启颖芝、薛云阶二前辈、文贡三信五封,附接克、荣致依苓臣二信,当即遣送矣。托、松二差友代裱《伊吾缠民行乐图》一横幅,托裱价口钱一千文付去。晚接门报二件。

初九日(6月27日)画来文二件。接昨电译邸钞一通,为谕催芦汉铁路也。检点上月京报卅本封固,遣交耀立庭,加封代递至赛驿纯感铭处也。莫尔根、阿穆唐阿、文惠来谒,讨论书法,钞写电码十六行而去。接胡蕲生前辈、永峻斋信二封。晚接门报二件,电译邸钞二通。

初十日(6月28日)阴云四合,甘澍淋淋。画来文七件。写致恩露兄信四片,封妥,并张邵予一信,四月分记事一封,合封遣交东光裕标局,便寄至露兄处也,酒资二百文付去。接乌城阿差弁代寄合寿岩信禀一封,铜纱一卷,银镯一副,是寿岩夫人托赠二小女也。申霁。和尔赓额、哈当阿、苏鲁克来谒,讨论书法,钞写电码十六行而去。接陶子方、魏午兄、陈孟威信禀三封。晚饭后率三孙教场闲步,绕菜圃,穿上营房而还。接门报二件。

十一日(6月29日)画来文二件。普章京荫请领开库放款钥匙,当画银库昨呈存稿一件。章纫工代做内子猞猁皮小袄成,颇结实,加奖口钱二百文。常瑞、喀拉楚浑、法福哩来谒,讨论书法,钞写电码十六行而去。桂馨山孔目由京持文来谒,并带来恩露兄端阳覆信一封,红格记事本二包,计四十本,馨山遣赠香瓜六枚,小桃廿枚,丝瓜八条,倭瓜、冬瓜、茄子各二枚,资力四百文而去。晚接门报二件。

十二日(6月30日)画来文十五件。接志廓轩信一封,为乌城回差弁兵颇有怨言,信交军台声覆,其家信一封,遣交大源永代致而去。头台参领报称,乌城前失黄布口袋已由扎噶台查出,接递而去,其遗漏迟延之处,交军台查明参奏。辰正策骑至教场,偕依苌臣拣补官兵各缺,其察哈尔正白旗骁骑校一缺,以马步中箭二枝、前经记名之桑窄彭绰克;厢蓝旗骁骑校一缺,以马步中箭六枝、前经记名之乌尔贡额,各照例坐补。独石口委署骁骑校一缺,以中箭四枝之硕隆乌挑补;张家口正白旗马甲二缺,以各中箭一枝之学顺布、致俊挑补;正红旗马甲一缺,以中箭五枝之那松阿挑补;右翼蒙古前锋一缺,以军政保案记名、中箭四枝之什德浑挑补,中箭五枝之乌拉那记名,遇缺即补;委前锋一缺,以中马步箭六枝之图奇业本挑补;马甲二缺,以中箭五枝之依成额、中箭三枝之德禄挑补;递遗匠役一缺,以中箭二枝之图普新挑补;其步甲养育兵各缺,单仍入粘档而还,时午初矣。接昨电译邸钞一通,高理臣给谏弹恭问松署川督,迅速明白回奏也。接纯感铭信一封,知贵坞樵前辈四月廿七日过赛尔乌苏,约于五月中旬即可抵乌云云。景禄、花连布、哈苏图来谒,讨论书法,钞写电码十六行而去。大马群广主政、广笔政来谒,讨论该群生息放款而去。印房呈阅明日应画稿一件,左司五件,右司六件,军台九件,大马群二件,牛羊群三件,太仆寺四件,馀均无稿。晚接门报二件。

十三日（7月1日）寅正即兴，卯正画来文九件。策骑至万寿宫，西室少坐，更朝冠，偕依荩臣诣关帝殿，率属拈香行三跪九叩礼，献帛爵，读祝毕，复行三跪九叩礼，视焚帛祝，礼成，撤太牢。西室更衣，就便堂齐，所司均到，当画行交存稿卅件，恭阅六月分恭祝我皇上万寿圣节贺表正副二分，偕荩臣同出，各乘车而还，时辰正矣。乃故友玉含章堂侄，文生员崇祺呈控其堂叔玉芳、其族兄柏年争继等情，原呈交司办理，声明请旨而去。接昨电邸钞二通，岁科童试，即改策论也。左司用印八十六颗，右司壹百七十六颗，庆丰司四十一颗，关防上驷院卅颗，军台壹百五十九颗。写复恩露兄一信，并子荫一信，合封，附以张垣绿豆糕四斤四两，盛入布面洋铁二盒，浼其代购潮脑四斤，仍以此盒盛回，并赠其原串蘑菇二包，均面交表差贴写常瑞因差代致而去。福英、德山、兴僧额来谒，讨论书法，钞写电码十六行而去。左翼署协领恒介眉遣赠祭馀猪羊肉二事，资力四百文而去。折本处正副表文上，用印八颗。晚接门报二件。

十四日（7月2日）画来文十件。接大境门御塘军来报，本日寅时由宣化送到本月十一日军机处发给库伦连大臣报匣一分，即刻驰递头台矣。军台呈画现行稿一件，用印九颗，文则乌城丢失黄布口袋，由台查出，本处现拟参办，先行咨行该将军也。印房呈画进表咨行内阁典籍厅、直督稿二件，用印十六颗。未刻偕依荩臣拜发恭祝皇上万寿表文毕，送别荩臣。日来干热，颇有关南气象，想京中炎热更甚也。凌瑞、托金布、格洪额来谒，讨论书法，钞写电码十六行而去。桂馨山来谒，未晤而去，问其欲言，则恩露兄全家均问内子媳女孙辈安好也。折本处代写讫致宣化守李少轩年前辈信一封，马封递去，为荐安晓峰也。接电译邸钞一通，欣悉荫笛楼世兄已改庶常，荣耀亭通家已分部行走矣。晚接门报二件。

十五日（7月3日）画来文二件。图章京林请领开库放款钥匙，当画银库昨呈存稿一件。辰初二刻诣衙神堂、马神祠，拈香行礼，乘车诣朝阳洞、慈恩寺、关帝殿、文昌殿、普渡寺，拈香行礼而还，时已初矣。那邸家占田玉文送堂侄惠鹏由京来口，见其伫候于本署大堂檐下，不觉潸然泪下，当询堂兄俊亭、堂弟和斋起居，均称安善。田玉文带来成端兄信一封，知其代办上恭忠亲王祭礼，十三层面仙顶花糕依都桌一张，价银卅三两，天青大裁江绸双料幛一轴，价银十八两，祭席及楮锭销字费，并门敬内外十二金，共用六十九两数钱有奇，当写复函一封，由大美玉商家暂借京市平纹银壹百四十两，内附还五堂弟泰初丧葬费七十金，均浼该商号汇寄成端兄，以清垫款。田玉文又带来恩露兄、四胞妹、兴石兄、寿午卿、世振之、瑞辑五信六封。接陆春江同年、廖谷似前辈、国伟人军帅、额介如、联伟臣、李辑庭信六封。瑞庆、依吉斯浑、博罗哩来谒，改正清文飞白字，钞写电码十六行而去。本日干燥异常，以新汲井水服万应锭数粒，方解烦热。惠侄拜从清子荫受业，呼其字曰云衢。晚接门报二件。

十六日（7月4日）寅初即兴，着素服，偕依茋臣率属救护月蚀，寅初二刻初亏，拈香行礼，卯初初刻食甚，卯正二刻复圆，更吉服，复拈香行六叩礼，送别茋臣。画来文四件。接大美玉罗商黼章信一封，言昨交汇款已汇寄矣，不取汇费云云。接昨电钞二通，接斌俊兄、英曙楼年前辈信二封，承静雨观察信禀一封。莫尔根、凯定、文惠来谒，讨论书法，钞写电码十六行而去。写复俊亭堂兄、和斋六堂弟、五堂弟妇信三片，待寄。晚接门报二件。

十七日（7月5日）画来文五件。写复恩露兄、奎秀峰信二封，合封昨写家信三件，遣交东光裕标局，便寄露兄处，为言惠鹏侄前日到本署也，酒资口钱二百文付去。昨酉暴风疾雨一阵，热烦顿消，乃本署正室后牗被雨沦湿，窗纸尽脱，内班希、恩二郭什哈奋力裱糊，木工重理玻璃木框，均妥，各奖口钱二百文而去。和尔赓额、阿穆唐阿、苏鲁克来谒，讨论书法，钞写电码十六行而去。接昨电钞五通，新政维明也。左司呈阅明日应画稿六件，右司五件，大马群二件，太仆寺二件，军台五件，馀均无稿。晚接门报二件。大境门御塘军补报，本日戌时头台送到本月初四日定边军帅拜发报匣一分，即刻驰递宣化矣。镫下闲课惠侄试读十二字头，两孙认《清文鉴·天文类》《单话》，以期敦本崇实也，识者谅之。

十八日（7月6日）画来文九件。巳初堂齐，所司均到，当画行交存稿廿件，折本处用印花十颗，印房用印壹百五十九颗，左司七十颗，右司八十八颗，关防上驷院四十四颗，太仆寺六十三颗。景禄、哈当阿、法福哩来谒，讨论书法，钞写电码十六行而去。酉刻阴云四合，暴雨疾风一阵而霁，乃北后窗又飓湿矣，饬李修龄修补之。接昨电钞四通，知大学堂工程已派庆邸、许云庵前辈承修矣。晚接门报二件。

十九日（7月7日）画来文二件。接沈季蕃、宝朗轩二同年，禄雪樵信三封，大源永交来。寄志廓轩京报一包，加封递去乌城矣。接志廓轩马封一角，内则其家信一封，当即遣交大源永，递去京中伊家矣。福荫、喀拉楚浑、哈苏图来谒，讨论书法，钞写电码十六行而去。惠鹏侄此次随田玉文来口，小理行装，做单衫、小汗衫、铺盖费布价六两九钱三分，棉花手工钮扣银二两二钱，车价六两，盘费三两四钱，共十八两有奇，田玉文代垫棉花费八两九钱二分，首饰九钱五分，兴宅帐分壹两五钱有奇，共十一两有奇，二共计用银卅两有奇。又车夫张三差使滑懒，韩同骥利心太重，各资其脚价银二两五钱，同时逐回，以省工饭。田玉文往返辛劳，奖以纹银五两，当由大美玉商家暂借银四十两，以了之。晚间率惠侄、瑜女孙教场闲步而还。接门报二件。写致常绪叔信一封，待寄，为声明惠侄来张读书，及敝茔房间，浼其照拂，严饬坟丁勤加修葺，勿得容留闲人。

廿日（7月8日）画来文十三件。写谕三班直班各章京等，所有车马一切围帐鞍辔什物等项，均即查明，立档存案，并饬郭什哈达等按班接交稽查。其车夫一名遇事现觅，言定一日工价口钱四百文，以免招摇撞骗也。凌瑞、花连布、兴僧额来谒，讨论书法，钞写电码十六行而去。阿嘉呼图克图过境，遣片来报，当以名片报之。接昨电谕一通，执金吾获盗，交大司寇也。晚饭后率惠侄，莹、珽、瑜孙教场闲步而还。接门报二件。

廿一日（7月9日）画来文十二件，其内有前为左翼协领一缺，咨请部示，今兵部来文，仍以拣定正、陪咨送引见也，饬司赶紧办送。接聂功亭、曾怀清信二封，马植轩讣文一件。接昨电谕一通，文仲恭侍御回原衙门行走也。瑞庆、德山、托金布来谒，讨论书法，钞写电码十六行而去。晚接门报二件。

廿二日（7月10日）阴云四合，甘澍淋淋。画来文九件。接长久山信一封。裕述先回差来谒，并代购《清文汇书》、《补汇》二部，铜墨盒一个，绵子一两，均妥，并带来舒畅亭亲家信一封，惟以田玉文在口，所有本月成端兄本利，亲族节敬，月费各银，均原封带回，当交田玉文设法赶赏。裕述先面赠两孙铜笔注二座，京点二匣，乌梅糕、京茶叶二匣而去。未霁，监视惠侄、李修龄学裱《养蒙针度》二本。左司呈阅明日应画稿九件，右司一件，大马群五件，精锐营一件，军台二件，馀均无稿。莫尔根、依吉斯浑、格洪额来谒，写飞白清字，钞写电码十六行而去。晚接门报二件。

廿三日（7月11日）孝恭仁皇后忌辰。画来文三件。送惠侄入学读书。已刻堂齐，所司均到，当画行交稿十八件，军台呈阅台弁接递公文迟延，分别参办奏底，改易数字交去。恒署协领介眉送引见，点其正陪考语而去。左司用印五十六颗，右司五十二颗，关防上驷院四十八颗，太仆寺十七颗，军台九十二颗。和尔赓额、文惠、博罗哩来谒，写飞白清字，钞写电码十六行而去。先后接前日、昨日电谕四通，特派庆邸专操新队，各直省府厅州县遍立学堂，不列祀典庙宇，均改肄业之所，诚善政也。接恩雨三军帅信一封，景介臣四哥信二封，兰谱一分，附致吉荣帆信一封，容便马封代递焉。晚间率惠侄、三孙等教场闲步而还。接门报二件，又接本日电译邸钞二通，知裕寿珊制军在军机大臣上行走，署镶蓝旗汉军都统矣，可为朝廷赋得人焉。

廿四日（7月12日）画来文十一件，内有依尧帅为故帅定静村请开复一疏也，陈词圆活，比拟得当，想已邀恩准矣。接尧帅信一封。大境门御塘军来报，本日巳时宣化送到本月廿二日军机处发给定边崇军帅报匣一分，即刻驰递头台矣。景禄、凯定、苏鲁克来谒，写飞白清字，钞写电码十六行而去。清子荫代写讫，复景介兄信一封，兰谱一分，待寄，旋以马封递去。赐儿山善会，资其口钱二千文遣去。直隶劝捐州判张蔚文霭伟叔①来谒，未晤。晚接门报二件。画现行稿一件，为俄商丢茶饬查也。

廿五日（7月13日）阴云四合，甘澍淋淋。画来文三件。江苏候补州判胡年侄显勋来谒，未晤，其土仪数事全行璧谢，并带来赵嵩丞同年信一封，有所干，而不能忠其事也。福荫、阿穆唐阿、法福哩来谒，写飞白清字，钞写电码十六行而去。由大美玉借银四两，分作二包，交田玉文补送俊亭堂兄、五弟妇节敬也。酉霁。晚接门报二件。折本处呈阅明日拜发台官贻误公文，查

---

① 张霭（1862—？），字伟叔，号蔚文，蒲门南坪人，光绪乙酉科浙江选拔贡生考试第一名。

明严参折件①，恭阅讫交去。接胡铁镕年侄便信一封，言廿七日回津，务请一面云云，俾其明晨来会而去。

廿六日（7月14日）无画到来文。纯章京嘏请领开库放款钥匙，当画银库昨呈存稿一件。胡铁镕年侄来谒，并面递请代奏条陈一件，晤谈而去。邓兰坡司马来谒，晤谈口外左翼垦荒情形而去。辰正偕依荩臣拜发昨阅折件如仪，送别荩臣。大源永交来志廓轩家信一封，当即附写一函，马封递去乌城，为言军台积弊，及严参遗漏公文台弁也。接廿四、五日电谕五通，知奎洛峰除川督，各省教堂仍饬妥为保护也。清子荫代写讫复赵嵩丞同年信一封，内附胡铁镕年侄条陈一件，马封递去天津也。画行奏稿二件，印房用印八颗。凌瑞、哈当阿、哈苏图来谒，讨论书法，钞写电码十六行而去。接大美玉罗龝章信一封，内附五月廿一日成端兄收到前汇缴京足银壹百四十两回片一件。晚接门报二件。胡铁镕又来信一封，言其条陈八事也。

廿七日（7月15日）画来文九件。大境门御塘军来报，本日巳时头台送到本月十九日由库伦连大臣拜发报匣一分，即刻驰递宣化矣。瑞庆、喀拉楚浑、兴僧额来谒，讨论书法，钞写电码十六行而去。左司呈阅明日应画稿八件，右司四件，精锐营五件，军台六件，馀均无稿。先后接昨今电谕三通，有某侍御封事内缺字，明白回奏之旨。晚闲步教场，率惠侄、莹孙、瑜女孙而还，斑孙未与焉。接门报二件。接高文轩信一封，资力口钱二百文而去。

廿八日（7月16日）暑伏，阴云四合，甘澍淋淋。画来文十三件。接大境门御塘军来报，本日寅时宣化送到本月廿五日军

---

① 参见本书附录二122《奏为特参札嘎素泰台章京棍布札普等员迟误公文请分别议处事》。

机处发给科布多宝大臣报匣一分，即刻驰递头台矣。已刻堂齐，所司均到，当画行交存稿廿三件。左司呈派协领各缺，署事人员，恒介眉进京引见，左翼协领派塔雨亭兼署，厢黄旗佐领派三音图署理，正蓝旗佐领派玉琨署理，牛羊群牧长三缺，照章各以首列者补去，其次者记名。左司用印壹百六十八颗，精锐营五颗，右司十二颗，关防上驷院四十八颗，军台卅四颗。莫尔根、花连布、托金布来谒，讨论书法，钞写电码十六行而去。晚接门报二件。雨停而未霁。

廿九日（7月17日）画来文三件。接福建铜山参戎彭保清信禀一封。田玉文回京禀辞，以旧养小海骝一匹赠去。和尔赓额、依吉斯浑、德山来谒，写飞白清字，钞写电码十六行而去。未霁，而蒸热至矣。折叠前裱《养蒙针度》二部，各五卷，共计二百数十页。接昨今电谕五通，裁勇节饷，谆谆婉谕，责统师之不应也。樊侍御桂覆陈人名错误，下部议处也。晚接门报二件。

卅日（7月18日）阴云四合，疏雨滴滴，旋焉滂沱矣。普章京荫请领开库放款钥匙，当画银库昨呈存稿一件。监视李修龄以小元白纸托裱旧《养蒙针度》一部，颇妥实。未后景禄、文惠、格洪额冒雨来谒，写飞白清字，钞写电码十六行而去。综计本月入款，仅于初一日领得京平纹银二百九十馀金，共出银四百十馀金，已亏银壹百馀两，其日用口钱，则仍取过大美玉现钱零票壹百六十千也，一月之间统计亏银二百五六十金也，奈何奈何。双子恩遣赠西瓜二枚、鲜藕四束，资力二百文而去。晚接门报二件。

记事戊戌六月分①

六月初一日（7月19日）雨后暑溽，颇有腹地景况。画来文十三件。辰正诣衙神堂、马神祠，拈香行礼，乘车诣朝阳洞、慈恩寺、关帝殿、文昌殿、普渡寺，拈香行礼而还，时已初二刻矣。奖现募刘御夫口钱四百文，以此为式。银库交来本月分应领，除扣养廉，米豆草折，役食公费等项银贰佰七十六两有奇，当交大美玉商家，先扣留其本月本利银卅六两，提成端兄本月本利银六十两，亲族月费银卅一两，束脩在内，京内外从卅两零一钱，本日大共提银壹佰五十七两一钱。写谕田玉文一信，附将成宅月款、亲族月费，仆从分项大小三包，均遣交恒介眉，因差代交田玉文而去。接罗黼章信一封，言现届挽账之期，当即复函，俾其挽清，其不敷之数即作浮欠，旋以上年六月至今历欠浮借银壹千二百八十两有奇，是因上年出口，垫项赏犒，冬间柴炭昂贵，数月银价低落，瑞逐价立取欠款，五堂弟泰初之丧，恭忠老王几筵菲祭之赔累也，力求撙节，期了浮欠，瞑目还清，平生之愿足矣。福英、博罗哩、苏鲁克来谒，写飞白清字，钞写电码十六行而去。派裕述先棻在折本处印房行走，随同该二处章京主政等学习公事，核对电本，手谕交去。依荩臣遣赠惠佟纹银二两，来怦不受力而去。晚接门报二件。

初二日（7月20日）画来文十二件。大源永交来志廓轩长式京报一包，当以马封递去乌城矣。军政处呈阅明日应画稿一件，印房三件，左司十三件，右司五件，太仆寺一件，大马群一件，

---

① 此为上海图书馆藏祥麟日记第七册封面题签，右上角标"七"字。正文首页钤"上海图书馆藏"朱文印。

馀均无稿。凌瑞、凯定、法福哩来谒，写飞白清字，钞写电码十六行而去，以天热未晤也。接昨电谕五通，知科场章程，从张香涛前辈等请，详细厘定也。酉申之间阴云四合，始则细雨蒙蒙，继则滂沱如注矣。口外左右翼翼长等遣赠鲜蘑一栲，资力二百文而去。晚接门报二件。

初三日（7月21日）画来文二件。已初堂齐，所司均到，当画行交存移稿廿四件，印房用印壹百廿三颗，左司九十六颗，右司四十二颗，关防上驷院六十六颗，军台廿四颗。瑞庆、阿木唐阿、哈苏图来谒，写飞白清字，钞写电码十六行而去。接总署夹板一分，文则同文馆洋教习出口游历保护也。晚饭后率惠偓、三孙等教场闲步而还。接门报二件。灯下课偓孙辈认清文字解闷。

初四日（7月22日）画来文四件，内有依尧帅一件，即为故定帅请开复，奉朱批不准行也，惜哉。雨后风凉，烦热顿消。饬李修龄抖晾前裱《养蒙针度》，以出湿气，颇见风力。接谭敬甫、合寿岩信二封。莫尔根、哈当阿、兴僧额来谒，写飞白清字，钞写电码十六行而去。晚间率偓孙辈闲步教场，绕万寿宫而还。接门报二件，昨今电谕三通。

初五日（7月23日）画来文十六件。大境门御塘军来报，本日寅刻宣化送到本月初二日由军机处发给库伦连大臣报匣一分，即刻驰递头台矣。军台现画稿一件，为乌城贺折差，札行万全令照例应付也。用关防十六颗。旧属张玉秀来谒，并以原申蘑菇一包见赠，晤谈台站情形而去。和尔赓额、喀勒楚浑、托金布来谒，写飞白清字，钞写电码卅馀行，电本录齐而去。按新法电码共计六千九百馀字，贴写十六人，未及四十日，全行录齐，当俾富叙堂、裕述先等妥为校对，麟再督饬装订，盖用印记，分存折本处、三司、十佐备查也，旋饬李修龄托裱原电本，以期经久。晚间率侄孙等教场闲步而还。接门报二件。

初六日（7月24日）画来文二件。接昨申总署电谕一通，谕各省，前于四月廿七日奉旨，谕令将军、都统、督抚、提督补授时，于皇太后前一体具折谢恩，因各处办理未能画一，现经奏事处声明，以后外省，除将军、都统、督抚、提督补授时，遵旨于皇太后前谢恩折接收外，馀则概不接收，微印，八十八码，当即查妥注明，交印房存案。晚间偕清子荫率侄孙等教场闲步而还。吴鲁南绘赠绮纨一柄，资力四百文而去。接门报二件。

初七日（7月25日）画来文八件。辰正偕依茇臣跪迎上月廿六日拜发奏参误递公文蒙员折件，恭奉朱批"著照所请，该部知道，钦此"，钦遵。送别茇臣，督饬李修龄等以小元白纸托裱久腐《康熙字典》，颇费经营，谅需十数日功夫也。军政处呈阅明日应画稿一件，左司五件，右司三件，银库六件，牛羊群二件，太仆寺五件，军台一件，馀均无稿。接昨今电谕三通。晚间率侄孙等闲步教场而还。接门报二件。

初八日（7月26日）画来文九件。巳初堂齐，所司均到，当画行交存准稿廿三件，左司用印二百廿三颗，军政处十五颗，右司六十颗，银库廿四颗，庆丰司五颗，军台六十一颗。太仆寺请面试蒙古贴写笔帖式一缺，以其首列蒙文去得者补去，次列蒙文稍知者记名，俾回茇臣而去。左司面回，前以会典馆咨来，口外八旗开方地图一张，俾注界址，暨山河名目，今传来学绘二兵，饬其加方绘草而去。午刻接教士刘拯灵公函一封，为察哈尔正黄旗笔帖式图鲁巴图又生事端也，当饬右司立即札饬该总管，严行饬禁，并咨呈总署存案。折本处先后交来代写讫本年五月分记事廿五开零，检点圈句讫，待寄。晚间率侄孙等教场闲步而还。接门报二件。

初九日（7月27日）画来文八件。牛羊群现画稿二件，用印廿九颗，文则黑牛进口，咨行内务府也。接魁文农、沙西屏、赵次珊、英焕章二同年信四封。邓兰坡来谒，未晤，递察哈尔左翼勘地章程四则，俾详口北钟观察而去。接昨电谕三通，康有为大有为于报馆矣。检点五月分京报卅本，封交耀立庭，加封代递至赛尔乌苏矣。右司呈画现行稿一件，用印卅三颗，文则札饬正黄旗总管，转饬笔帖式图鲁巴图，并咨呈总署存案也。晚间率侄孙等闲步教场而还。接门报二件。

初十日（7月28日）画来文十四件。辰正策骑至教场，验看察哈尔厢红旗骁骑校一缺，以奉旨记名之拉什嘎额照例坐补。口内厢红旗委令催一缺，以中箭七枝，出差奖案之哈苏图挑补；马甲一缺，以中箭二枝、出差奖案、缮写勤劳之阿木唐阿挑补；步甲一缺，以中箭五枝之舒都哩挑补。厢蓝旗马甲一缺，以马步中箭二枝之文哲浑布挑补而还，馀缺入粘档，茇臣小恙未到。大境门御塘军来报，本日卯时由头台递到五月廿七日定边贵军帅拜发报匣一分，即刻驰递宣化矣，谅坞樵前辈抵乌，恭报到任也。接昨电谕三通，知陆春江同年已陈枭江苏矣。接陈渭兄信一封，志廓轩信一封，又为其伻言接眷矣。晚接门报二件。

十一日（7月29日）画来文八件，内有翰林院一件，言前经咨调孔目桂连已由吏部援驳矣。接连捷庵信一封。表差贴写常瑞回差来谒，并带来恩露兄六月初四日发出信一封，樟脑二盒，计二斤十两，每斤京钱九吊六百文，净尾狼毫廿支，京钱廿六吊，纯紫兼毫廿支，京钱十二吊，厚薄铜笔帽四十个，京钱三吊馀文，红格记事二包，初印飞白清字一片，致忻甫孝廉窗课清字四开，均收讫无讹，资其口钱一千文而去。乌城差弁普林、玉连魁来谒，并呈贵坞樵前辈信一封，知其于五月廿五日抵乌，廿六日接印，甚纾下怀，晤谈而去。大新德交来田玉文代购珠罗十五尺半，价银壹两四钱六分，罗交纫工，缘做看台雨搭也。以赵殿元京水笔四十支、石竹斋京水笔四支,分赠折本处贴写凌瑞、瑞庆、莫尔根、和尔赓额、常瑞、景禄、福荫、凯定、依吉斯浑、阿穆唐阿、文惠、哈当阿、苏鲁克、喀拉楚浑、法福哩、花连布、哈苏图、德山、兴僧额、格鸿额、托金布、博罗哩廿二人,各二支。军台现画稿一件,用关防十五颗,文则乌城贺折差札行驿转道,万全令照例应付也。图章京林请领开库放款钥匙,当画银库昨呈存稿一件。重描旧录飞白清字十五字。写致龙云斋陈谨堂一信,俾其重镌一板,刷印二百片寄来,以公同好,信字封而待寄。晚接门报二件。

十二日(7月30日)画来文七件。接初十、十一日电谕五通,知粤西土会匪随起随落也。写复恩露兄信四片,合封上月分记事待寄。本署东小院学房椽望脱落,当饬印房赶紧修葺,清子荫暂移三门外西书房课读侄孙辈,裕述先则缓教数日也。京都广义成衣局债帅李纫工来谒,俾其小驻数日,再思所以小偿宿欠耳。左司呈阅明日应画稿八件,右司五件,太仆寺二件,大马群一件,军台二件。晚接门报二件。灯下课侄孙辈认字,以解无聊。亥初二刻将寝,依茞臣署来报,茞臣病势沉重,当派直宿纯章京觇往探焉,旋据该章京回报,副都宪已不能言矣,病入膏肓,命在旦夕,医人已嘱后事矣。

十三日(7月31日)寅正即兴,派直班章京往后署去看,旋据纯章京来回,依副都宪已于昨日亥正三刻卒于该署矣,闻之怆然泪下,当饬所司赶办折件,即日拜发而去。派防御凯英、骁骑校哲克敦经理依茞臣丧事,面谕其妥为办理而去。画来文十一件。已初堂齐,所司均到,当画行交存稿十八件,左司用印四十三颗,军政处卅四颗,右司卅五颗,关防上驷院十三颗,太仆寺壹百八十六颗,军台十一颗。查电码卅,交裕述先送电报商局:总署鉴,察哈尔副都统依崇阿本年六月十二日因病出缺,乞先代奏,麟元印。半价,口钱二千二百五十文,由库发付。巳正乘车至后堂署,往探依荩臣之丧,抚尸大恸,如丧手足,见其身后实属萧条,尤有友死朋悲之感,幸其棺为丰厚斋所赠焉,晤其从堂弟海凌阿而还。印房呈阅奏报副都统出缺折底,改易数字,浼清子荫润色之交去。以银灰大裁荆缎,浼子荫书挽故友依荩臣。接文镜堂信一封。明日折差弁乌勒希布、兵托云阿来谒,当将前写复恩露兄一信及合封上月记事,并致龙云斋一信,均面交其因差代寄而去。慈恩寺年例六月中赛神演剧,西院又搭看台矣。晚接门报二件。大境门御塘军先后来报,察哈尔正黄旗牧长达米林札普等获犯,交理事厅进口,又本日戌时头台送到本月初一日定边军师发来恭缴朱批匣一分,即刻驰递宣化矣。先后接昨日今日电谕六通,新政煌煌矣。

十四日(8月1日)画来文九件,大境门御塘军来报,本日辰时,头台送到本月初六日由库伦连大臣拜发报匣一分,即刻驰递宣化矣。印房呈画行奏事处稿二件,用印八颗,又用印十四颗,折本处呈阅副都统出缺折件①,观之未免恻怛,不卜继其任者何如也。午间拜发适阅折件如仪,当画奏稿一件。麟自出仕以来,凡于到任接事时,时有单衔独拜之日,而督仓场,则有许芸庵前辈以共之,来统是衢也,则有依荩臣以副之,今为荩臣出缺,而并拜其遗折,不觉潸然泪下,念故友而及于身也。折本处呈阅明日拜发恭祝我皇上万寿贺折,皇太后安折,俾其补缮皇上安折一分,明日拜发,以符定制。慈恩寺演剧请点,当派演《黄鹤楼》《回荆州》二出。清子荫代写"勋著旗常"四字,交章纫工销幛,配以楮锭,遣吊依荩臣,以尽寅谊。申后登看台,率女媳侄孙辈

① 参见本书附录二123《奏为察哈尔副都统依崇阿因病出缺请速简放事》。

观剧,复派演《忠保国》,演而未竟,雨来而罢。晚接门报二件。

十五日(8月2日)画来文五件。纯章京䪷请领开库放款钥
匙,当画银库昨呈存稿一件。卯正诣衙神堂、马神祠,拈香行礼,
乘车诣朝阳洞、慈恩寺、关帝殿、文昌殿、普渡寺,拈香行礼,仍乘
车而还。恭阅折本处补写皇上安折一分。印房呈画行奏事处稿
一件,用印八颗。辰正拜发恭祝我皇上万寿圣节安贺折三分,如
仪。画奏稿一件。双子恩来谒,讨论大马群欠款,俾广主政元、
广笔政惠和衷共济,妥为清厘而去。大源永交来志廓轩京报一
包,存而待发。阖家先后登看台观剧如昨,仍派演官戏三出。晚
接门报二件,电谕一通。

十六日(8月3日)画来文三件。接总署夹板一分,内文二
角,一系议覆通行,一系刚果纳交也。附接崇受之函问信一封。
派纯章京䪷管戏,以资弹压。阖家先后登看台观剧如昨,仍派演
官戏三出。晚接门报二件,大境门御塘军补报,本日酉时由宣化
递到本月十四日军机处发给定边贵军帅报匣一分,即刻驰递头
台矣。

十七日(8月4日)画来文三件。接十五、十六日电谕七通,
新政求言,实事求是也。写致钱幼苏一信,为本处如奉有明发,
乞速交来也。左司呈阅明日应画稿十件,右司六件,大马群三
件,牛羊群一件,军台三件。风闻前逐出车夫张三尚未回京,当
写致张理厅邓兰坡一信,俾其饬役访查,如有假名撞骗等事,即
行严拿,从重惩办,吴鲁南处,浼其转达,不另遣交而去,旋取其
官衔片而回。阖家登看台观剧如昨,仍派演官戏三出。京来债
帅李纫工,晤谈许久而去。晚接门报二件。

十八日(8月5日)画来文壹件。后堂署直班章京凯英、哲
克敦开来原任副堂依荩臣所遗衣物件数,官亲仆从姓名清单,均
交左司钞存,其原单则俟附文咨行依尧帅也。接桂孔目连禀信

一封,言其已拟改捐佐杂,指分直隶,仍望左翼勘垦之差,遇便与直督方伯函商耳。巳初堂齐,所司均到,当画行交稿廿三件,左司用印壹百四十一颗,右司七百十九颗,庆丰司六颗,关防上驷院四十一颗,军台四十颗。大马群牧长二缺各以其首列畜产富饶者放去。由大美玉借银廿五两,遣赗故友依荩臣。阖家登看台观剧,仍派演官戏三出。五日十加官,暨十五戏赏犒,共费口钱四十千文,诚不得已而之用也。晚接门报二件。

十九日(8月6日)画来文十二件。诣慈恩寺拈香,行朝海礼,策骑而还。写复罗黼章信一封送去,为言桂馨山之改官不易也。假侍婢积金四十四两,还故人子债帅李纫工,旧欠二百金之中,先偿四十金,其四金即为赆敬以赠之。晚接门报二件,电译昨今邸钞五通,敬悉我皇上格外天恩,已优恤依故副都护矣,遗缺已调明俊亭秀矣,电谕交贴写法福哩恭录而去。

廿日(8月7日)立秋。画来文二件。写致明俊亭信一封,恩露兄信一封,合封遣交东光裕标局便寄,酒资口钱二百文付去。监视修龄等托裱旧字典已过半矣。大境门御塘军来报,本日戌时宣化递到本月十八日军机处发给库伦连大臣报匣一分,即刻驰递头台矣。又接门报二件,法贴写恭录昨电谕一通。

廿一日(8月8日)画来文七件,内有察哈尔正黄旗一件,又为孟士仁前垦之地,重立界石,请照会口北、归绥二道,而文中接扣有痕,饬司驳诘,并谕将四月十五日孟士仁遣抱阍刻宾,捏控巴总管之案,再行分咨直督、晋抚,逐回孟士仁,另招良民领垦升科也。晚接门报二件。检点裱成电本及《养蒙针度》,以备装订。

廿二日(8月9日)画来文九件。接山西署丰镇厅刘芸笙亨林、署宁远厅章赞祖红白公禀一分,言奉晋抚札饬,已拟口外垦荒章程八条矣。监视连纸匠装订官电一本,旧《养蒙针度》二本，新《养蒙针度》十本。旧属安吉庆押运前任将军崇怡斋行李到口来谒，晤谈台站情形而去。左司呈阅明日应画稿四件，右司九件，大马群一件，牛羊群三件，太仆寺一件，军台三件，馀均无稿。晚接门报二件。右司呈阅稿底，饬其速办而去。

廿三日（8月10日）辰初诣马神祠，以少牢恭祀马神，行六叩礼如中祀仪。画来文八件。接祥立亭军帅信一封，有说。麟芝相文慎公讣文一件。廿【廿】二日电谕三通，孙燮臣中堂大学堂之议，诏可其请也。已刻堂齐，所司均到，画行交稿廿一件，左司用印壹百四十一颗，右司八十三颗，庆丰司八颗，关防上驷院卅六颗，太仆寺廿颗，军台六十六颗。右司请考试察哈尔正红旗蒙古理行官一缺，以蒙文通顺之笔帖式鄂尔哲依那逊拟正，蒙文去得之骁骑校希拉普札木苏拟陪而去。银库呈递故同事依荩臣欠款一单，初次骡干项下借过银七百两，二次旗蠹项下借过银五百两，全数开除，其玉带桥生息项下借过银三百两，该家属缴还，厘捐项下垫过股票银二百两，归新任副都统接扣，京城八旗书院捐过银七十六两，归后任接扣，否则改归麟欠款内并扣，拟结而去，拟办允当，未卜未来者以为如何也。申正富叙堂率折本处贴写莫尔根、凌瑞、瑞庆、和尔赓额、常瑞、景禄、福英、凯定、依吉斯浑、文惠、哈当阿共食祭馀而去。耀立庭面呈启省三赙依荩臣二百金，当交章京哲克敦持去，后署折差郭什哈托永阿回差来谒，并带来新任副都护明俊亭兄官衔名片一片，言七月内到任也。晚接门报二件。

廿四日（8月11日）辰初，设关圣帝君位于思齐自省斋，以少牢恭祀之，行三跪九叩礼如大祀仪，惠伫、莹孙、斑孙从祀，先后行礼毕，仍入学读书焉。无画到来文。接昨电谕三通，我皇上谆谆善政也。写致廖仲山前辈、崇受之信二封，合封遣交东光裕标局，便寄至京都崇受之处也，酒资口钱二百文付讫。酉初裕述先率折本处贴写苏鲁克、阿穆唐阿、喀拉楚浑、法福哩、花连布、哈苏图、德山、兴僧额、格鸿额、托金布、博罗哩共食祭馀而去。接纯感铭官信一封，计十一片，言俄商丢茶有着，已请库伦大臣酌夺也，信交左司存案备考。李修龄、韩同塞托裱全部旧腐《康熙字典》成，各奖其口钱四百文。晚接门报二件。

廿五日（8月12日）画来文六件。右司现行稿二件，即再行直督、晋抚，驱逐孟士仁，另招良民领垦，及驳其前详文内有痕迹事也。用印廿七颗。辰初花衣补褂，跪迎十四日拜发副都统出缺折件，恭奉朱批："另有旨。"钦此①。十五日拜发我皇上万寿贺折，均奉例批钦此，饬司照例恭录行知而归。接折差弁乌勒希苏、郭什哈恩绪带来恒介眉等公信一封，田玉文回禀二片，寒暑表一个，价银三钱，成端兄收银名片二件，知其回京未遇大雨。前奖其海骝马，渠已进其钜王乘用矣。附来陆凤石同年一信，六折扇，子荫先生屏联二件，暨王少农为子荫四绘屏，葆效先为子荫一楹联，徐荫相、廖仲山前辈、敬子斋、怀绍先、松寿师、奎秀峰、恒云镇七信，并其托寄宝朗轩一信，恩露兄名片，陆凤石名片，陈谨堂名片三件，知清文板样龙云斋已于十八日收到矣，奖乌、恩二差弁口钱二千文。监视李修龄托裱石印《芥子园画谱》。晚接门报二件。

廿六日（8月13日）辰刻着花衣乘车诣万寿宫，西室更朝服，偕启省三恭祝我皇上万寿圣节，率属行三跪九叩礼，西室更衣，少坐而还。普章京荫请领开库放款钥匙，当画银库昨呈存稿一件。太仆寺请用印一千四百六十四颗，为放饷关防也。接昨电谕一通。接余易斋观察双衔申封一角，拆而视之，则其本月初

---

① 参见本书附录二 123《奏为察哈尔副都统依崇阿因病出缺请速简放事》。

六日到库伦之文也，有十馀台无甚人烟，皆近年时（早）〔旱〕，牲畜倒毙之累也云云，耐何，耐何。晚接门报二件。

廿七日（8月14日）近来秋热太甚，时或夜不成眠，今晨阴云四合，甘澍淋淋，蒸热将消矣。画来文十五件，牛羊群用关防六百五十四颗，放饷印花也。左司呈阅明日应画稿三件，右司五件，印房一件，大马群一件，牛羊群四件，精锐营六件，军台五件。晚接门报二件，电谕邸钞一通。

廿八日（8月15日）画来文八件，内有赛尔乌苏一件，言台灾也。巳刻堂齐，所司均到，当画行交存稿廿五件。左翼请派备折迎接明副堂到任章京，折本处派凯英，后堂署派麟山，带郭什哈八名，晋京迎接。军台面回赛尔乌苏一带台灾，俾其据详办奏而去。左司用印六十一颗，右司九十颗，庆丰司九十五颗，军台四十九颗。前将军崇怡斋不日到口，差兵杨映山来谒，言由贯市雇觅驮轿往迎也。晚接门报二件，电译邸钞二通。

廿九日（8月16日）画来文三件。图章京林请领开库放款钥匙，当画银库昨呈存稿一件。大源永交来志廓轩京报一包，并前包递去乌城矣。清子荫代写讫复贵坞樵信一封，附其一片一单，马封递去。派章京穆吉楞额、郭什哈图萨布、图伽浑明日往头台迎接崇怡斋军帅。京来债帅李纫工辞行回京，内子交做单服，赆其口钱二千文而去。晚接门报二件。头台委章盖棍楚克来报，前任定边崇军帅本日已驻头台，明日申刻进口。接电谕一通，大学堂新政也。

记事戊戌七月分①

七月初一日(8月17日)画来文三件。辰正诣衙神堂、马神祠,拈香行礼,乘车诣朝阳洞、慈恩寺、关帝殿、文昌殿、普渡寺,拈香行礼而还,时巳初二刻矣。安徽桐城己丑副榜马克昌扇对抽风,资其口钱壹千文而去,未忍受其扇对也。银库交来本月分应领除扣,养廉米豆草折,役食公费旗纛等项银叁百零二两,当交大美玉商家先扣留其本月本利银卅六两,提成端兄本月本利银六十两,亲族月费、先生束脩银卅一两,京外仆从卅两零一钱,本日大共提银壹百五十七两一钱,除将本署厨役、更夫、胡仆妇等十分暨先生束脩送开外,馀则封存待寄。穆章京等迎接崇将军进口矣,旋焉怡斋来拜,畅谈八载乡情而别。接总署夹板一分,文则二件,即会议大学堂章程,会议经济特科章程,二通行也。晚接门报二件。

初二日(8月18日)画来文七件。饬庖赶做羔肘鸡丸四簋,点心四盘,遣赠崇怡斋。印房呈阅明日应画稿三件,左司三件,右司四件,大马群二件,军台三件,馀均无稿。申正乘车至下堡行台,回拜崇怡斋,晤谈许久而还。便道东绅店,拜钟筱舫,未遇,遇雨,至公廨,时酉正矣。接多伦厅刘司马亨林公申一封,交司照办,发来人回片而去。晚接门报二件。

初三日(8月19日)画来文十件。巳刻堂齐,所司均到,当画行交存稿十一件,印房用印六十六颗,左司四十五颗,右司四十七颗,精锐营卅三颗,关防上驷院十一颗。钟筱舫来会,晤谈

---

① 此为上海图书馆藏祥麟日记第八册封面题签,右上角标"八"字。正文首页钤"上海图书馆藏"朱文印。

察哈尔左翼四旗勘荒章程,商派防御普荫、额勒浑,骁骑校富伦,荫生候补骁骑校文焘分班出口,会同张理厅、直隶委员往勘,其驻勘地亩经费,计日支领,当即饬司照办云云,许久而去。旋阴云四合,雷声隆隆,疏雨淋淋而霁。晚接门报二件。

初四日(8月20日)画来文六件。直隶口北道委员官云亭庆、周静轩道渊、刘东序宝镛、陈以庄长临来诣,讨论口外勘荒情形,晤谈许久而去。钟筱舫来辞行,未晤而去。桂一枝、塔雨亭来谒,讨论派出勘荒委员,应咨直督,请附右司承办衔名云云而去。接昨电谕一通,会试罢朝考,考试罢诗赋也。精锐营来报,原任依副都护家属呈交铁矛枪头壹千枝,马月刀六百七十一片,圆皮套壹千个,长皮套七百个,均储该营库内,备抵欠款。晚接门报二件。

初五日(8月21日)画来文二件。辰初乘车至东绅店,送行钟筱舫,晤谈许久而别。仍乘车至教场,拣补官兵各缺,察哈尔正红旗佐领一缺,以捐输保奖,兵差二次,马步中箭三枝之多普丹彭苏克拟正,中箭四枝之那木凯栋鲁普拟陪;骁骑校一缺,以中马步箭六枝之富凌阿拟正,中箭五枝之栋乌拟陪;口内正蓝旗马甲二缺,以中箭三枝之普庆、中马步箭二枝之荣恩挑补;步甲养育兵七缺,均照章挑补;精锐营马队练兵一缺,以记名之郭勒敏演试马枪坐补;步队练兵十缺,按十旗分补,并记名十七名而还,时巳初矣,单入粘档。右司呈画札行稿二件,即左翼勘荒普、额、富、文四委员,并派桂、塔承办工事也。晚接门报二件,电谕一通。

初六日(8月22日)画来文一件。谆谕普委员洁己奉公,会勘荒地,与直隶委员无分畛域,妥为经理而去。接绥远城吉丽昆信一封,安帖一扣,信为丰镇垦荒升科之事,留其安帖,璧其原信而去。右司用印四十四颗,文则札委员行直督也。牛羊群现画现行稿一件,催调官羊也,用印五颗。乌城兵部司员善子良来谒,未晤,并带来继澍兄信一封,其善公所赠土仪四事,全数谢却。东光裕交来荣虞臣上月廿九日信一封,计六片。接昨电谕六通,起复德筱峰翎衔,督办奉天矿务,开端午桥道缺,赏三品卿衔,总办商务。晚接门报二件。

初七日(8月23日)阴云四合,甘澍淋淋。画来文九件。写复荣虞臣信一封,计四片,批回田玉文信二片,合封遣交东光裕标局便寄,酒资口钱二百文付去。午霁,饬张木工做本署上房廊下重装板,移破鸽窝于大堂壁上,以示伏板避禽之意,做新裱旧《康熙字典》核桃木夹板十二副,仍归地支函数也。大境门御塘军来报,昨夜子时头台送到六月廿一日定边贵军帅拜发报匣一分,即刻驰递宣化矣。印房呈递明日应画稿一件,左司六件,右司四件,银库六件,精锐营一件,军台三件,牛羊群二件,大马群三件,太仆寺三件,馀均无稿。三复荣虞臣来函,知舒畅亭亲家已将退休,而宦游十馀载,亏累至二万馀金也,哀哉。晚接门报二件。

初八日(8月24日)画来文四件。接总署夹板一分,文则英人游历保护也。已刻堂齐,所司均到,当画行交存准稿廿七件,印房用印十四颗,左司九十一颗,右司壹百八十七颗,银库廿三颗,庆丰司八颗,关防上驷院八颗,军台卅九颗。左司呈阅总管患病,照例乞休折底,洗清子荫改易数字交去。添派后署直班章京图塔浑,会同哲克敦经理依故副都护丧事,并派该章京等护送其枢至天津,已定于本月廿二日由口启枢矣。接长少白、饶子维、克胜斋信三封。折本处交来,代写讫六月分记事廿三开,当即二时之久检点圈句讫,封妥并借银十两,待寄。写谕田玉文一信,借银十两,中元备祭品,并检点前提本月成端兄本利银、亲族月费、京仆分项,标分三包。折本处迎接明副堂章京凯英来谒,当将寄恩露兄记事一封、代买零物垫银十两、寄田玉文一谕、三银包均面交凯章京，俾其初十日晋京代为分送而去。晚接门报二件。

初九日（8月25日）孝静成皇后忌辰。画来文二件。清子荫交来寄京友信一封，当交凯防御英，因差代致而去。往迎新任明副都护，后署章京麟山，班长瑞广、札拉罕泰、郭什哈托云阿、乌尔图、福荫、景华、奇克慎、隆恩来谒，报明日启程北上也。折本处章京凯英，贴写瑞庆、依吉斯浑、托金布、福增来谒，报明日启程晋京，预备新任副都护请训折件也。接初六、初七、初八日电谕九通，九秋大阅，东河漫溢也。晚接门报二件。

初十日（8月26日）孝懿仁皇后忌辰。画来文十四件。接总署夹板一分，文则美人游历保护，帮雇车辆也。牛羊群请考试贴写笔帖式一缺，以蒙文去得者放去。牧长三缺，以其畜产富饶者，照章放去。接石岛仙由太谷来信一封。东光裕交来恩露兄信一封，旋写复函廿六行，封固，遣交该局便寄，酒资口钱二百文付讫。补画来文四件。文子元、宜子琴等来谒，讨论民人李玉栋前控之案，具呈息讼而去。晚接门报二件。

十一日（8月27日）画来文十五件。纯章京叚请领开库收放款钥匙，当画银库昨呈存稿一件。右司呈画现交稿二件，用印廿五颗，文则一札双主政惠，承办三群勘荒事务，一调察哈尔厢黄旗参领，来口随同委员勘荒也。接昨电谕六通，我皇上新政维明，严训疆臣也。清子荫代写讫，复合寿岩信一封。二小女回赠寿岩夫人绦带、针黹数事，封固，遣交善子良，浼其因差代致，旋接其收到官衔片，甚谦。晚接门报二件。

十二日（8月28日）画来文一件。接昨电谕三通，有嗣后交查交议之件，电到即行遵办，勿得藉待部文也。检点上月京报廿九本，封固，遣交耀立庭，转递纯感铭也。军台呈阅穆霍尔噶顺台灾折底，阅后浼清子荫斧削后交缮，并台员潜逃，总管告休共三折，一包入告也。左司呈阅明日应画稿八件，右司四件，军台四件，太仆寺二件，牛羊群一件，大马群四件，馀均无稿。大境门御塘军来报，本日申时宣化送到本月初十日军机处发给定边贵军帅报匣一分，即刻驰递头台矣。亥正三刻张电局交来总署一等官电，通行将军督抚都统，昭信股票现在共劝集若干，实收若干，速电覆，户文印，廿一字。晚接门报二件。

十三日（8月29日）寅初写致邓兰坡一信，询其股票集数，旋据其函入电。画来文六件。偕裕述先率莹孙查覆电密码，北京总署鉴：文电悉，察哈尔满蒙官员前缴股票壹万二千金，解部在案，今据张理厅邓寿祺称，张家口、万全县各商民共劝集股票已认领三万馀金，均未报解，希转达户部，麟元印，六十八字。述先本日上午十一点钟十五分交钱幼苏电出，其半价口钱五千一百文，库上照付，惟于覆电将序此都统例不准干预地方公事，厅县亦未关白，前此故未咨报云云廿六字，以限于纸而未果也。巳刻堂齐，所司均到，当画行交存稿廿三件，左司用印二百零一颗，右司四十一颗，精锐营十六颗，庆丰司九颗，关防上驷院卅四颗，太仆寺卅五颗。游历美人三名验照过境。清子荫更正讫台灾告赈银马双请折底，交缮而去。接李少轩太守年前辈信一封，安篍峰束脩二百金，资力口钱五百文交回片而去，信交抢才书院司事额容庵等阅，银俾转交篍峰也。昨夕来电，今接邓函，覆电底码，均交左司主稿，拟咨户部而去。旋画行稿一件，粘钞张理厅来信一纸。军台用关防五十八颗，即为洋人出口游历札知厅县营，四段参领，赛尔乌苏驿转道等，照约保护也。晚接门报二件。夕雨滴滴矣。

十四日（8月30日）画来文十三件。取回台灾双请折底，后尾添改数字交去，以加详慎。内子督率李修龄装订新裱旧《康熙字典》成，夹以核桃木板，颇见结实，当浼清子荫代署浮签也。

接总署夹板一分,文则法外部议教案不傍及也。额容庵来谒,言安筱峰以未阅宣属试卷,不肯先受束脩,其银二百两,俾暂存抡才书院,容与徐颂阁、李少轩二前辈函商之而去。折本处呈阅总管告休①,台员潜逃②二折,及安折二分而去。晚接门报二件。

十五日(8月31日)阴云四合,甘澍淋淋。画来文壹件。普章京荫请领开库放款钥,画银库昨呈存稿一件。印房呈画行奏事处稿一件,用印八颗。折本处呈阅穆台灾荒双请赈恤折③一分,恭阅而去。巳初雨稍停,诣衙神堂、马神祠,拈香行礼,乘车诣朝阳洞、慈恩寺、城隍行宫、文昌殿、关帝殿、普渡寺,拈香行礼而还,时午初二刻矣。大源永交来志廓轩京报一包,即以马封递去乌城矣。午正拜发昨今两阅三折件如仪,当画奏稿三件,说堂而别。奖随行冒雨拜庙章京头目、郭什哈、衙役等口钱四千二百文。接十三、十四日电谕五通,有内裁通、大、詹、光、仆、鸿六署,外汰楚、滇、(奥)〔粤〕三巡抚暨河督,并闲漕粮道各缺,去闲留繁,诚善政也。晚接门报二件。

十六日(9月1日)画来文壹件。接昨电谕三通。东光裕交来初九日顺价托寄信一包,内恒晓岩姑丈一信,春松圃一信,广药一匣,广锡合欢暖壶一个,酒盅一对,顺价一禀,言大小女处又生一阿哥,长幼咸安,惜子乾婿尚无一字之来也,可叹不。抡才书院月课,"管仲论"论题,试卷廿八本,清子荫先生评阅讫交去。晚接门报二件。

---

① 参见本书附录二 124《奏为察哈尔正蓝旗总管车德恩因病呈请休致事》。
② 参见本书附录二 125《奏为军台废员顺喜等由配脱逃请旨饬缉事》。
③ 参见本书附录二 126《奏为穆霍尔嘎顺台站被灾较重马驼疲毙请准援案由茶马厘捐项下筹款购买事》。

十七日(9月2日)文宗显皇帝忌辰。画来文三件。接昨电谕三通,知寿午卿除广州将军,色利亭除热河都统,而不知保颐庵何省迁调也。本署正室廊下鸽踞甚夥,昼夜鸣鸣,时难成寐,今饬木工移其巢于大堂廊下,或可避其嚣耳。耀立庭来谒,言前奉总署来文,美人哈礼森、黑洛,英人士李德义等持照出口,由台觅雇车辆至库伦等因去后,今其来署面陈,台上觅雇不便,改为驰驿用架杆车二辆,骑马三匹,马驮四匹,毡房二架,护送通事一名,已电知总署矣云云,当饬照办而去。旋美人雷云霄求见,俾同耀立庭会晤而去,想即美人、英人中之汉名者也。督率莹孙查电码六十四字,总署鉴,适据驿转道耀豫面称,美国哈士等称,雇觅车辆回国不易,请改由台借用架杆马二分,马驮毡房通事数事,并言电知总署,现饬台站应付矣,乞回电,麟筱印。申正交裕述先,送至张电局电出,半价资口钱四千八百文,银库照付。左司呈阅明日应画稿九件,右司六件,大马群二件,军台三件,馀均无稿。申酉之间阴云四合,震雷疾雨而霁。奖做伏板避鸽之木工画匠九人口钱一千八百文。晚接门报二件。清子荫代写讫,复徐颂阁前辈信三片,明日封固,遣交东光裕标局便寄,为安筱峰璧其宣郡脩金也。

十八日(9月3日)画来文六件。写致和斋六堂弟信一封,谕田玉文一信,批王价顺信三片,并致徐信一封,合封遣交东光裕标局,寄交田玉文处,酒资口钱二百文付讫。巳刻堂齐,所司均到,当画行交存稿廿件,左司用印五十颗,右司七十三颗,关防上驷院卅六颗,军台五十五颗。牛羊群请挑牧长二缺,以其畜产富饶,曾经入选者放去。接昨电谕三通,知裕吉臣抚军已除成都军帅矣。为二小女钞电码全分成。晚接门报二件。

十九日(9月4日)画来文六件。写致钱幼苏一信,遣送张电局,旋接其回言,如有明发,即时钞阅,并接本日电谕二通,执金吾抄拿仓匪李大也。宜子琴、塔雨亭等来谒，讨论故同事灵枢回旗路费暨其所收赙金、帐锭，俾其赶办启枢日期公事，咨行函致直督，东三省依、延、恩军帅而去。右司用印廿颗。左司呈阅咨报依故友启枢日期稿一件，阅讫交去，俾其速缮公文、护照，明日署行，排单钉封，分发各处。晚接门报二件。亥初三刻接总署回电十七码，当即查译：张家口转递都统筱电悉，美国哈士以雇车不便，改由台站借用马驮毡被等物，实友邦和好之常，甚慰，效印。附接本日电译朱谕：礼部六堂官现任者全革职，王主政照不畏强御，勇猛可嘉，赏三品顶戴，用四品京卿，示激劝也。

廿日（9月5日）画来文四件。写致钟筱舫一信。折本处交来代写讫致荣仲相，依尧山、延松岩、恩雨三三军帅信四封，仲相信内附写一片，尧帅、松帅二信内各附二行。左司呈画现行稿一件，用印五十八颗，钉封排单文五角，当以钟、荣、依、延四信各附其文，标朱钉封发去，各标以日行三百里，惟封筒排单均有参差，当将该司承办、帮办、掌案分别记过斥革交去。牛羊群现画稿二件，用印四十四颗，又用粘贴饷包关防壹千五百廿六颗。普章京荫以其父电，景介兄请假回口就医，俾其弟普年等往迎，将借伊父旧属随往，饬查假差成案而去。晚接门报二件。

廿一日（9月6日）画来文壹件。图章京林请领开库放款钥匙，当画银库昨呈存稿一件。右司用印七颗，即现画民妇按告地案，饬张理厅审讯也。左司承办帮办来谒，辩白缮写排单错误班长，仍饬立稿记过而去。接昨电谕十一通，内有奏拿脱逃台员，恭奉明发一通，照例钦遵也。宜子琴、塔雨亭来谒，偕后署哲、图二章京，讨论依故友奠赙用款二帐簿，当即钉封于嫩江恩雨三军帅公文封筒内，并将其信尾附言五行，封固附入，浼其代寄汇款，以交其家而去。马封排单限月内递到，由印房发去。旧属冯亨铨来谒，讨论科城景况、台站荒灾而去。接志廓轩信一封，纯感铭信禀一封，言赛属尚未得透雨，旱象不知如何也，奈何。折本处瑞庆、依吉斯浑回差来谒，并带明俊亭信一封，言已于本月廿日出京，廿四日到口，驻万寿宫，接任视事，廿七日移驻后堂署。接凯防御信禀一封，知托寄银信均交投矣。接恒佐领安帖一封，而未及其公事也。饬图章京林督率头目郭什哈等拉运木架毡房，人字中军，支于普渡寺前，预备供品执事，明日辰刻率属路祭亡友依苃臣之枢，以尽寅谊。后署章京哲克敦等交来依故副护奠赙出款清单一件，计开共入奠赙银二千七百七十三两，卖车银壹百卅两，卖马银六十一两，出还库款三百五十六两，隆盛魁银壹百两，骡脚银壹百两，汇寄江省银四百两，费十两，汇寄奉省银六百两，分奖原来随从银二百两，换银三百四十五两，又换银卅两，除出净剩银八百廿三两，以银易钱三百廿六千七百文，豆折奠仪十六千八百文，又易钱卅千有奇，除出净剩钱五十五千四百文，作张京路费，此其大略也，细帐赍嫩江。晚接门报三件。

廿二日（9月7日）接昨电谕五通。画来文九件。辰正三刻乘车至普渡寺前中军内，验看路祭供品，穹庐少坐，晤启省三、邓兰坡、安晓峰诸友，畅谈，少焉路祭旧同事依苃臣之枢，不禁大恸，三司三翼十佐均陪奠而别，仍乘车而还，时巳正三刻矣。接常馨吾京点二匣，香油麻酱二瓶，钜王京点茶叶四匣，并带来田玉文一信，大小包六个，大京文纸二刀，《养蒙针度》二部，《幼学须知》二部，《四书》二部，收拾眼镜二圆，歙石小砚一方，羊毫笔十枝，洋钉一斤，海米三斤，中元敝茔祭品清单。附接成端兄初九日信一封，收银片一件，芬馀庭哀信一封，资力五百文而去。图章京交上路祭用款单，花洋布廿四尺，绿洋布四尺，一千二百廿文，供品三千壹百文，纸架四千文，拉帐房车钱一千五百文，棚铺执事一千文，零用二千文，共十壹千六百文，郭什哈头目各四百文，兵各二百文，共四千有奇。左司呈阅明日应画稿十一件，右司二件，军台八件，大马群一件，太仆寺三件，馀均无稿。晚接门报二件。

廿三日（9月8日）接昨电谕七通，欣悉广厚田世叔已授正黄汉都统矣，刘博泉前辈已升仓帅矣。画来文十件。巳刻堂齐，所司均到，画行交存稿廿五件，左司用印壹百五十七颗，右司七十五颗，庆丰司十六颗，关防上驷院廿三颗，太仆寺五十壹颗，军台七十八颗。饬庖赶做鸡肘丸羔四篹，点心四盘，遣赠常馨吾。晚间率侄孙等闲步万寿宫而还。画景介臣四哥援借郭什哈二名，赴江省往迎稿一件。接门报二件。

廿四日（9月9日）清子荫交来陆凤石、王少农二同年，高文轩、刘博泉前辈信四封。批田玉文信三片，谕其慎储九谷廑，浣博泉饬悬仓署，交折差希拉绷阿带寄。画来文四件。未正乘车至普渡寺，穹庐少坐，晤启省三，畅谈许久，申初明俊亭到，偕省三跪请圣安，穹庐相会，畅叙而别。恭阅安折。申正俊亭兄来署接事，晤谈拜发安折及俊亭兄恭报到任折件，画行奏事处稿一件。送别俊亭，由大美玉借银拾两，寄大小女弥敬，瑜女孙往看俊亭老媪女、老媪媳于公馆，馈其晚饭而还。凯章京带来恩露兄信一封，做讫衣服一包，水笔廿支，交东光裕尚未到。晚接昨电谕七通，门报二件。

廿五日（9月10日）仁宗睿皇帝忌辰。画来文八件。饬庖赶做鸡肘丸羔四篹，点心四盘，遣赠明俊兄。莹孙、珽孙、瑜女孙往俊亭公馆请安，少坐而还。接勘地委员等红白禀一分。明俊兄遣赠燕菜一匣，桂耳一匣，天尖二篓，普洱茶五节，京酱、咸肉、酱芥、佛手芥四匣，点心四匣，资力六百文而去。牛羊群现画稿一件，用印廿一颗。接昨今电谕八通。晚接门报二件。

廿六日（9月11日）画来文十件。接钟筱舫信一封。昨电谕六通。纯章京觊请领开库收放款钥匙，当画银库昨呈存稿一件。辰正跪迎十五日拜发折件：台员脱逃，恭奉朱批："另有旨。"钦此①；总管告休，恭奉朱批："著照所请，该部知道。"钦此②；台灾请赈，恭奉朱批："兵部议奏。"钦此③。钦遵恭录饬知而别。督李枪工、张木工等以洋铁页按设正室前檐六窗盖板，以避鸽秽而减鸣嘟。晚接门报二件。卧后接本日电谕四通，言时政也。

廿七日（9月12日）画来文十五件。左翼勘地委员官庆、刘宝铺、普荫、富伦等来辞行，谆嘱妥为勘丈而去。左司呈阅明日应画稿二件，右司二件，内现画一件，用印卅三颗，军台一件，精锐营五件，馀均无稿。未初乘车至后署，拜明俊兄，畅谈许久而别。便道大境门外朝阳村、大新德，回拜常馨吾，未遇，晤其二世兄，畅谈而还，时申初矣。晚接门报二件。

廿八日（9月13日）画来文八件。接昨电谕五通。已刻堂齐，所司均到，当画行交存稿九件，牛羊群补官羊进口稿一件，左司用印壹百四十五颗，关防军台卅九颗，牛羊群卅八颗。常馨吾来谒，晤谈许久而去。未后接本日电谕十通，我皇上新政孜孜，力除壅蔽，并欣悉华亭锡同乡已除青州都护矣。安筱峰遣赠课士诗二本。普章京荫来报，现接电信，有丁外艰之说，其勘荒一差亟请改派，当派文委员焘赶紧出口，会同张理厅官、刘、富三委员往勘，旋焉文委员焘来谒，谆嘱和衷共济，妥为办理而去。晚接门报二件，叙堂补一件。

廿九日（9月14日）画来文六件。写复恩露兄一信，又写致

---

① 参见本书附录二 125《奏为军台废员顺喜等由配脱逃请旨饬缉事》。

② 参见本书附录二 124《奏为察哈尔正蓝旗总管车德恩因病呈请休致事》。

③ 参见本书附录二 126《奏为穆霍尔嘎顺台站被灾较重马驼疲毙请准援案由茶马厘捐项下筹款购买事》。

荣虞臣一信，附《芥子园》《宸垣图咏》二书，并长季超一信，均交东光裕标局便寄，资力口钱四百文付去。接廿八日电谕五通。饬右司立勘地官兵册一本，标朱交去。折本处呈阅十六本电本成，留阅。晚接门报二件。

　　卅日（9月15日）画来文十五件。图章京林请领开库收放款钥匙，当画银库昨呈存稿一件。接昨电谕三通，旗丁迁屯之议兴矣。饬庖赶做鸡肘丸羔四簋，点心四盘，遣钱连捷庵夫人，未刻遣瑜女孙乘车至下堡东绅店，往拜连太太而还，时未正二刻矣。饬李修龄穿订电本线十六本，交纫工赶做十六袱，各衬木板，以期保固。接连捷庵信一封，言将赠脚步乌骓也。接陆春江同年信一封。日来封发贺节信卅八封。晚接门报二件。

记事戊戌八月分①

八月初一日（9月16日）辰正，诣衙神堂、马神祠，拈香行礼，乘车诣朝阳洞、慈恩寺、关帝殿、文昌殿、普渡寺，拈香行礼，仍乘车而还，时已初二刻矣。明俊亭来拜，挡驾未会，以拜朔望可两便也。连捷庵二世兄增和来谒，未晤而去。银库交来本月分俸廉米折，役食公费除扣等项银共叁百五十三两有奇，先扣留其本月本利银卅六两，提成端兄六十两，亲族月费廿一两，子荫先生束脩节敬廿两，亲族节敬六十七两，仆从分项月费卅两零一钱，共提银二百卅四两一钱。接俞廙轩方伯信一封。接昨电谕三通，门报二件。

初二日（9月17日）昨夜丑初，署后邻右人声呼哨，颇不安靖，今晨淋雨，即饬直宿班章京德寿，头目图林布，郭什哈额图浑、恩年、松秀、鄂尔和自西而北，逐户挨查家户丁口，并函致万全分县、御塘军站，速查保甲，以清盗源。画来文五件。军政处呈递明日应画稿一件，印房五件，左司十件，右司二件，大马群一件，牛羊群三件，军台八件，馀均无稿。晚接门报二件。酉霁。

初三日（9月18日）接初一日电谕五通，欣悉成建甫②同窗已除吉林副都护矣。无应画来文。辰正着朝服乘车诣文昌殿，偕明俊兄率属以太牢行秋祭礼，拈香九叩，献帛爵，读祝，复行九叩礼，视焚帛祝，礼成，西室更衣，别俊兄而还，时已初矣。旋焉堂齐，所司均到，当画行交存稿卅件，左司用印十三颗，右司七十

---

① 此为上海图书馆藏祥麟日记第九册封面题签，右上角标"九"字。正文首页钤"上海图书馆藏"朱文印。

② 成建甫与成端甫疑为同一人，皆是成勋。

五颗,军台关防七十九颗,牛羊群正白旗委固山达一缺,偕明俊兄以根敦札普按班放去,牧长一缺,以其首列者照章放去。接初二日电谕七通。直月协领送祭馀牛羊猪肉,资力四百文而去。大境门御塘军来报,本日午时头台送到七月廿一日定边贵军帅拜发报匣一分,即刻驰递宣化矣。章纫工赶做讫包裹电本,木板裕布蓝小袄十六分,遣交折本处,以备分裹电本。晚接门报二件。

初四日(9月19日)画来文七件。接多伦刘司马亨霖信禀一封。上驷院来文一件,调取骟马一千五百匹备差,当饬大马群赶紧遵调而去。未正偕明俊兄跪迎上月廿四日拜发折件:副都统恭报到任,恭奉清汉朱批"知道了,钦此",钦遵饬知通行而去。晤谈明俊兄于厅事,畅叙四十年乡情而别。折差弁兵博罗哩、希拉绷阿带来田玉文信禀一封,印签放大户封筒二包,全红八行信纸二包,朱红印色一两,字典印签二百条,顺价廿九日信禀一封,皆如川亲家收到弥敬回片,希郭什哈等带来洋布丝线等事,资其口钱一千五百文而去。附接克邸信一封。接昨电谕一通。晚接门报二件。

初五日(9月20日)画来文三件。接昨电谕三通。大源永交来志廓轩家信一封,京报一包,当以马封合递乌城矣。折本处呈阅署签电信新法十六本,均已书名,当饬将依吉斯浑、法福哩、阿穆唐阿、托金布四本用以堂印,左右司各用其关防,左右翼满蒙十佐领各用其图记,分储本署内二本,副都统署内一本,印房一本,此四本均用素朱堂印,其馀十二本则各钤其朱油关防图记,以昭信守,并饬印房立稿存案交去。晚接门报二件。

初六日(9月21日)画来文九件。接宣化定静庵信一封。大马群现画调马稿一件,用关防六颗。未正接兵部初四日来文一件,调马三千匹,驼四百只,当交大马群立刻札调,先期解交,限本月廿五日以前解到也。接魏午兄、祥云川信二封。接昨电谕二通。晚接门报二件。

初七日（9月22日）辰初，接总署昨日下午五点钟发来电局代译通行督抚将军都统电谕一通，敬悉自本日为始，恭奉皇太后偏殿训政，初八日行礼等因，钦此，当饬所司查照成案，敬谨办理。画来文五件。常馨吾遣赠鲜蘑一小袋，白酱油一小纸葫芦，并言午后过访也。太仆寺、大马群现画会稿二件，一覆兵部，一札商都、太仆寺左右翼牧群也，成、广二笔政说堂而去，用印廿八颗。常馨吾率图思拉克齐①额思拉曼各奈、章盖索特那木多尔济来谒，讨论那钜王旗下控案而去。写复钜王信一封，批田玉文信二片，并本月分端兄本利，京中月费分项四包，均遣交那邸蒙员代交田玉文处照送。左司呈阅明日应画稿九件，右司三件，银库七件，太仆寺一件，大马群一件，牛羊群一件，军台六件，馀均无稿。库伦连捷庵遣赠黑马一匹。那王爷遣赠枣骝一匹，资力二千文而去，清文那信另复。晚接门报二件。

初八日（9月23日）画来文十二件。接刘芸笙信一封。接旧属梁、陈二舍人信二封，通点四匣，咸菜一蒲包，资力四百文而去。吴鲁南遣赠亲笔绢绘博古花卉四幅，资力一千文而去。巳刻堂齐，所司均到，当画行交存准稿卅件，印房用印壹百五十七颗，银库卅一颗，左司二百廿颗，军政处廿二颗，右司十八颗，庆丰司五十四颗，关防上驷院十三颗，太仆寺五颗，军台二百卅颗。十佐领面递公呈一件，为左右两翼满蒙官兵请平张属银价，咨行直督、晋抚转饬，当署其呈，并嘱函致荣仲相、胡蕲生前辈二处而去。接昨电谕九通，欣悉吴蘷臣同馆已除阁学矣。晚接门报二件。

---

① 图思拉克齐：意为"协理"。

　　初九日(9月24日)太宗文皇帝忌辰。画来文十二件。折本处先后交来上月分记事廿四扣,检点圈句讫,封而待寄。接昨电谕一通。常馨吾来谒,讨论钜王旗下府第陈设而去。清子荫代写讫陈渭兄节信,附以乞师捕盗,马封递去。接宝朗轩同年信一封。检点七月分京报卅本,封固遣交耀立庭代递至纯感铭处矣。启省三遣赠节礼,仅受其苹果、月饼、鸡、鸭四事,馀珍及金璧谢,资力五百文而去。以启赠果点二事转赠代写记事朋友,以酬其劳。本日下午五点钟五分,接津督署致各省将军都统督抚△①顷准总署电商,各贺折一节,初八日太后训政,上率王公百官朝贺,各省自应递贺折,并嘱电致各省,各递贺折两扣,望查照办理,禄青印。当饬折本处贴写赶缮叩贺皇太后、皇上安贺折各一分,明午拜发,并饬莹孙预查明日卯正复津督荣相国电码廿一字:天津中堂鉴,青电悉,已遵谕恭办贺折拜发矣,麟卦印。面交裕述先,明日如时交张电局复出。晚接门报二件。

　　初十日(9月25日)画来文三件。辰正裕述先交来张电局收照,其印电廿字半价,口钱壹千五百文,银库付去。大境门御塘军来报,本日卯时宣化送到初七日军机处发给定边贵军帅报匣一分,即刻驰递头台矣。接昨电谕二通,不意保颐庵军帅作古矣,悼甚。接独石潘司马信禀一封,接张毓渠、胡云楣同年信二封。折本处呈阅本日应拜叩贺皇太后、皇上政喜、安贺折四分,画行奏事处稿一件,用印八颗。申初偕明俊兄拜发适阅折件如仪,画奏稿一件,行直督稿一件,会俊兄于厅事,畅谈许久而别。晚接门报二件。

　　十一日(9月26日)太祖高皇帝忌辰。画来文三件。接总署夹板一分,文则议覆瞿学士之条陈教堂也。纯章京龆请领开

──────────

①　此处△为原稿所有。

库收放款钥匙，当画银库昨呈存稿一件。接荣使相、陈渭兄、钟筱舫、柴守府信禀四封，知苫枢过津，已蒙仲相派弁护送奉天依尧帅处矣。接昨电谕一通，我皇上明诏求医，致生杞忧也。大美玉遣赠晋张月饼四盘，资力四百文而去。补画来文五件，内有俄人由驿回国也，交军台赶办而去。明俊兄遣赠节礼数事，仅受其红白月饼二盘，资力四百文而去。晚接门报二件。

十二日（9月27日）换戴暖帽。画来文九件。德义木店遣赠节礼，受其苹果一盘，冬瓜二枚，资力四百文而去。饬泥匠开正室东墙洋炉烟筒眼，奖其口钱二百文。接昨今电谕四通，欣悉成端（成）〔甫〕兄除太常少卿矣。詹事府、大理寺、通政司、光禄寺、太仆寺、鸿胪寺六署仍旧设立矣。左司呈阅明日应画稿十五件，右司四件，大马群一件，牛羊群六件，太仆寺三件，军台四件，馀均无稿。银库呈阅明日应画稿一件。晚接门报二件。

十三日（9月28日）辰正，接总署昨夕通行各督抚将军等电谕二封，计三通，一则复设詹事府等六署，一则徐致靖等派审，一则明诏求医，三大政也，附昨电谕二通，恭阅毕。着朝服乘车诣关帝殿，偕明俊兄率属拈香行秋祭太牢大祀礼，献帛爵，三跪九叩，读祝后复行三跪九叩礼，视焚帛祝，礼成，西室更衣少坐，别俊兄而还，时已初矣。值月协领送祭馀，资力口钱四百文而去。图章京林请领开库收放款钥匙，署其存稿一件而去。接春少山信一封，赠来枣骝马一匹，资力口钱壹千文而去。已正堂齐，所司均到，当画行交存稿卅三件，印房用印八颗，左司九十二颗，右司五十八颗，庆丰司六十四颗，关防上驷院廿二颗，太仆寺四十二颗，军台五十三颗。晚接门报二件，电谕九通，荣仲相补授军机大臣，兼督陆军，裕寿珊尚书除直隶总督，兼北洋大臣，可为朝廷赋得人焉。

十四日（9月29日）画来文十三件。接依尧山信一封，恒介眉引见张家口。左翼协领回城来谒，未晤，并以京来果点数事为赠，全行谢却，惟其赠二小女、三孙辈花油泥马、笔墨数事，三却而受，资力口钱壹千文，附接兴石兄信一封。本节清子荫先后代写讫，各直省贺秋信六十九件，均以马封递去。晚接门报二件。

十五日（9月30日）辰正，诣祠神堂、马神祠，拈香行礼，乘车诣朝阳洞、慈恩寺、关帝殿、文昌殿、普渡寺，拈香行礼，仍乘车而还，时已初二刻矣。画来文五件。接昨电谕三通，康有为惑世诬民，非常之变，幸蒙先几烛照，从逆伏诛；巡幸天津，天寒停止；启颖之前辈调礼曹尚书，裕寿田同年除理藩尚书。复接本日电谕，荣仲相节制北洋各军，旨铸关防，怀绍先光复总宪，内务府大臣矣。左翼太仆寺来报，所调马匹陆续到口，当饬查明前经上驷院、兵部先后来文，共调马四千五百匹，驼四百只，督同莹孙查电码七十三字：北京总署鉴，前准上驷院兵部来文，咨调杭爱太仆寺各牧群驼马四千九百匹，今已陆续到口，近接电谕，敬悉九月围差停止，此项马驼应否仍前解送，乞转达部院，电覆遵办，是荷，麟咸印。交郭什哈阿尔津图，西正三刻驰呈电局钱幼苏，当即电出，取执而还，其半价五千六百文，仍浼裕述先，由库领出，并节敬四金，送交张电局而去。东光裕交来初十日恩露兄信一封。晚接门报二件，署内节赏共费三千四百文。戌正率阖家八口，庆赏中秋，果酌亥正而寝。

十六日（10月1日）画来文七件。接昨西总署通行督抚将军等电来朱谕一通，即严拿逆叛康有为，不究党与等之明诏也。接松峻兄信一封。大源永交来志廓轩京报一分，当即封递乌城矣。护送荩枢章京哲克敦、图塔浑等由天津回差来谒，并呈阅依宅沿途用款细帐一本，言依枢已于初二日由天津轮车东驰山海关，关外至奉天骡杠亦由津备雇妥，杠价订明八十馀金，其随枢亲族仆从等沿途尚称安静，并带购来津铁页二搭，计廿四张，每张合银二钱九分,共合银六两九钱六分,除付过六两,下欠付齐,晤谈而去。接上驷院、兵部来文二件,上驷院前调马一千五百匹,改调七百五十匹,南苑备差,兵部所调马三千匹、驼四百只,全数停调,当饬大马群、太仆寺遵办。晚接门报二件,电谕四通。

十七日(10月2日)画来文四件。督饬李修龄等前做大木箱上,擦拭黄蜡,以御油水。印房呈阅明日应画稿一件,左司五件,右司八件,牛羊群一件,太仆寺一件,军台五件,馀均无稿。本日下午六点钟廿分,总署来电六十三码:接察哈尔都统来电,九月围差停止,马驼应否解送等因,兵部所调马驼,即行停止,赶回归牧,已于十四日飞咨在案,为此电复照办,兵部签印。惟原码"行"似"譬"讹,"登"似"此"讹,均经莹孙考订而译也。晚接门报二件。

十八日(10月3日)画来文三件。接昨电谕五通,胡蕲生前辈、裕吉臣、胥峻斋信三封。已刻堂齐,所司均到,当画行交存稿廿二件,内有散给十旗钞电十本,交各该佐领防御骁骑校等存储备考稿一件,并面谕各拣本佐领下廿岁以下十岁以上丁童十名,学认电码,每名逐日各认十字,每月本都统面考一次,聪颖勤习者,奖励记功,以示造就人才,创习时艺,并可当面讲求清文,不忘本业,谆谆开导而散。印房用印九十八颗,左司壹百廿一颗,右司四十三颗。未刻画大马群咨覆上驷院,改调备差马七百匹,大马群、太仆寺会稿,咨覆兵部,前文昨电,调过马驼赶回归牧,并飞札各该群稿二件,用印十二颗,关防七颗。晚接门报二件,电谕三通,除直隶方伯、奉天京尹、长芦使也。

十九日(10月4日)画来文二件。写复恩露兄信一封,合封上月记事内,待交明日表差札笔政、阿贴写代致也。接津电,直督裕寿帅廿日到津电一件。接博瑞兄信一封,知其乞病回旗,节后还乡,怀安路都阃已经陈渭兄委崇云台守府庆署理矣。接宝朗轩同年信一封,赠马二匹,禄雪樵信一封,赠马一匹,资力三千文而去。昨恭阅恭祝皇太后万寿清汉贺表正副二分，折本处今用印十二颗，并用电信新法五本，麟二本，后署存一本，印房存一本，折本处存一本，其左右司存油印关防新电二本，庶遇紧急官电，众手易察，而贴写朋友亦可因之学认也。清子荫代写讫复兴石兄信一封，并露信木匣，均交札笔代致矣。晚接门报二件。

廿日（10月5日）画来文壹件。接聂功亭、丰鹤亭、李少轩年前辈信三封。志廓轩家信一封，当交大源永即时寄去。接昨电谕四通，嗣后应用清文折奏，均添用汉文。印房呈画恭送表文稿二件，用印十六颗。午刻偕明俊兄跪迎初十日拜发恭叩皇太后训政安贺折四分，均奉例批，旋即拜发皇太后万寿贺表毕，偕俊兄厅事少坐，畅谈送别。皇太后政喜安贺折，暨本日接到总署通电，即饬恭录咨行乌、科、库三城将军大臣等钦遵办理。贺折差由京带来刘博泉前辈信一封，知其回巡后，代悬仓署"慎储九谷"匾额也。清子荫代写讫贺裕寿珊制军任禧信一封，马封递去。晚接门报二件。

廿一日（10月6日）画来文六件。接昨电谕二通，欣悉廖仲山前辈迁大宗伯，赵展如同年除大司〔冠〕〔寇〕，尤悉文仲恭前侍御以知府候补，诚殊恩也。写致贵坞樵前辈信一封，封而待寄。昨接上驷院十七日飞咨，改调备差马七百匹，全行赶回归牧，当令商都翼长巴图孟克尔等赶紧追回，适据大马群广笔〔政〕惠来报，前解送马七百匹，今已由宣化迤东一带全行赶回，陆续出口归牧去矣。十七日兵部回电，前调马匹草价已费壹百馀金，乃上驷院不肯回电，廿日始准其文，此项草价更有加倍之费也，悲夫，该院乌知之？印房呈画咨行乌、科、库将军大臣，皇太后训政贺折稿一件，用印卅五颗，阅其咨文三角，当将致贵军帅信一封，附钉乌城公文封套内并发，期捷速也。晚接门报二件。

廿二日（10月7日）画来文三件，内有赛驿一件，被灾台户请赈，交军台办理矣。大马群翼长巴图孟克尔等来报，昨由宣化赶回马匹，今已全数出口回牧矣。万泉令吴鲁南来谒，未晤而去。左司呈阅明日应画稿六件，右司六件，精锐营一件，大马群三件，太仆寺四件，军台四件，馀均无稿。接昨今电谕五通，总署通电二通，申正三刻到。饬李枪匠收拾各屋洋炉，今先按设正室东里间一架，脱遇骤寒，先试升之。晚接门报二件。

廿三日（10月8日）世宗宪皇帝忌辰。无画到来文。接溥荩臣、斌俊兄信二封，英焕章同年信一封。已刻堂齐，所司均到，当画行交存稿廿二件，左司用印壹百零二颗，右司壹百零八颗，庆丰司四十一颗，大马群四颗，关防上驷院十四颗。接昨电谕十通，欣悉善星垣宗弟除湖南方伯矣。酉刻红云南起，阴雨北来，雷声隆隆，疏雨而霁。晚接门报二件。

廿四日（10月9日）画来文五件。大境门御塘军来报，本日丑时头台送到本月十六日库伦连大臣拜发奏事报匣一分，即刻驰递宣化矣。接昨电谕七通，张冶秋同年以荐才交部严议，荣仲相以检举荐才交议，顾其加恩如何耳。乌城旧属合寿岩因差来谒，并带来贵坞樵前辈、志廓轩及坞樵复荩臣介弟信三封，畅谈许久而别。申初率瑜女孙乘车至大美玉商号闲坐，馈其晚饭而还，时酉正矣。启省三借看武胜营购买官马部文。大境门来报，时已及昏，武胜营官马尚未进口，俾其照例如时合门而去。晚接门报二件。

廿五日（10月10日）武胜营队官明贵等来谒，请将官马先行进口，当饬赴户部监督衙门照例纳税，一面赶官马进口而去，旋经监督饬役持上年免税文来谒，阅其文后交去。画来文六件。接昨电谕七通，嗣后科场仍用四书文取士，罢经济科，除申报馆，洵善政也。启省三来会，晤谈武胜营队官明贵、达斌、连秀、双隆，采买官马三百卅八匹，均未纳税，并与左翼税局官役互殴口

角等语,俾其会商该翼,会衔咨请户部示覆,畅谈许久而去。饬
庖赶烹鸡肘丸羔四篑,点心四盘,遣赠合寿延,以尽乡谊。大源
永交来志廓轩大报二封,当即加封递去乌城矣。下午三点钟四
十分接总署通电二通,即复取士四书文,除申报馆二电谕也。晚
接门报二件。

　　廿六日(10月11日)画来文三件,内兵部一件,即台灾请赈
银马,未便率准,率字驳得甚恰,而协揆大司马必以麟为孟浪也,
冤哉。接昨电谕五通,崇建侯夫子已摄侍郎矣。精锐营马步队
请派员赴津承领火药炮子,当派章京德寿,队官绥福、伊克(垣)
〔坦〕交去。纯章京蝦请领开库放款钥匙,当画银库昨呈存稿一
件。启省三交阅咨行户部文稿一件,颇妥,阅讫交去。牛羊群炉
头送来猪下水六分,分奖本日直班章京、郭什哈,以示同甘,支油
十二扇,资力四百文而去。乌城理藩院继远庭来谒,未晤,赠来
土仪数色,仅领其缙绅一函,馀珍璧谢,资力四百文而去。乌城
旧属玉珍魁遣其弟春魁来谒,当即晤见,并交其兄珍魁信禀一
封,枣骝马一匹,资力四百文而去。合寿延来谒,未晤,并赠鹿茸
一架,黑马一匹,蘑菇、杏荏、果单、葡萄、绦登数事,璧其鹿茸,资
力二千文而去。定边军帅巡捕玉桂龄、何生业等来谒,并交坞樵
前辈赠来青马一匹,资力一千文而去。志廓轩遣赠真海骝马一
匹,步稳性良,惜口齿觉老,资力宋占元二千文而去。接大新德
交来那钜信一封,月中邸钞四本,言折尾无仍垂帘之式也。晚接
门报二件。率侄孙四人,修、蹇、王格三价东厩刷马解闷。

　　廿七日(10月12日)卯正以少牢恭祀先师孔夫子于学书
堂,清子荫先生主祭,莹孙、珽孙、惠侄陪祀,阖家共领祭馀羊肉
火锅。画来文六件。接昨电谕六通。大马群广主政元回差来
谒,并赠奶食一盒,蘑菇一盒,马二匹,羊二只,璧其羊、马,资力
四百文而去。军火差章京德寿,队官绥福、依克(垣)〔坦〕来谢

派差,谆嘱谨慎当差而去。东光裕交来荣虞臣信一封。贵坞樵前辈巡捕玉桂龄等交来坞帅赙依荩臣十五金,当写致罗黻章一信,浼大美玉代汇至黑龙江恩雨三军帅,乞其转交依荩臣家属也。左司呈阅明日应画稿四件,右司二件,精锐营五件,太仆寺四件,大马群二件,军台二件,折本处一件,馀均无稿。晚接门报二件。

廿八日(10月13日)画来文七件。接昨电谕一通,陈渭兄、延松岩、禄雪樵、宝朗轩同年信四封。巳刻堂齐,所司均到,当画行交存稿廿件,左司用印二百十五颗,右司五十五颗,精锐营四十颗,关防太仆寺二百七十一颗,军台壹百七十一颗。印房请派帮办协领,当派恒介眉而去。晚接门报二件。

廿九日(10月14日)画来文十六件。接总署夹板一分,文二角,一为美人游历保护,一为德人游历切实保护也。接昨电谕一通,津芦铁路工程专派裕寿珊、张香涛二制军督理矣。写复贵坞樵前辈信三片,附璧其海信二片。左司钞来十六年户部议覆直督奏添张家口都统等公费文一件,各封讫钉固,马递乌城矣。为言大美玉商家已代汇其赙故友依荩臣十五金,转汇卜魁代呈恩雨三军帅矣。饬左司军台检查上年、本年两奏台灾原委。浼清子荫代写那钜王处复信。军台补画来文一件,即贵坞樵请假一个月也。晚接门报二件。

记事戊戌九月分①

九月初一日（10 月 15 日）画来文三件。辰正诣衙神堂、马神祠，拈香行礼，乘车诣朝阳洞、慈恩寺、关帝殿、文昌殿、普渡寺，拈香行礼，仍乘车而还，时巳正三刻矣。银库交来本月除扣应领养廉，米豆草折，役食公费等项银三百卅拾四两有奇，交大美玉商家先扣其本月本利银卅六两，提成端兄本月本利银六十两，亲族月费、先生束脩银卅一两，京外仆从卅两零一钱。明俊兄来会，晤谈本处兵饷抽查监放云云而去。提洋烛费七两，京中巷堆节赏二两，本日大共提银壹百六十六两一钱。折本处依贴写〔依〕吉斯浑交来代写讫上月分记事廿三开，笔画精工，并代圈句，当即检点讫，封而待寄。乌城旧属丁超来谒，晤谈而去。大境门御塘军来报，本日丑时头台送到八月十八日定边贵军帅拜发报匣一分，即刻驰递头台矣。接昨电谕五通。三翼协领来报，本日后堂放饷回平，放讫无说，册留览。晚接门报二件。

初二日（10 月 16 日）无画来文。写谕田玉文一信。接那钜王信一封。常馨吾赠来二羊，资力四百文而去。接依尧山、英曙楼信三封，其一致丰信，即时送志廓轩，家信一封，即时遣交大源永送去京寓矣，又经送其月报马封递去乌城矣。大境门御塘军来报，本日卯时宣化送到八月廿八日军机处发给库伦连大臣报匣一分，即刻驰递头台矣。印房呈递明日应画稿三件，左司一件，右司二件，大马群五件，太仆寺四件，精锐营一件，军台二件。清子荫交来写讫复信那王，待寄。晚接门报二件。

---

①　此为上海图书馆藏祥麟日记第十册封面题签，右上角标"十"字。正文首页钤"上海图书馆藏"朱文印。

初三日（10月17日）画来文十四件。接国伟人、长远峰、恩雨亭。已刻堂齐，用印。来电报荣中堂降二级留任【思】，张野秋革职留任。交赴津差德章京银三包，信一包，那王信一封，并交田四外交王顺银二两，看街节钱。带回马六匹，大老爷一匹，六老爷一匹，大陈一匹，田四一匹，其二匹折价还龙云斋同源纸店。左司用印八十七颗，精锐营用印四十五颗，上驷院用印一百二颗，太仆寺用印五十六颗。晚接门报二件。

初四日（10月18日）画来文四件。来电报三篇。银库呈堂稿一件。晚接门报二件。

初五日（10月19日）画来文六件。来电报五篇。莹孙诣普渡寺，焚香祈讨神签上上。纯章京请领库款钥匙。大美玉商友代觅再造丸二丸，服之颇效。晚接门报二件。

初六日（10月20日）画来文一件。来电报一篇。接浙抚廖谷似老前辈信，长少白信，并赠马一匹，额方伯信，倭公恒额信四封，季闽藩士周讣一件。服再造丸，引四君子汤，党参、茯苓、白术、甘草。晚接门报二件。

初七日（10月21日）画来文三件。来电报一篇。印房呈递稿一件，左司七件，右司二件，大马群三件，太仆寺一件，牛羊群一件，军台四件，银库六件。晚接门报二件。

初八日（10月22日）画来文八件。来电报三篇。请大印，印房用印二百十九颗，左司用印五十一颗，右司用印二十颗，银库用印二十六颗，上驷院用印五十五颗，军台用印一百七十六颗。贵坞樵老前辈信一封，曾怀清信一封。晚接门报二件。

初九日（10月23日）画来文十八件。来电报一篇。晚接门报二件。宁夏将军钟泰，请安不拜会。

初十日（10月24日）画来三件。来电报一篇。接恩雨三信一封，延松岩信一封，高仲瀛信一封。银库呈堂稿一件。进贡差值班章京武能英阿,郭什哈恩绪、崇光、希拉绷阿、文科、那木尚阿、鄂尔和。晚接门报二件。

十一日(10月25日)画来文六件。来电报三篇。后衙门值班郭什哈瑞广、福荫、隆恩、乌尔图于九月初十日戌时到。本月初三日由库伦大臣连拜奏布封报匣二个,即刻差领催驰送宣化矣。晚接电报一篇,许筠庵补授闽浙总督。晚接门报二件。

十二日(10月26日)画来文六件。来电报一篇。左司呈堂稿十一件,右司稿大马群稿二件,军台四件。表差廖仲山老前辈信一封,寿午卿信一封,孔目桂连信一封,浙江世运司信一封,广西左江道瑞信一封,恩露芝信一封,(代)〔带〕来鱼肝油一瓶,杏仁粉一匣,四胞妹信一封,田玉文信一封,表差(代)〔带〕豆蔻仁、枣榀榔、羽绫缎。晚接门报二件。

十三日(10月27日)画来文五件。大印,印房用印三十九颗,太仆寺用印十九颗,军台用印五十三颗。晚接门报二件。晚接电报二件。"乌城将军著连补授。钦此。"

十四日(10月28日)无画来文。裕述先复电天津北洋大臣,奉旨:盛宣怀电称恰克图电,直隶总督,察哈尔都统派员点验,毋许逾数。并复电,麟寒印。银库稿一件。折差委官济哈那、兵札拉芬来电报一篇。晚接门报二件。晚来电报二篇,天津回电,兴石海补授库伦办事大臣。

十五日(10月29日)画来文六件。来电报,依苠臣灵柩到籍。派纯章京拈香行礼,衙神堂、马神祠、朝阳洞、慈恩寺、关帝殿、文昌殿、普渡寺而还。午拜发折①。接荣虞臣信一封,(代)〔带〕来再造九一粒,鱼肝油二瓶。大境门御塘军来报,于九月

① 参见本书附录二127《奏为委员赴多伦诺尔围场点验杆木事》、128《奏为军台效力废员钟德祥三年期满可否交费释回事》。

十五日辰时由头台军站送到本月初一日由乌城将军发给朱批报匣一个,即刻差领催驰送宣化矣。晚接门报二件。

十六日(10月30日)画来文七件。来电报二篇。今早接德章京信一封,田玉文(代)〔带〕来鱼肝油四瓶,信一封。晚接门报二件。

十七日(10月31日)画来文六件。来电报一篇。左司呈递稿五件,右司稿四件,大马群四件,太仆寺四件,牛羊群二件,军台三件。祭祀财神用少牢,莹孙、珽孙、惠侄拈香行礼。晚接门报二件。接电报一件。

十八日(11月1日)画来文十六件。巳刻堂齐,左司用印三百二十六颗,右司用印三十六颗,上驷院用印四十二颗。晚接门报二件。

十九日(11月2日)画来文二件。阅贡赏郭什哈,额图浑二匣,希拉绷阿二匣,奴仆童郝子英二匣,王二二匣,谷四二匣,胡妈二匣,燕翎一匣,青梅一匣,李修龄一匣,韩同蹇一匣,代京交田四六匣,三名,王顺二匣,张三二匣,小婿二匣。送清子荫奶饼二匣,奶皮一匣,裕述先奶饼二匣,奶皮一匣,以上共奶饼二十六匣,奶皮二匣。

礼邸:上用奶饼四匣,奶皮四匣,花圆奶饼四匣,晾羊半只,熏猪一方,晾羊羔一只,回事处奶饼四匣。

庆邸:上用奶饼二匣,奶皮四匣,花圆奶饼六匣,晾羊半只,熏猪一方,晾羊羔一只。

克邸:上用奶饼二匣,奶皮四匣,花圆奶饼六匣,晾羊半只,熏猪一方,晾羊羔一只。

端邸:上用奶饼二匣,奶皮四匣,花圆奶饼六匣,晾羊半只,熏猪一方,晾羊羔一只。

那邸:上用奶饼二匣,奶皮四匣,花圆奶饼六匣,晾羊半只,熏猪一方,晾羊羔一只。

荣仲翁:花奶饼四匣,奶皮四匣,圆奶饼六匣,晾羊半只,熏猪一方。

刚子良、钱子密、廖仲山、王夔石各送花奶饼四匣,奶皮四匣,圆奶饼四匣,晾羊半只,熏猪一方;李中堂、昆中堂、徐中堂、孙中堂、启颖芝、徐颂阁、熙淑庄、敬子斋、怀绍先、松寿师、裕寿田、徐寿蘅、崇受之以上十三位各送奶饼二匣,熏猪一方;徐筱云、立豫甫、文叔平、杨蓉甫、长石农、长鹤汀、恩保廷、桂瀛洲、芬馀亭、广厚田、永子茂、色智泉、景东甫、陆凤石、刘博泉、崇建侯、张仁黼、双子龄、长养田、溥子斋、孟丽堂、恩耀珊、孚亦兰、效树堂、皆如川、瑞鹤庄、桂文圃、成端甫、茹子龢、恒士龢、朗月华、英子实、吉迪之、荣显斋、恩仲涵、李四爷、忠大爷、松四爷、奎秀峰、富清圃、广芝轩、色欣泉、文诗儒、惠篆亭、常绪堂、赛乐民、兴石海、继树民、梁士、陈五、陈掌柜、杨掌柜、广师母、桂师母、五姑太太、大老爷、六老爷、七姑爷、五太太、英竹浓、启省三、钟筱仿、常九爷、田四以上六十四位各送奶饼二匣;恩露芝、舒畅亭各送奶饼四匣,奶皮二匣;荣虞臣、大姑奶奶各送奶饼二匣,奶皮二匣;恒姑太爷奶饼二匣,熏猪一方,麟履仁奶饼四匣,奶皮二匣,熏猪一方,陈渭宾奶饼二匣,猪胸脍一个,以上统共花圆奶饼二百五十四匣,奶皮共五十匣。晚接门报二件。

二十日(11月3日)无画来文。接太守沈季藩信一封,哈密王沙〔西〕屏信一封。来电报十通,杜将军大、二少爷。晚接门报二件。

二十一日(11月4日)画来文二十六件。写信三封。福州将军曾锐堂、黑龙江将军恩雨三、吉林将军延松岩。送那钜甫大黑马一匹。晚接门报二件。

廿二日(11月5日)画来文六件。左司稿二件,右司稿二件,牛羊群稿三件,大马群稿二件,军台一件。来电报五通。费永昌送蘑菇、杏恒子、梭葡萄、小葡萄。接兴大人信一封,又发兴大人交东光裕信一封,酒钱二百文。晚接门报二件。

廿三日(11月6日)画来文七件。来电报五通。堂齐请大印,左司用印一百五十四颗,右司用印九十六颗,庆丰司用印六十二颗,上驷院用印卅四颗,太仆寺用印二十七颗,军台用印四十四颗。宣化府陈镇台派出正哨官周玉明、副哨官武明玉上口捕拿贼盗。晚接门报二件。

廿四日(11月7日)画来文五件。札拉芬折差(代)〔带〕回鱼肝油四瓶,信一封。恩露芝、兴石海信二封。军台请关防用印八颗。依尧山信一封,孟秉初信一封。晚接门报二件。来电报一通。

廿五日(11月8日)画来文九件。来电报三通。那王信一封,再造丸四粒。连捷庵信一封。厢黄旗满洲佐领一缺,中箭三支之正白旗满洲防御额勒浑拟正,中箭三支之厢黄旗满洲防御三音图拟陪,奉旨记名之领催拉什。巳刻跪接本月十五日拜发折件:废员钟德祥效力已满三年,可否释回,奉朱批"钟德祥所犯情节较重,著再留三年,期满后再行请旨,钦此";并遵覆旨恰克图电工,采运晏木杆,遴派妥员,会同直隶委员前往点验,奉朱批"该衙门知道,钦此"。又服再造丸二粒,姜汤引下。晚接门报二件。

廿六日(11月9日)画来文三件。来电报六通。从驮子(代)〔带〕来糟火腿、糟虾蟆、糟鱼六罐。昨今二日辰刻,偕明俊亭在箭停阅看十佐之兵丁步射,中四五支者奖赏银两,并赏给七品顶戴,厢黄旗满洲委前锋舒珍、领催恩绪、马甲庆凯,正白旗满洲马甲乌凌阿、胡图哩,正蓝旗马甲景安,左翼蒙古委前锋双奎、马甲景喜、额尔古木吉勒讷,正黄旗满洲委前锋多尔济、乌勒希苏、领催特奇欣、马甲那拉尚阿、荣寿、怀塔本、克什图,正红旗满洲马甲科凌阿、恩车合恩,厢红旗满洲委领催文哲浑、马甲保祥,厢蓝旗满洲马甲恩庆,右翼蒙古委前锋郭勒敏、奎福,伊犁前锋苏呼肯、寿彭共二十五名,有七品顶戴之兵丁中箭四五支者奖赏银两,赏给六品顶戴之厢黄旗满洲前锋善秀、马甲恩治,正白旗满洲委领催燕鸣,厢白旗满洲马甲托津斯浑,正蓝旗满洲马甲札拉芬泰,左翼蒙古委领催凌瑞,正黄旗满洲马甲郭奇松阿,厢红旗满洲马甲乌勒新泰,厢蓝旗满洲委前锋燕平、讷苏肯、委领催云谦共十一名,有六品顶戴之兵丁中箭四五支者奖赏银两,赏给记名之厢白旗满洲委前锋承泰,正黄旗满洲委署前锋校岳克清阿,厢红旗满洲委前锋赓惠、马甲三音泰、根全,正红旗满洲马甲吉雅图,正白旗满洲马甲佛尔恭额,厢黄旗满洲领催托伦布,厢蓝旗满洲委署前锋校庆凌、委署骁骑校莫尔根、委前锋哈图,左翼蒙古领催怀塔哈、马甲瑞庆共十三名。接总署夹板一分,又服再造丸一粒,姜汤引下,又写那王信一封,求再造丸二粒。晚接门报二件。

廿七日(11月10日)画来文四件。孝慈高皇后忌辰。来电报五通。印房递呈堂稿五件,左司稿十件,右司稿七件,折本处稿一件,大马群四件,牛羊群稿一件,军台稿三件,精锐营稿五件。贺折差委官苏呼图,兵额勒德肯,进表差委官达什,贴写哈当阿、喀拉楚浑。庆贺皇太后、皇上长至,正副表文,用印二十颗。晚接门报二件。

廿八日(11月11日)画来文六件。来电报三通。本日寅刻由头台军站送到库伦大臣报匣一分,即刻差领催驰送宣化矣。大马群印房呈为本日奉谕,将商都右翼骟马群布扬巴图补放牧长,为此谨呈。牛羊群印房呈本日奉谕,正黄旗牛群额外委固山达一缺,着乃拉勒图补放;达里岗崖羊群牧长一缺,着贡嘎保补放;正白旗羊群牧长二缺,着吉瓦散保、阿迪雅补放,拉穆札普、图们巴雅尔记名。蒙古学生布扬阿尔毕吉霍、那木达克索特诺木、敏珠尔多尔济、蒙克德勒格尔、霍尔洛、郭仁阿均着赏给从九品顶戴等谕。会明俊亭,午刻拜发贺折、贺表二分。在西书房挑大马群、牛羊群缺矣。印房用印三十七颗,左司用印九十八颗,右司用印廿六颗,庆丰司用印四十四颗,上驷院用印十八颗,军台用印四十二颗,折本处打印花十颗。晚接门报二件。

廿九日(11月12日)画来文四件。孝敬宪皇后忌辰。来电报四通。银库呈堂稿一件。头台拉马八匹。晚接门报二件。

卅日(11月13日)画来文四件。来电报三通。图章京林请领库款钥匙。派郭什哈一名,交到大新德马七匹,变价。接长少白将军信一封,山西巡抚胡蕲生信一封。晚接门报二件。①

———————————————————

① 本月无三十日,观内容似与二十九日相似,当系祥麟误记。

记事_{戊戌葭月分}①

十一月初一日（12月13日）画来文三件。折差委官怀塔泰，兵那木尚阿。已刻偕明俊亭拜发奏折。箭厅挑缺，察哈尔正黄旗参领一缺，送选官九员名，以中箭五支之副参领拉特那巴札尔拟正，中箭四支之公中佐领辖克巴雅尔泰拟陪；又护军校一缺，送选官兵二十五名，以中箭十支之护军依德兴诺尔布拟正，中箭十支之护军额色楞孟德拟陪；独石口骁骑校一缺，送选官兵五名，以中箭一支之年满笔帖式花林拟正，中箭一支之领催观林拟陪；察哈尔正红旗请坐补八品笔帖式一缺，以五品顶戴花翎，空衔笔帖式，前锋花连泰补放；又放慈庆寺达喇嘛一缺，格隆布彦阿尔毕济胡挑放；又格斯贵一缺，格隆札米彦鄂索尔挑放。辰正诣衙神堂、马神祠，拈香行礼，派图章京诣朝阳洞、慈恩寺、文昌殿、关帝殿、普渡寺，拈香行礼。银库交来本月除扣应领俸廉米豆草折役食公费等项银三百七十六两一钱五分有奇，交大美玉商家先扣其本月本利银卅六两，提成端兄本月本利银六十两，亲族月费、清子荫先生束脩银卅三两，京外仆从银卅两零一钱，老姑太太银二两。军台用印十六颗。晚接门报二件。

初二日（12月14日）画来文拾件。来电报二通。印房稿三件，左司稿五件，右司稿六件，大马群稿二件，太仆寺稿一件，军台稿四件。普子培上京，接伊父之柩，代去京中大小银包。于申时由宣化送到十月二十八日由军机处发给库伦连大臣布封报匣一个，即刻差领催驰送头台矣。接谭总督信一封。兴石海辞行

---

① 　此为上海图书馆藏祥麟日记第十一册封面题签，右上角标"十一"字。正文首页钤"上海图书馆藏"朱文印。按本年十月日记佚。

而别。晚接门报二件。

初三日（12 月 15 日）画来文十一件。电报一通。巳刻堂齐，用大印，印房用印二十一颗，左司二百二十八颗，右司四十颗，上驷院八十二颗，军台二百零七颗。庆贺皇太后、皇上元旦表文用印二十颗。钦差大臣出口，派德章京，郭什哈瑞庆、恩年，后署派图章京萨本，郭什哈隆恩、那拉尚阿一并护送三台矣。晚接门报二件。

初四日（12 月 16 日）画文五件。巳刻乘车至大境门送兴大人，畅谈而别。偕俊亭跪接上月二十二日奏折覆旨各旗兵丁训练整顿齐备，挑拣馀丁随同训练，奉朱批："知道了。"钦此①。表差委官松年，贴写讷尔津、莫尔肯。总署电谕，莹孙觅电码一百一十二字，户江电交裕述先左司存案。晚接门报二件。

初五日（12 月 17 日）画来文四件。电报二通。偕俊亭拜发元旦表二分。做黄云缎风帽二顶。德、图二章京，郭什哈四名，送钦差至头台而还。接恩露芝信一封，有副篇王德聚，在大境门外西沟成源聚买卖人，被冤打官事，押狱。晚接门报二件。

初六日（12 月 18 日）画来文四件。电报八通。驮子伐来山西车较子三付，赏驮子钱一千五百文。晚接门报二件。

初七日（12 月 19 日）画来文七件。电报一通。左司稿七件，右司稿五件，牛羊群二件，大马群一件，银库七件，军台四件。接热河都统色立亭信一封，太守沈季藩信一封。晚接门报二件。

初八日（12 月 20 日）画来文七件。电报五通。军机处夹板一分，内本年十一月初六日军机大臣奉上谕，"祥〔麟〕等奏遵旨查明在台废员一折，已革提督孙万林、已革副都统丰升阿均著加恩释回，交荣禄差遣委用。将此谕令知之。"钦此。左司用印二

---

① 参见本书附录二 133《奏为遵旨挑拣精壮馀丁以备随同额兵训练事》。

百五颗,右司二百四十颗,银库三十颗,庆丰(寺)〔司〕十四颗,三群共六十九颗,军台二百三十一颗。接恩沐臣信一封,张少玉讣闻一件,又电报二通,晚接门报二件。

初九日(12月21日)画来文十二件。军台用关防五颗。裕述先挪来安晓峰折稿一件。复写色立亭信一封。晚接门报二件。

初十日(12月22日)画来文五件。巳正诣万寿宫,拜冬至龙牌,此穿朝服而还。偕俊亭挑厢黄旗牛群护军校一缺,着穆克登额拟正,图们巴雅尔拟陪;正黄旗羊群委固山达一缺,着帕兰补放,赏给图都普多尔济记名特谕。银库稿一件,纯章京毂请领库款钥匙。郑瑞信一封,敬求我,我即留下他矣。晚接门报二件。

十一日(12月23日)画来文三件。折差伐来,库金一尺二寸。杨品三信一封。写张少玉唁信一封。接丰□□一折,奉朱批"另有旨。"钦此。贵坞樵进口。晚接门报二件。

十二日(12月24日)画来文七件。贵坞樵来会而去。稍停,即乘车至东绅店过门拜,诣普渡寺,献袍二身,幔帐一架,奖其庙住住持,布施三千五百文而还。左司稿十五件,右司稿五件,牛羊群稿三件,大马群稿三件,军台稿五件。送贵坞樵礼,做鸡鸭丸羔四篓,点心四盘。来电报四通。晚接门报二件。

十三日(12月25日)画来文十二件。巳刻堂齐,用大印,左司用印一百零四颗,右司九十七颗,庆丰司三十一颗,上驷院一千六百三十七颗,军台八十五颗。午后贵坞樵送来四轮车一辆,幄帐二架。晚接门报二件。

十四日(12月26日)画来文三十二件。电报二通。银库稿一件,图章京林请领库款钥匙。折差委官文秀,兵额勒德肯。晚接门报二件。

十五日(12月27日)画来文十五件。诣衙神堂、马神祠,拈香行礼。派纯章京毂诣朝阳洞、慈恩寺、关帝殿、文昌殿,拈香行礼而还。来电报三通。偕明俊兄拜发奏折二包①。到箭厅挑放察哈尔镶红旗骁骑校一缺，着中箭十五支之图蒙拟正，中箭十支之贡格拟陪；厢黄旗满洲步甲二缺，着养育兵法克绅布、文华挑放；请补养育兵之幼童，庆寿、托仁布坐补，均系出缺之子；正黄旗满洲马甲一缺，中箭五支之步甲平和挑放，所遗步甲一缺，着萨哈布挑放，请补养育兵之闲散，巴图那孙坐补；右翼蒙古抬枪兵一缺，呈请调补抬枪兵之无米养育兵乌勒贺坐补；请补无米养育兵之幼童，三音札普坐补。接胡蕲生奏咨一封。军台关防五十七颗。晚接门报二件。

十六日（12 月 28 日）画来文四件。寅初即兴，素服率属救护月蚀十四分秒，初亏卯初二刻五分二十五分秒，复圆巳初一刻九分四十一秒。赠胡蕲生信一封。右司用印久颗，印房用印十三颗。东光裕代来通真道人宝序一本。晚接门报二件。

十七日（12 月 29 日）画来文二件。电报一通。印房呈递明日应画【画】稿一件，左司九件，右司五件，大马群七件，太仆寺五件，牛羊群五件。张香圃信一封。借五金。于十一月十七日寅时由头台送到，本月初八日库伦大臣连拜发布封报匣一个，即刻驰送宣化矣。晚接门报二件。

十八日（12 月 30 日）画来文十件。巳刻堂齐，用印，印房十二颗，左司三百七十二颗，右司五十一颗，庆丰（寺）〔司〕四十一颗，上驷院二十七颗，军台六十五颗。连捷庵信一封，胡蕲生信

---

① 　参见本书附录二 135《奏为察哈尔正白旗总管三音额尔德木图二次三年期满又值六年任满可否陛见并送部引见事》、134《奏报已革提督孙万林副都统丰升阿遵旨释回起程日期事》、137《奏为特参骁骑校那逊布彦稽压兵饷请交部议处事》、138《奏为赛尔乌苏所属台站等处被灾较重人畜饿毙请准按原额购补马驼并赈恤灾户事》。

一封,魏午庄信一封,吉荣(飒)〔帆〕信一封。交大美玉发张少
玉唁信一封,赙敬四金,张香圃信一封。晚接门报二件。

十九日(12月31日)画来文九件。电报二通。晚接门报
二件。

廿日(1899年1月1日)画来文十件。电报一通。银库稿
一件,图章京林请领库款钥匙。松寿师信一封。北洋大臣荣相来
文,调察哈尔驻防八旗马甲、幼丁,挑五百名,密云驻防八旗马甲、
幼丁挑五百名,西安驻防八旗马甲挑一千名,协佐防校十数员,带
领来京,中营一体训练,年岁二十五内以下。晚接门报二件。

廿一日(1月2日)画来文一件。拉毡房一车。松寿师信一
封。保将军唁信一封。诣普渡寺,偕俊亭、省三穸庐少坐,霍振
川到,跪请圣安,穸庐畅谈许久而还。给章京、郭什哈钱三千五
百文,车夫四百文。晚接门报二件。

廿二日(1月3日)画来文三件。电报信二封。保将军敬仪
拾两。霍振川赠礼四色,璧回二色,资力四百文。防御三音图送
礼四色,璧回二色,资力四百文。印房稿二件,左司十件,右司七
件,太仆寺一件,大马群三件,银库一件,军台四件。晚接门报
二件。

廿三日(1月4日)画来文十件。印房用印一百五十颗,左
司三百五十九颗,右司七十六颗,银库四颗,上驷院五十五颗,太
仆寺四十二颗,军台五十六颗。派羊贡差,章京纯嘏、郭什哈达
恩诰、倭兴额、郭什哈法福哩、依吉斯浑、额图浑、三音札普、爱兴
阿、温哲浑额、图萨布、致俊、穆腾布、吉明。赠霍振川礼,鸡鸭丸
羔四篑,点心四盘。晚接门报二件。

廿四日(1月5日)画来文十三件。孟秉初信一封。钱子密
信一封。塔雨亭回拣选额兵五百名。晚接门报二件。

廿五日(1月6日)画来文二十四件。电报一通。午后教场

三佐、一防、二校拣选额兵,四十岁以内九十六名,三十岁以内一百二十九名,共合额兵二百九十五名。银库稿一件,明日纯章京碬请领库款钥匙。晚接门报二件。

廿六日(1月7日)画来文七件。接电报二通,总署电,昭信股票,将军、都统、副都统、督抚、藩臬、运司、关各认倡若干,希分晰开列,电复户有印,莹孙、裕述先察电码共三十六字,又复总署电码五十字。晚接门报二件。

廿七日(1月8日)画来文十四件。电报二通。左司稿七件,右司六件,军台四件,牛羊群二件,大马群二件,精锐营五件。午后跪接奏折:军台赈济一折,奉朱批"著照所请,该衙门知道,单二件并发,钦此";丰升阿等由口起程一折,奉朱批"知道了,钦此";总管三音额尔德木图年满一折,奉朱批"著来见,钦此";那逊布彦稽压兵饷一折,奉朱批"著照所请,该部知道,钦此"。晚接门报二件。

廿八日(1月9日)画来文六件。电报二通。已刻堂齐,左司用印一百四十七颗,右司一百十六颗,庆丰司四十一颗,上驷院二百二十五颗,太仆寺九颗,军台九十五颗。连捷庵赠信一封,野猪一口,山狍一只,那王赠信一封,野猪一口,汤羊一只,各资力四百文而去。晚接门报二件。

廿九日(1月10日)画来文十件。赠荣仲相练额兵数信一封,赠那王满洲信一封,连捷庵信一封。银库稿一件,明日图章京林请领库款钥匙。东光裕代来荣虞臣信一封,活络丹一匣。电报一通,门报二件。

卅日(1月11日)画来文七件。电报五通。咨文用印五颗。发信六件。接门报二件。①

---

① 该册末页钤"亭林族裔"白文、"顾起潜观"朱文印。

宝泉,列为检索主目,而将"润民"列为参见条目:"润民　见边
宝泉。"

　　五、《日记》中人物字号与姓相连者,亦单列为检索条目。
如"刘景韩"(景韩为刘树棠之字),本索引将"景韩"与"刘景
韩"皆列为检索条目,以便读者检索。

　　六、凡《日记》中出现之称谓未能确知其为名、字、号,或暂
未考知其名者,径列为检索条目。如"徐商""陈典史""陈
令"等。

　　七、索引后所列数字为该人物在《日记》中出现之年、月、日
(以公元纪年为标准),如:"孙毓汶(莱山)1889. 5. 15, 6. 6,
8. 27",说明孙毓汶,字莱山,出现在《日记》1889 年 5 月 15 日、6
月 6 日和 8 月 27 日。

　　八、清华大学藏《日记》第八册时间起止为光绪十一年八月
十二日(1885 年 9 月 20 日)至十二月初四日(1886 年 1 月 8
日),系祥麟从哈密返京的回程日记;然第七册中亦载有光绪十
一年八月十二日(9 月 20 日)至九月二十九日(12 月 5 日)日
记,两者内容互有详略;今将第八册人物出现的日期均用〈　〉
括起,以示区别;如冯森楷(冯高峰)1885. 9. 20, 9. 21, 9. 23,
〈9. 21, 9. 29〉,表明单括号内的 9 月 21 日和 29 日是指第八册中
的日期。

　　九、本索引采用拼音排序。

A

阿巴尔米特(笔奇业齐)　1886.
　7. 31

阿巴克凯(遣犯)　1888. 1. 8

阿贝勒(札盟郡王衔)　1887.
　6. 19, 6. 21

阿贝子　见阿勒特纳巴札勒

阿笔齐业齐　见阿毕尔米特

阿必尔密特　见阿毕尔米特

阿毕尔米特（笔齐业齐）
1887. 7. 13, 7. 31, 8. 26, 11.
3;1889. 5. 2, 5. 3, 6. 7, 7. 25,
7. 27

阿参戎　见阿树屏

阿差弁（乌城）　1898. 6. 28

阿诚斋　见阿克丹

阿迪雅（何贝王旗下噶札尔齐）
1887. 5. 28

阿迪雅（正白旗羊群牧长）
1898. 11. 11

阿底雅（三盟贼犯）　1890.
2. 26

阿第雅（阿王旗下卡兵）
1887. 7. 8, 8. 26

阿尔津图（郭什哈）　1898.
9. 30

阿公　见阿育尔色得丹占札
木楚

阿古柏（敖罕别部）　1885.
1. 31

阿霁园（友人）　1898. 2. 3

阿嘉呼图克图　1898. 7. 8

阿克丹（阿诚斋、阿信屏、信
屏/乌里雅苏台内阁笔政、候
补笔帖式、额外笔帖式）
1886. 12. 14, 12. 16, 12. 22;

1887. 1. 16, 2. 20, 3. 4, 3. 7,
3. 27, 3. 28, 3. 29, 3. 30, 3.
31, 4. 1, 4. 3, 4. 4, 4. 5, 4. 6,
4. 7, 4. 8, 4. 9, 4. 10, 4. 11, 4.
12, 4. 13, 4. 14, 4. 15, 4. 17,
4. 18, 4. 19, 4. 20, 4. 21, 4.
22, 4. 23, 4. 24, 4. 25, 4. 26,
4. 27, 4. 28, 4. 29, 4. 30, 5. 1,
5. 2, 5. 3, 5. 4, 5. 5, 5. 6, 5. 7,
5. 8, 5. 9, 5. 10, 5. 11, 5. 12,
5. 13, 5. 14, 5. 15, 5. 16, 5.
17, 5. 18, 5. 19, 5. 20, 5. 21,
5. 22, 5. 25, 5. 26, 5. 27, 5.
28, 5. 29, 5. 30, 6. 1, 6. 2, 6.
3, 6. 4, 6. 6, 6. 8, 6. 9, 6. 10,
6. 15, 6. 19, 6. 21, 6. 22, 6.
28, 6. 29, 7. 1, 7. 6, 7. 7, 7.
12, 7. 13, 7. 14, 7. 16, 7. 17,
7. 19, 7. 24, 7. 26, 7. 28, 7.
30, 8. 1, 8. 2, 8. 4, 8. 5, 8. 7,
8. 8, 8. 16, 9. 3, 9. 4, 9. 8, 9.
13, 9. 14, 9. 26, 9. 27, 9. 30,
11. 26, 12. 4, 12. 29, 12. 30,
12. 31;1888. 1. 1, 1. 3, 1. 4,
1. 5, 1. 6, 1. 8, 1. 10, 1. 12, 1.
20, 1. 21, 1. 24, 2. 4, 2. 11;
1889. 3. 3, 3. 21, 4. 20, 5. 11,

13,10. 14,10. 17,12. 2,12.
3,12. 17;1887. 2. 5,2. 16,3.
18,4. 9,4. 15,7. 23,8. 9,9.
22,11. 7,11. 28,12. 21,12.
30;1888. 1. 5,2. 5;1889. 2.
1,2. 4,2. 15,3. 5,3. 6,4. 14,
5. 7,5. 14,5. 18,9. 3,9. 5,9.
21,11. 1,11. 7,12. 17,12.
27;1890. 1. 13,3. 28

阿斯丕哩克（俄人）　1889.
8. 21

阿台吉（管厂）　1887. 12. 22

阿台吉（札盟）　1886. 11. 30

阿贴写　见阿穆唐阿

阿王　见阿育尔色得丹占札
木楚

阿王（札盟副盟长）　1898.
2. 17

阿信屏　见阿克丹

阿仪臣（友人）　1885. 2. 6,
6. 7

阿游什（头台昆都）　1887.
9. 18

阿育尔（科城逃犯）　1887.
9. 5

阿育尔色得丹占札木楚（札盟
阿王、札盟阿公、阿王、阿公、

阿/札盟正盟长,札萨克图汗
部落盟长）　1886. 8. 7,9. 2,
9. 16,10. 28,12. 9,12. 10,
12. 12,12. 30;1887. 1. 2,1.
5,1. 23,2. 20,4. 30,7. 3,7.
4,7. 5,7. 8,7. 12,7. 15,7.
18,7. 25,7. 30,7. 31,9. 6,9.
7,9. 8,9. 24,10. 4,11. 20;
1888. 2. 7,2. 9,2. 10,2. 11,
1889. 2. 1,2. 8,3. 9,3. 13,
3. 19,4. 21,4. 22,5. 9,5. 12,
5. 13,5. 21,5. 22,5. 26, 6.
20,7. 1,8. 14,8. 18,8. 30,9.
19,10. 6,10. 12,10. 29,11.
12,11. 14,11. 18,12. 28;
1890. 1. 17,1. 19,1. 20,1.
23,3. 2,4. 11,4. 15,4. 16,4.
18,4. 20,4. 21,6. 15,6. 19

阿育尔咱纳（章盖）　1890.
5. 23

阿育尔札那（图盟代当绰豁尔
台差使）　1887. 6. 16,6. 19

阿育什（章盖忠堆侄女、蒙古
女役）　1889. 4. 15,6. 13,
10. 29,10. 30;1890. 1. 11,1.
20,4. 23

阿育什札布（昆都）　1890. 5.

25,5.27,6.7,6.8,6.13

阿振之　1889.3.16

阿子祥（同乡、翼长）　1885.
　5.19;1886.10.26,10.29,
　11.2;1887.6.10

蔼堂　见倭哩贺

霭堂　见额尔庆额

艾喜（步兵）　1886.9.19

艾御夫　1890.5.3

爱伸泰（骑都尉）　1898.3.29

爱新觉罗氏（祥麟元配）
　1885.4.28

爱兴阿（郭什哈）　1899.1.4

安笔政　见安云亭

安兵目　见安吉庆

安差卒　1887.5.13

安大臣　见安德

安德（安使者、安大臣、安公/
　库伦办事大臣）　1886.11.
　24,11.29;1887.5.26,10.
　12,11.20;1888.1.16,1.17;
　1889.2.1,4.13,4.15,4.17,
　5.18,5.20,5.27,5.31,6.
　10,8.25;1890.1.25

安公　见安德

安观察　见安仁山

安贵（戍卒）　1889.8.24,

8.25

安吉庆（军署郭什哈、兵目）
　1889.6.3,6.4,6.26,8.28,
　8.29,10.20,12.7,12.14,
　12.23;1890.1.7,2.8,2.
　18,2.24,2.26,4.9,5.9,6.
　13;1898.8.9

安吉人（安幕友/幕友）
　1884.7.13,9.9,9.16,9.17,
　9.19,9.20,9.24,10.2,10.
　25,11.10,11.18,11.20,12.
　3;1885.1.4,1.7,1.25,2.2,
　2.11,2.15,4.16,4.30,5.3,
　5.5,6.2,6.3,6.15,7.15,7.
　17,7.24,9.12,9.15,9.16,
　9.18,9.19,9.20,12.4;
　1886.11.12;1887.3.2,8.15

安价　见穆平安

安静臣（友人）　1890.1.14

安木工　1887.8.21,8.23,8.
　25,11.17,11.20;1889.2.
　18,2.25,2.27,3.4,3.12,3.
　29,4.16,6.8,10.1;1890.
　1.2

安幕友　见安吉人

安仁山（安观察/金军转运观
　察、金军驻陕观察、陕西道

10. 2

巴拉多尔济（已故）　1886.
10. 2

巴勒丹（蒙古凶犯）　1889. 3.
18,3. 26

巴勒坦（章京）　1886. 7. 1

巴哩吉牛（喇嘛）　1887. 8. 27

巴里坤领队金　见金珍亭

巴木怕尔（管台副参领）
1886. 6. 10

巴台吉（札盟）　1886. 11. 30

巴图德勒格尔（巴总管/察哈
尔正红旗总管）　1898. 2.
6,3. 22,4. 5,5. 20,5. 22,5.
23,6. 3,6. 4,6. 5,8. 8

巴图胡雅克（科属明阿特总
管）　1889. 5. 1

巴图拉沁　见巴图勒沁

巴图勒沁（巴图拉沁/马甲）
1898. 4. 28,5. 24

巴图蒙克（章盖）　1890. 5. 23

巴图孟克尔（商都翼长、大马
群翼长）　1898. 10. 6,10. 7

巴图那孙（养育兵之闲散）
1898. 12. 27

巴图萨拉克齐（署理科城吉厦
图记）　1887. 12. 29

巴图瓦齐尔（三盟拟罚达鲁
噶）　1887. 12. 19

巴图瓦齐尔（三盟贼犯）
1890. 1. 2,4. 11

巴巡捕　见巴雅纳

巴雅尔（台吉）　1890. 1. 2

巴雅尔图（巴贵斋、巴防御/绥
远防御）　1886. 6. 26,7. 8;
1889. 2. 18,2. 19,2. 22,2.
23,2. 24,2. 25,2. 26,2. 27,
3. 3,7. 1

巴雅纳（巴巡捕/满巡捕）
1886. 8. 29,12. 10;1887. 4.
7,4. 8,4. 14,4. 21,4. 22,4.
27,5. 3,5. 5,5. 8,5. 13,8.
30,8. 31,9. 2,9. 28,9. 30,
10. 16,10. 17,10. 18,10. 19,
11. 3,11. 18,11. 24,12. 11;
1889. 8. 24,12. 16

巴雅斯琥朗（壮丁）　1890.
1. 6

巴彦（家丁）　1898. 5. 9

巴彦察罕（军帅署兵）　1887.
12. 19

巴彦力擦（蒙古郭什哈）
1889. 7. 1

巴彦猛格（俄人）　1887. 3. 31

24,12. 28;1885. 1. 17,2. 10,
2. 14,3. 1,3. 4,3. 9,4. 20,4.
21,5. 31,6. 1,6. 7,6. 29,6.
30,7. 2,7. 7,7. 14,7. 31,9.
7,9. 10,9. 11,9. 12,9. 20,
〈9. 24,11. 22,11. 23,11. 30,
12. 11,12. 20,12. 29,12. 30;
1886. 1. 1,1. 6,1. 7〉;1886.
9. 23, 11. 10;1887. 4. 21;
1889. 6. 10,6. 11

班丹(本牧场昆都)　1886.
8. 13

班丹(三盟达噜噶)　1889.
3. 23

班登　见班登尔达克

班登额尔德克(牧厂章盖)
1890. 4. 23

班登尔达克(牧厂昆都、牧厂
章盖)　1887. 9. 4,9. 13,9.
30;1889. 4. 15,12. 4;1890.
1. 10

班弟和迈(三盟札札萨克旗
下)　1889. 8. 24

班第(三盟逃犯)　1889. 4. 1;
1890. 1. 2

班第(唐努乌梁海章盖)
1889. 6. 9,6. 12

班第扣(三盟盗马首犯)
1889. 8. 8

班定(蒙古杂役)　1887. 1. 14

宝昌(宝朗轩、朗轩、宝大臣/
同年,同治九年庚午科举人,
同治十三年甲戌科进士,礼
部右侍郎、科布多参赞大
臣)　1889. 9. 1;1898. 1. 25,
2. 3,2. 9,4. 8,4. 9,4. 23,5.
26,7. 7,7. 16,8. 12,9. 24,
10. 4,10. 13;

宝臣　见玉凌

宝大臣　见宝昌

宝朗轩　见宝昌

宝佩师　见宝鋆

宝文靖　见宝鋆

宝相国　见宝鋆

宝鋆(佩蘅、佩蘅夫子、佩蘅相
师、宝相国、宝佩师、宝文靖/
中堂、相国)　1884. 3. 16;
1886. 7. 18,9. 12;1887. 1. 7,
3. 28,7. 18,8. 15;1889. 6.
15,7. 1,8. 31;1890. 1. 9;
1898. 5. 5

保臣　见祥炤

保防御　见保瑞

保将军　见保年

保年（保颐庵、保将军/军帅、广州将军）　1898. 9. 2，9. 25；1899. 1. 2，1. 3

保瑞（保巡捕、保防御、保差员/巡捕）　1886. 9. 25，12. 16；1887. 2. 9；1889. 3. 3，4. 12，5. 1，5. 15，6. 4，9. 1，9. 5，9. 6，9. 8，9. 11，11. 21，12. 7，12. 16；1890. 3. 9，3. 11，3. 12，4. 9，5. 9，5. 13，6. 13

保祥（马甲）　1898. 11. 9

保巡捕　见保瑞

保颐庵　见保年

保雨亭（黄门）　1885. 2. 6，8. 13；1887. 5. 13；1889. 4. 23，4. 26，5. 13，5. 14

葆初（效先、葆效先/友人、八旗画家）　1898. 8. 12

葆效先　见葆初

备庵舅（备巷舅）　1885. 8. 9，11. 8

绷参领　见彭苏克那木济勒

绷盛斋　见彭苏克那木济勒

琫臣　见锡璋

毕万（台市俄商）　1889. 9. 29

边宝泉（边润民/陕西抚台、中丞、前辈，同治二年癸亥科进士，陕西巡抚、河南巡抚）　1884. 11. 21；1885. 3. 17，7. 12；〈1886. 1. 4〉；1886. 12. 9

边润民　见边宝泉

别咧索伏斯奇（即别列佐夫斯基）　1886. 7. 6

斌巴（札盟禄公旗下）　1886. 7. 16，10. 2

斌椿（友松/《乘槎笔记》作者）　1898. 3. 12

斌俊（宗兄）　1898. 1. 31，7. 4，10. 8

斌子俊　见斌俊

伯邸　见伯王

伯藩　见伯王

伯福晋　见迈哩巴钮

伯恭　见乌尔图那逊

伯和瓦察尔（昆都）　1886. 6. 18

伯落车林（科城台吉）　1886. 11. 3

伯嫂福晋　1889. 6. 24，9. 30

伯塔凝（俄人）　1887. 3. 16，3. 19

伯塔凝斯克惜（即勃塔宁斯基）　1886. 7. 6

伯王（博藩、伯藩、伯邸）

1886.7.18;1887.1.7 ,6.3,
6.13,7.18,12.28;1889.7.
1;1890.1.9
伯希　见盛昱
伯寅　见潘祖荫
博藩　见伯王
博勒合恩(戍卒)　1889.8.
24,8.25;1890.1.8,5.5
博勒忠武(护贡郭什哈)
1898.4.29
博罗哩(折本处贴写)　1898.
6.9,6.17,6.25,7.3,7.11,
7.19,7.29,8.11,9.19
博罗特(副参领)　1886.6.
21;1890.5.23,5.26
博珀罗瓦(俄人)　1887.7.25
博泉　见刘恩溥
博瑞卿(博瑞兄/都阃)
1886.5.21;1888.2.5;1890.
2.25,6.28;1898.2.9,5.20,
10.4
博晓山(军台笔政)　1886.5.
23,5.29;1887.4.30;1889.
5.24,9.8,12.18
搏九　见高万鹏
卜魁　1898.10.14
布林(三盟贼犯)　1889.

11.30
布噜车林(台吉)　1886.9.29
布呢巴札尔(三盟刚公旗下)
1889.8.30
布呢雅(察哈尔厢蓝旗参领一
缺拟正)　1898.4.27
布色哩那(俄商)　1887.7.25
布特特(遣犯)　1888.1.8,
1.11
布彦(黑人)　1886.10.2
布彦林沁(折本处贴写)
1898.6.9
布扬阿尔毕吉霍(蒙古学生)
1898.11.11
布扬巴图(商都右翼骟马群牧
长)　1898.11.11

C

曹富(西辕巡捕)　1889.6.4,
8.26;1890.3.12
曹世雄(兵丁、木工)　1889.
10.20,10.22,12.15;1890.
1.15
曹旺(郭什哈、营卒、巡捕)
1886.10.11;1887.4.5,9.
30;1889.6.4,6.8,8.5,9.9,
9.30,10.19,11.1;1890.
6.19

曹雪芹　1886.12.31

曹增华(张家口商民)　1889.
　6.10

长春(长笠笼、长笠农/都护、
　西安左翼副都统)　1885.
　12.1,12.2,12.5;1889.4.9,
　9.3;1890.4.20

长春帆　见长禄

长莘(长季超/仓场侍郎)
　1898.9.14

长庚(长少白、长少伯/巴燕岱
　领队大臣、伊犁新设副都统、
　驻藏办事大臣、伊犁将军、契
　友)　1884.9.7,9.8,9.9,9.
　10,9.11,9.25;1885.6.7;
　1886.5.16,12.14,12.25,
　1887.4.2,6.19,12.5,12.6;
　1889.2.28,3.30,5.27,9.6,
　10.13,11.5,12.28;1890.2.
　10,2.27,6.22,6.24;1898.
　3.27,8.24,10.20,11.13

长鹤汀　见长顺

长黄门　1885.2.6

长季超　见长莘

长久山(友人)　1898.2.3,

7.10

长军帅　见长顺

长笠笼　见长春

长笠农　见长春

长廉访春兄　见长禄

长廉章　见常廉章

长麟①(长石农/侍讲、学士、通
　家)　1884.10.31;1885.2.
　2;2.6;5.27;5.28;6.15;
　1886.7.28;1887.2.28,7.
　18,7.22;1889.7.1,7.4,9.
　1;1890.1.9;1898.5.9,5.
　28,11.2

长禄(长春帆/契友,署江西按
　察使、文闱提调、署督粮道)
　1885.6.7,6.17;1887.11.5,
　12.28;1889.5.27

长女　见冬鹏

长少白　见长庚

长少伯　见长庚

长少仲　1886.10.7

长石农　见长麟

长书舫(井陉县大令)
　〈1885.12.30,12.31〉

长顺(长鹤汀、长同乡/军帅、

---

①　此为光绪进士,累迁户部侍郎,与乾隆间进士长麟非一人。

同乡,同治十一年至十三年任乌里雅苏台将军,光绪九年、十年任乌鲁木齐都统,吉林将军) 1884.5.21,5.22,6.21,12.23;1885.3.24,〈10.23〉;1886.12.12;1887.5.7;1889.2.15,2.17,2.18,5.27,6.10,8.27,9.6,10.10;1890.2.8,5.23,6.22,6.24;1898.2.10,5.9,5.28,6.24,11.2

长同乡　见长顺

长养田(友人) 1898.5.9,5.28,11.2

长有(长远堂/监督粤海关税) 1887.10.8;1889.5.10,8.31,11.5;1890.5.24

长远帆(友人) 1898.2.23,6.19

长远峰(友人) 1898.10.17

长远堂　见长有

侧音丕音(管理哈拉呢敦等台公) 1886.6.24,6.25

策伯克(家丁) 1898.5.9

策布札普(参领) 1898.5.24

策凌拉什(亲军) 1898.6.8

岑宫保　见岑毓英

岑毓英(岑宫保/云贵总督) 1885.4.11

察贝子(杜尔伯特盟长) 1887.4.1,5.7,7.3,12.19;1889.5.24,10.19,10.22,11.4;1890.4.11,4.20

察克都尔札普(正红旗护军校) 1898.5.24

察克都拉札布(委副参领) 1890.6.3,6.8,6.9

察委参领　见察克都拉札布

柴二(州民) 1885.7.13

柴守府 1898.6.19,9.26

缠巴(札盟请领宪书台吉) 1890.4.11

产巴(那钜辅所属东佐领下管旗章京) 1886.7.18

常凤鸣(兵役) 1886.8.1,8.17

常副使　见常贵

常贵(常振良、常侍卫、常副使/三音诺彦祭差副使、侍卫) 1898.2.28,3.1,3.2,3.3,3.7,3.8,4.14,5.5,5.9,5.10

常介田 1887.9.18

常九爷 1898.11.2

常廉章（长廉章）　1898. 2.
18, 2. 27, 3. 3, 3. 29, 3. 31,
5. 6
常林（营卒、郭什哈）　1886.
8. 12, 10. 26, 11. 1; 1887. 3.
28, 8. 17, 8. 21, 8. 24, 8. 25,
9. 30; 1889. 8. 2; 1890. 2. 23,
2. 24, 2. 26, 5. 5
常瑞（折本处贴写）　1898. 6.
9, 6. 14, 6. 21, 6. 29, 7. 1, 7.
29, 8. 10
常善庭（护卫）　1884. 10. 7,
10. 30; 1887. 4. 26, 9. 28,
10. 21
常侍卫　见常贵
常受之（同寅）　1885. 4. 23
常馨吾（友人）　1886. 5. 16;
1898. 5. 9, 5. 11, 6. 11, 9. 7,
9. 8, 9. 12, 9. 13, 9. 22, 9. 24,
10. 16
常秀（委署主事）　1890. 3. 2
常绪叔　见常绪堂
常绪堂（常绪叔、常族叔/二族
叔）　1884. 11. 1; 1885. 2. 6,
5. 8, 5. 27, 5. 28, 11. 8; 1886.
8. 4, 11. 10; 1887. 2. 28, 4.
26, 10. 7, 10. 21; 1889. 1.

31, 2. 2; 1898. 5. 9, 5. 28, 7.
7, 11. 2
常振良　见常贵
常族叔　见常绪堂
畅亭　见舒惠
畅庭　见舒惠
车贝勒　见车林桑都布
车贝子　见车林桑都布
车贝子（札盟）　1887. 8. 23
车贲（章盖）　1888. 1. 17
车伯克拉什（三盟逃犯）
1889. 8. 27
车伯克密特（协理台吉）
1890. 4. 1
车伯克瓦齐尔（图盟驻班梅
楞）　1889. 4. 1
车伯拉旺楚克多尔济（胡毕勒
罕）　1886. 8. 1
车参领　见车林达西
车登丹巴（喇嘛）　1887. 1. 20
车登恩多尔济　1888. 1. 24
车登丕勒（札盟特公旗下）
1887. 2. 17
车登索诺木（北路台站台吉）
1889. 5. 27
车登札布（管吉厦牧厂公）
1890. 4. 1

车藩　见车林多尔济

车藩喇嘛弟　1889.1.31,5.
　31,9.7;1890.1.14,1.21

车藩孙世兄　见罕丹多尔济

车公　见车林多尔济

车公　见车彦丕勒

车故公（札盟）　1886.9.12,
　10.15

车郡王　见车林多尔济

车林（三盟锦王旗下协理台
　吉、三盟伙犯）　1889.12.
　7;1890.3.4,3.12,3.16,
　3.27

车林绷楚克（章盖）　1889.
　6.17

车林达什　见车林达西

车林达西（车参领/察哈尔第
　四段管台参领）　1886.6.
　22,6.23;1890.5.23,5.28

车林端多布（拟补西乌梁海总
　管）　1887.8.11

车林端多布（唐努乌梁海委章
　京）　1887.4.30

车林多尔济（车王、车藩、车参
　谋、车参赞、车藩六哥、车六
　兄、车/乌里雅苏台蒙古参
　赞,乌里雅苏台蒙古参赞大

臣亲王）　1885.3.14,〈10.
31〉;1886.6.25,6.26,6.27,
7.2,7.5,7.6,7.8,7.9,7.
12,7.25,7.26,7.29,7.30,
7.31,8.1,8.27,9.4,9.5,9.
6,9.8,9.11,9.17,10.5,10.
9,10.22,10.25,10.30,11.
5,11.13,11.16,11.19,11.
20,11.21,11.28,11.29,12.
6,12.12,12.17,12.19;
1887.1.2,1.3,1.8,1.13,1.
15,1.16,1.19,1.20,1.22,
1.23,1.24,1.31,2.7,2.14,
2.16,2.17,2.21,2.22,2.
23,2.24,2.26,2.27,3.2,3.
3,3.6,3.31,4.3,4.7,4.14,
4.16,4.17,4.21,4.22,4.
23,4.25,4.30,5.7,5.11,5.
19,5.20,5.26,5.27,5.31,
6.3,6.10,6.16,6.18,6.23,
6.26,6.27,6.28,6.29,6.
30,7.2,7.5,7.10,7.18,7.
25,7.29,7.30,7.31,8.1,8.
2,8.6,8.7,8.9,8.11,8.12,
8.13,8.14,8.15,8.17,8.
23,8.31,9.9,9.19,9.20,9.
21,9.22,9.23,9.25,9.26,

9. 27, 9. 28, 9. 29, 9. 30, 10.
1, 10. 17, 10. 22, 10. 25, 10.
26, 10. 27, 10. 28, 10. 29, 11.
1, 11. 3, 11. 5, 11. 6, 11. 8,
11. 9, 11. 16, 11. 19, 11. 21,
11. 24, 12. 14, 12. 15, 12. 16,
12. 21, 12. 23, 12. 26; 1888.
1. 2, 1. 17, 1. 20, 1. 21, 1. 23,
2. 1, 2. 4, 2. 8, 2. 9; 1889. 1.
31, 2. 1, 2. 2, 2. 26, 3. 4, 3. 5,
3. 6, 3. 9, 3. 27, 3. 30, 4. 5, 4.
6, 4. 8, 4. 9, 4. 11, 4. 12, 4.
13, 4. 14, 4. 15, 4. 16, 4. 21,
4. 24, 4. 25, 5. 4, 5. 5, 5. 7, 5.
8, 5. 10, 5. 11, 5. 13, 5. 14, 5.
15, 5. 16, 5. 18, 5. 19, 5. 20,
5. 21, 5. 22, 5. 23, 5. 25, 5.
26, 5. 27, 5. 28, 5. 29, 5. 31,
6. 4, 6. 7, 6. 10, 6. 11, 6. 13,
6. 17, 6. 18, 6. 19, 6. 21, 6.
22, 6. 26, 6. 28, 6. 29, 7. 1, 7.
6, 7. 12, 7. 14, 7. 17, 7. 19, 7.
20, 7. 22, 7. 23, 7. 26, 7. 29,
8. 1, 8. 2, 8. 4, 8. 8, 8. 9, 8.
10, 8. 11, 8. 12, 8. 13, 8. 15,
8. 19, 8. 20, 8. 21, 8. 25, 8.
27, 8. 28, 8. 29, 8. 30, 8. 31,

9. 6, 9. 7, 9. 9, 9. 12, 9. 13, 9.
19, 9. 20, 9. 21, 9. 22, 9. 26,
9. 29, 10. 1, 10. 2, 10. 6, 10.
7, 10. 8, 10. 12, 10. 15, 10.
20, 10. 21, 10. 23, 10. 29, 10.
30, 11. 1, 11. 2, 11. 17, 11.
24, 11. 25, 11. 27, 11. 30, 12.
4, 12. 8, 12. 16, 12. 18, 12.
20, 12. 23, 12. 27; 1890. 1.
6, 1. 8, 1. 9, 1. 13, 1. 14, 1.
16, 1. 17, 1. 18, 1. 20, 1. 21,
1. 26, 1. 28, 1. 29, 1. 30, 2. 2,
2. 5, 2. 10, 2. 20, 2. 21, 2. 23,
2. 24, 2. 25, 3. 1, 3. 2, 3. 5, 3.
6, 3. 7, 3. 12, 3. 14, 3. 18, 3.
21, 3. 23, 3. 28, 4. 2, 4. 7, 4.
12, 4. 15, 4. 16, 4. 17, 4. 21,
4. 23, 4. 26, 5. 1, 5. 3, 5. 10,
5. 11, 5. 12, 5. 13, 5. 23, 6. 8

车林多尔济(三盟车公、车公/
　那钜辅旗下东佐领公)
1886. 7. 18, 8. 13, 9. 26;
1887. 7. 26, 7. 27, 8. 7; 1889.
7. 1

车林多尔济(三盟车王、车郡
　王、驻班副将军车王、吉厦副
　将军车王、吉厦车王、三盟何

贝车王) 1886. 12. 26；
1887. 2. 23，3. 23，3. 29，5.
30，7. 18；1889. 8. 2；1890. 1.
17，3. 5

车林桑都布(车盟车贝子、车
贝勒/夏季吉厦,驻班副将军
贝勒) 1889. 2. 1，5. 1，5. 2,
5. 4，7. 27，8. 18

车盟车汗 1887. 2. 6

车台吉(右翼驼厂、图盟密公
旗下) 1886. 11. 10；1887.
8. 14，10. 21

车王 见车林多尔济

车王(图盟副将军) 1887.
4. 8

车旺瓦齐尔(无饷札兰)
1887. 11. 13

车彦丕勒(车公/哈尔呢敦等
台台吉) 1887. 1. 22，4. 5

车札萨克(杜尔伯特盟长)
1889. 6. 3

车札萨克(札盟) 1887. 5.
24；1889. 7. 29，8. 4，10. 2,
10. 6

臣得(车辕兵缺) 1887. 12. 26

陈秉忠(马兵) 1889. 8. 29,
10. 29

陈才芳(陈春亭/同年,同治十
三年甲戌科进士,凉州知
府) 1887. 5. 18 ，6. 30，9.
29；1889. 3. 24，7. 16，10. 15；
1890. 3. 23

陈春亭 见陈才芳

陈德(章盖) 1887. 12. 6

陈典史 〈1886. 1. 5〉

陈店主 1887. 9. 18

陈东旸(参府) 1889. 3. 29

陈飞熊(陈渭滨、陈渭宾、陈镇
台、陈渭兄/宣化府镇台,直
隶宣化镇总兵) 1898. 1.
23，1. 24，2. 2，2. 10，2. 11，3.
3，4. 8，4. 9，4. 15，5. 9，5. 28,
6. 1，6. 9，7. 28，9. 24，9. 26,
10. 4，10. 13，11. 2，11. 6

陈敷治(附生) 1884. 8. 28

陈福(伊犁折差委员) 1889.
9. 2

陈护道 见陈名钰

陈华轩(中衡) 〈1886. 1. 4〉

陈纪(差丁) 〈1886. 1. 3〉

陈建厚(绥定管带、绥定营统
领) 1885. 6. 1，9. 18

陈谨堂(龙云斋老板) 1898.
4. 20，5. 9，5. 28，7. 29，8. 12

陈进旺（瞭墩军台台官）
　1884.9.2

陈晋蕃（陈芋僧、陈芋兄、芋
　僧、芋兄、陈太守、大营陈老
　爷、陈/太守,甘州直隶州知
　州、署理伊塔兵备道、督办新
　疆粮台）　1884.6.21,6.23,
　7.6,8.16,8.27,9.10,9.11,
　10.1,10.2,11.20,11.25,
　11.29,12.5,12.6,12.15,
　12.28,12.29,12.31;1885.
　1.19,1.29,1.31,2.10,2.
　12,3.7,3.10,3.18,4.2,4.
　10,4.24,4.25,4.26,4.27,
　4.28,4.29,4.30,5.1,5.2,
　5.3,5.4,5.6,5.29,6.3,6.
　25,6.26,7.14,7.15,7.19,
　7.20,7.28,8.9,8.16,9.8,
　9.12,9.14,9.15,9.23,9.
　24,11.10,12.4;1887.7.13,
　7.14,7.16,11.19;1889.2.
　22,3.29,5.27

陈镜清（筱亭/署牧）　1886.
　5.16

陈局总　1885.2.10

陈栗斋（同年）　1887.12.28

陈廉访　见陈彝

陈亮斋（委署昌吉令）　1884.
　8.17

陈烈（效力兵）　1886.12.14

陈麟图（星槎/四川举人）
　1885.7.19

陈令（绥来令）　1885.4.8,
　4.10

陈六舟　见陈彝

陈盟伯　见陈晋蕃

陈盟嫂　1898.6.1

陈孟威（太守）　1898.3.18,
　6.28

陈名钰（陈护道/温宿直隶州
　知州,暂行兼护阿克苏道
　事）　1887.5.9

陈明德（营官）　1887.9.8

陈鸣志（陈展堂/观察,署福建
　台湾道）　1885.3.31

陈谟（营卒）　1887.9.5;
　1889.10.22

陈平　1886.11.4

陈仆妇　1885.1.26,2.19,3.
　11,10.1

陈然轩（大令）　〈1885.11.
　21,11.23〉

陈世五（署两当县令、署安化
　令、同年）　1884.11.4;

11.26〉

成安（满营补调新兵、戍守兵）
　　1889.12.31；1890.1.5，
　　1.18

成笔政　见成禧

成春（科属昌吉斯台卡伦侍
　　卫）　1889.4.7，4.14

成德（三盟凶犯）　1887.12.
　　26；1890.3.2

成端成（太常少卿）　1898.
　　9.27

成端甫　见成勋

成建甫①　见成勋

成丽堂（世叔）　1889.3.7，
　　5.7

成林（赴津领枪队兵）　1898.
　　2.20

成禧（太仆寺笔政，成笔政）
　　1898.2.18，6.21，9.22

成勋（成端甫、成端兄、成建
　　甫/徽宁海关道、吉林副都
　　护、同砚）　1886.12.20；
　　1887.8.9；1889.5.10；1898.
　　2.21，3.22，3.23，3.24，3.
　　25，3.31，4.22，5.2，5.9，5.

20，5.28，5.30，5.31，6.3，6.
6，6.7，6.18，6.24，7.3，7.
10，7.14，7.19，8.12，8.17，
8.24，9.7，9.16，9.18，10.
15，11.2，12.13

成月坪（世叔）　1887.5.27

诚枫廷　见承枫庭

诚公（礼邸诚公爷）　1887.7.
　　18，12.28；1889.7.1

诚果泉　见诚勋

诚勋（诚果泉）　1886.5.28

诚芝圃（戎部、契友）　1884.
　　10.7，10.30，12.18；1885.2.
　　6，6.24；1887.2.28，4.25，8.
　　9，9.28，10.21，12.28；1889.
　　6.6；1890.1.4，1.5

承枫庭（承枫廷、诚枫廷/友
　　人、旗人）　1886.5.23，5.
　　24，6.1，6.2，10.11；1887.4.
　　27，6.10，6.26，7.18，9.18，
　　10.21，12.28

承翰（承墨庄/前辈，同治十年
　　进士，太仆寺卿）　1885.2.
　　6；1887.2.21，10.8

承继斋（友人）　1885.11.6，

---

①　成建甫与成端甫疑为同一人，皆是成勋。

11. 7, 11. 8, 11. 10, 12. 4;
1887. 1. 9, 3. 23
承静雨(观察、总办) 1898.
3. 24, 5. 17, 7. 4
承墨庄 见承翰
承默斋 见承绶
承绶(默斋、承默斋/军帅)
1888. 1. 13
承泰(大马群主政) 1898. 2.
18, 5. 18
承泰(厢白旗满洲委前锋)
1898. 11. 9
承佑(驿转道) 1887. 9. 18
承湛廷(承湛亭/同乡、守府)
1884. 4. 27;〈1885. 11. 18〉
承湛亭 见承湛廷
承子锡(同乡、凉州通判)
1884. 5. 18; 1885. 1. 6, 4. 23,
10. 27
程鼎芬(鄂南、程鄂南/平凉观
察,陕西道监察御史、甘肃平
庆泾固化道)〈1885. 11.
21, 11. 23〉; 1887. 1. 9; 1889.
4. 9, 10. 15; 1890. 3. 23
程鄂南 见程鼎芬
崇参谋 见崇欢
崇光(郭什哈) 1898. 10. 24

崇欢(崇怡亭、崇参谋、崇怡
斋、崇军帅、崇将军/定边军
帅、乌城军帅,乌里雅苏台参
赞大臣、乌里雅苏台将军)
1890. 4. 15, 4. 20, 4. 21, 5.
5, 6. 5, 6. 6, 6. 7, 6. 8, 6. 19,
6. 29; 1898. 2. 2, 2. 9, 3. 17,
3. 18, 3. 25, 4. 23, 6. 10, 6.
18, 7. 12, 8. 9, 8. 15, 8. 16, 8.
17, 8. 18
崇建侯、崇建师 见崇勋
崇礼(崇受之/都统、大司寇、
亲友,理藩院左侍郎、兵部右
侍郎、户部右侍郎、热河都
统、刑部尚书) 1884. 12.
18; 1885. 2. 6; 1887. 1. 12, 7.
18, 10. 22; 1888. 1. 11; 1889.
8. 31; 1898. 3. 23, 5. 9, 5. 28,
6. 11, 6. 24, 8. 3, 8. 11, 11. 2
崇鹏(次女、幼女、二小女)
〈1885. 11. 14〉; 1886. 5. 25,
5. 27, 7. 7, 7. 17, 7. 27, 8. 30,
9. 24; 1887. 5. 24, 9. 18, 11.
12; 1888. 1. 13; 1889. 2. 28;
1890. 2. 9; 1898. 1. 28, 2. 4,
2. 6, 3. 10, 5. 28, 6. 22, 6. 28,
8. 27, 9. 3, 9. 29

崇祺（文生员）　1898.7.1

崇庆（云台/守府）　1898.
10.4

崇壬舫（世兄、文星垣之子）
1887.8.7,8.8

崇绍棠（崇召棠/亲友）
1885.2.6;1887.4.25,10.24

崇受之　见崇礼

崇同乡　见崇欢

崇祥（崇云生/世叔、山西遗缺
守）　1898.6.16

崇勋（建侯、崇建侯、师、夫子，
同治四年翻译进士，索伦领
队大臣、内阁学士、署工部右
侍郎）　1887.6.13,6.19,8.
21,9.25,9.29;1888.1.31;
1889.3.24,5.27,9.6,10.
13,12.27;1890.3.6;1898.
3.20,5.9,5.28,6.20,10.
11,11.2

崇怡亭　见崇欢

崇怡斋　见崇欢

崇云生　见崇祥

崇云斋　见崇志

崇召棠　见崇绍棠

崇肇（笔政）　1886.9.9;
1887.8.11;1888.1.26,1.

30;1889.9.20,9.22;1898.
5.10

崇志（崇云斋/同乡、凉州副都
统）　1884.5.18,9.24

褚润（郭什哈、营卒）　1886.
8.29;1887.5.25,9.18;
1888.2.4;1889.2.1,2.10,
6.4,6.23

褚廷魁（营卒、郭什哈）
1889.6.4,7.1,8.1;1890.
5.5

褚文轩　1886.5.23,9.2

吹达尔（乌梁海人）　1887.
5.10

吹达克（札盟阿王旗下）
1886.12.12;1887.7.25

吹锦扎布　见吹锦札布

吹锦札布（吹锦扎布/三盟已
死蒙古人）　1886.10.3,10.
28;1887.2.17

吹苏伦札布（三盟吹王、吹王/
三盟副盟长、三盟护盟长、三
盟副将军）　1886.12.26;
1887.1.1,5.4,6.12,6.14,
6.15,7.4,7.8,7.18,7.25,
8.17,8.20,10.8,11.29,12.
19,12.31;1888.1.1,1.20,

5，5. 8，5. 13，5. 24，5. 26，
6. 30

春松圃（友人）　1898. 9. 1

春亭　见陈才芳

春同乡　见春满

春小珊　见春满

春煦堂　见春福

春岩　见穆图善

春元　1898. 6. 1

椿鹤庵（世星垣世兄）　1889.
6. 6，6. 15，7. 17，7. 18，7. 25，
7. 26，8. 2，8. 5

纯感铭　见纯锡

纯椴（纯子寿/章京）　1898.
2. 5，2. 8，2. 9，2. 20，3. 7，3.
9，3. 21，4. 16，5. 4，5. 12，5.
30，6. 18，7. 14，7. 30，7. 31，
8. 2，8. 3，8. 27，9. 11，9. 26，
10. 11，10. 19，10. 29，12. 22，
12. 27；1899. 1. 4，1. 6

纯锡（纯感铭/赛尔乌苏管站
司员、理藩院候补员外郎）
1885. 2. 6；1898. 1. 27，2.
3，3. 5，3. 17，3. 18，3. 31，4.
14，5. 1，5. 23，6. 27，6. 30，8.
11，8. 28，9. 6，9. 24

纯子寿　见纯椴

莼农　见王诗正

醇邸　见奕譞

绰尔吉沙拉布（唐努乌梁海喇
嘛）　1889. 9. 2

绰尔济（三盟额札萨克旗下）
1887. 5. 20

绰尔济（乌梁海人）　1887.
5. 10

绰克巴达尔琥（西七台台吉）
1889. 8. 8；1890. 1. 8

绰克托瓦齐尔（笔齐业奇）
1889. 6. 9

绰克托札布（昆都）　1890.
5. 28

绰克逊札布（哈毕尔噶委昆
都）　1890. 6. 3

绰拉图木（三盟贼犯）　1890.
1. 2

绰勒栋（郭什哈）　1890. 6. 15

慈禧（太后、皇太后）　1884.
6. 20，9. 18，9. 19，9. 21，11.
25，11. 27，12. 21；1885. 1. 7，
2. 6，2. 15，〈11. 16〉；1886.
5. 22，9. 5，9. 15，10. 9，11. 5；
1887. 1. 4，1. 8，9. 28，9. 29，
11. 24；1889. 2. 27，3. 4，3. 5，
4. 30，5. 18，5. 19，5. 25，6. 3，

达里苏伦（察克达兵）　1887.
11.26

达米楞（额外昆都）　1890.6.
3,6.8

达米林札普（察哈尔正黄旗牧
长）　1898.7.31

达米凌札布（默端章盖）
1890.6.3

达木定（绰霍尔台昆都）
1889.7.13;1890.5.2,5.7

达木定（特王弟遣）　1889.
8.14

达木定（札汗部落达公、札汗
部落达公、科属达公、札盟达
公）　1887.3.2,9.24,12.
22;1889.6.3,10.19;1890.
1.20,4.5,4.8

达木定札布（特王弟梅楞）
1889.10.29

达木凌札布（章盖）　1890.
5.28

达木色楞　见达木苏楞

达木苏楞（昆都）　1889.12.
4;1890.4.23

达什（进表差委官）　1898.
11.10

达什车林（三盟喇嘛）　1887.

4.27,8.11;1888.1.27

达什端多布（西乌梁海总管）
1889.4.14,7.12

达什多尔济（库伦遣来台吉）
1889.5.18

达什多尔济（西翼达公、管理
西翼孳生驼厂事务）
1890.1.17,4.11

达什拉布坦（札盟岱青达贝
子、岱庆达贝子/札盟副盟
长、札盟贝子衔公）　1886.
8.11;1887.2.16,2.18,6.
17,6.18,7.18,8.29,9.16,
9.17;1890.4.6,4.11

达台吉　1887.7.2;1889.8.27

达瓦（充补绰豁尔台兵）
1889.10.2

达瓦棍布（察克达兵）　1890.
1.5

达瓦林臣（骁骑校）　1886.7.
23;1887.2.14

达志（骁骑校）　1886.11.20

达总管　见达什端多布

大陈　1898.4.22,10.17

大姑奶奶　1898.11.2

大皇帝　见光绪

大老爷　1898.4.22,10.17,

11.2

大小女　见冬鹏

岱青贝子　见达什拉布坦

岱庆达贝子　见达什拉布坦

戴恩溥（戴瞻原、侍御）　1898.
3.22

戴福成（遣撤回营兵丁）　1889.
5.5

戴冠英（大令）　1886.5.20,
5.22,5.30,7.5;1887.3.2,
5.3

戴郭什哈　见戴明魁

戴宏胜（左营营官、陕西汉中
镇总兵）　1885.4.11

戴刘升（差役）　1889.9.16

戴明魁（戴郭什哈、戴巡捕、戴
弁、明魁）　1886.5.22,5.
26,10.7,10.26,10.30,11.
1,11.4;1887.1.7,2.21,3.
28,4.29,8.25,9.30,10.1,
10.16;1889.3.21,6.4,6.
17,6.23,7.1,7.7,10.10

戴巡捕　见戴明魁

戴瞻原　见戴恩溥

丹毕（丹毕章产/唐努乌梁海
贼犯、逃犯）　1886.7.26,3.
9,7.2,11.10

丹公　见丹木定苏伦

丹梅楞（科城夏季驻班）
1887.5.24

丹木定苏伦（札盟丹公、丹公/
署管驼马厂）　1887.6.26;
1888.1.4,1.6

丹山　见刘丹山

丹世华（遣撤回营兵丁）
1889.5.5

丹苏楞（昆都）　1890.1.10

丹占（三盟）　1887.9.18

丹占（札台台吉）　1890.1.16

当噶尔（抢掠俄商之牛）
1887.7.25

党苏伦（札盟贼犯）　1886.
11.13

刀永山（家丁）　1887.2.23

道光（宣宗成皇帝、旻宁）
1885.2.28;1887.2.6;1889.
2.13;1890.2.3;1898.2.4

得勒格尔达赉（察克达兵）
1889.7.29

惪铭（惪箴亭、惪箴兄、惪三
哥/正蓝旗蒙古副都统、镶红
旗蒙古都统、察哈尔都统）
1886.7.18;1887.1.7,7.18,
12.28;1889.7.1;1890.1.9;

1898. 5. 9, 5. 28, 11. 2

惠三哥　见惠铭

惠篯亭　见惠铭

德笔政　见德克精额

德参戎　见德寿峰

德大人　见德福

德福(泽圃、德泽圃、德大人)
　1886. 7. 18; 1887. 12. 28;
　1889. 7. 1; 1890. 1. 9, 3. 25

德公(三盟德公)　1886. 9. 5;
　1887. 2. 27, 9. 15

德级三(乌里雅苏台笔政)
　1887. 11. 24, 11. 26, 11. 27,
　11. 29; 1889. 4. 22, 5. 28, 5.
　31, 6. 4, 7. 5, 8. 9, 11. 30, 12.
　4; 1890. 3. 12

德建斋、德健斋　见德克精额

德阶　见徐锡祺

德敬斋(友人)　1889. 2. 15,
　4. 5, 6. 10, 9. 3, 9. 5; 1890. 1.
　13, 4. 1, 4. 5, 5. 6

德峻峰(德/毅帅差官、嫩江之
　同乡)　1885. 4. 13, 4. 16, 4.
　14, 4. 16, 4. 19, 6. 7, 6. 8, 6.
　14, 7. 25, 9. 19; 1886. 7. 5, 9.
　25; 1887. 2. 11, 2. 13, 2. 14,
　2. 15, 6. 4, 9. 17, 11. 4, 11.

19; 1889. 2. 28, 6. 1, 9. 5;
　1890. 4. 1

德克精额(德建斋、德健斋/笔
　政, 户部额外笔帖式)
　1886. 8. 28, 8. 29; 1887. 3.
　12, 5. 5, 5. 9, 5. 28, 6. 22, 7.
　19, 8. 26, 9. 26; 1888. 2. 4;
　1889. 2. 28, 3. 29, 3. 31, 4. 5,
　4. 21, 5. 16, 6. 4, 6. 6, 9. 6, 9.
　7, 9. 9; 1890. 1. 6, 1. 7, 2. 23,
　2. 26, 3. 5, 4. 20

德克什巴　见德普诗巴

德奎(子权、德子权/凉州都
　护, 凉州都统)　1885. 10.
　27, 11. 10, 〈10. 26〉; 1887.
　5. 18; 1889. 3. 29, 7. 20, 10.
　15; 1890. 3. 23

德郎中　1890. 1. 9

德勒贺(前锋领催)　1898.
　4. 27

德禄(马甲)　1898. 6. 30

德佩九(前辈, 署归化同知)
　〈1885. 12. 19〉; 1886. 12. 9;
　1887. 7. 13; 1888. 1. 18

德普诗巴(德克什巴/笔政、笔
　帖式, 六品顶戴候补笔帖
　式)　1887. 8. 16, 10. 5, 10.

督、总兵,管带亲军右营步队) 1885. 6. 25,10. 1.

笛楼　见荫桓

丁宝桢(丁稚璜/前辈,咸丰三年进士,四川制军,四川总督) 1885. 5. 19

丁超(郭什哈) 1886. 7. 11;1887. 1. 7,1. 25,4. 9,5. 30,6. 8,6. 9,6. 10,8. 7,8. 9,9. 18,9. 24,9. 30,11. 26;1888. 1. 17;1889. 2. 1,3. 11,5. 16,5. 17,5. 18,6. 4,6. 28,6. 30,7. 2,7. 3,7. 22,8. 17,8. 19,8. 20,9. 6,9. 15,10. 29,12. 23,12. 27,12. 28;1890. 1. 22,1. 31,2. 10,2. 24,2. 26,3. 9,4. 4,4. 27,5. 9,5. 12,5. 28,6. 7,6. 14;1898. 10. 15

丁道 1885. 1. 28

丁郭什哈　见丁超

丁军门　见丁瀛舫

丁岐山 1887. 9. 28

丁翘山（丁协台/观察） 1884. 6. 23,6. 26,6. 30,7. 5,7. 13,7. 22

丁协台　见丁翘山

丁瀛舫(丁军门/巴里坤中营游戎) 1884. 10. 1;1885. 2. 9,4. 18,6. 5,9. 15;1887. 2. 13,6. 30;1889. 2. 28,6. 24,9. 23;1890. 2. 10

丁宇宣 1889. 8. 18

丁稚璜　见丁宝桢

定安(定静村、军帅、定经略、定静帅、定帅/暂署盛京将军、同乡,光绪六年、七年任黑龙江将军) 1886. 5. 23,5. 25,5. 27,6. 1,6. 2;1887. 3. 28,9. 8,12. 28;1888. 1. 13;1889. 2. 19,4. 30,5. 25,5. 27,6. 19,9. 6,12. 27;1890. 1. 3,5. 15,6. 22,6. 24;1898. 7. 12,7. 22

定德(定静安、定静庵、定守备/绿营守备、镇标右营都阃) 1886. 7. 5,10. 1,10. 2,10. 4,10. 5;1887. 3. 5,3. 7,6. 26,7. 22,8. 9,8. 23,10. 14,10. 22,10. 25;1889. 8. 2,8. 4,8. 12,8. 15,8. 21,8. 24,9. 3,9. 7,9. 8,9. 9,9. 12,12. 23;1890. 2. 24,7. 1;1898. 4. 7,6. 17,9. 21

定经略　见定安

都振亭　见沙克都林札布
都振庭　见沙克都林札布
斗南　见梁耀枢
斗生　见檀玑
独玛(蒙妇)　1887.7.7,7.9
犊山　见嵩申
杜成(步兵)　1889.4.21,5.5
杜成元(遣撤回营兵丁)
　1889.5.5
杜尔伯特达赉汗　1898.3.30
杜尔伯特索王　1889.5.31,
　12.4;1890.2.14,3.2
杜嘎尔(杜果亭、杜军帅、杜
　帅、果帅、果亭、果兄、故帅、
　参谋杜/乌里雅苏台将军、定
　边左副将军、军帅)　1884.
　6.27,7.9;1885.1.2,3.9,6.
　29;1886.5.22,6.25,6.26,
　6.28,7.2,7.3,7.5,7.6,7.
　8,7.9,7.10,7.11,7.12,7.
　13,7.14,7.16,7.19,7.22,
　7.25,7.26,7.29,8.1,8.13,
　8.16,8.23,8.25,8.29,9.1,
　9.2,9.4,9.5,9.6,9.8,9.9,
　9.13,9.16,9.18,9.28,10.
　2,10.5,10.6,10.9,10.17,
　10.19,10.22,10.23,10.25,

10.26,10.28,10.30,11.5,
11.13,11.14,11.15,11.16,
11.19,11.20,11.21,11.28,
11.29,11.30,12.4,12.6,
12.9,12.12,12.14,12.19,
12.20,12.21,12.26,12.28,
12.30;1887.1.2,1.3,1.4,
1.5,1.7,1.8,1.9,1.13,1.
15,1.16,1.17,1.18,1.19,
1.20,1.21,1.22,1.23,1.
24,1.29,2.2,2.7,2.8,2.
13,2.15,2.16,2.17,2.20,
2.21,2.22,2.23,2.24,2.
26,2.27,3.2,3.3,3.5,3.9,
3.19,3.20,3.29,3.31,4.3,
4.6,4.7,4.8,4.13,4.14,4.
21,4.23,4.28,5.1,5.9,5.
17,5.19,5.20,5.21,5.23,
5.24,5.25,5.27,5.28,5.
31,6.11,6.21,6.22,6.23,
6.24,6.25,6.27,6.29,6.
30,7.1,7.2,7.3,7.4,7.5,
7.6,7.7,7.8,7.9,7.10,7.
12,7.13,7.15,7.17,7.18,
7.20,7.21,7.23,7.25,7.
27,7.28,7.30,7.31,8.1,8.
2,8.6,8.7,8.8,8.9,8.13,

8. 15，8. 17，8. 18，8. 19，8.
20，8. 22，8. 23，8. 26，8. 27，
8. 28，8. 29，8. 30，8. 31，9. 2，
9. 5，9. 8，9. 11，9. 13，9. 17，
9. 19，9. 20，9. 23，9. 24，9.
25，9. 27，9. 28，9. 29，9. 30，
10. 1，10. 4，10. 5，10. 6，10.
11，10. 12，10. 13，10. 14，10.
15，10. 16，10. 17，10. 18，10.
22，10. 24，11. 2，11. 3，11. 4，
11. 5，11. 7，11. 10，11. 11，
11. 13，11. 14，11. 15，11. 16，
11. 17，11. 18，11. 19，11. 20，
11. 21，11. 22，11. 23，11. 24，
11. 26，11. 27，12. 3，12. 7，
12. 8，12. 14，12. 15，12. 16，
12. 21，12. 23，12. 29；1888.
1. 2，1. 5，1. 11，1. 17，1. 20，
1. 21，1. 23，1. 24，1. 26，1.
31，2. 1，2. 3，2. 4，2. 5，2. 7，
2. 8，2. 9，2. 11；1889. 1. 31，
2. 1，2. 2，2. 5，2. 6，2. 11，2.
12，2. 14，2. 15，2. 18，2. 20，
2. 22，2. 24，2. 26，3. 2，3. 4，
3. 5，3. 6，3. 7，3. 9，3. 14，3.
16，3. 17，3. 27，3. 28，3. 29，
3. 30，4. 1，4. 5，4. 6，4. 7，4.

8，4. 9，4. 11，4. 13，4. 15，4.
16，4. 17，4. 18，4. 19，4. 20，
4. 21，4. 22，4. 23，4. 24，4.
25，4. 29，5. 3，5. 4，5. 9，5.
11，5. 15，5. 16，5. 21，5. 25，
5. 26，5. 27，5. 28，5. 29，5.
30，5. 31，6. 1，6. 2，6. 3，6. 4，
6. 6，6. 7，6. 8，6. 13，6. 15，6.
17，6. 19，6. 20，6. 25，7. 2，7.
14，7. 19，8. 2，8. 8，8. 11，8.
16，8. 25，9. 21，10. 2，10. 16，
10. 28，11. 10；1890. 3. 1，
4. 13

杜广宣（张家口大泉玉商民）
　1887. 2. 27

杜果亭　见杜嘎尔

杜将军大少爷　1898. 11. 3

杜将军二少爷　1898. 11. 3

杜锦玉（归化商民）　1889.
　8. 4

杜军帅　见杜嘎尔

杜魁（遣撤回营兵丁）　1889.
　5. 5

杜木工　1886. 12. 18；1887. 8.
　21；1889. 4. 16

杜千总　见杜生荣

杜瑞（营卒）　1889. 8. 2；

1890. 5. 22

杜嫂夫人(杜嫂、果帅夫人)
1887. 9. 29, 9. 30, 10. 6, 11.
3, 11. 18, 12. 16; 1888. 1. 20,
2. 9; 1889. 2. 18, 4. 7, 4. 17,
4. 20, 5. 16, 5. 21, 5. 25, 5.
29, 5. 30, 6. 1, 6. 2, 6. 3,
12. 27

杜商(大新德商人)　1890.
6. 28

杜生荣(绿营千总)　1887. 1.
5, 9. 5, 9. 12, 9. 15, 9. 18, 9.
21; 1889. 3. 4, 3. 5, 3. 13, 3.
23, 4. 21

杜帅　见杜嘎尔

杜义(营兵)　1887. 8. 18;
1889. 5. 5

杜义伯(张家口万庆泰商民)
1887. 6. 28

杜幼霞(蒲州守)　〈1885. 12.
11〉; 1887. 8. 30; 1888. 1. 2,
1. 18; 1889. 4. 28, 8. 10 , 11.
18; 1890. 4. 1

杜玉(营卒)　1887. 7. 23

杜元(郭什哈)　1887. 8. 25,
9. 30; 1889. 4. 29

杜芝延(友人)　1887. 9. 8;

1890. 1. 5

杜仲容　〈1885. 12. 31〉

端贝勒(三盟端贝勒)　1889.
10. 2

端车布(护卫)　1886. 7. 18

端邸　见载漪

端多克(遣犯)　1888. 1. 8

端方(端午桥/世弟、世兄,会
典馆协修官、直隶霸昌道)
1886. 12. 20; 1887. 3. 28, 9.
16; 1898. 4. 26, 8. 22

端甫　见成勋

端午桥　见端方

端兄　见成勋

段多克(乌梁海贼犯)　1886.
10. 25

段有仁(归化商民)　1887. 8.
4; 1889. 9. 22

惇邸　见奕誴

敦达格(车藩噶布奇喇嘛)
1886. 7. 8

敦达格(那藩蒙古司仪长)
1886. 5. 25

多参领　见多尔济札布

多参领(唐努署印)　1889.
8. 14

多尔济(三盟逃犯)　1890.

多斯欢（科城骁骑校、科属署
　玛卡侍卫）　1887. 9. 15；
　1889. 5. 17，9. 29
多台吉（科属哈尔乌苏）
　1889. 10. 22
多总管　见多哈尔
朵珊　见牟荫乔

E

俄国掌黄教喇嘛　1898. 6. 13
额霭堂　见额尔庆额
额贝子（三盟）　1887. 2. 14，
　12. 16
额大臣　见额尔庆额
额尔德蒙额（戍卒、笔政）
　1889. 8. 24，8. 25，9. 30，12.
　16；1890. 1. 8
额尔德呢（步甲）　1898. 4. 28
额尔德尼班第达胡图克图
　1886. 7. 12
额尔古木吉勒讷（马甲）
　1898. 11. 9
额尔克（骁骑校）　1886.
　11. 10
额尔奇木巴雅尔（蒙古笔政）
　1889. 6. 21
额尔庆额（额霭堂、额大臣/同
　乡，科布多帮办大臣、伊犁副

都统、塔尔巴哈台参赞大
　臣）　1884. 11. 6；1885. 2.
　13，6. 29，9. 16；1886. 8. 12，
　8. 28，8. 31，9. 7，9. 15，10. 9，
　11. 24，12. 25；1887. 2. 1，2.
　10，4. 24，5. 21，5. 30，6. 13，
　6. 16，9. 19；1889. 11. 22，2.
　28，9. 30，7. 16；1890. 3. 23
额方伯　1898. 10. 20
额防御　见额勒浑
额驸爷大人　1887. 4. 24
额公（三盟）　1886. 11. 20；
　1887. 7. 13
额介如　1898. 7. 3
额九馀（通家）　1890. 1. 14，
　1. 20，1. 22，1. 23，1. 26，2. 1，
　2. 4，2. 15，2. 23，2. 24，2. 27，
　2. 28，3. 1，3. 2，3. 3，3. 5，3.
　6，3. 7，3. 8，3. 9，3. 10，3. 11，
　3. 13，3. 29，4. 26，4. 28
额勒春（额裕如/江宁副都统）
　1898. 6. 14
额勒德肯（兵）　1898. 11. 10，
　12. 26
额勒和布（额晓山、额中堂、晓
　山前辈、额帅、额相国/咸丰
　二年翻译进士，前任军帅，同

治十三年至光绪三年任乌里
雅苏台将军、军机大臣上行
走、国史馆正总裁、武英殿大
学士）　1886.7.18,8.28,9.
9;1887.3.8,3.29,4.6,7.
18;1889.7.1;1890.1.9
额勒浑（额容庵、额防御）
　1898.2.8,2.27,3.3,5.4,5.
20,5.23,5.25,6.5,8.19,8.
21,8.29,8.30,11.8
额勒浑（赴津领枪队兵）
　1898.2.20
额林沁敖索尔额（左翼蒙古步
甲）　1898.4.28
额林沁多尔济（赴津领枪队
兵）　1898.2.20
额林沁忠萧（三音诺彦部落札
萨克多罗贝勒）　1886.7.
28,9.9
额梅楞（吉厦）　1888.1.17
额容庵　见额勒浑
额色楞孟德（护军）　1898.
12.13
额思拉曼各奈（图思拉克齐）
　1898.9.22
额图浑（郭什哈）　1898.2.5,
4.26,4.28,5.9,9.17,11.2;

1899.1.4
额相国　见额勒和布
额晓山　见额勒和布
额裕如　见额勒春
额札萨克（三盟）　1887.5.4,
5.20
额张氏嫂（额霭堂眷属）
　1887.4.24
额中堂　见额勒和布
额总管　见鄂勒哲依瓦齐尔
鄂尔和（郭什哈）　1898.9.
17,10.24
鄂尔哲依那逊（笔帖式）
　1898.8.10
鄂芳（鄂兰谷）　1885.7.17
鄂郭托尔多哈（遣犯）　1888.
1.8
鄂拉哲依（科属吐尔扈特）
　1888.1.11
鄂兰谷　见鄂芳
鄂勒克三达尔（盗驼俄犯、阿
里克桑得尔）　1886.10.30,
10.31,11.20,12.9,12.10
鄂勒哲依巴雅尔（随侍护卫）
　1890.5.23,5.24
鄂勒哲依特木尔（三盟鄂贝
子、三盟鄂公/三盟贝子衔

公)　1889.3.23,4.27,5.4,
8.8;1890.1.6,1.7

鄂勒哲依图(厢白旗护军校一
缺拟正)　1898.5.24

鄂勒哲依瓦齐尔(鄂总管、额
总管/唐努乌梁海总管)
1887.7.16,8.2;1889.6.9,
6.12,6.20,7.1,7.12,7.20,
7.27,7.30,7.31,8.4,8.5,
9.8,9.9,9.19,9.29,10.12;
1890.2.15

鄂纳塔(护卫)　1889.5.24

鄂南　见程鼎芬

鄂诺勒图(三盟特王弟护卫)
1890.5.11

鄂诺特(差弁)　1889.2.1

鄂特哈(三盟逃犯)　1889.
12.4

鄂特色尔(三盟贼犯)　1890.
3.27

鄂特索勒(绰豁尔台差缺)
1887.12.26

鄂王(图盟)　1887.5.17

鄂总管　见鄂勒哲依瓦齐尔

恩　见恩顺

恩保庭(恩保廷/友人)
1898.5.9,5.28,11.2

恩笔政(赛驿笔政)　1898.1.
27,4.14

恩车合恩(正红旗满洲马甲)
1898.11.9

恩承(恩露圃、恩禄圃/协揆、
中堂、相国,大学士)
1885.4.17;1886.12.20;
1887.8.9;1889.7.24,8.31

恩承(马甲)　1898.5.24

恩崇(月川/大令)　1885.
11.7

恩都护　见恩泽

恩綍庭　见恩纶

恩诰(郭什哈)　1899.1.4

恩广(巡捕)　1889.8.24,8.
25,8.31,9.12,9.21,10.29,
11.28,12.1,12.9

恩厚(恩荣甫、恩粮员/科城粮
员、同乡)　1887.4.15,4.
16,4.17,4.26,6.9,9.18;
1889.5.25

恩华(图书园内兄之子)
1890.2.24,10.19

恩粮员　见恩厚

恩霖(恩雨三/甘肃兰州府知
府、摄安肃道篆、同乡、通
家)　1884.10.17;1885.1.

16,4.25,4.26,4.27,5.1,6.
7,10.1,11.2,11.5,11.6,
11.7,11.8,11.10,12.4,
〈11.4〉;1887.1.4,4.18,5.
18,6.19,8.21,9.19,9.29,
11.4,11.13;1889.5.23,5.
27,10.13,12.27

恩禄圃、恩露圃　见恩承

恩露芝　见恩祥

恩伦(恩佩言、恩配言,署西宁
　道、西宁观察、同乡)
　1884.11.8,11.12;1885.2.
　7,10.1;1887.6.19,11.19;
　1889.2.15,9.5,9.23

恩纶(恩綍庭、恩营总/管带营
　总,笔政,管带满营戍守骑都
　尉)　1889.8.24,8.25,8.
　28,9.6,9.7,11.18,12.17;
　1890.1.8,1.17,2.5,2.7,2.
　15,3.18

恩沐臣　1898.12.20

恩年(郭什哈)　1898.9.17,
　12.15

恩佩言　见恩伦

恩配言　见恩伦

恩庆(戍卒)　1889.8.24,8.
　25,9.28

恩庆(厢蓝旗满洲马甲)
　1898.11.9

恩荣甫　见恩厚

恩瑞(郭什哈)　1898.3.1,
　4.26

恩世兄(广寿哲嗣)　1884.
　12.3;1885.5.19

恩世兄　1898.5.28

恩首郡　见恩霖

恩顺(恩子澄/同馆,光绪九年
　翻译进士、翻译庶吉士)
　1885.4.23;1886.7.28

恩同乡　见恩霖

恩文甫　1885.1.9

恩相国　见恩承

恩祥(恩露芝、恩露兄/通家、
　太史、庶常,光绪十五年己丑
　翻译进士改庶吉士,翰林院
　编修)　1885.2.6,6.7;
　1889.1.31,2.2,7.24,8.
　31;1890.2.1;1898.2.15,2.
　21,2.22,2.28,3.4,3.28,4.
　20,4.21,4.24,5.7,5.9,5.
　11,5.12,5.24,5.28,6.10,
　6.11,6.24,6.28,6.29,7.1,
　7.2,7.3,7.5,7.29,7.30,7.
　31,8.7,8.12,8.24,8.26,9.

9,9. 14,9. 30,10. 4,10. 26,
11. 2,11. 7,12. 17

恩孝廉(刘营清书委员)
1885. 4. 29

恩绪(领催)　1898. 11. 9

恩绪(折差、郭什哈)　1898.
1. 28,2. 5,2. 8,3. 14,3. 26,
8. 12,10. 24

恩巡捕　见恩广

恩耀珊(友人)　1898. 5. 9,5.
28,11. 2

恩耀亭(姻侄)　1890. 5. 22

恩益堂(友人)　1885. 6. 7

恩营总　见恩纶

恩佑(承子锡大世兄)　1885.
10. 27

恩雨三　见恩霖

恩雨三　见恩泽

恩雨亭(友人)　1898. 10. 17

恩泽(恩雨三/署乌鲁木齐领
队大臣、吉林乌拉副都统、晖
春副都统、署吉林将军、黑龙
江将军、军帅、都护、同乡)
1884. 12. 18;1885. 2. 4;
1886. 12. 9;1887. 2. 16, 8.
9;1889. 3. 4, 7. 20, 10. 15;
1890. 3. 1;1898. 2. 13,6. 14,

7. 11,9. 4,9. 5,9. 6,10. 12,
10. 14,10. 24,11. 4

恩泽生(友人)　1898. 5. 11

恩治(马甲)　1898. 11. 9

恩仲涵(友人)　1898. 5. 9,5.
28,11. 2

恩子澄　见恩顺

鞥克(札盟阿王旗下)　1889.
4. 21

鞥克巴雅尔泰(公中佐领)
1898. 12. 13

鞥齐那逊(卡兵)　1890. 4. 1

儿　见桂鹏

儿鹏　见桂鹏

儿媳　1885. 11. 8

F

法福哩(法郭什哈、法贴写/折
本处贴写、郭什哈)　1898.
1. 27,3. 1,3. 31,4. 26,4. 27,
6. 9,6. 13,6. 21,6. 29,7. 6,
7. 13,7. 20,7. 29,8. 6,8. 7,
8. 11,9. 20;1899. 1. 4

法郭什哈　见法福哩

法克绅布(厢黄旗满洲步甲)
1898. 12. 27

法贴写　见法福哩

樊桂(侍御)　1898. 7. 17

樊荣(家丁)　1898.4.22,5.9

樊通(归化商民)　1889.10.2

范得胜　见范德胜

范德胜(科城把总)　1889.5.
9,5.15;1890.3.27

范述(范速/烈义菜园商民、义
烈园、前递解回籍之犯、解
犯、逃犯)　1887.3.13,3.
16,3.19,3.22,6.24,6.25

范速　见范述

范巡捕　见范元

范永珍(商民)　1887.12.9

范元(范巡捕)　1887.9.5;
1889.4.11,6.4,8.26,10.8,
10.9,10.23,11.1,12.7;
1890.1.17,5.5,10.2

方秉钧(会宁县令)　〈1885.
11.16〉

方建华　1885.4.15

方逵　1886.11.7

方午桥(榆次首令)　〈1885.
12.25,12.26,12.27〉;1887.
9.17

费巡捕　见费永昌

费永昌(亲兵、巡捕、郭什哈)
1886.5.21,5.22,5.26,6.
21,7.23,7.25,8.24,8.29,

9.11,11.30,12.8;1887.1.
13,1.25,6.2,8.7,8.9,9.5,
9.7,9.18,9.22,9.23,9.30,
10.24;1889.2.1,2.23,4.
20,6.3,6.4,6.7,7.13,7.
15,7.19,8.2,8.21,9.7,9.
9,9.18,11.10,12.23;
1890.1.9,3.10,4.15,4.25,
4.26,4.29;1898.11.5

芬车(芬三哥、芬三兄、芬馀
亭、芬馀庭、镶红旗护军统
领、銮仪卫銮仪使、镶黄旗满
洲副都统)　1887.7.18,12.
28;1889.7.1;1890.1.9;
1898.5.9,9.7,11.2

芬馀亭、芬馀庭　见芬车

芬三哥、芬三兄　见芬车

丰参领　1887.4.13

丰鹤亭(友人)　1898.6.25,
10.5

丰厚庵　见丰绅图

丰厚巷　见丰绅图

丰厚斋　见丰升阿

丰丽泉(同寅)　1889.6.20,
7.4

丰烈(内阁学士、宗室)
1890.5.5

丰绅图(丰厚庵、丰厚巷/正白
　旗佐领)　1886.5.23,5.24,
　6.2;1898.4.15,5.20,5.22,
　5.23,5.24;1890.6.27
丰升阿(丰厚斋/统领、已革副
　都统,镶白旗汉军副都统、革
　职随营效力、发往军台效力、
　库伦办事大臣)　1886.12.
　30;1887.3.2,11.24;1889.
　3.17,7.20,7.31;1890.3.
　10;1898.12.20;1899.1.8
枫臣、枫兄　见王可升
冯保甲　见冯森楷
冯兵目　见冯亨铨
冯都阃　1885.2.11
冯高峰　见冯森楷
冯光遹(冯仲梓/同年,同治十
　三年甲戌科进士,福建学政、
　广东雷琼道)　1887.8.9;
　1898.5.10
冯郭什哈　见冯亨铨
冯亨铨(营卒、郭什哈、兵目)
　1886.10.6,10.26,12.13;
　1887.1.24,1.25,12.28;
　1889.5.28,6.4,6.5,6.6,6.
　10,6.30,7.2,7.3,7.18,7.
　22,8.7,8.17,8.19,8.20,9.

6,9.9,9.18,10.21,10.29,
　11.11,12.7;1890.1.22,2.
　8,5.15;1898.9.6
冯亨镒(车辕巡捕)　1887.5.
　1,9.27;1889.8.25,9.5,10.
　3,12.26;1890.3.30,4.3
冯起增(托克湍跟役)　1890.
　3.24
冯森楷(冯高峰、冯保甲/保甲
　局员、署理哈密厅通判、署
　倅)　1884.12.12;1885.2.
　11,6.15,8.7,8.8,8.15,8.
　16,9.12,9.15,9.19,9.20,
　9.21,9.23,〈9.21,9.29〉;
　1886.9.30;1887.2.13;
　1889.12.5
冯升(候审人犯、待质病犯)
　1885.6.5,6.8
冯委员　见冯森楷
冯文星(进士)　1889.7.24
冯巡捕　见冯亨镒
冯玉(遣撤回营兵丁)　1889.
　5.5
冯仲梓　见冯光遹
冯倅　见冯森楷
凤差员　见凤鸣
凤翠堂　见凤秀

凤鸣(凤竹冈、同年,同治十三年甲戌科进士,内阁学士) 1889.9.1

凤鸣(候补骁骑校、差员) 1898.2.28,3.7,3.10,3.12,4.6,6.2

凤喜(壬午通家) 1885.12.1,12.4

凤秀(凤翚堂/阁学,内阁学士、盛京兵部侍郎) 1885.7.12

凤英(折本处贴写) 1898.6.9,6.16

凤竹冈　见凤鸣

佛尔恭额(正白旗满洲马甲) 1898.11.9

孚会(孚亦兰、孚监督,张家口税务监督、宗室) 1898.1.25,1.26,1.27,1.28,2.8,2.9,5.9,5.18,5.19,5.28,5.31,11.2

孚辑庭(友人) 1898.2.13

孚监督　见孚会

孚亦兰　见孚会

福大哥　见福东泉

福东泉(福大人、福大哥) 1886.7.18;1887.1.7,7.18,12.28;1889.7.1;1890.1.9

福观察　见福裕

福贵臣(世兄) 1890.6.16,6.17

福厚庵(同乡) 〈1885.12.18〉

福价　见杨福

福价　见周福

福价(杨福或周福) 1885.9.12,10.1,10.13,11.6,〈11.24,12.7,12.19;1886.1.5〉

福魁(同乡) 1885.3.6

福锟(福箴亭、福协揆、福摄相、福中堂,咸丰九年进士,协办大学士、武英殿总裁、户部尚书) 1886.10.29,11.2;1887.7.18;1889.7.1;1890.1.9

福灵阿(彭盛斋侄世兄) 1890.6.14

福润泉(师爷) 1884.4.24,6.21

福摄相　见福锟

福世叔 1885.2.6

福绥庭　见福兴

福协揆　见福锟

福馨圃(新任阿拉克鄂博卡侍卫) 1890.5.22

28,6. 11,11. 2

刚中丞　见刚毅

岗台吉　1886. 11. 30

高搏九　见高万鹏

高崇基（高方伯/广东方伯,广
东布政使、广西巡抚）
1888. 2. 5;1889. 4. 16

高方伯　见高崇基

高福（遣撤回营兵丁、木工）
1887. 4. 16,6. 26,6. 30,7.
28,8. 18,9. 13,11. 30;1888.
1. 16,1. 19,2. 5;1889. 2. 18,
3. 7,3. 8,3. 9,3. 10 ,3. 11,
5. 5,8. 4,8. 5,8. 9,12. 29,
12. 30;1890. 1. 1,1. 15 ,5. 2

高锦（步兵）　1886. 12. 14;
1889. 5. 21;1890. 4. 30,5. 9

高理臣　见高燮曾

高连云（效力）　1889. 6. 4;
1890. 3. 28,4. 1

高连仲　1889. 4. 7,5. 5

高木工　见高福

高万鹏（高搏九/前辈,同治七
年进士,顺天府府尹、湖南布
政使）　1887. 9. 28;1889. 3.
14,3. 30,4. 6,4. 7,4. 8,5.
15,5. 27,6. 6,6. 10,8. 27,9.

6, 10. 23, 11. 11, 12. 23;
1890. 3. 6

高文轩（通州）　1898. 6. 19,
7. 15,9. 9

高祥（病故步兵）　1886. 10. 5

高燮曾（高理臣/同年、给谏,
同治十三年甲戌科进士,山
西学政、兵部掌印给事中）
1887. 3. 2,11. 5;1898. 6. 30

高仲瀛（友人）　1898. 10. 24

高宗纯皇帝　见乾隆

戈赐福（马兵）　1889. 10. 22;
1890. 2. 18

哥洛岸（美人）　1898. 4. 20

格洪额　见格鸿额

格鸿额（折本处贴写）　1898.
6. 9,6. 16,7. 2,7. 10,7. 18,
7. 29,8. 11

格里根（三盟达噜噶）　1889.
6. 6

格里克纳（三盟）　1889. 12. 7

格里克札木苏（护军校）
1898. 5. 24

格隆布彦阿尔毕济胡（慈庆寺
达喇嘛）　1898. 12. 13

格隆根敦达什　1887. 7. 18

格隆凌楚克（杜尔伯特亲王旗

赓翼长　见赓吉图

赓音纳（庚音纳/笔政、西口饷
　差巡捕）　1886. 10. 12；
　1889. 8. 23

耿工（缝人）　1885. 1. 23

恭邸　见奕訢

恭军帅　见恭镗

恭寿（恭问松/署川督，光绪十
　七年至二十四年任成都将
　军，二十三年、二十四年兼署
　四川总督）　1898. 6. 30

恭镗（恭振夔、恭军帅/权嫩江
　帅篆、同乡、杭州将军，乌鲁
　木齐都统、西安将军、黑龙江
　将军、杭州将军）　1884. 6.
　20, 6. 21, 6. 23；1885. 9. 5；
　1886. 7. 28；1887. 1. 16, 7.
　12, 10. 19, 10. 22；1889. 3.
　14, 7. 30

恭问松　见恭寿

恭振夔　见恭镗

恭忠亲王　见奕訢

巩木工　见巩庆有

巩庆有（亲兵、郭什哈、木工）
　1889. 7. 10, 9. 8, 9. 18, 12.
　15；1890. 1. 15, 4. 4, 5. 2, 5.
　6, 5. 7, 5. 9

贡嘎保（达里岗崖羊群牧长）
　1898. 11. 11

贡格（察哈尔镶红旗骁骑校拟
　陪）　1898. 12. 27

贡果尔　1898. 4. 27

贡果尔札布（三盟）　1889.
　2. 15

古四　1898. 4. 22, 5. 9, 12. 2

谷曾　见谷增

谷琮（商民）　1887. 5. 20

谷式　见廖寿丰

谷似　见廖寿丰

谷四（家人）　1898. 11. 2

谷增（谷曾/兵目、营卒、郭什
　哈、西辕草厂巡捕）　1888.
　1. 30；1889. 3. 11, 5. 16, 5.
　17, 6. 4, 6. 6, 9. 13, 10. 2, 10.
　4, 10. 5, 11. 21

固什迈勒（俄人）　1889. 9. 22

固西迈（俄人）　1889. 3. 13

故帅　见杜嘎尔

顾天佑（郭什哈、营卒）
　1886. 10. 26；1887. 6. 13, 9.
　30；1888. 1. 10；1889. 4. 15,
　6. 4, 6. 11, 7. 1, 7. 20, 12. 7

顾占元　1887. 7. 8, 7. 11；
　1889. 6. 6；1890. 1. 19

广寿(广敏达、广天官老夫子、广师/咸丰九年翻译进士,同治十三年翻译会试正考官、吏部尚书、国史馆正总裁)
1884. 11. 21,12. 3,12. 7;
1885. 5. 19 ,6. 28;1886. 9.
17,11. 10;1890. 5. 23

广天官老夫子　见广寿

广心翁(友人)　1885. 5. 8

广姻祖　1885. 2. 6

广元(大马群笔政、主政)
1898. 2. 14,2. 18,3. 30,4. 3,
6. 20,6. 21,6. 30,8. 2,10. 12

广芝轩(友人)　1898. 5. 9,5.
28,11. 2

广忠(广厚田/世叔、正黄旗汉都统)　1889. 7. 1;1890. 1.
9;1898. 5. 9,9. 8,11. 2

广主政　见广元

贵臣　见福贵臣

贵恒(贵坞樵、贵将军、贵军帅、坞樵/定边将军、定边军帅、前辈,同治十年进士,光绪二十三年十一月至二十四年九月任乌里雅苏台将军)
1889. 8. 31;1898. 5. 13,5.
22,5. 23,5. 24,5. 25,5. 27,
5. 28,5. 29,5. 30,6. 14,6.
16,6. 30,7. 28,7. 29,8. 3,8.
16,8. 23,8. 28,9. 18,9. 25,
10. 6,10. 9,10. 11,10. 12,
10. 14,10. 15,10. 22,12. 23,
12. 24,12. 25

贵将军　见贵恒

贵军帅　见贵恒

贵廉(科城回绥笔政)　1887.
3. 9

贵坞樵　见贵恒

贵先五(同僚)　1885. 2. 6;
1886. 12. 20

贵贤(贵喆生、同年,同治九年庚午科举人,吏科给事中)
1887. 3. 28;1889. 7. 24

贵兴(戌卒)　1889. 8. 24,8.
25,9. 30

贵喆生　见贵贤

桂斌(桂文圃、桂/礼部员外郎、礼曹、契友、同砚,礼部员外郎、礼部郎中、候补四品京堂、光禄寺卿、库伦办事大臣)　1884. 10. 7,10. 28,12.
18;1885. 2. 6,4. 17,5. 8,5.
26,6. 7,9. 15,11. 8,11. 25,
〈12. 27〉;1886. 6. 22,10.

26, 10. 31, 11. 4, 11. 10;
1887. 1. 12, 1. 21, 2. 21, 2.
28, 4. 6, 4. 29, 5. 27, 6. 17, 8.
9, 10. 24; 1889. 2. 12, 5. 23,
8. 27; 1890. 1. 27, 4. 20, 5.
26; 1898. 5. 9, 5. 28, 11. 2

桂谷香　1884. 9. 24

桂连(桂馨山/翰林院孔目)
1898. 6. 9, 6. 10, 6. 11, 6. 24,
6. 29, 7. 2, 7. 29, 8. 5, 8. 6,
10. 26

桂莲舫　见桂清

桂鹏(小儿、儿鹏)　1884. 9.
16, 10. 7, 11. 9, 11. 11, 12.
18, 12. 23, 12. 24; 1885. 1.
29, 2. 6, 3. 2, 3. 12, 3. 16, 3.
17, 3. 20, 3. 29, 4. 17, 4. 23,
5. 4, 5. 6, 5. 9, 5. 19, 5. 25, 5.
26, 5. 28, 6. 1, 6. 7, 6. 8, 6.
24, 7. 9, 7. 19, 8. 14, 9. 4, 9.
10, 9. 15, 9. 21, 11. 8,
〈1886. 1. 1, 1. 6, 1. 8〉;
1886. 5. 16, 5. 17, 5. 25, 6. 2,
6. 6, 6. 17, 7. 28, 8. 4, 8. 16,
9. 2, 9. 23, 9. 30, 10. 8, 10.
26, 10. 30, 11. 4, 11. 30, 12.
14, 12. 20, 12. 21, 12. 22, 12.

24; 1887. 1. 12, 2. 14, 2. 21,
2. 22, 2. 23, 3. 2, 3. 3, 3. 6, 3.
23, 4. 13, 4. 14, 4. 16, 4. 23,
5. 10, 5. 24, 5. 27, 5. 30, 6.
13, 6. 14, 6. 17, 6. 20, 7. 10,
7. 18, 7. 22, 8. 9, 8. 10, 9. 7,
9. 18, 10. 2, 10. 22, 10. 24,
11. 26, 12. 10, 12. 12, 12. 28;
1888. 1. 4, 1. 11; 1889. 2. 2,
2. 12, 3. 2, 4. 6, 4. 16, 4. 17,
5. 2, 5. 4, 5. 10, 5. 11, 5. 13,
5. 14, 5. 23, 6. 5, 6. 10, 6. 12,
6. 13, 6. 17, 7. 1, 7. 5, 7. 12,
7. 24, 7. 30, 8. 27, 8. 31, 9. 9,
9. 18, 10. 10, 11. 5, 11. 6, 11.
11, 11. 26, 12. 17, 12. 23,
12. 24; 1890. 1. 9, 1. 27, 2.
14, 2. 23, 2. 24, 3. 9, 3. 15, 3.
27, 4. 20, 5. 5, 5. 24, 5. 26, 6.
19, 6. 21, 6. 30, 7. 3

桂清(桂莲舫/师,咸丰二年翻
译进士,同治十二年翻译正
考官,光绪五年去世)
1887. 3. 2

桂师母　1898. 5. 9, 11. 2

桂亭、桂庭　见维庆

桂文圃　见桂斌

桂五云　见桂祥

桂祥（桂五云、参谋桂/库伦大
　臣、同乡，光绪七年至九年任
　乌里雅苏台参赞大臣、库伦
　办事大臣）　1884. 12. 24；
　1885. 3. 15, 7. 8；1886. 10.
　22；1887. 7. 28；1889. 9. 1；
　1890. 4. 17

桂祥（桂瀛洲/慈禧太后之弟）
　1887. 7. 18, 12. 28；1889. 7.
　1；1890. 1. 9；1898. 5. 9, 5.
　28, 11. 2

桂馨山　见桂连

桂一枝（察哈尔官员）　1898.
　4. 20, 5. 9, 5. 17, 5. 23, 6. 3,
　6. 4, 6. 19, 8. 20, 8. 21

桂瀛洲　见桂祥

桂月亭（通家）　1885. 5. 19,
　5. 26；1887. 6. 17

桂芝延（桂芝岩、桂转道/管理
　赛尔乌苏官员）　1887. 5.
　11, 7. 18, 9. 16, 11. 24, 11.
　27；1888. 1. 3, 1. 25；1889. 2.
　12, 3. 1, 4. 18, 5. 1, 5. 24, 6.
　17, 7. 1, 7. 18, 7. 21, 8. , 9. 8,
　9. 25, 10. 10, 10. 30, 12. 18,
　12. 29；1890. 1. 5, 3. 14, 5.

23, 5. 29, 5. 30

桂芝岩　见桂芝延

桂转道　见桂芝延

棍布（察哈尔厢黄旗骁骑校）
　1898. 4. 27

棍布（蒙卒）　1889. 8. 23

棍布（三盟逃犯）　1889. 12. 4

棍布札布（补放兵缺）　1887.
　12. 12

棍布札布（蒙卒）　1887. 7. 5

棍布札布（三盟）　1889. 3.
　29, 5. 1；890. 1. 19

棍布札布（三盟贼犯）　1889.
　4. 24

棍布札布（三盟札雅班弟达格
　根）　1890. 1. 19

棍楚克（察罕托罗海章盖、头
　台章盖）　1890. 6. 14, 6. 16,
　6. 18

棍楚克（三盟达噜噶）　1889.
　4. 14

棍楚克（三盟贼犯）　1889.
　6. 23

棍楚克（头台委章盖）　1898.
　8. 16

棍楚克札布（三盟驻班协理台
　吉）　1886. 11. 27

棍公（札盟）　1889.12.26

棍苏伦札布（哈尔呢敦台吉）
　1888.2.8；1890.1.2；1.16

棍台吉（札盟）　1886.11.30

棍太尉公爷　1884.10.7

棍王（科城）　1887.7.12

郭存礼（差员）　1887.9.28

郭恩（商民）　1889.10.19

郭和（遣撤回营兵丁）　1889.
　5.5

郭俊（农民）　1887.5.11

郭俊光　1884.8.20

郭勒敏（精锐营马队练兵）
　1898.8.21

郭勒敏（右翼蒙古委前锋）
　1898.11.9

郭勒敏色（步甲记名）　1898.
　4.28

郭恩第（郭曼生，同年，同治九
　年庚午科举人）　1887.5.27

郭曼生　见郭恩第

郭明（营卒）　1889.10.20,
　10.27

郭明春（兵丁）　1887.7.23；
　1889.5.5,5.21

郭蒲（归化大盛公商民）
　1889.3.26

郭奇松阿（正黄旗满洲马甲）
　1898.11.9

郭仁阿（蒙古学生）　1898.
　11.11

郭商（大盛魁商人）　1887.8.
　26；1890.5.3

郭商（天义德商人）　1887.
　8.26

郭世德（效力民丁）　1889.
　8.3

郭世亮（营卒）　1889.10.22

郭世珍（马兵）　1887.8.18

郭寿峰（巨商）　1890.5.13

郭信（郭什哈）　1886.6.26,
　6.27,8.29；1887.9.30

郭振雄（郭什哈）　1889.8.2；
　1890.5.5

郭子禄　见郭自禄

郭自禄（步兵、马兵）　1886.
　8.1,12.14；1889.2.21,9.
　16,10.17,10.22

国静侯（司员）　1898.2.10,
　3.24

国俊（国伟人/军帅、西安将
　军）　1898.1.22,7.3,10.17

国仁（外甥）　1886.12.20

国伟人　见国俊

果领队　见果权

果权(果同乡、果领队/锡伯领队)　1885.2.2,6.10,9.16；1888.2.8；1889.2.28,6.24

果帅　见杜嘎尔

果帅夫人　见杜嫂夫人

果亭　见杜嘎尔

果同乡　见果权

果兄　见杜嘎尔

H

哈达哈(防御、绥远骁骑校)　1886.9.12,11.10；1889.3.20

哈当阿(折本处帖写)　1898.6.9,6.12,6.19,6.28,7.6,7.14,7.22,7.29,8.10,11.10

哈进禄(黄芦冈)　1884.9.2

哈勒塔尔(章京)　1886.6.20

哈礼森(美人)　1898.9.2

哈士(美人)　1898.9.2,9.4

哈苏图(折本处贴写)　1898.6.9,6.14,6.22,6.30,7.7,7.14,7.21,7.28,7.29,8.11

哈图(委前锋)　1898.11.9

海公见海年

海凌阿(依苾臣从堂弟)　1898.7.31

海年(海寿彭、海公、海正使/三音诺彦祭差正使)　1898.2.28,3.1,3.2,3.3,3.7,3.8,3.11,4.14,5.4,5.9,5.10

海寿彭　见海年

海正使　见海年

含章　见玉璞

韩葆田(商民)　1890.3.2

韩国秀(明辕差弁)　1885.10.1

韩庖人　见韩兆元

韩同骥　1898.4.22,5.9,7.7

韩同蹇　1898.4.22,5.9,8.11,11.2

韩旭阳(镇西厅同乡)　1885.5.3,6.13

韩兆元(韩庖人)　1887.8.25,8.27；1889.5.21,6.4；1890.1.13,1.20,2.1,2.15,2.24,2.26

韩肇元　见韩兆元

韩珍富(商民)　1886.9.15

韩振富(商民)　1887.12.12

韩正凯　见韩正恺

韩正恺(韩正凯/商民)

1889.2.24；1890.2.17

罕达多尔济　见罕丹多尔济

罕丹多尔济（罕星岩、罕台吉、
　星岩、罕达多尔济/车藩孙世
　兄）　1886.7.30，7.31，8.1；
　1887.1.13，1.15，1.23，4.
　14，4.17，4.21，4.25，4.30，
　5.1，5.2，5.3，5.4，5.5，5.6，
　5.7，5.9，9.26；1889.1.31，
　2.20，2.22，6.18，10.3，10.
　6，10.8，10.9，10.11，10.12，
　10.18，10.26，11.4，11.18，
　12.2，12.19；1890.1.8，1.9，
　1.14，1.20，1.21，1.27，2.4，
　2.10，2.20，3.2，3.12，3.16，
　3.25，3.29，4.5，4.8，4.15，
　4.18，4.21，4.23，5.1，5.7，
　5.10，5.13

罕清如　见罕清儒

罕清儒（罕清如/大营满营务
　委员）　1884.9.13；1885.1.
　28，2.27，4.23，4.24，6.14，
　9.19；1886.7.5；1887.2.12，
　11.4，11.19；1889.3.29

罕台吉　见罕丹多尔济

罕星岩　见罕丹多尔济

汉武侯　见诸葛亮

翰卿　见文明

翰章　见文翰章、玉璞

瀚泉　见奎英

郝崇（营兵、郭什哈）　1886.
　8.29；1887.8.2，8.17，9.30，
　12.3；1888.1.7；1889.6.4，
　6.8，9.7；1890.1.21

郝郭什哈　见郝子英

郝明（委员）　1889.8.1，8.
　21，10.21，11.1

郝皮匠　1889.9.29

郝铁匠　1889.2.18，2.25，3.9

郝先超（协戎）　1884.6.23；
　1885.9.21

郝协台　见郝先超

郝永恩（营卒）　1889.4.15，
　7.1；1890.1.26

郝涌思（营卒）　1889.6.4

郝子英（亲兵、郭什哈）
　1886.6.26，7.8，7.30，8.29，
　11.4，12.12；1887.1.2，1.6，
　1.12，4.9，4.12，4.23，7.23，
　8.18，9.18，9.30，11.26；
　1888.1.17；1889.2.1，2.23，
　2.28，3.11，3.28，4.2，4.5，
　5.1，5.5，5.26，5.28，6.4，7.
　3，7.5，7.30，8.27，8.28，8.

29,9. 3,9. 4,9. 6,9. 27,9.
30, 10. 31, 11. 4, 11. 26；
1890. 1. 11,1. 20,3. 27,4. 4,
4. 27,4. 29,5. 9,5. 12,6. 7,
7. 2；1898. 4. 22,5. 9,11. 2

合笔政　见合色本

合色本（合寿昌、合笔政、合寿
岩、寿岩/笔帖式、乌里雅苏
台内阁笔政、理藩院委署主
事、户部委署主事、户部帮办
主事）　1886. 8. 20,8. 21,8.
30,9. 8,9. 19,10. 14,11. 7,
11. 13,12. 9,12. 29；1887. 1.
8,1. 16,4. 17,5. 2,5. 3,5. 4,
5. 5,5. 6,5. 7,5. 8,5. 9,5.
10,5. 11,5. 12,5. 13,5. 14,
5. 15,5. 16,5. 17,5. 19,5.
20,5. 22,5. 24,5. 25,5. 26,
5. 27,5. 28,5. 29,5. 30,5.
31,6. 1,6. 2,6. 4,6. 5,6. 6,
6. 7,6. 8,6. 9,6. 11,6. 15,6.
17,6. 18,6. 19,6. 20,6. 22,
6. 23,6. 24,6. 27,6. 29,6.
30,7. 1,7. 5,7. 6,7. 7,7. 9,
7. 11,7. 12,7. 13,7. 14,7.
15,7. 18,7. 19,7. 20,7. 21,
7. 23,7. 25,8. 4,8. 5,8. 6,8.

15,8. 16,8. 17,8. 18,8. 20,
8. 21,8. 23,8. 24,8. 26,8.
28,8. 30,8. 31,9. 2,9. 4,9.
5,9. 6,9. 7,9. 8,9. 9,9. 10,
9. 11,9. 12,9. 14,9. 15,9.
16,9. 17,9. 19,9. 20,9. 21,
9. 22,9. 23,9. 30,10. 5,10.
7,10. 8 ,10. 9,10. 10,12. 4,
12. 11,12. 25,12. 28,12. 29；
1888. 1. 5,2. 4,2. 5,2. 11；
1889. 3. 16,3. 21,4. 11,4.
27,5. 16,5. 17,5. 24,5. 31,
6. 4,6. 5,6. 6,6. 29,8. 28,9.
7,9. 15,9. 16,9. 17,9. 21,9.
25,10. 1,10. 3,10. 5,10. 8,
10. 9,10. 13,10. 15,10. 16,
10. 17,11. 12,11. 18,11. 20,
11. 24,11. 25,12. 2,12. 3,
12. 4, 12. 6, 12. 11, 12. 13,
12. 16,12. 20,12. 25,12. 27,
12. 29；1890. 1. 4,1. 5,1. 8,
1. 9,1. 10,1. 12,1. 14,1. 15,
2. 14,2. 24,2. 25,2. 27,3. 5,
4. 20；1898. 6. 28,7. 22,8.
27,10. 9,10. 10,10. 11

合色本（合锡三、锡三/乌城兵
部笔政）　1886. 7. 4,9. 18；

3. 19

和克庵(同年)　1884. 6. 15,
　6. 21,7. 4,9. 7,10. 21;1885.
　1. 9,1. 22,7. 4,10. 1;1887.
　2. 21,3. 28,4. 2

和圃　见金顺

和卿　见英煦

和侍卫　见和尔崇额

和帅　见金顺

和砚田　见霍顺武

和允修(同年)　1887. 1. 12,
　5. 27

和斋(六堂弟、和弟)　1898.
　2. 16,3. 9,3. 11,5. 2,5. 9,5.
　30,5. 31,6. 22,7. 3,7. 4,9. 3

贺庆魁(归化商民)　1890.
　3. 5

黑孩娃(缠回)　1885. 9. 16

黑洛(美人)　1898. 9. 2

黑通事　1889. 2. 28,9. 30

黑娃子(园丁)　1885. 7. 12,
　8. 14

恒斌(世龢、恒世龢、恒士龢/
　孝廉通家)　1885. 2. 6,3.
　16,4. 23,5. 8,5. 19,5. 26,9.
　15, 9. 17;〈 1886. 1. 8 〉;
　1886. 5. 16;1887. 1. 21,4.

21;1888. 1. 11;1889. 12.
23;1890. 1. 5,1. 9,2. 1,4.
20, 7. 3;1898. 5. 9,5. 28,
11. 2

恒甫　见志兴

恒姑母　1898. 5. 9

恒姑太爷　1898. 11. 2

恒姑丈　见恒晓岩

恒继和　见恒继龢

恒继龢(恒继和)　1885. 2. 6,
　11. 8;1886. 5. 16

恒介眉　见恒寿

恒明(恒月舫/乌里雅苏台参
　谋、前任大臣、同乡、参谋恒,
　光绪九年至十一年任乌里雅
　苏台参赞大臣、伊犁察哈尔
　领队大臣)　1884. 12. 13;
　1885. 3. 9,6. 29,〈12. 26〉;
　1886. 7. 7, 9. 25, 10. 22;
　1887. 7. 28;1890. 4. 17

恒士龢、恒世龢　见恒斌

恒世五(友人)　1884. 12. 18

恒寿(恒介眉、恒佐领/厢黄旗
　佐领、左翼署协领)　1898.
　2. 18,4. 13,4. 18,5. 2,5. 24,
　7. 1,7. 11,7. 16,7. 19,8. 12,
　9. 6,9. 29,10. 13

1898. 7. 13

胡笑山（同乡）　1885. 5. 19；
1887. 3. 23

胡燏棻（胡云楣/同年，同治十
三年甲戌科进士，候补侍郎、
总理衙门行走）　1898. 2.
17，9. 25

琥巴（三盟）　1886. 10. 28

花都阃　〈1885. 10. 30〉

花兰斋（世叔）　1885. 2. 6；
1886. 12. 20；1887. 3. 2，3. 23

花连布（折本处贴写）　1898.
2. 20，6. 9，6. 14，6. 21，6. 30，
7. 8，7. 16，7. 29，8. 11

花连泰（前锋）　1898. 12. 13

花林（年满笔帖式）　1898.
12. 13

怀清　见曾铢

怀绍先　见怀塔布

怀塔本（马甲）　1898. 11. 9

怀塔布（怀绍先、绍先/总兵、
太宁镇军、总宪、内务府大
臣、同乡，泰宁镇总兵、盛京
礼部侍郎、都察院左都御史、
总管内务府大臣）　1884.
11. 9；1885. 1. 7，1. 26，2. 6，
4. 23，5. 4，7. 12，10. 7；1886.

10. 19；1887. 4. 2，5. 18，7.
24，12. 30；1889. 4. 28，5. 27，
10. 10；1890. 1. 9，3. 27；
1898. 4. 11，5. 9，5. 28，8. 12，
9. 30，11. 2

怀塔奉（章京）　1898. 3. 3，
5. 19

怀塔哈（左翼蒙古领催）
1898. 11. 9

怀塔泰（折差委官）　1898.
12. 13

怀同乡　见怀塔布

皇帝　见光绪

皇后（光绪皇后，即后来的隆
裕太后）　1889. 3. 9

皇上　见光绪

皇太后　见慈禧

皇太极（太宗文皇帝）　1884.
9. 27；1885. 9. 17；1887. 9.
21，9. 25；1889. 9. 3；1898.
9. 24

黄都阃　见黄清发

黄辅臣　见黄清发

黄光达（库车善后局道员）
1885. 6. 13

黄厚吾（黄协堂）　1884. 7.
11，7. 12；1889. 3. 29，7. 16；

1890.1.13

黄虎臣　见黄清发

黄金贵（果辕巡捕）　1887.4.
13；1889.4.17，5.18，5.25，
5.26，11.25；1890.5.6，5.9，
6.28

黄金祥（步兵）　1889.4.15，
7.29

黄清发（黄虎臣、黄辅臣、黄都
阃/新署本城都阃）　1885.
3.28，5.17，6.14，6.20，9.17

黄思永　1898.2.7

黄协堂　见黄厚吾

回王　见沙木胡索特

会东乔（友人）　1887.8.9

惠纯（惠/光绪十二年翻译进
士）　1886.7.28

惠廉（科城年满笔政）　1886.
10.22

惠鹏（云衢、惠侄/堂侄）
1898.6.26，7.3，7.5，7.7，7.
8，7.10，7.11，7.15，7.19，7.
21，8.11，10.12，10.31

惠寿农　见惠之番

惠心农（太守）　1887.2.28，
5.15，11.4；1888.1.25；
1889.4.28，7.30，11.16；

1890.3.27

惠之番（惠寿农/通家、老门
生）　1885.11.6，11.8，11.
10，12.4；1887.3.23

惠侄　见惠鹏

豁世叔　1885.7.19

霍尔洛（蒙古学生）　1898.
11.11

霍木工　1887.7.30，8.9，8.
13，8.14，8.18，8.21，8.23，
10.30

霍世叔　1887.9.28，10.21

霍顺武（霍砚田、和砚田、砚
田/故同年、伊犁别驾，同治
九年庚午科（1870）举人）
1884.9.7；1885.1.9，1.22，
5.22，7.4，8.23，10.2

霍通事　1884.11.18

霍砚田　见霍顺武

霍振川　1899.1.2，1.3，1.4

J

吉笔政　见吉杭阿

吉弁　见吉通

吉伯臣　1890.6.16，6.17

吉臣　见裕祥

吉迪之（同窗）　1885.2.6，
11.10；1886.5.16；1898.5.

9,5. 28,11. 2

吉尔达克拜(乌梁海人)
1890. 3. 15

吉尔噶拉(察克达兵)　1889.
9. 19

吉尔罕(笔奇业齐)　1886.
7. 31

吉福(吉介五/解马协领)
1886. 6. 30

吉福(吉绥之,同乡,阿拉克鄂
博卡伦侍卫)　1886. 5. 23,
5. 24,5. 25,6. 2,7. 17,7. 21,
7. 22,7. 23,7. 26,8. 9,8. 14,
8. 19,9. 28,10. 9,11. 16;
1887. 3. 31,4. 16,4. 17,6. 8,
6. 13,6. 20,6. 25,6. 28,7.
16,7. 17,7. 20,7. 31,8. 1,8.
19,10. 12,10. 14,11. 21,12.
4,12. 9,12. 13;1888. 1. 18;
1889. 3. 4,4. 24,4. 28,4. 29,
5. 9,7. 2,10. 13,10. 16,10.
17;1890. 1. 5,1. 7,1. 10,
1. 14

吉甫　见升允

吉公　见吉克济特多尔济(三
盟)、吉克蜜特多尔济

吉观察　见吉顺

吉杭阿(实斋/笔政,六品顶戴
委署笔帖式)　1886. 6. 26;
1887. 2. 27,4. 13;1889. 3. 3,
3. 4,6. 9,6. 12,7. 14,8. 11,
8. 18,12. 30;1890. 1. 3,1.
30,2. 7,3. 23

吉和(吉仲谦/光绪九年至十
四年任西安将军,光绪十五
年至二十二年任杭州将军)
1884. 11. 12,11. 30;1885. 4.
3,7. 12,10. 14,12. 1,12. 2,
12. 5,〈12. 6〉;1890. 5. 3

吉惠(防御)　1886. 11. 10

吉克吉(札盟贼犯)　1887.
4. 27

吉克吉特(三盟逃犯)　1889.
3. 19

吉克吉特(孳生厂兵)　1887.
3. 6

吉克吉特苏伦(察布丹章盖)
1886. 12. 3

吉克吉特扎布(头段管台参
领)　1886. 6. 4

吉克济特多尔济(三盟盟长吉
公、三盟吉公,三音诺彦部落
盟长公)　1886. 10. 24,11.
23;1887. 1. 21,5. 17,7. 18;

1889.5.17,5.31,6.4,6.13

吉克米特多尔济（哈沙图昆都）　1886.6.20,6.25

吉克蜜特多尔济（吉公/冬季吉厦将军、札盟副将军）　1886.10.26,10.27;1887.11.7,11.8,11.9,11.19,11.24,11.26,12.12;1889.4.26,4.27,10.25,10.27

吉克默特多尔济（章盖）　1890.5.23

吉克札布（车辕郭什哈）　1889.2.24

吉克札布（三盟特王旗下逃犯）　1887.4.5,6.6,8.4;1889.3.13

吉丽昆　见吉玉

吉连　见吉廉

吉廉（吉连/防御、杜辕巡捕）　1886.7.3,8.11;1887.4.29,9.5,11.15,12.3

吉鲁图（郭什哈）　1898.5.29

吉禄图　1898.1.30

吉明（郭什哈）　1898.5.29;1899.1.4

吉木布拉什（额外昆都）　1890.6.3,6.8

吉人　见安吉人、谦光

吉荣帆　见吉顺

吉厦阿王　见阿木噶巴札尔

吉厦车王　见车林多尔济

吉厦副将军车王　见车林多尔济

吉厦吉公　见吉克蜜特多尔济

吉厦三盟车王　见车林多尔济

吉实斋　见吉杭阿

吉顺（吉荣帆、吉观察、荣帆、吉荣弟、荣弟/口北道台、同乡,直隶口北道、广东高廉钦道）　1884.11.4;1885.3.23,8.11;1886.5.20,5.21,5.22,5.26,5.30,7.4,7.11,7.16,7.17,7.21,7.28,9.2,9.23,9.28,10.1,12.20;1887.1.21,1.22,2.21,2.25,2.28,3.2,3.27,4.26,5.3,5.4,5.22,5.28,6.20,6.26,7.13,7.18,7.20,7.24,8.9,8.10,8.12,9.16,9.18,10.4,10.22,10.24,12.28;1888.1.13;1889.2.1,2.2,2.5,2.12,3.1,3.2,3.17,4.17,4.18,5.10,5.25,6.4,6.6,6.10,6.15,7.1,7.24,8.

2,8. 12,8. 15,9. 6,9. 8,9.
13,9. 27,9. 28,10. 10,11. 5,
11. 10,11. 16,11. 26,11. 27,
12. 25,12. 26;1890. 1. 25,3.
10,3. 27,3. 28,3. 30,5. 17,
5. 24,6. 6,6. 19,6. 22,6. 28;
1898. 4. 26, 5. 17, 7. 11,
12. 30

吉绥之　见吉福
吉田　见沈应奎
吉通(吉巡捕、吉弁/满巡捕、
　委署骁骑校)　1886. 9. 14,
　9. 16,12. 7;1887. 1. 22,2.
　21,2. 25,4. 7,4. 9,4. 10,4.
　11,4. 12,4. 13,4. 19,4. 23,
　4. 27,4. 28,4. 29,5. 13,5.
　16,5. 30,6. 5,6. 26,8. 7,9.
　8,9. 18,9. 23,9. 26,9. 28,9.
　30,10. 5,11. 13,11. 14,11.
　15,11. 22,12. 9,12. 11,12.
　15;1888. 1. 26;1889. 3. 18,
　3. 29,4. 16,5. 2,5. 15,6. 4,
　6. 11,6. 14,6. 17,6. 23,7. 6,
　7. 18,7. 21,8. 23,8. 27,10.
　10, 11. 10, 11. 14, 12. 17;
　1890. 1. 26,2. 23,3. 9,3. 12,
　3. 13,3. 22,4. 1

吉瓦散保(正白旗羊群牧长)
　1898. 11. 11
吉巡捕　见吉廉、吉通
吉雅图(正红旗满洲马甲)
　1898. 11. 9
吉玉(吉丽昆、丽昆、吉章京、
　吉佐领、吉/户部章京、佐领,
　乌里雅苏台军营户部承办粮
　饷章京、户部承办主事)
　1886. 7. 5,7. 6,7. 12,7. 25,
　8. 23,9. 2,9. 5,9. 8,9. 11,9.
　16,9. 17,9. 18,12. 17;1887.
　1. 22,1. 24,2. 7,5. 29,6. 14,
　6. 24,7. 18,8. 26,9. 30,10.
　12, 11. 4, 12. 14, 12. 30;
　1888. 2. 4,2. 6,2. 11;1889.
　2. 18,3. 1,3. 27,4. 2,4. 4,4.
　28,5. 16,5. 17,5. 19,5. 20,
　5. 24,5. 27,5. 29,5. 31,6. 1,
　6. 2,6. 3,6. 4,6. 6,6. 9,6.
　20,6. 21,6. 28,6. 29,7. 4,7.
　5,7. 9,7. 19,7. 20,7. 23,7.
　24,7. 26,8. 20,8. 24,9. 5,9.
　7,9. 9,9. 12,9. 13,9. 15,9.
　16,10. 6,10. 7,10. 8,10. 9,
　10. 21,11. 17,11. 18,11. 20,
　11. 27,12. 8;1890. 1. 14,1.

金齐暹　见金奇暹

金奇暹（金凤楼，乌里雅苏台
　军营兵部额外笔帖式、署理
　索果克卡伦侍卫）　1886.
　10. 11,10. 19,11. 30;1887. 3.
　2,3. 9,4. 5,8. 26,9. 26;1888.
　2. 4;1889. 3. 9,7. 8,9. 1,9. 2,
　9. 6,9. 7,10. 17,10. 22,12.
　29;1890. 4. 15,4. 16,5. 5

金顺（金和圃、金军帅、金忠
　介/乌孙军帅,帮办新疆军务
　大臣、伊犁将军）　1884.
　11. 10,11. 14;1885. 1. 20,1.
　22,2. 21,4. 8,4. 11,4. 13,4.
　15,5. 11,6. 13,8. 15,9. 16,
　9. 28,〈12. 13〉;1886. 6. 30;
　1887. 2. 17,7. 18

金运昌（金景亭、金军门/乌鲁
　木齐提台、乌鲁木齐提督）
　1884. 7. 8,7. 9,7. 14,7. 18,
　7. 20,7. 22,7. 26,8. 1,9. 26,
　11. 4, 11. 14, 12. 8, 12. 9;
　1885. 1. 26,6. 8,9. 17

金珍亭（同乡、巴里坤领队）
　1884. 9. 24;1885. 1. 27,2. 4,
　2. 23,2. 24,2. 27,3. 8,3. 25,
　5. 3,9. 7,9. 15;1886. 9. 30;

　1887. 2. 13, 6. 30, 9. 29;
　1889. 2. 28,6. 24

金忠介　见金顺

津巴（锦巴/科属吐尔扈特台
　吉）　1887. 11. 16;1888.
　1. 11

锦巴　见津巴

锦丕勒（三盟盗马逃犯）
　1889. 9. 16

锦丕勒多尔济（锦王/三盟副
　将军、三盟锦王,三音诺彦部
　落郡王衔扎萨克多罗贝勒）
　1886. 7. 29;1887. 1. 23,4. 4,
　6. 16,7. 18,8. 11,8. 23,12.
　16;1888. 2. 11;1889. 3. 9,4.
　4,7. 22,8. 21,11. 12,11. 15,
　12. 4;1890. 1. 2,1. 12,1. 20,
　1. 23,2. 21,2. 26,3. 4,3. 6,
　3. 8,3. 12,3. 16,3. 19,4. 15

锦如　见文秀

锦王　见锦丕勒多尔济

荩臣　见瑞良、依崇阿

晋祺（克勤郡王、克王、克邸、
　克藩）　1886. 7. 18;1887. 1.
　7,7. 18, 12. 28;1889. 7. 1;
　1890. 1. 9,5. 24;1898. 1. 24,
　5. 9,6. 26,9. 19,11. 2

景星阶①（景星伯、景星叔/金
　吾、世叔、父执）　1884.10.
　7,10.30;1885.2.6,5.19,5.
　26,6.7;1886.8.4,11.10;
　1887.1.12,6.20,12.28
景星叔　见景星阶
景秀（景漪风/科城京差主政）
　1887.11.30
景一峰（科城部院）　1889.
　10.21,10.22,12.17,12.27;
　1890.1.11,2.8,2.9,2.12,
　5.11
景永升（字识）　1887.5.8
景月汀　见景星
景云（独石口骁骑校）　1898.
　4.27,5.24
敬甫　见谭继洵
敬堂　见文光
敬信（敬子斋/礼部右侍郎、礼
　部左侍郎、户部尚书）
　1885.2.6;1887.3.23,10.
　22;1898.5.9,5.11,5.28,8.
　12,11.2
敬子斋　见敬信

静安、静庵　见定德
静村　见定安
静山　见雅尔坚
静亭、静庭　见札朗阿
静轩　见周道渊
镜泉　见明春
镜堂　见文光
镜兄　见明春
镜宇　见吕寰海
菊侪②　1889.4.23
菊如　见溥僙
钜辅　见那彦图
钜王　见那彦图
聚五　见奎荣
觉堂　见李樾
爵抚帅、爵抚院、爵帅　见刘
　锦棠
均甫　见施补华
俊亭　见明秀
俊亭（堂兄）　1898.5.9,5.
　28,5.30,5.31,7.3,7.4,
　7.13
峻峰　见容山
峻锋　见松椿

---

① 景星阶,疑即景瑞之字,未敢确认。
② 疑指英年,字菊侪。

峻斋　见永德

K

喀尔冲阿　1898.4.27

喀固斋(伊犁署额鲁特领队)
1887.2.21,4.2,6.30,11.8;
1889. 3. 24, 10. 15; 1890.
3.23

喀拉楚浑(折本处贴写)
1898.6.9,6.13,6.20,6.29,
7.7,7.15,7.23,7.29,8.11,
11.10

喀勒塔尔(章京)　1886.6.25

凯定(折本处贴写)　1898.6.
9,6.10,6.18,6.26,7.4,7.
12,7.20,7.29,8.10

凯祥(佐领)　1898.5.2

凯英(章京、防御)　1898.7.
31,8.5,8.15,8.24,8.25,9.
6,9.9

康熙(圣祖仁皇帝)　1884.
12. 29;〈1885. 12. 18〉;
1889.12.5

康有为　1898. 7. 27, 9. 30,
10.1

柯许连(兵卒)　1889.10.25

科科斌巴索福(俄商)　1890.
2.17

科凌阿(正红旗满洲马甲)
1898.11.9

科属达公　见达木定

可斋、可帅、可兄　见托克湍

克邸、克藩　见晋祺

克蒙额(克胜斋,军帅,绥远城
将军)　1887. 11. 24;1889.
2. 1, 3. 17, 5. 15, 6. 28, 10.
10;1890.1.26;1898.8.24

克什吉雅　1898.2.20

克什克吉尔嘎尔　见克什克吉
尔噶勒

克什克吉尔噶勒(克什克吉尔
嘎尔、克总管/库布苏库勒诺
尔乌梁海总管、东乌梁海总
管、唐努乌梁海五旗总管)
1886. 7. 19;1887. 1. 9,6. 7,
6. 8,7. 18;1889. 2. 17,6. 16,
6. 24, 7. 1, 9. 29, 11. 17;
1890.5.9

克什图(马甲)　1898.11.9

克丝子　1884.10.27

克苏尔(三盟尚卓特巴喇嘛)
1888.2.10

克瓦　见克瓦三保

克瓦三保(克瓦/三盟札雅班
第达胡图克图差喇嘛)

奎润(奎星斋/前辈,同治二年
满文进士,礼部尚书)
1887.12.28;1889.5.10,11.
5;1890.2.23

奎绍甫　见奎顺

奎顺(奎绍甫/甘肃甘凉道、西
宁办事大臣、同乡)
〈1885.11.11〉;1886.9.10;
1887.5.18,10.23;1889.3.
24,10.15;1890.3.23

奎同乡(精河粮员)　1885.
2.5

奎星斋　见奎润

奎秀峰(奎岫峰/礼曹、同窗、
同砚)　1884.10.7,10.28;
1885.11.8;1886.6.16,10.
26,10.31,11.4,11.10;
1887.2.28,4.26,10.7,10.
21;1889.2.2;1898.4.25,5.
9,5.28,5.30,5.31,7.5,8.
12,11.2

奎岫峰　见奎秀峰

奎英(奎瀚泉/世叔、归化城副
都统)　1889.2.19,2.22,5.
27,6.25,8.24,9.6,12.23,
12.28,12.31;1890.1.8,1.
9,1.19,2.1

葵卿　见文晖

魁帮办　见魁福

魁大臣　见魁福

魁德　见奎德

魁福(魁介臣、魁捷臣、魁帮
办/古城领队、科城帮办大
臣、科布多参赞大臣、同乡)
1885.2.5,6.8,9.13,10.14;
1886.9.26,12.25;1887.2.
10,2.13,2.20,4.27,5.21,
5.30,6.20,8.1,9.8,9.10,
9.25,9.27,9.29,11.21,12.
21,12.30;1888.2.7;1889.
9.1,9.6,9.9,9.10,9.11,
10.2,10.23,12.27;1890.1.
11,1.17,2.1,2.2,2.8,2.
20,2.26,3.28,4.1,4.4,4.
8;1898.6.11

魁光(次孙)　1889.4.16,
5.10

魁捷臣　见魁福

魁介臣　见魁福

魁庆(云尉/古城协领)
1889.2.28,4.5,9.5

魁寿(同乡)　1889.9.5

魁文农　见魁元

魁耀(长孙、孙耀)　1886.10.

26,10.30;1889.5.10

魁元(魁文农/曾任苏州知府)
　1898.7.27

夔帅　见王文韶

昆冈(昆晓峰、昆筱相、昆中
　堂/相国、中堂,大学士、翰林
　院掌院学士)　1898.5.9,
　5.28,6.10,6.11,11.2

昆相国　见昆冈

昆晓峰、昆筱峰　见昆冈

昆兄　见徐占彪

昆中堂　见昆冈

堃子岩(翼长)　1886.10.29,
　11.2;1890.3.27

阔亭　见永恰布

L

拉贝子　见拉旺多尔济

拉布丹(三盟梅楞)　1889.
　8.12

拉布丹(三盟贼犯)　1890.1.
　2,1.5,3.2

拉布丹(孳生厂兵)　1887.
　3.6

拉布珠尔(三盟贼犯)　1890.
　3.2

拉公　1887.11.7

拉嘛阿尔达那(札萨克)

1886.8.5

拉穆札普(记名)　1898.
　11.11

拉奇彭楚克(副参领)　1886.
　6.12

拉桑车林(主政)　1890.6.19

拉什(领催)　1898.11.8

拉什嘎额(察哈尔厢红旗骁骑
　校)　1898.7.28

拉什色楞(护军校)　1898.
　4.27

拉苏伦(驻班副将军车盟辅国
　公)　1886.7.30

拉塔尔扣(察克达兵)　1890.
　2.17

拉台吉(札盟吉厦)　1887.
　4.21

拉特那(喇嘛)　1886.9.2

拉特那巴札尔(副参领)
　1898.12.13

拉特纳巴札尔(吐尔扈特拉贝
　子)　1890.3.2

拉旺多尔济(拉贝子/车盟署
　吉厦)　1887.5.4,5.6

兰谷　见鄂芳

兰理训(瑞典国教士)　1898.
　4.9,5.17

兰坡　见邓寿祺

兰圃　见庆裕

岚秀　见瑞山

蓝典史　〈1885.11.24〉

朗川　见明朗川

朗莲峰　见朗寿

朗青　见王德榜

朗寿(朗莲峰/额霭堂侄世兄)　1886.8.31,9.1,9.11,9.12

朗帅　见张曜

朗兄　见张曜

朗轩　见宝昌

朗月华　见毓朗

朗斋　见张曜

老姑太太　1898.12.13

老亲　见春升

老三姑太太　1898.4.22

老张三　1898.4.22,5.9

乐民　见赛乐民

乐善(乐巡捕、乐骁骑校)　1886.6.26,6.27,8.2,10.26,12.13,12.15,12.22,12.24;1887.4.13,5.17,10.5,10.9,11.24;1888.1.9;1889.4.12,5.7,5.28,5.31,6.3,6.4,8.11,8.29,9.7,12.23;1890.1.18,1.19,3.

12,4.4,5.6,5.7,5.9,5.27,6.7,6.19

乐骁骑校　见乐善

乐巡捕　见乐善

勒参领　见勒克德恩札布

勒克德恩札布(委副参领)　1886.6.20;1890.5.23,5.28

雷得功(科城把总)　1886.10.5

雷观察　见雷子震

雷声远(雷振之、雷震之/署阿克苏道)　1884.6.22;1887.5.9

雷外委　1884.4.27

雷维堂(固原军门)　1884.4.23,4.27

雷巡捕　见雷英

雷英(雷巡捕/巡捕、亲兵)　1886.5.22,5.26,6.18,7.3,7.11;1887.1.7,4.13,4.20,4.25,4.29,5.1,5.7,5.8,5.9,5.10,5.11,5.12,5.19,5.25,5.30,6.2,6.3,6.6,6.7,6.8,6.11,6.12,6.13,6.14,6.15,6.16,6.18,6.19,6.20,6.22,6.25,6.29,7.3,7.6,7.7,7.18,7.20,7.22,7.

李光昱（商民）　1887.4.27

李郭什哈　见李灏、见李锦荣

李浩　见李灏

李灏（李浩／郭什哈）　1884.
12.27；1885.2.16,4.6,4.8,
4.15,4.16,5.2,5.8,5.11,
5.17,6.5,8.21,9.9,9.14,
9.18,9.22,9.23,9.28,10.
13,10.14；1889.9.30

李蘅石　见李滋森

李鸿章（李少荃、李中堂／中
堂、世伯、直隶总督、兼北洋
通商事务大臣、文华殿大学
士）　1898.5.9,5.28,11.2

李槐（营卒、马卒）　1886.8.
29,10.26,12.13；1887.1.
24,5.28,9.18,9.26,9.30；
1889.1.31,4.25,6.4,7.1；
1890.4.15,5.5,6.8,6.15

李槐庭（绥来令）　1885.9.
19；1887.2.9,11.19；1890.
4.11

李辑廷（李辑庭、李巡政／督辕
文巡捕、通家、同乡）
1884.5.10,5.11,9.18,10.
2,10.3,10.17,11.11,12.
21；1885.2.14,5.27,5.28,

6.24,7.5,7.6,8.11,10.1,
11.2,11.5,11.7,11.8,11.
10,12.4,〈11.11〉；1887.1.
9,3.23；1890.4.1；1898.7.3

李建阳（哈密协营十三军台台
官、橙槽沟）　1884.9.2

李金珂（商民）　1887.3.2

李锦荣（李头目／马卒、郭什
哈、圉卒、厩卒）　1886.7.
11,7.24,8.2,8.17,8.29；
1887.8.25,8.27,9.30,10.
19,12.17,　1888.1.10；
1889.1.31,2.25,3.19,4.
24,6.4,6.19,7.20,9.8,9.
30,10.29,11.11,12.7；
1890.1.20,1.21,4.4,4.23,
4.26,4.27,5.9,5.27,6.19

李进义（果帅亲兵）　1887.
6.5

李觉堂　见李楹

李钧（参戎）　1885.10.13

李兰芳（遣撤回营兵丁）
1889.5.5

李澜（李春波、李书识／明辕书
识）　1884.10.7,10.22,12.
17；1885.3.29,4.5,7.5,7.
24,8.2,9.9,9.18,9.21,9.

李维翰(明辕签押) 1884.
10.2;1885.2.6,4.10,6.16

李问樵 见李裕泽

李献廷(李献庭/营卒、郭什
哈) 1887.9.30;1889.3.
11,6.4,6.11,6.18;1890.
5.5

李献庭 见李献廷

李向阳(商民) 1887.8.20

李小青(李小卿) 1885.9.
18,9.19

李小卿 见李小青

李筱云(太守) 1885.12.2,
12.3;1889.11.18

李姓(商民) 1887.12.22

李荇仙 见李寿芝

李修龄(家丁) 1898.4.22,
5.9,7.6,7.10,7.18,7.22,
7.23,7.25,8.7,8.11,8.12,
8.30,9.15,10.2,11.2

李秀桂(商民) 1887.8.1

李秀魁(归化商民) 1889.
10.6

李巡捕 见李镕

李彦魁(民丁) 1889.3.21,
9.7

李营官 见李其森

李楹(李觉堂/西安府首府、同
乡) 1884.4.9,10.28;
1885.4.3,6.27,11.30,12.
2,〈10.31〉;1887.2.11,3.
23,6.19,8.21

李永春(郭什哈、营卒、字识)
1886.7.11,7.22,7.23,8.1;
1889.5.16,5.17,6.6,12.1

李游戎 〈1885.10.22〉

李愚庵(友人) 1898.6.20

李玉栋(民人) 1898.8.26

李玉堂(安西捕厅) 1884.
11.7

李玉祥(张家口合盛隆商民)
1886.11.27

李昱光(商民) 1890.2.11

李裕泽(李问樵/首令、同年,
同治十三年甲戌科进士,河
州牧) 1884.5.4,5.9,5.
11;1885.2.25,8.15,10.6;
1887.3.2,8.21,11.30

李云鹏(京中) 1885.10.12

李长安 1885.9.18

李肇南(李少轩/年前辈,同治
十年进士,宣化太守,宣化知
府) 1898.7.2,8.29,8.30,
10.5

李珍（郭什哈）　1889. 6. 4；
　1890. 5. 5
李珍（商民）　1889. 3. 19
李祯（商民）　1887. 4. 11
李祯（营卒）　1889. 5. 21
李志（商民）　1887. 9. 2
李治（新庄/李书识之兄）
　1884. 10. 22，　1885. 3. 30，
　4. 8，9. 12，9. 22
李中堂　见李鸿章
李中元（哈密协营十三军台台
　官、三道岭）　1884. 9. 2
李滋森（李蘅石/亦名甲侯，观
　察）　1884. 6. 26，7. 13，7.
　22，8. 24，8. 25，9. 10，9. 11，
　9. 30，11. 29；1885. 1. 13，2.
　10，6. 14，9. 12，9. 15
李梓庄（县丞）　1898. 2. 22，
　2. 24
理臣　见高燮曾
立价　见张立
立山（立豫甫/户部左侍郎）
　1898. 5. 9，5. 28，11. 2
立亭　见祥亨
立亭　见耀豫
立庭　见耀豫
立豫甫　见立山

丽昆　见吉玉
连昌（连笔政、连骁骑校、连巡
　捕，六品顶戴委署骁骑校）
　1886. 8. 16，9. 22；1887. 6.
　16，6. 18，9. 18，9. 24，9. 25，
　9. 30；1889. 5. 15，5. 17，5.
　21，5. 24，5. 25，6. 4，8. 2，8.
　31，9. 1，9. 6，9. 8，10. 17，12.
　26，12. 29；1890. 3. 9，3. 11，
　5. 5，6. 8
连大臣　见连顺
连价　见刘连
连捷庵　见连顺
连顺（连捷庵、连大臣/库伦掌
　印办事大臣、乌里雅苏台将
　军）　1898. 1. 28，2. 22，2.
　23，3. 4，3. 14，3. 22，4. 12，4.
　19，5. 20，5. 23，5. 26，5. 30，
　6. 6，6. 8，6. 21，6. 22，7. 2，7.
　15，7. 23，7. 29，8. 1，8. 7，8.
　11，9. 15，9. 16，9. 22，10. 9，
　10. 16，10. 25，10. 27，11. 8，
　12. 14，12. 29，12. 30；1899.
　1. 9，1. 10
连骁骑校　见连昌
连秀（武胜营队官）　1898.
　10. 10

连巡捕　见连昌

莲舫　见桂清

莲峰　见朗寿

联恩(联霖亭/西安右翼都统)
　1884.4.9,12.14

联霖亭　见联恩

联伟臣(颍州守)　1898.3.9,
　7.3

联秀(护军校)　1887.11.3

濂贝勒　1889.7.1

濂公　1887.7.18

良使臣(伯爵、散秩大臣)
　1898.3.5

梁斗南　见梁耀枢

梁富(营卒)　1889.5.29,6.
　16,9.25,9.30

梁郭什哈　见梁禄

梁画工　见梁禄

梁绘工　见梁禄

梁禄(梁郭什哈、梁画工、梁绘
　工/郭什哈、步兵)　1886.
　11.30,12.1,12.2,12.3,12.
　4,12.5,12.6,12.7,12.9,
　12.10,12.11,12.14,12.15;
　1887.2.15,2.16,4.14,4.
　16,4.27,5.4,5.8,8.30,8.
　31,9.14,9.15,9.23,9.24,

9.30,10.11,10.20,10.28,
10.30,11.1,11.15;1888.1.
4,1.5,1.10,1.19,1.20,1.
21;1889.6.4,8.5,9.22,9.
24;1890.3.7

梁七(舍人)　1898.5.9

梁生魁(郭什哈、园丁)
1889.5.26,6.4,9.7;1890.
1.19

梁士　1898.11.2

梁世祺(旧属、舍班)　1898.
3.1,4.18

梁耀枢(梁斗南/前辈,同治十
年进士,翰林院侍读、翰林院
侍讲学士)　1884.9.10;
1885.2.6

廖父　见廖晓东

廖谷式　见廖寿丰

廖谷似　见廖寿丰

廖价　1884.10.24

廖寿丰(廖谷式、廖谷似/前
辈,同治十年进士,浙江巡
抚)　1898.2.3,7.3,10.20

廖寿恒(廖仲山/枢臣、大宗
伯、前辈,同治二年进士,兵
部左侍郎、兵部尚书、会典馆
副总裁、礼部尚书、军机大臣

上学习行走）　1887. 2. 21；
1898. 2. 23，3. 2，3. 21，3. 23，
3. 25，5. 1，5. 9，5. 28，8. 11，
8. 12，10. 6，10. 26，11. 2

廖万宾　1884. 7. 11

廖晓东（廖父①/安西牧、署牧）
1884. 10. 20，10. 21，10. 22，
10. 24；1885. 6. 24，9. 15，10.
3，10. 11，10. 12，11. 10，〈10.
10，12. 17〉

廖仲山　见廖寿恒

林甫臣（洋人）　1884. 6. 2

林寿（赴津领枪队兵）　1898.
2. 20

林望侯（大令）　〈1885. 12. 7〉

林巡捕　见林玉珍

林玉春（巡捕）　1884. 9. 12；
1885. 7. 15

林玉珍（林巡捕）　1885. 4.
15，5. 11，9. 16，9. 18，9. 22

麟履仁　见麟佑

麟山（后署章京）　1898. 8.
15，8. 25

麟书（麟芝庵、麟芝相、文慎
公/吏部尚书、武英殿大学

士）　1890. 1. 11；1898. 4.
24，8. 10

麟佑（麟履仁、履仁/妹丈、五
妹丈）　1884. 10. 7，10. 27；
1885. 2. 6，5. 8，5. 26，6. 24，
7. 19，9. 15，11. 8；1886. 12.
9；1887. 6. 10，9. 28，10. 20，
10. 22；1889. 2. 15，2. 17，2.
18，5. 26，7. 24，7. 27，2. 27；
1890. 2. 23，5. 15，6. 21，6.
24；1898. 5. 2，5. 9，5. 28，
11. 2

麟芝庵　见麟书

麟芝相　见麟书

灵山（笔帖式、科城笔政）
1886. 8. 14，10. 19；1887. 2. 7

凌大人　见凌云

凌瑞（折本处贴写）　1898. 6.
9，6. 10，6. 17，6. 25，7. 2，7.
8，7. 14，7. 20，7. 29，8. 10

凌瑞（左翼蒙古委领催）
1898. 11. 9

凌同乡　见凌云

凌营总　见凌云

凌云（凌志堂、凌智堂、凌营

---

①　廖父：比喻廖为安西州衣食父母。

总、凌同乡/宁夏协领、同乡）　1884.6.23,7.6,9.10,9.12,9.17,9.24,9.26,9.27,9.29,9.30,10.12,10.15,10.16,10.23,10.26,12.4,12.23;1885.2.6,4.7,5.13,7.17,7.23,9.8;1886.10.20;1887.3.2,8.9,11.24,12.23;1889.11.5;1890.2.8

凌志堂　见凌云

凌智堂　见凌云

刘宝镛（东序/左翼勘地委员）　1898.8.20,9.12,9.13

刘弁　1885.5.30

刘弁生（科城灵差）　1887.12.31

刘博泉　见刘恩溥

刘参戎　1884.10.24

刘丹山（丹山/幕友）　1885.1.4,1.7,2.2,2.15,4.14,4.16,4.30,5.4,6.2,6.3,7.17,9.16,12.4;1886.11.12;1887.3.2

刘恩溥（刘博泉/前辈、仓帅,同治四年进士,仓场侍郎）　1898.5.9,5.28,9.8,9.9,10.5,11.2

刘福（御卒、御夫、车夫）　1889.4.18,5.30,6.3,6.4,6.8,7.20,9.8,10.29,11.10,12.7;1890.1.20,1.21,4.4,4.23,4.26,4.27,5.9

刘福泉（把总）　1889.6.7,6.28,10.23,10.25,10.28,11.1,12.17;1890.1.17

刘福涌（营卒）　1889.6.3,6.4,7.1,10.23

刘抚帅、刘抚台、刘抚院　见刘锦棠

刘噶（商民）　1887.5.2,6.28

刘公　见刘锦棠

刘观察　〈1886.1.5〉

刘广照（张家口商民）　1889.12.23

刘国安（晋臬刘鼐之子）　1898.4.10

刘国祉（刘锦棠第三子）　1885.6.28

刘海霞　见刘焕曙

刘翰（刘文川之子）　1887.7.13

刘翰（明辕差弁蓝翎县丞）　1885.5.28,6.1

刘亨林（芸笙／山西署丰镇厅、
多伦厅司马）　1898.6.14,
8.9,8.18,9.23
刘焕曙（海霞／署奇台县）
1885.10.13,11.2
刘价　见刘喜
刘锦棠（刘爵帅、爵帅、刘毅
斋、刘毅帅、毅斋、毅帅、刘招
讨、刘抚台、刘抚院、刘抚帅、
抚帅、爵抚帅、爵抚院、刘／钦
差大臣督办新疆事务、甘肃
新疆巡抚）　1884.6.19,6.
20,6.21,6.22,6.23,6.27,
7.1,7.5,7.9,7.18,7.20,7.
21,7.24,7.26,8.8,8.10,8.
21,9.3,9.4,9.5,9.10,9.
16,9.17,9.19,9.20,9.21,
9.22,9.23,9.26,9.29,10.
2,10.3,10.9,10.10,10.12,
10.13,10.15,10.16,10.18,
10.20,10.25,10.26,11.2,
11.4,11.6,11.7,11.8,11.
9,11.10,11.12,11.18,11.
19,11.20,11.27,12.3,12.
4,12.8,12.9,12.13,12.14,
12.16,12.17,12.18,12.22,
12.25,12.27,12.28,12.31;

1885.1.1,1.2,1.3,1.8,1.
9,1.10,1.12,1.13,1.14,1.
15,1.18,1.19,1.26,1.27,
1.28,1.29,1.31,2.4,2.9,
2.11,2.14,2.15,2.20,2.
23,2.26,2.27,3.1,3.4,3.
8,3.10,3.11,3.12,3.15,3.
16,3.17,3.18,3.21,3.23,
3.29,3.31,4.1,4.2,4.3,4.
4,4.7,4.8,4.9,4.10,4.11,
4.12,4.13,4.15,4.19,4.
20,4.21,4.22,4.25,4.27,
4.28,5.1,5.3,5.4,5.5,5.
7,5.10,5.15,5.19,5.26,5.
27,5.30,6.1,6.5,6.6,6.7,
6.8,6.9,6.10,6.13,6.15,
6.16,6.17,6.18,6.19,6.
23,6.25,6.27,6.28,6.29,
7.1,7.3,7.5,7.6,7.7,7.9,
7.14,7.15,7.18,7.19,7.
21,7.24,7.27,7.28,7.30,
8.5,8.7,8.8,8.9,8.10,8.
11,8.14,8.15,8.16,8.19,
8.22,8.25,8.26,8.28,8.
29,8.31,9.1,9.3,9.4,9.8,
9.9,9.14,9.15,9.16,9.19,
9.21,9.24,9.28,10.11,10.

22,11. 5,11. 10,12. 4,〈9.
25;1886. 1. 5,1. 7〉;1886. 7.
6,7. 13,9. 25,9. 26,9. 30,
11. 12,11. 13,11. 14;1887.
2. 11,2. 12,2. 13,2. 15,2.
20,4. 2,4. 18,5. 9,5. 11,5.
17,5. 18,5. 19,5. 21,5. 25,
5. 31,6. 4,6. 19,6. 30,7. 14,
7. 16,7. 24,7. 28,8. 21,9. 8,
9. 9,9. 17,9. 18,9. 19,9. 29,
10. 8,11. 4,11. 19;1888. 1.
31;1889. 2. 18,2. 28,3. 10,
3. 14,4. 9,4. 28,5. 12,5. 15,
7. 1

刘景韩　见刘树棠

刘爵帅　见刘锦棠

刘军门　1885. 4. 11

刘连(连价、连/家丁)　1884.
　3. 3,3. 4,3. 10,5. 11,5. 21,
　6. 6,7. 23,10. 23,10. 30,10.
　31,11. 3,11. 17;1885. 1. 25,
　3. 10,5. 11,5. 31,6. 2,8. 4,
　8. 5,9. 12;〈1886. 1. 2〉

刘满德(杜辕郭什哈、营卒)
　1887. 8. 5,8. 18,9. 5;1889.
　5. 21

刘梅庭　1889. 4. 16

刘铭传(刘省帅/督办台湾事
　务、福建台湾巡抚)　1885.
　3. 31

刘牧(涿州)　〈1886. 1. 6〉

刘仆妇(刘李氏)　1885. 2.
　19,3. 11,5. 15,5. 17,5. 24,
　7. 5,7. 29,8. 9,8. 19,〈10.
　21〉;1898. 3. 27,3. 28,3. 30

刘玘(民丁)　1889. 6. 23,9. 7

刘千总　见刘福泉

刘清连、刘清莲　见刘清廉

刘清廉(刘庆连、刘清莲、刘清
　连/杜辕骁果、营卒)
　1887. 2. 2,2. 6,2. 7,4. 21,7.
　27,9. 5;1889. 5. 21,6. 4,9.
　9,9. 13,10. 29,12. 7;1890.
　3. 9,4. 9,5. 9,6. 13

刘庆(旧仆)　〈1886. 1. 5〉

刘庆连　见刘清廉

刘日乾　1884. 7. 12

刘汝翼 (刘献夫/观察)
　〈1886. 1. 4〉

刘润堂(军营务处)　1885.
　4. 11

刘商(义盛德商人)　1889. 9.
　26;1890. 6. 19,6. 22,6. 24,
　6. 27

刘升（城守尉）　1885.8.2

刘省帅　见刘铭传

刘氏（故协领玉璞之妾、玉宅
　孀妇）　1898.4.18,5.2,5.
　13,5.15

刘世常（归化信义久商民）
　1889.5.24

刘树棠（刘景韩/廉访）
　〈1886.1.4〉

刘顺（家丁）　1886.12.22;
　1887.3.28,12.28;1890.
　4.23

刘松山（刘忠壮公/广东陆路
　提督）　1884.9.3;1885.3.1

刘太夫人　1885.1.6

刘天祥（弁兵）　1887.4.14

刘亭霖（多伦司马）　1898.6.
　3,9.19

刘统领　1885.1.2,1.13

刘万宝（郭什哈、营卒）
　1889.6.4,6.11,6.18;1890.
　3.9

刘文川（幕友）　1885.2.9,2.
　15,4.30,7.17,9.15,9.16,
　9.19,9.20,12.4;1887.7.
　13;1889.2.28,3.2,6.24,
　9.30

刘喜（喜价/家人、小价）
　1884.6.6,6.21,6.26,10.7,
　10.30,10.31,11.8,11.17,
　11.18;1885.4.15,4.23,5.
　4,5.6,5.11,5.14,6.29,7.
　19,7.27,7.31,8.5,8.20,8.
　25,8.26,8.27,9.3,9.5,9.
　10,9.11,9.17,11.5,〈9.24;
　1886.1.1,1.3,1.7〉;1889.
　4.5,4.6,6.13,11.21

刘献夫　见刘汝翼

刘义三（张家口恒隆广商民）
　1887.5.14

刘毅吉　见刘焘

刘毅斋、刘毅帅　见刘锦棠

刘永（商民）　1887.7.12

刘永福　1885.9.3

刘游戎　1885.11.7,〈11.12〉

刘玉珊、刘渔珊　见刘兆梅

刘钰（病故兵役）　1887.3.29

刘御　1886.12.18

刘御夫（另一人）　1898.7.19

刘御夫　1889.6.8

刘裕同（大盛魁商人）　1890.
　3.28

刘芸笙　见刘亨林

刘长清（明辕差官、副将）

1884.12.11

刘招讨　见刘锦棠

刘兆梅（刘玉珊、刘渔珊/前署迪化州、署莎车直隶州牧、莎车直牧）　1884.7.10,7.18,7.22,9.12;1885.1.13,1.17,1.18,1.27,4.27,5.1,6.22,9.16

刘贞　见刘珍

刘珍（刘贞、刘桢/营卒）　1886.12.14;1887.7.6,7.15;1889.10.22

刘桢　见刘珍

刘拯灵（法国教士）　1898.4.3,4.4,5.7,5.8,5.20,5.21,7.26

刘正统（哈密协营十三军台台官南山口）　1884.9.2

刘忠　1885.7.3

刘忠壮公　见刘松山

刘肃（刘毅吉/晋臬）　1898.4.10

刘子贞（友人）　1886.10.26,10.31,11.4

柳武生（信差）　1885.7.13

柳颖生（大令）　〈1885.12.24,12.25,12.26〉;1886.12.

六额驸　见景寿

六老爷　1898.4.22,10.17,11.2

六舍弟　1887.2.6

龙觐云　见龙在田

龙署协　见龙在田

龙锡庆（龙云阶,凉州观察、甘凉道）　1885.2.21,6.7

龙协戎、龙协台　见龙在田

龙云阶　见龙锡庆

龙在田（龙觐云、龙协台、龙协戎、龙署协、龙/协台、协戎,哈密协副将）　1884.6.28,7.6,7.13,9.22,10.1,11.7,11.18;1885.1.18,2.10,4.20,4.21,5.15,5.17,5.20,6.14,8.18,9.12,9.15,9.18,9.19,9.21,〈9.21,10.21〉

隆都克扣（窃驼逃犯）　1887.5.7

隆恩（郭什哈）　1898.8.25,10.25,12.15

隆法（和尚）　1898.1.24

隆惠（隆雨田/科属昌吉斯台前任卡伦侍卫）　1889.5.

1889.4.27

禄布桑楚拉图木(鲁巴喇嘛)
1890.2.14

禄布桑叶克宁(三盟特王旗下
喇嘛)　1890.2.26

禄差弁　见禄安

禄儿(家丁)　1886.12.22;
1887.2.23

禄公(札盟)　1886.10.2;
1887.6.28

禄价(家丁)　1898.3.24

禄圃　见恩承

禄塔(杜辕笔政、办事章京、笔
帖式)　1886.8.14;1887.3.
29,8.17,8.26,10.16,11.3;
1888.2.4,2.11;1889.4.1,
4.8,4.21,4.23,5.25,5.27,
5.31,8.25,9.2,12.27

禄喜(厢蓝旗马甲)　1898.
4.28

禄祥(禄雪樵/科布多参赞大
臣)　1898.1.22,1.25,1.
26,1.27,1.28,1.30,3.6,5.
13,7.7,10.4,10.13

禄雪樵　见禄祥

路吉(巡捕)　1889.5.29;
1890.2.20,2.26,3.31,4.5

路鹏贵(枪兵)　1889.5.28,
5.29

露圃　见恩承

露芝　见恩祥

伦子修(大令)　〈1885.12.9〉

罗布桑(管台台吉)　1886.
6.27

罗布桑车贲　见罗布桑车本

罗布桑车本(罗布桑车贲/花
硕洛图台台吉)　1887.11.
23,12.24;1888.2.5

罗布桑胡图克图(札盟)
1886.9.1;1887.7.18

罗黼章(大美玉商人)　1898.
6.21,7.4,7.14,7.19,8.6,
10.12

罗胡图克图　见罗布桑胡图
克图

罗护卫(那府护卫)　〈1886.
1.6〉

罗怀国　见罗作黻

罗霁(委员)　1889.3.29

罗领事　1898.4.3

罗孟威　见罗长祜

罗钦(昆都)　1886.6.14

罗勤　1886.6.20

罗商(德茂园商人)　1890.3.

30,5.3

罗廷弼(郭什哈)　1885.9.
22,9.23,10.13,10.14

罗雅(美人)　1898.5.31

罗长祜(罗孟威/甘肃阿克苏
兵备道)　1884.11.21,11.
25,12.5

罗作黻(罗怀国/大美玉商人)
1898.4.11

洛布桑(哲布尊丹巴胡图克图
差喇嘛)　1888.2.10

洛布桑车林(三盟贼犯)
1889.4.24

洛布桑丹占吹音毕勒(沙巴
隆、往驻众安寺沙巴朗)
1886.10.15,11.7

洛布桑锦巴(库伦堪布喇嘛)
1889.11.24,11.25,11.29,
11.30

洛布桑呢玛(五台札萨克差喇
嘛)　1889.3.21

洛布札(三盟黑人)　1886.
8.1

洛堆(察克达兵)　1887.4.8

洛堆(章盖)　1889.8.30

洛堆丹巴(三盟贼犯)　1889.
11.27

洛峰　见奎俊

洛公(科属杜尔伯特)　1889.
10.22

洛公(札盟)　1887.7.18;
1889.5.24,6.26

骆骥顺①(小子)　1884.8.28

骆群(骆/家人、厨役、庖人)
1884.3.3,3.4,7.25,8.21,
9.18,10.19,11.18,12.17;
1885.1.16,3.10,3.17,5.
11,5.14,6.13,11.5;〈1886.
1.2〉

骆顺(家人)　1884.5.21,11.
18;1885.5.11

落贝子(三盟)　1889.11.20

落布桑(东翼驼厂牧兵)
1887.4.27

落布桑巴尔丹(西藏喇嘛)
1887.4.5

吕法使(吕班,Georges Dubail)
1898.3.12

吕海寰(吕镜宇/兵曹正郎,兵
部车驾司总办)　1889.12.

---

①　疑即骆顺。

24;1890.1.2,1.4,1.5

吕镜宇　见吕海寰

吕桃林(营卒)　1889.6.9,
7.1

吕喜功(归化德兴元商民)
1889.5.7

履仁　见麟佑

律堂　见明廉

M

麻娃子(马夫)　1885.10.27

马兵目　见马献吉

马恩培(马植轩/廉访,湖北按
察使)　1898.6.3,7.9

马福喜(张家口商民)　1889.
10.6

马光瑞(营卒)　1889.6.11

马郭什哈　见马峻元

马胡义(郭什哈、汉营弁兵、庖
人)　1886.12.10,12.12,
12.24;1887.1.2,1.12,1.
17,5.23,7.6,9.30,11.26;
1889.6.4,6.8,6.27,8.30,
9.18,9.30;1890.1.13,1.
14,1.20,4.4,5.9,5.16,6.
7,6.13

马化成(马兵)　1889.5.28

马绘工　见马峻元

马吉玉(郭什哈、车夫、御者)
1886.12.14;1887.7.23,8.
4;1888.1.30;1889.2.7,3.
11,6.4,7.20,10.25,10.29,
12.29;1890.1.21,4.4,5.9,
6.19,6.20

马急零(逃犯)　1885.1.26

马械材(大令、同乡)　〈1885.
12.23,12.24〉

马进昌(营卒、郭什哈)
1887.9.18,9.30;1889.5.29

马晋昌　见马进昌

马峻元(马绘工、马竣元/郭什
哈、步兵、绘工)　1888.1.
16,1.23,1.24,1.25,1.27,
2.5;1889.2.1,2.12,2.13,
2.17,2.19,2.20,2.21,2.
22,2.23,2.24,2.25,2.26,
2.27,2.28,3.1,3.2,3.6,3.
7,3.11,3.12,4.5,4.8,4.
13,4.19,4.22,4.26,5.2,5.
3,5.5,5.14,5.16,5.28,5.
29,6.4,6.30,7.2,7.3,7.
17,7.22,7.23,8.17,8.18,
9.6,9.9,9.15,9.23,10.29,
10.31,12.2,12.6,12.7,12.
8,12.10,12.14,12.20;

马竣元　见马峻元

马克昌（安徽桐城己丑副榜）
　1898.8.17

马林魁　见马麟魁

马麟魁（马林魁/营卒）
　1889.5.20,6.4,6.6,10.20,
　10.29,12.7;1890.1.22,2.
　10,2.24,5.5

马泷二（汉回）　1885.6.13

马禄（科城步兵）　1889.3.13

马如鳌（兵役、弁兵）　1886.
　10.5;1889.5.21

马如龙（巡捕）　1889.6.4,7.
　23,8.26,8.31,11.28,12.7;
　1890.4.4,5.6,5.9,6.28

马三保（汉回）　1885.6.13

马商　见马习和

马统领　见马玉崑

马文炳（郭什哈）　1889.5.29

马希林　见马希麟

马希麟（马希林、马锡林/郭什
　哈）　1886.6.26,7.11;
　1887.4.23,4.30,7.23,9.
　18,9.30,10.9,10.19,10.

21,11.18,11.27;1889.6.4,
　7.3,8.2,9.18

马锡凯（理藩院字识、步兵）
　1886.10.31;1888.1.8;
　1889.7.2,7.23;1890.2.11

马锡林　见马希麟

马习和（大盛魁商人）　1889.
　12.23;1890.3.28,5.3,
　5.11

马献吉（马巡捕/巡捕、营卒、
　郭什哈、兵目）　1886.12.
　13;1887.8.17,9.5,9.26,
　9.30;1889.4.24,6.3,6.4,
　6.19,7.1,8.2,9.11;1890.
　2.26,3.9,4.7,5.9

马姓（明春旧属弁）　〈1885.
　11.22〉

马巡捕　见马献吉

马游戎　1885.2.5　〈1885.
　10.6,10.7〉

马玉崑（马统领,统领卓胜营
　提督）　1885.4.13,4.15

马玉麟（营卒）　1887.6.26

马御卒（车辕）　1890.5.10

马兆瑞　见马照瑞

马照瑞（营卒）　1886.11.20,
　12.6,12.8,12.9;1887.3.2,

4. 30,9. 18,9. 22,9. 30,12. 27;1889. 1. 31,3. 11,6. 4, 6. 18

马珍(马祯/郭什哈、步兵) 1886. 12. 14;1887. 7. 23; 1889. 9. 30;1890. 1. 20

马祯　见马珍

马正国(管带旌善右旗马队副将) 1884. 10. 23

马植轩　见马恩培

玛克苏尔扎布(笔奇业齐) 1886. 7. 31

玛呢巴札尔　见巴札尔

玛札拜(俄商)　1889. 11. 4

玛札萨克(三盟)　1886. 8. 17

迈达尔(唐努乌梁海总管) 1886. 11. 13;1887. 7. 16; 1889. 6. 20,6. 28,7. 4,7. 12, 10. 6

迈拉逊(马甲)　1898. 4. 28

迈哩巴钮(太福晋、伯福晋、伯王福晋/回王之祖母) 1884. 7. 3;1885. 1. 7,1. 9,2. 2,2. 16,5. 16,9. 13,9. 16,9. 17,9. 18;1886. 11. 12;1887. 2. 13,7. 13;1889. 2. 28; 1890. 3. 23

满根尔准堆(蒙古人跟役) 1887. 9. 18,10. 19,10. 21

莽阿哩(莽巡捕/车辕巡捕) 1886. 9. 15;1887. 2. 22,3. 5, 10. 11;1889. 8. 25,8. 30; 1890. 2. 25

莽达尔瓦(莽公/图盟副将军何贝、吉厦)　1887. 8. 4,8. 8,8. 26,10. 12,10. 13,10. 14;1889. 1. 31,8. 9,8. 12, 9. 21,10. 19

莽防御　1889. 3. 6

莽噶尔(察哈尔头台领催) 1887. 9. 30,10. 2,10. 3

莽噶拉(十台昆都)　1890. 6. 9,6. 13

莽噶喇嘛(西七台台吉) 1887. 1. 12;1888. 1. 30; 1889. 7. 9

莽格喇嘛(西十四台管台台吉)　1886. 7. 20

莽公　见莽达尔瓦

莽鼐(三盟贼犯)　1889. 11. 30

莽巡捕　见莽阿哩

毛合权(毛何全/归化商民) 1887. 7. 22;1889. 10. 6

15;1887.2.22

绵宜（绵佩卿/理藩院右侍郎、宗人府族长、前辈,咸丰二年进士,绵文之兄）　1888.1.11

勉斋　见朱靖旬

敏达　见广寿

敏斋　见朱靖旬

敏珠尔多尔济（蒙古学生）　1898.11.11

明安泰（前委员）　1887.12.9

明笔政　见明志

明伯　见明春

明参谋　见明春

明春（明镜泉、明参谋、都护、哈密大臣、同乡、明钦差、明都护、明三哥、明大臣、明寅伯、明盟兄、明镜兄、镜泉、明兄、明大哥、明伯、明/哈密办事大臣、署塔尔巴哈台参赞大臣）　1884.6.9,6.19,6.20,6.21,6.22,6.23,6.27,7.1,7.5,7.6,7.9,7.14,7.16,7.18,7.20,7.21,7.22,7.25,7.26,7.29,7.31,8.5,8.9,8.10,8.14,8.21,8.24,8.26,9.3,9.5,9.8,9.9,9.

11,9.12,9.15,9.16,9.17,9.18,9.19,9.20,9.24,9.27,9.28,9.29,10.1,10.2,10.4,10.7,10.11,10.13,10.14,10.15,10.16,10.17,10.22,10.23,10.26,10.27,11.1,11.3,11.5,11.8,11.9,11.11,11.13,11.14,11.17,11.18,11.19,11.20,11.21,11.25,11.26,11.27,11.28,12.2,12.3,12.5,12.7,12.9,12.10,12.11,12.12,12.13,12.15,12.16,12.18,12.22,12.23,12.24,12.25,12.26,12.27,12.29,12.30;1885.1.2,1.3,1.4,1.6,1.7,1.9,1.10,1.12,1.13,1.17,1.18,1.22,1.23,1.27,1.29,1.31,2.9,2.10,2.11,2.13,2.14,2.15,2.17,2.20,2.23,2.24,2.27,3.4,3.6,3.7,3.8,3.11,3.12,3.17,3.18,3.24,3.29,3.30,4.1,4.2,4.5,4.8,4.9,4.10,4.12,4.15,4.17,4.18,4.19,4.20,4.21,4.22,4.23,4.24,4.27,4.29,4.30,

5. 1,5. 2,5. 6,5. 7,5. 17,5.
19,5. 20,5. 21,5. 22,5. 23,
5. 25,5. 28,5. 30,6. 1,6. 2,
6. 3,6. 4,6. 8,6. 9,6. 10,6.
13,6. 15,6. 16,6. 17,6. 19,
6. 20,6. 21,6. 27,7. 3,7. 8,
7. 9,7. 10,7. 11,7. 12,7. 14,
7. 17,7. 18,7. 20,7. 26,7.
27,7. 28,8. 4,8. 6,8. 8,8.
14,8. 17,8. 18,8. 19,8. 29,
9. 7,9. 12,9. 13,9. 15,9. 16,
9. 18,9. 19,9. 20,9. 21,9.
23,9. 24,9. 28,10. 1,10. 27,
11. 8,11. 10,12. 4,〈11. 22;
1886. 1. 7〉;1886. 10. 20,10.
21,11. 12,11. 13,11. 14,12.
9;1887. 1. 2,2. 13,2. 15,3.
2,5. 9,5. 10,8. 15,9. 25,11.
4;1887. 7. 18;1889. 9. 30;
1898. 3. 7
明大哥　见明春
明德(赴津领枪队兵)　1898.
2. 20
明都护　见明春
明副堂　见明秀
明贵(武胜营队官)　1898.
10. 10

明镜泉、明镜兄　见明春
明俊亭、明俊兄　见明秀
明朗川(藩部、友人)　1884.
10. 7,10. 29;1885. 2. 6,3.
11;1889. 9. 22,9. 23;1890.
2. 8,2. 9,2. 12
明廉(明律堂/笔政)　1887.
5. 5,5. 9
明律堂　见明廉
明梅楞(科城夏季驻班)
1887. 5. 24
明盟兄　见明春
明钦差　见明春
明晓峰(盟兄)　1884. 10. 31;
1885. 5. 30,6. 7;1887. 1. 12
明兄　见明春
明秀(明俊亭、俊亭、明俊兄、
明副堂/副都护,察哈尔副都
统)　1898. 8. 6,8. 7,8. 10,
8. 15,8. 24,8. 25,9. 6,9. 9,
9. 10,9. 12,9. 16,9. 18,9.
19,9. 25,9. 26,9. 28,10. 5,
10. 15,11. 9,11. 11,12. 13,
12. 16,12. 17,12. 22,12. 27;
1899. 1. 2
明秀峰(世叔)　1884. 9. 8;
1885. 4. 17,11. 8;1887.

10.24

明寅伯　见明春

明远堂、明远亭　见明志

明芝轩（大人）　1886.7.18；
　1887.1.7,3.2,12.28；1889.
　7.1；1890.1.9

明志（明远堂、明远亭/笔政）
　1886.11.2；1887.6.6,12.
　4,12.11,12.28；1889.5.22,
　5.27,6.10

明珠尔多尔济（杜尔伯特台
　吉）　1887.12.16

铭瑞（折本处贴写）　1898.
　6.9

莫得哩　见莫德哩

莫德哩（莫得哩/旧属、戍卒）
　1889.8.24,8.25；1898.5.23

莫尔根（莫尔肯/折本处贴写、
　委署骁骑校）　1898.6.9,
　6.12,6.20,6.27,7.4,7.10,
　7.16,7.22,7.29,8.10,11.
　9,12.16

莫尔根阿王　见阿木噶巴札尔

莫尔肯　见莫尔根

莫奇音（俄商）　1887.7.25,
　11.22

莫钦　见莫奇音

墨防御（科城防御）　1889.
　8.11

墨庄　见承翰

默斋　见承绶

默哲生（友人）　1889.5.1

牟朵珊　见牟荫乔

牟荫乔（牟朵珊/同年,同治十
　三年甲戌科进士）　1890.
　2.23

沐诚斋（爵爷、老兄）　1884.
　10.7；1885.6.7,9.15

穆春岩　见穆图善

穆吉楞额（穆章京）　1898.4.
　18,5.29,5.30,8.16,8.17

穆价　见穆平安

穆将军　见穆图善

穆金泰（银库掌案笔政）
　1898.3.14

穆克德善（科城骁骑校）
　1887.12.22

穆克登额（厢黄旗牛群护军校
　一缺拟正）　1898.12.22

穆立亭（友人）　1898.2.8

穆木天（游戏）　〈1885.11.
　21,11.23〉

穆平安（平安、穆价、安价、穆/
　家人、家丁、小价）　1884.

那胡图克图（三盟）　1889.
　10. 25
那钜甫、那钜辅　见那彦图
那钜王　见那彦图
那拉尚阿（兵、马甲）　1898.
　6. 7,11. 9,12. 15
那林（胡毕拉罕）　1887. 4. 24
那木达克索特诺木（蒙古学
　生）　1898. 11. 11
那木吉勒（盗马首犯）　1889.
　8. 4
那木济拉瓦齐尔　见那木济勒
　瓦齐尔
那木济勒（笔奇业齐）　1886.
　7. 31
那木济勒（三盟贼犯）　1889.
　11. 30
那木济勒瓦齐尔（那木济拉瓦
　齐尔/札克等台台吉）
　1887. 12. 13, 12. 16;1888.
　2. 5
那木凯栋鲁普（察哈尔正红旗
　佐领拟陪）　1898. 8. 21
那木凯多尔济（台吉）　1888.
　2. 11
那木萨赖（笔齐业齐）　1889.
　6. 17

那木尚阿（兵、郭什哈）
　1898. 2. 5,10. 24,12. 13
那使者　见那罕
那思浑（马甲）　1898. 4. 28,
　5. 24
那斯浑　见那思浑
那松阿（正红旗马甲）　1898.
　6. 30
那台吉（札盟）　1887. 8. 23
那王　见那彦图
那逊（车辕通事）　1886. 7.
　26,11. 16;1887. 4. 23,5. 11,
　6. 3,6. 26,8. 7,11. 8
那逊（管理孳生场务台吉）
　1886. 8. 1
那逊（三盟贼犯）　1889. 8. 8
那逊布彦（稽压兵饷）　1899.
　1. 8
那逊布彦吉尔噶勒（札盟那
　公、札盟纳公/札萨克图罕部
　落）　1886. 9. 25,12. 17;
　1887. 2. 27, 3. 24, 3. 25, 4.
　11,4. 24, 4. 27,5. 2, 5. 8,5.
　20,5. 30,6. 10,6. 17,7. 18,
　12. 6, 12. 9;1888. 1. 27;
　1889. 2. 24,4. 4, 4. 27,7. 1,
　10. 6, 10. 16, 10. 19, 10. 22,

10. 31，11. 4，11. 7，11. 27，
12. 4，12. 14；1890. 2. 11，2.
17，4. 16

那逊绰克图（那罕、那汗、那大
　臣、那使者、那/蒙古库伦办
　事大臣）　1887. 5. 26，10.
　12；1888. 1. 16，1. 17；1889.
　2. 1，4. 13，4. 15，4. 17，5. 18，
　5. 20，5. 31；1890. 1. 20，1. 23

那逊德哩克（果帅特派札兰）
　1887. 7. 12

那逊特理克（那逊特里克/蒙
　古笔政）　1889. 5. 16，5. 23

那彦图（那王、那邸、那藩、那
　钜辅、那钜甫、那钜王/王爷、
　贤王、贤藩、通家,喀尔喀三
　音诺彦部落札萨克和硕亲
　王、御前大臣）　1884. 4.
　27，7. 14，9. 24，10. 7，10. 28，
　10. 30；1885. 2. 6，4. 11，5.
　26，7. 29，8. 18；1886. 5. 19，
　5. 20，5. 25，5. 27，6. 2，6. 16，
　6. 29，6. 30，7. 18，7. 19，7.
　25，8. 13，8. 14，12. 6；1887.
　1. 24，2. 2，2. 22，2. 28，3. 24，
　3. 31，4. 25，6. 16，7. 18，7.
　22，9. 2，9. 26，9. 27，9. 28，

10. 21，12. 28；1888. 2. 10；
1889. 5. 13，7. 1，7. 3，7. 4，7.
5，7. 27，9. 6，10. 1，11. 5，11.
6；1890. 1. 12，1. 18，4. 11，6.
14，6. 19，6. 21，7. 3；1898. 3.
23，4. 6，4. 28，5. 9，5. 11，5.
12，5. 24，5. 28，5. 31，6. 7，
6. 10，6. 11，6. 25，7. 3，8.
12，9. 7，9. 22，9. 24，10. 11，
10. 14，10. 16，10. 17，11. 2，
11. 4，11. 8，11. 9；1899. 1. 9，
1. 10

那札萨克（图盟）　1886. 12.
　26；1887. 11. 10；1889. 8. 11

那札萨克（札盟）　1887. 3. 6

纳本胡图克（伯王爷府家庙大
　喇嘛）　1887. 6. 3

纳楚克（车辕兵缺）　1887.
　12. 26

乃拉勒图（正黄旗牛群额外委
　固山达）　1898. 11. 11

奈丹（三盟梅楞）　1889. 7. 25

南甫　见张煦

南郭什哈　见南绪

南圃　见张煦

南绪（郭什哈）　1887. 8. 17，
　8. 21，8. 22，8. 25，9. 26，9.

30,12.3;1889.1.31,8.2

南轩(友人)　1885.12.2

南昭胡图克图　1886.7.13;
1888.2.11

璐锡札提(通事)　1887.7.13

讷尔津(贴写)　1898.12.16

讷吉合恩(内郭什哈)　1898.
3.17

讷钦图(赴津领枪队兵)
1898.2.20

讷苏肯(厢蓝旗满洲委前锋)
1898.11.9

呢公(札盟)　1889.8.4,10.2

呢玛(车辕郭什哈)　1889.
2.24

呢玛扣(兵差)　1886.7.10

内子　见乌尔达氏

内子(乌尔达氏亡故后祥麟继
妻)　1898.1.28,2.10,2.
11,3.10,3.11,5.7,5.9,6.
1,6.29,7.2,8.16,8.30

倪开珩(独石协戎)　1898.4.
7,6.25

倪砺卿(管带驻库宣化练军独
石协)　1898.4.22

聂功亭　见聂士成

聂士成(聂功亭/直隶提督)

1898.7.9,10.5

牛什隆(张家口万庆泰商民)
1889.4.17

钮老哥(亲友)　1890.3.1

钮勒们(防尉)　1898.2.18

钮蔚之(察哈尔官员)　1898.
4.24

努尔哈赤(太祖高皇帝)
1884.9.29;1885.9.19;
1887.9.27;1889.9.5;1898.
9.26

诺固干巴图(三盟逃犯)
1889.12.10;1890.4.6

诺郭干巴图　见诺固干巴图

诺捷臣(同乡)　1884.10.28;
1885.1.16,4.23

诺勒洪阿(赴津领枪队兵)
1898.2.20

诺敏(诺佐领/绥远城镶白旗
已革佐领)　1887.3.8,3.9,
3.12,4.6,4.15,5.19,5.24,
7.8

诺莫欢(郭什哈)　1898.4.29

诺佐领　见诺敏

女孙　1898.3.18

O

欧培埔(巡捕)　1889.3.29

P

帕兰(正黄旗羊群委固山达)
　1898.12.22

潘伯寅　见潘祖荫

潘鼎新(潘抚帅/广西巡抚)
　1885.4.23

潘抚帅　见潘鼎新

潘青照(大令,藜阁)　1890.
　6.30

潘世成(潘巡捕)　1889.6.4,
　6.17,7.19,8.3,8.26,8.31,
　11.28,12.7;1890.2.24,3.
　9,3.11

潘澍(民丁)　1889.8.23

潘司马　见潘廷诰

潘廷诰(潘锡三/独石厅司马)
　1898.1.23,6.21,9.25

潘锡三　见潘廷诰

潘效苏(少泉/太守,迪化州知
　州)　1885.6.1,8.28

潘巡捕　见藩世成

潘祖荫(伯寅、潘伯寅/工部尚
　书)　1885.8.18;1889.7.
　30,8.2

庞花隆(归化商民)　1889.
　7.5

庞璋(归化复成义商民)

1887.4.5

裴廉访　见裴荫

裴荫(裴廉访/福州船政大臣)
　1885.3.31

佩蘅　见宝鋆

佩卿　见绵宜、王维翰

彭保清(福建铜山参戎)
　1898.3.1,7.17

彭参领　见彭苏克那木济勒

彭大令(发审局)　1884.7.6

彭盛斋　见彭苏克那木济勒

彭寿延(镇军)　1885.7.18,
　7.19

彭树堂(刺史)　1885.11.10,
　〈10.10〉;1886.12.5;1887.
　2.11

彭苏克那木济勒(彭盛斋、彭
　参领、彭通事、绷盛斋、绷参
　领、绷/张家口外头台章京、
　察哈尔头台章京)　1886.
　5.17,5.23,5.25,5.26,6.9,
　6.21,6.24,6.26,7.3,7.6,
　7.8,7.9,7.10,7.11,7.12,
　10.2,10.4;1887.2.22,2.
　23,2.28,3.4,4.24,4.26,9.
　18,10.2;1889.2.1;1890.5.
　25,5.27,6.9,6.14,6.15,6.

16,6.17,6.18,6.19,6.21,
6.22,6.24,6.28
彭通事　见彭苏克那木济勒
彭雪帅　见彭玉麟
彭玉麟(彭雪帅/兵部尚书、巡
阅长江水师)　1885.8.26
丕达尔(俄人)　1887.10.31
批达拉(俄官王厚跟役)
1887.10.29
皮日休(唐诗人)　1887.8.15
毗塔洛阜(阿里克桑德尔/俄
官、玛育尔)　1889.5.9,5.
10,5.13,5.21,5.28;1889.
5.26,6.16
平安　见穆平安
平和(步甲)　1898.12.27
平凯轩(友人)　1889.8.24
平志(赴津领枪队兵)　1898.
2.20
蒲留仙　见蒲松龄
蒲松龄(蒲留仙)　1886.9.17
普曾布札布　见普尔布札布
普尔布札布(车盟副将军何贝
之子)　1890.4.1,4.25
普林(乌城差弁)　1898.5.
23,7.29
普年(景祺之弟)　1898.9.5

普庆(口内正蓝旗马甲)
1898.8.21
普善(防御)　1888.1.14
普寿(云骑尉)　1898.3.29
普委员　见普荫
普祥(普耀庭、普耀亭、溥耀
庭/理藩院章京,乌里雅苏台
军营兵部委署主事、军营户
部帮办主事、军营理藩院帮
办章京)　1886.7.5,7.12,
7.15,8.5,8.6,9.8,9.10,
10.30,11.3,11.16,11.20,
12.9,12.12,12.26;1887.1.
3,1.4,1.8,1.16,1.20,2.6,
2.7,2.20,2.27,3.13,3.19,
3.21,3.22,3.23,3.24,3.
25,3.26,3.27,3.28,3.29,
3.30,3.31,4.1,4.2,4.3,4.
4,4.5,4.6,4.7,4.8,4.9,4.
10,4.11,4.12,4.13,4.14,
4.15,4.17,4.18,4.19,4.
20,4.21,4.22,4.24,5.2,5.
3,5.4,5.5,5.6,5.7,5.8,5.
9,5.10,5.11,5.12,5.13,5.
14,5.15,5.16,5.18,5.19,
5.20,5.21,5.22,5.23,5.
24,5.25,5.26,5.27,5.28,

6. 9,6. 10,6. 22,6. 24,6. 25,
6. 27,6. 28,6. 29,6. 30,7. 1,
7. 2,7. 5,7. 7,7. 10,7. 11,7.
13,7. 18,7. 19,7. 20,7. 22,
7. 26,7. 28,7. 30,7. 31,8. 1,
8. 2,8. 6,8. 22,8. 26,8. 29,
8. 30,8. 31,9. 8,9. 30,10.
11,10. 12,10. 13,10. 14,10.
16,10. 24,11. 5,11. 15,11.
16, 11. 20, 11. 22, 12. 4;
1888. 1. 27,2. 4,2. 6;1889.
2. 3,2. 12,2. 13,2. 19,2. 22,
2. 24,3. 1,3. 4,3. 5,3. 6,3.
7,3. 9,3. 10,3. 12,3. 13,3.
14,3. 15,3. 20,3. 27,3. 30,
4. 6,4. 7,4. 9,4. 10,4. 11,4.
12,4. 13,4. 19,4. 20,4. 21,
4. 22,4. 24,4. 25,4. 26,4.
27,5. 4,5. 5,5. 6,5. 7,5. 8,
5. 9,5. 10,5. 11,5. 12,5. 13,
5. 15,5. 16,5. 17,5. 18,5.
19,5. 20,5. 21,5. 22,5. 23,
5. 24,5. 25,5. 26,5. 27,5.
28,5. 29,5. 31,6. 1,6. 2,6.
3,6. 4,6. 7,6. 9,6. 15,6. 20,
6. 21,6. 22,6. 23,6. 26,6.
29,6. 30,7. 4,7. 6,7. 15,7.

18,7. 19,7. 20,7. 22,7. 23,
7. 24,7. 25,7. 26,7. 30,8. 8,
8. 9,8. 12,8. 13,8. 14,8. 15,
8. 17,8. 18,8. 20,8. 21,8.
22,8. 23,8. 26,8. 27,8. 30,
8. 31,9. 2,9. 4,9. 7,9. 9,9.
10,9. 12,9. 13,9. 14,9. 17,
9. 19,9. 20,9. 21,9. 22,9.
26,10. 1,10. 2,10. 6,10. 7,
10. 8,10. 9,10. 14,10. 19,
10. 24,10. 25,10. 26,10. 29,
10. 30,10. 31,11. 1,11. 2,
11. 5,11. 12,11. 17,11. 18,
11. 19,11. 21,11. 28,11. 30,
12. 8,12. 20,12. 30;1890. 1.
3,1. 9,1. 30,2. 3,2. 5,2. 6,
2. 7,2. 10,2. 11,2. 15,2. 18,
2. 21,2. 22,2. 23,2. 24,2.
25,2. 26,3. 1,3. 2,3. 4,3. 5,
3. 6,3. 7,3. 9,3. 12,3. 13,3.
17,3. 21,3. 22,3. 25,4. 3,4.
10,4. 12,4. 14,4. 17,4. 19,
4. 23,4. 26,4. 28,5. 4,5. 5,
5. 6,5. 10,5. 11,5. 12,6. 19,
6. 21,6. 24;1898. 4. 7,4. 8

普耀亭　见普祥
普耀庭　见普祥

普荫(普子培/章京、正黄旗防御)　1898.1.27,2.13,2.16,3.3,3.18,4.5,4.20,4.26,4.30,5.1,5.9,5.12,5.28,6.9,6.29,7.18,8.13,8.19,8.21,8.22,8.31,9.5,9.12,9.13,12.14

普云亭　1890.1.11,2.1

普章京　见普祥

普子培　见普荫

溥都统　见溥倛

溥将军　见溥倛

溥荩臣(陪都)　1898.2.13,4.11,10.8

溥菊如　见溥倛

溥履廷(大令、孝廉)　〈1886.1.3,1.4〉

溥慰农(妹丈)　1884.11.1

溥文斋(王子、同门、同砚)　1884.10.7,10.29;1885.2.6,4.23,5.26;1886.8.4,12.20,12.22;1887.1.15,4.13,4.16,6.3,6.13,6.14,6.25,7.18,7.22;1889.2.12,5.10,5.13,6.13,7.1,7.4;1898.5.9

溥养泉　1885.2.6

溥耀庭　见普祥

溥倛(溥菊如、溥军帅、溥将军、溥都统/军帅,都护,西安左翼副都统、镶白旗蒙古副都统)　1884.4.9,4.10,4.14,4.19,9.18,10.8,10.28;1885.2.4,4.27;1886.12.9;1889.2.17,9.6,9.22;1889.12.27,5.15,6.22,6.24

溥月川(月兄/契友)　1885.2.6,11.8;1886.8.3,8.4,11.10;1887.2.22,2.28,10.21;1889.5.10,5.13,10.10

溥子斋　1898.11.2

Q

七姑爷　1898.4.22,11.2

七堂妹　1898.5.9,6.22

齐巴哈察(三盟逃犯)　1889.12.4

齐兰石(织造)　1885.2.6;1886.7.28,10.26;1887.3.2,3.23

齐密特巴拉德勒(三盟逃犯)　1890.3.27

齐莫特德里克　见奇密特德哩克

齐荣　见祁荣

齐塔尔巴勒（笔奇业齐）
　1886.7.31
齐昭华（恒瑞源商人）　1898.
　6.14
祁宝（商民）　1889.10.16
祁荣（齐荣、荣价/家丁）
　1884.3.3,5.11,6.6,8.2,
　10.22,11.17;1885.1.3,2.
　3,3.11,4.15,5.8,5.11,5.
　28,5.29,6.1,6.2,7.6,9.3,
　9.15,9.16,9.17,11.5,11.
　8,〈12.17,12.27;1886.1.2,
　1.3〉;1886.5.26,5.30,6.2,
　7.5,7.11,7.12,7.20,8.1,
　8.30,9.28,10.7,10.12,10.
　19,10.28,11.30,12.8,12.
　15,12.18;1887.1.19,1.25,
　2.23,2.27,2.28,3.3,3.4,
　3.6,3.7,4.24,4.30,5.3,6.
　13,10.11;1898.5.17,5.19
祁润业（马兵）　1886.12.19;
　1887.1.11;1890.3.12
祁星者（占卜者）　1886.
　12.25
奇贝子　见奇密特德哩克
奇克慎（郭什哈）　1898.8.25
奇密特德哩克（奇贝子/三盟

贝子、三盟吉厦）　1886.
12.26;1889.12.14;1890.
1.19,1.21,1.24,2.5
奇莫特多尔济（明阿特参领）
　1889.7.15
奇兴阿　1885.6.8
奇札萨克（图盟）　1887.12.2
祈秉忠（湟中祈将军）　1884.
　5.20
祈将军　见祈秉忠
耆年（耆语堂/曾任甘凉道）
　1884.9.24
耆同乡　1884.5.6
耆语堂　见耆年
琦公（勤甫公/先岳父）
　1884.12.30;1885.2.14,
　〈11.22〉
祺寿臣（亲友）　1885.7.19
蕲生　见胡聘
启省三　见启约
启泰（启侯泰、侯爷）　1898.
　6.1,6.3
启秀（启颖芝/前辈,同治四年
　进士,礼部尚书）　1898.5.
　9,5.28,6.26,9.30,11.2
启颖芝　见启秀
启约（启省三/张家口监督）

7.28

清师爷　见清子荫

清子荫（先生、师爷、公车）
1898. 1. 22, 1. 24, 1. 25, 1. 26, 1. 27, 2. 1, 2. 3, 2. 5, 2. 10, 2. 15, 2. 16, 2. 17, 2. 18, 2. 21, 3. 7, 3. 8, 3. 11, 4. 11, 4. 20, 4. 21, 5. 1, 5. 2, 5. 11, 5. 14, 5. 17, 5. 18, 5. 19, 5. 20, 5. 31, 6. 1, 6. 6, 6. 8, 6. 10, 6. 14, 6. 16, 6. 19, 6. 20, 6. 22, 6. 24, 6. 25, 6. 26, 7. 1, 7. 3, 7. 12, 7. 14, 7. 24, 7. 30, 7. 31, 8. 1, 8. 12, 8. 16, 8. 24, 8. 25, 8. 27, 8. 28, 8. 29, 8. 30, 9. 1, 9. 2, 9. 9, 9. 16, 9. 24, 9. 29, 10. 4, 10. 5, 10. 12, 10. 14, 10. 16, 11. 2, 12. 13

庆笔政　见庆林

庆代令　见庆宜川

庆邸　见奕劻

庆福（庆星伍/博多豁呢霍垒卡伦侍卫）　1889. 10. 12; 1890. 1. 3, 1. 5, 1. 6, 1. 12, 1. 13, 1. 14, 1. 15, 1. 18, 1. 21, 1. 22, 1. 27, 1. 28, 1. 30, 4. 20

庆郡王　见奕劻

庆凯（马甲）　1898. 5. 24, 11. 9

庆兰圃　见庆裕

庆连（兰圃/科城差旋）
1886. 6. 10

庆林（庆麟、庆笔政、庆松涛、庆守备、松涛/乌里雅苏台笔政）　1886. 10. 22; 1887. 3. 2, 3. 19, 5. 1, 5. 10, 8. 1, 8. 14, 8. 26, 9. 26, 10. 28; 1888. 2. 4; 1889. 2. 19, 2. 24, 3. 4, 3. 10, 3. 12, 3. 13, 3. 14, 3. 30, 4. 19, 4. 24, 5. 4, 5. 5, 5. 6, 5. 7, 5. 18, 5. 19, 5. 20, 5. 21, 5. 24, 5. 28, 5. 29, 5. 31, 6. 7, 6. 26, 7. 3, 7. 10, 7. 18, 7. 30, 8. 21, 8. 22, 8. 24, 8. 29, 9. 7, 10. 19; 1890. 1. 14, 2. 11, 2. 15, 2. 18

庆麟　见庆林

庆麟（庆云樵/礼部左侍郎）
1885. 2. 6, 6. 16

庆凌（厢蓝旗满洲委署前锋校）　1898. 11. 9

庆瑞（科城骁骑校）　1886. 10. 5

庆守备　见庆林

绕子卖迈　见绕子买迈

仁庙　见嘉庆

仁山　见安仁山

仁宗睿皇帝　见嘉庆

任福昌（郭什哈）　1889. 3.
　11,5. 28,6. 4,8. 30;1890. 1.
　13,1. 20,4. 4,5. 9

任价　见任喜

任经元（天义德商人）　1886.
　6. 26

任夑（孝廉）　1898. 2. 23

任庆年（商民）　1890. 2. 14

任洧（营卒）　1889. 10. 20,
　10. 22;1890. 1. 20,6. 8

任喜（任价/家人、小价）
　1884. 3. 3,6. 6,6. 18;1885. 4.
　25,5. 11,8. 4,8. 6,8. 14,8. 28

任有魁（郭什哈）　1889. 5. 29

荣昌（荣锡三、锡三/理藩院章
　京,乌里雅苏台军营理藩院
　帮办章京、主事职衔花翎即
　补佐领）　1886. 7. 5,7. 8,9.
　5,9. 8,9. 10,10. 30,11. 16,
　12. 9,12. 12;1887. 1. 3,1. 4,
　1. 8,1. 16,1. 20,2. 20,2. 27,
　3. 16,5. 2,6. 6,6. 15,6. 24,
　7. 10,7. 11,7. 15,7. 17,7.

18,7. 19,7. 26,7. 30,8. 1,8.
2,8. 6,8. 22,8. 26,8. 28,8.
29,8. 30,9. 2,9. 8,10. 12,
10. 13,10. 22,10. 25,10. 29,
11. 4,11. 21,11. 22,12. 7,
12. 21,12. 22,12. 28,12. 31;
1888. 1. 21,2. 4,2. 6;1889.
2. 14,4. 9,4. 12,4. 13,5. 10,
5. 16,5. 17,5. 18,5. 30,5.
31,6. 6,6. 19,6. 28,6. 29,6.
30,7. 1,7. 2,7. 4,7. 5,7. 7,
7. 9,7. 12,7. 14,7. 17,7. 18,
7. 19,7. 22,7. 23,7. 25,7.
26,8. 17,8. 20,8. 26,8. 30,
9. 2,9. 5,9. 6,9. 7,9. 9,9.
10,9. 12,9. 15,9. 19,9. 22,
9. 26,10. 2,10. 7,10. 8,10.
29,10. 30,11. 18,11. 20;
1890. 1. 14,1. 16,1. 25,1.
28,1. 29,1. 30,2. 5,2. 15,2.
22,2. 24,3. 9,3. 17,3. 18,3.
23,3. 27,4. 25,4. 28

荣恩（马甲）　1898. 8. 21

荣帆　见吉顺

荣苕臣　见荣辅臣

荣辅臣（荣苕臣）　1886. 5.
16;1887. 4. 26,12. 28

荣广（巡捕）　1886. 7. 4, 11. 4；1887. 3. 30, 8. 17, 9. 30, 11. 8；1889. 5. 19, 6. 3, 6. 4, 6. 5, 6. 6, 7. 19, 8. 27；1890. 2. 19

荣侯　见荣全

荣华（马甲）　1898. 4. 27

荣奎（荣显斋/通家）　1884. 3. 3, 11. 1；1885. 2. 6, 6. 7；1887. 1. 21, 5. 27, 10. 24；1898. 3. 4, 5. 9, 5. 28 , 11. 2

荣禄（荣仲华、荣协撰、荣相国、荣中堂、荣仲相、荣仲翁、荣使相、荣相/军机大臣、北洋大臣、津督、军机大臣上行走、管理兵部事务）　1890. 3. 25；1898. 3. 4, 3. 23, 5. 9, 5. 14, 5. 28, 6. 11, 6. 26, 9. 5, 9. 23, 9. 24, 9. 26, 9. 28, 9. 30, 10. 9, 10. 17, 11. 2, 12. 20；1899. 1. 1, 1. 10

荣全（荣侯①/军帅, 同治六年至同治十年任乌里雅苏台参赞大臣）　1886. 12. 15；1887. 5. 14

荣尚（满巡捕、荣锡三介弟）　1889. 8. 24, 8. 25, 8. 26, 8. 31, 9. 21, 10. 29, 12. 7；1890. 1. 30, 3. 9, 3. 11

荣使相　见荣禄

荣侍读　见荣寿

荣寿（马甲）　1898. 11. 9

荣寿（荣子山、荣侍读/乌里雅苏台内阁承办章京、军营内阁侍读）　1886. 7. 5, 7. 6, 7. 19, 7. 23, 7. 29, 8. 4, 8. 9, 10. 26；1887. 5. 27, 5. 30, 5. 31, 6. 24, 7. 5, 7. 25, 8. 7, 8. 8, 10. 22；1889. 4. 16

荣棠（郭什哈、河南驻防防御）　1885. 5. 30

荣廷（荣虞臣/姻侄）　1885. 3. 16, 5. 8, 7. 9；〈1886. 1. 8〉；1886. 5. 16；1887. 2. 21；1898. 1. 25, 3. 11, 5. 9, 5. 11, 5. 12, 5. 28, 8. 22, 8. 23, 9. 14, 10. 12, 10. 29, 11. 2；1899. 1. 10

荣通家　见荣煜

荣万金（西辕荣巡捕之子、西

---

①　荣全袭爵一等威勇候，故称荣侯。

辕记名馀丁） 1889.7.19，
9.25，10.20；1890.3.9，4.2

荣锡三　见荣昌

荣显斋　见荣奎

荣相、荣相国　见荣禄

荣协揆　见荣禄

荣绪　1898.6.1

荣巡捕　见荣广

荣砚堂（同乡）　1890.6.20，
6.21，6.22，6.24，6.27，6.28

荣耀庭　见荣煜

荣虞臣　见荣廷

荣雨亭　见荣玉亭

荣玉亭（凉州协领、同乡）
1885.4.7，6.27，10.1，10.
27，11.10，〈10.26〉；1887.
5.18，9.29，11.21

荣煜（荣耀庭、荣通家/诸生、
通家）　1884.10.7，10.29；
1885.2.6，5.8，11.8；1886.
9.23；1888.1.11；1890.3.
27；1898.7.2

荣章京　见荣昌

荣至田　1885.2.6

荣中堂　见荣禄

荣仲华、荣仲相、荣仲翁　见
荣禄

荣子山　见荣寿（荣子山、荣
侍读/乌里雅苏台内阁章
京）

容庵　见额容庵

容峻峰　见容山

容山（容峻峰/吉林宁古塔副
都统、福州副都统、摄海军
署，世叔）　1885.2.4，7.19；
1886.7.5，10.15；1887.1.
22，3.23，7.24，7.26，11.13，
11.22；1889.2.14，2.15，5.
12，5.27，6.5，7.16；1890.
3.15

容泽园（镇军）　1886.10.29，
11.2；1887.9.28

蓉甫、蓉圃、融圃　见杨颐

如格（景祺孙）　1898.1.28

如鹤侪（小枢臣）　1887.3.
28；1889.6.6；1890.3.27

如山　见双寿

茹子和（茹子稣）　1898.5.9，
5.10，5.28，11.2

茹子稣　见茹子和

锐小舫　见锐钊

锐钊（锐小舫）　1884.10.28；
1885.4.23，9.3

瑞笔政　见瑞良

1.7,1.14,1.17,2.5,2.7,2.
11,2.15,2.22,2.23,2.26,3.
1,3.5,3.6,3.7,3.13,3.16,
4.2,4.12,4.20,5.12,6.21,
6.24,10.21,8.24,8.25

瑞小舫(同乡)①　1885.12.1

瑞章京　见瑞山

瑞主事　1886.10.25

闰亭、润亭　见向科德

润民　见边宝泉

润斋　见文哲珲

S

萨笔政　见萨克什纳

萨桂亭　见萨凌阿

萨哈布(步甲)　1898.12.27

萨吉尔额琥　见萨吉尔琥

萨吉尔琥(萨吉尔额琥/章盖
忠堆之子、昆都)　1889.4.
25,12.4,12.13;1890.4.23

萨克什纳(萨鹊桥,乌里雅苏
台笔政、笔帖式)　1887.5.
28,8.17,9.21,9.22;1888.
2.4;1889.3.18,5.31,8.25,
8.30,9.7;1890.1.14

萨醴泉(解送贡马防御)

1886.6.30

萨临阿(库车办事大臣)
1885.6.13,7.3

萨凌阿(桂亭/金军马队吉江
统领、同乡,统领吉江马队乌
鲁木齐领队大臣)　1884.
11.3;1885.6.10

萨木丹(札盟人)　1887.7.25

萨鹊桥　见萨克什纳

赛固玉图(昆都)　1890.6.14

赛乐民(乐民/内弟)　1885.
11.8;1886.5.16;1898.5.9,
5.28,6.22,11.2

三巴色尔图布(三盟)　1889.
12.10

三保(察克达兵)　1886.7.19

三都克(副参领)　1886.6.
18,6.20

三都克(莫霍尔噶顺参领)
1890.5.28

三姑母　1898.6.22

三吉(昆都丹苏楞之子)
1890.1.10

三吉(乌梁海人)　1887.1.4,
1.9

---

①　疑与锐钊(小舫)系同一人。

三锦（三盟喇嘛）　1889.7.
22,8.31,9.14,11.1

三盟达贝子　见达克丹多尔济

三盟达公　见达克丹多尔济

三盟达胡图克图　见札雅班
第达

三盟额贝勒　见额林沁忠鼐

三盟额鲁特贝子　见达克丹多
尔济

三盟鄂贝子　见鄂勒哲依特
木尔

三盟鄂公　见鄂勒哲依特木尔

三盟鄂鲁特贝子　见达克丹多
尔济

三盟何贝车王　见车林多尔济

三盟何贝王　见特固斯瓦齐尔

三盟吉公　见吉克济特多尔济

三盟索公　见索诺木达什

三盟特何贝王　见特固斯瓦
齐尔

三盟特王　见特固斯瓦齐尔

三盟札台吉　见札木苏伦札布

三盟札札萨克　见札木苏伦
札布

三盟镇国公　1890.3.12

三音额尔德木图（总管）
1899.1.8

三音诺彦王　1886.7.13；
1887.2.27

三音泰（马甲）　1898.11.9

三音图（厢黄旗满洲防御）
1898.5.22,7.16,11.8；
1899.1.3

三音札普（郭什哈达）　1898.
12.27；1899.1.4

桑各克（乌梁海贼犯）　1886.
10.25

桑吉（三盟贼犯）　1890.3.27

桑吉多尔济（章盖）　1886.
9.5

桑济（逃犯）　1889.11.27

桑窄彭绰克（骁骑校）　1898.
6.30

色布征（赴津领枪队兵）
1898.2.20

色德德（三盟贼犯）　1889.
11.27

色公　见色楞额

色勒凝　见色呼呢音

色楞额（色利廷、色利亭、色立
亭/热河都统）　1898.5.9,
5.28,9.2,12.19,12.21

色楞额（色石友、色公/军帅、
库伦办事大臣、伊犁将军）

1886. 11. 24；1887. 6. 29；
1888. 1. 13；1889. 7. 4，11.
22，11. 27，12. 27
色利廷、色利亭、色立亭　见色
楞额
色呼呢音（色勒凝，札盟公衔
三等台吉）　1887. 3. 21，3.
23，5. 19，5. 20，6. 20，6. 21，
7. 5
色呼塔尔（札盟台吉、驻管乌
梁海台吉）　1887. 7. 22，8.
23；1889. 3. 29
色呼特尔　见色呼塔尔
色普徵额（色智泉/镶红旗汉
军副都统、赴南苑驻操）
1898. 3. 23，5. 9，5. 28，11. 2
色瑞亭（亲友）　1884. 11. 1
色石友　见色楞额
色台吉　见色勒呢音、色呼
塔尔
色欣泉（友人）　1898. 5. 9，5.
28，11. 2
色颖臣（通家）　1886. 5. 16；
1890. 5. 24
色智泉　见色普徵额
森吉（三盟贼犯）　1890. 1. 2
沙巴隆　见洛布桑丹占吹音

毕勒
沙克都尔札布（杜尔伯特贝子）
1888. 1. 30
沙克都林札布（沙参军、沙振
亭、沙振庭、都振亭、都振庭/
巴里坤领队大臣、科布多参
赞大臣、吉林副都统）
1884. 11. 7；1885. 2. 5；1886.
7. 8，7. 30，8. 12，8. 28，9. 3，
9. 7，10. 9，11. 24，12. 25；
1887. 2. 1，2. 4，2. 6，3. 18，
4. 9，5. 21，6. 20，9. 8，9. 10，
9. 25，9. 27，9. 29，11. 2，11.
21，11. 27，12. 21，12. 30；
1888. 2. 7；1889. 3. 7，5. 9，5.
20，6. 1，6. 17，6. 28，7. 14，9.
5，9. 10；1890. 1. 11，1. 26，2.
2，3. 22，5. 11
沙克吉巴勒（住管科城众安
寺）　1886. 9. 12
沙拉布（丢失俄人库什迈马匹
者）　1890. 4. 1
沙拉扣（贼犯）　1889. 7. 29
沙木胡索特（沙西屏、西屏/哈
密吐鲁番回王、回藩）
1884. 6. 19，6. 20，6. 21，6.
23，7. 3，7. 26，8. 18，8. 21，8.

24,9. 5,9. 12,9. 21,9. 30,
10. 2,10. 5,10. 18,10. 27,
11. 16,11. 18,11. 19,11. 20,
11. 27,12. 25;1885. 1. 7,1.
23,1. 24,1. 29,2. 2,2. 4,2.
9,2. 10,2. 16,2. 23,3. 2,3.
8,3. 11,3. 15,3. 23,4. 12,4.
21,5. 1,5. 16,5. 31,7. 3,7.
16,7. 21,8. 13,8. 24,9. 9,9.
12,9. 13,9. 14,9. 16,9. 18,
9. 21,9. 22,9. 23,〈9. 21,9.
23〉;1886. 11. 12,12. 5;
1889. 2. 28,3. 2,3. 4,6. 24,
9. 6,9. 30;1890. 3. 23;1898.
1. 27,1. 28,7. 27,11. 3
沙王　见沙木胡索特
沙西屏　见沙木胡索特
沙玉福（低级官员）　1898.
　4.9
沙札萨克（札盟）　1887. 6. 13
沙振亭、沙振庭　见沙克都林
　札布
闪惠（闪腾龙/营兵）　1889.
　5. 21,6. 16;1890. 1. 9,1. 10
闪腾龙　见闪惠
闪彦（京差）　1886. 11. 17
善联（善星垣/宗弟、湖南方

伯,湖北布政使）　1898. 2.
7,3. 12,5. 9,5. 28,10. 8
善秀（厢黄旗满洲前锋）
　1898. 11. 9
善子良（乌城兵部司员）
　1898. 8. 22,8. 27
上　见光绪
尚安仁（管理哈密底驿）
　1885. 9. 19
尚达迈（遣犯）　1888. 1. 8;
　1889. 4. 17
尚古斋（保甲）　1885. 8. 7
尚九哥（尚九兄）　1887. 7.
　18,12. 28
尚瑞庵（协戎）　〈1885. 10. 1,
　10. 3〉;1886. 12. 5;1887. 6.
　20,10. 23;1889. 2. 28,6. 24,
　9. 23;1890. 3. 6
尚颂臣　见尚贤
尚同年　见尚贤
尚熙亭（友人）　1889. 8. 10
尚贤（尚颂臣、亚珍/学士、同
　年,同治九年庚午科举人,同
　治十三年甲戌科进士,内阁
　学士、驻藏帮办大臣）
　1884. 9. 8,11. 9;1885. 7. 9,
　11. 1;1886. 7. 28;1887. 1. 12

施怀毕（张家口复源成商民）
　1886. 9. 19

施均甫　见施补华

石岛仙（经商）　1898. 2. 11,
　3. 1,3. 9,3. 15,3. 18,4. 3,4.
　7,6. 21,8. 26

石海　见兴廉

石农　见长麟

石勇（贡差）　1887. 10. 22

石友　见色楞额

实斋　见吉杭阿

史承善（归化商民）　1890.
　3. 12

史木工　1890. 4. 12,4. 19,4.
　24,4. 25

史诒善（大令,谷孙）　1890.
　6. 28

士周　见季邦桢

世铎（和硕礼亲王、礼邸、礼
　藩/军机大臣）　1884. 12.
　4, 12. 27;1886. 7. 18;1889.
　7. 1;1890. 1. 12,3. 25;1898.
　5. 9,11. 2

世龢　见恒斌

世魁（年满郎中）　1889. 4. 11

世星垣　1889. 4. 23,5. 31,6.
　6,6. 9,6. 12,6. 17,6. 24,6.

26,6. 29,6. 30,7. 5,7. 10,7.
　11,7. 12,7. 14,7. 18,7. 25,
　7. 26,7. 30,8. 2,8. 4,8. 7,8.
　14;1890. 6. 6

世振之（运使）　1898. 2. 8,3.
　12,7. 3

世宗宪皇帝　见雍正

世祖章皇帝　见顺治

是谁（三盟贼犯）　1887.
　12. 16

守馀　见全成

寿蘅　见徐树铭

寿农　见惠之番

寿彭（兵丁、伊犁前锋）
　1898. 11. 9

寿泉　见松湘

寿珊　见裕禄

寿田　见裕德

寿午卿　见寿荫

寿岩　见合色本

寿荫（寿午卿/光绪二十一年
　至二十四年任热河都统,二
　十四年至三十二年任广州将
　军）　1898. 3. 23,7. 3,9. 2,
　10. 26

受田　见裕德

受之　见崇礼

1887. 5. 27；1898. 1. 24，5. 9，
　5. 28，11. 2

孀媳　见冢媳

顺价　见王顺

顺治（世祖章皇帝）　1885. 2.
　21；1887. 1. 30；1889. 2. 6；
　1890. 1. 27；1898. 1. 28

舜臣　见治麟

硕隆乌（独石口委署骁骑校）
　1898. 6. 30

司潭（营卒）　1887. 7. 23，
　8. 18

斯得（谋财毙命罪人）　1884.
　12. 12

四胞妹　1885. 6. 24；1886. 11.
　10，12. 21；1887. 2. 28，4. 25，
　9. 28，10. 21；1889. 5. 10，5.
　13；1898. 3. 23，3. 24，4. 6，5.
　9，5. 28，6. 22，7. 3，10. 26

四姑太太　1898. 4. 22

寺家村和介（日本）　1898.
　5. 12

松差友　见松寿

松椿（松峻峰/直隶按察使、直
　隶布政使、漕运总督）
　1884. 3. 8；〈1885. 12. 23；
　1886. 1. 2，1. 4，1. 5〉；1887.

2. 11，2. 18，2. 20，6. 30，7.
　24，7. 28；1889. 3. 14，5. 27，
　9. 30；1898. 6. 25，10. 1

松湉（松寿泉/夫子、师，吏部
　左侍郎、崇文门副监督、工部
　尚书、刑部尚书）　1885. 2.
　6，3. 11，6. 7；1886. 7. 18，7.
　28，9. 17；1887. 1. 12，1. 21，
　3. 23，3. 24，3. 25，7. 18，8. 9，
　12. 28；1889. 5. 10，6. 6，7. 1；
　1890. 1. 9，2. 23；1898. 5. 9，
　8. 12，11. 2；1899. 1. 1，1. 2

松峻兄　见松椿

松鲁布（察哈尔厢红旗公中佐
　领一缺拟陪）　1898. 4. 27

松录布（随兵）　1890. 6. 13

松年（折本处纸本差贴写、表
　差委官）　1898. 3. 9，12. 16

松润圃（乡寅故友、文案）
　1884. 12. 24；1885. 7. 8；
　1889. 6. 20

松森（松吟涛/理藩院尚书）
　1890. 1. 11

松寿（差友、银库贴写）
　1898. 6. 6，6. 18，6. 26

松寿泉、松寿师　见松湉

松四爷　1898. 11. 2

松涛　见庆林

松委员（科城委员）　1889.
　10. 22

松祥（科城差员、科城笔政）
　1886. 12. 6；1889. 10. 21,
　10. 25

松秀（折差、左司承办笔政、郭
　什哈）　1898. 1. 24,4. 8,4.
　28,9. 17

松岩　见延茂

松吟涛　见松森

松镇卿　见崧骏

松志帅　1885. 12. 4

崧骏（崧镇卿、松镇卿、崧镇
　青、镇青/直隶布政使、漕运
　总督、江苏巡抚、浙江巡抚）
　1884. 3. 8,11. 4；1885. 10. 6；
　1887. 9. 16, 10. 29；1889.
　7. 20

崧镇青、崧镇卿　见崧骏

嵩犊山　见嵩申

嵩恩（进士）　1889. 7. 24

嵩菊庄（同乡）　1885. 1. 23,
　1. 26,2. 1；1887. 2. 21,4. 2

嵩昆（嵩书农、嵩廉访/同乡、
　山西按察使、安徽按察使）
　1886. 11. 7；1887. 2. 21,11.

13；1889. 5. 27,7. 20,10. 15；
　1890. 3. 27

嵩廉访　见嵩昆

嵩尚书　见嵩申

嵩申（嵩犊山、嵩尚书/少农、
　译署尚书、前辈,同治七年进
　士,户部左侍郎、理藩院尚
　书、刑部尚书）　1885. 1. 4,
　2. 6, 3. 11；1886. 12. 20；
　1887. 3. 23,7. 18,10. 7,12.
　28；1889. 5. 2,7. 1,7. 24,8.
　31；1890. 1. 9,1. 11

嵩书农　见嵩昆

嵩同乡　见嵩月峰

嵩月峰（嵩同乡/甘督内院、同
　乡）　1884. 5. 4,5. 6,5. 9,5.
　10,9. 18,9. 29；1885. 2. 8,6.
　24,6. 25,8. 11,11. 2,11. 6,
　11. 8,11. 10,12. 4

嵩祝三（友人）　1885. 2. 6；
　1886. 10. 26

宋典史　〈1885. 10. 29〉

宋殿元（营卒）　1889. 6. 4,6.
　15, 9. 7, 9. 9, 12. 7；1890.
　1. 22

宋都阃（协标）　1885. 3. 5

宋都司　见宋寿庵

宋国安（营卒、马兵）　1886.
　8.1,10.5,12.12,12.15,12.
　24;1887.1.2,9.18;1888.2.
　4;1889.4.11,4.14,4.15,5.
　1,5.18,5.21,6.3,6.4,6.
　20,7.1;1890.5.26,5.27
宋国喜（巡捕、郭什哈、千总）
　1886.7.27,8.7,9.7,9.8,9.
　30,10.1,12.15;1887.2.7,
　2.14,5.16,5.24,5.28,6.4,
　6.10,6.14,6.21,6.22,6.
　23,6.24,6.25,8.17,8.29,
　9.28,9.30,10.5,10.16,10.
　17,10.18,11.18,11.19,11.
　27,12.2,12.18;1889.3.22,
　3.29,4.7,4.20,5.26,6.1,
　6.4,6.17,6.28,7.1,7.3,7.
　5,7.6,7.7,7.8,7.13,7.15,
　7.18,7.27,8.2,8.4,10.10,
　11.5,11.14;1890.1.9,5.
　30;1898.3.1
宋画工　见宋绘工
宋绘工（宋画工）　1885.6.
　30,9.12;1889.2.28
宋静山（怀来邑署令）　1886.

5.18
宋庆（宋祝帅/总统毅军、武卫
　左军）　1898.6.22
宋寿庵（宋都司）　1884.6.
　29,10.2;1885.1.29
宋巡捕　见宋国喜
宋占元（力夫）　1898.10.11
宋祝帅　见宋庆
颂臣　见尚贤
颂阁　见徐郙
颂南斋（前辈）　1898.6.19
苏春阿（赴津领枪队兵）
　1898.2.20
苏迪化牧①　1885.2.5
苏胡特褚（尚卓特巴）　1888.
　2.9
苏季子　见苏秦
苏兰泰（米面差员）　1887.
　12.2;1889.6.6
苏林（科城步兵）　1890.2.
　11,3.15
苏隆果尔（委章京）　1887.
　6.3
苏隆札布（库布苏库勒诺尔台
　吉）　1886.7.29

---

① 光绪十年至十二年迪化直隶州知州为潘效苏,此处疑祥麟记载有误。

太太　见乌尔达氏

太宗文皇帝　见皇太极

太祖高皇帝　见努尔哈赤

泰初(五堂弟、五弟)　1898.
　5.9,5.28,7.3,7.4,7.13,
　7.19

谈永胜(刘营厮长、总戎)
　1885.6.9,6.25

谭楚材(官员)　1885.9.20

谭方伯　见谭继洵

谭继洵(谭敬甫/藩台、方伯、
　甘肃布政使、湖北巡抚)
　1885.2.4,6.24,9.23,11.2,
　11.7,11.8,11.10,12.4,
　〈11.4〉;1886.7.5;1887.1.
　9,2.17,6.19,8.15,9.25,
　10.23,11.17;1889.3.29,7.
　16,10.15;1890.3.23;1898.
　2.23,7.22

谭敬甫　见谭继洵

谭上连(谭云亭、谭镇军/西宁
　镇总兵、绥来谭镇、乌鲁木齐
　提督)　1884.12.9;1885.4.
　10,4.11,4.12,4.13,9.13.

谭叔裕　见谭宗浚

谭文卿　见谭钟麟

谭营官　见谭用宾

谭用宾(安远营管带、统领)
　1885.6.7,6.25,7.3

谭云觐　见谭钟麟

谭云亭　见谭上连

谭镇军　见谭上连

谭制军　见谭钟麟

谭钟麟(谭云觐、谭文卿、谭制
　军、谭总督/制军、总督、前
　辈,咸丰六年进士,陕甘总
　督、闽浙总督、两广总督)
　1884.5.7,8.18,9.24,10.
　17;1885.1.29,2.4,3.8,3.
　23,7.12,9.13,10.1,10.6,
　11.2,11.5,11.8,11.10,12.
　4,〈11.4,11.11〉;1887.1.
　9,6.19,9.29,11.17;1888.
　2.8;1898.4.29,12.14

谭宗浚(谭叔裕/同年,同治十
　三年甲戌科进士,云南粮储
　道)　1885.8.15;1887.8.14

谭总督　见谭钟麟

檀斗生　见檀玑

檀玑(檀斗生/同年,同治十三
　年甲戌科进士,翰林院编
　修)　1887.1.9

汤协臣(军门)　1889.9.3

汤彦和(统领)　1887.9.8

唐广庸（商民）　1887.8.20

唐浔昉（大令）　〈1885.10.16,10.18〉

陶差弁（刘营折差）　见陶立忠

陶立忠（陶差弁、陶弁/毅帅郭什哈、差弁）　1885.3.16,3.17,6.7

陶廉访　见陶模

陶模（陶子方、陶子枋、陶廉访、前辈,同治七年进士,署甘肃按察使、直隶按察使、陕西布政使、陕甘总督）　1885.6.16,9.15,11.6,11.7,11.8 ,11.10,12.4,〈11.4〉;1886.12.29;1887.12.10;1888.1.25;1889.3.24;1890.2.10;1898.6.28

陶泉　见袁尧龄

陶巡捕（明辕）　1885.9.18

陶子方、陶子枋　见陶模

特大臣①（特大哥）　1887.7.18,12.28

特大哥　见特大臣

特公　见特古斯德勒格尔

特古斯德勒格尔（特公/札盟辅国公）　1887.2.17,5.30,6.25

特固斯瓦齐尔（三盟特王、三盟何贝特王、三盟何贝王、三盟亲王、吉厦特王、特王、特王弟、三音诺彦亲王、三音诺彦部落盟长王）　1886.7.28,7.29,9.9 ,10.29,10.30,10.31,12.8,12.13;1887.1.22,6.3,11.8;1888.1.11,1.20,2.10,2.11;1889.2.1,3.13,5.10,5.23,5.24,6.7,6.28,6.29,7.25,8.12,8.13,8.14 ,10.1,10.24,10.29,11.5,11.24,12.7;1890.1.14,1.20,1.22,1.23,2.16,2.20,2.26,3.7,3.8,3.12,4.7,4.20

特木尔巴图尔（三盟逃犯）　1886.11.20

特木尔吉雅（赴津领枪队兵）　1898.2.20

特齐欣（特奇欣/张家口正黄旗满洲领催）　1898.4.27,

---

① 疑为特尔庆阿,光绪十年曾任塔尔巴哈台厄鲁特领队大臣。

11.9

特奇欣　见特齐欣

特台吉（三盟拟罚）　1887.
12.19

特王　见特固斯瓦齐尔

天山和尚　见心月

田戈什哈　1898.6.11

田郭什哈　见田文进、田永章

田价（家丁）　1886.5.27,5.
28,5.30,5.31,6.2,6.3,7.
28;1887.2.28,9.18;1890.
6.16,6.21,6.27

田杰志（张家口广全泰商民）
1887.7.18

田满拉（逆回）　1885.6.13

田商（恒和义商人）　1890.
5.3

田四（旧价）　〈1886.1.6〉;
1890.4.23;1898.10.17,
11.2

田文进（营卒、郭什哈）
1887.8.7,8.9,9.27,9.30;
1889.7.1,7.2,7.22;1889.
8.17,5.15

田喜福（张家口广全泰商民）
1889.4.11

田永章（营卒、郭什哈）

1889.10.20;1890.3.9,3.11

田有保（马兵）　1889.5.14,
9.25

田玉文（那邸家占）　1898.2.
15,2.17,2.21,3.9,3.11,3.
17,3.18,3.23,3.24,3.25,
3.27,3.31,4.3,4.6,4.21,
4.22,4.24,5.6,5.9,5.11,
5.12,5.19,5.24,5.28,5.
31,6.4,6.6,6.7,6.10,6.
11,6.18,6.24,6.26,7.3,7.
7,7.10,7.13,7.17,7.19,7.
29,8.12,8.23,8.24,9.3,9.
7,9.9,9.19,9.22,10.16,
10.26,10.30

田玉喜（营卒）　1886.8.29;
1887.9.30;1889.1.31,2.
7,6.4,7.1;1890.5.15

田裕庭（护卫）　1890.6.14

斑孙（祥麟之孙）　1898.1.
23,2.18,5.2,6.23,7.8,7.
15,8.11,9.10,10.12,10.31

同治（穆宗毅皇帝）　1885.1.
20;1888.1.17;1889.12.26

图布多尔济（札盟图公）
1889.5.7

图晟（图书园、图侍卫/博多霍

呢和垒侍卫、内表兄)
1885.2.6,5.19,6.13,9.15;
1889.8.4,10.9,10.10,10.
11,10.12,10.14,10.16,10.
17,10.19,10.20,10.21,10.
22,11.6;1890.1.3,1.5,1.
7,1.9,1.18,1.30,2.10,2.
24,3.16,4.12,4.27
图都普多尔济(厢黄旗牛群护
军校记名) 1898.12.22
图伽本(巡捕) 1886.7.22,
11.8,11.17;1887.3.2,4.
30,5.4,5.13,5.14,5.15,5.
16,5.17,5.23,5.29,6.3,6.
9,6.13,6.17,6.18,6.19,6.
20,6.30,7.1,7.12,8.17,8.
27,8.31,9.7,9.13,9.26,9.
30,10.16,11.19,12.7,12.
29;1888.1.7,1.13,1.19;
1889.2.18,2.25,2.27,3.
11,3.21,3.24,3.25,3.29,
4.12,4.20,4.24,4.27,5.1,
5.4,5.15,6.4,9.1,9.5,9.
6,9.8,9.9,9.10,9.11,9.
15,9.16,9.17,9.27,10.10,
10.12,12.23,12.31;1890.
1.12,1.18,1.19,1.23,1.

25,2.19,2.21,2.24,2.26,
3.9,3.12,3.24,3.25,3.31,
4.11,5.5,5.15,5.16,6.15
图伽布(图少文、图骁骑校、图
主事、图主政/章京,乌里雅
苏台军营兵部帮办章京、主
事职衔) 1886.7.5,7.6,8.
1,10.25,11.20
图伽浑(郭什哈) 1898.5.
29,8.16
图伽苏(图建亭/差员)
1889.7.4,11.24,11.27
图公　见图鲁伯罗特
图公(札盟) 1886.11.30
图林(图章京/察哈尔章京)
1898.2.9,2.10,2.20,2.21,
2.22,3.22,3.24,3.25,4.1,
4.20,5.8,5.16,5.19,6.14,
7.3,7.29,8.16,9.6,9.7,9.
15,9.28,11.13,12.26;
1899.1.1,1.10
图林布(头目) 1898.9.17
图领队　见图守文
图鲁巴图(察哈尔正黄旗笔帖
式) 1898.7.26,7.27
图鲁巴图(翼长) 1898.5.13
图鲁伯罗特(秋季吉厦,图盟

统）

托金布（折本处贴写）　1898.
6. 9,6. 16,6. 25,7. 2,7. 9,7.
16,7. 23,7. 29,8. 11,8. 25,
9. 20

托津布（左翼蒙古委前锋）
1898. 5. 24

托津斯浑（厢白旗满洲马甲）
1898. 11. 9

托可斋　见托克湍

托克塔扈（三盟贼犯）　1890.
1. 2

托克湍（可斋、托可斋、托可
帅、托可兄、可帅、可兄/光绪
十五年至十七年任乌里雅苏
台将军）　1889. 6. 6,6. 10,
6. 16,6. 17,6. 18,6. 23,7. 6,
7. 13,7. 20,8. 23,8. 27,8.
31,9. 6,11. 1,11. 5,11. 10,
11. 16,11. 21,11. 25,12. 16,
12. 17,12. 18,12. 31；1890.
1. 9,1. 14,1. 26,2. 14,2. 23,
2. 24,2. 25,2. 26,2. 28,3. 1,
3. 7,3. 9,3. 10,3. 11,3. 12,
3. 13,3. 14,3. 15,3. 16,3.
17,3. 18,3. 19,3. 20,3. 21,
3. 22,3. 23,3. 24,3. 25,3.

26,3. 27,3. 28,3. 29,3. 31,
4. 1,4. 2,4. 3,4. 6,4. 7,4. 8,
4. 9,4. 11,4. 12,4. 13,4. 15,
4. 16,4. 17,4. 18,4. 19,4.
20,4. 21,4. 23,4. 25,4. 26,
4. 27,4. 28,4. 30,5. 1,5. 3,
5. 5,5. 6,5. 7,5. 8,5. 10,5.
12,5. 13,5. 15,5. 23,5. 27,
6. 8,6. 11,6. 22,6. 24,7. 1

托克托和（三盟逃犯）　1889.
9. 6

托伦布（差友、银库贴写）
1898. 6. 6,6. 18,6. 26,11. 9

托伦布（厢黄旗满洲领催）
1898. 11. 9

托伦布（子明、托子明、托都
护/察哈尔统制、张家口托统
制、察哈尔都统）　1886. 5.
22,5. 23,5. 24,5. 25,5. 28,
6. 1,6. 2,7. 9,7. 11,7. 18,9.
17,10. 1,10. 2,10. 4,11. 23；
1887. 1. 7,2. 17,4. 23,4. 26,
6. 26,7. 18,9. 12,9. 18,10.
5,10. 8,10. 22,10. 24,10.
28,11. 13,11. 17,12. 28；
1889. 2. 15,4. 18,5. 24,6.
17,6. 19,7. 1,9. 8,9. 22,12.

19,9. 21,9. 22,9. 23,10. 1,
11. 29,12. 28,12. 29;1885.
2. 9,3. 6,3. 8,4. 2,4. 3,4. 9,
4. 15,4. 23,4. 24,4. 25,4.
29,4. 30,5. 11,5. 20,5. 23,
5. 24,5. 25,6. 19,6. 24,7.
20,7. 28,7. 29,8. 17,8. 22,
8. 28,8. 29,8. 30,8. 31,9. 3,
9. 4,9. 5,9. 8,9. 14,9. 15,9.
19,11. 10,12. 4;〈1886. 1.
5〉;1890. 2. 10,2. 11,2. 12
王俊堂(商民)　1887. 5. 7
王可升(枫臣、王枫臣、枫兄/
　镇台、宣化镇总兵)　1886.
　5. 20,5. 21,5. 26,9. 2,9. 23,
　11. 7,12. 9,12. 13;1887. 1.
　20,3. 2,4. 26,4. 30,6. 17,7.
　18,9. 18,10. 4,10. 24,12.
　28;1888. 1. 13,2. 5;1889. 5.
　24,5. 25,6. 18,7. 1,9. 6,9.
　8,10. 10,11. 10;1890. 1. 26,
　3. 1,6. 19,6. 28,6. 30
王夔石　见王文韶
王夔帅　见王文韶
王兰亭(协戎)　1885. 11. 10,
　〈10. 24〉
王朗青　见王德榜

王麟(营卒)　1890. 6. 8
王凌(郭什哈)　1889. 9. 30,
　10. 22,12. 7;1890. 3. 9,3. 11
王令　见王吉士
王禄(家丁)　1898. 3. 23,4.
　21,4. 22,5. 9
王露安(商民)　1889. 6. 20
王梅初　见王豫升
王庙祝(后庙)　1886. 10. 5,
　10. 7;1887. 2. 15
王泥工　1890. 1. 27
王佩卿　见王维翰
王鹏运(王幼霞/庚午同年)
　〈1885. 10. 6〉
王丕承　1884. 9. 3
王皮工　见王德鸿
王皮工　1889. 3. 7,3. 12,3.
　29,5. 4,5. 6,7. 15,8. 13,8.
　18,8. 23,8. 25,9. 16,9. 29,
　10. 5
王偏将　见王玉林
王千总(乌鲁木齐都统差弁)
　1885. 2. 23;〈1886. 1. 5〉
王全(营卒、郭什哈)　1886.
　12. 13;1887. 8. 8,9. 30;
　1889. 6. 4,6. 27,10. 15,11.
　6,12. 17;1890. 1. 22,6. 8,

6.15

王全忠（步兵）　1888.1.8

王纫工　1889.9.29

王嫂夫人　1890.6.28

王商　见王忠

王少农　见王振声

王诗正（王莼农/观察）　1885.3.31

王世昌（步兵）　1886.8.4

王顺（顺价/家丁）　1898.2.15,2.16,2.17,2.18,4.22,5.9,6.8,9.1,9.3,9.19,10.17,11.2

王太守　1884.5.6

王天云（归化商民）　1886.11.20

王廷栋（兵役）　1890.2.18

王廷武（郭什哈）　1887.8.6；1889.5.5

王维翰（王佩卿/甲戌同年,同治十三年甲戌科进士）〈1885.10.6〉

王文韶（王夔石、王夔帅、夔帅/直隶制军、直督、军机大臣上行走）　1898.1.24,2.10,2.19,3.24,4.30,5.6,5.14,5.15,5.16,5.17,5.26,6.12,11.2

王文元（候补经制）　1898.6.1

王西林（王玺林/新城义塾师、贡生）　1884.8.28,10.22；1885.8.18,9.10,9.14；1887.6.19

王锡藩（张家口大新德商人）　1887.7.27；1889.6.30,7.22,9.23,10.28,11.1

王玺林　见王西林

王协亭（故文案）　1884.12.27

王燮友（王巡检/署巡检）　1884.6.29,12.12,12.15；1885.2.11,6.15,6.17,9.17,9.20,〈10.9,10.10〉

王巡捕　见王弼、王英

王巡检　见王燮友

王耀忠（营卒）　1886.10.26；1887.9.30；1889.6.4

王耀宗　见王耀忠

王英（巡捕）　1886.8.29；1887.1.9,1.15,2.23,3.1,4.10,4.16,4.23,4.24,4.25,4.26,4.27,5.6,5.10,5.16,5.21,5.26,5.28,5.29,

5. 30,5. 31,6. 1,6. 7,6. 12,
6. 18,6. 22,6. 27,7. 1,7. 2,
7. 3,7. 4,7. 18,8. 8,8. 9,8.
15,9. 21,9. 22,9. 30;1889.
5. 19,5. 28,6. 4,9. 7,9. 26,
12. 7;1890. 1. 15,1. 30,2.
21,2. 27,3. 5,5. 2

王营官　见王玉林

王营务　见王冠阶

王永昌(商民)　1887. 9. 12

王永和(营卒、马兵)　1886.
10. 26,11. 29;1887. 9. 30;
1889. 5. 21,12. 10

王油工　1887. 8. 20

王有禄(营卒)　1886. 8. 29,
12. 13;1887. 5. 19,9. 18;
1889. 5. 5

王有全(兵役)　1889. 5. 28,
8. 25;1890. 6. 11

王幼霞　见王鹏运

王雨庭(友人)　1885. 2. 6

王玉林(被戕营官、驻扎乌鲁
木齐精骑马队营官总兵)
1884. 12. 9,12. 31;1885.
1. 18

王育桐(盟侄)　1890. 6. 28

王豫升(王梅初/嵩武军营务

处协戎)　1885. 8. 4,8. 7,
8. 27

王运枢(内阁字识)　1886. 9.
22;1887. 11. 5,11. 10;1889.
6. 19

王增胡(张家口协成源商民)
1887. 8. 17

王长荣(归化商民)　1889.
10. 2;1890. 2. 26

王照(主政)　1898. 9. 4

王者锐(营卒)　1887. 9. 18;
1889. 7. 10,7. 18

王桢堂(友人)　1885. 11. 8

王振声(王少农/同年,同治十
三年甲戌科进士,营缮司主
事、三品顶戴)　1898. 6. 19,
8. 12,9. 9

王振文(巡捕)　1887. 9. 5,
11. 13;1889. 6. 4,8. 26,12.
7,12. 22;1890. 3. 9,3. 11,6.
8,6. 28

王正兴(营卒)　1890. 2. 25

王治金(商民)　1889. 3. 9

王忠(步兵)　1886. 8. 1;
1889. 10. 20,12. 7;1890. 4.
4,5. 9

王忠(大盛魁商人)　1886. 6.

26,9.7

王重金（尸亲）　1887.12.4

王子绅（张家口祥发涌商民）
1887.8.11

王子桢、王子征、王子徵　见王
吉士

王佐臣（世兄）　1898.1.22,
1.28,2.4,2.8

旺贝子　见旺楚克车克塔尔

旺楚克车克塔尔（三盟驻厂贝
子、那钜辅旗下、署吉厦）
1887.1.24,2.22,3.29,3.
31;1888.1.18

旺楚克多尔济（管理推等台台
吉）　1886.6.27;1887.1.22

旺丹（三盟盗马贼犯）　1890.
4.6,4.16,8.4

旺沁（察克达兵）　1887.1.1

旺沁察克都尔（那钜辅旗下贝
子）　1886.7.18

威都布东奈（车盟梅楞）
1887.10.28

维别驾　1885.11.7

维桂亭、维桂庭　见维庆

维侯帅　见维庆

维庆（维桂亭、维桂庭、维侯
帅/军帅、侯帅、宁夏维侯帅、

宁夏将军）　〈1885.12.
19〉;1886.8.1,11.7;1887.
5.3,9.6,12.23

伟都布（三盟贼犯）　1890.
4.6

伟人　见国俊

伟叔　见张霈

卫秀山（商民）　1889.11.4

卫玛（商民）　1886.11.20;
1889.11.4

渭滨　见陈飞熊

渭臣　见周达武

魏存成（张家口元发昌商民）
1887.3.6

魏发贵（商民）　1889.10.12;
1890.4.16

魏藩台　见魏光焘

魏方伯　见魏光焘

魏光焘（魏午庄、魏午兄、魏藩
台、魏方伯、魏护抚、午庄、午
兄、甘肃布政使、新疆布政
使、陕甘总督）　1884.10.
11;1885.1.29,5.15,5.17,
5.18,5.19,5.20,5.21,5.
22,5.23,5.24,5.29,5.30,
6.4,6.8,6.19,6.25,7.14,
7.15,7.18,7.19,8.5,8.16,

8. 28,9. 8,9. 14,9. 15,9. 19,
9. 23,9. 24,11. 10,12. 4,〈9.
25,11. 20;1886. 1. 5〉;1886.
7. 5,9. 30;1887. 1. 9,4. 2,4.
4,6. 19,6. 30,7. 14,7. 16,7.
24,7. 28,8. 21,9. 25,9. 29,
11. 19;1888. 2. 8;1889. 2.
18,2. 28,3. 29,5. 27,6. 10,
8. 10,9. 3,9. 4,9. 5,12. 27;
1890. 2. 10,3. 30,4. 1,4. 3,
4. 5,6. 15,6. 22,6. 24;1898.
6. 28,9. 21,12. 30

魏广玉(商民) 1887. 5. 28

魏国治(科城差弁) 1889.
11. 5

魏护抚 见魏光焘

魏哩(俄人) 1885. 1. 28

魏铭(西辕汉巡捕) 1887. 3.
5,9. 18,9. 22,11. 10,6. 5;
1889. 6. 4,6. 22,6. 23,8. 23,
8. 25,11. 1;1890. 3. 9,3. 11

魏实(大源永商人) 1890.
6. 22

魏午庄、魏午兄 见魏光焘

魏营务 1884. 7. 6;1885. 2. 24

魏长盛(弁兵) 1890. 5. 22

温棣华(学士) 1884. 12. 13

温伦(台市铺商) 1887. 7. 7,
7. 9

温哲浑额(郭什哈达) 1899.
1. 4

文保(文介如、文观察、文道/
归绥观察) 1898. 5. 4,5. 8,
5. 15,5. 20,5. 31,6. 3,6. 4

文笔政 见文海

文参领(刘营清书委员)
1885. 4. 29

文川 见刘文川

文大令 1885. 11. 7

文道 见文保

文德(马甲) 1898. 4. 27

文贡三 见文琳

文故舅 见文艺

文观察 见文保

文光(文镜堂、文敬堂、文观
察/同乡、陕西潼商道、陕西
按察使、陕西布政使、四川总
督) 〈1885. 12. 10,12.
11〉;1886. 12. 29;1887. 3.
23,8. 15,11. 30;1889. 4. 9,
8. 25,11. 18;1890. 4. 1;
1898. 3. 1,7. 31

文海(进士) 1889. 7. 24

文海(文晏轩、文笔政/五品顶

戴尽先即补骁骑校额外笔帖

式）　1887.3.2,3.15,5.15,

8.2,8.3,8.26,8.31,9.11,

10.12,10.13,10.16,11.16,

11.20;1888.2.4;1889.2.5,

5.31,9.1,9.6,9.7;1890.1.

14,2.5,2.15,2.24,2.26,3.

8,3.9,4.16,5.5,5.12

文翰卿　见文明

文翰章（黄门、砚兄、同门、契

友,文）　1884.10.7,10.28,

12.18;1885.2.6,5.8,5.19,

5.25,6.7,7.19,8.9,9.15,

11.8,〈12.27〉;1886.8.4,

11.10;1887.5.27

文华（厢黄旗满洲步甲）

1898.12.27

文晖（文葵卿/礼部左侍郎、盛

京礼部侍郎）　1887.4.13;

1889.10.15

文惠（折本处贴写）　1898.3.

9,6.9,6.11,6.20,6.27,7.

4,7.11,7.18,7.29,8.10

文介如　见文保

文锦如　见文秀

文敬堂、文镜堂　见文光

文科（郭什哈）　1898.10.24

文奎（科城委员）　1890.3.22

文葵卿　见文晖

文琳（文贡三/侍郎、刑部右侍

郎）　1898.2.8,5.9,5.28,

6.26

文麟（瑞甫、文钦差/哈密帮办

大臣①）　1884.6.21

文龄（科属年满主政）　1887.

11.19

文鲁臣（同乡）　1885.3.29;

1887.7.18,12.28;1889.4.

23,4.26,5.13,5.14;1890.

3.10

文孟宽（巴里坤协领）　1885.

2.6,6.11,9.16

文明（文翰卿）　1890.7.1

文农　见魁元

---

① 同治七年（1868）,哈密帮办大臣文麟重修原有供军队驻扎的兵城,被
　称作新城。新城在老城西北隅三里,中有街道相连。参见王鹏辉《近
　世哈密的佛寺道观考实（1727—1931）》（朱玉麒主编《西域文史》第
　九辑,科学出版社2015年7月版）。

署主事） 1886. 6. 25, 9. 7,
9. 8, 12. 18; 1887. 8. 26, 9.
10, 10. 12, 10. 13; 1888. 2. 4;
1889. 2. 18, 2. 21, 2. 22, 3.
13, 3. 14, 3. 29, 4. 9, 4. 10, 4.
12, 4. 13, 4. 21, 5. 2, 5. 16, 5.
17, 5. 18, 5. 31, 6. 4, 6. 6, 6.
21, 6. 29, 7. 18, 7. 19, 7. 22,
7. 24, 7. 25, 9. 10, 9. 16, 9.
22, 9. 23, 9. 26, 9. 27, 11. 11,
11. 28, 12. 1; 1890. 1. 15, 1.
19, 2. 21, 2. 22, 2. 23, 2. 24,
2. 27, 3. 5, 3. 12, 4. 26, 4. 28
文哲浑（厢红旗满洲委领催）
1898. 11. 9
文哲浑布（厢蓝旗马甲）
1898. 7. 28
文芝卿　见文瑞
文志（赴津领枪队兵） 1898.
2. 20
文质如（友人） 1886. 5. 16
文治（文叔平/前辈, 同治四年
进士, 内阁学士、侍郎、兵部
右侍郎） 1887. 10. 8; 1898.
5. 9, 11. 2

文仲恭（前侍御, 以知府候补）
1898. 7. 9, 10. 6
文子俊（友人） 1887. 2. 22
文子延（友人） 1886. 5. 23,
5. 24, 5. 25; 1887. 4. 30
文子元　见文焘
文宗显皇帝　见咸丰
闻辅斋（署镇西厅丞） 1885.
9. 15, 9. 17, 9. 21, 〈9. 21〉;
1886. 10. 28; 1887. 2. 13, 6.
30, 10. 23
问松　见恭寿
翁里扣（三盟逃犯） 1889.
11. 24
翁叔平　见翁同龢
翁同龢（翁叔平/前辈, 咸丰六
年进士, 户部尚书、军机大
臣, 以户部尚书协办大学
士） 1887. 3. 2, 3. 12, 10. 8;
1898. 5. 9, 5. 28, 6. 16
倭蔼堂　见倭哩贺
倭辅臣（同案） 1885. 4. 23
倭恒额（伊犁索伦领队大臣）
1898. 10. 20
倭峻峰① 1886. 12. 9; 1887.

---

① 疑为倭克津泰, 呼兰副都统。

6. 10, 10. 20, 10. 22; 1890.
3. 1
倭哩贺（蔼堂、倭蔼堂/新任津
吉里克卡伦侍卫） 1889.
5. 1,5. 2,5. 3,5. 10,5. 11,5.
12,5. 14,12. 29;1890. 1. 7
倭什浑（口内厢黄旗委领催）
1898. 5. 24
倭什铿额（倭陟堂、倭太守/太
守、同乡, 凉州府知府）
1885. 2. 8,5. 18,6. 16,7. 12,
9. 15, 10. 27, 11. 10,〈10.
26〉;1887. 2. 11,8. 15;1889.
10. 13;1890. 3. 6
倭兴额（郭什哈达） 1899.
1. 4
倭陟堂　见倭什铿额
乌伯恭　见乌尔图那逊
乌达峰　见乌拉喜崇阿
乌大司马　见乌拉喜崇阿
乌尔达氏（拙荆、内子、太太、
贤妻） 1884. 3. 8,3. 16,3.
18,3. 22,3. 28,5. 31,6. 1,6.
30,7. 29,8. 12,8. 24,8. 27,
10. 27, 10. 30, 11. 1, 11. 9,
11. 28,12. 26;1885. 1. 8,1.
9,1. 15,1. 17,1. 21,1. 24,1.

25,2. 9,2. 12,2. 14,2. 15,3.
1,3. 11,3. 26,4. 16,4. 22,4.
28,5. 9,5. 11,5. 16,5. 28,5.
29,5. 30,6. 4,6. 7,6. 13,6.
29,6. 30,7. 7,7. 8,7. 29,7.
31,8. 14,8. 27,9. 7,9. 20,9.
23,11. 8;〈1885. 10. 19,11.
1,12. 11,9. 24,9. 26;1886.
1. 1〉;1886. 9. 23,9. 24,11.
3;1887. 4. 23,4. 24,4. 27,4.
28,5. 24,5. 27,7. 19,7. 24,
8. 7,8. 8,8. 9,8. 15,8. 16,8.
17,9. 3,9. 4,9. 7,9. 13,9.
14,9. 16,9. 17,9. 18,9. 24,
9. 26,9. 27,9. 28,9. 29,9.
30,10. 1, 10. 4, 10. 6, 10. 7,
10. 11,10. 17,10. 20,10. 28,
10. 30, 11. 1, 11. 6, 11. 10,
11. 11,11. 12,11. 13,11. 14,
11. 15,11. 20,11. 21,11. 22,
11. 26,12. 14,12. 15,12. 16,
12. 18,12. 21,12. 27,12. 30;
1888. 1. 2, 1. 7, 1. 17, 1. 20,
1. 25,1. 28,2. 1,2. 9 ,2. 10,
2. 11;1889. 1. 31, 2. 7, 2.
18,2. 19,2. 23,2. 24,3. 29,
5. 25, 6. 10, 6. 11, 6. 12, 6.

13,6. 15,6. 16,7. 17,7. 24,
8. 2,8. 21,8. 27,8. 28,9. 9,
10. 6,10. 8,10. 11,10. 12,
10. 16,10. 30;1890. 1. 20,1.
21,1. 28,2. 5,2. 6,2. 7,2.
14,3. 12,3. 21,3. 27,4. 4,4.
9,4. 27,4. 28,5. 6,5. 8,5. 9,
5. 13,5. 14,5. 16,6. 2,6. 4,
6. 14,6. 16,6. 17,6. 18,6.
19,6. 22,6. 23,6. 27,6. 28,
7. 3

乌尔贡额(厢蓝旗骁骑校)
1898. 6. 30

乌尔津札布(博多和呢霍垒台
吉) 1886. 10. 25

乌尔精(笔齐业齐) 1889.
6. 17

乌尔图(郭什哈) 1898. 4.
29,8. 25,10. 25

乌尔图那逊(伯恭、乌伯恭、乌
副管/果帅长世兄、胡伦贝尔
副总管,杜嘎尔长子)
1889. 3. 16,3. 17,4. 7,4. 8,
4. 11,4. 20,4. 21,5. 21,5.
25,5. 29,6. 1,6. 2,6. 3,6. 4,
6. 5,6. 13,6. 17,8. 25,9. 2

乌尔图那逊(三盟贼犯)

1890. 2. 26

乌副管 见乌尔图那逊

乌公(三盟) 1886. 9. 5,10.
15;1889. 11. 7

乌俭农(同窗友) 1885. 5. 26

乌拉本(独石口骁骑校)
1898. 1. 30

乌拉布(乌绍云、乌侍郎/侍
郎、同年,同治十三年甲戌科
进士,工部左侍郎、提督福建
学政) 1884. 9. 8;1885. 4.
4,5. 8,5. 19,11. 1;1886. 5.
23,6. 2,10. 29,10. 31,11. 2,
11. 10;1887. 7. 18,9. 22;
1889. 5. 27,7. 1,7. 16,9. 6

乌拉幹班第(三盟盗马首犯)
1889. 8. 4

乌拉那(右翼蒙古前锋一缺记
名) 1898. 6. 30

乌拉西苏(科城差员) 1887.
4. 24,4. 27

乌拉喜崇阿(乌达峰、乌大司
马/前辈,咸丰六年进士,兵
部尚书) 1885. 6. 7;1887.
8. 9,9. 22;1889. 8. 31;1890.
1. 4,1. 5,2. 26

乌勒贺(抬枪兵之无米养育

兵）　1898.12.27

乌勒西苏　见乌拉西苏

乌勒希布（折差弁、委前锋）
　1898.7.31,8.12,11.9

乌勒希苏　见乌勒希布

乌勒新泰（厢红旗满洲马甲）
　1898.11.9

乌凌阿（正白旗满洲马甲）
　1898.11.9

乌鲁木齐提督金　见金运昌

乌宁克什克（图盟察克达兵）
　1888.1.24

乌绍云　见乌拉布

乌苏呢喀（三盟逃犯）　1890.
　3.8

乌苏呢克（盗马贼犯）　1886.
　10.2

乌台吉（科属杜尔伯特盟）
　1887.8.17

乌喜峰（伊犁贡马差、防御）
　1887.12.6

乌协戎　见乌星舫

乌星舫（蒲州协戎、同乡）
　〈1885.12.11,12.13,12.
　14〉;1886.9.23;1887.5.18,
　9.17,11.13;1889.6.10,8.
　10,8.12;1890.2.21

乌札萨克（科属杜尔伯特）
　1887.4.27

乌忠额（前故防御）　1887.
　6.6

吴诚斋（同乡、泾州吏目）
　1884.5.11,6.21,10.11,
　〈11.23,11.24〉;1887.3.
　23;1889.2.28

吴大澂（吴清卿/前辈,同治七
　年进士,都察院左副都御史、
　会同珲春副都统与俄使勘
　界、广东巡抚、河道总督）
　1886.8.1;1887.3.28;1889.
　3.30,5.15,5.27,6.28,10.
　10,12.28

吴昆甫　1884.12.18;1885.
　11.8;1887.3.28

吴吏目　见吴诚斋

吴鲁南（万全令）　1898.1.
　29,2.4,5.22,6.4,7.24,8.
　4,9.23,10.7

吴聘侯（友人）　1889.5.27

吴清卿　见吴大澂

吴少岷　见吴镇

吴书年（吴大令/介休令）
　1885.12.21,12.22

吴树梅（吴燮臣/同馆,光绪二

年进士,国子监祭酒、内阁学
士）1898. 5. 9,5. 28,9. 23

吴燮臣　见吴树梅

吴赞徵(张家口广全泰商民)
1887. 6. 22

吴镇(吴少岷/盐道、前辈,咸
丰十年进士,陕西分巡凤邠
盐法道）1885. 11. 30

吴子复(平定令) 〈1885. 12.
29〉

梧冈　见员凤林

五弟妇　1898. 5. 30

五姑太太　1898. 11. 2

五家叔　1884. 11. 1;1885. 2.
14,5. 8,8. 6;1887. 2. 6

五老爷　1898. 4. 22

五太太　1898. 11. 2

五堂妹　1898. 6. 22

五云　见桂祥

午桥　见端方

午卿　见寿荫

午庄、午兄　见魏光焘

武秉钺(兵役、纫工) 1889.
4. 15,8. 22,9. 7,11. 14,12.
20;1890. 1. 8,1. 16,1. 19,1.
23,3. 5,3. 29,5. 2,5. 6,5. 8

武发贻(商民) 1887. 12. 22

武发义(商民) 1886. 9. 9,
12. 3;1887. 3. 16

武进才　见武进财

武进才(尸亲) 1887. 7. 9

武进财(营卒) 1889. 5. 26,
6. 4,6. 11,9. 6,10. 22

武明玉(副哨官) 1898. 11. 6

武能英阿(章京) 1898.
10. 24

武纫工　见武秉钺

武绍文(商民) 1890. 4. 20

坞樵　见贵坞樵

悟斋　见白遇道

X

西屏　见沙木胡索特

西翼达公　见达什多尔济

希拉绷阿(郭什哈) 1898. 2.
20,3. 25,5. 9,9. 9,9. 19,10.
24,11. 2

希拉普札木苏(骁骑校)
1898. 8. 10

希三兄　见希抑山

希少亭(希五兄) 1887. 12.
28;1889. 7. 1;1890. 1. 9

希五兄　见希少亭

希抑山(希三哥、希三兄)
1887. 7. 18,12. 28;1889. 7.

1；1890.1.9

锡瑺臣　见锡璋

锡笔政　1889.9.27

锡光（锡华亭，同乡、青州都护、青州副都统）　1898.9.13

锡华亭　见锡光

锡军帅　见锡纶

锡拉布（科城故员）　1886.11.7

锡拉沁（东翼甲兵）　1890.2.20

锡凌德毕（札盟台吉）　1887.6.16

锡龄（戍卒）　1889.8.24,8.25；1890.2.24

锡纶（锡申之/转道、姻家）　1890.6.22,6.23,6.24,6.27

锡纶（锡子猷、锡军帅/塔尔巴哈台参赞大臣、署伊犁将军）　1884.10.22；1885.9.28,10.22；1886.7.5,7.6,12.5,12.23；1887.1.3,2.13,6.9,7.13,7.16,7.21,10.23,11.17,12.5,12.6；1888.2.8；1889.7.1；1890.6.19

锡闰生（友人）　1884.12.18；1898.6.16

锡三　见合色本、荣昌、潘廷诰

锡申之　见锡纶（锡申之/转道、姻家）

锡司员　见锡璋

锡司员（右翼司员）　1898.3.24

锡田　见庆祚

锡席卿　见锡珍

锡斋　见庆禧

锡璋（锡瑺臣、瑺臣/乌里雅苏台军营兵部承办章京、主事）　1886.7.25,9.3,9.5,10.8,10.9,10.11,10.12,10.21,10.23,10.28,11.7,11.15,11.16,11.17,11.22,11.23,11.24,11.27,11.28；1887.8.7,11.13,12.29；1888.1.11；1889.7.19,9.9

锡珍（锡席卿/天官、前辈，同治七年进士，刑部尚书、镶白旗汉军都统、镶白旗满洲都统、吏部尚书）　1885.2.6；1886.12.20；1887.3.23；1890.1.11

锡祉庭（监督）　1886.5.23

祥保臣　见祥炤

祥亨（祥立亭、祥立帅、祥云
　川/镇军，光绪五年至七年任
　察哈尔都统、七年至二十五
　年任荆州将军）　1887. 2.
　28, 5. 15, 9. 25, 10. 29, 12.
　20; 1889. 4. 28, 8. 2, 11. 5;
　1890. 3. 1; 1898. 2. 19, 6. 12,
　8. 10, 9. 21

祥奎（佐领）　〈1885. 11. 2〉

祥立帅　见祥亨

祥立亭　见祥亨

祥麟（麟/哈密帮办大臣、乌里
　雅苏台赞参大臣、察哈尔都
　统）　1884. 3. 14, 4. 10, 4.
　24, 4. 27, 5. 1, 5. 21, 6. 6, 6.
　20, 6. 21, 6. 23, 6. 30, 7. 21,
　8. 21, 8. 26, 8. 28, 9. 3, 9. 10,
　9. 19, 9. 21, 10. 2, 10. 3, 10.
　5, 10. 10, 10. 22, 10. 23, 10.
　24, 10. 30, 11. 5, 11. 7, 11. 8,
　11. 9, 11. 11, 11. 12, 11. 13,
　11. 14, 11. 21, 11. 24, 12. 2,
　12. 7, 12. 12, 12. 14, 12. 16,
　12. 18, 12. 22, 12. 25, 12. 26,
　12. 27, 12. 28, 12. 30; 1885.
　1. 1, 1. 5, 1. 7, 1. 10, 1. 17, 1.

21, 1. 29, 2. 2, 2. 6, 2. 15, 2.
20, 2. 21, 2. 23, 2. 24, 2. 26,
2. 27, 3. 1, 3. 2, 3. 4, 3. 6, 3.
8, 3. 10, 3. 11, 3. 15, 3. 24, 3.
25, 3. 27, 3. 28, 4. 1, 4. 2, 4.
3, 4. 7, 4. 12, 4. 13, 4. 15, 4.
17, 4. 18, 4. 19, 4. 21, 4. 22,
4. 23, 4. 25, 4. 28, 4. 29, 5. 1,
5. 3, 5. 4, 5. 5, 5. 6, 5. 8, 5. 9,
5. 11, 5. 13, 5. 14, 5. 17, 5.
19, 5. 20, 5. 22, 5. 23, 5. 24,
5. 28, 5. 29, 5. 30, 5. 31, 6. 2,
6. 4, 6. 7, 6. 10, 6. 13, 6. 14,
6. 15, 6. 16, 6. 17, 6. 19, 6.
23, 6. 28, 7. 3, 7. 8, 7. 9, 7.
13, 7. 15, 7. 19, 7. 27, 7. 28,
7. 30, 8. 4, 8. 5, 8. 9, 8. 14, 8.
15, 8. 16, 8. 17, 8. 22, 8. 23,
9. 3, 9. 8, 9. 15, 9. 20, 9. 21,
9. 24, 10. 1, 10. 2, 10. 11, 10.
14, 11. 8, 11. 10, 11. 30,
〈1885. 9. 21, 9. 24, 10. 5, 10.
7, 10. 19, 10. 25, 11. 22, 12.
18, 12. 26, 12. 28, 12. 30;
1886. 1. 2, 1. 3, 1. 5, 1. 8〉;
1886. 5. 17, 5. 19, 5. 24, 5.
25, 5. 26, 6. 4, 6. 6, 6. 11, 6.

12,6. 13,6. 16,6. 18,6. 22, 6. 26,6. 30,7. 2,7. 5,7. 7,7. 8,7. 9,7. 10,7. 11,7. 12,7. 13,7. 21,7. 22,7. 23,7. 25, 7. 26,7. 29,8. 1,8. 6,8. 9,8. 13,8. 16,8. 17,8. 21,8. 23, 8. 28,8. 30,9. 7,9. 13,9. 16, 9. 17,9. 22,9. 25,9. 26,9. 27,9. 28,9. 29,9. 30,10. 1, 10. 2,10. 3,10. 5,10. 6,10. 8,10. 9,10. 11,10. 12,10. 15,10. 18,10. 19,10. 20,10. 21,10. 22,10. 23,10. 26,10. 31,11. 3,11. 4,11. 5,11. 7, 11. 10,11. 13,11. 15,11. 20, 11. 21,11. 25,11. 30,12. 9, 12. 12,12. 14,12. 18,12. 20, 12. 25；1887. 1. 2,1. 3,1. 15, 1. 16,1. 19,1. 20,1. 23,1. 29,2. 7,2. 13,2. 15,2. 16,2. 21,2. 22,2. 23,2. 26,2. 27, 3. 3,3. 4,3. 7,3. 10,3. 13,3. 17,3. 20,3. 21,3. 23,3. 29, 4. 2,4. 6,4. 21,4. 24,4. 28, 4. 30,5. 1,5. 2,5. 3,5. 4,5. 6,5. 8,5. 9,5. 11,5. 12,5. 17,5. 19,5. 20,5. 23,5. 24,

5. 27,5. 30,6. 3,6. 24,6. 29, 6. 30,7. 2,7. 5,7. 9,7. 10,7. 12,7. 15,7. 17,7. 28,7. 30, 8. 6,8. 8,8. 19,8. 22,8. 26, 8. 27,9. 8,9. 14,9. 17,9. 18, 9. 25,9. 26,9. 28,10. 27,10. 29,11. 3,11. 18,11. 22,11. 26,11. 27,12. 2,12. 14,12. 21；1888. 2. 2,2. 11；1889. 2. 1,2. 26,3. 27,4. 7,4. 12,5. 2,5. 12,5. 14,5. 29,5. 30,6. 10,6. 13,7. 11,7. 12,7. 14, 7. 19,7. 26,7. 28,8. 7,8. 23, 9. 10,10. 1,10. 8,10. 18,10. 23,11. 20,11. 22,11. 24,12. 7,12. 18；1890. 1. 20,2. 21, 3. 2,3. 11,3. 12,3. 14,3. 17, 3. 18,3. 29,3. 30,3. 31,4. 1, 4. 4,4. 9,4. 15,4. 20,4. 21, 4. 22,4. 25,4. 27,4. 28,5. 3, 5. 5,5. 6,5. 7,5. 8,5. 9,5. 13,5. 14,5. 15,5. 25,6. 7,6. 8,6. 17,6. 22,7. 3；1898. 2. 23,3. 2,3. 3,3. 7,3. 8,3. 10, 3. 18,3. 30,4. 3,4. 5,4. 20, 5. 14,5. 15,5. 19,5. 31,7. 23,7. 31,8. 1,8. 10,8. 29,9.

小顺　1884.12.17；1885.1.
　16,5.14,6.13
小婿　见子乾婿
晓峰　见昆冈
晓楼　见沈锜
晓山　见额勒和布
筱舫　见钟培
筱亭　见陈锐清
筱云　见徐用仪
孝诚仁皇后(康熙帝第一任皇
　后)　1885.6.15；1887.6.
　23；1889.6.1；1890.6.19；
　1898.6.21
孝慈高皇后(清太祖努尔哈赤
　第三任大妃、皇太极生母)
　〈1885.11.3〉；1889.10.21；
　1898.11.10
孝德显皇后(咸丰帝结发之
　妻,追封皇后)　1885.1.
　27；1888.1.24；1890.1.2
孝端文皇后(皇太极之皇后)
　1885.5.30；1887.5.9；1889.
　5.16；1890.6.4；1898.6.5
孝恭仁皇后(康熙帝之德妃,
　雍正帝生母)　1885.7.5；
　1887.7.13；1889.6.21；
　1898.7.11

孝和睿皇后(嘉庆帝第二任皇
　后)　1885.1.26；1890.1.1
孝惠章皇后(顺治帝皇后)
　1885.1.21；1889.12.27
孝敬宪皇后(雍正帝皇后)
　1885.11.5；1889.10.23；
　1898.11.12
孝静成皇后(道光帝之静妃,
　恭亲王奕訢生母)　1884.
　8.29；1885.8.18；1887.8.
　27；1889.8.5；1898.8.25
孝康章皇后(顺治妃,康熙帝
　生母)　1885.3.27；1887.3.
　5；1889.3.12；1890.3.1；
　1898.3.3
孝穆成皇后(道光帝元配皇
　后)　1885.3.7；1887.2.13；
　1889.2.20；1890.2.10；
　1898.2.11
孝全成皇后(道光帝第三任皇
　后,咸丰帝生母)　1885.2.
　25；1887.2.3；1889.2.10；
　1890.1.31；1898.2.1
孝慎成皇后(道光帝第二任皇
　后)　1885.6.11；1887.5.
　21；1889.5.28；1890.6.16；
　1898.6.17

孝圣宪皇后（雍正帝之熹贵
妃，乾隆帝生母）　1885. 3.
9；1887. 2. 15；1889. 2. 22；
1890. 2. 12；1898. 2. 13
孝淑睿皇后（嘉庆帝第一任皇
后，道光帝生母）　1885. 3.
23；1887. 3. 1；1888. 1. 23；
1889. 3. 8；1890. 2. 25；1898.
2. 27
孝贤纯皇后（乾隆帝皇后）
1885. 4. 25；1887. 4. 4；1889.
4. 10；1890. 4. 29；1898. 4. 1
孝仪纯皇后（乾隆帝之令懿皇
贵妃，嘉庆帝生母）　1885.
3. 15；1887. 2. 21
孝懿仁皇后（康熙帝之第三任
皇后）　1884. 8. 30；1885. 8.
19；1887. 8. 28；1889. 8. 6；
1898. 8. 26
孝昭仁皇后（康熙帝第二任皇
后）　1885. 4. 11；1887. 3.
20；1890. 3. 16；1898. 3. 18
孝哲毅皇后（同治帝皇后）
1885. 4. 5；1887. 3. 14；1889.
3. 21；1890. 3. 10；1898. 3. 12
孝贞显皇后（咸丰帝皇后，即
慈安太后）　1885. 4. 24；

1887. 4. 3；1889. 4. 9；1890.
4. 28；1898. 3. 31
孝庄文皇后（皇太极之庄妃，
顺治帝生母）　1885. 2. 9；
1888. 2. 6；1890. 1. 15
效曾（效树堂，掌仪司郎中）
1898. 4. 11，5. 9，5. 28，11. 2
效树堂　见效曾
效先　见葆初
谢宝林（肃州牧）　1884. 5. 31
谢弁（明辕差弁）　1885. 1.
29，3. 29，3. 31，7. 19，9. 2，
10. 27
谢二　见谢弁
燮臣　见吴树梅
燮师　1898. 3. 7
解有仁（科城马兵、科城拔补
步兵）　1887. 6. 16，6. 22
心月（天山和尚）　1884. 12.
2，12. 22；1885. 2. 5，3. 15，5.
29，8. 24，9. 11，9. 23
忻甫（孝廉）　1898. 7. 29
新那噜班缠胡图克图胡毕勒罕
1889. 8. 30
馨（祥麟之孙）　1887. 7. 7，8.
9，9. 26，10. 22，12. 28；1889.
4. 16，5. 2

馨山　见桂连
信屏　见阿克丹
星槎　见陈麟图
星伍　见庆福
星岩　见罕丹多尔济
星斋　见奎润
兴大人　见兴廉
兴魁（戍卒）　1889.8.24,8.25
兴廉（兴石海、兴石兄、兴大
　人／契友、乡兄,仓场侍郎、库
　伦办事大臣）　1885.2.6,
　5.8,5.19,5.26,6.28;1886.
　9.17;1887.7.18,12.28;
　1889.6.6,11.2,11.5,11.6,
　11.11;1890.1.9;1898.3.
　23,5.9,5.28,6.7,7.3,9.
　29,10.4,10.28,11.2,11.5,
　11.7,12.14,12.16
兴荣斋　1890.3.8
兴僧额（折本处贴写）　1898.
　6.9,6.15,7.1,7.8,7.15,7.
　22,7.29,8.11
兴石海　见兴廉
兴石兄　见兴廉
杏村　见盛宣怀
荇仙　见李寿芝
熊子贞（醴泉县令）　〈1885.

　11.28〉
秀春岩（家叔之友）　1885.
　11.10
秀山（商民）　1886.11.20
胥峻斋（军门）　1898.6.14,
　10.3
徐次琴（咸宁令）　1885.12.
　1,12.2,〈12.6〉
徐大冢宰　见徐桐
徐得标（徐统领,统领英字营
　提督）　1885.4.13,4.15
徐郙（徐颂阁／尚书、前辈,同
　治元年进士,礼部左侍郎、兵
　部尚书）　1885.8.18;1898.
　1.26,5.9,5.24,5.28,6.10,
　6.26,8.30,9.2,9.3,11.2
徐观察　见徐锡祺
徐锦帆（驻精河之统领）
　1885.4.11
徐昆山　见徐占彪
徐昆兄　见徐占彪
徐明（营卒、马兵）　1887.6.
　24,9.18,9.30;1889.6.3,6.
　4,8.1,9.7,9.30
徐清斋（都阃）　〈1885.11.1,
　11.2〉
徐商（恒和义商人）　1887.

许商　1898.4.7

许铁匠　1889.10.2

许应骙（许云庵、许芸庵、许筠庵/前辈，道光三十年进士，礼部尚书、闽浙总督、）1898.5.9，5.28，6.18，7.6，8.1，10.25

许云庵、许芸庵、许筠庵　见许应骙

绪子兴（子兴/姻兄、内兄）1884.10.7，10.27；1885.2.6，5.8，6.1，9.15，11.8；〈1886.1.1〉；1886.5.16，7.18；1887.2.28，7.18，7.22，10.24，12.28；1889.7.1；1890.1.9，6.28

淑庄　见熙敬

煦生　见周曜东

煦斋　见安守和

煦庄　见熙敬

宣永亮（商民）　1887.7.12

宣宗成皇帝　见道光

薛云阶　见薛允升

薛允升（薛云阶/前辈，咸丰六年进士，宗人府府丞）1898.3.23，5.28，6.26

薛振贵（郭什哈）　1887.4.

23，9.18，9.30，11.26，11.27；1889.6.4，8.2，9.18；1890.5.2

学顺布（张家口正白旗马甲）1898.6.30

雪亭　见托莫尔欢

Y

雅尔坚（雅静山/副都统、亲家、镶黄旗蒙古印务参领、成都副都统）1884.12.18；1885.2.6，3.27，6.7，6.8，11.8；1887.2.28，6.17，9.28，10.8，10.21，12.28；1889.4.28，5.27，6.24，10.13，12.28；1890.2.10，6.22

雅观察　见雅秋农

雅克巴雅尔（三盟达贝子旗下）　1890.2.17

雅库布（俄商）　1890.1.16，1.17

雅秋农（雅观察）　1885.11.2，11.8，11.10

雅斋　见官保

延茂（延松岩、延军帅/光绪二十二年至二十五年任吉林将军）1898.3.24，9.4，9.5，10.13，10.24，11.4

延尚书　见延煦

延树楠　见延煦

延松岩　见延茂

延煦（延树楠/大宗伯、前辈，
　咸丰六年进士,礼部尚书）
　1884. 10. 24；1885. 5. 19,9.
　15；1887. 1. 21,5. 3,6. 13

严少云（大令）〈1885. 11. 29〉

严子卿（毅帅营务处总办、别
　驾）1885. 3. 16

阎班翁（三盟贸易商民）
　1889. 11. 24

阎宝谦（闫宝谦、阎保谦/升灶
　乌拉奇、庖人、民丁）
　1889. 4. 19,6. 27,8. 23；
　1890. 1. 13,1. 20 ,5. 2

阎华（病故步兵）　1887. 8. 18

阎吉泰（郭什哈）　1887. 9. 5；
　1889. 9. 30,12. 7

阎锦荣（商民）　1890. 4. 11

阎刻宾（被告）　1898. 6. 5,8. 8

阎商（天义德商人）　1889. 6. 3

阎尚文（归化商民）　1890.
　2. 23

阎廷相（商民）　1890. 4. 16

阎文彩（阎巡捕）　1889. 5.
　18,7. 7,7. 8,8. 4；1890. 5.

25；1898. 2. 24

阎巡捕　见阎文彩

阎忠信（商民）　1887. 5. 24

砚兄　见霍顺武

彦成（文川/同乡）　1886. 6. 10

彦巡政　1887. 2. 28

晏轩　见文海

燕翎（家丁）　1898. 5. 9,11. 2

燕鸣（正白旗满洲委领催）
　1898. 11. 9

燕平（厢蓝旗满洲委前锋）
　1898. 11. 9

杨别驾　〈1885. 12. 10〉

杨昌濬（杨石帅/闽浙总督）
　1885. 3. 31

杨常清（亲兵）　1885. 8. 15

杨德山（遣撤回营兵丁）
　1889. 5. 5

杨殿祥（科城步兵）　1889.
　8. 11

杨恩溥（杨蔗民/大令、同乡、
　平遥县令）　〈1885. 12. 22,
　12. 23〉

杨福（杨价、福价/家丁）
　1884. 3. 3,3. 4,3. 7,9. 18,
　10. 19,11. 17；1885. 5. 11,5.
　23,8. 13,8. 27,9. 3,9. 17,9.

22，9.23；〈1886.1.2〉，5.
24，5.26，5.30，5.31，6.14，
6.18，6.27，7.1，7.12，7.20，
8.1，8.22，8.24，8.26，9.21，
9.24，10.4，10.6，10.7，10.
14，10.18，11.4，11.10，11.
11，11.25，11.30，12.11，12.
17，12.18，12.24，12.25；
1887.1.2，1.6，1.13，1.26，
1.28，1.30，2.3，2.23，2.27，
2.28，3.3，3.4，3.7，4.24，4.
25，4.27，4.30，5.1，5.3，5.
13，6.13，10.11，11.22，11.
26；1889.7.16
杨公　见杨筠松
杨厚帅　见杨岳斌
杨级（营卒）　1889.9.7，12.
8；1890.4.2，4.6
杨价　见杨福
杨姐　1885.8.14
杨九仁（商民）　1889.12.4
杨朗如　〈1885.10.10〉
杨柳村（二尹）　1885.4.27，5.1
杨品三（友人）　1898.5.9，5.
28，12.23
杨仆　1885.1.16
杨仆妇　1884.11.7

杨谦柄（杨子英／良乡大令）
〈1886.1.7〉
杨全仁（营卒）　1889.8.2
杨蓉甫、杨蓉圃、杨融圃　见
杨颐
杨瑞吉（张家口大盛玉商民）
1886.11.23
杨桑阿　1885.8.13，9.10
杨商（大新德商人）　1886.
5.25
杨商（义盛德）　1887.3.4，6.
8，8.26，9.4；1889.8.4，8.5；
1890.5.3
杨商（元聚义）　1890.5.3
杨石帅　见杨昌濬
杨世贵（商民）　1889.12.4
杨万金（马卒、圉卒）　1889.
1.31，3.11，6.4，6.23，7.20，
9.7，9.30，10.19，10.29，11.
1；1890.4.4，5.9，5.16，6.7，
6.13，6.14
杨万清　1898.2.24
杨喜（步兵）　1889.4.19，9.12
杨香　见杨祥
杨祥（果帅亲兵、杜辕巡捕）
1886.10.17；1887.7.18，9.
17；1889.1.15，2.2，4.17，4.

1889.5.5

耀立亭、耀立庭　见耀豫

耀亭　见普祥

耀庭　见普祥、荣煜

耀豫（耀立庭、耀立亭/驿转
　道,张家口管站部员）
　1898.2.3,2.4,2.8,3.1,3.
　5,3.8,3.18,3.30,3.31,4.
　1,4.3,4.5,4.6,4.14,5.1,
　5.24,5.25,5.27,6.19,6.
　27,7.27,8.10,8.28,9.2,
　9.24

冶秋　见张百熙

野秋　见张百熙

叶伯英（叶冠卿/陕西藩台、陕
　西方伯、署抚、中丞,陕西巡
　抚）　1884.4.9,10.24;
　1885.2.21,7.14,10.1,11.
　30,12.2,12.5;1887.6.19,
　11.30

叶观察　见叶毓桐

叶冠卿　见叶伯英

叶挺生　见叶毓桐

叶毓桐（叶挺生、叶观察/安肃
　道）　1884.9.9;1885.2.8,
　6.16,9.23,10.6,〈10.10〉,
　10.11,10.13,10.14,11.10;

1886.12.5

伊达木札布（莫霍尔噶顺参
　领）　1890.5.28

伊吉斯浑　见依吉斯浑

伊吉斯浑（伊吉斯浑/科城差
　员）　1887.8.14,8.17,10.11

伊建勋（亲友）　1884.10.7,
　10.27;1885.2.6,5.8,7.19,
　11.8;1886.5.16;1887.2.
　22,2.28,6.17,10.24

伊克坦（伊仲平、壬午通家、翻
　译进士）　1885.12.1,12.4;
　1886.7.28,10.26,10.31,
　11.4;1887.3.28

伊勒固克森　见依勒固克森

伊灵阿（彭盛斋侄世兄）
　1890.6.14

伊齐泰（右司掌案笔政）
　1898.5.7

伊什那木济勒（委章盖）
　1890.6.3,6.8

伊熙泉（友人）　1885.2.6

伊仲平　见伊克坦（伊仲平、
　壬午通家、翻译进士）

依成额（马甲）　1898.6.30

依崇阿（依荩臣、荩臣、伊荩
　臣、依副都护、依副都宪、依

故友/察哈尔副都统）
1898. 1. 22, 1. 24, 1. 26, 1.
28, 2. 5, 2. 8, 2. 9, 2. 10, 2.
16, 2. 22, 2. 23, 3. 1, 3. 3, 3.
5, 3. 7, 3. 15, 3. 18, 3. 26, 4.
3, 4. 8, 4. 9, 4. 27, 4. 28, 4.
29, 4. 30, 5. 3, 5. 5, 5. 8, 5.
10, 5. 13, 5. 15, 5. 20, 5. 22,
5. 24, 5. 29, 6. 3, 6. 5, 6. 8, 6.
18, 6. 26, 6. 30, 7. 1, 7. 2, 7.
4, 7. 14, 7. 19, 7. 25, 7. 26, 7.
28, 7. 30, 7. 31, 8. 1, 8. 5, 8.
6, 8. 10, 8. 20, 8. 24, 9. 4, 9.
6, 9. 7, 9. 26, 10. 1, 10. 12,
10. 14, 10. 29

依达木　1887. 7. 28

依德兴诺尔布（护军）　1898.
12. 13

依副都护、依副都宪　见依
崇阿

依故友　见依崇阿

依吉斯浑（折本处贴写、郭什
哈达）　1898. 2. 5, 4. 26, 6.
9, 6. 10, 6. 17, 6. 26, 7. 3, 7.
10, 7. 17, 7. 29, 8. 10, 8. 25,
9. 6, 9. 20, 10. 15; 1899. 1. 4

依荩臣　见依崇阿

依克坦（伊克坦、章京、军火差
队官）　1898. 2. 9, 10. 11,
10. 12

依克唐阿①（依尧山、依尧帅、
依军帅/奉天军帅, 光绪二十
一年至二十五年任盛京将
军）　1898. 7. 12, 7. 22, 8. 5,
9. 4、9. 5, 9. 26, 9. 29, 10. 16,
11. 7

依勒固克森（北昭胡图克图、
格根）　1886. 8. 17; 1887. 1.
20; 1888. 2. 9; 1890. 1. 16

依勒唐阿（黑龙江委员）
1889. 12. 24

依立业（俄人）　1890. 3. 15

依尧山　见依克唐阿

依尧帅　见依克唐阿

漪贝勒　见载漪

怡堂　见图怡堂

怡亭　见崇欢

怡斋　见崇欢、赓吉图

宜川　见庆宜川

宜泽（惠寿农通家之子）

---

① 一作"伊尧唐阿"。

1885.11.8

宜子琴(协领) 1898.2.4,2.27,4.3,4.5,4.24,4.26,5.2,5.20,5.23,5.26,8.26,9.4,9.6

颐养泉　见颐养轩

颐养轩(颐养泉/王孙) 1885.5.26,8.18,9.15

彝生　见娄绍豫

以庄　见陈长临

易斋　见余思诒

奕谅(惇勤亲王、惇邸) 1886.7.18

奕劻(庆邸、庆郡王、庆王) 1885.1.13,1.14,2.6,2.21,6.7;1886.7.18;1887.1.7,4.13,7.11,10.22,12.28;1889.5.10,7.1,7.12,7.18,9.27,9.28,11.5,12.23;1890.3.15,3.25,3.27;1898.5.9,7.6,7.11,11.2

奕訢(恭邸、恭忠亲王) 1885.2.21;1886.7.18;1887.3.28,7.18;1889.7.1;1898.5.9,5.31,6.1,6.3,7.3,7.19

奕譞(醇邸) 1886.7.18,10.

26;1887.1.15,7.18,12.28;1889.7.1;1890.1.22,3.25

益臣　见志益臣

廙轩　见俞廉三

毅斋、毅帅　见刘锦棠

荫德泰(荫槐庭、荫槐兄、荫户部/契友、同乡,榷税张家口、记名道府) 1885.4.23,5.26;1886.7.28,8.4,8.19,8.22,10.26,10.27,10.28;1887.1.12,1.13,2.2,2.6,2.28,3.23,4.6,4.21,4.26,6.17,7.18,9.28,10.8,10.21;1889.5.4,5.27;1890.3.6

荫笛楼　见荫桓

荫户部　见荫德泰

荫槐庭、荫槐兄　见荫德泰

荫桓(荫笛楼/宝鋆之孙) 1898.5.5,7.2

荫轩　见徐桐

吟涛　见松森

尹占一(都阃) 1885.11.25

印佑之(友人) 1887.4.25

英定轩　见英麟(英定轩,同乡、统领、镶白旗护军都统)

英观察　见英林

英和卿　见英煦

英华峰(友人)　1890.4.1

英焕章　见英文

英杰轩(友人)　1898.5.28

英捷臣(镇军)　1886.7.18

英俊(英子杰、英粮员/科城粮
员)　1887.2.4,2.5,2.7,4.
13,5.17

英俊臣　见英秀

英粮员　见英俊

英林(英观察/署镇迪道)
1884.12.9

英麟(英定轩,同乡、统领、镶
白旗护军都统)　1885.2.
20,8.23

英麟(英小鹤/皋兰大令)
1885.11.8,11.10

英梅轩(巴里坤协领)　1885.
2.6,6.11,9.16

英曙楼　见英煦

英文(英焕章,同年,同治九年
庚午科举人,光绪二年丙子
科进士)　1884.10.7,10.
29,12.18;1885.8.14;1887.
7.18,7.22;1889.4.23,4.
26,5.13,5.14,6.20,7.1,7.
4;1890.1.9;1898.2.19,7.

27,10.8

英小鹤　见英麟(英小鹤/皋
兰大令)

英秀(科城差员,科布多委署
笔帖式)　1886.11.22,11.
27;1888.1.26,1.27

英煦(英曙楼、英和卿/少宗
伯、年前辈,同治九年庚午科
举人,同治十年进士,左副都
御史、礼部右侍郎、盛京刑部
侍郎)　1885.6.7;1886.10.
26;1887.5.27;1898.3.8,7.
4,10.16

英竹农(英竹浓/亲友)
1898.3.23,11.2

英竹浓　见英竹农

英子杰　见英俊

英子实(世兄、世弟)　1886.
8.4;1887.3.28;1889.5.
10,5.13;1898.5.9,5.28,
11.2

莹孙(祥麟之孙)　1898.1.
23,2.18,4.24,5.2,6.23,7.
8,7.15,8.11,8.29,9.2,9.
10,9.24,9.30,10.2,10.12,
10.19,10.31,12.16;1899.
1.7

滢贝勒　见载滢

瀛（祥麟之孙）　1887.4.13

瀛丹五（友人）　1885.6.7

颖芝　见启秀

雍谦（故员）　1889.3.3,3.19

雍正（世宗宪皇帝）　1884.
10.11;1885.10.1;1889.9.
17;1898.10.8

永安（托克湍跟役）　1890.
3.24

永德（永峻斋/都护,光绪六年
至光绪十七年任察哈尔副都
统,光绪二十年至二十七年
任绥远城将军）　1886.5.
22,5.23,5.24,6.2,7.18,9.
17,10.2,10.4;1887.1.7,2.
17,4.23,4.26,5.4,6.5,7.
18,9.8,9.18,10.5,10.8,
10.24,11.13,12.28;1889.
5.24,7.1,9.8,9.22,12.18;
1890.1.9,1.26,3.25,6.18,
6.19,6.20,6.24,6.25,6.
26,6.27,6.28;1898.6.27

永峻斋　见永德

永阔亭　见永恰布

永恰布（永阔亭/管理津吉里
克卡伦侍卫）　1887.4.13,

6.25,7.8,10.15,10.31,11.
4,11.16,12.29;1889.5.10,
5.11,6.8,6.9,6.13,6.16,
6.17,6.26,7.9,8.21,8.27,
10.10,10.25,12.20,12.29;
1890.2.17

永侍卫　见永恰布

永子茂　见永子懋

永子懋（永子茂/亲友）
1898.5.9,5.28,11.2

涌山（家丁）　1886.12.22

幼女　见崇鹏

幼樵　见张佩纶

幼霞　见王鹏运

于宝（字识）　1889.5.19,6.6

于富（亲兵、营卒）　1886.9.
2;1887.3.11,9.30;1889.
6.15

余金魁（张家口协成元商民）
1888.1.24

余麟书（余树珊/长安首令、同
年）　1884.4.9;〈1885.12.8〉

余树珊　见余麟书

余思诒（余易斋/张恰电线总
办、观察、直隶即补道）
1898.5.14,5.15,5.16,5.
17,6.16,8.13

5. 23,5. 24,5. 25,5. 26,5.
27,6. 4,6. 5,6. 6,6. 12,6.
14,6. 17,6. 18,9. 18,9. 23,
9. 26,9. 30,11. 13,11. 14,
11. 15,11. 21;1889. 3. 11,3.
21,3. 24,3. 25,5. 1,5. 16,6.
1,6. 4,6. 30,7. 2,7. 28,8. 8,
9. 15,9. 25,9. 26,10. 18,10.
29,11. 6,11. 11,11. 14,11.
16;1890. 2. 14,3. 10;1898.
5. 13,5. 23,7. 29

玉麟（刚毅之子）　1887. 5. 28

玉凌（玉宝臣/换防佐领、戍守
　营总,管带满营换防戍守之
　骑都尉兼云骑尉）　1886.
　7. 5;1887. 4. 7,7. 5,10. 17,
　11. 18;1888. 2. 4;1889. 3. 13

玉明（满巡捕）　1889. 8. 24,
　8. 25,8. 31,9. 21,10. 29,11.
　30,12. 7;1890. 1. 30,3. 9,
　3. 11

玉璞（玉含章/张家口左翼满
　洲协领）　1886. 5. 23,10. 9;
　1887. 9. 18;1890. 6. 19,6.
　20,6. 24;1898. 2. 8,2. 18,2.
　23,2. 27,3. 7,3. 8,3. 11,3.
　14,3. 21,3. 26,4. 1,4. 11,4.

12,4. 13,4. 14,4. 18,4. 20,
　5. 2,5. 13,5. 17,6. 16,7. 1

玉润圃（御前）　1884. 10. 7,
　10. 30

玉珊　见刘兆梅

玉善（科城新授委署主事）
　1889. 2. 27

玉巡捕　见玉连魁、玉振魁

玉巡捕（玉连魁或玉振魁）
　1889. 7. 22

玉瑛（玉璞之六兄）　1898.
　5. 13

玉宅孀妇　见刘氏

玉珍魁　见玉振魁

玉振魁（玉珍魁、玉把总/车辕
　巡捕）　1887. 8. 7,8. 9,9.
　13,9. 18,9. 27,9. 30;1889.
　4. 21,5. 5,5. 10,5. 16,5. 17,
　5. 18,5. 27,6. 3,6. 6,9. 13,
　10. 2,10. 29,12. 17;1890. 1.
　27,1. 28,2. 3,2. 11,3. 1,3.
　2,3. 10,4. 6;1898. 10. 11

芋僧、芋兄　见陈晋蕃

御价　见赵御

裕德（裕寿田、裕受田/学士、
　总宪、同年,同治九年庚午科
　举人,光绪二年丙子科进士,

内阁学士、工部侍郎、理藩院
尚书、）　1885. 8. 18；1887.
7. 18；1889. 5. 27, 11. 5；
1890. 2. 21；1898. 5. 9, 5. 28,
6. 6, 6. 7, 9. 30, 11. 2
裕棻（裕述先/先生、折本处印
房行走）　1898. 2. 6, 2. 7, 2.
18, 2. 21, 2. 23, 3. 12, 3. 15,
4. 24, 5. 1, 5. 15, 5. 31, 6. 19,
6. 24, 7. 10, 7. 19, 7. 23, 7.
30, 7. 31, 8. 11, 8. 29, 9. 2, 9.
24, 9. 25, 9. 30, 10. 28, 11. 2,
12. 16, 12. 21；1899. 1. 7
裕恒（那藩护卫）　1886. 5. 20
裕吉臣　见裕祥
裕禄（裕寿珊/制军、尚书、军
机大臣上行走、署镶蓝旗汉
军都统、礼部尚书、直隶总督
兼北洋大臣）　1898. 2. 3,
7. 11, 9. 28, 10. 4, 10. 5,
10. 14
裕绍亭　见裕绍庭
裕绍庭（肃州牧、同乡）
1884. 5. 30, 6. 2, 6. 21；1885.
2. 8, 11. 5, 11. 7, 11. 8
裕寿泉　见裕长
裕寿珊　见裕禄

裕寿帅　见裕禄
裕寿田　见裕德
裕受田　见裕德
裕述先　见裕棻
裕同乡　见裕绍庭
裕祥（裕吉臣/抚军、成都军
帅，光绪二十三年、二十四年
任云南巡抚，二十四、二十五
年任成都将军）　1898. 9.
3, 10. 3
裕兴（笔帖式）　1886. 8. 7,
12. 13
裕长（裕寿泉/方伯、河南巡
抚）　1898. 3. 12
毓朗（朗月华/通家、王子）
1884. 9. 24, 10. 31；1885. 2.
6, 5. 27, 5. 28, 6. 7, 6. 8, 9.
10；1886. 8. 4, 11. 10；1887.
7. 18, 7. 22, 10. 7, 10. 21；
1889. 5. 10, 5. 13, 7. 1, 7. 4,
10. 10；1890. 1. 9；1898. 5. 9,
5. 28, 11. 2
毓渠　见张莲芬
毓印绂（理事厅）　1885. 11. 30
豫甫　见立山
袁观察　见袁陶泉
袁候辅（营卒）　1886. 10. 26,

6.8

札拉芬(郭什哈)　1898.2.5,
4.26,10.28,11.7

札拉芬泰(正蓝旗满洲马甲)
1898.11.9

札拉罕泰(班长)　1898.8.25

札喇嘛(三盟)　1887.12.22

札朗阿(札静亭、扎静亭、札静
庭、静亭/乌里雅苏台军营兵
部帮办章京、主事职衔)
1886.7.5,7.22,8.6,8.7,9.
8,9.10,9.14,10.21,11.1,
11.16,11.25;1887.1.16,1.
19,2.20,3.13,3.16,3.19,
5.2,6.24,6.25,8.26,9.8,
9.30,10.12,10.27,10.28,
11.4,11.19,12.7,12.22,
12.28;1888.2.4,2.8,2.11;
1889.2.22,6.25,11.15,11.
17,11.18,12.30;1890.1.1,
1.10,1.14,1.16,1.17,2.5,
2.7,2.15,2.18,2.28,3.5,
3.6,3.7,3.9,3.9,4.6,4.
20,5.10,5.12,6.21,6.24

札盟阿公　见阿育尔色得丹占
札木楚

札盟阿盟长　见阿育尔色得丹

占札木楚

札盟阿王　见阿育尔色得丹占
札木楚

札盟贝子衔达公　见达什拉
布坦

札盟达贝子　见达什拉布坦

札盟达公　见达木定、达什拉
布坦

札盟岱青达贝子　见达什拉
布坦

札盟多罕　见多尔济帕拉嘛

札盟多汗　见多尔济帕拉嘛

札盟副盟长贝子衔达公　见达
什拉布坦

札盟故公　见车故公

札盟吉公　见吉克蜜特多尔济

札盟那公　见那逊布彦吉尔
噶勒

札盟纳公　见那逊布彦吉尔
噶勒

札盟索台吉　见索诺木车林

札盟索札萨克　见索诺木车林

札木楚(札盟驻班梅楞)
1889.4.1

札木色楞　见札木色林(三盟
达噜噶)

札木色林(昆都)　1886.12.

瞻原　见戴恩溥

展如　见赵舒翘

展堂　见陈鸣志

张百熙（张冶秋、张野秋/同年,同治十三年甲戌科进士,提督广东学政、内阁学士）1898.10.9,10.17

张兵目　见张玉秀

张秉礼（商民）　1889.9.19

张秉仁（归化商民）　1889.9.22

张差弁　1885.2.9

张成谟（张家口商民）　1889.6.13

张成武（修理马表）　1890.4.5

张崇进（商民）　1889.11.27

张大兴（张家口商民）　1886.9.15

张德（巡捕）　1886.10.6,12.2,12.3;1887.4.8,4.14,4.15,4.16,4.17,4.18,4.22,4.28,4.29,5.8,5.14,5.18,5.19,5.20,5.21,5.22,5.30,6.5,6.11,6.15,6.19,6.23,6.26,6.27,6.28,6.29,6.30,7.4,8.7,8.9,9.3,9.5,9.7,9.8,9.13,9.18,9.30,10.24;1888.1.30;1889.6.4,7.23,8.28,9.7,10.18;1890.5.30,6.28

张都阃　〈1885.10.18〉

张端卿（张芝浦、张芝圃、张藩台/藩台、前辈,同治四年进士,陕西布政使、安徽按察使、江西布政使、安徽布政使、护安徽巡抚）　1884.4.9,4.11,4.12,4.14,12.16,12.18;1885.4.3;1886.12.21

张恩惠（恒和义商人）　1889.5.17,5.19

张二　1890.4.23

张藩台　见张端卿

张逢恭（猩猩峡弁兵）　1884.9.2

张逢泰①（星星硖军塘弁兵）　1885.5.15

张福（张富/营卒、园丁）　1887.8.7,8.9,9.27,9.30;

---

① 张逢恭和张逢泰系一人,"恭"与"泰"字必有一误,然原稿如此,存疑。

1,1. 3,1. 7〉;1886. 5. 24,5.
26,5. 27,5. 28,5. 30,6. 2,6.
6,7. 11,7. 12,7. 17,7. 20,7.
24,8. 1,8. 5,8. 6,8. 10,8.
19,8. 24,8. 28,8. 30,9. 17,
9. 18,9. 19,9. 20,9. 21,9.
22,9. 23,9. 24,9. 25,9. 26,
9. 27,9. 28,9. 29,9. 30,10.
1,10. 2,10. 3,10. 4,10. 5,
10. 6,10. 7,10. 9,10. 10,10.
11,10. 12,10. 13,10. 14,10.
15,10. 16,10. 17,10. 18,10.
19,10. 20,10. 21,10. 22,10.
23,10. 24,10. 25,10. 26,10.
28,10. 29,10. 30,10. 31,10.
31,11. 1,11. 2,11. 4,11. 7,
11. 10,11. 11,11. 16,11. 25,
11. 27,11. 29,11. 30,12. 3,
12. 4,12. 5,12. 7,12. 8,12.
9,12. 10,12. 13,12. 15,12.
17, 12. 18,12. 23,12. 24;
1887. 1. 5,1. 6,1. 7,1. 8,1.
9,1. 10,1. 13,1. 15,1. 16,1.
17,1. 18,1. 20,1. 23,1. 24,
1. 25,1. 26,1. 28,2. 16,2.
17,2. 22,2. 23,2. 24,2. 25,
3. 7,3. 20,3. 21,3. 27,3. 29,

3. 31,4. 7,4. 10,4. 12,4. 16,
4. 23,4. 26,4. 27,4. 28,4.
29,5. 13,5. 16,5. 24,5. 30,
6. 20,8. 17,9. 18,9. 24,10.
1,11. 8,11. 13,11. 22,11. 2,
12. 14,12. 15,12. 16,12. 22,
12. 27,12. 29;1888. 1. 23,1.
31,2. 11;1889. 2. 2,4. 5,4.
6,6. 13,11. 21

张立庵(大令)〈1885. 11. 24〉
张连升(营卒) 1889. 3. 14
张莲芬（张毓渠/同年）
　1898. 9. 25
张盟兄　见张曜
张庙祝(后庙) 1886. 10. 5,
　11. 15
张木工 1898. 2. 11,8. 23,9. 11
张霛元(控案) 1884. 9. 3
张南甫　见张煦
张南圃　见张煦
张佩纶（张幼樵、张幼帅、幼
　樵/年老前辈,同治十年进
　士,侍讲学士、会办福建军
　务) 1884. 3. 14,9. 26,12.
　21;1885. 3. 31,5. 1;1886. 5.
　25,5. 26,6. 1,10. 6,12. 14;
　1887. 4. 26,4. 30,6. 7,10.

21,12. 28;1888. 1. 13;1889.
3. 14,3. 17,6. 6,9. 6,9. 27,
9. 28,12. 25;1890. 3. 28,4.
27,6. 22

张鹏栖(归化德兴元商民)
1887. 6. 13

张仆妇　1887. 9. 18,12. 30

张起发(商民)　1889. 10. 22

张前辈　见张佩纶

张樵野　见张荫桓

张全(营卒、步兵)　1886. 7.
7,10. 26;1887. 6. 13,9. 30;
1889. 12. 8,12. 20;1890. 3.
12,3. 29,4. 2

张全胜(郭什哈、步兵、马兵)
1887. 7. 6,7. 23,8. 18,8. 26,
9. 5;1889. 5. 21,6. 4;1890.
5. 5

张仁黼(友人)　1898. 11. 2

张纫工　1886. 10. 31,11. 17,
11. 19,12. 24;1887. 1. 9,1.
19,1. 20,2. 27,3. 4,3. 9,3.
27,4. 3,4. 15,4. 28,6. 1,6.
12,6. 26,7. 19,7. 20,7. 24,
8. 29,9. 16,9. 21,9. 24,9.
27,11. 11,11. 12,11. 13,11.
14,11. 18,11. 21,11. 23,12.

3,12. 6,12. 18,12. 19,12.
20;1888. 1. 17,1. 28,1. 30;
1889. 3. 7,3. 10,3. 12,3. 29,
5. 4,6. 8,7. 15,8. 29,8. 31

张汝南(张子和)　1889. 11. 17

张瑞(家丁、小价,瑞价)
1884. 3. 5,3. 6,3. 7,7. 25,9.
28,11. 15,12. 21,12. 28;
1885. 5. 10,5. 11,5. 30,5.
31,6. 6,7. 14,8. 1,8. 6,8.
14,9. 12,9. 17,9. 20,9. 21,
9. 23,10. 11,11. 5,〈11. 18,
11. 23;1886. 1. 1,1. 3,1. 7〉;
1886. 5. 17,9. 2,12. 22;
1898. 1. 24,2. 15,2. 17,3.
17,4. 6

张若符(幕友)　1885. 9. 19

张三(车夫)　1898. 4. 22,7.
7,8. 4,11. 2

张商(大盛魁商人)　1889.
11. 27

张商(大新德商人)　1890. 6.
21,6. 26,6. 28

张商　1885. 8. 14

张少玉　1898. 12. 20,12. 23,
12. 30

张邵予(同年)　1898. 5. 9,5.

28,6.22,6.26,6.28

张升楷(树亭、树堂)　1886.
5.26,6.2

张生玉(商民)　1884.8.20,
9.30

张士成(科城步兵)　1886.8.
4;1887.12.26,12.29

张世兄(张曜之子)　1885.
5.30

张世兆(札盟无票民人)
1889.5.1

张仕林(张军门/刘营中军、管
带亲军左营步队)　1885.
6.10

张书元(仵作)　1886.10.3;
1887.8.16;1890.3.23

张树堂　见张升楷

张树亭　见张升楷

张顺德(恒和义商人)　1889.
5.17,8.31,9.2,9.3,9.14,
9.26,10.27,11.3;1890.5.
10,5.12,5.13

张思谦(商民)　1889.4.27,
12.14

张台吉　1885.2.10

张廷禄(杜辕郭什哈)　1887.
9.17,9.18;1889.5.21;

1890.5.9

张廷裕　见张庭裕

张庭玉　见张庭裕

张庭裕(张庭玉、张廷裕/郭什
哈、营卒、马卒)　1886.7.
24,8.2,8.5,8.17,8.29,10.
18,10.22,10.26,10.28,11.
4,11.15,11.30;1887.1.6,
1.24,3.15,4.12,5.24,5.
25,7.18,12.28,12.29;
1888.1.10;1889.1.31,7.
1,7.6;1890.1.9,1.13,1.
20,2.24,3.9,4.4,4.19,4.
30,5.6,5.7,5.9,6.4,6.19

张维锦(郭什哈、营卒)
1886.8.29,12.13;1887.3.
25,8.17,9.5,9.26,9.30

张蔚文　见张霨

张霨(张蔚文、伟叔,直隶劝捐
州判)　1898.7.12

张武襄(首善,生员)　1890.
6.18

张希尧(营卒)　1890.3.4

张昔义(明辕郭什哈、花翎候
补都司差官)　1884.6.9,6.
19,8.26,9.19,10.7;1885.
1.12,1.29,2.2,2.5,2.6;

1889.9.30;1890.3.23

张玺（步兵）　1886.12.14

张喜（营卒、字识）　1889.7.
2,7.23,8.7,8.8,8.17,8.
19,8.20,9.6,10.9;1890.2.
26,4.5,4.22

张香圃①　1898.12.29,12.30

张香涛　见张之洞

张信之（徐辕友人）　1885.9.
17;1887.12.13

张煦（张南圃/方伯、陕西臬
台、广东布政使、山西布政
使、陕西巡抚、湖南巡抚）
1885.4.23,6.7,9.15,12.1,
12.2,12.5;1886.10.19;
1887.2.21,5.15,6.29,9.
16,10.29;1889.3.29,7.16,
10.15;1890.3.23

张学商（商民）　1887.12.19;
1889.5.24

张巡捕　见张德、张玉秀

张巡捕　1886.9.19,10.3

张砚芬（刘营文案、大令）
1884.12.25;1885.4.21,6.

22,6.25

张瑶卿（闻喜邑大令）
〈1885.12.14〉

张曜（张朗斋、张副帅、张盟
兄、张朗帅、朗帅、朗斋、张朗
兄、朗兄、张中丞/副帅、抚
帅、军门、帮办新疆军务广东
陆路提督、广西巡抚、山东巡
抚）　1884.10.17,11.4,11.
14,11.30,12.15,12.18,12.
20,12.22,12.23,12.24,12.
25,12.26,12.27,12.29;
1885.1.3,1.13,1.14,1.25,
2.7,2.21,3.6,3.25,4.15,
4.27,5.6,5.19,5.28,5.29,
5.30,6.5,6.7,6.16,7.26,
8.15,9.3,9.4,9.15,9.16,
10.14,12.4,12.5,〈12.28;
1886.1.6〉;1886.5.28,7.
28,12.9;1887.2.21,2.23,
2.25,3.7,3.28,4.18,6.13,
6.19,7.24,7.29,10.11;
1888.1.2;1889.4.28,5.10,
5.27,8.12,9.6,10.15,10.

---

① 张瑞芳,字香圃,号芷亭,顺天府宝坻县人,光绪十六年进士,疑是此
人。

26,11.17,12.28；1889.3.6,

3.10,3.11,3.13,4.20,5.3,

6.22,6.24,6.30,12.28

张冶秋、张野秋　见张百熙

张荫桓（户部左侍郎）　1898.

4.11,5.9,5.28

张永贵（绿营弁兵）　1887.9.

5；1889.5.21,10.20,10.22,

12.7；1890.1.20,3.9,5.5

张永升（步兵）　1887.7.6

张游戎　〈1885.10.9,10.10〉

张有（弁兵）　1886.12.14,

12.29；1890.3.24,5.22

张幼樵　见张佩纶

张幼帅　见张佩纶

张与廷（游击）　1889.10.25,

11.17

张玉（家丁）　1886.12.22；

1887.2.23,3.28；1898.5.9

张玉秀（巡捕、兵目）　1887.

4.12,4.18,4.23,4.24,4.

30,5.3,5.4,5.5,5.6,5.7,

5.12,5.18,5.24,6.1,6.7,

6.8,6.9,6.10,6.11,6.17,

6.20,6.21,6.26,9.30；

1889.2.25,6.4,6.13,7.17,

8.22,9.5,12.26；1890.2.

26,3.31,4.1,4.2,4.3,4.4,

4.11,5.7,5.8,5.9,6.7；

1898.7.23

张御　1898.1.22

张毓渠　见张莲芬

张云衢（同年）　1887.5.27

张之洞（张香涛／前辈，同治二

年进士，制军、湖广总督）

1898.7.20,10.14

张芝圃、张芝浦　见张端卿

张芝云（刘营军装委员、县丞）

1885.7.10

张沚莼（万全令）　1886.5.

23,5.27,5.28；1887.4.26

张中丞　见张曜

张仲魁（官兵）　1889.9.16

张子和　见张汝南

张子腾（友人）　1885.9.15

张子仪（广东南韶连道）

1898.5.19

章纫工　1898.6.24,6.29,8.

1,9.18

章燿郇（刘营委员、大令）

1885.6.25

章赞祖（署宁远厅）　1898.8.9

兆麟（兆仰山／乌里雅苏台理

藩院承办章京、员外郎）

1886. 7. 5, 7. 6, 8. 1, 9. 8, 9. 10, 10. 15, 10. 26, 10. 29, 10. 30, 11. 2, 11. 4; 1887. 2. 2, 2. 21, 3. 28, 4. 14, 6. 10, 7. 6, 7. 8, 7. 11, 7. 12, 9. 5, 9. 12, 9. 18, 10. 23

兆仰山　见兆麟

赵次珊　见赵尔巽

赵大令（官员）〈1885. 10. 26〉

赵德旺（商民）1887. 5. 30; 1888. 1. 27

赵登鳌（营卒）1889. 4. 15, 8. 2

赵殿元　1898. 7. 29

赵尔巽（赵次珊/同年，同治十三年甲戌科进士，安徽按察使、陕西按察使）1898. 2. 8, 7. 27

赵宏璧　见赵鸿璧

赵宏璋（弁兵）1889. 4. 15, 5. 21, 6. 4

赵洪耀（绥远瓮城道士）1890. 1. 19

赵鸿璧（营卒）1887. 9. 5; 1889. 8. 2; 1890. 5. 24

赵鸿章　见赵宏璋

赵价　1885. 10. 27

赵宽（营卒、郭什哈）1886.

5. 22, 5. 26, 7. 11; 1887. 3. 14, 3. 25, 4. 23, 9. 18, 9. 30; 1889. 6. 3, 6. 4, 6. 11, 6. 18, 11. 10, 12. 7, 12. 16, 12. 17, 12. 18

赵良敬（溃勇目，驻扎乌鲁木齐精骑马队后哨哨长）1884. 12. 31; 1885. 1. 18

赵亮（赵巡捕/汉巡捕）1886. 7. 25, 9. 7, 10. 12, 10. 26; 1887. 6. 13, 7. 18, 8. 17, 9. 12, 9. 30, 10. 5, 10. 9, 10. 10, 10. 13, 11. 30, 12. 3, 12. 9, 12. 11; 1889. 2. 20, 4. 11, 6. 3, 6. 4, 10. 4, 11. 21; 1890. 1. 19; 1898. 5. 23

赵明（巡捕）1887. 9. 28; 1889. 4. 17, 5. 25, 5. 26, 8. 30; 1890. 6. 12

赵铭（巡捕）1889. 10. 28

赵仆妇　1887. 9. 18, 11. 6, 11. 8, 11. 13, 12. 16, 12. 27, 12. 29, 12. 30; 1888. 1. 20, 1. 31

赵铨（巡捕）1886. 9. 15, 9. 16, 9. 17, 12. 5, 12. 6; 1887. 2. 22, 2. 23, 12. 8, 12. 12; 1889. 6. 4, 9. 20, 11. 1, 12. 7;

---

① 疑为曾培祺,同治十年进士,汉军正白旗,时为监察御史。

1898.2.8

郑万库（郑巡捕/果帅亲兵、巡捕）　1887.4.13,9.5;1889.5.19,5.26,5.28,6.4,6.7,8.18,9.7;1890.2.24,3.24,3.27,6.28

郑万银（商民）　1889.4.4

郑巡捕　见郑万库

郑镇军　见郑金华

郑芝岩　见郑嵩龄

郑总戎　见郑金华

芝圃、芝浦　见张端卿

芝卿　见文瑞

芝泉　见钟濂

芝岩　见郑嵩龄

志功甫（赛尔乌苏驿转道）　1886.6.18,6.19,6.20,6.22,6.23,7.21,11.1;1887.2.2,2.28,3.28,4.23,4.26

志恒甫　见志兴

志廓轩　见志锐

志锐（志廓轩,光绪六年进士,詹事府詹事、乌里雅苏台参赞大臣）　1890.5.5;1898.1.31,2.14,3.1,3.18,3.22,4.2,4.6,4.9,4.20,5.13,6.6,6.21,6.30,7.7,7.14,7.20,7.28,8.2,8.16,8.31,9.6,9.20,10.1,10.5,10.9,10.10,10.11,10.16

志少爷　见志兴

志侍卫　见志兴

志兴（志恒甫、志少爷、志侍卫、恒甫/明春之子、盟侄）　1884.6.20,6.22,7.8,10.3,10.11,10.15,10.16,10.23,10.26,10.27;1885.1.10,1.11,2.15,6.1,6.2,6.3,6.13,6.29;1898.3.7

志益臣（益臣/明春之子、盟侄）　1885.1.21,1.22,1.23,2.15,2.20,6.1,6.2,6.3,7.18,8.19,8.20,9.19,9.21

治麟（治舜臣/国子司业、故同馆）　1887.10.8

治舜臣　见治麟

陟堂　见倭什铿额

致俊（张家口正白旗马甲、郭什哈）　1898.6.30;1899.1.4

稚璜　见丁宝桢

忠大爷　1898.11.2

忠堆（牧厂二品衔前章京、二

品顶戴花翎蒙古郭什哈、牧
厂章盖) 1886. 7. 15,7. 30,
8. 29,9. 28,10. 8,10. 12;
1887. 1. 30,2. 18,7. 18,7.
20,8. 2,8. 17,8. 26,9. 30,
11. 26;1888. 1. 28;1889. 4.
15,4. 25,4. 29,7. 1,9. 7,12.
4,12. 13;1890. 1. 6

忠九峰(通家) 1887. 10. 7,
10. 21

忠松(友人) 1898. 5. 9

忠祥(科城戍守兵) 1889.
11. 4,8. 27

钟道　见钟培

钟德祥(废员,前任江南道监
察御史,革职发往军台)
1898. 11. 8

钟观察　见钟培

钟濂(钟芝泉/同乡、盛京兵部
侍郎) 1885. 6. 24

钟培(钟筱舫、钟筱仿、钟观
察、钟道/口北道观察)
1898. 4. 5,4. 10,4. 16,4. 17,
5. 4,5. 8,5. 14,5. 15,5. 20,
5. 21,5. 31,6. 3,6. 4,6. 9,7.
27,8. 18,8. 19,8. 20,8. 21,
9. 5,9. 11,9. 26,11. 2

钟溥泉　见钟湘

钟仁庄(通家) 1885. 2. 6,7.
19;1887. 1. 21,8. 9

钟泰(宁夏将军) 1898. 10. 23

钟委员(刘营) 1885. 9. 15

钟湘(钟溥泉,乌里雅苏台理
藩院京缺司官) 1888. 2.
5;1889. 3. 10,3. 13,3. 14,4.
7,4. 22,4. 25,5. 12,5. 21,5.
26,5. 28,5. 31,6. 2,6. 3,6.
4,6. 15,6. 16,6. 22,7. 11,7.
12,7. 14,7. 18,7. 25,7. 30,
8. 2,8. 9,8. 14,8. 16,8. 17,
8. 18,8. 20,8. 22,8. 24,8.
26,8. 27,8. 28,8. 30,8. 31,
9. 7,9. 10,9. 12,9. 14,9. 17,
9. 26,10. 7,10. 8,10. 29,10.
30,11. 12,11. 18;1890. 1.
14,1. 16,1. 17,1. 20,1. 25,
2. 5,2. 6,2. 7,2. 15,3. 1,3.
4,3. 8,3. 9,3. 22,4. 13,4. 18

钟祥(科城饷差委员) 1890.
1. 7,1. 19

钟筱舫、钟筱仿　见钟培

钟芝泉　见钟濂

冢妇　见冢媳

冢媳(冢妇) 1898. 1. 28,2.

2,3. 10,5. 9,6. 22

仲涵义弟　1898. 6. 22

仲山　见廖寿恒

仲师　1898. 3. 7

仲諴　见札木色林扎布

周葆臣(古浪县署令,同年) 1885. 11. 10,〈10. 29〉; 1887. 9. 29;1889. 9. 30

周承濂(典史)　〈1885. 12. 24〉

周达武(周渭臣、周军门/甘肃提督)　1884. 8. 18;1885. 11. 10,〈10. 20〉;1887. 11. 4;1889. 2. 28,6. 24,9. 30; 1890. 2. 10

周道渊(静轩/直隶口北道委员)　1898. 8. 20

周德润(周生霖,前辈,同治元年进士,内阁学士)　1884. 9. 15

周福(周价、福价/家丁) 1884. 3. 3,3. 4,3. 7,3. 17,4. 10,12. 2,12. 3,12. 6,12. 7, 12. 8;1885. 2. 20,2. 21,3. 2, 4. 17,5. 19,6. 7,9. 15,9. 16,9. 17,9. 22,9. 23,〈11. 25;1886. 1. 2〉;1886. 5. 26, 5. 30,5. 31,6. 14,6. 18,7. 4,

7. 20,8. 1,8. 22,8. 30,9. 28, 10. 14,11. 16,11. 25,11. 30, 12. 7, 12. 8, 12. 9, 12. 18; 1887. 1. 12, 1. 13, 1. 27, 1. 29,1. 31,2. 6,2. 17,2. 21,2. 23,2. 24,3. 7,4. 12,4. 23,4. 24,4. 25,4. 27,5. 1,5. 13,6. 26,8. 17,9. 18,9. 26,9. 28, 10. 1, 11. 8, 11. 13, 11. 22, 11. 26,12. 29;1888. 1. 31

周价　见周福

周军门　见周达武

周少逸(太守、转勘路电线委员)　1886. 10. 15

周生霖　见周德润

周士海(民丁)　1889. 8. 23

周天福(绿营弁兵)　1889. 4. 15, 10. 20, 10. 22, 11. 28, 12. 9

周万邦(巡捕、候补外委) 1887. 8. 7;1890. 3. 16,5. 5, 7. 6

周万春(科城步兵)　1888. 1. 5

周维则(商民)　1887. 7. 22

周渭臣　见周达武

周向云(绿营弁兵)　1889. 5. 21,10. 20

周煦生　见周曜东

周曜东(周煦生/邠州州牧、刺史)〈1885.11.25〉；1887.1.9

周义(科城步兵)　1887.4.30

周永富(商民)　1890.3.2

周玉明(正哨官)　1898.11.6

周玉喜(民丁)　1889.2.20,4.15,10.22

朱东臣(祥兴/协戎、协台)〈1885.11.1,11.2〉；1887.1.4；1889.3.29,10.15；1890.3.6

朱经(归化商民)　1889.10.2

朱靖旬(朱敏斋、朱勉斋/太守、直隶保定府知府)〈1886.1.4〉；1886.12.5；1887.4.2；1889.4.28,7.30,8.21,12.11；1890.4.20

朱勉斋　见朱靖旬

朱敏斋　见朱靖旬

朱升(科城步兵、科城马兵)　1887.10.4,10.18

朱石峰(前辈)　1885.2.6；1886.9.23

朱叔梅(朱淑梅/刺史)〈1885.11.18〉；1887.1.4,11.4

朱淑梅　见朱叔梅

朱元(科城拔补马兵)　1889.9.12

朱允卿(大令)〈1886.1.4〉

珠吉迈(察克达兵)　1889.11.10

珠克都尔(绰豁尔台兵)　1889.8.8

珠子宜(转道、同乡)　1886.5.23,5.25,5.30,6.2；1887.1.7,4.27

诸葛亮(汉武侯)　1885.3.18

竹珊　见升泰

竹兄　见升泰

驻班副将军车王　见车林多尔济(三盟车王、车郡王、驻班副将军车王、吉厦副将军车王、吉厦车王、三盟何贝车王)

祝华堂(谙达、老兄)　1884.10.31；1885.6.7,6.16,9.15

祝芸樵(灵石令)〈1885.12.20〉

准堆　见满根尔准堆

拙荆　见乌尔达氏

卓哩克班第　见卓里克班第

卓里克班第(札盟凶犯、斩犯)
　　1889. 2. 27, 4. 27, 8. 27；
　　1890. 3. 8

卓山　见升泰

子才　见袁枚

子方、子枋　见陶模

子和　见张汝南

子俊(家兄)　1885. 11. 8

子良　见刚毅

子密　见钱应溥

子明　见托伦布

子乾婿(小婿)　1898. 4. 22,
　　6. 22, 9. 1, 11. 2

子权　见德奎

子山　见荣寿

子寿　见纯煅、孙诒经

子受　见孙诒经

子馨(内兄)　1889. 11. 5

子兴　见绪子兴

子修(同年)　1885. 11. 1

子荫　见清子荫

子元　见文焘

子斋　见敬信

邹军门　〈1885. 10. 9, 10. 10〉

左富有(刘营差官、游戎)
　　1885. 3. 14

左侯相　见左宗棠

左文襄公　见左宗棠

左相　见左宗棠

左子贤(刘营文案委员、大令)
　　1884. 6. 23, 9. 12；1885. 4.
　　21, 4. 22, 5. 26, 9. 14

左宗棠(左相、左侯相、左文襄
　　公/光绪元年至六年钦差大
　　臣督办新疆军务,光绪十年
　　至十一年钦差大臣督办福建
　　军务)　1884. 3. 14；1885. 1.
　　31, 3. 24, 3. 31, 5. 22；1886.
　　6. 4；1887. 7. 28

地名音序索引

凡　例

一、本索引收录《祥麟日记》(以下简称《日记》)正文中出现的地名,包括自然与行政地理名词。部分职官、标题、风土人情中出现地名而有裨研究者,如"广州将军""热河都统"中的"广州""热河";《伊吾庐十景诗》中的"伊吾庐";"京报""京靴"中的"京","申报"中的"申","秦剧"中的"秦"等,亦予列入。

二、部分商号名称有裨于研究者,于商号后标注其地,列为检索条目。如"亿奎店(乌里雅苏台)""义成源(归化商家)"之类。

三、日记中出现的"俄人""俄商""俄官""英人""美人"等,因往往涉及外交情事,故亦将其国名"俄""英""美"等提取出来,列为检索条目。

四、索引后所列数字为该地名在《日记》中出现之年、月、日(以公元纪年为标准)。如:"阿尔泰山 1886.9.22",说明"阿尔泰山"出现在《日记》1886年9月22日。

五、本索引采用拼音排序。

A

阿尔泰山　1886.9.22

阿卡　见阿拉克鄂博

阿克苏道　1884.6.22,11.21

阿拉噶凌图　1886.8.17

阿拉克鄂博(卡伦,阿卡)
　　1886.7.26,9.28,11.16;

八旗书院（北京）　1898.1.
26,8.10

八苏木　见察哈尔正黄旗第八
苏木

巴里坤（坤、月氏、月支）
1884.6.21,9.15,9.24,9.
25,10.1,10.15,10.25,11.
3,11.7;1885.1.29,2.4,2.
6,2.9,3.8,3.15,3.17,3.
25,4.15,4.18,4.22,5.1,5.
3,5.4,5.31,6.5,6.11,7.
24,8.2,9.7,9.14;1886.8.
17;1887.6.12,9.8,12.14;
1889.5.12,9.3,11.4

巴彦（山、冈）　1886.11.26,
11.30,12.5;1887.7.22,9.
11;1889.6.22,6.25,8.7

巴彦布拉克卡　1889.11.7

巴彦托怀　1890.6.17

巴燕岱　1884.9.7;1885.7.4

霸昌道（直隶）　1898.4.26

灞桥　1884.4.9;〈1885.12.6〉

白堡头　〈1885.12.12〉

白达拉克（白达哩克）　1886.

6.29;1887.5.11

白达哩克　见白达拉克

白墩子　1884.6.10;〈1885.9.
30〉

白水驿　1884.4.22;〈1885.
11.22,11.23〉

白塔铺　1884.3.7

白玉庄　1884.3.14

柏井（驿）　1884.3.15,3.16;
〈1885.12.29〉

柏林寺　1885.7.19

拜达里克　1887.10.25,10.
28;1889.8.28

板桥镇　〈1885.12.30〉

保安　1886.5.19,7.8;1890.
6.29,6.30

保定府（保府）　1884.3.8;
1885.8.31,〈12.19,12.31〉

保府　见保定府

保阳　1884.4.21;1887.3.5,
5.28

卑勒苏图山　1889.3.23

北边①（北边界限、北边红限总
图、库伦北边、北边情形、北

①　此"北边"特指库伦北界,故列入检索条目。另　1889.8.17,11.10两天,
仅出现"红限总图",未带"北边",但系指一事,故亦补入,特此说明。

边总图、北边舆图,北界)
1886. 11. 23;1889. 4. 13,5.
18,6. 26,7. 11,7. 12,7. 17,
7. 18,7. 19,7. 22,7. 23,7.
25,7. 28,7. 31,8. 11,8. 15,
8. 17,8. 20,8. 27,9. 5,9. 6,
9. 9,9. 17,9. 22,10. 2,10.
21,11. 10,12. 17,12. 13;
1890. 2. 10
北河(镇)　1884. 3. 6;〈1886.
1. 5〉
北界　见北边
北京(京、都、京师、帝都、帝
乡)　1884. 3. 3,3. 8,3. 15,
3. 23,4. 9,4. 17,5. 10,5. 18,
5. 30,6. 10,6. 21,6. 25,7.
27,9. 4,9. 19,9. 21,9. 22,9.
24,9. 29,10. 2,10. 3,10. 11,
10. 24,10. 26,10. 28,10. 30,
11. 7,11. 10,11. 11,11. 14,
11. 18,11. 21,11. 22,11. 24,
11. 30,12. 2,12. 3,12. 4,12.
5,12. 6,12. 7,12. 11,12. 15,
12. 17,12. 18,12. 19,12. 21,
12. 23,12. 24,12. 26,12. 27,
12. 28;1885. 1. 4,1. 5,1. 6,
1. 7,1. 10,1. 14,1. 16,1. 17,

1. 19,1. 21,1. 22,1. 27,1.
28,1. 29,2. 2,2. 4,2. 6,2. 7,
2. 8,2. 9,2. 11,2. 14,2. 15,
2. 17,2. 20,2. 21,2. 24,2.
25,3. 2,3. 6,3. 8,3. 10,3.
11,3. 12,3. 16,3. 17,3. 20,
3. 21,3. 22,3. 25,3. 27,3.
29,3. 31,4. 3,4. 4,4. 6,4.
11,4. 12,4. 17,4. 22,4. 23,
4. 27,4. 28,4. 30,5. 4,5. 6,
5. 7,5. 9,5. 10,5. 13,5. 16,
5. 17,5. 19,5. 22,5. 24,5.
26,5. 28,5. 29,5. 30,5. 31,
6. 1,6. 3,6. 7,6. 10,6. 16,6.
19,6. 24,6. 29,7. 5,7. 6,7.
9,7. 12,7. 18,7. 19,7. 20,7.
21,7. 26,7. 27,7. 29,7. 30,
8. 11,8. 14,8. 15,8. 16,8. 2,
8. 23,8. 26,9. 2,9. 3,9. 4,9.
8,9. 15,9. 16,9. 18,10. 12,
10. 27,11. 5,11. 8,11. 25,
12. 5,〈9. 24,10. 25,11. 18,
11. 25,12. 26,12. 27,12. 29;
1886. 1. 2,1. 4,1. 7〉;1886.
5. 16,5. 17,5. 22,5. 23,5.
24,5. 25,5. 28,5. 29,5. 30,
6. 2,6. 3,6. 4,6. 6,6. 15,6.

21,2. 24,2. 26,2. 27,3. 3,3.
6,3. 7,3. 9,3. 13,3. 19,3.
23,3. 26,3. 29,4. 1,4. 7,4.
8,4. 11,4. 14,4. 16,4. 17,4.
21,4. 24,4. 27,5. 1,5. 2,5.
3,5. 4,5. 7,5. 10,5. 14,5.
17,5. 23,5. 24,5. 25,5. 27,
5. 31,6. 1,6. 3,6. 5,6. 6,6.
10,6. 11,6. 12,6. 13,6. 16,
6. 17,6. 20,6. 21,6. 23,6.
26,6. 28,6. 29,7. 1,7. 2,7.
5,7. 6,7. 7,7. 9,7. 12,7. 15,
7. 16,7. 22,7. 25,7. 27,7.
28,7. 29,8. 1,8. 4,8. 8,8.
11,8. 14,8. 15,8. 18,8. 21,
8. 23,8. 24,8. 27,8. 30,8.
31,9. 1,9. 6,9. 8,9. 9,9. 10,
9. 12,9. 16,9. 22,9. 26,9.
29,10. 2,10. 9,10. 10,10.
11,10. 12,10. 13,10. 16,10.
19,10. 21,10. 22,10. 26,10.
28,10. 31,11. 1,11. 4,11. 5,
11. 7,11. 10,11. 13,11. 14,
11. 15,11. 16,11. 17,11. 20,
11. 24,11. 25,11. 27,11. 30,
12. 4,12. 5,12. 7,12. 10,12.
16,12. 17,12. 20,12. 23,

12. 24,12. 26,12. 29;1890.
1.5,1. 9,1. 10,1. 11,1. 12,
1. 13,1. 14,1. 17,1. 18,1.
26,1. 30,2. 2,2. 8,2. 11,2.
14,2. 20,2. 23,2. 26,3. 2,3.
3,3. 5,3. 8,3. 12,3. 15,3.
18,3. 22,3. 24,3. 27,4. 1,4.
6,4. 11,4. 16,4. 20,4. 21,4.
23,4. 25,5. 5,5. 6,5. 14,5.
25,5. 30,5. 31,6. 7,6. 8,6.
9,6. 19,6. 21,6. 23,6. 30,7.
1;1898. 1. 30,1. 31,2. 3,2.
8,2. 15,2. 16,2. 18,2. 20,2.
27,2. 28,3. 1,3. 2,3. 3,3. 4,
3. 5,3. 7,3. 8,3. 16,3. 17,3.
18,3. 21,3. 27,3. 28,3. 31,
4. 1,4. 3,4. 6,4. 11,4. 20,5.
1,5. 6,5. 9,5. 11,5. 14,5.
20,5. 24,5. 28,5. 30,5. 31,
6. 4,6. 6,6. 8,6. 11,6. 14,6.
16,6. 18,6. 20,6. 21,6. 24,
6. 27,6. 29,7. 2,7. 3,7. 7,7.
10,7. 14,7. 16,7. 17,7. 18,
7. 19,7. 20,7. 27,7. 29,7.
30,8. 2,8. 4,8. 10,8. 11,8.
12,8. 15,8. 16,8. 17,8. 24,
8. 25,8. 28,8. 29,8. 31,9. 4,

博多霍呢和垒　见博多和呢霍垒

博尔扈台　1889.10.4

博卡　见博多和呢霍垒

博罗鄂博（博啰鄂博）　1886.
6.18;1890.5.31

博齐斯基①　〈1889.9.29〉

博斯口　1889.3.23

博依卡伦（西两盟）　1887.
7.5

布尔古特依山　1889.3.23

布尔哈苏台　1886.6.4;1890.
6.14

布尔胡图岭　1889.3.23

布拉克台　1887.10.28

布隆　1890.6.5

布隆吉尔（布隆吉）　1884.6.
7,10.7;〈1885.10.4〉

布鲁图　1886.6.10,6.11,7.
5,7.10;1890.6.8,6.9

布音图河　1886.7.2;1889.7.
13;1890.5.15,5.16,6.8,
6.13

C

财神庙（张家口）　1887.9.18

菜湖　1884.10.22,11.7;
1885.5.17,5.18,9.5,9.20

参谋赞画堂（乌里雅苏台参军
署内,赞画堂、春晖堂）
1886.7.5,7.7,7.24,7.25,
7.29,8.20,8.29,9.12,9.
24,10.26,10.29,12.18;
1887.1.25,5.9,6.23,6.25,
7.3,7.19,7.28,8.6,8.13,
8.16,8.18,8.19,8.20,8.
21,8.25,8.27,10.13,10.
17,12.22;1889.2.1,7.21,
9.21,9.22,9.24,12.30;
1890.1.2,1.3,1.8,1.9,1.
22,1.27,2.3,2.4,2.8,2.
10,2.15,3.18,5.13

藏　见西藏

曹家花园（兰州）　1884.5.9

草厂　见西辕草厂

草厂　1886.11.4;1887.3.30,
11.8

侧石驿（盂县属）　1884.3.
17;〈1885.12.27〉

查罕额英格尔石湾　1886.
6.15

---

① 据《日记》载,此地名系俄人捏称。

12.27

察哈尔厢黄旗　1898.2.24,4.
27,5.24,8.27

察哈尔厢蓝旗　1898.4.27

察哈尔正白旗　1898.6.8,
6.30

察哈尔正红旗　1898.2.6,5.
6,8.10,8.21,12.13

察哈尔正黄旗　1898.4.10,4.
16,5.4,5.6,5.20,7.26,7.
31,8.8,12.13

察哈尔正黄旗第八苏木（八苏
木）　1898.5.4,5.6

察哈尔正黄旗第七苏木（七苏
木）　1898.5.4,5.15

察哈尔正黄旗第五苏木（第五
苏木）　1898.5.15

察哈尔左翼（左翼）　1898.2.
18,3.1,3.24,4.13,4.27,
4.28,5.15,5.20,5.23,5.
24,5.26,6.9,6.10,6.11,7.
1,7.9,7.16,7.27,8.5,8.
15,8.19,8.21,9.12,9.22,
9.23,9.29

察罕鄂拉卡伦　1889.3.23

察罕琥图克　1886.6.11;
1890.6.7,6.8

察罕淖尔　1886.10.19

察罕托罗海　见查罕托罗海

察克达（查克达）　1886.7.
19,10.19;1887.1.1,4.8,7.
28,9.2,11.26,11.29;1888.
1.24;1889.5.21,6.29,7.
29,8.21,9.19,10.2,11.10;
1890.1.5,2.17

岔口（驿、镇）　1884.5.14;
〈1885.10.31〉;1886.5.18;
1890.7.1

巉口（河）　1884.5.1;〈1885.
11.14〉

浐桥　1884.4.9

昌吉（县）　1884.8.17,12.8

昌吉斯台（卡伦）　1887.10.
28,11.3;1888.1.31;1889.
4.7,4.14,5.7

昌平（州）　1886.5.16,5.17,
5.30;1887.9.18;1890.7.2,
7.3

长安　见西安

长城　1884.6.23;1885.1.7,
2.21

长流水（腰站、泉）　1884.6.
13,6.19,9.2;1885.9.21,9.
23,10.1,〈9.21,9.22〉

长门　1885.3.31

长桥(乌里雅苏台)　1886.9.
23,9.28,10.2,10.3,10.8,
10.11,10.13,10.26,10.30,
11.3,11.4,11.8,11.10,11.
12,11.13,11.14,11.17,11.
19,11.21,11.22;1887.3.
16,4.16,6.3,6.8,6.11,6.
13,6.21,7.9,7.20,7.22,7.
24,7.31,8.5,8.12,8.13,8.
29,9.1,9.4,9.6,9.11,9.
14,9.16,9.21,9.24,10.6,
10.28,11.10;1888.1.4;
1889.5.19,6.8,7.2,10.28,
10.30,11.4

长山子　1884.11.13;1885.4.
17,4.22

长武(县)　1884.4.20;〈1885.
11.24〉

长兴店　1884.3.3;〈1886.1.
8〉

绰和尔台　见绰霍尔台

绰豁尔台　见绰霍尔台

绰霍尔台(绰和尔台、绰豁尔
台)　1886.7.5;1887.1.14,
2.14,4.11,4.21,6.16,6.
19,10.24,12.26;1889.7.

13,7.15,8.8,10.2;1890.1.
20,5.2,5.7,5.13

朝鲜　1888.1.2

朝阳村(乌里雅苏台)　1887.
9.18

朝阳村(张家口)　1898.3.
15,3.23,5.29,9.12

朝阳洞(张家口)　1898.1.
22,2.5,2.21,3.7,3.22,4.
5,4.21,5.5,5.20,6.3,6.
19,7.3,7.19,8.2,8.17,8.
31,9.16,9.30,10.15,10.
29,12.13,12.27

朝阳阁(寿阳县属)　1884.
3.18

车　见车盟

车道岭　〈1885.11.13〉

车轱辘把　1884.6.9;〈1885.
10.3〉

车盟(车臣汗部落、车)　
1886.7.24,7.30,8.27,10.
5,10.12,10.19,12.23;
1887.2.6,2.27,3.26,4.5,
4.27,5.4,5.6,7.12,8.4,
10.28,11.10,11.13,11.26,
12.9;1888.1.5,1.24;1889.
3.6,4.4,4.27,5.1,7.1,7.

17,7.27,8.18,9.25,10.16,
10.25;1890.1.2,1.5,3.16,
3.22,4.1,4.25

车排子　1885.4.13

陈希夷先生碑　1884.4.6

成都　1887.12.28;1898.9.3

成衣肆（乌里雅苏台,张纫工
肆）　1886.9.19,10.31;
1887.1.19,2.27,11.12,11.
18,12.18,12.19,12.20;
1888.1.28

成源聚（大境门外西沟商家）
1898.12.17

承恩门（乌里雅苏台）　1890.
5.13

承化寺　1889.11.22

城隍行宫（张家口）　1898.4.
5,8.31

城隍庙（哈密）　1884.9.4,9.
12,11.18,11.23;1885.4.4,
4.13,7.18,7.19,7.22,7.
29,7.30,8.3,8.4,8.6,8.
10,8.24,9.20

城隍庙（乌里雅苏台）　1886.
8.14,11.12,11.13,11.17;
1887.1.7,1.24,4.5,9.1,
11.15;1888.2.10;1889.1.

31,4.4,8.11,8.25,10.24;
1890.1.21,4.5,5.3

城子庙（张家口）　1898.6.9

橙槽沟　1884.9.2

秤勾驿　1884.5.1;〈1885.11.
13〉

赤金（湖、峡、营）　1884.6.4;
1885.10.7,〈10.7,10.8〉

赤水镇　1884.4.7;〈1885.12.
8〉

楚　1885.4.26;1887.2.28;
1898.8.31

楚库河　1889.3.23

川　见四川

春晖堂　见参谋赞画堂

鹑垣　见西安

慈恩寺（张家口）　1898.4.
11,4.21,5.5,5.20,6.3,6.
19,7.3,7.19,7.31,8.1,8.
2,8.6,8.17,8.31,9.16,9.
30,10.15,10.29,12.13,
12.27

慈宁宫（北京）　1885.2.15

慈庆寺　1898.12.13

慈荫寺（托里布拉克）　1886.
6.13,6.14;1890.6.4

D

达尔哈特　1887.7.25

达噶得勒　1886.7.3；1890.
5.15

达里岗崖（达哩刚阿、达里杭
爱）　1890.3.5；1898.5.3，
11.11

达里杭爱　见达里冈崖

达哩刚阿　见达里岗崖

大　见大同镇

大东沟　1898.4.6

大佛寺（陕西邠州）　1884.4.
20；1885.5.16，5.22，〈11.
25〉

大佛寺（正定府）　1884.3.12

大河沿　1885.4.11，4.12

大河驿　1884.5.17；〈1885.
10.28〉

大境门　1886.5.29，6.3；
1887.9.18；1890.6.20，6.
27，6.28；1898.1.28，2.2，2.
9，2.22，3.4，3.14，3.17，3.
22，3.23，3.25，4.7，4.12，4.
19，4.23，4.29，5.20，5.23，
5.26，5.29，5.30，6.6，6.10，
6.18，6.22，7.2，7.5，7.12，
7.15，7.16，7.23，7.28，7.

31，8.1，8.3，8.7，8.23，8.
28，9.12，9.18，9.25，10.9，
10.15，10.16，10.29，12.16，
12.17

大美玉（商号、商家，张家口）
1898.1.26，2.2，2.15，2.
18，2.21，3.1，3.3，3.4，3.
10，3.15，3.16，3.17，3.18，
3.20，3.22，3.28，4.3，4.7，
4.11，4.20，4.21，4.22，5.
11，5.20，5.28，6.16，6.19，
6.21，6.22，6.24，7.3，7.4，
7.7，7.13，7.14，7.18，7.19，
8.5，8.17，9.9，9.26，10.9，
10.12，10.14，10.15，10.19，
12.13，12.30

大泉（子）　1884.6.13；1885.
1.13，〈9.28〉

大泉玉（张家口商家）　1887.
2.27

大沙龙（站）　1884.5.28；
〈1885.10.17〉

大山川墩　1884.4.28；〈1885.
11.17〉

大山头子　1884.6.14

大生权（归化商家）　1887.
5.10

内）1886. 7. 5,7. 10,7. 17,
8. 6,9. 12,9. 16,11. 16,11.
30,12. 9,12. 18；1887. 1. 8,
1. 23,1. 24,2. 17,4. 7,8. 19,
9. 28,10. 1,10. 17,11. 14,
11. 15,11. 20,11. 26,12. 17,
12. 22；1888. 1. 23,2. 5；
1889. 1. 31,2. 24,3. 29,5.
18,6. 11,9. 23,10. 11,11.
19；1890. 1. 8,1. 12,1. 20,1.
21,2. 14,3. 15,5. 13

弹琴峡　1886. 5. 18；1890. 7. 1
党河　1885. 9. 10
倒兰套拉盖地方　1886. 8. 16
悼时堂（哈密）　1885. 6. 7,
9. 15
德国（德）　1890. 4. 11；1898.
5. 26,10. 14
德茂园（菜园,乌里雅苏台）
1889. 2. 7,4. 4,4. 5,7. 30,8.
13,8. 21,9. 3,10. 16,10. 27,
11. 16,11. 27,12. 2,12. 9,
12. 16,12. 19,12. 26；1890.
2. 11,3. 2,3. 30,5. 3
德胜街（哈密）　1885. 6. 20,
7. 19,8. 4,8. 7,8. 9,8. 14,
9. 20

德胜门（北京）　1885. 2. 14；
1886. 5. 16；1887. 9. 18；
1890. 7. 3
德盛和（商家,乌里雅苏台）
1889. 10. 22；1890. 1. 18,5.
3,5. 9
德兴元（归化商家）　1887. 6.
13；1889. 5. 7
德义木店（德义店,张家口）
1898. 1. 26,3. 19,3. 22,9. 27
登龙门（哈密）　1884. 6. 21,
10. 4,11. 18；1885. 2. 20,3.
21,5. 2,5. 20,6. 10,6. 20,7.
9,8. 4,9. 7
邓家墩　1884. 4. 27；〈1885.
11. 18〉
迪化（州）　1884. 7. 10；1885.
2. 5,6. 1；1886. 7. 6
地安门（北京）　1885. 3. 6
地窝铺　1884. 6. 10；1885.
10. 1
帝乡　见北京
滇　见云南
店张驿　1884. 4. 16；〈1885.
11. 29〉
叠云峰　1890. 5. 23
丁家坝　1884. 6. 2

---

① 据《日记》载,此地名系俄人捏称。

9. 24,〈9. 23〉;1886. 6. 15,
9. 12

贡赞山　1889. 3. 23

孤山台　1898. 4. 29,4. 30,5.
2,5. 3,5. 5

古　见古城

古巴　1887. 2. 18

古城（古）　1884. 12. 30;
1885. 6. 5,6. 8,6. 10,7. 24,
8. 2,8. 21,9. 13,9. 16;1886.
7. 16,7. 28,8. 1,9. 9,9. 18,
9. 19,9. 25,9. 26,9. 29,11.
12,12. 3,12. 16;1887. 1. 15,
1. 20,10. 5,11. 18,11. 29,
12. 2,12. 14;1889. 2. 28,3.
29,8. 22,9. 2,9. 5,12. 26;
1890. 3. 30

古浪（县、峡）　1884. 5. 15,5.
16,5. 17;〈1885. 10. 29,10.
30〉

古王母降瑶池碑　〈1885. 11.
23〉

固尔毕岭　1889. 3. 23

固关　〈1885. 12. 30〉

固原（州）　1884. 4. 23,4. 24;
〈1885. 11. 20〉

瓜州　1884. 6. 21

关帝殿（张家口）　1898. 1.
22,2. 5,2. 21,3. 7,3. 22,4.
5,4. 21,5. 5,5. 20,6. 3,6.
19,7. 1,7. 3,7. 19,8. 2,8.
17,8. 31,9. 16,9. 28,9. 30,
10. 15,10. 29,12. 13,12. 27

关帝庙（北京帽儿胡同）
〈1886. 1. 8〉

关帝庙（查罕托罗海）　1886.
6. 4

关帝庙（大泉）　1884. 6. 13

关帝庙（哈密）　1884. 6. 21,
6. 23,7. 7,7. 22,8. 5,8. 14,
8. 21,9. 4,9. 19,9. 30,10. 3,
10. 19,11. 2,12. 2,12. 17;
1885. 1. 16,1. 30,2. 15,3. 1,
3. 17,3. 19,3. 29,3. 30,3.
31,4. 15,4. 29,5. 9,5. 10,5.
11,5. 14,5. 28,6. 13,6. 25,
6. 27,7. 12,7. 26,8. 10,8.
24,9. 1,9. 9,9. 20

关帝庙（哈密南门外菜湖庄）
1885. 9. 5,9. 20

关帝庙（嘉峪关）　1884. 6. 2;
1885. 5. 13,5. 28,〈10. 9〉

关帝庙（凉州府和丰乐堡之间
四十里堡）　1884. 5. 19

① 据《日记》载,此地名系俄人捏称。

9. 26,11. 7,11. 23,11. 26;
1888. 2. 8;1889. 4. 19,6. 13,
6. 17,8. 2,9. 12,10. 9;1890.
1. 2,1. 16,5. 23,5. 24

哈拉牛敦　见哈拉呢敦

哈拉乌苏(地方、台)　1889.
7. 25;1898. 4. 9

哈留台　1886. 6. 4;1890. 6.
13,6. 14

哈密(伊吾、伊吾庐、哈城、哈,
哈密厅)　1884. 5. 21,6. 15,
6. 19,6. 20,6. 21,6. 23,6.
27,6. 28,7. 1,7. 8,7. 9,7.
26,8. 15,8. 18,8. 20,8. 21,
9. 2,9. 3,9. 4,9. 12,9. 15,9.
19,9. 21,9. 30,10. 3,10. 5,
10. 7,10. 23,10. 27,11. 5,
11. 11,11. 18,11. 25,12. 20,
12. 26,12. 27,12. 31;1885.
1. 4,1. 5,1. 10,1. 19,1. 29,
1. 31,2. 2,2. 3,2. 6,2. 20,3.
2,3. 4,3. 11,3. 17,3. 24,3.
27,3. 30,4. 1,4. 3,4. 8,4.
11,4. 14,4. 17,4. 18,4. 19,
4. 20,4. 28,5. 4,5. 8,5. 10,

5. 11,5. 13,5. 15,5. 17,5.
22,5. 24,5. 28,5. 29,6. 5,6.
8,6. 10,6. 13,6. 17,6. 19,6.
20,6. 27,6. 30,7. 3,7. 13,7.
15,7. 19,7. 22,7. 27,8. 4,8.
8,8. 14,8. 28,9. 2,9. 19,10.
13,10. 14,10. 27,12. 5,〈9.
20,9. 29,10. 5,10. 29,11.
16〉;1886. 6. 6,6. 27,7. 4,7.
5,7. 13,7. 17,7. 23,7. 29,
11. 13;1887. 1. 2,2. 7,2. 8,
3. 7,4. 14,5. 9,5. 11,5. 20,
6. 4,7. 2,7. 28,12. 17;1889.
2. 28;1890. 4. 21;1898. 3. 7,
6. 26,11. 3

哈木聂斯基① 〈1889. 9. 29〉

哈齐克察罕布隆卡伦(哈齐克
察罕布噻卡伦、哈齐克卡
伦)　1886. 9. 2;1887. 4. 30;
1889. 5. 4,9. 19

哈齐克卡伦　见哈齐克察罕布
隆卡伦

哈沙图　1886. 6. 20,6. 22;
1890. 5. 26

哈台　见哈拉呢敦

①　据《日记》载,此地名系俄人捏称。

12,1.15,1.17,1.22,1.26,
1.30,2.5,2.6,2.10;1889.
1.31,3.16,3.31,4.30,5.
30,6.9,6.10,6.12,6.15,6.
18,6.26,6.30,7.12,7.22,
7.26,7.28,7.31,8.1,8.4,
8.10,8.12,8.14,8.22,8.
26,9.2,9.4,9.17,9.20,9.
23,9.25,9.28,10.2,10.18,
10.24,10.29,10.31,11.23,
11.30,12.4,12.10,12.21,
12.22;1890.1.19,1.21,2.
12,2.19,4.3,4.19,5.3
后九台　1887.11.15
后庙　见后关帝庙
后菩萨庙　见南菩萨庙
后土祠(哈密)　1885.5.2
呼隆布隆　1886.6.13
呼伦贝尔(胡伦贝尔)　1887.
6.22;1889.3.16,4.1,4.8,
6.5
滹沱河　1884.3.13;〈1886.1.
1〉
胡都克乌尔图　1886.6.26;
1889.6.13;1890.5.21,5.22
胡吉尔图　1886.7.2;1890.
5.15

胡伦贝尔　见呼伦贝尔
胡什古　1889.3.23
胡塔海图山　1889.3.23
葫芦沟　1885.4.22,4.23,6.
20,7.23,9.6
湖南　1885.3.30;1898.10.8
花墙子　1884.5.27,5.28;
〈1885.10.17〉
花什尔图　1886.7.11
花硕罗图　见花硕洛图
花硕洛图(花硕罗图、花硕落
图、花台、南头台)　1886.
7.4,10.7,10.15,10.19,10.
22;1887.1.11,1.16,3.22,
6.9,8.17,9.26,9.27,11.
23,11.26,12.16,12.24;
1888.2.5;1889.4.6,4.19,
9.9,9.19,10.2,11.10;
1890.1.16,4.26,5.13
花台　见花硕洛图
花园村　1886.5.20
华山　1884.4.5
华盛隆(哈密商家)　1885.
8.14
华阴(县、城、庙)　1884.4.5,
4.6;〈1885.12.9〉
华州　1884.4.6;〈1885.12.8,

---

① 据《日记》载,此地名系俄人捏称。

金场山　1885.9.10

金城（关）　1884.5.11；
〈1885.11.4〉；1887.5.11

金家崖　1884.5.3；〈1885.11.
11〉

金井古迹　1884.3.23

金山（卡伦）　1886.9.19,11.
13,11.19,12.4,12.7；1887.
1.20,2.7,10.5,10.11,11.
24；1888.1.1,1.4,1.5；
1889.8.25,8.30,10.31,11.
1,12.8,12.10

金山寺（兰州）　1884.5.11；
〈1885.11.4〉

金山湾（乌里雅苏台）　1887.
1.27,11.22；1889.10.22,
11.14；1890.1.24

金县　1884.5.3；〈1885.11.
12〉

津　见天津

津吉里克（卡伦、台,津卡）
1886.7.8,8.11,8.14,9.5,
9.19,10.2；1887.1.1,4.5,
4.13,5.14,5.20,5.24,6.
26,6.28,7.8,7.18,8.26,9.
24,9.28,10.15,10.31,11.
11,11.13,12.2；1888.1.17；

1889.3.16,5.1,5.7,5.11,
5.17,6.8,6.16,6.20,6.23,
6.26,6.29,7.23,8.27,9.
12,9.22,9.26,10.6；1890.
1.5,1.30,1.31,2.17,3.1,
4.1

津卡　见津吉里克

锦川烟　1898.5.28

晋　见山西

京　见北京

泾河　1884.4.22

泾水桥　〈1885.11.23〉

泾阳馹（泾阳驿、陉阳驿）
1884.3.9；〈1886.1.3,1.4〉

泾州　1884.4.21,4.22；1885.
10.2,〈11.23,11.24〉；
1887.8.21

荆　见荆州

荆州（荆）　1887.1.12,2.28,
3.28,10.20；1889.7.24

精河　1884.9.7；1885.2.5,4.
11,4.13

井陉（县、口）　1884.3.14,3.
15；1885.2.21,〈12.30〉

靖边驿　1884.5.17；〈1885.
10.28〉

静宁（州）　1884.4.26,4.27；

〈1885. 11. 18,11. 19〉

九架楼　1885. 4. 13

酒泉　1885. 8. 28

旧城（哈密）　1884. 6. 21,8. 28,11. 25

旧榆林堡　1886. 5. 18

居仁巷（哈密）　1885. 8. 14, 8. 29,9. 20

居庸（关）　1886. 5. 17,5. 18, 5. 19;1887. 9. 18;1890. 7. 1, 7. 2

军署草厂　见西辕草厂

K

喀尔喀　1884. 6. 21;1885. 6. 20;1886. 8. 11;1887. 5. 26, 8. 11;1889. 3. 9,5. 24,8. 27, 11. 17;1890. 3. 27

喀尔沁　1886. 9. 19,12. 23

喀拉沁查布齐尔台　1888. 2. 4

喀什噶尔（喀什喀尔）　1884. 9. 29, 10. 23, 11. 4, 11. 30; 1885. 4. 21,5. 28;1889. 6. 1

喀什喀尔　见喀什噶尔

卡克图　见恰克图

柯木柯木查克博木　1889. 3. 23

柯讷满达　1889. 3. 23

科　见科布多

科布多（科城、科）　1884. 11. 6;1885. 2. 5,2. 13,5. 13,5. 22,6. 20,7. 8;1886. 5. 26,5. 29,6. 10,6. 26,7. 8,7. 10,7. 13,7. 16,7. 23,7. 29,7. 30, 8. 1,8. 4,8. 7,8. 9,8. 11,8. 14,8. 16,8. 17,8. 21,8. 24, 8. 27,8. 28,8. 29,8. 30,8. 31,9. 1,9. 2,9. 4,9. 5,9. 7, 9. 9,9. 10,9. 12,9. 13,9. 15, 9. 19,9. 22,9. 29,10. 2,10. 5,10. 6,10. 9,10. 12,10. 15, 10. 19,10. 22,10. 25,10. 28, 11. 2,11. 3,11. 7,11. 12,11. 13,11. 14,11. 17,11. 19,11. 20,11. 21,11. 22,11. 23,11. 27,11. 30,12. 2,12. 3,12. 4, 12. 6,12. 7,12. 8,12. 9,12. 10,12. 17,12. 21,12. 23,12. 24,12. 25;1887. 1. 1,1. 5,1. 22,2. 4,2. 7,2. 10,2. 14,2. 16,2. 17,2. 20,2. 24,2. 27, 3. 2,3. 6,3. 9,3. 12,3. 16,3. 17,3. 19,3. 26,3. 29,4. 1,4. 5,4. 8,4. 11,4. 13,4. 15,4. 18,4. 21,4. 24,4. 27,4. 30,

5. 1,5. 4,5. 7,5. 10,5. 11,5.
14,5. 17,5. 21,5. 24,5. 28,
5. 30,6. 3,6. 6,6. 9,6. 10,6.
13,6. 16,6. 19,6. 22,6. 25,
6. 28,7. 1,7. 2,7. 5,7. 8,7.
12,7. 15,7. 18,7. 22,7. 23,
7. 24,8. 1,8. 2,8. 7,8. 8,8.
14,8. 15,8. 17,8. 20,8. 23,
8. 26,9. 2,9. 5,9. 11,9. 12,
9. 15,9. 16,9. 18,9. 21,9.
22,9. 24,9. 28,10. 1,10. 4,
10. 8,10. 11,10. 13,10. 17,
10. 18,10. 24,10. 28,10. 31,
11. 3,11. 7,11. 10,11. 13,
11. 16,11. 19,11. 29,11. 30,
12. 2,12. 6,12. 9,12. 12,12.
16,12. 19,12. 21,12. 22,12.
26, 12. 29, 12. 30, 12. 31;
1888. 1. 1,1. 5,1. 8,1. 11,1.
14,1. 17,1. 26,1. 27,1. 30,
2. 5,2. 7,2. 9;1889. 2. 1,2.
3,2. 15,2. 19,2. 21,2. 24,2.
27,3. 1,3. 3,3. 4,3. 6,3. 7,
3. 9,3. 12,3. 13,3. 16,3. 18
,3. 23,3. 26,3. 30,4. 1,4. 4,
4. 7,4. 11,4. 14,4. 17,5. 1,
5. 7,5. 9,5. 10,5. 11,5. 12,

5. 13,5. 14,5. 15,5. 17,5.
18,5. 21,5. 24,5. 31,6. 3,6.
6,6. 16,6. 17,6. 18,6. 19,6.
20,6. 23,6. 26,6. 28,6. 29,
7. 5,7. 8,7. 9,7. 10,7. 11,7.
12,7. 14,7. 15,7. 16,7. 19,
7. 22,7. 25,7. 29,8. 1,8. 4,
8. 7,8. 8,8. 11,8. 12,8. 14,
8. 18,8. 21,8. 24,8. 27,9. 2,
9. 6,9. 9,9. 12,9. 16,9. 20,
9. 22,9. 26,9. 29,10. 2,10.
6,10. 9,10. 16,10. 19,10.
21,10. 22,10. 23,10. 25,10.
28,10. 31,11. 1,11. 4,11. 5,
11. 6, 11. 7, 11. 10, 11. 14,
11. 17,11. 20,11. 22,11. 24,
11. 27,12. 4,12. 7,12. 8,12.
14,12. 17,12. 20,12. 23,12.
26,12. 29;1890. 1. 2,1. 7,1.
11,1. 15,1. 17,1. 19,1. 27,
1. 30,2. 2,2. 8,2. 11,2. 13,
2. 14,2. 15,2. 17,2. 20,2.
23,2. 26,3. 2,3. 5,3. 6,3. 8,
3. 12,3. 15,3. 17,3. 22,3.
27,3. 31,4. 1,4. 5,4. 6,4. 7,
4. 8,4. 11,4. 12,4. 16,4. 19,
4. 20,4. 26,4. 28;1898. 2. 9,

4. 9,4. 23,5. 13,5. 26,7. 16,
9. 6,10. 5,10. 6

科城　见科布多

科属乌梁海　见阿勒泰乌梁海

可河　1884. 4. 4;〈1885. 12.
11〉

克留车甫斯基①　〈1889. 9.
29〉

克色讷克图岭　1889. 3. 23

崆峒　1884. 4. 23

口　见张家口

口北道（口北）　1884. 11. 4;
1885. 3. 23;1886. 7. 4,7. 17,
7. 21;1887. 3. 7,5. 28,6. 5,
6. 6,6. 26,10. 14;1889. 5.
17,5. 17,12. 26;1890. 3. 5;
1898. 3. 12,3. 13,3. 26,4. 3,
4. 4,4. 5,4. 10,4. 16,5. 4,5.
6,5. 7,5. 8,5. 14,5. 15,5.
31,6. 9,6. 10,7. 27,8. 8,
8. 20

矻磴井子　1884. 6. 17,6. 19

苦水（苦水驿）　1884. 6. 17,
9. 2;1885. 1. 3,1. 18,9. 24,
〈9. 24〉;1886. 6. 15

库　见库伦

库布苏库勒诺尔乌梁海（库布
苏库勒淖尔乌梁海、库布苏
库勒诺尔、库布苏库勒讷
尔）　1886. 7. 19,7. 29,10.
22,11. 17,11. 23,12. 21;
1887. 1. 10

库车　1884. 10. 25;1885. 3.
11,6. 10,6. 13,6. 19,7. 25

库克齐老图　1889. 3. 23

库伦（库）　1884. 12. 24;
1885. 3. 15,7. 8;1886. 7. 13,
7. 19,8. 4,8. 17,8. 21,8. 27,
9. 5,9. 12,9. 19,9. 25,10. 2,
10. 5,10. 9,10. 15,10. 19,
10. 28,10. 30,11. 11,11. 20,
11. 24,11. 29,11. 30,12. 2,
12. 9,12. 10,12. 13,12. 26;
1887. 1. 3,1. 5,2. 8,2. 14,2.
17,2. 20,2. 24,3. 2,3. 17,4.
5,4. 15,4. 21,4. 27,5. 4,5.
7,5. 10,5. 24,5. 26,6. 28,7.
1,7. 5,7. 12,7. 18,7. 19,7.
22,7. 28,8. 7,8. 11,8. 23,9.
2,9. 5,9. 9,9. 10,9. 18,9.

---

① 据《日记》载,此地名系俄人捏称。

〈1885. 12. 20, 12. 21〉

零口驿　1884. 4. 8;〈1885. 12. 7〉

琉河　见琉璃河

琉璃河(琉河)　1884. 3. 5;〈1885. 12. 30; 1886. 1. 1, 1. 7〉

六里墩　1884. 5. 16

六盘山　1884. 4. 25;〈1885. 11. 20〉

龙沟堡　1884. 5. 15;〈1885. 10. 30〉

龙神祠(嘉峪关)　〈1885. 10. 1〉

龙头泉　1884. 4. 4

龙王庙(格子烟墩)　〈1885. 9. 23〉

龙王庙(哈密)　1884. 6. 10, 6. 21, 6. 23, 6. 27, 7. 6, 7. 9, 7. 14, 7. 16, 7. 18, 7. 20, 7. 22, 7. 29, 7. 31, 8. 3, 8. 7, 8. 8, 8. 9, 8. 21, 9. 9, 9. 11, 9. 12, 10. 4, 10. 7, 10. 11, 10. 22, 10. 26, 10. 27, 11. 18, 11. 25, 11. 26, 11. 27, 11. 28, 11. 29, 12. 13; 1885. 1. 1, 1. 3, 1. 4, 1. 7, 1. 19, 1. 21, 1. 31, 2.

15, 2. 20, 2. 23, 2. 27, 3. 1, 3. 2, 3. 12, 3. 13, 3. 24, 4. 29, 4. 30, 5. 2, 5. 19, 5. 20, 5. 21, 5. 25, 6. 2, 6. 9, 6. 10, 6. 20, 7. 9, 7. 10, 7. 11, 7. 14, 7. 17, 7. 18, 7. 20, 7. 22, 7. 30, 7. 31, 8. 1, 8. 2, 8. 3, 8. 4, 8. 6, 8. 19, 9. 7, 9. 12, 9. 15, 9. 16, 9. 17, 9. 18, 9. 20

龙王堂(张家口)　1886. 5. 22; 1890. 6. 28

龙云斋(北京)　1898. 2. 27, 3. 8, 3. 14, 3. 22, 4. 20, 7. 29, 7. 31, 8. 12, 10. 17

龙州　1885. 4. 23

隆德(县)　1884. 4. 25, 4. 26;〈1885. 11. 19〉

隆合逆旅(张家口)　1898. 4. 8

隆庆昌(商家, 乌里雅苏台)　1886. 9. 14, 9. 16, 9. 19, 9. 22, 9. 24, 9. 27, 10. 18, 11. 4, 12. 13; 1887. 1. 2, 1. 6, 1. 16, 1. 19, 1. 22, 1. 30, 3. 9, 3. 15, 3. 19, 3. 21, 3. 24, 3. 25, 3. 26, 3. 27, 3. 28, 3. 31, 4. 1, 4. 4, 4. 5, 4. 12, 4. 15, 4. 20, 4.

24,4. 25,4. 28,5. 9,5. 12,6.
5,6. 7,6. 20,6. 23,7. 6,8. 7,
8. 17,9. 9,9. 24,9. 27,10.
10,11. 13,12. 15,12. 20,12.
27;1888. 1. 3,1. 4,1. 7,1.
20,1. 22,1. 31,2. 3,2. 4,2.
5,2. 8;1889. 2. 10,2. 21,2.
24,2. 27,3. 3,3. 8,3. 21,4.
3,4. 5,4. 6,4. 9,4. 11,4. 19,
4. 20,4. 22,4. 24,4. 25,4.
26,4. 27,4. 28,4. 29,5. 2,5.
5,5. 12,5. 14,5. 16,5. 21,5.
29,5. 30,5. 31,6. 3,6. 6,6.
8,6. 13,6. 14,6. 17,6. 26,7.
10,7. 17,7. 26,7. 27,7. 30,
7. 31,8. 11,8. 14,8. 24,8.
27,8. 29,9. 7,9. 10,9. 12,9.
18,9. 23,9. 26,9. 30,10. 12,
10. 17,10. 19,10. 29,10. 31,
11. 12,11. 21,11. 28,12. 4,
12. 7,12. 10,12. 13,12. 14,
12. 15,12. 17,12. 20,12. 23,
12. 28,12. 29;1890. 1. 2,1.
4,1. 7,1. 10,1. 11,1. 13,1.
14,1. 15,1. 28,2. 9,2. 12,2.
13,2. 14,3. 3,4. 18,5. 9
隆盛魁　1898. 9. 6

陇　见甘肃
卢沟桥（芦）　〈1886. 1. 8〉;
　1898. 6. 27,10. 14
芦　见卢沟桥
卤水河　1884. 5. 12
鲁　见山东
潞河　1898. 3. 1
露凝仙掌卧碑　1884. 4. 5
抡才书院（张家口）　1898. 4.
　26,6. 25,6. 26,8. 29,8. 30,
　9. 1
罗村　1884. 3. 21,3. 22
吕芝　1884. 4. 3
绿莺沟（绿营沟）　1886. 9.
　15,9. 18;1887. 3. 20,8. 28;
　1889. 6. 16,6. 23
绿营沟　见绿莺沟

M

马趵泉　1886. 6. 13;1890. 6. 4
马莲井子　1884. 5. 24,6. 14;
　1885. 7. 13,9. 28,〈9. 27〉
马神祠（张家口）　1898. 1.
　22,2. 5,2. 21,3. 7,3. 22,4.
　5,4. 21,5. 5,5. 20,6. 3,6.
　19,7. 3,7. 19,8. 2,8. 10,8.
　17,8. 31,9. 16,9. 30,10. 15,
　10. 29,12. 13,12. 27

穆琥尔噶顺 见默霍尔噶顺

穆霍尔噶顺 见默霍尔噶顺

穆台 见默霍尔噶顺

N

那林(台、支流) 1887.9.15；
1889.10.4

那业克阿固拉地方 1887.
11.10

南八城 1885.3.16

南八台 1889.6.8

南湖(即汉时柳中屯也)
1884.7.22；1885.1.31

南廿台 1886.9.4,10.31；
1887.2.27,4.11；1888.1.
24；1889.4.10,4.27,5.29,
10.19,10.22,11.27

南菩萨庙(菩萨庙、后菩萨庙、
本城菩萨庙,乌里雅苏台)
1886.7.16,8.14,9.12,10.
12,11.10,12.10；1887.1.8,
1.24,2.7,3.9,3.13,4.7,4.
8,4.18,4.23,4.29,4.30,5.
7,5.19,5.23,6.6,6.21,7.
5,8.4,8.8,9.2,10.1,10.
31,11.15,11.29,12.29；
1888.1.27,2.10；1889.2.
14,3.16,3.20,4.14,5.10,

5.14,6.13,7.12,7.16,8.
11,8.14,9.9,10.9,11.7,
12.7；1890.1.5,1.20,2.4,
3.5,3.9,4.4,5.3

南山口(哈密协营军台)
1884.9.2,11.12,11.13,11.
16,11.18；1885.4.15,4.16,
4.17,4.18,4.19,4.20,4.
21,4.22,4.23,4.24,4.25,
5.3,5.11

南十六台 1889.6.15

南台 1886.10.9；1887.5.20,
6.14,7.18,7.31,8.7,8.9,
9.4,9.17,9.21,9.23,9.24,
9.27,9.30,10.4,10.9,10.
10,10.13,10.25,11.5,11.
6,11.9,11.10,12.4,12.9,
12.15,12.23,12.26；1888.
1.17,1.21,1.22,1.23,2.9；
1889.2.1,2.24,5.27,6.3,
6.4,7.13,7.15,8.21,8.30,
9.1,9.6,9.9,9.13,9.20；
1890.2.24,3.9,3.10 ,3.
11,5.2

南天门 1884.3.17,4.21；
〈1885.12.28〉

南头台 见花硕洛图

平政桥　〈1885. 11. 17〉

菩萨庙　见南菩萨庙

蒲州(府)　〈1885. 12. 11,12.
　13〉;1887. 8. 30;1889. 8. 12

普渡寺　1898. 1. 22,2. 5,2. 8,
　2. 9,2. 21,3. 1,3. 7,3. 22,4.
　5,4. 11,4. 21,4. 25,5. 5,5.
　10,5. 20,5. 22,6. 3,6. 19,7.
　3,7. 19,8. 2,8. 17,8. 31,9.
　6,9. 7,9. 9,9. 16,9. 30,10.
　15,10. 19,10. 29,12. 13,12.
　24;1899. 1. 2

普正寺(永济属)　1884. 4. 3

溥恩寺(霍呢齐)　1886. 6.
　15;1890. 6. 2

七道沟　1884. 6. 7,11. 16;
　〈1885. 10. 5〉

七里坡　1884. 4. 30;〈1885.
　11. 15〉

七苏木　见察哈尔正黄旗第七
　苏木

齐家大山坡　1884. 4. 27;
　〈1885. 11. 18〉

齐克斯特依河(奇克斯特依
　河)　1886. 9. 18,10. 13,10.
　26,10. 30,11. 22,11. 30;
　1887. 1. 14,1. 27,2. 23,6.

11,6. 21,7. 18,8. 2,8. 11,
　10. 6,10. 17

齐克太　1889. 3. 23

祁连　1885. 1. 31

祁县　1884. 3. 22

奇克斯特依河　见齐克斯特
　依河

奇兰卡伦　1889. 3. 23

奇台县　1885. 10. 13

祈年殿(北京)　1890. 1. 11

祈县(祈邑)　〈1885. 12. 23,
　12. 24〉

恰　见恰克图

恰克图(恰、卡克图)　1885.
　1. 13;1889. 4. 9;1890. 4. 11;
　1898. 3. 2,3. 18,4. 26,5. 14,
　5. 15,5. 17,10. 28,11. 8

千家店　1898. 1. 30

乾清宫(北京)　1885. 3. 11,
　5. 22

乾州　1884. 4. 17;〈1885. 11.
　27,11. 28〉

芹泉　1884. 3. 18

秦　见陕西

青海(清海)　1884. 6. 21;
　1885. 9. 10;1887. 3. 2

青岚山　1884. 4. 30;〈1885.

11. 15〉

青龙岭　1890. 5. 3

青州　1889. 7. 24;1898. 9. 13

清风店　1884. 3. 10

清风镇　〈1886. 1. 3〉

清河镇　1886. 5. 16;1887. 9.
18;1890. 7. 3

清家驿　1884. 4. 27, 4. 28;
〈1885. 11. 17〉

清水河　1884. 3. 10;〈1886. 1.
3〉

清水驿　1884. 5. 3;〈1885. 11.
12〉

清苑　〈1886. 1. 3, 1. 4〉

庆岱　1886. 6. 7;1890. 6. 10,
6. 11

庆叶铙歌堂(哈密)　1885. 5.
20, 8. 4

龟兹　1884. 9. 16;1889. 6. 1

曲沃　1884. 3. 30;〈1885. 12.
15, 12. 16〉

泉店　1884. 4. 5

泉 湖 (镇)　1884. 5. 31;
〈1885. 10. 15〉;1890. 6. 20

泉州　1885. 3. 31

R

热河　1898. 9. 2, 12. 19

热勒都林斯基①　〈1889. 9.
29〉

仁寿驿　1884. 5. 23;〈1885.
10. 21〉

仁义镇　1884. 3. 25, 3. 26;
〈1885. 12. 20〉

日本(日)　1888. 1. 2;1898.
5. 12

荣县　1898. 3. 18

瑞典国　1898. 2. 3, 2. 24, 4. 9,
5. 17

瑞兴居(北京)　1890. 4. 6

瑞羊生豸牌楼　1884. 3. 28

弱水第一桥庙圃　1884. 5. 23

S

卅里井子　1884. 6. 5;〈1885.
10. 7〉

萨木噶拉戴(卡)　1887. 7. 15

萨木噶拉泰卡伦台吉　1889.
8. 27

赛　见赛尔乌苏

赛尔乌苏(赛)　1886. 6. 14,

---

① 据《日记》载,此地名系俄人捏称。

6. 18,6. 26,7. 13,7. 19,7.
21,7. 23,8. 21,9. 29,10. 31,
11. 1;1887. 3. 22,4. 11,5.
11,6. 9,6. 25,7. 22,9. 15,9.
26,12. 26;1888. 1. 11,2. 9;
1889. 2. 27,3. 13,3. 19,4.
10,4. 24,4. 27,5. 1,6. 13,7.
5,7. 21,7. 27,8. 4,8. 11,8.
24,9. 9,10. 9,10. 19,10. 22,
11. 27,12. 17;1890. 3. 12,3.
18,5. 30;1898. 1. 27,2. 3,3.
5,3. 23,6. 27,6. 30,7. 27,8.
15,8. 29,9. 6,10. 7

三　见三盟

三堡　1884. 12. 18;1885. 3. 4;
1886. 5. 18

三成局　1898. 5. 22,6. 19

三道沟　1884. 6. 6,11. 17,11.
18;〈1885. 10. 5〉

三道涝坝　1884. 11. 13;1885.
4. 17

三道岭　1884. 9. 2

三关口(即甘肃古金佛峡)
1884. 4. 24;〈1885. 11. 21〉

三官庙(乌里雅苏台)　1886.
7. 22

三音诺彦部落　见三盟

三盟额鲁特(三盟鄂鲁特)
1889. 4. 17,5. 16;1890. 4. 16

三桥　1884. 4. 15

三秦　1884. 4. 23,6. 2

三一教堂　1898. 2. 10,3. 12,
4. 16,5. 15

三义庙(哈密)　1884. 9. 23;
1885. 2. 14

三益店　1884. 3. 5

三盟(三音诺彦部落、三)
1886. 7. 13,7. 28,7. 29,8. 1,
8. 5,8. 11,8. 14,8. 17,8. 21,
9. 2,9. 5,9. 9,9. 12,9. 15,9.
19,9. 25,9. 29,10. 2,10. 3,
10. 12,10. 15,10. 19,10. 22,
10. 24,10. 28,10. 29,10. 30,
10. 31,11. 7,11. 10,11. 17,
11. 20,11. 23,11. 27,11. 30,
12. 3,12. 7,12. 8,12. 10,12.
13,12. 20,12. 23,12. 26;
1887. 1. 1,1. 17,1. 21,1. 22,
1. 23,1. 24,2. 7,2. 14,2. 17,
2. 20,2. 23,2. 24,2. 27,3. 2,
3. 6,3. 12,3. 16,3. 19,3. 22,
3. 26,4. 4,4. 5,4. 8,4. 11,4.
15,4. 21,4. 24,4. 27,4. 30,
5. 4,5. 10,5. 14,5. 17,5. 20,

5. 24, 5. 30, 6. 3, 6. 6, 6. 12, 6. 13, 6. 14, 6. 16, 6. 19, 6. 22, 6. 28, 7. 2, 7. 4, 7. 6, 7. 8, 7. 12, 7. 13, 7. 18, 7. 25, 7. 26, 7. 27, 7. 28, 8. 1, 8. 4, 8. 11, 8. 14, 8. 17, 8. 20, 8. 23, 8. 26, 8. 30, 9. 2, 9. 12, 9. 15, 9. 18, 9. 21, 9. 28, 10. 1, 10. 8, 10. 11, 10. 13, 10. 14, 11. 3, 11. 7, 11. 8, 11. 10, 11. 13, 11. 16, 11. 19, 11. 22, 11. 26, 11. 29, 12. 6, 12. 16, 12. 19, 12. 21, 12. 22, 12. 26, 12. 28, 12. 31; 1888. 1. 1, 1. 5, 1. 11, 1. 14, 1. 17, 1. 20, 1. 24, 1. 27, 1. 30, 2. 5, 2. 10, 2. 11; 1889. 2. 1, 2. 15, 2. 21, 3. 3, 3. 6, 3. 8, 3. 9, 3. 13, 3. 16, 3. 19, 3. 23, 3. 26, 3. 29, 4. 1, 4. 4, 4. 7, 4. 11, 4. 14, 4. 15, 4. 16, 4. 17, 4. 21, 4. 24, 4. 27, 5. 1, 5. 4, 5. 7, 5. 10, 5. 14, 5. 16, 5. 17, 5. 23, 5. 24, 5. 27, 5. 31, 6. 4, 6. 6, 6. 7, 6. 9, 6. 10, 6. 13, 6. 20, 6. 23, 6. 26, 6. 28, 6. 29, 7. 1, 7. 2, 7. 4, 7. 5, 7. 9, 7. 22, 7. 25, 7. 29, 8.

1, 8. 2, 8. 4, 8. 5, 8. 8, 8. 11, 8. 12, 8. 21, 8. 24, 8. 27, 8. 30, 9. 2, 9. 6, 9. 14, 9. 16, 9. 17, 9. 19, 9. 25, 9. 29, 10. 1, 10. 2, 10. 6, 10. 8, 10. 16, 10. 22, 10. 23, 10. 25, 10. 31, 11. 1, 11. 4, 11. 7, 11. 10, 11. 12, 11. 14, 11. 15, 11. 20, 11. 24, 11. 27, 11. 30, 12. 4, 12. 7, 12. 10, 12. 14, 12. 17, 12. 23, 12. 29; 1890. 1. 2, 1. 5, 1. 6, 1. 14, 1. 17, 1. 18, 1. 19, 1. 20, 1. 23, 1. 24, 2. 14, 2. 16, 2. 17, 2. 20, 2. 23, 2. 26, 3. 2, 3. 4, 3. 5, 3. 6, 3. 7, 3. 8, 3. 12, 3. 16, 3. 19, 3. 27, 4. 1, 4. 6, 4. 7, 4. 11, 4. 16, 5. 11, 5. 16, 5. 20, 6. 19; 1898. 2. 28, 3. 5, 3. 7, 5. 4

三元店（涿州） 1884. 3. 5, 3. 6

三元宫（乌里雅苏台） 1887. 1. 24, 1. 31, 2. 7, 2. 8, 3. 31; 1888. 2. 10; 1889. 1. 31, 2. 7, 5. 19, 10. 22; 1890. 1. 21, 1. 28, 2. 19, 5. 3

沙毕纳依岭 1889. 3. 23

沙宾达巴罕　见沙宾达坝哈

沙宾达坝哈（沙宾大坝、沙宾
　达坝罕、沙宾达巴罕）
　1886. 8. 16；1887. 5. 5，5. 8，
　5. 12，5. 14，5. 23，7. 15，7.
　18，8. 30，8. 31，9. 5，9. 14，
　11. 13；1888. 1. 5，1. 10，1.
　16，1. 19，1. 20

沙宾达坝罕　见沙宾达坝哈

沙宾大坝　见沙宾达坝哈

沙宾岭（沙滨岭）　1889. 4. 9，
　4. 12，5. 7，5. 11，5. 15，9. 5；
　1890. 4. 26，4. 28

沙城　1886. 5. 19；1887. 9. 18；
　1890. 6. 30

沙尔噶尔珠特（沙尔噶勒珠
　特）　1886. 6. 27；1890. 5. 21

沙尔噶拉卓特台　1889. 7. 29

沙河（驿）　1884. 5. 24，5. 25；
　〈1885. 10. 19〉

沙河镇　1890. 7. 3

沙井驿　1884. 5. 25；〈1885.
　10. 20〉

沙克舒尔噶　1886. 6. 21；
　1890. 5. 27

沙泉子（驿）　1884. 6. 16，9.
　2；〈1885. 9. 25〉

沙山　1884. 11. 14；1886. 6.
　14，11. 13

沙塘堡　1884. 4. 26

沙湾　1885. 4. 13；1887. 2. 9，
　12. 2

莎车　1885. 1. 17，1. 27，4. 27，
　5. 1，6. 22

山丹（县）　1884. 5. 22；1885.
　8. 15，10. 22，11. 2，〈10. 21，
　10. 22，10. 23，10. 29，10. 30〉

山东（东鲁、鲁）　1886. 5. 28，
　7. 1，7. 28；1887. 2. 23，2. 28，
　3. 28，4. 18，6. 13，11. 19；
　1898. 4. 18

山海关　1898. 10. 1

山神庙　1884. 11. 14

山西（晋）　1884. 3. 15，3. 16，
　5. 30，10. 5；1885. 2. 7，5. 1，
　5. 10，6. 7，7. 1，9. 2，〈12. 13，
　12. 28，12. 30〉；1886. 6. 6，7.
　19，7. 29，8. 19，8. 21，8. 24，
　8. 27，8. 30，9. 6，9. 9，10. 2，
　10. 5，10. 9，10. 11，10. 15，
　10. 19，10. 26，11. 2，11. 3，
　11. 17，11. 27，12. 28，12. 29；
　1887. 1. 5，1. 22，2. 21，3. 1，
　3. 2，3. 22，4. 6，4. 15，4. 27，

5. 24, 5. 31, 6. 3, 6. 25, 7. 1,
8. 7, 8. 11, 8. 17, 9. 21, 10. 8,
10. 14, 11. 13; 1888. 1. 15, 1.
26, 1. 30; 1889. 2. 21, 3. 3, 3.
7, 3. 9, 3. 13, 4. 17, 5. 1, 6.
29, 7. 15, 8. 4, 8. 18, 8. 24, 8.
27, 9. 12, 9. 26, 10. 6, 10. 9,
10. 10, 11. 18, 11. 27, 11. 28,
12. 4, 12. 20, 12. 23, 12. 30,
12. 31; 1890. 1. 12, 1. 15, 1.
18, 1. 19, 1. 30, 2. 23, 3. 22,
4. 6; 1898. 3. 12, 3. 13, 3. 26,
4. 1, 4. 10, 5. 4, 5. 7, 5. 8, 5.
15, 5. 20, 6. 4, 6. 5, 6. 16, 6.
20, 8. 8, 8. 9, 8. 12, 9. 23, 9.
26, 11. 13, 12. 18
陕　见陕西
陕西（陕省、陕、秦）　1884. 3.
16, 4. 25, 5. 30, 8. 21, 9. 19,
9. 22, 11. 21, 11. 23, 12. 14,
12. 18, 12. 21; 1885. 1. 29, 2.
21, 3. 17, 4. 23, 4. 24, 4. 27,
5. 16, 5. 28, 6. 7, 7. 12, 7. 14,
7. 27, 8. 18, 8. 30, 9. 2, 9. 3,
9. 13, 9. 14, 11. 5, 11. 8, 12.
3,〈12. 20〉; 1886. 6. 6, 8.
23; 1887. 2. 7, 2. 8, 2. 17, 3.

29, 6. 20, 7. 1; 1888. 1. 15;
1889. 7. 9;　 1890. 2. 4, 2.
5, 2. 6, 2. 72. 10; 1898. 5. 19
商都　1898. 9. 22, 10. 6, 11. 11
上海（申）　1885. 2. 21, 2. 25,
2. 26, 3. 6, 4. 3, 4. 23, 4. 30,
5. 4, 5. 19, 7. 27, 7. 29; 1887.
11. 13; 1898. 2. 20, 10. 10
上下堡（张家口）　1886. 5.
23; 1890. 6. 28; 1898. 3. 15
尚家湾履顺桥　〈1885. 11.
17〉
蛇绕湾　1886. 5. 20; 1890.
6. 29
社稷坛　1885. 3. 24
申　见上海
深沟驿　1884. 5. 28;〈1885.
10. 17〉
什贴（道）　1884. 3. 19, 3. 20;
〈1885. 12. 26〉
神林堡　1884. 4. 26;〈1885.
11. 19〉
神柳圣迹（神树圣迹）　1886.
6. 13; 1890. 6. 5
盛京　1885. 6. 24, 7. 12; 1889.
4. 30
十里堡（泾州属）　1884. 4. 21

四卡伦（四卡）　1887. 9. 2,
10. 13, 10. 26, 11. 13; 1889.
2. 27, 8. 21

四盟（四部落,为车盟、图盟、
三盟、札盟合称）　1886. 6.
25, 7. 5, 7. 6, 7. 30, 7. 31, 8.
1, 8. 4, 8. 24, 8. 30, 9. 19, 9.
29, 9. 30, 10. 8, 10. 9, 11. 3,
12. 10; 1887. 1. 17, 1. 22, 2.
20, 2. 24, 3. 2, 3. 22, 3. 29, 4.
21, 5. 24, 5. 26, 8. 7, 8. 11,
10. 4, 11. 29, 12. 12; 1888. 1.
8, 1. 30; 1889. 2. 24, 3. 6, 4.
11, 4. 21, 4. 24, 5. 11, 5. 24,
5. 27, 6. 29, 8. 14, 8. 21, 8.
27, 11. 7, 11. 10, 11. 20, 11.
24; 1890. 1. 30, 2. 19, 2. 25,
2. 26, 3. 8

四圣庙（泾州）　1885. 10. 2

四圣庙（武威）　1885. 5. 25

四天门　1885. 2. 21

寺坡底　1884. 4. 3;〈1885. 12.
11, 12. 12, 12. 14〉

松树塘　1885. 5. 3, 6. 8

送王店　〈1886. 1. 6〉

叟吉布拉克　1886. 6. 13;
1890. 6. 4, 6. 5

苏州胡同内八宝胡同（北京）
1898. 3. 7

肃州　1884. 5. 29, 5. 30, 5. 31,
6. 2, 6. 21, 12. 23; 1885. 2. 2,
2. 8, 5. 13, 10. 11, 10. 13,
〈10. 9, 10. 10〉

绥　见绥远

绥定　1885. 4. 11, 6. 1, 9. 18

绥来（县）　1885. 4. 8, 4. 10,
4. 11, 4. 13, 9. 14; 1887. 2. 9,
2. 18, 2. 24, 8. 7, 11. 19, 11.
30, 12. 2; 1889. 10. 2, 10. 3;
1890. 4. 11

绥远（绥、西口）　1886. 6. 26,
7. 8, 7. 10, 7. 13, 7. 19, 8. 1,
8. 7, 8. 24, 8. 30, 9. 2, 9. 4, 9.
5, 9. 6, 9. 9, 9. 12, 9. 22, 10.
19, 10. 22, 10. 28, 11. 3, 11.
10, 11. 16, 12. 13, 12. 17, 12.
23; 1887. 1. 1, 2. 7, 2. 20, 3.
2, 3. 8, 3. 9, 3. 15, 4. 13, 4.
15, 4. 18, 4. 21, 4. 27, 5. 4, 5.
17, 5. 24, 6. 3, 6. 6, 6. 9, 7. 8,
7. 22, 7. 25, 8. 5, 8. 11, 8. 17,
9. 18, 10. 8, 10. 21, 11. 13,
11. 22, 12. 7, 12. 8, 12. 16;
1888. 1. 14, 1. 30; 1889. 2.

6. 8,6. 11,6. 13,6. 20,6. 22,
6. 26,6. 28,7. 4,7. 7,7. 20,
7. 22,7. 29,7. 31,8. 11,8.
29,9. 4,9. 6,9. 7,9. 11,9.
13,9. 14,9. 16,9. 21,9. 24,
10. 5,10. 6,10. 16,10. 17,
10. 22,10. 28,11. 6,11. 15,
11. 28,12. 5,12. 8,12. 11,
12. 14,12. 15,12. 18,12. 20,
12. 24,12. 26,12. 28,12. 30;
1888. 1. 1,1. 3,1. 4,1. 5,1.
9,1. 11,1. 14,1. 16,1. 18,1.
21,1. 25,1. 29,1. 31,2. 3,2.
5,2. 7;1889. 1. 31,2. 3,2.
12,2. 25,4. 4,4. 24,4. 24,5.
19,5. 28,6. 1,6. 7,6. 13,6.
17,6. 22,6. 29,7. 19,7. 30,
8. 2,8. 5,8. 9,8. 11,8. 15,8.
26,8. 28,8. 29,9. 2,9. 3,9.
4,9. 7,9. 11,9. 26,9. 29,10.
22,10. 24,10. 27,11. 4,11.
16,11. 25,11. 27,12. 2,12.
7,12. 9,12. 16,12. 19,12.
23,12. 26,12. 29,12. 30;
1890. 1. 1,1. 3,1. 12,1. 16,
1. 22,1. 28,1. 30,2. 2,2. 6,
2. 11,2. 12,2. 17,2. 19,2.

26,3. 6,3. 8,4. 5,4. 15,5. 3,
5. 13

台湾海口　1885. 3. 31

太安(驿、驲)　1884. 3. 19,3.
　20;〈1885. 12. 26〉

太谷　1898. 6. 21,8. 26

太和殿(北京)　1885. 2. 15

太华山　〈1885. 12. 9〉

太宁镇　见泰宁(镇,太宁镇)

太平店(会宁)　1884. 4. 28;
　〈1885. 11. 17〉

太平桥(华州)　1884. 4. 6;
　〈1885. 12. 9〉

太平县　1884. 3. 29;〈1885.
　12. 16〉

太液池　1885. 7. 27

太峪(岭、镇)　1884. 4. 19;
　〈1885. 11. 26〉

太原　〈1885. 12. 12,12. 13,
　12. 21,12. 22〉;1889. 10. 9

泰和行台(洪洞县南关)
　〈1885. 12. 18〉

泰宁(镇,太宁镇)　1885. 1.
　7,2. 6,4. 23,5. 4,7. 12

唐碑亭(天山)　1884. 11. 15

唐古特　1886. 11. 10

唐努　见唐努乌梁海

唐努乌梁海（唐努）　1886.7.
11,7.13,7.23,7.26,9.5,9.
9,10.22,11.14,11.17,12.
26;1887.3.2,4.30,5.14,6.
3,7.16,8.2,8.14;1888.1.
8;1889.2.21,3.1,3.7,3.
12,3.15,3.20,3.27,4.1,4.
9,4.17,5.7,5.11,5.16,5.
20,5.24,6.9,6.12,6.20,6.
21,6.29,7.1,7.12,7.15,7.
24,7.25,7.27,7.29,7.30,
8.1,8.4,8.5,8.8,8.14,8.
17,8.20,8.24,9.2,9.5,9.
8,9.9,9.16,9.29,10.6,10.
12,11.17,12.17,12.23;
1890.1.30,2.15,2.16,2.
17,2.23,3.15,3.22
唐太宗祠墓碑　1884.4.16
唐太宗陵　1884.4.16
唐虞帝都牌坊　1884.4.3
特们库朱浑　1889.3.23
特穆尔图（特木尔图、特莫尔
　图）　1886.7.3,10.25,12.
10;1890.5.14,5.15
天津（津门、津）　1885.6.30,
7.29;1889.3.14,10.28;
1890.4.14;1898.2.9,2.20,
3.22,3.24,3.25,7.13,7.
14,8.24,9.24,9.26,9.30,
10.1,10.4,10.11,10.14,
10.17,10.28
天泉沟（乌里雅苏台）　1886.
9.7;1887.1.20;1889.4.25,
6.24
天山（天山唐碑、天山碑拓、天
　山关帝庙、天山武庙、天山
　庙、天山和尚）　1884.6.19,
6.21,9.15,10.11,11.12,
11.14,11.18,12.2,12.6,
12.22;1885.1.4,1.7,1.28,
1.31,2.5,2.6,3.9,3.15,3.
27,4.4,4.14,4.15,4.17,4.
20,4.25,4.26,4.29,5.3,5.
4,5.5,5.6,5.8,5.10,5.11,
5.13,5.29,7.9,8.24,9.6,
9.9,9.11,9.17,9.23,12.2;
1886.6.14,11.13;1887.1.
2,4.14
天山庙　见关帝庙（天山,天
　山武庙、天山庙）
天山武庙　见关帝庙（天山,
　天山武庙、天山庙）
天生墩　1884.6.18;〈1885.9.
　24〉

天顺（店、逆旅）　1886.7.13；
1889.3.10,6.15,6.17,6.
29,8.4

天义德（商家,乌里雅苏台）
1886.7.13,8.7,8.13,8.17,
9.9,10.2,10.18,11.4,11.
5,11.9；1887.1.6,1.12,1.
25,3.2,4.13,6.15,7.18,8.
3,8.17,8.18,8.25,8.26,
11.13,11.26；1888.1.24,1.
31,2.2；1889.2.1,5.5,6.3,
6.11,6.21,6.24,7.1,8.27,
9.1,9.20,10.23,10.31,11.
14,11.27；1890.1.7,1.11,
1.16,1.22,2.22,5.6,5.10

田境镇　〈1885.12.18〉

眺远阁（哈密）　1884.6.21,
6.23；1885.1.4,1.22,2.23,
5.20

铁闸关铁架山　1884.3.31

亭口（坡、河、驿）　1884.4.
20；〈1885.11.25〉

庭州　1887.2.11,8.21,11.4；
1889.6.1；1890.3.30,4.3

通　见通州

通济桥　1886.5.18

通桥　1886.5.22,5.29；1887.

9.18；1890.6.28；1898.2.3,
2.5,2.18

通兴店（哈密）　1885.8.14

通远桥　1884.5.12

通州（通）　1889.3.14；1898.
4.18,6.19

同合局　见同和（信局、标局,
同合局）

同和（信局、标局,同合局）
1890.6.30；1898.3.7,4.20

同州　见潼州

桐城（安徽）　1898.8.17

铜山（福建）　1898.7.17

潼关　1884.4.4；1885.4.4,6.
27,〈12.10,12.11〉；1889.
5.7；1890.6.2

潼州（同州）　1884.11.12；
1885.2.8,6.27,〈12.10〉

头堡　1884.7.8,10.22

头台　见查罕托罗海

图布察克（归化）　1887.4.21

图尔扈特　1887.12.16

图圪利台　1889.7.27

图固哩克　1886.6.14；1890.
6.3,6.4

图们图　1889.10.22

图盟（图什业图汗部落）

8. 24, 8. 27, 8. 30, 9. 3, 9. 4,
9. 5, 9. 8, 9. 9, 9. 11, 9. 12, 9.
17, 9. 18, 9. 22, 9. 25, 9. 26,
10. 4, 10. 5, 10. 7, 10. 8, 10.
9, 10. 15, 10. 19, 10. 22, 10.
24, 10. 25, 10. 26, 11. 2, 11.
7, 11. 10, 11. 14, 11. 17, 11.
23, 11. 25, 11. 27, 11. 28, 11.
29, 11. 30, 12. 1, 12. 2, 12. 5,
12. 9, 12. 10, 12. 11, 12. 12,
12. 15, 12. 16, 12. 17, 12. 21,
12. 21, 12. 24, 12. 25, 12. 26;
1887. 1. 1, 1. 2, 1. 5, 1. 12, 1.
13, 1. 20, 1. 22, 1. 24, 2. 6, 2.
7, 2. 8, 2. 10, 2. 14, 2. 16, 2.
17, 2. 21, 2. 23, 2. 24, 2. 26,
3. 2, 3. 3, 3. 6, 3. 7, 3. 12, 3.
22, 3. 26, 4. 3, 4. 5, 4. 14, 4.
18, 4. 21, 4. 23, 4. 24, 4. 26,
5. 2, 5. 4, 5. 6, 5. 7, 5. 11, 5.
17, 5. 23, 5. 30, 6. 3, 6. 4, 6.
5, 6. 6, 6. 9, 6. 18, 6. 24, 6.
26, 6. 28, 7. 1, 7. 5, 7. 8, 7.
12, 7. 16, 7. 22, 7. 28, 8. 1, 8.
2, 8. 4, 8. 9, 8. 15, 8. 19, 8.
20, 8. 26, 9. 2, 9. 4, 9. 7, 9. 8,
9. 13, 9. 17, 9. 18, 9. 21, 9.

24, 9. 26, 9. 27, 9. 28, 10. 2,
10. 9, 10. 13, 10. 19, 10. 22,
11. 10, 11. 11, 11. 13, 11. 16,
11. 24, 12. 6, 12. 8, 12. 9, 12.
12, 12. 16, 12. 19, 12. 29, 12.
30; 1888. 1. 1, 1. 4, 1. 5, 1.
10, 1. 11, 1. 20, 1. 26, 1. 30,
2. 2, 2. 4; 1889. 1. 31, 2. 1, 2.
15, 2. 22, 2. 24, 3. 7, 3. 13, 3.
16, 3. 18, 3. 21, 3. 23, 3. 25,
3. 30, 4. 1, 4. 4, 4. 7, 4. 8, 4.
11, 4. 12, 4. 13, 4. 16, 4. 17,
4. 18, 5. 1, 5. 10, 5. 11, 5. 13,
5. 15, 5. 16, 5. 17, 5. 18, 5.
21, 5. 24, 5. 30, 6. 4, 6. 6, 6.
9, 6. 10, 6. 13, 6. 15, 6. 17, 6.
19, 6. 20, 6. 21, 6. 26, 6. 28,
7. 2, 7. 5, 7. 9, 7. 10, 7. 13, 7.
16, 7. 22, 7. 25, 7. 28, 8. 4, 8.
12, 8. 14, 8. 21, 8. 23, 8. 24,
8. 27, 8. 30, 9. 5, 9. 6, 9. 9, 9.
12, 9. 14, 9. 19, 9. 20, 10. 2,
10. 3, 10. 6, 10. 9, 10. 16, 10.
18, 10. 19, 10. 21, 10. 31, 11.
10, 11. 14, 11. 16, 11. 22, 11.
24, 11. 27, 12. 7, 12. 8, 12.
16, 12. 23, 12. 26, 12. 29;

1890. 1. 2,1. 15,1. 21,1. 27,
1. 30,2. 2,2. 8,2. 10,2. 21,
2. 23,3. 1,3. 2,3. 6,3. 9,3.
10,3. 11,3. 12,3. 18,3. 22,
3. 24,3. 31,4. 1,4. 7,4. 11,
4. 15,4. 18,4. 19,4. 20,4.
21,5. 5,5. 13,5. 14,5. 15,5.
16,5. 20,5. 23,5. 24,5. 25,
5. 26,5. 27,5. 30,6. 5,6. 6,
6. 8,6. 12,6. 13,6. 21,6. 24,
7. 1;1898. 1. 30,2. 9,2. 14,
3. 1,4. 6,4. 7,4. 20,5. 10,5.
13,5. 23,6. 6,6. 21,6. 28,6.
30,7. 2,7. 7,7. 14,7. 20,7.
23,7. 28,7. 29,8. 16,8. 22,
8. 31,9. 20,10. 1,10. 5,10.
6,10. 9,10. 10,10. 11,10.
14,10. 15,10. 16,10. 27,
10. 29

乌梁海　1886. 7. 13,7. 16,7.
23,7. 28,7. 29,8. 14,8. 16,
8. 21,9. 2,9. 9,9. 22,10. 2,
10. 5,10. 12,10. 25,10. 31,
11. 10,11. 13,11. 18,11. 19,
11. 20,11. 22;1887. 1. 1,1.
3,1. 4,1. 9,2. 24,4. 1,4. 5,
4. 24,5. 10,6. 6,6. 11,6. 16,

7. 18,7. 22,7. 25,7. 30,7.
31,8. 1,8. 2,8. 11,8. 17,8.
19,8. 20,8. 26,8. 30,9. 24,
9. 28,10. 21,10. 24,10. 28,
11. 7,11. 13;1888. 1. 17,1.
20;1889. 3. 16,3. 29,4. 12,
5. 17,6. 9,7. 29,8. 1,8. 5,8.
21,9. 10,9. 13,9. 15,9. 16,
9. 19,9. 27,9. 28,10. 13,11.
6,11. 11,11. 16,11. 22,11.
25,12. 17,12. 28;1890. 2.
17,2. 25,3. 1,3. 15,3. 22

乌鲁木齐　1884. 7. 8,9. 24,
10. 21,10. 25,11. 4,12. 8,
12. 9,12. 22,12. 31;1885. 1.
18,2. 6,4. 5,4. 8,4. 21,4.
23,5. 1,5. 3,5. 12,5. 15,5.
25,5. 30,6. 9,6. 10,6. 22,6.
26,7. 3,7. 24,8. 2;〈1886. 1.
5〉

乌讷格特　1886. 6. 24;1890.
5. 24,5. 25

乌稍岭　1884. 5. 15;〈1885.
10. 30,10. 31〉;1886. 6. 27

乌什　1884. 9. 15;1885. 6. 13;
1887. 7. 24

乌斯　见西藏

乌孙　见伊犁

乌塔　1886. 6. 29；1890. 5. 19

乌垣　见乌里雅苏台

乌垣　见乌鲁木齐

五里墩　〈1885. 10. 7〉

五泉山　1884. 5. 8

五苏木　见察哈尔正黄旗第五
苏木

武昌　1887. 5. 27

武城街裕源生钱铺　1898. 4. 3

武进（江苏）　1898. 5. 15

武胜驿　〈1885. 10. 31〉

武威　1884. 5. 19；1885. 5. 25，
〈10. 15，10. 28〉

X

西安（府，长安、镐京、鹑垣）
1884. 4. 9，4. 10，4. 15，6. 21，
10. 10，10. 23，10. 28，11. 12，
11. 30；1885. 2. 4，2. 21，5. 1，
5. 28，6. 13，6. 27，6. 29，9. 9，
11. 30，〈10. 31，11. 30〉；
1899. 1. 1

西安门（北京）　1887. 3. 28

西北八卡　1889. 8. 27，8. 30，
9. 1，9. 6

西北外八卡牌博　1890. 2. 8

西藏（藏、乌斯）　1885. 1. 8；

1886. 7. 28；1887. 1. 12，4. 5，
10. 4；1889. 10. 13，11. 20，
11. 24，11. 30；1890. 2. 14，
2. 26

西厂　见西翼驼厂

西巩驿　1884. 4. 29；〈1885.
11. 15，11. 16〉

西口　见绥远

西两部落　见西两盟

西两盟（西两部落，应指三、札
两盟）　1887. 3. 26，7. 5，7.
18，10. 14；1889. 4. 4，9. 22；
1890. 3. 27

西罗村　〈1885. 12. 24〉

西宁　1884. 11. 8，11. 12；
1885. 2. 7，4. 11，7. 12，7. 27

西七台　1887. 1. 12，10. 24；
1888. 1. 30；1889. 7. 26，8. 8；
1890. 1. 8

西什库右（北京）　1887. 3. 28

西十四台　1886. 7. 20

西天门　1884. 3. 15；〈1885.
12. 30〉

西头台　1887. 10. 17，10. 18；
1889. 9. 11

西乌梁海　1886. 7. 5；1887. 1.
3，1. 17，2. 14，3. 2，3. 9，3.

7. 22；1889. 8. 9，8. 11，8. 15，
9. 11

兴平　〈1885. 11. 29〉

兴泰隆(张家口商家)　1898.
1. 26，4. 14

虚镜堂(乌里雅苏台参军署
内)　1887. 6. 30，7. 1，7. 8，
7. 10，7. 12，7. 14，7. 16，7.
20，7. 24，7. 25，7. 28，7. 30，
7. 31，8. 4，8. 5，8. 6，8. 11，8.
12，8. 13，8. 14，8. 16，8. 18，
8. 21，8. 23，8. 24，8. 25，8.
29，9. 14，9. 24，10. 12，10.
13，10. 14，10. 15，11. 9，12.
11，12. 29；1888. 1. 5，1. 19，
1. 25；1890. 2. 9，3. 18，4. 21，
5. 13

徐沟(县)　1884. 3. 21；
〈1885. 12. 24，12. 25，12. 26〉

徐家磨　1884. 5. 12；〈1885.
11. 2〉

宣　见宣化

宣光　1885. 3. 31，4. 11

宣化(府、县、驿、镇、守、军、道
署、军站，宣)　1886. 5. 19，
5. 20，5. 21，5. 27，5. 30，7.
19，11. 10，12. 10；1887. 1.

11，4. 26，5. 3，5. 28，8. 14，9.
16，9. 18，10. 24，12. 28；
1888. 1. 8；1889. 3. 4，5. 14，
5. 15，5. 17，5. 21，6. 16，6.
20，8. 1，8. 4，9. 26，12. 10；
1890. 3. 4，6. 22，6. 28，6. 29，
7. 1；1898. 1. 23，1. 24，1. 28，
2. 2，2. 9，2. 10，2. 22，3. 3，3.
4，3. 14，3. 17，3. 22，3. 25，4.
7，4. 9，4. 12，4. 15，4. 19，4.
22，4. 23，4. 29，5. 20，5. 23，
5. 26，5. 30，6. 6，6. 18，6. 22，
7. 2，7. 5，7. 12，7. 15，7. 16，
7. 23，7. 28，7. 31，8. 1，8. 3，
8. 7，8. 23，8. 28，8. 30，9. 2，
9. 18，9. 21，9. 25，10. 6，10.
7，10. 9，10. 16，10. 25，10.
29，11. 6，11. 11，12. 14，
12. 29

学书堂(张家口)　1898.
10. 12

雪山　1886. 7. 2，7. 13，7. 16，
12. 4；1887. 1. 23，1. 24，2.
22，7. 18，7. 25，7. 28，8. 7；
1888. 1. 4，1. 10，1. 27，2. 4；
1889. 4. 26，6. 21，6. 23，6.
27，6. 28，6. 29，12. 6，12. 7；

亿奎店（乌里雅苏台）　1886.
7.13
义成源（归化商家）　1887.
3.26
义合成（归化城大南街）
1887.8.3
义盛德（杂货铺、商家，乌里雅
苏台）　1886.8.14,10.2,
10.26,10.30,11.3,11.4,
11.8,11.10,11.12,11.13,
11.14,11.16,11.17 ,11.
19,11.21,11.22,11.24,11.
25,11.26,11.27,11.29,12.
2,12.5,12.15,12.17,12.
19,12.23,12.25,12.27,12.
29,12.31;1887.1.4,1.7,1.
11,1.12,1.14,1.15,1.16,
1.27,2.1,2.3,2.6,2.7,2.
8,2.14,2.17,2.19,2.21,2.
23,2.25,2.27,3.1,3.4,3.
6,3.8,3.10,3.11,3.14,3.
15,3.16,3.18,3.31,4.1,4.
3,4.16,6.3,6.8,6.11,6.
24,7.20,7.22,7.29,7.31,
8.1,8.2,8.5,8.18,8.25,8.
26,8.29,9.1,9.4,9.6,9.
11,9.14,9.16,9.18,9.21,

9.24,9.27,9.30,10.1,10.
6,10.17,10.22,10.28,11.
6,11.10,11.15,11.18,11.
23,11.26,11.28,12.1,12.
5,12.8,12.11,12.13,12.
14,12.18,12.20,12.24,12.
26,12.28,12.30;1888.1.1,
1.3,1.5,1.9,1.11,1.14,1.
16,1.18,1.21,1.25,1.29,
1.31,2.3,2.5,2.7;1889.2.
3,2.7,2.12,2.18,2.21,2.
25,2.27,3.1,3.3,3.4,3.5,
3.6,3.7,3.8,3.9,3.10,4.
4,4.29,5.2,5.18,5.19,6.
2,6.3,6.8,6.9,6.17,6.20,
6.22,6.25,6.29,7.17,7.
25,7.30,8.2,8.4,8.5,8.9,
8.11,8.13,8.15,8.24,8.
31,9.3,9.5,9.7,9.8,9.11,
9.14,9.26,9.29,10.1,10.
6,10.14,10.17,10.28,10.
30,11.4,11.8,11.13,11.
16,11.21,11.24,11.29,12.
12;1890.1.6,1.14,1.15,1.
22,1.28,2.3,2.11,2.17,2.
22,3.2,4.5,4.10,4.28,5.
3,5.11,6.19,6.22,6.23,

25, 9. 29, 10. 2, 10. 12, 10.
15, 10. 19, 10. 22, 10. 27, 10.
28, 10. 29, 10. 30, 11. 10, 11.
13, 11. 20, 11. 30, 12. 7, 12.
9, 12. 10, 12. 12, 12. 13, 12.
17, 12. 20, 12. 23; 1887. 1. 5,
1. 17, 1. 23, 2. 7, 2. 16, 2. 17,
2. 18, 2. 20, 2. 24, 2. 27, 3. 2,
3. 6, 3. 16, 3. 19, 3. 21, 3. 22,
3. 23, 3. 24, 3. 26, 4. 5, 4. 11,
4. 18, 4. 21, 4. 24, 4. 27, 4.
30, 5. 2, 5. 4, 5. 7, 5. 8, 5. 10,
5. 14, 5. 17, 5. 20, 5. 24, 5.
28, 5. 30, 6. 6, 6. 10, 6. 12, 6.
13, 6. 16, 6. 17, 6. 19, 6. 20,
6. 22, 6. 26, 6. 27, 6. , 7. 2, 7.
3, 7. 5, 7. 6, 7. 12, 7. 15, 7.
16, 7. 18, 7. 22, 7. 25, 7. 30,
7. 31, 8. 1, 8. 2, 8. 4, 8. 6, 8.
11, 8. 14, 8. 17, 8. 20, 8. 23,
8. 26, 8. 29, 8. 30, 9. 2, 9. , 9.
6, 9. 7, 9. 16, 9. 17, 9. 18, 9.
24, 10. 4, 10. 8, 10. 11, 10.
13, 10. 14, 10. 21, 10. 28, 11.
7, 11. 8, 11. 13, 11. 19, 11.
20, 11. 22, 11. 26, 12. 6, 12.
9, 12. 12, 12. 19, 12. 22;

1888. 1. 4, 1. 5, 1. 11, 1. 24,
1. 27, 1. 30, 2. 7, 2. 11; 1889.
2. 1, 2. 8, 2. 15, 2. 24, 2. 27,
3. 6, 3. 9, 3. 13, 3. 19, 3. 26,
3. 29, 4. 1, 4. 4, 4. 15, 4. 21,
4. 24, 4. 26, 4. 27, 5. 1, 5. 4,
5. 7, 5. 9, 5. 12, 5. 24, 5. 26,
5. 31, 6. 3, 6. 6, 6. 10, 6. 20,
6. 26, 7. 1, 7. 2, 7. 5, 7. 9, 7.
29, 8. 1, 8. 4, 8. 7, 8. 8, 8. 14,
8. 18, 8. 27, 8. 30, 9. 19, 9.
22, 9. 30, 10. 2, 10. 3, 10. 5,
10. 6, 10. 12, 10. 16, 10. 19,
10. 22, 10. 25, 10. 28, 10. 29,
10. 30, 10. 31, 11. 1, 11. 4,
11. 7, 11. 10, 11. 12, 11. 14,
11. 17, 11. 18, 11. 24, 11. 27,
12. 4, 12. 7, 12. 14, 12. 17,
12. 24, 12. 26, 12. 28, 12. 29;
1890. 1. 15, 1. 17, 1. 19, 1.
20, 1. 23, 2. 11, 2. 17, 3. 2, 3.
8, 3. 12, 3. 16, 3. 27, 4. 1, 4.
5, 4. 6, 4. 8, 4. 11, 4. 15, 4.
16, 4. 18, 4. 20, 4. 21; 1898.
2. 17

札萨克图罕部落　见札盟
札台　见札克(台, 扎克)

14, 11. 6, 12. 15, 12. 23;
1899. 1. 8

张兰镇　1884. 3. 23, 3. 24;
〈1885. 12. 22〉

张理厅　1898. 1. 29, 2. 22, 3.
24, 5. 3, 5. 4, 6. 10, 6. 11, 8.
4, 8. 19, 8. 29, 9. 6, 9. 13

张纫工肆　见成衣肆

张掖(县)　1884. 5. 24, 6. 23;
〈1885. 10. 20〉

彰仪门　1884. 3. 3, 11. 9

帐房石　1886. 5. 18

赵城(县)　1884. 3. 26, 3. 27;
〈1885. 12. 19〉

赵典镇　〈1885. 12. 17〉

赵陵铺　1884. 3. 13

照山　1886. 11. 30; 1887. 7.
25, 8. 30, 9. 2, 9. 7; 1888. 1.
4, 2. 11; 1889. 6. 10, 6. 11, 7.
7, 7. 24, 8. 23, 8. 25, 9. 1, 9.
13, 9. 18, 9. 24, 10. 3, 10. 13;
1890. 1. 20

哲楞　1886. 6. 23; 1890. 5. 25,
5. 26, 6. 13

浙江(浙省、浙)　1884. 12.
16; 1885. 3. 31; 1898. 10. 20,
10. 25, 10. 26

真武庙(乌里雅苏台)　1886.
9. 1; 1887. 1. 24, 7. 4, 8. 2, 8.
12, 8. 13; 1888. 2. 10; 1889.
1. 31, 7. 2, 7. 19, 7. 20, 7. 21,
8. 4, 8. 5, 8. 6, 8. 7, 8. 27, 8.
28, 8. 29; 1890. 1. 21, 5. 3

镇迪道　1884. 12. 22; 1885.
2. 4

镇番街(哈密)　1885. 6. 20,
7. 13, 8. 4, 8. 7, 8. 9, 8. 14,
8. 29

镇宁驿　〈1885. 12. 31〉

镇羌(桥、驿)　1884. 5. 15;
〈1885. 10. 30〉

镇西厅　1885. 2. 5, 3. 15, 6.
13, 6. 20, 9. 21

正定(府、郡)　1884. 3. 12;
〈1886. 1. 1, 1. 2〉

直　见直隶

直隶(直省、直藩、直督、直)
1884. 3. 15, 3. 16, 11. 2, 11.
4; 1885. 2. 7, 5. 4, 6. 16, 9. 2,
〈12. 23, 12. 30; 1886. 1. 2〉;
1886. 7. 19, 7. 23, 8. 17, 9.
29, 10. 5, 11. 10, 12. 17, 12.
29; 1887. 2. 16, 2. 18, 2. 20,
3. 7, 4. 30, 6. 5, 6. 6, 6. 16, 6.

26,6. 30,7. 15,7. 28,8. 4,8.
23,8. 26,8. 30,10. 4,10. 14,
12. 26;1888. 1. 17;1889. 2.
15,2. 21,3. 13,4. 6,4. 7,4.
17,4. 27,5. 1,6. 3,6. 10,6.
29,7. 5,7. 9,7. 12,7. 15,7.
22,8. 4,8. 18,8. 21,9. 6,9.
9,9. 12,9. 26,10. 9,10. 19,
10. 22,10. 25,11. 27,12. 26;
1890. 2. 8,2. 11,2. 26,3. 5,
3. 27;1898. 1. 23,1. 24,3.
24,4. 16,4. 26,5. 4,5. 7,5.
8,5. 15,5. 16,5. 17,5. 20,6.
3,6. 4,6. 5,7. 2,7. 12,8. 5,
8. 8,8. 12,8. 19,8. 20,8. 22,
9. 4,9. 23,9. 25,9. 28,10. 3,
10. 4,10. 14,10. 28,11. 8
中唐努　1889. 5. 16,6. 9,8. 20
众安寺（科布多）　1886. 7.
23,8. 1,9. 12,10. 15,11. 7;
1887. 2. 27,3. 16,4. 24,4.
30,5. 24,7. 12,8. 1,8. 26,

10. 24,11. 19;1889. 4. 11,6.
3,10. 25;1890. 3. 2,4. 6
朱家井子　1884. 5. 11;〈1885.
11. 3〉
祝颐庵　1886. 6. 1,8. 4;1887.
5. 11,5. 27,5. 30,7. 7;1889.
2. 24;1890. 2. 14
庄浪（庄浪河、庄浪满城）
1884. 5. 13,5. 14;〈1885. 11.
1,11. 2〉
准噶尔（准）　1884. 6. 21;
1885. 1. 31
涿鹿　〈1886. 1. 6,1. 7〉
涿州　1884. 3. 5,3. 7;1885. 6.
16;〈1886. 1. 5,1. 6〉
卓布哩　1886. 6. 17;1890. 5.
31,6. 1
孳生厂　见东西两厂
孳生两厂　见东西两厂
紫光阁　1885. 7. 29
紫阳书院　〈1885. 11. 27〉
左翼　见察哈尔左翼

附录一 祥麟年谱简编

祥麟（1843—1906），又作祥麐，马佳氏，字仁趾，满洲正黄旗人。六岁补内火器营养育兵，同治十三年（1874）翻译科进士，授翰林院庶吉士，历任詹事府赞善、右庶子、少詹事、内阁学士、哈密帮办大臣、乌里雅苏台参赞大臣、仓场侍郎等，累官至察哈尔都统。但作为重要疆臣的祥麟，却没有在《国史传》和《清史稿》中留下传记。今据分藏清华大学、中国科学院图书馆、台北傅斯年图书馆的祥麟日记，以及中国第一历史档案馆所藏祥麟奏折，结合其他史料，为之略编年谱如下：

道光二十三年癸卯（1843），一岁

四月二十一日，祥麟生于北京。

据《祥麟日记》（以下简称《日记》）及科举同年录，祥麟生年可有不同推测：

（1）《同治庚午科直省乡试同年录》（又名《同治庚午科大同年齿录》，下简称《同年录》）顺天卷载有祥麟："字仁趾，道光丁未年四月廿一日生，满洲正黄旗松寿佐领下，翻译生，第一名举人。"此处言祥麟生于道光二十七年丁未（1847）。

（2）《日记》光绪二十四年（1898）正月初四日："口占七绝，附录于此，以记五十年来之际遇也：'六龄食饷忆龆年，管钥于今忝镇边。时事多艰臣图报，不欺君父不欺天。'"逆推四十九年（古人以虚龄计岁），祥麟似生于道光二十九年（1849）。

（3）光绪十三年（1887）日记又多次出现"四十年"，如二月廿八日："不图四十年愚蒙，今一旦启于乌垣，并可藉此排遣，可谓人生四十当知卅九年之非也。"闰四月初一："麟五龄从家严、先慈学演火枪，六龄挑补内火器养育兵，四十年来犹昨日也。"十一月十七日："镫下与两女闲话四十年来往事解闷。"逆推三十九年，则又似生于道光二十八年（1848）。

（4）《日记》光绪十年（1884）八月二十日又载："回忆麟十四龄时，廿八年如昨日。"该年祥麟当为四十二岁，逆推四十一年，则其又当生于道光二十三年（1843）。

按：中国第一历史档案馆藏有《奏为拣选祥麟拟正裕德拟陪补授詹事府少詹事请旨事（光绪七年四月十六日）》所附《祥麟裕德履历清单》："拟正，花翎四品衔右庶子祥麟，甲戌翻译进士，正黄旗满洲福谦佐领下人，食俸六年，年三十九岁，马佳氏。考语'才识明敏，学问优长'。"光绪七年（1881）前推三十八年，为道光二十三年（1843）。该馆又藏有祥麟光绪三十二年（1906）二月初七日所上《奏为自报病危事》："无如奴才年逾六旬，气血两亏，非药饵所能奏效。"亦唯有生于道光二十三年（1843）始符"年逾六旬"。故可确定祥麟生于该年。

第二说、第三说中的"四十年""五十年"疑非自生年算起，光绪二十四年所云"五十年"，约从"六龄食饷"算起；光绪十三年所云"四十年"，约从"五龄从家严、先慈学演火枪"算起；如此，则皆当生于道光二十三年。第一说中的道光丁未系官年，官年往往小于实年，此处言祥麟生于道光二十七年丁未，即小于其实年四岁。然官年规律为改年不改月日，故其生于四月二十一日可从。《日记》光绪十一年（1885）四月十九日："卯刻策骑至十里墩戈壁滩恭叩家严、家伯母、家叔如在京贱降前期行礼仪。"亦知祥麟当生于四月十九日后不久，与生于四月二十一日可相符合。

其家隶属满洲正黄旗,姓氏为马佳氏。曾祖伊立布,妻伊尔根觉罗氏;祖皂保,妻钮祜禄爱新觉罗氏;父春升,妻爱新觉罗氏,亦正黄旗。

曾祖父母、祖父母、父母姓氏皆见于《同年录》祥麟条下。春升生祥麟时年三十有三,《祥麟日记》光绪十一年(1885)正月廿五日:"叩祝家严七旬晋五寿辰。"逆推七十四年,知春升生于嘉庆十六年(1811)正月廿五日。另光绪十二年(1886)九月廿九日:"欣喜家严七旬晋六得见曾孙,为马佳氏鄙支之冠。"亦可为证。

春升之名,亦见载于《德宗景皇帝实录》卷之二百八十六光绪十六年六月二十四日:"内阁学士兼礼部侍郎衔祥麟之父春升、著赏给御书扁额一面。紫檀三镶玉如意一柄。小卷江绸袍褂料二件。小卷八丝缎袍褂料二件。"

祥麟之母正黄旗出身,系据祥麟之舅文艺推出(参《清代官员履历档案全编》)。

道光二十七年(1847)丁未,五岁

是年,随父母学习演练火枪。

《日记》光绪十三年闰四月一日:"麟五龄从家严、先慈学演火枪,六龄挑补内火器养育兵。"

道光二十八年戊申(1848),六岁

是年,挑补内火器养育兵。

《日记》光绪十三年闰四月一日:"麟五龄从家严、先慈学演火枪,六龄挑补内火器养育兵。"按养育兵初称"教养兵",属于八旗的预备兵性质。然从后来祥麟经历看,其不仅能使用火器,

而且还爱好文学,对满汉两种文字都能熟练使用。

咸丰六年(1856)丙辰,十四岁

是年八月廿二日,祥麟祖母去世。

《日记》光绪十年(1884)八月廿二日:"卯初策骑往戈壁地遥祭先大母,以讳日故也,回忆麟十四龄时,廿八年如昨日,光阴迅速,老大徒伤,椿永遐龄,萱已早谢,一乐已去其半,念之能不痛哉?"按前推廿八年,为咸丰六年。

咸丰九年(1859)己未,十七岁

入仕为小吏。

《日记》光绪十一年(1885)四月十二日:"想廿五年前初登仕版,次年即遇庚申之乱。"按自光绪十一年前推廿五年当为咸丰十年庚申,然文中又言"次年即遇庚申之乱",是"初登仕版"当为咸丰九年。

祥麟大约靠荫补进入仕途,任何职不详,但挑为内务府笔帖式的可能性较大。

中国第一历史档案馆藏有《为片复现任内务府造办处笔帖式祥麟报捐内务府郎中原捐银数并无捐免离任银两应否开缺之处自行办理事致内务府(同治七年六月十三日)》:"户部为片复事准内务府造办处,咨称内堂抄来户部案呈,现任造办处八品笔帖式祥麟在江北粮台等处前后陆续报捐内务府郎中,不论双单月补用等因,本处查该员系在任八品笔帖式之缺,是否应行开缺之处,本处并无成案,相应咨行户部,希即查明咨复本处,以凭办理等因前来。查现任内务府造办处八品笔帖式祥麟,在江北粮台报捐现银官票共六千八百十一两,请以内务府郎中不论双单月补用并免考试,本部于本年闰四月核准知照吏部内务府在案。

兹拟咨称该员是否应行开缺之处片查到部,本部查核该员原捐银数并无捐免离任银两在内,至应否开缺之处应由贵府自行办理可也。"不知是否即此祥麟,姑录待考。

同治元年(1862)壬戌,二十岁

是年命字"仁趾"。

按古人弱冠赐字之习俗,故系其字于本年。祥麟字仁趾,见于《词林辑略》卷八同治甲戌科:"祥麟,字仁趾。"《翁同龢日记》《张佩纶日记》等亦有载。

同治三年(1864)甲子,二十二岁

五月十六日,长子桂鹏出生。

《日记》光绪十二年(1886)五月十六日:"想廿二年前今日先母抱孙鹏,马佳氏一门喜有冢孙,犹昨日耳,不免又是念乡情切。"

同治四年(1865)乙丑,二十三岁

五月十三日,祥麟母亲亡故。

《日记》光绪十一年(1885)五月十三日:"先慈忌日,率两女至本城东十里墩西通衢行廿周〔年〕礼。"

同治九年(1870)庚午,二十八岁

八月,中顺天乡试翻译科举人。

《日记》中有数处言"庚午同年",如光绪十年四月廿八日:"大令庚午同年查子屏。"八月廿八日:"闻得王子桢大令乃庚午同年王幼霞、甲戌同年王佩卿之叔也。"光绪十一年八月廿三日:"晤姚牧,意将询问贻误所以,谈及甲第方知静庵乃庚午同

年也。"按祥麟为同治十三年甲戌科进士,故庚午同年只能是同治九年乡试同年,而王鹏运(幼霞)正系同治九年举人。

又:翻译科与正科考试内容不同,录取人数亦不同。可参邹长清《清代翻译科研究》一文(载天一阁博物馆编:《科举与科学文献国际学术研讨会论文集(上册)》,上海书店出版社 2011 年版,第 137-170 页)。据该文,该年翻译科中式举人计京旗五人,驻防八旗十五人。祥麟为京旗中式举人。然《同治庚午科直省乡试同年录》仅载四人"顺天翻译乡试举人四名:第一名,祥麟,满洲正黄旗;霍顺武,□□□□;英文,满洲镶红;薛维卿,□□汉军。"

同治十一年(1872)壬申,三十岁

九月,同治大婚,祥麟因翻译祝文,赏候选主政。

《日记》光绪十五年正月廿七日:"同治朝大婚时麟尚居小吏,以恭翻各项祝文,经枢臣保奖,得邀候选主政。"

同治十三年(1874)甲戌,三十二岁

三月,中翻译科进士,选翰林庶吉士。

《词林辑略》卷八同治甲戌科:"祥麟,字仁趾,正黄旗满洲人,散馆授检讨,官至察哈尔都统。"

科举不仅对汉人,对旗人亦意义非凡。同治十三年祥麟中了翻译科进士。此后升迁迅速。按该年翻译科进士共录京旗一人,驻防八旗三人,祥麟为京旗唯一及第者,入选翰林庶吉士。

光绪二年丙子(1876),三十四岁

四月,散馆,授翰林院检讨。

见同治十三年《词林辑略》引文。另《德宗景皇帝实录》卷之三十光绪二年四月二十六日:"翻译庶吉士祥麟,著授为

检讨。"

光绪六年庚辰(1880),三十八岁

三月十七日,升右春坊右庶子。

中国第一历史档案馆藏有光绪七年五月十八日《大学士管理吏部事务臣宝鋆等谨题为补授翰林院官员事》:"谨将应升之右春坊右庶子祥麟等职名开列具题,恭候简用一员补授翰林院侍讲学士……右春坊右庶子祥麟,同治十三年翻译进士,历俸四年九个月二十七日,光绪六年三月十七日升补今职,未遇大考。"

按《奏为自报病危事》:"散馆授职检讨,历任詹事府赞善、翰林院侍讲,詹事府庶子,侍讲学士,侍读学士,少詹事,内阁学士兼礼部侍郎衔。"知祥麟任右春坊右庶子前的官职为詹事府赞善、翰林院侍讲。

光绪七年辛巳(1881),三十九岁

本年仍为詹事府右庶子;五月,补授翰林院侍讲学士;十一月十日,继娶妻乌尔达氏。

补授翰林院侍讲学士事见"光绪六年"条下宝鋆题奏,题奏上于光绪七年五月十八日,后有御批:"祥麟补授翰林院侍讲学士。"

《日记》光绪十年十一月十日:"麟忆及三年前此日继娶贤妻。"

光绪八年壬午(1882),四十岁

正月,任翰林院侍读学士;十月,升詹事府少詹事;十二月,因《同治圣训》完竣,得优叙。

中国第一历史档案馆藏有礼亲王世铎、史部尚书万青藜《奏为拣选祥麟拟正裕德拟陪补授詹事府少詹事请旨事(光绪

七年四月十六日)》:"臣世铎等谨奏为请旨事。四月十五日臣
等奉命派赴内阁验放验看各项人员,准内阁咨称批本处向有翰
詹等官一员在批本处行走。今詹事府少詹事嵩申奉旨补授光禄
寺卿,所遗员缺准翰林院拣选,得右庶子祥麟才识明敏、学问优
长,堪以拟正;侍讲裕德持躬谨慎、行走克勤,堪以拟陪。按照新
章咨送验看前来。臣等公同验看得拟正右庶子祥麟、拟陪侍讲
裕德二员,均勘充补。谨将该员等履历缮写清单,恭请钦派批本
处行走翰詹等官翰林一员,为此谨奏请旨。光绪七年四月十六
日。"又藏光绪八年九月三十日《大学士管理吏部事务臣宝鋆等
谨题为补授少詹事事》:"该臣等议得詹事府少詹事宝昌升任一
缺,应行开列……谨将应升之翰林院侍读学士祥麟等职名开列
具题,恭候简用一员补授詹事府少詹事……翰林院侍读学士祥
麟,同治十三年翻译进士,历俸六年四个月零十日,光绪八年正
月二十八日转俸今职,未遇大考。"可见光绪七年祥麟尚未能升
为少詹事,迟至本年十月始得如愿。按宝鋆题奏于九月三十日,
批复自当在十月矣。

　　《德宗景皇帝实录》卷之一百五十六光绪八年十二月四日:
"穆宗毅皇帝圣训完竣出力。予詹事府少詹事祥麟优叙。"

光绪九年癸未(1883),四十一岁

　　三月,为内阁学士兼礼部侍郎衔;十一月,赏副都统衔,为哈
密帮办大臣。

　　《德宗景皇帝实录》卷之一百六十一光绪九年三月十二日:
"以詹事府少詹事祥麟为内阁学士兼礼部侍郎衔。"卷之一百七
十四光绪九年十一月十九日:"赏内阁学士祥麟副都统衔为哈
密帮办大臣。"

光绪十年甲申（1884），四十二岁

二月六日由京启程，五月二十八日抵哈密，接印视事；八月，上折欲往中法战场效力。

《日记》光绪十年八月三日所上折："本年正月内陛辞请训，蒙皇太后、皇上召见，训谕周详，无微不至，奴才跪聆之下，钦感莫名；当于二月初六日由京起程，五月二十八日行抵哈密，接印视事，拜折谢恩。"

《日记》八月三日："详校奏折，饭后巳初至办事公廨，谨封请旨从戎文暨安折四分拜发，由驿驰陈，望朝廷俯如所请，早达海疆剿除法逆，幸甚。折稿并记：奏奴才祥麟跪奏为情殷报效，恳恩准赴海疆军营，力图用命，恭折仰祈圣鉴事。窃奴才满洲世仆，由甲兵学习清文，滥登科甲，受先朝特达之恩，……奴才顷读本年七月初六日上谕，法人渝盟肇衅，我皇太后、皇上赫然震怒，振兴天讨，凡有血气者莫不同仇敌忾，奴才受恩深重，报称毫无，当此时事多艰之际，正臣子效命之秋。奴才幼隶火器营，素娴军旅，逮后词林供职，公馀涉猎兵书，史馆校书，曾瞻先朝庙算。合无仰恳天恩，畀以偏师，驰赴海疆军营，助剿法逆，勉效犬马之劳，稍尽涓埃之报，以冀仰酬高厚鸿慈于万一。谨将奴才忠奋下忱，情甘效命疆场缘由，不揣冒昧，恭折由驿驰奏，伏乞皇太后、皇上圣鉴训示谨奏。"

《德宗景皇帝实录》卷之一百九十二："光绪十年八月二十九日哈密帮办大臣祥麟奏，情殷报效。请准赴海疆助剿。得旨，览奏具见悃忱。哈密地方紧要。该帮办大臣实力整饬。即所以图报效。所请著毋庸议。"

按该年十月新疆建省，帮办大臣缺遂裁撤。

光绪十一年乙酉(1885),四十三岁

八月十二日,启程回京;十一月十一日,途中接到乌里雅苏台参赞大臣任命;十二月七日,进京请圣安。

《德宗景皇帝实录》卷之二百十一光绪十一年七月五日:"裁缺哈密办事大臣明春等奏,新疆更定官制。巡抚刘锦棠等均已到任。拟请先后交卸。得旨,祥麟著即交卸来京。明春著将经手事务。赶紧清厘完竣。即行来京。"卷之二百十九光绪十一年十一月十一日:"以前哈密帮办大臣祥麟为乌里雅苏台参赞大臣。"

中国第一历史档案馆藏祥麟《奏为交卸暂护将军印务并请陛见赏假事》:"十一年八月十二日遵旨来京,十一月二十六日行至直隶获鹿县途次,承准兵部火票内开,光绪十一年十一月十一日奉旨,祥麟著作为乌里雅苏台参赞大臣,照例驰驿前往。"

按《日记》光绪十一年八月十二日:"酉初由伊吾庐新邑哈密帮办大臣公廨拜马神祠,携眷起行。"十二月初七日:"到京跪请圣安,叩谢天恩,当蒙皇太后、皇上召对,顾问西陲一切情形罔不周详。"

光绪十二年丙戌(1886),四十四岁

二月,请假修墓;四月十三日,启程赴乌里雅苏台任;六月初四日到任。

《日记》光绪十二年二月十九日:"请假修墓,即蒙'赏假一个月,钦此'。"三月十九日:"假满请安并请训,复蒙皇太后、皇上召见。"四月十三日:"巳刻叩辞家严暨诸亲友,由舍下策骑出德胜门。"赴乌里雅苏台任。六月初四日到任:"入乌城南门,时辰正三刻矣。敬诣万寿宫,行九叩礼。"

《奏为交卸暂护将军印务并请陛见赏假事》："十二年六月初四日到任,讲习边事,协理交涉。"

光绪十四年戊子(1888),四十六岁

是年曾上折为乌里雅苏台、科布多官兵请求接济。

《德宗景皇帝实录》卷之二百五十七光绪十四年七月十七日:"乌里雅苏台参赞大臣祥麟、科布多参赞大臣沙克都林札布等奏,乌科两城官兵困苦,请饬部接济。下户部议。"

按光绪十四年《日记》佚,故补其事。在乌他年事迹均详载《日记》中。

光绪十五年己丑(1889),四十七岁

三月九日,乌里雅苏台将军杜嘎尔卒于军营,祥麟权护将军。

《日记》三月初九日:"丑正二刻兵部来报,据乌副管尔图那逊等呈报,伊父杜军帅已于本日丑正因病卒于军。"

《日记》未言祥麟何日护将军印,然据《日记》五月十二日:"本年四月初四日奉旨:'乌里雅苏台将军员缺,著托克湍补授,照例驰驿前往。'钦此钦遵,咨行前来,而未言及可斋兄未到任以前何人护理也。"六月四日"缘暂摄军篆"。《奏为交卸暂护将军印务并请陛见赏假事(光绪十六年二月二十八日)》:"权护将军印务已将历年。"知自杜嘎尔卒后,一直由祥麟权护将军。

光绪十六年庚寅(1890),四十八岁

二月廿四日,新任将军托克湍驰抵乌里雅苏台本任。二月廿八日,祥麟简放内阁学士兼礼部侍郎衔;三月十九日启程,五月十七日至京,十九日觐见;六月廿四日,赐祥麟之父"庆溢

莱衣"匾;七月,祥麟妻乌尔达氏亡故。九月十一日,署工部左
侍郎。

　　《德宗景皇帝实录》卷之二百八十一光绪十六年二月二十
七日:"以乌里雅苏台参赞大臣祥麟为内阁学士兼礼部侍郎
衔。"然据《日记》光绪十六年三月二日:"本年二月廿八日奉上
谕:'祥麟著补授内阁学士兼礼部侍郎衔,钦此。'"今据《日记》。

　　返程日期及至京日期等皆据《日记》。

　　《德宗景皇帝实录》卷之二百八十六"光绪十六年六月二十
四日":"壬戌,谕内阁,本年朕二旬庆辰,业经覃敷闿泽,并加恩
内外臣工。因念在京大员老亲有年逾八十者,承恩禄养,爱日舒
长,洵属升平人瑞,允宜特沛恩施。礼部尚书昆冈之母栋鄂氏,
著赏给御书扁额一面,福寿字各一方,紫檀三镶玉如意一柄,大
卷江绸袍褂料二匹,大卷八丝缎袍褂料二匹。内阁学士兼礼部
侍郎衔祥麟之父春升,著赏给御书扁额一面,紫檀三镶玉如意一
柄,小卷江绸袍褂料二件,小卷八丝缎袍褂料二件。内阁学士兼
礼部侍郎衔凤鸣之父瑞成,著赏给御书扁额一面,紫檀三镶玉如
意一柄,小卷江绸袍褂料二件,小卷八丝缎袍褂料二件。前江宁
副都统连庆之祖母佟佳氏,著赏给御书扁额一面,紫檀三镶玉如
意一柄,小卷江绸袍褂料二件。用示朕锡类推恩至意。寻颁昆冈
之母扁额曰春满笙陔,祥麟之父曰庆溢莱衣,凤鸣之父曰龙章锡
祉,连庆之祖母曰金萱日永。"

　　《翁同龢日记》光绪十六年七月十九日:"吊祥仁趾麟妻丧,
与谈乌里雅苏台兵制饷章,甚明白,又言乌梁海今为俄人筑室淘
金,我未过问,此最失着,总署不敢与讲。(乌梁海三部有前唐
努,中、后唐努,中唐努最沃饶,地气暖。)"

　　《德宗景皇帝实录》卷之二百八十九光绪十六年九月十一
日:"内阁学士祥麟暂署工部左侍郎。"

光绪十七年辛卯（1891），四十九岁

二月四日，为正蓝旗蒙古副都统；四月十四日，为仓场侍郎；七月十二日，考试满洲翻译。

《德宗景皇帝实录》卷之二百九十四光绪十七年二月四日："以内阁学士祥麟为正蓝旗蒙古副都统。"卷之二百九十六光绪十七年四月十四日："以内阁学士祥麟、吏部左侍郎许应骙为仓场侍郎。"卷之二百九十九光绪十七年七月十二日："命吏部左侍郎松湖、仓场侍郎祥麟考试满洲翻译。"

按本年在仓场侍郎任上，得议叙一次。《德宗景皇帝实录》卷之三百十六光绪十八年九月十八日："以全漕告竣。予仓场侍郎祥麟、许应骙议叙。江苏督粮道景星优叙。"

光绪十九年癸巳（1893），五十一岁

十月，以全漕告竣，得议叙一次。

《德宗景皇帝实录》卷之三百二十九光绪十九年十月四日："以全漕告竣。予仓场侍郎祥麟、许应骙议叙。江苏督粮道景星等优叙有差。"

光绪二十年甲午（1894），五十二岁

正月，因慈禧太后六十寿辰，得议叙一次；七月，上奏欲往中日战场效力；十一月，因奏折抬头有误，被议革职留任，当月又以全漕告竣，得议叙一次。

《德宗景皇帝实录》卷之三百三十二光绪二十年正月一日："懿旨。本年予六旬庆辰，推恩懋赏。在廷臣工，克勤厥职，宣力有年，自应一体加恩，以光盛典。……理藩院左侍郎志颜、右侍郎庆福、仓场侍郎祥麟、许应骙，均着交部议叙。"

《德宗景皇帝实录》卷之三百四十四光绪二十年七月十日：
"谕内阁,祥麟奏请赴海疆军营报效一折。览奏具见勇往之忱。
惟仓场事务繁重。该侍郎办理尚属认真。仍著切实整顿。毋得
稍涉疏懈。所请从戎海疆之处。著毋庸议。"

《德宗景皇帝实录》卷之三百五十二光绪二十年十月二十
七日："本日仓场衙门奏片一件。抬写处字有错误。非寻常疏
忽可比。祥麟、许应骙均著交部议处。"卷之三百五十三光绪二
十年十一月三日"吏部奏遵议处分一折。仓场侍郎祥麟、许应
骙均著照部议革职留任。"卷之三百五十四光绪二十年十一月
二十日："以河海并运,全漕告竣,予仓场侍郎祥麟、许应骙
议叙。"

光绪二十一年乙未(1895),五十三岁

十月,以全漕告竣,得议叙一次。

《德宗景皇帝实录》卷之三百七十八光绪二十一年十月二
十四日："以全漕告竣,予仓场侍郎祥麟等议叙。"

光绪二十二年丙申(1896),五十四岁

十一月二十五日,以全漕告竣,得议叙一次;二十八日,授察
哈尔都统;十二月二十一日,到任。

《德宗景皇帝实录》卷之三百九十七光绪二十二年十一月
二十五日："以全漕告竣。予仓场侍郎祥麟、廖寿恒议叙。"卷之
三百九十七光绪二十二年十一月二十八日："察哈尔都统崇铭
因病解职。以仓场侍郎祥麟为察哈尔都统。"

中国第一历史档案馆藏有《奏为任满三年循例请陛见事
(光绪二十五年十二月十六日)》："奴才前于光绪二十二年十一
月二十八日在仓场侍郎任内,荷蒙简放察哈尔都统,计自光绪二

十二年十二月二十一日到任之日起……"

光绪二十四年戊戌（1898），五十六岁

正月，上《奏为废员安维峻效力期满台费缴清请旨释回事》折；十二月，因奏片抬头之误所获革职留任处分得以开复。

中国第一历史档案馆藏《奏为废员安维峻效力期满台费缴清请旨释回事》："奴才祥麟、奴才伊崇阿跪奏为军台效力废员三年期满，应缴台费全数交清，恭折具陈，仰祈圣鉴事。窃据张家口管站部员耀豫呈报，废员安维峻系甘肃秦州直隶州秦安县人，前任福建道监察御史，任内因案革职，发往军台效力赎罪，指派第十二台腰站当差。自光绪二十一年正月初十日到台之日起，扣至光绪二十四年正月初十日三年期满等因，呈报前来。旋准兵部来咨，转准户部行知该废员安维峻应交台费实银一千二百二十一两，现已在部全数交清等因咨行前来。查《中书政考》例载：坐台废员三年期满应缴台费全数缴完者，由军台都统抄录该废员获罪原案具奏请旨释回，谨将该废员缘事案由恭呈御览，所有废员效力年满，缴完台费，可否释回之处，出自鸿慈，谨合词恭折具陈，伏乞皇上圣鉴训示遵行谨奏。光绪二十四年二月二十四日。"朱批："著再留二年。"

按：安维峻因言论获谴革职发往张家口军台，然"直声震中外，人多荣之。……抵戍所，都统以下皆敬以客礼，聘主讲抡才书院"。（《清史稿·安维峻传》）从《日记》看，祥麟与安维峻也多有往来，对其颇为礼敬。安维峻诗文集中亦有记载，其《望云山房诗集》卷中有《（光绪二十五年）四月四日小雨初晴，祥仁趾都护西席清子荫孝廉偕其令徒魁瑞臣、撂臣见过，约登城北玉皇阁，余率三子之瑄、之璟、之璞往从之游。游罢，子荫邀饮酒肆中，座有钟愚公前辈，是日尽醉，乐甚，率成七律四章纪事》，魁

瑞臣、搢臣即祥麟之孙。《望云山房文集》卷下《寄缪郆生别驾书》:"祥仁趾都护以弟留戍二年,大发慈悲,荐阅州县试卷,有函托少轩太守事,信到时宣属小试将次告竣,自应毋庸置议。而立斋大令失之过厚,寄信各州县集资二百金,由少翁统寄祥帅处转饬具领。弟以云天高义,固足照耀古今,但费出无名,于理不顺,于心不安,当即奉璧。祥帅初不允,弟又托人反覆陈说。大略谓君子爱人以德,即戍人自处,亦不敢妄自菲薄,与其迫之受而使不安于心,何如听其辞而所保全者大也。于是祥帅始释然,且许转璧矣。"

《德宗景皇帝实录》卷之四百三十六光绪二十四年十二月二十六日:"革职留任处分察哈尔都统祥麟前得革职留任处分。山西按察使锡良前得革职留任处分。均著加恩开复。"

光绪二十五年己亥(1899),五十七岁

正月初六,上《奏为奉旨开复革职留任处分谢恩事》;十二月十四日,上《奏为废员安维峻留台又届期满恳恩准予释回事》,允之;十六日,上《奏为任满三年循例请陛见事》,未得允。

中国第一历史档案馆藏有《奏为奉旨开复革职留任处分谢恩事》:"正月初六日奴才祥麟跪奏为叩谢慈恩仰祈圣鉴事。窃奴才于光绪二十四年十二月二十六日恭阅电开十二月二十六日内阁抄奉慈禧端佑康颐昭豫庄诚寿恭钦献崇熙皇太后懿旨:察哈尔都统祥麟等前得革职留任处分,著加恩开复等因,钦此。奴才当即恭设香案,望阙叩头,叩谢慈恩。奴才满洲世仆,忝列科名,屡沐鸿施,倍殷鳌戴。方愧涓埃之未报,复荷殊宠之攸加。闻命自天,悚惭无地。惟以矢勤矢慎,勉效驽庸,以期仰答高厚隆施于万一。奴才感激下忱,谨恭折叩谢皇太后圣鉴谨奏。"

又《奏为废员安维峻留台又届期满恳恩准予释回事》:"奴才祥麟、奴才明秀跪奏为废员留台又届期满,恭折具奏,仰祈圣鉴事。窃据张家口管站部员耀豫报称,废员安维峻前在御史任内因言事获咎,发往军台效力赎罪。于光绪二十年十二月十八日到口,点派十二台腰站,次年正月初十日到台当差,光绪二十四年正月初十日效力三年期满,遵例遣丁赴部呈缴台费银两在案。嗣经接准部咨,奏请照例释回。奉朱批'著再留二年,钦此'。计自光绪二十四年正月初十日起,扣至光绪二十六年正月初十日,又届二年期满,先期呈报前来。奴才等查该废员安维峻在台效力,前后五年,矢慎矢勤,安静读书,深得古人退思补过之义;又闻该废员家有老亲,年逾八旬,倚闾望切,为情势所必然。伏思圣朝以孝治天下,凡臣子隐情无不体恤周至。如该废员之久羁台所,孤苦伶仃,亲老家贫,奉养有缺,揆诸皇太后如天之仁,皇上锡类之孝,闻之当有恻然者。今该废员留台又经二年期满,合无仰恳天恩,准予释回,以示体恤之处,俟奉旨后钦遵办理,为此恭折具陈,伏乞皇太后皇上圣鉴训示具奏。光绪二十五年十二月十四日。"朱批:"著准其释回。"

又《奏为任满三年循例请陛见事》:"……计自光绪二十二年十二月二十一日到任之日起,扣至光绪二十五年十二月,奏请陛见。现在察哈尔左翼毗邻地方安堵,已经撤防,右翼地界防堵亦渐安靖,任内并无经手要件。合无仰恳天恩,俯准奴才叩觐阙廷,跪聆训诲,俾得有所遵循,庶可及时自效,不胜悚切待命之至。所有奴才依恋下忱,吁请陛见缘由,理合恭折具奏,伏乞皇太后皇上圣鉴训示遵行。谨奏。光绪二十五年十二月十六日。"朱批:"毋庸来见。"

光绪二十六年庚子(1900),五十八岁

四月十日,因肝疾请假一月;五月十日,续假一月;六月五日,因病势加剧,呈请开缺,遂命祥麟回京,以芬车为察哈尔都统。

中国第一历史档案馆藏《奏为病假届满病仍未痊恳请再续假一月事》:"奴才祥麟跪奏为奴才假期届满,病仍未痊,恳恩再行赏假调理,恭折具奏,仰祈圣鉴事。窃奴才前因感冒春寒,触动肝木旧证,牵掣手足,曾经具折请假调理,于四月十六日接到原折,奉朱批'赏假一个月,钦此'。当即煎丸并进,滋补迭施,感冒之证随见轻减,而神气已亏,尤复腿骨瘦软,需人扶持。现在假期届满,精力仍难支撑,急切之馀,弥深惶愧,惟有吁恳天恩,俯准续假一个月,俾得赶紧治疗,一俟就痊,当即销假,断不敢稍耽安逸,重负高厚生成。所有假期届满,病仍未痊,恳恩再行赏假缘由,谨恭折具奏,伏乞皇太后皇上圣鉴谨奏。五月初十日。"

光绪二十六年五月十六日奉朱批:"著再赏假一个月,钦此。"

又《奏为病势增剧吁请开缺事》:"奴才祥麟跪奏为奴才假期又满,病势增剧,吁恳天恩,俯准开缺回京调理,恭折具奏,仰祈圣鉴。窃奴才前因感冒牵动腿证,精力仍难支撑,复经具续假于五月二十一日接到原折,奉朱批'著再赏假一个月,钦此',蒙圣恩高厚,奴才不禁感激涕零,当即赶紧医治,方冀日就痊,可作速销假,图报涓埃。兹假期又将届满,病势虽稍轻减,而动火袭风,仍行增剧,适值军务吃紧,即力疾筹商布置,迫切之馀,更致舌强语涩,夜不成眠,怔忡昏眩,步履跪拜又复维艰。……矧察哈尔地方若北门锁钥,正当冲要,倘筹画稍疏,贻误兵机,罪何可赎。现在一切防备布置奴才等已经具奏,幸边防尚无警动,合无

仰恳鸿慈,俯准奴才开缺回京调理,奴才年未六旬,精力未衰,一俟就痊,即当泥首宫门,求赏差使,万不敢稍耽安逸,自外生成。……六月初五日。"

光绪二十六年六月初十日奉朱批:"著准其开缺,钦此。"

按:《德宗景皇帝实录》卷之四百六十五光绪二十六年六月三日:"命察哈尔都统祥麟来京。以镶黄旗满洲副都统芬车为察哈尔都统。"日期微有错乱,当以祥麟折上朱批为准。中国第一历史档案馆藏《奏报移交印信并起程日期事》亦可为证:"奴才祥麟跪奏为移交印信并起程日期恭折奏闻,仰祈圣鉴事。窃奴才于光绪二十六年六月初五日具奏,因假期届满,病仍未痊,恳恩俯准开缺,回京调理。于本月十三日接到原折,奉朱批'著准其开缺,钦此'。自新任察哈尔都统芬车于六月十七日抵张家口,奴才谨于二十一日将都统印信关防移交新任都统芬车接收,奴才即日由口启程回京,一俟病势稍痊,当诣阙跪聆圣训,求赏差使,所有奴才移交印信并起程日期,谨恭折奏闻,伏乞皇太后皇上圣鉴谨奏。光绪二十六年六月二十一日。"

光绪三十二年丙午(1906),六十四岁

二月初七日,上遗折。

中国第一历史档案馆藏《奏为自报病危事》:"前任察哈尔都统奴才祥麟跪奏为病已迫危,微命难延,伏枕哀鸣,叩谢天恩,恭折仰祈圣鉴事。窃奴才满洲世仆,……二十二年十一月简放察哈尔都统,二十六年在任染患痰疾,屡治罔效,恩准开缺回旗调理。原冀赶紧医痊,再图报效,多延一日,衰朽之躯即多尽一日犬马之力。无如奴才年逾六旬,气血两亏,非药饵所能奏效。本年正月陡发痰疾,眩晕大作,延至二月初五日奄奄一息,自顾万无生理。从此长辞盛世,不得再觐天颜,五内如焚,倍加依恋

圣恩未报,感愧殊深。惟有严嘱奴才之孙兵部学习主事魁、莹勤奋供职,以冀仰答高厚鸿慈于万一。所有奴才病势不起,沥陈依恋感激下忱,谨据遗折叩谢天恩,伏乞皇太后皇上圣鉴谨奏。光绪三十二年二月初七日。"

附录二 《祥麟日记》相关奏折①

目 录

哈密奏折

---

① 本附录编号为"04-01"开头的141件奏折,原档案收藏于中国第一历史档案馆(简称"一档"),今经一档授权,予以整理,以便与日记正文对照,加深对相关问题的认识,奏折正文用宋体,折后朱批用楷体。因一档所存奏折往往还有录副,为方便学者研究,脚注中亦标出录副编号及相关时间信息。另外在其他史料中还搜得数件相关奏折,亦大致按时间顺序附入。

乌里雅苏台奏折

047. 奏报乌里雅苏台科布多二城额饷不敷缘由事

048. 奏请饬江苏安徽等省筹解经费银两事

049. 奏为派员查勘复设金山卡伦并无偷挖情弊事

050. 奏为昌吉斯台卡伦侍卫隆惠期满请更换事

051. 奏为戍守官兵将届换班请准酌拟奖叙事

052. 奏为御赐福字等物谢恩事

053. 奏为前经放过蒙古练军款项请旨免议追赔事

054. 奏为旧伤举发请准开缺回旗调理事

055. 奏请宽定查阅卡台年限事

056. 奏为前在乌里雅苏台戍守官兵支过粮折加四银两请旨宽免事

057. 奏为赏假调理旧伤谢恩事

058. 奏为理藩院帮办章京荣昌年满请旨暂行留驻清理积案事

059. 奏为前在乌里雅苏台驻扎追剿贼匪吉林等省马队官兵等用过粟米请饬免造以前用过米数清册事

060. 奏为假满病仍未愈请开缺回旗调理事

061. 奏为新放索果克卡伦侍卫那清阿在途患病请准回旗调理并遗缺另行更换事

062. 奏为乌里雅苏台科布多两城官兵困苦请饬部接济事

063. 奏请饬部免议军需善后删除口分各款以清积案事

064. 奏为循例查验蒙古参赞大臣所管孳生马厂事

065. 奏报蒙员捐输军饷拟请救部按照新章核议事

066. 奏为奉旨赏假调理病情谢恩事

067. 奏为查核前经未销军需各款委因卷案不全请旨照章核销以清积案事

068. 奏为循例进贡马匹事

127. 奏为委员赴多伦诺尔围场点验杆木事

128. 奏为军台效力废员钟德祥三年期满可否交费释回事

129. 奏为委员验过三群四项牲畜数目相符事

130. 奏为遵旨查明独石口外红城子开平张家口外与和新平等城实有旷地亩事

131. 奏请拨解光绪二十五年军台官兵俸饷事

132. 奏为察哈尔镶蓝旗总管策博克札普三年期满请陛见事

133. 奏为遵旨挑拣精壮馀丁以备随同额兵训练事

134. 奏为遵旨查明已革提督孙万林副都统丰升阿在台效力年力精壮事

135. 奏为察哈尔正白旗总管三音额尔德木图二次三年期满又值六年任满可否陛见并送部引见事

136. 奏报已革提督孙万林副都统丰升阿遵旨释回起程日期事

137. 奏为特参骁骑校那逊布彦稽压兵饷请交部议处事

138. 奏为赛尔乌苏所属台站等处被灾较重人畜饿毙请准按原额购补马驼并赈恤灾户事

139. 奏为查明各群马匹膘分数目及军台汉站驿马并无缺额疲乏事

140. 奏为遵旨挑选精壮兵丁恭候赴京事

141. 奏为察哈尔镶黄旗总管布彦德勒格尔七次三年期满可否送京陛见事

142. 奏为察哈尔镶白旗总管奇莫特哩克津三次三年期满可否送京陛见事

143. 奏为晋省丰宁两厅垦熟空闲蒙地请办押荒升科并查禁未垦各地事

144. 奏为光绪二十四年份稽查各废员情形事

145. 奏报张家口独石口一年收过茶马厘捐银动支数目事

哈密奏折

001. 奏为统筹新疆兵饷官制屯田情形
并陈欠饷不可折发事

04-01-30-0214-017

钦差大臣督办新疆军务兵部右侍郎二等男臣刘锦棠跪奏，
为遵旨统筹新疆兵饷、官制、屯田情形，并陈欠饷不可折发，全疆
宜联一气，以规久远，恭折仰祈圣鉴事。

窃臣承准军机大臣字寄：光绪十年二月十七日奉上谕：户部
奏西路军饷浩繁，急须统筹全局，并详筹未尽事宜各折片。近年
部库及各省库倍形支绌，而供亿浩繁，以西路饷需为尤钜，似此
年复一年，殊非持久之道。部臣通盘计算，请饬统筹，系属顾念
时艰，力图久远起见。著刘锦棠、金顺、张曜、谭钟麟，按照该部
所奏各节，悉心区画，切实筹商，将款项之应用应抵，兵勇之应留
应汰，务就左宗棠原议三百数十万之饷，量入为出，撙节开支，以
期经久而昭核实。定议后速行具奏。原折片均著钞给阅看等
因。钦此。跪读之馀，仰见睿谟广运，下逮刍荛，莫名钦悚。伏
查新疆兵备，向有旗绿之分。旗则酌拨满洲、锡伯、索伦之兵，绿
则酌拨陕西、甘肃标路之兵。或携眷驻守，或按期换防。当时庙
算于各本营挂支额粮，可免骤增新饷。拓地周数万里之遥，兵不
更添，而防戍周匝，棋布星罗。北路郡县而外，以伊犁为重镇，设
将军、领队以下官，并设理事抚民同知。塔尔巴哈台设参赞，乌
鲁木齐设都统、领队，库尔喀喇乌苏、古城、巴里坤设领队，又有
乌鲁木齐提督、巴里坤镇总兵所辖官弁。南路则叶尔羌设参赞，
和阗设协办，喀什噶尔、英吉沙尔、阿克苏、乌什、库车、喀喇沙尔

设办事,吐鲁番设领队。哈密当南北之总汇,设办事、协办各一员。又喀什噶尔有换防总兵及各城副、参、游、都、守所辖官弁,更有章京、通判、粮员、笔帖式等专司征收各务。大小员弁多至数千,兵屯并兴,以资弹压而辟荆榛。远近相维,疏密相间,种民效顺,部落畏威,百数十年,安之若素。惟回疆民事委之于阿奇木伯克,情伪无可访谙,上下恒多隔阂,民怨沸腾,官尚罔觉。驯至全疆沦陷,一切荡然无存,耗宇内之金钱,始得削平大难。譬人久病之后,一息仅属,专赖滋培。征军之留戍者,除臣部诸军外,明春、恭镗所统各营近虽已散,而北有金顺、锡纶之军,南有张曜之军。若伊犁、塔尔巴哈台、乌鲁木齐、古城、巴里坤所存之旗兵,亦已渐次收集。饷章歧出,头绪纷纭,以云省费,诚有可省! 左宗棠屡疏请设行省,实见时会所趋,舍此不足言治。勇粮则积久愈深,协饷则报解日短,虽频年多方腾挪,陆续裁遣,无如月饷善后所需出入,断难弥缝。臣仰荷恩纶,谬负督办之责,而自湘楚及提镇各营外,如金顺、张曜、锡纶所部,未能代为经画,穷年累月,限制毫无,竭各省之转输,烦朝廷之廑系,时觉寝馈不安。部臣责以考核,又复深谅其艰,故以定额饷、定兵额、一事权三者为当务之亟,诚极今日新疆之要图。所贵先具规模,力求撙节,于大局则骨节灵通,于协济则力堪供亿。谨按部臣原奏,就臣管见所及,综举四端,敬为我皇太后、皇上陈之。

一、拟留兵勇以定饷数也。查承平时,新疆旗绿各营,数逾四万,协饷系与甘肃并估,一岁之中,预拨正拨四百一十五万有奇,常例分半提用,曾经左宗棠查明奏报有案。其换防之兵九千馀人来自关内,则关外历来得饷较优,经出之名亦夥,就地抵征无几,概仰支于拨协。乱后情形迥殊于昔,安集延各部为俄所并,哈萨克布鲁特大半归俄。于是南北两路边界多与毗连,所在防范宜周,不仅伊犁一隅阨要也。从前额兵职官北路独多,今则两路并重。南路形胜以喀什噶尔为最，阿克苏、乌什次之。现拟规复兵额，全疆旗绿定以三万一千人为准，应如部臣所议，将旧有之乌鲁木齐、巴里坤、古城、库尔喀喇乌苏、吐鲁番各处旗丁归并伊犁，即以伊犁将军与塔尔巴哈台参赞为驻防旗制，合马步勇营共足万人，馀以六千三百人归喀什噶尔道属，以四千五百人归阿克苏道属，以六千四百人归镇迪道属。其巴里坤镇则定三千八百人。甘肃兵饷旧章，满年四本八折，马兵每名月支银二两、粮二石，应支银十六两、粮八石。步兵每名月支银一两五钱、粮一石五斗，应支银十二两、粮六石。守兵每名月支银一两、粮一石，应支银八两、粮四石。遇闰递加。马步之饷稍裕，守兵几难自存。内地人稠，犹有疲弱充数，平时多不归伍，偶值迎送差使，始行招集，饷数过少不能严以相绳。新疆地旷人稀，求其虚应伍籍，亦不可得。精壮之丁远来边外，募之为兵，必须优给饷银方敷食用。勇营无款悉裁，势宜仍照行粮支给。臣曾沥陈苦况，仰蒙圣慈，准如所请。兵制未复，旧勇久役思归，若改坐粮，大都籍隶东南，距家万里，必非所愿。即伊、塔两处之锡伯、索伦、兀鲁特、察哈尔等各项旗兵，经此乱离，异常寒苦，月饷暂宜宽给，以稍养其元气。约计三年之内，当可设法将旧勇裁并，旗兵困亦少舒，再按坐粮起支。以马步三万一千人并算，马三步七，每年照行粮需银二百九十一万馀两，照坐粮每年需银二百十万馀两。兹除金顺、锡纶两军外，臣与张曜所部共计二万七千五百馀员名。适谭钟麟息借陕西商款之三十万，分解哈密十八万，臣即勉为挪凑，已将董字、定远、蜀军改营为旗，裁并二千。张曜之嵩武军自光绪元年出关，时阅十年，不无疲废，拟商抽裁千数百人。至臣前接部覆，议准修建南路城署，当即分饬遵办，趁此防营相助，事半功倍，经费暂于军饷挪注，共需三十七万四千馀两，满拟照数请拨部储，归款即可权挪，再裁二千馀人。旋经户部议驳，艰窘概可想见。只以勇存饷积，年须多耗二十馀万。能暂腾挪的款，臣得资以周转，将来并张曜所部于二万一千之额，亦无所溢，实为一举两得。部库未充，臣更何敢坚申前请。伏读谕旨，务就左宗棠原议三百数十万之饷，量入为出，揆时度势，目前断不能敷。无论如何，兵勇共留三万一千人，万难再减。除已改之坐粮标勇、土勇外，馀存之营尚须照支行饷，则臣部应分饷银百五十万，加善后经费银十四万，添制军装、器械银十六万。金顺、锡纶共分饷银九十四万，加善后经费银十六万，添制军装、器械银十万。张曜共分兵饷、制办银四十万。已需三百四十万。顷接谭钟麟缄商，关内须分饷银百二十万。是合甘肃新疆现尚须的饷四百六十万，较之向额四百一十五万，仅多费银四十馀万。若旧勇裁毕，统改坐粮，新疆每年可省兵饷八十馀万。其善后之三十万两，于三年后均可停止，则每年合关内外止须协银三百数十万，适符左宗棠前奏所定之数。此通筹额兵以定饷数之大略也。

一、酌改营制以归实用也。查向来驻防旗营，例分前锋、领催、马甲、步甲及养育兵，月饷季粮，各有等第。绿营分马、步、守三项，今于伊、塔两处共拟分兵万人，必照旗例则概须以次安设。成规稍繁，边防关紧，征剿极不可忽。臣愚妄拟伊犁分七千人，塔尔巴哈台分三千人。伊犁即就该处现存之锡伯、索伦、察哈尔、兀鲁特及现拟移乌鲁木齐各城之旗丁内，挑选三千人以作旗兵，再于金顺所部勇营挑留四千人，作马步游击之兵。应如何归旧设之伊犁总兵等官统驭，即由将军辖制酌定。伊犁各城旗丁素多，此后生齿繁衍，似应酌添旗兵之额，既便安插，且即资其捍卫，并由将军详察筹拟。塔城挑留旗兵一千人，再于锡纶所部勇营挑留二千人，作马步游击之兵。该处亦有绿营官弁，应由参赞酌夺，便于随时调派。兵力实已不单，战守自当确有把握。惟该两军并张曜之嵩武军均议裁汰旧勇,必须钜款解到乃能分遣,应请饬下原协各该军之省关迅筹,大批起解,以便各得赶定汰留,藉免贻累。日后其三道所属总二万一千人,马步分编,择驻险要,马为马营,步为步营,不相掺杂。有事出征,一兵可得一兵之用。左宗棠、杨昌濬等前议减兵加饷,声明酌提马步数成,择地团扎操练,技艺必须精强,枪炮务期有准,系为猝有战事起见。关外防守较前尤须严密,正在复兵伊始,除酌拨各处分汛足敷弹压匪类、查缉盗贼外,馀兵随所隶之将军、参赞、巡抚、提镇驻扎,常川练习,俾成劲旅。严除应差挂名离伍之陋习,即偶有蠢动,直可灭以朝食,不必悉藉客勇始足以珍寇氛。饷则由勇改兵,旧本行粮,今议俟后复兵,改支坐粮,业经节省。因其既已著籍,不须往返川赀,且室人聚处,粮饷所入无颗粒分毫之浪掷。苟善用其经营之术,尚勉足以支撑。倘更减于坐粮,则将无以存活,何能养其锋锐,缓急足恃。是则司农给饷当持之以坚,不可久而核减,边将练兵当驭之有道,不可从而冒侵。庶几防剿兼资,斥堠无惊,允堪靖邻固圉。旗绿各兵常驻其地,从此不须换防,兼卫身家,其志益固。此酌改兵制以备征守之大略也。

一、酌定官制以一事权也。查关外向止镇迪一道,近则南路添设两道,并划哈密通判以隶新疆,计厅州县二十馀属。回疆始有治民之官,旗丁概归伊、塔驻防。前此之都统、参赞、办事、协办、领队各官,若仍沿例简放,则直无事可办,无队可领,坐使有用之材置诸闲散之地。诸臣世受国恩,岂肯徒縻禄糈。且各州县抚此孑遗,疲瘠不堪,每遇大僚过境,虽无不格外体恤,然如车马所需,本系例所应供,况长途戈壁,使臣遄征,艰辛已极。有司守土,往往不待传索,谊应稍尽东道之情。塞外百物腾昂,一差经过,恒致负累。兹欲从新整理,臣愚拟请除留伊犁将军、塔尔巴哈台参赞两处旗营外,其馀两路之都统、参赞、办事、协办、领队各缺,概予裁撤。移乌鲁木齐提督于喀什噶尔,移喀什噶尔旧有之换防总兵于阿克苏。其所属各营旗分防城隘,应更详勘明确,再行定议。乌鲁木齐地可兼扼南北,即裁都统,则臣原议请设甘肃新疆巡抚、藩司未可再缓,镇迪道属之兵即作抚标。倘缘节费不亟设省,别无钤辖之方。至暂留都统,仿前节制镇迪之例,系属权宜敷衍,终亦务须更张。每岁协饷仍归陕甘总督统估,按数分起拨解关外。各部不许各自派员坐催守提,免耗薪水旅费,且免不肖委员挪饷带货,多索车马,而摊销抵饷之累,亦将不禁自除。又,配造子药所需物料,虽不必尽由内地置办,而价昂工贵,甚不合算,应归总督督饬甘肃新疆总粮台,分别购制,拨解各处应用。共费若干,年终由应分协饷内划抵归款。本地岁入之项,除伊、塔两城不计外,三道所属岁征银六万八千馀两,额粮二十四万馀石,拨发各营,扣收价银,目前但勉敷各文员廉俸、书役工食及各军台、塘汛、驿站、卡伦兵丁、夫马、工料之需。日后垦荒益广,额粮必增,入款可望起色。营旗各员参用营勇之章,便于训练。如副将作营官,即以中军都司为总哨,千把、经制外委为正副哨长。参将、游击作营旗官,即以中军守备为总哨,千把、经制外委为正副哨长。都司守备作旗官,即以中军千总为总哨,把总、经制外委为正副哨长。官署即同行营壁垒,营官、总哨、哨长共居垒中。兵房随哨盖建,无故不准出外,逐日操演,俾其常存锐气,以免日久疏懒,渐就颓唐。否则各居衙署,散漫无归,骤难查察。其应如何安置眷属,容再详拟。从此官署兼仿行垒之式,则队伍自然整齐;马步分起编列成营,则声息自然联络。治兵之官不似往者之冗,牧令勤求民瘼,诚意感孚,使之渥沾圣化。去其阿奇木伯克之权,薄赋轻徭,相与维系。数年之间,语言文字或可渐轨于大同,部臣所谓同是血气之伦,绥之斯来,理有固然。此筹议官制以一事权之大略也。

一、屯田归兵徐议抵饷也。前准户部咨钞折稿,以饷款艰难,新疆南北两路急需大兴屯政,以裕边储。钦奉谕旨,饬臣等酌议办理。方与诸臣熟商,此次户部又以屯田抵饷为言。查屯田之说,自汉以后言兵农者,莫不引为足食节饷之大经。其制不一,唐之营田,明之卫田,所在有屯,后率有名无实。新疆旗屯、兵屯、商屯、回屯,酌收租粮。其效惟伊犁为最大,次则塔尔巴哈台亦设屯营。南路各城较少,而伊拉里克之水利经故督臣林则徐议修,于是中外称善。臣前率师经历两路,曾经访及屯务。如伊拉里克隶吐鲁番,旧有民耕坎井,其法系向天山之麓开井而下,更为上下浚渠,循此间十数丈,以次接开渠道暗通,导引雪水伏流,以资灌溉。每修一坎,费钱约千馀缗,浇地二三百亩不等。其不修明渠者,一恐风沙吹压,一则渠深数丈,搬土较难。惟吐鲁番土质坚致,乃能潴流固岸,不虞浮壅,本是成法。林则徐复为加意讲求,其利益溥。故该处之地,民但有力,无不争垦。臣曾于南路哈密各处仿此试开,或无水可迎,或旋开旋塌,地势所限,有非人力所能强争。至若旗屯、兵屯,地率专为片段,中无民地淆杂。抵饷之议,臣昔以费繁饷绌,兴屯为大利源,极思仿而行之。比年试办,始知其效不可骤期。久遭兵燹,水道湮塞,兴修各工咸资力于营勇,未克一律尽力于农,非如宋臣陈恕之所云军卒骄惰也。各勇远征徼徼,复迫之东作,心志既不专壹,人地本属生疏,将领虽严加程督,而时而耒耜,时而干戈,无非勉强以应,终难谙悉。驻营多在冲途,附近之可垦者早经土民承种。即以哈密言之,择地拨归营屯,求其与民无碍,除戈壁不任开垦外,偏在大泉湾、塔尔纳沁等处,远隔百馀、二百里。上年综计各处所获粮石,扣还成本,略无赢馀。倘因屯垦之故移营以就,则应防之汛地又须添营填扎,不特甫辟之土成否尚未可必,即使丰收,已先专糜月饷,统算岂不极亏。此而欲抵实饷,必俟兵制定妥,宽予年限,乃有着落。盖农夫之于耕务,先谙其土性,播种随宜,然后秋成无误。勇丁各怀故土之思,暂耕于此,虽任耰锄之役,不期收获之丰,又须购器、豢牛、籽种之需,耗费颇巨。事属大众,只图塞责。如或界接民田,虽毫无骚扰,亦甚恐惶。浇水争先,漫无分志,燥湿过度,日至鲜成。民田固隐受其困,而官本亦坐耗矣。南路缠回多以务农为生,间有荒莱,则实苦于无水,张曜谓其有类石田。北路乌鲁木齐一带,恭镗咨称旗兵各屯折抵,均无所获。伊犁境内,金顺、升泰覆咨亦云通算迄无利益。伊地夙号膏腴,果能不相攘害,咸愿耕于其野,委弃殊为可惜。塔城亦多沃壤,锡纶当不忽视。现拟复兵,臣愚请于裁勇后,除伊、塔两处由金顺等妥筹外,馀就各兵驻防之所,如有荒地可拨,为之酌数分给,即同己业,兵虽不皆土著,既经入伍,自各愿有室家。令其操防之暇,从事陇亩,人情各营其私,致力必倍寻常,甲年无息,取偿乙岁,扣抵复从其轻,必且乐此不疲。公家既得略抵饷项,仓储亦得藉以充盈,有恃不恐,其利可以操券。苟务期效旦夕,考成所迫,始长虑而却顾,卒致无功。此兴屯抵饷难求速效之大略也。

以上四者,部臣筹之甚切。臣苦识虑短浅,有惭远谟,而边寄忝膺,用敢竭诚条上,吁恳饬部详核覆奏,请旨颁行,以节财用而策治安。抑臣更有请者,部臣鉴于近来勇籍之多虚冒,务求核实归并,有云补半年欠饷,馀欠悉令报效。值此度支万窘,几于筹无可筹,乃援明春裁营补发半年欠饷之请,以为旧章,意谓似此清厘,虽较积欠大减,究于实数无亏。然如臣部各军,则其情事大相径庭。查乡勇越境剿贼,始自故大学士曾国藩,由湘而推行于江西、湖北。厥后帅臣各就其乡招募,遂遍各省。臣曩隶老湘军,稔知勇夫之于领饷,亦若农人之占天时,按候无差。每届准假,算明找补,不爽丝毫,故咸踊跃用命。父兄死事,子弟继之。上无克冒之弊，下尽心力之能，规制森严，莫敢撄犯。以言乎剿则电掣风驰，无坚不破；以言乎防则修工护运，无役不从。感圣朝之信赏，争先恐后，发捻苗回，次第芟荑。湘楚各军，从无折发旧欠之举。勇夫远戍穷边，离其父母、兄弟、妻子，至有十馀年未获一还家者。少壮从戎，今且垂暮。平时存银，不能支取。家中或致冻饿，然犹有所待。上之所以慰勇者，曰俟后腾饷给假，分厘皆清；勇之所以慰家者，曰少迟领欠假旋，聊敷事畜。此实塞上征夫、里间老幼所赖以为养命之源，历年遵行不渝者也。古语有之，政莫大于信。我皇太后、皇上平定四方，赋不少加而偶灾必赈，俭以自奉而养军惟优，厚泽深仁，独超往古，薄海臣民罔不沦浃肌髓。比者西陲敉靖，各勇方庆凯旋有日。前之归者，役期若干，领欠若干，还而自按，若竟短扣，能无寒心。况其甘于远役，原恃饷宽聊可为身家之计，岂料至于折发。勇数并无浮报，入营悉属的期，彰彰在人耳目，尽堪稽考。部臣极虞年积一年，姑具此说。微臣受恩深重，倘可强为试行，甚愿因之清欠，而身任其职，洞悉其隐，不敢缄默。朝廷亦何吝此，致失大信于功成之后耶。伏恳天恩，矜念久征之勇，俟其裁撤，仍照原欠之数算找，则所全实大矣。

全疆既筹经久之策，要在通力合作。将来统留兵勇三万一千人，三道所属纵横约二万里，共拟分兵二万一千，更难兼防外境。伊、塔分驻万人，辖境比之昔年，已形狭小，防战亦应预筹。其与俄人交涉，守约立威，军垒务须整饬，城防须布置，必兵数无缺，饷数无侵。斯镇守非虚，士气常振，纪律严明，则商贾不至裹足，户民得以安居，强邻亦当震慑。前者伊犁收还，臣即缕晰函商金顺，速为筹办，洎未接其覆书。金顺老成硕望，战绩卓然，一经振刷精神，加之整顿，自足为西域之长城。统计新疆近费已不下数千万。俄壤紧接，嗣后但可进尺，不能退寸，尽在边臣激发天良,廉以持躬,恩以孚众,更精求武备,联为一气,勿存旗绿之见,尚可互借声援。积弊既除,铠仗一新,军容苟有可观,成效乃有可睹。如荷鸿慈垂诚,臣虽驽钝,惟罄人十己千之力,稍酬高天厚地之施。金顺等渥承眷畀,必当迅图振奋,力保严疆。久远之规,实基于此矣。除关内兵饷一切另由督臣谭钟麟通筹具奏外,臣与金顺、张曜等相距过远,必待一一函商。须延数月,重以西饷万分拮据,去冬息借之银,订于四月归楚,不特无款可还,而本年报解寥寥,即每月应发之盐菜银两,亦苦无以点缀。万灶所托迫切,殆难言状。惟有恳恩迅饬提解,以济燃眉,边局幸甚。不揣冒昧,谨先恭折覆陈。是否有当,伏乞皇太后、皇上圣鉴训示施行。谨奏。光绪十年四月二十八日。

军机大臣奉旨:该部议奏。钦此。

002.奏为密陈遵旨详加酌度遴选熟悉边情之员带营前往喀什噶尔替防张曜一军请准原拟事

04-01-01-0947-070

钦差大臣督办新疆军务兵部右侍郎二等男臣刘锦棠跪奏,为遵旨详加酌度,仍申微臣前疏之请,以期迅赴事机,恭折密陈,仰祈圣鉴事。

窃臣于本月二十日承准军机大臣密寄:光绪十年七月初四日奉上谕:新疆防务,经刘锦棠随时布置。该大臣驻扎哈密,足资控驭。伊犁有金顺防营,兵力亦尚敷用。喀什噶尔防务较松,现在北路边防紧要,张曜一军如可抽调,著刘锦棠详加酌度,遴选熟悉边情之员,带营前往喀什噶尔接替,即令张曜督率所部,迅即北来,听候谕旨调派。该大臣酌定后,一面奏闻,一面即将此旨知会张曜,遵照办理。将此由六百里密谕知之。钦此。跪读之馀,值宵旰之忧勤,恨驰驱之难骤。缩地无术,不禁寝馈难安。恭绎谕旨,饬臣详加酌度,仰见眷怀西域,指示周详,莫名钦服。连日以来,遵即审度时势,综计道途之远近,以协拔守之机宜。不揣冒昧,敬为我皇太后、皇上陈之。

臣与张曜共事一方,稔知其勋迹卓然,老成干济。此次苟能领兵应诏,洵于事局有裨。无如喀什噶尔紧接俄邻,为南疆之重镇。当此通商伊始,固在守之以信,尤先示之以威。今将张曜一军抽调,在中国因其防疆既靖,可以权移,在彼族将谓远塞召援,转生疑讶。且须遴选资望素著之员前往换扎,方能镇抚。其间就臣部之在南路者,惟阿克苏之湘军较近。自道员罗长祐病故后,接统之提督汤彦和勇略虽饶,而新膺统带,其资尚浅。欲以上游各军藉归钤辖,势遽未克相下。帮办甫去,正宜力求和衷,似此为时过促,窒碍颇多,此抽调张曜一军之限于统将接替者也。如飞调现扎北路奇台之统领安远军宁夏镇总兵谭拔萃往驻,该员久统营伍,威望可孚。而自奇台至喀什噶尔,按程五十馀站,谭拔萃俟得替防,须于八月始可由奇拔队而南,沿途纵无阻延,抵喀已须冬月。张曜所部之营,分防和阗、叶尔羌各处,倘不待集旧部,而单骑以就外军,则兵与将不相习,将与帅不相习,何能如臂指之效用。求速亦复不得。查由喀什噶尔以至哈密,计将六十站。臣即恭录密谕飞致张曜,不俟接防之军,赶紧料量开拨,亦须于九月始可由喀而东。边陲风雪,凛冽异常,有时坦道迷离,断难飞越。即使将士咸怀忠愤,浑忘手足之皲瘃,愿奋往于冰天,不少休于途次,抵哈亦在腊初,又况长途戈壁,随行辎重,平时且须略憩。矧届隆冬,屈计由哈入关,迄抵防所,须俟来年暮春。若以北路边防紧要而言,诚惧缓莫能应。而喀什接替之际,急切或致疏虞,既无益于北防,转有妨于西守,边关所系,不得不慎重出之。睿谟早已鉴及,谆饬由臣酌定。若不熟权缓急,扪心何以自安。此抽调张曜一军之限于道远天寒者也。

臣前因闻外间传播，法夷妄肆鸱张，背约要挟，遂觉积愤填胸，曾于月朔密疏，请旨率师东下，与之决战。其于新疆布置情形，就臣管见，拟援光绪二年故事，督臣出驻肃州，以通玉关内外之脉络，张曜移驻阿克苏，以壮南路东西之声援。腾出微臣于关外挑选三千人，再于关内添募三千，合足六千人，趱程拔往，以为后劲。盖已熟审事局，乃敢陈于君父之前。兹先奉旨垂询，则是海防益形吃紧，津沽一带，实为京师门户，备御尤须严密。臣缘待罪塞外，不获立时奋起，稍分朝廷之忧，绕幕彷徨，莫知所措。但使沿海防军迩来仰承庙算，大挫夷氛，斯固敷天之幸，或彼仍鼓螳臂，凶梗相持。同一饬拨西兵，就行军才智言之，张曜自胜臣数倍；就现驻道里计之，张曜则远臣数千。此时局势必求可为先声之一助，庶国家之所以优待边军，与边军之所愿竭力图报者，藉收尺寸之效，亦即少酬高厚之施。计臣前折业奉批旨在途，能荷俞允，则拔行较捷，略无迟濡。如必俟臣覆奏，再定简派，应恳天恩俯准如臣原拟，以期迅赴事机。张曜暂只移驻阿克苏，去喀匪遥，所部无须纷更，耳目有所专属，呼吸仍系一气，不虞隔阂。其喀什噶尔地方冲要，即由张曜拣委该军统领之资深者一人，责成弹压。臣与督臣奉命就道，东西相遇，尽可熟商交替。哈密绾毂南北，委属全疆行幕之咽喉。督臣既改驻肃，则哈密之责已轻。特两路之馈饷，务必于此停顿分赍。行营粮台向设旧城，拟以一营保卫，更以一营填扎臣之行全，堪资防范。此外，臣择其可调者，并即将亲兵营整队候拔。关陇靖谧，拟商之谭钟麟，抽选劲旅，以备临时之须。张曜比定东驻，所有各军应悉归其调遣，呼应既灵，然后责无旁贷。全疆官制兵制，会当定议，防务善后，及时振兴，足慰宸廑。臣现统计行程，稽之时日，非臣领队北上，无能协于机宜，时事所迫，除飞文密商张曜、谭钟麟外，兼将拔队一切暗为准备，奉旨即行，仗天威以杀敌，勉竭犬马之忧,抒义愤以致身,期靖鲸鲵之浪,曷任激切待命之至。谨缮折密陈。是否有当,伏乞皇太后、皇上圣鉴训示施行。谨奏。光绪十年七月二十四日。

军机大臣奉旨:另有旨。钦此。

003. 奏为阿克苏兵备道罗长祜立功后积劳病故志节可传请准优恤建祠战绩宣付史馆事

04-01-16-0216-035

钦差大臣督办新疆军务兵部右侍郎二等男臣刘锦棠跪奏,为道员立功后积劳病故,志节可传,吁恳天恩俯准优恤建祠,将战绩事实宣付史馆,以彰忠荩而资观感,恭折仰祈圣鉴事。

窃统领湘军二品顶戴按察使衔署甘肃阿克苏兵备道留陕题奏道骑都尉世职讷齐欣巴图鲁罗长祜,上年患病累月,经臣给假,在营调理,遣医诊视。入春后,潮热自汗,惊悸咯血等证层见叠出。正月杪,手书抵臣言状,条陈减除差徭未尽数事,并举替人,有云"死不足悲,惟国恩未报,时事多艰,伏枕饮泣,不能自已",尤殷殷以忠荩相勖。臣见其字迹攲斜,语皆沉痛,不忍卒读。因地方紧要,一时乏人接替。该道员虽因积劳致疾,而年力尚富,冀能将养复元,是以未即许其解任,讵于二月初二日因病没于阿克苏行营。边事需才正殷,以南疆极称得力之员,竟尔遽夺其算。接报之馀,不独为罗长祜悲,更为边氓惜也。

臣与罗长祜居同里闬,稔知其幼时即异凡童,读书过目成诵,能得其大旨,师事原任陕西抚臣刘蓉,尝深器之。年二十,仗剑游浙,继度陇,襄办今大学士左宗棠营务,肃清关陇,累功由通判保升花翎知府。光绪元年,臣奉檄由西宁整旅,进规新疆。其时全疆沦陷日久,冰天雪窖之地,险阻艰难,闻者生畏,幕客方纷纷求去,罗长祜独毅然请行。左宗棠素爱其才,壮其气,委综臣军营务,随同出塞。所有臣军粮事、饷事、运事、兵事,相机筹策,罔不殚心。二年六月,攻拔辑怀,既而迪化、巩宁、昌吉以次克复,适臣染患时疾甚剧,暂驻迪化医治。遣罗长祜暨宁夏镇总兵谭拔萃、提督董福祥等会攻玛纳斯城,鏖战兼旬,继而该逆哀词求抚。罗长祜心知其诈,禀商今伊犁将军臣金顺,令其尽缴马械,始允投诚,纵令归巢自决。该逆旋率悍党结队出城,声言赴营自投。迨与我军薄近,仍复齐施枪炮,挺矛直前,拼死冲突。幸官军先绕长壕埋伏,截贼归路地道,齐轰贼众,内外隔绝。官军合力围剿,贼目韩刑脓、马有才等伏诛。臣初心许罗长祜能胜将领之任,于兹益信。三年三月,攻克达坂城,臣即取道小草湖,进攻托克逊,别遣罗长祜、谭拔萃等乘胜趋吐鲁番。罗长祜谓安夷恼惧未定,疾乘之可迫走也,夷逆奔,则胁从之众可不战而胜。遂促队星驰,未至,而该夷果弃城先遁,缠土回子效顺就抚,悉免穷治,秋毫无犯。一面宣谕皇朝威德,欢声震地。嗣仍随臣移师南指,且战且前。数月之间,遂将喀喇沙尔、库尔勒、库车、拜城、阿克苏、乌什、叶尔羌、喀什噶尔各城池一律规复,厥功为多。全疆肃清,以道员拜赏穿黄马褂、云骑尉世职恩命,旋蒙特恩,改为骑都尉世职。罗长祜益加感奋,时以图报不及为惧。

四年十月,安酋阿里达什嗾其残党纠布鲁特,谋袭喀什噶尔。臣时正值足痛大作,力疾出师。罗长祜自请前驱,阵斩阿里达什。逾年正月,其馀党阿布都拉哈玛复勾结爱克木汗,大举寇边。臣亲督马步进驻乌帕尔,以扼贼吭。罗长祜由间道径捣博斯塘特勒克贼巢,直犁其庭,赴机神速,往往如此。嗣是筹办善后,时与臣往复讨论,条举累千万言。其略云:回疆积弊在于差徭无制,尤在头目太多,回性冥顽,逐末轻本,言语文字不通。非乘建置之始改弦更张,无能为治。请沙汰冗沓,慎选贤能,轻徭薄赋,与民休息,重农桑以正其趋,兴教化以植其本,修内乃可攘外,治法必赖治人。所论均切时要,故善后多资其议。自臣奉命接绾兵符,驻师哈密,檄罗长祜移扎阿克苏,操防之外,凡中外交涉、边险要害、种落性情习尚,罔不运以精心,旁谘博采,洞烛底蕴,用能通方应变,操纵自如。继经臣奏委署理阿克苏道,仍统湘军,时已因劳致疾,强起从公。去秋之季,轻骑周历辖境,查察卡伦,问劳抚辑,殆无虚日。兹二月朔,犹力疾巡防。次晨,由所部寿字马队肩舆回其防所,汗出如注,救治罔应,临终无一语及家私,但云所志未竟,负国负知,目不能瞑,谕令官僚将佐照常治事,守法奉公。言毕而逝。

　　臣维罗长祜才识闳通,志节坚定,与臣共役垂十年,不避艰险,发纵指示,必竭肫诚。每临巨寇,辄帕首为诸将先,决策制胜,靡有遗遁,故能战胜攻取,所向有功。开诚布公,信赏必罚,廉而有恩,故能和辑将卒,战守两资。尤能留心时务,通达治体,事无巨细,必以躬亲,惨淡经营,苦心研究。每发一论,中边俱透,容有过当之处,从无不及之处。臣常劝其稍稍节劳,顺时自卫。然终以习惯成性,漫不经意,立功之由基于此,致疾之由亦即根于此矣。左宗棠称其文武兼资,器识凝卓,两次奏请天恩破格录用。臣前遵特旨保荐将帅,谬附以人事君之义,将该道员登诸剡章,盖惟知之深,故敢言之切耳。推其志节、才识、扩而充之,使天假之年,更经历练,则其功业所就,有未可以寻常限者。时事多艰,边圉粗定,臣以驽钝忝膺重寄,正赖二三同志相与维持赞助,广益集思。今罗长祜年甫三十有七,遽赍志以殁,人才难得,似此慷慨激昂,敦尚志节,饶有古刘琨、祖逖风,实一时边材特出之选也。其在新疆战绩,均经随时奏明有案。兹因积劳尽瘁,志节可哀,并据提督汤彦和等连衔禀称,罗长祜功在地方,军民感戴,恳请具奏前来。拟恳天恩,俯允从优赐恤,准于新疆阿克苏地方建立专祠,并将其生前战绩事实宣付史馆,以彰忠荩而资观感,出自鸿施。除分别拣员接统湘军、署理阿克苏道以重地方另案奏明外,所有道员立功后积劳病故,志节可传,恳恩俯准优恤建祠,将战绩事实宣付史馆,以彰忠荩而资观感各缘由,谨据实胪陈。伏乞皇太后、皇上圣鉴训示。谨奏。光绪十年四月初三日。

军机大臣奉旨:另有旨。钦此。

004.奏为奉旨补授甘肃新疆巡抚谢恩事

04-01-12-0531-123

钦差大臣督办新疆事宜甘肃新疆巡抚二等男臣刘锦棠跪奏,为叩谢天恩,并沥陈下悃,恭折仰祈圣鉴事。

窃臣于十一月十一日承准吏部咨开:文选司案呈内阁钞出光绪十年十月初二日奉上谕:刘锦棠著补授甘肃新疆巡抚,仍以钦差大臣督办新疆事宜。钦此。恭录知照到臣行营。感宠贲之自天,倍惶悚于无地。比即恭设香案,望阙叩头谢恩讫。伏念臣本至愚,幼而失学,遭时忝窃,驰驱戎马,以至于今。其于文献典籍、经远之略、郅治之源,卒未得分心研究,是以智术短浅,鲜所贯通。而凤患脚气、晕眩诸证,积年未痊,曾经疏请开缺调理,未邀俞允。只以微臣受恩深重,身在行间,际此时事多艰,边防紧要,靖邻固圉,动为全局所系,不能不力疾趋公,勉图报称。每奉恩纶,辄累日寝食失次,踌躇难安。盖惟质性凡庸,是以扪心而自愧,而天恩高厚,即令捐踵以难酬,此微臣所日夜兢兢者也。

新疆幅员周广几二万里,高踞西北上游,屏蔽畿辅。祖宗朝累烦庙算,始隶版舆,疆比戎索,天下大势所在举可知矣。皇太后、皇上启中兴之景运,建万世之鸿规,命将出师,整军经武,廓清全疆。而时异事殊,沿边藩篱尽撤,因时制宜之道,计非设省建官,不足以策治安而规久远。此新疆开设行省之议所由兴也。

嗣经臣遵旨议覆,请照前督臣左宗棠原议,量为变通,新疆各道
郡县仍合甘肃为一省,添设巡抚、布政使等官,以资控制。敬按
时局,遵旨敷陈,业蒙圣明,饬部核准。

至于封疆大吏,任大责重。新设边缺,诸凡创始,允非得文
武兼资之员,难期胜任。臣以军务粗材,不习吏事,业于光绪八
年七月初三日奏请添设抚藩折内,缕晰沥陈,早邀圣慈洞鉴。乃
殊恩下逮,实为梦想所不期,而对扬天休,弥觉每怀之靡及。盖
新疆之必设抚臣者,时会之所趋也;而微臣之自度不堪者,才分
之有限也。不敢居而又不敢辞者,事情之所迫也。惟有矢慎矢
勤,已千已百,以期仰副鸿慈于万一。仍乞天恩俯赐,察臣原奏,
另简贤能,以重疆寄。边事幸甚,微臣幸甚。如蒙恩允,臣仍当暂
留行营,帮同新任抚臣商办一切,断不敢置身事外,致负逾格恩
施,毋任感悚之至。除设省一切事宜由臣会商将军、督臣随时具
奏办理外,所有微臣感激荣幸并沥陈下悃缘由,谨缮折叩谢天恩。
伏乞皇太后、皇上圣鉴训示。谨奏。光绪十年十一月十五日。

军机大臣奉旨:览奏,具见悃忱。吏治与军事相表里,该大臣
能存敬畏,筹办一切,自无贻误,著毋庸固辞。钦此。①

005. 奏为精旗马队后哨哨长赵良敬等戕毙营官胁众哗溃追捕扑灭各情事

04-01-26-0076-028

钦差大臣督办新疆事宜尚书衔新疆甘肃巡抚二等男臣刘锦
棠、署乌鲁木齐都统臣升泰跪奏,为哨弁戕毙营官,胁众哗溃,随
即追捕扑灭,首要就擒,地方如常静谧,恭折仰祈圣鉴事。

窃驻扎乌鲁木齐精旗马队营官总兵王玉林,由阜康移防未

---

① 该奏折有录副(03-5191-025),批语前多"光绪十年十二月初九日"。

久,忽据署镇迪道英林、迪化州知州潘效苏禀:本年十月十五日夜三更时,该马队后哨哨长赵良敬乘王玉林熟睡,率什长杨玉成等携带锏刀,悄入卧内,猛将王玉林用刀戕毙,嗾党持刃迫胁马勇一百数十人,向西哗溃,蹑追无及,馀人越垒奔散等情前来。臣锦棠窃计,绥来西至奎屯,向系臣部统领亲军甘肃西宁镇总兵谭上连汛地。该溃卒仓猝盗兵,惊愕无定,夙知大道防汛严密,势必避而走险。惟彼时地已冻合,如其绕出安集海,则头头是道,且与伊、塔两城地界毗连,不无可虑。比飞饬谭上连迅率所部,分道拦截,相机剿抚,查明首要之外,胁从免治。一面拨营策应,并知会金顺、锡纶密为戒备。臣升泰闻报,比饬英林等亲往勘验,确查起衅根由,收辑在营弁勇,归哨管束。会商提臣金运昌,专弁执持大令,探踪招抚,宣示悔罪免死,并传饬北路印官、营汛,严防截堵。殊该溃卒星夜亡命疾驰,顷越昌吉而西。十六日夜半,已绕过乐土驿,由绥来县治东黑梁湾地方取径西窜。时谭上连先已得报,诇知溃卒所向,随督同所部署玛纳斯协副将张清和、头起马队提督李其森,率队分道拦截。次日黎明,李其森马队已先夺路迎堵,谭上连等步队亦至。传令军士大呼:"下马弃械自首者准抚。"众心观望未定。赵良敬情急计生,乘招谕之隙,暗执洋炮,向李其森测准窃发,洞中右颧,登时殒命。并嗾杨玉成等齐放枪炮,怒马冲突。谭上连挥队围攻,阵毙溃卒十馀名,夺获旗帜矛杆二十馀件、洋枪十一杆、战马三十馀匹,生擒四名。薄至河岸,砍毙二名。官军亦有伤折。赵良敬等溃围,向西南乡牛圈子一带狂窜,分合不定。官军以步当马,跟踪蹑剿。适十八至二十一等日,连需大雪,道路弥漫莫辨,军士耐寒穷追,堕指裂肤,苦难言状。二十二日初更时,追至湖家海子,该溃卒全股麇聚民庄,拼死抗拒。谭上连率队层层合围,阴挽柴草。次日黎明,督队环攻,枪炮齐发,一面纵火焚堡,且轰且烧,一鼓歼灭,生擒十馀名，夺获战马一百馀匹，洋枪、矛杆一百三十馀件。突围逸出者不过二十骑。讯据擒犯供称：赵良敬冒火遁走，杨玉成业已阵毙。官军阵亡七员名，受伤二十四员名。其牛圈子等处逃逸零骑，经绥来县知县李原琳、已革都司赵兴体所调民团马队沿途截杀，擒获共四十馀名。据谭上连、李原琳先后禀报到臣锦棠行营。饬即录供，详报候夺。

惟赵良敬实为此案渠魁，罪不容诛，并在逃各犯亟应严拿按治。正悬赏缉拿间，旋据统领安远军宁夏镇总兵谭拔萃呈报：赵良敬同馀犯刘正乾、乔礼和等三名，骑马三匹，业据署济木萨县丞旷琦弋获，同该营派去巡查押送古城。讯据赵良敬供，年四十七岁，安徽宿州人，向来在营吃粮。光绪八年，由精骑马队右旗拨归后营。本年二月，升充后哨哨长。王营官每次领到饷银，当堂发散，并无克扣。惟遇事督责，鞭打辱詈，令人难堪。该犯前次督队修路，遭其怒骂，罚跪多时，怀憾在心。十月十三日合操，又被痛辱。中哨史金山、杨玉成首先倡率平日积憾诸人，共推该犯作主，议乘间杀害王营官，泄忿远遁。连日集议不定，微露风声。该犯惧事情败露，祸生不测。十五日，乘正副哨长内有四人出差未回，定更后，暗邀史金山暨同谋之二十馀人，齐集后哨三棚定议。三更后，探听王营官熟睡，该犯一干各执马刀在外堵御，断其救援。杨玉成手持铡刀，闯入卧内，将王营官猛力砍毙，迫胁各哨队一百馀人，骑马乘夜同逃，日夜兼程，将到玛纳斯，被官军截住大路，混打一仗，多有伤亡。计议去向，各人意见不合，致马彪带十馀人为一起，杨玉成带数十人为一起，该犯同史金山一起，各投小路分窜。二十二日，杨玉成一股仍在湖家海子会合，不料官兵抄至，致被围住。该犯由后门乘间率十七骑冲出，弃械向东逃命，昨到大龙口民家借宿，被拿送案。所供是实。刘正乾、乔礼和供词略同。已交县锁解赴哈讯办，并钞具逸犯名单，赍呈前来。

　　臣锦棠查赵良敬供词,核与英林等原报情节相符,其无起衅别故,似无疑义,应俟赵良敬解到臣营,覆讯定夺。至西征马队,原以二百五十骑为定额。该马队哗溃后,随经英林赴营点验未溃人数,实存弁勇六十一名,续后连日逃回收伍,通计存营哨长六员名,正勇八十八名,火勇十二名。核计溃卒实止一百四十馀名。据昌吉、绥来营县原报,并裹胁人数约近二百名,经官军两次堵杀围扑暨民团擒斩,核与原溃人数无甚参差。惟据犯供,马彪另起十馀骑,又同逃之十七骑,尚有十四名在逃未获。要犯史金山已否伏诛,仍由臣严饬确查,通缉务获,归案讯明,分别核办,断不敢稍涉枉纵。被戕之王玉林,已据报验,右面受铡刀砍伤一处,从耳际起,横断头颈过半。尸具殡殓,浅厝存营。弁勇由臣锦棠委员管带。其昌吉、绥来之西南各乡被害民户、被毁村堡,已饬该县履勘,极力抚恤,毋任一夫失所。此精骑马队仓猝哗溃业经追捕、扑灭、办理之实在情形也。

　　臣等查王玉林本皖军旧将,前督办臣左宗棠委带精骑马队,治军严整,遇事奋勉,臣等均所素知。惟驭下严峻,致罹斯祸。幸赖威棱远慑,谭上连等赴机迅速,浃旬之间,全股扑灭,首要就擒,地方如常静谧,足纾宸廑。臣锦棠忝司边寄,疏于防范,应请旨交部议处。所有阵亡记名提督李其森,应恳天恩饬部从优议恤,以彰劳勚而慰忠魂。至总兵王玉林战绩卓著,兹因治军稍严,猝被戕害,可否一并赐恤之处,出自鸿施。其馀阵亡弁勇,容臣锦棠查明,照例办理。除谭上连暨出力将士由臣分别记功奖励外,所有哨弁戕毙营官,胁众哗溃,随即追捕扑灭,首要就擒,地方如常静谧各缘由,谨会同督臣谭钟麟、提臣金运昌,合词恭折具陈。伏乞皇太后、皇上圣鉴训示。再,此折由臣锦棠主稿,合并声明。谨奏。光绪十年十一月二十六日。

　　军机大臣奉旨:览奏,已悉。所有要犯史金山并在逃未获各

犯,仍著饬属严拿,务获究办。刘锦棠疏于防范,咎有应得,惟办
理尚为迅速,所请交部议处,著加恩宽免。李其森著交部从优议
恤。王玉林著交部议恤。馀依议。钦此。①

006. 奏为拿获首犯赵良敬等审明办结事

04-01-16-0215-027

再,精骑后营哨弁赵良敬戕毙营官,胁众哗溃,随经追捕扑
灭,首要就擒各缘由,前于上年十一月二十六日经臣等奏明,钦
奉谕旨:览奏,已悉。所有要犯史金山并在逃未获各犯,仍著饬
属严拿,务获究办。刘锦棠疏于防范,咎有应得,惟办理尚为迅
速,著加恩宽免。李其森著交部从优议恤。王玉林著交部议恤。
馀依议。钦此。跪聆之下,感悚莫名。当即钦遵咨行办理。嗣
据各属陆续弋获并先时阵擒缉拿送案之首要各犯赵良敬等共计
七十四名。其已解乌鲁木齐各犯,派委署理镇迪道英林,督同迪
化州知州潘效苏研讯确供,详由臣升泰提讯,咨照定案。起解哈
密各犯,派委总理营务处道员袁尧龄,督同署理哈密通判娄绍豫
研讯确供,详由臣锦棠提讯定案,以期情罪相当,无枉无纵。窃
惟赵良敬身充哨长,竟敢逞忿造谋,戕害营官,胁众拒捕,致酿巨
案,实属情浮于法,罪不容诛。要犯史金山、王世田等十一名,起
意同谋,怙恶不悛。从犯刘正乾等二十名,同恶相济,目无法纪,
均属罪无可逭。各据供认前情不讳,自未便久稽显戮。当于哈
密行营将该犯赵良敬凌迟处死,并传首枭示。王世田一并斩枭。
史金山等十名,均饬就地斩决枭示。刘正乾等二十名,均各就地
正法,以肃纪纲而昭炯戒。馀犯内除在监病故一名外,其馀四十
一名,均经确切讯明,实系临时被胁,并未抗拒官军,情有可原。

---

① 该折录副(03-6019-076),批语前多"光绪十年十二月十八日"。

仍由臣等分别杖责,锁项递解各该原籍,交地方官管束,以免滋生事端。除在逃之马彪一犯仍勒限严饬通缉外,所有获犯办结缘由,谨合词附片驰陈。伏乞圣鉴训示。再,此片由臣锦棠主稿,合并声明。谨奏。

军机大臣奉旨:知道了。逃犯马彪仍著严拿,务获惩办。钦此。①

----

① 该折有录副(03-7412-036),批语前多"光绪十一年三月二十三日"。

乌里雅苏台奏折

007. 奏报到任接印日期折

04-01-12-0535-012

奴才祥麟跪奏,为恭报到任日期,仰祈圣鉴事。

窃奴才于光绪十一年十一月十一日奉旨:祥麟著作为乌里雅苏台参赞大臣,照例驰驿前往。钦此。钦遵。当时奴才尚在途次,嗣于十二月初七日到京,恭折跪请圣安并叩谢天恩,复于本年三月十九日假满,跪请训谕,两蒙皇太后、皇上召见,训示周详,无微不至。奴才跪听之馀,莫名钦感,遵即于本年四月十三日由京起程北进,于六月初四日行抵乌城,接任视事讫。伏思奴才满洲世仆,毫无知识,渥荷隆施,再任封圻,受命自天,惶悚无地。奴才惟有益矢勤慎,竭尽愚诚,与将军杜嘎尔等和衷共济,遇事参酌,认真经理,悉心筹画,以期仰答高厚鸿慈于万一。所有奴才抵乌任事日期并感激下忱缘由,理合恭折具奏,伏乞皇太后、皇上圣鉴。谨奏。光绪十二年六月初九日。

军机大臣奉旨:知道了。钦此。①

008. 奏为司员年满循例拣员充补各缺事

04-01-16-0219-095

奴才杜嘎尔、车林多尔济、祥麟跪奏,为司员年满,循例拣员充补各缺,以资办公,恭折具陈,仰祈圣鉴事。

---

① 该奏折为满汉合璧折,有录副(03-0210-4559-003),批语前多"光绪十二年六月二十九日"。

窃据军营兵部帮办章京、主事职衔、蓝翎统压前班、尽先前遇缺首先支补防御、补缺后以佐领尽先前首先即补、先换顶戴图伽布呈称，前于光绪六年二月十六日，经前任将军等奏补兵部帮办章京主事职衔员缺之日起，连闰扣至本年十二月十五日止，七年期满，循例豫期呈报开缺，拣员更替等情。查该员既经年满，自应照准，给咨回绥当差。其所遗帮办章京主事职衔一缺，奴才等公同拣选，得委署主事、蓝翎记名、尽先前首先即补防御、补缺后以佐领尽先即补、先换顶戴札朗阿，公务熟谙，办事辛勤，堪以拟补，应俟七年期满，如果就武回城后，请仍以防御尽先前首先遇缺即行支补，补缺后仍以佐领尽先前即补。遗出委署主事一缺，选得额外笔帖式、遇缺即补骁骑校普祥，熟习蒙务，办事安详，堪以拟补，应俟五年期满，如果就武回城后，循例以防御遇缺即补。递遗额外笔帖式一缺，选得候补笔帖式金奇暹，人诚实，办事勤奋，堪以拟补，俟五年期满，如果就武回城后，循例即以骁骑校遇缺即补。如蒙俞允，俟遇差便，先行给咨该员普祥、金奇暹赴部带领引见。除金奇暹所遗候补笔帖式一缺，仍照成章，拣员咨部外，所有循例拣补司员各缺缘由，理合恭折具奏，伏乞皇太后、皇上圣鉴。谨奏。光绪十二年六月二十八日。

军机大臣奉旨：著照所请，兵部知道。钦此。①

009. 奏为三音诺彦部落札萨克多罗贝勒额林沁忠鼐因病照章请开缺及委员署理印务事

04-01-12-0535-005

奴才杜嘎尔、车林多尔济、祥麟跪奏，为三音诺彦部落札萨克多罗贝勒患病，限满未愈，照章奏请开缺，恭折仰祈圣鉴事。

---

① 该折有录副(03-5211-080)，批语前多"光绪十二年七月二十日"。

　　窃查前据三音诺彦部落盟长公吉克济特多尔济呈称,本盟
札萨克多罗贝勒额林沁忠鼐素患四肢疼痛,又加心跳神迷等证,
实难力疾办公,呈请给假等情,当已照章派委笔帖式文哲浑往查
属实,取具联名印结禀覆前来。奴才等先后照章奏明,给假六个
月,令其赶紧调理。其札萨克印务派委协理台吉车赉,所管孳生
驼厂事务以协理台吉瓦齐尔绰克图,察克达官兵事务以管旗章
京那逊等分别署理在案。兹据该盟长报,据该札萨克多罗贝勒
呈称,现已六个月假满,病势仍未轻减,一时尚难就痊,弗克力疾
办公等情。奴才等复行照章派委笔帖式庆林往查属实,取具该
札萨克等官联名印结呈覆前来。查例载,内外札萨克汗王、贝
勒、贝子、公、台吉、塔布囊等,如遇患病告假,六个月限内病痊,将
病痊日期报院接任。如扣满六个月,不能痊愈,由盟长查验属实,
加结报院,勒令开缺,仍戴原品顶戴,不食俸,不预公事,所遗之
缺,照例承袭,其有兼职任者,另行请旨简放。又查同治十二年理
藩院奏定新章内开,嗣后喀尔喀四部落盟长、副将军、副盟长、何
贝及有无派差之各汗王、贝勒、贝子、公、札萨克等,如遇患病请
假,由该将军大臣及盟长等分别查验属实,均由该将军大臣奏明
给假两个月,俟限满病仍未痊,再由该将军大臣奏请续假四个月,
先后统计六个月,以符定例,如再限满未愈,即由该将军大臣等奏
明开缺各等语。复查三音诺彦部落札萨克多罗贝勒额林沁忠鼐,
因病先后照章奏明给假六个月,令其调理,现既假满,病仍未痊,
又经奴才等派员往查属实,已取有联名印结,自应照章据情奏请
开缺,仍戴原品顶戴,不食俸,不预公事,所遗之缺,自应由该盟长
照例另行报院承袭,其管理察克达官兵之责,并令该盟长径行拣
派妥员接管,惟所管孳生驼只事务,乃系钦指责任,自应照例饬令
由该盟长等择定阖盟游牧相当、称职之王公数员呈送,其时再由
奴才等酌核请旨拣派。除将取到联名印结一纸送院备查外,所有

札萨克多罗贝勒因病照章开缺暨委员署理印务各缘由,理合恭折具奏,伏乞皇太后、皇上圣鉴。谨奏。光绪十二年六月二十八日。

军机大臣奉旨:著照所请,该衙门知道。钦此。

010. 奏请笔齐业齐克什克吉尔噶勒充补乌梁海总管事

04-01-12-0535-004

奴才杜嘎尔、车林多尔济、祥麟跪奏,为乌梁海总管出缺,循例拣补,恭折仰祈圣鉴事。

窃查唐努乌梁海五旗总管遇有缺出,该旗拣选办事勤能,属众倾服者呈送,由奴才等验看,如堪补用,出具考语,奏请补放,历经遵办在案。兹据库布苏库勒诺尔乌梁海总管乌尔图那逊报称,职现因年老力衰,旧有咳嗽之证,虽经医治,并不见效,而反加以气喘神迷等证,诚恐有误办公,呈请开缺,另行拣员充补,以资办公,如准所请,公同拣选,得笔齐业齐克什克吉尔噶勒、纳噶等,通晓文义,办事勤能,属众倾服,拟将克什克吉尔噶勒拟正,纳噶拟陪等情,保送前来。查该总管乌尔图那逊所称属实,自应照依所请,另行拣员,以重职守。奴才等验看,得拟正笔齐业齐克什克吉尔噶勒,人尚明白,通达蒙文,堪以充补总管之缺。可否之处,伏乞皇太后、皇上圣鉴训示遵行。谨奏。光绪十二年六月二十八日。

军机大臣奉旨:著照所请,该衙门知道。钦此。

011. 奏为查点孳生马群情形事

04-01-01-0955-040

奴才杜嘎尔、车林多尔济、祥麟跪奏,为循例查点孳生马群,恭折具陈,伏乞圣鉴事。

窃查乌里雅苏台设有图们图南北两厂孳生马群,系蒙古参赞专责,每年夏间,奴才等派委管理牲畜处司员,随同前往查点,会奏一次,分别儿骒骟马,拓烙火印,照例每骒马百匹取孳生二十匹,每马百匹准报倒毙四匹,年终造册报部,历办在案。兹奴才车林多尔济于本年六月初九日随带理藩院司员前往逐一点验,拓烙火印,查与例取孳生倒毙数目均各相符,除俟年终分晰造册报部查核外,所有循例查点孳生马群缘由,理合恭折具陈,伏乞皇太后、皇上圣鉴。谨奏。光绪十二年七月二十六日。

军机大臣奉旨:该衙门知道。钦此。①

012. 奏为孳生驼厂倒毙驼只仍
请饬由该管盟长严追分赔事

04-01-01-0955-041

奴才杜嘎尔、车林多尔济、祥麟跪奏,为孳生驼厂例追因灾报倒驼只,仍请饬由该管盟长遵照例案,严追分赔,并请加派车盟副盟长帮同查办,以重牧务而免稽延,恭折仰祈圣鉴事。

窃查东厂因灾报倒驼只,前于上年九月间,将饬据图盟盟长审明管理驼厂公等朦弊出结捏报,图萨拉克齐等从中收受银两,拟先饬由该管盟长将例倒之外报倒驼只,勒限遵照例案追赔,并请将管厂公密什克多尔济、图萨拉克齐车林端都布二员,先交理藩院照例议处。至案内人证,俟该盟长追赔足额,呈报到日,再行照例惩办,分别拟结等因具奏。奉旨:著照所请,该衙门知道。钦此。钦遵严饬该盟长遵办在案。

兹经该盟长报,据管厂公密什克多尔济呈称,现将倒毙驼内,印记口齿齐全者三百馀只,遵照定例,如数赔补,其馀驼只均无印记,实难独力赔补,且牧厂众兵名下驼只倒毙甚少,声请照

---

① 该折有录副(03-6050-043),批语前多"光绪十二年八月十七日"。

案分赔等情。伏查此案前经奴才等将遵例查驼烙印委员声请饬查，当即严饬管厂公将报倒各情逐细彻底究查，该公尚未声覆。经该盟长报，据东厂梅楞拉克那多尔济呈控驼厂舞弊捏报等情，遂将取到印甘各结一并发交该盟严行办理。旋据审明录供呈覆前来，当经详核各节奏明，饬由该盟长车林多尔济将报倒驼只遵照例案，勒限追赔。今该盟长报，据该公所称，将倒毙驼内查有印记者遵例照数赔补，其无印记者，实难独力赔补，又称众兵名下驼只倒毙较少等语。夫官驼报倒，所凭者印记口齿，若无印记口齿，所报倒者，官驼、私驼无从辨别，若谓天寒，漏未割取数张至十数张则可，岂有倒至数千，竟然漏割之理。其中不实不尽，该盟长并未究查，官驼究应如何照案分赔，亦未声明，仅照录原文，一报塞责。案关奏交查追，岂容袖手。奴才等公同熟商，相应请旨仍饬交图盟盟长车林多尔济，遵例照案勒限严追分赔，并请加派车盟副盟长那木济勒端多布帮同查办，俟赔补足额后，再将驼厂官兵有无舞弊逐细查明，照例从严参办，以重牧务而儆效尤。所有请饬查追官驼各缘由，理合恭折具奏，伏乞皇太后、皇上圣鉴训示遵行。谨奏。光绪十二年七月二十六日。

军机大臣奉旨：著照所请，该衙门知道。钦此。①

013. 奏为循例贡进马匹事

04-01-14-0082-066

奴才杜嘎尔、车林多尔济、祥麟、沙克都林札布、额尔庆额跪奏，为循例贡马，恭折奏闻，仰祈圣鉴事。

窃奴才等每年秋间汇贡骟马，以备御用，历经遵办在案。今届呈进之期，谨照成章，留心购选，奴才杜嘎尔贡马八匹，奴才车

---

① 该折有录副（03-6050-042），批语前多"光绪十二年八月十七日"。

林多尔济贡马二匹,奴才祥麟贡马二匹,奴才沙克都林札布贡马
二匹,奴才额尔庆额贡马二匹,共马十六匹。当交四品衔侍读荣寿
带领弁兵,于本年六月间起程,妥为牧放,由驿护送赴京呈进。谨将
奴才等汇贡骗马毛片口齿脚步,另缮清单,恭呈御览。理合恭折奏
闻,伏乞皇太后、皇上圣鉴。谨奏。光绪十二年八月二十一日。

　　军机大臣奉旨:该衙门知道。单并发。钦此。①

014.奏报查明并核销前送蒙古
练军用过饷项银两数目事

04-01-01-0955-044

　　奴才杜嘎尔、车林多尔济、祥麟跪奏,为查明前送蒙古练军
报销册内,经部议驳,将行查款目恭折覆陈,仰祈圣鉴事。

　　窃于光绪十年十二月间,奴才等造送六年六月起至七年四
月底,钦遵谕旨,遣撤三音诺彦部落驻乌练军用过饷项等款,经
户部分别准驳行查,开单具奏。奉旨:依议。钦此。钦遵前来。
奴才等伏查单开:蒙古练军遣撤日期按日核算,多支三日口分银
六百五十八两八钱一节,查此项遣撤官兵系三月二十七日奉到
谕旨,各队驻扎相距乌城一两台不等,钦遵传饬来乌核算应支口
分,于月底核发,各领回营,由该营分放。虽限于四月初一日起
程,然各队转传驳驼,回缴军械,截至初十日起,陆续开行,边外
地势情形实于内地不同,删除银两仍请照册核销。又单开:遣撤
神机营教练官兵,多支三日口分银二十一两九钱九分九厘九毫
三丝一节,此项教练官兵口分,亦于奉旨后,于月底核发承领,制
办口粮,整理行装,传站陆续由乌开行,删除银两仍请照册核销。

---

① 该奏折为满汉合璧折,有录副(03-0210-4559-039),批语前多"光绪
　十二年九月十一日"。

又单开：统领官锦丕勒多尔济支过心红银一百十两，应准销银五十五两一节，查据该统领原议，月支心红银五两，嗣因办公不敷使用，据该统领请照吉江各起统带营总等官月支心红十两章程核发，以资办公等情，当经准照所请，每月心红以十两核放，其时未及声叙，仍请入销。又单开：调阅练军合操赏需羊茶等项，三次共需价银一千五百两，查于原奏立案并无此项，应请删除一节，查该军距乌二百馀里，每遇调操，八成队伍一千六百员名，军行三日至乌，因该队阵势整齐，颇成劲旅，是以公同商酌，采买羊四百只，每只例价八钱，共银三百二十两，茶四百块，每块价银四钱五分，共银一百八十两，每兵四名给羊一只，茶一块，以示奖赏而资往返糇粮，此项删款仍请照册核销。又单开：每月供支该营赴京领饷来往盘脚月需银一百五十三两，与例案均不相符，应令详细声覆，再行核办一节，查此项月需银两即系光绪六年七月，前将军春福等奏请增拨练军饷项折内声明每月请拨银七千两，计每月需饷六千八百四十七两，所馀银一百五十三两，十一个月共银一千六百八十三两，以备杂支各款需用等因，具奏在案，原册内漏未注明，所馀此项备支杂款内，除三次赴京领饷官兵每次差限六个月，官一员，兵五名，照军需则例，官日支银二钱，惟兵日支银八分，似觉苦累，以向日支银一钱，每月开支津贴银二十一两，一次共需银一百二十六两，三次共需银三百七十八两外，当于六年九月间，据该带兵官等援案声请赏发柴薪银两，以示体恤等情，遂饬查照索伦兵勇驻乌，冬季支领柴薪奏案，从减核发，官五十二员，每员每月柴薪银三钱，三个月共银四十六两八钱，兵二千五名，每名月给银二钱八厘，三个月共银一千二百五十一两一钱二分，共开支过银一千六百七十五两九钱二分，馀银七两八分，办理报销纸笔用竣，以上杂支款目详细声明，应请核销。又单开：领饷包皮等项，每万两照章给银五十两，钞送工部核销一节,查此款每饷银一万两开支包皮费银五十两,即系光绪七年二月附片具奏,援照科城奏准章程,京城户部等处领解饷银,每万两酌给费用银五十两等因,奏明在案,计领到银八万四千两,内照案开除费用银四百二十两,仍请照册入销,合并声明。又单开:营务文案总在一处,及分设两处日期支款不符,并委员溢支津贴共删除银一百四十九两三钱三分三厘一节,乃系奏准后续员办理,漏未声叙,今既更正,遵照部议,如数追缴,已归入军需项下,合并声明。惟查乌城初办此项军需报销,因奉部催迫甚急,有在原章之外放款,于册前未及补奏立案,有册内未将原案声叙各件,奉部删驳,是以将现能追缴删款如数归还,其已撤回官兵实不能遍追各款,仅就声明,恳恩饬部照册核销,以免终无了期。所有查明遵议删驳各缘由,理合恭折据实覆陈,伏乞皇太后、皇上圣鉴训示遵行。谨奏请旨。光绪十二年八月二十一日。

军机大臣奉旨:该部知道。钦此。

015. 奏为动支军需零尾项下款加修运送存储器械事

04-01-01-0955-043

奴才杜嘎尔、车林多尔济、祥麟跪奏,为加修运送存储器械动款开支,并知会经过台站地方一体照料供应,恭折具奏,仰祈圣鉴事。

窃查奏撤乌城防军时,曾于折内声明,该军用过器械等项应俟查清残缺,再行造册咨报。继准神机营行查,当经造册声覆。现准神机营咨开,令将册报现存各项军械,无论堪用伤残,全数检齐包固,派委妥员运送本营,以备应用等因。伏查乌城自同治九年边事繁兴,积年领到开花炮、洋马枪、抬枪、排枪、攒竹枪、刺刀以及洋药等项,为数甚巨,其内有原箱存储,势须加修,有各营缴回,应装木箱,又须添制应需包皮、挺绳、铁钉、巴锯等项价银,

运解官兵津贴银两,乌库另无杂款,拟由军需零尾项下动支,起
运后造册报部核销,其沿途应需驮驼,共计三百数十只,拟分十
五起,分起启运,每起派营兵三名。除一面咨知直隶总督转饬沿
途经过地方,再由军台都统等转饬沿台一体照料应付,一面由奴
才等委派妥员督运,分起起程,前赴神机营交纳,并咨报户、工二
部查照外,所有加修运送存储器械动款开支,并知会经过台站地
方一体照料供应缘由,谨恭折具奏,伏乞皇太后、皇上圣鉴。谨
奏。光绪十二年八月二十一日。

军机大臣奉旨:该衙门知道。钦此。①

016.奏为委员护送贡皮事

04-01-12-0535-094

奴才杜嘎尔、车林多尔济、祥麟跪奏,为循例委员护送贡皮,
恭折具奏,仰祈圣鉴事。

窃查乌里雅苏台所属唐努乌梁海五旗,额定七百八十六户,
每户交貂皮三张,每年共纳貂皮二千三百五十八张,实纳貂皮数
在八百张以上,其馀方准以别样皮张照例抵折,如捕貂实不敷
额,准以猞猁、水獭、豹皮每一张抵貂皮三张,扫雪狐、狼、沙狐皮
每二张、灰鼠皮每四十张均抵貂皮一张。科布多所属阿拉泰乌
梁海七旗,额定六百八十五户,每户应交貂皮二张,一百八十五
户共纳貂皮三百七十张,每户应交狐皮四张,五百户共纳狐皮二
千张。均添户不添皮张。每年夏季来乌呈交,秋间委员护送,历
经遵办在案。

本年六月间,唐努乌梁海总管鄂勒哲依瓦齐尔等到乌呈递
贡皮,并将应交皮张户口造具蒙字名册呈递前来。奴才等当堂

---

① 该折有录副(03-6102-070),墨批前多"光绪十二年九月十一日"。

点验,照额数收齐,照例折放赏项,面加抚恤,并谕以妥约属众,安分输诚。该总管等率领众官望阙叩头,欣然领诺,事毕,即令旋回各该游牧。

至阿拉泰乌梁海七旗应纳贡皮,于本年九月间准科布多大臣来咨内称,因该旗灾荒,户口凋零,貂皮无处寻觅,兹复接当卡差,可否概行豁免等因,于光绪十二年五月十六日附片具奏。于本年七月初二日接到原片内开军机大臣奉旨:该衙门议奏。钦此。钦遵等因,咨行核办前来。除将科属应进貂皮是否准免,一俟接准部覆再行咨报军机处外,奴才等当将本属乌梁海皮张饬令装箱封固,粘贴印花,拣派绿营守备定德等督带弁兵,于光绪十二年九月初九日,由驿护送赴京交纳。除将用过赏项及照译贡皮户口清册咨部查核外,并知照经过驿站一体照章供应,加派弁兵小心护送。谨将乌属乌梁海各旗实交折交皮色数目分晰,缮具清单,恭呈御览。理合恭折具奏,伏乞皇太后、皇上圣鉴。谨奏。光绪十二年十月初四日。

军机大臣奉旨:该衙门知道,单并发。钦此。①

017.奏为札萨克头等台吉索诺木车林患病照章请赏假调理事

04-01-12-0535-082

奴才杜嘎尔、车林多尔济、祥麟跪奏,为蒙员患病,照章给假调理,恭折仰祈圣鉴事。

窃据札萨克图汗部落署盟长公阿育尔色德丹占札木楚呈,据本盟札萨克头等台吉索诺木车林呈称,窃索诺木车林旧染潮

---

① 该奏折为满汉合璧折,有录副(03-0210-4559-068),批语前多"光绪十二年十月二十八日"。

湿,四肢青肿,近加心跳神迷等证渐重,实难力疾办公,祈请转呈,照章给假,俾资调理。如准所请,其札萨克印务派委协理台吉布克那逊署理等情。当经派员往查属实,取结呈请照章给假等情。正在拟办间,接准理藩院咨开,索诺木车林本年应值年班等因,经奴才等复行札饬该署盟长再行查验,如果属实,即应遵照部咨,加具印结呈覆,以凭具奏去后。旋准呈覆,遵查该札萨克患病属实,并无捏饰情弊,加结呈覆前来。奴才等伏查该札萨克头等台吉索诺木车林患病请假,既据该署盟长两次派员查验属实,并无捏饰情弊,加具印结呈请照章给假前来。自应按照新章奏请赏假两个月,令其调理,其札萨克印务即照所请,派委协理台吉布克那逊署理。除将呈送到该署盟长加结及札萨克印结咨送理藩院查照并檄覆遵照外,所有该札萨克患病请假缘由,理合恭折具奏,伏乞皇太后、皇上圣鉴。谨奏。光绪十二年十月初四日。

军机大臣奉旨:该衙门知道。钦此。

018. 奏为霍呢迈拉琥卡伦侍卫富保 三年期满循例请拣员更替事

04-01-12-0535-083

奴才杜嘎尔、车林多尔济、祥麟跪奏,为年满卡伦侍卫循例拣员更换,以重职守,恭折具陈,仰祈圣鉴事。

窃查乌里雅苏台、科布多所属各卡侍卫,三年期满,照例由奴才等奏请更换,历经办理在案。兹准科布多大臣咨称,霍呢迈拉琥卡伦侍卫富保前于光绪九年四月二十五日三年期满,当因边事紧急,经前任大臣清安等奏准,复留一班,现今该侍卫富保自留卡任事之日起,连闰扣至光绪十二年三月二十五日止,又经三年期满,祈请另行更换等因前来,自应循例请旨饬下领侍卫内大臣,迅即拣员更替,以重职守。谨将年满卡伦侍卫循例拣员更换缘由,理合恭折具奏,伏乞皇太后、皇上圣鉴。谨奏。光绪十二年十月初四日。

军机大臣奉旨:该衙门知道。钦此。①

019. 奏为乌城官兵艰苦请另给津贴或加支款项事

04-01-35-0987-055

奴才杜嘎尔、车林多尔济、祥麟跪奏,为沥陈下情,仰祈圣鉴事。

窃乌城孤悬塞外,地方辽阔,广袤数千里,北与俄罗斯为邻,山路崎岖,头头是道,慎守边圉,关系匪轻。虽交涉事件不多,而库、科两城时有咨会,奴才祥麟初莅此境,地方情形未能尽悉,当与奴才杜嘎尔等随时讨论。近年来仰赖皇太后、皇上鸿福,转歉为丰,雨旸时若,而蒙民元气未复,旗绿官员兵丁窘苦异常,何也?缘自规复旧制以来,裁撤加支银两,官兵惟恃科城小麦,兵四季关领二石有奇,不足糊口,不得已例由晋省经费日给三分盐菜银之中,赴古城采买米面,而除去米面价银,一日所馀仅银分许,难敷柴薪之用,遑计衣冠之资。当此部库奇绌之时,岂敢率议更章,虚糜帑项,无如今昔不同,事体各异,诸物昂贵,不堪缕陈,即以柴薪一事而论,已甚悬殊,先年乌城购买柴薪在数十里之内,刻下在百馀里之外,甚有远至数台者,脚价昂于柴价,因附近山树伐取已尽,不得不于远方求之也。官兵等鹑衣鹄面,困惫难堪,时环辕门跪求援拯,日甚一日,伊于胡底。奴才等再四思维,若不早事绸缪,待官兵等饥疲已久,岂能责其枵腹差操,设因饥馁哗溃,贻误边局,诚非浅鲜。其应如何及时补救之处,出自

---

① 该折有录副(03-5214-080),批语前多"光绪十二年十月二十八日"。

皇太后、皇上殊恩特沛,俯念边远戍卒,寒苦异常,嗷嗷待哺,饬下户部,于无可筹拨之中,妥议章程,或另给津贴,或加支款项,或仍接续全支加增银两,俾苏涸辙,早固边圉。奴才等目击乌属官兵艰苦情形,管见沥陈,不胜悚惶盼祷待命之至。谨奏请旨。光绪十二年十一月十一日。

军机大臣奉旨:户部议奏。钦此。①

020. 奏请拟调孳生驼马变价补发盐粮事

04-01-01-0956-050

奴才杜嘎尔、车林多尔济、祥麟跪奏,为援案拟调孳生驼马变价,补发盐粮,恭折具奏,仰祈圣鉴事。

窃据管理各路台站暨驼马各厂巡逻官兵札齐鲁克齐多奇雅拉图等先后呈称,自光绪二年以来,因经费不继,屡年积欠蒙古兵丁岁支盐菜银两为数甚多,实属困苦窘迫异常,迭经恳请补发欠饷,以济兵艰等情。伏思蒙古兵丁困苦,系属实在情形,惟因山西灾祲,经费缓解,以致前历任将军等任内,除陆续补放外,尚积欠库伦十四台、恰克图十一台、乌城南路二十台正台、帮台,北路九台牧厂、孳生驼马两厂巡逻官兵等欠领盐粮季分多寡不等,以上综计盐菜粮折银三万二百馀两。现在乌库已经搜罗罄尽,别无款项可筹,溯查山西省积欠乌、科经费为数甚巨,近年来应拨额饷未能按期报解。昨准山西巡抚来咨,省库奇绌,所有积欠银两万难补解,是蒙古兵丁欠饷更无从筹,此巨款若不设法通融筹画,终无了结。正在商酌核办间,接准户部奏驳变价遣撤官兵马匹文内,声明本部检查咸丰十一年九月间署将军平瑞等奏请孳生驼马不堪乘骑者,分别变价搭放盐菜单内,骟马每匹价银五

---

① 该折有录副(03-6104-017),批语前多"光绪十二年十二月初六日"。

两五钱,大骒马每匹价银四两等因,奏准行知前来,惟□文内并未声叙驼只价银若干。奴才等悉心酌核,再四熟商,拟请援照办过成案,由孳生驼马两厂内调取残乏疲瘦,不堪乘骑骟骒儿驼一千三百只,骒马儿马一千二百匹,提出变价抵补欠饷。所有驼马价值若遽执定例,难免轻售,获价无多,是以随时随事酌量增加,核与援案价银有增无减,以期慎重帑项。若如此通融办理,不惟省库节省经费,且于蒙卒大有裨益。如蒙圣恩俯准抵发,此项盐菜粮折银两仍归各该年报销册内,再行分晰入册核销。所有援案拟调驼马分别估价补放盐粮暨欠领季分各项银两数目另缮清单,咨部核议。合无吁恳天恩,俯念边藩蒙卒窘迫非常,可否请旨饬部核议施行。奴才等原冀籍省经费起见,是否有当,理合恭折具奏,伏乞皇太后、皇上圣鉴训示遵行。谨奏请旨。光绪十二年十一月十一日。

军机大臣奉旨:该部议奏。钦此。①

021.奏为查勘金山卡伦并无偷挖矿沙事

04-01-01-0956-057

奴才杜嘎尔、车林多尔济、祥麟跪奏,为派员查勘复设金山卡伦并无偷挖情弊,恭折奏闻,仰祈圣鉴事。

窃查乌里雅苏台所属三、札两盟游牧西南界内有金山、翁滚山二处,出有矿沙,向设卡伦二十二处,由该两盟分派官兵驻守逡巡,并由该两盟轮派札萨克一员经管,每年秋季由奴才等派员往查有无偷挖矿沙情弊,据实陈奏,屡经遵办在案。今届查勘之期,奴才等派笔帖式合色本等往查去后,旋据禀称,遵派会同管卡札萨克玛呢达尔,查得金山、翁滚山二处并无偷挖矿沙情弊,

---

① 该折有录副(03-6104-018),批语前多"光绪十二年十二月初六日"。

及各卡官兵数目亦各相符,随即按卡取具甘结各一纸,禀覆核办前来。除将甘结存案备查,并檄饬三、札两盟长等转饬该管严加逡巡,勿任疏懈,致滋事端外,所有派员查勘复设金山卡伦并无偷挖情弊缘由,理合恭折奏闻,伏乞皇太后、皇上圣鉴。谨奏。光绪十二年十一月十一日。

军机大臣奉旨:知道了。钦此。

022. 奏为遵旨派员安设新换科属
杜尔伯特乌梁海两旗驻卡官兵事

04-01-30-0202-044

奴才杜嘎尔、车林多尔济、祥麟、沙克都林扎布、额尔庆额跪奏,为遵旨派员安设新换科属杜尔伯特、乌梁海两旗驻卡官兵,谨恭折联衔具陈,仰祈圣鉴事。

窃查前因喀尔喀被灾,无力充当各差,奴才杜嘎尔等会商奴才清安等,将喀尔喀各部落承当科属阿拉克鄂博迤西二十一卡差使,暂移杜尔伯特乌梁海两旗接当各等因,联衔具奏。奉旨:着照所请,该衙门知道。钦此。钦遵在案。嗣因经费未到,各该旗创办接替卡差,置办一切鞍马口粮需用浩繁,无项开放,是以奴才沙克都林扎布等,拟将此项新换官兵暂缓赴卡等因,奏明亦在案。续据管理索果克、昌吉斯台各卡侍卫呈报,驻卡官兵待饷,饥溃回游等情前来。奴才等接阅之下,焦急万分,随即咨商奴才杜嘎尔等筹措银一千两,解送来科。奴才等饬令各该旗迅速催令赴卡接替,一面派员来科承领钱粮等因,札饬去后,续据各该旗呈报,遵将各卡额设官兵数目派拨妥协,造册呈报前来。奴才等当即差派委员等分赴各旗,会同该旗官员督催分赴各卡伦接替,以固边圉。去后旋据委员那斯浑等禀称,遵饬会同卡伦侍卫并杜尔伯特、乌梁海两旗官员,由科属杜尔伯特左翼阿拉克鄂博卡伦起,至乌梁海内新设阿拉克别克河卡伦止,计二十一卡,仍照旧制,自本年八月十七日起,至九月十七日止,陆续一律安设完竣,交该卡伦侍卫弹压,并取各卡官兵花名清册,禀请核办前来。除奴才等札饬各卡侍卫随时严密巡查,小心驻守,勿致疏忽外,惟杜尔伯特左右两翼分接十三卡,每卡额设四等台吉一员,兵三五十名不等,又四卡额设协理台吉一员,计十三卡内现设协理台吉一员,梅楞二员,四等台吉五员,三等台吉一员,扎兰七员,兵四百四十名。乌梁海左右两翼分接八卡,每卡额设四等台吉一员,兵十名,又四卡额设协理台吉一员。计八卡内现设委扎兰章盖二员,章盖四员,昆都四员,兵八十名,该旗向无台吉,现以扎兰、章盖、昆都暂且充补斯缺,以守边圉。再查此项官兵接替各卡差使日期,先后到卡不一,拟请将旧驻卡兵应领钱粮均于本年八月底截止,新换卡兵于九月初一日起支,以免辗辕而昭核实。其各卡官兵应需军械马匹毡房等项,另造清册送院备查外,谨将派员安设接替各卡官兵缘由,谨合词恭折具陈,伏乞皇太后、皇上圣鉴。再,此折系奴才沙克都林扎布、额尔庆额主稿,合并声明。谨奏。光绪十二年十二月二十六日。

该衙门知道。①

023. 奏为遵照部咨呈进庆贺皇上亲政表文 并声明久未办过此案各情形事

04-01-14-0082-057

奴才杜嘎尔、车林多尔济、祥麟跪奏,为遵照部咨,呈进庆贺表文,并声明久未办过此案各情形,恭折仰祈圣鉴事。

窃于本年十二月二十四日接准礼部咨开:光绪十三年正月

---

① 该折有录副(03-6023-004),批语前多"光绪十三年正月二十日奉朱批",后多"钦此"。

十五日皇上亲政,内外臣工应进庆贺皇太后、皇上表文清汉式样
四通颁发,遵照缮写,赶紧拜发等因前来。奴才等遵查,乌城系
属军营地方,所有历年恭逢皇太后、皇上万寿圣节及元旦吉期,
并同治年间举行先朝亲政暨大婚各典礼,均无办过庆贺表文成
案,谨缮贺折,专差赍递等因,遵办在案。至此次叩贺皇上亲政贺
折,已照案于本年十一月初三日特派主事锡璋等赴京呈进亦在
案。兹既准部咨举行皇上亲政,应令庆贺表文颁式,赶紧缮发等
因,自应遵办,曷敢迟延。惟思乌城远处极边藩蒙地面,应用一切
表纸等项实属无处购买,而规模又无从遵循,奴才等再四熟商,谨
拟用黄折,遵照表式,敬谨缮写,仍按奏事款样包封,用报匣装盛,
敬谨拜发,由驿赍交礼部转行内阁,票拟恭进,期免贻误。所有遵
咨恭递庆贺表文,并声明久未办过此案各缘由,谨恭折驰陈,伏乞
皇太后、皇上圣鉴。谨奏。光绪十二年十二月二十九日。

知道了。①

024. 奏为恩赏福字等物谢恩事

04-01-16-0222-066

奴才杜嘎尔、车林多尔济、祥麟、沙克都林扎布、魁福跪奏,
为叩谢天恩,仰祈圣鉴事。

窃奴才等承准军机处咨送御赐福字、荷包、食物等项,由驿
赍递前来。当即恭设香案,望阙叩头谢恩祗领讫。伏思奴才等
身任边圻,毫无报称,仰蒙恩赐福字、荷包、银锞、银钱、食物等
项,跪领之下,感愧实深。奴才等惟有于一切事宜竭尽驽骀,勉
矢勤慎,以期仰答高厚鸿慈于万一。所有奴才等感激下忱,理合

①　该折有录副(03-5545-032),批语前多"光绪十三年正月二十日奉朱
批",后多"钦此"。

恭折叩谢天恩,伏乞皇太后、皇上圣鉴。

再,科布多新任帮办大臣魁福现未到任,兹准科布多大臣等来咨,查该新任帮办大臣刻下虽未抵任,现既奉到赏项,应请一并联衔叩谢天恩等因,合并陈明。谨奏。光绪十三年二月初九日。

知道了。①

025.奏为蒙恩加增乌城官兵银两叩谢天恩事

04-01-01-0958-085

奴才杜嘎尔、车林多尔济、祥麟跪奏,为据情代奏,叩谢天恩,仰祈圣鉴事。

窃奴才等前恳加增官兵盐菜,现经户部议准,予限二年。乌城官兵一闻部覆,莫不感激涕零,以为从此更生,同向万寿宫门崩角稽首叩谢天恩,呈请代奏等情。缘乌城自规制后,裁去加款,奴才等目睹旗绿官兵困惫情形,实难缄忍,谨专折沥陈苦情,叩恳殊恩特沛,饬部妥议章程,应如何加支款项,或仍续支加增银两,俾苏涸辙等具奏。奉旨:户部议奏。钦此。钦遵。嗣准户部咨覆,乌城奏请加增银两,现经议准,自光绪十二年正月起,予限二年,岁需饷项亦经部指,由直隶省旗租项下每年拨银一万两,自十三年起筹解二年等因,咨知前来。奴才等跪读之馀,钦感靡已,当即恭设香案,率领阖城官兵望阙叩谢天恩讫。伏思奴才等满蒙世仆,知识毫无,仰蒙皇太后、皇上逾格隆施,垂怜边戍,俯准加增银两,闻命自天,顶感无地。奴才等谨率四部院章京等,凡遇一切事宜,务当奋勉,竭尽愚诚,共图报称,暨督饬在防官兵勤加操练,用收饱腾而固边围,以冀仰答高厚鸿慈于万

① 该奏折为满汉合璧折,有录副(03-0210-4561-018),批语前多"光绪十三年三月初四日奉朱批",后多"钦此"。

一。所有奴才等感激下忱,并据情代奏叩谢天恩缘由,理合恭折
具陈,伏乞皇太后、皇上圣鉴。谨奏。光绪十三年二月初九日。

　　知道了。①

026. 奏为查明东厂罹灾倒毙驼只案内并 无别项情弊酌拟分别摊赔事

04-01-16-0222-071

　　奴才杜嘎尔、车林多尔济、祥麟跪奏,为查明罹灾倒毙驼只
案内并无别项情弊,谨酌拟分别摊赔,以足原额,早获孳生,恭折
仰祈圣鉴事。

　　窃查东厂罹灾倒毙驼只,前于上年七月间奏明,加派车盟副
盟长那木济勒端多布帮同该管盟长车林多尔济,遵例照案勒限
严追分赔等因,檄饬遵办在案。兹据该盟长等声称,查明此项因
灾倒毙驼只内,有口齿印记者三百馀只,均经该管厂公密什克多
尔济遵例赔补。其馀无有口齿印记者三千一百七十只,诘之该
官兵等,众称实因天寒雪大,漏未割取,并无别项情弊。当以现
欠驼只,援案拟由该公应得札萨克俸银、官兵盐菜银两内,分年
抵赔,并照录嘉庆年间办过成案,呈请指示前来。奴才等详核该
盟长等所拟各节,即以未割口齿印记驼只而论,虽称天寒雪大,
究属不合,况口齿印记齐全者,已经该管公照例赔补矣,今如拟
无区别,实觉苦乐不匀,欲待饬覆妥拟,又恐有延时日,终无了
期。奴才等伏思此项驼只案情如早一日结清,即可早获一日孳
生,是以公同熟商,先将倒毙大骒驼,除自光绪十年查点后,递年
例获孳生并例报倒毙均从宽酌拟不计外,谨将现欠大骒驼一千

---

① 该奏折为满汉合璧折,有录副(03-0210-4561-019),批语前多"光绪
　十三年三月初四日奉朱批",后多"钦此"。

四百馀只,如数拟令该官兵等自本年为始,限一年内,速为摊赔,
俾得早取孳生,其馀所欠大小驼只,即应一律赔补。惟牧厂官兵
等产业牲畜因灾倒毙殆尽,是以援照成案,拟将五岁以上大驼每
只作价十两,四岁以下驼只,每只均减半作价五两,由该管公应得
札萨克俸银及原牧厂官兵等盐菜银两内分扣抵补,其内或有病故
更调者,仍由该管旗下代赔,庶可以昭平允而免牵延。是否之处,
吁恳天恩,饬下理藩院核议,如准所拟办理,即将此项抵扣银两仍
归入经费项下动用。除将该盟长等原呈成案,照钞咨送户部、理
藩院备查,其馀所欠大小驼只抵价数目,及分扣俸银盐菜银两年
限,俟奉准部覆后,再由奴才等酌核报部外。所有查明罹灾倒毙
驼只案内并无别项情弊,谨酌拟分别摊赔缘由,理合恭折具奏,伏
乞皇太后、皇上圣鉴。谨奏请旨。光绪十三年二月初九日。

该衙门议奏。①

027. 奏为乌科两城采办官兵米面口袋不敷 需用请饬先期制造照案派员领取事

04-01-01-0958-075

奴才杜嘎尔、车林多尔济、祥麟跪奏,为乌科两城采办官兵
米面,领运粮石所需口袋不敷使用,请饬先期制造,照案派员领
取,以资需用,恭折具奏,仰祈圣鉴事。

窃查乌里雅苏台、科布多每年采办官兵米面,领运粮石所需
毛布口袋,向系先期由归绥道衙门领取,历经遵办有年。近因西
疆削平,科城屯田收成丰裕,奏请归制,仍由古城购办兵食。赴
科领运粮石,长途解运,需用倍蓰,陆续糟烂,不堪修补,均经按

---

① 该折有录副(03-6050-062),批语前多"光绪十三年三月初三日奉朱
批",后多"钦此"。

年报部核销在案。第查现在仅有堪用毛布口袋各六百三十五条,综计采买米面,装运粮石等项,实系不敷应用,自应照章奏请领取。除咨行山西巡抚转饬归绥道采办毛口袋二千条,布口袋二千条,务于本年内备办妥协,以便派员由驿赴领外,所有采办官兵米面口袋不敷需用,照案派员领取缘由,理合恭折具奏,伏乞皇太后、皇上圣鉴。谨奏。光绪十三年三月十四日。

知道了。①

028. 奏请以拟正之札萨克辅国公达 什多尔济管理西翼孳生驼厂事

04-01-12-0537-007

奴才杜嘎尔、车林多尔济、祥麟跪奏,为循例拣员管理孳生驼厂事务,恭折仰祈圣鉴事。

窃查管理西翼孳生驼厂事务之三音诺彦部落札萨克多罗贝勒额林沁忠萧前于上年六月间因患病限满未愈,经奴才等照例奏请开缺等因,于是年八月初八日接到原折内批:军机大臣奉旨:著照所请,该衙门知道。钦此。钦遵。其所遗管理孳生驼只事务照例饬令该盟长选择称职王公数员呈送,以备酌拟请旨拣派等因,檄饬去后。旋据该盟长吉克济特多尔济等称,遵即拣选称职札萨克二员,拟定正陪,祈请拣派等情呈报前来。奴才等查拟正之札萨克辅国公达什多尔济熟习公务,游牧亦属相当,可否请将孳生驼厂事务,以该札萨克辅国公达什多尔济管理之处,伏候命下遵行。所有循例拣员管理孳生驼厂事务缘由,理合恭折具奏,伏乞皇太后、皇上圣鉴。谨奏。光绪十三年三月十

---

① 该折有录副(03-6106-006),批语前多"光绪十三年四月初九日奉朱批",后多"钦此"。

四日。

著照所请,该衙门知道。①

029. 奏为钦奉皇上亲政赏加级恩诏谢恩事

04-01-12-0538-106

奴才杜嘎尔、祥麟、车林多尔济跪奏,为钦奉恩诏,叩谢天恩,仰祈圣鉴事。

窃准兵部咨开,恭照光绪十三年正月十五日皇上亲政恩诏特颁,由驿赍递前来。奴才等谨率领文武官员及喀尔喀驻班札萨克等,跪读之下,钦感莫名,当即恭设香案,望阙叩头,祗谢天恩讫。伏维圣主躬亲大政,覃敷阎泽,至优极渥,凡兹大小臣工均邀旷典,得赏加级,内外官僚咸予自新,荷鸿慈锡类,推仁遍官军,共声感戴,自天闻命,伏地滋惭。奴才等惟有于一切事宜竭尽血诚,倍矢勤慎,以期仰酬逾格隆施于万一。所有奴才等钦奉恩诏,叩谢天恩并感激下忱缘由,谨缮折具陈,伏乞皇太后、皇上圣鉴。再,奴才杜嘎尔现在因病请假,谨随折列衔,合并陈明。谨奏。光绪十三年四月二十八日。

知道了。②

030. 奏为札萨克图汗部落头等台吉索诺木车
林假满病仍未痊照章再行给假调理事

04-01-12-0538-095

---

① 该折有录副(03-6050-064),批语前多"光绪十三年四月初九日奉朱批",后多"钦此"。
② 该奏折为满汉合璧折,有录副(03-0210-4562-008),批语前多"光绪十三年闰四月二十二日奉朱批",后多"钦此"。

再，据札萨克图汗部落盟长阿育尔色得丹占札木楚呈报，本盟札萨克头等台吉索诺木车林，旧染潮湿，四肢青肿，近加心跳神迷等证渐渐增重，实难力疾办公，呈请照章给假两个月等情，当经奴才等照章给假，奏蒙圣鉴在案。兹据该盟长呈称，本盟札萨克头等台吉索诺木车林假限已满，病仍未瘥，呈请照章再行给假四个月，俾资调理等情呈报前来。奴才等伏查该札萨克台吉假期已满，病仍未瘥，自应按照新章，再行给假四个月，令其调理。除檄覆遵照外，理合附片具奏，伏乞圣鉴。谨奏。杜嘎尔、祥麟、车林多尔济。光绪十三年四月二十八日。

该衙门知道。

031. 奏为乌里雅苏台科布多所属各卡伦侍卫 三年期满循例请饬下迅即拣员更换事

04-01-16-0220-053

奴才祥麟、车林多尔济跪奏，为年满卡伦侍卫循例拣员更换，以重职守，恭折具奏，仰祈圣鉴事。

窃查乌里雅苏台、科布多所属各卡伦侍卫三年期满，向例由奴才等奏请更换，历经办理在案。兹据管理索果克卡伦侍卫阿拉精阿呈称，窃自光绪十年二月二十日到卡任事起，连闰扣至光绪十三年正月二十二日止，现届三年期满，祈请另行接替更换等情呈报前来。查该侍卫既经任满，自应循例请旨饬下领侍卫内大臣，迅即拣员更替，以重职守。谨将年满卡伦侍卫循例拣员更换缘由，理合恭折具奏，伏乞皇太后、皇上圣鉴。再，奴才杜嘎尔现在因病请假，是以未经列衔，合并声明。谨奏。光绪十三年闰四月初四日。

该衙门知道。①

032. 奏为行营吉江马队各官添支口分情形事

04-01-01-0958-027

奴才杜嘎尔跪奏，为奴才行营吉江马队各官添支口分情形，恭折沥陈，仰祈圣鉴事。

窃准户部咨开，查核奴才声覆行营销案，分别准驳具奏，奉旨：依议。钦此。钦遵行知前来。奴才伏查单开：贡果尔等找支推河军营管队口分一节，其自四月二十九日起至五月三十日止，找支口分银二百两一钱零，应准开销，其自三月初三日起至四月二十八日止，找支口分银三百五十两二钱零，议令删除等语。查户部核议准销银系在该员交队回营行程之内，删除银系在该员交队之先，分别准驳，既属有因，所有删除找支银三百五十两二钱七分，应遵部议，咨由察哈尔都统衙门转饬察哈尔正黄旗总管贡果尔查明原日随带人员，遵照部议，照数分年扣缴，一俟查明如何分扣，咨覆到日，另行报部。又单开：添支吉江马队口分声叙情节，与奏案不符，仍照奎昌饷章删除银九百两九分零。又委营总富成所领口分与奎昌奏案，未便两歧，仍删除银四两九钱零。又笔帖式二员添支口分与奎昌奏加津贴月分不符，仍删除银五十九两八钱零。以上三项皆因奴才行营奏添吉江马队口分，与奎昌等乌城奏案数目日期后先多寡不符。查奴才行营于同治十一年六月奏请将吉江马队营总等官口分照归绥饷章添支，奉旨：著照所请，该部知道。钦此。钦遵传饬吉江两队于月册内，按照察哈尔马队营总等官现支归绥饷章，由七月起，钦遵

---

① 该折有录副(03-5222-096)，批语前多"光绪十三年闰四月二十二日奉朱批"，后多"钦此"。

支领,照数核发。各该队报到官兵总散饷数月册遵照部章,每三个月一次,随时由驿送部备查在案,此奴才行营钦遵添支吉江马队口分情形也。查乌城前署将军奎昌等于是年十二月间会奏饷章,加给津贴,声明自八月初一日为始,前署将军长顺等于十二年五月将乌城新旧马队口分仿照归绥饷章开支,奏奉朱批:知道了。钦此。是年闰六月,长顺等复将乌城现放马队各官月饷数目开单咨部,附片夹单奏闻,奉朱批:该部知道。单并发。钦此。当经前将军等遵将乌城随时接济过各队整数银两内,应找应退,照章截清,是以前将军额勒和布、春福等循案接续核发,此乌城放饷情形也。户部以奴才行营钦遵添支日期绳之奎昌等乌城奏案,后先多寡自系互相悬殊,在户部综司度支,不得不严勾稽,然奴才行营放饷情形,前于光绪十一年秋曾经附片奏邀圣鉴,各该队报到承领月饷原册亦随时送部有案,删除银两系在该队实领饷数内,若照奎昌奏案核减删除,此项银两仍应由吉江两队原领各官名下照数追缴。但查奴才行营所部吉江两队前于同治十一年冬,经署伊犁将军荣全奏请添兵镇抚,奴才钦遵谕旨,将吉江两队尽数奏交前广州副都统福珠里管带前往,计该军西去迄今十有馀年,原日支饷名目,刻下是否撤归,有无事故,无从查知。合无仰恳天恩,俯念频年远征,艰苦异常,所有删除银两可否仍遵奴才同治十一年六月奏奉谕旨,作为准销,免其追缴,以示体恤之处,出自天恩。所有奴才行营吉江马队各官添支口分情形,谨专折沥陈,伏乞皇太后、皇上圣鉴训示遵行。谨奏。光绪十三年闰四月初四日。

著照所请,该部知道。①

① 该折有录副(03-6050-066),批语前多"光绪十三年闰四月二十二日奉朱批",后多"钦此"。

033. 奏为假期已逾病仍未痊请再赏假事

04-01-12-0538-062

奴才杜嘎尔跪奏,为假期已逾,病仍未痊,吁恳天恩,再行赏假,俾速调理,恭折具陈,仰祈圣鉴事。

窃奴才前因旧疾复发,兼患两腿疼痛等证,于本年三月十四日恭折奏请赏假调理等因,兹于四月二十七日接到原折,恭奉朱批:著赏假一月。钦此。钦遵。跪读之下,感激难名,缘自拜折后,当即加意调治,以冀速痊,今已一月,纠缠未愈,惟因昔年剿贼,染受腿疾,近日举发,竟至步履软怯,动辄须人。乌地并无良医,仅有一二防兵粗知脉理,据云年逾六旬,气血两虚,骤难如常耐劳。现在假限已满,伏念奴才渥荷殊恩,委任极重,曷敢藉病稍存诿卸,但能病势减退,精力尚可支持,务即勉力从公,以图报效。惟有仰恳天恩,俯准再行赏假一月,俾奴才仍赴暖泉,赶紧安心调理,一俟病体就痊,谨当依限销假任事,至假内遇有中外交涉要务,奴才仍当力疾商办,断不敢置身事外,性耽安逸,有负生成。所有奴才假期已满,病仍未痊,恳请续假调理缘由,谨专折具陈,伏乞皇太后、皇上圣鉴。谨奏。光绪十三年闰四月初四日。

著再赏假一月。①

034. 奏为何贝札萨克图汗多尔济帕拉玛
患病查验属实给假调理事

04-01-12-0538-083

奴才祥麟、车林多尔济跪奏,为蒙员患病,照章派员查验属

---

① 该折有录副(03-5222-086),批语前多"光绪十三年闰四月二十二日奉朱批",后多"钦此"。

实,给假调理,恭折仰祈圣鉴事。

窃据札萨克图汗部落盟长公阿育尔色德丹占札木楚呈,据本盟何贝札萨克图汗多尔济帕拉玛呈称,素患腰痛,复因染受湿潮,引发旧疾,加以呕吐心跳头晕等证,虽经医治,难期速痊,诚恐有误要差,恳祈转呈,照章查验给假调理,其札萨克印务,派委本旗协理台吉达克巴章产署理,呈请查办等情。当即照章派委笔帖式萨克什纳前往查验属实,取结禀覆前来。奴才等伏查该何贝札萨克图汗患病,既经派员查验属实,自应照章给假两个月,令其调理,其札萨克印务,即照所请,派委协理台吉达克巴章产署理。除将取到印结存案备查,并檄覆遵照外,理合恭折具陈,伏乞皇太后、皇上圣鉴。再,奴才杜嘎尔现在因病请假,未经列衔,合并陈明。谨奏。光绪十三年五月初十日。

该衙门知道。

035. 奏为乌里雅苏台理藩院承办
章京兆麟年满请旨更换事

04-01-12-0538-084

奴才祥麟、车林多尔济跪奏,为司员年满,循例更换,恭折具奏,仰祈圣鉴事。

窃据乌里雅苏台理藩院承办章京员外郎兆麟呈称,窃章京前于光绪九年冬间,奉旨派往乌里雅苏台承办军营理藩院事务,嗣于十年六月初三日抵乌,初七日任事起,连闰扣至十三年五月初七日止,三年期满,例应呈请更换等情前来。奴才等覆查无异,今该员既经年满,自应照例奏请更换,其所遗乌里雅苏台理藩院承办章京一缺,相应请旨饬下该衙门照例拣员接替,以重职守。除分行外,理合恭折具奏,伏乞皇太后、皇上圣鉴。再,奴才杜嘎尔现在因病请假,未经列衔,合并陈明。谨奏。光绪十三年五月初十日。

*该衙门知道。*①

036. 奏报病势稍愈力疾销假接印任事日期事

04-01-16-0220-102

奴才杜嘎尔跪奏,为恭报奴才力疾销假,接印任事日期,谨缮折具陈,仰祈圣鉴事。窃奴才前于本年春间因腿疾陡发,抽痛增剧,而精神又觉委顿,弗克支持,曾于三月十四日恭疏奏蒙圣恩,俯准赏假一月,俾奴才得以亲往汤泉,安心浸浴等因在案。嗣因假期已满,腿疾仍未大痊,实难力疾办公,复于闰四月初四日奏恳天恩,续假一月,荷蒙恩准亦在案。乃两次陈请以来,时赴汤泉静心调摄,虽仰蒙慈庇,腿疾得觉减轻,惟此次触犯纠缠日久,气血甚衰,每阅公牍,即觉头晕,精神总未复元。窃查乌城为边北重镇,自撤防后,虽云公事悉归旧制,邻境相安,然近临俄夷,自必随时防守,不敢松懈,现在病势既已稍愈,假限又届期满,而精力但能略可支持,曷敢少耽安逸,久旷职守。奴才谨择于五月十五日力疾销假,接印任事,谨缮折具陈,伏乞皇太后、皇上圣鉴。谨奏。光绪十三年五月十五日。

*知道了。*②

037. 奏为循例查点图们图南北两厂孳生马群事

04-01-01-0958-016

奴才杜嘎尔、车林多尔济、祥麟跪奏,为循例查点孳生马群,

①　该折有录副(03-5224-011),批语前多"光绪十三年六月初三日奉朱批",后多"钦此"。

②　该折有录副(03-5224-047),批语前多"光绪十三年六月十二日奉朱批",后多"钦此"。

恭折具陈仰祈圣鉴事。

　　窃查乌里雅苏台设有图们图南北两厂孳生马群,系蒙古参
赞专责,每年夏间奴才等派委管理牲畜处司员随同前往查点,会
奏一次,分别儿骒骟马,拓烙火印,照例每骒马百匹取孳生二十
匹,每马百匹准报倒毙四匹,年终造册报部,历办有案。兹奴才车
林多尔济遂于本年五月二十八日随带理藩院司员前往,逐一点
验,拓烙火印,查与例取孳生倒毙数目均各相符。除俟年终分晰
造册报部查核外,所有循例查点孳生马群缘由,理合恭折具陈,伏
乞皇太后、皇上圣鉴。谨奏。光绪十三年六月二十四日。

　　兵部知道。①

038.奏为循案就近提拨马匹事

04-01-01-0958-017

　　奴才杜嘎尔、车林多尔济、祥麟跪奏,为循案提取马匹,以资
应用,恭折具陈,仰祈圣鉴事。

　　窃查乌里雅苏台所属官厂备差马匹不敷应用,经兵部议覆,
该处官厂备差马匹向由科布多调用,兹因塔尔巴哈台沦陷以来,
所存无多,实难调取,拟由孳生厂内提用三百匹,应如所请,准其
就近提拨。该处孳生马厂每年开造均在四百馀匹,若递年加增,
足敷官厂二年后提用,自无须另向各处提拨,致费周章,嗣后官
厂备差马匹如实不敷应用,即就近由孳生厂内提取等因,于光绪
五年三月初三日具奏,奉旨:依议。钦此。钦遵在案。前于光绪
十一年七月间奏明调取后,又届二年,现据报称,本年官厂所存
备差马匹,除放给各员例马及补各路台站倒毙外,下馀无几,不

---

① 该折有录副(03-6050-075),批语前多“光绪十三年七月十五日奉朱
批”,后多“钦此”。

敷应用,自应循照成案拨补。查乌里雅苏台孳生马厂内,按册勾稽,尚存大骟马四百馀匹,拟即遵照部议,就近提拨三百匹,归入官厂应用。除分行咨报外,谨将循案就近提拨马匹缘由,理合恭折具陈,伏乞皇太后、皇上圣鉴。谨奏。光绪十三年六月二十四日。

*兵部知道。*①

039. 奏为查阅边卡军台情形事

04-01-01-0957-006

奴才杜嘎尔、车林多尔济、祥麟跪奏,为援案查阅边卡军台,以免怠玩,恭折具奏,仰祈圣鉴事。

窃查乌里雅苏台所属津吉里克等处沿边各卡,及西北两路军台,例应三年将军亲往查阅一次,应需驼马乌拉,设遇该边卡军台不敷供应,即由经过各部落出备助用。迨同治九年以来,因各部落频年灾浸,差务难支,每遇查阅时,均经历任将军等据情奏明,递展限期在案。维思各部落现既灾消时转,雨水调和,所有沿边各卡差使又令杜尔伯特等旗接当,西北两路军台行走杂差率皆裁归旧制,且边卡毗连俄界,时宜严防,而军台供应要差亦应随时约束,若不及时亲往整饬,诚恐日久怠玩,滋成事端。奴才既任边职,曷敢稍耽安逸,致误边事。是以与奴才车林多尔济、奴才祥麟公同熟商,惟有仰恳天恩,俯准奴才杜嘎尔请带钦差提调关防,照案随带员弁,亲往查阅。其定边左副将军印务仍移交满洲参赞大臣祥麟暂行护理,奴才拟俟奉到朱批时,即当移交印务,请带关防,率领员弁起程前往应查各边卡军台,逐一查

---

① 该折有录副(03-6050-076),批语前多"光绪十三年七月十四日奉朱批",后多"钦此"。

阅整饬，以固疆圉而免怠玩。所有查阅边卡军台缘由，理合恭折具奏，伏乞皇太后、皇上圣鉴训示祗遵。谨奏请旨。光绪十三年七月十三日。

著照所请，该衙门知道。①

040. 奏为循例进贡马匹事

04-01-14-0083-129

奴才杜嘎尔、车林多尔济、祥麟、沙克都林札布、魁福跪奏，为循例贡马，恭折奏闻，仰祈圣鉴事。

窃奴才等每年秋间汇贡骟马，以备御用，历经遵办在案。今届呈进之期，谨照成章，留心购送。奴才杜嘎尔贡马八匹，奴才车林多尔济贡马二匹，奴才祥麟贡马二匹，奴才沙克都林札布贡马二匹，奴才魁福贡马二匹，共马十六匹。当交四品衔侍读荣寿带领弁兵，于本年六月间起程，妥为牧放，由驿护送赴京呈进。谨将奴才等汇贡骟马毛片口齿脚步另缮清单，恭呈御览。理合恭折奏闻，伏乞皇太后、皇上圣鉴。谨奏。光绪十三年八月十四日。

该衙门知道。单并发。②

041. 奏报遵旨查阅边卡军台移接印务起程日期事

04-01-16-0221-155

奴才杜嘎尔、奴才祥麟跪奏，为遵旨查阅边卡军台，谨将移

---

① 该折有录副（03-5851-013），批语前多"光绪十三年八月初七日奉朱批"，后多"钦此"。

② 该奏折为满汉合璧折，有录副（03-0210-4563-037），批语前多"光绪十三年九月初五日奉朱批"，后多"钦此"。

接印务并起程日期恭折奏闻,仰祈圣鉴事。

窃奴才杜嘎尔遵照定章,请带钦差提调关防,随带员弁,亲往查阅沿边各卡军台,前已具折声明在案。兹当谨遵谕旨,即于本年九月初一日,将定边左副将军印务移交满洲参赞大臣奴才祥麟暂行护理,奴才杜嘎尔即于是日由乌里雅苏台起程,往查所属沿边台卡,一俟查阅事毕,再将整饬台卡,交收印务等情恭折具陈。所有查阅边卡军台,移接印务,起程日期,理合恭折奏闻,伏乞皇太后、皇上圣鉴。再,蒙古参赞大臣车林多尔济现在查阅南台,未经列衔,合并声明。谨奏。光绪十三年九月初一日。

知道了。①

042. 奏为年满卡伦侍卫循例拣员更换事

04-01-16-0221-024

奴才祥麟、奴才车林多尔济跪奏,为年满卡伦侍卫循例拣员更换,以重职守,恭折仰祈圣鉴事。

窃查乌里雅苏台、科布多所属各卡伦侍卫三年期满,向例由奴才等奏请更换,历经办理在案。兹据管理津吉里克卡伦侍卫永恰布呈称,窃自光绪十一年三月初一日到卡任事之日起,连闰扣至光绪十四年二月初一日止,现届三年期满,祈请另行接替更换等情,呈报前来。查该侍卫既经任满,自应循例请旨饬下领侍卫内大臣迅即拣员更替,以重职守。惟查该侍卫永恰布系空衔花翎前锋校,因派出乌里雅苏台卡伦侍卫之差,按照奏定新章,开去空衔花翎之缺,现今差满,俟该员回京时,仍以

---

① 该折有录副(03-5851-104),批语前多"光绪十三年九月十五日,奉朱批",后多"钦此"。

空衔花翎缺出升补，以符定章。所有年满卡伦侍卫循例更换
缘由，理合恭折具陈，伏乞皇太后、皇上圣鉴。再，奴才杜嘎尔
现在查阅边卡台站，未经列衔，合并陈明。谨奏。光绪十三年
九月二十四日。

　　*该衙门知道。*①

043. 奏为乌里雅苏台衙门司员年满循例拣员更换事

04-01-16-0221-023

　　奴才祥麟、奴才车林多尔济跪奏，为司员年满，循例更换，恭
折具奏，仰祈圣鉴事。

　　窃查乌里雅苏台军营兵部承办章京主事锡璋，曾于上年十
二月间派令该员带同候补外委周万邦等驰赴京城，呈递皇上亲
政贺折，嗣于本年六月间接据该主事禀称，遵将贺折呈递，已恭
奉朱批。兹因差竣，拟即回营，惟职茔年久失修，大半倾颓，目
睹情形，诚为凄惨，恳请赏假两个月，俾得及时兴修，除先令同差
周万邦赍折回营销差外，一俟假满，即赶紧回营，断不敢稍延等
情业经照准在案。案查主事锡璋，前于光绪十年夏间，奉旨派往
乌里雅苏台承办兵部事务，继于是年十一月十三日抵乌里雅苏
台，二十日任事起，连闰扣至十三年十月二十日止，三年期满，例
应更换。奴才等伏查，该主事假期既满，尚未回营，兹复又届年
满，并无经手未完事件，自应照例奏请更换。除饬令该员就近仍
归原衙门当差外，其所遗军营兵部承办章京一缺，相应请旨饬下
该衙门，照例拣员接替，以重职守。除分行外，所有司员年满，循
例更换缘由，理合恭折具奏，伏乞皇太后、皇上圣鉴。再，奴才杜

---

① 该折有录副(03-5228-065)，批语前多"光绪十三年十月二十一日奉
朱批"，后多"钦此"。

嘎尔现在查阅边卡台站,未经列衔,合并陈明。谨奏。光绪十三年九月二十四日。

该衙门知道。①

044. 奏报查阅边卡军台事毕回任接印日期事

04-01-01-0957-010

奴才杜嘎尔跪奏,为遵旨查阅边卡军台事毕,谨将回任接交印务各日期,恭折奏闻,仰祈圣鉴事。

窃奴才照章请带钦差提调关防,随带员弁,亲诣往查边卡军台,于本年九月初一日,将定边左副将军印务移交满洲参赞大臣奴才祥麟暂行护理,恭折陈明在案。奴才即于是日起程,自乌里雅苏台起,至科布多十四台,点验各台军械、驼马、官兵数目,于例额均属相符。是月初九日行抵科布多,正拟行查间,准参赞大臣沙克都林札布等咨称,已转据昌吉斯台等处卡伦侍卫于中秋前呈报,西段卡伦至阿拉泰山岭已被大雪封山,公文绕险递送,若率然西进,诚恐中途阻滞,咨请指示等因。奴才伏思,既经大雪封山,即咨覆该大臣,径行严饬守卡各员,务将军械、马匹一律整齐,以扼边要,并饬取各卡官兵衔名,军械马匹数目造送,以备汇奏。咨覆去后,当由科布多起程前进,往查科布多所属北八台,内有帮台乌拉一项,系哈萨克人众助当,奴才面加详询,佥称自杜尔伯特等旗接充卡差后,不敷分派,令由该哈萨克等帮台应付等语,查该哈萨克备差官员人等形尚安谧,应付台差毫无贻误,均属可嘉。所有自科布多北八台起,查至乌里雅苏台所属津吉里克止,十六处卡伦均关紧要,毗连外夷,奴才逐卡面令该侍

---

① 该折有录副(03-5852-041),批语前多"光绪十三年十月二十一日奉朱批",后多"钦此"。

卫等严加逡巡，毋稍疏懈。至例设军械马匹等项内，据索果克、博多和呢豁垒两处卡伦侍卫等官结称，或有军械不齐，或有马匹口老疲瘦者，除另由奴才饬令该处照例更补整齐，以固疆圉外，维思各卡伦侍卫等实系寒边远戍，劳苦异常，前经奴才祥麟等附片保奏，谅已仰邀殊恩，饬部核议。至奴才经过蒙古各游牧，雨旸时若，水草茂盛，蒙众相安，尚堪仰纾宸廑。奴才即于十月初二日回任，旋经奴才祥麟将定边左副将军印务移交奴才接收。所有查阅军台边卡情形事毕，回任接交印务各日期，理合据实恭折奏闻，伏乞皇太后、皇上圣鉴。谨奏。光绪十三年十月初七日。

知道了。①

045. 奏为委派绿营千总杜生荣等护送貂皮赴京呈贡事

04-01-14-0083-059

奴才杜嘎尔、车林多尔济、祥麟跪奏，为循例委员护送贡皮，恭折具陈，仰祈圣鉴事。

窃查乌里雅苏台所属唐努乌梁海等五旗，额定七百八十六户，每户交貂皮三张，每年共纳貂皮二千三百五十八张，实纳貂皮数在八百张以上，其馀方准以别样皮张照例抵折，如捕貂实不敷额，准以猞猁、水獭、豹皮每一张抵貂皮三张，扫雪狐、狼、沙狐皮每二张，灰鼠皮每四十张均抵貂皮一张。科布多所属阿拉泰乌梁海七旗，额定六百八十五户，每户应交貂皮二张，一百八十五户共纳貂皮三百七十张，每户应交狐皮四张，五百户共纳狐皮二千张。均添户不添皮张。每年夏季来乌里雅苏台呈交，秋间委员护送，历经遵办在案。本年六月间，唐努乌梁海总管鄂勒哲

---

① 该折有录副（03-6023-077），批语前多“光绪十三年十月三十日，奉朱批”，后多“钦此”。

依瓦齐尔等到乌里雅苏台呈递贡皮,并将应交皮张户口造具蒙字名册呈递前来。奴才等当堂点验,遵照额数收齐,照例折放赏项,面加抚恤,并谕以妥约属众,安分输诚,该总管等率领众官望阙叩头,欣然领诺。事毕,即令各回游牧讫。所有科布多所属阿拉泰乌梁海七旗应进皮张,于本年正月间准科布多大臣咨称,因该旗迭遭重灾,貂皮实难寻觅,吁恳特恩宽免呈进,以示体恤,嗣后查看情形,该旗如有转机,仍旧产貂,即令照例呈进等因,于光绪十二年十二月二十六日具奏,于十三年二月十一日接奉朱批:著照所请,该衙门知道。钦此。钦遵等因,咨行在案。奴才等当将唐努乌梁海皮张饬令装箱封固,黏贴印花,拣派绿营千总杜生荣等督带弁兵,于本年九月初六日起程,由驿护送赴京交纳。除将用过赏项及照译贡皮户口清册咨部查核,并知照经过驿站一体照章供应,加派弁兵小心护送外,谨将乌里雅苏台所属唐努乌梁海各旗实交、折交皮色数目分晰,缮具清单,恭呈御览。理合恭折具奏,伏乞皇太后、皇上圣鉴。谨奏。光绪十三年十月初七日。

该衙门知道。单并发。①

046.奏为循例查阅东西两厂孳生驼只事

04-01-01-0959-089

奴才杜嘎尔、车林多尔济、祥麟跪奏,为循例派员查阅孳生驼只,恭折仰祈圣鉴事。

窃查乌里雅苏台所属东西两翼孳生驼只例应三年查阅一次,每一年十只驼内,孳生驼二只,并无倒毙者,将该管之王公等

---

① 该奏折为满汉合璧折,有录副(03-0210-4564-020),批语前多"光绪十三年十一月初一日奉朱批",后多"钦此"。

奏请纪录各二次,其牧放驼群之官兵等各赏给缎布烟茶,如有倒
毙者,不给纪录赏项,仍著该管之王公等赔补,历经遵办在案。
计自光绪十年查阅后,至今已届三年,例应派员往查,以昭慎重。
是以于本年七月间特派主事职衔荣昌等往查去后,旋据该员等
禀称,遵查东西两厂孳生驼只核与例获数目相符,惟西厂倒毙驼
只核与例报倒毙数目不符,禀请查办前来,当将西厂例外倒毙驼
只严饬赶紧赔补。惟查东厂孳生驼只前自光绪八年起,至十年
止,因灾倒毙驼只核其实数三千有奇,除照例递年严饬赔补不计
外,现欠尚有二千馀只,奴才等已于本年春间将此项所欠驼只拟
定分别摊赔抵补各情奏明在案。嗣经部议,令将一切数目详查
声覆等因,除将此项拟赔驼只一切细数业经饬查,容俟查明呈覆
时,再行报部。先将此次循例查阅三年内两厂共应获孳生驼只
数目分晰造册送部查核外,所有管理东翼孳生驼厂图什业图汗
部落公密什克多尔济、署理西翼孳生驼厂三音诺彦部落贝勒额
林沁忠蒲事务之协理台吉瓦齐尔绰克图,以上二员,可否照例议
叙,牧厂官兵奖给缎布烟茶之处,请旨饬部核议。谨将循例查阅
孳生驼只缘由,理合恭折具奏,伏乞皇太后、皇上圣鉴训示遵行。
谨奏。光绪十三年十月初七日。

　　该衙门知道。

047. 奏报乌里雅苏台科布多二城额饷不敷缘由事

04-01-35-0991-020

　　奴才杜嘎尔、车林多尔济、祥麟、沙克都林札布、魁福跪奏,
为乌里雅苏台、科布多两城额饷不敷支放,恳恩饬部添拨,以资
应用,恭折联衔沥陈,仰祈圣鉴事。

　　窃查两城常年经费,向由晋省豫拨二十万两,不待三年用
竣,先期续拨一次,历久遵行在案。嗣因该省入不敷出,改为每

年分解银六万六千六百馀两,实于额支饷项不敷应用,从前恃有
军需款项匀用,尚欠累累,自撤防兵后,更无项筹垫,随时奏蒙圣
恩饬部添拨,而各省不能照数筹解,于事仍属无济。奴才等于上
年将积年欠放蒙古例饷拟由孳生牲畜内奏明作价,分别抵至光绪
六年止,旧欠刻下未奉部覆,尚未发给,其以后例欠饷项又当作何
弥补。正在踌躇间,准科布多大臣来咨,会商两城事归旧制,所有
科布多欠放蒙古例饷,暂由铺商借垫甚多,请筹拨银两,以资补欠
等语。详查科布多欠款比较乌里雅苏台积重,现在无款可筹补
救,若不据实变通,年复一年,将来报销违限,咎实难辞。惟有仰
恳天恩,俯念边饷不敷,请旨饬部筹拨,仍归旧制,自十四年起,由
晋省三年为始,先期豫拨银二十万两,或请由他省每年按期添拨
两城不敷银一万六千馀两,以资两城支放例款,并请饬催江西、浙
江、安徽三省欠解指拨乌里雅苏台、科布多光绪九、十两年经费,
照案速拨补欠,而免报销迁期。除将两城例支饷数逐款详细开单
送部查核外,所有额饷不敷缘由,理合恭折联衔具陈,伏乞皇太
后、皇上圣鉴训示遵行。谨奏。光绪十三年十一月十九日。

　　户部议奏。①

048. 奏请饬江苏安徽等省筹解经费银两事②

04-01-35-0995-049

　　再,查光绪九年四月间,经乌里雅苏台将军会奏,乌、科二城

---

①　该折有录副(03-6561-041),批语前多"光绪十三年十二月十四日奉
　　朱批",后多"钦此"。
②　此系奏片,原文没有写明日期,批语为墨批。据内容推测时间应在祥
　　麟赴任乌里雅苏台前不久所发,因与前折内容相关,故特收录于此以
　　供参考。

岁需经费不敷支放,恳恩饬拨有着之款,以资实用等因具奏,奉旨:户部速议具奏。钦此。旋准户部咨覆,议令安徽巡抚在于厘金项下拨银二万两,江西、浙江巡抚均于厘金项下各拨银一万两,自九年四月起,照数筹解二年等因,议覆前来。惟查前项经费乃自指拨以来,迄今将及四载,仅据安徽一省解过银二万五千两,科城分用银一万二千五百两,尚欠一万五千两,江西、浙江二省至今分毫未能筹解,屡催罔应。查江、浙、安三省所拨经费本系九、十两年应放之项,自应年清年款,不容稍有蒂欠,至山西省节年积欠经费,为数甚巨,屡经咨催,毫无补解。现在待饷危急,前奉部咨,令将光绪八、九、十三年收支款目造报核销,刻值正在造办之际,一应欠放饷项,为数不少,迭经索讨者纷纷沓至,历饬该章京等善言抚慰。若不请饬补解一切欠发各款,不惟终难清厘,有碍报销,以致各项官兵欠款无着,恐滋事故,奴才等不得不据实声明。合无仰恳圣恩,饬下江西、浙江、安徽各抚臣,凛遵前旨,督饬各藩司务将应解欠解乌、科两城经费,无论如何为难,赶紧设法筹措,扫数拨解,以济燃眉,并请饬山西抚臣即将节年积欠经费赶紧设措筹拨,委解来科,以济蒙艰而免困苦。谨将江、安等省欠解经费请饬催解各缘由,理合附片具陈,伏乞圣鉴。谨奏。

军机大臣奉旨:另有旨。钦此。

049. 奏为派员查勘复设金山卡伦并无偷挖情弊事

04-01-36-0106-015

奴才杜嘎尔、车林多尔济、祥麟跪奏,为派员查勘复设金山卡伦并无偷挖情弊,恭折奏闻,仰祈圣鉴事。

窃查乌里雅苏台所属三、札两盟游牧西南界内有金山、翁滚山二处,出有矿沙,向设卡伦二十二处,由该两盟分派官兵驻守逡巡,并由该两盟轮派札萨克一员经管,每年秋季由奴才等派员往查有无偷挖矿沙情弊,据实陈奏,屡经遵办在案。今届查勘之期,奴才等派笔帖式德普什巴等往查去后,旋据禀称,遵派会同管卡札萨克玛呢达尔查得金山、翁滚山二处并无偷挖矿沙情弊,及各卡官兵数目亦各相符,随即按卡取具甘结各一纸,禀覆核办前来。除将甘结存案备查,并檄饬三、札两盟盟长等转饬该管严加逡巡,勿任疏懈,致滋事端外,所有派员查勘复设金山卡伦并无偷挖情弊缘由,理合恭折奏闻,伏乞皇太后、皇上圣鉴。谨奏。光绪十三年十一月十九日。

知道了。

050.奏为昌吉斯台卡伦侍卫隆惠期满请更换事

04-01-16-0027-142

奴才杜嘎尔、车林多尔济、祥麟跪奏,为年满卡伦侍卫循例更换,以重职守,恭折具陈,仰祈圣鉴事。

窃查乌里雅苏台、科布多所属各卡伦侍卫三年期满,照例由奴才等奏请更换,历经办理在案。兹准科布多大臣咨称,昌吉斯台卡伦侍卫隆惠于光绪十一年六月二十四日到卡任事之日起,连闰扣至光绪十四年五月二十四日止,三年期满,祈请另行更换等因前来。查该侍卫既经任满,自应循例请旨饬下领侍卫内大臣迅即拣员更替,以重职守。谨将年满昌吉斯台卡伦侍卫循例更换缘由,理合恭折具陈,伏乞皇太后、皇上圣鉴。谨奏。光绪十三年十二月二十七日。

该衙门知道。①

---

① 该折有录副(03-5233-049),批语前多"光绪十四年正月二十日,奉朱批",后多"钦此"。

051. 奏为戍守官兵将届换班请准酌拟奖叙事

04-01-01-0957-025

奴才杜嘎尔、车林多尔济、祥麟跪奏,为乌里雅苏台戍守官兵将届换班,吁恳天恩,俯准酌拟奖叙,以昭激劝,恭折仰祈圣鉴事。

窃维乌里雅苏台旗绿官兵寒边远戍,劳苦倍昔,或办事辛勤,或差遣可靠,均属尤为出力,始终罔懈,不无微劳足录,自应酌保,以励将来。案查驻防客军时,该官兵等每届二年保奖一次,自光绪八年间奏保迄,逾五年之久,从未仰邀奖叙,撤防后,一切公务虽云规复,然清厘善后事宜并折报文牍及委派各处要差,均与曩年大相悬殊,迥非在旗差操者可比,且又近邻俄界,防守攸关,诚为今昔不同之情形也。奴才等再四熟商,势难缄默,又曷敢率行拟奖,上渎宸听,惟查明年又届换防之秋,向由奴才等查得候补笔帖式及委署笔帖式内,如不能升补额缺,若差勤可靠,即留驻一班,甚有留驻三班九年未得升补者,若不设法筹办,实不足鼓励弁兵而固边圉。拟请自明年为始,每届三年换防时,除例保额缺之外,即在于四部院酌留候补笔帖式及委署笔帖式内,择其平日当差勤奋,尤为出力者,酌保数员,奴才等三衙门巡捕委署骁骑校内如差委得力者,酌保数员,均作为额外骁骑校,勿庸加给盐粮,俟引见后,回城以骁骑校相间补用,至绿营官弁内,如五年期满换班时,酌保数员,以示鼓励而昭激劝,其次出力弁兵,由奴才等奖给六七品顶戴功牌,咨部注册。惟有特恳皇太后、皇上逾格隆施,俯念远戍寒边之苦,饬部酌核,嗣后每届三年满营酌保一次,每届五年绿营酌保一次,则该官兵等自必咸感,益思奋兴,庶于边务大有裨益,其可否之处,出自特恩。奴才等为整顿边务,激励官兵起见,谨缮折具陈,伏乞皇太后、皇上圣鉴训示祇遵。谨奏请旨。光绪十三年十二月二十七日。

著照所请,该部知道。

052. 奏为御赐福字等物谢恩事

04-01-12-0541-056

奴才杜嘎尔、车林多尔济、祥麟、沙克都林札布、魁福跪奏,为叩谢天恩,仰祈圣鉴事。

窃奴才等承准军机处咨送御赐福字、荷包、食物等项,由驿赍递前来,当即恭设香案,望阙叩头谢恩祇领讫。伏思奴才等身任边圻,毫无报称,今仰蒙恩赏福字、荷包、银锞、银钱、食物等项,跪领之馀,感愧实深。奴才等惟有于一切事宜和衷商办,勉竭驽骀,倍矢勤慎,以期仰答高厚鸿慈于万一。所有奴才等感激下忱,理合恭折叩谢天恩,伏乞皇太后、皇上圣鉴。谨奏。光绪十四年二月初一日。

知道了。①

053. 奏为前经放过蒙古练军款项请旨免议追赔事

04-01-01-0964-024

奴才杜嘎尔、车林多尔济、祥麟跪奏,为前经放过蒙古练军款项,恳恩免议追赔,以示体恤,恭折具奏,仰祈圣鉴事。

窃查前于光绪六年间钦奉谕旨,筹备边防,调练三音诺彦蒙古官兵二千馀员名,奏定饷章,每月由部拨银七千两,至光绪七年三月底,宽给一个月口分,遣撤回旗,共领过银八万四千两,十年十二月造册送部核销银八万八十一两二钱零,馀银三千九百十

————

① 该奏折为满汉合璧折,有录副(03-0210-4565-033),批语前多"光绪十四年二月十九日奉朱批",后多"钦此"。

八两七钱零,声明入于军需项下动支。嗣经户部议覆,准销银七万五千五百九十三两一钱,移与工部销银四百二十两,删驳行查银四千六十八两一钱零,复经奴才等按款稽核,仅只追赔银一百四十九两三钱零,其馀声覆细数,奏请入销。复经部议,又准销银一千六十五两八钱零,下馀银二千八百五十二两零,于原奏立案不符,仍令著追归款等语。奴才等复查设调练军前经将军公春福于库伦、科布多二处酌拟奏定饷章,无非大概,其中难免稍有不尽之处,且用军支款必须随时随事酌量情形办理,若令比照库伦、科布多销案核办,实系两岐。兹查议驳单开,一统领每月心红不敷,共请添支银五十五两,又调阅合操每次备赏羊茶价银五百两,三次需银一千五百两,又冬三个月援案在于杂支款内,放过蒙古官兵烧烤柴薪银一千二百九十七两九钱二分,以上三项议令追缴银二千八百五十二两九钱二分。奴才等再四筹商,不惟兵撤已久,事属隔年,若遵部议追缴,实无体恤蒙古时艰,惟有仰恳天恩,俯准饬部仍照原册免议追缴,可否之处,出自逾格鸿慈,如蒙俞允,俾得积案早清。所有请免追赔放款缘由,理合恭折具奏,伏乞皇太后、皇上圣鉴训示遵行。谨奏。光绪十四年二月初一日。

著照所请,户部知道。①

054. 奏为旧伤举发请准开缺回旗调理事

04-01-16-0225-026

奴才杜嘎尔跪奏,为奴才旧伤举发,吁恳天恩,俯准开缺回旗调理,恭折沥陈,仰祈圣鉴事。

窃奴才前因咸丰二年间,始则出师河南,转战直隶、山东、安

---

① 该折有录副(03-6110-034),批语前多"光绪十四年二月十九日奉朱批",后多"钦此"。

徽、江南、湖北、湖南、江西、陕西、山西、甘肃、奉天共十二省，夙夜
进剿，屡受重伤，壮年尚能强支，继复遵旨督军出口塞外剿贼，正
值严寒之际，眠冰卧雪，致受湿寒，两腿抽痛，迨至上年春间，旧疾
陡发，曾于两次奏蒙圣恩，赏假调理在案。奴才自顾何人，叠邀旷
典，若病势既可稍支，曷敢遽陈开缺，上渎宸听，是以假满后，即奏
明力疾销假，接印任事，原期加意调养，或望速痊，以图报称，讵意
年前腿疾尚未大愈，又复引动旧伤举发，异常坚痛，步履维艰，今
春加以心内昏迷，精神日疲，彻夜不眠，虽经服药多剂，总未稍轻，
且奴才现在年近七十，自维实难力疾从公，若精力已衰，伤疾复
作，以无望痊之病躯恋栈重任，深恐转滋陨越。伏思奴才受恩深
重，未报涓埃，但能支持，万不敢少耽安逸，溯自咸丰二年出征以
来，叠蒙殊恩，由满洲参赞大臣擢授定边左副将军，计今三十七
载，现既西疆肃清，北边安谧，一切公务率皆归复旧制，伏乞逾格
恩施，俯准奴才开缺回旗调理，如蒙俞允，所有定边左副将军员
缺，请旨迅赐简放，以重职守。查满洲参赞大臣祥麟，才识明敏，忠
信笃敬，前此两护印务，讲求边地情形，及中俄交涉事件，均能办理
裕如，婉言得体，诚为边疆大吏之中不可多得之才，其蒙古参赞大臣
车林多尔济公务熟悉，凡事和衷共济。若奉旨后，仍照前案，将将军
印务交满洲参赞大臣祥麟护理，以收驾轻就熟之效。奴才拟即束装
启程，至哈尔呢敦台岔路，由苏木台站取道库伦，就近回旗，以冀直
捷而省台力，可否之处，出自特恩。所有奴才旧伤举发，恳恩开缺，
回旗调理缘由，谨缮折沥陈，伏乞皇太后、皇上圣鉴，训示祗遵，奴才
不胜悚惶祷盼待命之至。谨奏。光绪十四年二月十九日。

　　著赏假两个月，毋庸开缺。①

————————

① 该奏折为满汉合璧折，有录副（03-0210-4565-043），批语前多"光绪
　十四年三月十二日奉朱批"，后多"钦此"。

055. 奏请宽定查阅卡台年限事

04-01-01-0964-006

奴才杜嘎尔、车林多尔济、祥麟跪奏,为边卡军台拟请宽定年限,届期往查,以恤蒙力,恭折仰祈圣鉴事。

窃查乌里雅苏台所属津吉里克等处沿边各卡伦以及西北两路军台,向章三年将军往查一次,所需驼马该边卡军台如不敷用,即由经过喀尔喀、杜尔伯特、乌梁海诸部落出助供用,历经遵办有年。继因同治九年以后,诸部落频年灾祲,差务难支,每届查阅时,均经历任将军等奏明,递展限期,所以为仰体皇仁,轸恤藩蒙之至意。迨至去年秋间,奴才杜嘎尔因诸部落灾消时转,边卡军台率皆改制,是以奏明遵旨查阅。正拟起程间,接准科布多大臣咨称:以该属杜尔伯特等旗蒙众艰窘,所需驼马恐难应付等因,咨商前来。奴才当以边局为重,遂即轻骑减从起程,沿途详加体查,喀尔喀部落供差形虽竭蹶,似可支持,惟杜尔伯特等旗实系异常艰窘,应备驼马等项全赖科布多大臣等劝令该哈萨克出助应付,至乌梁海等旗,供差仅可支持,而形势甚属凄凉,推原其故,皆因比来灾祲之所至,此奴才目睹诸部落窘窭之实在情形也。伏维边卡军台乃国家之血脉,因时制宜,在疆臣之酌度,奴才查核向章,原为慎重边局立制,惟今昔情形悬殊,时事迥异,若竟拘照向章查阅,诚恐诸部落有顾此误彼之虞,转不足以昭慎重,意欲遽请暂停查阅,又恐该官兵日久玩懈,致误边局,思维至再,无法可济。惟查则例,载有恰克图东西两边所设卡伦,自嘉庆八年为始,责令驻扎库伦办事大臣每届十年,轮流亲往稽查一次等语。伏查此项边卡军台与恰克图所设情形相仿,既有定例可循,即当奏明办理。是以时与奴才车林多尔济、奴才祥麟公同商酌,拟将此项查阅边卡军台年限,自去年为始,循照此例,每届十年,将军亲往查阅一次,庶于体恤藩蒙之中,仍寓慎重边局之意。奴才等系为因时制宜起见,是否有当,吁恳天恩饬部核议。所有拟请宽定查阅卡台年限缘由,理合恭折具陈,伏乞皇太后、皇上圣鉴,训示祗遵。谨奏。光绪十四年二月十九日。

该衙门议奏。①

056. 奏为前在乌里雅苏台戍守官兵支过粮折加四银两请旨宽免事

04-01-01-0964-029

奴才杜嘎尔、车林多尔济、祥麟跪奏,为前在乌里雅苏台戍守官兵支过粮折加四银两,经部议令著追,恳恩宽免,以清积案,恭折具陈,仰祈圣鉴事。

窃查同治十一年六月间,经前署将军奎昌因科布多屯粮未解,奏请饬拨军粮银两,每石仍照向有加四斗,按四两折支,于奉旨后即行开放。旋准部咨,既经本色口粮每石以四两折放,不得加四斗核算等因。嗣于同治十三年间,前署将军长顺奏陈官兵拮据情形,请将本色粮折每石仍以加四斗放给,奉旨允准,经部议覆,未奉旨以前不得加四斗核算等因。又于光绪二年间,前将军额勒和布因同治十一、十二两年支过加四粮折官兵已经更换回营,若遵部议追缴,不惟存殁不齐,而新旧官兵偏枯,未免向隅,请将业于奏准拨款后放过每石加四斗粮折银两,可否免其追缴,以恤兵艰等语,复经部议,应令查照同治十三年前署将军长顺奏准奉旨之日起,遵办以前放过粮折仍令追赔。嗣经屡任将军等自光绪二年奏驳后,遵饬将已换未换各官兵分咨各处追缴。

---

① 该折有录副(03-6024-019),批语前多"光绪十四年三月十一日奉朱批",后多"钦此"。

续据覆称：该官兵内多有因事开革或有病故者，所存不及一半，似难追缴，兼又糊口无资各等情，声覆前来。奴才等详查同治十一、十二两年经费销册，经前任承办人员已于未奉部驳之先，按照加四发放后，已造册送部题销在案。兹查自同治十三年三月奏准以前，检案稽核，共长支过加四粮折银六千五百馀两。奴才等再四筹思，本系积年放款，实属无从追缴，惟有仰恳天恩，俯念戍守极边，请将前项不能追赔款项，可否饬部照依原送未题销册核销之处，出自皇太后、皇上逾格鸿施，俯准核销，俾免续造积案，先后轇轕不清。所有请免以前放过加四粮折银两缘由，理合恭折具陈，伏乞皇太后、皇上圣鉴，训示遵行。谨奏请旨。光绪十四年三月二十二日。

著照所请，该部知道。①

057. 奏为赏假调理旧伤谢恩事

04-01-12-0542-015

奴才杜嘎尔跪奏，为恭折叩谢天恩，仰祈圣鉴事。

窃奴才前因旧伤举发，奏恳圣恩，俯准开缺回旗调理等因，兹于本年三月二十六日接奉回折，奉朱批：著赏假两个月，毋庸开缺。钦此。跪读之馀，感激无地。伏思奴才身体素健，原无疾疴，惟因近年来不独腿疾时愈时犯，继复引动旧伤举发，异常坚痛，而今春又加以心内昏迷，精神日疲，每虑公事稍繁，头目即行眩晕，弗克支持，况远处寒边，苦无医药。兼之奴才年近七旬，精力甚衰，以致病势增剧，深恐有误办公，是以沥陈下情，奏请开缺。兹复仰蒙格外天恩，赏假调理，奴才荷鸿施之高厚，愧未报之涓埃，

---

① 该折有录副（03-6110-071），批语前多“光绪十四年四月初十日奉朱批”，后多“钦此”。

谨当广觅佳药,赶紧调治。所有日行事件,照案移交满洲参赞大臣祥麟办理,俾奴才得以安心静养,或望速痊,遇有紧要公务,奴才仍当力疾筹办,倘蒙慈庇,病体稍愈,即行奏明销假任事,断不敢稍耽安逸,有负生成。所有奴才感激下忱并叩谢天恩缘由,理合缮折具奏,伏乞皇太后、皇上圣鉴。谨奏。光绪十四年四月初四日。

知道了。①

058. 奏为理藩院帮办章京荣昌年满请旨暂行留驻清理积案事

04-01-12-0542-028

奴才杜嘎尔、车林多尔济、祥麟跪奏,为司员年满,吁恳天恩,俯准暂留清理案件,以资熟手,恭折具陈,仰祈圣鉴事。

窃据乌里雅苏台军营理藩院帮办章京、花翎统压前班、遇缺尽先前首先支补佐领、主事职衔荣昌呈称,窃章京前于光绪七年七月二十五日,蒙现任将军杜嘎尔等奏奉谕旨,升补理藩院帮办章京主事职衔之日起,连闰扣至十四年四月二十五日止,七年期满,自应遵照向章报满,呈请拣员更换,以重部务,并请赏咨回旗当差等情前来。奴才等伏查,乌里雅苏台一切事宜虽云规复旧制,奈近年来军营理藩院承办蒙古案件,不惟较前繁多,且现值整顿边事,清理善后积案之际,务须专员经理,方昭慎重。当查该章京熟谙蒙务,办事精详,今虽据其呈报年满,然该员现有经手未完事件,自未便遽易生手。合无仰恳天恩,轸念边务紧要,俯准将该帮办章京主事职衔荣昌,暂行留驻,清理积案而资熟手,容俟办理就绪,即当给咨令其回城当差。惟思该员现已历保

---

① 该奏折为满汉合璧折,有录副(03-0210-4566-019),批语前多"光绪十四年四月三十日奉朱批",后多"钦此"。

花翎统压前班、遇缺尽先前首先支补佐领,系前于八年冬间业经送部带领引见,奉旨照例补用人员,刻既奏恳暂留该员清理案件,一时弗克回旗,设遇缺出,势难望补,并恳恩准饬部转行绥远城将军查照,如该翼遇有应升缺出,照案奏补,以励勤劳而资观感。可否之处,出自鸿慈。所有司员年满,恳恩暂留各缘由,理合缮折具陈,伏乞皇太后、皇上圣鉴,训示遵行。谨奏。光绪十四年四月二十七日。

著照所请,该衙门知道。①

059. 奏为前在乌里雅苏台驻扎追剿贼匪吉林等省马队官兵等用过粟米请饬免造以前用过米数清册事

04-01-01-0964-048

奴才杜嘎尔、车林多尔济、祥麟跪奏,为前在乌里雅苏台驻扎,追剿贼匪之吉林、黑龙江、察哈尔马队官兵等用过粟米,请饬免造以前米数,恭折仰祈圣鉴事。

窃准户部咨开:奏请令将防军等先后用过米石,分年分任造具细数清册,送部核销等因,咨行前来。奴才等遂即饬将各任将军等彼时军米如何解运,如何散放各情形,逐一查明造办。据称自同治十年大军出口,分驻乌里雅苏台所属要隘处所,追剿贼匪,其时粮饷准章未定,所有由察哈尔都统衙门运送军米均系解交各营就近散放,按季自行造册,径送口北粮台照办。其中该官兵有出口时携带裹粮,稽至同治十三年,各营散放米石细数,虽据各营呈报有案,然年久霉烂不全,且呈报文内兼有遇贼途中积阻未到之米,又有潮湿不堪食用之米,该官兵应得口米未能按月

---

① 该折有录副(03-5856-034),批语前多"光绪十四年五月十九日,奉朱批",后多"钦此"。

全支,似此实难成造详查。户部文称,既有直隶总督前经随时核销之案,拟请饬部宽免再造。仅自同治十三年六月起,至光绪七年六月底,陆续由口解到米二万七千三百二十九石,内除同治十三年六月起至是年十一月底,放过各营米三千三百七十七石一斗四升二合六勺外,今拟自同治十三年十二月前任将军额勒和布到任接管起,净存米二万三千九百五十一石八斗五升七合四勺,将分任放至光绪七年六月底截止,共放过各营月米以及奏明遣撒路米二万二千三百七石七斗九升一合八勺,应存粟米一千六百四十四石六升五合六勺,内有原解在途抛撒数百石,现存不及千石,本因年久霉朽,不堪食用,合并陈明。除将各任放过米石细数详造妥册,另案送部核销外,谨将前在乌里雅苏台驻扎,追剿贼匪吉林、黑龙江、察哈尔马队官兵等用过米石,请饬免造以前米数。理合恭折具奏,伏乞皇太后、皇上圣鉴。谨奏请旨。光绪十四年四月二十七日。

　　户部知道。①

060. 奏为假满病仍未愈请开缺回旗调理事

04-01-16-0223-062

　　奴才杜嘎尔跪奏,为奴才假期复满,病仍未痊,叩恳天恩,准予开缺回旗调理,恭折沥陈,仰祈圣鉴事。

　　窃奴才前因腿疾抽痛,引动旧伤举发,异常增剧,奏请开缺回旗调治。恭奉朱批:赏假两个月,毋庸开缺。钦此钦遵。跪读慈命,感激涕零,当即缮折叩谢天恩在案。奴才自顾何人,叠邀如此殊遇,真梦想所不到也。亟宜振刷精神,加意调养,满拟病

---

① 该折有录副(03-6111-016),批语前多"光绪十四年五月十九日奉朱批",后多"钦此"。

势稍轻,依限销假任事,以图报称,讵意两月限内,伤病渐增,而心内仍行昏迷,彻夜不寐,近复头目眩晕,耳近重听,遇事辄忘,精神日疲,更甚于前。惟乌里雅苏台远处极边,苦无医药,虽经时坐汤泉浸洗,及百方调治,不惟未见轻减,反觉日益沉重。揆度病形,缘奴才年壮时,转战多省,夙夜周行,力剿贼匪,屡受寒暑湿潮所致。现在奴才年近七十,血气亏损,精力愈衰,而病蒂过深,非药力能望速痊。自维势难力疾从公,若以难望痊愈之病躯,恋栈重任,深恐有误办公。伏思奴才受恩深重,未报涓埃,苟能支持,将致微躯万不敢稍耽安逸,自甘废弃。理合特恳逾格恩施,赏准奴才开缺回旗,安心调养。如蒙俞允,所有定边左副将军员缺,请旨迅赐简放,以重职守。至未奉朱批以前,一切日行事件,仍交满洲参赞大臣祥麟办理,遇有紧要公务,奴才仍期力疾筹办。如仰蒙恩准,谨将将军印务照案移交大臣祥麟护理,奴才拟即束装启程,俾得早治伤疾而冀痊愈。所有奴才假期复满,病仍未痊,恳恩开缺回旗调理缘由,谨缮折具陈,伏乞皇太后、皇上圣鉴,不胜惶悚屏营之至。谨奏。光绪十四年五月二十八日。

著再赏假两个月,毋庸开缺。[1]

061. 奏为新放索果克卡伦侍卫那清阿在途患病请准回旗调理并遗缺另行更换事

04-01-16-0223-058

奴才杜嘎尔、车林多尔济、祥麟跪奏,为新放卡伦侍卫在途患病,实难赴任,恳恩另行更换,拟令回旗调理,恭折具陈,仰祈圣鉴事。

---

[1]　该奏折为满汉合璧折,有录副(03-0210-4566-055),批语前多"光绪十四年六月十五日奉朱批",后多"钦此"。

窃据新放索果克卡伦侍卫那清阿呈称，窃职遵奉恩旨，驰赴卡伦新任，乃行至杭爱台内，忽受风寒，转成泻痢，而远在台路，苦无医药，只可力疾徐行，嗣于四月十八日甫抵乌里雅苏台，赶紧调治，以冀速痊。继复于五月初六日，经将军、参赞大臣等札饬赴卡，初九日力疾起行，讵意行至乌里雅苏台所属博尔霍台，旧疾复发，弗克前进，加以肝气作痛，饮食俱废，心神恍惚，日益增重，且职年逾六十，精力渐衰，前因出师，身受潮湿，腰腿疼痛，近因新病触动旧疾，实属弗克支持，呈请回乌里雅苏台调治，而乌属街市药料不全，谅非计日能望速效，势难力疾赴任。维思索果克卡伦地当边隘，与俄通衢，稽查防守均关紧要，深恐贻误边事，呈请咨令回旗调理，并恳奏请另行拣员更换，以重职守等因。当即派委笔帖式庆林前往查验属实，取结声覆前来。奴才等查该侍卫那清阿患病甚重，查验属实，自应照准，实难强令赴卡，是以据情奏恳恩施，俯准另拣妥员来卡接换。除援案派委笔帖式金奇遄前往接署，拟令该侍卫先行回旗调理，俟其病痊，仍归原衙门当差外，伏思各卡远在极边，寒苦倍常，或近临俄界，或控制哈夷，且索果克乃通俄大路，更属要卡，非年富力强精干有为之员，不足以资治理。惟有仰恳圣慈，轸念边局紧要，请旨饬下领侍卫内大臣，嗣后如更换各卡伦侍卫时，务须选派年壮才明之员来卡接办，以专责成，凡年逾六十岁以上者，免出卡伦之差，庶于边事有济，其可否之处，出自特恩。奴才等为慎重边陲起见，除分咨报部查照外，所有新放卡伦侍卫在途患病，实难赴任，恳恩另行更换缘由，理合恭折具陈，伏乞皇太后、皇上圣鉴，训示遵行。谨奏。
光绪十四年五月二十八日。

该衙门知道。①

062. 奏为乌里雅苏台科布多两城
官兵困苦请饬部接济事

04-01-01-0964-086

奴才杜嘎尔、车林多尔济、祥麟、沙克都林札布跪奏,为乌里雅苏台、科布多两城官兵仍行困苦,恳恩饬部接济地方时宜,恭折联衔具陈,仰祈圣鉴事。

窃奴才等前准户部咨开,以节省饷项,归符旧制,将两城官兵加增银两裁去,以致日渐疲惫。揆度情形,虽荒歉时转为丰,而元气未复,官兵日用一切均由内地负贩而来。自军兴以后,商贾渐稀,百物价昂,所关屯粮不足糊口,向由日给盐菜银内例赴古城添买米面,除去采买米面之资,一日仅剩银分许,难敷柴薪衣冠之用。奴才等曾于光绪十二年,两城将孤寄边疆窘困情形,先后奏蒙圣恩,饬部议给官兵加增银两,乌里雅苏台由直隶省旗租项下,每年拨银一万两,自光绪十三年正月起,予限二年,科布多由山西省每年拨银一万两,自光绪十二年七月起,予限二年等因,遵办在案。奴才等伏思官兵加增银两限近期满,自应遵议停支,以节帑项。惟目睹该官兵有此加项,将敷计口授食,若再归旧办理,困状仍前难支。近年来时事不同,今昔迥异,而两城界连外夷,时有交涉,设因饥馁哗溃,有关边局匪浅。奴才等准科布多参赞大臣往返咨商,意见相同,合无仰恳天恩,俯念官兵等远戍极边,寒苦异常,相应请旨饬下户部妥筹长策,或加支津贴,或续给全支加增银两,以苏涸辙。所有乌里雅苏台、科布多两城

---

① 该折有录副(03-5237-039),批语前多"光绪十四年六月十四日奉朱批",后多"钦此"。

官兵仍行困苦,恳恩饬部接济地方时宜缘由,理合恭折会奏,可否之处,伏乞皇太后、皇上圣鉴,训示遵行。再,科布多帮办大臣魁福现在请假回旗穿孝,未经列衔,合并陈明。谨奏。光绪十四年六月二十八日。

户部议奏。①

063. 奏请饬部免议军需善后删除
口分各款以清积案事

04-01-01-0964-087

奴才杜嘎尔、车林多尔济、祥麟跪奏,为恳恩饬部免议军需善后删除口分各款,以清积案,恭折仰祈圣鉴事。

窃奴才等前经遵照光绪八、九两年户部议奏咨催军需善后积年用款,按照本部条奏赶紧分别核销,以重饷项等因。奴才等遂即饬将自军兴以来,所有奏调各省征兵及奏咨留营各处官弁办理军务,并各省协解军需各款银两,逐一查核造办,续据查明,其时粮饷章程未定,各营员弁饷章不一,用款繁杂,经前屡任将军等令将各军每月饷银,以整数若干具领散放。迨至同治十二年经前署将军长顺到任后,于五月间将防军月饷,照依神机营出口归化城、绥远城马队章程具奏,奉旨:著照所请,该部知道。钦此。当饬驻扎吉林、黑龙江、察哈尔新旧各起马队按照奏定归绥饷章,即将以前领过整数银两陆续彻底找清,奏奉朱批:知道了。钦此。是年闰六月,复将放过马队各官兵月饷数目开单送部,附片夹单奏闻,奉朱批:该部知道,单并发。钦此。嗣经后任将军等循照此章遵办各在案。彼时官兵内有升迁事故者,随时找缴

---

① 该折有录副(03-6111-050),批语前多"光绪十四年七月十七日奉朱批",后多"钦此"。

咨部,并未饬驳。奴才等始于光绪十二年八月间,将豫先奏明善后各款目逐一查符,均以原领饷章咨部起止,核实造具总散细数简明各册,先自同治十三年十二月前任将军额勒和布接任起,分任陆续送部,至光绪十二年撤尽各项官兵止,三任将军共用过军饷银一百四十五万二千六百六十三两七钱七分七厘八毫一丝一忽,核销在案。兹准户部挨次题覆前来,查单开:礼部工部应销银二万三百二十九两三钱五分九厘,户部应销银一百四十三万二千三百三十四两四钱一分八厘八毫一丝一忽,内除三任行查银十四万八千二百三十二两二钱四分一厘三毫二丝一忽,候销银三十三万三千九百四十六两五钱一分七厘七丝外,删除统带二员每员每月心红银十两,共银一千九百二十两,又删除八起马队营总以下等官口分银,令照同治十一年署将军奎昌奏请饷章,核减银二万四千八百二十八两三钱六厘六毫八丝四忽九微,又删除撤兵路米折银二千一百四十三两三钱七分六厘,至差委员弁原照军需则例,有照神机营出口章程核放口分内,议驳删减银四百二十九两一钱五分,共删银二万九千三百二十两八钱三分二厘六毫八丝四忽九微,实准销银九十二万八百三十四两八钱二分七厘七毫三丝五忽一微。除将行查候销及议驳各案查明咨部,仍请入销外,所有删除前项各员口分等款二万九千三百二十馀两,现在兵撤已久,无从追赔,合无仰恳天恩,俯念各军从征极边,星饭露宿,请旨可否饬部免议赔补,以示体恤之处,出自逾格鸿施。如蒙俞允,则奴才等再将以前未销军需积案如何办理,另折陈明核销。谨将恳恩饬部免议军需善后删除口分各款缘由,理合恭折具奏,伏乞皇太后、皇上圣鉴,训示遵行。谨奏。光绪十四年六月二十八日。

著照所请，该部知道。①

064. 奏为循例查验蒙古参赞大臣所管孳生马厂事

04-01-01-0963-076

奴才杜嘎尔、祥麟跪奏，为循例查验孳生马厂，恭折仰祈圣鉴事。

窃查蒙古参赞大臣所管孳生马厂，每届三年查验一次，如十匹内孳生在五匹以上，倒毙亦不过额，将该管参赞大臣赏给纪录，并将牧放马匹章京、甲兵等奖赏，如孳生平常，照例议处，历经办理在案。兹准蒙古参赞大臣王车林多尔济咨称，案查前于光绪十一年查验后，计至十四年三年期满，已经照例查验三年内共取孳生马驹一千七百三十八匹等因，咨报前来。查该大臣所取孳生数目，统计十匹内孳生在五匹以上，倒毙亦不过额，核与议叙之例相符。合无仰恳天恩，将蒙古参赞大臣亲王车林多尔济赏给纪录，并将牧放马匹章京、甲兵等赏给小彭缎、梭布、茶烟等项，以示鼓励。除将儿骡马匹及孳生马驹数目造册分咨户部、理藩院备查外，理合恭折具陈，伏乞皇太后、皇上圣鉴。再，蒙古参赞大臣亲王车林多尔济因系专管，未敢列衔，合并陈明。谨奏。光绪十四年六月二十八日。

该衙门知道。

065. 奏报蒙员捐输军饷拟请敕部按照新章核议事

04-01-35-0697-077

奴才杜嘎尔、车林多尔济、祥麟跪奏，为蒙员捐输，拟请饬部

---

① 该折有录副(03-6111-051)，批语前多"光绪十四年七月十七日奉朱批"，后多"钦此"。

按照新章核议,以示体恤,恭折仰祈圣鉴事。

窃奴才等前于光绪八、九两年奏明核办军需善后报销折内,查有前任将军等因军饷不继,当由喀尔喀四盟及唐努乌梁海等五旗借用银两等项搭放军饷一节,经部覆议,除归还之款入销外,所欠银两酌核劝令捐输等因。奴才等随时分饬各该盟长,查取前借各人员衔名,并应奖何项虚职,查明呈覆,以备汇案奏请奖叙等情各在案。奴才等兹查前项未还借款,此案多系同治年间捐输新章限内,今既经部议将此借款改作捐输,亟应按照当时新章捐款核议,以昭公允。除俟各处将查取衔名呈送到日,由奴才等另折奏请奖叙外,所有蒙员捐输先行拟请饬部按照新章核议,其可否之处,出自特恩,理合恭折具奏,伏乞皇太后、皇上圣鉴。谨奏请旨。光绪十四年六月二十八日。

该衙门议奏。①

066. 奏为奉旨赏假调理病情谢恩事

04-01-17-0141-024

奴才杜嘎尔跪奏,为恭折叩谢天恩,仰祈圣鉴事。

窃奴才前因假期复满,病仍未痊,奏恳圣恩俯准开缺回旗调理等因一折,兹于本年六月二十九日接到原折,奉朱批:著再赏假两个月,毋庸开缺。钦此钦遵。跪读慈命,顶感无极,伏思奴才身体素健,原无疾疴,惟近年来不独伤病纠缠,日益增剧,继复头目眩晕,耳近重听,遇事辄忘,虽经百方调养,总未见轻,只缘远处寒边,苦无医药,又兼奴才年近七十,精力惫衰,而病蒂过深,诚恐有误边事,乃于假满后,复沥陈下情,奏请开缺。兹又仰蒙逾格

① 该折有录副(03-5857-042),批语前多"光绪十四年七月十七日奉朱批",后多"钦此"。

隆施,赏假调理,叠邀鸿慈之高厚,愧未报答之涓埃。奴才遵即广觅佳药,赶紧加意调养,所有日行事件,仍交满洲参赞大臣祥麟办理,俾奴才得以安心静养,以冀速痊,设遇紧要公务,奴才仍当力疾筹办。倘蒙慈庇,病体稍愈,即行奏明销假任事,断不敢少耽安逸,自外生成。所有奴才感激下忱,并叩谢天恩缘由,谨缮折具奏,伏乞皇太后、皇上圣鉴。谨奏。光绪十四年七月初七日。

知道了。①

067. 奏为查核前经未销军需各款委因卷案 不全请旨照章核销以清积案事

04-01-01-0964-065

奴才杜嘎尔、车林多尔济、祥麟跪奏,为查核前经未销军需各款,委因卷案不全,恳请照章开单核销,以清积案,恭折具奏,仰祈圣鉴事。

窃奴才等前于光绪八、九两年准户部奏催军需善后报销,奴才等遂即饬属将自军兴以来屡任将军等用过军饷彻底稽核。嗣因同治九年起,粮饷章程未定,至同治十三年,用款多系行营核办,又有在军需局核办,其时饷章不一,头绪纷繁,虽经署将军长顺等将新旧各起马队饷章奏准画一办理,而官兵找缴饷银先后名数不同,一时稽查未清,随时奏明,拟自同治十三年十二月前任将军额勒和布到任后,具奏划清界限起,分任分案造具细册,于光绪十二年八月间陆续送部核销后,复将以前未销军需用款,添派员弁,细心检案稽核,其中卷案霉湿不全,以致散数实难稽总。奴才等筹商至再,缘系官非一任,事非一年,若不设法将饷源截清,不惟案无了期,至已销各款前后牵累莫结,是以拟照光

---

① 该奏折为满汉合璧折。

绪九年奴才等举办乌里雅苏台军需善后报销时折内曾已声明，有案者，照案造销，无案者，照依各任将军等日行标画出入档簿核销等因，奏奉谕旨：户部知道。钦此。钦遵办理在案。又光绪八年十一月准户部咨开，是年九月十一日奉上谕：御史梁俊奏，军需善后用款请开单报销免造细册折内，自光绪八年八月以前各省未经报销之案，著将收支款目总数分年分起，开具简明清单，奏明存案，免其造销等因。钦此。钦遵咨行前来。奴才等拟请遵照前案，将同治九年起至同治十三年十一月底屡任将军等用过未销军需各款，仰恳天恩，俯准以收支总目分晰开单奏销之处，出自逾格鸿施。如蒙俞允，俾得清理已销未销各案，而善后事宜亦可早结。所有查核前经未销军需各款委因卷案不全，恳请照章开单核销，以清积案缘由，理合恭折具奏，伏乞皇太后、皇上圣鉴，训示遵行。谨奏请旨。光绪十四年八月十六日。

著照所请，该部知道。[①]

068. 奏为循例进贡马匹事

04-01-14-0083-007

奴才杜嘎尔、车林多尔济、祥麟、沙克都林札布跪奏，为循例贡马，恭折奏闻，仰祈圣鉴事。

窃奴才等每年秋间汇贡骟马，以备御用，历经遵办在案。今届呈进之期，谨照成章，留心购选：奴才杜嘎尔贡马八匹，奴才车林多尔济贡马二匹，奴才祥麟贡马二匹，奴才沙克都林札布贡马二匹，共马十四匹。当交守备定德带领弁兵，于本年六月间启程，妥为牧放，由驿护送赴京呈进。谨将奴才等汇贡骟马毛片、

---

① 该折有录副（03-6112-002），朱批前多"光绪十四年九月初五日奉朱批"，后多"钦此"。

口齿、脚力另缮清单,恭呈御览。理合恭折奏闻,伏乞皇太后、皇上圣鉴。谨奏。八月十六日。

该衙门知道。①

069. 奏为拣选保瑞充补乌里雅苏台额外防御事

04-01-16-0224-028

奴才杜嘎尔、车林多尔济、祥麟跪奏,为额外防御班满出缺,循例拣员充补,恭折具奏,仰祈圣鉴事。

窃查乌里雅苏台额设额外防御二缺,向系三年期满,回绥远城以防御补用,所出额缺,由奴才等奏明拣补,历经办理在案。今额外防御吉廉三年期满,所出一缺,自应照章拣员补放,以符原额。兹查有绥远城满营换防戍守之六品顶戴额外骁骑校保瑞,当差奋勉,堪以充补额外防御之缺,俟期满回绥远城后,照章以防御补用。如蒙俞允,遇有差便,给咨该员赴部带领引见,所遗额外骁骑校一缺,另行照章拣员充补。除咨报兵部查照外,所有额外防御班满出缺,循例拣员充补缘由,理合恭折具奏,伏乞皇太后、皇上圣鉴。谨奏。光绪十四年八月二十八日。

著照所请,该衙门知道。②

070. 奏报销假任事日期事

04-01-17-0141-050

奴才杜嘎尔跪奏,为恭报奴才力疾销假任事日期,恭折仰祈

---

① 该奏折为满汉合璧折,有录副(03-0210-4567-036),批语前多"光绪十四年九月初五日奉朱批",后多"钦此"。

② 该折有录副(03-5858-029),批语前多"光绪十四年九月十九日奉朱批",后多"钦此"。

圣鉴事。

　　窃奴才前因旧伤举发异常增剧,奏请开缺回旗调理,既蒙圣
恩:赏假两个月,毋庸开缺。钦此。钦遵在案。至假限内,不惟
伤病未见轻减,反觉日益沉重,彻夜不眠,弗克支持,实难力疾从
公,乃于假满后,故沥陈下情,奏恳开缺,复荷恩旨:著再赏假两
个月。钦此。闻命自天,顶感无地,均已缮折叩谢天恩在案。奴
才自顾何人,屡膺异数,而病势但能稍支,曷敢遽渎宸听。乃两
蒙赏假以来,即时赴汤泉浸浴,并广觅佳药调治,虽仰承慈庇,病
势稍轻,然纠缠日久,血气日衰,每阅公牍,仍觉头目眩晕,耳近
重听,精神萎顿,总未复元。奴才窃维乌里雅苏台为边北重镇,
控制藩夷,近年来虽称邻境相安,惟近临俄界,防守最关紧要,曷
敢松懈。现在病势既已稍愈,假限又界期满,而精力若能略可支
持,即当图报,万不敢少耽安逸,久旷职守。奴才谨择于八月二
十八日力疾销假任事,理合恭折具奏,伏乞皇太后、皇上圣鉴。
谨奏。光绪十四年八月二十八日。

　　知道了。①

071. 奏为钦奉恩旨赏赐所捐庙宇庙名谢恩事

04-01-15-0080-015

　　奴才杜嘎尔跪奏,为钦奉恩旨,赏赐庙名,恭折叩谢天恩,仰
祈圣鉴事。

　　窃奴才接准黑龙江将军咨开,转准理藩院议奏,乌里雅苏台
将军杜嘎尔自出师以来,叠蒙圣恩,历授今职,实属报答无由,是
以情殷捐廉,在本籍地方建盖庙宇一所,聚集喇嘛讽经,永祝万寿

---

① 　该折有录副(03-5239-050),批语前多"光绪十四年九月十九日奉朱
批",后多"钦此"。

无疆,藉伸图报。兹既工竣,咨请奏赏庙名等因,奏奉朱笔圈出:德孚寺。钦此。钦遵转行遵照前来。奴才跪读之下,顶感无极,当即恭设香案,望阙叩谢天恩,俟颁到时,敬谨祗领悬挂,以垂永久。伏思奴才一介武夫,毫无知识,今既仰蒙逾格隆施,特赏庙名,奴才自当益思勤奋,勉竭愚诚,并督饬僧众逐日讽经,永祝皇仁,以冀仰答高厚鸿慈于万一。所有奴才感激下忱,理合恭折叩谢天恩,伏乞皇太后、皇上圣鉴。谨奏。光绪十四年八月二十八日。

知道了。①

072. 奏为查阅喀尔〔喀〕南二十台站情形事

04-01-01-0963-063

奴才杜嘎尔、车林多尔济、祥麟跪奏,为循例查阅喀尔喀南二十台站,恭折具陈,仰祈圣鉴事。

窃查乌里雅苏台南设喀尔喀二十台,系蒙古参赞大臣专责,每年秋间,或亲往,或派员查验一次,历经办理在案。兹届应查之期,奴才车林多尔济自应亲往查阅,惟奴才车林多尔济旧患腹痛之证,讵意入秋以来,病势复发,遂经蒙古医生喇嘛等调治,尚可力疾办公,及至天寒之时,未见痊愈,日渐发作,深恐有误查台之差。是以奴才等公同商酌,即派军营内阁侍读荣寿,随带蒙员呢玛等,照例往查去后。旋据该员等禀称,所属各台内均于五月间始得甘霖,青草畅茂,所供往来要差及递送文报均系随到随发,并无贻误,至各台官兵等应有军械毡房等项,照数查点,均各整齐,驼马亦皆膘壮,遂即按台照数点查烙印等情禀覆前来,奴才等当将各台例报倒毙驼马遵照定章,由官厂内拨补足额。所

---

① 该奏折为满汉合璧折,有录副(03-0210-4567-039),批语前多"光绪十四年九月十九日奉朱批",后多"钦此"。

有派员查验台站缘由,理合恭折具奏,伏乞皇太后、皇上圣鉴。谨奏。光绪十四年九月二十八日。

该衙门知道。①

073. 奏请以莽阿哩充补乌里雅苏台额外防御事

04-01-16-0226-100

奴才杜嘎尔、车林多尔济、祥麟跪奏,为额外防御班满出缺,循例拣员充补,恭折具奏,仰祈圣鉴事。

窃查乌里雅苏台额设额外防御二缺,向系三年期满,回绥远城,以防御补用,所出额缺,由奴才等奏明拣补,历经办理在案。今额外防御巴雅纳三年期满,所出一缺,自应照章拣员补放,以符原额。兹查有绥远城满营换防之蓝翎五品顶戴、尽先即补骁骑校、额外骁骑校莽阿哩,当差可靠,堪以充补额外防御之缺,俟期满回绥远城后,照章以防御补用。如蒙俞允,遇有差便,给咨该员赴部带领引见,所遗额外骁骑校一缺,另行照章拣员充补。除咨报兵部查照外,所有额外防御班满出缺,循例拣员充补缘由,理合恭折具奏,伏乞皇太后、皇上圣鉴。谨奏。光绪十四年九月二十八日。

著照所请,该衙门知道。②

074. 奏为乌里雅苏台满营换防官兵期满请循例更换事

04-01-16-0226-101

奴才杜嘎尔、车林多尔济、祥麟跪奏,为满营换防官兵今届

---

① 该折有录副(03-7138-027),批语前多"光绪十四年十月十八日,奉朱批",后多"钦此"。
② 该折有录副(03-5858-072),批语前多"光绪十四年十月十八日,奉朱批",后多"钦此"。

三年期满,循例奏请更换,以资办公,恭折仰祈圣鉴事。

窃查乌里雅苏台、科布多额设戍守兵五十名,向由绥远城派令佐领一员、骁骑校一员管带来营,原系三年期满,照例更换等因,历经遵办在案。嗣经科布多大臣等奏准,拟将换防骁骑校一员,责令管带科布多换防兵径赴该城驻守等因亦在案。兹查乌里雅苏台换防官兵,前于光绪十一年奏明更换,至本年已届三年期满,自应照例更换,以符原额。奴才等即将换防官兵照章拣择平素当差勤奋者二十名,仍留办公,其馀年满回城及升任员缺者,遗出兵额十三名,例应更换。惟近年来事务纷繁,迥非昔比,仍由奴才等指名选调,务须年壮才明,通晓文义,以及书写端楷者,咨知绥远城将军查照,按名饬派,即令换防佐领仿照科布多奏案,管带押解饷银,由驿来营,充补原额而资办公。除分咨办理外,所有满营换防官兵期满循例更换缘由,理合恭折具陈,伏乞皇太后、皇上圣鉴。谨奏。光绪十四年九月二十八日。

该衙门知道。①

075. 奏为乌里雅苏台内阁承办章京荣寿任事期满请更换事

04-01-16-0226-076

奴才杜嘎尔、车林多尔济、祥麟跪奏,为司员年满,循例更换,恭折具陈,仰祈圣鉴事。

窃据乌里雅苏台内阁承办章京侍读荣寿呈称:窃章京前于光绪十一年八月间,奉旨派往乌里雅苏台承办军营内阁事务,嗣于是年十二月十八日抵乌里雅苏台,十九日接办任事起,连闰扣

---

① 该折有录副(03-6024-075),批语前多"光绪十四年十月十八日,奉朱批",后多"钦此"。

至十四年十一月十九日止，三年期满，例应呈请更换等情前来。
奴才等覆查无异，今该员既经年满，自应照例奏请更换，其所遗
乌里雅苏台内阁承办章京一缺，相应请旨饬下该衙门照例拣员
接替，以重职守。除分行外，理合恭折具陈，伏乞皇太后、皇上圣
鉴。谨奏。光绪十四年十月十二日。

该衙门知道。①

076. 奏为乌里雅苏台所属索果克卡伦侍卫 阿拉精阿年满拟请照案奖励事

04-01-12-0544-103

奴才杜嘎尔、车林多尔济、祥麟跪奏，为卡伦侍卫年满，拟请
照案奖励，以昭激劝，恭奏仰祈圣鉴事。

窃案查光绪七年闰七月间片奏：津吉里克卡伦年满侍卫隆
福，巡查边界，督练卡兵，不辞劳瘁，拟请鼓励。经兵部议奏，隆福
请以应升空花翎缺出，尽先即补，并请加四品顶戴之处，核与定章
相符，请照准等因。奉旨：依议。钦此。钦遵在案。奴才等又于
光绪十三年九月间，因所属边卡侍卫远戍寒边，劳苦倍常，且界连
外夷，时有交涉，在在均关紧要，每遇差期年满无过，奏请以各该
员应升之缺尽先升用，先换顶戴，以示鼓励等因，奏奉朱批：兵部
议奏。钦此。覆准部议，嗣后乌里雅苏台、科布多所属津吉里克
等处卡伦侍卫年满，各旗营官员准保，指明一阶，或补用，或升用，
不准保归尽先班次，或量予虚衔顶戴议叙优叙之处，统由该将军
大臣等考其平素当差若何，秉公酌保案内，只准请奖一层，不准两
层并保，用示限制。该侍卫等倘有始勤终惰，即当据实参劾等因

---

① 该折有录副(03-5858-099)，批语前多"光绪十四年十一月初五日奉
朱批"，后多"钦此"。

具奏。奉旨:依议。钦此。钦遵咨行遵办亦在案。兹查乌里雅苏台所属索果克卡伦年满侍卫阿拉精阿,任内无过,始终勤劳,亟应援照成案,将左翼镶白旗蒙古空花翎衔前锋校、索果克卡伦年满侍卫阿拉精阿,拟请遇有本翼前锋侍卫缺出,即以该员补用,以示鼓励。合无仰恳天恩,俯念边卡紧要,用策将来之处,出自逾格鸿施。所有卡伦侍卫年满,拟请照案奖励,以昭激劝缘由,理合恭折具奏,伏乞皇太后、皇上圣鉴。谨奏。光绪十四年十月十二日。

著照所请,兵部知道。①

077. 奏为管理博多霍呢豁垒卡伦侍卫 庆福三年期满请拣员更替事

04-01-12-0544-105

奴才杜嘎尔、车林多尔济、祥麟跪奏,为年满卡伦侍卫循例奏请拣员更换,以重职守,恭折仰祈圣鉴事。

窃查乌里雅苏台、科布多所属各卡伦侍卫三年期满,向例由奴才等奏请更换,历经办理在案。兹据管理博多霍呢豁垒卡伦侍卫庆福呈称,窃自光绪十一年十二月间到卡任事起,连闰扣至光绪十四年十一月止,现届三年期满,祈请拣员接替更换等情呈报前来。查该侍卫既经任满,自应循例请旨饬下领侍卫内大臣,迅即拣员更替,以重职守。谨将年满卡伦侍卫循例奏请拣员更换缘由,理合恭折具陈,伏乞皇太后、皇上圣鉴。谨奏。光绪十四年十月十二日。

该衙门知道。②

---

① 该折有录副(03-5858-098),批语前多"光绪十四年十一月初五日,奉朱批",后多"钦此"。

② 该折有录副(03-5858-097),批语前多"光绪十四年十一月初五日,奉朱批",后多"钦此"。

078. 奏为循例委员护送贡皮事

04-01-14-0084-126

奴才杜嘎尔、车林多尔济、祥麟跪奏，为循例委员护送贡皮，恭折具奏，仰祈圣鉴事。

窃查乌里雅苏台所属唐努乌梁海等五旗，额定七百八十六户，每户交貂皮三张，每年共纳貂皮二千三百五十八张，实纳貂皮数在八百张以上，其馀方准以别样皮张照例抵折，如捕貂实不敷额，准以猞猁、水獭、豹皮每一张抵貂皮三张，扫雪狐、狼、沙狐皮每二张，灰鼠皮每四十张，均抵貂皮一张。科布多所属阿拉泰乌梁海七旗，额定六百八十五户，每户应交貂皮二张，一百八十五户共纳貂皮三百七十张，每户应交狐皮四张，五百户共纳狐皮二千张。均添户不添皮张，每年夏季来乌里雅苏台呈交，秋间委员护送，历经遵办在案。本年六月间，唐努乌梁海总管鄂勒哲依瓦齐尔等到乌里雅苏台呈递贡皮，并将应交皮张户口造具蒙字名册呈递前来。奴才等当堂点验，遵照额数收齐，照例折放赏项，面加抚恤，并谕以妥约属众，安分输诚，该总管等率领众官望阙叩头，欣然领诺，事毕，即令各回游牧讫。其科布多所属阿拉泰乌梁海七旗应进皮张，谨遵该大臣等奏议，暂行停止外。奴才等谨将唐努乌梁海皮张饬令装箱封固，黏贴印花，拣派四品衔郎中世魁督带弁兵，于本年十九日启程，由驿护送赴京交纳。除将用过赏项及照译贡皮户口清册咨部查核，并知照经过驿站一体照章供应外，谨将乌里雅苏台所属唐努乌梁海各旗实交、折交皮色数目分晰，缮具清单，恭呈御览。理合恭折具奏，伏乞皇太后、皇上圣鉴。谨奏。光绪十四年十月十二日。

该衙门知道。①

079. 奏为唐努乌梁海边地俄人采金拟清界限固疆圉折

乌里雅苏台办事大臣祥麟、车林多尔济、杜嘎尔奏,为敬陈管见,查外边、清界限、固疆圉事。

窃乌里雅苏台所属唐努乌梁海外边,自柏郭苏克西北至沙滨达巴罕,中国设立界牌八处。每年夏间,派员会同俄官,逐牌查阅,历经办理在案。其岭一东一南,至乌里雅苏台,即岭之左归中国属辖,载在条约,久为证据。乃俄人得步进步,竟至沙滨达〔巴〕罕迤东,霍呢音达巴罕迤西,唐努乌梁海所属车尔里克、萨布塔尔、都木达果勒、毕德里克、荆格等五处河岸附近地方。前经查验,近俄人任意挖取金沙,共有四十五处。至今仍在萨布塔尔、车尔里克两处附近河岸,俄人挖出金沙,将河岸两边刨挖甚多,又在乌梁海所属乌克、多伦两河岸地方,俄人明囤赖等任意开垦地亩三块,长一千三百馀尺,宽八百二十馀尺。又在乌梁海所属萨拉搭木、博木额奇、布拉克、多伦、乌克、车尔里克、托勒博勒、萨斯多克、察岗噜、勒札库勒、哈达努额奇、依斯克木、阿玛阿克河口、吉尔噶噶琥河口、吉尔札拉克等十五处,俄人雅固尔等建造房屋,南入俄境至数百里之多。该总管等屡次呈报,均随时咨明总理衙门,示复遵办。并承准该衙门复文,饬属禁止在案。近年又因中、俄交涉命盗案件层见迭出,是以咨呈该衙门,咨行驻库伦俄官,两国各派官员,择期定地,会同办理。旋准该衙门暨驻库伦俄官咨复,定于本年八月初七日,在乌梁海吉尔札里克地方会办。本处即派佐领荣昌等,先期前往会办。嗣据该

---

① 该奏折为满汉合璧折,有录副(03-0210-4567-069),批语前多"光绪十四年十一月初六日奉朱批",后多"钦此"。

员等呈称：窃职等遵即会晤俄官,商议俄人在乌梁海所属地方挖金、开地、盖房各案,惟据俄官称,以盖房一事,系奉本国驻京使臣与贵国大臣商妥,准俄人在乌梁海地面建盖房屋。至刨挖金沙、开垦地亩两事,均经本国东锡毕尔大臣发给执照,系在本国地面挖金、种地等语。职等复思俄人在乌梁海地面建盖房屋一节,虽总理衙门咨有明文,是其暂盖寄货行栈。现在俄人藉此盘踞乌梁海,建盖坚固房屋至数十处之多,且又骚扰该处游牧。按此情形,实与该处蒙众生计大有窒碍。再,挖金、开地两节,详询地势,实在本属乌梁海地面。若不及时逐撵,势恐遗患将来。职等遂向俄官辩论,然俄官一味支吾。复经质辩,情词尤为闪烁。此关两国交涉之大事,微末员弁曷敢擅专。除将办结各案另禀拟报外,所有挖金、盖房、种地三案,俄官执意不办各情形具禀呈递。并将俄文二纸及将乌梁海地方绘图贴说,随禀呈请办理等情禀复前来。除将该俄官等出具文结,咨送总理衙门逐件查明,示复照办。至荣昌等此次会办案件,不激不随,尚不失体。惟俄人贪得无厌,狡诈性成,我国家一视同仁,久昭宽大,该俄人不知感戴,反以为得计也。至唐努乌梁海西北八处界牌,自原任满洲参赞大臣荣全于同治八年间与俄人定约以来,迄今十有九年,虽每年夏间中、俄会查一次,然若无大员亲历往查,殊非慎重边疆之道。此次可否钦派大员,从〔河〕〔沙〕滨达巴罕迤东至恰克图原界,应如何照依总图红线,加建界牌,以清界限。其河名、山名、地名,俄官以清文、蒙文书写,音义率多不符,平淡视之,虽殊泛泛,恐日久以讹传讹,将生繆轕。宜如何划一之处,均请旨饬下总理衙门妥议章程,奏明办理。谨奏。

　　光绪十四年十一月二十三日,奉朱批:该衙门议奏。图并发。[1]

---

[1]　该折及折后填注摘自《清季外交史料》。

080. 奏为派员查勘金山卡伦并无偷挖矿沙情弊事

04-01-36-0106-033

奴才杜嘎尔、车林多尔济、祥麟跪奏,为援案派员查勘金山卡伦并无偷挖情弊,恭折奏闻,仰祈圣鉴事。

窃查乌里雅苏台所属三、札两盟游牧西南界内,有金山、翁滚山二处,出有矿沙,向设卡伦二十二处,由该两盟分派官兵驻守逡巡,并由该两盟轮派札萨克一员经管,每年秋季由奴才等派员往查有无偷挖矿沙情弊,据实陈奏,屡经遵办在案。今届查勘之期,奴才等派笔帖式萨克什纳等往查去后,旋据禀称,遵派会同管卡札萨克巴拉丹,查得金山、翁滚山二处并无偷挖矿沙情弊,及各卡官兵数目亦各相符,随即按卡取具甘结各一纸,禀覆核办前来。除将甘结存案备查,并檄饬三、札两盟盟长等转饬该管严加逡巡,勿任疏懈,致滋事端外,所有援案派员查勘金山卡伦并无偷挖情弊缘由,理合恭折奏闻,伏乞皇太后、皇上圣鉴。谨奏。光绪十四年十一日初二日。

知道了。

081. 奏为旧疾复发请赏假调理事

04-01-16-0227-042

奴才杜嘎尔跪奏,为奴才旧疾复发,吁恳天恩,俯准赏假调理,恭折沥陈,仰祈圣鉴事。

窃奴才前于上年春夏间,因夙患腿疾复发,异常增剧,又觉精神日疲,彻夜不眠,虽经延医调治,并未见轻,曾于两次陈请开缺,均蒙圣恩,赏假调理,嗣因假满,病体稍轻,业经奏明力疾销假任事在案。奴才满拟加意调养,以冀复元,而图报效,讵意本年春间,腿疾仍复举发,尤加浮肿,而精神益衰,寝食俱减,较前增重,复经百方调治,总未稍痊,且远处寒边,苦无良药。据蒙医云,此证非亲赴汤泉浸浴,难望速痊等语,奴才素闻乌里雅苏台附近之三盟地方旧有汤泉,距城不远之路,能解换寒湿等证。奴才再四思维,惟有特恳天恩,俯准赏假一个月,俾奴才随时亲赴该处坐汤,安心静浴,或可早望就痊。伏思乌里雅苏台一切公事率皆规复,辖境安谧,奴才已与满蒙参赞大臣熟商,谨将定边左副将军印务照案移交满洲参赞大臣祥麟护理。如蒙逾格隆施,奴才得以速疗旧疾,即当销假任事,断不敢少耽安逸,致负生成。所有奴才旧疾复发,请假调理缘由,谨缮折具陈,伏乞皇上圣鉴。谨奏。光绪十五年二月二十八日。

赏假一个月。①

082. 奏报乌里雅苏台将军杜嘎尔病故日期并所遗员缺请简放事

04-01-16-0227-083

奴才祥麟、奴才车林多尔济跪奏,为恭报将军因病出缺,请旨迅赐简放,以重职守,恭折具陈,仰祈圣鉴事。

窃查将军杜嘎尔今春腿疾复发,益加青肿,精神日衰,曾于二月二十八日奏恳天恩,赏假一月,亲赴汤泉,安心静浴,以冀速痊,当将将军印务照案移交奴才祥麟护理等因在案。嗣于拜折后,奴才等时往亲视,见其日益加病,元气大亏,精神恍惚,虽经连日百方医治,不惟毫无稍效,反加旧伤亦发,倍前增剧,口称病势已危,自知不起,伏枕碰头,泣云身受慈恩至优极渥,今病竟至此,谅不能仰报天恩于万一,且谆嘱边地紧要,并

---

① 该折有录副(03-5247-133),批语前多"光绪十五年三月二十日奉朱批",后多"钦此"。

无一语及私。奴才等再三劝慰，务令安心调养，讵于三月初八日忽尔痰壅气促，语言不明，以致百药罔效，竟于初九日丑时因病出缺。伊家以蒙古风俗，召集喇嘛唪经三日，十二日未时，伊子乌尔图那逊等亲视含殓，并将该故将军封妥遗折交奴才等代奏前来。伏查该故将军杜嘎尔，生前忠厚性成，持躬谨慎，教养兼施，恩威并济，莅任十载，军民爱戴，病故之日，无不同声感惜。溯维该故将军自咸丰二年始则出师江皖，转战秦陇，共十二省，夙夜剿贼，莫不身先士卒，迭克郡城，勋劳尤著，蒙恩赏给蟒赍巴图鲁名号，又因打仗出力，仰蒙殊恩，特赏搬指、翎管、火镰、袍褂料等物。历任宁夏、察哈尔等处副都统，无不简练军旅，卓著勤劳。继因遵旨督军出口，寒边剿贼，各盟赖以久安，共打仗二百十五次，杀贼三百八名，夺获枪矛八十二件。自壮岁从戎，以致历授定边左副将军员缺，计今三十八载，实属厥功甚伟。平生洁己勤公，待人以诚，前两年虽云伤病俱发，遇事犹能力疾，时与奴才等和商筹办，莫不竭尽心力。今因伤病猝发，竟至以终，殊堪怜悯。所幸该故将军之长子、胡伦贝尔副总管乌尔图那逊现已请假前来省亲，次子闲散札木色林札布年十五岁，随任读书。目睹其身后情形，殊深萧条，惨不可言。奴才等督饬四部院章京帮同其长子等，即将身后一切事宜妥为料理，一俟灵柩回旗时，再行派员护送。至将军印务，既经该故将军生前奏明，照案移交奴才祥麟护理，现在曷敢拘执，谨遵奏案，仍由奴才祥麟先行护理，设遇要务，与奴才车林多尔济和衷商办，断不敢稍涉因循，致误事机。奴才等伏念圣慈矜悯臣工，俯恤前劳，凡尽心职守者，无不特邀旷典。该故将军生前战绩勤劳，久在圣明洞鉴之中，其应如何饰终赐恤之处，出自逾格隆施，非奴才等所宜擅请。其所遗定边左副将军员缺，相应请旨迅赐简放，以重职守。当将原封遗折一并代奏。所有恭报将军因病出缺缘由，理合恭折驰陈，伏乞皇上圣鉴，训示遵行。谨奏请旨。光绪十五年三月十五日。

　　另有旨。①

083. 乌里雅苏台办事大臣祥麟等奏俄人占地垦荒请饬库伦办事大臣派员会勘折

　　乌里雅苏台办事大臣祥麟、车林多尔济奏，为遵照总理衙门议复原案，谨陈大略情形事。

　　窃前因俄人在乌里雅苏台所属唐努乌梁海地方盖房、挖金、垦地三事，曾陈管见，请查外边，清界限，固边围等因一折。本年三月初十日，承准总理衙门议奏，钞寄前来。奴才等详绎总理衙门此次议复之案，甚为周妥，自应遵照办理。惟光绪十三年八月初七日，原任将军杜嘎尔与奴才等奏请查阅乌里雅苏台所属津吉里克等处沿边各卡，是遵照向章查阅乌里雅苏台及科布多之内卡界乎喀尔喀、杜尔伯特、唐努乌梁海、阿拉泰乌梁海之间者，非如沙滨岭、霍呢音岭迤北与俄人接壤之外边也。因该将军查阅内边回任后，时与奴才等讨论边界情形，又因俄侵我境，盘踞不迁，是以上年冬间，奴才等合词敬陈管见。今既经该衙门议复，沿边各卡，即括西北八处界牌在内而言，嗣后如遇查阅之期，自当遵议挨查，以昭慎重。其详勘界限，研究根由，就近相机筹定，奏明办理一节，按乌里雅苏台城距津吉里克内边为北九台，由津吉里克卡伦至俄人盖房、挖金、开地等处，及沙滨岭、霍呢音岭之外边有三五台者，有十数台者，有远至数十台者，广袤迂折，

---

① 该折有录副（03-5861-068），批语前多"光绪十五年四月初二日，奉朱批"，后多"钦此"。

难核里数,若不亲履其地,奴才等不敢妄为悬揣,率然定办。相应请旨,可否由奴才等奏派一人,随带员弁,亲往查勘,相机筹定,奏明办理;或由奴才先行派员往查,俟其禀复到日,即行奏明定办之处,未敢擅便,伏候圣裁。至沙滨岭迤东至恰克图原界,自应遵照雍正、同治中约章,暨光绪九年成案,派员先行查勘,绘图贴说,咨呈该衙门查核奏请,奉旨允准后,再会同俄国边界官,以次添设。惟乌里雅苏台向无北边总图,亦不知红限起止,且图什业图汗部落系归库伦大臣专辖,相应请旨饬下总理衙门,颁发总图一张,交奴才等遴派之员,持往查勘;并请饬下库伦办事大臣,亦派熟悉边务之员,会同查勘,庶于边疆不无裨益。谨奏。

光绪十五年四月初二日奉朱批:览奏已悉。所有应勘界址,著先行遴派妥员,详细履勘,并知照库伦办事大臣,派员会同查勘,奏明办理。馀依议。该衙门知道。①

084. 奏为已故原任乌里雅苏台将军杜嘎尔本籍地方近捷请准其子就近扶榇回旗事

04-01-16-0227-107

奴才祥麟、奴才车林多尔济跪奏,为原任将军灵柩可否就近回旗,恭折具奏,仰祈圣鉴事。

窃查将军杜嘎尔前于本年三月初九日因病出缺,曾于十五日奏明在案。兹据该故将军之子乌尔图那逊呈称,窃乌尔图那逊之父、原任定边左副将军杜嘎尔现既病殁任所,业已如制殡殓,兹值节近严夏,应即扶榇回旗,早安窆穸,本当由驿绕走内站,惟原籍系呼伦贝尔新巴尔虎,蒙古旗仆本籍地方,近接车臣汗部落,诚为近捷,若由内地绕走,不惟路需盘脚,无赀可备,而

① 该折及折后填注摘自《清季外交史料》。

以程站计之，尤为窎远，实属力有不逮。伏查故父生前，于因病陈请开缺折内声明，如蒙恩准，由台取道库伦，就近回旗等因在案。惟有特祈矜怜，于扶榇启程回旗时，可否饬传自哈尔呢敦台岔路，由苏木台站取道库伦，再由车臣汗部落苏木台就近回旗，俾得早日安葬，以期直捷而免绕远之累等情呈递前来。案查该故将军生前，虽经于上年二月间因旧伤举发，陈请开缺折内，曾将就近回旗，俾省台力等因沥陈在案，今又据伊子乌尔图那逊呈请，亦由是路扶其父枢迅速回旗，俾早安葬。奴才等再四熟商，拟请俟该故将军灵枢启程时，可否自乌里雅苏台所属南路台站以达赛尔乌苏，取道库伦，就近由苏木台回旗之处，出自逾格恩施，非奴才等所敢擅便。所有原任将军灵枢可否就近回旗缘由，理合恭折具奏，伏乞皇上圣鉴。谨奏请旨。光绪十五年三月二十五日。

著照所请，该衙门知道。①

085. 奏为原任将军杜嘎尔灵枢遵旨就近回旗并请豁免预支廉俸马匹事

04-01-01-0970-097

奴才祥麟、奴才车林多尔济跪奏，为原任将军灵枢遵旨就近回旗，并请豁免预支廉俸马匹，仰祈圣鉴事。

窃查原任将军杜嘎尔灵枢，前已陈请可否即由赛尔乌苏台站取道库伦，再由车臣汗部落苏木台路就近回旗，以资安葬等因。奉朱批：著照所请，该衙门知道。钦此。钦遵分行在案。兹据该故将军之长子副总管乌尔图那逊呈称，窃职故父灵枢现既

① 该折有录副（03-5861-112），批语前多"光绪十五年四月十三日奉朱批"，后多"钦此"。

仰蒙圣恩,俯准由台就近回旗,是则殁存者顶感无既,遵即束装妥协,已拟于本年五月初四日扶柩由乌里雅苏台启程回旗,俾得早安窀穸,所有应需驼马,恳请照例饬台供应,以利遄行等情前来。除由奴才等豫饬南路各台台吉等遵照,按台妥慎应付,勿稍贻误外,复经奴才等派委额外骁骑校恒裕等四员,带领营兵二十名前往护送原籍归葬,并令该员等沿途妥为照料,勿得延缓。除恭录本年四月初二日恩旨咨行黑龙江将军钦遵,并分咨户部、兵部查照外,至该故将军豫支本年春季廉俸银两,及本任前领例马陆续倒毙,可否改题为奏,照例请旨豁免,以示体恤之处,出自逾格隆施,奴才等未敢擅便。所有恭报原任将军灵柩启程日期暨请豁免廉俸例马缘由,理合恭折奏闻,伏乞皇上圣鉴。谨奏。光绪十五年五月二十八日。

著照所请,该衙门知道。①

086.奏为管理阿拉克鄂博卡伦侍卫吉福任职期满请简员更换事

04-01-16-0227-168

奴才祥麟、奴才车林多尔济跪奏,为年满卡伦侍卫循例奏请拣员更换,以重职守,恭折仰祈圣鉴事。

窃查乌里雅苏台、科布多所属各卡伦侍卫三年期满,向例由奴才等奏请更换,历经办理在案。兹据管理阿拉克鄂博卡伦侍卫吉福呈称,窃自光绪十二年八月间到卡任事起,连闰扣至光绪十五年七月止,现届三年期满,祈请拣员接替更换等情呈报前

① 该折有录副(03-5862-097),批语前多"光绪十五年六月二十一日奉朱批",后多"钦此"。

来。查该侍卫既经任满,自应循例请旨饬下领侍卫内大臣,迅即
拣员更替,以重职守。谨将年满卡伦侍卫循例奏请拣员更换缘
由,理合恭折具陈,伏乞皇上圣鉴。谨奏。光绪十五年五月二十
八日。

　　该衙门知道。①

087. 奏为酌保乌里雅苏台津吉里克卡伦年满侍卫永恰布不辞劳瘁始终无过请准遇缺即补事

04-01-16-0227-213

　　奴才祥麟、奴才车林多尔济跪奏,为援案酌保年满卡伦侍
卫,以昭激劝,恭折仰祈圣鉴事。

　　窃查光绪十三年九月间,因所属边卡侍卫远戍寒边,劳苦倍
常,每遇差期年满无过,奏请奖励等因。恭奉朱批:兵部议奏。
钦此。复准部议:嗣后乌里雅苏台、科布多所属津吉里克等处卡
伦侍卫年满,统由该将军大臣等考其平素当差若何,秉公酌保案
内,只准请奖一层,不准两层并保,用示限制等因具奏,奉旨:依
议。钦此。钦遵咨行遵办在案。惟查乌里雅苏台所属津吉里克
卡伦年满侍卫永恰布,原系空衔花翎前锋校,因掣出卡伦侍卫之
差,经侍卫处按照奏定新章开去该员空衔花翎之缺,俟年满回京
时,由该前锋统领本翼四旗空衔花翎缺出,即行坐补等因,奏
奉谕旨允准亦在案。今该侍卫永恰布三年期满,于边卡差使尚
能认真,不辞劳瘁,实系始终无过,自未便没其微劳,相应仍遵前
旨,俟该员坐补空衔花翎后,拟请遇有本翼委前锋侍卫缺出,即
以该员补用,以示鼓励。合无仰恳天恩,俯念边卡紧要,用策将

――――――――――

①　该折有录副(03-5250-081),批语前多"光绪十五年六月二十一日,奉
　　朱批",后多"钦此"。

来之处,出自逾格鸿施。所有援案酌保年满卡伦侍卫,以昭激劝缘由,理合恭折具奏,伏乞皇上圣鉴。谨奏。光绪十五年六月初九日。

兵部议奏。①

088.奏为遵旨酌保绿营戍守弁兵请奖叙事

04-01-01-0968-079

奴才祥麟、奴才车林多尔济跪奏,为遵旨酌保绿营戍守弁兵,以昭激劝,恭折具奏,仰祈圣鉴事。

窃奴才等前于光绪十三年十二月间,因乌里雅苏台换防旗、绿两营戍守官兵寒边远戍,每届满营三年更换,绿营五年更换时,拣其办公可靠,或差勤得力者留驻一班,甚至有留驻三班人员未得升补额缺,若不设法奖叙,实不足以示鼓励。拟自光绪十四年为始,满营每遇三年换班之期,除例保额缺之外,即在军营四部院候补委署笔帖式,及奴才等三衙门当差委署骁骑校内,择其平日差勤,办事可靠者,各酌保数员,作为额外骁骑校,毋庸支给盐粮,仍以三年期满,一体送部引见,回城后以骁骑校相间补用。至绿营官兵内,每遇五年期满,换班时酌保数员,其次出力弁兵,由奴才等给予六七品功牌,咨部注册,嗣后每届更换之期,照案酌保一次,庶于边务大有裨益等因,奏奉朱批:著照所请,该部知道。钦此。钦遵。旋准兵部恭录咨知遵照等因各在案。复于上年十二月间,宣化、大同二镇绿营戍守更换之期,由奴才等照例奏请权宜变通办理,以暂留兵二十名先行撤回,各归原营当差,其额设守备、千总、把总、外委等,择其年力精壮,差使奋勉,

---

① 该折有录副(03-5250-092),批语前多"光绪十五年六月二十九日奉朱批",后多"钦此。"

通晓蒙语者,选留数员,马步兵二百四十名全数留驻等因,奉旨:
该部知道。钦此。钦遵办理亦在案。兹由戍守弁兵内择其技艺
娴熟,差勤得力者,遵案核实,酌保数员名,以示奖励,相应缮具
清单,恭呈御览。合无仰恳天恩,俯念戍卒远守寒边,异常瘠苦,
殊恩特沛,俯准奖叙,则该兵等自必益加奋勉,以策将来。所有
酌保绿营戍守弁兵,以昭激劝缘由,理合恭折具奏,伏乞皇上圣
鉴。谨奏。光绪十五年六月初九日。

兵部议奏。单并发。①

089.奏为乌里雅苏台及科布多岁支例款
不敷请饬筹全支加增银两事

04-01-01-0970-102

奴才祥麟、车林多尔济、沙克都林札布跪奏,为乌里雅苏台、
科布多岁支例款不敷,并恳天恩饬筹全支加增银两,续接时艰而
资糊口,恭折联衔沥陈,仰祈圣鉴事。

窃奴才等于光绪十四年十一月,因两城额饷不敷需用,并遵
部议令将官兵糊口维艰,奏添全支加增银两停止归符旧制等因。
惟该官兵远戍极边,所支粮饷饱暖不济,是以奴才等将困苦情形
奏恳天恩,饬筹接济。嗣经户部议覆,在于开取两城实支例款经
费,每年请添不敷银一万二千馀两内,比照昔年销册,拟令裁撤官
兵,核减用款,议由直隶省自光绪十五年起,每年添给两城不敷经
费银五千两,至请筹予限全支加增银两,俯念该官兵远戍边外,支
款无多,议由山西省亦自本年起,每年筹拨两城加增银一万两,以
一半支给,仍令奴才等体察官兵情形,如可停止,即行奏明停止等

---

① 该折有录副(03-5862-105),批语前多"光绪十五年六月二十九日奉
朱批",后多"钦此"。

因议覆前来,奴才等自应遵照办理,惟乌里雅苏台地当冲要,瘠苦时艰,且近接俄边,时有交涉。详查部议,自系慎重帑项之道,奴才等非不知库款奇绌,曷敢哓哓渎请添饷,无如时势不同,今非昔比,按向年杂款均由房租项下动支,自蹂躏后商贾稀至,所征租银有减无增,至应放差遣行装等项杂款无着,每年照案由正项内提动一千馀两,以致额饷不敷,拟以前请议添五千两,本处应分一半二千五百两,并此再拨银三千两,连正额不到四万两,撙节动用,遇闰毋庸再请,以为久计。至请拨展限全支加增一项,复经议由山西省每年筹拨两城一半加增银一万两等语,奴才等揆度近来局势,何敢再言。无如地处极边,异常寒苦,官兵逐日操演,褴褛难堪,酌核该弁兵日支盐菜银三分有奇,乃所需常物,俱由内地远运而来,麦面每斤价银甚至七八分不等,柴薪价值较前倍昂,现有全支加增银两仅敷度用,若遵部议准支一半加增,实有冻馁之虞。奴才等正在筹议具奏,适准科布多参赞大臣咨称,额饷实不敷银七千五百两,原系例放之款,遇闰仍属无着,除此次议覆应分二千五百两外,再请拨银五千两,尚可匀挪,遇闰之需,不必另请添拨。因官兵拮据,甚至枵腹从戎,饥溃堪虞,拟请添拨经费,并请全支加增银两,以纾兵艰等因,会奏前来。奴才等复核两城官兵窘困情形相同,是以联衔会奏,惟有仰恳天恩,俯念各官兵戍守遐荒,百苦异常,谨将两城额饷实需不敷银一万三千两,除由直隶添拨银五千两之外,再请拨银八千两,以敷两城例款,遇闰不增。至加增盐菜银两一项,请旨饬部宽筹的款一万两,援照成案,仍自光绪十五年正月起,科布多以十四年七月起,予限全支,以济时艰。可否之处,出自皇上特恩,如蒙允准,不惟该官兵等得沾实惠,而于固守疆边,不无裨益。除将部议令两城裁减官兵,应如何裁减之处,另折奏明酌办外,所有乌里雅苏台、科布多岁支例款不敷,并请饬筹全支加增银两,续接时艰而资糊口缘由,理合恭折联衔具奏,伏乞皇上圣鉴训示遵行。再,帮办大臣魁福现在请假回旗,未经列衔,合并声明。谨奏请旨。光绪十五年六月十三日。

*户部议奏。*①

090. 奏为查点乌里雅苏台马厂孳生马群数目事

04-01-01-0970-062

奴才祥麟、奴才车林多尔济跪奏,为循例查点孳生马群,恭折具陈,仰祈圣鉴事。

窃查乌里雅苏台设有图们图南北两厂孳生马群,系蒙古参赞专责,每年夏间奴才等派委管理牲畜处司员随同前往,查点会奏一次,分别儿骡骗马,拓烙火印,照例每骒马百匹,取孳生二十匹,每马百匹,准报倒毙四匹,年终造册报部,历办在案。兹奴才车林多尔济遂于本年六月初四日,随带理藩院司员前往,逐一点验,拓烙火印,查与例取孳生倒毙数目均各相符。除俟年终分晰造册报部查核外,所有循例查点孳生马群缘由,理合恭折具陈,伏乞皇上圣鉴。谨奏。光绪十五年七月二十四日。

*知道了。*②

091. 奏请饬颁报匣事

04-01-01-0968-050

奴才祥麟跪奏,为奏事报匣年久破坏,多不堪用,请旨迅饬颁发,以重折报,恭折具陈,仰祈圣鉴事。

---

① 该折有录副(03-6115-094),批语前多"光绪十五年七月初一日奉朱批",后多"钦此"。

② 该折有录副(03-5863-095),批语前多"光绪十五年八月廿三日奉朱批",后多"钦此"。

　　窃查乌里雅苏台例用奏事报匣,自同治九年间乌里雅苏台兵燹后,焚毁无存,当经前任将军福济等奏请颁发报匣六分等因去后,嗣经承准军机处两次颁到报匣六分等因,自接奉后计今将及二十年矣。惟查此项报匣委因年久,修理乏人,除陆续磨损三分,实不堪用外,其现剩整齐报匣三分,虽云尚可迁就备用,然目睹匣锁,不惟磨松,均不合口,而匣角兼有损坏,将来事繁,又恐不敷备用。奴才伏思乌里雅苏台远处极边,距京窎远,且近年来交涉要件不时奏报,又经军机处饬令于奏事报匣上改用御笔押封,更宜慎密,方昭妥实。兹查现在备用报匣既经年久,锁口不合,自应遵案先行奏请饬颁报匣三分,随带钥匙,务期坚固,庶免将来有误事机。相应请旨饬由军机处迅赐颁发,如式制造妥协,即希赶紧由驿发来,以备更替奏事之用,而昭妥慎。所有请旨饬颁报匣以重折报缘由,理合恭折具陈,伏乞皇上圣鉴训示。再,蒙古参赞大臣亲王车林多尔济现在查阅台站,未经列衔,合并陈明。谨奏。光绪十五年八月十三日。

　　著照所请。①

092. 乌里雅苏台办事大臣祥麟等奏派员履勘唐努乌梁海中俄界址请饬俄使令背约俄人迁回折

　　乌里雅苏台办事大臣祥麟、车林多尔济奏,为遵旨派员履勘乌里雅苏台所属唐努乌梁海界址情形事。

　　窃查,前因俄人在乌梁海境内盖房、挖金、开地三事,遵派主事职衔吉玉、荣昌等分起往勘,奏明在案。兹据该委员等呈称:职等自抵乌梁海印务处,于本年六月初一日,由萨木噶勒泰起

① 该折有录副(03-5253-012),批语前多"光绪十五年九月初四日奉朱批",后有"钦此"。

程,携带锅帐、行粮各项,遵饬逐一详细履勘车尔里克等处。其间有一日查毕旋回者,有隔日查讫返回者,有隔山隔水三五日方能前进者,山高树密,路幽水深,曲折往返,两月有馀,已将俄人在乌里雅苏台所属境内挖金、盖房、种地三事详细查明。随在各处与俄人竭力理论,并斥其房屋华丽,背约开地、挖金,且与之婉言睦谊。无如事非一年,盘踞已久,现驻俄人均非掌事俄官,大半持有贸易执照,以为护符。今谨将遵饬履勘各处,暨另行查出各件,缮单呈请核办。于八月下旬,回城销差等语。奴才等详查,该委员等履勘各节,尚称得体,认真办理。谨缮清单,恭呈御览。相应请旨饬下总理衙门,照会驻俄使臣,严诘外部,将侵入沙滨岭、霍呢音岭山阳背约挖金、种地、盖房之俄人,照约迁回本国,按限贸易,以符永久勿替之谊。谨奏。

光绪十五年十月十七日,奉朱批:该衙门知道。单并发。①

093. 乌里雅苏台办事大臣祥麟等奏乌梁海久隶版图请饬俄使照约办理片

再,乌梁海久隶版图,昭然史册。四界接壤,均有(征)〔证〕据。近查光绪七年《中俄改订条约》末附卡伦单内所开:过界各卡,可俟中国边界官及俄国领事官体察情形,报明后,由中国总理衙门会同俄国驻京大臣商议酌改,将查明可裁之处,分别删减,或以便商之处,酌量更易亦可等语。谨按《中俄约章会要》中卷第三条,中国大臣、俄国使臣所定两国边界,由恰克图,沿鄂尔怀图山西北布尔古特,依山梁各旧鄂博,上达霍呢音岭,以及柯木柯木查克之博木沙毕纳依岭,横断山河,平分为界等因。夫沙毕纳依岭者,即沙滨岭也,接连西北外八界,括至柏郭苏克界牌,其右系俄界,

---

① 该折及折后填注摘自《清季外交史料》。

其左及南则有索果克、博多豁呢和垒、阿拉克鄂博、津吉里克四内卡,是介乎乌梁海、喀尔喀之间者,远与俄人无涉。今其单内十三恰克图以下,捏称十四博齐斯基、十五热勒都林斯基、十六哈拉采斯基、十七哈木聂斯基、十八克留车甫斯基、十九欢金斯基、二十额庚斯基七卡名,暨二十一、二十二、二十三有数不便捏名之三处,均请旨饬下总理衙门,即行照会驻俄使臣,作速全行删去,俾其仍守《中俄约章会要》中卷第三条旧约办理,以敦睦谊。至中俄改订条约时,两国全权大臣均未必亲临各处,半系约略商酌。并请饬下该衙门,再行逐条详细酌核删定,庶裨边事。理合附片陈明。

光绪十五年十月十七日,奉朱批:该衙门知道。①

094. 奏报乌里雅苏台满营换防戍守官兵到防日期事

04-01-01-0969-017

奴才祥麟、奴才车林多尔济跪奏,为乌里雅苏台满营换防戍守官兵到防日期,恭折具陈,仰祈圣鉴事。

窃奴才等前于上年九月间,援案奏请更换乌里雅苏台戍守绥远城满营官兵等因具奏,奉朱批:该衙门知道。钦此。钦遵分行在案。嗣准绥远城将军派委世袭骑都尉恩纶管带换防戍守兵十四名,均于本年七月二十九日到营,经奴才等点验,分拨各部院作为委署笔帖式当差,仍照向章,自到防之日起,支给盐粮。除咨报吏部、户部、兵部查照外,所有乌里雅苏台满营换防戍守官兵到防日期,理合恭折具陈,伏乞皇上圣鉴。谨奏。光绪十五年九月二十七日。

该部知道。②

---

① 该折及折后填注摘自《清季外交史料》。

② 该折有录副(03-6025-032),批语前多"光绪十五年十月十七日奉朱批",后多"钦此"。

095. 奏为札萨克图汗多罗郡王三子索特那木喇布丹移赏公衔头等台吉代奏谢恩事

04-01-12-0546-168

奴才祥麟、奴才车林多尔济跪奏，为据情代奏，叩谢天恩事。

窃据札萨克图汗部落盟长呈，据札萨克图汗转准理藩院札开，札萨克图汗札萨克多罗郡王多尔济帕拉玛之第三子索特那木喇布丹，照例移给公衔头等台吉，以备将来袭爵等因。于光绪十五年三月初七日具奏，奉旨：依议。钦此。钦遵等因，札知前来。奴才多尔济帕拉玛跪读之下，实深铭感，当即饬令第三子索特那木喇布丹驰赴乌里雅苏台，在万寿宫叩谢天恩讫。伏思奴才多尔济帕拉玛一介庸愚，蒙古奴仆，世受鸿慈，涓埃未报，复荷隆施，移赏索特那木喇布丹公衔头等台吉，感愧莫名，惟有竭尽犬马之忱，以期仰答高厚鸿慈于万一等因，呈请转奏前来。谨将札萨克图汗多罗郡王之子叩谢天恩缘由，理合恭折据情代奏，伏乞皇上圣鉴。谨奏。光绪十五年十月初九日。

知道了。①

096. 奏请饬部豁免经部驳查无从赔补各项军米事

04-01-01-0969-043

奴才祥麟、奴才车林多尔济跪奏，为乌里雅苏台造销多年军米经部驳查，无从赔补各项，恳恩饬部豁免，以清积案，恭折具奏，仰祈圣鉴事。

窃查光绪十四年间，原任将军杜嘎尔等奉部奏催，令将积年

---

① 该折有录副（03-5255-001），批语前多"光绪十五年十一月初一日，奉朱批"，后多"钦此"。

由口北粮台运过军米按月造册核销等因，当经该将军饬自同治十三年十二月起至光绪七年六月底，由口北道解运各营军米二万三千九百五十馀石，以实入实出，开除失朽，造具细册，送部核销在案。

兹准户部议覆内称，乌里雅苏台造册请销军米二万三千九百五十一石八斗五升七合四勺，查直隶总督册造，由口北粮台共运过米二万五千五百二十九石五斗，计该城册造少收米一千五百七十七石六斗四升二合六勺，因何少收之处，应令确切查明，到日再行核办一节。详查前后所收米数毫无舛错，所有行查少收米石数至一千五百七十馀石之多，维思事在解运途中错故。奴才等当饬检查案卷中，同治十三年间，经前任察哈尔都统额勒和布奏明，由军台解到堆积西北各营遗失标记无着军米二千三百九十馀石，已经动销，稽此少收之米，势必在于前解无着之内，馀无别项罅缝，查明声叙。又开造放过各营之米，并遣撤官兵开支路米，共二万二千二百十八石零，内除多开委员七员名一月米一石七斗一升三合六勺，实系开造误写一月，仍请入销。又遣撤官兵均已领过路费银两，所领路米五百九十五石一斗八合八勺，应令追缴一节。查放过此项路米，原照屡次抽撤官兵奏明，分晰道路远近，赏给该官兵路费路米，以资糊口，久经办理在案，若遵部议追缴，不惟兵撤有年，而于奏章两歧，仍请入销。至开除之外，实应存米一千七百三十三石零，内开由台解运沿途抛失米七百石，下存不及千石，因年久潮朽，不堪食用。查米石抛失潮朽，例应着赔等语。惟前两项米石，一系由台远运万里之遥，不无撒漏，一系积年厫储潮朽，何得着赔，究属无从追赔。奴才等筹商至再，实属无法遵办，惟有仰恳天恩，俯念兵撤已久，事隔多年，请旨饬部，仍照原册一并查销而清旧案。可否之处，出自逾格隆施。所有请销多年军米经部驳查，无从赔补各缘由，理合恭折具奏，伏乞皇上圣鉴,训示遵行。谨奏请旨。光绪十五年十月初九日。

　　著照所请,该部知道。①

097.奏为派员查勘金山卡伦并无偷挖矿沙情弊事

04-01-36-0107-018

　　奴才祥麟、奴才车林多尔济跪奏,为援案派员查勘金山卡伦并无偷挖情弊,恭折奏闻,仰祈圣鉴事。

　　窃查乌里雅苏台所属三、札两盟游牧西南界内,有金山、翁滚山二处,出有矿沙,向设卡伦二十二处,由该两盟分派官兵驻守逡巡,并由该两盟轮派札萨克一员经管,每年秋季由奴才等派员往查有无偷挖矿沙情弊,据实陈奏,屡经遵办在案。今届查勘之期,奴才等派笔帖式萨克什纳等往查去后,旋据禀称,遵派会同管卡札萨克巴拉丹查得金山、翁滚山二处并无偷挖矿沙情弊,及各卡官兵数目亦各相符,随即按卡取具甘结各一纸,禀覆核办前来。除将甘结存案备查,并檄饬三、札两盟盟长等转饬该管严加逡巡,勿任疏懈,致滋事端外,所有援案派员查勘金山卡伦并无偷挖情弊缘由,理合恭折奏闻,伏乞皇上圣鉴。谨奏。光绪十五年十月初九日。

　　知道了。

098.奏请以瑞山补授军营承办粮饷章京主事等员缺事

04-01-16-0228-094

　　奴才祥麟、奴才车林多尔济跪奏,为循例拣补司员各缺,以资办公,恭折具陈,仰祈圣鉴事。

---

① 该折有录副(03-6116-089),批语前多"光绪十五年十一月初一日,奉朱批",后多"钦此"。

　　窃据军营户部承办粮饷章京、主事职衔花翎即补佐领、防御吉玉呈称,窃章京前于本年正月间,已蒙绥远城将军咨补正红旗满洲防御员缺,应即照案请咨回城办理旗务,又兼章京寡母年近八旬,无人侍奉,恳恩俯准开缺,赏咨回城供职,藉尽乌私,伏希批饬遵行等情前来。查该员既已补授该城防御,呈恳开缺,自应照准,给咨回城当差。其所遗承办章京主事职衔一缺,奴才等公同拣选,得帮办主事职衔记名、遇有本班防御缺出尽先前即补、补缺后以佐领尽先前即补、先换顶戴瑞山,勾稽审慎,办事安详,堪以拟补,应俟七年期满,如果就武回城后,循例即以本班遇有防御缺出,尽先前首先坐补,补缺后仍以原保佐领尽先前即补。遗出帮办主事职衔一缺,查有委署主事、遇缺即补防御普祥,老成谨饬,办事认真,堪以拟补,应俟七年期满,如果就武回城后,循例仍即以原保防御遇缺即补,请先换四品顶戴。递遗委署主事一缺,查有额外笔帖式合色贲,才具明敏,办事细心,堪以拟补,应俟五年期满,如果就武回城后,循例以防御遇缺即补。递遗额外笔帖式一缺,查有候补笔帖式补用骁骑校阿克丹,人谨慎,办事朴实,堪以拟补,应俟五年期满,如果就武回城后,循例以防御遇缺即补。如蒙俞允,俟遇差便,先行给咨该员等赴部带领引见。除阿克丹遗出候补笔帖式一缺,仍照章拣员咨部外,所有循例拣补司员各缺,以资办公缘由,理合恭折具奏,伏乞皇上圣鉴。谨奏。光绪十五年十月二十五日。

　　该部知道。①

---

①　该折有录副(03-5865-032),批语前多"光绪十五年十一月十五日奉朱批",后多"钦此"。

099. 奏为援案请留年满笔帖式以清销案而资熟手事

04-01-12-0546-158

奴才祥麟、奴才车林多尔济跪奏,为援案请留年满笔帖式,以清销案而资熟手,恭折具陈,仰祈圣鉴事。

窃据尽先前即补骁骑校,补缺后以防御补用额外笔帖式托莫尔欢呈称,窃职前于光绪十年九月二十一日,蒙原任将军杜嘎尔等咨补额外笔帖式之日起,连闰扣至本年八月二十一日止,五年期满,自应照例呈请拣员充补,以专责成等情前来。查该笔帖式现既呈报年满,本当照准,给咨回旗当差,惟思乌里雅苏台自撤防后,虽云公务规复,然善后未清之案并积年经费报销,必须熟习之员方足以资办理,且近年来边务一切及交涉事件较昔倍繁,所有该笔帖式才具明晰,办事细心,在营当差已逾十载,实属得力可靠,未便遽易生手。合无仰恳天恩,轸念边务需员,仰祈隆施,俯准将该笔帖式托莫尔欢留驻二年,以资清理积年销案。可否之处,出自逾格鸿慈。所有援案请留年满笔帖式以资熟手缘由,理合恭折具陈,伏乞皇上圣鉴。谨奏。光绪十五年十月二十五日。

著照所请,该衙门知道。①

100. 奏请蠲免乌里雅苏台街市房园租税事

04-01-35-0611-007

奴才祥麟、奴才车林多尔济跪奏,为乌里雅苏台街市向有房园租税,近因时艰,拖欠难征,恳恩饬部蠲免,以纾民困,恭折具陈,仰祈圣鉴事。

---

① 该折有录副(03-5255-080),批语前多"光绪十五年十一月十五日奉朱批",后多"钦此"。

溯查乌里雅苏台征收房园租税,专备官兵出差行装等项杂
支之用,于同治九年兵燹后,无租可征,当经奏明,将一切杂项暂
由正项内动支。十一年六月间,经前任将军等以街市房园并非
皆旷,令将现有商民承认房园者照旧征税,至光绪元年十二月
底,所征租银尽数奏归城工项下动用。自二年正月起,租银经前
任将军额勒和布等奏明,仍归官兵行装等项杂款之用,其银两不
敷,照案由正项内提动,年终造册报部等因。奉旨:知道了。钦
此。复自七年以来,灾荒未转,商民裹足不前,兼有俄人在乌属
境内贸易,以致华商贸易尤稀,自此时事日渐萧索。奴才等目击
各商仅及糊口,至九、十两年铺房无人承认,园地承种无多,计此
八年内应征税银七千馀两,除陆续交纳外,共拖欠三千二百二十
九两四钱二分五厘,原任将军杜嘎尔任内,虽按月不时催征,该
商本厚者屡呈展限缓交,本微者歇业逃遁,故此未敢按年造欠,
兼之本年夏初雪融河涨,街市房间塌倒甚多,如再照例追比,诚
恐商贩意窘哗散,若不设法办理,实于地方有碍。奴才等筹商至
再,无法补救,伏思因时拖欠租银均在光绪十五年恭逢皇太后归
政恩旨以前,核与所开赦条宽免地丁钱粮无异。惟有仰恳天恩,
俯念商民远困边疆,奴才等现查积欠实系在民,请旨可否饬部豁
免之处,出自皇上格外鸿慈。如蒙俞允,不惟稍缓民力,而于积
年报销可得按年早清,嗣后宜如何酌量时势征收之处,随时奏明
定办。除恭候钦定,奉准遵行造册送部核销外,所有商民拖欠租
税,恳恩饬部豁免,以纾民困缘由,理合恭折具陈,伏乞皇上圣
鉴。谨奏。光绪十五年十月二十五日。

　　户部议奏。①

---

① 该折有录副(03-6521-006),批语前多"光绪十五年十一月十五日奉
　　朱批",后多"钦此"。

101. 奏请展限办理乌里雅苏台积年销案事

04-01-35-1000-017

奴才祥麟、奴才车林多尔济跪奏,为乌里雅苏台积年销案赶办不及,恳恩展限,并请删繁造送,以期简便,恭折仰祈圣鉴事。

窃查前准户部奏催乌里雅苏台自同治十三年起至光绪十四年止,常年经费销款,予限造册送部核销等因。奴才等当饬承办各员赶紧遵照办理,至今检案稽核,有因经费不足挪用军需放款,经部往返驳查,以致不能入造。且案积年久,头绪纷繁,前任承办各员均已年满回城,自归符旧制后,积案如猬,清理极难,昼则办理日行,夜则稽核旧案。奴才等目睹实在情形,若遵部限督饬赶办,未免失于详慎,其时恐难当此重咎。奴才等再四思维,自应遵照向章饬造,惟旧案款目太繁,若不请限设法变通,势必年复一年,积新成旧。惟有仰恳天恩,俯念戍守人稀,清理不易,请将官兵减平减成,酌拟核减一成,养廉等虚款暂免造册,均以实入实出核销,尚可删繁就简,而期便捷。俟此积案销清,再依旧制办理,相应请旨饬下户部。如准奴才等所请,不惟积案早清,而于节年挪款两有裨益,并恳恩予限,请自明年正月起展限六个月,饬即造册送部核销。理合恭折具奏,伏乞皇上圣鉴。谨奏。光绪十五年十一月二十八日。

著照所请,户部知道。①

---

① 该折有录副(03-6624-052),批语前多"光绪十五年十二月十八日,奉朱批",后多"钦此"。

102.奏为乌里雅苏台前经放过官兵加增银两不能造销请免赔补事

04-01-01-0969-096

奴才祥麟、奴才车林多尔济跪奏,为乌里雅苏台放过官兵加增盐菜银两在前,经部驳查在后,以致不能造销,恳恩宽免赔补,以清积案,恭折仰祈圣鉴事。

案查同治十一年间,经署将军奎昌等奏,戍守官兵度日维艰,请照新疆之例酌给加增盐菜银两,经部议照原拟数目减半支给,复于十三年间,经署将军长顺等奏,官兵困苦,请仍照新疆加增之例,全数支给。奉旨:著照所请,该部知道。钦此。钦遵。自奏准后,经历任将军等接续放至光绪六年,每遇升迁事故,应找应缴加增官兵随时报部,并未奉驳一次。其间四年三月,接准户部咨称:现在关外一律肃清,令将从前添调官兵酌加盐菜裁撤。嗣于六年四月间,经前任将军公春福等奏,因官兵异常困苦,及差委员弁拟请一律接续全支加增盐菜银两。嗣准户部议覆,所请加增银两折内,未将如何加增声叙明晰,行令拟照何案加增,详细声覆,到日再行核议等因。又于是年九月间,经原任将军杜嘎尔等复奏,拟请仍照新疆加增之例,接续一律全支,经部议以援照新疆加增例减半支给。该将军因半支加增,官兵仍是不敷糊口,未经遵议支放,复于七年二月间,仍请接续全支,复经部议,令将六年加增仍须半支,自七年四月起,官兵一律全支加增盐菜,予限一年。后于九年间,会奏乌里雅苏台、科布多官兵加增盐菜,仍请全数接支,经部议自八年四月起至十年四月止,准其一律全支加增,予限二年。维查奏请光绪六年全支加增,经部议准减半支给,当因官兵半支不敷糊口,往返奏请,次年接奉部议,截自七年四月奉旨之日起,准其全支六年,仍叙半支。

今核销积案,查得六年加增银两自应遵照部议追缴,惟前任已放全支在前,往返奏请议准半支在后,奴才等伏思此案放款戍守官兵任非一任,换非一班,若不通筹办法,积年销案造送无期,即使咨行追缴,实难照数归款。惟有仰恳天恩,俯念官兵等已换未换,戍守多年,请将六年分多放半支加增银四千馀两,仰祈特沛殊恩,可否免其追还。如蒙俞允,不惟该官兵等咸感圣恩,而于报销可得早清。所有乌里雅苏台前经放过官兵加增盐菜银两在前,经部驳查在后,以致不能造销,恳恩宽免赔补,以清积案缘由,理合恭折具奏,伏乞皇上圣鉴,训示遵行。谨奏请旨。光绪十五年十一月二十八日。

著照所请,户部知道。①

103.奏为办公需员孔亟章京笔帖式各缺难议裁撤请仍留陆续增添各缺事

04-01-16-0228-187

奴才祥麟、奴才车林多尔济跪奏,为办公需员孔亟,章京、笔帖式各缺难议裁撤,吁恳天恩,俯准仍留陆续增添各缺,以资办公,恭折仰祈圣鉴事。

窃查前准户部议覆官兵加增盐菜银两文内,有乌里雅苏台单开各官兵名数,核与臣部奏章及咸丰四年销案,计多开章京二员、笔帖式三员、候补及委署笔帖式并蒙古笔帖式三员,尚无此项名目,又多开南二十台台吉二员,绿营暂留兵二十名,务当悉心裁减等因前来。奴才等伏思部议固不敢不遵,边事尤不敢不顾,复查前因遣撤征兵,归符旧制,曾将军务添调差委官兵陆续

① 该折有录副(03-6117-017),批语前多"光绪十五年十二月十八日奉朱批",后多"钦此"。

撤尽。近因经费不敷,悉心体查,即将可裁者,遵照部文,已将绿营暂留兵二十名、年满把总一员奏咨裁撤,以节饷项。奴才等受恩深重,具有天良,曷敢不以帑项为重。其内但有可裁可减者,无不力求搏节,此外实殊无可再减。当查部文内称,多开管台台吉二员一节,案查管理南二十台台吉向设四员,前于咸丰三年间,经前任将军札拉芬泰等因蒙部罹灾,各旗帮项甚巨案内,奏请裁撤台吉二员,嗣经将军公麟兴等因台差繁重,奏明照旧添设各等因在案。详查管台台吉四员究系原设旧额,而今台差较繁,势难议撤。又所称候补及委署笔帖式尚无此项名目一节,查此项官兵向系满兵换防额缺,到营后奏明作为委署笔帖式当差,内有升补候补笔帖式者,一体支食兵饷,均非后添之项。至所称多开章京二员,笔帖式三员,蒙古笔帖式三员一节,溯查前项缺额为年已久,自兵燹后无从查考,揆度其事,必在咸丰及同治年间,因办公人员不敷奏添之案,计今二十余年。且近年来乌里雅苏台公务虽云规复,然清理积年报销并善后未清之案,及边务一切,较昔倍繁。又有中俄交涉事件,不时委员会办,在在需人,诚为今昔不同,事体迥异之实在情形也。且四部院办事章京、笔帖式每处仅系四员,公务日增一日,官缺诚不为多,设有差遣委办交涉事件,时虞不敷办公,今若遵议遽行裁撤,不过节省数员之饷,而公事之贻误恐多,况该员等岁支盐粮银两按年需款不过数百余金。奴才等通盘筹计,既有裁撤把总营兵之项,又有添拨加支余款,挹彼注兹,即可敷衍开放,以后万不敢再请加饷。奴才等目睹实情,均难议撤,惟有据实直陈,仰恳天恩,垂念边务紧要,需员孔亟,伏乞隆施,俯如所请,嗣后由奴才等斟酌时宜,随时奏明办理,庶于边务大有裨益。如蒙俞允,则该官兵等益思奋勉而策将来,可否之处,出自特恩。奴才等为慎重边局起见,所有恳恩仍留办事人员而裨公务缘由,理合恭折具陈,伏乞皇上圣鉴,训示遵行。谨奏。光绪十五年十二月二十三日。

著照所请,该衙门知道。①

104.奏为三等侍卫庆福驻卡期满无过援案请奖事

04-01-16-0228-189

奴才祥麟、奴才车林多尔济跪奏,为援案酌保年满卡伦侍卫,以昭激劝,恭折具陈,仰祈圣鉴事。

窃奴才等前于光绪十三年九月间,因所属边卡侍卫远戍寒边,劳苦倍常,每遇年满无过,奏请奖励等因。恭奉朱批:兵部议奏。钦此。复准部议,嗣后乌里雅苏台、科布多所属津吉里克等处卡伦侍卫年满,统由该将军大臣等考其平素当差若何,秉公酌保,案内只准请奖一层,不准两层并保,用示限制等因覆奏。奉旨:依议。钦此。钦遵恭录咨行遵办在案。兹查乌里雅苏台所属博多豁呢和垒卡伦镶黄旗蒙古富斌佐领下三等侍卫庆福,驻卡三年期满,当差勤慎,于边卡事务颇为认真,不辞劳瘁,实系始终无过,自未便没其微劳,亟应援照部定章程,将该侍卫拟保,俟考验升等时,作为尽先,以示鼓励。合无仰恳天恩,俯念边卡紧要,用策将来之处,出自逾格鸿施。所有年满侍卫在卡无过,援案拟请奖励,以昭激劝缘由,理合恭折具陈,伏乞皇上圣鉴。谨奏。光绪十五年十二月二十三日。

兵部议奏。②

---

① 该折有录副(03-5260-052),批语前多“光绪十六年正月十五日奉朱批”,后多“钦此”。

② 该折有录副(03-5260-051),批语前多“光绪十六年正月十五日奉朱批”,后多“钦此”。

105. 奏为遵旨具报防营官兵数目并
例支粮饷银两并无侵蚀事

04-01-16-0228-159

奴才祥麟、奴才车林多尔济跪奏,为遵旨覆奏,仰祈圣鉴事。

窃顷准兵部咨称,光绪十五年十月二十八日奉上谕:军务平定以来,各直省设立防营,朝廷岁糜巨帑,不知凡几,各营勇额粮饷必应事事核实,方足以鼓励军心。近闻营中恶习往往虚冒额数,克扣饷项,统领营官养尊处优,并不时时操练,一切废弛情形,几与从前绿营积弊相等,殊堪痛恨。著各该将军、督抚将该省现有各营随时严查,如有前项情弊,即行严参治罪。至各营驻扎处所及管带衔名、兵勇数目,迭经该部奏准通饬,一一咨报,各该省视为具文,总未能据实开报,著自接奉此旨后,限于两月内,一律开单详晰具奏,以备稽核,如有更换管带员弁,或移扎他处,并著随时奏闻。将此通谕知之。钦此。钦遵等因前来。

查乌里雅苏台自军兴肃清后,已将防营撤尽,现在仅有满、绿两营官兵三百馀人驻守,除照例差遣,往返在途有需时日,其更番在城驻守者,不过二百馀员名内,充当四部院书役差丁,看守仓库、监狱,稽查台市等差,又需数十馀名。奴才等谨遵本处向章,按日轮流操演子母炮位、铅丸火枪、刀矛技艺,并于考拔千总、把总、外委、马兵各缺时,较演骑射,以期一兵有一兵之用,一日有一日之功,于慎重差使之中,仍寓整顿操演之意,万不敢稍事因循,贻误边事。至该官兵等例支盐菜银粮、加增银两,均是按季随解随支,督饬该营官等核实分放,并无侵蚀。理合谨缮清单,恭呈御览,以仰副我皇上慎重边防之至意。所有遵旨覆奏缘由,是否有当,伏乞皇上圣鉴。谨奏。光绪十五年十二月二十八日。

兵部知道。单并发。①

106. 奏请宽免赔项事

04-01-35-0833-006

奴才祥麟、奴才车林多尔济跪奏,为乌里雅苏台前已放过官兵一半本色口粮加四折放,经部议驳,赔补无从追缴,恳恩宽免,以清积案,恭折仰祈圣鉴事。

窃查同治十三年三月间,经前署将军长顺等请将官兵一半本色口粮银两,每石著加四斗折放,奏蒙允准在案。嗣准户部议覆,署将军长顺等请将该城官兵应支一半本色粮石,仍请加四斗折放,奏奉谕旨允准,即应自奉旨之日起遵照办理,其各官例得跟役应支口粮,应查照例定实支米数,核算折给等语。复经前任将军额勒和布等奏陈乌里雅苏台粮价昂贵,官兵糊口维艰,请自同治十三年三月以后,放过官兵之跟役一半加四粮折,与各官一律放给,以恤兵艰。经部议覆,应令查照同治十三年,前署将军长顺等奏咨遵办所有放过粮折,仍令赔补等因各在案。奴才等案查,自奏驳后,经屡任将军等由同治十三年三月起,将各官跟役一半本色粮石,以加四折放至光绪三年底,详核共已放过银二千九百馀两,虽经前任将军等每年咨催追缴,然准各处覆称,现在前经换防官兵大半升迁事故,实难追赔。奴才等伏思前项赔款时隔多年,委系无从追缴,若不设法筹办,于于积年报销无期。惟有仰恳天恩,俯准将已前放过不准跟役加四粮折银两,可否请免追赔之处,出自逾格隆施。如蒙俞允,不惟该官兵得沾恩泽,而于积年销案亦可早清。所有前已放过官兵一半本色口粮加四折放,经部议

---

① 该折有录副(03-5755-037),批语前多"光绪十六年正月二十三日奉朱批",后多"钦此"。

驳,赔补无从追缴,恳恩宽免,以清积案缘由,理合恭折具奏,伏乞
皇上圣鉴,训示遵行。谨奏请旨。光绪十五年十二月二十八日。

著照所请,户部知道。①

107. 奏请以普祥调补军营理藩院帮办章京等员缺事

04-01-16-0230-034

奴才祥麟、奴才车林多尔济跪奏,为司员年满,循例拟补各
缺,以资办公,恭折具陈,仰祈圣鉴事。

窃查军营理藩院帮办章京主事职衔、花翎即补佐领荣昌,前
于光绪十四年四月间七年期满,照章呈请拣员更替,以重部务等
情,曾由奴才等因该员其时尚有经手未完事件,未便遽易生手,
恳恩暂行留驻在案。兹复据该主事职衔荣昌呈称,职自蒙留驻,
清理经手事件以来,计今两载,现在办理完竣,呈请赏咨回城当
差等情前来。查该员既经年满,并将经手事件办理完结,自应照
准,给咨饬回绥远城当差,惟军营理藩院帮办章京主事职衔一缺
责任綦重,时有与俄人面行交涉之件,非精明谨慎,久驻寒疆,熟
悉约章之员,不足以资治理。奴才等公同拣选,得军营户部帮办
主事职衔、四品顶戴、遇缺即补防御普祥,老成谨慎,熟悉蒙务,
在乌里雅苏台当差十有馀年,于中俄交涉之件,无不婉言认真,
办理裕如,以之调补军营理藩院帮办章京之缺,实堪胜任,如此
一转移之间,人与事均属相宜,虽近更章,诚祯公务,应俟七年期
满,如果就武回城后,循例俟补防御后,以佐领遇缺即补。其所
遗军营户部帮办主事职衔一缺,查有委署主事、遇缺即补防御合
色贲,才长心细,办事勤能,堪以拟补,应俟七年期满,如果就武

---

① 该折有录副(03-6118-013),批语前多"光绪十六年正月二十三日奉
朱批",后多"钦此"。

回城后,循例俟补防御后,以佐领遇缺即补。遗出委署主事一缺,查有额外笔帖式文哲浑,才具开展,办事精详,堪以拟补,应俟五年期满,如果就武回城后,循例以防御遇缺即补。递遗额外笔帖式一缺,查有候补笔帖式、蓝翎尽先即补骁骑校合色本,人谨慎,办事谙达,堪以拟补,应俟五年期满,如果就武回城后,循例以防御遇缺即补。如蒙俞允,俟遇差便,先行给咨该员等赴部带领引见,除合色本所遗候补笔帖式一缺,仍照成案拣员咨部外,所有循例拣员拟补司员各缺暨调补司员,期裨公事各缘由,理合恭折具陈,是否有当,伏乞皇上圣鉴,殊恩特沛,训示遵行。谨奏请旨。光绪十六年二月十七日。

　　著照所请,该衙门知道。①

108. 奏为边务倍繁请将年满额外笔帖式文海援案留驻事

　　04-01-16-0230-035

　　奴才祥麟、奴才车林多尔济跪奏,为援案请留年满笔帖式,以清积案而资熟手,恭折具奏,仰祈圣鉴事。

　　窃据五品顶戴、尽先即补骁骑校、额外笔帖式文海呈称,窃职前于光绪十一年七月初三日,蒙原任将军杜嘎尔等咨补额外笔帖式之日起,连闰扣至本年五月初三日止,五年期满,自应照例豫期呈报,拣员充补而专责成等情前来。查该笔帖式现既呈报年满,本当照准给咨回旗当差,惟思乌里雅苏台自撤防后,虽云公务规复,然现值整饬边务之时,并清理善后积年之案,务须慎选熟习之员,庶足以资办理。况近年来不惟折奏文牍以及边务较前倍繁,且交涉案件不时委员往办,殊非昔日可比。所有该笔帖式才具稳

---

① 该折有录副(03-5262-056),批语前多"光绪十六年闰二月初十日奉朱批",后多"钦此"。

练,办事精详,在营当差已逾十载,诚为得力可靠,始终罔懈,似未便遽易生手。合无仰恳天恩,垂念边务需员孔亟,仰祈隆施,俯准将该笔帖式文海留驻二年,以资清理积案而裨公务。可否之处,出自逾格鸿慈。所有援案请留年满笔帖式,以资熟手缘由,理合恭折具奏,伏乞皇上圣鉴。谨奏。光绪十六年二月十七日。

著照所请,该部知道。①

109.奏报到任接印日期事

04-01-16-0230-021

奴才托克湍跪奏,为恭报奴才到任接印日期,缮折驰陈,仰祈圣鉴事。

窃奴才前于上年秋间自黑龙江本旗启程到京,于十月初六日瞻觐天颜,跪请圣安,当蒙召见,嗣因二次假满后,具折恭请圣训,仰蒙召见,训诲周详,奴才跪聆之下,莫名钦感。即于十二月二十六日由京启程,驰赴乌里雅苏台将军新任,行抵张家口,一面候传台站,一面赶紧束装,拟于二月初三日出口前进,本月二十四日行抵乌里雅苏台,二十八日准暂护将军印务参赞大臣祥麟派委内阁主事职衔全成等,赍送定边左副将军银印一颗,钦差提调关防一颗,暨令旗、令箭各一分,移交前来,奴才当即恭设香案,望阙叩头祇领任事讫。伏思奴才满洲世仆,知识庸愚,叠蒙殊恩,升授乌里雅苏台将军,惟受恩深重,报称毫无。查乌里雅苏台为极边冲要之区,关系中俄交涉事件,凡遇操防抚驭各事宜,在在均关紧要,奴才惟有矢慎矢勤,竭力筹画,与满蒙参赞大臣等和衷共济,以期仰答高厚鸿慈于万一。至奴才应查仓库粮

---

① 该折有录副(03-5868-023),批语前多"光绪十六年闰二月初十日奉朱批",后多"钦此"。

饷军器并牧厂驼马等项及三路台站,俟查明后,另行具奏外,所有奴才到任接印日期,谨恭折奏闻,伏乞皇上圣鉴。再,奴才此次出口,经过沿途台站及戈壁喀尔喀等处,地气素寒,不习播种,而蒙情尚称安谧,足以仰慰宸廑,合并声明。谨奏。光绪十六年二月二十八日。

知道了。①

110. 奏报交卸暂护将军印务日期
并请进京陛见事

04-01-17-0143-054

奴才祥麟跪奏,为交卸暂护将军印务,恳恩赏假,进京叩觐天颜,并修墓省亲,仰祈圣鉴事。

窃奴才前于光绪九年十一月十九日,由内阁学士兼礼部侍郎衔蒙恩赏给副都统衔,作为哈密帮办大臣,十年五月二十八日到任,是年②八月十二日遵旨来京,十一月二十六日行至直隶获鹿县途次,承准兵部火票内开,光绪十一年十一月十一日奉旨:祥麟著作为乌里雅苏台参赞大臣,照例驰驿前往。钦此。钦遵。十二年六月初四日到任,讲习边事,协理交涉,继因原任将军杜嘎尔卒于军,奴才谨遵奏案,权护将军印务已将历年,积案大半奏结。兹于本年二月二十四日,新任将军托克湍驰抵乌里雅苏台本任,奴才跪请圣安毕,即于二十八日派管带满营戍守骑都尉恩纶、内阁主事职衔全成,谨将定边左副将军印信一颗、钦差提调关防一颗、令旗令箭二分赍交讫。伏思奴才满洲世仆,一介庸

---

① 该折有录副(03-5262-090),批语前多"光绪十六年闰二月十五日奉朱批",后多"钦此"。

② 原折如此,据《祥麟日记》,是年应为光绪十一年。

愚,七年两戍,军篆三权,愧未报之涓埃,思觐君而入告。按向来西北两路换班大臣等固无吁请陛见之条,惟奴才恋主綦切,身在边庭,心在朝廷,且奴才祖墓近因秋多雨潦,修而复圮,奴才之父奴才春升年已八十,家无次丁,奴才再戍四年,未得归省。伏念我皇上以圣孝治天下,凡有陈情,莫不仰蒙俞允,惟有仰恳天恩,可否赏假两三个月,俾奴才进京叩觐天颜,并修墓省亲之处,出自逾格隆施。伏乞皇上圣鉴,训示遵行。奴才不胜悚惶待命之至,谨奏请旨。光绪十六年二月二十八日。

祥麟已简放内阁学士矣。①

111. 奏报循例盘查仓库等项事

04-01-35-1219-008

奴才托克湍、祥麟、车林多尔济跪奏,为循例盘查仓库等项,恭折具陈,仰祈圣鉴事。

窃查乌里雅苏台城控制边疆,夙称重镇,设有仓库,以备军需。奴才于接印后,应即循例盘查奏报。兹据军营户部章京主事职衔瑞山等呈称,乌里雅苏台前因沦陷,仓库悉被焚掠,领到饷银择地固存,于光绪七年始行修建银、缎二库备储各项。至仓储粮石,向由科布多十屯拨运,嗣因收成歉薄,不敷分运,均系折价移支,历办有年。复自十二年起归复旧制,官兵应需粮石仍由科布多领运,随到随放,均经前任将军等随时奏明遵办等语。奴才覆查属实,当即会同奴才祥麟、奴才车林多尔济将现存经费各项银两、备用彭缎烟茶暨仓存粮石等项逐款核实稽查,与该章京等册开数目均属相符。除由奴才等仍面谕承办章京主事职衔瑞

---

① 该折有录副(03-5868-038),批语前多"光绪十六年闰二月十五日奉朱批",后多"钦此"。

山等务须随时留心,敬谨看管,凡遇收放等事必须详加核对,以严出纳而重军储。至应查现存军器并牧厂驼马等项及三路台站,俟查明后,另行具奏外,谨将循例盘查仓库缘由,恭折具陈,伏乞皇上圣鉴。谨奏。光绪十六年三月初三日。

知道了。①

----

① 该折有录副(03-6565-018),批语前多"光绪十六年三月十五日奉朱批",后多"钦此"。

察哈尔奏折

112. 奏为废员李占奎在台效力年满请释事

04-01-16-0254-103

奴才祥麟、依崇阿跪奏,为军台效力废员已届期满,照例奏请释回,恭折仰祈圣鉴事。

窃查前花翎游击衔、尽先即补都司李占奎,缘事革职,发往军台效力赎罪,当于光绪十五年十二月二十六日指派第十一台当差,二十一年三月间准兵部咨称,查办军台废员案内,已革都司李占奎,现据呈报,无力完缴台费,除行查该革员原籍任所有无财产隐寄外,自应照例于三年期满,再留五年。查该革员三年限期扣至光绪十八年十二月期满,再留五年限期扣至光绪二十三年十二月期满,嗣于二十二年正月奉准部覆,查明该废员原籍任所并无财产隐寄等因各在案。今据张家口管站部员耀豫呈报,废员李占奎自光绪十五年十二月二十六日到台之日起,扣至本年十二月二十六日,已满八年等因,呈请查办前来。查定例,坐台废员武职都司以上之员不能完缴台费者,三年期满时,应再留台五年,始准释回等语,历经遵照在案。惟查废员李占奎前因三年期满时例应奏请再留五年,因咨查该废员呈报无力完缴台费,于光绪二十二年间始接奉部文,是以前任都统未经具奏,今该废员李占奎在台效力既经已满八年,自应循例具奏请旨释回,谨将该废员缘事案由恭呈御览。所有废员效力年满,可否释回之处,出自鸿慈,谨合词恭折具陈,伏乞皇上圣鉴,训示遵行。谨奏。光绪二十三年十二月二十一日。

著准其释回。①

113. 奏为代奏张家口税务监督孚会丁忧事

04-01-12-0584-017

奴才祥麟、依崇阿跪奏,为据情恭折代奏,仰祈圣鉴事。

窃奴才等接准现任张家口税务监督宗室孚会差家人王升呈称为呈报事,窃家主人系正蓝旗第六族英杰佐领下工部郎中、张家口监督宗室孚会之本生母葛氏,迎养在任,现于光绪二十三年十二月二十七日戌时去世,家主人系属降服子,例应丁降服忧,所有监督关防以及应征钱粮等项,理合一并呈明,乞请代奏等因。据此除已电呈总理各国事务衙门转咨办理外,理合恭折据情代奏,伏乞皇上圣鉴,训示遵行。谨奏。光绪二十四年正月初七日。

知道了。②

114. 奏为遵旨酌保军台四段尤为出力各员事

04-01-01-1029-043

奴才祥麟、奴才依崇阿跪奏,为酌保军台尤为出力各员,恭折具奏,仰祈圣鉴事。

窃奴才等前因军台各站递送伊犁公文折报,两年以来,并无贻误,可否即由奴才等各台择其尤为出力者,各保数员,以示鼓励等因具奏。奉朱批:准其酌保数员,毋许冒滥。钦此。钦遵。

---

① 该折有录副(03-5921-120),批语前多"光绪二十三年十二月二十七日奉朱批",后多"钦此"。

② 该折有录副(03-5355-044),批语前多"光绪二十四年正月十二日奉朱批",后多"钦此"。

仰见我皇上微劳必录之至意。奴才等伏查前因回匪猖獗,甘凉路阻,伊犁紧要公文折报改由蒙古台站行走,该管台各员勤慎从公两年之久,或往返递送,寒暑奔驰,或稽核督催,昕夕罔懈,是以据咨吁恳天恩。今既仰蒙特旨,准其择尤酌保,奴才等遵将军台四段所属四十四台各项人员逐细详察,一再删减,仅就尤为出力,劳绩卓著者,每段择保数员,暨两处管站部员、笔帖式、承办军台印房事务人员,分缮清单,恭呈御览。合无仰恳天恩,俯准照单给奖,用昭激劝之处,出自逾格鸿慈。除其次出力弁兵由奴才衙门分别给奖外,所有酌保军台尤为出力各员缘由,理合恭折具奏,伏乞皇上圣鉴,训示遵行。谨奏。光绪二十四年二月二十三日。

该部议奏。单并发。①

115. 奏为废员安维峻效力期满台费缴清请旨释回事

04-01-01-1030-027

奴才祥麟、奴才依崇阿跪奏,为军台效力废员三年期满,应缴台费全数交清,恭折具陈,仰祈圣鉴事。

窃据张家口管站部员耀豫呈报,废员安维峻系甘肃秦州直隶州秦安县人,前在福建道监察御史任内,因案革职,发往军台效力赎罪,指派第十二台腰站当差,自光绪二十一年正月初十日到台之日起,扣至光绪二十四年正月初十日,三年期满等因,呈报前来。旋准兵部来咨转准户部行知,该废员安维峻应交台费实银一千二百二十一两,现已在部全数交清等因咨行前来。查《中书政考》例载,坐台废员三年期满,应缴台费全

---

① 该折有录副(03-5923-094),批语前多"光绪二十四年二月二十八日,奉朱批",后多"钦此"。

数缴完者,由军台都统抄录该废员获罪原案具奏,请旨释回等
语。今废员安维峻在台效力已满三年,应缴台费银两既已在
部全数交清,例应请旨释回。谨将该废员缘事案由,恭呈御
览。所有废员效力年满,缴完台费,可否释回之处,出自鸿慈。
谨合词恭折具陈,伏乞皇上圣鉴,训示遵行。谨奏。光绪二十
四年二月二十四日。

　　著再留二年。①

116. 奏为遵旨办理察哈尔左翼四旗已垦熟地 照例升科并补交押荒银两大概情形事

04-01-22-0065-071

奴才祥麟、奴才依崇阿跪奏,为恭折覆陈,仰祈圣鉴事。

　　本年二月初八日承准军机大臣字寄,光绪二十四年二月
初七日奉上谕:户部奏遵议察哈尔左翼四旗游牧厂地,应比照
右翼成案清丈升科等语,著王文韶、祥麟、依崇阿遴委廉明公
正之员,会同该厅前往勘办,将已垦成熟之地,即行查照右翼
成案,照例升科,并令补交押荒银两,以重国课。原片均著抄
给阅看。将此各谕令知之。钦此。遵旨寄信前来。承准此,
奴才等钦遵之下,当即一面咨会直隶总督王文韶钦遵办理,一
面先行札饬张家口、独石口、多伦诺尔三厅同知暨察哈尔左翼
四旗总管、大马群、牛羊群、两翼太仆寺总管、军台参领等迅将
各所属游牧有无私垦空闲地亩,及未经报垦,已垦成熟荒厂,
查明赶紧详报,以备派员会厅勘办,即行查照右翼四旗成案,
照例升科,并令补交押荒银两,以重国课。一俟各该旗群详报

---

①　该折有录副(03-5356-100),批语前多"光绪二十四年二月二十九日,
　　奉朱批",后多"钦此"。

到日,奴才等酌夺情形,随时随事妥议办理,据实奏闻。所有遵旨办理大概缘由,理合恭奏覆陈,伏乞皇上圣鉴。谨奏。光绪二十四年二月二十三日。

知道了。①

117. 奏为张家口左翼满洲协领玉璞出色得力请旨奖励事

04-01-01-1029-044

再,查张家口左翼满洲花翎二品顶戴协领玉璞,承办军台印房事务已历年所,此次伊犁公文折报并无迟误,该员督催经理之力居多,自应一体奖励。惟该员系现任协领,已保花翎二品顶戴,复于光绪十三年、十八年两次军政卓异,送部引见,奉旨交军机处记名。二十三年军政经奴才等保荐卓异,现在给咨送部带领引见。核其升阶升衔无可加保,且查该员老成练达,任事实心,洵为旗员中出色得力之员,其应如何恩施奖励之处,出自逾格鸿慈,奴才等未敢擅便,谨附片具陈,伏乞圣鉴。谨奏。

玉璞仍著交军机处存记。②

118. 奏为请以蒙古理刑员外郎多普沁多尔济坐补察哈尔正红旗参领事

04-01-16-0255-047

奴才祥麟、奴才依崇阿跪奏,为坐补察哈尔参领,循案奏闻,

---

① 该折有录副(03-6258-029),批语前多"光绪二十四年二月二十八日奉朱批",后多"钦此"。

② 该折有录副(03-5356-098),批语前多"光绪二十四年二月二十八日奉朱批",后多"钦此"。

仰祈圣鉴事。

　　窃据兼署察哈尔正红旗总管印信镶蓝旗总管策博克札普详称，该旗参领玛哈巴札尔病故，所出参领之缺，查有光绪二十一年五月初三日补放参领拟陪、奉旨记名之蒙古理刑员外郎多普沁多尔济一员，现在并无事故，亦无过失，详请奏补前来。查察哈尔参领缺出，如有奉旨记名人员，向系专折奏补，历经办理在案。今察哈尔正红旗参领缺出，现有前次拟陪、奉旨记名之蒙古理刑员外郎多普沁多尔济一员，自应循案请旨坐补。除将该员履历清册咨送兵部查核外，理合恭折具奏，伏乞皇上圣鉴。谨奏。光绪二十四年二月二十四日。

　　兵部知道。

119. 奏请以策布木札普坐补察哈尔镶黄旗参领事

04-01-16-0256-023

　　奴才祥麟、奴才依崇阿跪奏，为坐补察哈尔参领循案奏闻，仰祈圣鉴事。

　　窃据察哈尔镶黄旗总管布彦德勒格尔详称，该旗参领栋嘎尔布升任察哈尔正黄旗总管，所遗参领之缺，查有光绪二十一年十二月十四日补放参领拟陪、奉旨记名之乾清门三等侍卫、世管佐领策布木札普一员，现在并无事故，亦无过失，详请奏补前来。查察哈尔参领缺出，如有奉旨记名人员，向系专折奏补，历经办理在案。今察哈尔镶黄旗参领一缺，现有前次拟陪奉旨记名之乾清门三等侍卫、世管佐领策布木札普一员，自应循案请旨坐补。除将该员履历清册咨送兵部查核外，理合恭折具奏，伏乞皇上圣鉴。谨奏。光绪二十四年四月二十日。

　　兵部知道。

120. 奏为察哈尔牧群值年委署主事双惠 笔帖式继昆年满分别保奖事

04-01-16-0256-021

奴才祥麟、奴才依崇阿跪奏,为牧群值年委署主事、资深笔帖式年满,循案分别保奏,恭折仰祈圣鉴事。

窃奴才衙门所属牛羊牧群向由内务府奏派委署主事一员、笔帖式一员,在口值年,办理牧务,五年期满,保送该衙门带领引见,照例委署主事留京,以主事升用,笔帖式即升授委署主事。该员等如果当差倍加勤奋,每届年满,由奴才等奏请奖叙在案。兹查护军参领衔委署主事双惠,由笔帖式于光绪十六年二月二十一日来口,前于光绪十九年正月间奏署委署主事定保因病出缺,所遗委署主事一缺照案该员试署,经内务府于是年三月初八日具奏。奉旨:依议。钦此。于光绪二十一年闰五月初一日笔帖式任内五年期满,前任都统奴才憙铭出具考语,咨送内务府带领引见。奉旨:张家口牛羊群委署主事著双惠补授。钦此。旋即来口,于今已逾三年,统计任差将已八载,在口殊属资深。溯查该员由笔帖式到口之日,时值前委署主事文鉴因案革职,该群蒙古讼风未息,又兼款项支绌,措置殊难,该员尚能洁己从公,牧务悉臻妥善。至内务府调取牛羊,承应内庭要差以及各项差使,亦均敬谨豫备,迄今毫无贻误,洵属谨慎从公,明白安详,前于笔帖式五年期满,未曾保奏。查六品衔笔帖式继昆,于光绪十九年四月二十六日到口,该员自到口以来,襄办一切牧务,亦均奋勉,毫无贻误,洵属当差奋勉,讲求牧务,于本年四月二十六日计已五年期满。该员等在口当差勤苦,援照五年差满成案,可否仰恳天恩,量加鼓励,护军参领衔值年委署主事双惠,谨拟并案核奖,请俟差满留京后,免补主事,在任以员外郎归升班尽先前即行升用,六品衔值年笔帖式继昆,拟请赏加副护军参领衔,俟遇委署主事缺出,照例升授,以昭激劝,出自鸿慈逾格,如蒙俞允,该二员果能始终奋勉,俟委署主事年满,一并咨送内务府带领引见。所有值年委署主事、资深笔帖式年满,循案分别保奖各缘由,是否有当,谨缮折具奏。

再,查值年委署主事双惠此次仰邀奖叙,核与笔帖式前次期满并案保奖,再届年满,应即勿庸另行奖叙,合并陈明。伏乞皇上圣鉴,训示遵行。谨奏。光绪二十四年四月二十日。

*该衙门知道。*①

121. 奏为查明前保武职各员并无冒滥请仍照前拟给奖事

04-01-16-0256-022

奴才祥麟、奴才依崇阿跪奏,为查明前保武职各员并无冒滥,吁恳天恩,仍照前拟给奖,以示鼓励,恭折覆奏,仰祈圣鉴事。

窃奴才等兹准兵部咨开内阁抄出察哈尔都统祥麟等奏,前因军台各站递送伊犁公文折报,两年以来,并无贻误,可否即由奴才等择其各台尤为出力者各保数员,以示鼓励等因具奏。奉朱批:准其酌保数员,毋许冒滥。钦此。奴才等遵将军台四段所属四十四台各项人员逐细详察,一再删减,仅就尤为出力,劳绩卓著者,每段择保数员,暨两处管站部员、笔帖式、承办军台印房事务人员分缮清单,恭呈御览等因,光绪二十四年二月二十八日奉朱批:该部议奏。单并发。钦此。钦遵到部。除文职暨蒙古请奖各员应由吏部、理藩院办理外,查会奏章程内开,嗣后凡奏

---

① 该折有录副(03-5356-105),批语前多"光绪二十四年四月二十五日奉朱批",后多"钦此"。

准酌保数员之案,文武各计至多均不得过十员等语,此次察哈尔都统祥麟等奏保递送伊犁公文折报、军台各站出力所保武职各员已逾十员之数,核与定章不符,相应请将单开武职请奖各员全案驳回,由该都统查明核实删减,至多不得过十员之数,俟奏请到部再行核办等因。光绪二十四年闰三月初六日具奏,奉旨:依议。钦此。等因咨行前来。查奴才等所属阿勒泰军台计四段,统共四十四台,前折曾已声明各台择其尤为出力者各保数员,奏奉谕旨后遵即开单,将军台四段所属四十四台各项人员逐细详察,一再删减,仅就尤为出力,劳绩卓著者,共保三十一员名,计按四十四台每台尚不及一员,委系核减至再,并无冒滥。除文职暨蒙古请奖各员,现准吏部咨取履历,理藩院议准加级外,惟有仍恳天恩,俯准将前保武职各员照拟给奖,以示鼓励之处,出自逾格鸿慈。所有查明前保武职各员并无冒滥,仍请照拟给奖缘由,理合恭折覆奏,伏乞皇上圣鉴,饬部核覆施行。谨奏。光绪二十四年四月二十日。

兵部议奏。①

122.奏为特参札嘎素泰台章京棍布札普等 员迟误公文请分别议处事

04-01-01-1029-038

奴才祥麟、奴才依崇阿跪奏,为台站官员接递公文遗漏迟误,查明分别参办,以儆效尤而肃邮政,恭折具奏,仰祈圣鉴事。

窃奴才等前准乌里雅苏台将军咨,以本年闰三月二十四日南台递到由兵部闰三月初七日交发本处光绪二十四年三月十九

---

① 该折有录副(03-5924-147),批语前多"光绪二十四年四月二十五日奉朱批",后多"钦此"。

日拜发奏事报匣一个,随文火票一张,黄布口袋一个,内盛公文十四角。当即查验各件,惟黄布口袋并未递到,或由各站遗失,或由何台遗漏,合亟咨请饬令按台认真查究等因。准此,当即分饬各段参领等官迅将前项黄布口袋内盛公文十四角究系何日递送,何台遗漏,挨次详查,据实呈报,以凭查办。旋据察罕托罗盖参领绷楚克那木济勒报称,转据札嘎素泰台站章京棍布札普、察克达骁骑校德沁多尔济等遵查,闰三月初七日由军机处马上飞递乌里雅苏台木夹板匣一个,火票一张,黄布口袋一个,于闰三月十一日丑时承管台站文卷委笔帖式桑窄札普接到,交给察克达兵丁之时,竟将黄布口袋一时疏忽遗漏,随即察见,笔帖式桑窄札普速行往赶报匣,驰至第七台明艾台站,因追赶不及,议交明艾台接递,该管台笔帖式定不接收,只得复行前赶,又因骑马疲钝,致延两时之久,始行驰至第八台察察尔图台站,告诉情形,转将黄布口袋交于该台代递等情呈报前来。正在核办间,已准乌里雅苏台将军咨开于四月初三日由南台递到黄布口袋一个,内盛公文十四角,查验件数相符等因咨覆前来。查军台官弁递送公文,是其专责,乃该台章京等官于兵部随同报匣一并发出黄布口袋紧要文件,并不谨慎将事,一齐递送,至有遗漏,虽无失损情弊,究属疏忽迟误公事,咎不容辞,值此整顿台站之际,若不认真参办,何以儆效尤而肃邮政。相应请旨,即将札嘎素泰台章京棍布札普、委骁骑校贡楚克、委笔帖式桑窄札普等一并交部严加议处,其察罕托罗盖参领绷楚克那木济勒、副参领布呢雅西哩、委副参领巴图鄂奇尔等均有管辖之责,亦难免失察之咎,帮台骁骑校德沁多尔济虽无递送公文之责,惟系同事,未能帮同查验,亦有应得之咎,相应一并请旨交部议处。除饬取该员等履历送部查核外,所有查明迟误公文之本台官弁暨该段参领等官,分别参办缘由,谨合词恭折具奏,伏乞皇上圣鉴,训示施行。谨奏。

光绪二十四年五月二十六日。

著照所请，该部知道。①

123. 奏为察哈尔副都统依崇阿因病出缺请速简放事

04-01-16-0256-078

奴才祥麟跪奏，为副都统因病出缺，请旨迅赐简放，以重职守，并代递遗折，仰祈圣鉴事。

窃副都统奴才依崇阿于本月十一日突染时症，牵动旧日军营积劳，病势殊形陡险，医治罔效，次日起更时痰气上壅，奄奄一息。奴才闻信当即亲往看视，见该副都统伏枕呜咽，深以渥荷天恩，弗克竭力报效为憾，无语及私，勉将缮就遗折交奴才代递，延至亥刻出缺。伏查该副都统依崇阿由行伍转战直隶、山东、山西、河南、奉天等省，卓著战功，嗣在本省统领马步官军，训练缉捕，最称得力。旋奉简放察哈尔副都统，于光绪二十二年十月到任，迄今已将二载，举凡操练兵丁，整饬营务，以及口外旗群事务，无不竭诚匡勷，奴才深资臂助。遽尔因病出缺，当此时势多艰，将材难得，该副都统久历戎行，虽有积劳，实为强健，一旦迫以时症，陡为触发，遂至病不可医，殊堪悯惜。该副都统自奉俭约，而慷慨好义，深顾大局，生前曾经捐廉助修军械，蒙恩奖叙在案。兹闻其家有老母，并无子息，身后实属萧条，尤为凄恻，且原籍黑龙江，路途辽远，将来灵柩回旗时宜如何仰邀格外鸿施，以示优恤之处，奴才未敢擅请，至所遗察哈尔副都统员缺紧要，相应请旨迅赐简放，以重职守。所有副都统因病出缺，并代递遗折缘由，理合恭折具奏，伏乞皇上圣鉴。谨奏。光绪二十四年六月

---

① 该折有录副（03-7138-086），批语前多"光绪二十四年六月初一日奉朱批"，后多"钦此"。

十四日。

另有旨。①

124. 奏为察哈尔正蓝旗总管车德恩因病呈请休致事

04-01-16-0256-115

奴才祥麟跪奏,为察哈尔总管因病呈请照例休致,恭折具奏,仰祈圣鉴事。

窃据察哈尔正蓝旗总管车德恩报称,窃职现年六十五岁,前因染患痰火病症,意觉迷乱,请假调治,至今医治罔效,疾病缠绵,实系不能当差,未便恋栈,恳乞休致等情,禀经奴才派委本旗满洲理刑员外郎玉成确查去后,兹据报称,遵查总管车德恩病势缠绵,弗能动转,委系不堪就痊起用,加结呈报前来。奴才伏查该总管由三等轻车都尉,于咸丰、同治年间出师直隶、天津、鄂尔多斯等处,打仗奋勇,叠蒙赏加副都统衔,旋授总管,于旗务操防均能实心整顿,以及奴才衙门派委各差亦皆办理妥协,颇资指臂之助。前因患病,给假调理,冀其就痊,兹既久病缠绵,不能当差,查验属实,自应照例专折具奏请旨,将察哈尔正蓝旗副都统衔花翎总管车德恩原品休致。除将该员履历循案造册咨送兵部备查外,所有察哈尔总管因病乞休缘由,理合恭折具奏,伏乞皇上圣鉴,训示遵行。

再,副都统明秀尚未到任,是以未经列衔,合并声明。谨奏。

光绪二十四年七月十五日。

著照所请,兵部知道。②

---

① 该折有录副(03-5926-036),批语前多"光绪二十四年六月十九日奉朱批",后多"钦此"。

② 该折有录副(03-5363-073),批语前多"光绪二十四年七月二十日奉朱批",后多"钦此"。

125. 奏为军台废员顺喜等由配脱逃请旨饬缉事

04-01-28-0024-062

奴才祥麟跪奏,为军台废员由配脱逃,请旨饬缉究办,恭折奏祈圣鉴事。

窃据张家口管站部员耀豫详称,查得二台腰站废员顺喜、八台腰站废员杨昌寿等二名并未在台,当饬官役沿台邻近访觅,并无踪迹,实系均于本年六月二十九日潜逃等情呈报前来。奴才即复派员分赴张家口内外以及各该台所附近一带地方认真严查未获。卷查凡遇废员逃走,均经奏请通缉有案。查废员顺喜,系盛京镶白旗满洲达春佐领下人,已革岫岩镶白旗骁骑校,前经裕禄奏查办奉天失守地方文武各员,分别先拟罪名,因比照同城捕盗官,照守边将帅被贼侵入境内,发边远充军罪上量减,发往军台效力赎罪,于光绪二十二年五月十五日到台,派在第二台腰站当差。又废员杨昌寿,系原籍浙江,寄居顺天府人,已革东城兵马司吏目,因曹高氏之子曹德全先后借欠伊银约二百两,尚未清算,该犯起意捏写欠银四百两,并捏造字据,赴坊控追,至将其母曹高氏刑责后,在押身死,应比依承审官吏将干连人犯不应拷讯,误执己见,刑讯致毙者,依决人不如法因而致死,杖一百罪上加一等,拟杖六十,徒一年,系职官发往军台效力赎罪,于光绪二十二年六月十四日到台,派在第八台腰站当差。现查均已由配潜逃,自应照案办理。除将该废员年貌籍贯开单,飞咨邻境直隶总督、山西巡抚、热河都统转饬所属,并奴才衙门所属各地方一体缉拿,仍先行咨报兵部、刑部外,相应请饬下盛京将军、浙江巡抚、顺天府五城一体严拿,务获究办。所有军台废员由配脱逃,请旨饬缉究办缘由,理合恭折具奏,伏乞皇上圣鉴,训示遵行。再,副

都统明秀尚未到任,是以未经列衔,合并声明。谨奏。光绪二
十四年七月十五日。

另有旨。①

126. 奏为穆霍尔嘎顺台站被灾较重马驼疲毙
请准援案由茶马厘捐项下筹款购买事

04-01-07-0026-014

奴才祥麟跪奏,为军台各站冬雪夏旱,灾荒较重,驼马疲毙,
实难应差,亟须补救,俾免贻误,恭折具奏,仰祈圣鉴事。

窃奴才前据穆霍尔嘎顺参领多尔津等迭次报称,本属台站
自上年十月至本年三月大雪过多,所有牧厂之草俱被漫压,牲畜
不便啃食,致有瘦毙,入夏以来,又无雨泽,疲瘦驼马莫资息养,
倒毙几尽。近来由台驰递公文及一切差使较前繁疲,值此驼马
额缺已难支持,每遇大小差使,需用乌拉不能如数预备,兹复加
以灾荒,甚以疲毙,台弁人等倍形苦累,若不赶紧补救,必致贻误
要差等情,禀恳前来。当即札饬赛尔乌苏管站部员纯锡认真查
勘,旋据禀覆,现在游牧草地早形灾荒,各台官产牲畜倒毙几尽,
蒙古生业苦累,致多荡析离居,莫资应差,委系实在情形。奴才
正在核办间,复接总办张家口、恰克图电线工程分省补用道余思
诒来文,内有经过蒙古地方二十馀程,并无人烟,连年畜瘟荒旱,
殊形穷苦,大致与该委纯锡禀覆情形相同。伏维军台各站应付
差徭全赖驼马供送,而驼马自赖水草以资生养,今穆霍尔嘎顺段
内冬则大雪,夏则缺雨,水草枯干,驼马无资啃食,以致倒毙几
尽,何以应付差事,亟须设法补救,俾免贻误要差。查上年布鲁

---

① 该折有录副(03-5926-101),批语前多"光绪二十四年七月二十日奉
　　朱批",后多"钦此"。

图段内被灾驼马疲毙,曾经奏请由奴才衙门茶马厘捐项下拨款购买驼马,分拨各台,俾资供应,蒙恩允准在案。兹穆霍尔嘎顺台站被灾情形较重,可否援案仍由奴才衙门茶马厘捐项下筹款购买驼马,以资补救,抑或由商都太仆寺牧群内调取驼马,分别被灾轻重,饬查倒毙确数,均匀拨给,以节帑项之处,奴才未敢擅便,理合先行恭折具奏,伏乞皇上圣鉴,训示遵行。再,副都统明秀尚未到任,是以未经列衔,合并声明。谨奏。光绪二十四年七月十五日。

兵部议奏。①

127. 奏为委员赴多伦诺尔围场点验杆木事

04-01-01-1028-063

奴才祥麟、奴才明秀跪奏,为恭折覆奏,仰祈圣鉴事。

窃于本年九月十三日酉刻,接准总理衙门电开,奉旨:盛宣怀电称,恰克图电工由乌得至张家口所需杆木在库砍运艰远,请由多伦诺尔所属围场采用分运较易等语,著准其刊运晏木一万根,仍不得砍伐大松木,并著直隶总督、察哈尔都统派员点验,毋许逾数。钦此。钦遵。除由直隶总督委员点验外,奴才等遵即遴派妥员前往,照数点验,以昭核实。理合恭奏覆陈,伏乞皇太后、皇上圣鉴。谨奏。光绪二十四年九月十五日。

该衙门知道。②

---

① 该折有录副(03-7138-090),批语前多"光绪二十四年七月二十日奉朱批",后多"钦此"。

② 该折有录副(03-7148-018),批语前多"光绪二十四年九月二十日奉朱批",后多"钦此"。

128. 奏为军台效力废员钟德祥
三年期满可否交费释回事

04-01-16-0257-032

　　奴才祥麟、奴才明秀跪奏，为军台效力废员三年期满，可否交费释回，遵照部咨恭折具陈，仰祈圣鉴事。

　　窃据张家口管站部员耀豫呈报，废员钟德祥系广西南宁宣化县人，前在江南道监察御史任内因案革职，发往军台效力赎罪，并奉谕旨：钟德祥到台后，留心察看，严加管束，如有不安本分情事，即著据实参奏等因。钦此。指派第十四台当差，自光绪二十一年八月十八日到台之日起，扣至光绪二十四年八月十八日，三年期满等因呈报前来。旋准兵部来咨，据废员钟德祥遣抱家人将应交台费银一千二百二十一两赴部完交，并取具印结等情前来。查军台废员钟德祥现已年满，遣抱呈缴台费，赴部呈交，核与年满呈交台费银数与例相符，惟该废员曾奉谕旨严加管束之员，与寻常年满呈交台费稍有区别，该废员在台是否安分当差，本部无从查悉，且该废员应否交费释回，均应该都统奏明办理等因咨行前来。查《中枢政考》例载，坐台废员三年期满，应交台费全数缴完者，由军台都统抄录该废员获罪原案具奏，请旨释回等语。今查该废员钟德祥到台后委系安分当差，现在台效力已满三年，可否准其交费释回之处，出自逾格鸿慈，如蒙俞允，即令该废员钟德祥遣人赴部呈交台费，一俟部覆到日，再行遵办外，合将该废员缘事案由恭呈御览。所有废员效力年满，可否交费释回，谨合词恭折具陈，伏乞皇太后、皇上圣鉴，训示遵行。谨奏。光绪二十四年九月十五日。①

钟德祥所犯情节较重，著再留三年，期满后再行请旨。

129. 奏为委员验过三群四项牲畜数目相符事

04-01-01-1028-069

奴才祥麟、奴才明秀跪奏，为循案委员查验过各牧群驼马牛羊数目相符，恭折奏闻，仰祈圣鉴事。

窃查道光十一年案准兵部议覆前任都统武忠额条奏，体察牧群情形，量为变通一折内称，嗣后每年不必往查，多滋糜费，只令都统于三年六年均齐外，其空闲年分每隔一年，密派妥员分往周查，仍将委员查过牧群牲畜缘由据实具奏等因，历经办理在案。今届应行委员周查之年，奴才等拣派主事广元、全善，委署主事双惠各就本群分赴周查去后，兹据该委员等结称，查得商都达布逊诺尔、达里岗嗳二处骒骗马二百二十二群，共有大小骒骗马六万五千五百八十六匹，牧青马二千一百三十六匹，骒骗驼五十七群，共有大小骒骗驼七千三百八十二只；太仆寺左右两翼骒骗马一百一十四群，并孳生马五群，共有大小骒骗马三万九千七百六匹，牧青马三百二十四匹，捐输马二千一百九十七匹；三旗牛四十群，现有牛一万二千一百五十八头，三旗达里岗嗳羊二百二十群内，连格迪羊、巴达克善羊共有羊二十三万七千八百一十七只。以上三群四项牲畜均与原报册开数目相符，并无亏短，就彼面饬该总管等务须寻觅水草，加意牧放，俾期一律肥壮，并取具各该总管等印结、主事等加结呈递前来，奴才等覆核无异。除将该主事等查报四项牲

---

① 该折有录副（03-7418-025），批语前多"光绪二十四年九月二十日奉朱批"，后多"钦此"。

畜数目分晰造册,照案咨送内务府、上驷院、太仆寺查核外,所有奴才等委员查验过三群四项牲畜数目相符缘由,理合循案恭折奏闻,伏乞皇太后、皇上圣鉴。为此谨奏。光绪二十四年十月十七日。

该衙门知道。①

130.奏为遵旨查明独石口外红城子开平张家口外兴和新平等城实有旷地亩事

04-01-22-0065-085

奴才祥麟、奴才明秀跪奏,为恭折覆奏,仰祈圣鉴事。

窃于本年十月初二日午刻承准军机大臣字寄,光绪二十四年九月三十日奉上谕:奕劻等会奏遵议京旗徙户开屯查照成案酌拟办法,开单呈览一折,近年八旗生齿日繁,生计日蹙,从前所筹京旗移屯之法本属切实可行,亟应接续扩充,举办开垦边屯各事宜,为京旗妥筹久远之计,该王大臣等所拟办法各条尚为详备,惟兹事体大,经营伊始,事理极为纷繁,必须虑始图终,行之无弊,方为一劳永逸之举,著依克唐阿、延茂、恩泽、永德、裕禄、色楞额、祥麟等,按照单开各该处荒地可移京旗屯垦者实有若干亩,并着八旗都统迅将各该旗人丁情愿到屯耕种者查明实在数目,奏明请旨办理。原折单均著抄给阅看,将此各谕令知之。钦此。遵旨寄信前来。奴才等钦遵之下,当即札饬旗厅迅将独石口外红城子、开平,张家口外兴和、新平等城实有空旷地亩若干,据实查明呈报。除俟详覆到日再行具奏外,理合恭折覆陈,伏乞皇太后、皇上圣鉴。谨奏。光绪二十四年十月十七日。

---

① 该折有录副(03-5762-032),批语前多"光绪二十四年十月二十二日奉朱批",后多"钦此"。

知道了。①

131. 奏请拨解光绪二十五年军台官兵俸饷事

04-01-01-1026-055

奴才祥麟、奴才明秀跪奏,为请拨光绪二十五年军台官兵俸饷等项银两,循案具奏,仰祈圣鉴事。

窃查阿勒泰军台四十四站每年俸饷羊价马价纸张等项共应放银二万一千八百七十七两五钱五分,遇闰加银一千六百二十四两,自乾隆五十四年奏准由张家口税务监督每任解交银二万二千四两零,遇闰加银二千两,岁有盈馀,存备灾荒之用,截至道光二十六年共积存银三万六千两零,是年十一月经户部奏准,自二十七年为始,所有应解军台俸饷,每年改令解银二万两,其少解之数,即将前项馀存抵补,一俟将次用完,先期由该都统奏明,按照每年实用数目拨解等语,行知遵照办理。迨截至咸丰十年,积存银两均已用竣,曾经核准应行找领数目并声明以后分别有无闰月,先期奏请拨解,倘遇灾荒,届时另行酌办等因具奏,奉旨:依议。钦此。钦遵各在案。嗣后每届冬令,豫将来年应放款项奏请提拨,历蒙允准遵照办理在案。兹当请拨二十五年俸饷之时,查明年系属无闰之年,应放军台官兵俸饷马价羊价纸张等项共需银二万一千八百七十七两五钱五分,谨循照成案奏请由张家口税务监督照数解交奴才衙门,以备明年二月间分别散放。除恭候命下,再行移咨户部、理藩院、内务府、张家口税务监督遵照办理外,所有请拨光绪二十五年应放军台官兵俸饷等项银两缘由,理合循案恭折具奏,伏乞皇太后、皇上圣鉴,训示遵行。谨奏。光绪二十四年十月十八日。

---

① 该折有录副(03-6728-071),批语前多"光绪二十四年十月二十二日奉朱批",后多"钦此"。

该衙门知道。①

132. 奏为察哈尔镶蓝旗总管策博克札普
三年期满请陛见事

04-01-16-0257-064

　　奴才祥麟、奴才明秀跪奏,为察哈尔总管三年期满,循例奏请陛见,恭折仰祈圣鉴事。

　　窃据察哈尔镶蓝旗总管策博克札普详称,于光绪二十一年九月二十三日补放察哈尔镶红旗总管,于二十二年三月间奏请调补镶蓝旗总管,计自二十一年十月十七日接任镶红旗总管之日起,扣至二十四年十月十七日,三年期满,呈请具奏前来。奴才等恭查道光十二年正月间钦奉上谕:向来盛京五部侍郎及各省将军、都统、副都统、城守尉、总管等有年班轮替进京之例,嗣后著自到任之日起,扣满三年,奏请陛见,俱毋庸年班进京。钦此。钦遵办理在案。今总管策博克札普现届三年期满,可否送京陛见之处,谨循案具奏,恭候谕旨遵行。所有察哈尔总管期满,照例奏请陛见缘由,理合恭折具陈,伏乞皇太后、皇上圣鉴训示。谨奏。光绪二十四年十月十八日。

　　毋庸来见。②

133. 奏为遵旨挑拣精壮馀丁以备随同额兵训练事

04-01-18-0053-070

　　奴才祥麟、奴才明秀跪奏,为遵旨挑拣精壮馀丁,以备随同

---

①　该折有录副(03-6148-077),批语前多"光绪二十四年十月二十二日奉朱批",后多"钦此"。

②　该折有录副(03-5366-105),批语前多"光绪二十四年十月二十二日奉朱批",后多"钦此"。

额兵训练,恭折覆陈,仰祈圣鉴事。

窃奴才于本年十月十八日戌刻承准军机大臣字寄,光绪二十四年十月十七日奉上谕:现在时局艰难,练兵为当务之急,热河、察哈尔均属边疆要地,所设额兵著该都统认真训练,并督同协佐等员将一应军实整顿齐备,各该旗馀丁精壮可用者谅必不少,亦著逐名挑拣,随同训练,仍将办理情形随时具奏,将此由四百里谕令知之。钦此。遵旨寄信前来。奴才捧读之下,仰见圣虑周详,于整饬戎行之中寓以慎固边疆之意,钦感莫名,奴才等遵即飞饬察哈尔八旗总管、张家口满蒙协领、独石口防守尉等一体遵照,迅由各该旗馀丁内逐名挑拣精壮可用者,造册详报,毋稍延缓。一俟各该旗造报到日,奴才等应如何督同认真训练,整齐武备,随时将办理情形再行奏报外,所有遵旨将一应军实整顿齐备,并挑拣精壮馀丁以备随同额兵训练缘由,理合恭折先行覆奏,伏乞皇太后、皇上圣鉴。谨奏。光绪二十四年十月二十二日。

知道了。①

134. 奏为遵旨查明已革提督孙万林副都统丰升阿在台效力年力精壮事

04-01-01-1030-029

奴才祥麟、奴才明秀跪奏,为查明覆奏,仰祈圣鉴事。

窃于本年十月二十八日辰刻承准军机大臣字寄:光绪二十四年十月二十六日,奉上谕:已革提督孙万林、已革副都统丰升阿前因获罪,发往军台,该二员年力是否精壮,尚堪效用,著祥麟

---

① 该折有录副(03-5762-038),批语前多"光绪二十四年十月二十七日奉朱批",后多"钦此"。

查明具奏。将此谕令知之。钦此。遵旨寄信前来。奴才等钦遵之下，仰见天恩宽大，凡在臣工同深钦感，当即札派张家口管站部员耀豫迅速前往该台认真查明，据实详报，勿得瞻徇等因。旋据禀称，查得已革提督孙万林、已革副都统丰升阿均在台效力当差勤奋，年力精壮，据实呈报前来。奴才等覆加查核，该二员委系年力精壮，尽堪效用，理合恭折覆奏，伏乞皇太后、皇上圣鉴。谨奏。光绪二十四年十一月初一日。

另有旨。①

135. 奏为察哈尔正白旗总管三音额尔德木图二次三年期满又值六年任满可否陛见并送部引见事

04-01-16-0257-093

奴才祥麟、奴才明秀跪奏，为察哈尔总管二次三年期满，又值六年任满，循照例案恭折具奏，仰祈圣鉴事。

窃据察哈尔正白旗总管三音额尔德木图详称：职于光绪十八年十月十六日补放察哈尔正白旗总管，于是年十一月十三日到任之日起，扣至光绪二十一年十一月十三日，初次三年期满，详蒙代奏。奉朱批：毋庸来见。钦此。钦遵。今扣至光绪二十四年十一月十三日，二次三年期满，又值六年任满，呈请具奏前来。

奴才等恭查道光十二年正月间钦奉上谕：向来盛京五部侍郎及各省将军、都统、副都统、城守尉、总管等有年班轮替进京之例，嗣后著自到任之日起，扣满三年，奏请陛见，俱毋庸年班进京。钦此。又查《中枢政考》内开：察哈尔总管六年任满，并无

---

① 该折有录副（03-5929-008），批语前多"光绪二十四年十一月初六日奉朱批"，后多"钦此"。

事故者,秉公考察,出具考语咨送兵部,再加考验,带领引见等语。今总管三音额尔德木图二次三年期满,又值六年任满,可否送京陛见,并出具考语送部引见之处,循照例案具奏请旨,恭候钦定。所有察哈尔总管二次三年期满,又值六年任满缘由,理合恭折具奏,伏乞皇太后、皇上圣鉴,训示遵行。为此谨奏。光绪二十四年十一月十五日。

著来见。①

136. 奏报已革提督孙万林副都统丰升阿遵旨释回起程日期事

04-01-01-1030-028

奴才祥麟、奴才明秀跪奏,为废员奉旨释回,遵饬由口起程,恭折覆奏,仰祈圣鉴事。

窃于本年十一月初八日巳刻,承准军机大臣字寄:光绪二十四年十一月初六日奉上谕:祥麟等奏遵旨查明在台废员一折,已革提督孙万林、已革副都统丰升阿均著加恩释回,交荣禄差遣委用。将此谕令知之。钦此。遵旨寄信前来。奴才等当即札饬张家口管站部员耀豫转饬该员等遵即起程。旋据该废员孙万林、丰升阿由台到口报称,于十一月十六日由口起程,投赴钦差大臣大学士荣禄差遣委用等情呈报前来。除分行遵照外,理合恭折覆奏,伏乞皇太后、皇上圣鉴。谨奏。光绪二十四年十一月十五日。

知道了。②

---

① 该折有录副(03-5367-082),批语前多"光绪二十四年十一月二十日奉朱批",后多"钦此"。

② 该折有录副(03-5929-041),批语前多"光绪二十四年十一月二十日奉朱批",后多"钦此"。

137. 奏为特参骁骑校那逊布彦稽压兵饷请交部议处事

04-01-01-1030-053

再,据察哈尔镶黄旗署科尔沁佐领下领催色布滕等联名呈控,署科尔沁佐领骁骑校那逊布彦稽压兵饷,延不散放各情,呈控前来。奴才等当经札饬察哈尔镶黄旗总管,迅将署佐领骁骑校那逊布彦暨原告兵丁等传集,派员解送到案,以凭质讯去后,旋据详称,将该骁骑校那逊布彦暨兵丁等三十九名派员押解前来。奴才等当即饬司质讯,据该骁骑校那逊布彦供认,已将饷银由旗领回,延至半月之久并未散放是实,又据众兵所供无异,遂将本年春季饷银由该骁骑校名下照数追出,传集众兵当堂具结,按名散放外。奴才等伏查该骁骑校那逊布彦稽压兵饷,延不散放,办公任意,实属糊涂。相应请旨将察哈尔镶黄旗署佐领骁骑校那逊布彦交部议处,以示惩儆。理合附片具陈,伏乞圣鉴,训示遵行。谨奏。

著照所请,该部知道。①

138. 奏为赛尔乌苏所属台站等处被灾较重人畜饿毙请准按原额购补马驼并赈恤灾户事

04-01-07-0026-001

奴才祥麟、奴才明秀跪奏,为军台各站冬雪夏旱,灾荒较重,人畜饿毙甚多,实难应差,亟须恤赈户口,补购驼马,免误要差,恭折具奏,仰祈圣鉴事。

窃奴才等前据穆霍尔嘎顺参领多尔津等迭次报称:本属

---

① 该折有录副(03-5929-042),批语前多"光绪二十四年十一月二十日奉朱批",后多"钦此"。

台站自上年十月至本年三月大雪过多,所有牧厂之草俱被漫压,牲畜不能啃食,致有瘦毙,入夏以来,又无雨泽,疲瘦驼马莫资息养,倒毙几尽。近来由台驰递公文一切差使较前繁疲,值此驼马额缺已难支持,每遇大小差使,需用乌拉不能如数豫备,兹复加以灾荒,甚以疲毙,台弁人等倍形苦累,若不赶紧补救,必致贻误要差。可否援案筹款购买驼马,抑或由商都太仆寺牧群内调取驼马,分别被灾轻重,饬查倒毙确数,均匀拨给,以节帑项。

奴才祥麟曾于本年七月间恭折具奏,奉朱批:兵部议奏。钦此。旋准兵部议覆:查驼只事隶户部,应行知照户部办理。其马匹一项所请调取之处,臣部向无办过成案,未便置议。至所称筹款购买一节,查上年五月间该都统以布鲁图等台被灾,曾经奏准购买马匹,每匹价银九两七钱三分,当经臣部以军台马价每匹向销银六两五钱,今开九两七钱三分,既经奏准,自应照办,嗣后不得援此为例,以示限制,行文该都统遵照在案。今穆霍尔嘎顺各台被灾,该都统奏请设法补救,仅称筹款购买,其各台站倒毙若干匹,既未先期奏报应买若干匹,亦无确数可稽,均未详细声叙,臣部碍难率准。奏奉朱批:依议。钦此。又准户部议覆:查上年台站布鲁图段内被灾,系该都统声明购买数目,奉旨允准之案,除马匹由兵部核议外,其驼只倒毙原奏内并无数目,无论购买调取,臣部无凭核定,应令详核驼只倒毙若干,确切查明被灾实在情形,应如何补救之处,自行奏明,请旨办理等因,行知前来。

正在核办间,复据赛尔乌苏管站部员纯锡报称,本属各台入秋以来,未得透雨,水草不生,蒙众受灾,致有饿毙驼马,无草啃食,倒毙几尽。穆霍尔嘎顺等六台被灾尤重,卓布哩等五台被灾稍轻,所有极贫男妇老幼甚多,若不设法恤赈,必致贻误要差等情禀报前来。当即饬派张家口管站部员耀豫前往，挨台认真详细查勘。旋据禀覆：现在各台实系未得透雨，水草不生，蒙众受灾，驼马伤残，其所报驼马倒毙数目，核与该管站部员纯锡禀报大致相同。奴才等伏维军台各台往来差徭全赖驼马供送，而驼马尤赖水草以资生养，今穆霍尔嘎顺段内去冬大雪，今岁夏秋又复亢旱，水草枯干，接连十一台站之地面千数馀里沙漠，荒灾尤甚内地，现经委员查明，皆系实在情形，自应赶紧补救，俾免户口凋零，台站贻误。惟有仍恳慈恩，俯念塞外荒灾交困，台差窘迫，准照上年办过旧章，补购驼马，以资补救，并查明被灾户口，极贫者酌给银两，以示体恤而广皇仁。

奴才等按照原额亏短数目内，应购补驼八十六只，马七十九匹，查张家口外等处近年因各省采买马匹甚多，马价异常奇贵，必照兵部咨开嗣后马价不得以九两七钱二分开销，援此为例，实属碍难购办，现拟遵照办过前案，每驼一只合价银三十二两，每马一匹合价银九两七钱二分，共需银三千五百一十九两八钱八分。其被灾蒙民，大口每名赈济银四两，小口每名赈济银二两，共大小蒙民六百七十二名口，共需赈济银二千二百七十二两，一并交赛尔乌苏管站部员纯锡、穆霍尔嘎顺参领多尔津等自行就近购买驼马，采办米粮，妥为拯救，分别散放。其购买驼马、赈济银两由岁收茶马厘捐项下动用，并案报销。所有军台各站灾荒，应购补驼马，恤赈户口缘由，谨缮清单恭呈御览，伏乞皇太后、皇上圣鉴，训示遵行。谨奏。光绪二十四年十一月十六日。

著照所请，该衙门知道。单二件并发。①

---

① 该折有录副（03-9640-075），批语前多"光绪二十四年十一月二十一日奉朱批"，后多"钦此"。

139. 奏为查明各群马匹膘分数目及军台
汉站驿马并无缺额疲乏事

04-01-01-1028-011

奴才祥麟、奴才明秀跪奏,为查明各群现有骟马膘分数目,暨军台汉站驿马并无缺额疲乏,循案具奏,仰祈圣鉴事。

窃查前准兵部咨:同治元年闰八月二十日内阁抄出奉上谕:兵部奏请整顿马政,以利军需,并酌拟章程等语。军营马队最为得力,然必须膘壮精良方能制胜。近来马政废弛,积弊日深,以致调赴军营马匹时多疲瘦,若不认真整顿,何以蒐军实而挽颓风。著照该部所拟等因。钦此。粘钞章程六条内开:一、牧官宜严考核也。查牧厂大臣以下设立总管、副总管、协领等官,如督率弁兵将马匹妥为牧养,何难一律膘肥。拟请责成该厂大臣认真查察,岁终具奏,将各群膘分实在情形于折内声明。倘奏明马匹膘肥,至调用时有疲瘦不堪者,将监牧官从重治罪,原奏大臣严加议处,如一律膘肥,将监牧官、原奏大臣均从优议叙,其膘分肥壮与否,解到时应由军营大臣亲身查验,秉公具奏,以昭核实。一、营驿马匹宜一律整顿也。查京外各营、各省驿站均有额设马匹,虽向不调赴军营,然营马有操差各项差使,驿马有驰递公文差使,在在均关紧要,或有缺额,及马匹疲瘦贻误,亦非浅鲜,拟请嗣后京外各营各直省驿站,应令该管大臣确切查核,每年岁终具奏,如查有缺额及疲乏等弊,即著从严参办等因。节经奏明在案。

兹届年终,据商都太仆寺两翼牧群各总管呈报:各群现有本群大骟马五千四十九匹,牧青马二千二百四十七匹,捐输马一千五百六十一匹,共计马八千八百五十七匹内,四分膘者一千六十二匹,三分膘者三千一百四十九匹,二分膘者四千六百四十六匹。又据张家口管站部员耀豫呈报,该管汉站额设驿马三十匹,军夫马三十匹,并无缺额,亦无疲乏。各具印结呈报前来。核与册档数目相符,除严饬各该总管等随处认真妥为牧养,听候调拨外,所有查明商都太仆寺、两翼各牧群马匹膘分数目暨军台汉站驿马并无缺额疲乏各缘由,理合循案恭折具奏,伏乞皇太后、皇上圣鉴。为此谨奏。光绪二十四年十二月初九日。

兵部知道。①

140. 奏为遵旨挑选精壮兵丁恭候赴京事

04-01-01-1025-048

奴才祥麟、奴才明秀跪奏,为现于察哈尔暨张家口等处兵丁,各挑选五百名,恭折具陈,仰祈圣鉴事。

窃奴才等于本年十一月二十一日接奉钦差大臣大学士军机大臣荣禄来咨,照得本阁大臣于光绪二十四年十一月十五日具奏,酌拟中军营制饷章并请拨款以资开办一折,本日奉旨:依议。即著该大臣分别咨行各处遵照办理。钦此。钦遵。除咨行外,相应恭录咨行钦遵查照办理。计原折内称,并拟请电饬西安将军国俊等于西安八旗驻防内认真挑选马甲一千名,察哈尔都统祥麟、密云副都统信恪等于该处八旗驻防内挑选马甲幼丁各五百名,均须年在二十五岁以内,一律精壮者,挑齐后即各派协佐防校十馀员管带来京,编入军中,以备训练等因。奉此,自应遵即由张家口驻防马甲幼丁内认真挑选足数,派协佐防校等送京听候训练。惟查该驻防满蒙十佐额兵,前锋、领催、马甲、匠役、步甲、养育兵、无米养育兵、抬枪兵统共一千一百名内,马甲仅有

① 该折有录副(03-6052-078),批语前多"光绪二十四年十二月十四日奉朱批",后多"钦此"。

六百名,除现在驻防精锐营操练洋枪马队二百五十名外,其馀分派在奴才等两署值班,暨印房、折本处、左右两司银库常川,并大北南门、火药局等处守口值班,各项差使其十佐精壮馀丁,除现在精锐营洋枪步队五百名外,其馀各佐馀丁多未及岁,至满蒙八旗协佐防校共三十员,亦多派在精锐营马步队充当操官、章京、办事官,暨奴才等两署、各门境守口值班并查察哈尔左翼四旗游牧地亩等项差使,此张家口驻防之额设官兵实在不敷挑选也。再查察哈尔八旗额兵八千馀名,若遵照年在二十五岁以内,在于此项额兵内挑选五百一律精壮者,尚无不敷,奴才等现一面飞檄察哈尔八旗总管,迅将各旗额兵年在二十五岁内,挑选精壮兵丁五百名,赶紧造册,派员管带,一面由张家口精锐营马步队兵丁暨各旗之额兵馀丁,并独石口、千家店额兵馀丁内,赶紧挑选年在三十岁以下,二十五岁以上之精壮者五百名,委员管带。现于察哈尔挑选五百名,张家口等处挑选馀丁五百名,相应请旨,准于何处之五百名派员送京,以备训练,恭候命下之日,钦遵办理。除咨明该大臣查照外,理合恭折具陈,伏乞皇太后、皇上圣鉴,训示遵行。谨奏。光绪二十四年十二月初九日。

另有旨。①

141. 奏为察哈尔镶黄旗总管布彦德勒格尔七次三年期满可否送京陛见事

04-01-16-0257-146

奴才祥麟、奴才明秀跪奏,为察哈尔总管七次三年期满,循案恭折具奏,仰祈圣鉴事。

---

① 该折有录副(03-5762-053),批语前多"光绪二十四年十二月十四日奉朱批",后多"钦此"。

窃据察哈尔镶黄旗总管布彦德勒格尔详称:职于光绪三年十一月初三日补放察哈尔镶白旗总管,嗣于十六年二月间奏请调补镶黄旗总管,自三年十一月二十九日补放镶白旗总管接任之日起,扣至二十一年十一月二十九日,六次三年期满,又值三次六年任满,呈请陛见。奉朱批:著送部引见。钦此。旋于光绪二十二年三月十一日经兵部带领引见。奉朱笔圈出:著交军机处记名。钦此。钦遵在案。今扣至二十四年十一月二十九日,第七次三年期满,呈请具奏前来。奴才等恭查道光十二年正月间钦奉上谕:向来盛京五部侍郎及各省将军、都统、副都统、城守尉、总管等有年班轮替进京之例,嗣后著自到任之日起,扣满三年奏请陛见,俱毋庸年班进京。钦此。历经钦遵办理在案。今总管布彦德勒格尔现届第七次三年期满,可否将该员送京陛见之处,谨循案请旨,恭候钦定。所有察哈尔总管第七次三年期满缘由,理合恭折具奏,伏乞皇太后、皇上圣鉴,训示遵行。谨奏。光绪二十四年十二月初十日。

著交理藩院带领引见。①

142.奏为察哈尔镶白旗总管奇莫特哩克津三次三年期满可否送京陛见事

04-01-16-0257-147

奴才祥麟、奴才明秀跪奏,为察哈尔总管三次三年期满,循案恭折具奏,仰祈圣鉴事。

窃据察哈尔镶白旗总管奇莫特哩克津呈称:窃职于光绪十五年十二月十一日补放察哈尔镶黄旗总管,于十六年二月间奏

---

① 该折有录副(03-5930-036),批语前多"光绪二十四年十二月十五日,奉朱批",后多"钦此"。

请调补镶白旗总管,自十五年十二月二十九日补放察哈尔镶黄旗总管接任之日起,扣至光绪二十一年十二月二十九日,二次三年期满,又值六年任满,呈请陛见。奏奉朱批:著送部引见。钦此。旋于光绪二十二年三月十一日经兵部带领引见,奉朱笔圈出,著交军机处记名。钦此。钦遵在案。今扣至二十四年十二月二十九日,第三次三年期满,呈请据情代奏,恳乞陛见前来。奴才等恭查道光十二年正月间钦奉上谕:向来盛京五部侍郎及各省将军、都统、副都统、城守尉、总管等有年班轮替进京之例,嗣后著自到任之日起,扣满三年,奏请陛见,俱毋庸年班进京。钦此。历经钦遵办理在案。今察哈尔镶白旗总管奇莫特哩克津,现届第三次三年期满,可否送京陛见之处,谨循案请旨,恭候钦定。所有察哈尔总管三次三年期满缘由,理合恭折具奏,伏乞皇太后、皇上圣鉴,训示遵行。谨奏。光绪二十四年十二月初十日。

著交理藩院带领引见。①

143. 奏为晋省丰宁两厅垦熟空闲蒙地请办押荒升科并查禁未垦各地事

04-01-22-0065-108

察哈尔都统臣祥麟、头品顶戴山西巡抚臣胡聘之跪奏,为晋省丰宁两厅垦熟空闲蒙地,请办押荒升科,并查禁未垦各地,以清边累而安耕牧,恭折仰祈圣鉴事。

窃臣等查接管卷内光绪十七年准户部咨:察哈尔都统奎斌等奏:会商直隶督臣清厘牧地,并请饬山西巡抚会办一折,奉朱

---

① 该折有录副(03-5930-037),批语前多"光绪二十四年十二月十五日奉朱批",后多"钦此"。

批:即著知照山西巡抚派员会办。钦此。相应行文山西巡抚遵照等因。当经前山西抚臣派员会同旗厅查办,旋因边外被灾,暂行停缓。光绪二十一年臣聘之准军机大臣字寄:奉上谕:嵼铭奏直晋两省厅属毗连察哈尔旗群军台游牧诸地,请饬直隶、山西各督抚转饬各该厅,务将侵占游牧民人驱逐惩办一折等因。钦此。复经臣聘之檄司派员前往,会同旗厅查办。嗣于二十三年,先后准总理衙门咨,令将丰镇厅属蒙古人员换给教堂地段一案速为讯结,并令将教堂地段丈清升科纳粮等因。均经臣等先后札饬查明讯结,分别办理咨覆各在案。臣等查边地肥饶,易于收利,蒙古贫乏不免贪租,是以自光绪十一年查办丰宁两厅蒙地升科奏结以后,仍时有控诉民人越界私垦之案,而以马厂续开地亩无碍游牧取结,呈请勘丈升科者亦复不少。前都统臣嵼铭奏请将侵占游牧民人查明,惩办驱逐,自系为严杜私垦起见。第现查该两厅已垦成熟蒙地多至数十段,农民聚处成村者多至数万户,此辈耕佃边外,乐业安居已非一日,骤令退地内徙,弱者流离困苦,固将无以自存,强者纠结攘夺,尤恐激而生事。且教士刘拯灵控地各案,甫经议结,总署既不责令退地,并准予勘丈升科,其馀各民户租种蒙地事同一律,自应准其照办,以昭情理之平。况查已垦各地各佐领皆出有无碍游牧切结,自与蒙古生计无妨。惟边外私放私租已成锢习,若不严定限制,恐此后愈垦愈多,亦非所以重牧政。臣等往返函商,再四斟酌,惟有遵照前都统臣奎斌原奏,参酌边外现在情形,分别核办,如系已垦无碍游牧之地,一律押荒升科,其未垦之地,仍设法严行查禁,庶可区耕牧而清边累。至蒙地开垦之多固由民教之私租,蒙员之私放,而其实皆由于奸商之勾串包揽,于中牟利。历查所指租之地,有已得文据者,有并无文据者,有文据指此地而予以彼地者,往往蒙民皆为所愚弄,民人则先给租价,蒙古则得价无多,甚至银钱皆入该商之手,

蒙古不得丝毫,于是有控未交价,另行租种之案,有借口碍牧,率
众驱逐之案,酿争构衅,缠诉不休,为害边疆,几于无所底止。故
欲牧地之无私垦,非严定私放罪名不可,欲蒙员之无私放,尤非
严禁奸商勾串不可。拟请除由臣等另行奏明,严定私买私卖罪
名及旗厅各员处分外,并饬该旗厅随时严密稽查,如有内地奸民
借名设立地局,租种蒙地者,即按名查拿,分别治罪,仍按月具
报,以凭查考。如此后再有失察私租情事,即将厅员旗员严行撤
参,以为玩视禁令者戒,庶已垦者可免争夺,未垦者无虞侵占,冀
可仰副国家抚绥边氓,慎重牧政之至意。如蒙俞允,即由臣等会
同委员查照上届奏定章程,酌核办理。除分咨外,所有晋省丰宁
两厅已垦蒙地请办押荒升科,并查禁未垦各地各缘由,谨合词恭
折具陈,伏乞皇太后、皇上圣鉴,训示。再,此折系臣聘之主稿,
合并声明。谨奏。光绪二十四年十二月十六日。

著照所请。

144. 奏为光绪二十四年份稽查各废员情形事

04-01-01-1024-072

奴才祥麟、奴才明秀跪奏,为循照旧章稽查废员,年终汇奏,
仰祈圣鉴事。

窃照道光二十四年奏准稽查废员章程内开:嗣后饬令张家
口三翼协领及地方文武各官,在于口内一带居民、旅店、寺院、庵
观剀切晓谕,凡有投宿之人,务须细心盘查,设遇废员溷迹进口,
立即禀报惩办,如口内居民实无容留废员情事,按季由该管地方
官结报备查,并于年终汇奏一次,以昭核实等因,历经遵办在案。

今光绪二十四年按季据三翼协领、张家口都司、万全县知县
等先后禀报,废员并无私行进口,及口内亦无容留情事,各具印
结呈报前来。奴才等复委张家口管站部员耀豫出口往查,该废

员等均在口外各台,尚属安静。所有照章稽查各废员情形,现届年终汇奏之时,理合恭折奏闻,伏乞皇太后、皇上圣鉴。谨奏。光绪二十四年十二月十九日。

知道了。①

145. 奏报张家口独石口一年收过
茶马厘捐银动支数目事

04-01-35-0576-045

奴才祥麟、奴才明秀跪奏,为收过茶马厘捐银两并动支数目,循案具奏,仰祈圣鉴事。

窃查张家口、独石口自咸丰十年举办抽收茶马厘捐归察哈尔都统衙门经理,每届一年,将所收银两及动支数目专折具奏,并咨报户部查核,历经办理在案。查上届截至光绪二十三年七月底止,奏存旧管银六万五千九百八十三两三钱六分八厘一毫六丝一忽。自光绪二十三年八月起,连闰扣至二十四年七月底止,一年共验放过出关茶票九百二十三张,抽收厘银五万五千三百八十两,张家口、独石口共进关马七千四百十八匹,抽收厘银三百七十两零九钱,共新收银五万五千七百五十两零九钱。开除自光绪二十三年八月起,连闰扣至本年七月底止,奏明支放过都统自光绪二十三年八月起,连闰至二十四年七月底止,公费银共三千两,已故副都统依崇阿自光绪二十三年八月起,连闰至二十四年六月底止,公费银共五百五十三两一钱二分五厘,新任副都统明秀自光绪二十四年七月二十四日到任之日起,至是月三十日止,计七日,公费银共十两零九钱三分七厘五毫。又放过察

---

① 该折有录副(03-5368-145),批语前多"光绪二十四年十二月二十五日,奉朱批",后多"钦此"。

哈尔八旗理刑官及左右两司印房司员章京十二员,自光绪二十三年冬季起,至二十四年秋季止,津贴银共九百六十两。又放过精锐营步队官兵一年口分等项银共二万零八百九十七两五钱。又按照京平放过更换旗帜号衣价银九百六十一两六钱三分六厘,每两减六分,核放库平银九百零三两九钱三分七厘八毫四丝。又放过赴天津请领火药官兵盘费银共一百五十四两四钱四分,又放过精锐营马队官兵一年津贴等项银共七千二百二十八两,又放过赴天津请领火药官兵盘费银共七十七两二钱二分,又放过精锐营修理洋枪匠人二名一年工食银共二百七十三两,又放过精锐营马步队官兵赴天津请领洋枪盘费银共二百八十五两六钱六分,又放过自光绪二十三年冬季起连闰至二十四年秋季止,满蒙十佐领下抬枪兵饷银共一千二百九十两,又放过添设人役一年工食银共四百六十八两,又放过牛羊群光绪二十三年分提用该群一年办公银共三千二百零二两七钱,又放过军台赛尔乌苏管站部员笔帖式暨张家口军台印房笔帖式等自光绪二十三年八月起,连闰至二十四年七月底止,津贴银共一百六十两,又放过奉准部文拨解察哈尔八旗官兵二十四年春夏二季俸饷银共二万两。以上开放各款,除拨解察哈尔官兵俸饷准部免其核扣,按照库平开放,暨精锐营旗帜号衣价银仍照京平核放库平外,其馀各款均核扣六分,另款存储。所有茶马厘金截至本年七月底止,统计开除银五万九千四百六十四两五钱二分零三毫四丝外,共实存银六万二千二百六十九两七钱四分七厘八毫二丝一忽。此内前准部咨,备拨察哈尔八旗本年秋冬二季官兵俸饷银二万两,遵照部咨开放外,其馀仍遵照奏定章程,专备按月开放精锐营马步各队练兵口分等项之用。其本年八月以后所收厘捐,仍俟扣满一年,核明数目,届时奏报。所有抽收过茶马厘捐银两并动支数目,除咨户部查照外,谨循照成案恭折具奏,伏乞皇太后、皇上圣鉴。谨奏。光绪二十四年十二月十九日。

　　户部知道。①

---

① 该折有录副(03-6510-119),批语前多"光绪二十四年十二月二十五日,奉朱批",后多"钦此"。

附录三　定边日记①

(清)彦德撰　(清)刘坦代笔

〔道光十年庚寅〕正月初一日(1830年1月25日)　拜庙。
是日微雪而寒。

初三日(1月27日)接直隶换兵来文,办奏稿及行知科
布多。

初六日(1月30日)堂齐,办应奏事件。

初九日(2月2日)伊犁马差回,顺寄容、佛信二函。是日天

---

① 该日记据王建朗、马忠文主编《近代史研究所藏稿钞本日记丛刊》
(国家图书馆出版社2020年)第一册所收《定边日记》录入整理;原
为钞本,封面题"定边日记",旁书"道光庚寅辛卯",知为道光十年、
十一年日记。次页粘浮签,上书"中华民国二六年五月购入"。该书
末页题"乐亭刘坦著订",故中国社会科学院近代史研究所图书馆原
著录误题作"刘坦新疆日记",马忠文已作考证:"该日记主要记载
彦德在乌里雅苏台将军任上的各项活动,以及庚寅十一月后奉谕回
京途中的经历。日记以彦德的日常活动为中心,由幕僚刘坦(事迹
待考)代笔。从书写形式判断,该日记可能是刘坦后来的钞本。"
(《近代史研究所藏稿钞本日记丛刊提要》,国家图书馆出版社2021
年)并在《近代史研究所藏稿钞本日记丛刊》中改题作(清)彦德撰、
(清)刘坦代笔,今从之。按彦德(1765—1838),满洲正黄旗人,道
光七年十二月,补乌里雅苏台将军;十年十月,奉命回京。子景廉,
字秋坪,与祥麟交好,曾任伊犁参赞大臣、哈密帮办大臣、都察院左
都御史、军机大臣等。

极暖,至晚雪,次日始止,约六七寸,一冬所未有。

十三日(2月6日)拜发折。内保委主事、留绿营弁兵折二件。前一日科布多来文不列衔名,即单衔入告。

十四日(2月7日)约章京等午饭。庆阿春、巴富。

十六日(2月9日)给巡捕等官午饭。

廿日(2月13日)开印。令绿营造兵册,以直督那①奏明更换也。

廿二日(2月15日)拜发折。保骁骑校。立春后较年内犹寒。

廿六日(2月19日)赛沙春到城,细询保太往河南取马价光景。

二月初一日(2月23日)拜庙。

初三日(2月25日)祭关帝。

初九(3月3日)接朱批,所奏俱准。留弁兵、委主事二款。

十一日(3月5日)庆参赞②到城,即请午饭。

十三日(3月7日)留驻弁兵过堂。

十五日(3月9日)拜庙。是晚月食既。并无传抄,见形救护已不及矣,只自行礼耳。

十八日(3月12日)接朱批。

廿日(3月14日)庆参赞请午饭,并手谈数次。

廿五日(3月19日)接三音诺彦。

廿八日(3月22日)请三音诺彦午饭。

三月初一日(3月24日)拜庙。是早雪。

初四日(3月27日)庆参赞请午饭。申刻拜发折。

---

①　那彦成,道光五年(1825)至十一年(1831)任直隶总督。

②　庆山,道光八年(1828)至十年(1830)任乌里雅苏台参赞大臣。

初六日(3月29日)腹泻,内热极也。是日雪数寸。

初九日(4月1日)堂齐。三月来寒甚,是日颇暖,是晚雪几盈尺。

初十日至十二日(4月2日至4日)每晨雪一寸至五寸不等,十三日晚复雪,漫山遍地真银世界矣。

十五日(4月7日)拜庙。自去岁十月后,常患腹泻,数月以来,几于不支。

廿二日(4月14日)送犯差刘凤仪起身,交信四封,银十两。

廿四日(4月16日)修菩萨庙、万寿宫,破土拈香后,过堂。

廿七日(4月19日)饭后至三音诺彦家。

廿八日(4月20日)接朱批并兵部行知五格当差。接京信。

四月初一日(4月23日)拜庙。

初三日(4月25日)三音诺彦请午饭。是日甚暖。

初六日(4月28日)雨,河冰渐泮,流水有声矣。

初九日(5月1日)堂齐后,看菩萨庙、万寿宫工程。草渐萌芽矣。

十五日(5月7日)拜庙。饭后至北菩萨庙。三音诺彦助修。

十六日(5月8日)堂齐,商办子殴父案。逐日风而寒。

廿日(5月12日)天气微暖,草渐长,午间可服绵衣矣。科布多赍到狐皮二百张,狼皮五十张,托福大人①代购者。

廿一日(5月13日)堂齐后,至水亭。在南门外,旧系水磨,因天寒不适用,改为水亭,为城外游憩之所,余稍茸之。

廿五日(5月17日)看三音诺彦。

廿八日(5月20日)三音诺彦来,四月内风多雨少,传于初一日祈雨,是晚微雨,次日雪,廿九日午后大雪彻夜。

①　福绵,道光九年(1829)至十一年(1831)任科布多参赞大臣。

闰四月初一日(5月22日)仍雪,晚始晴,幸旋消。

初二日(5月23日)侍读德公到。

初四日(5月25日)至关帝、龙神、城隍等庙叩谢。

初五日(5月26日)询失银事。

初六日(5月27日)堂齐。连日不寐,且腹泻。连日至城外水亭,草绿山青,鸟啼花放,穹庐有此,真大观也,佳处全在自然。

初十日(5月31日)晚门外喧传一牛犊三目二口一角,验之良然,已死矣,异物也。

十三日(6月3日)堂齐,商议陛见折及修衙署。

十八日(6月8日)接锭子药赏。

廿二日(6月12日)看马,备进贡及送人。

廿四日(6月14日)试马,至绿营沟。在城之东北。

五月初一日(6月20日)拜庙。

初五日(6月24日)端阳。无事。唐努乌梁海到城。贡貂皮。

初六日(6月25日)请二参赞及司员午饭。

初十日(6月29日)拜发折。内修署一件。庆大人请午饭。

十三日(7月2日)至城北关帝庙拈香。

十五日(7月4日)拜庙。庆参赞家眷到,派人接。

十七日(7月6日)早饭后,至东山,势陡,顶有大石耸立,高十馀丈,上宽下窄,俗呼曰炮台,山顶宽阔约数里,土润草肥,松树茂密,野花多不知名,马兰有黄色者,石皆平铺,无嵌岖者,凹处皆有水泉,生于山顶之石,亦异境也。

十九日(7月8日)三音诺彦来商行围及驼支事。

廿一日(7月10日)请庆大人家午饭。

廿八日(7月17日)贡马起程。塔吉图回京。庆大人家请。

六月初一日(7月20日)雨。本定是日求雨,至卯至酉雨甚沾足。

初二日(7月21日)　祭雪山。是日三音诺彦备饭,河水甚大,雨后故也。接朱批。内修署折准行。科布多送貂皮差官谒见。

初三(7月22日)至龙神庙谢降。

初六日(7月25日)三音诺彦来商办行围、以旱止。倒驼事。应奏。

初十日(7月29日)连日收拾行装及送人等物粗毕。家眷进京。

十五日(8月3日)拜庙。天稍旱。

十七、八日(8月5、6日)大雨,廿日始晴。

廿日(8月8日)生辰,酬应两日,不胜其苦,安佚惯也。

廿二日(8月10日)拜发贺万寿折。是日驮子起身。是日接庆参赞放荆州将军火牌。

廿三日(8月11日)庆宅请。儿女等进京。

廿六日(8月14日)儿女辈起身进京。连日雨,河水大,是日晴。同三音诺彦至北菩萨庙拈香。是日开光,三音诺彦所修也。

七月初一日(8月18日)拜庙。接五格禀帖,业已住七台矣。

初二日(8月19日)至三音诺彦家午饭。庆升任荆州将军。

初三日(8月20日)拜发折后,请庆将军及三音诺彦午饭。

初五日(8月22日)雨雪,自六月望后逐日阴雨故也。是日起工。修署。

初七日(8月24日)送庆将军回京。

十三日(8月30日)堂齐。请值班将军等午饭,约三音诺彦陪。

十五日(9月1日)堂齐。午后雨。商行围事。

十七日(9月3日)起身,午后即雨,至□□□□①住,约百馀

———————

① 原稿留空待补,今以方框示之。

里。次日十八上围,大风雪,皮衣犹寒,围毕,住帖莫索洛,晚看喀尔喀相扑、唱曲,亦足解颐。是日获一狍。山顶多沮洳,下流成河。

十九日(9月5日)上围时仍雪,是日获一鹿,是晚住乌兰雅玛土,赏随从官兵及蒙古小刀、荷包、米面、烟茶等有差。

廿日(9月6日)回至牧场看马,未刻进城。约百馀里,围场在城北,地势较城极高,六月往往雨雪。余于十七日起身,所在风雪随之,廿里外则无,或山灵不欲行猎耳,亦异矣。

廿二日(9月8日)看三音诺彦。次日腹泻兼呕吐,内热极也。

廿六日(9月12日)接朱批。赔驼一折,蒙恩宽免。

八月初一日(9月17日)祭关帝

初四日(9月20日)三音诺颜来。查牧场回城。

初八日(9月24日)请万寿牌,恭设于新宫,留三音诺彦便饭。是日三运饷银到齐。廿万。

初十日(9月26日)万寿圣节,行礼后,至菩萨庙。是日落成开光。礼毕至三音诺尹①家早饭。

十二日(9月28日)约众官及景章京午饭,三音诺彦辞。

十四日(9月30日)颖公②到城,请圣安后,即留便饭。是日大雪尺馀,十六日复大雪尺馀。幸旋消。

廿日(10月6日)辰刻拜发折。进马。是日三音诺彦请辞。

廿八日(10月14日)奕参赞③请午饭。

---

① 尹:原稿如此,按"尹"与"彦"音近。
② 奕颖,道光十年六月十二日(1830年7月31日)至十月十六日(1830年11月30日)任乌里雅苏台参赞大臣。
③ 同上。

九月初一日（10月17日）拜庙。检发京信及巴里坤信函。

初三、初六（10月19、22日）堂齐，酌办命案及迟办劫案之官。

初七日（10月23日）拜发折，命案过堂。

初九日（10月25日）堂齐毕，骑马至西山，遍山皆雪，众人惴惴然，遂回。

十贰日（10月28日）接朱批。金场新移卡伦奉旨允行，管廿台车。晚饭后至城外，奇冷。

十三日（10月29日）巳刻接伊犁咨回疆倡乱，及科布多商办进驼公札及哈提台信，即邀二参赞公议。阅换防兵，到城次日。

十四日（10月30日）接乌穆木齐①咨雇驼挽运。

十五日（10月31日）拜庙。申刻拜发折。

十九日（11月4日）堂齐。三音诺彦差人商进驼事。

廿五日（11月10日）二参赞来，以欲参兵部理藩院事，并商各爱曼进驼马事。

廿六日（11月11日）祭祠堂。闻商民在北路进驼，饬兵部查讯。

廿九日（11月14日）接朱批。

十月初一日（11月15日）拜庙。接乌穆木齐咨催各路驼只并转发上谕。是日拜发折。进驼马并夹片。并行各艾曼速办，戌刻方毕。

初三日（11月17日）堂齐，商办派员派蒙古官兵解送驼马事。

初五日（11月19日）接库伦自行奏请来札。

---

① "乌穆木齐"，原稿有时亦写"乌鲁木齐"，今如其旧，未做统一。

初八、九日（11 月 22、23 日）发库伦、科布多、乌鲁木齐公信。高吉祥回城。催驼。及解送驼等官起身。

初十日（11 月 24 日）拜万寿牌。饭后至关帝庙看戏。

十五日（11 月 29 日）拜庙。连日接各处回疆有事咨文信函。

十六日（11 月 30 日）接朱批。内有命案应斩决者三人，部覆到日即处决。

廿日（12 月 4 日）拜发贺元旦折。

廿五日（12 月 9 日）接恭进驼马朱批。奉旨问钦差大臣杨①用否之处遵办，因有夹片，不待旨辄运古城也。

廿九日（12 月 13 日）巳刻接到恩旨，彦着来京另候简用，当即望阙谢恩。

十一月初四日（12 月 18 日）请颢公午饭。是后渐理行装。

初六日（12 月 20 日）拜发谢恩折。是日送颢公起程。

初九日（12 月 23 日）科布多换防参将谒见，述兵丁步行艰苦状，向不由驿，然在六月间，此时则难行矣。为之恻然。适有解京囚犯七起，派十二名解往，馀俱顺差回营。兵数尚缺十二名，讯系告退，交出所领车价、路费，令其具呈行查。

十四日（12 月 28 日）未刻接廷寄，恭进驼马赏收，并赏给各汗王等议叙、胡土克图等缎匹有差。是日即传谕各爱曼及原派官弁一体查验前进。

十九日（1831 年 1 月 2 日）复接钦差大臣陕甘督臣杨咨称，奏准恭进驼只运送乌鲁木齐都统验收，复饬各官遵照办理。

廿四日（1 月 7 日）三音诺彦来商奏保庆司员折稿，伊先不

---

① 杨遇春，时任陕甘总督。04-01-12-0416-066，奏报祇领钦差大臣关防日期事。

肯列衔也,此日始定。

廿八日(1月11日)拜发折。保司员、运送驼。

廿九日(1月12日)接朱批。

十二月初一日(1月14日)拜庙。连日商办运送驼支及科布多换防官兵,至初六日始定。十日内天气颇暖,冰雪微有消者。

初四日(1月17日)接乌鲁木齐咨称,所进驼支如有疲乏,仍交喀尔喀在古城牧放,当即备申致不能遵办原委。

初九日(1月22日)接伊犁咨奏南路情形,并容参赞①获谴上谕。

十一日(1月24日)三音诺彦请辞。自十一月渐次收拾行装,至是日粗毕。十四日送饭二桌。

十三日(1月26日)堂齐后,至台市各庙拈香,所以叩辞也。

十五日(1月28日)城内各庙拈香。

十七日(1月30日)接新将军申时交代,是晚即请便饭。乐通侯②旧识也,谈至子正方散。连日闻本城有送帐脱靴等事,严饬之,仅收寿帐、对联。

廿日(2月2日)起身。将军备饭,合城官兵商贾以及庙祝无不送,而满汉巡捕、戈什哈多泣下者,地虽苦寒,滨行不胜依恋。是晚住华沙尔土。

廿一日(2月3日)辰刻起身,马匹不齐,责章盖一人。舒鲁克尖,住特莫尔土。是晚觉寒。

廿二日(2月4日)奇寒,重裘难御,七年所未经也。达憨德

---

① 容安,道光七年(1827)至道光十年(1830)任伊犁参赞大臣。

② 乐善,道光十年(1830)至道光十三年(1833)任乌里雅苏台将军。彦德之后任。

尔尖,住胡济尔土。出城来,步步上坡路,地势愈高,故寒愈甚。

廿三日(2月5日)阿噜济尔噶朗土尖后上坝,坝极长,上约五十里,下几百里,呼为奎屯大坝,中间最高处著有鄂博。向系以石垒之,蒙古往来必拜,此则生就。相传甚灵异,余亦拜焉。是日天不甚寒,幸也。住爱依博尔济尔噶朗土。

廿四日(2月6日)辰刻由城寄到折报,内保庆司员及送驼。当即发回。乌兰奔把尖,住霍博尔舍肯,两站下坡路,地势稍洼,故寒亦稍减。是晚旧盟长德木楚克札布遣官送。

廿五日(2月7日)过河滩,极寒,两时方到。驾轿者不善也。查克尖,住摆打哩克,中间过河滩,寒气似雾,白如匹练,一望无际。

廿六日(2月8日)鄂他尖。俗呼乌他,路甚近。住鄂罗盖,站大约百馀里,因蒙古住址无定,故冬夏远近不同,中间河滩三处,其雾其白其寒如昨。

廿七日(2月9日)乌尔土喀拉鄂罗盖尖,住推。一字地名,俗呼推河。两站约百里,未刻即到。是日三音诺彦有信函,复之。

廿八日(2月10日)沙尔嘎卓特尖,中过河甚宽,踏冰而渡,草滩甚多,至乌尔土额沁布拉克,遇恩大人①,请圣安后,谈数刻。住塔楚,中过山路仄侧,乱石难行,因夫马两处预备,恐不齐,故行三站,约二百馀里,日落后方到。

廿九日(2月11日)噶噜底尖,中一山,与昨日同,住哈拉尼敦,此站路平马快,未刻到。是日遣三音诺彦之侍卫棍布回。乌里雅苏台所辖之台站至此至止。

卅日(2月12日)哈达图尖,住乌那各特,两台站大路平,喀

---

① 恩铭,道光十年十月十八日(1830年12月2日)至道光十一年十二月十日(1832年1月12日)任乌里雅苏台参赞大臣。

尔沁所属。是晚率家属行除夕礼。

十一年正月初一日（2月13日）望阙及祠堂行礼。饭后起程，住翁金，中间草滩多，难行。乌拉齐疲滑过甚，欲惩之，以元旦止。此后无山路矣。

初二日（2月14日）哲林尖，百廿里。住图古哩克。百里。两站大路平，申刻到，以昨日欲打欲革，故省力耳。

初三日（2月15日）察卜起尔尖，住孟克图，路平而近，未刻到，水咸苦。

初四日（2月16日）经吉勒马、五十里，水咸更甚，以雪小，食井水。劳萨，八十里，水稍可。住诗保泰。八十。是早遇科布多永司官。

初五日（2月17日）哈必尔噶五十尖，住莫敦。百馀里。颢公差人送酒肉鱼。纶贝子有信覆谢。是早赛尔乌苏海差人接。

初六日（2月18日）赛尔乌苏尖。海监督备饭，并黄羊二支。六十里。过库图多伦，约四十里。住博罗鄂博。约八十里，送海公鱼酒等物。

初七日（2月19日）卓博哩尖，七十。过札拉土。七十。驮子失物，交喀尔沁官查。住哈萨卜齐。八十。

初八日（2月20日）那朗尖，约八十。霍尼奇住。约八十。有喇嘛庙一所，砖瓦修成，颇齐整，喀尔沁所仅见者。

初九日（2月21日）木霍尔嘎顺，沙路百馀里，早饭。过图古里克，八十馀里。住托里布拉克。七十馀里，中间山石嵯峨。自入喀尔沁界，廿馀站俱墁坡，此后渐行山路矣。住所有庙一所，较前尤胜，庙前有池，冬夏不竭，水较各站为甘，相传为马跑泉。

初十日（2月22日）苏吉布拉克尖，六十。经乌什□布隆①

---

① 　按苏吉布拉克和布隆均为阿尔泰军台驿站，二者相邻，中间并无其他驿站，"布隆"前边三字费解。

六十里,二站俱平。住奇兰木霍哩。到台时坡陡,乱石难行,百里。

十一日(2 月 23 日)己斯洪果尔,七十,过乌兰胡都克,六十,住沙尔穆林,八十馀,三站无山路平,而沙拉穆林一站俱上坡路。

十二日(2 月 24 日)察罕胡都克尖,六十,鄂伦克胡都克换马,住布鲁图,五十。自行杭艾廿站,入戈壁卅站,不甚凉,连日行上坡,地势觉高,早晚寒甚,特较大憨德尔少杀耳。

十三日(2 月 25 日)沙拉哈达七十尖,奔把土换马,八十,住乌兰哈达,七十。珠伦布折差回,赍到家信。

十四日(2 月 26 日)青岱尖,百馀里,喀尔沁界止此。过七七尔土,八十,察哈尔界。住明爱,六十。是日接武骏亭①信。

十五日(2 月 27 日)札罕苏台尖,六十,过奎苏土,六十,住鄂罗胡都克,七十。察哈尔马匹疲弱,是早脱杆二次。

十六日(2 月 28 日)海六台尖,五十,经布尔噶苏台,六十,住察罕托罗盖,六十。马匹愈弱,屡脱杆,饭后骑马。

十七日(3 月 1 日)托罗庙尖,四十,至张家口。廿。两傍皆山,中流河迂回,过冰数十次,车马俱艰,六十里下坡路,不啻百里。都统、监督、协台接。张家口山势苍古耸削,水宽流急,故商民繁庶,廛市鳞比,京北一巨镇也。

十八日(3 月 2 日)饭后至街买皮袄喀喇。台员庆十爷来。办夫马等事无人料理,殊费周章。

十九日(3 月 3 日)武都统②请早饭。旧交也。监督,世交、协台送菜。是日定送京弁兵十人,馀与蒙古俱遣还。

廿日(3 月 4 日)起身,住宣化府,六十,镇道接,店房毕琐,

---

① 武忠额,道光十年(1830)至十三年(1833)任察哈尔都统,道光十四年(1834)至十六年(1836)任乌里雅苏台将军。

② 武都统,指武忠额。

而供应草率,令人思蒙古台站。

廿一日(3月5日)住鸡鸣驿,六十,中间响水铺一带水阔山高,塞外所绝无者,特石道嶙峋,车行维谷耳。

廿二日(3月6日)过保安州,廿,沙城尖,廿,过土木,廿,住怀来县,卅。

廿三日(3月7日)榆林尖,廿五,过岔道,廿。过喀尔喀亲王车登多尔济,谈数刻而别。住居庸关,卅,雇夫廿人照顾车轿。山势奇险耸峻,鸟道盘曲,古称天险,谅哉。是日雪大,步舆难行。

廿四日(3月8日)南口尖,十五,过昌平沙河,住清河。

廿五日(3月9日)饭后至圆明园,廿六日请圣安。①

---

①　此日后另书一行字"乐亭刘坦著订",知该日记为刘坦代笔。

附录四 光绪朝乌里雅苏台、库伦、科布多、察哈尔职官年表

职官＼纪年	乌里雅苏台将军	乌里雅苏台参赞大臣（满洲）	乌里雅苏台参赞大臣（蒙古）	库伦办事大臣（满洲）	库伦办事大臣（蒙古）	科布多参赞大臣	察哈尔都统	察哈尔副都统
光绪元年（1875）	额勒和布	杜嘎尔	多布沁札木楚	志刚	那木济勒端多布	托伦布	庆春	奎昌
光绪二年（1876）	额勒和布	杜嘎尔	车林多尔济	志刚	那木济勒端多布	桂祥、瑞英、保英	庆春、瑞联	奎昌
光绪三年（1877）	额勒和布、春福	杜嘎尔	车林多尔济	志刚	那木济勒端多布	保英	穆图善	奎昌
光绪四年（1878）	春福	杜嘎尔	车林多尔济	志刚、英奎	那木济勒端多布	保英	穆图善	奎昌
光绪五年（1879）	春福、吉和	杜嘎尔	车林多尔济	英奎、文格、奕布	那木济勒端多布	清安	穆图善	奎昌、花尚阿

职官＼纪年	乌里雅苏台将军	乌里雅苏台参赞大臣（满洲）	乌里雅苏台参赞大臣（蒙古）	库伦办事大臣（满洲）	库伦办事大臣（蒙古）	科布多参赞大臣	塔尔巴哈台参赞	蔡哈尔副都统
光绪六年（1880）	吉和、杜嘎尔	杜嘎尔、喜昌	车林多尔济	奕榕	那木济勒端多布	清安	祥亨	花尚阿、永德
光绪七年（1881）	杜嘎尔	喜昌、桂祥	车林多尔济	奕榕、喜昌	那木济勒端多布	清安	祥亨、谦禧	永德
光绪八年（1882）	杜嘎尔	桂祥	车林多尔济	喜昌	那木济勒端多布	清安	谦禧、吉和	永德
光绪九年（1883）	杜嘎尔	桂祥、恒明	车林多尔济	喜昌、桂祥	布、那木济勒端多布	清安	吉和、绍祺	永德
光绪十年（1884）	杜嘎尔	恒明	车林多尔济	桂祥	那逊绰克图	清安、沙克都林札布	绍祺	永德
光绪十一年（1885）	杜嘎尔	恒明	车林多尔济	桂祥	那逊绰克图	沙克都林札布	绍祺	永德
光绪十二年（1886）	杜嘎尔	祥麟	车林多尔济	桂祥、色楞额	那逊绰克图	沙克都林札布	绍祺、托伦布	永德
光绪十三年（1887）	杜嘎尔	祥麟	车林多尔济	色楞额、安德	那逊绰克图	沙克都林札布	托伦布	永德

续表

纪年	乌里雅苏台将军	乌里雅苏台参赞大臣（满洲）	乌里雅苏台参赞大臣（蒙古）	库伦办事大臣（满洲）	库伦办事大臣（蒙古）	科布多参赞大臣	察哈尔都统	察哈尔副都统
光绪十四年（1888）	杜嘎尔	祥麟	车林多尔济	安德	那逊绰克图	托伦布	托伦布、奎斌	永德
光绪十五年（1889）	杜嘎尔、托克端	祥麟	车林多尔济	安德	那逊绰克图	沙克都林札布	奎斌	永德
光绪十六年（1890）	托克端	祥麟、崇欢	车林多尔济	安德	那逊绰克图	沙克都林札布、双寿	奎斌、惠铭	永德、吉升阿
光绪十七年（1891）	托克端、永德	崇欢	车臣汗车林多尔济	安德	那逊绰克图	双寿、魁福	惠铭	吉升阿
光绪十八年（1892）	永德	崇欢	车臣汗车林多尔济	安德	那逊绰克图	魁福	惠铭	吉升阿
光绪十九年（1893）	永德	崇欢	尔济、那尔木勒端多布	安德	那逊绰克图	魁福	惠铭	吉升阿
光绪二十年（1894）	永德、崇欢	崇欢、志锐	那尔木勒端多布	安德	那逊绰克图	魁福	惠铭	吉升阿

续表

职官＼纪年	乌里雅苏台将军	乌里雅苏台参赞大臣（满洲）	乌里雅苏台参赞大臣（蒙古）	库伦办事大臣（满洲）	库伦办事大臣（蒙古）	科布多参赞大臣	察哈尔都统	察哈尔副都统
光绪二十一年（1895）	崇欢	志锐	那尔木勒端多布	安德、桂斌	那逊绰克图	魁福	惠铭	吉升阿、依崇阿
光绪二十二年（1896）	崇欢	志锐	那尔木勒端多布	桂斌、连顺	那逊绰克图、德木楚克多尔济	魁福、连顺、惠铭、祥麟	祥麟	依崇阿
光绪二十三年（1897）	崇欢	志锐	那尔木勒端多布	连顺	德木楚克多尔济	宝昌	祥麟	依崇阿
光绪二十四年（1898）	崇欢、贵恒、连顺	志锐	那尔木勒端多布	连顺、兴廉	德木楚克多尔济	宝昌	祥麟	依崇阿
光绪二十五年（1899）	连顺	志锐、奎焕	那尔木勒端多布	兴廉、丰升阿	德木楚克多尔济	宝昌、崇勋、济	祥麟、牙车、奎顺	明秀
光绪二十六年（1900）	连顺	奎焕	那尔木勒端多布	丰升阿	绷楚克车林	瑞洵	奎顺	明秀、魁福
光绪二十七年（1901）	连顺	奎焕	那尔木勒端多布	丰升阿	绷楚克车林	瑞洵	奎顺	魁福
光绪二十八年（1902）	连顺	奎焕	那尔木勒端多布、车登索诺木	丰升阿	绷楚克车林	瑞洵	奎顺	魁福

续表

职官　　　　纪年	乌里雅苏台将军	乌里雅苏台参赞大臣（满洲）	乌里雅苏台参赞大臣（蒙古）	库伦办事大臣（满洲）	库伦办事大臣（蒙古）	科布多参赞大臣	察哈尔都统	察哈尔副都统
光绪二十九年（1903）	连顺	奎焕	车登索诺木	丰升阿、德麟	绷楚克车林	瑞洵	奎顺	魁福
光绪三十年（1904）	连顺、奎顺	奎焕	车登索诺木	德麟、朴寿	绷楚克车林	瑞洵、寿勋	奎顺、升允	魁福
光绪三十一年（1905）	奎顺、马亮	奎焕	车登索诺木	朴寿、延祉	绷楚克车林	寿勋、连魁	升允、溥颋	魁福、额勒珲
光绪三十二年（1906）	马亮	奎焕	车登索诺木	延祉	绷楚克车林	连魁	溥颋、松寿	额勒珲
光绪三十三年（1907）	马亮	奎焕	车登索诺木	延祉	绷楚克车林	连魁	松寿、诚勋	额勒珲
光绪三十四年（1908）	马亮、楚咱哺	奎焕	车登索诺木	延祉	绷楚克车林	连魁、溥羃	诚勋	额勒珲

后　记

本书整理过程中，得北京大学朱玉麒教授帮助最多。他不但无私分享了所掌握的祥麟日记的信息（京都大学藏本即朱教授提供），还慷慨同意将他的文章移作本书的前言；而且在他的建议和指导下，我们才鼓起勇气做了人名和地名索引。我与朱教授相识多年，素来敬重其人品学问，虽然平素交往称兄道弟，但内心中常把他当做老师对待，实为亦师亦友之关系。

祥麟日记，人物涉及中国的汉满蒙藏各族，地理广及今日的俄国、蒙古，对于人名、地名的处理，相当棘手。这些方面，我们得到了以下师友的帮助：

中国社会科学院近代史研究所马忠文研究员；

中国社会科学院外国文学研究所吴晓都研究员；

北京大学历史系党宝海教授；

中国人民大学国学院乌云毕力格教授、清史研究所张永江教授；

赤峰学院敖拉教授、韩丽霞副教授；

内蒙古大学蒙古学学院王策博士；

北京大学中文系研究生赵昕。

本次整理还附录了与祥麟日记相关的部分奏折，这项工作得到了中国第一历史档案馆的支持。稍有遗憾的是，一史馆仅授权整理其中140馀通奏折，其他数百件与祥麟相关的题奏，虽已初步整理，但因未获授权，无法将之公布。另外，彦德的《定边日记》藏于中国社会科学院近代史研究所,记载了道光十年、十一年彦德在乌里雅苏台的生活及回京事宜等,可与祥麟日记相互参照,故亦将之作为附录整理出来。

我曾经做过十几年的学术刊物编辑,深知"为人作嫁衣"的甘苦,当然也深知出版社品牌和"好裁缝"的重要性,因此这里要向接纳这部书稿的中华书局和责编胡珂表示由衷的谢意。

限于学养,整理中定有不少疏误,敬请方家不吝赐教。

张　剑

2020 年 12 月 23 日于北京大学中关园寓所

又及:本书待梓期间,岳母杨润芳女士于 2021 年 12 月 17 日不幸遭疾辞世;长期以来,岳母一家对我潜心学术给予了坚定支持和关爱,今日恰值清明,我与内子易爱华谨以此书告慰岳母在天之灵。

张剑书于 2022 年 4 月 5 日